Sicherheitskritische Mensch-Computer-Interaktion

Christian Reuter

(Hrsg.)

Sicherheitskritische Mensch-Computer-Interaktion

Interaktive Technologien und Soziale Medien
im Krisen- und Sicherheitsmanagement

 Springer Vieweg

Herausgeber
Christian Reuter
Fachbereich Informatik
Technische Universität Darmstadt
Darmstadt, Deutschland

ISBN 978-3-658-19522-9   ISBN 978-3-658-19523-6   (eBook)
https://doi.org/10.1007/978-3-658-19523-6

Die Deutsche Nationalbibliothek verzeichnet diese Publikation in der Deutschen Nationalbibliografie; detaillierte bibliografische Daten sind im Internet über http://dnb.d-nb.de abrufbar.

Springer Vieweg
© Springer Fachmedien Wiesbaden GmbH 2018

Gedruckt auf säurefreiem und chlorfrei gebleichtem Papier

Springer Vieweg ist Teil von Springer Nature
Die eingetragene Gesellschaft ist Springer Fachmedien Wiesbaden GmbH
Die Anschrift der Gesellschaft ist: Abraham-Lincoln-Str. 46, 65189 Wiesbaden, Germany

Geleitwort

Michael Herczeg
Universität zu Lübeck

Das Thema Mensch-Computer-Interaktion begleitet mich seit nun über 40 Jahren. Zu Beginn dieser Thematik und gleichzeitig gewissermaßen als Startimpuls und Motivation schien es zumindest klar, dass nur menschen- und nicht die damals gängigen technikzentrierten Denkansätze und Lösungen auf lange Sicht eine Berechtigung in unserem täglichen Leben haben. Wer mit Computern arbeitet, möge sich auch entsprechende Computerkompetenzen aneignen. Soweit die IT-Fachwelt zu dieser Zeit. Computertechnologien und ihre angemessene Nutzung wurden zu Domänen einer Zunft von Fachleuten.

Diese alte Denkweise der IT als eine in sich geschlossene Fachwelt hat sich weitgehend aufgelöst, nachdem Computersysteme in der Breite der Bevölkerung, ob als Heim- und Bürocomputer oder als vielgestaltige mobile Geräte angekommen sind. Entsprechend wurden zahllose Anwendungssysteme realisiert, die es den Menschen ermöglichen sollen, Computer im Alltag nutzbringend einzusetzen. Neben der reinen Funktionalität und Gebrauchstauglichkeit stand bald auch die Frage im Raum, wie man solche Systeme motivierend, kommunikativ und erlebnisorientiert gestalten könnte. Nach und nach fanden Computeranwendungen in praktisch allen Lebenskontexten massiven Einzug und wurden so immer mehr zur selbstverständlichen Grundlage unseres Alltags. Schleichend wurden nicht nur einzelne Menschen, sondern eine gesamte Gesellschaft davon abhängig, dass diese Computersysteme auch wirklich funktionieren und für die jeweiligen Nutzer handhabbar sind. Dies gilt inzwischen nicht nur für den Bürger in modernen industrialisierten Ländern, sondern auch für den armen Bauern in Mittelafrika, der mit Hilfe seines von anderen längst entsorgten Mobiltelefons Lebenszeichen zur Familie sendet oder in Form von Gesprächsguthaben mit diesem Gerät seinen kleinen Besitz an „Barem" sichert, weil die Landeswährung verfällt. Aus dem digitalen Werkzeug wurde inzwischen eine lebensnotwendige Infrastruktur für einen großen Teil der Menschheit.

Heutige Kommunikations- und Informationssysteme, Transport- und Versorgungsnetze, Banken- und Börsensysteme, Wetter- und Wasserstandsvorhersagen oder auch diagnostische und therapeutische medizintechnische Systeme haben weltweit eine Bedeutung erreicht, die sie längst zu sicherheitskritischen Systemen machen. Damit ist gemeint, dass Leib und Leben von Menschen sowie die Qualität unserer Lebensumwelt davon abhängen, dass diese Computersysteme korrekt funktionieren und richtig genutzt werden. Dafür wurde der Begriff „Sicherheitskritische Mensch-Computer-Systeme" und, direkt damit verbunden, „Sicherheitskritische Mensch-Computer-Interaktion" geprägt und verbreitet.

Das vorliegende Buch greift die damit verbundenen komplexen Fragestellungen in vielen spannenden und wichtigen Facetten auf und liefert in Form von Ideen, Theorien, Modellen, Prototypen oder auch Produkten eine Vielzahl von Lösungsvorschlägen, Erfahrungen und Fragen, die in einer wachsenden Community von Informatikern, Psychologen, Arbeitswissenschaftlern, Ingenieuren, Gestaltern und anderen Fachleuten interdisziplinär aufgegriffen, kritisch hinterfragt, weiterentwickelt oder auch beantwortet werden müssen. Ich freue mich, dass diese wichtige Thematik, wie in diesem Buch, weiter herausgearbeitet und in der vollen Anwendungsbreite mit Nutzern, Betreibern, Entscheidern und auch Politikern diskutiert wird. Meine Anregung vor einigen Jahren, die GI-Fachgruppe „Mensch-Maschine-Interaktion in sicherheitskritischen Systemen" zu gründen, hat nicht nur zu einer lebendigen Community geführt, sondern zeigt auch in den vorliegenden Arbeitsergebnissen ihre Bedeutung und Leistungsfähigkeit in Forschung, Lehre und Praxis.

Ich wünsche diesem Buch und vor allem der damit verbundenen wachsenden Fachcommunity viel Erfolg und viel Aufmerksamkeit, neben dem wissenschaftlichen vor allem auch im öffentlichen und politischen Diskurs über die schnell und massiv zunehmende sicherheitskritische Bedeutung von Computersystemen für das Wohlergehen jedes Einzelnen in unserer immer stärker digitalisierten Welt.

Lübeck   Prof. Dr. Michael Herczeg

Vorwort

Christian Reuter
Technische Universität Darmstadt

Inspiriert durch die offensichtlicher gewordene Relevanz sicherheitskritischer Mensch-Computer-Interaktion wurde 2015 innerhalb der Gesellschaft für Informatik (GI), der größten Vereinigung von Informatikern im deutschsprachigen Raum, die Fachgruppe „Mensch-Maschine-Interaktion in sicherheitskritischen Systemen" gegründet. Der Vorläufer dieser Fachgruppe, der gleichnamige Arbeitskreis, hatte dieses Thema bereits seit 2006 bearbeitet.

Neben im Jahresturnus veranstalteten wissenschaftlichen Workshops auf der Fachtagung „Mensch und Computer" sind aus den in diesem Rahmen gebündelten Aktivitäten auch Sonderausgaben in einigen wissenschaftlichen Zeitschriften entstanden. Als sinnvolle Ergänzung dieser sehr stark auf Forschung ausgerichteten Arbeiten entkeimte die Überlegung, Forschung und Lehre noch mehr zu verknüpfen. Ziel sollte sein, die Erkenntnisse in Form eines Lehr- und Fachbuchs aufzuarbeiten – auch im Kontext einer Lehrveranstaltung, die ich an der Universität Siegen und der Technischen Universität Darmstadt halte. Nach einer Konzeption möglicher Inhalte, darauffolgenden Anfragen bei potenziellen Autoren und fast ausschließlichen Zusagen bin ich froh, das vorliegende Werk herausgeben zu dürfen.

Die sicherheitskritische Mensch-Computer-Interaktion ist eine interdisziplinäre Herausforderung und ein für die Informatik und die jeweiligen Anwendungsdomänen in der Bedeutung zunehmendes Thema. Dieses Lehr- und Fachbuch soll als didaktisch aufbereiteter, umfassender Überblick über Grundlagen, Methoden und Anwendungsgebiete der Mensch-Computer-Interaktion im Kontext von Sicherheit, Notfällen, Krisen, Katastrophen, Krieg und Frieden sowohl als vorlesungsbegleitende Lektüre als auch Nachschlagewerk für Studenten, Wissenschaftler, Designer und Entwickler dienen. Dies adressierend werden interaktive, mobile, ubiquitäre und kooperative Technologien sowie soziale Medien vorgestellt. Hierbei finden klassische Themen wie benutzbare (IT-)Sicherheit, Industrie 4.0, Katastrophenschutz, Medizin und Automobil, aber auch Augmented Reality, Crowdsourcing, Shitstorm Management, Social Media Analytics und Cyberwar ihren Platz. Methodisch wird das Spektrum von Usable Safety bis Usable Security Engineering, von Analyse über Design bis Evaluation abgedeckt.

Das Buch wendet sich an Leser[1], die an diesem interdisziplinären Thema interessiert sind, insbesondere aus der (Wirtschafts-)Informatik, Mensch-Computer-Interaktion, des (IT-) Sicherheitsmanagements, der Friedens- und Konfliktforschung, aber auch generell der Ingenieur- und Naturwissenschaften auf der einen und Geistes- und Sozialwissenschaften auf der anderen Seite. In der Praxis werden sowohl Behörden und Organisationen mit Sicherheitsaufgaben (BOS) als auch Unternehmen als Zielgruppe adressiert.

Viele Autoren, unter anderem aus der oben genannten GI-Fachgruppe, als deren Gründungssprecher ich fungieren darf, waren an der Erstellung dieses Buchs beteiligt. Ihnen gebührt mein herzlicher Dank für die wertvollen und fundiert recherchierten Inhalte, gleichermaßen für die Rückmeldungen zu anderen Kapiteln. Ebenso gebührt mein Dank allen Beteiligten, die im Hintergrund gewirkt haben und durch Recherche und Lektorat mit Rat und Tat die Entstehung dieses Buchs unterstützt haben. Nach einigen Industrie-, Bundes- und EU-finanzierten Projekten wird die von mir initiierte und betreute BMBF-Arbeitsgruppe KontiKat und damit die Herausgabe dieses Buchs im Zuge der Bekanntmachung „Zivile Sicherheit – Nachwuchsförderung durch interdisziplinären Kompetenzaufbau" des Bundesministeriums für Bildung und Forschung (BMBF) im Rahmen des Programms „Forschung für die zivile Sicherheit" der Bundesregierung gefördert (Förderkennzeichen: 13N14351), wofür ich mich sehr bedanken möchte.

Zu guter Letzt: Den Lesern wünsche ich eine angenehme und aufschlussreiche Lektüre. Für Hinweise und Verbesserungsvorschläge bin ich dankbar (Kontakt: www.chreu.de); Ziel ist diese für zukünftige Auflagen umzusetzen.

Darmstadt und Siegen   Prof. Dr. Christian Reuter

---

[1] Im Interesse der Lesbarkeit wird nicht ausdrücklich in geschlechtsspezifischen Personenbezeichnungen differenziert. Das gewählte generische Maskulinum schließt eine adäquate weibliche Form gleichberechtigt ein.

Gliederung

Der Herausgeber

Prof. Dr. Christian Reuter

… forscht und lehrt als Universitätsprofessor (Wissenschaft und Technik für Frieden und Sicherheit - PEASEC) am Fachbereich Informatik der Technischen Universität Darmstadt sowie als Initiator und Mentor der BMBF-Arbeitsgruppe KontiKat an der Universität Siegen. Er ist Gründungssprecher der Fachgruppe „Mensch-Maschine-Interaktion in sicherheitskritischen Systemen" innerhalb der Gesellschaft für Informatik (GI) und hat über 100 wissenschaftliche Veröffentlichungen in jenem Bereich publiziert.

Nach seinem Studium in Siegen und Dijon (Dipl.-Wirt.Inf., M.Sc.) und Tätigkeiten in der IT-Beratung promovierte er zur Gestaltung (inter-)organisationaler Kollaborationstechnologien am Beispiel des Krisenmanagements (summa cum laude). Seine Forschung wurde mehrfach ausgezeichnet, unter anderem mit dem Brunswig- und IHK-Promotionspreis, als CSCW-Honorable-Mention der GI und im Rahmen der BMBF-Nachwuchsförderung.

Ausgewählte Publikationen

Reuter, C., Hughes, A. L., & Kaufhold, M.-A. (2018). Social Media in Crisis Management: An Overview of Crisis Informatics Research. *International Journal on Human-Computer Interaction (IJHCI). In press*

Reuter, C., Kaufhold, M.-A., Spielhofer, T., & Hahne, A. S. (2017). Social Media in Emergencies: A Representative Study on Citizens' Perception in Germany. *Proceedings of the ACM: Human Computer Interaction (PACM): Computer-Supported Cooperative Work and Social Computing*, 1(2).

Reuter, C., Ludwig, T., Kaufhold, M.-A., & Spielhofer, T. (2016). Emergency Services Attitudes towards Social Media: A Quantitative and Qualitative Survey across Europe. *International Journal on Human-Computer Studies (IJHCS)*, *95*, 96–111.

Reuter, C., Ludwig, T., Kaufhold, M.-A., & Pipek, V. (2015). XHELP: Design of a Cross-Platform Social-Media Application to Support Volunteer Moderators in Disasters. In *Proceedings of the Conference on Human Factors in Computing Systems (CHI)* (S. 4093–4102). Seoul, Korea: ACM Press.

Reuter, C. (2014). Emergent Collaboration Infrastructures: Technology Design for Inter-Organizational Crisis Management (Ph.D. Thesis). Siegen, Germany: Springer Gabler.

Reuter, C., Ludwig, T., & Pipek, V. (2014). Ad Hoc Participation in Situation Assessment: Supporting Mobile Collaboration in Emergencies. *ACM Transactions on Computer-Human Interaction (ToCHI)*, *21*(5), Article 26.

Reuter, C., Heger, O., & Pipek, V. (2013). Combining Real and Virtual Volunteers through Social Media. In T. Comes, F. Fiedrich, S. Fortier, J. Geldermann, & T. Müller (Eds.), *Proceedings of the Information Systems for Crisis Response and Management (ISCRAM)* (S. 780–790). Baden-Baden, Germany.

Reuter, C., Marx, A., & Pipek, V. (2012). Crisis Management 2.0: Towards a Systematization of Social Software Use in Crisis Situations. *International Journal of Information Systems for Crisis Response and Management (IJISCRAM)*, *4*(1), 1–16.

Die Autoren

An der Erstellung dieses Buchs waren 53 Autoren aus 21 Hochschulen und Forschungs-einrichtungen beteiligt. Diese werden im Folgenden vorgestellt.

B

Dr. Frank **Beham**
(Universität des Saarlandes, bis 2015)   Kapitel 21 · 30

… hat seine Doktorarbeit zum Corporate Shitstorm Management in der Funktion als Wissenschaftlicher Mitarbeiter am Institut für Handel & Internationales Marketing (H.I.MA.) der Universität des Saarlandes in Saarbrücken verfasst. Derzeit publiziert er schwerpunktmäßig zu den Themengebieten Corporate Innovation und Digitale Transformation.

Dr. Alexander **Boden**
(Fraunhofer FIT)   Kapitel 9 · 30

… ist Post-Doc-Forscher am Fraunhofer-Institut für Angewandte Informationstechnik FIT. Seine Forschungsinteressen liegen im Bereich der Unterstützung von Koordination und Wissensmanagement in komplexen Kontexten wie dem Krisenmanagement sowie methodischen Implikationen an der Schnittstelle zwischen Sozialwissenschaften und angewandter Informatik.

Prof. Dr. Monika **Büscher**
(Lancaster University)   Kapitel 9

… ist Professorin für Soziologie und Direktorin des Centre for Mobilities Research an der Universität Lancaster, Associate Director am Institute for Social Futures. Sie leitet Forschung zu ethischen, legalen und sozialen Fragen in einer Reihe von Forschungsprojekten mit Schwerpunkt auf Ethnographie, Co-design, soziale Medien, Technik, Krisenhilfe und Bürgerbeteiligung.

F

Prof. Dr.-Ing. Frank **Fiedrich** · Dr.-Ing. Florian **Brauner** ·
Ramian **Fathi** (Bergische Universität Wuppertal) Kapitel 11 · 25 · 30

… ist Wirtschaftsingenieur und hat am Karlsruher Institut für Technologie promoviert. Seit 2009 leitet er den Lehrstuhl Bevölkerungsschutz, Katastrophenhilfe und Objektsicherheit an der Bergischen Universität Wuppertal. Seine Forschungsinteressen umfassen unter anderem den Einsatz von Informations- und Kommunikationstechnologien für das Katastrophen- und Krisenmanagement, Schutzkonzepte für Kritische Infrastrukturen, Stabsarbeit und interorganisationale Zusammenarbeit sowie gesellschaftliche Auswirkungen von Sicherheitstechnologien.

Dr.-Ing. Florian **Brauner** ist wissenschaftlicher Mitarbeiter des Lehrstuhls Bevölkerungsschutz, Katastrophenhilfe und Objektsicherheit der Bergischen Universität Wuppertal und forscht an der Resilienz „smarter" Kritischer Infrastrukturen. Seine Forschung umfasst neue Resilienz-Strategien in komplexen Systemen im Zuge der Digitalisierung. Den Schwerpunkt seiner Tätigkeit bildet die Integration von Risiko- und Krisenmanagement in ganzheitliche (Unternehmens-)Sicherheitskonzepte.

Ramian **Fathi** ist Sicherheitsingenieur und arbeitet an der Bergischen Universität Wuppertal am Lehrstuhl Bevölkerungsschutz, Katastrophenhilfe und Objektsicherheit. Er erforscht schwerpunktmäßig in einem DFG-gefördertem Forschungsprojekt die Motivationsfaktoren und Partizipationsmöglichkeiten von digitalen Freiwilligen in der Katastrophenhilfe. Darüber hinaus engagiert er sich als Vorstandsmitglied bei der Deutschen Gesellschaft zur Förderung von Social Media und Technologie im Bevölkerungsschutz (DGSMTech).

Prof. Dr. Simone **Fischer-Hübner**
(Karlstads Universitet)   Kapitel 7

… ist seit 2000 Professorin für Datensicherheit und Datenschutz an der Universität Karlstad in Schweden. Sie studierte Informatik mit Nebenfach Rechtswissenschaften, promovierte und habilitierte in Informatik an der Universität Hamburg und war Gastprofessorin an der Copenhagen Business School und Stockholmer Universität. Sie forscht schwerpunktmäßig in den Bereichen der Datenschutz-Technologien und des benutzbaren Datenschutzes.

Prof. Dr.-Ing. Frank **Fuchs-Kittowski**

(Hochschule für Technik und Wirtschaft Berlin) Kapitel 27 · 30

… studierte Informatik an der Technischen Universität Berlin sowie Computer-Linguistik an der Manchester University. Er arbeitete am Fraunhofer-Institut für Software- und Systemtechnik ISST und promovierte zum Dr.-Ing. an der Technischen Universität Berlin. Seit 2009 ist er Professor für Umwelt-Informatik an der HTW Berlin und seit 2012 Bereichsleiter für Umwelt-Informationssysteme am Fraunhofer FOKUS. Den Schwerpunkt seiner Lehr- und Forschungstätigkeit bilden dabei mobile Anwendungen (insbesondere Mobile Tasking, Mobile Sensing, Mobile Augmented Reality) sowie Wissens- und Kooperationssysteme im Umweltbereich und Katastrophenschutz.

G

Prof. Dr. Stefan **Geisler**

(Hochschule Ruhr-West) Kapitel 17 · 18 · 30

… ist Professor für Angewandte Informatik/Mensch-Maschine-Interaktion an der Hochschule Ruhr West. Dort leitet er den Studiengang Mensch-Technik-Interaktion und das Forschungsinstitut Positive Computing. Er lehrt und forscht dort unter anderem im Bereich Automotive HMI. Zuvor war er mehrere Jahre als HMI-Entwickler bei der Ford Werke GmbH in firmeninternen Forschungsprojekten und der Serienentwicklung tätig.

Prof. Klaus **Gennen**

(Technische Hochschule Köln) Kapitel 8 · 30

… ist Rechtsanwalt und Partner der Kanzlei LLR Legerlotz Laschet und Partner Rechtsanwälte PartG mbB, Fachanwalt für IT-Recht und für Arbeitsrecht, externer Datenschutzbeauftragter, zugleich ordentlicher Professor an der TH Köln für Wirtschaftsrecht, insbesondere Informationstechnologierecht, Kölner Forschungsstelle für Medienrecht.

H

Prof. Dr. Michael **Herczeg**

(Universität zu Lübeck) Geleitwort

… ist Universitätsprofessor und Direktor des Instituts für Multimediale und Interaktive Systeme (IMIS) der Universität zu Lübeck. Seine Hauptarbeitsgebiete sind Mensch-Computer-Interaktion, speziell Software-Ergonomie, Interaktionsdesign, Usability Engineering sowie sicherheitskritische Mensch-Computer-Systeme. Er berät Unternehmen, öffentliche Verwaltungen und Aufsichtsbehörden und ist Autor mehrerer Fachbücher und einer Vielzahl wissenschaftlicher Fachbeiträge. Nach Gründung und Leitung diverser Fachgruppen war er Mitbegründer und von 2010 bis 2016 Sprecher des Fachbereichs Mensch-Computer-Interaktion der Gesellschaft für Informatik.

Prof. Dr. Dominik **Herrmann**
(Otto-Friedrich-Universität Bamberg)   Kapitel 7 · 30

… forscht an Angriffen auf die Privatsphäre und an datenschutzfreundlichen Systemen. Seine im Jahr 2014 am Fachbereich Informatik der Universität Hamburg ein-
gereichte Dissertation wurde mit dem GI-Dissertationspreis ausgezeichnet. Nach
einer Professurvertretung an der Universität Siegen übernahm er im Herbst 2017
die neu eingerichtete Informatik-Professur für Privatheit und Sicherheit in Informationssystemen an der Otto-Friedrich-Universität Bamberg.

K

Marc-André **Kaufhold**
(Technische Universität Darmstadt und Universität Siegen)

Kapitel 2 · 19 · 28 · 30

… ist wissenschaftlicher Mitarbeiter im Fachgebiet „Wissenschaft und Technik für
Frieden und Sicherheit (PEASEC)" im Fachbereich Informatik der Technischen
Universität Darmstadt und am Institut für Wirtschaftsinformatik der Universität
Siegen. Seine Forschungstätigkeiten fokussieren Computerunterstützte Gruppenar-
beit, Kriseninformationssysteme sowie die behördliche und bürgerliche Nutzung
sozialer Medien in Notfällen und Katastrophenlagen.

Prof. Dr. Michael **Klafft**
(Jade Hochschule)   Kapitel 16 · 30

… ist Professor für Wirtschaftsinformatik, insbesondere digitale Medien an der Jade
Hochschule und befasst sich mit Fragen der Konzeption, der Gestaltung und der
Nutzung IT-gestützter Bevölkerungswarnsysteme. Ein weiterer Forschungsschwerpunkt sind wirtschaftliche Fragestellungen im Zusammenhang mit Investitionen in Warninfrastrukturen.

L

Dr. Michael **Liegl**
(Universität Hamburg)   Kapitel 9

… ist Post-Doc-Forscher an der Universität Hamburg. In seiner Forschung untersucht
er das Zusammenspiel von Technologie, räumlicher Organisation und sozialer Beziehungen mit einem Fokus auf die Schichtung und Hybridisierung von Online-
und Offline-Kollaboration mittels (Video-)Ethnographie und Science and Technology Studies. Er verfolgte dieses Forschungsinteresse über die digitale städtische
Kunstkollektive, freiberufliche nomadische Arbeitspraktiken und standortbezo-
gene soziale Netzwerke sowie im Rahmen des Krisenmanagements.

Dr.-Ing. Myriam **Lipprandt**
(Carl von Ossietzky Universität Oldenburg)   Kapitel 15 · 30

… ist Informatikerin und leitet die Arbeitsgruppe Patientensicherheit. Sie forscht schwerpunktmäßig im Bereich der Usability und des Risikomanagements in sicherheitskritischen soziotechnischen Systemen. In weiteren Forschungsaktivitäten befasste sie sich mit Standardisierung im Bereich Ambient Assisted Living (AAL) und Interoperabilität im Gesundheitswesen.

Prof. Dr.-Ing. Luigi **Lo Iacono**
(Technische Hochschule Köln)   Kapitel 6 · 30

… leitet die Gruppe für Daten- und Anwendungssicherheit an der Technischen Hochschule Köln und forscht schwerpunktmäßig an konstruktiven Sicherheitsverfahren für große verteilte Systeme und deren Usability.

Dr. Thomas **Ludwig** · Martin **Stein** · Nico **Castelli** ·
Sven **Hoffmann** (Universität Siegen)   Kapitel 12 · 30

… ist Bereichsleiter Cyber-Physische Systeme/Internet der Dinge an der Universität Siegen. Er leitete verschiedene Forschungsprojekte schwerpunktmäßig in den Bereichen Digitalisierung, Computerunterstützte Gruppenarbeit, Menschzentrierte Technikgestaltung sowie Mobile & Wearable Computing.

Martin **Stein** studierte Wirtschaftsinformatik an der Universität Siegen. Als Mitarbeiter des Lehrstuhls Wirtschaftsinformatik und Neue Medien leitete er Forschungsprojekte im Bereich intermodaler Transportsysteme und führte diverse Industrieprojekte dort und am Fraunhofer FIT durch. Aktuell ist er an der Universität Siegen beschäftigt und Geschäftsführer der ZDW Südwestfalen GmbH.

Nico **Castelli** studierte Wirtschaftsinformatik an der Universität Paderborn sowie der Universität Siegen. Als Mitarbeiter des Lehrstuhls Wirtschaftsinformatik und Neue Medien leitete er Forschungsprojekte im Bereich Umweltinformationssysteme sowie -management. Sein Forschungsschwerpunkt ist die Gestaltung von Informationssystemen zur Nutzbarmachung von IoT-Daten im Industrie- sowie Privatkontext.

Sven **Hoffmann** ist wissenschaftlicher Mitarbeiter am Lehrstuhl für Wirtschaftsinformatik und Neue Medien der Universität Siegen. Sein Forschungsinteresse liegt im Bereich der Gestaltung und Nutzung cyber-physischer Systeme im Zuge von wissensintensiven Arbeitsprozessen im industriellen Produktionsumfeld. Aktuell arbeitet er im Projekt Cyberrüsten 4.0.

Dr. Heide **Lukosch**
(Technische Universiteit Delft)   Kapitel 24

… ist Assistant Professor an der Technischen Universität Delft, Niederlande. Sie erforscht unter anderem, wie Simulation Games entworfen und eingesetzt werden müssen, um das Situationsbewusstsein von Aktoren in komplexen Situationen zu erhöhen, sodass ihre Entscheidungs- und Handlungsräume verbessert werden können. Ein wichtiger Bestandteil ihrer Arbeit besteht in der Konzeptualisierung von Simulation Games als Forschungsinstrument in und von komplexen Systemen.

Dr. Stephan **Lukosch**
(Technische Universiteit Delft)   Kapitel 24 · 30

… ist Associate Professor an der der Technischen Universität Delft, Niederlande. Unter Verwendung von Augmented und Virtual Reality erforscht er Umgebungen, die es ermöglichen, von unterschiedlichen Orten auf der Welt gemeinsame Aufgaben durchzuführen und zu koordinieren. Gerade in Zusammenhang mit Trainingsszenarien oder Studien zu neuer Technologie finden hier verstärkt Serious Games Anwendung.

M

Prof. Dr. Tilo **Mentler**
(Universität zu Lübeck)   Kapitel 3 · 14 · 30

… ist Juniorprofessor für Sicherheitskritische Mensch-Computer-Systeme in Technik und Medizin an der Universität zu Lübeck. Er forscht schwerpunktmäßig zur menschzentrierten Entwicklung und Gestaltung gebrauchstauglicher interaktiver Systeme in sicherheitskritischen Domänen wie dem Gesundheitswesen (inner- und außerhalb klinischer Einrichtungen) oder der Energieversorgung (Leitwarten).

N

Prof. Dr. Simon **Nestler**
(Hochschule Hamm-Lippstadt) Kapitel 4 · 10 · 30

… ist Professor für Mensch-Computer-Interaktion an der Hochschule Hamm-Lippstadt und beschäftigt sich in der Forschung schwerpunktmäßig mit der menschzentrierten Gestaltung von interaktiven Systemen für Behörden und Organisationen mit Sicherheitsaufgaben (BOS).

P

Prof. Dr. Volkmar **Pipek**
(Universität Siegen) Kapitel 22 · 30

… studierte an der Universität Kaiserslautern Informatik und Wirtschaftswissenschaften mit dem Schwerpunkt Datenbanken und Künstliche Intelligenz. Nach Stationen an der Universität Bonn und Promotion in „Information Processing Science" an der Universität Oulu in Finnland ist er Professor für Computerunterstützte Gruppenarbeit und Soziale Medien am Institut für Wirtschaftsinformatik der Universität Siegen und Vorstandsvorsitzender am Internationalen Institut für Sozioinformatik (IISI).

Dr.-Ing. Jens **Pottebaum** · Christina **Schäfer**
(Universität Paderborn) Kapitel 12 · 30

… ist Oberingenieur in der Fachgruppe Produktentstehung im Heinz-Nixdorf-Institut der Universität Paderborn. Er studierte Ingenieurinformatik und promovierte 2011 mit Auszeichnung zur „Optimierung des einsatzbezogenen Lernens durch Wissensidentifikation". Er forscht zur Anwendung und Anwendbarkeit von Informationssystemen in den komplexen Arbeitswelten der Produktentstehung im Maschinenbau und der zivilen Gefahrenabwehr. Seit 2005 ist er in verschiedenen nationalen und europäischen Verbundprojekten der zivilen Sicherheitsforschung aktiv und erhielt 2016 den Excellence Award der Vereinigung zur Förderung des Deutschen Brandschutzes (vfdb).

Dipl.-Inf. Christina **Schäfer** ist wissenschaftliche Mitarbeiterin der Fachgruppe Computeranwendung und Integration in Konstruktion und Planung der Universität Paderborn. Seit 2009 erforscht sie Fragestellungen zum Thema Informations- und Wissensmanagement in der zivilen Gefahrenabwehr und ist in nationalen und europäischen Forschungsprojekten tätig.

R

Prof. Dr. Christian **Reuter**
(Technische Universität Darmstadt)

Vorwort · Kapitel 1 · 2 · 19 · 22 · 28 · 30

… forscht und lehrt als Universitätsprofessor (Wissenschaft und Technik für Frieden
und Sicherheit - PEASEC) im Fachbereich Informatik an der Technischen Universität Darmstadt sowie als Initiator und leitender Mentor der BMBF-Arbeitsgruppe
KontiKat an der Universität Siegen. Er ist Gründungssprecher der Fachgruppe
„Mensch-Maschine-Interaktion in sicherheitskritischen Systemen" innerhalb der
Gesellschaft für Informatik (GI) und hat über 100 wissenschaftliche Veröffentlichungen in jenem Bereich publiziert. Seine Forschung wurde mehrfach ausgezeichnet, unter anderem mit dem Brunswig- und IHK-Promotionspreis, als CSCW-
Honorable-Mention der GI und im Rahmen der BMBF-Nachwuchsförderung.

Prof. Dr. Rainer **Röhrig**
(Carl von Ossietzky Universität Oldenburg)   Kapitel 15

… ist Arzt und Medizininformatiker und forscht schwerpunktmäßig im Bereich der
soziotechnischen Systeme in der ambulanten und stationären Intensiv- und Notfallmedizin. Der zweite Schwerpunkt ist Entwicklung, Evaluation und Betrieb von IT-
Infrastruktur für die biomedizinische Forschung.

Prof. Dr. Gebhard **Rusch** · Toni **Eichler** · Sascha **Skudelny**
(Universität Siegen)   Kapitel 23 · 30

… ist Professor am Institut für Medienforschung und der iSchool der Universität Siegen. Er forscht schwerpunktmäßig in den Bereichen Medien- und Kommunikati-
onstheorie sowie Sicherheitskommunikation.

Toni **Eichler** ist wissenschaftlicher Mitarbeiter am Institut für Medienforschung
und der iSchool der Universität Siegen. Er forscht schwerpunktmäßig in den Bereichen Sicherheitskommunikation und Kommunikationsnetzwerke.

Sascha **Skudelny** ist wissenschaftlicher Mitarbeiter am Institut für Medienforschung und der iSchool der Universität Siegen. Er studierte Medienwissen-
schaften und Humanmedizin und promoviert am Institut für Mikrosystemtechnik.
Seine Publikations- und Forschungsschwerpunkte liegen im Bereich Sicherheitskommunikation, akustischer Sicherheitstechnologien und Prozess- und Kommuni-
kationsmodellierung komplexer Systeme sowie Usability und Social Network
Analysis.

S

Prof. Dr. Stefan **Sackmann** · Sebastian **Lindner** · Sophie **Gerstmann** · Hans **Betke**
(Martin-Luther-Universität Halle-Wittenberg) Kapitel 26 · 30

… hat den Lehrstuhl für Wirtschaftsinformatik, insbesondere Betriebliches Informationsmanagement an der Martin-Luther-Universität Halle-Wittenberg inne. Nach dem Saale-Hochwasser 2013 initiierte er zusammen mit seinen Mitarbeitern ein Forschungsprojekt, das eine verbesserte Koordination ungebundener Spontanhelfer zum Ziel hat und seit 2016 im Forschungsverbund KUBAS (Koordination ungebundener vor-Ort-Helfer zur Abwendung von Schadenslagen) vom BMBF gefördert wird. Seine Arbeiten sind im Bereich Informationsmanagement angesiedelt, insbesondere werden flexible Workflowmanagement-Systeme und Business Process Compliance (BPC) erforscht.

Lindner, Gerstmann und Betke sind wissenschaftliche Mitarbeiter am Lehrstuhl für Wirtschaftsinformatik, insbesondere Betriebliches Informationsmanagement an der Martin-Luther-Universität Halle-Wittenberg.

Sebastian **Lindner** arbeitet seit 2013 an verschiedenen Themen zur verbesserten Koordination ungebundener Spontanhelfer, zuletzt im BMBF geförderten Forschungsprojekt KUBAS. Sein Forschungsschwerpunkt liegt in der Analyse und Simulation des Kooperations- und Kommunikationsverhaltens von Spontanhelfern.

Sophie **Gerstmann** unterstützt seit 2017 die Forschung im BMBF geförderten Projekt KUBAS.

Hans **Betke** hat beim Jahrhunderthochwasser 2013 die Herausforderungen der Koordination ungebundener Spontanhelfer selbst miterlebt und forscht seither an neuen Einsatzmöglichkeiten von IT im Katastrophenmanagement. Seit 2016 leitet er im Rahmen des BMBF-Projekts KUBAS das Teilprojekt ASK (Automatisierte Kommunikations-Workflows zur Einbindung freiwilliger Helfer in das Katastrophenmanagement).

Prof. Dr. Matthew **Smith**
(Universität Bonn und Fraunhofer FKIE) Kapitel 6

… ist Professor für Benutzbare IT-Sicherheit und Privatsphäre an der Rheinischen Friedrich-Wilhelms-Universität Bonn und Mitarbeiter im Fraunhofer FKIE. Sein Studium der Technischen Informatik hat er im Jahr 2003 an der Universität Siegen mit Auszeichnung abgeschlossen. An der Philipps-Universität Marburg hat er seine Promotion angefertigt und 2008 ebenfalls mit Auszeichnung abgeschlossen. Die Arbeit wurde von der Gesellschaft zur Förderung des Forschungstransfers (GFFT e.V.) 2009 mit dem Dissertationspreis ausgezeichnet. 2015 ist sein ERC Starting Grant „Frontiers of Usable Security" zur Förderung ausgewählt worden.

Prof. Dr. Stefan **Stieglitz**
(Universität Duisburg-Essen) Kapitel 20 · 30

… leitet das Fachgebiet „Professionelle Kommunikation in elektronischen Medien/Social Media" an der Universität Duisburg-Essen. Er ist zudem Direktor des Competence Centers Connected Organisation, das den Transfer wissenschaftlicher Ergebnisse in die Praxis befördert. Stefan Stieglitz setzt sich seit Jahren mit dem Thema Social Media Analytics auseinander und hat hierzu erfolgreich publiziert und Projekte im Bereich der Krisenkommunikation durchgeführt und geleitet.

Prof. Dr. Christian **Sturm**
(Hochschule Hamm-Lippstadt)   Kapitel 4 · 10 · 30

… ist Professor an der Hochschule Hamm-Lippstadt. Mit einem Diplom in Medieninformatik (FH) der Hochschule Furtwangen und einer Promotion in Kognitionswissenschaft, Ethnologie und Telematik der Universität Freiburg lehrt und forscht Professor Sturm auf den Gebieten Customer- und User Experience, Interkultureller Interaktionen sowie Entrepreneurship. Er hat jeweils mehrere Jahre in Mexiko, Spanien und Ägypten gelebt und dort sowohl in der Industrie als auch im akademischen Umfeld gearbeitet.

V

Prof. Dr. Melanie **Volkamer** · Paul **Gerber** · Dr. Marco **Ghiglieri** · Dr. Birgit **Henhapl** · Dr. Oksana **Kulyk** · Karola **Marky** · Peter **Mayer** · Benjamin **Reinheimer**
(Karlstads Universitet · Technische Universität Darmstadt)

Kapitel 5 · 30

… ist Professorin für Usable Privacy and Security an der Karlstad University in Schweden und Kooperationsprofessorin für Security, Usability, Society (SECUSO) an der Technischen Universität Darmstadt. Sie ist Autorin von zahlreichen Veröffentlichungen und ihre Gruppe hat eine Reihe von Open Source Tools zum Privatsphärenschutz der Endanwender veröffentlicht.

Gerber, Ghiglieri, Henhapl, Kulyk, Marky, Mayer und Reinheimer sind wissenschaftliche Mitarbeiter in der Forschungsgruppe SECUSO (Security, Usability and Society) der Technischen Universität Darmstadt.

Paul **Gerber** interessiert sich vor allem für die synergetischen Effekte, die aus der Kombination von Psychologie und Informatik entstehen.

Die Schwerpunkte von Dr. Marco **Ghiglieri** sind Sensibilisierungsmaßnahmen in Themen der IT-Sicherheit und benutzbare IT-Sicherheitsverfahren für kleine und mittelständige Unternehmen. Bis 2017 forschte er im Bereich Daten- und Privatsphärenschutz in Smart-TVs mit Fokus auf den Endnutzer.

Dr. Birgit **Henhapl** setzt den Schwerpunkt auf benutzerfreundliche Verschlüsselung. Bis 2016 arbeitete sie als IT-Sicherheitsberaterin im Bereich Datenschutz und Kreditkartensicherheit.

Die Schwerpunkte von Dr. Oksana **Kulyk** sind Delegated Privacy und Benutzbarkeit von Privacy-Einstellungen. Bis 2017 forschte sie im Bereich Sicherheit von Internetwahlen.

Karola **Markys** Forschungsschwerpunkte liegen bei der Benutzbarkeit von Ende-zu-Ende verifizierbaren elektronischen Wahlen und Usable Security und Privacy für mobile Endgeräte.

Die Forschungsschwerpunkte von Peter **Mayer** liegen auf der Benutzbarkeit von Authentifizierungsmechanismen sowie auf IT-Sicherheits-Awareness, -Wissensvermittlung, und -Training im Bereich der Benutzer-Authentifizierung.

Die Schwerpunkte von Benjamin **Reinheimer** sind Lernkonzepte und technische Unterstützungen bei der Phishing-Erkennung in verschiedenen Kontexten und Usable Security und Privatsphäre im Smart Home beziehungsweise Internet der Dinge.

W

Prof. Dr. Volker **Wulf** · PD Dr. Markus **Rohde** · Konstantin **Aal** ·
Anne **Weibert** · Michael **Ahmadi** (Universität Siegen)

Kapitel 29 · 30

… hat den Lehrstuhl Wirtschaftsinformatik und Neue Medien an der Universität Siegen inne und ist geschäftsführender Direktor der School of Media and Information (iSchool) an der Universität Siegen. Außerdem leitet er das Geschäftsfeld „Benutzerorientiertes Software-Engineering (USE)" am Fraunhofer-Institut für Angewandte Informationstechnik (FhG-FIT), Sankt Augustin. Schwerpunkt seiner Forschung liegt im Bereich der Gestaltung von IT-Systemen in realweltlichen Kontexten. Dabei werden innovative Anwendungen aus den Bereichen der Kooperationssysteme, des Wissensmanagements und der Community-Unterstützung entwickelt.

PD Dr. Markus **Rohde** ist Bereichsleiter für Community Informatics am Lehrstuhl für Wirtschaftsinformatik und Neue Medien an der Universität Siegen. Seine Arbeitsschwerpunkte sind Human-Computer Interaction, Computer Supported Cooperative Work (CSCW), organisationales und kollaboratives Lernen, virtuelle Teams, Nichtregierungsorganisationen und (Neue) Soziale Bewegungen.

Konstantin **Aal** ist wissenschaftlicher Mitarbeiter und Doktorand am Lehrstuhl für Wirtschaftsinformatik und Neue Medien an der Universität Siegen. Er forscht unter anderem zu der Rolle sozialer Medien während des Arabischen Frühlings sowie den Einsatzmöglichkeiten von IT-Systemen in der Flüchtlingsintegration.

Anne **Weibert** ist wissenschaftliche Mitarbeiterin und Doktorandin am Lehrstuhl für Wirtschaftsinformatik und Neue Medien an der Universität Siegen. Sie forscht unter anderem über interkulturelles Lernen mittels computergestützter Projektarbeit sowie den Einsatzmöglichkeiten von IT-Systemen in der Flüchtlingsintegration.

Michael **Ahmadi** ist wissenschaftlicher Mitarbeiter und Doktorand am Lehrstuhl für Wirtschaftsinformatik und Neue Medien an der Universität Siegen. Er erforscht schwerpunktmäßig die Rolle von Frauen in IT-Unternehmen sowie die Einsatzmöglichkeiten von IT-Systemen in der Flüchtlingsintegration.

\#

Roxanne **Keller** und Janina **Reising**
(Technische Universität Darmstadt und Universität Siegen)

… haben als wissenschaftliche Hilfskräfte beim Herausgeber (Prof. Dr. Christian Reuter) in Recherche, Korrektur, Formatierung, Folienerstellung und vielem mehr entscheidende Beiträge zum Gelingen des Buches geleistet.

Teil I: Einführung

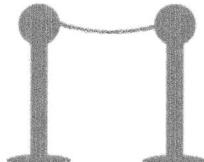

1 Sicherheitskritische Mensch-Computer-Interaktion – Einleitung und Überblick

Christian Reuter

Technische Universität Darmstadt

Zusammenfassung

Die sicherheitskritische Mensch-Computer-Interaktion (MCI) ist eine interdisziplinäre Herausforderung und ein für die Informatik und die jeweiligen Anwendungsdomänen in der Bedeutung zunehmendes Thema. Dieses Kapitel bietet eine Einführung in das Lehr- und Fachbuch „Sicherheitskritische Mensch-Computer-Interaktion – Interaktive Technologien und Soziale Medien im Krisen- und Sicherheitsmanagement". Als didaktisch aufbereiteter, umfassender Überblick über Grundlagen, Methoden und Anwendungsgebiete soll es sowohl als vorlesungsbegleitende Lektüre als auch als Nachschlagewerk für Wissenschaftler, Designer und Entwickler dienen. Dies adressierend werden interaktive, mobile, ubiquitäre und kooperative Technologien sowie soziale Medien vorgestellt. Hierbei finden klassische Themen wie benutzbare (IT-)Sicherheit, Industrie 4.0, Katastrophenschutz, Medizin und Automobil, aber auch Augmented Reality, Crowdsourcing, Shitstorm Management, Social Media Analytics und Cyberwar ihren Platz. Methodisch wird das Spektrum von Usable Safety bis Usable Security Engineering von Analyse über Design bis Evaluation abgedeckt.

Lernziele

- Die Leser erlangen ein grundlegendes Verständnis sicherheitskritischer MCI und der zugrundeliegenden Disziplinen MCI sowie Krisen- und Sicherheitsmanagement.
- Die Leser erhalten einen Überblick über ausgewählte Grundlagen und Methoden sicherheitskritischer MCI, sicherheitskritische interaktive und kooperative Systeme.
- Die Leser können sich in den Anwendungsdomänen und -feldern orientieren.

1.1 Einleitung

Sicherheitskritisch ist ein Prozess oder System genau dann, wenn aufgrund der beteiligten Massen, Energien oder Informationen beträchtliche Risiken bestehen (Herczeg, 2014, S. 10). **Sicherheitskritische Systeme** sind dementsprechend Systeme, die für die Sicherheit relevant sind und deren möglicher Misserfolg in enormen Konsequenzen resultiert. Da der Mensch in der Verantwortung für die Kontrolle und die Überwachung komplexer Mensch-Maschine-Systeme steht und die Anzahl von Systemmisserfolgen, die aus Konzeptions-fehlern resultieren, mitunter unterschätzt wird, müssen Human Factors speziell im Kontext sicherheitskritischer Systeme beachtet werden (Westerman & Hockey, 1997). **Human Factors** sind alle physischen, psychischen und sozialen Charakteristika des Menschen, die in interdependenter Beziehung zu soziotechnischen Systemen stehen (Badke-Schaub & Hofinger, 2008). **Mensch-Maschine-Systeme** sind *„Konstrukte, bei denen Menschen mit-hilfe von Maschinen, heutzutage vor allem Computern, Dinge konzipieren, produzieren, speichern, wiederfinden, ändern oder auch überwachen und steuern"* (Herczeg, 2000).

Dies adressierend heben Westerman and Hockey (1997) in „Human Factors in Safety-Critical Systems: An underestimated contribution" (deutsch: „Menschliche Faktoren in sicherheitskritischen Systemen: ein unterschätzter Beitrag") hervor, dass Human Factors im Kontext sicherheitskritischer Systeme eine unzureichende Priorität gegeben wird. Dies resultiert in einer Anzahl von Systemmisserfolgen, welche das Ergebnis von Konzeptions-fehlern sind. Gemäß Westerman and Hockey (1997) ist eine Limitation ingenieurswissen-schaftlicher Methoden, dass diese für die Gewährleistung von Zuverlässigkeit zwar not-wendig, aber nicht hinreichend sind, da sie sich mit möglichen Schwierigkeiten initialer Problembeschreibungen nicht befassen und daher um weitere Methoden an der Schnitt-stelle zwischen Mensch und Maschine (**MCI**, vgl. Kapitel 2) angereichert werden müssen.

Im Kontext interaktiver und kooperativer sicherheitskritischer Systeme, wie beispiels-weise zur Zusammenarbeit von Feuerwehr, Polizei und Energieversorgern in Großscha-denslagen, werden die Herausforderungen sogar größer, insbesondere da sich in solchen häufig **emergenten Kontexten**, das heißt sehr dynamischen und nicht vorhersehbaren Umgebungen, viele Randbedingungen unzuverlässig ändern können (Reuter, 2014). Un-terstützende Technologien, wie organisationsübergreifende Lagekarten, soziale Netz-werke oder Smartphone-Apps, müssen dementsprechend neben sicherheitskritischen An-forderungen auch ein gewisses Maß an Flexibilität mitbringen, um sowohl **sicher** als auch **nutzbar** zu sein.

Dieses Lehr- und Fachbuch möchte die Herausforderungen **sicherheitskritischer MCI** adressieren und eine Anleitung zur Gestaltung, Entwicklung, Evaluation und Nutzung bie-ten. Konkret soll die Gestaltung **interaktiver Technologien und sozialer Medien im Kri-sen- und Sicherheitsmanagement** mitsamt den benötigten Methoden adressiert und aus verschiedenen Perspektiven betrachtet werden. Hierbei spielen eine Vielzahl von **Kon-zepten** (von Sicherheit – sowohl Safety als auch Security – über Resilienz bis Usability), verschiedene **Tätigkeiten** (von Kommunikation über Partizipation bis Navigation) und unterschiedlichste **Technologien** (von sozialen Medien über GIS-Systeme bis Augmented Reality) eine Rolle und werden in differierenden **Anwendungsfeldern** (Unternehmen, Behörden, Bevölkerung) eingesetzt (Tabelle 1-1).

Konzepte	Tätigkeiten
Sicherheit (alle Kapitel)	*Kommunikation* (z. B. Kapitel 10, 20, 21)
Safety (z. B. Kapitel 2-5 sowie fast überall)	*Koordination* (z. B. Kapitel 14, 24, 26)
Security (z. B. Kapitel 5-7, 11, 28)	*Kooperation* (z. B. Kapitel 22, 23, 24)
Datenschutz (z. B. Kapitel 7, 8, 9, 25)	*Warnung* (z. B. Kapitel 16, 18)
Risiko (z. B. Kapitel 2, 6, 11, 15, 16, 26)	*Partizipation* (z. B. Kapitel 9, 25-27)
Krise (z. B. Kapitel 2, 4, 8, 9, 10, 11, 13, 16, 17, 18, 19, 20, 21, 22, 23, 24, 25, 26, 27, 28)	*Navigation* (z. B. Kapitel 13, 17, 18)
Resilienz (z. B. Kapitel 22)	
Kontinuität (z. B. Kapitel 11, 23)	
Ethik, Kultur, Recht (z. B. Kapitel 8, 9, 10)	
Usability, UX, ... (z. B. Kapitel 2, 3, 4)	
Technologien	**Anwendungsfelder**
Soziale Medien (z. B. Kapitel 19, 20, 21, 26, 27, 28, 29)	*Katastrophenschutz und Gefahrenabwehr* (z. B. Kapitel 9, 13, 16, 19, 20, 22, 24, 25, 26, 27)
Kooperationssysteme (z. B. Kapitel 22, 24)	*Rettungsdienst* (z. B. Kapitel 14)
Smartphones / Tablets (z. B. Kapitel 3, 6, 7, 9, 14, 15, 16, 17, 18, 19, 22, 24, 26, 28)	*Medizin* (z. B. Kapitel 15)
Head-Mounted Displays, Augmented Reality (z. B. Kapitel 3, 14, 18, 24, 27)	*Unternehmen* (z. B. Kapitel 7, 11, 12, 16, 20, 21, 28)
	Industrie 4.0 (z. B. Kapitel 11, 12)
GIS-Systeme (z. B. Kapitel 13, 22)	*Automobil* (z. B. Kapitel 17, 18)
Fahrzeuge (z. B. Kapitel 17, 18)	*Krieg und Frieden* (z. B. Kapitel 29, 30)
Medizintechnik (z. B. Kapitel 14, 15)	

Tabelle 1-1: Spektrum des Buchs: Konzepte, Tätigkeiten, Technologien und Anwendungen

Für die Untersuchung sicherheitskritischer MCI ist eine eindeutige Definition des Sicherheitsbegriffs hilfreich. Abgeleitet von dem lateinischen Wort „sēcūritās", ist **Sicherheit** gleichzusetzen mit „ohne Sorge". Während im Englischen zwischen den Begriffen Safety und Security unterschieden wird, existiert im Deutschen nur ein Begriff für Sicherheit. Dieser bezeichnet einen Zustand des Sicherseins und Geschütztseins vor Gefahr oder Schaden beziehungsweise höchstmögliches Freisein von Gefährdungen (Duden, 2017).

Neben Sicherheit hat auch der Begriff der Krise eine besondere Stellung in diesem Buch. **Krise** wird als Höhe- und Wendepunkt einer gefährlichen Entwicklung, aus der sich ein Schaden oder sogar eine Katastrophe entwickeln kann (Duden, 2017), verstanden. Die Bedeutung des Wortes ist Bestandteil des inflationären Sprachgebrauchs. In den Medien wird von der Griechenlandkrise, Flüchtlingskrise oder Finanzkrise (Wort des Jahres 2008 der Gesellschaft für deutsche Sprache) berichtet. Im beruflichen Umfeld kommt es zur Unternehmenskrise, im privaten Bereich werden persönliche Krisen durchlebt. In den vergangenen Jahren ist der Krisenbegriff zu einem **„gesellschaftliche[n] Mode- und Schlagwort"** (Schönenberger et al., 2014, p. 7) aufgestiegen.

Im Folgenden werden die Inhalte dieses Buchs im Anschluss an diese Einleitung (Teil I) kurz zusammengefasst, um einen Überblick über die einzelnen Kapitel zu geben.

1.2   Grundlagen und Methoden (Teil II)

In Teil II werden sowohl Methoden für Usable Safety als auch Usable Security sowie ethische, rechtliche und kulturelle Aspekte behandelt.

1.2.1   Methoden für Usable Safety

Kapitel 2 *„Usable Safety Engineering sicherheitskritischer interaktiver Systeme"* von Christian Reuter und Marc-André Kaufhold (Technsiche Universität Darmstadt und Universität Siegen) beschäftigt sich mit der gebrauchstauglichen Gestaltung interaktiver und kooperativer Systeme, die bereits seit Jahrzehnten durch Forschung und Lehre im Bereich MCI abgedeckt wird, aber in diesem Kapitel um die Besonderheiten sicherheitskritischer Systeme im Allgemeinen und der Safety, das heißt den Gefährdungspotenzialen, die von den technischen Systemen selbst ausgehen können, im Speziellen ergänzt wird. Dieses Kapitel stellt Methoden des Safety Engineerings in sicherheitskritischer MCI vor.

Kapitel 3 *„Usability Engineering und User Experience sicherheitskritischer Systeme"* von Tilo Mentler (Universität zu Lübeck) unterscheidet zunächst die Konzepte Gebrauchstauglichkeit (Usability) und User Experience (UX). Es wird argumentiert, dass Gebrauchstauglichkeit zwar das zentrale, auf die Mensch-Maschine-Schnittstelle bezogene Kriterium bei der Entwicklung sicherheitskritischer interaktiver Systeme bleiben muss, jedoch bestimmte Facetten des UX-Konzeptes stärker berücksichtigt werden sollten. Anschließend werden die besonderen Anforderungen für die systematische Gewährleistung von Usability und User Experience im Rahmen von menschzentrierten Entwicklungsprozessen in sicherheitskritischen Kontexten erläutert.

Kapitel 4 *„Quantitative Evaluation der Mensch-Computer-Interaktion"* von Simon Nestler und Christian Sturm (Hochschule Hamm-Lippstadt) beschäftigt sich mit der quantitativen Evaluation von interaktiven Systemen im Sicherheits- und Krisenkontext. Die Validierung der Gebrauchstauglichkeit aller im Krisenmanagement zum Einsatz kommenden Komponenten ist dabei essentiell für eine erfolgreiche Nutzbarmachung des interaktiven Gesamtsystems. Die Autoren betrachten dabei auf Grundlage der quantitativen Aspekte der Gebrauchstauglichkeit verschiedene Varianten zur adäquaten Repräsentation des Krisenkontexts im Rahmen des Evaluationsprozesses: Im Rahmen des vorgestellten Labor-trainings, Prozesstrainings oder Krisentrainings lässt sich die MCI im Sicherheits- und Krisenkontext auch quantitativ evaluieren.

1.2.2 Methoden für Usable Security

Kapitel 5 „*Human Factors in Security*" von Paul Gerber, Marco Ghiglieri, Birgit Henhapl, Oksana Kulyk, Peter Mayer, Benjamin Reinheimer und Melanie Volkamer (Technische Universität Darmstadt und Karlstads Universitet) gibt eine Einführung in das Thema „Human Factors in Security". Mit einer Fokussierung auf Endanwender wird die Thematik zuerst allgemein und mithilfe verschiedener praxisnaher Beispiele der E-Mail-Verschlüs-selung, der HTTPS-Verbindungen im Internet sowie Passwörtern diskutiert. Human Cen-tered Security by Design wird als möglicher Lösungsansatz genannt.

Kapitel 6 „*Werkzeuge für Usable (Cyber-)Security*" von Luigi Lo Iacono (Technische Hochschule Köln) und Matthew Smith (Universität Bonn und Fraunhofer FKIE) betrachtet die Herangehensweise an Usable Security by Design durch verschiedene unterstützende Werkzeuge für Systementwickler. Die eingeführten Prinzipien, Richtlinien und Patterns lassen sich in unterschiedlichen Systementwicklungsphasen bei der konstruktiven Ausge-staltung gebrauchstauglicher Sicherheitsmechanismen zur Abwehr von Cyberangriffen verwenden.

Kapitel 7 „*Benutzbare Lösungen für den Datenschutz*" von Dominik Herrmann (Otto-Friedrich-Universität Bamberg) und Simone Fischer-Hübner (Karlstads Universitet) be-fasst sich mit dem Schutz der Privatsphäre bei der Gestaltung sicherheitskritischer Sys-teme. Nach Erläuterung der grundlegenden Begriffe werden die gesetzlichen Regelungen sowie Anforderungen aus Sicht einer guten Benutzbarkeit dargestellt. Darüber hinaus wer-den Methoden für gut anwendbare und datenschutzfreundliche Benutzerschnittstellen vor-gestellt, mit denen diese Anforderungen umgesetzt werden können. Das Kapitel schließt mit einem Vorgehensmodell zur systematischen Erhebung der relevanten Benutzerschnitt-stellen und Datenverarbeitungsprozesse.

1.2.3 Recht, Ethik, Kultur

Kapitel 8 „*Ausgewählte rechtliche Implikationen*" von Klaus Gennen (Technische Hoch-schule Köln) widmet sich ausgewählten Grundzügen der rechtlichen Einordnung des Ein-satzes von IT, insbesondere in Krisensituationen, in den Bereichen sogenannter Kritischer Infrastrukturen und dem Einsatz solcher Systeme, deren nicht einwandfreies Funktionie-ren oder gar deren Ausfall erhebliche Folgen sowohl für den Betreiber als auch für die Bevölkerung verursachen können. Der Beitrag zeigt die verschiedensten gesetzlichen und regulatorischen Anforderungen und Risiken in den verschiedenen Bereichen Kritischer Infrastrukturen und Systeme auf.

Kapitel 9 „*Ethische, rechtliche und soziale Implikationen (ELSI)*" von Alexander Boden (Fraunhofer FIT), Michael Liegl (Universität Hamburg) und Monika Büscher (Lancaster University) widmet sich der gesellschaftlichen Ebene technischer Innovationen im Kontext der Bewältigung von Krisen. Dabei fokussiert der Beitrag auf methodische Überlegungen für den Umgang mit dieser Problematik. Nach einem Überblick über Problemstellungen beim Einsatz von Krisen-IT-Systemen sowie dabei relevanter ELSI-Aspekte (ethische, legale und soziale Implikationen) werden bestehende Ansätze aus dem Bereich des Designs sowie der Technikforschung diskutiert. Abschließend gibt der Beitrag methodische Handlungsempfehlungen für ein „ELSI-Co-Design" auf der Grundlage aktueller Erkenntnisse aus der Kriseninformatik und zeigt deren Umsetzung exemplarisch auf.

Kapitel 10 „*Internationale und interkulturelle Aspekte*" von Christian Sturm und Simon Nestler (Hochschule Hamm-Lippstadt) betrachtet spezielle Anforderungen, die sich aus der steigenden Diversität der Entwicklerinnen und Entwickler sowie der Benutzerinnen und Benutzer ergeben. Dazu wird nach der Definition des Begriffes „Diversität" ein Framework dargestellt, mit dem sich die einzelnen Bereiche internationaler und interkultureller Aspekte kategorisieren lassen. Zu jedem der relevanten Aspekte werden Bezüge zur Entwicklung sicherheitskritischer Systeme hergestellt.

1.3   Sicherheitskritische interaktive Systeme (Teil III)

In Teil III werden sicherheitskritische interaktive Systeme im Bereich betrieblicher Informationssysteme, des Krisenmanagements und der Medizintechnik sowie der Warn- und Assistenzsysteme (unter anderem im Automobil) behandelt.

1.3.1   Betriebliche Informationssysteme

Kapitel 11 „*Kritische Infrastrukturen und Business Continuity Management*" von Florian Brauner und Frank Fiedrich (Bergische Universität Wuppertal) geht auf die gesellschaftliche Bedeutung kritischer Infrastrukturen ein und beschreibt Schutzkonzepte, die auf den Methoden der betrieblichen Kontinuitätsplanung beruhen. Hierzu werden zunächst die Besonderheiten Kritischer Infrastrukturen und die Notwendigkeit des Schutzes dieser Einrichtungen dargestellt. Anschließend werden Prinzipien von Business Continuity-Managementsystemen und die zugehörige Business Impact-Analyse erläutert, mit deren Hilfe die Bedeutung einzelner Geschäftsprozesse bei möglichen Ausfällen bewertet werden kann. Darüber hinaus wird auf Anforderungen für IT-gestützte Systeme für die betriebliche Kontinuitätsplanung eingegangen.

Kapitel 12 „*Sicherheitskritische Mensch-Maschine-Interaktion in der Industrie 4.0*" von Thomas Ludwig, Martin Stein, Nico Castelli und Sven Hoffmann (Universität Siegen) betrachtet die Herausforderungen und Gestaltungsansätze der Mensch-Maschine-Interaktion innerhalb moderner sicherheitskritischer Produktionssysteme. Nach Darstellung der relevanten Grundlagen zur Entwicklung von Industrie 4.0 und zu den Herausforderungen mitarbeiterzentrierter MCI werden anhand von zwei praktischen Design-Fallstudien mögliche Lösungsansätze für sicherheitskritische MCI bei Industrie 4.0 präsentiert. Dabei gilt es, die Mitarbeiter in ihrem Arbeitsprozess durch Assistenzsysteme zu befähigen, stets „Herr des Geschehens" zu bleiben.

1.3.2 Krisenmanagementsysteme und Medizintechnik

Kapitel 13 *„IT-Systeme für das Krisenmanagement"* von Jens Pottebaum und Christina Schäfer (Universität Paderborn) betrachtet Grundlagen und beispielhafte Anwendungen der digitalen Unterstützung für Einsatz, Planung sowie Aus- und Weiterbildung. Nach Darstellung relevanter Grundlagen in Informationsmanagement und -technik werden Zielgruppen, Anwendungsfälle und Anforderungen an IT-Systeme herausgearbeitet und anhand von Beispielen detailliert beschrieben. Besondere sicherheitskritische Prozesse und Aspekte der Einsatzführung und der Vorbereitung im Sinne von Planung und Lernen in Übungen werden betrachtet. Die Inhalte werden durch existierende IT-Systeme in verschiedenen Systemklassen visualisiert.

Kapitel 14 *„IT-Unterstützung des Regel- und Ausnahmebetriebs von Rettungsdiensten"* von Tilo Mentler (Universität zu Lübeck) betrachtet den Einsatz mobiler oder am Körper tragbarer interaktiver Systeme durch Rettungskräfte. Nach Darstellung relevanter Grundlagen der Anwendungsdomäne Rettungsdienst sowie der Prozessführung werden die Zusammenhänge zwischen einem aufgabenorientierten Regelbetrieb und einem ereignisorientierten Ausnahmebetrieb in sicherheitskritischen Kontexten beispielhaft erläutert. Der skizzierte Gestaltungsansatz wird anhand eines menschzentrierten Entwicklungsprojektes zum Einsatz von robusten Tablet-PCs zu Dokumentations- und Informationszwecken im rettungsdienstlichen Regel- und Ausnahmebetrieb veranschaulicht.

Kapitel 15 *„Sicherheitskritische Mensch-Maschine-Interkation in der Medizin"* von Myriam Lipprandt und Rainer Röhrig (Carl von Ossietzky Universität Oldenburg) betrachtet die regulatorischen Anforderungen zur Sicherstellung der Gebrauchstauglichkeit von Medizinprodukten. Nach Darstellung der regulatorischen Anforderungen des Medizinproduktegesetzes werden die relevanten Grundlagen der Gebrauchstauglichkeit, der Umgang mit Benutzungsfehlern und den damit verbundenen Risiken in der Mensch-Maschine-Interaktion betrachtet. Anhand eines anwendungsnahen Beispiels werden die Methoden des Usability Engineerings mit dem Fokus auf Patientensicherheit exemplarisch dargestellt.

1.3.3 Warn- und Assistenzsysteme

Kapitel 16 *„Die Warnung der Bevölkerung im Katastrophenfall"* von Michael Klafft (Jade Hochschule) diskutiert Eigenschaften, Möglichkeiten und Grenzen unterschiedlicher

Warnkanäle und zeigt auf, wie diese sinnvoll miteinander kombiniert und in eine übergeordnete Warnstrategie eingebettet werden können. Ausgehend von den verschiedenen
Schritten des Informationsverarbeitungsprozesses werden die Herausforderungen der Bevölkerungswarnung diskutiert. Regeln zur Gestaltung von Warninformationen werden besprochen und Hinweise für die Planung von Warninfrastrukturen gegeben. Wesentliche
Punkte werden abschließend anhand eines praktischen Fallbeispiels vertieft (Tsunamiwarnung 2014 in Chile).

Kapitel 17 *„Menschliche Aspekte bei der Entwicklung von Fahrerassistenzsystemen"* von
Stefan Geisler (Hochschule Ruhr-West) beschreibt menschliche Eigenschaften und Handlungsweisen in Hinblick auf die Fahraufgabe und zeigt beispielhaft, wie dies zur Entwicklung von konkreten Fahrerassistenzsystemen und insbesondere deren Bedienkonzepte
führte. Ein besonderer Aspekt wird dabei auf die sicherheitskritischen Aspekte gelegt. Abschließend wird vorgestellt, wie die Ablenkung während der Fahrt getestet werden kann.

Kapitel 18 *„Von Fahrerinformation über Fahrerassistenz zum autonomen Fahren"* von
Stefan Geisler (Hochschule Ruhr-West) stellt, aufbauend auf Kapitel 17, verschiedene
Ein- und Ausgabeelemente im Fahrzeug vor und bewertet diese unter sicherheitskritischen
Aspekten. Ihr Einsatz in Fahrerinformationssystemen wird ebenso besprochen wie der für
Fahrerassistenzsysteme. Aktuelle Forschungsergebnisse zu Bedienkonzepten für autono-
mes Fahren bilden den Abschluss dieses Kapitels.

1.4 Sicherheitskritische kooperative Systeme (Teil IV)

In Teil IV werden sicherheitskritische kooperative Systeme im Bereich der sozialen Medien, der Kooperationssysteme für Einsatzlagen, der freiwilligen Partizipation sowie im
Kontext von Frieden und Sicherheit behandelt.

1.4.1 Soziale Medien

Kapitel 19 *„Soziale Medien in Notfällen, Krisen, und Katastrophen"* von Christian Reuter
und Marc-André Kaufhold (Technsiche Universität Darmstadt und Universität Siegen) betrachtet Nutzungsmuster und die Wahrnehmung des Einsatzes sozialer Medien vor, während und nach Notfällen, Krisen und Katastrophen. Hierbei werden zahlreiche Studien der
letzten 15 Jahre aufgegriffen, die den Gebrauch von Informations- und Kommunikationstechnologien und sozialen Medien im Kontext verschiedener Ereignisse analysieren. Der
aktuelle Stand der Forschung (*Crisis Informatics)* wird so zusammengefasst, dass schließlich zukünftige Potenziale aufgezeigt werden können.

Kapitel 20 *„Social Media Analytics für Unternehmen und Behörden"* von Stefan Stieglitz
(Universität Duisburg-Essen) erläutert Potenziale und die wichtigsten methodischen
Grundlagen für die Auswertung von Social Media-Daten. Basierend auf einem Vorge-
hensmodell, das wichtige Schritte wie das Datentracking und die Datenanalyse umfasst,

werden konkrete Beispiele aus der Praxis und Wissenschaft dargestellt. Sentiment- und Netzwerkanalyse werden als zentrale Methoden der Social Media Analytics näher beschrieben und es wird erläutert, wie diese Ansätze für Unternehmen und Behörden eingesetzt werden können.

Kapitel 21 *„Corporate Shitstorm Management: Konfrontationen in sozialen Medien"* von Frank Beham (Universität des Saarlandes, bis 2015) betrachtet, wie Unternehmen auf eine massive Häufung negativer Beiträge auf Social Media-Kanälen, sogenannter Shitstorms, reagieren können. Das Kapitel beschreibt den Aufbau des Corporate Shitstorm Managements. Dabei werden die theoretischen Grundlagen ausführlich dargelegt und die praktische Anwendung anhand eines Praxisfalles vollumfänglich aufgezeigt. Hierdurch gelingt es dem Leser, in derartigen Krisensituationen eine potenzielle Bedrohung unternehmerischer Zielvariablen durch eine geeignete Kommunikationsstrategie zu vermeiden.

1.4.2   Kooperationssysteme für Einsatzlagen

Kapitel 22 *„Kooperationstechnologien zur Verbesserung der Resilienz im Katastrophenfall"* von Christian Reuter, Thomas Ludwig und Volkmar Pipek (Technsiche Universität Darmstadt und Universität Siegen) betrachtet, welche Anforderungen Kooperationstechnologien erfüllen müssen, um die Kooperation zwischen Menschen zu unterstützen und schließlich zur Resilienz im Katastrophenfall beizutragen. Hierzu werden exemplarisch umgesetzte Kooperationstechnologien wie soziale Netzwerke betrachtet, nachdem die theoretischen Grundlagen zu Kooperationstechnologien dargelegt wurden.

Kapitel 23 *„IT-basierte Prozessunterstützung für die Sicherheit von Großveranstaltungen"* von Toni Eichler, Gebhard Rusch und Sascha Skudelny (Universität Siegen) behandelt Großveranstaltungen als Geflecht sozio-technischer Praktiken. Nach der Darstellung relevanter Grundlagen der Systemanalyse wird die Prozessstruktur von Großveranstaltungen expliziert. Abschließend wird für ausgewählte, sicherheitskritische Prozesse das Unterstützungspotenzial durch Social Media Monitoring und Management, Veranstaltungs-Apps sowie kollaborative IT-Plattformen aufgezeigt.

Kapitel 24 *„Situationsbewusstsein in Augmented und Virtual Reality Simulation Games"* von Stephan Lukosch und Heide Lukosch (Technische Universiteit Delft) betrachtet neue Methoden zur Entwicklung von Situationsbewusstsein und deren Effektivität. Es beschreibt zunächst, was Situationsbewusstsein ist und wie es gemessen werden kann. Anschließend werden ‚Simulation Games', ‚Virtual Reality' (VR) und ‚Augmented Reality' (AR) beschrieben, um sichere Trainings- und Testumgebungen für die Validierung neuer Methoden bereitzustellen. Die Erkenntnisse der Studien zeigen Richtungen für die Entwicklung zukünftiger Trainingsumgebungen für Einsatzkräfte mit Sicherheitsaufgaben auf.

1.4.3   Technologien für freiwillige Partizipation

Kapitel 25 *„Humanitäre Hilfe und Konzepte der digitalen Hilfeleistung"* von Frank Fiedrich und Ramian Fathi (Bergische Universität Wuppertal) beschreibt, wie digitale, freiwillige Helfergruppen die Bewältigung humanitärer Notlagen unterstützen. Hierzu werden zunächst wichtige Akteure der nationalen und internationalen humanitären Hilfe betrachtet, wobei auch ausgewählte Computerprogramme zur Koordinierung der Hilfe durch die Europäischen Union und die Vereinten Nationen dargestellt werden. Im Anschluss wird auf unterschiedliche Arten der digitalen humanitären Hilfeleistung durch freiwillige Helfern anhand von Fallbeispielen eingegangen und die Besonderheiten von informellen und formellen Organisationsformen beschrieben.

Kapitel 26 *„Einbindung ungebundener Helfer in die Bewältigung von Schadensereignissen"* von Stefan Sackmann, Sebastian Lindner, Sophie Gerstmann und Hans Betke (Martin-Luther-Universität Halle-Wittenberg) fokussiert sich auf die Koordination ungebundener Helfer vor Ort im Kontext von Großschadenslagen. Zunächst wird ein Überblick über die verschiedenen Helfertypen und deren Eigenschaften erarbeitet. Als sicherheitskritischer Aspekt werden dabei die fehlenden Möglichkeiten zur gezielten Koordination und die Selbstorganisation beispielsweise durch soziale Medien identifiziert. Als Lösung wird ein Referenzmodell eines Informationssystems entwickelt, das die Lücke zwischen dem Katastrophenmanagement und den ungebundenen Helfern schließt und durch eine Automatisierung der Kommunikationsprozesse auch die Steuerung einer sehr großen Anzahl von Helfern ermöglicht.

Kapitel 27 *„Mobiles Crowdsourcing zur Einbindung freiwilliger Helfer"* von Frank Fuchs-Kittowski (HTW Berlin) unterscheidet mobile Crowdsourcing-Anwendungen zum einen zur Koordination von Freiwilligen (mobiles Tasking) und zum anderen zur Sammlung von Daten durch Freiwillige (mobiles Sensing). Es werden Anwendungen des mobilen Crowdsourcings hinsichtlich verschiedener Dimensionen analysiert und eine generische Systemarchitektur beschrieben, mit der sich mobile Crowdsourcing-Anwendungen gestalten, einordnen und bewerten lassen.

1.4.4   Frieden und Sicherheit

Kapitel 28 *„Informatik für Frieden und Sicherheit"* von Christian Reuter und Marc-André Kaufhold (Technsiche Universität Darmstadt und Universität Siegen) betrachtet einerseits den Einsatz von Informatik in militärischen Auseinandersetzungen (Dual-Use). So werden diese z. B. durch Cyberwar, Fake News, Information Warfare und Hacking unterstützt. Der Einfluss des Mediums Internet auf die Anonymität der einzelnen Akteure spielt dabei eine bedeutende Rolle. Weiterhin werden insbesondere friedenstiftende Maßnahmen erläutert, die durch den Einsatz von Informationstechnologien möglich werden und zunehmend an Bedeutung gewinnen.

Kapitel 29 *„Soziale Medien in politischen Konfliktsituationen"* von Konstantin Aal, Anne Weibert, Michael Ahmadi, Markus Rohde und Volker Wulf (Universität Siegen) betrachtet am Beispiel des Arabischen Frühlings die Rolle sozialer Medien in Konfliktsituationen sowie hinsichtlich politischer Partizipation. Nach Beschreibung des spezifischen Untersuchungsfeldes „Naher Osten" sowie einer historischen Einordung wird an Beispielen gezeigt, welche Forschungsmethoden in diesem Untersuchungskontext eingesetzt werden. Auch wird auf besondere, sicherheitskritische Prozesse und Aspekte eingegangen. Drei ausführliche, praxisnahe Anwendungsfälle aus „on the ground" betriebener Forschung in Tunesien, Syrien und Palästina dienen der Veranschaulichung.

1.5   Ausblick (Teil V)

Teil V stellt den Ausblick dar und diskutiert mögliche Entwicklungen.

Kapitel 30 *„Die Zukunft sicherheitskritischer Mensch-Computer-Interaktion"* von Christian Reuter und zahlreichen weiteren Autoren des Buchs identifiziert aktuelle Trends und Entwicklungen der sicherheitskritischen MCI, die aus den Betrachtungen der einzelnen Autoren in den jeweiligen Kapiteln resultieren, um so einen Ausblick in die Zukunft zu ermöglichen. Aufgrund der unterschiedlichen Betrachtungsebenen umfasst der Ausblick sowohl Grundlagen und Methoden als auch sicherheitskritische interaktive und sicherheitskritische kooperative Systeme.

1.6   Didaktische Hinweise

Der Aufbau des Buchs sieht vor, dies als vorlesungsbegleitende Lektüre verwenden zu können.

- Die Kapitel bieten eine **Einführung** und geben einen guten **Überblick** über die Thematik. Sie sind demnach für Studierende verständlich und einführend, stellen dennoch den Stand der Forschung dar. In der Länge beschränken sie sich auf ca. 20 Seiten.

- Jedes Kapitel kann eine **Vorlesungsdoppelstunde** (90 Minuten) plus begleitende Übung (45 bis 90 Minuten) abdecken.

- Die 30 Kapitel stellen dementsprechend eine **Vorlesung** von jeweils insgesamt vier Semesterwochenstunden dar (beispielsweise „Sicherheitskritische interaktive Systeme" / „Sicherheitskritische MCI" im Wintersemester sowie „Sicherheitskritische kooperative Systeme" / „Kooperative Technologien und Soziale Medien im Sicherheits- und Krisenmanagement" im Sommersemester) plus zusätzlicher Übung.

- Da jedes Kapitel jedoch auch in sich verständlich ist, besteht die Möglichkeit, **individuelle Lehrveranstaltungen** zusammenzustellen und sich dafür verschiedener Kapitel zu bedienen.

- Am Ende jedes Kapitels werden **Übungsaufgaben** aufgeführt, die eine Übung von 45 bis 90 Minuten begleiten können. Diese beinhalten sowohl Fragen zur Wiederholung als auch Fragen, die darüber hinausgehen beziehungsweise häufig eine kleine Fallstudie zur Anwendung.

- **Material für Dozenten** können Sie unter www.buch-sec-mci.chreu.de abrufen.

1.7   Übungsaufgaben

Aufgabe 1: Stellen Sie Anwendungsfelder sicherheitskritischer MCI dar.

Aufgabe 2: Stellen Sie zentrale Akteure, Methoden und technische Systeme sicherheitskritischer MCI dar.

1.8   Literaturverzeichnis

Badke-Schaub, P., & Hofinger, G. (2008). *Human Factors*. (K. Lauche, Hrsg.). Illinois, USA: Springer Medizin Verlag.

Duden. (2017). *Duden - Deutsches Universalwörterbuch*. Dudenverlag. Abgerufen von http://www.duden.de.

Herczeg, M. (2000). Sicherheitskritische Mensch-Maschine-Systeme. *FOCUS MUL*, *17*(1), 6–12.

Herczeg, M. (2014). Prozessführungssysteme: Sicherheitskritische Mensch-Maschine-Systeme und interaktive Medien zur Überwachung und Steuerung von Prozessen in Echtzeit. Oldenbourg: De Gruyter.

Reuter, C. (2014). *Emergent Collaboration Infrastructures: Technology Design for Inter-Organizational Crisis Management (Ph.D. Thesis)*. Siegen, Germany: Springer Gabler. Abgerufen von http://www.springer.com/springer+gabler/bwl/wirtschaftsinformatik/book/978-3-658-08585-8

Schönenberger, L., Rosser, C., & Schenker-Wicki, A. (2014). Merkmale und wirtschaftliche Bedeutung von Katastrophen. In O. Grün & A. Schenker-Wicki (Hrsg.), *Katastrophenmanagement: Grundlagen, Fallbeispiele und Gestaltungsoptionen aus betriebswirtschaftlicher Sicht* (S. 5–22). Wiesbaden: Springer Fachmedien Wiesbaden. https://doi.org/10.1007/978-3-658-06173-9_1

Westerman, S. J., & Hockey, G. R. J. (1997). Human Factors in Safety-Critical Systems: An underestimated contribution? In *Safe Comp 96* (S. 311–321). London: Springer London. https://doi.org/10.1007/978-1-4471-0937-2_27

Teil II: Grundlagen und Methoden

Methoden für Usable Safety

2 Usable Safety Engineering sicherheitskritischer interaktiver Systeme

Christian Reuter · Marc-André Kaufhold

Technische Universität Darmstadt und Universität Siegen

Zusammenfassung

Die Gestaltung gebrauchstauglicher, interaktiver und kooperativer Systeme wird bereits seit den 1980ern in der Disziplin Mensch-Computer-Interaktion (MCI) und Computerunterstützte Gruppenarbeit (CSCW) abgedeckt. Es gibt jedoch einige Besonderheiten der MCI im Kontext sicherheitskritischer Systeme, insbesondere der störungsfreien Nutzung von IT (Safety) zu beachten. Dieses Kapitel stellt Merkmale der Anwendung von Gestaltungsmethoden der MCI in sicherheitskritischen Systemen dar. Hierfür werden zu Beginn die Grundlagen der beiden Gebiete – der MCI sowie des Krisen- und Sicherheitsmanagements – erläutert. Darauf aufbauend werden Ansätze und Methoden der Analyse, des Designs und der Entwicklung sowie der Evaluation der MCI unter besonderer Berücksichtigung sicherheitskritischer Systeme diskutiert. Aspekte wie Risikoanalysen in der Anforderungsanalyse, die Einkalkulierung von Bedienfehlern und Rückfallebenen im Systemdesign gehören ebenso dazu wie besondere Herausforderungen bei Evaluationen.

Lernziele

- Die Leser erhalten ein grundlegendes Verständnis sicherheitskritischer MCI, der Grundbegriffe der MCI auf der einen und des Krisen- und Sicherheitsmanagements auf der anderen Seite.

- Die Leser erhalten zehn Tipps zur gebrauchstauglichen Gestaltung interaktiver sicherheitskritischer Systeme.

- Die Leser können konkrete Methoden des Usable Safety Engineerings in Analyse (Phase I), Design und Entwicklung (Phase II) und Evaluation (Phase III) zur Gestaltung sicherheitskritischer MCI anwenden.

2.1 Einleitung

Die Nutzung interaktiver Technologien und sozialer Medien nimmt zu. Dies ist unter anderem durch die größere Verbreitung mobiler und ubiquitärer Geräte begründet. In diesem Zuge gewinnt ebenfalls deren Verwendung in sicherheitskritischen Kontexten an Bedeutung. Dieser Trend ist jedoch nicht neu. Bereits vor über 20 Jahren stellte Storey (1996, S. vii) fest, dass Computer vermehrt in Bereichen genutzt würden, in denen das korrekte Verhalten des Systems entscheidend sei. Das beinhalte nicht nur offensichtliche Beispiele in Flugzeugen oder Atomkraftwerken, sondern auch alltägliche Systeme in Fahrzeugen oder im Haushalt. Beispiele umfassen demnach Anwendungen zur Steuerung und Überwachung kritischer Prozesse in Unternehmen, Behörden und der Bevölkerung inklusive öffentlich genutzter Systeme und Anwendungen.

Prozessführungssysteme sind nach Herczeg (2014, S. 1) technische Maßnahmen zur Gestaltung und Beherrschung des Verhaltens eines Prozesses. Mit der weitreichenden Verbreitung dieser Systeme rücken Fragestellungen der gebrauchstauglichen Gestaltung sicherheitskritischer MCI in den Vordergrund, auch in vormals sehr stark von den Ingenieurwissenschaften dominierten Bereichen.

Herczeg (2014) zufolge war dies nicht immer so: So wurde in den Ingenieurwissenschaften lange Zeit das Thema MCI eher sekundär, Fragestellungen der Steuerungs-, Regelungs- und Automatisierungstechnik hingegen primär betrachtet. Durch deren Reifegrad werde aber auch in den Ingenieurswissenschaften mittlerweile die *„komplexe Aufgabe von Operateuren, die sich mit einer Unmenge an mehr oder weniger gesicherten Informationen in oft kurzer Zeit zurechtfinden müssen, situations- und zeitgerechte Entscheidungen treffen müssen und geeignete Aktionen sicher ausführen müssen"*, in den Vordergrund gestellt. Entscheidungsfindungen unter engen Zeitbedingungen würden nicht mehr mit dem Ziel der vollständigen Automatisierung, sondern der intelligenten Mensch-Maschine-Arbeitsteilung bearbeitet. Um dies zu erreichen, müssten *„Felder wie Informatik, Psychologie, Ingenieur-, Arbeits- und Kognitionswissenschaften anwendungsübergreifend zu einem interdisziplinären Gebiet der* **sicherheitskritischen Mensch-Maschine-Systeme** *zusammenwachsen"*.

Usable Safety Engineering bezeichnet in diesem Kapitel die gebrauchstaugliche Gestaltung interaktiver sicherheitskritischer Systeme, das heißt die Anwendung der Methoden der MCI auf sicherheitskritische Systeme unter Berücksichtigung der dort herrschenden Besonderheiten. Dazu werden in diesem Kapitel zuerst Grundlagen der MCI sowie des Sicherheits- und Krisenmanagements erläutert. Anschließend werden Tipps und konkrete Methoden dargestellt und deren Umsetzung erläutert.

2.2 Grundlagen sicherheitskritischer MCI

Konzepte der MCI und der Sicherheit kommen bei sicherheitskritischer MCI zusammen. Das Risiko des Versagens komplexer Mensch-Maschine-Systeme, also das Produkt aus der Wahrscheinlichkeit des Eintretens eines Ereignisses und der Wirkung oder Tragweite desselben, kann als **sicherheitskritisch** definiert werden (Herczeg, 2003). Sicherheitskritisch ist ein Prozess oder System genau dann, wenn aufgrund der beteiligten Massen, Energien oder Informationen beträchtliche Risiken bestehen (Herczeg, 2014, S. 10).

Die Überwachung und Steuerung von Mensch-Maschine-Systemen (z. B. Fahrzeuge, Produktionssysteme, Kraftwerke und medizintechnische Geräte) erfolgt meist durch den Menschen, wodurch ein hoher Sicherheitsbedarf entsteht (Herczeg, 2000). **Sicherheitskritische Systeme** sind infolgedessen Systeme, bei denen ein Fehler dazu führen kann, dass das Leben von Personen gefährdet oder die Umwelt beschädigt wird (Bitkom, 2010). Die Begriffe Safety-Critical System und Safety-Related System (System, in welchem die Sicherheit gewährleistet ist) werden laut Storey (1996, S. 2) synonym verwendet, wobei erster Begriff suggerieren könnte, dass das System von hoher Kritikalität ist.

Voraussetzung für die fundierte Beschäftigung mit sicherheitskritischer MCI ist die Kenntnis zentraler Konzepte der MCI auf der einen und des Krisen- und Sicherheitsmanagements auf der anderen Seite. Diese Konzepte werden in diesem Kapitel erläutert.

2.2.1 Grundbegriffe der MCI

Mensch-Computer-Interaktion (MCI, engl. *Human-Computer-Interaction, HCI*) ist eine wissenschaftliche Disziplin, die sich mit der Gestaltung, Implementierung und Evaluation interaktiver Systeme zur Unterstützung menschlicher Arbeit und Aktivität beschäftigt (Dix, 2009). Ziel der MCI ist es, dem Nutzer eine einfache und angenehme Arbeitsumgebung mit einem System zu ermöglichen, wobei hierbei nicht nur die singuläre Interaktion zwischen einem Nutzer und einer Maschine gemeint ist, sondern beispielsweise auch der Zusammenschluss mehrerer Nutzer in einer Organisation (Dix, 2009).

In der Literatur lassen sich verschiedene Sichtweisen auf MCI finden: Carroll und Campbell (1989) definieren MCI als **Designwissenschaft** zur Entwicklung von **User Interfaces** (Benutzungsschnittstellen) und neuen Forschungsmethoden, um vorhandene Systeme hinsichtlich ihres intendierten und aufgabenspezifischen Kontexts zu evaluieren. Die daraus gewonnenen Ergebnisse werden dazu genutzt, die nächste Systemgeneration in ihrer Gebrauchstauglichkeit zu optimieren. Weiterhin definieren Long und Dowell (1989) in Bezug zu den **Ingenieurwissenschaften** MCI als die Grundlage zur Gestaltung von Interaktionen zwischen Menschen und Computern mit dem Ziel der **effektiven Arbeitsausführung**. Es geht einerseits um die Nutzer, die mit einem System interagieren, aber auch um umgekehrte Interaktion vom System zum Menschen.

Newell und Card (1985) betonen den **multidisziplinären Hintergrund** der MCI als eine Wissenschaft, die kognitive Ansätze wie Konstruktionsstil-Theorien, Psychologie, künstliche Intelligenz, Grafikdesign und Human Factors vereint. Die wesentlichen Kernelemente der MCI sind neben der Informatik insbesondere Designdisziplinen wie **Interaction Design** oder **User-Centered Design**, welche die Grundlage zur Entwicklung gebrauchstauglicher Technologien bilden (Dix, 2009). Es gibt darüber hinaus weitere Konzepte und Begriffe, die in jenem Kontext relevant sind:

- **Human Factors** (menschliche Faktoren) sind alle physischen, psychischen und sozialen Charakteristika des Menschen, die in Beziehung zu soziotechnischen Systemen stehen (Badke-Schaub & Hofinger, 2008). **Software-Ergonomie** konzentriert sich auf die Analyse und Identifikation benutzer- und aufgabengerechter Softwaremerkmale, um daraus konstruktive Verfahren und Unterstützungssysteme für die Gestaltung von Benutzungsschnittstellen zu entwickeln (Maaß, 1993).

- **Gebrauchstauglichkeit** (englisch Usability) bezeichnet „das Ausmaß, in dem ein Produkt, System oder ein Dienst durch bestimmte Benutzer in einem bestimmten Anwendungskontext genutzt werden kann, um bestimmte Ziele effektiv, effizient und zufriedenstellend zu erreichen" (ISO 9241-11, 1999). **User Experience** (kurz UX, deutsch Benutzererlebnis) umfasst die Wahrnehmungen und Reaktionen einer Person, die aus der tatsächlichen und/oder der erwarteten Benutzung eines Produkts, eines Systems oder einer Dienstleistung resultieren (DIN EN ISO 9241-210, 2011).

- Während der **Nutzungskontext** aus den Benutzern, Arbeitsaufgaben, Arbeitsmitteln (Hardware, Software und Materialien) sowie der physischen und sozialen Umgebung, in der das Produkt eingesetzt wird (ISO 9241-11, 1999), besteht, umfasst die **Benutzungsschnittstelle** alle Bestandteile eines interaktiven Systems (Software oder Hardware), die Informationen und Steuerelemente zur Verfügung stellen, die für den Benutzer notwendig sind, um eine bestimmte Arbeitsaufgabe mit dem interaktiven System zu erledigen (ISO 9241-110, 2008).

2.2.2 Grundbegriffe des Sicherheits- und Krisenmanagements

Im Kontext sicherheitskritischer MCI sind Konzepte im Umfeld von Sicherheit relevant. Wie bereits in Kapitel 1 geschrieben lässt sich das Wort **Sicherheit** aus dem Lateinischen von „sēcūritās" ableiten und bedeutet so viel wie „ohne Sorge". Heutzutage wird der Begriff als ein Zustand des Sicherseins, Geschütztseins vor Gefahr oder Schaden beziehungsweise als ein Zustand höchstmöglichen Freiseins von Gefährdungen definiert (Duden, 2017). Obwohl es im Deutschen lediglich einen Begriff für Sicherheit gibt, kann im Englischen eine Unterscheidung der Begriffe **Safety** und **Security** festgestellt werden (Tabelle 2-1).

Auch wenn die Konzepte Safety und Security ursprünglich getrennt wahrgenommen werden, wachsen sie im Zuge der fortschreitenden technischen Entwicklung immer weiter zusammen (Line et al., 2006). Verletzungen der Security können sowohl die sichere Funktionsweise (Safety) einer Software beeinträchtigen als auch Missbrauch (Security) ermöglichen. Dagegen führen auch Verletzungen der Safety dazu, dass die Informationssicherheit unmöglich wird. Beide Aspekte profitieren daher von verstärkter Kooperation.

Security	Safety
Sicherheit vor Angriffen beziehungsweise Anschlägen, was insbesondere die Existenz eines Angreifers voraussetzt (Freiling et al., 2014).	Sicherheit vor der Auswirkung unbeabsichtigter, etwa naturbedingter oder fehlerbedingter, Ereignisse (Freiling et al., 2014)
Kommt in Teilen der **Informationssicherheit** als Freiheit beziehungsweise Begrenztheit von Gefährdungen aller Informationen und Daten in einem IT-System nahe, die für den Schutz gegen beabsichtigte Angriffe durch den Menschen relevant sind (Freiling et al., 2014).	Kommt der **technischen (oder funktionalen) Sicherheit** als *„Freiheit [...] von Gefährdungen für das IT-System und für die Umgebung [...] im Sinne aller materiellen Objekte, auf die sich das Verhalten des IT-Systems auswirken kann"* nahe (Freiling et al., 2014).
Im Gebiet des **Security Engineerings** fallen unter **Vertraulichkeit** Komponenten wie Abhörsicherheit, Sicherheit gegen unbefugten Zugriff, Anonymität und Unbeobachtbarkeit, wohingegen der Aspekt der **Integrität** eine adäquate Zurechenbarkeit, Übertragungs- und Abrechnungsintegrität verlangt. Die permanente **Verfügbarkeit** von Daten durch die permanente Gewährleistung von Kommunikation soll gewährleistet sein (Federath, 2017).	Im Bereich des **Safety Engineerings** besteht das primäre Schutzziel der Freiheit von Gefährdungen für die Umgebung eines IT-Systems darin, dessen **Verfügbarkeit** zu gewährleisten. Dies beinhaltet, Auswirkungen im Schutz vor Überspannung, Überschwemmung, Temperaturschwankungen oder auch Gesundheitsbelastungen zu finden.

Tabelle 2-1: Safety vs. Security, Informationssicherheit vs. Technische Sicherheit

Neben Sicherheit gibt es weitere Begriffe, die in diesem Kontext erläutert werden müssen:

- Im engeren Begriffsverständnis ist **Absolute Sicherheit** nur dann gegeben, wenn keine Wahrscheinlichkeit einer Gefahr besteht, das Risiko hierfür also bei 0% liegt (Duden, 2017).

- Besteht die Möglichkeit, dass jemandem etwas zustößt, dass ein Schaden oder ein drohendes Unheil eintritt, spricht man von einer **Gefahr** (Duden, 2017). Diese beschreibt den Umfang eines möglichen Schadens, also einer Beeinträchtigung, eines Nachteils oder Verlusts (Duden, 2017).

- Das **Risiko** einer Gefahr, also der mögliche negative Ausgang bei einer Unternehmung, mit dem Nachteile, Verluste und Schäden verbunden sind, errechnet sich aus dem Produkt der Wahrscheinlichkeit des Eintritts eines solchen Ereignisses und der aus dem Ereignis resultierenden Gefahr (Duden, 2017).

Diese Begriffe sind in verschiedenen Kontexten von Relevanz. In Deutschland ist ein **Notfall** als *„eine die Allgemeinheit betreffende Situation, die neben Selbsthilfemaßnahmen des Einzelnen staatlich organisierte Hilfeleistung erforderlich macht"* (BBK, 2011) definiert.

Im Rettungswesen wird darunter ein *„Ereignis, das unverzüglich Maßnahmen der Notfall-rettung erfordert"* (DIN 13050, 2015) verstanden. Nach Mendonça (2007) und Chen et al. (2008) existieren dort **spezielle Charakteristika** wie Seltenheit und mangelnde Lernmög-lichkeiten, Zeitdruck, Unsicherheit, weitreichende Konsequenzen, Interdependenzen zwi-schen Entscheidungsträgern und Interessenskonflikte, hohe Komplexität, infrastrukturelle Probleme, Ressourcenverknappung und der Bedarf an zeitnahen Informationen.

Ein Notfall kann sich zur **Krise** entwickeln. Diese stellt den Höhe- und Wendepunkt einer gefährlichen Entwicklung dar, aus der sich ein Schaden oder sogar eine Katastrophe ent-wickeln kann (Duden, 2017). Das Spektrum reicht von Individual- über Unternehmenskri-sen bis hin zu weltweiten Krisen. Im Kontext der Gefahrenabwehr stellt eine Krise eine *„vom Normalzustand abweichende Situation mit dem Potenzial für oder mit bereits einge-tretenen Schäden an Schutzgütern, die mit der normalen Ablauf- und Aufbauorganisation nicht mehr bewältigt werden kann, sodass eine besondere Aufbauorganisation (BAO) er-forderlich ist"* (Bundesamt für Bevölkerungsschutz und Katastrophenhilfe, 2011), dar. Sie kann, gemäß der genormten Begriffe im Rettungswesen, auch definiert werden als ein *„über das Großschadensereignis hinausgehendes Ereignis, mit einer wesentlichen Zerstö-rung oder Schädigung der örtlichen Infrastruktur, das im Rahmen der medizinischen Ver-sorgung mit eigenen Mitteln und Einsatzstrukturen des Rettungsdienstes allein nicht be-wältigt werden kann"* (DIN 13050, 2015).

Katastrophen implizieren *„im Gegensatz zur Ambivalenz des Ausgangs bei Krisen bereits die Wendung zum Schlimmeren mit verheerenden, nicht vorhersehbaren oder nicht ab-wendbaren Wirkungen. Katastrophen sind also die äußerste Ausprägung von Krisen, die den Fortbestand des Unternehmens unmöglich machen"* (Welsch, 2010). Eine Katastro-phe wird auch als ein schweres Unglück gesehen oder ein Naturereignis mit verheerenden Folgen, welche viel Schaden angerichtet haben (Duden, 2017).

2.3 Usable Safety Engineering: Gebrauchstaugliche Gestaltung sicherheitskritischer interaktiver Systeme

Die Gestaltung gebrauchstauglicher sicherheitskritischer MCI basiert prinzipiell auf be-kannten Methoden der MCI, in denen jedoch einige Besonderheiten und Ergänzungen be-trachtet werden müssen. Laut Herczeg (2008) habe die Entwicklung hier mit besonderer Sorgfalt und Ausstattung mit Schutzmechanismen und Hinweisen gegen menschliche oder technische Fehlfunktionen zu erfolgen. Generell sollen als Grundlage allgemeine Kriterien der Gestaltung gebrauchstauglicher Systeme verwendet werden. Diese müssen jedoch um weitere Kriterien erweitert werden (Herczeg, 2008).

Grundlegend stellt die Norm DIN EN ISO 9241-210(2011) den **Prozess zur Gestaltung gebrauchstauglicher interaktiver Systeme** dar. Die innerhalb der Norm vorgesehenen menschzentrierten Gestaltungsaktivitäten umfassen das Verstehen und Beschreiben des

Nutzungskontexts, das Spezifizieren der Nutzungsanforderungen, das Entwerfen der Gestaltungslösungen und das Testen und Bewerten der Gestaltung (Abbildung 2-1).

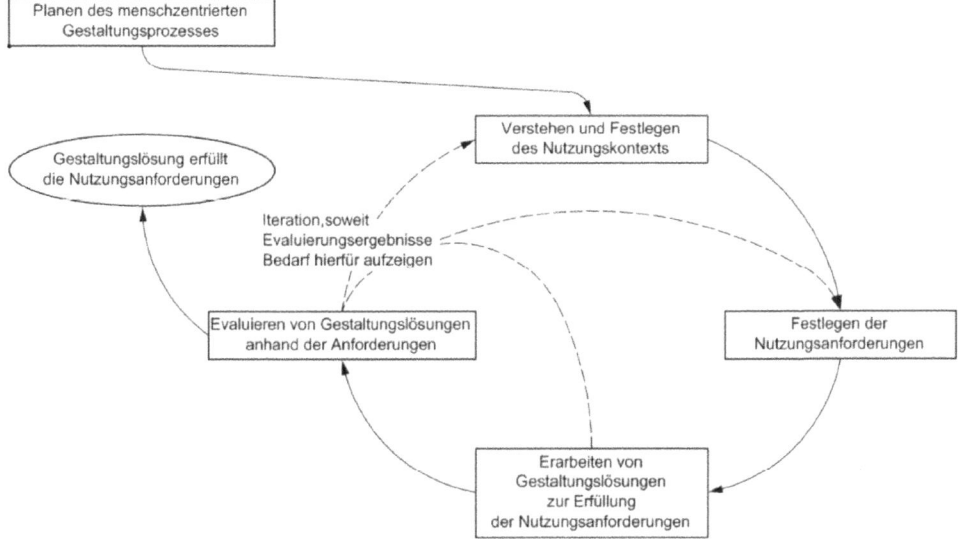

Abbildung 2-1: Wechselseitige Abhängigkeit menschzentrierter Gestaltungsaktivitäten (DIN EN ISO 9241-210(2011))

Dieses Vorgehen ähnelt **Design-Fallstudien** (Wulf, 2009), die idealtypisch drei Phasen beinhalten:

▪ Erstens erfolgen „detaillierte **Beschreibungen der sozialen Praktiken** vor Einführung der zu untersuchenden IT-Artefakte" unter Einbezug „existente[r] Werkzeuge, Medien und deren Nutzung".

▪ Zweitens erfolgt ein „**kontextorientierte[r] Designprozess**". Hierbei sollten die „involvierten Akteure, eingesetzten Methoden und die entwickelten Gestaltungskonzepte" dokumentiert und beschrieben werden, „in welcher Weise Veränderungen der sozialen Praktiken im Gestaltungsprozess antizipiert wurden und wie diese Überlegungen in das Design der IT-Artefakte eingeflossen sind".

▪ Drittens sollen „**Einführungs-, Aneignungs- und Redesignprozesse** spezifisch gestalteter IT-Artefakte, in deren jeweiligen organisatorischen Anwendungsfeldern, über einen längeren Zeitraum" untersucht werden, „um die Wirkung, unter bestimmten Prämissen gestalteter und eingeführter IT-Artefakte, auf soziale Praktiken zu untersuchen".

Hierbei sind vor allem Methoden des **Safety-Critical Systems Designs** (Storey, 1996) von Relevanz. Dies ist wichtig in allen Phasen des Lebens eines sicherheitskritischen Systems von seiner Konzeption und Spezifikation bis hin zur Zertifizierung, Installation, Service und Stilllegung. Themen beinhalten die Bewertung von Sicherheitsauswirkungen und

Maßnahmen zur Erfüllung der Sicherheitsbedürfnisse. Im Folgenden werden Besonderheiten in den Phasen der Analyse (I), des Designs und der Entwicklung (II) sowie der Evaluation (III) dargestellt.

2.4   Analyse (Phase I)

Im Rahmen der Analyse gilt es, einerseits den Nutzungskontext zu verstehen und zu beschreiben und andererseits Nutzeranforderungen zu spezifizieren. Die DIN EN ISO 9241-210 (2011) spezifiziert: *„Die Benutzermerkmale, Arbeitsaufgaben und die organisatorische, technische und physische Umgebung bestimmen den Kontext, in dem das System verwendet wird. Es ist sinnvoll, Informationen zum aktuellen Kontext zu sammeln und zu analysieren, um denjenigen Kontext zu verstehen und anschließend festzulegen, der für das zukünftige System gelten wird [...].“* Zur Spezifikation von Nutzeranforderungen, so die DIN EN ISO 9241-210 (2011), stellen Erfordernisse der Benutzer mitsamt der funktionalen und weiteren **Produkt- und Systemanforderungen** eine Hauptaktivität dar.

2.4.1   Tipp 1: Vorhandenes Wissen nutzen (statt „Neuerfindung des Rads")

Neben dem direkten Nutzungskontext sind in der Gestaltung gebrauchstauglicher Systeme in sicherheitskritischen Kontexten auch der organisationale Kontext, bestehende Normen und Standards sowie wissenschaftliche Erkenntnisse einzubeziehen, um eine angemessene Wissensbasis aufzubauen. Illustrativ lässt sich dies im Zusammenspiel mit der Aktionsforschung (Action Research) und der Designforschung (Design Science) darstellen.

Dabei wird **Aktionsforschung** nach Lewin verstanden als *„vergleichende Forschung über die Bedingungen und Wirkungen verschiedener Formen des sozialen Handelns und der Forschung, die zu sozialem Handeln führt"*, die *„eine Spirale von Schritten verwendet, von denen jeder aus einem Zyklus der Planung, Handlung und Tatsachenfindung über das Ergebnis der Handlung besteht"* (Lewin, 1958). Die **Designforschung** hingegen zielt darauf ab, die Grenzen menschlicher und organisationaler Fähigkeiten zu erweitern, indem neue und innovative Artefakte erzeugt werden (Hevner et al., 2004). In unserem Fall ist Planung die empirische Analyse der gegebenen Praktiken, Handeln ist die Gestaltung und Verwendung von vorgeschlagenen IKT-Artefakten und die Bewertung führt zur Tatsachenfindung. Diese Interpretation folgt Hevner und Chatterjees Vorschlag (2010), Aktionsforschung und Designforschung zu kombinieren. Um den Zusammenhang zwischen der bestehenden Wissensbasis, IKT-Artefakten und dem konkreten Anwendungsumfeld darzustellen, entwickelte Hevner ein Drei-Zyklen-Modell für die Designforschung (Hevner, 2007) (Abbildung 2-2).

Im Zentrum steht dabei die Designforschung, welche die Implementierung von IT und deren Evaluation erfordert. Mittels Aktionsforschung können dabei praxisrelevante Anforderungen des Nutzer- und Organisationskontexts für die Gestaltung erhoben werden (Generierung neuer Erkenntnisse). Andererseits muss eine Wissensbasis recherchiert und aufgebaut werden, welche die Gestaltung der Artefakte unterstützt und zu der die Gestaltung selbst beiträgt (Nutzung bestehender Erkenntnisse).

- **Recherche wissenschaftlicher Literatur**: Aktuelle und etablierte wissenschaftliche Ergebnisse können in der Gestaltung sicherheitskritischer Artefakte wichtige Erkenntnisse über Nutzerakzeptanz, Nutzerverhalten, Technologieentwicklung und neuartige Sicherheitskonzepte liefern.

- **Erhebung und Dokumentation von Nutzeranforderungen**: Die Analyse bestehender Systeme, die Aneignung neuer Systeme und wandelnde Kontextfaktoren generieren stetig neue Anforderungen, die in der Gestaltung und der Weiterentwicklung sicherheitskritischer Artefakte berücksichtigt werden müssen.

- **Gesetzliche Vorgaben, Normen und organisationaler Kontext**: Im Rahmen der Sicherheitsforschung existieren gesetzliche Vorgaben oder Normen, die Pflicht sind oder deren Implementierung der Organisation definierte Mehrwerte bietet. Im (sich ändernden) organisationalen Kontext bestehen Geschäftsprozesse, welche unter anderem in Dienstleistungen und Produkte resultieren, die bestimmten Risiken ausgesetzt sind (vgl. Kapitel 8 „Rechtliche Implikationen").

Insofern sind der Aufbau und die Pflege einer Wissensbasis als ein kontinuierlicher Prozess zu verstehen, in dem entlang des Designs von IKT-Artefakten neue Erkenntnisse generiert und bestehende Erkenntnisse integriert werden.

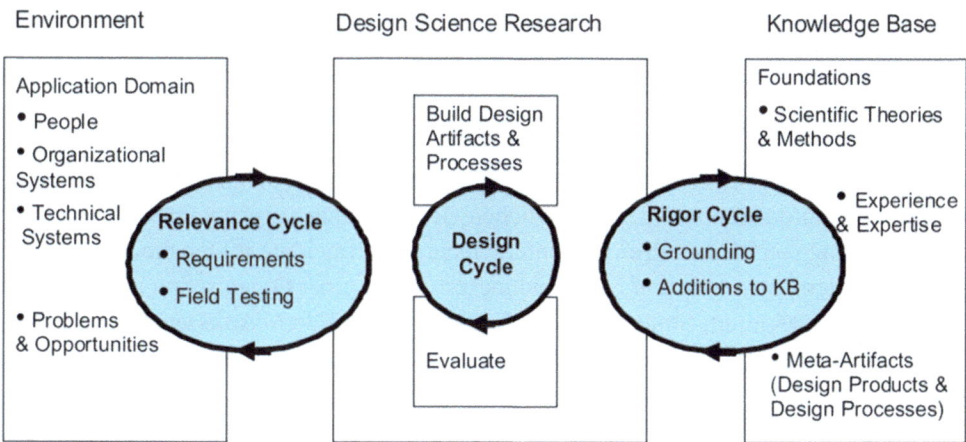

Abbildung 2-2: Die drei Zyklen der Designforschung, aus Hevner (2007)

2.4.2 Tipp 2: Nutzer- und Nutzungsstudien (statt Vertrauen auf Prozessdokumentationen)

Die Erhebung von Nutzeranforderungen und die Durchführung von Nutzungsstudien unterliegen gewissen Herausforderungen. Zum einen sind Anforderungen für sicherheitskritische interaktive Systeme nicht immer in Echtsituationen zu erheben. In der Wissenschaft werden qualitative und quantitative Methoden der Datenerhebung angewandt, um aus deren Analyse gezielt Nutzeranforderungen zu erheben, die auszugsweise hier aufgelistet sind (Flick, 2015; Moser, 2012):

- **Beobachtungen** umfassen die zielgerichtete, aufmerksame Wahrnehmung von Objekten, Phänomenen oder Vorgängen. Unterschieden werden hier standardisierte und teilnehmende Beobachtungen, aber auch Experimente.

- **Dokumentenanalysen** umfassen Daten, die bereits als Dokumente vorliegen. Im erweiterten Sinne können auch visuelle Daten (Fotos, Videos) einbezogen werden.

- **Interviews** sind eine Form der Befragung mit dem Ziel, persönliche Informationen, Sachverhalte oder Meinungen zu ermitteln. Je nach Erkenntnisinteresse können diverse Formen von Einzel- oder Gruppeninterviews durchgeführt werden.

- **Sekundäranalysen** behandeln die Analyse von Daten, die nicht in einem eigenen Projekt, sondern die für andere wissenschaftliche und nichtwissenschaftliche Zwecke von Dritten erhoben wurden.

- **Umfragen** sind meist Fragebögen, die einen Prozess der Standardisierung durchlaufen mit dem Ziel, vergleichbare Antworten von allen Teilnehmern zu erhalten.

Die gesammelten Daten müssen dann mithilfe quantitativer und qualitativer Datenanalysemethoden zur Identifikation von Nutzeranforderungen evaluiert werden (Kapitel 2.6).

2.4.3 Tipp 3: Analyse von Risiken (statt Hoffen auf Schadensfreiheit)

In der Analyse sollen Kontext-, Organisations-, Aufgaben- und Benutzeranalysen durch Analyse möglicher Fehler und deren Folgen ergänzt werden. Risikoanalysen sollen zu erwarteten Gefährdungen und deren möglichen Beherrschung vorgenommen werden. Um die Entstehung von Risiken in einem Unternehmen zu vermeiden, sollten die Ansätze zum Risikomanagement stets in den Entscheidungsprozessen einer Organisation integriert sein und mit den Strukturen, Strategien, dem Risikoprofil und den Prozessen des Unternehmens übereinstimmen (Purdy, 2010). Die ISO-Norm 31000 befasst sich, eingebettet in den PDCA-Zyklus (Plan-Do-Check-Act), mit allen möglichen Risiken in einer Organisation (Brühwiler, 2009) und teilt deren Beurteilung in die drei Kernbereiche Identifikation, Analyse und Evaluation ein, die in die Steuerung einfließen (DIN-Normenausschuss Ergonomie (NAErg), 2005). Die **Risikoidentifikation** dient der Beurteilung mitsamt der Ursachen und Auswirkungen (Brühwiler, 2008), wobei bei einer **Risikoanalyse** die Entwicklung eines Verständnisses, dessen mögliche Konsequenzen sowie die Wahrscheinlichkeiten für das Auftreten der Konsequenzen gezählt werden (Purdy, 2010). Dazu werden im **Evaluationsschritt** alle verfügbaren Informationen verwendet, um die Art des Risikos und dessen Priorität einzuschätzen sowie die potenziellen Auswirkungen mit den beteiligten Stakeholdern zu besprechen.

Bei der Entwicklung sicherheitskritischer Systeme müssen von vornherein Kosten mit den möglichen Risiken abgewogen werden (Dunn, 2003). Wird der Schweregrad eines Risikos beispielsweise gering eingeschätzt, ist eine mögliche Lösung die Akzeptanz des Ursprungs, wobei lediglich neue Lösungen für die Konsequenzen des Risikos geschaffen werden. Daher gilt es, dass für jedes Risiko ein eigener Lösungsansatz erarbeitet werden muss. Die Erstellung einer **Risikomatrix** (Abbildung 2-3) kann dabei helfen, den bestmöglichen Ansatz zur Bewältigung zu finden (Brühwiler, 2009). Um mit einem Risiko umzugehen, eignen sich neben der Erstellung einer Risikomatrix Methoden der ONR 49002-2 wie Kreativitätstechniken, Szenario-Analysen, Indikatoren-Analysen, Gefährdungsanalysen und Statistische Analysen (Brühwiler, 2009).

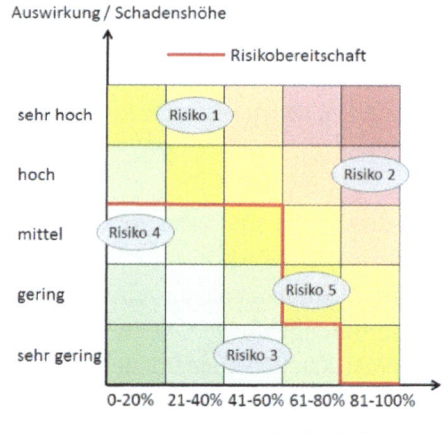

Abbildung 2-3: Beispiel einer Risikomatrix (www.projektmagazin.de, 13.06.2017)

2.5 Design und Entwicklung (Phase II)

Gemäß DIN EN ISO 9241-210 (DIN EN ISO 9241-210, 2011) werden „*mögliche Gestaltungslösungen [...] unter Berücksichtigung der Beschreibung des Nutzungskontexts, der Ergebnisse jeglicher Ausgangsbewertung, des Stands der Technik in der Anwendungsdomäne, der Richtlinien und Normen zur Gestaltung und Gebrauchstauglichkeit sowie der Erfahrungen und Kenntnisse des mit der Gestaltung befassten multidisziplinären Teams entwickelt. Sobald mögliche Gestaltungslösungen detailliert erarbeitet und bewertet wurden, können sich daraus weitere Nutzungsanforderungen ergeben*" (DIN EN ISO 9241-210, 2011).

2.5.1 Tipp 4: Mensch und Maschine integrieren (statt loses Nebeneinander)

Menschliche und maschinelle Fähigkeiten sind durchaus unterschiedlich. *„Menschen begehen sehr leicht Fehler unterschiedlichster Art [...] Technische Systeme auf der anderen Seite können zwar mit niedrigen Fehlerraten arbeiten, besitzen allerdings nur sehr begrenzte ganzheitliche Strategien. In der Analysephase müssen die spezifischen Fähigkeiten und Grenzen von Mensch und Technik im Anwendungskontext für die Konzeption der Arbeitsteilung erarbeitet werden"* (Herczeg, 2008).

- **Menschen** setzen Ziele, definieren Teilprobleme, nutzen ganzheitliche Wahrnehmung, können verallgemeinern, können flexibel reagieren, Entwicklungen antizipieren, Entscheidungen durchführen und Verantwortung tragen. *„Der Mensch kann somit die Kontrolle in Situationen übernehmen, in denen Problemlösungsfähigkeit, Kreativität, Flexibilität, Bewertungen sowie die Übernahme von Verantwortung erforderlich sind"* (Herczeg, 2014; Hoyos, 1990).

- **Maschinen** können hingegen schnell Daten verarbeiten, Aktivitäten fehlerfrei wiederholen, Differentiale und Integrale bilden, Inkonsistenzen erkennen und langfristig ermüdungsfrei arbeiten. *„Maschinen können somit insbesondere die Kontrolle in Situationen übernehmen, in denen umfangreiche, gut definierte, schnelle und systematische Analysen und Reaktionen erforderlich sind"* (Herczeg, 2014; Hoyos, 1990).

In sicherheitskritischen Systemen sollte eine klare Arbeitsteilung zwischen Mensch und Maschine herrschen. Im Kontext sicherheitskritischer MCI sollen, gemäß Herczeg (2014), der Mensch und die Maschine jedoch nicht als einzelnstehende Entitäten betrachtet werden, sondern vielmehr als **zusammengehörige Glieder** eines Zusammenschlusses zur erfolgreichen Kooperation. Hierbei kann Redundanz durchaus wichtig sein oder Mensch und Maschine teilen sich die Aufgaben abhängig von der Erfüllung definierter Bedingungen. Andernfalls entstünde ein Schadensereignis, dessen Ursache aufgrund der mangelnden Zusammenarbeit nicht eindeutig auf die Komponente Mensch oder Maschine zurückzuführen sei, sodass die Schnittstelle zwischen Mensch und Maschine selbst als Ursache gesehen werden müsse. Dies wiederum wäre die Darbietung einer fehlerhaften beziehungsweise nicht vorhandenen Zusammenarbeit zwischen Mensch und Technik. Um dies zu vermeiden, werden folgende Maßnahmen gegen Interaktionsfehler benötigt (Herczeg, 2014):

- das Erstellen und Klären von Aufgabenmodellen und -strukturen

- der Abgleich mentaler und konzeptueller Modelle und dessen Annäherung

- eine zeitgerechte, gestufte und abschaltbare Automatisierungsfunktion, sodass der Mensch bei Bedarf dessen Kontrolle übernehmen kann

- komplementäre Mensch-Maschine-Redundanz zur Überwindung von Schwächen und zur zuverlässigen Aufgabenbewältigung bei Ausfällen

- ein laufendes Incident-Reporting samt Auswertung und Umsetzung zur Beobachtung und Dokumentation

Das Konzept des **verantwortlichen Systemdesigns** zielt darauf ab, in der Arbeitsteilung zwischen Mensch und Maschine eine derartige Rollenverteilung zu schaffen, die einerseits beiden Komponenten genau definierte Handlungsspielräume aufzeigt, diese andererseits kongruent aufeinander aufbauen lässt. Das Thema Verantwortung ist im Bereich der Mensch-Maschine-Interaktion ein Thema, welches von vornherein klar definiert werden sollte, um im Bereich der Automatisierung in Prozessführungssystemen sicherheitskritischer Technologien keine Risiken einzugehen (Herczeg, 2014).

2.5.2 Tipp 5: Betrachten von Ausnahmen (statt Hoffen auf Normalfälle)

Latente und aktive menschliche Fehler können in einer Verkettung von Unfallursachen zum Zusammenbruch von komplexen Systemen führen (Reason, 1990). Zur Verdeutlichung der Bedeutung, Wirkung und dem Versagen von Barrieren hat Reason das **Schweizer-Käse-Modell** entwickelt (Abbildung 2-4). Dieses erläutert, dass das Auftreten von Unfällen oft die Folge mehrerer, zwar gestaffelter, aber nicht funktionsfähiger Schutzbarrieren ist. Es ist daher wichtig, die Lücken in Barrieren so klein wie möglich zu halten und unabhängig und entkoppelt zu halten und sie in ihrer Wirkungsweise gegeneinander zu versetzen. Sie sollen dann als mehrstufige „*Abschottungen*" vor kritischen Ereignissen schützen (Herczeg, 2014). Es ist erkennbar, dass dem Verständnis und der Berücksichtigung von außerordentlichen Ereignissen eine besondere Bedeutung zukommt. Daher ist es wichtig, systematische und umfassende Ereignisanalysen bei der Entwicklung wie auch im Betrieb sicherheitskritischer Technologien vorzunehmen und diese in geeignete Barrieren und Maßnahmen umzusetzen.

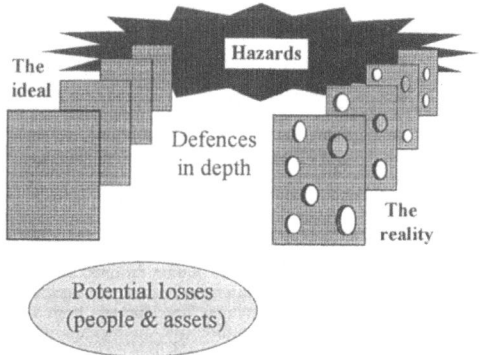

Abbildung 2-4: Schweizer-Käse-Modell in Anlehnung an Reason (1990)

Das Bundesministerium des Inneren macht mit der Definition des **Verletzlichkeitspara-doxons** deutlich, dass die Betrachtung von Ausnahmefällen in fortgeschrittenen Industrie-nationen besonders relevant ist: *„In dem Maße, in dem ein Land in seinen Versorgungs-leistungen weniger störanfällig ist, wirkt sich jede Störung umso stärker aus"* (Bundesministerium des Inneren, 2009). Demnach sind insbesondere ausdifferenzierte Or-ganisationsstrukturen, die aufgrund der hohen Versorgungssicherheit robuste und kom-plexe Technologien nutzen, besonders verletzlich, da sie *„sehr hohe Sicherheitsstandards und eine hohe Versorgungssicherheit gewohnt sind"*. Beispielsweise wird in vielen Län-dern Strom als gegebene allgegenwärtige Ressource wahrgenommen, anstatt als störanfäl-lige Infrastruktur, welche erst bei einem Ausfall mit enormem Ausmaß in Erscheinung und daher in die Wahrnehmung der Menschen tritt (Reuter & Ludwig, 2013).

Robuste und resiliente Technologien können dazu beitragen, die Resilienz zu stärken, beispielsweise die der Kooperation einer Gemeinschaft, eines Landes oder Staates, indem sie Ausfälle und Störungen der Infrastrukturen einplanen und helfen, das Handeln des Ein-zelnen, und somit die persönliche Infrastruktur, mit den verfügbaren Mitteln den Limita-tionen anzupassen (Pipek & Wulf, 2009). Trotz der großen Anzahl und Bandbreite an De-finitionen von Resilienz gibt es Konsens hinsichtlich zwei grundlegender Aspekte (Norris et al., 2008): Erstens wird Resilienz eher als ein Prozess als ein Ergebnis verstanden. Zwei-tens wird Resilienz besser über **Anpassbarkeit** als über **Stabilität** konzeptualisiert. Dies adressierend ist die Unterstützung von **Improvisation** notwendig (Reuter, 2014), da in sicherheitskritischen Prozessen weniger die formale Korrektheit in Übereinstimmung mit den Prozessdefinitionen als mehr das tatsächliche Ergebnis im Vordergrund steht.

Potenzielle Störfaktoren gegenüber sicherheitskritischer Systeme können durch **Resi-lience-Engineering** vermieden werden. Dies bedeutet, dass das System gegenüber meh-reren sicherheitskritischen Einzelfällen robust ist und die Operateure zum proaktiven Han-deln in der Lage sind, anstatt wiederholt von schwerwiegenden Ereignissen erneut lernen zu müssen.

2.5.3   Tipp 6: Design for Error (statt Konstruieren für Fehlerfreiheit)

Nach dem Prozessführungsmodell von Rasmussen (1983) können gerade Regeln und Au-tomatismen zwar Zeit- und Aufwandsvorteile mit sich bringen, diese gehen aber oft zu Lasten der Korrektheit der Anwendung, indem die Situation nicht mehr vom Nutzer be-wusst analysiert wird. Während des Design-for-Error-Prozesses sollten Maßnahmen ge-gen **menschliche**, **technische** sowie **interaktionsbezogene Fehler** berücksichtigt werden.

Design for Error (Norman, 1988) wird bereits in der ISO-Norm 9241-110 zur Anforde-rung an Dialogsysteme unter dem Aspekt der Fehlertoleranz aufgegriffen. Eine frühzeitige Fehlererkennung und -vermeidung, eine einfache und eindeutige Fehlerabwandlung und ein ausgereiftes Fehlermanagement können zur präventiven Vorgehensweise ausschlag-gebend sein. Daher kann an dieser Stelle auf die gängigen Empfehlungen der ISO-Norm zur **Fehlertoleranz** für interaktive Systeme verwiesen werden. Aufgrund der unterschiedlichen Beteiligung von Mensch *und* Technik im Bereich der Mensch-Maschine-Interaktion sind unter dem Begriff der Fehlertoleranz nicht nur potenzielle menschliche Misserfolge, sondern auch technische Ausfälle gemeint.

Storey (1996, S. 106) stellt bereits dar, dass die Feststellung eines menschlichen Fehlers von den Entwicklern als Bestätigung begrüßt wird, dass sie nicht für den Vorfall verantwortlich waren. In vielen Fällen machen Betreiber Fehler wegen einer schlecht gestalteten HCI, die die Interaktion behindert. Um dies zu verhindern, sind nach Herczeg (2008) *„komplementäre Redundanzen zwischen Mensch und Maschine"* vorzusehen und Fehlerhandlungen zuzulassen *„ohne die Sicherheit des Gesamtsystems zu gefährden"*.

Leathley (1995) identifiziert hierbei einige Prinzipien menschlicher Faktoren, die bei der Entwicklung sicherheitskritischer Systeme berücksichtigt werden müssen. Zu viele **Alarme** sollten vermieden werden, da sie oft falsch sind und die Aufmerksamkeit des Nutzers im Falle eines echten Notfalls reduzieren können. Hinzu kommt ein **Trade-off zwischen Konsistenz und Geschwindigkeit** der Befehlseingabe, beispielsweise bei der Funktion der Taste *„Enter"*. Indem der Nutzer in sicherheitskritischen Systemen zum Zögern vor einer Befehlsbestätigung gezwungen wird, können Fehler vermieden werden. Außerdem können durch Modalitäten, beispielsweise durch **zusätzliche Schaltflächen zum Bearbeiten**, ungewollte Parameterveränderungen vermieden werden.

Der Anspruch auf hohe Qualitätsstandards in Bezug auf die Betriebssicherheit und Zuverlässigkeit eines Produkts sowie der Prozessführung ist daher im Ansatz der **Fehlermöglichkeits- und Einflussanalyse (FMEA)** verortet. Die FMEA untersucht mögliche Schwachstellen bereits im Entwicklungsprozess in den Punkten Design, Produkt, Prozess und System, woraus sich durch die Zuordnung von drei verschiedenen Bewertungskriterien ein Risikopotenzial (RPZ) errechnen lässt. Je nachdem, welchen Wert das RPZ annimmt, wird entweder der Befehl zum Abstellen des Risikos gestellt oder nicht. Allgemein berücksichtigt FMEA in erster Linie technische und prozessuale Faktoren und bietet daher lediglich eine Grundlage zur Analyse technischer Systeme (Herczeg, 2014).

2.5.4 Tipp 7: Ergebnis durch Usability (statt Erlebnis durch User Experience)

Es ist nachvollziehbar, dass sicherheitskritische Systeme keine unnötigen Risiken beinhalten sollten. Dementsprechend sollten sie *„eher evolutionär und konservativ als revolutionär und innovativ entwickelt und optimiert werden. Kurzfristige und marktorientierte Optimierungen stellen sich schnell als schädlich heraus"* (Herczeg, 2008).

Auch wenn der Prozess zur Gestaltung gebrauchstauglicher interaktiver Systeme (ISO 9241-210, 2011) **nicht speziell für sicherheitskritische Systeme** verfasst wurde, werden diese dort behandelt beziehungsweise die Vorteile dieses Prozesses im Hinblick auf die

Sicherheit dargestellt: *„In den meisten Ländern sind Arbeitgeber und Lieferanten gesetzlich verpflichtet, Benutzer vor Gefahren für ihre Gesundheit und Sicherheit zu schützen. Menschzentrierte Verfahren können diese Risiken (z. B. Risiken für den Bewegungsapparat) verringern"* (ISO 9241-210, 2011). Dennoch wird dargestellt: *„In sicherheitskritischen und unternehmenskritischen Systemen könnte es wichtiger sein, die Effektivität und Effizienz des Systems sicherzustellen, als die Benutzerpräferenzen zu erfüllen"*.

Mentler und Herczeg (2016) stellen dar, dass **User Experience** für Safety relevant sein kann, aber Ergebnis vor Erlebnis geht. Es wird dargestellt, dass es nicht zwingend direkt in sicherheitskritische Systeme integriert werden könne, da es als zu ambitioniert, irrelevant oder riskant bewertet würde. Die Performance sei von höchster Bedeutung, da das Wohlbefinden der Beteiligten davon abhängen würde.

2.5.5 Tipp 8: Sichere Dialoge (statt ästhetische Interaktion)

Bei der Gestaltung der Interaktion sind Grundsätze der menschzentrierten Gestaltung mit einigen Besonderheiten anzuwenden. Für die ergonomische Gestaltung des Dialogs zwischen Benutzer und interaktivem System wurden **Grundsätze der Dialoggestaltung** festgehalten, in denen die Aspekte der Gestaltung wie Marketing, Ästhetik oder Corporate Design ohne Betrachtung bleiben (ISO 9241-110, 2008). Die DIN-Norm EN ISO 9241-110 unterscheidet zwischen sieben unterschiedlichen Anforderungen an Dialogsysteme (Tabelle 2-2). Hierbei gibt es im Kontext sicherheitskritischer Systeme Besonderheiten zu beachten.

Kriterium	Sicherheitskritische Besonderheiten
aufgabenangemessen, *„wenn es den Benutzer unterstützt, seine Arbeitsaufgabe zu erledigen, das heißt, wenn Funktionalität und Dialog auf den charakteristischen Eigenschaften der Arbeitsaufgabe basieren, anstatt auf der zur Aufgabenerledigung eingesetzten Technologie"*	Aufgaben und deren Erledigung stehen im Vordergrund. Hier können offenbar unwichtige Aspekte, die ein System gegebenenfalls attraktiver, jedoch nicht effizienter für die Aufgabe machen, große Problem erzeugen.
selbstbeschreibungsfähig, *„in dem für den Benutzer zu jeder Zeit offensichtlich ist, in welchem Dialog, an welcher Stelle im Dialog er sich befindet, welche Handlungen unternommen werden können und wie diese ausgeführt werden können"*	In der Komplexität sicherheitskritischer Prozesse und unter erhöhtem Stressaufkommen in mitunter zeitkritischen Situationen müssen gegenwärtige Prozessschritte und zugehörige Handlungen deutlich kommuniziert werden (Herczeg, 2014).
erwartungskonform, *„wenn er den aus dem Nutzungskontext heraus vorhersehbaren Benutzerbelangen sowie allgemein anerkannten Konventionen entspricht"*	Insofern relevant, da diese je nach Anwendungskontext nicht dauerhaft genutzt werden und somit manchmal keine umfangreichen Erfahrungen mit dem System vorliegen. Einige Studien legen jedoch auch nahe, dass gerade sicherheitskritische Systeme dauerhaft – und nicht nur

	in Ausnahmefällen – genutzt werden sollten, um dann auch einsetzbar zu sein (Mentler, 2015).
lernförderlich, *„wenn er den Benutzer beim Erlernen der Nutzung des interaktiven Systems unterstützt und anleitet"*	Eine Lernkurve, die am Anfang umfangreiches Ausprobieren ermöglicht, ist nur über einen entsprechenden Simulationsmodus möglich, da ansonsten teilweise irreversible Schäden entstehen können.
steuerbar, *„wenn der Benutzer in der Lage ist, den Dialogablauf zu starten sowie seine Richtung und Geschwindigkeit zu beeinflussen, bis das Ziel erreicht ist"*	Diese steht aufgrund meist großer Konsequenzen im Vordergrund. Weiterhin sind häufig Sicherheitsmechanismen implementiert, sodass der Nutzer den Prozess nur im vorgegebenen Rahmen steuern kann und nur in Ausnahmefällen gewisse Aspekte übersteuern kann (z. B. in Kernkraftwerken).
fehlertolerant, *„wenn das beabsichtigte Arbeitsergebnis trotz erkennbar fehlerhafter Eingaben entweder mit keinem oder mit minimalem Korrekturaufwand seitens des Benutzers erreicht werden kann"*	Hier ist vor allen Dingen eine Plausibilitätsprüfung vorzunehmen, sodass fehlerhafte Eingaben, wie offensichtlich falsche Zeiten, die großen Einfluss haben können, identifiziert werden.
individualisierbar, *„wenn Benutzer die Mensch-System-Interaktion und die Darstellung von Informationen ändern können, um diese an ihre individuellen Fähigkeiten und Bedürfnisse anzupassen"*	Dies kann einerseits aufgrund der Fokussierung des Nutzers auf wenige zentrale Prozesse von Relevanz sein. Andererseits kann die Anpassung auf Benutzerpräferenzen die fehlerfreie Prozessdurchführung unterstützen.

Tabelle 2-2: Grundsätze der Dialoggestaltung in sicherheitskritischen Systemen

2.6 Evaluation (Phase III)

Die Evaluation von Gestaltungskonzepten und Softwareartefakten ist über alle (frühe und späte) Projektphasen hinweg essential, um ein Verständnis für die Anforderungen oder Erfordernisse der Benutzer zu gewinnen (DIN EN ISO 9241-210, 2011): *„Die reale Nutzung eines Produkts, Systems oder einer Dienstleistung ist komplex und obwohl Richtlinien zur ergonomischen Gestaltung eine nützliche Hilfe für die Gestalter darstellen können, ist die benutzerzentrierte Evaluierung ein entscheidendes Element der menschzentrierten Gestaltung".*

2.6.1 Tipp 9: Nutzen evaluieren (statt Ausprobieren in der Praxis)

Auch wenn die Evaluation der Effizienz, Nützlichkeit und Qualität von Systemen in der Praxis einen Mehrwert bietet, ist dies in sicherheitskritischen Kontexten und Prozessen mitunter nicht beliebig möglich. Mögliche **Evaluationskriterien** sind Funktionalität, Vollständigkeit, Konsistenz, Genauigkeit, Leistung, Verlässlichkeit, Gebrauchstauglichkeit oder die organisationale Passung des Artefakts (Hevner et al., 2004). Evaluationsaufgaben können dabei einen *summativen* (nach Abschluss) oder *formativen* (während der Entwicklung), *quantitativen* (geschlossen mit zahlreichen Nutzern) oder *qualitativen* (detailliert und offen mit kleinem Teilnehmerkreis) Charakter haben, auf *kontrollierten Experimenten* oder *ethnographischem Beobachten* beruhen sowie in der Durchführung formal und streng oder informell und opportunistisch gestaltet werden (Twidale et al., 1994). Die Selektion geeigneter **Methodiken**, wie in der folgenden Liste angedeutet, sollte sich dabei an den relevanten Evaluationsmetriken und Kontextfaktoren, etwa ob eine Evaluation in echter oder simulierter Umgebung möglich ist, orientieren (Hevner et al., 2004):

- **Beobachtungen** umfassen die Durchführung von Fallstudien (umfassende Untersuchung des Artefakts im relevanten Kontext) und Feldstudien (Überwachung der Nutzung des Artefakts über mehrere Kontexte oder Projekte hinweg).

- **Analysen** erlauben die Messung statischer (z. B. Komplexität) und dynamischer (z. B. Leistung) Qualitäten, der Passung in die bestehende technische Architektur sowie die Optimierung der Eigenschaften oder Parameter des Artefakts.

- **Experimente** können als Experimente in kontrollierter Umgebung (z. B. Usability-Tests) oder Simulationen (Nutzung des Artefakts mit künstlichen Daten) durchgeführt werden.

- **Tests** umfassen funktionale Tests (Black-Box-Ansatz), etwa um Defekte und Fehler zu identifizieren sowie strukturelle Tests (White-Box-Ansatz), bei denen ein Einblick in den Quellcode gestattet ist.

- **Beschreibungen** erlauben über fundierte Argumentationen, basierend auf der bestehenden Wissensbasis (z. B. relevante Forschung), oder konstruierte Szenarios beispielsweise die Evaluation der Nützlichkeit eines Artefakts.

In Kapitel 3 (Usability Engineering und User Experience Design) wird argumentiert, dass im Zusammenhang mit sicherheitskritischen Systemen ein besonderer Wert auf formative und kontinuierliche Evaluationen gelegt werden sollte. Demnach können neben benutzerorientierten Evaluationsverfahren auch expertenorientierte Ansätze, etwa in Kombination von einerseits Domänen- und andererseits UX-Experten, sowie modellbasierte Verfahren wie GOMS zur Evaluation eingesetzt werden. Details zu Evaluationen finden sich auch in Kapitel 4.

2.6.2 Tipp 10: Verbesserungskultur etablieren (statt Status quo managen)

Aktuelle Normen, etwa zur Aufrechterhaltung der Betriebsfähigkeit (ISO 22301, 2014) oder Informationssicherheit (ISO 27001, 2015), propagieren die Etablierung eines **ständigen Verbesserungsprozesses**, wobei Ausnahmen und Abweichungen vom Soll-Zustand erkannt und entsprechende Korrekturmaßnahmen angewandt werden sollen. Die Evaluation sicherheitskritischer Systeme ist ein erster Schritt, um basierend auf den erhobenen

Evaluationsdaten und deren Analyse (Kapitel 2.4) in einer weiteren Design- und Entwicklungsiteration (Kapitel 2.5) die Gebrauchstauglichkeit eines Systems zu optimieren und sich ändernde **interne und externe Faktoren** in die Verbesserung des Systems einfließen zu lassen.

So übt die Einführung oder Anpassung informationstechnischer Artefakte einen Einfluss auf die sozialen Praktiken des Nutzers und deren Organisation aus (Rohde et al., 2009), welche einerseits die erhobenen Anforderungen und andererseits auch die Wissensbasis nachträglich beeinflussen. Interne, organisationale Änderungen hinsichtlich der operationalen, taktischen und strategischen Ausrichtung, aber auch externe Faktoren im Sinne emergenter Gefahren oder neuer Sicherheitsstandards beeinflussen zudem potenziell die Anforderungen, Handlungen und Präferenzen der Nutzer sowie der gesamten Organisation.

2.7 Fazit

Usable Safety Engineering der MCI umfasst die gebrauchstaugliche Gestaltung interaktiver und kooperativer sicherheitskritischer Systeme. Neben der Anwendung in der MCI bekannter Methoden sind einige Besonderheiten zu berücksichtigen, die in diesem Kapitel in Form von zehn Tipps zusammengefasst wurden.

- Die **Analyse** sollte *vorhandenes Wissen nutzen* (statt Neuerfindung des Rads), sowie *Nutzer- und Nutzungsstudien* (statt Vertrauen auf Prozessdokumentationen) und die *Analyse von Risiken* (statt hoffen auf Schadensfreiheit) beinhalten.

- **Design und Entwicklung** sollten *Mensch und Maschine integrieren* (statt lose Kooperation), *Ausnahmen betrachten* (statt Normalfälle), das Prinzip *Design for Error* (statt Konstruieren für Fehlerfreiheit) integrieren, *Ergebnisse durch Usability* (statt Erlebnis durch User Experience) fokussieren und *sichere Dialoge* (statt ästhetische Interaktion) anstreben.

- Die **Evaluation** sollte den *Nutzen evaluieren* (statt Ausprobieren in der Praxis) und zur *Etablierung einer Verbesserungskultur* (statt Status quo managen) beitragen.

2.8 Übungsaufgaben

Aufgabe 1: Stellen Sie knapp definitorische Grundlagen und den Zusammenhang zwischen MCI sowie Krisen- und Sicherheitsmanagement dar.

Aufgabe 2: Was verstehen Sie unter Absoluter Sicherheit und wie kann ein Zustand, der diesem möglichst nahekommt, mittels MCI unterstützt werden?

Aufgabe 3: Skizzieren Sie anhand eines frei gewählten Beispiels den Aufbau eines Projekts zur Gestaltung von Anwendungen, der das Ziel Usable Safety hat.

Aufgabe 4: Warum wird der Gebrauchstauglichkeit (Usability) in der Gestaltung sicherheitskritischer Systeme eine höhere Bedeutung als dem Benutzererlebnis (User Experience) zugerechnet? Begründen Sie ihre Antwort.

Aufgabe 5: Wie tragen Aktions- und Designforschung zum Aufbau einer Wissensbasis bei? Welche Rolle nehmen dabei in der Analyse Nutzer- und Nutzungsstudien, Ausnahmefälle und Risiken ein sowie die Evaluation des Nutzens und die Etablierung einer Verbesserungskultur?

2.9   Literatur

2.9.1   Literaturempfehlungen

Herczeg, M. (2014). Prozessführungssysteme: Sicherheitskritische Mensch-Maschine-Systeme und interaktive Medien zur Überwachung und Steuerung von Prozessen in Echtzeit. De Gruyter.

2.9.2   Literaturverzeichnis

Badke-Schaub, P., & Hofinger, G. (2008). *Human Factors*. (K. Lauche, Hrsg.). Illinois, USA: Springer Medizin Verlag.

Bitkom. (2010). Eingebettete Systeme – Ein strategisches Wachstumsfeld für Deutschland. Berlin.

Brühwiler, B. (2008). Neue Standards im Risikomanagement. *MQ – Management Und Qualität*, 26–27. https://doi.org/citeulike-article-id:3722934

Brühwiler, B. (2009). Die Norm ISO 31000. *Management Und Qualität*, (01–02), 24–26.

Bundesamt für Bevölkerungsschutz und Katastrophenhilfe. (2011). BBK-Glossar: Ausgewählte zentrale Begriffe des Bevölkerungsschutzes.

Bundesministerium des Inneren. (2009). Nationale Strategie zum Schutz Kritischer Infrastrukturen (KRITIS-Strategie). Berlin.

Carroll, J. M., & Campbell, R. L. (1989). Artifacts as psychological theories: the case of human-computer interaction. *Behaviour & Information Technology*, 8(4), 247–256. https://doi.org/10.1080/01449298908914556

Chen, R., Sharman, R., Rao, H. R., & Upadhyaya, S. J. (2008). Coordination in Emergency Response Management. *Communications of the ACM*, 51(5), 66–73.

DIN-Normenausschuss Ergonomie (NAErg). (2005). *Risikomanagement ISO 31000*. (D. D. I. für N. E.V., Hrsg.). Beuth Verlag GmbH.

DIN 13050. (2015). *Begriffe im Rettungswesen DIN 13050*. (DIN Deutsches Institut für Normung e.V., Hrsg.). Beuth Verlag GmbH.

DIN EN ISO 9241-210. (2011). Ergonomie der Mensch-System-Interaktion - Teil 210: Prozess zur Gestaltung gebrauchstauglicher interaktiver Systeme (ISO 9241-210:2010); Deutsche Fassung EN ISO 9241-210:2010. (DIN Deutsches Institut für Normung e.V., Hrsg.). Beuth Verlag GmbH.

Dix, A. (2009). Human-Computer Interaction. In L. Liu & M. T. Özsu (Hrsg.), *Encyclopedia of Database Systems* (S. 1327–1331). Boston, MA: Springer US. https://doi.org/10.1007/978-0-387-39940-9_192

Dix, A., Finlay, J., Abowd, G., & Beale, R. (2013). *Human–Computer Interaction* (3rd Editio). Upper Saddle River, NJ, USA: Prentice Hall.

Duden. (2017). Duden - Deutsches Universalwörterbuch. Dudenverlag.

Dunn, W. R. (2003). Designing Safety-Critical Computer Systems. *Computer*, 36(11), 40–46+4. https://doi.org/10.1109/MC.2003.1244533

Federath, H. (2017). Einführung in die IT-Sicherheit.

Flick, U. (2015). Introducing Research Methodology: A Beginner's Guide to Doing a Research Project. London: Sage Publications Ltd.

Freiling, F., Grimm, R., Großpietsch, K.-E., Keller, H. B., Mottok, J., Münch, I., … & Saglietti, F. (2014). Technische Sicherheit und Informationssicherheit. *Informatik-Spektrum, 37*(1), 14–24. https://doi.org/10.1007/s00287-013-0748-2

Herczeg, M. (2000). Sicherheitskritische Mensch-Maschine-Systeme. *FOCUS MUL, 17*(1), 6–12.

Herczeg, M. (2003). Sicherheitskritische Mensch-Maschine-Systeme: Rahmenbedingungen für sicherheitsgerichtetes Handeln. In *Deutsches Atomforum e.V.: Berichtsheft der Jahrestagung Kerntechnik* (S. 97–111). Berlin: INFORUM Verlags- und Verwaltungsgesellschaft.

Herczeg, M. (2008). Usability Engineering für Sicherheitskritische Mensch-Maschine-Systeme. Münster.

Herczeg, M. (2014). Prozessführungssysteme: Sicherheitskritische Mensch-Maschine-Systeme und interaktive Medien zur Überwachung und Steuerung von Prozessen in Echtzeit. De Gruyter.

Hevner, A. R. (2007). A Three Cycle View of Design Science Research. *Scandinavian Journal of Information Systems, 19*(2), 87–92. https://doi.org/http://aisel.aisnet.org/sjis/vol19/iss2/4

Hevner, A. R., & Chatterjee, S. (2010). *Design Research in Information Systems: Theory and Practice*. New York, USA: Springer.

Hevner, A. R., March, S. T., Park, J., & Ram, S. (2004). Design science in information systems research. *MIS Quarterly, 28*(1), 75–105.

Hoyos, C. (1990). Menschliches Handeln in technischen Systemen. In C. Hoyos & B. Zimolong (Hrsg.), *Ingenieurpsychologie. Enzyklopädie der Psychologie, Band 2,* (S. 1–30). Göttingen: Hogrefe.

ISO 22301. (2014). Sicherheit und Schutz des Gemeinwesens - Business Continuity Management System - Anforderungen (ISO 22301:2012); Deutsche Fassung EN ISO 22301:201.

ISO 27001. (2015). Informationstechnik - IT-Sicherheitsverfahren - Informationssicherheits-Managementsysteme - Anforderungen (ISO/IEC 27001:2013 + Cor. 1:2014).

ISO 9241-11. (1999). Ergonomische Anforderungen für Bürotätigkeiten mit Bildschirmgeräten - Teil 11: Anforderungen an die Gebrauchstauglichkeit; Leitsätze (ISO 9241-11:1998); Deutsche Fassung EN ISO 9241-11:1998. (DIN Deutsches Institut für Normung e.V., Hrsg.). Beuth Verlag GmbH.

ISO 9241-110. (2008). Ergonomie der Mensch-System-Interaktion - Teil 110: Grundsätze der Dialoggestaltung (ISO 9241-110:2006); Deutsche Fassung EN ISO 9241-110:2006. (DIN Deutsches Institut für Normung e.V., Hrsg.). Beuth Verlag GmbH.

Leathley, B. A. (1995). Human–computer interaction in safety critical systems. *Quality and Reliability Engineering International, 11*(6), 429–433. https://doi.org/10.1002/qre.4680110606

Lewin, K. (1958). *Group Decision and Social Change*. New York, USA: Holt; Rinehart and Winston.

Line, M., Nordland, O., Røstad, L., & Tøndel, I. (2006). Safety vs. Security? (PSAM-0148). In *Proceedings of the Eighth International Conference on Probabilistic Safety Assessment & Management (PSAM)* (S. 1202–1210). Three Park Avenue New York, NY 10016-5990: ASME. https://doi.org/10.1115/1.802442.paper151

Long, J., & Dowell, J. (1989). Conceptions of the Discipline of HCI: Craft, Applied Science, and Engineering. In A. Sutcliffe & L. Macaulay (Hrsg.), *Proceedings of the Fifths Conference of the British Computer Society* (S. 9–34). Nottingham: Cambridge University Press.

Maaß, S. (1993). Software-Ergonomie. Benutzer- und aufgabenorientierte Systemgestaltung. *Informatik-Spektrum, 16*(4), 191–205.

Mendonça, D. (2007). Decision support for improvisation in response to extreme events: Learning from the response to the 2001 World Trade Center attack. *Decision Support Systems, 43*(3), 952–967. https://doi.org/10.1016/j.dss.2005.05.025

Mentler, T. (2015). Gebrauchstaugliche mobile Computersysteme im Regel - und Ausnahmebetrieb von Rettungsdiensten, Dissertation, Universität zu Lübeck.

Mentler, T., & Herczeg, M. (2016). On the Role of User Experience in Mission- or Safety-Critical Systems. In B. Weyers & A. Dittmar (Hrsg.), *Mensch und Computer 2016 – Workshopband*. Aachen: Gesellschaft für Informatik e.V.

Moser, C. (2012). User Experience Design: Mit erlebniszentrierter Softwareentwicklung zu Produkten, die begeistern. Zürich: Springer Vieweg.

Newell, A., & Card, S. K. (1985). The Prospects for Psychological Science in Human-Computer Interaction. *Human–Computer Interaction*, *1*(3), 209–242. https://doi.org/10.1207/s15327051hci0103_1

Norris, F. H., Stevens, S. P., Pfefferbaum, B., Wyche, K. F., & Pfefferbaum, R. L. (2008). Community resilience as a metaphor, theory, set of capacities, and strategy for disaster readiness. *American Journal of Community Psychology*, *41*(1–2), 127–150.

Pipek, V., & Wulf, V. (2009). Infrastructuring: Towards an Integrated Perspective on the Design and Use of Information Technology. *Journal of the Association for Information Systems*, *10*(5), 447–473.

Purdy, G. (2010). ISO 31000:2009 - Setting a new standard for risk management: Perspective. *Risk Analysis*, *30*(6), 881–886. https://doi.org/10.1111/j.1539-6924.2010.01442.x

Rasmussen, J. (1983). Skills, rules, and knowledge; signals, signs, and symbols, and other distinctions in human performance models. *IEEE Transactions on Systems, Man, and Cybernetics*, *SMC-13*(3), 257–266. https://doi.org/10.1109/TSMC.1983.6313160

Reason, J. T. (1990). *Human error*. Cambridge University Press.

Reuter, C. (2014). Emergent Collaboration Infrastructures: Technology Design for Inter-Organizational Crisis Management (Ph.D. Thesis). Siegen, Germany: Springer Gabler.

Reuter, C., & Ludwig, T. Anforderungen und technische Konzepte der Krisenkommunikation bei Stromausfall. (M. Hornbach, Hrsg.), Informatik 2013 - Informatik angepasst an Mensch, Organisation und Umwelt, GI-Edition-Lecture Notes in Informatics (LNI) 1604–1618 (2013). Koblenz, Germany: GI.

Rohde, M., Stevens, G., Brödner, P., & Wulf, V. (2009). Towards a paradigmatic shift in is: designing for social practice. *Proceedings of the 4th International Conference on Design Science Research in Information Systems and Technology, DESRIST 2009*, (4), 11.

Storey, N. (1996). *Safety Critical Computer Systems*. Harlow, UK: Addison Wesley.

Twidale, M., Randall, D., & Bentley, R. (1994). *Situated evaluation for cooperative systems*. Lancester, UK.

Welsch, C. (2010). Organisationale Trägheit und ihre Wirkung auf die strategische Früherkennung von Unternehmenskrisen. Wiesbaden: Gabler. https://doi.org/10.1007/978-3-8349-8485-2

Wulf, V. (2009). Theorien sozialer Praktiken zur Fundierung der Wirtschaftsinformatik. In J. Becker, H. Krcmar, & B. Niehaves (Hrsg.), *Wissenschaftstheorie und gestaltungsorientierte Wirtschaftsinformatik* (S. 211–224).

3 Usability Engineering und User Experience Design sicherheitskritischer Systeme

Tilo Mentler
Universität zu Lübeck

Zusammenfassung

Seit mehr als 30 Jahren ist Gebrauchstauglichkeit (Usability) das wesentliche Kriterium zur Beurteilung interaktiver Systeme hinsichtlich der Gestaltung der Benutzungsschnittstelle sowie der Mensch-Maschine-Arbeitsteilung. Im Freizeit- und Unterhaltungsbereich rückt jedoch vermehrt das Konzept User Experience (UX) in den Fokus. In diesem Kapitel wird daher zunächst zwischen Usability und User Experience unterschieden. Aus Literaturrecherchen sowie Workshops mit Fachexperten wird anschließend gefolgert, dass in sicherheitskritischen Domänen wie der Luftfahrt, der Medizintechnik oder dem Transportwesen sicherere und effiziente Interaktionsverläufe stets Vorrang gegenüber dem Nutzungserlebnis haben müssen, jedoch bestimmte Facetten des UX-Konzeptes bei der Entwicklung von sicherheitskritischen interaktiven Systemen stärker berücksichtigt werden sollten. Hierzu zählen unter anderem hedonistische und ästhetische Eigenschaften von Anwendungssystemen sowie menschlichen Emotionen wie Stolz oder Freude. Anschließend wird auf die besonderen Anforderungen für die systematische Gewährleistung von Usability und User Experience im Rahmen von Engineering- beziehungsweise Designprozessen in sicherheitskritischen Kontexten eingegangen.

Lernziele

- Die Leser können Usability und User Experience unterscheiden.

- Die Leser können die Bedeutung von Usability und User Experience für interaktive Systeme in sicherheitskritischen Kontexten beurteilen.

- Die Leser können die Prinzipien des Usability Engineering und User Experience Designs bei der Entwicklung interaktiver Systeme für sicherheitskritische Kontexte anwenden.

3.1 Einleitung

In sicherheitskritischen Anwendungsdomänen sind Funktionalität und Zuverlässigkeit interaktiver Systeme notwendige, aber keine hinreichenden Kriterien, um den Normalbetrieb aufrechterhalten beziehungsweise nach Zwischenfällen wiederherstellen zu können. Organisatorische Aspekte (z. B. Arbeitszeiten, Aufbau- und Ablauforganisation, Sicherheitskultur) müssen dabei ebenso berücksichtigt werden wie die Interaktion und Kooperation zwischen Menschen und Maschinen. Redmill und Rajan (1997) betonen: *„When the user interaction with a safety-critical system goes wrong, the result can be catastrophic."*

Die **Benutzungsschnittstelle** eines interaktiven Systems, unabhängig von ihrer technologischen und gestalterischen Realisierung, kann als vermittelnde Instanz zwischen den Absichten der Benutzenden und deren Umsetzung betrachtet werden. Aus Sicht der Nutzenden stellt sie das eigentliche System dar (Norman, 1986; Raskin, 2000). Bestenfalls ist die Benutzungsschnittstelle ein *„notwendiges Übel"*; schlimmstenfalls ein für die Nutzenden *„unüberwindbares Hindernis"* (vgl. van Dam, 1997). Die entsprechende Bewertung eines interaktiven Systems kann dabei jedoch nur im Zusammenhang mit einem konkreten **Nutzungskontext** vorgenommen werden.

Gebrauchstauglichkeit (Usability) als das *„Ausmaß, in dem ein Produkt durch bestimmte Nutzer in einem bestimmten Nutzungskontext genutzt werden kann, um bestimmte Ziele effektiv, effizient und zufriedenstellend zu erreichen"* (DIN EN ISO 9241-11:1999), ist seit Mitte der 1980er-Jahre das wesentliche Kriterium zur Beurteilung der auf die Mensch-Maschine-Schnittstelle bezogenen Aspekte eines interaktiven Systems. Insbesondere bei computerbasierten Lösungen für den Freizeit- und Unterhaltungsbereich wird jedoch zunehmend das **Benutzererlebnis (User Experience, UX)** im Sinne der *„Wahrnehmungen und Reaktionen einer Person, die aus der tatsächlichen und/oder der erwarteten Benutzung eines Produkts, eines Systems oder einer Dienstleistung resultieren"* (DIN EN ISO 9241-210:2011), in den Fokus der Betrachtungen gestellt (zur Relevanz in sicherheitskritischen Kontexten siehe Abschnitt 3.2.3). Gemeinsam ist beiden Konzepten, dass sie den Menschen in den Mittelpunkt der Betrachtungen stellen und während eines Entwicklungsprozesses systematisch, von Anfang an und durchgängig verfolgt werden müssen.

Nach einer vertieften Auseinandersetzung mit den Konzepten Usability und User Experience in Abschnitt 3.2 werden die Grundlagen des Usability Engineerings und des User Experience Designs erläutert (siehe Abschnitt 3.3). Anschließend wird in Abschnitt 3.4 beschrieben, welche Herausforderungen mit menschzentrierten Entwicklungsprozessen in sicherheitskritischen Anwendungsdomänen verbunden sind und wie sie bewältigt werden können. Das Fazit in Abschnitt 3.5 schließt mit einer Darstellung der wesentlichen Inhalte und Schlussfolgerungen dieses Kapitels. Übungsaufgaben und Literaturhinweise folgen im Anschluss.

3.2   Usability und User Experience

Nachfolgend werden Usability und User Experience im Hinblick auf ihre Beziehung und Beurteilbarkeit vertiefend betrachtet (siehe Abschnitte 3.2.1 und 3.2.2). Anschließend wird in Abschnitt 3.2.3 ihre Relevanz für sicherheitskritische Systeme diskutiert.

3.2.1   Beziehung

Eine der zentralen Fragen in der Auseinandersetzung mit Usability und User Experience betrifft die Unterschiede und Gemeinsamkeiten zwischen den damit verbundenen Konzepten. Dabei ist zunächst zu beachten, dass zu beiden Begriffen verschiedene, nicht nur im Wortlaut abweichende Definitionen existieren. Beispielsweise wird im Kontext Medizintechnik Usability stärker als inhärente Eigenschaften eines Produktes beziehungsweise seiner Benutzungsschnittstelle beschrieben (vgl. IEC 62366-1:2015: *„characteristic of the USER INTERFACE that facilitates use and thereby establishes EFFECTIVENESS, EFFICIENCY and USER satisfaction in the intended USE ENVIRONMENT"*).

Law (2011a) stellt fest, dass sich aus der Fachliteratur unterschiedliche Zusammenhänge zwischen Usability und User Experience ableiten lassen. Sie reichen von „identisch" bis „unabhängig". Hassenzahl (2008) unterscheidet die beiden Konzepte anhand der in Tabelle 3-1 stichpunktartig benannten Kriterien. Er kommt zu dem Schluss, dass der Fokus von User Experience primär auf dem Wohlbefinden der Nutzenden (*„well-being"*) und nicht auf ihrer beziehungsweise der systembezogenen Leistung (*„performance"*) liegt. Letztere spiegelt sich eher im Konzept Usability wider.

Usability	User Experience
pragmatische Qualitätswahrnehmung	hedonische Qualitätswahrnehmung
„do-goals" (Aufgaben erledigen)	*„be-goals"* (sich kompetent fühlen)
Produkt- und Leistungsorientierung	Erlebnis- und Erfahrungsorientierung
reduziert	Ganzheitlich
(teilweise) objektiv	(hoch) subjektiv
vergleichsweise stabil	Dynamisch
standardisierte Kriterien verfügbar (siehe Abschnitt 3.2.2)	standardisierte Kriterien noch nicht verfügbar (Usability-Kriterien für bestimmte Aspekte der User Experience anwendbar)

Tabelle 3-1: Unterschiede zwischen Usability und User Experience (Hassenzahl, 2008. Darstellung in Anlehnung an Law, 2011b)

3.2.2 Beurteilung

Wie in Tabelle 3-1 angeführt, kann zwischen Usability und User Experience anhand der Art und Weise ihrer Beurteil- und Messbarkeit unterschieden werden. Die einleitend angeführte Usability-Definition benennt hierbei Effektivität, Effizienz und Zufriedenstellung als Maße der Gebrauchstauglichkeit eines interaktiven Systems in einem bestimmten Nutzungskontext. Sie werden in Tabelle 3-2 näher beschrieben.

Kriterium	Beschreibung
Effektivität	Genauigkeit und Vollständigkeit, mit der Benutzer ein bestimmtes Ziel erreichen
Effizienz	der im Verhältnis zur Genauigkeit und Vollständigkeit eingesetzte Aufwand, mit dem Benutzer ein bestimmtes Ziel erreichen
Zufriedenstellung	Freiheit von Beeinträchtigungen und positive Einstellungen gegenüber der Nutzung des Produkts

Tabelle 3-2: Maße der Gebrauchstauglichkeit (DIN EN ISO 9241-11:1999)

Aus diesen Maßen lässt sich ableiten, dass Usability erst nach der tatsächlichen Nutzung eines interaktiven Systems beziehungsweise eines dem Entwicklungsstand entsprechenden Prototypen beurteilt werden kann. Demgegenüber können im Zusammenhang mit User Experience mehrere Arten und Zeiträume unterschieden werden (siehe Abbildung 3-1). Alves et al. (2014) sprechen gar von einem „Dschungel" von Zeitpunkten und Modi.

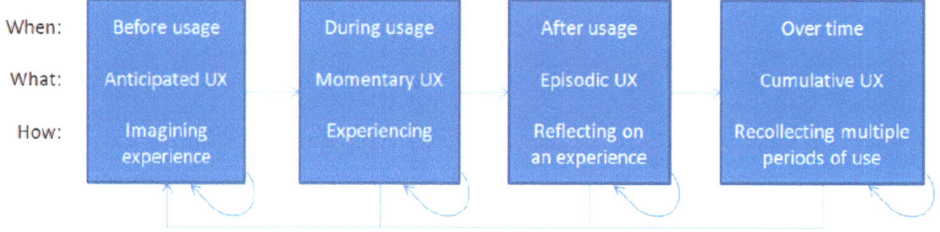

Abbildung 3-1: Arten und Zeiträume von User Experience (Roto et al., 2011)

Von psychophysiologischen Aktivierungsmessungen (z. B. Herzfrequenz, Hautleitwiderstand) über computergestützte Emotionserfassung (z. B. über Gesichtsausdrücke) bis hin zu Tagebuchstudien können daher verschiedene Ansätze zur Erfassung von User Experience geeignet sein. Grundsätzlich soll *„die ganzheitliche Sicht auf subjektiv erlebte Produktqualität"* (Hassenzahl et al., 2008) beurteilt werden. Hilfsmittel, wie z. B. der Attrak-Diff2-Fragebogen (Hassenzahl et al., 2003), berücksichtigen daher insbesondere hedonistische und ästhetische Eigenschaften interaktiver Systeme.

3.2.3 Relevanz

Aus der Ergänzung beziehungsweise Ersetzung des Usability-Konzeptes durch das User-Experience-Konzept im Zusammenhang mit interaktiven Systemen für den Freizeit- und Unterhaltungsbereich (z. B. Smartphones, Spielekonsolen) kann zunächst nicht auf eine zunehmende oder besondere Bedeutung in sicherheitskritischen Anwendungsdomänen geschlossen werden. Schließlich gilt in diesen Bereichen im Sinne sicherer Systemzustände der Grundsatz: **Ergebnis der Nutzung geht vor Erlebnis der Nutzenden**.

Die Frage nach der Relevanz des Faktors Usability in sicherheitskritischen Bereichen kann eindeutig beantwortet werden, wie folgende, exemplarisch auf die Kontexte (Notfall-)Medizin und Medizintechnik bezogenen Feststellungen verdeutlichen:

- „Die Gebrauchstauglichkeit von Medizintechnik ist […] eine der wichtigsten Einflussgrößen für die Prävention von Fehlern in der Patientenbehandlung" (Backhaus, 2010).

- „Apply usability engineering as early as possible" (Leitner et al., 2007).

- „Results show a high potential of telemedical emergency care, though the benefit critically depends on the given system's usability and the appropriateness of the workflow" (Beul et al., 2010).

Unklarer ist die Bedeutung des User-Experience-Konzeptes in sicherheitskritischen Kontexten. Aus Literaturrecherchen (z. B. Agarwal & Meyer, 2009; Eckoldt et al., 2013; Kjeldskov & Stage, 2003; Palanque et al., 2007; Savage-Knepshield et al., 2014; Sikorski, 2000) sowie einer Brainwriting- und Diskussionsrunde im Rahmen eines Workshops zur Mensch-Computer-Interaktion und zum Social Computing in sicherheitskritischen Systemen leiten Mentler und Herczeg (2016) drei Perspektiven ab:

- *„UX is (still) not well defined"*: Aufgrund der unterschiedlichen Arten und Zeiträume, in denen User Experience betrachtet werden kann, sowie der schwierigen Mess- und Beurteilbarkeit (siehe Abschnitt 3.2), lässt sich User Experience nicht in sicherheitskritischen Kontexten berücksichtigen. Sie erfordern aus rechtlichen und ethischen Gründen eindeutige Kriterien (z. B. im Rahmen von Zulassungs- oder Zertifizierungsverfahren).

- *„UX should be considered irrelevant"*: Gebrauchstauglichkeit im Sinne der beschriebenen Definition ist als Kriterium für die menschbezogenen Aspekte eines interaktiven Systems ausreichend und anspruchsvoll genug.

- *„UX is worth a look"*: Trotz der genannten Schwierigkeiten mit dem UX-Konzept sollten seine Grundprinzipien bei der Gestaltung interaktiver Systeme für sicherheitskritische Kontexte stärker berücksichtigt werden. Nicht zuletzt werden zukünftige Operateure, die mit ansprechend gestalteten Systemen aufwachsen, diese auch in ihrem Berufsleben erwarten.

3.3   Usability Engineering und User Experience Design

Nach einer Einführung in die Grundlagen von Usability Engineering und User Experience Design in Abschnitt 3.3.1 werden wesentliche Prinzipien dieser Disziplinen beschrieben (siehe Abschnitt 3.3.2). Konkrete Methoden und Vorgehensmodelle (die Usability Engineering Lifecycle von Nielsen und Mayhew, Contextual Design und Scenario-Based Design) sind Gegenstand von Abschnitt 3.3.3.

3.3.1   Grundlagen

In einer der ersten Definitionen kennzeichnen Good et al. (1986) **Usability Engineering** als *„process, grounded in classical engineering, which amounts to specifying, quantitatively and in advance, what characteristics and in what amounts the final product to be engineered is to have"*. Ihnen zufolge sind Usability Engineering-Prozesse gekennzeichnet durch definierte Metriken für unterschiedliche Stufen (*„level"*) von Usability, Analysen der Auswirkungen von Designentscheidungen auf die Projektziele sowie iterative Vorgehensweisen auf Grundlage von Rückmeldungen durch potenzielle Benutzer.

In deutschsprachigen Definitionen wird Usability Engineering beschrieben als:

- „[die] angewandte Disziplin […], die mithilfe systematischer Methoden versucht, Usability bei der Gestaltung von Benutzungsschnittstellen zu erreichen" (Schmitz, 2007);

- „[die] systematische Anwendung nutzerorientierter Methoden und Techniken, um gezielt benutzbare Systeme und Produkte zu entwerfen und herzustellen" (Richter & Flückiger, 2016).

Die Nutzer- beziehungsweise Kundenorientierung ist auch ein wesentliches Merkmal im **User Experience Design (UX Design, Experience Design)**. Entsprechende Ansätze zielen darauf,

- „[…] das Erlebnis des Kunden ins Zentrum der Produktentwicklung zu stellen und dem Kunden möglichst viele positive Erlebnisse mit dem Produkt zu bieten" (Moser, 2012).

- „[…] to improve customer satisfaction and loyalty through the utility, ease of use, and pleasure provided in the interaction with a product" (Kujala et al., 2011).

Usability Engineering und User Experience Design weisen somit eine gedankliche Nähe zu den Ansätzen des **Design Thinking** auf, in denen *„menschlichen Bedürfnisse bis heute die Grundlage des Kreativprozesses [sind und] […] grundlegend sinnvolle Lösungen für wirklich wichtige Probleme [gesucht werden]"* (Meinel & von Thienen, 2016).

3.3.2 Prinzipien

Die mit Usability Engineering und User Experience Design verbundene grundsätzliche Denk- und Vorgehensweise wird von Butler (1996) in einem Kreislauf aus Analyse, Gestaltung, Realisierung und Evaluation kompakt zusammengefasst (siehe Abbildung 3-2).

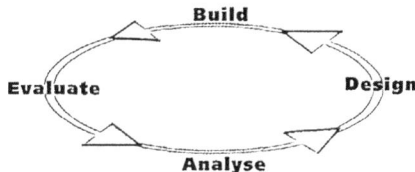

Abbildung 3-2: Usability Engineering Paradigm (Butler, 1996)

Dieses Paradigma sowie die von Good et al. (1986) benannten charakteristischen Eigenschaften von Usability Engineering-Prozessen spiegeln sich auch in der deutschen, europäischen und internationalen Normung des menschzentrierten Entwicklungsprozesses (DIN EN ISO 9241-210:2011) (Abbildung 2-1 in Kapitel 2 zu Usable Safety Engineering) wider.

Mensch- statt Technikzentrierung erfordert iterative und partizipative, das heißt die potenziellen Nutzenden in die Gestaltung einbeziehende, Methoden und Vorgehensweisen sowie den Willen, zwischen dem „technisch Machbaren" und dem „sicher und effizient Nutzbaren" zu unterscheiden. Dabei sind Verfahren zur Analyse, Bewertung und Behebung von Risiken im Sinne des **Risikomanagements** bei menschzentrierten Entwicklungsprozessen zu berücksichtigen (Mentler, 2017, van der Peijl et al., 2012).

3.3.3 Methoden und Vorgehensmodelle

Die im vorherigen Abschnitt skizzierten Prinzipien müssen mithilfe konkreter Methoden und Vorgehensmodelle anwendbar gemacht werden (siehe z. B. Benyon (2014) oder Heczeg (2009) für umfassende Ausführungen). Neben seit Jahrzehnten etablierten software-ergonomischen Ansätzen (z. B. hierarchische Aufgabenanalysen, Benutzeranalysen mithilfe von Personas oder Benutzerklassen) haben sich UX-spezifischere Methoden etabliert. Dazu zählen unter anderem:

- **Customer Journey Maps**, die in Form von Graphen oder Storyboards den Prozess eines Nutzenden vom Erstkontakt mit einem Anwendungssystem oder dem Hersteller bis hin zur Beschaffung, Einführung und Nutzung beschreiben. Die zu verschiedenen Zeitpunkten („*touchpoints*") auftretenden Anforderungen der Nutzenden sollen damit systematisch erfasst werden (siehe z. B. Lee et al., 2015).

- **Empathy Maps** (siehe Abbildung 3-3), mit denen die Nutzenden (oder bestimmte Nutzergruppen) anschaulich in das Zentrum der Betrachtungen gestellt werden und ihre konkrete Empfindungen beschrieben werden sollen (siehe z. B. Wang et al., 2015 im Kontext der Gefahrguterkennung).

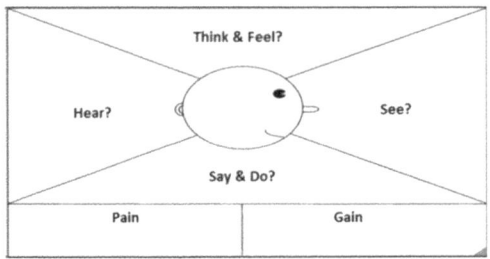

Abbildung 3-3: Aufbau einer Empathy Map (Ferreira et al., 2016)

- Messinstrumente zur Beurteilung hedonistischer und ästhetischer Qualitäten interaktiver Systeme, beispielsweise der zuvor genannte **AttrakDiff-Fragebogen**, der bereits in sicherheitskritischen Kontexten angewendet wurde (z. B. von Reich und Dittrich (2013) im Rahmen der Gestaltung von Fahrzeugcockpits).

Diese und andere Aktivitäten (siehe z. B. Marcus, 2016) können in etablierte und ursprünglich auf Usability ausgerichtete Vorgehensmodelle integriert werden. Die Feststellungen von Moser (2012), dass sich *„User Experience Design relativ einfach in jeden iterativen oder agilen Entwicklungsprozess integrieren [lässt]"* und *„der Prozess […] dabei allenfalls durch gewisse Aktivitäten und Rollen ergänzt werden [muss]"*, können mit Blick auf die vorgeschlagenen Modelle bestätigt werden (siehe z. B. das *„Spiral UX Design Model"* (Guo, 2016) oder *„User Experience Design mit Scrum"* (Moser, 2012)). Nachfolgend werden stellvertretend die Usability Engineering Lifecycles von Nielsen (1993) und Mayhew (1999) sowie das Contextual Design (Beyer & Holtzblatt, 1998) und das Scenario-Based Design (Rosson & Carroll, 2002) vorgestellt.

Der **Usability Engineering Lifecycle von Nielsen (1993)** und das damit verbundene Konzept des **Discount Usability Engineerings** zielen darauf ab, in Softwareentwicklungsfirmen Hemmschwellen (z. B. vermutete Zusatzkosten oder Aufwände) und ablehnende Haltungen gegenüber Usability Engineering-Maßnahmen abzubauen, indem folgende, weniger aufwendige Methoden genutzt werden:

- Potenzielle Nutzende werden bei der Erledigung ihrer Arbeit ungestört beobachtet. Ein Besuch bei den Nutzenden vor Ort und im Arbeitskontext wird als minimale Anforderung an Usability Engineering betrachtet.

- Szenarien und kostengünstige Prototypen mit reduzierter Funktionalität (z. B. Papierprototypen) werden angefertigt.

- Die Think-Aloud-Methodik wird vereinfacht angewendet (Notizen statt Videoaufnahmen, Durchführung durch die Entwickelnden selbst).

- Die Benutzungsschnittstelle wird heuristisch durch Usability-Experten evaluiert, das heißt mithilfe einer überschaubaren Anzahl (~10) von Gestaltungsprinzipien.

Im Rahmen der Entwicklung werden nach der Analyse der Nutzenden und ihrer Aufgaben sowie existierender Produkte (*„best prototypes"* (Nielsen, 1993)) Usability-Ziele festgelegt. Anschließend werden iterativ Prototypen entwickelt. Dabei werden parallele Entwürfe mehrerer Designer sowie partizipative Methoden genutzt. Rückmeldungen aus der praktischen Nutzung werden berücksichtigt (z. B. Log-Dateien).

Mayhew (1999) beschreibt im Gegensatz zu Nielsen (1993) einen komplexen und detaillierten **Usability Engineering Lifecycle**, der auch die Verbindung und Integration von Software-Engineering-Aspekten berücksichtigt (siehe Tabelle 3-3).

Phase	Beschreibung
Anforderungsanalyse	Fünf Aufgabenkomplexe, deren Ergebnisse in einem produktspezifischen Styleguide zusammengefasst werden (Benutzerprofile, Aufgabenanalyse, Spezifikation von Gebrauchstauglichkeitszielen, Analyse der verfügbaren Hard-/Software, Prüfung von allgemeinen Gestaltungsprinzipien).
Design/Test/ Entwicklung	Gestaltung und Verfeinerung der Benutzungsschnittstelle aufbauend auf angepassten organisatorischen Strukturen und Abläufen (*„Work Re-engineering"*).
Installation	Auslieferung des Systems und Erfassung von Rückmeldungen zur Gebrauchstauglichkeit zur Verbesserung der nächsten Version oder des nächsten Produktes.

Tabelle 3-3: Phasen des Usability Engineering Lifecycle von Mayhew (1999)

Contextual Design (Beyer & Holtzblatt, 1998) ist ein kohärenter und strukturierter Designprozess, der Praktiken aus den Bereichen Psychologie und Software Engineering integriert und für Systemgestalter anwendbar macht. Hierbei dienen Daten, die durch Interviews am Arbeitsplatz der Nutzenden gesammelt werden, als Grundlage für das Verständnis der Bedürfnisse, Aufgaben und Ziele. Die Phasen der Entwicklung sind in Tabelle 3-4 beschrieben.

Phase	Beschreibung
Contextual Inquiry	Form der teilnehmenden Beobachtung und des Interviews in einer Art Meister-Lehrling-Beziehung mit dem Ziel Wissen über Aufgaben, Arbeitsabläufe und genutzte Materialien zu erlangen.
Interpretation Session	Besprechung der Erkenntnisse in einem interdisziplinären Team aus Management, Vertrieb, Marketing, Design, Entwicklung.
Work Models	Daten, welche im Contextual Inquiry gesammelt wurden, werden in fünf verschiedenen Modellen aufgearbeitet, die zur Beschreibung der Arbeit von Individuen und Organisation dienen.
Affinity Diagramming	Bisher wurden nur einzelne Benutzer betrachtet, das Produkt ist aber für mehrere Benutzer gedacht. Dementsprechend werden die Work Models angepasst und zusätzlich Affinitätsdiagramme entworfen.

Visioning	Entwicklung von neuen Produkten und Systemkonzepten auf Grundlage von Kundendaten und technischen Möglichkeiten. Visioning zeigt das große Ganze, die Details werden in den folgenden Arbeitsschritten beschrieben.
Storyboarding	Verdeutlichung und Überprüfung der Details der Vision. Es werden detailliert Schritte der Handlungen und Systemaktionen beschrieben.
User Environment Design	Grundriss des neuen Systems, basierend auf den erhobenen Daten und den daraus resultierenden Anforderungen. Es zeigt genau, wie und wo die Benutzer in ihrem Arbeitsablauf unterstützt werden.
Paper Mock-Up Interviews	Feedback seitens der Benutzer zu einem Prototyp. Das Vorgehen ähnelt dem Contextual Interview, nur dass Arbeitsabläufe mit dem Prototyp durchgespielt werden.
Interaction and Visual Design	Konzeption und Test des Visualisierungs- und Interaktionskonzeptes der Benutzungsschnittstelle.

Tabelle 3-4: Phasen des Contextual Designs nach Beyer und Holtzblatt (1998)

Der ursprüngliche Contextual-Design-Prozess wurde mehrfach überarbeitet, unter anderem um ihn effizienter anwenden zu können (*„Rapid Contextual Design"*, Holtzblatt et al., 2005) und neue Technologien (z. B. mobile und am Körper tragbare Endgeräte) sowie die mit ihnen einhergehenden veränderten Nutzungsmuster besser berücksichtigen zu können. Auch hier zeigt sich die eingangs beschriebene Anpassung eines ursprünglich primär auf Gebrauchstauglichkeit ausgerichteten Vorgehensmodells an das UX-Konzept (Beyer & Holtzblatt, 2017).

Scenario-Based Design (Rosson & Carroll, 2002) ist ein auf narrativen Szenarien basierendes Vorgehensmodell zur Begleitung eines Softwareentwicklungsprozesses (siehe Abbildung 3-4). Szenarien beschreiben dabei charakteristische Nutzungssituationen sowohl im Ist-Zustand als auch im Soll-Zustand. Dadurch wird die Funktionalität eines Anwendungssystems nicht isoliert betrachtet, sondern in den späteren Nutzungskontext eingeordnet.

Ausgehend von Feldstudien sowie Benutzer- und Artefaktanalysen wird zunächst der gegenwärtige Zustand des anzupassenden Arbeitssystems untersucht. Die erhobenen Daten werden verwendet, um ein oder mehrere repräsentative Problemszenarien zu erstellen. Hinweis: Sie sollen nicht einseitig Probleme darstellen, sondern sind in der Problemdomäne angesiedelt.

Die Problemszenarien sowie die im späteren Verlauf folgenden lösungsorientierten und zunehmend detaillierten Aktivitäts-, Informations- und Interaktionsszenarien werden mithilfe von Claims analysiert. Diese beschreiben Eigenschaften einer bestimmten Nutzungssituation, die sich positiv oder negativ auf die Akteure auswirken können. Somit soll verhindert werden, dass bestimmte Lösungs- oder Gestaltungsansätze vorschnell und einseitig positiv oder negativ beurteilt werden.

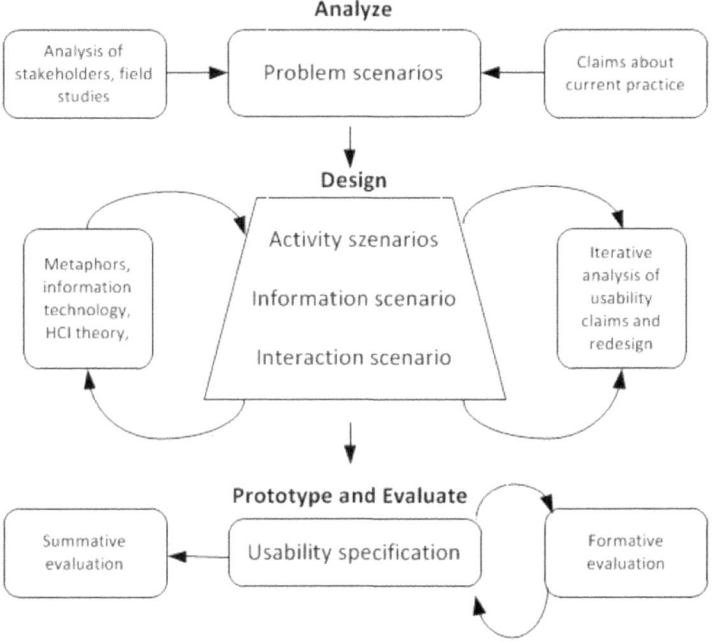

Analyze

Analysis of stakeholders, field studies → Problem scenarios ← Claims about current practice

Design

Activity szenarios

Information scenario

Interaction scenario

Metaphors, information technology, HCI theory,

Iterative analysis of usability claims and redesign

Prototype and Evaluate

Summative evaluation ← Usability specification

Formative evaluation

Abbildung 3-4: Scenario-Based Design (Rosson & Carroll, 2002)

Es ist zu beachten, dass weder die vorgestellten Vorgehensmodelle noch der standardisierte Prozess der DIN EN ISO 9241-210:2011 explizit die Besonderheiten sicherheitskritischer Nutzungskontexte berücksichtigen (vgl. DIN EN ISO 9241-210:2011; Rosson & Carroll, 2002). Somit erscheint es notwendig, diese aufbauend auf den in diesem Abschnitt beschriebenen Grundlagen und Prinzipien gesondert zu betrachten.

3.4 Systematische menschzentrierte Entwicklung sicherheitskritischer interaktiver Systeme

Nachfolgend werden besondere Herausforderungen und Lösungsansätze für die systematische Gewährleistung von Usability und User Experience im Rahmen von Gestaltungsprozessen in sicherheitskritischen Kontexten beschrieben. Die Abschnitte 3.4.1-3.4.3 entsprechen dabei den grundlegenden Phasen menschzentrierter Systementwicklung (Analyse, Konzeption und Realisierung, Evaluation).

3.4.1 Analyse

Das umfassende Verständnis des Nutzungskontextes, das auch und gerade im Kontext sicherheitskritischer Systeme die Grundlage für gelungene menschzentrierte Entwicklungsprozesse darstellt, kann durch viele Faktoren erschwert werden:

- Interviews oder Workshops mit Fachexperten durchzuführen ist aufwendiger als in anderen Domänen, da sie gegebenenfalls nur in geringer Zahl zur Verfügung stehen oder terminlich weniger flexibel sind (z. B. aufgrund von Schichtdiensten).

- Der Zugang zu sicherheitskritischen Einrichtungen oder besonders sensiblen Teilbereichen (z. B. in Leitwarten oder Cockpits) ist nur eingeschränkt (z. B. ohne Aufzeichnungsgeräte) oder auch gar nicht möglich.

- Kritische Nutzungssituationen (z. B. Störungen, Störfälle oder Unfälle) sind in der Regel nicht vorhersehbar und können daher nicht direkt beobachtet werden.

Die **Zusammenarbeit mit domänenspezifischen Fachleuten** erfordert von den an der Entwicklung interaktiver Systeme Beteiligten ein hohes Maß an fachbezogenen Kenntnissen. Standardlehrbücher und Publikationen in bereichsspezifischen Journals und Magazinen sollten gesichtet und ausgewertet werden. Die Teilnahme an spezialisierten Tagungen, Fortbildungen und Messen ist ebenfalls empfehlenswert. Darüber hinaus sind Planung und Flexibilität unabdingbar. Termine sind mit möglichst großem Vorlauf abzustimmen und nach Möglichkeit auch zu (für die Entwickelnden) typischerweise ungewöhnlichen Zeiten (z. B. während einer Nachtschicht) wahrzunehmen. Da auch dann keine Garantie für ein unterbrechungsfreies Treffen besteht, sollten asynchrone Formen der Zusammenarbeit berücksichtigt werden (z. B. Online-Fragebögen, die von den Teilnehmenden bei passender Gelegenheit ausgefüllt werden können).

Um **Zugang zu sicherheitskritischen Einrichtungen oder besonders sensiblen Teilbereichen** erhalten zu können, ist es zunächst einmal wichtig, gegenüber Kunden und Projektpartnern die Notwendigkeit dieser Maßnahme zu betonen und Unterschiede zwischen dem „Eintauchen" in die tatsächliche Arbeitsumgebung und Sitzungen in Konferenzräumen zu verdeutlichen. Verbunden mit der Bereitschaft bestimmte Rahmenbedingungen zu akzeptieren (z. B. keine Fotos, nur in Begleitung oder nur zu bestimmten Zeiträumen), lassen sich hier oftmals Kompromisse finden. In bestimmten sicherheitskritischen Anwendungsdomänen kann gegebenenfalls auf Schulungseinrichtungen oder Simulatoren (z. B. Cockpits, Schiffsbrücken, Leitwarten) ausgewichen werden.

Um **kritische Nutzungssituationen** bei der Analyse des Nutzungskontextes berücksichtigen zu können, sollten, sofern verfügbar, Fallstudien und Unfallberichte aus der jeweiligen Domäne ausgewertet werden (siehe z. B. Hüls und Oestern (1999) zur *„ICE-Katastrophe von Eschede"*). Darüber hinaus können Einsatzübungen Einblicke in die grundlegenden Strukturen und Abläufe in Ausnahmesituationen geben. Schließlich können kritische Szenarien retrospektiv analysiert werden, beispielsweise mithilfe der **Critical Decision Method (CDM)**, einer semi-strukturierte Interviewtechnik zur Entscheidungsfindung von Experten in kritischen Situationen (siehe Abbildung 3-5).

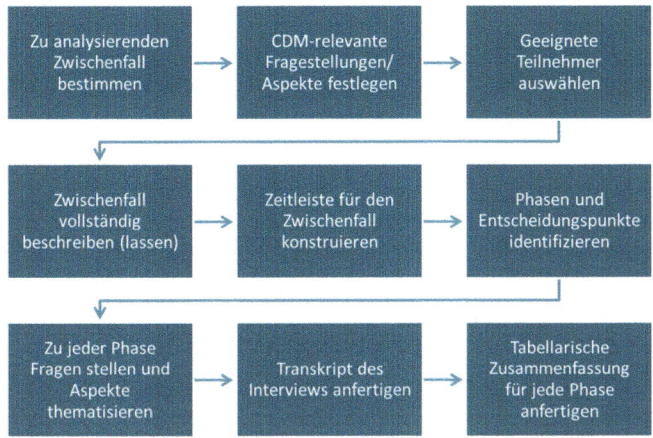

Abbildung 3-5: Critical Decision Method nach Stanton et al. (2013)

Entscheidend für die Eignung der CDM ist die Relevanz und Prägnanz der gestellten Fragen und adressierten Aspekte. Stanton et al. (2013) empfehlen, Experten unter anderem mit folgenden Fragestellungen zu begegnen:

- Welche konkreten Ziele haben Sie zum Zeitpunkt des Zwischenfalls verfolgt?

- Auf was haben Sie während der Entscheidungsfindung geachtet?

- Was war die wichtigste Information, über die Sie verfügt haben?

- Haben Sie sich an vorherige Erlebnisse/Erfahrungen erinnert gefühlt?

- Gab es in diesem Moment andere Optionen?

Ereignis- und Aufgabenmodellierungen können wesentlich dazu beitragen, kontextgerechte Gestaltungslösungen finden und auf ihre Eignung hin prüfen zu können. Neben den bereits seit Jahrzehnten etablierten Methoden (siehe z. B. Kirwan & Ainsworth, 1992) kann hierbei auch die im Rahmen der Resilience-Engineering-Forschung entstandene **Functional Resonance Analysis Method (FRAM)** hilfreich sein (Hollnagel, 2012). Mit ihr sollen die oftmals komplexen Zusammenhänge zwischen Mensch, Technik, Organisation und situativen Rahmenbedingungen anschaulicher dargestellt werden.

3.4.2   Konzeption und Realisierung

Im Rahmen iterativer Entwicklungsprozesse wird vor einer finalen und vollständigen Systementwicklung zunächst mit **Prototypen** unterschiedlicher Formen und Reifegrade gearbeitet. Dabei ist sicherzustellen, dass allen Beteiligten dieses Vorgehen bewusst ist und beispielsweise die Stabilität einer vorläufigen Implementierung nicht den sicherheitskritischen Anforderungen des Realbetriebs gerecht werden kann und muss. Ein papierbasierter Prototyp kann, unter Vernachlässigung anderer Aspekte wie der Interaktivität, hier unter Umständen für mehr Klarheit sorgen als eine systemnahe Entwicklung. In jedem Fall ist aber zu prüfen, ob die zur Verfügung stehenden **Endgeräte und Plattformen** bestimmte Gestaltungsideen überhaupt ermöglichen. Dies gilt insbesondere für sicherheitskritische Domänen, in denen spezialisierte Systemlösungen eingesetzt werden. Die Eignung bewährter Gestaltungsmuster ist zu prüfen (siehe z. B. Grill & Blauhut, 2008). Da bestimmte Fragestellungen in vielen sicherheitskritischen Domänen auftreten (z. B. der Umgang mit Alarmen), empfiehlt sich der Blick über den „Tellerrand".

Im Sinne eines **kontextualisierten Vorgehens** sollten Prototypen und Entwürfe nicht hinsichtlich einzelner Funktionalitäten, sondern mithilfe von Visionen, Szenarien oder Storyboards diskutiert werden. **Alternative Entwürfe** (siehe Abbildung 3-6) können die Diskussion und Bewertung von Gestaltungselementen vereinfachen. Werden darüber hinaus eigene Beiträge der beteiligten Fachexperten einbezogen, können interessante Diskussionen entstehen (*„So arbeiten wir hier nicht!"* – *„So arbeite ich seit 20 Jahren!"*), die wertvolle Erkenntnisse für die Systemgestaltung mit sich bringen können.

Ist ein Projekt ausschließlich auf den **Ausnahmebetrieb** ausgerichtet, sollten mögliche Nutzungssituationen im **Regelbetrieb** in die Konzeption zumindest einbezogen werden (siehe Kapitel 14 zur IT-Unterstützung von Rettungsdiensten). Andernfalls sind Einführungs- und Trainingsmaßnahmen zu konzipieren und gegebenenfalls in die Systeme zu integrieren (z. B. Simulations-/Übungsmodi).

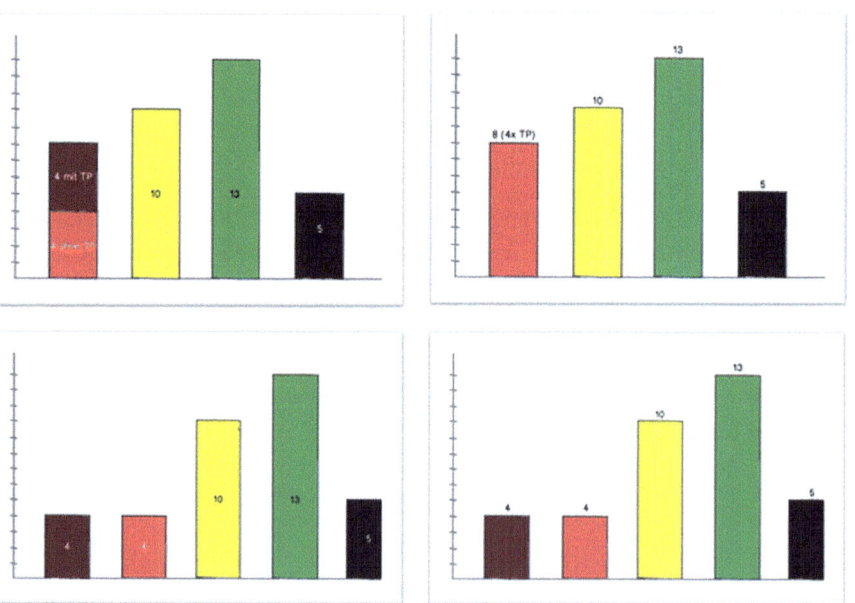

Abbildung 3-6: Parallele Entwürfe zur Visualisierung von Sichtungskategorien bei rettungsdienstlichen Großeinsätzen (Mentler & Herczeg, 2015)

3.4.3 Evaluation

Da es *„keinen sicheren Weg von der Problemstellung zum gebrauchstauglich realisierten System"* (Herczeg, 2009) gibt, sind sowohl Zwischenergebnisse als auch der finale Entwicklungsstand hinsichtlich der Eignung für den Nutzungskontext zu beurteilen. Dabei können verschiedene Evaluationsarten unterschieden werden:

- **Ex-ante-Evaluationen** (European Commission, 2001) im Sinne von Machbarkeitsstudien oder Kosten-Nutzen-Abschätzungen;

- **formative Evaluationen**, die während der Systementwicklung *„konkrete Verbesserungsmöglichkeiten aufzeigen"* (Sarodnick & Brau, 2006);

- **summative Evaluationen**, die „eher zu einer globalen Bewertung [führen], ohne dass konkrete konstruktive Anhaltspunkte für eine Verbesserung ermittelt werden" (Sarodnick & Brau, 2006);

- **kontinuierliche Evaluationen,** das heißt die Möglichkeit für Nutzende, Rückmeldungen während des laufenden Betriebes zu geben, z. B. in Form von integrierten Feedbackmechanismen oder die mit den Nutzenden abgestimmte Auswertung von Log-Dateien (Mentler et al., in Press).

Im Zusammenhang mit sicherheitskritischen Systemen sollte besonders Wert auf **formative und kontinuierliche Evaluationen** gelegt werden. Summative Evaluationen im Feld sind, aufgrund der oft einzigartigen Umstände unter denen interaktive Systeme zum Einsatz kommen können (z. B. Wetterbedingungen, Nutzungsort), schwierig zu bewerten. Dies gilt insbesondere für mobile Endgeräte, die zunehmend in sicherheitskritischen Kontexten genutzt werden (Martinie & Palanque, 2015). Im Labor können Umweltbedingungen zwar großteils gesteuert werden, allerdings zu Lasten der ökologischen Validität, das heißt der Relevanz der Ergebnisse für die Praxis. Dieser Problematik kann begrenzt begegnet werden (z. B. Regelung von Lichtverhältnissen und des Geräuschpegels, gezielte Ablenkungen und andere Stressoren). Insgesamt sind die Vor- und Nachteile von Labor- und Feldtests hinsichtlich des Erkenntnisgewinns sorgfältig abzuwägen.

Neben **benutzerorientierten Evaluationsverfahren** (Beobachtung und Befragung von Nutzenden, siehe z. B. Sachse & Thüring, 2011) sollten auch **expertenorientierte Ansätze** (z. B. Heuristische Evaluationen) oder **modellbasierte Verfahren** (z. B. GOMS (Bonnie, 1995) oder der mathematische Ansatz von Galliers et al., 2000) angewendet werden. Mit ihrer Hilfe und durch Usability- beziehungsweise User Experience-Fachleute können zwar keine fachspezifischen, aber viele grundsätzliche Gestaltungsmängel entdeckt werden. Domänenspezifische Experten können dagegen die fachliche Eignung der interaktiven Systeme beurteilen. Daher sind Vertreter beider Gruppen bei der Evaluation sicherheitskritischer Systeme einzubeziehen.

Grill, T. & Blauhut, M. (2008). Design Patterns Applied in a User Interface Design (UID) Process for Safety Critical Environments (SCEs). In A. Holzinger (Hrsg.), HCI and Usability for Education and Work (Lecture Notes in Computer Science, Bd. 5298, S. 459–474). Springer.

Guo, H. (2016). Lean but not Mean UX: Towards a Spiral UX Design Model. In A. Marcus (Hrsg.), Design, User Experience, and Usability: Design Thinking and Methods: 5th International Conference, DUXU 2016, Proceedings, Part I (S. 25–33). Cham: Springer International.

Hassenzahl, M. (2008). User experience (UX): Towards an experiential perspective on product quality. In É. Brangier, G. Michel, J. M. C. Bastien & N. Carbonell (Hrsg.), IHM '08 Proceedings of the 20th Conference on l'Interaction Homme-Machine (S. 11–15). New York: ACM.

Hassenzahl, M., Burmester, M. & Koller, F. (2003). AttrakDiff: Ein Fragebogen zur Messung wahrgenommener hedonischer und pragmatischer Qualität. In G. Szwillus & J. Ziegler (Hrsg.), Mensch & Computer. Wiesbaden: Vieweg+Teubner Verlag.

Hassenzahl, M., Koller, F. & Burmester, M. (2008). Der User Experience (UX) auf der Spur: Zum Einsatz von www.attrakdiff.de. In H. Brau, S. Diefenbach, M. Hassenzahl, F. Koller, M. Peissner & K. Röse (Hrsg.), Tagungsband UP08 (S. 78–82). Stuttgart: Fraunhofer Verlag.

Herczeg, M. (2009). Software-Ergonomie. Theorien, Modelle und Kriterien für gebrauchstaugliche interaktive Computersysteme. München: Oldenbourg Wissenschaftsverlag.

Hollnagel, E. (2012). FRAM, the functional resonance analysis method. Modelling complex socio-technical systems. Farnham, Surrey, UK England: Ashgate.

Holtzblatt, K., Wendell, J. B. & Wood, S. (2005). Rapid contextual design. A how-to guide to key techniques for user-centered design. San Francisco: Elsevier.

Hüls, E. & Oestern, H.-J. (Hrsg.). (1999). Die ICE-Katastrophe von Eschede. Erfahrungen und Lehren: eine interdisziplinäre Analyse. Berlin: Springer.

IEC 62366-1 (2015). Medical devices – Part 1: Application of usability engineering to medical devices.

Kirwan, B. & Ainsworth, L. K. (Hrsg.). (1992). A Guide to task analysis. London: Taylor & Francis.

Kjeldskov, J. & Stage, J. (2003). Designing the handheld maritime communicator. In J. Arnowitz, A. Chalmers, T. Swack, R. Anderson & J. Zapolski (Hrsg.), Proceedings of the 2003 conference on Designing for user experiences (S. 1–15). New York: ACM.

Kujala, S., Roto, V., Väänänen-Vainio-Mattila, K., Karapanos, E. & Sinnel, A. (2011). UX Curve: A method for evaluating long-term user experience. Interacting with Computers, 23 (5), 473–483.

Law, E. L.-C. (2011a). The measurability and predictability of user experience. In F. Paternò, K. Luyten & F. Maurer (Hrsg.), EICS '11 Proceedings of the 3rd ACM SIGCHI symposium on Engineering interactive computing systems (S. 1-10). New York: ACM.

Law, E. L.-C. (2011b). The measurability and predictability of user experience. Available at: http://eics.acm.org/2011/EICS-user%20experience.pdf

Lee, J. H., Kim, M. J. & Kim, S. W. (2015). A Study Customer Journey Map for User Experience Analysis of Information and Communications Technology Service. In A. Marcus (Hrsg.), Design, User Experience, and Usability: Users and Interactions (Lecture Notes in Computer Science, Bd. 9187, S. 66–74). Cham: Springer International Publishing.

Leitner, G., Ahlström, D. & Hitz, M. (2007). Usability of Mobile Computing in Emergency Response Systems – Lessons Learned and Future Directions. In A. Holzinger (Hrsg.), HCI and usability for medicine and health care. Third Symposium of the Workgroup Human-Computer Interaction and Usability Engineering of the Austrian Computer Society. Berlin: Springer.

Marcus, A. (Hrsg.). (2016). Design, User Experience, and Usability: Design Thinking and Methods: 5th International Conference, DUXU 2016, Held as Part of HCI International 2016, Toronto, Canada, July 17–22, 2016, Proceedings, Part I. Cham: Springer International Publishing.

Martinie, C. & Palanque, P. (2015). Design, Development and Evaluation Challenges for Future Mobile User Interfaces in Safety-Critical Contexts. In J. Cauchard, J. Landay & Y. Li (Hrsg.), Proceedings of the 2015 Workshop on Future Mobile User Interfaces (S. 5–7). New York: ACM.

Mayhew, D. J. (1999). The usability engineering lifecycle. A practitioner's handbook for user interface design. San Francisco, Calif: Morgan Kaufmann Publishers.

Meinel, C. & Thienen, J. von. (2016). Design Thinking. Informatik-Spektrum, 39 (4), 310–314.

Mentler, T. (2017). Applying Usability Engineering to Interactive Systems for Crisis and Disaster Management. In Comes, T, Bénaben, F, Hanachi, C & Lauras, M (Hrsg.) Proceedings of the 14th ISCRAM Conference. Albi, France.

Mentler, T., Berndt, H., Wessel, D., Herczeg, M. (In Press). Usability Evaluation of Information Technology in Disaster and Emergency Management. In Proceedings of First IFIP Conference on Information Technology in Disaster Risk Reduction (ITDRR 2016). Sofia, Bulgaria.

Mentler, T. & Herczeg, M. (2015). Interactive cognitive artifacts for enhancing situation awareness of incident commanders in mass casualty incidents. Journal of Interaction Science, 3 (1), 109.

Mentler, T., Herczeg, M. (2016). On the role of User Experience in Mission- or Safety-Critical Systems. In Weyers, B & Dittmar, A (Hrsg.) Mensch und Computer 2016-Workshopband. Aachen: GI e.V.

Mentler, T., Reuter, C. & Geisler, S. (2016). Introduction to this Special Issue on "Human-Machine Interaction and Cooperation in Safety-Critical Systems". i-com, 15 (3), 219–226.

Moser, C. (2012). User Experience Design (X.media.press). Berlin: Springer.

Nielsen, J. (1993). Usability engineering. Amsterdam: Kaufmann.

Norman, D. A. (1986). Cognitive Engineering. In D. A. Norman & S. W. Draper (Hrsg.), User centered system design. New perspectives on human-computer interaction (S. 31–61). Hillsdale: Erlbaum.

Palanque, P., Basnyat, S., Bernhaupt, R., Boring, R., Johnson, C. & Johnson, P. (2007). Beyond usability for safety critical systems. How to be SURE (Safe, Usable, Reliable, and Evolvable)? In M. B. Rosson & D. Gilmore (Hrsg.), CHI '07 extended abstracts (S. 2133–2136).

Raskin, J. (2000). The humane interface. New directions for designing interactive systems. Reading: Addison-Wesley.

Redmill, F. & Rajan, J. (1997). Human factors in safety-critical systems. Oxford: Butterworth-Heinemann.

Reich, D. & Dittrich, E. (2013). Empirical Investigation of Transferring Cockpit Interactions from Virtual to Real-Life Environments. In D. Hutchison, T. Kanade, J. Kittler, J. M. Kleinberg, F. Mattern, J. C. Mitchell et al. (Hrsg.), Virtual, Augmented and Mixed Reality. Systems and Applications (Lecture Notes in Computer Science, Bd. 8022, S. 301–309). Berlin: Springer.

Richter, M. & Flückiger, M. D. (2016). Usability und UX kompakt. Berlin: Springer.

Roto, V., Law, E., Vermeeren, A., & Hoonholt, J. (2011). User Experience White Paper. Available at http://www.allaboutux.org/

Sachse, K. & Thüring, M. (2011). Usability sicherheitskritischer Software. In M. Eibl (Hrsg.), Mensch & Computer 2011: überMEDIEN|ÜBERmorgen (S. 339–342). München: Oldenbourg Verlag.

Sarodnick, F. & Brau, H. (2006). Methoden der Usability Evaluation. Wissenschaftliche Grundlagen und praktische Anwendung (1. Aufl.). Bern: Huber.

Savage-Knepshield, P., Thomas, J., Paulillo, C., Davis, J., Quarles, D. & Mitchell, D. (2014). Designing the User Experience for C4ISR Systems in the U.S. Army. In A. Marcus (Hrsg.), Design, User Experience, and Usability. Cham: Springer International.

Schmitz, R. (Hrsg.). (2007). Kompendium Medieninformatik. Medienpraxis. Berlin: Springer.

Sikorski, M. (2000). Beyond product usability. In M. Tremaine (Hrsg.), CHI '00 Extended Abstracts on Human Factors in Computing Systems (S. 61–62). New York: ACM.

Stanton, N. A., Salmon, P. M., Rafferty, L. A., Walker, G. H., Baber, C. & Jenkins, D. P. (2013). Human factors methods. Burlington, VT: Ashgate Publishing Company.

van Dam, A. (1997). Post-WIMP User Interfaces. Communications of the ACM, 40 (2), 63–67.

van der Peijl, Jorien, Klein, J., Grass, C. & Freudenthal, A. (2012). Design for risk control. Journal of biomedical informatics, 45 (4), 795–812.

Wang, S.-M., Huang, C. J., Chou, L.-C. & Chen, P.-L. (2015). An Innovation Design for Hazardous Chemical/Gases Disaster Detection and Analysis Equipment by Using Cross-Cultural User Scenarios and Service Design. In P. Rau (Hrsg.), Cross-Cultural Design Methods, Practice and Impact (Lecture Notes in Computer Science, Bd. 9180, S. 232–240). Cham: Springer International.

4 Quantitative Evaluation der Mensch-Computer-Interaktion

Simon Nestler · Christian Sturm
Hochschule Hamm-Lippstadt

Zusammenfassung

Die erfolgreiche Mensch-Computer-Interaktion (MCI) im Sicherheits- und Krisenkontext bedingt die Validierung der Gebrauchstauglichkeit aller im konkreten Nutzungskontext zum Einsatz kommenden interaktiven, sicherheitskritischen und krisenspezifischen Systeme. Das Kapitel beginnt mit einem Kurzüberblick über die quantitativen Aspekte der Gebrauchstauglichkeit, den menschzentrierten Gestaltungsprozess, die Evaluationsphase im Sicherheitskontext und für die quantitative Evaluation der MCI prinzipiell infrage kommenden Methodiken. Im Anschluss erfolgt eine Klassifikation und Bewertung der verschiedenen aus der MCI bekannten Ansätze und Konzepte hinsichtlich ihrer praktischen Anwendbarkeit im Rahmen der quantitativen Evaluation im Sicherheits- und Krisenkontext. Für die im Forschungsumfeld der MCI besonders weit verbreiteten empirischen Methoden, wie beispielsweise der klassische Usability-Test, werden drei verschiedene menschzentrierte Ansätze für eine adäquate Repräsentation des konkreten Krisen- und Sicherheitskontexts im Rahmen des Evaluationsprozesses vorgestellt und im Hinblick auf die Ergebnisqualität bewertet und eingeordnet: Das Labortraining, das Prozesstraining und das Krisentraining. Abgeschlossen wird das Kapitel durch drei konkrete Beispiele für die Evaluation von interaktiven Systemen im Krisenkontext.

Lernziele

- Die Leser verstehen die zentrale Bedeutung quantitativer Evaluationen im Hinblick auf die Entwicklung von sicherheitskritischer interaktiver Systemen.

- Die Leser entwickeln ein umfassendes Verständnis für die mit quantitativen Evaluationen im Krisen- und Sicherheitskontext verbundenen Herausforderungen.

- Die Leser können die wichtigsten Prozesse und Methoden für die menschzentrierte Entwicklung auf den Sicherheits- und Krisenkontext anwenden.

4.1 Quantitative Aspekte interaktiver, sicherheitskritischer und krisenbezogener Systeme

Im Forschungsgebiet der MCI existiert ein breites Spektrum an verschiedenen Methoden, die im Rahmen einer **quantitativen Evaluation** von interaktiven Systemen zur Anwendung kommen können. Dieses Kapitel bietet einen fundierten Überblick über die wichtigsten Kriterien und Aspekte einer quantitativen Evaluation im Sicherheits- und Krisenkontext, welche im Hinblick auf den Erfolg in der Vorbereitung, Durchführung und Nachbereitung einer menschzentrierten quantitativen Evaluation von interaktiven Systemen von maßgeblicher Bedeutung sind. Einführend werden zunächst die bereits aus der MCI bekannten Prozesse und Methoden für die **menschzentrierte Gestaltung** von interaktiven Systemen diskutiert. Diese bereits in anderen Anwendungsbereichen bewährten Ansätze werden anschließend hinsichtlich ihrer Stärken und Defizite im Kontext von sicherheitskritischen Systemen analysiert. Gleichzeitig werden alle notwendigen Adaptionen des Prozesses der menschzentrierten Gestaltung betrachtet, um diesen Prozess für **sicherheitskritische, krisenbezogene, interaktive Systeme** anwendbar zu machen. Das vorgestellte und diskutierte grundlegende Prozess- und Methodenwissen stellt die Grundlage für eine eigenständige quantitative Evaluation von interaktiven, sicherheitskritischen Systemen im Kontext von Krisen- und Sicherheitsszenarien dar. Mithilfe von drei Praxisbeispielen werden die zentralen Aspekte einer quantitativen Evaluation abschließend veranschaulicht.

4.1.1 Gebrauchstauglichkeit im Sicherheits- und Krisenkontext

Sicherheitskritische Systeme unterstützen den Anwender bei der Erledigung seiner krisen- und sicherheitsrelevanten Ziele und der damit verknüpften konkreten Arbeitsaufgaben; das primäre Ziel der Systeme ist dabei stets die Reduktion des Arbeitsaufwandes bei einer gleichzeitigen Steigerung der Ergebnisqualität. Dazu muss im **Sicherheits- und Krisenkontext** durch den Einsatz sicherheitskritischer und krisenbezogener Systeme insbesondere eine Verbesserung gegenüber primär papierbasierten Prozessen und Verfahren erzielt werden, da dieses Medium bei Krisenstäben, in Leitstellen und bei Einsatzleitern vor Ort erst im Zuge der letzten Jahre schrittweise durch interaktive Systeme ersetzt wird.

Unabhängig davon, ob diese schrittweise Ersetzung der bisherigen papierbasierten Kommunikations- und Dokumentationsprozesse **top-down** oder **bottom-up** erfolgt, ist die Gebrauchstauglichkeit des interaktiven Systems das zentrale Erfolgskriterium: Während sich früher der wirtschaftliche Erfolg eines Systems aus der Passgenauigkeit der Funktionalität ergab, spielt inzwischen die erfolgreiche Nutzbarmachung des interaktiven Systems im konkreten Nutzungskontext die maßgeblichere Rolle für den Erfolg eines interaktiven Systems. Die Bedeutung der **Nutzbarmachung** wird auch unmittelbar anhand der Definition des Konstrukts Gebrauchstauglichkeit deutlich: *„The extent to which a product can be* *used by specified users to achieve specified goals with effectiveness, efficiency and satisfaction in a specified context of use"* (Europäische Norm, 1999).

Das Konstrukt lässt sich also vor dem Hintergrund dieser Definition als ein Ausmaß interpretieren, das die Eignung eines Produktes für die vorgesehene Nutzung beschreibt. Dabei beschränkt sich dieses Konstrukt bei der Bewertung der Nutzbarkeit des Produktes auf diejenigen Menschen, für die das Produkt entwickelt wurde, und auf denjenigen **Nutzungskontext**, für den das Produkt entworfen wurde. Die erfolgreiche Nutzung eines Produktes wird noch weiter konkretisiert: Ein Produkt lässt sich erfolgreich nutzen, wenn die Anwender mithilfe des Produktes ihrer Ziele effektiv, effizient und zufriedenstellend erreichen können. Für sicherheitskritische interaktive Systeme trifft die **Gebrauchstauglichkeit** eine Aussage darüber, wie gut Einsatzkräfte das System effektiv, effizient und zufriedenstellend im Sicherheitsszenario nutzen können. Aus dieser Definition lassen sich Ansätze für eine quantitative Messung der Gebrauchstauglichkeit im Krisen- und Sicherheitskontext herausarbeiten:

- Gebrauchstauglichkeit von sicherheitskritischen Systemen hängt von der Anwendergruppe in ihrer Gesamtheit ab; Gebrauchstauglichkeit ist ein **objektives Gütekriterium** von interaktiven, sicherheitskritischen Systemen.

- Das Gütekriterium Gebrauchstauglichkeit ist als ein Ausmaß definiert, die Definition liefert direkte Ansatzpunkte im Hinblick auf **Messbarkeit und Quantifizierung** der Gebrauchstauglichkeit im Sicherheitskontext.

- Die Messbarkeit der Gebrauchstauglichkeit eines interaktiven, sicherheitskritischen Systems bedingt die Messung von **Effektivität**, **Effizienz** und **Zufriedenheit**.

- Zum Zwecke der Messung und Quantifizierung der einzelnen Dimensionen im Krisen- und Sicherheitskontext ist eine eingehende Auseinandersetzung mit den **quantitativen Evaluationsmethoden** erforderlich.

4.1.2 Menschzentrierter Gestaltungsprozess im Sicherheitskontext

Erfolgreiche interaktive Systeme sind das Ergebnis einer kontinuierlichen und konsequenten Fokussierung auf die Anwender, ihre Bedürfnisse, ihre Ziele und ihre Aufgaben. Ein besonderes Augenmerk liegt bei der Entwicklung von sicherheitskritischen Systemen auf der Notwendigkeit, den konkreten Nutzungskontext und die daraus resultierenden Anforderungen bei der Durchführung der Evaluation in adäquater, der jeweiligen Problemstellung angemessener Breite und Tiefe zu berücksichtigen (Iso, 2009); daraus leiten sich dann im Sicherheits- und Krisenkontext auch unmittelbar die Grenzen der quantitativen Evaluierung von interaktiven Systemen nach wissenschaftlichen Kriterien ab. Menschzentrierte Entwicklung beinhaltet eine kontinuierliche Fokussierung auf die Anwender, indem von Iteration zu Iteration das Wissen in den folgenden drei Dimensionen vertieft wird:

- Kenntnis der Anwender

- Kenntnis der Ziele

- Kenntnis des Kontextes

In dem menschzentrierten Gestaltungsprozess werden diese Informationen bei der Erhebung des Nutzungskontextes und der Nutzungsanforderungen gewonnen und für die Konzeption, Entwicklung und Evaluation der interaktiven Systeme genutzt. Der Prozess der menschzentrierten Gestaltung basiert auf der Erkenntnis, dass die Entwicklung von gebrauchstauglichen interaktiven Systemen keine **wohldefinierte Optimierungsaufgabe** ist. Stark abstrahiert läuft die klassische Softwareentwicklung wie folgt ab: Der Softwareentwicklungsprozess ist geprägt von formalen Methoden, die Implementierung der Software erfolgt auf Grundlage einer exakten Analyse und Spezifikation, und die Abnahme der Software erfordert die Erfüllung der zuvor definierten Anforderungen. Dies setzt ein hohes Maß an Planbarkeit und Vorhersehbarkeit des erwarteten Ergebnisses voraus, welches bei interaktiven Systemen in der Regel jedoch nicht gegeben ist. Denn die Suche nach einem gebrauchstauglichen, interaktiven System für eine bestimmte Aufgabe führt im Ergebnis nicht zu einer Lösung, sondern zu einer **Hypothese**.

Diesem fundamentalen Unterschied zur klassischen Softwareentwicklung muss der Entwicklungsprozess für interaktive Systeme in adäquater Weise Rechnung tragen. Da der Prozess nicht zu Lösungen, sondern nur zu Hypothesen führt, verliert die Notwendigkeit der exakten Analyse und Spezifikation gegenüber der regelmäßigen Evaluation an Bedeutung. Der Entwicklungsprozess für interaktive Systeme ist daher iterativer Natur und besteht aus mehreren **Zyklen**, in welchen jeweils in schneller Abfolge die Analyse, Spezifikation, Konzeption, Implementierung und Evaluierung von Prototypen erfolgt. Diese **schrittweise Verfeinerung** und die fortwährende Falsifikation von Hypothesen führt zu einer Steigerung der Gebrauchstauglichkeit des interaktiven Systems von Zyklus zu Zyklus. Das Wissen über die optimale, gebrauchstaugliche Lösung existiert nicht zu Beginn des Entwicklungsprozesses, sondern wächst mit jeder Iteration (Preim & Dachselt, 2010).

4.1.3 Evaluationsphase im Sicherheitskontext

Die Evaluationsphase dient im Rahmen des menschzentrierten Gestaltungsprozesses der Validierung der Hypothesen, da die Annahmen hinsichtlich des Nutzungskontextes, der Anforderungen aus Anwendersicht und der **organisatorischen Anforderungen** zentralen Einfluss auf die Ausgestaltung der konkreten Gestaltungslösung haben. Die Gestaltungslösung selbst trifft ebenfalls nur Annahmen darüber, in welcher Form sich die identifizierten Anforderungen realisieren lassen. Daher ist die Evaluationsphase im Rahmen des menschzentrierten Gestaltungsprozesses im Sicherheitskontext von fundamentaler Bedeutung: Denn erst durch die Evaluation zeigt sich die Korrektheit der Annahmen, der aus ihnen gezogenen Schlüsse und der auf den Schlüssen basierenden weiteren Annahmen.

Der hohen Bedeutung der Evaluationsphase bei sicherheitskritischen, interaktiven Systemen in Bezug auf das **Falsifizieren von Hypothesen** steht die höhere Komplexität der Evaluationsphase im Sicherheitskontext entgegen. Insbesondere bei der eigentlichen Durchführung der Evaluation existieren zusätzliche Randbedingungen, da die interaktiven Systeme in einer passenden Umgebung evaluiert werden müssen, um valide Aussagen hinsichtlich der Passgenauigkeit des Systems in Bezug auf den zuvor definierten Nutzungskontext treffen zu können. Während bei nicht-sicherheitskritischen Systemen die Evaluation im Zuge der **Reduktion von Störgrößen** meist in einem von der Umgebung isolierten Labor stattfinden kann und sollte, ist bei sicherheitskritischen Systemen die in Abbildung 4-1 dargestellte Wechselwirkung zwischen System, Anwender und Umgebung zentraler Teil der Forschungsfragestellung und damit zwangsläufig auch Teil der wissenschaftlichen Evaluation des interaktiven Systems.

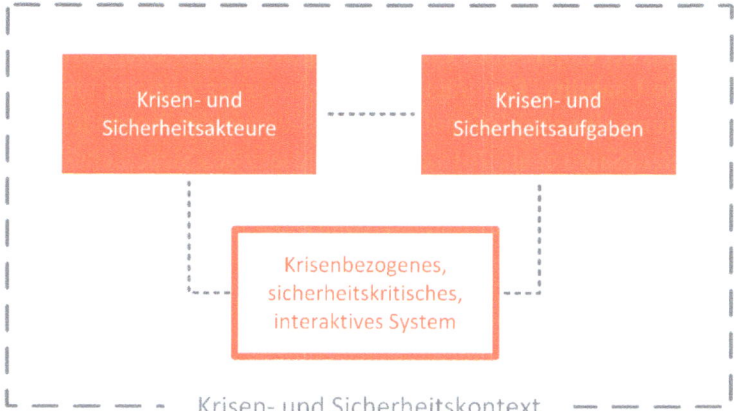

Abbildung 4-1: Wechselwirkung zwischen System, Anwender und Umgebung;
in Anlehnung an (Shackel 1991)

Damit stellt sich bei sicherheitskritischen Systemen im Zuge der Planung der Evaluationsphase die Frage, wie das **Sicherheits- oder Krisenszenario** in adäquater Form zu repräsentieren ist, um eine realistische Abbildung der Realsituation zu erzielen. In Krisenszenarien entsteht der realistische, für die Evaluationsphase erforderliche Kontext dabei nicht allein durch das Zusammenbringen von Systemen und Endanwendern in einer geeigneten Umgebung. Der Kontext ist zusätzlich geprägt von der Gesamtsituation, der Schadenslage, den Aktionen weiterer Krisenakteure sowie der Interaktion der Endanwender mit diesen Krisenakteuren.

4.1.4 Evaluationsmethoden für sicherheitskritische Systeme

Die verschiedenen im Sicherheits- und Krisenkontext zum Einsatz kommenden Ansätze für die quantitative Evaluation von interaktiven Systemen lassen sich einer der folgenden

Kategorien zuordnen: **empirische Methoden, inspektionsbasierte Methoden** und **formale Methoden** (Lin, 1997). Frühere Arbeiten haben sich bereits ausführlicher mit Evaluationen von interaktiven, sicherheitskritischen Systemen beschäftigt und in diesem Zusammenhang anhand von Anwendungsbeispielen die verschiedenen Ansätze für die Evaluation von interaktiven Systemen in einem Sicherheits- oder Krisenszenario diskutiert (Nestler, 2014). In den Literaturempfehlungen finden sich darüber hinaus weiterführende Informationen im Hinblick auf die grundlegende Erhebung und Auswertung von quantitativen Messgrößen (MacKenzie, 2012), welche den Rahmen dieses Kapitels sprengen würden.

4.1.4.1 Empirische Methoden

Empirische Methoden sind für die Evaluation von interaktiven, sicherheitskritischen Systemen gut geeignet. Die größte Herausforderung ist jedoch, den Sicherheits- oder Krisenkontext im Rahmen der empirischen Untersuchung in angemessener Form zu repräsentieren. Der klassische **Usability-Test** trägt dieser Anforderung zunächst nicht in ausreichendem Maße Rechnung, da er explizit auf eine Abschottung der Probanden von der Umgebungssituation setzt (Sauro et al., 2016). Für die Präsenz des Sicherheits- oder Krisenkontextes sorgen in der Praxis je nach konkretem Nutzungskontext entweder die gezielte Interaktion mit dem (simulierten) Krisenkontext oder die Einbettung des Usability-Tests in den realen Krisenkontext.

4.1.4.2 Inspektionsbasierte Methoden

In Sicherheits- und Krisenszenarien muss im Rahmen einer **Heuristischen Evaluation** der Nutzungskontext adäquate Berücksichtigung finden. Tory und Moller (2005) empfehlen daher, für diese Form der Evaluation im Zuge der Auswahl von geeigneten Experten das Domänenwissen stärker als die Expertise im Bereich der MCI zu gewichten. Unter diesen Rahmenbedingungen helfen regelbasierte Untersuchungen bei der schnellen Erkennung und Behebung der zentralen Hürden hinsichtlich der Gebrauchstauglichkeit von interaktiven, sicherheitskritischen Systemen. Zudem können die etablierten Heuristiken bei Bedarf um spezielle sicherheits- und krisenspezifische Aspekte ergänzt werden, um dem Sicherheits- und Krisenkontext noch besser gerecht zu werden.

4.1.4.3 Formale Methoden

Da sicherheitskritische interaktive Systeme sich im Hinblick auf den Nutzungskontext in grundlegender Weise von etablierten interaktiven Systemen differenzieren, sind die **formalen Methoden** nicht direkt auf den Sicherheits- und Krisenkontext übertragbar. Die über die Gebrauchstauglichkeit interaktiver Systeme in Sicherheits- und Krisensituationen entscheidende konkrete Realisierung liegt darüber hinaus in den formalen Methoden nicht im Fokus der Betrachtungen (MacKenzie, 2013). Eine formale Evaluationsmethode liefert dementsprechend im Sicherheits- und Krisenkontext immer nur eine partielle Betrachtung des interaktiven Systems und deckt den Nutzungskontext nicht in der üblicherweise erforderlichen Breite und Tiefe ab. Daher ist der Einsatz von formalen Methoden im Zuge der Evaluation von sicherheitskritischen, interaktiven Systemen nur eingeschränkt zu empfehlen.

4.2 Evaluationsprozess im Sicherheits- und Krisenkontext

Die grundlegende Kenntnis der für die Evaluation von sicherheitskritischen Systemen zur Verfügung stehenden Evaluationsmethoden liefert die Grundlage für Ansätze zur **Integration des Evaluationsprozesses** in den Krisenkontext. Gleichwohl sich dieser Abschnitt schwerpunktmäßig der Integration des Evaluationsprozesses in den Krisenkontext widmen wird, lassen sich die maßgeblichen Implikationen auch auf den Sicherheitskontext im Allgemeinen unter besonderer Berücksichtigung des jeweiligen Nutzungskontextes transferieren. Da der Nutzungskontext bei der Integration des Evaluationsprozesses in den sicherheitskritischen Gesamtprozess von zentraler Bedeutung ist, ist es der Anschaulichkeit der nachfolgenden Überlegungen zuträglich, die weiteren Betrachtungen auf den Krisenkontext zu fokussieren. Der konkrete Krisenkontext kann im Rahmen der nachfolgenden Ausführungen nur angerissen werden, eine ausführliche Analyse des den Betrachtungen zugrundeliegenden Krisenkontexts findet sich in (Nestler, 2010).

Eine Krise wird durch die drei Aspekte **Unsicherheit**, **Lebensbedrohlichkeit** und **Zeitkritikalität** geprägt. Der Aspekt der Unsicherheit führt dazu, dass sich der Ist-Zustand einer Krise während der Krisenbewältigung selbst nicht eindeutig, vollständig und widerspruchsfrei beschreiben lässt. Dieses unvollständige Bild von der Krise führt dazu, dass aufgrund der absichtlichen, versehentlichen und unbemerkten Ausblendung von Teilaspekten aus Perspektive der Betroffenen und Beteiligten unerwartete Wendungen wahrscheinlich sind. Die Unsicherheit beschränkt sich dabei nicht nur auf den Status quo, sondern ist auch hinsichtlich der **Lageentwicklung** gegeben und umfasst auch die Maßnahmen selbst, welche hinsichtlich der Krisenbewältigung ergriffen werden. Da Einsatzführer damit in der Krise ausschließlich auf Grundlage von Hypothesen agieren, überzeugen sie sich regelmäßig von der Gültigkeit ihrer Annahmen (FwDV, 1999). Die Lebensbedrohlichkeit bezieht sich nicht nur auf die Gefahren für Leib und Leben der Betroffenen, sondern aufgrund der Unsicherheit setzen sich alle Beteiligten unmittelbaren Gefahren für Leib und Leben aus. Diese beiden Aspekte treten in der Krise in direkte Wechselwirkung mit dem dritten Aspekt, der Zeitkritikalität: Die direkte oder indirekte, die mittelfristige oder unmittelbare Bedrohung von Leib und Leben erfordert in der Krise zeitnahes Handeln der Krisenakteure. Durch die Zeitkritikalität verstärkt sich gleichzeitig die Unsicherheit, da die **Validierung der Hypothesen** hinter der Einleitung und Durchführung von Bewältigungsmaßnahmen zurücktreten muss. Die Priorisierung vor dem Hintergrund der in der Krise allgegenwärtigen Knappheit an personellen und materiellen Ressourcen führt dazu, dass eine Aufklärung der Situation und die damit verbundene Validierung der Hypothesen in zeitkritischen Krisensituationen immer nur in dem Umfang erfolgen kann und darf, in dem es für die Entscheidung hinsichtlich der für die jeweilige Krisensituation geeigneten **Bewältigungsstrategien** und der daraus abgeleiteten **Bewältigungsmaßnahmen** von praktischer Relevanz ist.

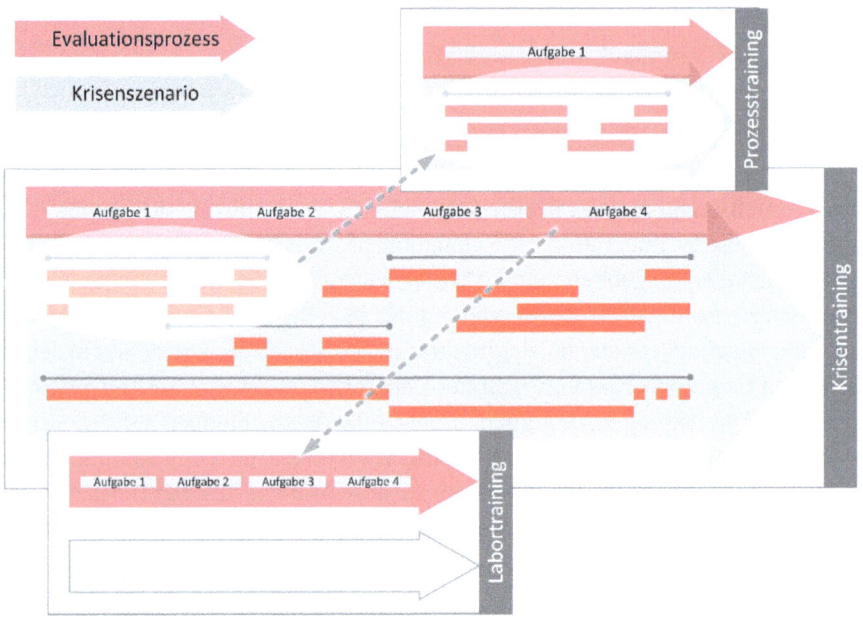

Abbildung 4-2: Evaluationsumgebungen für den Krisenkontext:
Labortraining, Prozesstraining und Krisentraining

Für das sicherheitskritische interaktive System und die MCI im Krisenkontext führen diese Dimensionen des Krisenszenarios zu insgesamt vier Faktoren, welche die Gebrauchstauglichkeit des interaktiven Systems unmittelbar beeinflussen: **psychische Belastung**, **physische Belastung**, **Informationsmangel** und **Kontextwechsel**. Die psychische Belastung ist ein Resultat aus dem Umstand, dass unter den speziellen Rahmenbedingungen des Krisenkontexts Interaktionen mit dem interaktiven System zu weitreichenden und gravierenden Folgen führen können. Die physische Belastung ergibt sich aus dem Kontext des Krisenszenarios: Das Szenario selbst ist in der Regel nur fußläufig erreichbar, das Bereitstellen der für die Bewältigung des Krisenszenarios erforderlichen Ausrüstung ist häufig mit körperlicher Anstrengung verbunden. Auch die Krisenbewältigung selbst enthält eine Vielzahl von körperlichen Tätigkeiten, welche insbesondere für die Einsatzkräfte äußerst kräftezehrend sind. Der Informationsmangel hat seine Ursache in der generellen Unsicherheit des Szenarios. Die Interaktion mit dem interaktiven System findet stets auf der Grundlage von unvollständigen Informationen statt – und auch im System selbst existiert in den frühen Phasen der Krisenbewältigung nur eine bruchstückhafte Informationsgrundlage.

Die Interaktion mit dem interaktiven System ist in der Krise zudem geprägt durch regelmäßige Kontextwechsel. Diese Kontextwechsel finden dabei auf zwei Ebenen statt: Einerseits ändert sich der Kontext des interaktiven Systems durch die hohe Mobilität der Einsatzkraft und die hohe Dynamik der Krisensituation regelmäßig während des Interaktionsprozesses. Andererseits wechselt auch der Kontext der Einsatzkräfte: Die Interaktion mit dem interaktiven System ist **nahtlos verwoben** mit einer Aufgabe in der Realität. Da die Krisenrealität ein hohes Maß an Aufmerksamkeit erfordert, können Interaktionen mit dem interaktiven System im Krisenszenario nicht vollständig und ohne Unterbrechungen erfolgen.

	Labor-training	Prozess-training	Krisen-training	Reale Krise
Psychische Belastung	—	+/-	+	++
Physische Belastung	—	+	++	++
Informationsmangel	+/-	+/-	++	++
Kontextwechsel	+/-	+	+	++

Tabelle 4-1: Labortraining, Prozesstraining und Krisentraining

Diese vier Aspekte führen zu der zentralen Fragestellung in Bezug auf die Evaluation von Gestaltungslösungen im Krisenkontext. Es stellt sich für die Evaluation von interaktiven Systemen für den Krisenkontext die Frage, inwiefern ein interaktives System und die darin enthaltenen **Konzepte**, **Prinzipien** und **Paradigmen** unter den besonderen Rahmenbedingungen des Krisenszenarios funktionieren. Damit ergibt sich bei der Evaluation von krisenspezifischen, interaktiven Systemen neben der bereits skizzierten Wahl der passenden Evaluationsmethodik aus Perspektive der MCI zusätzlich die Notwendigkeit, auch aus der Perspektive des Krisenmanagements für die Evaluationsphase eine passende Evaluationsmethodik zu identifizieren. Auf Grundlage der Erfahrungen aus mehreren Evaluationen der MCI im Krisenkontext (Nestler, 2014) lassen sich neben der realen Krise für den Krisenkontext drei weitere Evaluationsumgebungen definieren: Das **Labortraining**, das **Prozesstraining** und das **Krisentraining**. Die Passgenauigkeit der einzelnen Testverfahren in Bezug auf die vier für die Evaluation von interaktiven Systemen relevanten Dimensionen sind in Tabelle 4-1 dargestellt.

4.2.1 Labortraining

Im Rahmen von Laborumgebungen lässt sich ein Teil der krisenrelevanten Aspekte evaluieren. Insbesondere diejenigen Aspekte, welche für den Gesamterfolg des interaktiven Systems von zentraler Bedeutung sind, können im ersten Schritt im Rahmen einer **Laboruntersuchung** evaluiert werden. In der Vergangenheit wurde dieser Ansatz verwendet, um grundlegende Konzepte für die mobile Texteingabe in Krisenszenarien zu entwickeln und zu evaluieren (Nestler und Klinker, 2009). Die Integration des Krisenkontexts erfolgt zunächst durch die krisenspezifischen Anforderungen, welche bereits in der Laborumgebung zu dem Falsifizieren von Hypothesen führen, indem unpassende oder ungenügende Gestaltungslösungen bereits auf Grundlage der Laborevaluation verworfen werden können. Das grundlegende Prinzip dieser Vorgehensweise basiert dabei auf dem Umstand, dass sich bereits im Labor als untauglich erwiesene Lösungen im realen Krisenszenario als nicht gebrauchstauglich erweisen werden. Außer in Form der krisenspezifischen Anforderungen kann der Krisenkontext durch die Evaluatoren in Form von gesteuerten Funksprüchen, (Video-)einblendungen, Telefonanrufen, Meldungen und Ähnlichem in die Laborevaluation integriert werden.

Der Laborumgebung sorgt jedoch nicht für eine **angemessene Präsenz** der für das reale Krisenszenario typischen besonderen physischen und psychischen Belastung. Nimmt man die Unsicherheit und Lebensbedrohlichkeit der realen Krise als Maßstab, so kann auch beispielsweise durch simulierte Videoeinblendungen kein auch nur annähernd vergleichbares Niveau in Bezug auf Unsicherheit und Stress generiert werden. Ähnliches gilt, schon allein aus Gründen der räumlichen Begrenztheit der Laborumgebung, für die physische Belastung. Die Aspekte Informationsmangel und Kontextwechsel lassen sich ebenfalls nicht in einer realitätsnahen Form umsetzen. Durch eine gezielte Steuerung der dem Probanden zur Verfügung stehenden Informationen seitens der Evaluatoren lässt sich jedoch im Rahmen der Evaluation zumindest ein Gefühl für die Begrenztheit der generellen Informationslage vermitteln. Der Kontextwechsel erfolgt in der Laborumgebung nicht durch die natürliche Ablenkung durch reale Prozesse, kann aber zumindest durch seitens der Evaluatoren erzwungene **Blickabwendungen** oder gezielt zum Einsatz kommende Ablenkungen nachempfunden werden. Laborevaluationen von krisenspezifischen, interaktiven Systemen verfolgen das Ziel, zunächst vielversprechende Gestaltungskonzepte, -prinzipien, -paradigmen und -lösungen möglichst frühzeitig und mit vergleichsweise geringem Zeit- und Kostenaufwand auszuschließen.

4.2.2 Prozesstraining

Neben der Betrachtung der für den Gesamterfolg des interaktiven Systems kritischen Aspekte ist eine Evaluation des interaktiven Systems im Kontext des **spezifischen Krisenprozesses** erforderlich. Denn viele Aspekte des krisenspezifischen, interaktiven Systems können nur innerhalb des tatsächlichen Kontexts in adäquater Form untersucht werden. Das Prozesstraining verzichtet auf die im Rahmen des Labortrainings erforderliche Abstraktion in Bezug auf die im Krisenszenario zu bearbeitenden Aufgaben. Der Erfolg der Evaluation im Prozesstraining hängt davon ab, ob die im Rahmen des Prozesstrainings verwendeten Prozesse so realitätsnah wie möglich abgebildet werden. Denn das Krisenszenario selbst ist in der Evaluation primär durch die konkreten Krisenprozesse präsent. Mithilfe von **Domänenexperten** lässt sich die Korrektheit der für die Evaluation verwendeten Prozesse sicherstellen. In der Praxis ist für eine realistische Repräsentation der Krisenprozesse eine Unterstützung durch schauspielende Krisenakteure und Betroffene sowie durch geeignete Ausrüstung und Materialien erforderlich. Darüber hinaus ist der Evaluationsprozess in ein (fiktives) Krisenszenario zu integrieren. Die Präsenz der Krise in der Evaluation erfolgt somit auf zwei Wegen: Einerseits in Form der krisenspezifischen Prozesse und andererseits durch die krisenspezifischen Anforderungen.

Im Prozesstraining gelingt es je nach konkreter Ausgestaltung des Trainingsablaufs recht gut, die krisenspezifische physische Belastung zu erzeugen. Aufgrund der noch recht hohen **Übungskünstlichkeiten** erreicht die psychische Belastung jedoch nicht das Niveau der realen Krise. In Bezug auf den Informationsmangel stellt sich keine echte Verbesserung gegenüber dem Labortraining ein, denn auch hier lässt sich der Informationsmangel nur künstlich durch gezielte Interventionen und Einflussnahme seitens der Evaluatoren generieren. Der Kontextwechsel hingegen gelingt erheblich besser, da durch den realen Prozess der reale Kontext deutlich besser repräsentiert werden kann als im Labor. Der Wechsel zwischen dem Kontext der Krise und dem Kontext des interaktiven Systems befindet sich daher bei dieser Variante näher an den Gegebenheiten eines realen Krisenszenarios.

Auch das Prozesstraining dient in erster Linie dem **Falsifizieren von Gestaltungslösungen**: In diesem Fall lassen sich Prinzipien, Konzepte und Ideen, welche sich im Rahmen der Laborevaluation noch als vielversprechend gezeigt haben, im Kontext des realen Krisenprozesses realitätsorientierter untersuchen, verwerfen und auf Grundlage der Erkenntnisse aus der Prozessevaluation im Hinblick auf die Gebrauchstauglichkeit im Rahmen der nächsten Iteration optimieren. Beispielsweise für die Evaluation eines interaktiven Systems zur Unterstützung der Sichtung im Massenanfall von Verletzten (MANV), welches im letzten Abschnitt noch ausführlicher betrachtet wird, wurde der Ansatz der Prozessevaluation genutzt (Nestler & Klinker, 2007).

4.2.3 Krisentraining

Das Krisenszenario ist die Gesamtheit der in einem deckungsgleichen Kontext stattfindenden und miteinander wechselwirkenden Krisenprozesse. Durch die Integration der Evaluationsprozesse von krisenspezifischen, interaktiven Systemen in ein Krisentraining lassen sich in einem Krisenkontext krisenspezifische, prozessübergreifende Probleme in Bezug auf die Gebrauchstauglichkeit eines interaktiven Systems identifizieren, analysieren und im Zuge der nächsten Iteration bewältigen. Gleichzeitig lassen sich nur durch ein Krisentraining alle **Dimensionen der Effektivität** des interaktiven Systems im Hinblick auf die Krisenbewältigung messen, da der Erfolg der Krisenbewältigung in entscheidendem Maße durch das reibungslose und nahtlose Zusammenspiel der Krisenprozesse geprägt ist. Als Grundlage dieser Evaluation dient das konkrete Krisenszenario, welches in allen Dimensionen und in vollständiger Breite und Tiefe während der Evaluation des interaktiven Systems präsent ist, da die Evaluation der MCI im Rahmen eines Krisentrainings erfolgt. Dieser Ansatz stellt sicher, dass alle zentralen Aspekte angemessene Berücksichtigung finden;

zumindest sofern für die Planung des Krisentrainings in ausreichendem Maß auf die Expertise von Domänenexperten zurückgegriffen werden kann, sodass das Krisentraining an den tatsächlichen Gegebenheiten der realen Krise ausgerichtet werden kann.

Gleichzeitig steigert sich der Aufwand an Personal und Material gegenüber des Prozesstrainings aufgrund der Vielzahl an parallel stattfindenden Teilszenarien. Gleichwohl können die für die konkrete Evaluation des interaktiven Systems nicht im Detail relevanten Dimensionen von dem Evaluationsprozess ausgenommen, durch Evaluatoren simuliert oder vollständig von der Evaluation ausgeschlossen werden. Dadurch lässt sich der nach wie vor hohe Bedarf an Personal, Ausrüstung und Material begrenzen. Dem Krisentraining gelingt von allen verfügbaren **Evaluationsumgebungen** die Abbildung aller für das interaktive System relevanten Dimensionen naturgemäß am besten, wenngleich es gegenüber der realen Krise Defizite in Bezug auf die psychische Belastung und die Kontextwechsel gibt. Diese Tatsache ist dem Umstand geschuldet, dass die in dem Krisentraining simulierte Unsicherheit und die simulierte Lebensbedrohlichkeit nicht mit den in der realen Krise vorherrschenden Gegebenheiten deckungsgleich sind. Tatsächlich in Lebensgefahr befindliche Betroffene steigern sowohl die Intensität des Stresses als auch die **Intensität der Ablenkung** im Kontext des interaktiven Systems – im Vergleich zu der durch schauspielende Mimen gespielten Gefährdung von Leib und Leben. Beispielsweise im Rahmen der Evaluation von den in (Nestler et al., 2010) beschriebenen interaktiven Systemen fand eine Auseinandersetzung mit der Integration des Evaluationsprozesses in ein Krisentraining statt; auch dieses Anwendungsbeispiel wird im letzten Abschnitt noch eingehender betrachtet.

4.2.4 Reale Krise

Der aus nachvollziehbaren Gründen idealtypische Evaluationskontext ist die reale Krise selbst, da alle in diesem realen Krisenkontext stattfindenden Interaktionsprozesse unter Berücksichtigung aller vier Dimensionen (psychische und physische Belastung, Informationsmangel und Kontextwechsel) erfolgen müssen. Gleichzeitig lässt sich die reale Krise nicht unmittelbar für die Evaluation von interaktiven Systemen nutzen. Dies ist den Wesensmerkmalen von realen Krisensituationen geschuldet: Eine örtliche und zeitliche Vorhersage ist nicht möglich, die **Eintrittswahrscheinlichkeit** ist niedrig, die **Frequenz** unregelmäßig und die Dimensionen sind nicht vorhersagbar. Zum Zwecke der Evaluation auf ein passendes Szenario zu warten, ist unverhältnismäßig, unpraktikabel und unpassend. Die einzige Verknüpfung von realem Krisenszenario und Evaluationsprozess ergibt sich erst nach der Einführung des mithilfe von anderen Methoden bereits für hinreichend gebrauchstauglich befundenen interaktiven, krisenspezifischen Systems: Im Rahmen von **Tagebuchmethoden**, Auswertung von **Logdateien**, **Fragebögen** und **Interviews** können zu diesen interaktiven Systemen im Anschluss an ein reales Krisenszenario Erkenntnisse hinsichtlich der Gebrauchstauglichkeit in der realen Krise gewonnen und für die Weiterentwicklung und Optimierung des interaktiven Systems genutzt werden.

4.2.5 Simuliertes Prozesstraining und Krisentraining

Wie in Tabelle 4-1 dargestellt, ist in Bezug auf die Abbildung der Aspekte psychische und physische Belastung, Informationsmangel und Kontextwechsel das Krisentraining für noch in der Entwicklung befindliche interaktive, krisenspezifische Systeme das präferierte Mittel der Wahl. Einem frühen und regelmäßigen Einsatz des Krisentrainings steht der hohe Aufwand in Bezug auf Personal, Ausrüstung, Material und Kosten entgegen. Daher stellt sich für die Zukunft die Frage, wie sich der Aufwand für Krisentrainings im Rahmen der Evaluation von interaktiven, krisenspezifischen Systemen senken lässt, ohne gravierende Defizite in Bezug auf die Vorteile in Kauf nehmen zu müssen. Das gegenwärtig massiv an öffentlicher Aufmerksamkeit gewinnende Forschungsfeld der **virtuellen Realität (VR)** bietet in Bezug auf die Evaluation von interaktiven Systemen im Krisenkontext großes Potenzial: Im Rahmen einer **VR-Simulation** lassen sich sowohl die Krisenprozesse als auch das Krisenszenario vollständig abbilden. Im Rahmen des Evaluationsprozesses existieren in diesem Fall dann zwei interaktive Systeme: die Krisensimulation (VR-Simulation) und das zu evaluierende System (interaktives, krisenspezifisches System). Die VR-Simulation dient der **Visualisierung des Krisenszenarios** und das interaktive System unterstützt die Einsatzkräfte bei der Bewältigung dieses Krisenszenarios. Bereits 2009 konnten erste Erfahrungen mit der Entwicklung von Tools zur Simulation von Krisenprozessen für die Evaluation der MCI gesammelt werden (Nestler et al., 2009).

Als technische Plattform für die Darstellung eines Krisenszenarios kann beispielsweise eine **Cave Automatic Virtual Environment (CAVE)** (Creagh, 2003) oder ein **Head Mounted Display (HMD)** zum Einsatz kommen. Mit zunehmender Komplexität der VR-Simulation ist es erforderlich, im ersten Schritt die Simulation selbst in Bezug auf Gebrauchstauglichkeit zu evaluieren – und zu prüfen, inwiefern die VR-Simulation eine adäquate und für den spezifischen Evaluationszweck passende Repräsentation des Krisentrainings darstellt. Gleichzeitig bieten VR-Simulationen im Krisenkontext zukünftig den Vorteil, dass die Parameter des Krisenszenarios selbst durch den Wechsel von dem realen Krisentraining zu dem VR-Krisentraining an Kontrollierbarkeit gewinnen. Parallel dazu kann bei gleichen Vorgaben an Personal, Ausrüstung und Material die Häufigkeit der Evaluationsprozesse gesteigert, die Länge der Iterationen verkürzt und der gesamte Prozess der menschzentrierten Gestaltung damit noch besser an dem Nutzungskontext und den Nutzungsanforderungen ausgerichtet werden. Wenngleich sich die Krisentrainings durch VR-Simulationen nicht vollständig ersetzen lassen, so sind sie eine hilfreiche Möglichkeit, einzelne Dimensionen des interaktiven, krisenspezifischen Systems auch mit geringerem Aufwand zu evaluieren, Hypothesen kostengünstig zu falsifizieren und die Erkenntnisse in dem weiteren menschzentrierten Gestaltungsprozess nutzbar zu machen. Eine ausführlichere Analyse des Potenzials von VR-Simulation erfolgte im Rahmen der Entwicklung von interaktiven Systemen zur Unterstützung der Bürger beim Stromausfall (Rother et al., 2015).

4.3   Beispiele für Evaluationen im Krisenkontext

Abschließend sollen die im Rahmen dieses Kapitels gewonnenen Erkenntnisse nun anhand von mehreren Beispielen aus der Praxis veranschaulicht werden. Bei den nachfolgenden Beispielen handelt es sich um sicherheitskritische interaktive Systeme, die sich auf die Unterstützung von Einsatzkräften im Krisenkontext fokussieren. Vor dem Hintergrund der bisherigen Betrachtungen fokussiert sich die Analyse auf die im Rahmen dieses Kapitels identifizierten Dimensionen des Evaluationsprozesses und betrachtet anhand von drei Beispielen die praktischen Implikationen des menschzentrierten Gestaltungsprozesses, die Merkmale des quantitativen Evaluationsprozesses und die Aspekte der Integration in den Krisenkontext: zunächst am Beispiel eines mobilen, interaktiven Unterstützungssystems für die Sichtung, anschließend anhand eines mobilen, interaktiven Systems zur Lokalisation von Patienten und abschließend am Beispiel eines interaktiven Systems für das Training von Einsatzkräften.

4.3.1   Unterstützung der Sichtung

Das betrachtete interaktive System für die **Sichtung** dient der Unterstützung eines von (Kanz et al., 2006) neu eingeführten Prozesses. Dieser Sichtungsprozess wird von den Krisenakteuren mithilfe eines **Prozessleitfadens** durchgeführt; dieser Prozessleitfaden wiederum liegt zum Zeitpunkt der Systemeinführung in Papierform vor und wird im Krisenszenario von den Einsatzkräften zur Orientierung verwendet. Das interaktive System wurde in enger Zusammenarbeit mit den Entwicklern des Prozessleitfadens entworfen; diese waren federführend an der Definition des Nutzungskontextes und der Nutzungsanforderungen beteiligt. Die Praxistauglichkeit des in (Nestler & Klinker, 2007) ausführlich vorgestellten interaktiven Systems wurde im Rahmen eines an den Krisenkontext adaptierten Usability-Test validiert.

An dem im Rahmen eines Prozesstrainings stattfindenden Usability-Test nahmen zwölf Krisenakteure teil, die für den Usability-Test in Anlehnung an die Gegebenheiten des in Form des Prozesstrainings abgebildeten Krisenszenarios in Zweierteams eingeteilt wurden. Als Patientendarsteller wurden sechs weitere Krisenakteure rekrutiert. Insgesamt mussten für den Usability-Test des interaktiven Systems somit 18 Krisenakteure vom Regeldienst befreit werden, was gleichzeitig die aus kapazitiv-logistischen Erwägungen mögliche Maximalanzahl an Übungsteilnehmern in dem konkreten Übungskontext darstellte. Um dennoch unter den konkreten Rahmenbedingungen eine hohe Zahl an **Sichtungsprozessen** mit dem interaktiven System zu erreichen, musste im Rahmen dieses Prozesstrainings der Ablauf der Testprozesse modifiziert werden: Während normalerweise jeder Patient im Rahmen der Sichtung nur einmal erfasst wird, wurde in diesem Testverfahren jeder der sechs Patienten von jedem der sechs Teams triagiert. Zusätzlich waren aufgrund des verwendeten **Within-Subjects Designs** zwei Durchläufe pro Teammitglied erforderlich. Der Usability-Test fand damit im Kontext der wiederholten Durchführung eines Krisenprozesses statt, wobei die Bewältigung eines Krisenszenarios mit 36 Patienten und sechs ersteintreffenden Teams simuliert und geübt wurde. Die Anpassungen des Krisenszenarios führten im Ergebnis zu einigen Übungskünstlichkeiten und die weitere Entwicklung des Krisenszenarios und Wechselwirkungen mit anderen Krisenprozessen konnten nicht evaluiert werden, da die Einsatzübung aufgrund des Nutzungskontextes und der Nutzungsanforderungen des interaktiven Systems nach dem erfolgreichen Abschluss aller 36 Sichtungsprozesse beendet werden musste.

Das vorzeitige Beenden der Einsatzübung im Rahmen des Prozesstrainings stellt gleichzeitig auch eine große Herausforderung im Hinblick auf die Messung der Effektivität des interaktiven Systems dar, denn der Mehrwert des interaktiven Systems ergibt sich insbesondere in diesem konkreten, komplexen Krisenkontext erst im weiteren Verlauf des Szenarios: Der Ansatz basiert auf der Hypothese, dass die durch das interaktive System und die Digitalisierung der Sichtung verbesserte Entscheidungsgrundlage zu beschleunigten Entscheidungsprozessen in Bezug auf die **Behandlungs- und Transportprioritäten** führt. Durch den im Rahmen der Einsatzübung durchgeführten Usability-Test konnte jedoch aufgrund der methodischen und praktischen Grenzen des Prozesstrainings zunächst primär evaluiert werden, inwiefern das interaktive System eine effektive, effiziente und zufrieden stellende Lösung für die **Digitalisierung der Sichtung** darstellt, sodass für das vollständige Schließen der Argumentationskette unterstützend die Bewertungen seitens der Domänenexperten herangezogen werden mussten.

4.3.2   Lokalisation von Patienten

Das in (Nestler et al., 2010) betrachtete interaktive System beschäftigt sich mit der Lokalisierung der Patienten in großflächigen und räumlich verteilten Krisenszenarien. Aufgrund der mangelnden **Skalierbarkeit**, der mangelnden räumlichen **Vorhersagbarkeit** von Krisen und der besonderen Aufgaben der ersteintreffenden Einsatzkräfte, ist eine Ausstattung der Patienten mit zusätzlicher Hardware in der Praxis nicht realisierbar. Mithilfe des interaktiven Systems werden die Positionen der Patienten daher im Zuge des Krisenmanagements indirekt im Rahmen aller räumlichen und zeitlichen Kontaktpunkte zwischen Patienten und Einsatzkräften erfasst. Die Erhebung des Nutzungskontextes und der Nutzungsanforderungen erfolgte auch bei diesem System in enger Abstimmung mit Domänenexperten und auf Grundlage eines intensiven Dialogs mit den verschiedenen Krisenakteuren. Zwei Erkenntnisse waren für die Ausgestaltung der Lösung dabei von besonders zentraler Bedeutung: Auf der einen Seite muss die Ortung selbst vollkommen automatisiert ablaufen, auf der anderen Seite soll der Ortungsprozess durch eine **explizite Interaktion** gestartet werden, um die **Fehlerrobustheit** und **Fehlertoleranz** des Systems zu steigern. Gleichzeitig soll die Einsatzkraft ein klares, präzises und verständliches Feedback hinsichtlich des aktuellen Status des Ortungsprozesses und des Erfolgs beziehungsweise Misserfolgs der Ortung erhalten.

Auf Grundlage der Anforderungen wurden drei verschiedene Varianten für ein interaktives System zur indirekten Ortung von Patienten entwickelt. Im Rahmen des für die Evaluation verwendeten Krisentrainings waren insgesamt 16 Probanden als Krisenakteure involviert, die auch in dieser Evaluation vor dem Hintergrund der Gegebenheiten in der realen Krise in acht Zweierteams eingeteilt wurden. Der Usability-Test wurde unterstützt durch zehn **Patientendarsteller**, vier Beobachter, zwei technische Koordinatoren, zwei Trainingsleiter und zwei Dokumentatoren. Um die Unterschiede zwischen den drei Varianten und dem gegenwärtigen Ansatz zu evaluieren, wurde das für das Krisentraining entwickelte Krisenszenario insgesamt 32-mal nacheinander durchlaufen. Denn das hier ebenfalls zur Anwendung kommende **Within-Subjects Design** führte dazu, dass alle acht Teams alle vier Varianten in permutierter Reihenfolge für die vollständige Bewältigung des Szenarios verwendet haben. Die Evaluation zeigt sehr deutlich die Implikationen aus der korrekten Anwendung von Usability-Methodiken auf den Krisenkontext: Die Vorbereitung und Nachbereitung der Usability-Tests führte zu einem hohen organisatorischen logistischen Aufwand und die Durchführung der Usability-Tests selbst war für alle Beteiligten eine hohe psychische und physische Belastung: Während bereits die Bewältigung eines Krisenszenarios die Einsatzkräfte an die Grenze ihrer Belastbarkeit bringt, wurde im Rahmen dieser Untersuchung jedes Team gleich viermal mit einem Krisenszenario konfrontiert. Gleichzeitig zeigt sich bei der Auswertung dieser in den Kontext eines Krisentrainings integrierten Evaluation der methodische Mehrwert gegenüber dem Prozesstraining: Da das gesamte Krisenszenario getestet wurde, konnten im Rahmen dieser Untersuchung die Wechselwirkungen zwischen den verschiedenen Prozessen betrachtet werden. Lediglich bei den Leitungsfunktionen wurde bei dem konkreten Evaluationsdesign keine hohe Anzahl an Prozessen und damit keine hohe **Objektivität** erreicht.

Zusammenfassend offenbart die Analyse der in diesem Kapitel zum Einsatz kommenden Evaluationsmethodik zentrale Unterschiede in Bezug auf die Anwendbarkeit der krisenbezogenen Evaluation der MCI bei den **Funktionsträgern** der oberen Ebenen gegenüber den Probanden aus der Ebene der Einsatzkräfte sowie der unteren Leitungsfunktionen. Die aufgrund organisatorischer und logistischer Rahmenbedingungen im Krisen- und Sicherheitskontext existierenden Herausforderungen in Bezug auf das Erreichen der für quantitative Evaluationen erforderlichen **Probandenzahlen** verschärft sich bei der Betrachtung von Leitungsfunktionen: Unabhängig von den konkreten Gegebenheiten des Krisen- beziehungsweise Sicherheitskontexts und des tatsächlichen Schadensausmaßes, kann im Rahmen eines Krisentrainings die oberste Leitungsfunktion immer nur genau einmal abgebildet werden. Somit korreliert die Zahl der Iterationen mit der Zahl der Probanden aus der obersten Leitungsebene; gleichzeitig agieren die Einsatzkräfte der unteren Ebenen im Kontext derartiger Evaluationen mit jeder weiteren Iteration zunehmend als Statisten anstatt als eigenständig bewertende, handelnde und kommunizierende Krisenakteure. Ein Usability-Test ließe sich hier nur mit einem erheblich höheren Ressourcenbedarf durchführen, was gleichzeitig dem Konzept der regelmäßigen und schrittweisen Evaluation von Gestaltungslösungen entgegensteht.

4.3.3 Training von Krisenprozessen

Zum Abschluss der Betrachtungen von menschzentrierten Evaluationsprozessen im Krisenkontext soll noch ein interaktives System betrachtet werden, welches auf das Training und die Ausbildung von Einsatzkräften zu der adäquaten Vorbereitung auf Ausnahme- und Krisensituationen hin ausgerichtet ist (Nestler et al., 2007). Das interaktive System ermöglicht das Training von Krisenprozessen mithilfe eines **Multitouch-Interfaces**. Da sich bereits in anderen Untersuchungen, und auch in unseren vorausgehenden Betrachtungen, der hohe Ressourcenbedarf bei Evaluationen im Rahmen des Prozesstrainings und des Krisentrainings herauskristallisiert hat, kann ein solches Trainingssystem zukünftig dann neben dem Anwendungsszenario der Ausbildung und des Trainings auch für die Simulation von Krisenprozessen und damit auch für die Durchführung von Evaluationen der MCI in einem **simulierten Prozesstraining** herangezogen werden. Derartige Systeme können neben ihrem Beitrag zur Erhöhung der Trainingsintensität und der Reduktion der Länge der übungsfreien Intervalle somit auch einen entscheidenden Beitrag zur Reduktion der **evaluationsbedingten Kosten** bei der Entwicklung von interaktiven Systemen im Krisen- und Sicherheitskontext leisten.

Beiden potenziellen Einsatzszenarien ist gemein, dass eine erfolgreiche Einführung eines derartigen interaktiven Systems in dem jeweiligen Nutzungskontext eine hohe Gebrauchstauglichkeit des interaktiven Systems voraussetzt und das Qualitätsniveau der Gebrauchstauglichkeit im Rahmen einer quantitativen Evaluation zu bestimmen ist. Die im Vorfeld der Entwicklung der Gestaltungslösung gemeinsam mit den Domänenexperten durchgeführte Erhebung des Nutzungskontextes und der Nutzungsanforderungen hat gezeigt, dass insbesondere das Erlernen der korrekten Prozessabläufe, beispielsweise die Planung, die Durchführung und die Bewertung von **leitfadenbasierten Arbeitsabläufen** sich im Rahmen simulierter Prozesstrainings besonders gut üben lässt. Gemeinsam mit den Domänenexperten wurde für das interaktive System eine **gestenbasierte Interaktionssprache** entwickelt, welche mehreren Nutzungsanforderungen genügen sollte: Die in dem interaktiven System verwendeten Gesten sollten sich an den realen Handgriffen und Handlungsabläufen der Einsatzkräfte orientieren, und dabei gleichzeitig leicht erlernbar und einprägsam sein. Die Evaluation der MCI fand mit acht Krisenakteuren statt, welche wiederum in vier Zweierteams eingeteilt wurden, sodass im Rahmen der Untersuchung in Summe 160 Sichtungsprozesse mithilfe des interaktiven Multitouch-Systems durchgeführt wurden. Die Ergebnisse aus dem Usability-Test wurden im Rahmen eines **Between-Groups Designs** in (Nestler et al., 2009) mit einer realen Sichtungsübung verglichen, in welcher eine andere Gruppe von Krisenakteuren insgesamt 132 Sichtungsprozesse im Rahmen eines realen Prozesstrainings durchgeführt hatte (Gutsch et al., 2006). Die beiden Probandengruppen kamen dabei von der gleichen Rettungswache, hatten den gleiche Ausbildungsstand, waren vollständig disjunkt, verfügten in etwa über die gleiche Praxiserfahrung und die gleichen Vorkenntnisse in Bezug auf den zu übenden Prozess: Beide Gruppen erhielten im Vorfeld der Untersuchung die gleiche Einweisung in den für das Training zu verwendenden Leitfaden und für beide Gruppen waren sowohl der Leitfaden als auch der konkrete, neu einzuführende Prozess bis dato noch unbekannt.

Dieser Evaluationsansatz ermöglicht eine stärkere Fokussierung auf das interaktive System im Rahmen des Prozesstrainings, da durch die Nutzung der bereits aus anderen Übungen zur Verfügung stehenden Evaluationsdaten im Rahmen der Evaluation des interaktiven Systems auf die Kontrollgruppe verzichtet werden kann. Darüber hinaus lässt sich, sofern weitere **disjunkte Probandengruppen** mit ähnlichem Ausbildungs- und Erfahrungsstand in ausreichendem Maße vorhanden sind, auch für den Vergleich von verschiedenen Entwicklungsstufen des interaktiven Systems der Bezug zu der gleichen Kontrollgruppe herstellen und gleichzeitig die inkrementelle Verbesserung durch die jeweils betrachtete Gestaltungslösung quantifizieren. Inwiefern sich die Herausforderung im Hinblick auf die Auswahl von geeigneten Krisenakteuren lösen lässt, hängt stets vom konkreten Anwendungskontext ab; in dem konkreten Beispiel war die Anzahl an hinreichend vergleichbaren Gruppen beschränkt, da die Ausgestaltung der Sichtungsprozesse einer Vielzahl an regionalen Einflussfaktoren unterliegt. Da im Rahmen des interaktiven Systems eine Virtualisierung des Prozesstrainings erfolgt, kann auf die Einbindung von Patientendarstellern aufgrund des **Between-Groups Designs** vollständig verzichtet werden und als Konsequenz kann die Durchführung der Prozesstrainings grundsätzlich auch asynchron erfolgen.

4.4 Zusammenfassung

Die Notwendigkeit, auch im Krisen- und Sicherheitskontext verstärkt Technologien für die Bewältigung der zunehmend komplexeren Aufgaben und Prozesse zu nutzen, impliziert eine intensive Auseinandersetzung mit der Gebrauchstauglichkeit aller im Krisen- oder Sicherheitsszenario zum Einsatz kommenden interaktiven Systeme. Denn scheitert die MCI, dann hat das unweigerlich auch das Scheitern der im Sicherheits- und Krisenkontext verwendeten Technologien zur Folge. Um eine **Quantifizierung** des Konstrukts Gebrauchstauglichkeit zu ermöglichen, ist zunächst eine Betrachtung der definitionsgemäßen Dimensionen **Effektivität**, **Effizienz** und **Zufriedenheit** erforderlich. Die quantitative Evaluation der Gebrauchstauglichkeit erfordert neben dem Vorliegen einer konkreten Gestaltungslösung die Kenntnis um den **Nutzungskontext** des interaktiven Systems und die **Nutzungsanforderungen** an den Untersuchungsgegenstand.

Die Anwendergruppen interaktiver Systeme im Sicherheits- und Krisenkontext verfügen über eine Vielzahl an **spezifischen Charakteristika**, welche sich im Rahmen von empirischen Methoden im Rahmen der Evaluationsphase besonders problemlos berücksichtigen lassen, da bei diesen Methoden die Anwendergruppen direkt involviert werden. Für die **Präsenz des Krisenkontexts** wird der klassische Usability-Test zu einem **Labortraining** erweitert, in dessen Rahmen die übliche, vollständige Isolation von der Umgebung zugunsten einer Durchlässigkeit von krisenrelevanten Informationen aufgehoben wird.

Noch umfassender lassen sich die Aspekte des Krisenkontexts im Rahmen eines **Prozess-trainings** abbilden, in welches der eigentliche Usability-Test auf geeignete Weise zu integrieren ist. Dabei muss insbesondere im Hinblick auf die Qualitätskriterien der quantitativen Evaluation auf eine ausreichende Reproduzierbarkeit der für die Evaluation genutzten Krisenprozesse geachtet werden. Eine weitere Ebene des Krisenkontexts eröffnet sich durch die Verknüpfung der Evaluation der MCI mit einem **Krisentraining**. In der Evaluation im Rahmen von Krisentrainings, insbesondere bei der Betrachtung von interaktiven Systemen für Endanwender aus den oberen Leitungsebenen, kann durch einen überproportionalen **Evaluationsoverhead** die Verhältnismäßigkeit der Evaluationsmethodik jedoch besonders schnell an ihre Grenzen geraten. Die partielle oder vollständige **Virtualisierung** des Prozess- und Krisentrainings ist unter Berücksichtigung von grundlegenden Ressourcenaspekten und der Integrationstiefe zwischen Evaluations- und Krisenprozess in vielen Krisenszenarien im Hinblick auf die Evaluation der MCI ein hinreichend guter Kompromiss und vor dem Hintergrund der stetig wachsenden Praxislösungen im Bereich der **virtuellen Realität** zunehmend leichter zu realisieren.

Damit eine quantitative Evaluation der MCI im Sicherheits- und Krisenkontext den Qualitätskriterien **Objektivität**, **Reproduzierbarkeit**, **Validität** und **Relevanz** genügt (Butz, 2014), sind neben der korrekten Anwendung des Prozesses der menschzentrierten Gestaltung und der Evaluationsmethoden aus dem Forschungsgebiet der MCI folgende Aspekte im Krisenkontext von zentraler Bedeutung:

- Die quantitative Untersuchung der Gebrauchstauglichkeit muss in einem hinreichend **formalisierten Krisenkontext** erfolgen.

- Die **korrekte Zielgruppenzuordnung** der an der Untersuchung beteiligten Einsatzkräfte ist sicherzustellen.

- Die **Vollständigkeit der Dokumentation** bedingt die Erfassung aller krisenspezifischen Gegebenheiten sowie des konkreten Krisenkontextes.

- Der menschzentrierte Gestaltungsprozess erfordert in allen Prozessschritten das Involvieren geeigneter **Domänenexperten**.

- Das **Briefing der Krisenakteure** erläutert den konkreten Evaluationsprozess sowie den krisenspezifischen Untersuchungsgegenstand.

4.5 Übungsaufgaben

Aufgabe 1: Verschaffen Sie sich einen tieferen Einblick in die Bedeutung quantitativer Evaluation im Kontext der MCI. Recherchieren Sie dazu drei wissenschaftliche Publikationen, in denen eine quantitative Evaluation der Gebrauchstauglichkeit durchgeführt wird und analysieren Sie diese im Detail.

Aufgabe 2: Entwickeln Sie auf Basis dieses Kapitels und der Literaturempfehlungen eine Checkliste, welche Sie bei der ordnungsgemäßen Durchführung einer quantitativen Evaluation im Sicherheits- und Krisenkontext unterstützt.

Aufgabe 3: Recherchieren Sie drei Beispiele für interaktive Systeme, welche im Sicherheits- oder Krisenkontext zum Einsatz kommen. Planen Sie für jedes der drei Systeme eine quantitative Evaluation.

Aufgabe 4: Evaluieren Sie entweder ein von Ihnen entwickeltes interaktives System oder eines der in Aufgabe 3 analysierten interaktiven Systeme. Reflektieren Sie anschließend die von Ihnen durchgeführte quantitative Evaluation.

4.6   Literatur

4.6.1   Literaturempfehlungen

MacKenzie, I. S. (2012). Human-computer interaction: An empirical research perspective. Newnes.

Nestler, S. (2014). Evaluation der Mensch-Computer-Interaktion in Krisenszenarien/Evaluating human-computer-interaction in crisis scenarios. *i-com*, *13*(1), 53-62.

Sauro, J., & Lewis, J. R. (2016). Quantifying the user experience: Practical statistics for user research. Morgan Kaufmann.

4.6.2   Literaturverzeichnis

Butz, A., & Krüger, A. (2014). Mensch-Maschine-Interaktion. Walter de Gruyter GmbH & Co KG.

Creagh, H. (2003). Cave automatic virtual environment. In Electrical Insulation Conference and Electrical Manufacturing & Coil Winding Technology Conference, 2003. Proceedings (S. 499-504). IEEE.

Europäische Norm (1999). ISO 9241-11: Ergonomische Anforderungen für Bürotätigkeiten mit Bildschirmgeräten; Teil 11: Anforderungen an die Gebrauchstauglichkeit-Leitsätze. DIN Deutsches Institut für Normung eV.

FwDV (1999), Feuerwehr-Dienstvorschrift 100, Katastrophenschutz und zivile Verteidigung (AFKzV)

Gutsch, W., Huppertz, T., Zollner, C., Hornburger, P., Kay, M. V., Kreimeier, U., ... & Kanz, K. G. (2006). Initiale Sichtung durch Rettungsassistenten. Notfall+ Rettungsmedizin, 9(4), 384-388.

Iso (2009). 9241-210: 2010. Ergonomics of human system interaction-Part 210: Human-centred design for interactive systems. International Standardization Organization (ISO). Switzerland.

Kanz, K. G., Hornburger, P., Kay, M. V., Mutschler, W., & Schäuble, W. (2006). mSTaRT-Algorithmus für Sichtung, Behandlung und Transport bei einem Massenanfall von Verletzten. Notfall+ Rettungsmedizin, 9(3), 264-270.

Lin, H. X., Choong, Y. Y., & Salvendy, G. (1997). A proposed index of usability: a method for comparing the relative usability of different software systems. Behaviour & information technology, 16(4-5), 267-277.

Nestler, S., & Klinker, G. (2007). Using mobile hand-held computers in disasters. In UbiComp Workshop on Interaction with Ubiquitous Wellness and Healthcare Applications (UbiWell).

Nestler, S., Dollinger, A., Echtler, F., Huber, M., and Klinker, G. (2007). Design and Development of Virtual Patients. Vierter Workshop Virtuelle und Erweiterte Realität der GI-Fachgruppe VR/AR, Weimar.

Nestler, S., Huber, M., Echtler, F., Dollinger, A., & Klinker, G. (2009). Development and evaluation of a virtual reality patient simulation (VRPS). In The 17-th International Conference in Central Europe on Computer Graphics, Visualization and Computer Vision, Plzen, Czech Republic.

Nestler, S. (2010). Design, Implementation and Evaluation of User-Interfaces for lifethreatening, time-critical and unstable Situations (Doctoral dissertation, Dissertation, Technische Universität München).

Nestler, S., Coskun, T., Artinger, E., Pichlmaier, P., & Klinker, G. (2010). Indirect Tracking of Patients in Mass Casualty Incidents. In GI Jahrestagung (2) (S. 156-161).

Preim, B., & Dachselt, R. (2010). Interaktive Systeme: Band 1: Grundlagen, Graphical User Interfaces, Informationsvisualisierung. Springer-Verlag.

Rother, K., Karl, I., & Nestler, S. (2015). Towards Virtual Reality Crisis Simulation as a Tool for Usability Testing of Crisis Related Interactive Systems. International Journal of Information Systems for Crisis Response and Management (IJISCRAM), 7(3), 40-54.

Shackel, B. (1991). Usability-context, framework, definition, design and evaluation. Human factors for informatics usability, 21-37.

Tory, M., & Moller, T. (2005). Evaluating visualizations: do expert reviews work?. IEEE computer graphics and applications, 25(5), 8-11.

Methoden für Usable Security

5 Human Factors in Security

Paul Gerber[1] · **Marco Ghiglieri**[1] · **Birgit Henhapl**[1] ·
Oksana Kulyk[1] · **Karola Marky**[1] · **Peter Mayer**[1] ·
Benjamin Reinheimer[1] · **Melanie Volkamer**[1,2]

Technische Universität Darmstadt[1] · Karlstads Universitet (Schweden)[2]

Zusammenfassung

Das Kapitel gibt eine Einführung in das Thema „Human Factors in Security" mit Fokus auf den Endanwender. Dabei wird zunächst das Problem allgemein eingeführt und an den konkreten Beispielen „E-Mail-Verschlüsselung", „HTTPS-Verbindungen im Internet" sowie „Passwörter" beschrieben und diskutiert. Anschließend werden allgemeine Lösungsansätze basierend auf „Human Centered Security by Design" vorgestellt, sowie einige methodische Beispiele genannt. Besondere Herausforderungen im Vergleich zu „Human Centered Design" werden vorgestellt und einige Beispiele aus der Praxis im Bereich „Human Centered Security by Design" vorgestellt und diskutiert.

Lernziele

- Die Leser verstehen, warum benutzbare Sicherheitsmaßnahmen wichtig sind und dass diese nur die Situation verbessern, wenn sie mit effektiven Sensibilisierungsmaßnahmen und effektiven Security-Education-Maßnahmen kombiniert werden.

- Die Leser verstehen, warum es wichtig ist, den Endanwender in der Entwicklung von Sicherheitsmechanismen, Sensibilisierungsmaßnahmen und Security-Education-Maßnahmen mit einzubeziehen; also den Human Centered Security by Design Ansatz zu verwenden.

- Die Leser lernen die Herausforderungen, die bei der Anwendung der Methoden von Human Centered Security by Design zu beachten sind, kennen.

5.1   Problembeschreibung

Das Internet hat heutzutage in alle Lebensbereiche und viele technische Geräte Einzug erhalten – Stichwort Industrie 4.0 (Kapitel 12), Smart Home, autonome Autos (Kapitel 18) und die vernetzten Krankenhäuser inklusive der Geräte in OPs und Intensivstationen. Viele Dinge wurden gerade in kürzester Vergangenheit zu technischen Geräten, z. B. Rauchmelder und Kinderspielzeug. Während diese Vernetzung viele Möglichkeiten und Chancen mit sich bringt, resultieren daraus auch viele Gefahren: Kriminelle bewegen sich zunehmend im Cyberraum, da sie z. B. Erpressungen (Stichwort Verschlüsselungstrojaner) und Transaktionen (Stichwort Identitätsdiebstahl) im großen Stil von sicheren Orten im Ausland aus durchführen können, ohne großes Risiko auf eine Strafverfolgung an dem entsprechenden Ort (sofern man diesen überhaupt ermitteln kann).

Es existieren viele technische Sicherheitsmechanismen, um sowohl die zahlreichen ans Internet angeschlossenen Geräte (Computer, Laptops, Smartphones, Smart-X usw.) inklusive der darauf gespeicherten und erzeugten Daten als auch die Kommunikation zwischen diesen Geräten vor Cyberangriffen zu schützen. Diese setzen häufig komplexe Verfahren wie z. B. Verschlüsselung, Mustererkennung und HTTPS ein oder fordern komplexe Passwörter, die regelmäßig zu ändern sind.

Einige dieser existierenden Sicherheitsmechanismen sind standardmäßig verfügbar (z. B. HTTPS zur sicheren Kommunikation und Authentifizierung mittels Passwörtern). Doch für einen sicheren Einsatz dieser Mechanismen sind in der Regel die Endanwender zuständig, die sicherstellen müssen, dass die installierten Sicherheitsmechanismen richtig verwendet werden (z. B., dass die Kommunikation tatsächlich über die verschlüsselte Verbindung stattfindet). Wegen der fehlenden Benutzbarkeit beziehungsweise des fehlenden Wissens, welche Sicherheitsindikatoren wann wichtig sind, kommt es leicht zu Fehlbedienungen oder einem falschen Eindruck von Sicherheit. Es existieren zwar Security-Education-Maßnahmen, die diese Lücke schließen sollen. Diese haben aber oft inhaltliche Schwächen (meist, weil sie zu abstrakt bleiben und keine konkreten Anweisungen geben). Zudem ist dem Endanwender oft gar nicht bewusst, dass er dieses Wissen braucht und wo er es findet. Security-Education-Maßnahmen bringen grundsätzlich ein weiteres Problem mit sich: In der Regel ist nicht die Absicherung das primäre Ziel des Endanwenders, sondern beispielsweise eine Banküberweisung oder das Verschicken einer Nachricht. Entsprechend ist fraglich, ob das theoretische Wissen in einer entsprechenden Situation überhaupt abgerufen wird, wenn die Sicherheitsmechanismen nicht entsprechend benutzbar sind.

Andere der existierenden Sicherheitsmechanismen (z. B. E-Mail Verschlüsserlungsprogramme, Virenscanner und Datensicherungsprogramme) müssen von den Endanwendern erst im Internet gefunden und dann installiert und aktiviert werden. Endanwender, die nicht dafür sensibilisiert sind, dass jeder ein Opfer von entsprechenden Cyberangriffen werden kann, oder die nicht wissen, dass es einen Schutzmechanismus geben kann oder sich nicht bewusst sind, dass auch ihre Daten schützenswert sind, suchen nicht nach entsprechenden Sicherheitsmechanismen. Das Gleiche gilt auch für die Endanwender, die fälschlicherweise glauben, dass ihre Geräte bereits mit einem angemessenen Schutz ausgeliefert wurden und sie sich daher darum nicht kümmern müssen.

Diese zahlreichen Probleme führen dazu, dass zwar theoretisch ein Schutz durch die existierenden Sicherheitsmechanismen möglich wäre, er aber oft praktisch keinen Einsatz findet. Entsprechend ist es nicht überraschend, dass die Angreifer zunehmend die Endanwender als Angriffsvektor nutzen statt der technischen Schwachstellen in Sicherheitsmechanismen.

Probleme existierender **Sicherheitsmechanismen** (das heißt technische Lösungen zum Schutz vor IT-Sicherheitsrisiken), **Sensibilisierungsmaßnahmen** (das heißt das Richten der Aufmerksamkeit der Endanwender auf IT-Sicherheitsrisiken) und **Security-Education-Maßnahmen** (das heißt Lerninhalte, wie Endanwender IT-Sicherheitsrisiken begegnen können) rühren daher, dass die Endanwender und die Einsatzumgebung (z. B. die damit verbundenen Prozesse in einem Unternehmen) nicht in den Entwicklungsprozess mit einbezogen werden und darüber hinaus die dahinter liegenden Konzepte sehr komplex sind. Es fehlt darüber hinaus die Abstimmung der benutzbaren Sicherheitsmechanismen, Sensibilisierungsmaßnahmen und Security-Education-Maßnahmen aufeinander[2]. Der Begriff der **Benutzbarkeit** (auch Gebrauchstauglichkeit oder Usability genannt) wird klassisch für Software verwendet und kann nach EN ISO 9241-11 (2017) nach den folgenden drei Kriterien bewertet werden:

- Zunächst durch die **Effektivität** zur Lösung einer Aufgabe, das heißt inwieweit stellt eine gegebene Software eine Umgebung bereit, in der eine gegebene Aufgabe (z. B. das Entdecken oder Verhindern eines Cyberangriffs) durch den Anwender erfolgreich gelöst werden kann.

- Dazu kommt die **Effizienz** in der Handhabung, das heißt wie hoch ist der Ressourcenaufwand für die Lösung einer gegebenen Aufgabe mit der Softwarelösung. Hierbei können verschiedene Ressourcen betrachtet werden wie z. B. der Zeitaufwand.

- Das dritte Kriterium ist die **Zufriedenheit** der Nutzer beim Einsatz der Software.

Die drei Kriterien Effektivität, Effizienz und Zufriedenheit spielen bei den Sensibilisierungs- und Security-Education-Maßnahmen die gleiche Rolle wie bei den Sicherheitsmechanismen. Die Aufgabe, die es zu erfüllen gilt, ist dabei die Daten und Geräte vor Angriffen zu schützen. Daher spielt die Effektivität die wichtigste Rolle. Mechanismen und Maßnahmen, die keinen effektiven Schutz ermöglichen, sind nicht geeignet – selbst bei guten Ergebnissen bezüglich Effizienz und Zufriedenheit. Neben der Effektivität sind die

---

[2] Eine gute Sensibilisierungsmaßnahme frustriert die Endanwender, wenn keine ausreichend benutzbare Lösung vorhanden ist. Umgekehrt findet eine benutzbare Lösung kaum Endanwender, wenn diese nicht für das entsprechende Problem sensibilisiert sind.

Mechanismen und Maßnahmen dennoch hinsichtlich Effizienz und Zufriedenheit zu opti-mieren, um die Wahrscheinlichkeit der Verwendung der Mechanismen und Maßnahmen zu erhöhen.

Im Folgenden werden die Probleme anhand konkreter Beispiele verdeutlicht.

5.1.1 Beispiel E-Mail-Verschlüsselung

In ihrer Untersuchung der Benutzbarkeit von der E-Mail-Verschlüsselungs-Software PGP 5.0 stellten Whitten und Tygar (1999) fest, dass mehrere Probanden es gar nicht schafften verschlüsselte E-Mails zu verschicken oder dafür sehr lange brauchten. Nur ein Drittel der Probanden schaffte, es in den zur Verfügung stehenden 90 Minuten, E-Mails zu verschi-cken, die sowohl verschlüsselt als auch signiert waren. Im Gegensatz dazu verschickte ein Viertel der Probanden den Schlüssel, den sie während des Experiments geheim halten soll-ten, unverschlüsselt per E-Mail. Die Ursache dieser Probleme war oftmals, dass die Soft-ware den eigenen Status (z. B. ob die Verschlüsselung für eine E-Mail aktiviert ist oder ob der Schlüssel des Empfängers verwendet wird) nicht an den Endanwender kommunizierte und dass Bedienabläufe von den Endanwendern nicht verstanden wurden.

Auf diese erste Evaluation von PGP folgten weitere, z. B. Sheng et al. (2006), die auch Jahre später immer noch die gleichen Probleme identifizierten: Die Endanwender hatten Probleme mit dem Schlüsselmanagement, dem Verschlüsseln der Nachrichten und dem Signieren von E-Mails sowie dem Verifizieren signierter Nachrichten. Dies zeigt, wie lange die gleichen Probleme bestehen bleiben können, wenn Endanwender nicht im Ent-wicklungs- oder Weiterentwicklungsprozess mit einbezogen werden.

Darüber hinaus wurde in Renaud et al. (2014) gezeigt, dass zum Schutz der E-Mail-Kom-munikation mehr als eine nutzbare Lösung notwendig ist: Damit die Benutzbarkeit einer technischen Lösung überhaupt eine Rolle spielen kann, muss der Endanwender gegenüber den bestehenden Problematiken sensibilisiert sein, muss er das Problem als für sich rele-vant empfinden und er muss verstehen, wodurch die Probleme entstehen und wie sie all-gemein adressiert werden können.

5.1.2 Beispiel HTTPS-Verbindungen im Internet

Eine HTTPS-Verbindung soll die Vertraulichkeit und Integrität einer Verbindung sicher-stellen und Auskunft über die Authentizität der Webseite geben. Doch selten ist dem End-anwender die Semantik einer mit HTTPS abgesicherten Verbindung klar (Felt et al., 2016). So kann der Browser zwar überprüfen, ob Zertifikat und Domain zusammenpassen (z. B. dass das Zertifikat nicht abgelaufen ist), aber es bleibt allein dem Endanwender überlassen zu entscheiden, ob die Webseite, mit der er kommuniziert, tatsächlich auch die Webseite ist, mit der er kommunizieren möchte. Dies kann insbesondere dann zu Fehlhandlungen durch den Endanwender führen, wenn Phishing-Webseiten per HTTPS mit dem Endanwender kommunizieren. In diesem Fall wird dem Endanwender im Browser potenziell durch verschiedene Indikatoren (z. B. ein Schlosssymbol oder die grüne Schreibweise von Teilen der Webadresse) angezeigt, die Verbindung sei sicher, aber tatsächlich händigt er seine Daten lediglich auf besonders sicherem Wege einem Kriminellem aus.

Zur Problematik der unklaren Semantik kommt darüber hinaus noch hinzu, dass Web-Browser verschiedene Arten von aktiven und passiven Sicherheitsindikatoren[3] verwenden, um dem Endanwender den Status einer solchen Verbindung zu einem Webserver anzuzeigen (Akhawe, 2013). Hierbei muss dem Endanwender bewusst sein, dass das Fehlen eines aktiven Sicherheitsindikators[4] (auch Sicherheitsintervention oder Sicherheitswarnung genannt) nicht zwangsläufig eine erfolgreiche Sicherung des Systems darstellt. Insbesondere kann der Fall eintreten, dass eine Webseite gar keine Verbindung per HTTPS erlaubt. In diesem Fall wird der Status des Browsers beziehungsweise der Verbindung nur durch das Fehlen eines passiven Sicherheitsindikators sichtbar (z. B. kein Schlosssymbol im Browser). Der Endanwender sollte dann diesen fehlenden passiven Sicherheitsindikator bemerken. Übersieht ein Endanwender dies oder schenkt er dem Fehlen des Sicherheitsindikators keine Beachtung, kann es passieren, dass er sensible Daten (z. B. Passwörter) über eine unsichere Verbindung überträgt und diese von einem Angreifer abgefangen oder manipuliert werden.

Sensibilisierungsmaßnahmen und Security-Education-Maßnahmen legen hier oft einen falschen Fokus, so dass viele Endanwender fälschlicherweise glauben, dass es ausreicht zu prüfen, ob die Webadresse mit HTTPS beginnt (Volkamer et al., 2016).

5.1.3 Beispiel Passwörter

Wenn es nach manchen Sicherheits-Experten ginge, sollten Endanwender ihre Passwörter alle lang, unterschiedlich und komplett zufällig wählen, sie sich trotzdem merken, nicht aufschreiben und am besten häufig ändern. Diese Regeln sind theoretisch sinnvoll, da sie jeweils gezielt eine Art von Angriff abwehren. Doch in der Praxis bringen alle diese Anforderungen keinen wirklichen Sicherheitsgewinn. So soll das regelmäßige Ändern von Passwörtern verhindern, dass Angreifer, denen ein Passwort in die Hände fällt, dieses für längere Zeiträume nutzen können. Allerdings zeigten Zhang et al. (2010), dass der Gewinn an Sicherheit durch das regelmäßige Ändern von Passwörtern marginal ist. Endanwender, die versuchen sich alle Passwörter zu merken, wenden vorhersehbare Strategien an, um ihre neuen Passwörter zu erzeugen (z. B. das Anhängen einer Zahl bei jedem Ändern des

---

[3] Sicherheitsindikatoren werden in der Literatur teilweise auch Sicherheitsinterventionen oder Sicherheitswarnungen genannt. Aktiv bedeutet, dass der Endanwender eine Entscheidung treffen muss, um fortzufahren, während das bei passiven nicht der Fall ist.
[4] Das sind Informationsdialoge beziehungsweise Warnungen, bei denen der Endanwender eine Entscheidung treffen muss, bevor er fortfahren kann (in der Regel, ob er die Warnung ignoriert und fortfährt oder ob er den Prozess abbricht).

Passwortes). Hat ein Angreifer Zugriff auf ein ehemals vom Endanwender verwendetes Passwort, berücksichtigt er dieselben Strategien in einem Rate-Angriff und errät das neue Passwort des Endanwenders mit großer Wahrscheinlichkeit. Mazurek et al. (2013) konnten sogar zeigen, dass Endanwender grundsätzlich deutlich schwächere Passwörter wählen, wenn sie wissen, dass sie ihre Passwörter regelmäßig ändern müssen. Dies zeigt, dass die Regeln, die Passwörter theoretisch sicherer machen, in der Praxis scheitern können, da die Endanwender bei der Entwicklung der Regeln sowie die Einsatzumgebung (z. B. der Verwendung eines Passwortmanagers) nicht berücksichtigt wurden.

Da sich Endanwender mit verschiedenen Regeln konfrontiert sehen, denen sie im Alltag nicht entsprechen können, ignorieren Endanwender diese und entwickeln ihre eigenen (teils unsicheren) Strategien wie das Speichern der Passwörter im Klartext auf dem Rechner oder das Wiederverwenden von Passwörtern für verschiedene Benutzerkonten (siehe bei Stobert und Biddle (2014) und bei Parkin et al. (2015)). Die häufigste Strategie, die Endanwender in Eigenregie einsetzen, ist das Wiederverwenden von existierenden Passwörtern. Elektronische Notizen (z. B. in einem Passwortmanager), die die Verwendung von unterschiedlichen und gleichzeitig sichereren Passwörtern ermöglichen, werden hingegen nur von wenigen Laien angewendet (Stobert, 2014).

5.2 Lösungsansatz: Human Centered Security by Design

Probleme wie die zuvor beschriebenen können nur vermieden werden, wenn die Endanwender in jedem Entwicklungsschritt mit einbezogen werden. Ist dies der Fall, spricht man davon, dass die Mechanismen beziehungsweise die Maßnahmen mittels **Usable Security by Design**-Ansatz (Payne & Edwards, 2008) entworfen werden. In diesem Kaptitel verwenden wir den Begriff **Human Centered Security by Design**, um den Bezug zum klassischen **Human Centered Design** Ansatz (Intl. Org. for Standardization, 2010) herzustellen.

Um den vorgeschlagenen Ansatz besser zu verstehen, werfen wir einen Blick in die Vergangenheit:

- Frühere Ansätze bei der Entwicklung von IT-Geräten und Anwendungen haben sich nur auf die Funktionalität konzentriert. Im Nachhinein wurde die Sicherheit durch Sicherheitsexperten integriert. Der Erfolg war mäßig, da die Möglichkeiten die Geräte beziehungsweise die Anwendungen zu diesem späten Zeitpunkt abzusichern, begrenzt sind. Durch die wachsende Komplexität von Software wurde dies ein immer schwierigeres Problem, auch an der steigenden Anzahl an Schwachstellen zu erkennen.

- Deswegen fordern die Sicherheitsexperten seit einigen Jahren, die Sicherheitsaspekte schon während des Entwicklungsprozesses zu berücksichtigen (Howard & Lipner, 2006). Dies bedeutet, dass die Sicherheitsanforderungen von Beginn an im Entwicklungsprozess berücksichtigt werden. Entsprechende Schutzmechanismen werden von Anfang an im Design integriert und auf den verschiedenen Phasen des Entwicklungsprozesses iterativ (das heißt immer wiederkehrend während des gesamten Entwicklungsprozesses) gegen die Sicherheitsanforderungen evaluiert. Dadurch wird eine höhere Sicherheit erreicht, da die Mechanismen integriert sind, es mehr Flexibilität bei der Umsetzung gibt und die Sensibilisierung für die möglichen Angriffe auf das spätere Produkt im Entwicklungsteam gesteigert wird.

Dieser Ansatz wird oft **Security by Design** genannt. Während in immer mehr Firmen ein Security by Design-Ansatz verfolgt wird, ist es oft noch so, dass mit Fertigstellung ein Usability-Experte beauftragt wird, die Benutzbarkeit zu optimieren. Genau wie auch die nachträgliche Integration von Sicherheitsmechanismen schwierig ist, so ist es für Usability- oder Usable Security-Experten in der Regel nicht möglich, am Ende des Entwicklungsprozesses eines sicherheitskritischen Produkts die Benutzeroberfläche einer Software so zu gestalten, dass die Sicherheitsmechanismen nutzbar sind, also die Nutzer in der Lage sind, sich damit effektiv zu schützen, ohne die darunterliegenden Konzepte zu verändern.

Human Centered Security by Design bedeutet entsprechend, dass sowohl Sicherheitsexperten, Usability- oder Usable-Security-Experten sowie der Endanwender von Beginn an am Entwicklungsprozess von Sicherheitsmechanismen beteiligt sind.

Konkret bedeutet dies, dass zu Beginn der Entwicklung zusätzlich mentale Modelle und gegebenenfalls Fähigkeiten (z. B. wie viele unterschiedliche Passwörter können sich Endanwender merken) der Endanwender im Kontext von Sicherheit beziehungsweise des konkreten sicherheitskritischen Produkts identifiziert werden. Bei mentalen Modellen handelt es sich um individuell verschiedene, mentale Repräsentationen von Sachverhalten oder Systemen, die ein Mensch hat (Johnson-Laird, 2005). Ein solches hat z. B. jeder Mensch von der Funktionsweise des Internets, aber auch davon, wie beispielsweise soziale Beziehungen mit anderen Menschen funktionieren. Diese sind oft abstrakt und entsprechen nicht immer der Wirklichkeit. Weitere Erklärungen und eine Zusammenstellung der bis 2013 bekannten mentalen Modelle bieten Volkamer und Renaud (2013). Neuere mentale Modelle sind unter anderem bei Ghiglieri et al. (2017), Volkamer et al. (2015), Volkamer et al. (2014) und Shirazi und Volkamer (2014) zu finden. Sofern in der Literatur keine ausreichenden Informationen für den eigenen Anwendungsfall vorhanden sind, werden mentale Modelle in der Regel mit Interviews, Beobachtungen von Benutzern oder mittels Fokusgruppen ermittelt. Fähigkeiten werden mittels entsprechender Benutzerstudien identifiziert. Aus den ermittelten mentalen Modellen und den relevanten Fähigkeiten werden Anforderungen abgeleitet, die analog zu den Sicherheitsanforderungen und -modellen und den funktionalen Anforderungen von Beginn an im Entwicklungsprozess berücksichtigt werden.

Während des gesamten (nach wie vor) iterativen Entwicklungsprozesses finden Interaktionen mit Endanwendern statt. Sowohl für das Produkt als Ganzes als auch für die Interfaces werden bestehende Designprinzipien (z. B. bei Nielsen (1994), Galitz (2007) oder

Shneiderman (2010)) berücksichtigt. Bei Markotten (2002) wurden die Prinzipien von Nielsen (1994) für den IT-Sicherheitskontext angepasst. Ein Beispiel dafür ist das Prinzip der Fehlervermeidung: Im Sicherheitskontext sollten Systeme, anders als von Nielsen vorgeschlagen, nicht fehlertolerant sein. Denn hier sind Aktionen oftmals nicht widerruflich; z. B. kann eine unverschlüsselte E-Mail nicht zurückgenommen werden. Die Sicherheit ist somit womöglich verloren und deshalb sollte das Interface solche Fehlerquellen grundsätzlich vermeiden. Ein anderes Beispiel ist das Prinzip des vertrauenswürdigen Nutzerinterfaces: Wenn das Nutzerinterface nicht vertrauenswürdig aussieht, so wird, unabhängig von dem daniederliegenden Sicherheitsmechanismus, niemand ein solches Tool verwenden. Das Nutzerinterface sollte die Sicherheitsstufe reflektieren und es sollte klar sein, dass einmal verlorenes Vertrauen nur schwer zurückgewonnen werden kann. Darüber hinaus gibt es Prinzipien zur Warnungsgestaltung (Wogalter, 2006) und der Unterscheidung zwischen Hinweisen, dass der Endanwender etwas prüfen soll und Warnungen, bei denen das System sicher weiß, dass ein Problem vorliegt (Volkamer et al, 2016).

Anhand dieser Designprinzipien werden zu Beginn des Entwicklungsprozesses **MockUps** erstellt, die beispielsweise in Fokusgruppen diskutiert werden. Später finden mit ersten Prototypen **Benutzerstudien** im Labor statt; meist unter idealen Bedingungen in einem speziell vorbereiteten Raum. Die Einsatzumgebung wird dabei von dem Studienleiter sehr gut kontrolliert. Die Evaluationen mit potenziellen Endanwendern dienen dazu, das Produkt zu verbessern, also entsprechendes Feedback für die Weiterentwicklung zu erhalten. Daher stehen oft qualitative Evaluationen wie z. B. problemzentrische Interviews und Open-Coding im Vordergrund.

Am Ende des Entwicklungsprozesses steht eine **Evaluation** im Feld an: Hier sollte das Produkt so weit fertig sein, so dass nur noch kleine Änderungen vor dem Veröffentlichen und Bereitstellen notwendig sind. Anders als Laborstudien werden **Feldstudien** meist ohne spezielle Vorkehrungen durchgeführt. Hier steht die quantitative Evaluation wie Benutzerstudien und statistische Inferenz im Vordergrund, um beispielsweise zu zeigen, dass das eigene Produkt die Endanwender signifikant besser unterstützt als andere Produkte oder eine Vorgängerversion.

Der gleiche Ansatz ist für die Entwicklung von Sensibilisierungs- und Security-Education-Maßnahmen empfehlenswert. Hier spielt die Identifizierung der mentalen Modelle eine große Rolle. Während die Sicherheitsmechanismen darauf aufbauen sollen, gilt es bei den Sensibilisierungs- und Security-Education-Maßnahmen Missverständnisse auszuräumen. Darüber hinaus spielen für den Erfolg weitere Faktoren eine Rolle. Nach Bada (2014) zählen die Darlegung der Gründe für Sicherheitsmaßnahmen und -regeln, Relevanz der Information, Aktualität der Information, passende Aufbereitung entsprechend der Zielgruppe und auch kulturelle Aspekte zu den wichtigen Faktoren.

5.3 Herausforderungen

Im Vergleich zum Ansatz des klassischen **Human Centered Designs** (Intl. Org. for Standardization, 2010) bei nicht-sicherheitskritischen Produkten oder nicht-sicherheitskritischen Interaktionen ergeben sich einige zusätzliche Herausforderungen wie:

(1) Sicherheit ist in der Regel **nicht** das **primäre Ziel** des Endanwenders, sondern immer die Nutzung der Funktionalität der Software, zum Beispiel das Tätigen einer Überweisung (nicht primär das Prüfen der Authentizität der Bankseite) oder das Installieren einer App (nicht primär das Prüfen der Vertrauenswürdigkeit der Quelle).

(2) Eine **Fehlerkorrektur** oder Undo-Funktion ist im Kontext von Vertraulichkeit **nicht möglich**. Sind sensible Daten einmal ungeschützt ins Internet oder anderweitig in die Hände von Kriminellen geraten, so kann diese "Fehlbedienung" nicht mehr rückgängig gemacht werden, da das Internet nichts vergisst.

(3) Die vielen schlechten Beispiele für **unbenutzbare Sicherheitstechniken** haben ihre Spuren hinterlassen. Dies gilt insbesondere für aktive Sicherheitsindikatoren. Hier haben bereits sogenannte Habituation-Effekte (trainiertes Verhalten) eingesetzt (Akhawe, 2013). Gemeint ist damit, dass Endanwender seit vielen Jahren in unverständlichen Sicherheitsindikatoren vor die Entscheidung gestellt werden, ob fortgefahren oder abgebrochen wird. Die Endanwender haben nicht ausreichend Informationen, um eine vernünftige Entscheidung zu treffen. Gleichzeitig haben sie in der Vergangenheit gemerkt, dass in der Regel nichts Schlimmes passiert, wenn man einfach fortfährt. Daher hat sich hier die Habituation eingeschlichen, aktive Sicherheitsindikatoren – ohne den Inhalt gelesen zu haben – zu ignorieren. Man ist immer nur daran interessiert, mit der eigentlichen Aufgabe fortzufahren. Entsprechend ist es schwer mit neuen Sicherheitsindikatoren, die mit dem Ansatz des Human Centered Security by Design-Ansatzes entwickelt wurden, eine Änderung herbeizuführen (siehe z. B. bei Felt et al. 2015 und Sunshine et al. 2009).

(4) Oft gilt es einen geeigneten Trade-off zu finden, also eine Lösung, die unter Umständen zwar eine geringere **theoretische Sicherheit** bietet, aber **praktisch ausreichend** ist, da die Lösung korrekt verwendet werden kann. So wird mittlerweile auch von offizieller Stelle (Grassi et al., 2017) empfohlen, Passwörter zu wählen, die zwar Online-Angriffen (das heißt Angriffen, bei denen der Angreifer Passwortkandidaten zum Testen an den Webservice schickt) nicht aber offline Angriffen standhalten müssen. Der zusätzliche Aufwand für den Nutzer, um diese sogenannte Online-Offline-Kluft (Florêncio et al. 2014) zu überbrücken, ist im Alltag zu hoch und führt zu unsicherem Verhalten an anderer Stelle (z. B. Wiederverwenden von Passwörtern).

(5) Analog zum Ansatz des Human Centered Designs ist es wichtig, die Interviews und Studien an einer möglichst **repräsentativen Teilnehmergruppe** durchzuführen. Dies ist im Kontext von Human Centered Security teilweise schwerer zu erreichen, wenn es um die Verwendung von eigenen Daten (oder sogar eigenen sensiblen Da-

ten wie Passwörtern) geht. Da die potentiellen Teilnehmer oft dem zu entwickelnden System bei sensiblen Themen nicht vertrauen, kann es schwierig sein, eine hinreichend große Stichprobe von Teilnehmern zu erfassen.

(6) Häufig ist es so, dass Studien Angriffe simulieren, um festzustellen, ob diese erkannt werden. Als Konsequenz können diese Studien nicht einfach in realen Situationen angewendet werden. Dies hat verschiedene rechtliche und ethische Gründe. So ist es z. B. nicht ohne Weiteres erlaubt, Benutzer in einem Unternehmen zu beobachten und damit Studiendaten zu erheben. Es dürfen auch nicht einfach Phishing-Nachrichten verschickt werden, um dann zu evaluieren, ob mit dem eigenen Schutzmechanismus weniger Endanwender darauf hereinfallen.

(7) Eine weitere Herausforderung stellt die sogenannte **Coverstory** dar. Da es sich bei Sicherheit nicht um das primäre Ziel handelt, kann es bei dem kommunizierten Ziel der Benutzerstudie auch nicht um Sicherheit gehen. Konkret kann nicht als Ziel angekündigt werden, dass die neue designte Warnung weniger oft ignoriert wird als die bestehende. Dies würde die Teilnehmer beeinflussen.

(8) Damit verbunden besteht eine Herausforderung beim Design von Studien darin, die **Validität** des Szenarios zu gewährleisten. So mag das Klicken auf einen potenziell gefährlichen Link am Rechner während einer Laborstudie als unkritischer wahrgenommen werden, weil ein möglicher Schaden sich nicht auf die eigenen Daten auswirkt.

(9) Im Kontext von Authentifizierungsverfahren, die alternativ zu Text-Passwörtern eingesetzt werden, stellt sich die zusätzliche Herausforderung im Vergleich zwischen dem eigenen Vorschlag und den Text-Passwörtern: Die Teilnehmer müssen vermutlich sehr viele **Text-Passwörter** außerhalb der Studie besitzen, aber nur das eine des neuen Verfahrens für die Studie.

5.4 Human Centered Security by Design in der Praxis

In der Praxis gibt es verschiedene Beispiele für die erfolgreiche Umsetzung des Human Centered Security by Design-Ansatzes. Beispiele für Sicherheitsmaßnahmen, die unter Berücksichtigung des Human Centered Security by Design-Ansatzes entwickelt wurden, sind PassSec+ und TORPEDO:

- PassSec+ ist ein Firefox-Add-On, das Endanwendern bei der Erkennung von unzureichend gesicherten Webseiten unterstützt. Sie werden gewarnt, bevor sie sensible Daten wie Passwörter oder Zahlungsdaten über einen unsicheren Weg verschicken. Hierzu werden unter anderem Eingabefelder auf unsicheren oder unzureichend geschützten Webseiten markiert und verständlich auf mögliche Konsequenzen hingewiesen. Der Benutzer muss keine manuelle Sicherheitsüberprüfung der Webseite über verschiedene Indikatoren (z. B. werden Daten mit HTTPS übertragen) durchführen. Das Add-On sowie weitere Informationen werden auf der Webseite https://www.secuso.org/passsec bereitgestellt und wurden von Volkamer et al. (2015) evaluiert.

- Ein weiteres Beispiel ist das Thunderbird-Add-On TORPEDO. Es hilft dem Benutzer, gefährliche Links in E-Mails zu erkennen bevor der Anwender diese öffnet. Dem Anwender wird dabei ein Hinweis für den Link angezeigt, damit eine fundierte Entscheidung über die Legitimität des Links getroffen werden kann. Das Add-On sowie weitere Informationen werden auf der Webseite https://www.secuso.org/torpedo bereitgestellt und wurden von Volkamer et al. (2016) evaluiert.

Ein Beispiel für eine Security-Education-Maßnahme, die unter Berücksichtigung des Human Centered Security by Design-Ansatzes entwickelt wurde, ist das NoPhish-Konzept und dessen verschiedenen Umsetzungsformen (neben einer Android-App und einer Online-App Schulungsunterlagen, Flyer und Video). Es wird erklärt, welchen verschiedenen Formen von Phishing man als Endanwender begegnen kann und wie man diese erkennt. Das komplette NoPhish-Angebot findet man auf der Webseite www.secuso.org/nophish und wurde von Stockhardt et al. (2016) evaluiert.

5.5 Fazit

Existierende **Sicherheitsmechanismen** bieten nur dann einen effektiven Schutz, wenn diese **benutzbar** sind. Es gibt zahlreiche **unbenutzbare Sicherheitstechniken**, die bei Endnutzern schon ein automatisches, trainiertes Verhalten (z. B. Sicherheitswarnungen) hervorrufen und damit das Ziel verfehlen. Mit dem **Human Centered Security by Design**-Ansatz sollten diese Sicherheitstechniken überarbeitet und damit nutzbar gemacht werden.

- Um benutzbare Sicherheitsmechanismen zu entwickeln, müssen **Endanwender** im Entwicklungsprozess involviert sein. Es muss also ein Human Centered Security by Design-Ansatz verwendet werden.

- Neben benutzbaren Sicherheitsmechanismen werden **benutzbare Sensibilisierungs-** und **Security-Education-Maßnahmen** benötigt, die aufeinander abgestimmt sind und unter anderem Missverständnisse ausräumen sollen.

- Verglichen mit nicht-sicherheitskritischen Produkten oder Interaktionen ergeben sich bei der Anwendung des Human Centered Security by Design-Ansatzes eine Reihe zusätzlicher **Herausforderungen**. Beispielsweise stellt IT-Sicherheit in der Regel nur eine sekundäre Anforderung neben den primären Anforderungen an ein Produkt des Endnutzers dar. Auch die Durchführung von geeigneten Studien kann problematisch sein, wenn sich beispielsweise eine Sicherheitstechnologie an Nutzer in Unternehmen richtet, aber eine Durchführung in Unternehmen aus rechtlichen oder organisatorischen Gründen erschwert wird.

5.6   Übungsaufgaben

Aufgabe 1: Bitte erklären Sie folgende Begriffe: Sensibilisierungsmaßnahme, Security-Education-Maßnahme und Human Centered Security by Design. Wie hängen diese Begriffe zusammen?

Aufgabe 2: Schauen Sie sich ISO-9241-11 an und nennen Sie drei Kriterien, nach denen Benutzbarkeit laut ISO-9241-11 evaluiert wird.

Aufgabe 3: Nennen Sie mindestens drei Herausforderungen, die beim Human Centered Security Design-Ansatz im Vergleich zur Entwicklung von nicht-sicherheitskritischen Produkten besonders relevant sind.

Aufgabe 4: Bitte installieren Sie sich einen Passwort-Manager und machen Sie sich damit vertraut. Wie einfach war der Prozess? Wo liegt Verbesserungspotenzial in der Benutzbarkeit?

Aufgabe 5: Richten Sie sich PGP für E-Mail-Verschlüsselung ein und laden Sie Ihren öffentlichen Schlüssel auf einen Schlüsselserver hoch. Verschicken sie eine signierte und verschlüsselte E-Mail. Wie einfach war der Prozess? Wo liegt Verbesserungspotenzial bzgl. der Benutzbarkeit?

Aufgabe 6: Bitte schauen Sie sich die folgenden drei Passwort-Richtlinien an. Bewerten und vergleichen Sie diese nach den folgenden Aspekten: Sicherheit, wie einfach finden Sie ein passendes Passwort und wie gut können Sie es sich merken.

- ENTWEDER 7-15 Zeichen, 1 Kleinbuchstabe, 1 Zahl ODER mindestens 16 Zeichen

- Mindestens 8 Zeichen (keine sonstigen Einschränkungen)

- Mindestens 8 Zeichen und folgende Eigenschaften:

- Darf nicht der Benutzername oder Teile des Benutzernamens enthalten

- Muss mindestens einen Kleinbuchstaben, einen Großbuchstaben, eine Zahl und ein Sonderzeichen enthalten

- Das Zeichen darf kein Sonderzeichen sein.

- Die folgenden Zeichen dürfen als Sonderzeichen genutzt werden: ! @ # $ % ^ * . _

- Darf keins der letzten fünf Passwörter sein.

Aufgabe 7: Suchen Sie im Internet drei Security-Education-Maßnahmen zur Unterstützung bei der Erkennung von Phishing-Angriffen. Vergleichen Sie die Inhalte und Formate. Identifizieren Sie Verbesserungsmöglichkeiten.

Aufgabe 8: Wieso ist es bei sicherheits- beziehungsweise privatsphärekritischen Anwendungen als Benutzer wichtig, nicht nach dem Prinzip "Trial and Error" zu interagieren?

5.7   Literatur

5.7.1   Literaturempfehlungen

Adams, A., & Sasse, M.A., 1999. Users are not the enemy. Communications of the ACM, 42(12), S.40–46.

Payne, B. D., & Edwards, W. K. (2008). A brief introduction to usable security. IEEE Internet Computing (12(3)).

Volkamer, M., & Renaud, K. (2013). Mental models–general introduction and review of their application to human-centred security. Number Theory and Cryptography: Springer Berlin Heidelberg.

5.7.2   Literaturverzeichnis

Akhawe, D. a. (2013). Alice in Warningland: A Large-Scale Field Study of Browser Security Warning Effectiveness. Usenix Security.

Bada, M., & Sasse, A. (2014). Cyber Security Awareness Campaigns: Why do they fail to change behaviour?

Felt, A., Ainslie, A., Reeder, R., Consolvo, S., Thyagaraja, S., Bettes, A., . . . & Grimes, J. (2015). Improving SSL warnings: Comprehension and adherence. Proceedings of the 33rd Annual ACM Conference on Human Factors in Computing Systems: ACM.

Felt, A., Reeder, R., Ainslie, A., Harris, H., Walker, M., Thompson, C., . . . Consolvo, S. (2016). Rethinking connection security indicators. Symposium on Usable Privacy and Security.

Florêncio, D., Herley, C., & Van Oorschot, P. C. (2014). An Administrator's Guide to Internet Password Research. USENIX Association, 35-52

Galitz, W. O. (2007). The essential guide to user interface design: an introduction to GUI design principles and techniques. John Wiley & Sons.

Ghiglieri, M., Volkamer, M., & Renaud, K. (2017). Exploring Consumers' Attitudes of Smart TV Related Privacy Risks . In Human Aspects of Information Security, Privacy and Trust / 5th International Conference, HAS 2017, Held as Part of HCI International 2017, (S. 656 - 674). Springer International Publishing.

Grassi, P., Garcia, M., & Fenton, J. (2017). Digital Identity Guidelines. NIST Special Publication 800-63 Revision 3.

Howard, M., & Lipner, S. (2006). The security development lifecycle . Redmond: Microsoft Press, Bd. 8.

Intl. Org. for Standardization. (2010). ISO 9241-210:2010. Ergonomics of human-system interaction -- Part 210: Human-centred design for interactive systems.

Intl. Org. for Standardization. (2017). ISO/DIS 9241-11.2. Ergonomics of human-system interaction -- Part 11: Usability: Definitions and concepts.

Johnson-Laird, P. N. (2005). Mental models and thought. The Cambridge handbook of thinking and reasoning, 185-208.

Kumaraguru, P., Cranor, L. F., & Mather, L. (2009). Anti-phishing landing page: Turning a 404 into a teachable moment for end users. In Conference on Email and Anti-Spam (CEAS).

Markotten, D. T. (2002). User-centered security engineering. Proceedings of the 4th EurOpen/USENIX Conference–NordU2002.

Mazurek, M., Komanduri, S., Vidas, T., Bauer, L., Christin, N., Cranor, L., . . . Ur, B. (2013). Measuring password guessability for an entire university. In ACM conference on computer and communications security. ACM confernece on computer and communication security, S. 173–186.

Nielsen, J. (1994). Usability engineering. Elsevier.

Parkin, S., Driss, S., Krol, K., & Sasse, M.A. (2015). Assessing the User Experience of Password Reset Policies in a University. International Conference on Passwords, 21-38.

Payne, B. D., & Edwards, W. K. (2008). A brief introduction to usable security. IEEE Internet Computing(12(3)).

Renaud, K. e. (2014). Why doesn't Jane protect her privacy? International Symposium on Privacy Enhancing Technologies Symposium: Springer International Publishing.

Sheng, S., Broderick, L., Koranda, C. A., & Hyland, J. J. (2006). Why Johnny still can't encrypt: evaluating the usability of email encryption software. Symposium On Usable Privacy and Security.

Shirazi, F., & Volkamer, M. (2014). What Deters Jane from Preventing Identification and Tracking on the Web? In 13th ACM Workshop on Privacy in the Electronic Society (WPES 2014) (S. 107-116).

Shneiderman, B. (2010). Designing the user interface: strategies for effective human-computer interaction. Pearson Education India.

Stobert, E. (2014). The agony of passwords: can we learn from user coping strategies? CHI EA '14. S. 975–980.

Stobert, E., & Biddle, R. (2014). The Password Life Cycle: User Behaviour in Managing Passwords. Symposium on Usable Privacy and Security.

Stockhardt, S., Reinheimer, B., Volkamer, M., Mayer, P., Kunz, A., Rack, P., & Lehmann, D. (2016). Teaching Phishing-Security: Which Way is Best? In IFIP International Information Security and Privacy Conference (S. 135-149). Springer.

Sunshine, J., Egelman, S., Almuhimedi, H., Atri, N., & Cranor, L. F. (2009). Crying Wolf: An Empirical Study of SSL Warning Effectiveness. USENIX security symposium.

Volkamer, M., & Renaud, K. (2013). Mental models–general introduction and review of their application to human-centred security. Number Theory and Cryptography: Springer Berlin Heidelberg.

Volkamer, M., Renaud, K., & Gerber, P. (2016). Spot the phish by checking the pruned URL. Information & Computer Security 24.4, 372-385.

Volkamer, M., Renaud, K., & Reinheimer, B. (05 2016). TORPEDO: TOoltip-poweRed Phishing Email DetectiOn. IFIP International Information Security and Privacy Conference, 161-175.

Volkamer, M., Renaud, K., & Renkema-Padmos, A. (2014). Why doesn't Jane protect her privacy? . In Privacy Enhancing Technologies - 14th International Symposium, PETS (S. 244-262). Springer.

Volkamer, M., Renaud, K., Braun, K., Canova, G., & Reinheimer, B. (2015). Design and Field Evaluation of PassSec: Raising and Sustaining Web Surfer Risk Awareness. In International Conference on Trust and Trustworthy Computing (TRUST) (S. 104-121). Springer.

Volkamer, M., Renaud, K., Kulyk, O., & Emeröz, S. (2015). A Socio-Technical Investigation into Smartphone Security. In Security and Trust Management: 11th International Workshop - STM 2015 (S. 265-273). Springer.

Whitten, A., & Tygar, J. D. (1999). Why Johnny Can't Encrypt: A Usability Evaluation of PGP 5.0. Usenix Security.

Wogalter, M. S. (2006). Handbook of warnings. CRC Press.

Zhang, Y., Monrose, F., & Reiter, M. (2010). The security of modern password expiration: an algorithmic framework and empirical analysis. ACM conference on computer and communications security. S. 176–186.

Zhang-Kennedy, L., Chiasson, S., & Biddle, R. (2013). Password advice shouldn't be boring: Visualizing password guessing attacks. eCrime Researchers Summit (eCRS).

6 Werkzeuge für Usable (Cyber-)Security

Luigi Lo Iacono[1] · **Matthew Smith**[2]

Technische Hochschule Köln[1], Universität Bonn und Fraunhofer FKIE[2]

Zusammenfassung

Vernetzte Systeme, Produkte und Dienstleistungen müssen mit Sicherheitsfunktionen ausgestattet sein, die sowohl für Fachanwender als auch für Gelegenheitsnutzer und Laien verständlich und benutzbar sind. Der Umgang mit diesen Systemen, Produkten und Dienstleistungen kann sich ansonsten schnell als Risiko entpuppen, etwa wenn Sicherheitsmechanismen aufgrund mangelnder Usability von den Nutzern falsch oder überhaupt nicht bedient werden. Der Begriff „Usable (Cyber-)Security" bezeichnet ein Qualitätsmerkmal beziehungsweise einen Entwicklungsansatz für Sicherheitsfunktionen in Software von digitalen Erzeugnissen, in dessen Zentrum der Nutzer steht. Dieses Kapitel zeigt auf, wie die Entwicklung von Cybersecurity-Mechanismen auf Grundlage von spezifischen Werkzeugen für Usable Security hinsichtlich ihrer Gebrauchstauglichkeit unterstützt werden kann. Konkret werden als Werkzeuge Usable Security Principles, Guidelines und Patterns eingeführt und verfügbare Repositories vorgestellt sowie deren Anwendung an einem Fallbeispiel veranschaulicht.

Lernziele

- Die Leser können spezifische Werkzeuge zur Entwicklung von Cybersecurity-Mechanismen mit dem Qualitätsmerkmal „Usable Security" benennen, erläutern und in den Systementwicklungsprozess einordnen.

- Die Leser können Usable Security-Prinzipien, -Richtlinien und Patterns in ihren Forschungs- und Entwicklungsarbeiten anwenden.

- Die Leser können fehlende Usable Security-Prinzipien, -Richtlinien und Patterns identifizieren und eigene Beiträge dazu entwickeln.

6.1　Usable Security: Nutzerzentriertes Security Engineering

Die digitale Transformation – und die damit einhergehende Technologisierung unseres beruflichen sowie privaten Alltags – schreitet stetig voran. Sie hat in allen Bereichen des Lebens Einzug gehalten, sei es in der Industrie (Industrie 4.0, vgl. auch Kapitel 12), im Internet der Dinge (Internet of Things, kurz: IoT), im vernetzten Zuhause (Smart Home) oder auch im Krisenmanagement. Die zunehmende Vernetzung durch Cloud Computing und neue Technologien zur Verarbeitung und Analyse von Big Data können einen entscheidenden Beitrag leisten, um Arbeitsprozesse und alltägliche Dinge im digital vernetzten Zeitalter einfacher zu gestalten.

Viele Unternehmen und Organisationen möchten die Chancen und Potenziale nutzen, die sich durch die Digitalisierung und Vernetzung ergeben. Diese bedingen allerdings Veränderungen und Anpassungen an die neuen Gegebenheiten. Sie fordern z. B. verstärkt geeignete digitale **Schutzmechanismen**, um die spezifischen Risiken zu minimieren, die mit der digitalen Transformation und der stärkeren Vernetzung einhergehen. Die Folge: Zum enormen Angebot an technischen Produkten, Systemen, Software, Apps und Onlineservices gesellt sich eine ebenso große Anzahl von Sicherheitsmechanismen. Die Nutzer sehen sich vermehrt mit Themen wie z. B. Passwörtern und **Passwortmanagement, Virenscannern, Malware-Schutz, Firewalls, Kommunikations-** und **Datenverschlüsselung** konfrontiert. Diese an sich schon schwer zu durchschauende Gemengelage wird dadurch zusätzlich verkompliziert, dass die Verwendung der Sicherheitswerkzeuge häufig optional ist und dass die Einstellungsmöglichkeiten zudem für Nichtexperten kaum zu überblicken sind. Dies wird zusätzlich durch Warnungen oder Hinweise der verschiedenen Sicherheitsfunktionen belastet, die für den Nutzer nur schwer verständlich sind. Die Bedürfnisse der Nutzer nach Produkten und Services, die ihren Wunsch nach Sicherheit geeignet berücksichtigen und dennoch keine Hürde in der Verwendung dieser darstellen, werden bis dato nur unzureichend erfüllt (Blythe et al., 2013; W, 2017).

Jeder Leser hat wahrscheinlich schon selbst Erfahrungen mit Sicherheitsmechanismen gesammelt, deren Bedienung zeitaufwendig ist, zusätzliche Bedienschritte erfordert und in der Folge als leistungsverringernd empfunden wird, kurz: die eine Barriere darstellen, die beim Erledigen der eigentlichen, primären Aufgabe im Wege steht. Eine Reihe einschlägiger wissenschaftlicher Studien bestätigt diesen Eindruck (Adams & Sasse, 1999; Whitten & Tygar, 1999; Zurko & Simon, 1996). Vor welch große Probleme die Verwendung von Sicherheitsmechanismen viele Nutzer stellt, macht auch der IT-Grundschutz-Katalog des Bundesamts für Sicherheit in der Informationstechnik (BSI) deutlich: Er unterscheidet zwischen 124 **menschlichen Fehlhandlungen** (Bundesamt für Sicherheit in der Informationstechnik, 2016), wovon viele daher rühren, dass die festgelegten Sicherheitsvorschriften und Sicherheitsmechanismen den Anwender kognitiv überfordern. Mangelnde Usability im Umgang mit Sicherheitsmechanismen ist jedoch kein Schönheitsfehler. Durch die **Nichtbeachtung**, die **Fehlbedienung** oder gar der **bewussten Umgehung** von Schutzmechanismen kann letztlich das gesamte Sicherheitskonzept eines Systems zu Fall gebracht werden.

Cybersecruity-Mechanismen können nur dann einen effektiven Schutz bieten, wenn sie von allen relevanten Nutzertypen verstanden und dementsprechend in der vorgesehenen Art und Weise benutzt werden. Bei der Entwicklung von Sicherheitslösungen bleiben der Anwendungskontext und die menschlichen Eigenschaften beziehungsweise Fähigkeiten der Nutzer jedoch oft unberücksichtigt. Dies liegt unter anderem daran, dass die Entwicklungsprozesse und Vorgehensmodelle des **Security Engineerings** heute noch weitgehend von den Prozessen und Methoden des **Usability Engineerings** und User-Centered Designs entkoppelt sind.

Hinzu kommt, dass Sicherheit und Usability häufig als Qualitätseigenschaften betrachtet werden, die miteinander im Widerspruch stehen und nicht zu vereinbaren sind (Sasse & Smith, 2016). In der Tat bestehen teilweise **Zielkonflikte** zwischen den beiden Qualitätsfaktoren: Auf der einen Seite soll Software für den Nutzer möglichst einfach und intuitiv benutzbar sein, damit dieser seine Aufgabe im zugrundeliegenden Nutzungskontext effektiv, effizient und zufriedenstellend bearbeiten kann; auf der anderen Seite sollen die digitalen und vernetzten Systeme, Produkte und Dienstleistungen sowie die damit erzeugten und bearbeiteten Daten möglichst sicher sein. Eine Qualitätssteigerung in einer Dimension kann unter Umständen mit einer verschlechterten Qualität der anderen Dimension verbunden sein. Die Herausforderung muss in solchen Fällen darin bestehen, eine möglichst günstige **Balance zwischen Usability und Security** herzustellen, also den gewünschten Grad an Sicherheit zu erreichen, ohne dass die Benutzbarkeit hierdurch beeinträchtigt wird. Anders gesagt, hier muss ein Umdenken erfolgen, damit die Nutzer nicht zum schwächsten Glied eines Sicherheitssystems gemacht werden.

Um die Grundlage für eine systematische Entwicklung sicherer und benutzbarer vernetzter Systeme, Produkte und Dienstleistungen zu schaffen, müssen die Konzepte, Methoden und Werkzeuge verschiedener Software-Engineering-Disziplinen – insbesondere des Security Engineerings und des Usability Engineerings – miteinander verzahnt werden. Dieser inter- und transdisziplinäre Ansatz, sicherheitsfördernde Verfahren in vernetzten Produkten so zu gestalten, dass Benutzer bei ihren sicherheitsrelevanten Zielen und Vorhaben bestmöglich unterstützt werden, wird seit einigen Jahren unter dem Schlagwort **Usable Security** diskutiert. Durch diesen Ansatz sollen Nutzer jeglicher Couleur (insbesondere aber auch Laien und technikferne Endanwender) in die Lage versetzt werden, Sicherheitsfunktionen und deren Notwendigkeit zumindest grundlegend zu verstehen und diese in der dafür vorgesehenen Weise zu verwenden.

Den Entwicklern von vernetzten Systemen, Produkten und Dienstleistungen kommt hierbei eine besonders tragende Rolle zu, da sie nutzerfreundliche Sicherheitsfunktionen entwerfen und implementieren müssen, um einen adäquaten und effektiven Schutz für ihre Nutzergruppe anbieten zu können. Ein Ansatz zur Unterstützung der Entwickler können

in diesem Zusammenhang geeignete Werkzeuge für die verschiedenen Phasen des Systementwicklungsprozesses sein, die entsprechende Erkenntnisse aus der Usable-Security-
Disziplin bündeln und bedarfsgerecht bereitstellen.

6.2 Werkzeuge für Usable Security

Begrifflichkeiten für die hier betrachteten Arten von Softwareentwicklungswerkzeugen
werden nicht konsistent verwendet und müssen daher zunächst festgelegt werden. Eine
Unterscheidung der Werkzeuge kann maßgeblich über ihren Abstraktionsgrad erfolgen
(siehe Abbildung 6-1).

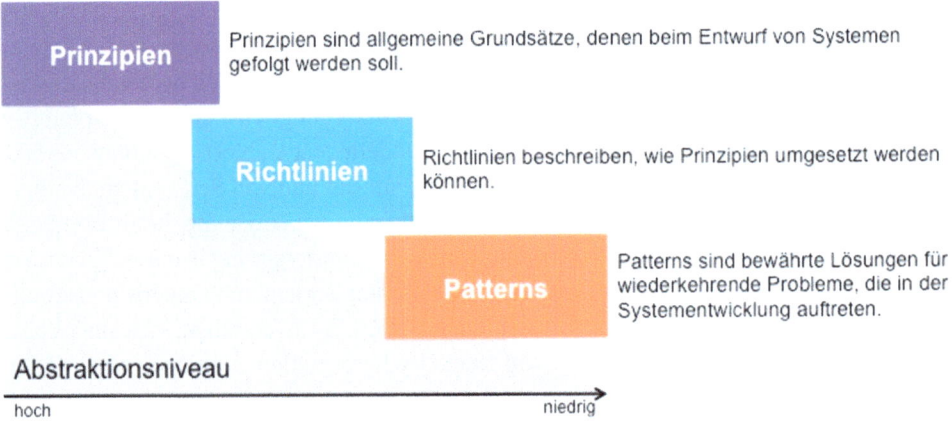

Abbildung 6-1: Definitionen der Werkzeugkategorien Usable Security Principles, Guidelines
und Patterns sowie die Abgrenzung dieser gemäß ihres Abstraktionsgrades

Prinzipien stellen die abstraktesten Werkzeuge dar und fassen sehr allgemeine Entwurfs-
grundsätze zusammen. Mit **Richtlinien** wird die Umsetzung eines oder mehrerer Prinzipien in einem bestimmten Kontext genauer beschrieben. **Patterns** wiederum bieten dem
Entwickler noch konkretere Lösungsvorschläge für gängige Problemstellungen in spezifischen Anwendungskontexten mit Hinweisen zur Implementierung an.

Für die Usable Security-Disziplin sind diese drei Werkzeugkategorien im Rahmen eines
vom BMWi geförderten Forschungsprojekts zusammengetragen worden. Ziel des
USecureD (Usable Security by Design) -Projekts war es, das in vielen Literaturstellen ver-
borgene und für Nicht-Experten kaum zugängliche Wissen um Prinzipien, Guidelines und
Patterns zum Entwurf von Securitymechanismen mit erhöhter Gebrauchstauglichkeit zu
heben und dieses in kompakter sowie zusammenhängender Form über entsprechende
Repositories abrufbar zu machen. Hieraus sind die sogenannten USecureD-Tools hervorgegangen (siehe Abbildung 6-2 und https://das.th-koeln.de/usecured), die 2017 23 Usable
Security Principles, 33 Usable Security Guidelines und 47 Usable Security Patterns bereit-

stellen. Methodisch wurden die Werkzeuge durch eine intensive Literaturrecherche zusammengetragen und anschließend wurde auf Grundlage einer umfassenden Analyse der attribuierenden Merkmale für jede Werkzeugklasse ein kompaktes Template entwickelt, mit dem jedes enthaltene Artefakt einheitlich beschrieben ist. Die im Rahmen der Literaturrecherche ausgewerteten Quellen sind auf der Webseite angegeben. Zudem ist beziehungsweise sind für jedes enthaltene Artefakt die Quelle(n) nochmals individuell vermerkt. Auf diese Weise kann nachvollzogen werden, woher die enthaltenen Artefakte in der Werkzeugklasse stammen.

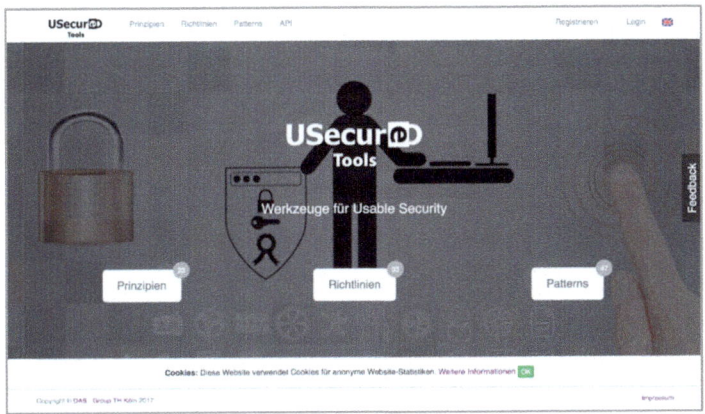

Abbildung 6-2: USecureD-Tools: Web-Repository von Usable Security Principles, Guidelines und Patterns (https://das.th-koeln.de/usecured)

Die bereitgestellten Werkzeuge für Usable Security erfüllen verschiedene Zwecke. Auf der einen Seite bieten sie die genannten Informationen in einer leicht zugänglichen Form an, die insbesondere in der praktischen Entwicklung von gebrauchstauglichen Sicherheitsfunktionen Anwendung findet. Auf der anderen Seite erlauben sie die systematische Analyse verfügbarer Principles, Guidelines und Patterns. Damit sind die drei Repositories ein wichtiges Vehikel für die Forschung, um Fragen nach der Vollständigkeit und Widerspruchsfreiheit der in den Werkzeugkategorien enthaltenen Artefakte nachgehen zu können. Um den wissenschaftlichen Prozess zu unterstützen, können fehlende Artefakte eingetragen und widersprüchliche beziehungsweise mehrfachgenannte Artefakte markiert werden.

In den nachfolgenden Kapiteln 6.3 bis 6.5 werden die drei Werkzeugkategoriten näher beschrieben. Dabei wird insbesondere auf das jeweilige Template und das Web-Interface eingegangen. Neben diesen für Menschen zugänglichen Darstellungen der Repositories steht zudem eine programmatische Schnittstelle zur maschinellen Verarbeitung bereit. Diese auf dem REST-Konzept fußende API ist in der OpenAPI Beschreibungssprache OAS (Open API Initiative, 2017) spezifiziert und kann via https://das.th-koeln.de/usecured/api abgerufen werden.

6.3   Usable Security Principles

Abbildung 6-3: Überblick der erhobenen und konsolidierten Usable Security Principles (im Zentrum): Diese sind zudem mit den Usable Security Patterns (außen, siehe Kapitel 6.5) in Verbindung gesetzt worden, die das jeweilige Prinzip umsetzen. Abrufbar unter: https://das.th-koeln.de/usecured/principles

Usable Security Principles sind abstrakte Entwurfswerkzeuge und in vielen Bereichen der Systementwicklung anwendbar. Sie sind wichtig, da sie bereits während der Konzeptionierung helfen, Entscheidungen zu treffen, die auf einen soliden Entwurf hinsteuern. Prinzipien basieren auf Erfahrungswerten oder wissenschaftlichen Erkenntnissen. Im allgemeinen Systementwicklungsprozess werden sie hauptsächlich während der Konzepti-

onsphase eingesetzt, um Architekten und Entwickler bereits zu Beginn der Systementwicklung für das Qualitätsmerkmal Usable Security zu sensibilisieren und mit allgemeinen
Grundsätzen zu unterstützen.

Als solche grundlegenden Leitsätze umfassen Prinzipien nur sehr wenige beschreibende
Merkmale. Ein Template verfügt daher meist über einen sprechenden und identifizierenden Namen sowie einer kurzen Beschreibung des Prinzips (welche sich oft über mehrere
Attribute erstrecken, z. B. Motivation, Intention usw.). Das USecureD-Template stellt
weitere Attribute zur Dokumentation von Beispielen, Synonymen und den Ursprungsquel-
len bereit sowie Metadaten-Attribute zur Verwaltung der Usable Security Principles im
Respository.

Im USecureD-Repository der Usable Security Principles liegen zum Zeitpunkt der Anfer-
tigung dieses Kapitels 23 Prinzipien in Englisch und Deutsch vor (siehe Abbildung 6-3).
Das Web-Interface stellt verschiedene Mechanismen bereit, mittels derer passende beziehungsweise zu berücksichtigende Prinzipien ausfindig gemacht werden können. Neben
einer Volltextsuche und verschiedenen Formen der Sortierung (alphabetisch und nach Zu-
griffshäufigkeit) sind alle Prinzipien in einer interaktiven Grafik visualisiert (siehe Abbildung 6-3). In dieser interaktiven Darstellung werden Beziehungen zu Usable Security Patterns (siehe Kapitel 6.5) gezeigt, die die Prinzipien umsetzen. Über diese Beziehungen
können sich für ein Prinzip konkrete Anwendungen innerhalb von Usable Security Patterns angeschaut werden, um besser einschätzen zu können, ob ein Prinzip für die eigenen
Belange zur Anwendung kommen sollte oder nicht. Insgesamt sollen durch die verschiedenen Zugänge und Verknüpfungen die Auffindbarkeit der Artefakte insbesondere für
Nichtexperten erleichtert werden.

6.4 Usable Security Guidelines

Usable Security Guidelines geben konkrete Handlungsanweisungen zur gebrauchstauglichen Ausgestaltung von Sicherheitsmechanismen in einem spezifischen Anwendungskontext. In den meisten Fällen setzen sie selbst dabei ein oder mehrere Prinzipien um.
Prinzipien sind wichtig, damit bereits während der Planung und Implementierung von Systemen möglichst viele Ursachen für spätere Schwachstellen eliminiert werden können
(Birolini, 1997). Somit tragen Richtlinien in der Systementwicklung zum einen zur Gewährleistung eines hohen Qualitätsstandards bei, zum anderen können sie die Komplexität
der Entwicklungsprojekte, in denen sie angewendet werden, verringern.

Das Template zur einheitlichen und kompakten Dokumentation und Beschreibung der
Usable Security Guidelines verfügt über mehr Attribute als das der Prinzipien. Auch hier
bedarf es zunächst eines beschreibenden Namens, der die Richtlinie zudem eindeutig identifiziert. Neben der Erläuterung ist als wesentlicher Teil die Handlungsbeschreibung enthalten.

Im Repository der USecureD-Tools sind aktuell 33 Usable Security Guidelines enthalten (siehe Abbildung 6-4). Diese liegen in englischer und deutscher Sprache vor. Das Web-Interface verfügt über die gleichen Such- und Filtermechanismen, wie bereits für die Prinzipien erläutert. Die interaktive Grafik der Prinzipien stellt die Abhängigkeiten zwischen den Richtlinien selbst dar. Somit können ausgehend von einzelnen bekannten beziehungsweise gefundenen Guidelines weitere damit in Verbindung stehende Richtlinien identifiziert und für den eigenen Anwendungsfall in Betracht gezogen werden.

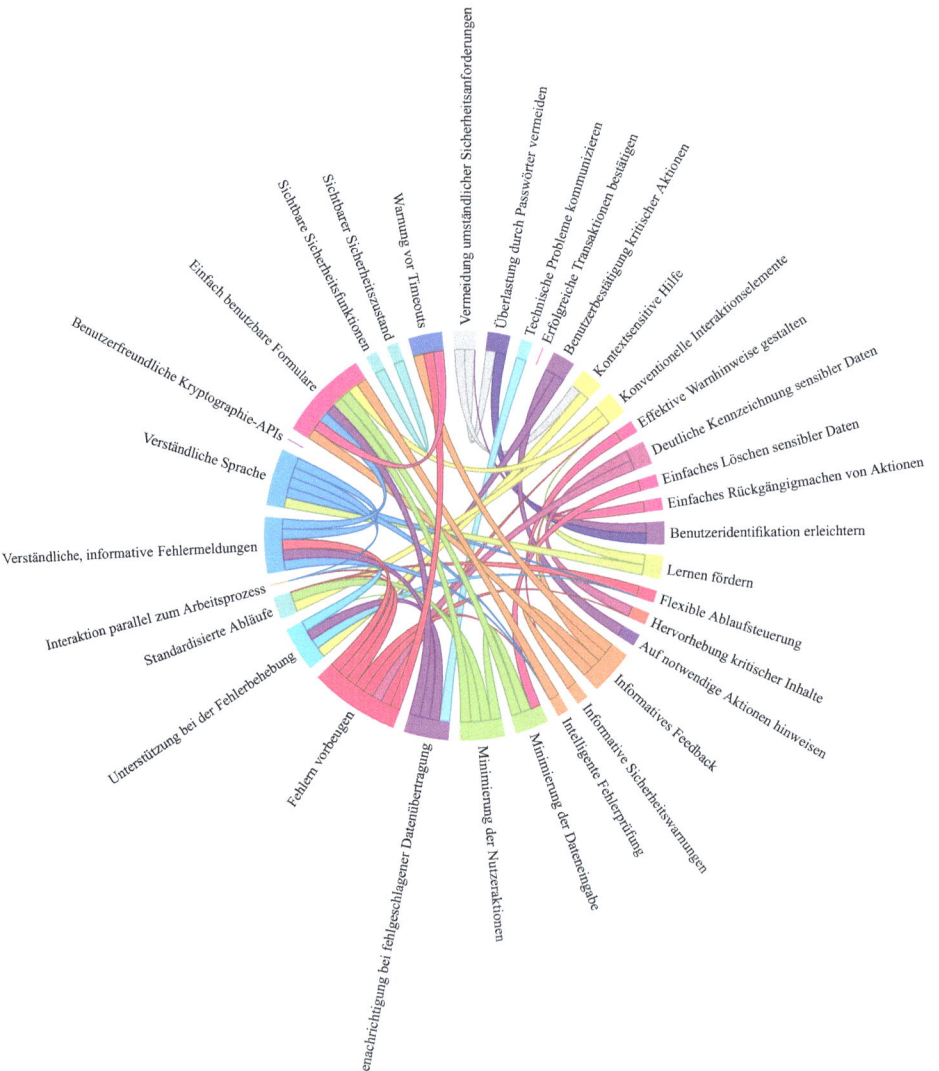

Abbildung 6-4: Überblick der erhobenen und konsolidierten Usable Security Guidelines und deren Beziehung/Abhängigkeit untereinander
Abrufbar unter: https://das.th-koeln.de/usecured/guidelines

6.5 Usable Security Patterns

Der Entwicklungsprozess von Sicherheitsfunktionen lässt Softwarearchitekten und Programmierer auf wiederkehrende Probleme treffen. Beim Lösen solcher Problemstellungen kann von gut dokumentierten, bewährten und wiederverwendbaren Musterlösungen, sogenannten Patterns, profitiert werden. Alexander et al. (1977) nutzten den Begriff im Bereich der Architektur, jedoch wurde er später auch für die Dokumentation von Problemlösungen bei Softwareentwicklungsprozessen eingeführt (Gamma, 1995; Beck, 1996). Seitdem sind Patterns fester Bestandteil der Softwarebranche und dienen dem Wissenstransfer von erfolgserprobten Problemlösungen bei Design- und Implementierungsfragen. Dies spiegelt sich in einer Vielzahl an Literatur und Datenbanken wider, in denen Patterns für unterschiedlichste Softwareentwicklungsbereiche dokumentiert werden. Dabei werden zahlreiche Themenbereiche abgedeckt und für grundsätzliche, strukturelle Problemstellungen der Softwarearchitektur bis hin zu speziellen Themen wie Security (Steel et al., 2005), User Interface Design (2017) und Usability (Röder, 2012) sind Musterlösungen entwickelt worden.

Usable Security Patterns stellen bewährte Lösungen für wiederkehrende sicherheitsrelevante Aufgabenstellungen dar, die sich im besonderem Maße als gebrauchstauglich in einem bestimmten Nutzungskontext erwiesen haben. Im Systementwicklungsprozess kommen Usable Security Patterns vornehmlich in der Implementierungsphase zum Einsatz. Hier können diese mit ihren bewährten Lösungsansätzen konkrete Umsetzungen vorgeben (vgl. Tabelle 6-1).

Das Template für Usable Security Patterns und Patterns allgemein verfügt daher über Attribute, mit denen die Lösung beschrieben ist sowie der Kontext, in der diese angewendet werden kann. Im Vergleich zu den beiden vorangegangenen Werkzeugklassen stellt die Literatur zu Patterns Arbeiten zum Template bereit (Egelman, 2009; Garfinkel, 2005; Muñoz-Arteaga et al., 2009). Diese sind bei der Entwicklung des USecureD-Templates der Usable Security Patterns berücksichtigt worden. Neben einer eindeutigen Benennung und einer Beschreibung enthält das Pattern-Template die Problembeschreibung und die dafür bewährte Lösung mit dem Kontext, in dem diese angewendet werden kann.

Im Repository der USecureD-Tools sind 47 Usable Security Patterns jeweils in Englisch und Deutsch enthalten (siehe Abbildung 6-5). Der Zugriff über das Web-Interface stellt alle Such- und Filterfunktionen zur Verfügung, wie sie schon für die beiden vorangegangenen Werkzeugklassen vorgestellt wurden. Die in Abbildung 6-5 dargestellte interaktive Grafik veranschaulicht Beziehungen zwischen den Patterns untereinander. Die so entwickelte und sogenannte Pattern Language unterstützt den Anwender bei der Identifizierung relevanter Patterns.

Abbildung 6-5: Überblick der erhobenen und konsolidierten Usable Security Patterns und deren Beziehung/Abhängigkeit untereinander
Abrufbar unter: https://das.th-koeln.de/usecured/patterns

Pattern	Lösung
Aktive Warnungen	*„Passive Warnungen, die den Nutzer nicht unterbrechen, können übersehen und somit nutzlos werden. Gleichermaßen ist eine Warnung passiv, wenn diese verworfen werden kann, ohne dass der Nutzer dies merkt."*
Bemerkbare kontextabhängige Hinweise	*„Kontextabhängige Hinweise müssen im Aufmerksamkeitsbereich des Nutzers platziert werden beziehungsweise dort platziert werden, wo der Nutzer seine Entscheidung trifft."*
Deaktivieren von Sicherheitsfunktionen	*„Füge eine Option hinzu, mit der Sicherheitsfunktionen aktiviert oder deaktiviert werden können."*
Detaillierte Sicherheitsmitteilungen	*„Füge den Hinweisen und Warnungen Links hinzu, die auf spezifische Informationen des Sicherheitssystems zeigen, damit der Nutzer diese verstehen und mögliche Bedrohungen erkennen kann."*

Dialoge mit Handlungsempfehlungen	*„Der Nutzer kann mit spezifischen Mitteilungen (ohne technische Ausdrücke oder irrelevante Informationen) auf den internen Zustand des Systems hingewiesen werden. Die Mitteilungen schlagen die notwendigen Aktionen vor, denen der Nutzer in diesem Fall folgen sollte."*
Direkte Mitteilungen	*„Eine zusätzliche Form des Feedbacks kann visuelle Hinweise verstärken und Nutzer schnell über den Zustand des Systems informieren."*
Direkte Lösung	*„Die Option zum Verwerfen einer Warnung sollte nicht direkt angezeigt werden."*
Direkter Zugang zu UI-Komponenten	*„Mithilfe eines minimalistischen und ästhetischen Designs ist es möglich, alle sicherheitsrelevanten Elemente, inklusive der deaktivierten Elemente, leicht zugänglich zu gestalten."*
E-Mailgestützte Identifikation und Authentifizierung	*„Nutze den E-Mail-Empfang durch eine vordefinierte Adresse, um die Nutzeridentität oder -autorisierung zum Ändern von Accountdaten festzustellen."*
Empfehlungen bereitstellen	*„Warnmitteilungen müssen dem Nutzer eine weitere Vorgehensweise vorschlagen und eine Anleitung geben, wie er diese umsetzen kann."*

Tabelle 6-1: Populäre Pattern und Lösungen nach https://das.th-koeln.de/usecured/patterns/

6.6 Fallbeispiel: Richtlinie zur Entwicklung gebrauchstauglicher Sicherheitswarnmeldungen

Zum besseren Verständnis der vorgestellten Werkzeuge für Usable Security soll in diesem Kapitel ein Fallbeispiel durchgegangen werden. Als Grundlage soll die Richtlinie von (Bauer et al., 2013) herangezogen werden, die die Entwicklung gebrauchstauglicher Sicherheitswarnungen anleitet. Anhand der zeitlichen Entwicklung der Warnungen von SSL (Secure Socket Layer, (Freier et al., 2011) und dem SSL-Nachfolger TLS (Transport Layer Security, (Dierks & Rescorla, 2008) in Webbrowsern wird dabei veranschaulicht, wie sich die Berücksichtigung der Richtlinie in einer gesteigerten Usability der Warnungen manifestiert, da die Effektivität von SSL-/TLS-Warnungen in den letzten Jahren nachweislich verbessert werden konnte.

Abbildung 6-6 zeigt zunächst als Negativbeispiel eine Warnmeldung, wie sie im Jahr 2008 im Firefox Browser der Firma Mozilla eingesetzt wurde. Hier sollte eine sichere Verbindung zu der Internetseite beispiel.de aufgebaut werden. Dazu laufen im Hintergrund des Programms festgelegte Schritte des standardisierten SSL-/TLS-Protokolls ab, um den Transportweg für den Nachrichtenaustausch zu sichern. Dies erfolgt z. B. vor dem Bezahlvorgang eines Einkaufs im Internet und beim Onlinebanking mit einer App (Softwareapplikation) auf einem mobilen Endgerät. Ziel in allen diesen Fällen ist die Sicherheit – konkret die Vertraulichkeit, Integrität und Authentizität – der Informationen beziehungsweise Nachrichten, die durch das Internet von Computer zu Computer gesendet werden. Kann eine sichere Verbindung nicht aufgebaut werden, wird dies dem Nutzer über eine

SSL-/TLS-Warnung mitgeteilt, der daraufhin eine Entscheidung bezüglich seines weiteren Vorgehens treffen muss. Die Authentizitätsprüfung hat im Beispiel von Abbildung 6-6 ergeben, dass das Zertifikat des Servers abgelaufen ist, also seine Gültigkeit verloren hat. Ein Serverzertifikat stellt im übertragenen Sinn eine Art „Personalausweis" dar, anhand dessen es für einen Internetbrowser technisch möglich ist, die Herkunft der Internetseite zu prüfen.

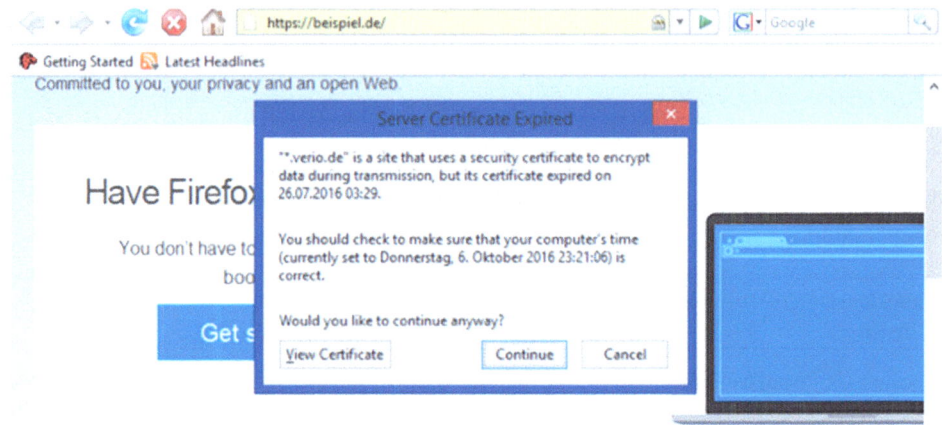

Abbildung 6-6: SSL-Warnung des Firefox Browsers von Mozilla
(Version 2.0.0.17, 2008)

Eine vergleichsweise einfache Symbolik wie bei den physischen Sicherheitswarnungen reicht auch nach bisherigen Erkenntnissen nicht aus, um Benutzern die komplexen Risiken im Umgang mit digitalen Produkten zu erklären und in konkreten Gefahrensituationen ein sicheres Verhalten anzuleiten. Aktive Computer-Sicherheitswarnungen haben zudem die Besonderheit, dass sie die Handlung des Benutzers unterbrechen und damit zwischen dem Nutzer und seinem eigentlichen Handlungsziel stehen. Die Warnmeldung wird im Beispiel der Abbildung 6-6 in Form eines Pop-up-Fensters angezeigt, welches sich über die Grafikoberfläche des Browsers legt. Vom Design her gibt es keinen Unterschied zu einer anderen Meldung des – in diesem Fall – Windows-Betriebssystems. Der Benutzer kann also nicht auf den ersten Blick erkennen, dass es sich hierbei um eine Warnmeldung handelt, die sich explizit auf die Handlungen im Browser bezieht.

Dem Benutzer wird empfohlen, die Uhrzeit seines Computers zu überprüfen, was in diesem Beispiel jedoch nicht die Ursache dafür ist, dass der sichere Verbindungsaufbau fehlgeschlagen ist. Vielmehr stammt das Zertifikat von einem Server mit anderem Namen. Der Nutzer hat die Handlungsoption fortzufahren oder den Vorgang abzubrechen. Informationen zu möglichen negativen Konsequenzen enthält diese Warnmeldung aus dem Jahr 2008 nicht. Die Folge des optischen Designs und der schwachen inhaltlichen Ausgestaltung ist, dass die Mehrzahl der Nutzer in dieser Situation die Meldung ignorieren und schlicht auf den „Continue"-Button klicken, um mit der unterbrochenen Handlung fortzufahren (Sunshine et al., 2009). Die nicht-gebrauchstaugliche Umsetzung schaffte es nicht, Nutzern das potenzielle Risiko der Gefahrensituation zu vermitteln.

Der Sinn und Zweck einer Computer-Sicherheitswarnung ist es, den Benutzer während der Interaktion mit einem digitalen Produkt auf potenzielle Risiken aufmerksam zu machen. Damit sind Sicherheitswarnungen ein wichtiges Mittel, um die unterschiedlichen Nutzertypen vor einem drohenden Schaden zu bewahren. Wie eine Computer-Sicherheitswarnung im Detail aussieht und zu welchem Zeitpunkt diese angezeigt wird, kann z. B. in der Verantwortung eines Softwareentwicklers liegen. Die Tragweite dieser Designentscheidungen ist bei erfolgreichen Softwareapplikationen, die einen hohen Verbreitungsgrad erreichen, enorm hoch, da eine Vielzahl von Menschen mit den implementierten Meldungen interagiert. Die Usable Security-Forschung hat gezeigt, dass Benutzer eine ablehnende Haltung gegenüber Sicherheitswarnungen einnehmen beziehungsweise diese ignorieren, wenn menschliche Eigenschaften und Verhaltensweisen bei der konkreten Ausgestaltung nicht berücksichtigt werden. In der geschilderten Situation sollte sich ein Softwareentwickler daher folgende wichtige Frage stellen: Wie kann ich eine Computer-Sicherheitswarnung effektiv implementieren, um dadurch die Risiken der Benutzer möglichst gering zu halten? Antworten auf diese Frage liefert z. B. eine Richtlinie des CyLab-Instituts der Carnegie-Mellon-Universität, die aus insgesamt sechs Handlungsempfehlungen besteht (Bauer et al., 2013):

1. Beschreibe das bestehende Risiko vollständig.

2. Sei in der Beschreibung prägnant und präzise.

3. Biete aussagekräftige Handlungsoptionen an.

4. Stelle relevante Informationen zum spezifischen Kontext zur Verfügung.

5. Liefere relevante Auswertungsergebnisse.

6. Verfolge ein konsistentes Layout.

Diese Handlungsempfehlungen können im Rahmen eines benutzerzentrierten Entwicklungsprozesses sowohl beim Entwurf als auch zur Bewertung und Verbesserung bereits eingesetzter Warnmeldungen als Werkzeug zur Hand genommen werden. Folgt man systematisch den Kriterien der Richtlinie, erhält man im Ergebnis ein Produkt, dessen Qualitätsmerkmal Usable Security deutlich vom aktuellen Stand der Wissenschaft profitiert. Abbildung 6-7 zeigt die Meldung aus Abbildung 6-6 im Firefox Browser aus dem Jahr 2017.

Die Handlungsempfehlungen der Richtlinie von (Bauer et al., 2013) werden im Folgenden exemplarisch an den beide Warnmeldungen der Firefox Browser aus dem Jahre 2008 (siehe Abbildung 6-6) und dem Jahre 2017 (siehe Abbildung 6-7) erläutert.

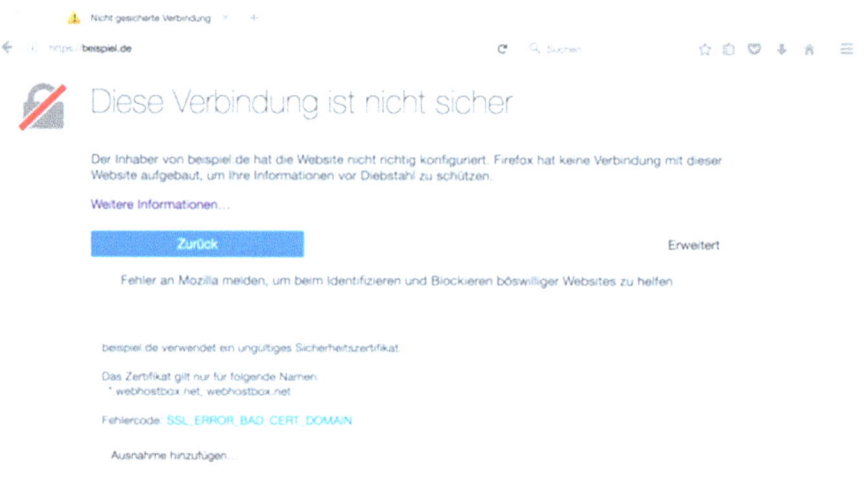

Abbildung 6-7: TLS-Warnung des Firefox Browsers von Mozilla
(Version 51.0.1, 2017)

6.6.1   Beschreibe das bestehende Risiko vollständig

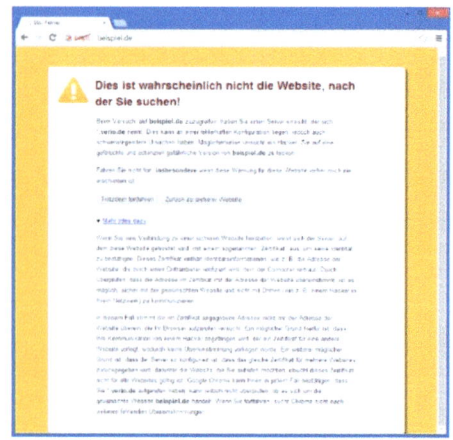

Abbildung 6-8: TLS-Warnung des
Chrome Browsers von Google
(Version 11.0.696.77, 2011)

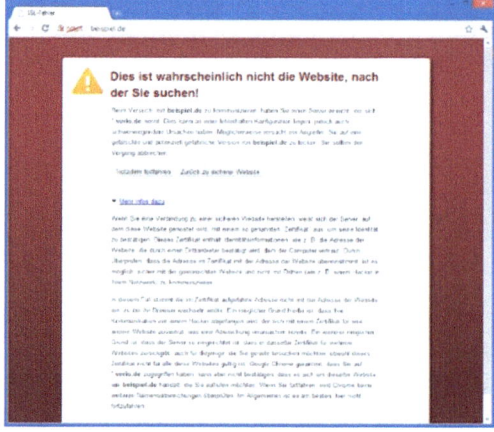

Abbildung 6-9: TLS-Warnung des Chrome
Browsers von Google
(Version 36.0.1985.125 m, 2014)

Die textuelle Ausarbeitung der Meldung aus dem Jahr 2008 beinhaltet keine Beschreibung
des bestehenden Risikos. Diese Information benötigt der Nutzer allerdings, um eine informierte Entscheidung darüber treffen zu können, ob er die Handlung abbrechen oder ohne
Berücksichtigung der Warnmeldung fortfahren möchte. Die Meldung im Browser aus dem
Jahr 2017 warnt hingegen konkret vor der Konsequenz, dass Informationen des Nutzers

gestohlen werden könnten. Eine vollständigere Beschreibung des Risikos könnte zusätzlich beinhalten, dass es sich bei diesen Informationen z. B. um Konto- und Kreditkartendaten oder Passwörter handelt. Die Abbildungen Abbildung 6-8 und Abbildung 6-9 verdeutlichen, dass diese Handlungsempfehlung auch von anderen Browsern zunächst nicht konsequent berücksichtigt wurde.

Der Nutzer wird in beiden dargestellten Warnmeldungen nur darüber informiert, dass ein Angreifer oder Hacker versuchen könnte, ihn auf eine Internetseite zu locken, die er eigentlich nicht besuchen will. Über die möglichen Folgen eines solchen Besuchs, dass z. B. Passwörter, Nachrichten oder Kreditkartendaten gestohlen werden könnten, klären sie nicht auf. Dies ist erst in einer der nachfolgenden Versionen des Chrome Browsers sehr prominent im ersten Satz aufgenommen worden (siehe Abbildung 6-10).

6.6.2   Sei in der Beschreibung prägnant und präzise

Die Beschreibungen einer Computer-Warnmeldung sollten wichtige Informationen in knapper Form möglichst genau und zutreffend beschreiben. Technische Begriffe und Details sollten vermieden werden, um nicht von den wesentlichen Informationen abzulenken. Die Warnmeldung in Abbildung 6-6 liefert im Vergleich eher technisch ausgerichtete Informationen bezüglich des Zertifikats. In der aktuelleren Warnmeldung von 2017 werden Inhalte dieser Art nur in dem erweiterten Teil angezeigt. Ein gravierender quantitativer Unterschied zwischen den Warnmeldungen ist nicht zu erkennen.

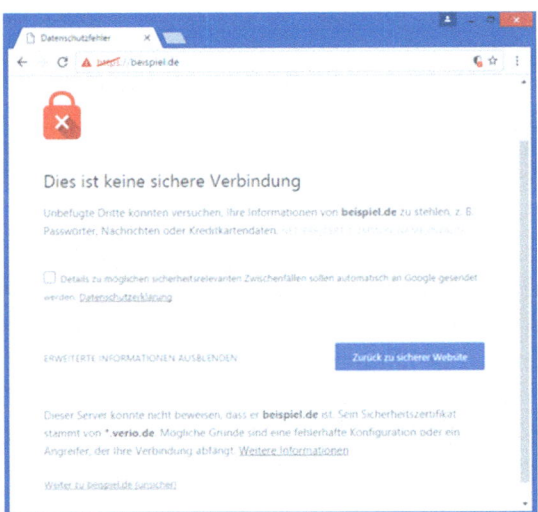

Abbildung 6-10: TLS-Warnung des Chrome Browsers von Google
(Version 54.0.2840.59 m, 2016)

6.6.3   Biete aussagekräftige Handlungsoptionen an

Der Nutzer hat in der alten Warnmeldung des Mozilla Browsers die Handlungsoption fortzufahren (Continue) oder den Vorgang abzubrechen (Cancel). Die Buttons wurden neben-
einander platziert und gleich gestaltet. Es ist nicht auf einen Blick erkennbar, welche der
beiden Auswahlmöglichkeiten eine sichere Standardoption darstellt. Die Handlungsoptionen der Meldung von 2017 sind „Zurück" und „Ausnahme hinzufügen...". Das Design
symbolisiert sehr deutlich die Handlungsoption „Zurück" als Standardoption. Zudem muss
ein Nutzer zunächst die erweiterten Informationen einblenden, also noch einen zusätzlichen Schritt gehen, bevor er die unsichere Handlung fortsetzen kann. Kurze Bezeichnungen wie „Fortfahren" „Abbrechen" oder „Zurück" haben allerdings alleinstehend wenig
Aussagekraft in Bezug auf die damit verbundenen Konsequenzen. Eine bewusste Auseinandersetzung des Nutzers mit der Warnmeldung kann durch eine kurze eindeutige Beschreibung wie z. B. „Diese Warnung ignorieren (unsicher)" oder „Zurück zu sicherer
Webseite" gefördert werden.

6.6.4   Stelle relevante Informationen zum spezifischen Kontext zur
Verfügung

Um den Bezug einer Warnmeldung zu einer konkreten Situation zu verdeutlichen, sollten
verfügbare Kontextinformationen in eine Warnmeldung integriert werden. Das Ziel dieses
Vorgehens ist auch bei dieser Empfehlung, dem Nutzer die Entscheidung für eine Handlungsoption zu erleichtern. Die gezeigten Warnmeldungen greifen z. B. den Namen der
aufgerufenen Internetseite beispiel.de sowie die im Zertifikat gelisteten Hostnamen und
den Ablaufzeitpunkt auf. Die Verfügbarkeit solcher Informationen ist dabei abhängig von
der jeweiligen Situation.

6.6.5   Liefere relevante Auswertungsergebnisse

Die Auswertung von Nutzungsdaten kann sinnvolle Kontextinformationen generieren,
welche dem Benutzer zur Bewertung einer Warnmeldung an die Hand gegeben werden
können. In Logdateien gesammelte Daten, wie z. B., was für eine Aktion zu welchem Zeitpunkt und mit welchem Ergebnis durchgeführt wurde, können dabei helfen, ungewöhnliche Ereignisse zu identifizieren und gegebenenfalls davor zu warnen. Die Meldung in Abbildung 6-6 bietet in diesem Kontext die Option „Ausnahme hinzufügen" an, um das zukünftige Verhalten des Browsers zu beeinflussen. Besucht der Nutzer diese Seite nochmal
zu einem späteren Zeitpunkt, wird diese Warnmeldung nicht angezeigt.

6.6.6 Verfolge ein konsistentes Layout

Bauer et al. (2013) schlagen in dieser Handlungsempfehlung ein konsistentes Layout für Computer-Sicherheitswarnungen vor (siehe Abbildung 6-11). Zunächst sollten diese keinen Button in der rechten oberen Ecke anbieten, wie das Negativbeispiel in Abbildung 6-6, um die Meldung, ohne eine Entscheidung getroffen zu haben, schließen zu können.

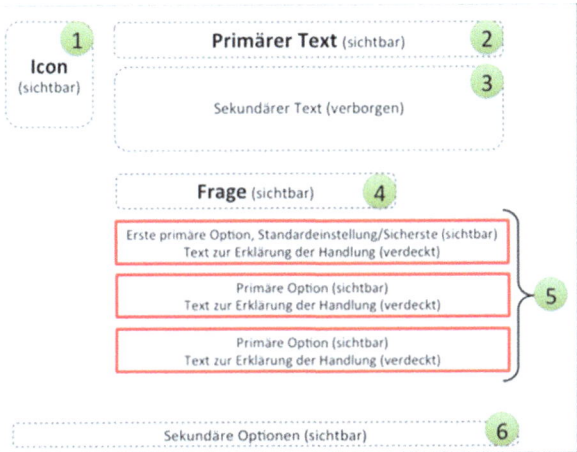

Abbildung 6-11: Vorschlag für ein konsistentes Layout für Computer-Warnmeldungen (Bauer et al., 2013)

- Die **Dringlichkeit** der Situation sollte durch ein Icon (1) kommuniziert werden. In der aktuellen Version wird ein rot durchgestrichenes Schloss eingesetzt, welches die fehlende Sicherheit symbolisiert. Kritische Warnungen sollten andere gezeigte Inhalte gänzlich überlagern und die Interaktion mit diesen unterbinden. SSL/TLS-Warnungen in Browserumgebungen sollten dem Anwender daher als fensterfüllende Seite angezeigt werden. Die in Abbildung 6-6 gezeigte Warnmeldung wird in Form eines modalen Dialogs angezeigt, welcher sich über das Browserfenster legt. Vom Design her gibt es keinen Unterschied zu anderen Meldungen des – in diesem Fall – Windows-Betriebssystems. Der Benutzer kann also nicht auf den ersten Blick erkennen, dass es sich hierbei um eine Warnmeldung handelt, die sich explizit auf die Handlungen im Browser bezieht.

- Textuell sollte eine effektive Computer-Sicherheitswarnung einen **kurzen primären Text** (2) ähnlich einer Schlagzeile aufweisen.

- Es kann sinnvoll sein, **sekundären Text** (3) mit erweiterten Informationen erst auf Wunsch des Nutzers anzuzeigen und typografisch weniger prägnant als den primären Text zu gestalten.

- Der Nutzer sollte durch eine **konkrete Frage** (4) zum weiteren Vorgehen angesprochen werden.

- Als Antwort auf die gestellte Frage folgen direkt darunter mindestens **zwei Handlungsoptionen** (5).

▪ **Sekundäre Optionen** (6), die keine direkte Antwort auf die gestellte Frage liefern, sollten weniger prominent am unteren Bildrand platziert werden. Im direkten Vergleich setzt die SSL/TLS-Warnung des Browsers Firefox aus dem Jahr 2017 mehr Aspekte des vorgeschlagenen Layouts um als die Meldung von 2008.

6.7 Fazit

Usability und Security sind zwei maßgebende Faktoren, die die Qualität von digitalen und vernetzten Systemen, Produkten und Dienstleistungen wesentlich bestimmen. Das Ausbalancieren dieser beiden Qualitätsfaktoren ist entscheidend, um wirklich effektive Sicherheitssysteme implementieren zu können. Im Forschungsgebiet *Usable Security* werden die darin liegenden Herausforderungen untersucht sowie Lösungen für gebrauchstaugliche Sicherheitsmechansimen entwickelt und evaluiert. Das übergeordnete Ziel dabei ist, dass der Nutzer durch auf ihn ausgerichtete Sicherheit nicht mehr zum schwächsten Glied eines Sicherheitssystems wird.

▪ Dieses Kapitel hat diese **Notwendigkeit** herausgestellt und eine Definition für den Begriff **Usable Security** angegeben. Zudem ist ein Ansatz verdeutlicht worden, mit dem die interdisziplinären Erkenntnisse des Forschungsgebiets zu den unterschiedlichen Entwicklerrollen im Systementwicklungsprozess transportiert werden können.

▪ Durch gängige **Werkzeuge**, die den aktuellen Stand der Forschung und Technik in der Usable Security-Domäne dokumentieren und sich nahtlos im Systementwicklungsprozess integrieren, können Softwareentwickler auf dieses Knowhow zurückgreifen.

▪ Die Verwendung der **Usable Security Principles**, **Guidelines** und **Patterns** ist anhand eines Fallbeispiels erläutert worden. Diese Werkzeugsammlung kann darüber hinaus in der Forschung eingesetzt werden, um fehlende Bedarfe beziehungsweise Qualitätsmängel identifizieren und daraufhin beseitigen zu können.

6.8 Übungsaufgaben

Aufgabe 1: Nennen und Erläutern Sie Entwicklungswerkzeuge für Usable Security.

Aufgabe 2: In welchen Phasen des Systementwicklungsprozesses können Usable Security Principles verwendet werden?

Aufgabe 3: In welchen Phasen des Systementwicklungsprozesses können Usable Security Guidelines verwendet werden?

Aufgabe 4: In welchen Phasen des Systementwicklungsprozesses können Usable Security Patterns verwendet werden?

Aufgabe 5: Suchen Sie sich ein alltägliches sicherheitskritisches Beispiel (z. B. aus der Industrie, Banken, Ihrem Smartphone etc.) und erproben die Anwendung der hier dargestellten Methoden.

6.9   Literatur

6.9.1   Literaturempfehlungen

Garfinkel, S., & Richter Lipfordm, H. (2014). Usable Security: History, Themes, and Challenges (Synthesis Lectures on Information Security, Privacy, and Trust). Morgan & Claypool.

6.9.2   Literaturverzeichnis

Adams, A., & Sasse, M. A. (1999). Users are not the enemy. *Communications of the ACM, 42*(12), 40–46. doi:10.1145/322796.322806

Alexander, C., Ishikawa, S., & Silverstein, M. (1977). *A Pattern Language: Towns, Buildings, Construction.* Oxford University Press USA.

Bauer, L., Bravo-Lillo, C., Cranor, L., & Fragkaki, E. (2013). *Warning Design Guidelines* (Technical Report No. CMU-CyLab-13-002). CyLab Carnegie Mellon University. Abgerufen von https://www.cylab.cmu.edu/files/pdfs/tech_reports/CMUCyLab13002.pdf

Beck, K. (1996). *Smalltalk Best Practice Patterns.* Upper Saddle River: Prentice Hall. Abgerufen von https://books.google.de/books?id=QLNGnVIuIuMC

Birolini, A. (1997). *Zuverlässigkeit von Geräten und Systemen.* Berlin, Heidelberg: Springer Berlin Heidelberg. Abgerufen von http://link.springer.com/10.1007/978-3-642-60399-0

Blythe, J., Koppel, R., & Smith, S. W. (2013). Circumvention of Security: Good Users Do Bad Things. *IEEE Security & Privacy, 11*(5), 80–83. doi:10.1109/MSP.2013.110

Bundesamt für Sicherheit in der Informationstechnik. (2016). IT-Grundschutz - G 3 Menschliche Fehlhandlungen. Abgerufen 9. Juni 2017, von https://www.bsi.bund.de/DE/Themen/ITGrundschutz/ITGrundschutzKataloge/Inhalt/_content/g/g03/g03.html

Dierks, T., & Rescorla, E. (Hrsg.). (2008). RFC 5246 - The Transport Layer Security (TLS) Protocol Version 1.2. Internet Engineering Task Force (IETF). Abgerufen von https://tools.ietf.org/html/rfc5246

Egelman, S. (2009). *Trust Me: Design Patterns for Constructing Trustworthy Trust Indicators* (PhD Thesis). Carnegie Mellon University, Pittsburgh, PA. Abgerufen von http://reports-archive.adm.cs.cmu.edu/anon/isr2009/abstracts/09-110.html

Freier, A., Karlton, P., & Kocher, P. (Hrsg.). (2011). RFC 6101 - The Secure Sockets Layer (SSL) Protocol Version 3.0. Internet Engineering Task Force (IETF). Abgerufen von https://tools.ietf.org/html/rfc6101

Gamma, E. (Hrsg.). (1995). Design patterns: elements of reusable object-oriented software. Reading, Mass: Addison-Wesley.

Garfinkel, S. L. (2005, Mai). *Design Principles and Patterns for Computer Systems That Are Simultaneously Secure and Usable* (PhD Thesis). Massachusetts Institute of Technology, Cambridge, MA. Abgerufen von https://simson.net/thesis/

Muñoz-Arteaga, J., González, R. M., Martin, M. V., Vanderdonckt, J., Álvarez-Rodriguez, F., & Calleros, J. G. (2009). A Method to Design Information Security Feedback Using Patterns and HCI-Security Criteria. In V. Lopez Jaquero, F. Montero Simarro, J. P. Molina Masso, & J. Vanderdonckt (Hrsg.), *Computer-Aided Design of User Interfaces VI* (S. 283–294). London: Springer London. doi:10.1007/978-1-84882-206-1_26

Open API Initiative. (2017). Specification - Repo. Abgerufen 9. Juni 2017, von https://www.openapis.org/specification/repo

Röder, H. (2012, Mai 1). Katalog Usability Patterns – Version: 1.2. Abgerufen 17. Mai 2017, von http://www.usabilitypatterns.info/catalog/catalog.html

Sasse, M. A., & Smith, M. (2016). The Security-Usability Tradeoff Myth [Guest editors' introduction]. *IEEE Security & Privacy, 14*(5), 11–13. doi:10.1109/MSP.2016.102

Steel, C., Nagappan, R., & Lai, R. (2005). *Core Security Patterns: Best Practices and Strategies for J2EE, Web Services, and Identity Management*. Upper Saddle River: Prentice Hall PTR. Abgerufen von https://books.google.de/books?id=u6tQAAAAMAAJ

Sunshine, J., Egelman, S., Almuhimedi, H., Atri, N., & Cranor, L. F. (2009). Crying Wolf: An Empirical Study of SSL Warning Effectiveness. In *Proceedings of the 18th Conference on USENIX Security Symposium* (S. 399–416). Berkeley, CA, USA: USENIX Association. Abgerufen von https://www.usenix.org/legacy/events/sec09/tech/full_papers/sunshine.pdf

W, E. (2017, März 28). People: The Strongest Link. Abgerufen 9. Juni 2017, von https://www.ncsc.gov.uk/information/people-strongest-link

Whitten, A., & Tygar, J. D. (1999). Why Johnny Can't Encrypt: A Usability Evaluation of PGP 5.0. In *Proceedings of the 8th Conference on USENIX Security Symposium - Volume 8* (S. 169–184). Washington, D.C., USA: USENIX Association. Abgerufen von https://www.usenix.org/conference/8th-usenix-security-symposium/why-johnny-cant-encrypt-usability-evaluation-pgp-50

Yahoo! Developer Network. (2017). Yahoo Design Pattern Library. Abgerufen 17. Mai 2017, von https://developer.yahoo.com/ypatterns/

Zurko, M. E., & Simon, R. T. (1996). User-centered security (S. 27–33). ACM Press. doi:10.1145/304851.304859

7 Benutzbare Lösungen für den Datenschutz

Dominik Herrmann[1] · **Simone Fischer-Hübner**[2]

Otto-Friedrich-Universität Bamberg[1], Karlstads Universitet (Schweden)[2]

Zusammenfassung

Der Schutz der Privatsphäre spielt bei vielen Informationssystemen eine wichtige Rolle, ist jedoch oft nicht das primäre Ziel der Benutzer. Die implementierten Maßnahmen müssen daher gut benutzbar sein, um akzeptiert zu werden. Ein Hauptziel des Datenschutzes besteht darin, die Erfassung und Verarbeitung von Daten auf das für einen bestimmten Zweck erforderliche Minimum zu beschränken. Am Beispiel der europäischen Datenschutzgrundverordnung werden in diesem Kapitel gängige Vorschriften erläutert. Der Fokus des Kapitels liegt auf der Gestaltung von Benutzerschnittstellen. Diese müssen erstens bei den Nutzern Bewusstsein für die Datenverarbeitung schaffen, zweitens Umfang und Art der Verarbeitung verständlich erklären, drittens eine ausdrückliche Zustimmung einholen und viertens Kontrollmöglichkeiten anbieten. Darüber hinaus wird ein Vorgehensmodell erläutert, mit dem Systemdesigner alle datenschutzrelevanten Schnittstellen und Prozesse eines Systems identifizieren können.

Lernziele

- Die Leser kennen gängige rechtliche Anforderungen des Datenschutzes, die für die Gestaltung von Benutzerschnittstellen wichtig sind.

- Die Leser wissen, worauf bei einer benutzerfreundlichen Umsetzung des Datenschutzes zu achten ist.

- Die Leser können Datenschutzanforderungen bei der Gestaltung der Benutzerschnittstellen sicherheitskritischer Systeme systematisch erheben.

7.1 Einleitung

Durch die fortschreitende Digitalisierung werden immer mehr Daten erhoben und verarbeitet. Seit Jahren herrscht Goldgräberstimmung: Wenn wir nur genug Daten („Big Data") und genug Rechenkraft („Deep Learning") hätten, könnten wir vielleicht neue Zusammenhänge erkennen und irgendwann sogar völlig autonom handelnde Maschinen bauen.

Gerade sicherheitskritische Aufgaben sind ein vielversprechendes Anwendungsfeld für die Automatisierung. Schließlich können Computer in vielen Fällen bessere Entscheidungen treffen als ein Mensch. Der Schutz der Privatheit gerät dabei schnell in Vergessenheit. Dies ist problematisch, da zur Automatisierung häufig umfangreiche Datenmengen ausgewertet werden müssen. Möglicherweise sind darin auch sensible Informationen über die Nutzer eines Systems enthalten. Bei sicherheitskritischen Systemen sind viele Menschen jedoch gerne dazu bereit, ihre Privatsphäre aufzugeben, um ein Mehr an Sicherheit zu erreichen – schließlich droht beim Ausfall solcher Systeme Gefahr für Leib und Leben.

Viele Menschen bekunden, dass ihnen ihre Privatsphäre wichtig ist. In einer konkreten Situation sind sie jedoch nicht in der Lage, dies in die Tat umzusetzen. Die Vorteile moderner Informationssysteme und von Anwendungen, die mit der Angabe von persönlichen Daten „bezahlt" werden, erscheinen wertvoller als der Schutz vor einem abstrakten Risiko wie dem Verlust der Privatsphäre, welches mitunter auch erst in der Zukunft eintreten kann (Kokolakis, 2017).

Die Konzepte des Datenschutzes stellen sicher, dass dieser Umstand nicht vom Staat oder von Unternehmen unkontrolliert ausgenutzt wird. Jede Datenverarbeitung ist an die Erfüllung von Mindestanforderungen geknüpft, die den Schutz der Privatsphäre gewährleisten.

Mitunter werden diese Anforderungen jedoch nur halbherzig umgesetzt. Schlecht gestaltete Lösungen beeinträchtigen die Benutzbarkeit. Der Schutz der Privatsphäre wird dadurch für die Betroffenen zu einer unliebsamen Aufgabe. In diesem Kapitel werden Methoden betrachtet, mit denen gut benutzbarer Datenschutz realisiert werden kann. Der Schwerpunkt liegt dabei auf der Gestaltung der Benutzerschnittstellen.

7.2 Beispiel zur Motivation der Relevanz des Datenschutzes

Die Wichtigkeit des Schutzes der Privatsphäre in sicherheitskritischen Systemen verdeutlicht das folgende Beispiel.

Anna hat sich die neue Smartwatch „MyWatch" gekauft. Diese Uhr verfügt über einen integrierten Pulsmesser. Zusammen mit einem Bewegungssensor im Smartphone kann sich die MyWatch-App ein genaues Bild der körperlichen Aktivität machen. Die eigentliche Innovation der Uhr besteht darin, den Herzschlag kontinuierlich mit einem Deep-Learning-Verfahren zu analysieren. Dadurch kann der Träger der Uhr bei einem sich anbahnenden Herzinfarkt bereits 30 Minuten vorher gewarnt werden. Die erfassten Daten übermittelt die Uhr dazu über Annas Smartphone mehrmals pro Stunde an den Hersteller „WatchingYou Inc." in Kalifornien. Auf der WatchingYou-Webseite kann Anna nicht nur sehen wie viele Schritte sie täglich gelaufen ist; sie bekommt auch Tipps zur Verbesserung ihrer körperlichen Fitness, die aus ihrem Herzschlagmuster abgeleitet werden. Das Herzschlagmuster nutzt der Hersteller auch für einen weiteren sicherheitskritischen Zweck: zur Absicherung der Bezahlfunktion. Mit der MyWatch kann man seinen Einkauf im Supermarkt bequem ohne PIN bezahlen. Abgebucht wird direkt von der bei WatchingYou hinterlegten Kreditkarte. Um Missbrauch mit gestohlenen Uhren zu verhindern, wird beim Bezahlen zum einen das Herzschlagmuster der letzten Minuten mit dem hinterlegten Muster abgeglichen. Zum anderen wird überprüft, ob der Aufenthaltsort und der Inhalt des Warenkorbs zum bisherigen Einkaufsverhalten passen – andernfalls muss man den Einkauf mit einer PIN bestätigen.

Anna ist mit der MyWatch sehr zufrieden. Dass WatchingYou ihr Herzschlagmuster erfährt, ist ihr irgendwie klar – und damit ist sie auch einverstanden. Sie weiß aber nicht, was genau an den Anbieter übermittelt wird. Die zehn Bildschirmseiten lange Datenschutzerklärung zu lesen, war ihr bei der Einrichtung einfach zu anstrengend.

Anna weiß daher nicht, dass die MyWatch-App ihren aktuellen Standort alle fünf Minuten an den Anbieter überträgt und dass die erhobenen Daten auch anderen Organisationen zur Verfügung gestellt werden. Anna wird dadurch unbemerkt benachteiligt. Zum einen erhält sie von ihrem Supermarkt persönliche „Sonderangebote". Tatsächlich bezahlt sie für die Produkte jedoch mehr als andere Kunden, da das System Anna als wohlhabend und konsumfreudig eingestuft hat. Auch Annas private Krankenversicherung hat einen Vertrag mit WatchingYou. Sie weiß, dass Anna wenig Sport treibt und sich ungesund ernährt. Daher steigt Annas Versicherungsbeitrag jedes Jahr überdurchschnittlich stark an.

Spürbar werden die Auswirkungen für Anna, als sie Urlaub in den USA machen möchte. Sie erhält keine Einreisegenehmigung. Ein Nachrichtendienst hat eine unverschlüsselte Datenübermittlung an WatchingYou abgefangen, die belegt, dass sich Anna kurz zuvor im Iran aufgehalten hat. Tatsächlich handelt es sich dabei jedoch um einen Irrtum in Folge eines GPS-Fehlers. Anna konnte diesen Fehler nicht erkennen, weil sie keine Möglichkeit hat, alle Daten, die WatchingYou über sie erfasst hat, einzusehen.

7.3 Datenschutz-Grundlagen

Zur Abgrenzung des Datenschutzes von der IT-Sicherheit werden in diesem Abschnitt zunächst die wesentlichen Schutzziele der IT-Sicherheit eingeführt, die bei sicherheitskritischen Systemen eine Rolle spielen. Auf Aspekte des Datenschutzes wird im darauffolgenden Abschnitt eingegangen.

7.3.1   Schutzziele der IT-Sicherheit

Bei vielen sicherheitskritischen Systemen steht nicht der Datenschutz, sondern die **Sicherheit** (auch: IT-Sicherheit) des Systems im Vordergrund. Die Beschreibung der Sicherheitseigenschaften eines Systems erfolgt üblicherweise anhand der zu berücksichtigenden Schutzziele. Dabei werden Aspekte der Vertraulichkeit, der Integrität und der Verfügbarkeit isoliert voneinander betrachtet (Voydock & Kent, 1983).

Zu den sicherheitskritischen Systemen zählen etwa Steuergeräte in Flugzeugen und Kraftwerken. Diese müssen zum einen **vor unbeabsichtigten Fehlfunktionen** geschützt werden, wofür im Englischen der Begriff „Safety" verwendet wird (Federrath & Pfitzmann, 2000). Berücksichtigt werden hierbei typischerweise die Schutzziele Verfügbarkeit und Integrität. Zum Schutz der **Verfügbarkeit** werden kritische Systeme häufig redundant ausgelegt, etwa um sicherzustellen, dass ein Flugzeug beim Ausfall eines Steuergeräts manövrierfähig bleibt. Zum Schutz der **Integrität** der verarbeiteten Daten kommen etwa fehlerkorrigierende Codes zum Einsatz, um zu verhindern, dass es bei einer gestörten Verbindung zu Übertragungsfehlern kommt.

Darüber hinaus sind sicherheitskritische Systeme **vor gezielten Angriffen** zu schützen, wofür im Englischen der Begriff „Security" verwendet wird (Federrath & Pfitzmann, 2000). Dies gelingt etwa durch die Implementierung von Mechanismen zur Authentifizierung (z. B. Anmeldung mit Benutzername und Passwort) und Autorisierung (Festlegung von Berechtigungen). Neben den bereits genannten Schutzzielen ist zum Schutz vor gezielten Angriffen zusätzlich der Schutz der **Vertraulichkeit** zu berücksichtigen, etwa um zu verhindern, dass Angreifer die zur Authentifizierung übermittelten Passwörter abhören. Dazu werden kryptographische Verfahren zur Datenverschlüsselung eingesetzt.

In den Bereichen Security und Safety beziehen sich die drei Schutzziele Vertraulichkeit, Integrität und Verfügbarkeit also primär auf das sicherheitskritische System selbst. Beim Datenschutz stehen hingegen die Nutzer eines Systems im Vordergrund.

7.3.2   Gegenstand und Ziele des Datenschutzes

Beim Datenschutz (englischer Begriff „data protection") geht es *nicht* um den Schutz der Daten – es geht um den Schutz von Menschen, im rechtlichen Kontext als „die Betroffenen" bezeichnet. Dazu zählen nicht nur *Privatpersonen* (Konsumenten), sondern auch *Arbeitnehmer*, die ein System betreiben (sogenannter Beschäftigtendatenschutz), etwa wenn deren Aktivitäten zur Erkennung von Innentätern analysiert werden sollen (Zimmer et al., 2016).

Der Datenschutz schafft einen Interessenausgleich zwischen den Betroffenen und den Systemanbietern (den sogenannten „verarbeitenden Stellen"), indem Eingriffe in die Persönlichkeitsrechte der Betroffenen reguliert werden. Der Begriff „**Datenschutz**" ist vor allem im rechtlichen Kontext gebräuchlich. In der Informatik wird hingegen häufig vom „Schutz der Privatsphäre" (englischer Begriff „privacy") gesprochen.

Zur Gewährleistung des Datenschutzes sind einerseits organisatorische Maßnahmen erforderlich, etwa das Verfassen einer Datenschutzrichtlinie. Diese werden durch technische Mechanismen ergänzt, die auch als *datenschutzfreundliche Techniken* (englischer Begriff: „privacy enhancing technologies", abgekürzt PETs) bezeichnet werden. Mit PETs kann die Erhebung personenbezogener Daten kontrolliert oder verhindert werden.

Die Notwendigkeit des Datenschutzes ergibt sich aus gesetzlichen Anforderungen, etwa dem Bundesdatenschutzgesetz, dessen erste Fassung 1978 in Kraft getreten ist. In Deutschland wurde der Datenschutz maßgeblich vom Volkszählungsurteil des Bundesverfassungsgerichts geprägt (BVerfGE 65, 1). Das Gericht hat darin aus dem allgemeinen Persönlichkeitsrecht das Grundrecht der **informationellen Selbstbestimmung** abgeleitet. Demnach haben alle Bürger das Recht zu wissen, *„wer was wann und bei welcher Gelegenheit über sie weiß"*. Jeder soll die Möglichkeit haben, *„grundsätzlich selbst über die Preisgabe und Verwendung seiner persönlichen Daten zu bestimmen"*. Für den europäischen Rechtsraum ist der Datenschutz unter anderem in der im Jahr 2016 verabschiedeten Datenschutzgrundverordnung (DSGVO) geregelt, auf die in Abschnitt 7.4 eingegangen wird.

7.3.3 Daten ohne Personenbezug

Aus rechtlicher Sicht weitgehend unbedenklich sind Daten, die *keinen Personenbezug* aufweisen (eine Definition von „personenbezogenen Daten" folgt in Abschnitt 7.4). Aus Anbietersicht ergibt es daher Sinn, von vornherein möglichst wenig personenbezogene Daten zu erheben (Datenminimierung) oder sie so zu speichern, dass kein Personenbezug mehr vorhanden ist (Speicherbegrenzung). Dazu können Mechanismen zur Anonymisierung und Pseudonymisierung eingesetzt werden. Diese Konzepte werden im Folgenden kurz erläutert. Umfangreichere Definitionen, Abgrenzungen und eine Betrachtung weiterer Konzepte des Identitätsmanagements finden sich bei Pfitzmann und Hansen (2010).

Die **Identität** einer Person entspricht der Gesamtheit ihrer Eigenschaften und Attributwerte, die sie auszeichnet und unterscheidbar macht. Eine Person ist dadurch in einer Menge von Personen für andere identifizierbar. Welche Eigenschaften und Attributwerte die Identität darstellen ist situations- und kontextabhängig. Die Identität kann etwa aus Name, Anschrift und Geburtsdatum bestehen. Der Name muss allerdings nicht Teil der Identität sein. In einem Nachtclub gibt es etwa „den Türsteher", der unter allen Anwesenden unmittelbar identifizierbar ist, auch wenn niemand seinen Namen kennt.

Eine Person ist **anonym** gegenüber anderen, wenn diese sie in einer Menge von Personen (der Anonymitätsmenge) nicht (eindeutig) identifizieren können. Dies setzt voraus, dass die anonyme Person nicht von anderen Personen unterscheidbar ist. Um Datensätze in einem Informationssystem zu anonymisieren, müssen die Attributwerte, die einzelne Personen identifizierbar machen, unkenntlich gemacht werden, etwa durch Entfernen oder indem sie zufällig „verrauscht" werden. Bei korrekter Anwendung der Anonymisierung entsteht ein Datensatz, der nicht mehr personenbezogen ist. Dies klingt einfacher als es in der Praxis ist. Meist ist nicht bekannt, über welches Zusatzwissen der Angreifer verfügt, gegen den man sich mit der Anonymisierung schützen möchte.

Neben der Anonymisierung der Daten gibt es die Möglichkeit der **Pseudonymisierung**. Dabei werden die identifizierenden Attributwerte aus den Daten nicht entfernt, sondern anhand einer vorab definierten deterministischen Vorschrift durch einen anderen Wert (z. B. eine Zahl) ersetzt. Damit die Pseudonymisierung personenbezogene Daten schützt, muss die Zuordnungstabelle, in der die Beziehung zwischen Attributwerten und Pseudonymen gespeichert ist, getrennt von den pseudonymisierten Daten aufbewahrt werden. Wer die Zuordnungstabelle kennt (etwa der Dienstanbieter), kann die Daten bei Bedarf weiterhin einer bestimmten Person zuordnen; Außenstehenden gelingt dies jedoch nicht.

Es gibt Fälle, in denen die Verwendung anonymisierter oder pseudonymisierter Daten nicht möglich ist, etwa, wenn personenbezogene Daten zur Diensterbringung unbedingt erforderlich sind. Der Rest dieses Kapitels beschäftigt sich damit, welche Anforderung in solchen Fällen gelten und wie diese gut benutzbar umgesetzt werden können.

7.4 Anforderungen an benutzbaren Datenschutz

Im Folgenden wird der Fall eines sicherheitskritischen Systems betrachtet, in dem personenbezogene Daten verarbeitet werden.

7.4.1 Anforderungen aus rechtlicher Sicht

Die Datenschutzgesetze enthalten Vorschriften für den Umgang mit sogenannten *personenbezogenen Daten*. Die DSGVO definiert diese wie folgt (Art. 4 Nr. 1 DSGVO): „*Unter* **personenbezogenen Daten** *versteht man alle Einzelinformationen, die eindeutig einer identifizierten oder identifizierbaren natürlichen Person zugeordnet sind. Als identifizierbar wird eine natürliche Person angesehen, die direkt oder indirekt, insbesondere mittels Zuordnung zu einer Kennung wie einem Namen, zu einer Kennnummer, zu Standortdaten, zu einer Online-Kennung oder zu einem oder mehreren besonderen Merkmalen identifiziert werden kann, die Ausdruck der physischen, physiologischen, genetischen, psychischen, wirtschaftlichen, kulturellen oder sozialen Identität dieser natürlichen Person sind.*"

Tabelle 7-1 enthält die wesentlichen Prinzipien zum Umgang mit personenbezogenen Daten, die sich aus Art. 5 und nachfolgenden Artikeln der DSGVO ergeben. Die Aufstellung enthält lediglich diejenigen Anforderungen, die im Zusammenhang mit guter Benutzbarkeit relevant sind. Es existieren weitere Anforderungen, die sich primär an den für die

Verarbeitung Verantwortlichen wenden, wie etwa die Erstellung einer Datenschutz-Folgenabschätzung (Art. 35), auf die in diesem Kapitel nicht weiter eingegangen wird.

Prinzip	Erläuterung
Rechtmäßigkeit und informierte Einwilligung Art. 5 (1) a), Art. 6	Daten dürfen grundsätzlich nur verarbeitet werden, wenn es eine rechtliche Grundlage gibt oder der Betroffene seine Einwilligung erteilt hat, das heißt eine freiwillige und informierte Willensbekundung abgegeben hat.
Zweckspezifikation und -bindung Art. 5 (1) b)	Daten dürfen nur für zuvor festgelegte, eindeutige und legitime Zwecke verarbeitet und nicht in anderer Weise weiterverwendet werden.
Datenminimierung und Speicherbegrenzung Art. 5 (1) c), 5 (1) e)	Daten müssen auf das für die Zwecke angemessene, erhebliche und erforderliche Maß beschränkt sein, so früh wie möglich gelöscht werden und müssen in einer Form gespeichert werden, die die Identifizierung der Betroffenen nur so lange ermöglicht, wie nötig.
Transparenz Art. 12–15	Betroffene müssen in präziser, verständlicher und leicht zugänglicher Form in einer klaren und einfachen Sprache über die Umstände der Datenverarbeitung informiert werden. Dies kann in Kombination mit Icons geschehen, welche maschinenlesbar sein müssen, wenn sie in elektronischer Form dargestellt werden.
	Bei der Datenerhebung muss der Betroffene über die Identität und die Kontaktdaten des Verantwortlichen und des Datenschutzbeauftragten sowie über die Datenverarbeitungszwecke informiert werden. Weiterhin muss er Informationen erhalten, die notwendig sind, um eine faire und nachvollziehbare Verarbeitung zu gewährleisten, etwa die Verarbeitungsdauer und die Rechte des Betroffenen (Ex-ante-Transparenz).
	Nach einer Datenpreisgabe hat der Betroffene ein Recht auf Auskunft über seine Daten und über Informationen wie die Verarbeitungszwecke und Datenkategorien. Ferner ist er über die Rechte des Betroffenen (z. B. auf Auskunft und Intervention) aufzuklären. Schließlich hat der Betroffene im Falle des Einsatzes von automatisierten Entscheidungsfindungsverfahren einschließlich Profiling das Recht, aussagekräftige Informationen über die involvierte Logik und die möglichen Auswirkungen einer solchen Verarbeitung zu erhalten (Ex-post-Transparenz).
Recht auf Intervention Art. 16–20	Betroffene haben ein Recht auf Berichtigung ihrer Daten, auf Löschung („Recht des Vergessenwerdens"), auf eine eingeschränkte Datenverarbeitung und auf Datenübertragbarkeit (zu anderen Anbietern).
Sicherheit Art. 5 (1) f), Art. 32	Daten müssen so gespeichert werden, dass eine angemessene Sicherheit gewährleistet ist. Geeignete technische und organisatorische Sicherheitsmaßnahmen müssen ergriffen werden, welche eine Pseudonymisierung und Verschlüsselung personenbezogener Daten einschließen, sowie Maßnahmen um die Vertraulichkeit, Integrität, Verfügbarkeit und Belastbarkeit der Systeme und Dienste sicherzustellen.

Tabelle 7-1: Ausgewählte rechtliche Anforderungen der DSGVO

Da die Formulierungen in der DSGVO bewusst technikneutral gehalten sind, finden sich darin keine Vorgaben, wie diese rechtlichen Anforderungen umzusetzen sind. Im nächsten Abschnitt wird herausgearbeitet, wie diese Anforderungen bei der Gestaltung der Benutzerschnittstellen angemessen berücksichtigt werden können.

7.4.2   Gewährleistung der Benutzbarkeit

Benutzbarkeit (auch: Benutzerfreundlichkeit, Gebrauchstauglichkeit oder Usability) ist eine *nichtfunktionale Anforderung* (ursprünglich definiert in ISO/IEC 9126; weitere nichtfunktionale Anforderungen sind z. B. Performanz und Sicherheit), die in DIN EN ISO 9241 als Produkt aus Effizienz, Effektivität und Zufriedenstellung beschrieben wird.

Methoden zum Entwurf benutzbarer Informationssysteme und zur Gestaltung von Mensch-Computer-Interaktionen finden sich unter anderem bei Nielsen (1993) und bei Lazar et al. (2017). Die dort beschriebenen Methoden sind grundsätzlich auch bei der Umsetzung eines benutzbaren Datenschutzes relevant. Zur Umsetzung der rechtlichen Anforderungen ist es unumgänglich, an mehreren Stellen Vorkehrungen zu treffen, sodass Nutzer ihr Recht auf informationelle Selbstbestimmung ausüben können. Eine wirksame Erfüllung der rechtlichen Anforderungen setzt voraus, dass diese Systembestandteile so gestaltet sind, dass sie von den Betroffenen verstanden und verwendet werden können.

Dabei ist zu beachten, dass der Schutz der Privatsphäre nicht das Primärziel der Nutzer ist. Im Vordergrund steht meist die Erledigung einer bestimmten Aufgabe oder der Vorteil, der sich aus der Verwendung eines Systems ergibt. Viele Menschen stufen ihre (in Befragungen ausdrücklich artikulierten) Datenschutzbedenken herab, wenn ihnen ein kurzfristiger Nutzen winkt. Dies gilt vor allem dann, wenn Schutzmechanismen mit Komforteinbußen oder Zusatzaufwand verbunden sind. Dieses scheinbar irrationale Verhalten wird als „Privacy-Paradoxon" bezeichnet (unter anderen Acquisti & Grossklags, 2005), die relevanten Einflussfaktoren sind allerdings noch nicht abschließend geklärt (Kokolakis, 2017).

Patrick und Kenny (2003) tragen den Besonderheiten beim Datenschutz Rechnung, indem sie vier Anforderungen identifiziert haben, die ein System erfüllen muss, damit Nutzer ihre Datenschutzinteressen durchsetzen können: *Verarbeitung verständlich erklären*, *Bewusstsein schaffen*, *Kontrolle ermöglichen* und *Einwilligung einholen*:

- **Verarbeitung verständlich erklären (comprehension):** Ein System muss die Betroffenen darüber informieren, wie und von wem ihre personenbezogenen Daten verarbeitet werden, und erläutern, welchem Zweck die Verarbeitung dient. Nutzer sollen zudem erfahren, ob und wie sie ein System eingeschränkt nutzen können, ohne personenbezogene Daten preiszugeben. Schließlich sind sie über ihre Rechte aufzuklären.

- **Bewusstsein schaffen (consciousness):** Ein System muss die Betroffenen in jeder Situation, in der ihre personenbezogenen Daten erfasst oder verarbeitet werden, unmittelbar darauf hinweisen. Dies gilt vor allem in solchen Fällen, in denen Daten automatisch und für die Betroffenen nicht sichtbar erhoben werden. Ferner ist sicherzustellen, dass den Betroffenen bewusst ist, wie lange die erhobenen Daten aufbewahrt werden und welche Rechte und Möglichkeiten sie haben, ihre Daten einzusehen und zu bearbeiten.

- **Kontrolle ermöglichen (control):** Ein System muss den Betroffenen Möglichkeiten einräumen, auf die Datenverarbeitung und die Dauer der Speicherung Einfluss zu nehmen sowie der Verarbeitung zu widersprechen. Weiterhin müssen Funktionen existieren, mit denen die Betroffenen ihre Auskunfts- und Berichtigungsrechte wahrnehmen können.

- **Einwilligung einholen (consent):** Ein System muss von den Betroffenen vor der Datenerhebung und -verarbeitung von personenbezogenen Daten eine informierte Einwilligung (engl. „informed consent") einholen. Dabei muss das System die Betroffenen für jede konkret zu erbringende Funktionalität explizit um Erlaubnis fragen. Werden Daten automatisch erfasst und verarbeitet, ist ebenfalls eine Zustimmung der Betroffenen erforderlich. Eine spezifische und unmissverständliche Einwilligung ist weiterhin erforderlich, wenn besonders sensible Daten verarbeitet werden und wenn Daten später nicht mehr verändert werden können.

Studien belegen, dass nur wenige Nutzer Änderungen an den Sicherheits- und Privatheitseinstellungen einer Software vornehmen (Gross & Acquisti, 2005). Daher sollte ein System **im Auslieferungszustand möglichst datenschutzfreundlich** konfiguriert sein, zumal „Privacy by Default" auch eine rechtliche Anforderung ist (Art. 25 DSGVO).

7.5 Techniken für benutzbaren Datenschutz

In diesem Abschnitt werden Techniken vorgestellt, mit denen benutzbarer Datenschutz in sicherheitskritischen Systemen realisiert werden kann. Einen ersten Überblick gibt Tabelle 7-2. Ausgewählte Techniken werden in den folgenden Abschnitten entlang der vier Anforderungen an benutzbaren Datenschutz erläutert. Die Ausführungen aktualisieren die Überlegungen von Patrick und Kenny (2003).

Da der Fokus dieses Kapitels auf der Gestaltung der Benutzerschnittstellen liegt, wird auf die unter anderem in Art. 32 DSGVO geforderte sichere Datenübertragung und -speicherung (letzte Zeile in Tabelle 7-2) nicht weiter eingegangen. Im Sinne einer guten Benutzbarkeit sollten sich die Betroffenen mit diesen technischen Aspekten möglichst nicht auseinandersetzen müssen. Zusätzlich fordert Art. 25 DSGVO, dass ein System durch den Einsatz geeigneter datenschutzfreundlicher Techniken so zu gestalten ist, dass der Datenschutz technisch durchgesetzt wird („Privacy by Design").

Rechtliche Anforderungen	Anforderungen für gut benutzbaren Datenschutz	Techniken für eine gut benutzbare Umsetzung (Beispiele)
Rechtmäßigkeit und informierte Einwilligung	Betroffene erteilen ihre informierte Einwilligung und verstehen die Konsequenzen.	Einwilligung durch JITCTAs oder DaDAs mit Bezug auf mehrschichtige Datenschutzerklärung.
Zweckspezifikation und -bindung	Betroffene sind sich der Datenverarbeitungszwecke bewusst.	Explizite Angabe der Datenverarbeitungszwecke durch Policy Icons.
Datenminimierung und Speicherbegrenzung	Betroffene werden unterstützt, nur zu minimalen Datenerhebungen einzuwilligen.	Vermeidung von Freitextfeldern zur Datenerhebung; datenschutzfreundliche Default-Einstellungen.
Ex-ante-Transparenz	Betroffene kennen den Betreiber, dessen Datenschutzbeauftragten, die Datenverarbeitungszwecke und alle Details, die erforderlich sind, um die Konsequenzen zu verstehen.	Mehrschichtige Datenschutzerklärung in Kombination mit erklärenden Policy Icons, die Metaphern nutzen, welche die mentalen Modelle der Benutzer berücksichtigen.
Ex-post-Transparenz	Betroffene sind sich ihrer Auskunfts- und Interventionsrechte bewusst, verstehen diese und können sie ausüben.	Leicht bedienbare, deutlich sichtbare Online-Funktionen zum Ausüben der Rechte, die auf geeigneten Metaphern basieren und in einem für den Betroffenen sinnvollen Kontext zur Verfügung gestellt werden (z. B. dort, wo die Daten dargestellt werden).
Sicherheit		Sichere Default-Einstellungen und unsichtbare Sicherheitsmechanismen.

Tabelle 7-2: Benutzbare Umsetzung rechtlicher Anforderungen

7.5.1 Techniken zur Erklärung der Verarbeitung

Erklärungen zur Funktionsweise einer Anwendung finden sich üblicherweise im dazugehörigen **Handbuch**. Allerdings ist schon lange bekannt, dass Nutzer die Systemdokumentation nicht lesen (Comstock & Clemens, 1987). Benutzerfreundlicher als ein (gedrucktes) Handbuch ist eine **durchsuchbare Online-Hilfe**, die direkt aus der Anwendung heraus aufgerufen werden kann.

Hinweise zur Verarbeitung personenbezogener Daten finden sich bei den meisten Systemen in der sogenannten **Datenschutzerklärung** (engl. „privacy policy"), die meist ebenfalls durchsuchbar ist (mit Werkzeugen des Browsers oder Betriebssystems). Dennoch lesen nur sehr wenige Nutzer solche Datenschutzerklärungen (Milne & Culnan, 2004). Dies kann einerseits daran liegen, dass sie das Vorhandensein der Erklärung nicht bemerkt haben (vgl. Abschnitt 7.5.2). Zum anderen sind solche Erklärungen meist lang und schwer verständlich, weil sie von Juristen geschrieben werden, sich auf alle Bestandteile eines Systems beziehen und absichtlich vage formuliert sind (Pollach, 2007).

Zur Verbesserung der Benutzbarkeit ist es erforderlich, die Erklärungen so aufzubereiten, dass sie verständlich sind und schnell erfasst werden können. Eine konkrete Realisierung kann darin bestehen, bei der ersten Verwendung eines Systems zunächst in einem kurzen interaktiven **Tutorial** die wichtigsten Aspekte zu erläutern. Weitere Informationen können dann einer **mehrschichtigen Datenschutzerklärung** („Multi-Layer Policy") entnommen werden (Art. 29 Datenschutzgruppe, 2004). Diese zeigt dem Nutzer zunächst nur die absolut wesentlichen Informationen zur Verarbeitung nach Art. 13 DSGVO in einer kurzen Datenschutzerklärung an, welche die Identität des für die Datenverarbeitung Verantwortlichen und die Datenverarbeitungszwecke umfasst sowie einen Link zu der vollständigen Datenschutzerklärung. Interaktiv können ausführlichere Erklärungen eingeblendet werden.

Die Verständlichkeit einer Datenschutzerklärung kann ferner mit **Policy Icons** verbessert werden: Durch vereinheitlichte Symbole können Inhalte von Datenschutzerklärungen standardisiert und ansprechend visualisiert werden (Tschofenig et al., 2013). Bei Software-Lizenzen („Creative Commons") werden solche Icons bereits eingesetzt.

Im beruflichen Kontext sind ferner **Trainings und Seminare** gängige Methoden, mit denen Nutzern ein System verständlich gemacht wird. Gerade im Bereich des Beschäftigtendatenschutzes spricht nichts dagegen, Mitarbeiter auf diese Weise zu schulen. Allerdings sind Vorbereitung und Vermittlung vergleichsweise zeitaufwändig und kostenintensiv.

In der Usability-Forschung interessiert man sich vor allem für leichtgewichtige Ansätze. Ein System soll so intuitiv bedienbar sein, dass Dokumentation und Training verzichtbar werden. Ein häufig verfolgter Ansatz besteht darin, ein System so zu gestalten, dass es dem sogenannten **mentalen Modell** der Benutzer entspricht. Erste Ansätze der Forschung über mentale Modelle zur Verarbeitung personenbezogener Daten finden sich bei Coopamootoo und Groß (2014). Empirische Untersuchungen, wie z. B. von Kang et al. (2015) und Wästlund et al. (2011) deuten jedoch darauf hin, dass eine Vielzahl von Vorstellungen existiert, die teilweise gar nicht den Tatsachen entsprechen. So war ein Teilnehmer in der Studie von Kang et al. folgender Auffassung: „Wenn man für die Nutzung eines Systems bezahlt, verzichtet der Anbieter im Gegenzug darauf, personenbezogene Daten an andere Firmen weiterzugeben".

Verständlichkeit wird auch durch **Metaphern** begünstigt. Beispielsweise werden unverschlüsselte E-Mails häufig mit Postkarten verglichen, um zu verdeutlichen, dass der Inhalt auf dem Transportweg mitgelesen werden kann. Auch bei Metaphern besteht jedoch das Risiko von Fehlinterpretationen. So haben Whitten und Tygar (1999) in ihrer viel zitierten Studie aufgezeigt, dass Metaphern die Benutzbarkeit der Verschlüsselungssoftware PGP beeinträchtigen und zu folgenschweren Bedienfehlern führen können.

Weitere Techniken, die die Erklärung der Datenverarbeitung leichter verständlich machen, sind ein geeignetes **Layout** der Elemente in der Benutzeroberfläche (Elemente, die nah beieinanderliegen, gehören zusammen; eine horizontale Anordnung impliziert eine Reihenfolge) sowie unmittelbares **Feedback** bei Interaktionen mit einem System.

7.5.2   Techniken zur Schaffung von Bewusstsein

Die Schaffung von Bewusstsein ist eng mit der Erklärung der Verarbeitung verbunden. Das Ziel besteht dabei darin, die Aufmerksamkeit des Benutzers in einer bestimmten Situation auf das zu diesem Zeitpunkt relevante Wissen zu lenken oder ihn daran zu erinnern.

Eine häufig eingesetzte Technik ist die Einblendung einer **modalen Pop-up-Meldung**, die den Nutzer dazu auffordert, etwas zu bestätigen oder eine Entscheidung zu treffen. Solange die modale Meldung angezeigt wird, ist keine andere Interaktion mit dem System möglich. Unter Umständen besser benutzbar sind **nicht-modale Pop-ups**, da sie den Nutzer nicht bei der Arbeit unterbrechen. Damit können Nutzer kontextabhängig an die jeweils gerade relevanten Aspekte des Datenschutzes erinnert werden.

Weniger aufdringliche Techniken zur Lenkung der Aufmerksamkeit sind **Signalfarben** (und die Änderung von Farben) und **Signaltöne**.

7.5.3   Techniken zur Ermöglichen von Kontrolle

Systeme sollen so gestaltet sein, dass Nutzer die Kontrolle über die Daten haben. Dazu muss es ihnen erstens leichtfallen, die Datenverarbeitung *nachzuvollziehen* und zweitens sie *zu beeinflussen*.

Eine *Beeinflussung* ist nur dann effektiv möglich, wenn den Nutzern die verfügbaren Kontrollmechanismen bewusst sind (siehe Abschnitt 7.5.2). Darüber hinaus muss die Bedienung der angebotenen Kontrollmechanismen **offensichtlich** sein. Nach Gabrielli und Jameson (2009) werden Nutzer dabei häufig mit drei Problemen konfrontiert:

1. Die Bedeutung der Einstellungsmöglichkeit und/oder der Optionen ist unklar.

2. Die Folgen der Wahl einer bestimmten Option sind unklar.

3. Die für den Nutzer empfehlenswerteste Option ist nicht als solche erkennbar.

Vorhandene Einstellungsmöglichkeiten müssen also nicht nur leicht aufzufinden sein, sondern auch gut erklärt werden (siehe Abschnitt 7.5.1).

Der zweite Aspekt ist Kontrolle im Sinne der *Nachvollziehbarkeit* der Datenverarbeitung. Nutzer müssen abfragen können, welche Daten der Betreiber eines Systems über sie erhoben, verarbeitet und gegebenenfalls an andere weitergegeben hat. Darüber hinaus sind Möglichkeiten zur Korrektur und gegebenenfalls Löschung oder Sperre der personenbezogenen Daten vorzusehen.

Bislang werden diese Anforderungen häufig nicht durch Technik unterstützt. Die Betroffenen müssen sich dann persönlich an den Systembetreiber wenden, etwa indem sie ihm eine

schriftliche Auskunfts- oder Korrekturanfrage senden. Dieser Prozess ist nicht nur zeitraubend, sondern auch fehleranfällig. In einer Studie von Herrmann und Lindemann (2016) hat nur die Hälfte der Anbieter zufriedenstellend auf solche Anfragen reagiert.

Große Anbieter wie Google und Facebook sind daher bestrebt, diese Prozesse zu automatisieren. Über ein **Privacy Dashboard** (z. B. *https://myaccount.google.com/dashboard*) können Betroffene direkt die über sie gespeicherten Daten herunterladen, einzelne Angaben löschen oder korrigieren sowie das Benutzerkonto vollständig löschen.

Anbieterspezifische Privacy Dashboards sind zwar ein Schritt in die richtige Richtung, allerdings aus Benutzbarkeitssicht nicht optimal. Die Heterogenität der angebotenen Mechanismen führt zu hohem Lernaufwand für die Betroffenen. Vielversprechender erscheinen anbieterübergreifende Lösungen, etwa **Privacy Agents** (siehe Abbildung 7-1), die auf dem System eines Betroffenen über die preisgegebenen Daten Buch führen (Kolter et al., 2010; Angulo et al., 2015).

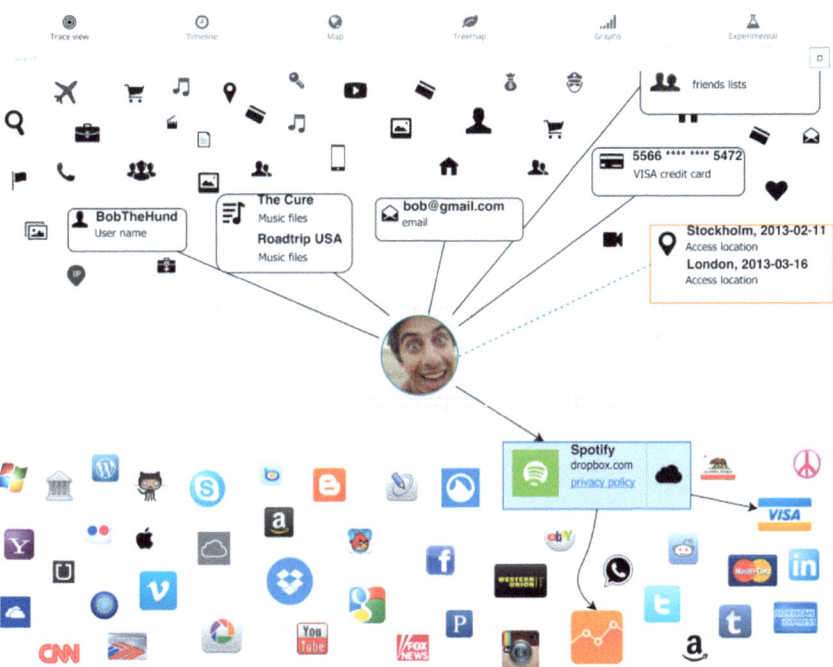

Abbildung 7-1: Mock-up des Privacy Agents „Data Track"
(Abb. aus Angulo et al., 2015)

7.5.4 Techniken zur Einholung der Einwilligung

Schließlich ist für gut benutzbaren Datenschutz sicherzustellen, dass Nutzer in die Erhebung und Verarbeitung ihrer Daten bewusst einwilligen und dass sie verstehen, welchen Umfang diese Einwilligung hat.

Eine gängige Technik besteht darin, bei der ersten Nutzung eines Systems den Nutzer auf die Datenschutzerklärung hinzuweisen. Der Nutzer wird dann aufgefordert, durch eine eindeutige bestätigende Handlung ein Häkchen in einer Checkbox zu setzen oder einen „Akzeptieren"-Knopf zu betätigen, um einzuwilligen. Bereits angekreuzte Checkboxen und Untätigkeit der betroffenen Person stellen keine Einwilligung dar. Manchmal kann der Akzeptieren-Knopf erst gedrückt werden, wenn man in der Datenschutzerklärung bis zum Ende gescrollt hat. Solche von Patrick und Kenny (2003) als **Click-through-Agreements** bezeichneten Lösungen weisen eine schlechte Benutzbarkeit auf, da man nicht davon ausgehen kann, dass die Nutzer den Inhalt der Erklärung zur Kenntnis genommen haben (siehe Abschnitt 7.5.1).

Eine Verbesserung sind sogenannte **Just-In-Time Click-Through Agreements** (JIT-CTAs, siehe Patrick & Kenny, 2003), bei denen die Idee der mehrschichtigen Datenschutzerklärungen (Art. 29 Datenschutzgruppe, 2004) zur Anwendung kommt, um die Verständlichkeit zu verbessern und die Aufmerksamkeit in der entscheidenden Situation auf den Datenschutz zu lenken (siehe Abbildung 7-2). Dem Nutzer wird dabei unmittelbar vor der Datenübermittlung ein modales Dialogfenster präsentiert, in dem knapp und leicht verständlich (etwa durch Policy Icons ergänzt) erläutert wird, welche Daten zu welchem Zweck wohin übertragen werden. Der Nutzer kann der Übertragung dann zustimmen oder diese ablehnen.

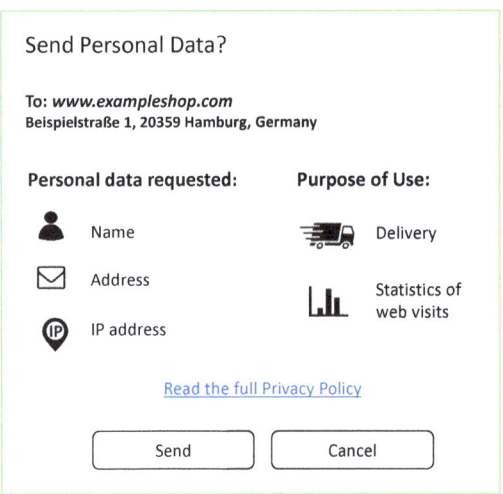

Abbildung 7-2: JITCTA mit Policy Icons

JITCTAs weisen allerdings den Nachteil auf, dass sie dem Nutzer zusätzliche Arbeit abverlangen. Von Hinweisdialogen, die häufig eingeblendet werden, geht kein Nutzen mehr aus, weil Nutzer einen Habitus entwickeln und den Hinweis gedankenlos „wegklicken" (unter anderen Egelman et al., 2008). Für den Fall der Freigabe personenbezogener Daten wurden daher **Drag-and-Drop-Agreements** (DaDAs) vorgeschlagen (Pettersson et al.,

2005), die – behutsam eingesetzt – die Benutzbarkeit verbessern können. Dabei muss der Betroffene die zu übermittelnden Daten (durch Icons symbolisiert) mit der Maus zum Anbieter ziehen. Durch diesen Schritt widmen Nutzer der Datenübermittlung mehr Aufmerksamkeit.

7.6 Systematisches Vorgehen zur datenschutzfreundlichen Gestaltung von Benutzerschnittstellen

Im vorherigen Abschnitt wurden gängige Techniken zur benutzbaren Umsetzung der datenschutzrechtlichen Anforderungen beschrieben. Für ein vorliegendes oder neu zu entwerfendes System stellt sich die Frage, welche Techniken an welchen Stellen zum Einsatz kommen sollen. Um nichts zu übersehen, ist ein systematisches Vorgehen notwendig:

1. Zunächst wird eine **Aufstellung aller Benutzerschnittstellen** angefertigt, bei denen Daten von den Betroffenen zur Verfügung gestellt werden.

2. Ferner wird eine **Aufstellung aller Prozesse** angefertigt, die Daten erfassen oder übertragen, die von den Betroffenen über eine der im ersten Schritt identifizierten Benutzerschnittstellen zur Verfügung gestellt worden sind oder die das System (automatisch) über die Betroffenen erhoben hat.

3. Für jede Benutzerschnittstelle und jeden Prozess ist zu überprüfen, welche der **rechtlichen Anforderungen** zu berücksichtigen sind und welche **Anforderungen an die Benutzbarkeit** dabei eine Rolle spielen.

4. Für jeden Datenübertragungsprozess und jede anwendbare rechtliche Anforderung ist festzulegen, welche **Techniken für benutzbaren Datenschutz** zum Einsatz kommen sollen.

5. Für datenschutzrelevante Prozesse, die bislang nicht in der Benutzerschnittstelle sichtbar sind, ist zu prüfen, ob **neue Benutzerschnittstellen zu erzeugen** oder bestehende Schnittstellen zu erweitern sind, um Anforderungen an die Ex-ante- oder Ex-post-Transparenz beziehungsweise Intervenierbarkeit umzusetzen.

Das Vorgehen setzt eine möglichst präzise und vollständige Modellierung des Systems voraus. Hierfür bieten sich etablierte Methoden und Darstellungstechniken aus dem Software Engineering an, etwa auf Basis von UML (Rumbaugh et al., 2004). Für einen schnellen Überblick bietet es sich an, alle möglichen Nutzerinteraktionen in **Use-Case-Diagrammen** zu erfassen (siehe Abbildung 7-3).

Im Anschluss daran wird für jeden Use Case der idealtypische Ablauf textuell beschrieben. Dabei sollte nicht nur die Perspektive der Betroffenen (zum einen Konsumenten, zum anderen Arbeitnehmer) dargestellt werden. Auch die Interessen der Systembetreiber müssen herausgearbeitet werden, um den Zweck der Datenverarbeitung zu verdeutlichen.

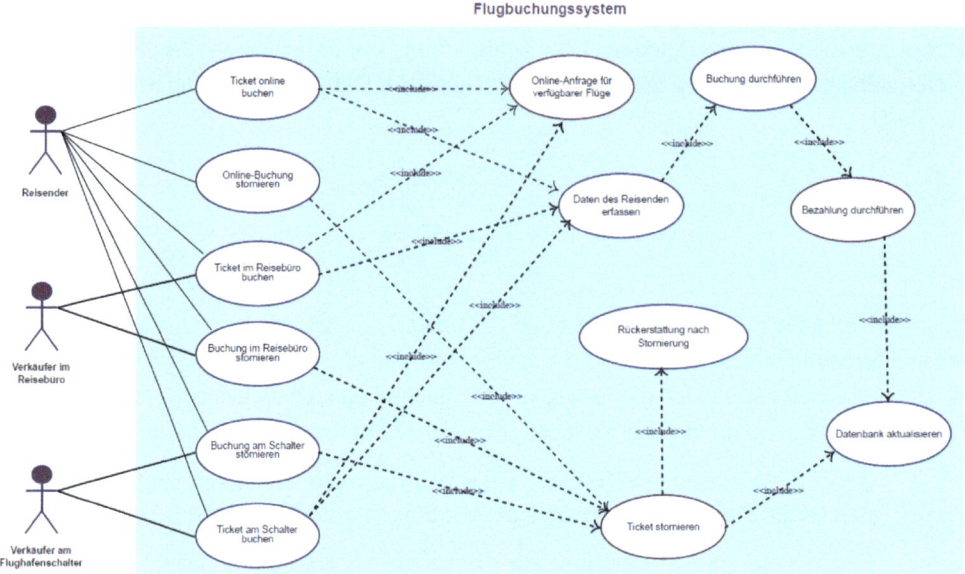

Abbildung 7-3: Beispiel eines Use Case-Diagramms

Die textuelle Beschreibung wird ergänzt durch eine Dokumentation der Benutzerschnitt-stellen, entweder in Form von Screenshots oder als Mock-ups, die nur die wesentlichen Elemente enthalten. Anstelle von Use Cases können auch die überschaubareren **User Sto-ries** verwendet werden, die in agilen Software-Projekten angefertigt werden (Cohn, 2004).

Die Dokumentation der Prozesse kann mit **Sequenzdiagrammen** erfolgen, die beschrei-ben, welche Schritte für eine bestimmte Funktionalität durchlaufen werden. Darin sind alle an einem Prozess beteiligten Komponenten und die Kontroll- und Datenflüsse modelliert (siehe Abbildung 7-4). Für jeden Use Case ist mindestens ein Sequenzdiagramm zu erstel-len.

Bei der datenschutzfreundlichen Gestaltung von Systemen ist zu beachten, dass der Grundsatz „viel hilft viel" nicht zielführend ist. Umfassender Schutz geht meist mit Kom-forteinbußen oder Funktionseinschränkungen einher. Bei den Betroffenen finden solche Lösungen keine Akzeptanz. Wenn das Ziel darin besteht, dass möglichst viele Nutzer da-tenschutzfreundliche Systeme einsetzen, kann es sinnvoll sein, auf idealtypisch implemen-tierten Datenschutz zu Gunsten einer besseren Benutzbarkeit zu verzichten (Herrmann et al., 2016). Ein Beispiel ist das weit verbreitete Anonymisierungssystem Tor (Dingledine et al., 2004), das nur vor ganz bestimmten Formen der Überwachung schützt, dafür jedoch eine akzeptable Geschwindigkeit beim Surfen bietet.

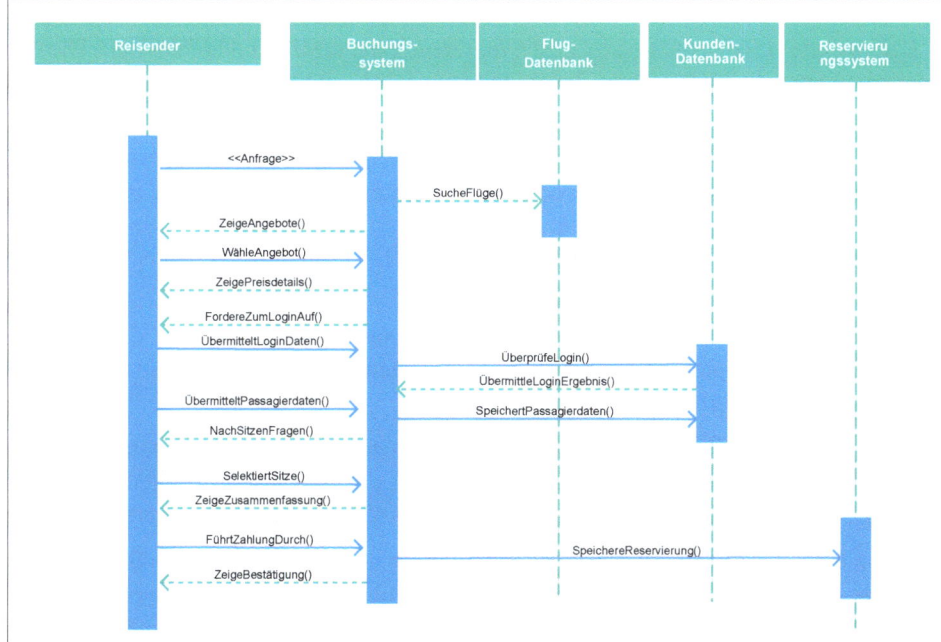

Abbildung 7-4: Beispiel eines Sequenzdiagramms

7.7   Fazit

Dieses Kapitel hat die wesentlichen Aspekte des benutzbaren Datenschutzes in sicherheitskritischen Systemen dargestellt. Der Schwerpunkt des Kapitels lag darauf, rechtliche Anforderungen, die sich aus der europäischen Datenschutzgrundverordnung ergeben, gut benutzbar umzusetzen. Der Fokus lag dabei auf der Gestaltung von Benutzerschnittstellen für die betroffenen Nutzer, über welche Daten erhoben oder verarbeitet werden, und nicht auf der kryptographischen Absicherung der Datenübertragung und -speicherung.

Basierend auf Anforderungen aus der Usability-Forschung wurde eine Auswahl von Techniken präsentiert und ein systematisches Vorgehensmodell zur Erfassung aller für den Datenschutz relevanten Benutzerschnittstellen vorgestellt.

- In vielen sicherheitskritischen Systemen werden personenbezogene (teilweise sensible) Daten erfasst und verarbeitet. Der Schutz der Privatsphäre ist den meisten Nutzern zwar wichtig; angesichts der unmittelbar spürbaren Vorteile, die sich aus der Nutzung solcher Systeme ergeben, geben sie ihre Privatsphäre jedoch bereitwillig auf (Privacy-Paradoxon).

- Um Missbrauch zu vermeiden, enthalten die Datenschutzgesetze verschiedene Auflagen, die von Systembetreibern zu erfüllen sind, wenn personenbezogene Daten verarbeitet werden. Dazu zählen *Rechtmäßigkeit und informierte Einwilligung,*

Zweckspezifikation und -bindung, Datenminimierung und Speicherbegrenzung, Transparenz (ex ante und ex post), *Recht auf Intervention* und *Sicherheit*. Die Verarbeitung von Daten ohne Personenbezug (z. B. anonymisierte Daten) ist davon ausgenommen.

- Für eine gut benutzbare Umsetzung der rechtlichen Anforderungen müssen die Benutzerschnittstellen eines Systems vier Anforderungen erfüllen: *Verarbeitung verständlich erklären, Bewusstsein schaffen, Kontrolle ermöglichen, Einwilligung einholen*. Dies kann etwa durch Just-In-Time Click-Through Agreements, Policy Icons und mehrschichtige Datenschutzerklärungen erreicht werden.

- Weiterhin zeichnen sich gut benutzbare Systeme dadurch aus, dass sie im Auslieferungszustand sicher und dem Prinzip der Datenminimierung folgend datenschutzfreundlich „by default" konfiguriert sind.

- Die Erfassung aller für den Datenschutz relevanten Benutzerschnittstellen setzt eine systematische Modellierung eines Systems voraus. Wie gezeigt können hierfür gängige UML-Techniken (Use-Case- und Sequenzdiagramme) zum Einsatz kommen.

- Die Umsetzung der Datenschutztechniken muss mit Augenmaß erfolgen. Datenschutzfreundliche Systeme, die mit Komforteinbußen einhergehen, werden von den Nutzern nicht akzeptiert. Werden die Nutzer zu häufig bei ihrer primären Aufgabe gestört, kann dies zu einer Ablehnung des Systems führen. Wenn das Ziel darin besteht, dass eine möglichst große Zahl an Nutzern ihr Datenschutzniveau zumindest ein Stück weit verbessert, ist eine suboptimale Datenschutzlösung unter Umständen die bessere Wahl.

7.8 Übungsaufgaben

Aufgabe 1: Erläutern Sie die Begriffe Safety, Security, Vertraulichkeit, Integrität und Verfügbarkeit.

Aufgabe 2: Beschreiben Sie die rechtlichen Anforderungen, die ein System gemäß DSGVO erfüllen muss, wenn es personenbezogene Daten verarbeitet.

Aufgabe 3: Welche Anforderungen muss ein System erfüllen, das die rechtlichen Anforderungen gut benutzbar implementiert? Nennen Sie für jede Benutzbarkeitsanforderung zwei Techniken und stellen Sie deren Vor- und Nachteile gegenüber.

Aufgabe 4: Welche Rolle spielt der Datenschutz in sicherheitskritischen Systemen, bei denen Leib und Leben in Gefahr sind? Beantworten Sie diese Frage, indem Sie ein Beispiel für ein solches System beschreiben und mindestens zwei Bedrohungsszenarien erläutern.

Aufgabe 5: Vollziehen Sie das Vorgehen zur Gestaltung eines datenschutzfreundlichen Systems am fiktiven Beispiel der MyWatch (siehe Abschnitt 7.2) durch. Zeichnen Sie dazu ein Use Case-Diagramm und ein Sequenzdiagramm für einen ausgewählten Prozess. Zeichnen Sie Mock-ups für Benutzerschnittstellen und wenden Sie ausgewählte Techniken zur gut benutzbaren Umsetzung des Datenschutzes an. Treffen Sie sinnvolle Annahmen, wenn Angaben zu Details fehlen.

7.9 Literatur

7.9.1 Literaturempfehlungen

Cranor, L.F., & Garfinkel, S. (eds) (2005). Security and Usability: Designing Secure Systems that People Can Use. O'Reilly Media, Newton.

Freehaven (o.J.). Selected Papers in Anonymity. URL: *https://www.freehaven.net/anonbib/* (accessed on 15-07-2017)

Kargl, F. (o.J.). privacypatterns.eu. URL: *https://privacypatterns.eu/* (accessed on 14-07-2017)

Schaub, F., Balebako, R., Durity, A.L., & Cranor L.F. (2015). A Design Space for Effective Privacy Notices. *Proceedings of the Eleventh Symposium On Usable Privacy and Security (SOUPS 2015)*. USENIX Association, Berkeley, CA, USA, 1–17.

7.9.2 Literaturverzeichnis

Acquisti, A., & Grossklags, J. (2005). Privacy and Rationality in Individual Decision Making. IEEE Security and Privacy 3/1:26–33.

Angulo, J., Fischer-Hübner, S., Pulls, T., & Wästlund, E. (2015). Usable Transparency with the Data Track: A Tool for Visualizing Data Disclosures. CHI Extended Abstracts 2015. ACM, New York, NY, USA, 1803–1808.

Art. 29 Datenschutzgruppe (2004). Stellungnahme 10/2004 zu einheitlicheren Bestimmungen über Informationspflichten (November 25, 2004). URL: http://ec.europa.eu/justice/policies/privacy/docs/wpdocs/2004/wp100_de.pdf (Abruf am 14.07.2017). Europäische Kommission.

Cohn, M. (2004). User Stories Applied: For Agile Software Development. Addison Wesley Longman, Redwood City, CA, USA.

Comstock, E.M., & Clemens, E.A. (1987). Perceptions of computer manuals: A view from the field. Proceedings of the Human Factors Society 31st Annual Meeting, 139–143.

Coopamootoo K.P.L., & Groß T. (2014). Mental Models for Usable Privacy: A Position Paper. In: Tryfonas T., Askoxylakis, I. (eds) Human Aspects of Information Security, Privacy, and Trust (HAS 2014). Lecture Notes in Computer Science, vol 8533. Springer, Cham, 410–421.

Dingledine, R., Mathewson, N., & Syverson, P. (2004). Tor: the second-generation onion router. Proceedings of the 13th conference on USENIX Security Symposium (Bd. 13). USENIX Association, Berkeley, CA, USA, 21–21.

Egelman S., Cranor, L.F., & Hong J. (2008). You've been warned: an empirical study of the effectiveness of web browser phishing warnings. Proceedings of the SIGCHI Conference on Human Factors in Computing Systems (CHI 2008). ACM, New York, NY, USA, 1065–1074.

Federrath, H., & Pfitzmann, A. (2000). Gliederung und Systematisierung von Schutzzielen in IT-Systemen. Datenschutz und Datensicherheit DuD 24/12:704–710.

Gabrielli S., & Jameson A. (2009). Obstacles to Option Setting: Initial Results with a Heuristic Walkthrough Method. In: Gross, T. et al. (Hrsg.) Proceedings of Human-Computer Interaction (INTERACT 2009). Lecture Notes in Computer Science, vol 5727. Springer, Berlin, Heidelberg, 600–603.

Gross, R., & Acquisti, A. (2005). Information revelation and privacy in online social networks. Proceedings of the 2005 ACM workshop on Privacy in the electronic society (WPES 2005). ACM, New York, NY, USA, 71–80.

Herrmann, D., & Lindemann, J. (2016). Obtaining personal data and asking for erasure: do app vendors and website owners honour your privacy rights? In: Meier, M. et al. (Hrsg.) Sicherheit 2016: Sicherheit, Schutz und Zuverlässigkeit, Beiträge der 8. Jahrestagung des Fachbereichs Sicherheit der Gesellschaft für Informatik. GI, Bonn, 149–160.

Herrmann, D., Lindemann, J., Zimmer, E., & Federrath, H. (2016). Anonymity Online for Everyone: What Is Missing for Zero-Effort Privacy on the Internet? In: Camenisch, J., Kesdoğan, D. (eds) Open Problems in Network Security (iNetSec 2015). Lecture Notes in Computer Science, vol 9591. Springer, Cham, 82–94.

Kang R., Dabbish L., Fruchter N., & Kiesler S. (2015). "My Data Just Goes Everywhere:" User Mental Models of the Internet and Implications for Privacy and Security. Proceedings of Symposium On Usable Privacy and Security, 39–52.

Kokolakis, S. (2017). Privacy attitudes and privacy behaviour: A review of current research on the privacy paradox phenomenon. Computers & Security 64:122–134.

Kolter J., Netter M., & Pernul G. (2010). Visualizing Past Personal Data Disclosures. ARES 2010: Fifth International Conference on Availability, Reliability and Security. IEEE Computer Society, 131–139.

Lazar, J., Feng, J., & Hochheiser, H. (2017). Research Methods in Human-Computer Interaction (2nd ed). Morgan Kaufmann Publishers Inc., San Francisco, CA, USA.

Milne, G.R., & Culnan, M.J. (2004). Strategies for reducing online privacy risks: Why consumers read (or don't read) online privacy notices. J. Interactive Mark. 18:15–29.

Nielsen, J. (1993). Usability Engineering. Morgan Kaufmann Publishers Inc., San Francisco, CA, USA.

Patrick, A.S., & Kenny, S. (2003). From Privacy Legislation to Interface Design: Implementing Information Privacy in Human-Computer Interfaces. In: Dingledine, R. (Hrsg.) Privacy Enhancing Technologies (PET 2003). Lecture Notes in Computer Science, vol 2760. Springer, Berlin, Heidelberg, 107–124.

Pfitzmann, A., & Hansen, M. (2010). A terminology for talking about privacy by data minimization: Anonymity, Unlinkability, Undetectability, Unobservability, Pseudonymity, and Identity Management (v0.34). URL: http://dud.inf.tu-dresden.de/literatur/Anon_Terminology_v0.34.pdf (Abruf am 14.07.2017).

Pollach, I. (2007). What's wrong with online privacy policies? Communications of the ACM, 50(9), 103–108.

Rumbaugh, J., Jacobson, I., & Booch G. (2004). The unified modeling language reference manual (2nd ed). Pearson Higher Education.

Tschofenig, H., Volkamer, M., Jentzsch, N., Fischer-Hübner, S., Schiffner, S., & Tirtea, R. (2013). On the security, privacy and usability of online seals: An overview. URL: https://www.enisa.europa.eu/publications/on-the-security-privacy-and-usability-of-online-seals (accessed on 14-07-2017). ENISA.

Voydock, V.L., & Kent, S.T. (1983). Security Mechanisms in High-Level Network Protocols. ACM Computing Surveys 15/2:135–171.

Wästlund, E., Angulo, J., & Fischer-Hübner, S. (2012). Evoking comprehensive mental models of anonymous credentials. In: Camenisch, J., Kesdoğan, D. (eds) Open Problems in Network Security (iNetSec 2011). Lecture Notes in Computer Science, vol 7039. Springer, Berlin, Heidelberg, 1–14.

Whitten, A., & Tygar, J.D. (1999). Why Johnny can't encrypt: a usability evaluation of PGP 5.0. Proceedings of the 8th conference on USENIX Security Symposium, Bd. 8. USENIX Association, Berkeley, CA, USA, 14–14.

Zimmer, E., Lindemann, J., Herrmann, D., & Federrath, H. (2016). Catching Inside Attackers: Balancing Forensic Detectability and Privacy of Employees. In: Camenisch, J., Kesdoğan, D. (eds) Open Problems in Network Security (iNetSec 2015). Lecture Notes in Computer Science, vol 9591. Springer, Cham, 53–55.

Recht, Ethik, Kultur

8 Ausgewählte rechtliche Implikationen

Klaus Gennen
Technische Hochschule Köln ·
LLR Legerlotz Laschet und Partner Rechtsanwälte PartG mbB

Zusammenfassung

Das Kapitel widmet sich ausgewählten Grundzügen der rechtlichen Einordnung des Einsatzes von Informations- und Kommunikationstechnik (IT), insbesondere (1) in Krisensituationen, (2) im Bereich sogenannter Kritischer Infrastrukturen in bestimmten Sektoren (z. B. Energie, Logistik, Banken) und (3) dem Einsatz solcher Systeme, deren Ausfall erhebliche Folgen jedenfalls für den Betreiber zeitigen [kann]. Dieser Rechtsbereich ist nicht trennscharf von anderen Rechtsbereichen abgrenzbar. Vielmehr liegen im Fall einer Störung oder Krise der IT und beim Einsatz von IT in der Krise zumeist rechtliche Implikationen aus verschiedenen Teilrechtsgebieten vor, die es jeweils gesondert zu bewerten gilt, z. B. (1) aus dem Bereich, aus dem die die Krise auslösende Gefahr stammt (z. B. Umweltrecht, Aufsichtsrecht, Polizei- und Ordnungsrecht/Katastrophenschutz), (2) dem IT-Recht, insbesondere dem IT-Sicherheitsrecht, sowie (3) dem Datenschutzrecht und dem (4) Telemedien- und Telekommunikationsrecht.

Lernziele

- Die Leser kennen wesentliche Normen zur rechtlichen Beurteilung von kritischen IT-Infrastrukturen.

- Die Leser kennen wesentliche Implikationen bei der rechtlichen Beurteilung von IT in der Krise.

- Die Leser können typisierte Krisensituationen in einen rechtlichen Zusammenhang einordnen.

8.1 Einleitung

Unternehmen und öffentliche Institutionen (Stichworte: Industrie 4.0, das Arbeiten mit Big Data, eGovernment, Betreiber von Frühwarnsystemen usw.) wie auch Verbraucher (Stichworte: Nutzung von SmartHome, Connected Car, Social Media als Informationskanal usw.) setzen zunehmend auf die Digitalisierung von Geschäftsvorfällen beziehungsweise Vorgängen. Abläufe werden dadurch vereinfacht, manche Geschäftsmodelle gar erst ermöglicht, und Vorgänge beziehungsweise Informationen sind, insbesondere bei der Vorhaltung von Anwendungen und/oder Daten in Cloud-Systemen, von jedem mit dem Internet verbundenen Ort ausführ- beziehungsweise abrufbar. Damit einher geht jedoch eine Abhängigkeit der Nutzer und der sonstigen Betroffenen von der zugrundeliegenden Infrastruktur beziehungsweise den eingesetzten Anwendungen, was zu erheblichen Auswirkungen führen kann, falls die IT, insbesondere bei Störungen, in einem Notfall, einer Krise oder gar einer Katastrophe (im Folgenden zusammenfassend nur „Krise"), nicht einwandfrei funktioniert, z. B. von Unbefugten inhaltlich beeinflusst wird oder gar zum Stillstand kommt.

Dies gilt naturgemäß bereits für den Regelbetrieb von Krisen-IT, das heißt der IT, die zum Aufspüren, zum Management beziehungsweise zum Beseitigen einer Krise eingesetzt wird. Denn auch in diesem Bereich wird in erheblichem Umfang IT eingesetzt, z. B. Entscheidungsunterstützungs-, Frühwarn-, Alarmsysteme und Systeme zur Kommunikation und/oder Steuerung von Krisenbewältigungsprozessen (vgl. Kapitel 13 zu einem Überblick über Systeme für das Krisenmanagement).

Dieses Kapitel befasst sich vor diesem Hintergrund mit einigen ausgewählten und grundlegenden rechtlichen Implikationen des Einsatzes sicherheitskritischer IT-Systeme sowie von IT-Systemen in Krisensituationen und gibt einen Überblick über ausgewählte Teile der Rechtslage in Deutschland. Problematisch in diesem Bereich ist insbesondere, dass die rechtliche Aufarbeitung und Strukturierung auf Rechtsnormebene in einigen Bereichen der tatsächlichen technischen Entwicklung und zumeist auch etwa möglichen Krisenszenarien hinterherhinkt.

8.2 Ausgewählte Begriffe

8.2.1 KRITIS, sicherheitskritische Systeme

Detaillierte spezifische rechtliche Regelungen zu sicherheitskritischen IT-Systemen einschließlich deren Definition sind mit Wirkung für Deutschland in Bereichen, in denen es um die Versorgung großer Teile der Bevölkerung geht, erst in jüngerer Zeit, das heißt ab etwa 2015, entstanden, z. B. das **IT-Sicherheitsgesetz** (eingeflossen in insbesondere das BSIG) und die **NIS-Richtlinie** (ebenso), auch wenn die meisten technischen Bedrohungsszenarien in technisch gut orientierten Kreisen schon zuvor seit vielen Jahren oder gar

Jahrzehnten bekannt und einige davon auch bereits eingetreten waren – und auch unge-achtet des Umstandes, dass Initiativen wie UP-KRITIS bei Drucklegung dieser Auflage des Werkes schon seit zehn Jahren bestanden.

Bezogen auf einzelne Branchen wie z. B. Banken und Versicherungen existierten jedoch aufsichtsrechtliche Verpflichtungen zum sicheren IT-Betrieb, zu Notfallplänen und zur Business Continuity (siehe Kapitel 11) schon seit einigen Jahren, insbesondere in regulier-ten Bereichen wie z. B. dem Bereich der Kreditinstitute – dies jedoch nicht mit Blick auf die Versorgung großer Teile der Bevölkerung wie bei sogenannten Kritischen Infrastruk-turen, sondern mit Blick auf die Risiken der IT für einen ungestörten und ununterbroche-nen Geschäftsbetrieb eines einzelnen Systems beziehungsweise der Systeme eines einzel-nen Unternehmens.

Angesichts zunehmender Cyberattacken werden Risiken im Zusammenhang mit den so-genannten **Kritischen Infrastrukturen** (**KRITIS**; vgl. Kapitel 11 zu den fachlichen Vo-raussetzungen Kritischer Infrastrukturen) als immer bedeutsamer angesehen. Als KRITIS im Rechtssinne sind in Deutschland gem. § 2 Nr. 10 BSIG (Gesetz über das Bundesamt für Sicherheit in der Informationstechnik v. 14.8.2009 [BGBl. I S. 2821], zul. geänd. durch Art. 1 des G. v. 23.6.2017 [BGBl. I S. 1885]) Einrichtungen, Anlagen oder Teile davon anzusehen, die in bestimmten, nachfolgend im Einzelnen angesprochenen wirtschaftlichen Sektoren betrieben werden und *„von hoher Bedeutung für das Funktionieren des Gemein-wesens sind, weil durch ihren Ausfall oder ihre Beeinträchtigung erhebliche Versorgungs-engpässe oder Gefährdungen für die öffentliche Sicherheit eintreten würden"*.

Der Begriff des **sicherheitskritischen Systems** (vgl. Kapitel 1) soll jedoch für Zwecke dieses Kapitels weiter verstanden werden als der der *KRITIS*. Während bei der KRITIS auf die Bedeutung der *Infrastruktur* für die Aufrechterhaltung beziehungsweise Versor-gung des **Gemeinwesens** abgestellt wird, ist der Blick beim sicherheitskritischen *System* auf die Sicherheit lediglich des **Betreibers** und gegebenenfalls auch der an das System angeschlossenen **Nutzer** gerichtet, die ihrerseits kein erheblicher Teil des Gemeinwesens sind. Fällt z. B. das elektronische Zutrittskontrollsystem eines kleineren Chemiewerkes aus, in dem sehr giftige Stoffe produziert werden, hat das zunächst nichts mit KRITIS im Rechtssinne zu tun, kann aber für den Betreiber, das Chemieunternehmen, ein unangeneh-mer Vorfall in Bezug auf ein sicherheitskritisches System sein, je nach Auswirkung auch für die Bewohner in unmittelbarer Umgebung.

8.2.2 Störung, Notfall, Krise, Katastrophe im IT–Grundschutzkatalog

Was ist für den Bereich der IT-Systeme unter einer Störung, einem Notfall, einer Krise und einer Katastrophe zu verstehen? Der sogenannte „**IT–Grundschutzkatalog**" des BSI (früher sogenanntes **IT-Grundschutzhandbuch**, vgl. zur Erläuterung den Webkurs[5])

---

[5] https://www.bsi.bund.de/DE/Themen/ITGrundschutz/ITGrundschutzSchulung/Webkurs1004/1_Ein-fuehrung/4_Definitionen/Definitionen_node.html.

kennt in seinem Standard mit der Bezeichnung „BSI 100-4" (Teil Notfallmanagement) die Definition kleinerer und größerer Störungen und richtet für die IT in der öffentlichen Verwaltung beziehungsweise für Institutionen jedweder Größenordnung bestimmte Schutzmaßnahmen (vgl. BBK 2017) risikoorientiert an dem Ausmaß und der Auswirkungen der Störung aus. Die Begriffe zu den Arten von Vorfällen lauten wie folgt:

Vorfalls-art	Erläuterung	Behandlung
Einfache Störung	kurzzeitiger Ausfall von Prozessen oder Ressourcen mit nur geringem Schaden	Behandlung ist Teil der üblichen Störungsbehebung
Notfall	länger andauernder Ausfall von Prozessen oder Ressourcen mit hohem oder sehr hohem Schaden	Behandlung verlangt besondere Notfallorganisation
Krise	im Wesentlichen auf die Institution begrenzter verschärfter Notfall, der die Existenz der Institution bedroht oder die Gesundheit oder das Leben von Personen beeinträchtigt	da Krisen nicht breitflächig die Umgebung oder das öffentliche Leben beeinträchtigen, können Sie, zumindest größtenteils, innerhalb der Institution selbst behoben werden
Katastrophe	Räumlich und zeitlich nicht begrenztes Schadensereignis, z. B. als Folge von Überschwemmungen oder Erdbeben	Aus Sicht der Institution stellt sich eine Katastrophe als Krise dar und wird intern durch deren Notfallorganisation in Zusammenarbeit mit den externen Hilfsorganisationen bewältigt

Tabelle 8-1: Vorfallsarten und ihre Behandlung

Bezogen auf IT-Systeme existiert damit ein übergreifendes Feld an Begriffen zur Kennzeichnung von Krisensituationen unterschiedlicher Schwere. Jedoch werden auch in anderen Bereichen mit direkter oder indirekter Berührung zu IT beziehungsweise zum IT-Recht eigenständige Begriffe des „**Notfalls**" oder der „**Krise**" definiert, teilweise branchenspezifisch. So enthält z. B. die Richtlinie 2009/138/EG des Europäischen Parlaments und des Rates vom 25.11.2009 betreffend die Aufnahme und Ausübung der Versicherungs- und der Rückversicherungstätigkeit („Solvabilität II") implizit einen eigenen Begriff der Krise, der sich in erster Linie mit der Verschlechterung der finanziellen Lage befasst – die freilich auch dadurch eintreten kann, dass aufgrund nicht funktionierender IT der Geschäftsbetrieb nicht durchgehend aufrechterhalten werden kann.

8.2.3 Krisen-IT

Schließlich sind auch die rechtlichen Rahmenbedingungen im Bereich des Einsatzes von Krisen-IT (zu den Anforderungen an entsprechende Systeme, zu Funktionen und Kategorien vgl. Kapitel 13) auf europäischer Ebene teilweise eher jung; fest gefügte Begrifflichkeiten existieren hier nicht. Unter Krisen–IT werden für Zwecke dieses Kapitels IT-Systeme verstanden, die zum Aufspüren, zum Management beziehungsweise zum Beseitigen einer Krise eingesetzt werden. Dabei kann es sich um spezialisierte Systeme handeln wie z. B. Frühwarn- oder Informationssysteme, aber auch um herkömmliche Systeme wie Mobilfunkgeräte, die zur Kommunikationen während einer Krise eingesetzt werden, oder Datenbanken, in die Daten über die Krise/die Katastrophe eingespeist werden, beispielsweise über externe Einflussgrößen, den Verbleib von Bewohnern und dergleichen.

So stammt z. B. die sogenannte „**Bekanntmachung der Kommission - Leitlinien für die Bewertung der Risikomanagementfähigkeit**" (ABl. EU. C 261/5 ff v. 8.8.2015) (erst) aus dem Sommer 2015. Hierdurch wurde der Beschluss Nr. 1313/2013/EU vom 17.12.2013 über ein Katastrophenschutzverfahren der EU (ABl. EU. L 347/924 ff v. 20.12.2013) umgesetzt. Diese Leitlinien sollen dazu führen, dass EU-weit die Fähigkeit eines Mitgliedstaats zur Verringerung von Risiken beziehungsweise zur Anpassung an oder zur Abschwächung von in den Risikobewertungen ermittelten Risiken in Bezug auf Naturkatastrophen und von Menschen gemachten Katastrophen auf ein in diesem Mitgliedsstaat annehmbares Maß geführt wird. In diesen Leitlinien wird (Fragen 14 und 15) auch die IT und die Kommunikationstechnologie angesprochen, wobei sich diese Fragen eher auf die Nutzung zur Durchführung von Risikobewertungen beziehen. Frage 44 befasst sich mit dem Zustand der für die Durchführung von Präventions- und Vorsorgemaßnahmen relevanten Infrastrukturen, zu denen wiederum auch die IT gehört (z. B. Satelliten, Kabel, Frühwarnsysteme).

Im Katastrophenschutz werden in Deutschland auf verschiedenen Ebenen der föderalen Struktur bereits seit längerer Zeit entsprechende Anstrengungen zur Verbesserung von Warn- und Krisenbewältigungssystemen unter Einsatz von IKT unternommen und in jüngerer Zeit auch unterschiedliche Systeme eingesetzt. So wird beispielsweise das Frühwarnsystem **SatWaS (satellitengestütztes Warnsystem)** mit der Weiterentwicklung zum **MoWaS (modulares Warnsystem)** eingesetzt, um Warnungen an die Bevölkerung über Rundfunk, TV und andere Medien zu steuern. Ferner existiert das Gemeinsame Melde- und Lagezentrum von Bund und Ländern (GMLZ). System beziehungsweise Zentrum sind ohne Einsatz von IKT nicht denkbar. Seit 2004 existiert das unter anderem in Reaktion auf die Terrorangriffe am 11.9.2001 und die Hochwasserereignisse des Jahres 2002 gegründete Bundesamt für Bevölkerungsschutz und Katastrophenhilfe (BBK), das z. B. eine Applikation namens **NINA** herausgegeben hat (Notfall-Informations- und Nachrichten-App). NINA warnt deutschlandweit vor Gefahren, wie z. B. Hochwasser und anderen sogenannten Großschadenslagen.

Kapitel 13 stellt verschiedene kommerzielle Typen von Systemen für Krisen-IT vor; hierauf wird verwiesen. Letztlich können auch, wie eingangs erwähnt, gewöhnliche beziehungsweise traditionelle Systeme wie Telefonie oder Social Media Krisen–IT darstellen, je nach Einsatzzweck und Funktion während des Verlaufs einer Krise. Es geht also bei Krisen-IT keineswegs nur um spezialisierte Anwendungen beziehungsweise Systeme.

Hieraus ist ersichtlich, dass zwar entsprechende Systeme schon seit längerer Zeit existieren, insbesondere schon vor der Jahrtausendwende, das aber Standardisierungen zu Risikomanagementstrategien auf EU–Ebene erst in jüngerer Zeit einsetzen.

8.3   Rechtliche Grundlagen für KRITIS

In diesem Abschnitt wird schwerpunktmäßig die Rechtslage zu KRITIS gem. Ziffer 8.2.1 dargestellt. Um die Realisierung der Risiken im Zusammenhang mit dem Betrieb von KRITIS zu verringern, sind sowohl in der EU wie in Deutschland rechtliche Regelungen für den Betrieb solcher Systeme erlassen worden, die (in erster Linie) von den Betreibern zu beachten sind. Zielrichtung dieser Vorschriften ist, als kritisch zu betrachtende Infrastrukturen auf einer vergleichsweise hohen Abstraktionsebene zu identifizieren und deren Betreiber zum Schutz der Infrastruktur und zu deren sicherem Betrieb zu verpflichten. Der Betrieb als solches soll arbeitsfähig bleiben und nicht zum Stillstand kommen. Es sollen auch die mit der Infrastruktur umgehenden Arbeitnehmer während der Ausübung ihrer Tätigkeiten geschützt werden. Zudem sollen diejenigen, die aufgrund der Nutzung digitaler oder über die Infrastruktur digital gesteuerter oder vermittelter Angebote der Risikosphäre zuzurechnen sind beziehungsweise einen Schaden erleiden würden, wenn die Infrastruktur ausfällt, geschützt werden. Dies können z. B. Verbraucher sein, deren Daten im Rahmen einer breit angelegten Auslagerung (Outsourcing) von einem Dritten gespeichert und verarbeitet werden, oder Verkehrsteilnehmer, die auf funktionierende Verkehrsinfrastruktur, Energieversorgung, Wasserversorgung und dergleichen angewiesen sind.

Auf Ebene der EU ist in diesem Bereich der Erlass von Richtlinien oder Verordnungen möglich. Während Richtlinien grundsätzlich innerhalb der für sie festgelegten Umsetzungsfrist vom jeweiligen nationalen Gesetzgeber in das nationale Recht überführt werden müssen (Calliess/Kahl/Puttler, EUV/AEUV, A I. Titel I. Art. 4 D. I, Rn 55), entfalten Verordnungen unmittelbare Wirkung für den betroffenen persönlichen Anwendungsbereich (Geismann, Europäisches Unionsrecht, Art. 288 I. 2. b), Rn. 11). Der deutsche Gesetzgeber hat zum Teil parallel zu Vorschriften der EU, zum Teil in deren Umsetzung in den vergangenen Jahren sowohl neue Gesetze erlassen, als auch bereits bestehende Gesetze geändert und/oder ergänzt. In Anbetracht der stets voranschreitenden technologischen Entwicklung und dem damit verbundenen steigenden Sicherheitsbedürfnis und den sich ausdehnenden Regelungsbereichen ist davon auszugehen, dass es auch in Zukunft regelmäßig Veränderungen und Neuerungen geben wird. Nachstehend werden einige wesentliche Regelungen aufgezeigt, die für KRITIS relevant sind.

8.3.1 BSI-Gesetz

8.3.1.1 Grundlagen

Bereits seit 1990, als das Gesetz über die Errichtung eines „**Bundesamtes für die Sicherheit in der Informationstechnik**" (**BSI**) verabschiedet wurde, bemüht man sich in Deutschland um die Errichtung einer Behörde, die sich mit der Sicherheit in der IT befasst, soweit diese von der öffentlichen Hand eingesetzt wird. Nach seiner Errichtung hatte das BSI zunächst ausschließlich die Funktion der Untersuchung von Sicherheitsrisiken, der Entwicklung von Sicherheitsvorkehrungen sowie von Kriterien, Verfahren und Werkzeugen für die Prüfung und Bewertung der Sicherheit von IT-Systemen und deren Prüfung und Bewertung, ferner die Funktion der Unterstützung der für Sicherheit in der IT zuständigen Stellen des Bundes, der Polizeien, Strafverfolgungsbehörden und Verfassungsschutzbehörden. Auch sollte das BSI Hersteller, Vertreiber und Anwender in Fragen der Sicherheit in der IT beraten.

Zwischenzeitlich sind die Aufgaben des BSI jedoch erheblich erweitert worden. Gemäß § 4 BSIG ist das BSI zentrale Meldestelle für IT-Sicherheit und sammelt Informationen über Sicherheitslücken und neue Angriffsmuster auf die Sicherheit von IT und wertet diese aus, damit ein verlässliches Lagebild erstellt, Angriffe frühzeitig erkannt und Gegenmaßnahmen ergriffen werden können. Gemäß § 7 BSIG ist Aufgabe des BSI, Informationen und Warnungen vor Sicherheitslücken in IT-Produkten und Diensten sowie vor Schadprogrammen an die betroffenen Stellen oder die Öffentlichkeit weiterzugeben. Zunächst besteht auf Seiten des BSI grundsätzlich die Pflicht, den Hersteller vorab zu informieren. Erst im Anschluss wendet sich das BSI an die Öffentlichkeit. Schließlich ist das BSI nach § 8 BSIG befugt, einheitliche und strenge Sicherheitsstandards für die Bundesverwaltung zu definieren und bei Bedarf geeignete Produkte entwickeln zu lassen beziehungsweise auszuschreiben und bereitzustellen. Damit soll verhindert werden können, dass ungeeignete Produkte mit Schwachstellen oder manipulierte IT-Komponenten in der Bundesverwaltung und in den Regierungsnetzen zum Einsatz kommen.

8.3.1.2 IT-Sicherheitsgesetz/KRITIS-VO, Auswirkungen auf das BSIG

Im Juli 2015 ist das IT-Sicherheitsgesetz (ITSiG, Gesetz zur Erhöhung der Sicherheit informationstechnischer Systeme, BGBl. I Nr. 31 v. 24.7.2015, S. 1324 ff) in Kraft getreten, das als Artikelgesetz insbesondere das BSIG geändert und dort die §§ 8a bis 8d BSIG eingefügt hat, die sich mit KRITIS im Sinne der eingangs erläuterten Definition in § 2 Nr. 10 BSIG befassen. Das Bundesministerium des Inneren (BMI) kategorisiert KRITIS dabei in neun Sektoren, denen jeweils Branchen zugeordnet werden (BMI 2009), vgl. auch die einzelnen Sektorstudien des BMI):

1. **Energie**: Elektrizität, Gas, Mineralöl.
2. **Wasser**: Öffentliche Wasserversorgung, Öffentliche Abwasserbeseitigung.

3. **Ernährung**: Ernährungswirtschaft, Lebensmittelhandel.

4. Informationstechnik und Telekommunikation.

5. **Transport und Verkehr**: Luftfahrt, Seeschifffahrt, Binnenschifffahrt, Schienen-
verkehr, Straßenverkehr, Logistik.

6. **Gesundheit**: Medizinische Versorgung, Arzneimittel und Impfstoffe, Labore.

7. **Finanz- und Versicherungswesen**: Banken, Börsen, Versicherungen, Finanzdienstleister.

8. **Staat und Verwaltung**: Regierung und Verwaltung, Parlament, Justizeinrichtun-
gen, Notfall-/ Rettungswesen einschließlich Katastrophenschutz.

9. **Medien und Kultur**: Rundfunk (Fernsehen und Radio), gedruckte und elektronische Presse, Kulturgut, symbolträchtige Bauwerke.

In Ausführung dieser Neuerungen ist im Frühjahr 2016 die erste KRITIS–VO gemäß § 10
Abs. 1 BSIG in Kraft getreten, in der i.E. definiert ist, was in Bezug auf die vorstehend
vier erstgenannten Sektoren Energie, Wasser, Ernährung, Informationstechnik und Telekommunikation unter einer Kritischen Infrastruktur zu verstehen ist, insbesondere, ab welchem Schwellenwert eine Infrastruktur als kritisch anzusehen ist. Beispielsweise wird eine
Kanalisation (und deren elektronische Steuerung) erst ab einen Schwellenwert von
500.000 angeschlossenen Einwohnern als KRITIS betrachtet. Die erste Verordnung zur
Änderung der KRITIS-VO, mit der die drei weiteren Sektoren Gesundheit, Finanz– und
Versicherungswesen sowie Transport und Verkehr (vorstehend Nrn. 5-7) einbezogen wurden, ist am 30.6.2017 in Kraft getreten (BGBl. I Nr. 40 v. 29.6.2017, S. 1903 ff). Seitdem
fallen z. B. auch Krankenhäuser, die stationäre medizinische Versorgung (insbesondere in
Krisenfällen) gewährleisten, unter die KRITIS–VO, sofern sie über dem Schwellenwert
von jährlich 30.000 Fällen (vollstationäre Aufnahme) liegen.

Nach § 8a Abs. 1 BSIG sind Betreiber von KRITIS verpflichtet, spätestens zwei Jahre
nach Inkrafttreten der jeweiligen KRITIS-VO, im Falle der ersten KRITIS-VO also ab
April 2018, *„angemessene organisatorische und technische Vorkehrungen zur Vermeidung von Störungen der Verfügbarkeit, Integrität, Authentizität und Vertraulichkeit ihrer
informationstechnischen Systeme, Komponenten oder Prozesse zu treffen, die für die
Funktionsfähigkeit der von ihnen betriebenen Kritischen Infrastrukturen maßgeblich
sind"*. Dabei soll der Stand der Technik in Bezug auf die Sicherheitstechnik zugrunde gelegt werden (vgl. hierzu die Ausführungen von Byok, BB 2017, 451). Angemessen sind
organisatorische und technische Vorkehrungen, wenn der dafür erforderliche Aufwand
nicht außer Verhältnis zu den Folgen eines Ausfalls oder einer Beeinträchtigung der betroffenen KRITIS steht. Nach § 8a Abs. 3 BSIG haben KRITIS-Betreiber mindestens alle
zwei Jahre die Erfüllung der o. a. Anforderungen nachzuweisen, z. B. durch Sicherheits-
audits, Prüfungen oder Zertifizierungen. Die Betreiber übermitteln dem BSI eine Aufstel-

lung der durchgeführten Maßnahmen einschließlich der dabei aufgedeckten Sicherheitsmängel. Das BSI kann bei Sicherheitsmängeln einschreiten und die Übermittlung der Ergebnisse der Maßnahmen sowie die Beseitigung der Sicherheitsmängel verlangen.

	Pflicht zur Umsetzung der IT-Sicherheit nach Stand der Technik	Pflicht zur Überprüfung der Absicherung (z. B. durch Audit)	Unverzügliche Versorgung mit relevanten Informationen durch BSI	Meldepflicht von IT-Sicherheitsvorfällen	Möglichkeit der Beratung und Unterstützung durch das BSI
KRITIS-Betreiber gemäß BSI-KRITIS-Verordnung (bis auf die nachfolgend aufgelisteten Sonderfälle)	Ja. Konkretisierung in Branchen spätestens 2 Jahre nach Inkrafttreten der Verordnung.	Ja. Überprüfung und Nachweis alle 2 Jahre, erstmalig 2 Jahre nach Inkrafttreten der Verordnung.	Ja.	Ja. Spätestens ½ Jahr nach Inkrafttreten der Verordnung.	Ja.
Öffentliche Telekommunikationsnetze gemäß BSI-KRITIS-Verordnung	Ja. Konkretisierung durch IT-Sicherheitskatalog nach §109 TKG. (Altregelung).	BNetzA überprüft Umsetzung alle 2 Jahre.	Ja.	Ja, sofort. Meldepflicht an die BNetzA (Erweiterung einer Altregelung).	Ja.
Öffentliche Telekommunikationsnetze (sonstige Betreiber)	Ja. Konkretisierung durch IT-Sicherheitskatalog nach §109 TKG. (Altregelung).	BNetzA überprüft Umsetzung alle 2 Jahre.	Nein.	Ja, sofort. Meldepflicht an die BNetzA (Erweiterung einer Altregelung).	Nein.
Energieversorgungsnetze gemäß BSI-KRITIS-Verordnung	Ja. Konkretisierung durch IT-Sicherheitskatalog nach §11 (1a) EnWG (Erweiterung einer Altregelung).	Ja. Konkretisierung durch IT-Sicherheitskatalog nach §11 (1a) EnWg.	Ja.	Ja. Mit Inkrafttreten der Verordnung.	Ja.
Energieversorgungsnetze (sonstige Betreiber)	Ja. Konkretisierung durch IT-Sicherheitskatalog nach §11 (1a) EnWG (Erweiterung einer Altregelung).	Ja. Konkretisierung durch IT-Sicherheitskatalog nach §11 (1a) EnWg.	Nein.	Nein.	Nein.
Energieanlagen gemäß BSI-Kritis-Verordnung	Ja. Konkretisierung durch IT-Sicherheitskatalog nach §11 (1b) EnWG.	Ja. Konkretisierung durch IT-Sicherheitskatalog nach §11 (1b) EnWG.	Ja.	Ja. Mit Inkrafttreten der Verordnung.	Ja.
Genehmigungsinhaber nach §§6, 7 oder 9 Atomgesetz (z. B. Kernkraftwerke, atomare Lager)	Ja (keine Änderung zum bestehenden Atomgesetz).	Ja (keine Änderung zum bestehenden Atomgesetz).	Ja.	Ja (seit 25.07.2015).	Nein. Es sei denn, sie sind KRITIS-Betreiber.

Tabelle 8-2: Verpflichtungen von Betreibern Kritischer Infrastrukturen[6]

---

[6] Quelle: http://www.kritis.bund.de/SubSites/Kritis/DE/Rechtsrahmen/IT-SiG_node.html.

Nach § 8b BSIG ist das BSI die zentrale Meldestelle für die IT-Sicherheit von KRITIS. Die Betreiber müssen dem BSI erhebliche Störungen ihrer IT melden, sofern sie Auswirkungen auf die Verfügbarkeit kritischer Dienstleistungen haben können. Umgekehrt hat das BSI sämtliche für Abwehr von Angriffen auf die IT-Sicherheit von KRITIS relevanten Informationen zu sammeln, zu bewerten und an die Betreiber sowie die zuständigen (Aufsichts-) Behörden weiterzuleiten. Treten bei einem Betreiber von KRITIS meldepflichtige Störungen der IT auf, darf das BSI erforderlichenfalls auch die Hersteller der entsprechenden IT-Produkte und -systeme zur Mitwirkung verpflichten. Dem BSI wird ferner die Befugnis eingeräumt, zur Wahrnehmung seiner Aufgaben nach § 3 Abs. 1 S. 2 Nr. 1, 14 und 17 BSIG IT-Produkte auf ihre Sicherheit hin zu untersuchen.

Eine grafische Zusammenfassung der Verpflichtungen von Betreibern Kritischer Infrastrukturen findet sich, auf dem Stand vor dem 30.6.2017, in Tabelle 8-2.

8.3.1.3   Weitere Auswirkungen des IT-Sicherheitsgesetzes

Das IT-Sicherheitsgesetz wirkte sich nicht nur auf das BSIG aus, sondern auch auf andere Gesetze. So gab es Änderungen im Telemediengesetz (TMG) sowie im Telekommunikationsgesetzt (TKG).

Das **Telemediengesetz** (TMG) gilt – vereinfacht gesagt – für alle elektronischen Informations- und Kommunikationsdienste. Somit sind insbesondere die Betreiber von Internet-Angeboten vom Anwendungsbereich erfasst. Das TMG stellt als Auswirkung des IT-Sicherheitsgesetzes in § 13 Abs. 7 TMG erhöhte Anforderungen an die **technischen und organisatorischen Maßnahmen** (TOM) zum Schutz der Kundendaten sowie an die von den Betreibern genutzten IT-Systeme, beispielsweise von Webshops. Diese TOM sind von den jeweiligen Betreibern einzuhalten. Bei der Umsetzung der TOM müssen die Betreiber den **Stand der Technik** berücksichtigen. Diese Sicherheitsmaßnahmen sollen zum einen den Schutz personenbezogener Daten, wie auch einen Schutz vor unerlaubten Eingriffen in die Infrastruktur bewirken (vgl. § 13 Abs. 7 TMG).

Dem TMG ähnliche Schutzrichtungen weist auch das **Telekommunikationsgesetz** (TKG) auf, jedoch für Telekommunikationsdienste. Auch hier wird in § 109 Abs. 1 und 2 TKG unter dem IT-Sicherheitsgesetz gefordert, dass der Diensteanbieter zum Schutz des **Fernmeldegeheimnisses** sowie der **personenbezogenen Daten** angemessene technische Vorkehrungen und sonstige Maßnahmen unter Berücksichtigung des Stands der Technik trifft. Dies umfasst auch den Schutz gegen durch äußere Angriffe (unerlaubte Eingriffe durch Dritte) und aufgrund von Katastrophen bedingte Störungen, die zu erheblichen Beeinträchtigungen von Telekommunikationsnetzen und -diensten führen können. Wann technische Vorkehrungen und sonstige Maßnahmen als angemessen zu qualifizieren sind, ist in § 109 Abs. 2 TKG definiert:

„[...] Technische Vorkehrungen und sonstige Schutzmaßnahmen sind angemessen, wenn der dafür erforderliche technische und wirtschaftliche Aufwand nicht außer Verhältnis zur

Bedeutung der zu schützenden Telekommunikationsnetze oder -dienste steht. § 11 Absatz 1 des Bundesdatenschutzgesetzes gilt entsprechend. [...]

Darüber hinaus wurden für die Diensteanbieter Informationspflichten vorgegeben. Zum einen besteht die Verpflichtung, der **Bundesnetzagentur** unverzüglich jene Beeinträchtigungen von Telekommunikationsnetzen und –diensten mitzuteilen, die zu beträchtlichen Sicherheitsverletzungen führen (können), § 109 Abs. 5 TKG. Zum anderen besteht gemäß § 109a Abs. 4 TKG auch eine Informationspflicht gegenüber den Nutzern der Dienste, wenn dem Diensteanbieter Störungen bekannt sind, die von Datenverarbeitungssystemen der Nutzer ausgehen. Er hat die Nutzer in diesem Fall unverzüglich zu benachrichtigen. Soweit technisch möglich und zumutbar, hat er die Nutzer auf angemessene, wirksame und zugängliche technische Mittel hinzuweisen, mit denen sie diese Störungen erkennen und beseitigen können (vgl. § 109a Abs. 4 TKG).

8.3.1.4 Änderungen des BSIG aufgrund der NIS-Richtlinie

Mit Wirkung ab dem 30.6.2017 wurde das BSIG aufgrund der Umsetzung der nachstehend (Ziff. 8.3.2) erläuterten NIS-Richtlinie in deutsches Recht erneut geändert.

Dabei wurde das BSIG, soweit dies Änderungen betrifft, die auch außerhalb des öffentlichen Dienstes eine Rolle spielen, insbesondere um Regelungen zur IT–Sicherheit für sogenannte **digitale Dienste** (z. B. Online–Marktplätze, –Suchmaschinen und Cloud–Leistungen) erweitert, § 8c BSIG (Kipker, MMR 2017, 143, 143 f.). Anbieter solcher digitalen Dienste haben nach § 8c Abs. 1 BSIG geeignete und verhältnismäßige technische und organisatorische Maßnahmen zu treffen, um Risiken für die Sicherheit der zur Bereitstellung der digitalen Dienste eingesetzten Netz- und Informationssysteme zu bewältigen. Die Anbieter haben Maßnahmen zu treffen, um den Auswirkungen von Sicherheitsvorfällen auf digitale Dienste vorzubeugen oder die Auswirkungen so gering wie möglich zu halten. Diese Maßnahmen müssen unter Berücksichtigung des Stands der Technik ein Sicherheitsniveau der Netz- und Informationssysteme gewährleisten, das dem bestehenden Risiko angemessen ist (Abwägungsentscheidung). Dabei müssen Unternehmen der Sicherheit der Systeme und Anlagen, der Erkennung, Analyse und Eindämmung von Sicherheitsvorfällen, dem Betriebskontinuitätsmanagement, der Überwachung, Überprüfung und Erprobung, und der Einhaltung internationaler Normen Rechnung tragen. Größere Betreiber digitaler Dienste haben die jeweiligen Änderungen seit August 2016 kommen sehen und sind zumeist entsprechend vorbereitet. Allerdings wird es einige kleinere beziehungsweise mittelständische Betreiber geben, die sich mit solchen Anforderungen schwertun.

Die Verpflichtung zur Meldung von IT-Störungen an das BSI betraf bisher nur die Betreiber von Energieversorgungsnetzen, deren Anlagen nach der KRITIS-VO als Kritische Infrastrukturen bestimmt wurden. Mit dem Gesetz zur Umsetzung der NIS-Richtlinie erweitert sich diese Meldepflicht auf alle Energieversorgungsnetzbetreiber. Mit dem Gesetz erweitert sich, wie oben beschrieben, auch die bereits bestehende Meldepflicht der Betreiber von Telekommunikationsnetzen und –dienste gemäß § 109 Absatz 5 TKG insofern, dass Beeinträchtigungen von Telekommunikationsnetzen und -diensten sowohl an die Bundesnetzagentur als auch an das BSI gemeldet werden müssen.

8.3.2 NIS-Richtlinie

Im August 2016 ist die bis zum 10.5.2018 in nationales Recht umzusetzende „**Richtlinie (EU) 2016/1148 des Europäischen Parlaments und des Rates vom 6. Juli 2016 über Maßnahmen zur Gewährleistung eines hohen gemeinsamen Sicherheitsniveaus von Netz- und Informationssystemen in der Union**" (NIS-RL, ABl. EU Nr. L 194/1 v. 19.7.2016) in der EU in Kraft getreten. Deren Sinn und Zweck ergibt sich bereits aus dem Titel. Die EU versucht, über die in der NIS-RL vorgesehenen Maßnahmen das technische und organisatorische Sicherheitsniveau für Netz- und Informationssysteme (einschließlich Internet) in der gesamten EU signifikant zu erhöhen. Sicherlich hatte man damit nicht in erster Linie Deutschland im Blick, wo das ITSiG bereits in Kraft war. Adressaten der Richtlinie sind unter anderem Betreiber sogenannter „**Wesentlicher Dienste**" beziehungsweise „**digitaler Dienste**" (Voigt/Gehrmann, ZD 2016, 355, 356). Dabei ist der Begriff der wesentlichen Dienste mit dem Begriff der KRITIS im Grunde gleichzusetzen, es geht um versorgungswichtige Einrichtungen in den Sektoren Energie, Verkehr, Bankwesen, Finanzmarktinfrastrukturen, Gesundheitswesen, Trinkwasserlieferung/-versorgung sowie digitale Infrastruktur, die bei einem eventuellen Sicherheitsvorfall von sogenannten „**erheblichen Störungen**" mit entsprechenden Folgen für die Bevölkerung betroffen sein können. Unter der NIS-RL sollen zudem unter anderem Computer–Notfallteams (CSIRT) geschaffen und die Zusammenarbeit auf nationaler und übernationaler Ebene verbessert werden. Im Übrigen sieht die NIS-RL für Betreiber wesentlicher Dienste cum grano salis ähnliche Verpflichtungen vor wie das BSIG es bereits für KRITIS vorsieht. Solche Maßnahmen sollen auch von den zuständigen Behörden überwacht werden dürfen.

Am 30.6.2017 ist, wie bereits erwähnt, in Deutschland das Gesetz zur Umsetzung der Richtlinie in Kraft getreten (BGBl. I Nr. 40 v. 29.62017, S. 1885 ff). Es bezieht sich im Wesentlichen auf die Umsetzung der Anforderungen an „digitale Dienste" in das BSIG, während im Hinblick auf „wesentliche Dienste" eher geringe Anpassungen erfolgen müssen, da Deutschland bereits mit dem BSIG und den dort erfassten KRITIS gut aufgestellt ist. Es ändert zudem noch geringfügig das AtomG, das EnWG, das bereits eigene Regelungen über Kritische Infrastrukturen im Bereich von Energienetzen kannte, das SGB V und TKG.

8.4 Sicherheitskritische Systeme und der Einfluss des Aufsichtsrechts auf den Betrieb der IT am Beispiel des Versicherungsaufsichtsgesetzes

Gleichsam unterhalb der Ebene von BSIG und NIS-RL, die sich mit für das Fortbestehen beziehungsweise der Versorgung des Gemeinwesens notwendigen Kritischen Infrastrukturen befassen, finden sich für einzelne Branchen beziehungsweise Tätigkeiten aufsichtsrechtliche Vorschriften für den sicheren und störungsfreien Betrieb von IT-Infrastrukturen. Hier geht es demnach nicht um KRITIS, sondern um sicherheitskritische Systeme einer einzelnen Institution. Damit sind aufsichtsrechtliche Maßgaben für das einzelne Unternehmen beziehungsweise die einzelne Institution angesprochen, die dafür sorgen sollen, dass Unternehmen in bestimmten Branchen ihren Betrieb ohne nennenswerte Störungen und ohne negative Auswirkungen für ihre Kunden aufrechterhalten können.

In einigen aufsichtsrechtlichen Vorschriften des Primärrechts sind dabei nicht explizit IT-Systeme als solche im Detail angesprochen, sondern es wird bisweilen nur auf die Notwendigkeit einer ordnungsgemäßen und wirksamen Geschäftsorganisation beziehungsweise Geschäftsführung verwiesen, auf eine angemessene, transparente Organisationsstruktur mit einer klaren Zuweisung und eine angemessene Trennung der Zuständigkeiten, auf ein wirksames unternehmensinternes Kommunikationssystem und auf Risikoabwägung, Notfallpläne/-konzepte und Business-Continuity-Vorgaben. § 23 Abs. 4 Versicherungsaufsichtsgesetz (VAG) lautet z. B. eher abstrakt: *„Die Unternehmen haben angemessene Vorkehrungen, einschließlich der Entwicklung von Notfallplänen, zu treffen, um die Kontinuität und Ordnungsmäßigkeit ihrer Tätigkeiten zu gewährleisten."* Da aber heutzutage nahezu alle Geschäftsvorfälle, einschließlich des Risikomanagements selbst und/oder der internen Revision oder anderen bedeutsamen Bereichen, IT-unterstützt sind, wirken sich diese allgemeinen Vorgaben unmittelbar auf die IT-Infrastruktur und deren Absicherung aus.

Hiervon betroffen sind ganz unterschiedliche Branchen, wobei es naheliegend ist, dass jedenfalls die Branchen, die Sektoren gemäß der Betrachtung des BMI zu KRITIS darstellen, auch vertreten sind. Betroffen sind z. B. die Betreiber von Energieversorgungsnetzen (vgl. unter anderem §§ 11a, c Energiewirtschaftsgesetz/EnWG), Versicherungen (vgl. unter anderem §§ 23, 32, 47 VAG), Banken und Finanzdienstleister (§§ 25a ff Kreditwesengesetz/KWG).

Das Aufsichtsrecht in den regulierten Bereichen ist dem öffentlichen Recht zuzuordnen, was dazu führt, dass zwischen der zuständigen Aufsichtsbehörde und dem Unternehmen ein Über-/Unterordnungsverhältnis entsteht. In der Regel hat das Aufsichtsrecht zwei Funktionen: Die Beobachtungsfunktion zielt auf das rechtzeitige Erkennen von Funktionsstörungen, die Berichtigungsfunktion auf die Abstellung der im Wege der Beobachtung bereits festgestellten Mängel ab. Teilweise stammen diese aufsichtsrechtlichen Vorschriften als Richtlinien oder Verordnungen von EU-Institutionen, die über Umsetzungen in nationales Recht oder unmittelbar in deutsches Recht einwirken.

Am Beispiel des Versicherungsaufsichtsrechts sei der Mechanismus wie folgt – stark vereinfacht und vergröbert – wie folgt erläutert:

1. Mit der RICHTLINIE 2009/138/EG DES EUROPÄISCHEN PARLAMENTS UND DES RATES vom 25.11.2009 betreffend die Aufnahme und Ausübung der Versicherungs- und der Rückversicherungstätigkeit (**Solvabilität II**) (**Solvency II**, ABl. EU Nr. L 335/1 v. 19.12.2009) wurden für den Versicherungsbereich auf Ebene der EU allgemeine Anforderungen an die Governance beziehungsweise Geschäftsorganisation (z. B. in Art. 41 Solvency II-RL) festgelegt, die sich auch unmittelbar auf die Notwendigkeit der Ordnungsmäßigkeit von IT-Systemen auswirken.

2. Unter der VO 1094/2010 wurde eine zentrale Europäische Versicherungsaufsichtsbehörde geschaffen, die im Jahre 2014 mit Wirkung ab dem 1.1.2016 die sogenannten EIOPA-Leitlinien 2014 (Dok. EIOPA-BoS-14/253) zu Anforderungen an die Governance beziehungsweise Geschäftsorganisation erließ, indirekt auch für den Einsatz von IT-Systemen.

3. Die DELEGIERTE VERORDNUNG (EU) 2015/35 DER KOMMISSION vom 10.10.2014 zur Ergänzung der Richtlinie 2009/138/EG des Europäischen Parlaments und des Rates betreffend die Aufnahme und Ausübung der Versicherungs- und der Rückversicherungstätigkeit (Solvabilität II) (ABl. EU Nr. L 12/1 v. 17.1.2015), die sogenannte DelVO 2015/35, legt in Art. 258 ff Grundzüge der Governance beziehungsweise Geschäftsorganisation verbindlich fest, wozu z. B. auch die Anforderungen an Systeme und an Ausgliederungen (**Outsourcing**) gem. Art. 274 DelVO gehören.

4. Das Versicherungsaufsichtsgesetz (VAG vom 1.4.2015, BGBl. I S. 434) enthält mit Wirkung ab dem 1.1.2016 diejenigen Normen, die aus Solvency II folgen beziehungsweise Normen, die die EU-Vorgaben umsetzen, unter anderem §§ 23, 32, 47 VAG.

5. Die Bundesanstalt für Finanzdienstleistungsaufsicht (BaFin) publiziert mit dem Rundschreiben 2/2017 (VA) v. 25.1.2017 die seit dem 1.2.2017 geltenden MaGo, die „Mindestanforderungen an die Geschäftsorganisation von Versicherungsunternehmen".

   Dieses Rundschreiben gibt Hinweise zur Auslegung der Vorschriften über die Geschäftsorganisation im VAG und in der DelVO 2015/35. Es legt diese Vorschriften für die BaFin verbindlich aus (Selbstbindung der Verwaltung) und gewährleistet hierdurch eine konsistente Anwendung gegenüber allen Unternehmen (BaFin, BB 2016, 2626). Die Regelungen befassen sich insbesondere mit dem Risikomanagement, das die IT einzubeziehen hat, der Ausgliederung (auch von IT) und mit dem Notfallmanagement, das sich denknotwendig auch auf den Ausfall der IT beziehen muss. Ziel der MaGo ist es, übergreifende Aspekte zur Geschäftsorganisation soweit möglich ohne Wiederholungen der Anforderungen des VAG, der DelVO und der EIOPA-Leitlinien zum Governance-System zusammenzuführen und zentrale Begriffe zu erläutern.

Unter anderem legen MaGo fest, dass Aufgaben, Verantwortlichkeiten und Berichtslinien eindeutig zu definieren und insbesondere zu dokumentieren sind. Im Hinblick auf die IT-Unterstützung von Geschäftsprozessen bedeutet die erhöhte Dokumentationspflicht beispielsweise, dass organisationsspezifische Informationen unmittelbar und ohne weiteres ausgelesen werden können. Dazu gehören neben den ablauforganisatorischen Regelungen und deren Umsetzung auch die Ablauf- und Aufbauorganisation. Zudem müssen schriftliche Leitlinien zu verschiedenen Bereichen (unter anderem Ausgliederung) vorhanden sein und ein internes Kontrollsystem etabliert werden.

Aus all diesen aufsichtsrechtlichen Maßgaben ergibt sich in der Zusammenschau für Versicherungsunternehmen eindeutig, dass in für die Funktionsfähigkeit des Versicherungsunternehmens wichtigen Bereichen solche IT nicht eingesetzt werden darf, die in Ansehung der durchgeführten Risikoanalyse in nicht hinnehmbarer Weise auszufallen droht oder technisch unsicher ist und dass auch für den Fall der Ausgliederung (Outsourcing) der IT oder bestimmter Funktionen kein Dienstleister gewählt werden darf, bei dem entsprechende Risiken bestehen.

Gesondert hingewiesen sei noch einmal auf die Ausgliederung, Auslagerung beziehungsweise das Outsourcing. In der Praxis kommt es immer häufiger vor, dass ein aufsichtsrechtlich reguliertes Unternehmen einen Teil seiner (IT-unterstützt durchgeführten) Aufgaben oder den IT-Betrieb auslagern möchte. Jedoch sind im Rahmen solcher Auslagerungen aufsichtsrechtliche Vorgaben und Auflagen zu beachten. So ist stets zwischen dem regulierten Unternehmen und demjenigen, der Aufgaben übernehmen soll, eine Auslagerungsvereinbarung zu schließen. Diese dient in erster Linie der Ausgestaltung und Detaillierung der Anforderungen, die durch das Aufsichtsrecht in Fragen der Auslagerung aufgestellt worden sind oder zukünftig aufgestellt werden.

8.5 Datenschutzrechtliche Implikationen der Nutzung von IT in Krisensituationen

Soweit es um die Nutzung von IT in Krisensituationen geht, sind jenseits der vorne genannten Anforderungen keine Normen vorgesehen, in denen IT–Systeme ausdrücklich angesprochen werden. Vielmehr befassen sich die entsprechenden Regelungen eher mit den grundlegenden Vorgängen beispielsweise des Katastrophenschutzes oder des Einsatzes von Polizei und Feuerwehr und den dabei ablaufenden Vorgängen. Dem aufmerksamen Leser entsprechender Normen, beispielsweise des Gesetzes über den Zivilschutz und die

Katastrophenhilfe des Bundes (Zivilschutz- und Katastrophenhilfegesetz beziehungsweise ZSKG), entgeht naturgemäß nicht, dass die gesamten dort geschilderten Abläufe heutzutage in aller Regel unter Einsatz von IT-Infrastruktur abgebildet beziehungsweise unterstützt werden. Wenn beispielsweise § 16 Abs. 1 ZSKG „*Koordinierungsmaßnahmen*" und „*Ressourcenmanagement*" behandelt, so ist in heutigen Zeiten offensichtlich, dass diese Maßnahmen unter Einsatz von IT durchgeführt werden, erst recht bei Einsatz jedweder Form von Helfern beziehungsweise Personal vor Ort. Explizite Normen zum Einsatz von IT finden sich demnach in der Regel nicht.

Verschiedentlich angesprochen wird jedoch der Datenschutz als eigenständiges Teilrechtsgebiet, das auch im Rahmen dieses Kapitels notwendig betrachtet werden muss (siehe auch Kapitel 7 zu benutzbarem Datenschutz und Kapitel 9 zu ethischen, legalen und sozialen Implikationen). Denn es geht in Krisenfällen naturgemäß stets auch darum, in erheblichem Umfang personenbezogene Daten, das heißt Daten, die sich auf eine bestimmte oder bestimmbare natürliche Person beziehen (zum Begriff vgl. auch Kapitel 7.4.1 zu Anforderungen aus rechtlicher Sicht), zu erheben, zu verarbeiten und/oder zu nutzen (und hernach wieder zu löschen), sei es im Hinblick auf Verursacher der Krise, zur Bewältigung der Krise eingesetztes Personal verschiedener Institutionen (Polizei, Ordnungsbehörden, Bundeswehr, THW/Katastrophenschutz [§ 2 Abs. 3 THW-Gesetz lautet: „*Die für Einsätze, Ausbildung und Betreuung erforderlichen Daten der Helferinnen und Helfer dürfen erhoben und verarbeitet werden.*"] usw.) und/oder von der Krise betroffene Personen wie z. B. Anwohner.

Nach aktueller Rechtslage (BDSG/Landesdatenschutzgesetze) ist die Erhebung, Verarbeitung und Nutzung personenbezogener Daten cum grano salis nur erlaubt, wenn entweder das Einverständnis der betroffenen Person vorliegt (das allerdings im Krisenfall in Bezug auf die von der Krise betroffenen Personen oft nicht eingeholt werden kann) oder eine Rechtsnorm die Erhebung, Verarbeitung beziehungsweise Nutzung erlaubt. Die Erlaubnis kann entweder aufgrund des anwendbaren Datenschutzgesetzes selbst oder einer anderen Rechtsnorm (ab dem 25.5.2018: der DSGVO beziehungsweise dem neuen BDSG) bestehen. Dementsprechend sehen gesetzliche Vorschriften, die sich mit Krisenbewältigung befassen, in der Regel auch Normen vor, die den mit der Bewältigung beziehungsweise dem Management der Krise befassten Institutionen die Erhebung, Verarbeitung und Nutzung personenbezogener Daten erlaubt, einschließlich einer sich etwa anschließenden statistischen Auswertung des Krisenfalls.

So ordnet beispielsweise § 17 ZSKG im Hinblick auf die Erhebung und Verwendung personenbezogener Daten durch das Bundesamt für Bevölkerungsschutz und Katastrophenhilfe an:

(1) Soweit es zur Erfüllung seiner Aufgaben nach § 16 erforderlich ist, darf das Bundesamt für Bevölkerungsschutz und Katastrophenhilfe Angaben, einschließlich personenbezogener Daten, über Hilfeleistungspotenziale und über Objekte und infrastrukturelle Einrichtungen, die für den Zivil- und Katastrophenschutz relevant sind, erheben und verwenden. Hierzu zählen insbesondere Angaben über

1. personelle, materielle und infrastrukturelle Potenziale der allgemeinen Gefahrenabwehr,

2. Betriebe, Einrichtungen und Anlagen, von denen bei einer Schadenslage zusätzliche Gefahren ausgehen können (Risikopotenziale),

3. Infrastrukturen, bei deren Ausfall die Versorgung der Bevölkerung erheblich beeinträchtigt wird (Kritische Infrastrukturen), und

4. Objekte, die aufgrund ihrer Symbolkraft oder Dimension als mögliche Ziele von Angriffen in Betracht kommen (gefährdete Objekte).

(2) Die nach Absatz 1 erhobenen personenbezogenen Daten dürfen nur an die im Zivil- und Katastrophenschutz mitwirkenden öffentlichen und nichtöffentlichen Stellen übermittelt werden und nur, soweit die Kenntnis der Daten aus Sicht des Bundesamtes für Bevölkerungsschutz und Katastrophenhilfe für Zwecke der Lageerfassung oder -bewertung oder zum Nachweis oder zur Vermittlung von Engpassressourcen erforderlich ist. Eines Ersuchens dieser Stellen um Übermittlung bedarf es nicht.

(3) Das Nähere regelt [...]. Dabei sind insbesondere die Datenarten, die erhoben und verwendet werden dürfen, sowie Fristen für die Löschung der Daten zu bestimmen.

Auch auf der Ebene des Landesrechts existieren z. B. in den einzelnen Gesetzen, die zum Katastrophenschutz ergangen sind, Normen zum Datenschutz, beispielsweise in § 46 des Gesetzes über den Brandschutz, die Hilfeleistung und den Katastrophenschutz (BHKG NW), in Kraft getreten als Teil des Gesetzes zur Neuregelung des Brandschutzes, der Hilfeleistung und des Katastrophenschutzes NW (v. 17.12.2015, GV NRW, 2015, Nr. 48 v. 29.12.2015, S. 885 ff):

§ 46 - Verarbeitung personenbezogener Daten

(1) Für die Verarbeitung personenbezogener Daten gelten die Bestimmungen des Datenschutzgesetzes Nordrhein-Westfalen [...] nach Maßgabe der folgenden Absätze.

(2) Zur Vorbereitung und Durchführung vorbeugender und abwehrender Maßnahmen gegen Gefahren [...] dürfen die mit der Wahrnehmung dieser Aufgaben betrauten Behörden der Aufgabenträger und die hierbei mitwirkenden Organisationen und Einrichtungen personenbezogene Daten verarbeiten. Dies gilt insbesondere für Leitstellen und Auskunftsstellen [...].

(3) Personenbezogene Daten sind grundsätzlich bei der betroffenen Person mit deren Kenntnis zu erheben. Bei Dritten dürfen personenbezogene Daten erhoben werden, soweit dies zum Schutz von Leben und Gesundheit, zur Sicherstellung einer wirksamen Gefahrenabwehr oder zur Geltendmachung von Kostenersatzansprüchen benötigten Angaben bei der betroffenen Person nicht oder nicht rechtzeitig erhoben werden können.

(4) Die [...] gespeicherten Daten dürfen in anonymisierter Form auch zu statistischen Zwecken und zur Evaluation verarbeitet sowie zur Aus- und Fortbildung genutzt werden. Die erhobenen Daten dürfen zu wissenschaftlichen Zwecken genutzt werden, wenn die darin enthaltenen personenbezogenen Daten vorher anonymisiert wurden. [...]

(5) Auf der Grundlage dieses Gesetzes verarbeitete personenbezogene Daten sind unverzüglich zu löschen, wenn sie für die Erfüllung des Zwecks, zu dem sie erhoben wurden, nicht mehr erforderlich sind.

(6) Die [...] gespeicherten, nicht anonymisierten Aufzeichnungen sind spätestens nach sechs Monaten zu löschen, es sei denn, dass sie zum Nachweis ordnungsgemäßer Ausführung der Aufgabe noch erforderlich sind oder Grund zu der Annahme besteht, dass durch die Löschung schutzwürdige Belange der oder des Betroffenen beeinträchtigt werden. Auf die Dokumentation des Funkverkehrs sowie die Daten-

erhebung in Auskunftsstellen [...] findet Satz 1 mit der Maßgabe Anwendung, dass die Daten des Funkverkehrs spätestens nach drei Monaten und die in Auskunftsstellen erhobenen Daten spätestens nach einem Monat zu löschen sind.

(7) Nach Absatz 6 aufzubewahrende Daten sind zu sperren und mit einem Sperrvermerk zu versehen. [...]

§ 47 - Datenübermittlung

(1) Behörden und Einrichtungen mit den Aufgabenbereichen Umwelt-, Immissions- und Arbeitsschutz, Bauaufsichtsbehörden, Forstbehörden und Wasserbehörden übermitteln den Gemeinden und Kreisen die zur Erfüllung ihrer Aufgaben nach diesem Gesetz erforderlichen Daten. Zu diesen Informationen gehören insbesondere

1. der Ort und die Lage besonders gefährdeter oder gefährlicher Objekte,

2. die Namen und Anschriften der Eigentümerinnen und Eigentümer, Besitzerinnen und Besitzer, Betreiberinnen und Betreiber sowie von Personen, die mit besonderen Funktionen in der Gefahrenabwehr betraut sind,

3. die Lagerung, Art, Beschaffenheit und Menge vorhandener und möglicherweise entstehender Stoffe, von denen Gefahren ausgehen können,

4. das Ausbreitungs- und Wirkungsverhalten der vorhandenen und möglicherweise entstehenden Stoffe,

5. die Bewertung der Gefahren für die Anlage und ihre Umgebung und

6. die vorhandenen und möglichen Vorkehrungen zum Schutz gegen Gefahren sowie die möglichen Maßnahmen zur Bekämpfung von Schäden.

(2) [...]

§ 48 - Einschränkung von Grundrechten

Durch dieses Gesetz werden das Recht auf informationelle Selbstbestimmung (Artikel 2 Absatz 1 in Verbindung mit Artikel 1 Absatz 1 des Grundgesetzes), [...] eingeschränkt.

Aus diesen Normen lässt sich jeweils (relativ gut) erkennen, welche personenbezogenen Daten bei wem erhoben, wozu benutzt und wem übermittelt werden dürfen und wann sie zu löschen sind. Dementsprechend müssen IT-Systeme, die solche Daten erheben oder verwalten, entsprechende datenschutzrechtliche Normen auch technisch umsetzen können, insbesondere mit Blick auf Löschvorschriften.

Weitreichende Neuerungen im Datenschutz wird die 2016 in Kraft getretene, ab dem 25.5.2018 in der kompletten EU rechtlich verbindliche DSGVO bringen, das heißt die „Verordnung (EU) 2016/679 des europäischen Parlaments und des Rates vom 27. April 2016 zum Schutz natürlicher Personen bei der Verarbeitung personenbezogener Daten, zum freien Datenverkehr und zur Aufhebung der Richtlinie 95/46/EG" (ABl. L 119 v. 4.5.2016, S. 1 ff). In Ergänzung zur DSGVO ist das ebenfalls im Wesentlichen am 25.5.2018 in Kraft tretende DSAnpUG-EU v. 30.6.2017 erlassen worden („Gesetz zur Anpassung des Datenschutzrechts an die Verordnung (EU) 2016/679 und zur Umsetzung der Richtlinie (EU) 2016/680", BGBl. I 2017 v. 5.7.2017, S. 2097 ff). Die einzelnen Landesgesetzgeber haben zum Zeitpunkt der Drucklegung noch keine Anstalten getroffen, die jeweiligen Landesdatenschutzgesetze konkret anzupassen.

Auch unter der DSGVO gibt es in Bezug auf personenbezogene Daten ein Verbot mit Erlaubnisvorbehalt. Die Verarbeitung personenbezogener Daten ist also auch unter der DSGVO nur erlaubt, wenn der Betroffene eingewilligt hat oder eine gesetzliche Norm die Verarbeitung erlaubt.

Da der Datenschutz in Deutschland im Verhältnis zu anderen europäischen Ländern vergleichsweise gut entwickelt ist, ergeben sich für Unternehmen nicht so starke Änderungen wie für Unternehmen in anderen Ländern. Die Prinzipien der DSGVO, insbesondere die Rechtmäßigkeit der Verarbeitung, sind bereits in Kapitel 7.4 in den Grundzügen dargestellt; hierauf wird verwiesen.

Nach Art. 6 Abs. 1 lit. c) bis e) DSGVO ergibt sich die Rechtmäßigkeit der Verarbeitung personenbezogener Daten z. B. auch, wenn die Verarbeitung zur Erfüllung einer rechtlichen Verpflichtung erforderlich ist, der der Verantwortliche unterliegt, die Verarbeitung erforderlich ist, um lebenswichtige Interessen der betroffenen Person oder einer anderen natürlichen Person zu schützen oder die Verarbeitung für die Wahrnehmung einer Aufgabe erforderlich ist, die im öffentlichen Interesse liegt oder in Ausübung öffentlicher Gewalt erfolgt, die dem Verantwortlichen übertragen wurde. Unter diesen Normen dürften, je nach Fallgestaltung, wesentliche Teile des Einsatzes von Krisen–IT fallen. Der Zweck der Verarbeitung muss dabei nach Art. 6 Abs. 3 DSGVO in der Rechtsgrundlage festgelegt oder hinsichtlich der Verarbeitung gemäß lit. e für die Erfüllung einer Aufgabe erforderlich sein, die im öffentlichen Interesse liegt oder in Ausübung öffentlicher Gewalt erfolgt, die dem Verantwortlichen übertragen wurde. Die Rechtsgrundlage kann spezifische Bestimmungen zur Anpassung der Anwendung der Vorschriften der DSGVO enthalten, unter anderem darüber, welche allgemeinen Bedingungen für die Regelung der Rechtmäßigkeit der Verarbeitung durch den Verantwortlichen gelten, welche Arten von Daten verarbeitet werden, welche Personen betroffen sind, an welche Einrichtungen und für welche Zwecke die personenbezogenen Daten offengelegt werden dürfen, welcher Zweckbindung sie unterliegen, wie lange sie gespeichert werden dürfen und welche Verarbeitungsvorgänge und -verfahren angewandt werden dürfen.

Die Verarbeitung personenbezogener Daten zu einem anderen Zweck als zu demjenigen, zu dem die Daten erhoben wurden, durch öffentliche Stellen im Rahmen ihrer Aufgabenerfüllung ist nach § 23 BDSG (neu) unter anderem zulässig, wenn offensichtlich ist, dass sie im Interesse der betroffenen Person liegt und kein Grund zu der Annahme besteht, dass sie in Kenntnis des anderen Zwecks ihre Einwilligung verweigern würde, Angaben der betroffenen Person überprüft werden müssen, weil tatsächliche Anhaltspunkte für deren Unrichtigkeit bestehen, die Verarbeitung zur Abwehr erheblicher Nachteile für das Gemeinwohl oder einer Gefahr für die öffentliche Sicherheit, die Verteidigung oder die nationale Sicherheit, zur Wahrung erheblicher Belange des Gemeinwohls erforderlich ist oder die Verarbeitung zur Abwehr einer schwerwiegenden Beeinträchtigung der Rechte einer anderen Person erforderlich ist. Einzelheiten wird man, da die DSGVO noch nicht unmittelbar gilt, erst in Zukunft absehen können. Hervorzuheben sei jedoch noch, dass die im

Grundsatz technikneutrale DSGVO in Art. 25 allgemeine datenschutzrechtliche Anforderungen an datenverarbeitende Systeme und damit auch an Systeme der Krisen-IT stellt, und zwar sowohl unter dem Blickwinkel des „**Privacy by Design**" in Art. 25 Abs. 1 DSGVO wie unter dem des „**Privacy by Default**" in Art. 25 Abs. 2 DSGVO.

Nach Art. 25 Abs. 1 DSGVO hat der Verantwortliche unter Berücksichtigung des (jeweiligen) Stands der Technik (dynamische Verweisung), der Implementierungskosten (Berücksichtigung des Wirtschaftlichkeitsaspekts) und der Art, des Umfangs, der Umstände und der Zwecke der Verarbeitung sowie der unterschiedlichen Eintrittswahrscheinlichkeit und Schwere der mit der Verarbeitung verbundenen Risiken für die Betroffenen (risikobasierte Abwägungsentscheidung) sowohl zum Zeitpunkt der Festlegung der Mittel für die Verarbeitung als auch zum Zeitpunkt der eigentlichen Verarbeitung geeignete technische und organisatorische Maßnahmen zu treffen (z. B. Pseudonymisierung), die dafür ausgelegt sind, die Grundsätze der DSGVO, wie etwa Datenminimierung, wirksam umzusetzen und die notwendigen Garantien in die Verarbeitung aufzunehmen, um den Anforderungen der DSGVO zu genügen und die Rechte der betroffenen Personen zu schützen. Hier geht es mithin um Privacy by Design – schon bei der Auswahl der Mittel, die für die Verarbeitung personenbezogener Daten eingesetzt werden, beispielsweise für Anwendungen in der Krisen-IT, und bei deren Einsatz sind solche Mittel zu bevorzugen, die möglichst wenige Daten erheben und damit Privacy by Design ermöglichen.

Nach Art. 25 Abs. 2 DSGVO hat der Verantwortliche geeignete technische und organisatorische Maßnahmen zu treffen, die sicherstellen, dass durch Voreinstellung (default) grundsätzlich nur personenbezogene Daten verarbeitet werden, deren Verarbeitung für den jeweiligen bestimmten Verarbeitungszweck erforderlich ist. Diese Verpflichtung gilt für (1) die Menge der erhobenen personenbezogenen Daten, (2) den Umfang ihrer Verarbeitung, (3) ihre Speicherfrist und (4) ihre Zugänglichkeit. Solche Maßnahmen müssen sicherstellen, dass personenbezogene Daten durch Voreinstellungen nicht ohne Eingreifen der Person einer unbestimmten Zahl von natürlichen Personen zugänglich gemacht werden. Damit ist Privacy by default angesprochen, das heißt der Nutzer einer solchen Anwendung muss in der Lage sein, sukzessive Herr über die Freigabe seiner personenbezogenen Daten zu bleiben. Inwiefern dies für Krisen-IT sinnvoll ist, bleibt abzuwarten.

8.6 Fazit

KRITIS und sicherheitskritische IT-Systeme beziehungsweise IT-Systeme, deren Einsatz mit Blick auf die IT-Sicherheit unter besonderen rechtlichen Kautelen steht, sind heutzutage in verschiedenen Sektoren allgegenwärtig, bis hin zu Webshops (§ 13 Abs. 7 TMG). Sowohl der europäische, als auch der nationale Gesetzgeber haben in den vergangenen Jahren Änderungen und Neuerungen hinsichtlich der Regelungen zu Kritische Infrastrukturen vorgenommen, um die Risiken von Sicherheitspannen, insbesondere durch Cyberangriffe, einzudämmen. Unternehmen und Anbieter, die in einem der Bereiche entsprechender Infrastrukturen agieren, sind gehalten, stets die aktuellen Entwicklungen mitzuverfolgen, um rechtzeitig Änderungen in ihre Unternehmensstruktur einzuarbeiten. Auch außerhalb solcher Kritischen Infrastrukturen regelt das Aufsichtsrecht, insbesondere in Bereichen, die der Aufsicht durch die Bundesanstalt für Finanzdienstleistungsaufsicht (BaFin), die Deutsche Bundesbank beziehungsweise die EZB unterliegen oder im Bereich des Energiewirtschaftsrechts.

Soweit es um den Einsatz von Krisen-IT geht, dürften datenschutzrechtliche Überlegungen im Vordergrund stehen, weil besondere gesetzliche Vorgaben für Systeme der Krisen-IT außerhalb der o. a. Vorgaben nicht existieren. Damit sind insbesondere Vorgabe des Datenschutzrechts relevant, wobei die Schwierigkeit besteht, dass sich von durch die Krise/Katastrophe betroffenen Personen, z. B. Anwohnern, in der Krisensituation kaum eine Einwilligung erlangen lässt. Die bestehenden und künftigen gesetzlichen Vorschriften bieten aber im Grundsatz eine ausreichende Erlaubnis, um die Maßnahmen durchführen zu können, die zum Management einer Krise notwendig sind.

Neben den in diesem Kapitel angesprochenen Themen sind auch die Bereiche des allgemeinen Haftungsrechts (Haftung der Geschäftsführung beziehungsweise Behördenleitung und/oder einzelner an dem Krisenmanagement beteiligter Personen) und des Wettbewerbsrechts im Zusammenhang mit KRITIS von besonderer Bedeutung, Letzteres z. B., wenn es im Bereich Sozialer Medien um Abwehrmaßnahmen gegen Shitstorms (vgl. Kapitel 21 zu Corporate Shitstorm Management) oder krisenhafte Fake News (vgl. Kapitel 29 zu Informatik für Frieden und Sicherheit) geht, die eine bestimmte Institution betreffen. Die mangelnde Abhandlung dieser Themen ist lediglich der Tatsache geschuldet, dass eine vollständige Abhandlung sämtlicher Bereiche den Umfang dieses Kapitels bei weitem überschreiten würde. Die wesentlichen Erkenntnisse dieses Kapitels sind somit:

- In Deutschland sind rechtliche Regelungen und Definitionen zu sicherheitskritischen IT-Systemen für jene Bereiche, bei denen es um die Versorgung großer Teile der Bevölkerung geht, entstanden. Neben den steigenden Anforderungen an die IT-Sicherheit werden auch die Betreiber Kritischer Infrastrukturen und Systeme durch die neuen Gesetze und die Reformierung bestehender Gesetze immer stärker in die Pflicht genommen. Die für den Betrieb zu beachtenden Anforderungen/gesetzlichen Regelungen richten sich in erster Linie danach, welchem der neun Sektoren der Betrieb zuzuordnen ist.

- In einzelne Branchen, wie z. B. Banken und Versicherungen, existierten aufsichtsrechtliche Verpflichtungen zum sicheren IT-Betrieb, zu Notfallplänen und zur Business Continuity. Dies betrifft insbesondere regulierte Bereiche, wie z. B. den Bereich der Kreditinstitute.

- In Krisenfällen geht es stets auch darum, in erheblichem Umfang personenbezogene Daten zu erheben, zu verarbeiten und/oder zu nutzen. Diese Daten können sich sowohl auf den/die Verursacher der Krise beziehen, auf das zur Bewältigung der Krise eingesetzte Personal und/oder von der Krise betroffene Personen. Die Erhebung,

Verarbeitung und Nutzung personenbezogener Daten ist allerdings nur dann erlaubt, wenn entweder das Einverständnis der betroffenen Person vorliegt oder eine Rechtsnorm die Erhebung, Verarbeitung beziehungsweise Nutzung erlaubt.

8.7   Übungsaufgaben

Aufgabe 1: Was ist eine Kritische Infrastruktur? In welchen Sektoren kommen sie vor? Welche Verpflichtungen treffen den Betreiber einer Kritischen Infrastruktur?

Aufgabe 2: In welchem Verhältnis stehen nationale und europäische Rechtsgrundlagen zueinander?

Aufgabe 3: Was steckt hinter dem Begriff des Aufsichtsrechts? Was ist Sinn und Zweck des Aufsichtsrechts? – am Beispiel des Versicherungsaufsichtsrechts.

Aufgabe 4: Welche Anforderungen werden an die Nutzung von Krisen-IT in Bezug auf datenschutzrechtliche Fragen gestellt?

Aufgabe 5: Nennen Sie die fünf (wesentlichen) Schritte des Auslagerungsprozesses.

8.8   Literatur

8.8.1   Literaturempfehlungen

Byok, J. (2017). Informationssicherheit von Kritischen Infrastrukturen im Wettbewerbs- und Vergaberecht, BB. 451.

Calliess, C., & Ruffert, M. (2016). EUV/AEUV, 5. Aufl.

Voigt, P., & Gehrmann, Mareike (2016). Die europäische NIS-Richtlinie, neue Vorgaben zur Netz- und IT-Sicherheit., ZD. 355.

8.8.2   Literaturverzeichnis

Bundesanstalt für Finanzdienstleistungsaufsicht (BaFin) (2016). Aufsichtsrechtliche Mindestanforderungen an die Geschäftsorganisation von Versicherungsunternehmen, BB 2016, 2626.

Bundesministerium des Innern (BMI) (2009). Nationale Strategie zum Schutz Kritischer Infrastrukturen (KRITIS-Strategie,   http://www.bmi.bund.de/SharedDocs/Downloads/DE/Broschueren/2009/kritis.html, 17.06.2009.

Bundesamt   für   Bevölkerungschutz   und   Katastrophenhilfe   (BBK):   vgl.   die   Übersicht   bei https://www.bsi.bund.de/DE/Themen/ITGrundschutz/ITGrundschutzKataloge/itgrundschutzkataloge_node. htmls

Byok, J. (2017). Informationssicherheit von Kritischen Infrastrukturen im Wettbewerbs und Vergaberecht, BB. 451.

Calliess, C., & Ruffert, M. (2016). EUV/AEUV, 5. Aufl.

Kipker, D.-K. (2017). Der BMI-Referentenentwurf zur Umsetzung der NIS-RL, MMR. 143.

Voigt, P., & Gehrmann, Mareike (2016). Die europäische NIS-Richtlinie, neue Vorgaben zur Netz- und IT-Sicherheit., ZD. 355.

von der Groeben, H., Schwarze, J., & Hatje, A. (2015). Europäisches Unionsrecht, 7. Aufl.

9 Ethische, rechtliche und soziale Implikationen (ELSI)

Alexander Boden[1] · Michael Liegl[2] · Monika Büscher[3]
Fraunhofer FIT[1], Universität Hamburg[2], Lancaster University[3]

Zusammenfassung

Dieses Kapitel widmet sich ethischen, rechtlichen und sozialen Implikationen (ELSI) bei der Entwicklung von Krisen-IT-Systemen. Beim Krisenmanagement ergeben sich besondere Anforderungen durch das hohe disruptive Potenzial von IT vor dem Hintergrund der sensiblen Situationen, in denen sie eingesetzt werden. Dabei zeigen sich ELSI oft erst im Verlauf der Interaktion von Menschen und Technik im Kontext von Krisensituationen und sind daher nur schwer bei der Gestaltung vorhersehbar. Daher sollen Ansätze für die Gestaltung von Krisen-IT vorgestellt werden, die ELSI in geeigneter Weise sichtbar und adressierbar machen. Nach einem Überblick über Problemstellungen beim Einsatz von Krisen-IT-Systemen sowie dabei relevanter ELSI-Aspekte werden bestehende Ansätze aus dem Bereich des Designs sowie der Technikforschung diskutiert. Anschließend gibt das Kapitel methodische Handlungsempfehlungen für ein „ELSI-Co-Design" auf der Grundlage aktueller Erkenntnisse aus der Kriseninformatik.

Lernziele

- Die Leser kennen die inhärenten Probleme und Widersprüche, die in Bezug auf ELSI im Bereich der Kriseninformatik auftreten können.

- Die Leser kennen die wichtigsten Ansätze aus den Bereichen Design- und Technikforschung und ihre Vor- und Nachteile für die Gestaltung von Krisen-IT.

- Die Leser können Methoden für die Sichtbarmachung von ELSI-Aspekten im Rahmen von Co-Design einbringen.

9.1 Einleitung

Technik spielt in Notfällen eine wichtige Rolle für die Rettungskräfte. Dies umfasst nicht nur Schutzkleidung und Atemgeräte für Feuerwehrleute sowie Waffen und beschusshemmende Westen für Polizisten, sondern auch IT-Systeme für die Koordination und Kooperation von Einsatzkräften vor Ort (Buck et al., 2006; Moynihan, 2009). Dieses Kapitel widmet sich der Fragestellung, wie sich der Einsatz von solchen sicherheitskritischen Technologien auf die Praktiken und Arbeitsprozesse der Rettungskräfte auswirkt. Bei Schutzkleidung ist etwa davon auszugehen, dass sie die Fähigkeit von Feuerwehrleuten steigert, in gefährlichen Situationen zu handeln und Menschen retten zu können. Bei IT-Werkzeugen sind solche Fragen mitunter weniger klar zu beantworten, was das folgende Beispiel verdeutlichen soll:

Beim Krisenmanagement spielen mobile Geräte wie Smartphones eine zunehmend wichtige Rolle für die Koordination sowohl der Rettungskräfte als auch für die Kommunikation und Informationsversorgung betroffener Menschen vor Ort (etwa mittels sozialer Medien). Gerade bei Großschadenslagen sind die Kommunikationsinfrastrukturen jedoch häufig gestört oder überlastet. Im Projekt „BRIDGE" (Boden et al., 2016) wurde für solche Situationen ein System entwickelt, das es ermöglicht, direkte Verbindungen zwischen Rettungskräften und den Smartphones von Betroffenen herzustellen (siehe Abbildung 9-1).

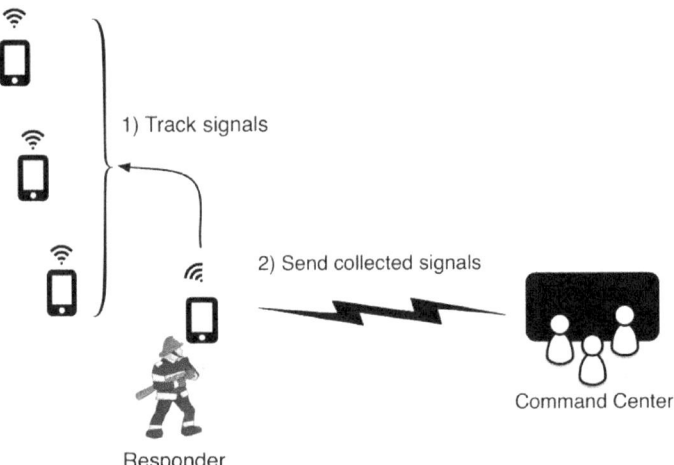

Abbildung 9-1: System zur Herstellung von Verbindungen zwischen Betroffenen und Einsatzkräften vor Ort und in der Kommandozentrale

Mit dem System können so Informationen über Standort und Situation ausgetauscht werden, was die Planung von Rettungseinsätzen erleichtert. Das System wurde im Jahr 2013 im Rahmen einer großangelegten Übung der Polizei, Feuerwehr und Rettungssanitäter in Norwegen getestet. Das Szenario war ein fiktiver terroristischer Anschlag auf eine Fähre sowie ein Fährterminal und eine nahegelegene Gasraffinerie in der Küstenstadt Stavanger, bei dem mehrere Bomben detonieren und zahlreiche Menschen durch Schusswaffen verletzt oder getötet werden.

Beim Test des Systems durch eine Spezialeinheit der Polizei zeigten sich dabei unbeabsichtigte Nebeneffekte (Al-Akkad et al., 2014; Boden et al., 2016). Rettungskräfte folgen bei der Suche nach Betroffenen üblicherweise einem systematischen Suchmuster. Für Menschen im Krisengebiet bedeutet dies, dass der Zufall eine starke Rolle spielt: Je nach dem wo sie sich im Suchgebiet befinden, werden die Retter früher oder später auf sie stoßen. Durch das Verfügbarmachen weiterer Informationen gerieten die Rettungskräfte unter Druck, die Reihenfolge der durchsuchten Gebiete zu verändern und solche zu priorisieren, in denen Hilferufe empfangen wurden. Da in einer Krise jedoch nicht alle Menschen über ein (funktionsfähiges) Smartphone verfügen würden und/oder noch in der Lage wären, dieses zu bedienen, ergaben sich dadurch tiefergehende Fragen nach den ethischen und sozialen Auswirkungen eines solchen Rettungsansatzes. Darüber hinaus zeigten sich Rettungskräfte besorgt darüber, dass sie auf Grundlage der Informationen aus dem System im Feld situative Entscheidungen treffen müssten, etwa einen bestimmten Hilferuf zugunsten zweier anderer zu ignorieren. Diese Entscheidungen müssten möglicherweise später gerechtfertigt werden, insbesondere wenn sie sich im Nachhinein als Fehler erweisen würden. Die Gestaltung des Systems hatte somit auch weitergehende Implikationen für die rechtliche Ebene von Rettungseinsätzen, die in der Form vorher nicht erwartet worden waren.

Der zunehmende Einsatz von Unterstützungstechnologie im Krisenmanagement kann somit ein zweischneidiges Schwert werden (Büscher et al., 2014; Büscher et al., 2016): Einerseits können Krisen-IT-Systeme die Effektivität und Effizienz von Rettungsmaßnahmen enorm steigern und dazu führen, dass mehr Menschen gerettet werden können und Rettungspersonal weniger Risiken eingehen muss; andererseits kann ihr Einsatz nicht beabsichtigte und tiefergehende Folgen für die Arbeit von Rettungskräften haben und somit soziale, ökonomische und politische Fragen mit sich bringen (Chesbrough, 2003). Zudem erfordert der rechtliche Rahmen auch immer stärker eine Auseinandersetzung mit Fragen etwa nach Datenschutzaspekten neuer Technologien.

Die Gestaltung von Krisen-IT ist daher immer auch mit ethischen, rechtlichen und sozialen Implikationen verbunden. Im Englischen wird dies durch die Abkürzung ELSI für **ethical, legal and social implications** beschrieben, was sich als Sammelbegriff auch im Deutschen durchgesetzt hat. *Ethische Fragen* betreffen dabei grundlegend moralphilosophische Aspekte des Technikeinsatzes wie etwa dem Wunsch nach Solidarität, Gleichberechtigung und Würde sowohl der Einsatzkräfte als auch der betroffenen Menschen. *Rechtliche Aspekte* betreffen gesetzliche Einflüsse auf den Einsatz von Technik, also die Bedingungen unter denen IT-Systeme eingesetzt werden müssen beziehungsweise zum Einsatz kommen dürfen. *Soziale Fragen* betreffen die konkreten gesellschaftlichen Auswirkungen von Technik. Hervorzuheben ist, dass sich die drei Aspekte gegenseitig bedingen und in einem engen Wechselspiel miteinander stehen und zudem nicht immer klar voneinander zu trennen sind. Erschwerend für die Behandlung solcher Fragen aus Sicht der Informatik ist, dass sich ELSI-Aspekte oft erst im Praxiseinsatz und im Zusammenspiel zwischen Menschen, Technik und dem Kontext der Anwendungssituation zeigen. Da sie oft nicht vollständig vorhersagbar sind, ist ihre Berücksichtigung bei der Gestaltung von IT-Systemen eine Herausforderung (Introna & Wood, 2004).

Um sie adäquat zu berücksichtigen, muss die Technikgestaltung für tieferliegende Aspekte wie gesellschaftspolitische Implikationen sensibilisiert werden (Beck, 2002). Dies erfordert unter anderem geeignete Methoden für die Abwägung zwischen konfligierenden Werten (etwa zwischen dem Wunsch nach einer Überwachung der Situation mit Kamera-Drohnen und der informationellen Selbstbestimmung Betroffener), die Schaffung realitätsnaher Design-Szenarien sowie die Zusammenarbeit über verschiedene Domänen, Organisationen und gesellschaftlichen Ebenen hinweg (Büscher et al., 2013, 2014; Shapiro, 2014). Das vorliegende Kapitel soll einen Überblick über gängige Ansätze in diese Richtung geben und Gestalter von Krisen-IT-Systemen für die damit einhergehenden Probleme und Herausforderungen sensibilisieren.

9.2   Anwendungsbereich: ELSI in der Kriseninformatik

Der Einsatz von Krisen-IT-Systemen hat viele potenzielle Vorteile für Rettungseinsätze, wenn diese gebrauchstauglich gestaltet und ELSI-Aspekte berücksichtigt werden: So können etwa Risiken und Entscheidungsmöglichkeiten aufbereitet und veranschaulicht werden, Kommunikation und Koordination der Einsatzkräfte verbessert, sowie zusätzliche Informationen gesammelt und im Sinne eines verbesserten Überblicks über die Situation dargestellt werden. Gleichzeitig birgt ihr Einsatz jedoch auch Risiken, etwa wenn sich Systemanalysen als irreführend erweisen, Nuancen von Kommunikation in vermeintlich effizienteren IT-Systemen verloren gehen oder Entscheidungen aufgrund von Informationsüberflutung erschwert werden.

Neben der „richtigen" Einstellung der Krisen-IT-Systeme auf die praktischen Bedarfe von Rettungskräften nehmen zudem auch ethische, rechtliche und soziale Implikationen bei einer technischen Unterstützung von Krisenmanagement eine wichtige Rolle ein (Büscher et al., 2014b). Diese umfassen dabei Fragen wie:

- Sollten öffentliche Gesundheitsorganisationen und damit auch Rettungskräfte Zugriff auf individuelle Gesundheitsdaten – wie z. B. Krankenakten – haben?

- Wie kann ein „Informed Consent" aussehen und wer ist verantwortlich, falls solche Daten in Situationen, die eine schnelle Entscheidung erfordern, nicht zugänglich oder fehlerhaft sein sollten (Jillson, 2010)?

- Wie kann die Notwendigkeit, Informationen auszutauschen, mit den Anforderungen an Datenschutz und der Wahrung der Privatsphäre von Betroffenen in Einklang gebracht werden?

- Wie kann verhindert werden, dass eine gut gemeinte Datensammlung sich nach und nach in Richtung eines Überwachungsregimes entwickelt (Buscher et al., 2013)?

- Wie sieht ein angemessener Umgang mit den Veränderungen, welche sich aus der Einführung von Krisen-IT-Systemen ergeben können, für die Rettungskräfte selbst aus (Ellebrecht et al., 2013)?

Rettungskräfte sind häufig eher vorsichtig bei der Aneignung neuer Technologien, besonders wenn es um die Zusammenarbeit zwischen verschiedenen Helferorganisationen geht. Neben rechtlichen Gründen wie etwa dem Datenschutz, der das Erheben und Verarbeiten, insbesondere Teilen, von personenbezogenen beziehungsweise -beziehbaren Informationen erschweren kann, steht dies auch im Zusammenhang einer generellen Abneigung gegen die Abhängigkeiten und potenziellen Probleme, die sich beim Nutzen neuer Technik ergeben können. Ein gewisses „Silo-Denken" (Cole, 2010) begründet sich paradoxerweise auch aus der Fähigkeit von Krisen-IT-Systemen, Informationen effizient zu verwalten und auszutauschen, da dies neben der direkten Unterstützung der Rettungseinsätze auch ein besseres Überwachen der Einsatzkräfte und ihres Verhaltens im Einsatz erlaubt. In einem Umfeld, in dem Fehlentscheidungen schwere und potenziell rechtliche Auswirkungen haben können, herrscht daher häufig auch aus der Sicht der Rettungskräfte eine gewisse Vorsicht gegenüber dem Einsatz solcher unterstützenden Werkzeuge (Jillson, 2010; Büscher et al., 2015).

Im Krisenmanagement müssen im Ernstfall hohe und unvorhersehbare Risiken getragen und unter Zeit- und Ressourcenknappheit schwierige Entscheidungen getroffen werden. Da Krisen prinzipiell unvorhersehbar sind, können ethische Aspekte, wie etwa tiefer liegende gesellschaftliche Folgen, oft nur im Nachhinein thematisiert werden. Diese Aspekte geraten zudem angesichts konkreter Gefahren und dem Wunsch, möglichst viele Leben zu retten, leicht in den Hintergrund und werden als unwichtig wahrgenommen. So wird auf politischer Ebene mitunter argumentiert, dass Krisen einen Ausnahmezustand darstellen, in dem unter Umständen Lösungswege gewählt werden müssen, die normalerweise ethisch nicht tragbar wären (Schmitt, 2012; Sorell, 2003). In diesem Zusammenhang gibt es eine langanhaltende Debatte über die Definition von Notfällen oder Katastrophen, in der Regel auf der Grundlage von Umfang, Dringlichkeit und Schwere, sowie darüber, welche Maßnahmen in welchen Situationen angemessen sind (Kerasidou et al., 2016). Demnach würde z. B. aufgrund der Zahl der betroffenen Menschen ein schweres Erdbeben in einer Metropolregion eher ein Abweichen von ethischen Standards rechtfertigen als ein Brand in einer Lagerhalle.

Das Argument, dass Ethik bis zu einem gewissen Grad situationsabhängig und damit in Krisensituationen durchaus verhandelbar ist, steht im Einklang mit utilitaristischen Inter-

pretationen von Ethik, die „Richtig" und „Falsch" ausschließlich auf Grundlage der Auswirkungen von Handlungen bewerten und dabei auf das insgesamt beste Ergebnis abzielen
(Powers, 2005). Im Bereich des Krisenmanagements spiegelt sich dies in Zielen wie dem
Retten der „größtmöglichen Zahl" von Menschen wider, auch wenn dafür einige wenige
geopfert werden müssen. Ein plakatives Beispiel ist etwa der Abschuss einer von Terroristen entführten Passagiermaschine, die auf ein vollbesetztes Stadion zusteuert. Sowohl
die Sicht auf Krisen als Ausnahmezustand, der Abweichungen von üblichen ethischen
Standards rechtfertigt, als auch die Anwendung einer konsequentalistischen Ethik sind
sehr umstritten. So halten Kritiker dagegen, dass das Zulassen von Ausnahmen in Extremsituationen als Präzedenzfall dienen kann, der zukünftige Ausnahmen wahrscheinlicher
macht und damit zu einer Erosion von ethischen Standards führt. Zudem kann die Definition eines Ausnahmezustands in der Praxis sehr schwierig sein, insbesondere bei Grenz-
fällen.

Übertragen auf den Bereich der Kriseninformatik gibt es in diesem Zusammenhang zudem
das folgende Problem zu berücksichtigen: Eine Technologie, die nur in besonderen Ausnahmesituationen eingesetzt wird, würde mangels Erfahrungen und Training im Ernstfall
nicht zuverlässig funktionieren. Wenn sie es doch täte, dann würde sie sich für den Stan-
dardeinsatz aufdrängen und damit Fakten schaffen, die ethische Standards unter Druck
setzen – ein Vorgang, der in der Informatik als „function creep" bekannt ist (Groff and
Jones, 2012). Dabei kann es für die Akteure im Kontext von Krisen, die sich oft dynamisch
entwickeln und deren Verlauf kaum abschätzbar ist, sehr schwierig sein, solche Entscheidungen zu treffen – zumal häufig rechtlich unklar ist, was erlaubt ist und was nicht, wenn
von bestehenden Prozeduren abgewichen werden muss (Grace, 2013). Daher ist es wichtig, solche Fragen und Auswirkungen bereits bei der Gestaltung von Krisen-IT-Systemen
explizit zu evaluieren und mit zu berücksichtigen.

Die Notwendigkeit solcher Diskussionen bereits im Vorfeld des Einsatzes von Krisen-IT-
Systemen steht im Zusammenhang mit einem fundamentalen Problem der Technikentwicklung: der Schwierigkeit oder sogar Unmöglichkeit, die Aneignung von neuen Technologien vollständig vorherzusagen und ethische, rechtliche und soziale Implikationen vo-
rauszusehen, bevor sie sich in der Praxis manifestieren. Zudem betreffen sie häufig nicht
nur die technische Gestaltung, sondern auch die organisatorischen und rechtlichen Rahmenbedingungen für ihren Einsatz. Nicht zuletzt erfordert die Auseinandersetzung mit gesellschaftlichen Folgen komplexer Technologien einen geeigneten Rahmen für einen öffentlichen Diskurs unter Einbeziehung aller relevanten Akteure.

Für die Kriseninformatik stellt sich damit die Frage, wie geeignete Experimentierfelder
geschaffen werden können, in denen ELSI sichtbar, erforschbar und adressierbar werden.
Im folgenden Abschnitt soll daher zunächst ein Überblick über bestehende Ansätze der
Einbeziehung von Praktikern bei der Gestaltung von IT-Systemen gegeben werden.

9.3 ELSI-Ansätze bei der Gestaltung von IT: ein Überblick

Die Zusammenarbeit mit Anwendern bei der Technikentwicklung hat unter dem Stichwort **Co-Design** eine lange Tradition im Bereich der Informatik sowie im Bereich regulatorischer Ansätze. Mit Co-Design sind generell Ansätze gemeint, die Techniknutzer und weitere Stakeholder aktiv in den Gestaltungsprozess miteinbeziehen. Technik wird also nicht allein von Ingenieuren und Designern entworfen, sondern gemeinsam mit den Menschen, welche die Technik später einsetzen sollen oder indirekt von ihrem Einsatz betroffen sind.

Im folgenden Abschnitt sollen zunächst verschiedene Ansätze aus dem Bereich des Co-Designs vorgestellt werden: **User-Centered Design, Partizipatives Design, Value Sensitive Design** und **Science and Technology Studies**. Im darauffolgenden Abschnitt werden dann für Co-Design relevante regulatorische Ansätze diskutiert: **Privacy By Design, Rechtliche Risikoanalyse** und **Ethische Impact Assessments**.

9.3.1 Co-Design-Ansätze

Die Gestaltungsphilosophie des **User-Centred Designs (UCD)** entwickelte sich bereits in den 1980er-Jahren und umfasst ein breites Spektrum von Gestaltungsansätzen für die Einbeziehung von „Nutzern". Dabei gibt es sehr unterschiedliche Vorstellungen darüber, welche Rolle der Nutzer im Gestaltungsprozess spielen soll, von einer eher passiven, peripheren Beteiligung bis hin zur aktiven Mitgestaltung im Zentrum der Entwicklung (Keinoen, 2008). UCD zielt generell auf eine bessere Nutzungsfreundlichkeit und Nutzerzufriedenheit. Wenn neuere Ansätze des UCD eher von „Human-centred Design" sprechen, so ist dies eine Reaktion auf die Kritik, dass häufig nur die Menschen in den Gestaltungsprozess eingebunden werden, die das zu entwickelnde System später „nutzen" sollen. Dies geschieht in der Regel im Rahmen von Workshops (siehe Abbildung 9-2) mit Anwendern, die von Forschern moderiert werden. Weitere betroffene Personengruppen – vor allem auf der gesellschaftlichen Ebene – werden tendenziell eher nicht einbezogen, was insbesondere für ELSI jedoch erforderlich wäre.

Partizipatives oder Kollaboratives Design (PD) nimmt eine breitere Perspektive ein (Ehn, 2008). PD entwickelte sich vor dem Hintergrund von Auseinandersetzungen zwischen Arbeitern und Managern in den 1970er-Jahren. In dieser Zeit wurden Computersysteme erstmals an Arbeitsplätzen mit dem Ziel eingeführt, Büroarbeit effizienter zu machen. Diese Veränderungen waren in erster Linie vom Management vorangetrieben und hatten erhebliche Auswirkungen auf Büroarbeit und Unternehmensgefüge, einschließlich der Abwertung von bestimmten Rollen bis hin zu Arbeitsplatzverlusten durch Rationalisierung. Durch die Einbeziehung von betroffenen Arbeitern zielte PD auf eine Demokratisierung von Technikentwicklung in Unternehmen unter starker Bezugnahme auf ethische und sozio-politische Ideale bei der Einführung neuer Technologien ab (Forester & Morrison, 1990; Töpel et al., 2009). PD ist insbesondere im Bereich der Computerunterstützten

Gruppenarbeit (CSCW) stark rezipiert worden, dessen Grundausrichtung auf eine Unterstützung von Gruppenarbeit im Gegensatz zu einer Automatisierung sowie dem Ziel, Systeme im Einklang mit menschlicher (Arbeits-)Praxis zu entwickeln, ebenfalls eine starke ethische Komponente aufweist (Kensing and Bloomberg, 1998).

Während partizipative und nutzerzentrierte Ansätze der Technikentwicklung generell versuchen, die Wünsche, Bedenken, Praktiken und Fähigkeiten von Nutzern bei der Gestaltung zu berücksichtigen, wird dies in der Praxis sehr unterschiedlich umgesetzt. Neben der Frage, ob Nutzer als aktive, gleichberechtigte Co-Designer oder eher als passive Ratgeber (deren Meinung berücksichtigt oder ignoriert werden kann) einbezogen werden, bezieht sich dies auch auf die Verortung im Gestaltungsprozess an sich. Da sich Aneignungseffekte oft erst situiert in der Praxis zeigen (Suchman, 2007), muss sich die Gestaltung kontinuierlich mit der Aneignung und der damit verbundenen Veränderung der Praxis mitentwickeln, wodurch neue Formen der Kooperation entstehen (Bjerrum and Bødker, 2003). Ansätze wie **Living Labs**, bei denen Technikprototypen über längere Zeiträume von Menschen in ihrem Alltag ausprobiert werden, lösen sich daher vom klassischen Workshop als Ort, an dem Design stattfindet, und verlagern die Arbeit mit Anwendern eher ins Feld, wo neue Technologien angeeignet und verwendet werden (Hartswood et al., 2008).

Abbildung 9-2: Co-Design-Workshop mit Praktikern aus dem Rettungsmanagement

Der Anspruch, Anwendern adäquate Räume und Werkzeuge zur Teilnahme bei der Entwicklung und Gestaltung technischer Zukünfte (Sanders & Stappers, 2008) zu geben, spielt insbesondere bei ELSI-Aspekten eine sehr wichtige Rolle. Vor allem beim PD besteht der emanzipatorische Anspruch, dass Anwender als gleichberechtigte Akteure neben Auftraggebern (also Managern) und Technikentwicklern an der Gestaltung beteiligt werden sollten (Greenbaum and Kyng, 1991). Die Frage, wer die „richtigen" Stakeholder bei solchen Prozessen sind und wie diese in die Lage versetzt werden können, aktiv und informiert an mitunter komplexen technischen Entscheidungen mitzuwirken, sind jüngst stärker in den Vordergrund gerückt worden (Boden et al., 2016; Stein et al., 2016). So erfordert dies bereits bei klassischeren Ansätzen mitunter die Einbeziehung von Mediatoren sowie Trainern (Wulf and Rohde, 1995), was einen enormen zeitlichen und organisatorischen Overhead mit sich bringen kann.

Ein weiterer relevanter Ansatz, der sich mit ethischen Aspekten bei der Gestaltung von Technik beschäftigt, ist das **Value Sensitive Design (VDS)**. VDS wurde in den späten 1980er- und frühen 1990er-Jahren entwickelt und zielt auf die *„Entwicklung eines theoretischen und methodischen Ansatzes für die Berücksichtigung der Wertedimension beim Design"* (frei übersetzt nach Friedman et al., 2013) ab. Dabei sollen Werte – wie unter anderem Privatsphäre, Wohlbefinden, Nutzungsfreundlichkeit, informierter Konsens, Autonomie und Vertrauen – systematisch beim Gestaltungsprozess berücksichtigt werden. Der Begriff „Werte" bezieht sich in diesem Zusammenhang darauf, *„was Personen oder Gruppen als wichtig in ihrem Leben ansehen"* (frei übersetzt nach Friedman et al., 2013). Dazu schlägt das VDS vor, konzeptionelle Untersuchungen darüber anzustellen, welche Werte bei einem Gestaltungsvorhaben relevant und welche Stakeholder dabei direkt oder indirekt betroffen sind. Dabei werden vor allem auch Zielkonflikte zwischen Werten sowie Stakeholdern und deren Aushandlung in den Blick genommen. Darüber hinaus werden empirische Untersuchungen mit einer Reihe von qualitativen und quantitativen Forschungsmethoden durchgeführt, um den Kontext, in dem technische Artefakte eingesetzt werden, besser einbeziehen zu können.

Nicht zuletzt spielen ethische Überlegungen im Bereich der **Science and Technology Studies (STS)** eine Rolle beziehungsweise können für deren Berücksichtigung als nützliche Grundlage dienen, gerade auch in Bezug auf die Grenzen von partizipativen Entwicklungsprojekten (Törpel et al., 2009). Während STS auf sehr unterschiedlichen theoretischen Grundlagen aufbaut, spielt das Ziel einer „Demokratisierung" technischer Kulturen (Bijker, 2003) sowie die soziale, öffentliche Verantwortung von Wissenschaftlern und Entwicklern in diesem Zusammenhang auch hier eine wichtige Rolle (Sismondo, 2008). So hat sich insbesondere seit den 1990er Jahren ein „participatory turn" abgezeichnet, bei dem die Einbeziehung der Öffentlichkeit in einem partizipativen Dialog sowie entsprechende Formen von Projekt-Governance als zentrale Paradigmen herausgestellt wurden (Felt & Wynne, 2007). Dies umfasste die Diskussion und Kritik verschiedener Modelle für Partizipation, wie etwa dem Durchführen öffentlicher Debatten, Konsultationen, Bürgerkonferenzen und anderer experimenteller Formen einer Beteiligung der Öffentlichkeit, beispielsweise im Rahmen neuer „Kollektive" (Latour, 2004), „kollektiver Experimente" (Wynne, 2007) sowie Modellen für die „Wissens-Ko-produktion" (Callon, 1999).

Während solche experimentellen Formen aus dem Bereich der STS noch nicht als etablierte Methoden für Technikentwicklungsprojekte bezeichnet werden können, bieten sie dennoch interessante Ansatzpunkte für die Betrachtung von ELSI-Aspekten bei der Gestaltung von Krisen-IT. Weitere Ansatzpunkte aus angrenzenden Feldern sollen im folgenden Abschnitt vorgestellt werden.

9.3.2 Regulatorische Ansätze

In den vergangenen 20 Jahren wurde eine Reihe von regulatorischen Ansätzen im Bereich der IT-Entwicklung ausgearbeitet, die auch für den Bereich der Kriseninformatik relevant sind. So beschäftigt sich etwa eine Richtlinie der Europäischen Union aus dem Jahr 1995, die in nationale Gesetze umgesetzt wurde, mit Aspekten wie Datenschutz bei der Verarbeitung personenbezogener Daten in IT-Systemen (Pagallo, 2011). Eine Ablösung dieses rechtlichen Rahmenwerks ist in Form der EU-Datenschutz-Grundverordnung (DSGVO) seit Mai 2016 in Kraft, sie gilt in Deutschland mit Wirkung ab dem 25.5.2018 unmittelbar. Zu deren Umsetzung wurde Ende April 2017 ein neues Bundesdatenschutzgesetz verabschiedet, das die Anwendung der DSGVO regelt und vorhandene Lücken füllt.

Es ist zu erwarten, dass die neue Rechtslage zu erheblichen Änderungen im Datenschutz in der EU führen wird. Für die Technikentwicklung – gerade auch im Bereich der Krisen-IT – ergeben sich damit besondere Anforderungen etwa bei der Umsetzung von „Privacy by Design" (s.u.). Die Details und zu erwartenden Folgen dieser Entwicklungen sprengen den Rahmen dieses Kapitels und werden zum Teil im Kapitel 7 (Datenschutz) und 8 (Rechtliche Aspekte) näher behandelt. Da für die Umsetzung von Vorgaben jedoch auch die bisherige Praxis interessant ist, sollen im Folgenden kurz einige bestehende regulatorische Ansätze angerissen und im Hinblick auf ihre Bedeutung für die Gestaltung von Krisen-IT diskutiert werden.

Privacy by Design ist eng verbunden mit dem Konzept von „Privatheitfördernden Technologien" (Privacy enhancing technologies, PET, cf. Information and Privacy Commissioner/Ontario, 1995) und zielt auf die direkte Implementierung von datenschutz- und privatsphäresichernden Funktionen in technische Anwendungen. Dazu werden beispielsweise Maßnahmen vorgeschlagen wie die strikte Anonymisierung von verarbeiteten Daten oder die strikte Trennung von Inhalten und personenbezogenen Daten (Schaar, 2010). Privacy by Design ist mittlerweile Standard in vielen Förderprogrammen und, wie erwähnt, ein Bestandteil der neuen DSGVO. Auch das Europäische Forschungsrahmenprogramm setzt die Implementierung solcher Maßnahmen inzwischen voraus (Schaar, 2010), wodurch sich ein großer Druck auf Gestaltungsprojekte bezüglich der Umsetzung dieser Vorgaben im Rahmen ihrer Projektarbeit ergibt. Hinsichtlich der Operationalisierung in Projekten stellen sich dabei Fragen nach der genauen Vorgehensweise, wenn etwa eine Technikfolgenabschätzung erforderlich ist. Zudem gibt es Bedenken, ob alle im Bereich von ELSI auftretenden Probleme sich vollständig auf einer technischen Ebene werden lösen lassen (Spiekermann, 2012; siehe auch den folgenden Abschnitt).

Rechtliche Risikoanalysen beschäftigen sich ebenfalls mit Aspekten wie Privatsphäre und Datenschutz (Clarke, 2009). **Privacy Impact Assessments (PIA)** werden seit den 1990er-Jahren in vielen Ländern und Kontexten eingesetzt (Wright et al., 2012) und sind teilweise bereits verpflichtend für die Entwicklung sowie den Einsatz von IT-Systemen, die personenbezogene Daten verarbeiten. Zudem gibt es Bestrebungen für die Entwicklung eines internationalen Standards für PIAs (Wright & Friedewald, 2013), unter anderem als Bestandteil der DSGVO. Der konkrete Einsatz von PIAs in der Praxis ist noch sehr uneinheitlich. In der Regel bestehen sie aus mehreren Phasen und Iterationen der Systementwicklung. Das erste Ziel ist meist die Erarbeitung eines Überblicks über die wichtigsten Problembereiche und relevanten Stakeholder als Grundlage für die Durchführung weiterer Assessments. Diese basieren meist auf der Identifikation von Risiken in Bezug auf Datenschutz sowie der Erarbeitung von Strategien für den Umgang mit ihnen.

Darüber hinaus gibt es weiterreichende Bestrebungen im Bereich von **ethischen Impact Assessments (EIA**, vgl. Harris et al., 2011; Wright et al., 2012; Wright, 2011), die eher aus dem Bereich der Philosophie und theoretischen Ethik stammen und sich an verwandten „Impact Assessments" orientieren, etwa aus dem Bereich des Umweltschutzes oder der Technik- und Rechtsfolgenabschätzung. Eine zentrale Annahme bei EIAs ist, dass Ethik im Kontext von Praxis verstanden werden muss und somit nicht als rein präskriptive Anwendung von allgemeingültigen Regeln. Dazu werden vor allem Reflexions-Methoden zum Infragestellen einzelner Technologien und ihrer Implementierung vorgeschlagen, welche als Ergänzung und Erweiterung des Gestaltungs- und Entwicklungsprozesses anzusehen sind. Praktisch werden dazu wortwörtlich Fragen an die Technikentwicklung sowie mögliche Folgen erarbeitet und mit den Stakeholdern diskutiert, wobei es bereits Versuche gab, Standard-Fragen für die Aufdeckung ethischer Probleme zu entwickeln (Marx, 1998; van Gorp, 2009; Wright, 2011). Weiterhin wurde versucht, „ethische Werkzeuge" wie etwa Leitlinien und Prozeduren für das Durchführen von EIAs zu etablieren (Wright and Friedewald, 2013).

Im Kontext der Technikentwicklungsansätze aus dem Abschnitt zuvor wurden solche regulatorischen Ansätze bisher wenig wahrgenommen, was sich aufgrund der rechtlichen Entwicklungen in Zukunft wohl ändern wird. Für die Technik ist dabei die Herausforderung, die Ergebnisse solcher „Assessments" in die kreative Gestaltung neuer Technologien zu übersetzen. Dieses Problem soll im folgenden Abschnitt diskutiert werden.

9.4 ELSI-Co-Design bei Krisen-IT: Praxis und Umsetzung

Die Übersicht in den vorhergehenden Abschnitten zeigt, dass es eine Reihe von Ansätzen dafür gibt, ELSI-Aspekte zu untersuchen, die sich aus der Einführung und Aneignung von Technologien in der (sogenannten) „realen Welt" ergeben. In diesem Abschnitt soll nun der Versuch unternommen werden, die vorhandenen Ansätze zu einem systematischen Vorgehen zu verbinden.

9.4.1 Konzeptionelle Überlegungen

Wie oben gezeigt, kann die Operationalisierung von Ansätzen – wie „Privacy by Design" – bei der Umsetzung von Technikentwicklungsprojekten problematisch werden. So können sich aufgrund des transformativen Moments von Innovationen Spannungen zwischen Anforderungen an effiziente Rettungsmaßnahmen und Datenschutz ergeben, die nicht immer einfach technisch auflösbar sind. Um sicherzustellen, dass die entwickelten Technologien praxistauglich sind, ist es daher erforderlich, solche Probleme frühzeitig im Rahmen von Aushandlungen und Dialogen zwischen den beteiligten Interessengruppen, einschließlich Anwendern, Technikentwicklern und der Öffentlichkeit, zu erforschen. Dabei sind vor allem ethische und soziale Implikationen oft nur schwer vorhersehbar und erfordern geeignete Instrumente für deren Exploration. Dabei muss auch der rechtliche Rahmen der Förderrichtlinien sowie im Hinblick auf den praktischen Einsatz der Projektergebnisse berücksichtigt werden. Dies erfordert Methoden für die Steigerung der Sichtbar- und Verhandelbarkeit von ELSI-Aspekten in allen Phasen des ko-evolutionären Entwicklungsprozesses. Dabei sollten ELSI-Aspekte die gleiche Priorität wie andere Anforderungen etwa an Funktionalität und Nutzungsfreundlichkeit haben, statt nur als implizite Nebeneffekte verstanden zu werden.

Ansätze aus dem Bereich der Regulierung (EIA, PIA) können vor diesem Hintergrund als Form eines Meta-Designs aufgefasst werden, das Protokolle und Regeln für ELSI-Aushandlungen im Rahmen von Gestaltungsprozessen bereitstellt. Dies erfordert die iterative Einbindung eines möglichst breiten Spektrums von Akteuren, Praktikern aus dem Rettungswesen sowie Rechtsexperten, Sozialforschern, Designern, Technikentwicklern, Politikern und Aktivisten bis hin zu zivilgesellschaftlichen Vertretern von potenziell betroffenen Personenkreisen. Des Weiteren ist der Fokus auf die Einbeziehung zusätzlicher Stakeholder und die Etablierung einer „Debattenkultur" (Wright & Friedewald, 2013) in Technikentwicklungsprojekte für die Berücksichtigung von ELSI-Aspekten sehr fruchtbar. Das Ziel sollte dabei sein, Wege für das Identifizieren und Sichtbarmachen von ELSI-Aspekten bei Technikinnovationen zu finden und Räume zu schaffen für deren bewusste Aushandlung vor dem Hintergrund der Gestaltung neuer Technologien sowie unter Einhaltung des Rechtsrahmens, der spezielle Maßnahmen erforderlich machen kann, die es zu berücksichtigen gilt. Dies erfordert etwa die Herstellung eines Bewusstseins für mögliche Folgen bei allen Beteiligten, das Finden einer gemeinsamen Sprache für Aushandlungsprozesse in großen, oft interdisziplinären Projekten und das Einbeziehen der relevanten Stakeholder auf allen beteiligten Ebenen. Diese reichen im Fall von ELSI von Anwendern über Rettungsorganisationen bis hin zu gesellschaftlichen Akteuren – zumal bei solchen Fragen potenziell jeder Mensch betroffen sein kann.

Durch die Komplexität der Thematik und die Breite des Anwendungsbereichs ist es erforderlich, die Auswahl der Methoden und ihren Einsatz an den Kontext, in dem entwickelt wird, anzupassen. Es gibt daher kein Patentrezept oder eine einheitliche Methodologie.

Das Ziel sollte es eher sein, Technikprojekte für ELSI-Aspekte zu sensibilisieren und deren Aushandlung tiefer in den Gestaltungsprozess einzubetten, als es üblicherweise im Co-Design der Fall ist. Um eine beispielhafte Orientierung und Anleitung für eine Umsetzung zu geben, wird im Folgenden der ELSI-Co-Design-Ansatz vorgestellt, der im Rahmen des EU-Projekts „BRIDGE" entwickelt wurde.

Der vorgeschlagene Ansatz ist der eines iterativen, experimentellen Forschungs- und Entwicklungsprozesses, bei dem ELSI-Aspekte durch ethnografische Feldforschung und Erkenntnisse aus Co-Design-Maßnahmen in die Spezifizierung, Gestaltung und Implementierung von Technik einfließen. Der Bezug zu ELSI orientiert sich dabei an Ansätzen aus der Technikfolgenabschätzung (insbesondere „Disclosive Ethics", vgl. Itrona, 2007), mit dem Unterschied, dass ethisch relevante Aspekte bereits konsequent und von Anfang an bei der Gestaltung thematisiert werden. Dies ist wichtig, da Techniknutzung und -aneignung nicht vollständig antizipierbar sind. Ebenso wenig sollten ELSI-Effekte erst im Nachhinein erforscht werden, da dann die Gestaltung bereits abgeschlossen und kaum noch beeinflussbar ist. Es ist daher nicht ausreichend, für ELSI rein abstrakte Anforderungen bei der Gestaltung zu befolgen, etwa im Sinne einer vordefinierten Checkliste, oder ethische Aspekte und Implikationen rein konzeptuell zu thematisieren. Die Umsetzung von ELSI erfordert vielmehr ein emergentes Verständnis von Technologie, das bereits frühzeitig im Rahmen der Gestaltung und Auseinandersetzung von Menschen mit Visionen von sozio-technischen Systemen adressierbar und im Sinne einer technischen Zukunft thematisierbar wird. ELSI-Aspekte von Krisen-IT werden damit als emergenter Gegenstand ständiger Aushandlung und Ko-Konstruktion der Beteiligten im Spannungsfeld zwischen Technik und Praxis verstanden. Wie die Technik selbst sind ELSI-Aspekte dabei evolutionär und müssen ständig an neue Erkenntnisse angepasst werden, wobei auch Konflikte und Paradoxien entstehen können, die sich nicht vollständig auflösen lassen und Kompromisse erfordern, die zum Gegenstand der Forschung und Entwicklung gemacht werden müssen – nicht zuletzt, um sicherzustellen, dass die in Forschungsprojekten entwickelten Prototypen später auch praktisch einsetzbar sind.

9.4.2 Beispielhafte Umsetzung

Die Behandlung von ELSI vor dem Hintergrund der genannten Perspektiven erfordert eine Umgebung, in der technische „Black Boxes" transparent und ihre emergenten Auswirkungen sichtbar und verhandelbar gemacht werden können. Dabei müssen alle relevanten Stakeholder eingebunden und in die Lage versetzt werden, sich aktiv und informiert an den entstehenden Diskursen zu beteiligen. Hier bieten sich Living Labs (Ogonowski et al., 2013) als Orte experimentellen Zusammenkommens von Prototypen, sozio-technischer Aneignung und ethischen Diskursen an (siehe Abbildung 9-3). Zudem können sich Elemente aus „Design Fictions" als sinnvolle Wege erweisen, um abstrakte ELSI-Aspekte für die Beteiligten darzustellen und thematisierbar zu machen (Boden et al., 2016).

Da sich die Anforderungen und Rahmenbedingungen für solche Beteiligungen in der Praxis nicht immer und zu jedem Zeitpunkt realisieren lassen, bietet sich dafür die Einrichtung der Rolle eines „ELSI-Experten" im Designprozess an, der ELSI im Rahmen der technischen Anforderungserhebung und Umsetzung im Entwicklungsprozess thematisiert und explizit macht. Der ELSI-Experte spielt dabei eine Vermittlungsrolle zwischen Praxis und Technikentwicklung und ist als Mediator und Moderator verantwortlich für das Einrichten entsprechender Räume und Möglichkeiten für ELSI-relevante Aushandlungsprozesse mit Stakeholdern auf allen Ebenen (Sanders & Stappers, 2008), während er gleichzeitig im Rahmen der Technikentwicklung die adäquate und konsequente Berücksichtigung von ELSI sichtbar und operationalisierbar macht. Im Projekt „BRIDGE" wurde dazu ein eigenes Arbeitspaket eingerichtet, das eng mit den geplanten Co-Design-Maßnahmen zusammenarbeitete, aber ELSI unabhängig als eigenes Thema im Projektverlauf thematisierte und als gleichwertiges Thema zur funktionellen Gestaltung sichtbar machte.

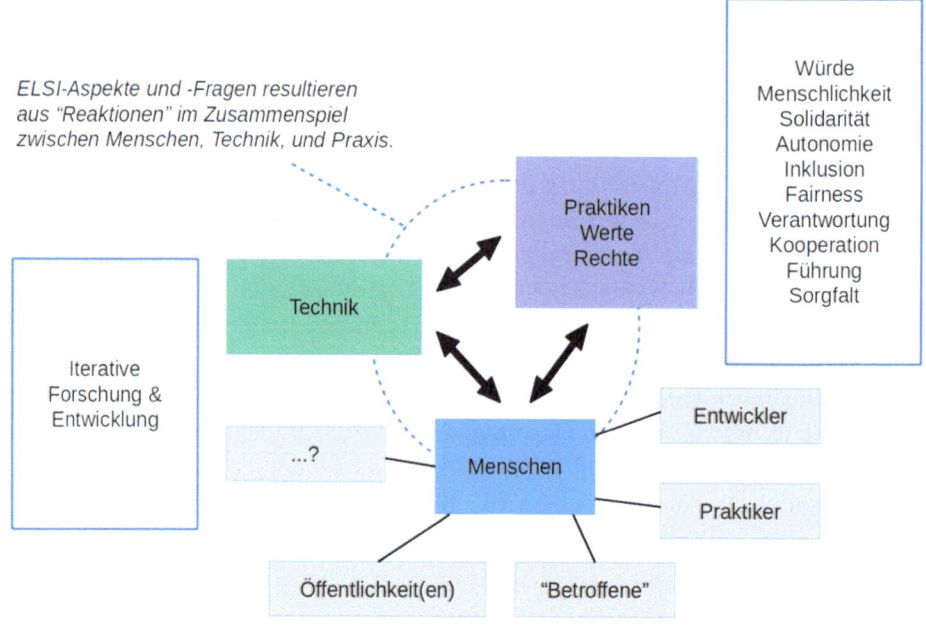

Abbildung 9-3: ELSI-Co-Design als iterativer, experimenteller Forschungs- und Entwicklungsprozess.

Um die verschiedenen Phasen eines Technikentwicklungsprojektes abzudecken, musste das Vorgehen dabei immer wieder methodisch und inhaltlich angepasst werden. Dabei orientierte sich das Projekt an der Vorgehensweise von Design-Case-Studies (Wulf et al., 2011), die einen Dreischritt von Vorstudie, Realisierung und Aneignungsstudie vorsehen. Unser ELSI-Co-Design-Prozess lässt sich damit grob in drei Phasen gliedern (Liegl et al., 2015, 2016):

- Ethnografische Domänen-Analyse und Co-Design mit Stakeholdern zur Grundlegung von ELSI-Anforderungen

- ELSI-Workshops mit Technikern und Gestaltern im Rahmen der Umsetzung

- Aneignungsstudien im Rahmen eines längerfristigen Einsatzes der Prototypen im Living Lab

Die folgende Tabelle 9-1 gibt einen Überblick über bewährte Vorgehensweisen und wichtige Aspekte beim ELSI-Co-Design und soll als Hilfestellung bei der praktischen Umsetzung dienen.

Phase	Erläuterung
Phase I: **Vorstudie**	Einrichtung der Rolle eines ELSI-Experten sowie einer Kooperationsumgebung für ELSI-Diskussionen (z. B. Wiki-System, Bug-Datenbank, Multimedia-Server).
	Analyse von bestehenden Nutzungspraktiken, Werkzeugen und Infrastrukturen unter ELSI-Gesichtspunkten als Begleitmaßnahme zur „normalen" Anforderungserhebung/Domänenanalyse.
	Identifikation von betroffenen Personengruppen (Stakeholdern) und Initiierung eines Dialogs in Bezug auf das geplante Projekt.
	Dokumentation von auftretenden ELSI-Aspekten und möglichen Zielkonflikten als Grundlage für die Gestaltung (ELSI-Requirements) sowie für den Dialog mit der Öffentlichkeit.
Phase II: **Umsetzung**	Entwicklungsbegleitende Exploration von ELSI-Aspekten mit Anwendern und weiteren Stakeholdern im Rahmen von spezifischen ELSI-Workshops (z. B. als Zukunftswerkstätten, Design Fictions, Panel Diskussionen etc.)
	Feedback von Ergebnissen aus dem ELSI-Co-Design an die Entwickler als Input für den Gestaltungsprozess. Analyse und Rückspiegelung an die Anwender sowie die Öffentlichkeit in Form eines Dialogs.
	Tiefergehende Exploration von ELSI-Aspekten gemeinsam mit den Entwicklern, z. B. in Form von Interviews mit Entwicklern oder Diskussionen über Stand und Ziele der Implementierung.
	Dokumentation der Ergebnisse während der Umsetzungsphase, insbesondere in Bezug auf Zielkonflikte und Limitationen.
Phase III: **Aneignung**	Untersuchung von ELSI-Aspekten in Bezug auf die Aneignung des Systems durch Praktiker, beispielsweise im Living Lab, insbesondere bei neu auftretenden, bisher nicht erwarteten Aspekten.
	Analyse und Überarbeitung der zuvor dokumentierten ELSI-Requirements und Forschungsergebnisse vor dem Hintergrund der Aneignungseffekte.
	Rückspiegelung und Sichtbarmachung von auftretenden Zielkonflikten an die Entwickler sowie auch die Praktiker und weiteren Stakeholdern, einschließlich der Öffentlichkeit.
	Abschließende Dokumentation der Erkenntnisse für die Forschung sowie die Öffentlichkeit.

Tabelle 9-1: Beispielhafte Vorgehensweise für ELSI-Co-Design

Da Technikentwicklung meist nicht linear verläuft und sich empirische Erkenntnisse nicht immer direkt in technischen Anforderungen umsetzen lassen, sollten die verschiedenen Schritte nicht als diskrete Abfolge von Einzelmaßnahmen verstanden werden, sondern vielmehr als unterschiedliche Perspektiven und Herangehensweisen an die Identifikation und Exploration von ELSI-Aspekten. Idealerweise entwickeln sich diese über die verschiedenen Schritte hinweg und werden von den Teilnehmern immer greifbarer und besser verstanden. Dabei ist anzumerken, dass insbesondere die Herstellung eines Dialogs mit der Öffentlichkeit sehr aufwändig sein kann und häufig die Möglichkeiten von Technikprojekten übersteigt; hier muss mitunter auf repräsentative Formen eines Dialogs mit Experten oder Ähnliche zurückgegriffen werden, wie im Kapitel zu regulatorischen Ansätzen skizziert. Zudem erfordert insbesondere die Einhaltung des Rechtsrahmens besondere Aufmerksamkeit, nicht zuletzt, um zu vermeiden, dass im Projekt konzipierte Technologien später an ihrer Unvereinbarkeit mit geltenden Gesetzen scheitern.

Für eine umfassende Berücksichtigung von ELSI in Technikprojekten ist nicht zuletzt auch eine technische Unterstützung zu erwägen. Neben der expliziten Thematisierung von ELSI im Rahmen der üblichen Entwicklungswerkzeuge (Wiki, Bug-Tracking-Datenbanken, gemeinsame Arbeitsbereiche z. B. für Empirie und Ergebnisse) ist auch zu erwägen, ob besondere Werkzeuge erforderlich sind, beispielsweise um technische Funktionsweisen zu visualisieren oder simulieren und Nutzer so beim Verstehen der geplanten Innovation zu unterstützen. Darüber hinaus gibt es mittlerweile auch Ansätze, spezifische Arbeitsräume für ELSI-Themen einzurichten, die wie ein Media-Space als virtueller Vermittlungsort dienen und ELSI-relevante Bezüge aus den verschiedenen Entwicklungswerkzeugen zusammenführen und kombinieren (Boden et al., 2014; Boden et al., 2016).

9.5   Fazit

Ethische, rechtliche und soziale Implikationen (ELSI) spielen eine wichtige Rolle bei der Entwicklung von Krisen-IT-Systemen. Das Kapitel hat einen Überblick über Problemstellungen aus der Kriseninformatik vermittelt sowie vorhandene Ansätze für deren Behandlung aus den Bereichen Co-Design und IT-Regulierung vorgestellt. Die Komplexität der Thematik erlaubt es nicht, einen standardisierten Referenzprozess für ELSI beim Co-Design zu definieren. Daher hat der letzte Abschnitt methodische Handlungsempfehlungen gegeben, die als Orientierung und Werkzeugkasten bei der Umsetzung von ELSI-Co-Design in der Entwicklung von Krisen-IT dienen sollen.

Abschließend sollen die wichtigsten Punkte bei der Umsetzung nochmals kurz zusammengefasst werden:

- ELSI-Aspekte zeigen sich oft erst in der **Aneignung** von Technologien in der Praxis und lassen sich nicht vollständig technisch auflösen. Daher sind **evolutionäre Vorgehensweisen** und Aushandlungsprozesse erforderlich.

- ELSI betrifft nicht nur die **technische Gestaltung** und die späteren Nutzer, sondern weist eine starke **gesellschaftliche Komponente** auf. Daher müssen bei der Technikentwicklung Rahmenbedingungen für die Auseinandersetzung mit der Öffentlichkeit geschaffen werden.

- ELSI sollten von Anfang an **gleichberechtigt neben funktionalen Anforderungen** behandelt werden, was besondere Rollen und Methoden im Rahmen des Co-Designs erfordert.

9.6 Übungsaufgaben

Aufgabe 1: Welche tiefergehenden gesellschaftlichen Folgen kann der Einsatz von Krisen-IT-Systemen in der Praxis nach sich ziehen? Erläutern Sie Ihre Antwort anhand eines Beispiels.

Aufgabe 2: Wie würden im Bereich des Co-Designs die Wünsche und Bedenken von Nutzern einbezogen? Welche Herausforderungen entstehen dabei in Bezug auf ELSI-Aspekte?

Aufgabe 3: Welche Methoden aus dem Bereich der IT-Regulierung sind für ein ELSI-Co-Design interessant? Welche Herausforderungen können bei deren Anwendung im Bereich der Kriseninformatik auftreten?

Aufgabe 4: Wie kann ELSI-Co-Design dem Problem begegnen, dass sich ELSI-Aspekte häufig erst in der Aneignungsphase zeigen? Erläutern Sie konkrete Ansatzpunkte für eine Vorgehensweise.

Aufgabe 5: Wie kann ELSI-Co-Design die gesellschaftliche Ebene von Technikgestaltungsprozessen adressieren? Welche Probleme können dabei auftreten und wie kann damit umgegangen werden?

Aufgabe 6: Stellen Sie einen beispielhaften ELSI-Co-Design-Prozess anhand eines selbstgewählten Beispiels aus der Kriseninformatik dar. Legen Sie konkret dar, wie Sie bei der Umsetzung vorgehen würden und welche Methoden, Rollen und Werkzeuge Sie dabei vorsehen.

9.7 Literatur

9.7.1 Literaturempfehlungen

Kerasidou, X., Büscher, M., Liegl, M., & Oliphant, R. (2016) Emergency Ethics, Law, Policy & IT Innovation in Crises. International Journal of Information Systems for Crisis Response and Management (IJISCRAM).

Liegl, M., Boden, A., Büscher, M., Oliphant, R., & Kerasidou, X. (2016). Designing for ethical innovation: A case study on ELSI co-design in emergency. International Journal of Human-Computer Studies, 95, 80–95. https://doi.org/http://dx.doi.org/10.1016/j.ijhcs.2016.04.003

Liegl, M., Oliphant, R., & Büscher, M. (2015). Ethically Aware IT Design for Emergency Response: From Co-Design to ELSI Co-Design (S. 1–6). Presented at the 12th International Conference on Information Systems for Crisis Response and Management (ISCRAM), Kristiansand, Norway.

9.7.2 Literaturverzeichnis

Al Akkad, A., L. Ramirez, A. Boden, Randall, D., & Zimmermann, A. (2014). *Help Beacons: Design and Evaluation of an Ad-Hoc Lightweight S.O.S. System for Smartphones*. In Proceedings of the 2014 ACM annual conference on Human Factors in Computing Systems (CHI), Toronto.

Beck, E.E. (2002). *P for political. Participation is not enough*. Scand. J. Inf. Syst., 14, 77–92.

Bijker, W. E. (2003). The Need for Public Intellectuals: A Space for STS. *Pre-Presidential Address, Annual Meeting 2001, Cambridge, MA. Science, Technology, & Human Values, 28*, 443–450. doi:10.1177/0162243903256273

Bjerrum, E., & Bødker, S. (2003). Learning and living in the "New office." In K. Kuuti, G. Karsten, G. Fitzpatrick, P. Dourish, & K. Schmidt (Hrsg.), *Proceedings of the Eigth European Conference on Computer-Supported Cooperative Work* (S. 202–218). Helsinki: Kluwer Academic Publishers.

Boden, A., Rosswog F., & Stevens, G. (2014). Articulation Spaces: Bridging the Gap between Formal and Informal Coordination. In *Proceedings of the 17th ACM Conference on Computer Supported Cooperative Work and Social Computing (CSCW)*, Baltimore, S. 1120-1130.

Boden, A., Stein, M., Müller, C., Hornung, D., Liegl, M., Buscher, M., & Wulf, V. (2016). Engaging with Different Levels of Ethical Dilemmas in Participatory Design. In *Workshop Engaging with Users and Stakeholders: The Emotional and the Personal*. Sanibel Island, Florida, USA.

Buck, D.A., Trainor, J.E., Aguirre, B.E. (2006). *A critical evaluation of the incident command system and NIMS.* J. Homel. Secur. Emerg. Manag 3 (3), 1–27,

Büscher & Wahlgren (2015). *BRIDGE Deliverable D12.4 Awareness of Wider Societal Implications.* Abgerufen von http://www.bridgeproject.eu/downloads/d12.4_wider_societal_implications.pdf

Büscher, M., Bylund, M., Sanches, P., Ramirez, L., & Wood, L. (2013). A New Manhattan Project? Interoperability and Ethics in Emergency Response Systems of Systems. In T. Comes, F. Fiedrich, S. Fortier, F. Geldermann, & L. Yang (Hrsg.), *Proceedings of the ISCRAM Conference* 426-31.

Büscher, M., Liegl, M., Perng, S., & Wood, L. (2014). *How to Follow the Information?* Sociologica. Bd. 1, Doi: 10.2383/77044

Büscher, M., Kerasidou, X., Petersen, K., & Oliphant, R. (2016). Networked Urbanism and Disaster. In Freudendal Pedersen, M. and Kesselring, S. (Hrsg.), *Networked Urban Mobilities.* Springer.

Büscher, M., Liegl, M., Rizza, C., & Watson, H. (2014b). How to do IT more carefully? Ethical, Legal and Social Issues (ELSI). In *International Journal of Information Systems for Crisis Response and Management, 6(4)*, iv-xxiii, Oktober-Dezember 2014.

Chesbrough, H. W. (2003). Open Innovation: The New Imperative for Creating and Profiting from Technology. Boston: Harvard Business School Press.

Clarke, R. (2009). Privacy impact assessment: Its origins and development, Computer Law & Security Review, Volume 25, Issue 2, p. 123-135.

Cole, J. (2010). *Interoperability In a crisis 2. Human Factors and Organisational Processes.* Abgerufen von http://www.rusi.org/downloads/assets/Interoperability_2_web.pdf

Ehn, P. (2008). Participation in design things. In PDC '08 Proceedings of the Tenth Anniversary Conference on Participatory Design 2008, Indiana University (S. 92–101). Indianapolis.

Ellebrecht, N., Feldmeier, K., & Kaufmann, S. (2013). IT's about more than speed. The impact of IT on the management of mass casualty incidents in Germany. In *Proceedings of the 10th International ISCRAM Conference – Baden-Baden, Germany, May 2013*, 391–400.

Callon, M. (1999). The role of lay people in the production and dissemination of scientific knowledge. *Science Technol. Soc, 4*, S. 81–94. http://dx.doi.org/10.1177/097172189900400106

Felt, U., Wynne, B., Gonçalves, M.E., Jasanoff, S., Callon, M., Jepsen, M., Tallacchini, M. (2007). *Taking European Knowledge Society Seriously.* Office for Official Publications of the European Union.

Forester, T., & Morrison, P. (1990). Computer Ethics: Cautionary Tales and Ethical Dilemmas in Computing. MIT Press.

Friedman, B., Kahn Jr, P. H., Borning, A., & Huldtgren, A. (2013). Value Sensitive Design and Information Systems. In N. Doorn, D. Schuurbiers, I. van de Poel, & M. Gorman (Hrsg.), *Early Engagement and New Technologies: Opening up the Laboratory* (S. 55–95). Springer.

Grace, J. (2013). Too Well-Travelled, Not Well-Formed? The Reform of Criminality Information Sharing In the UK. *The Police Journal, 86(1)*, 29–52.

Greenbaum, J. M., & Kyng, M. (1991). Design at work: cooperative design of computer systems. Routledge.

Groff, T., & Jones, T. (2012). *Introduction to knowledge management*. Routledge.

Harris, I., Jennings, C., Pullinger, D., Rogerson, S., & Duquenoy, P. (2011). Assessment of new technologies: A meta-methodology. *Journal of Information, Communication and Ethics in Society, 9*, 49–64.

Hartswood, M., Procter, R., Slack, R., Voß, A., Buscher, M., Rouncefield, M., & Rouchy, P. (2008). Co-realization: toward a principled synthesis of ethnomethodology and participatory design. *Resources CoEvolution and Artifacts, 14(2)*, 59–94.

Information Commissioner/Ontario, Registratiekamer Netherlands., & Laboratory TNO Physics and Electronics. (1995). *Privacy-enhancing Technologies: The Path to Anonymity, Volume 1*. Registratiekamer.

Introna, L. D. (2007). Maintaining the reversibility of foldings: making the ethics (politics) of information technology visible. *Ethics and Information Technology, 9(1)*, 11–25.

Introna, L., & Wood, D. (2004). Picturing algorithmic surveillance: the politics of facial recognition systems. *Surveillance Society, 2(2/3)*, 177–198.

Jillson, I. (2010). Protecting the public, addressing individual rights. Ethical issues in Emergency Management Information Systems for Public Health Emergencies. In B. van de Walle, M. Turoff, & S. Hiltz (Hrsg.), *Information systems for emergency management*. New York: Sharpe, 46–61.

Keinonen, T. (2008). User-centered design and fundamental need. In *Proceedings of the 5th Nordic conference on Human-computer interaction building bridges - NordiCHI '08* (p. 211). New York, New York, USA: ACM Press. doi:10.1145/1463160.1463183

Kensing, F., & Blomberg, J. (1998). Participatory Design: Issues and Concerns. *Computer Supported Cooperative Work, 7(3)*, 167–185.

Kerasidou, X., Büscher, M., Liegl, M. and Oliphant, R. (2016). Emergency Ethics, Law, Policy & IT Innovation in Crises. *International Journal of Information Systems for Crisis Response and Management (IJISCRAM)*.

Latour, B. (2005). From Realpolitik to Dingpolitik or How to Make Things Public. In B. Latour & P. Weibel (Hrsg.), *Making Things Public-Atmospheres of Democracy*. Cambridge, MA: MIT, 1–31.

Liegl, M., Boden, A., Büscher, M., Oliphant, R., & Kerasidou, X. (2016). Designing for ethical innovation: A case study on ELSI co-design in emergency. *International Journal of Human-Computer Studies, 95*, 80–95.

Liegl, M., Oliphant, R., & Büscher, M. (2015). *Ethically Aware IT Design for Emergency Response: From Co-Design to ELSI Co-Design* (S. 1–6). Presented at the 12th International Conference on Information Systems for Crisis Response and Management (ISCRAM), Kristiansand, Norway.

Marx, G. T. (1998). Ethics for the New Surveillance. *The Information Society, 14 (3)*, 171-185.

Moynihan, D.P. (2009). The network governance of crisis response: case studies of incident command systems. *J. Public Adm. Res. Theory 19 (4)*, 895–915.

Ogonowski, C., Ley, B., Hess, J., Wan, L., & Wulf, V. (2013). Designing for the living room: long-term user involvement in a living lab. In *Proceedings of Conference on Human Factors in Computing Systems* (S. 1539–1548). ACM.

Pagallo, U. (2011). Designing Data Protection Safeguards Ethically. *Information, 2(4)*, 247–265. Abgerufen von http://www.mdpi.com/2078-2489/2/2/247/htm

Powers, T. M. (2005). Consequentialism. In *Encyclopedia of Science, Technology and Ethics, Bd. 1 A–C* (S. 525–529). Thompson.

Sanders, E., & Stappers, P. J. (2008). Co-creation and the new landscapes of design. *CoDesign, 4(1)*, 5–18.

Schaar, P. (2010). Privacy by Design. *Identity in the Information Society, 3(2)*, 267–274. Abgerufen von http://link.springer.com/10.1007/s12394-010-0055-x

Schmitt, C. (2012). Definition of Sovereignty. In A. M. Viens & M. J. Selgelid (Hrsg.), *Emergency Ethics*. Farnham, UK: Ashgate Publishing, Ltd, 3–15.

Shapiro, D., 2005. Participatory design: the will to succeed. In Proceedings of the 4th Decennial Conference on Critical Computing: Between Sense and Sensibility, S. 29–38.

Sismondo, S. (2008). Science and Technology Studies and an Engaged Program. In E. J. Hackett, O. Amster-
damska, M. Lynch & J. Wajcman (Hrsg.), *The handbook of Science and Technology Studies* (S. 13–31). The
MIT Press, Third Edition.

Sorell, T. (2003). MORALITY AND EMERGENCY. Proceedings of the Aristotelian Society (Hardback),
103(2003), 21–37.

Spiekermann, S. (2012). The challenges of privacy by design. *Communications of the ACM, 55*, 38.
doi:10.1145/2209249.2209263

Stein, M., Boden, A., Hornung, D., & Wulf, V. (2016). Third Spaces in the Age of IoT: A Study on Participatory
Design of Complex Systems. In *Symposium on Challenges and experiences in designing for an ageing society, Conference on Designing Interactive Systems (COOP)*. Trento, Italia.

Suchman, L. (2002). Located Accountabilities in Technology Production. *Scandinavian Journal of Information
Systems, 14(2)*, 91-105.

Törpel, B., Voss, A., Hartswood, M., & Procter, R. (2009). Participatory Design: Issues and Approaches in
Dynamic Constellations of Use, Design and Research. In A. Voss, M., Hartswood, R. Procter, M. Rouncefield, R. S. Slack, & M. Buscher (Hrsg.), *Configuring User-Designer Relations*. London: Springer-Verlag.

Van Gorp, A. (2009). Ethics in and During Technological Research; An Addition to IT Ethics and Science
Ethics. In P. Sollie & M. Düwell (Hrsg.), *Evaluating New Technologies, Bd. 3*. Dordrecht: Springer Netherlands.

Wright, D. (2011). A framework for the ethical impact assessment of information technology. *Ethics and Information Technology, 13(3)*, 199–226.

Wright, D., & Friedewald, M. (2013). Integrating privacy and ethical impact assessments. *Science and Public
Policy, 40(6)*, 755–766. Abgerufen von http://spp.oxfordjournals.org/content/40/6/755.short

Wright, D., Mordini, E., & DeHeert, P. (2012). Introduction to Privacy Impact Assessment. In D. Wright & P.
DeHeert (Hrsg.), Privacy Impact Assessment. Netherlands: Springer.

Wulf, V., & Rohde, M. (1995). Towards an Integrated Organization and Technology Development. *Designing
Interactive Systems, 55*.

Wulf, V., Rohde, M., Pipek, V., & Stevens, G. (2011). Engaging with Practices: Design Case Studies as a
Research Framework in CSCW. In *Proceedings of the Conference on Computer Supported Cooperative
Work*, 505–12. New York, NY, USA: ACM, 2011

Wynne, B. (2007). Public Participation in Science and Technology: Performing and Obscuring a Political-Con-
ceptual Category Mistake. *East Asian Science, Technology and Society: An International Journal, 1(1)*, 99–
110.

10 Internationale und interkulturelle Aspekte

Christian Sturm · Simon Nestler
Hochschule Hamm-Lippstadt

Zusammenfassung

Wir alle gehen davon aus, dass sich die meisten Anforderungen an sicherheitskritische Systeme weltweit kaum unterscheiden. Wir projizieren als Entwicklerinnen und Entwickler unsere eigenen Annahmen auf die Lebenswelten der Benutzerinnen und Benutzer, ohne uns bewusst zu machen, aus wie vielen Einzelbestandteilen diese komplexen Wirklichkeiten aufgebaut sind. Mit der gestiegenen Mobilität der Menschen weltweit steigt die gegebene Diversität und damit das Potenzial, mit unseren Annahmen über andere Menschen falsch zu liegen. Die Kommunikation in Krisensituationen hat somit immer stärkere Herausforderungen, die es zu bewältigen gilt. Das vorliegende Kapitel gibt den Leserinnen und Lesern ein Framework an die Hand, um die sich in der Entwicklung von sicherheitskritischen Systemen zu beachtenden Anforderungen im internationalen und interkulturellen zu erkennen, zu kategorisieren und umzusetzen.

Lernziele

- Die Leser sind für die Problematik der Projektion eigener Erfahrungen und Lebensweisen auf andere Menschen sensibilisiert.

- Die Leser kennen die entscheidenden Dimensionen zur Abdeckung der immer weiter steigenden Diversität auf Seiten der Entwicklerinnen und Entwickler sowie der Benutzerinnen und Benutzer sicherheitskritischer Systeme.

- Die Leser können bestehende Systeme sowie in der Entwicklung befindliche Systeme daraufhin überprüfen, ob wesentliche internationale und interkulturelle Anforderungen erfüllt sind.

10.1 Einleitung

Wir leben in einer globalisierten Welt. Die steigende Mobilität der Menschen weltweit führt dazu, dass sowohl die Diversität der Benutzerinnen und Benutzer als auch die Diversität der Entwicklerinnen und Entwickler in einem stetigen Wachstum begriffen sind. Darauf aufbauend erweitern sich auch die Anforderungen an die Entwicklung sicherheitskritischer Systeme. Merkmale und Ausprägungen dieser Diversität, welche für das System relevant sein können, müssen identifiziert und auf ihre Relevanz für die Systementwicklung hin überprüft werden. Der Begriff der Diversität ist an dieser Stelle umfassend und bezieht sich sowohl auf die Personen selbst als auch auf ihren Kontext. Um die Entscheidungen zu Merkmalen und Ausprägungen treffen zu können, bedarf es auf der einen Seite einem tiefen Verständnis der Lebenswirklichkeiten von Benutzerinnen und Benutzern. Auf der anderen Seite ist ein hoher Grad an Selbstreflexionsfähigkeit seitens der Entwicklerinnen und Entwickler notwendig.

Zur Erforschung der **Lebenswirklichkeiten** und zur Identifikation der Charakteristika von Diversität eignet sich insbesondere die ethnografische Feldforschung, welche die relevanten methodischen Ansätze subsumiert. Sie gehen davon aus, dass ein tiefes Verständnis durch qualitative Forschungsansätze und einem hohen Grad der Immersion seitens des Forschers oder der Forscherin in die Welt der zu erforschenden Personen erreicht werden kann. Die Methodik an sich kann aus Platzgründen hier nicht weiter vertieft werden.

Die **Selbstreflexionsfähigkeit** der Entwicklerinnen und Entwickler bezieht sich auf eine im interkulturellen und internationalen Umfeld erhöhte Notwendigkeit, die eigenen Annahmen, auf denen technische, gestalterische, konzeptionelle und wirtschaftliche Designentscheidungen für das zu entwickelnde System aufbauen, zu hinterfragen. Die Relevanz dieses Schrittes wird aufgrund der anfangs beschriebenen Diversität in allen Bereichen immer wichtiger. Nach dem False-Consensus-Effect (Ross et al., 1977) tendiert jeder Mensch dazu, eigene Überzeugungen und Weltanschauungen auf andere Menschen zu übertragen. Wir gehen davon aus, dass die meisten Menschen auf der Welt genauso leben, denken, handeln und fühlen wie wir selbst. Je größer die Diversität der Benutzerinnen und Benutzer ist, desto eher besteht nun die Gefahr, dass Entwicklerinnen und Entwickler ihre Designentscheidungen unbewusst auf falsch projizierten Annahmen aufbauen. Neben offensichtlichen Unterschieden gibt es hier zahlreiche Fallstricke und weniger auffällige Besonderheiten, die in der Entwicklung beachtet werden müssen.

Die folgenden Teile des Kapitels behandeln darauf aufbauend die Herausforderung bei der Entwicklung sicherheitskritischer Systeme für den internationalen und interkulturellen Einsatz im Hinblick auf die **zu hinterfragenden Selbstverständlichkeiten**. Dazu wird den Leserinnen und Lesern in einem ersten Teil ein Modell an die Hand gegeben, mit dem sich die einzelnen Aspekte, die bei der Entwicklung zu beachten sind, kategorisieren lassen. Damit lassen sich etwaige Anpassungen strukturiert vornehmen.

10.2 Diversität

Der Begriff der Diversität bezieht sich in diesem Kapitel auf zwei Aspekte: die am sicher-heitskritischen System beteiligten Menschen und der Kontext der Benutzung. Dabei spielt zum einen die Anzahl der Charakteristika, in denen sich Unterschiede ergeben und zum anderen der Grad des Unterschieds in den jeweiligen Charakteristika eine entscheidende Rolle. Die typischen **Charakteristika des Menschen**, welche hier in Betracht kommen, sind unter anderem Gesichtspunkte wie Herkunft, kulturelle Prägung, Alter, Geschlecht, Religion, Sprache, Beruf, Vorerfahrungen, Prädispositionen jeglicher Art und Bildung. In Bezug auf den Kontext der Benutzung stehen neben den auf menschlichen Faktoren beru-henden Aspekten auch Themen wie klimatische Umweltfaktoren, gesetzliche Rahmenbe-dingungen oder die gegebene (technische) Infrastruktur im Mittelpunkt der Betrachtung.

Mit diesem Ansatz ist im folgenden Abschnitt eine umfassende Betrachtung der entschei-denden Kategorien möglich, ohne mögliche Szenarien der **Sicherheit** oder des **Bevölke-rungsschutzes** ausgrenzen zu müssen. Sie schließt sowohl die Entwicklung eines Systems für den Einsatz in einem anderen Land oder in einem anderen Kulturkreis als auch den Umgang mit der Diversität im eigenen Land mit ein. Es kann sich dabei um Informations-systeme für den Zivil- und Katastrophenschutz handeln, die möglichst alle betroffenen Menschen unter Berücksichtigung der oben genannten Charakteristika erreichen sollen. In gleicher Weise kann es beispielsweise um Rettungsleitstellen gehen, die in einem anderen Land eingesetzt werden sollen. Zudem sind auch Einsätze des Technischen Hilfswerks im Ausland ein mögliches Anwendungsszenario. Immer und überall dort, wo Menschen in verschiedenen Kontexten kommunizieren oder kollaborieren, spielt die gegebene Diversi-tät eine Rolle und ist bei der Entwicklung entsprechender Systeme zu berücksichtigen.

10.3 Ebenen der Diversitätsbetrachtung

Im Folgenden wird die Vielzahl an **Merkmalen und Ausprägungen**, die für die weltweite Entwicklung sicherheitskritischer Systeme eine Rolle spielen, systematisiert betrachtet und in einem **Framework** eingeordnet. Der Ausgangspunkt der Überlegungen ist hierbei die Situation, dass ein System für einen anderen Kulturkreis und/oder ein anderes Land entwickelt wird und viele der Gegebenheiten, die aus Sicht der Entwicklung selbstver-ständlich auch für die Benutzerinnen und Benutzer gelten, prinzipiell hinterfragt werden müssen. Der im Folgenden beschriebene Ansatz schließt jedwede Art von Diversität mit ein. Er bezieht sich zum einen auf die **spezifischen Charakteristika** und den **Kontext** der Stakeholder eines sicherheitskritischen Systems. Zum anderen ist die Herangehensweise für die Entwicklung von Systemen in jedem Einsatzszenario relevant. Die innerhalb des Frameworks genannten Beispiele dienen einzig der Erläuterung der entsprechenden Kate-gorie und schließen andere Bereiche nicht aus.

Aufbauend auf dem „TLCC-Framework für systematische und erfolgreiche Produktinternationalisierung" (Sturm, 2002) können für die weltweite Entwicklung folgende Ebenen beziehungsweise Kategorien unterschieden werden:

- Technik und Umwelt

- Sprache und Kommunikation

- Kultur und Soziale Strukturen

- Kognition und Informationsverarbeitung

Jede dieser Ebenen beinhaltet Aspekte, die im Rahmen der Entwicklung technischer Systeme eine Rolle spielen. Sie hängen dahingehend voneinander ab, als dass sie hierarchisch aufeinander aufbauen. Die internationale Anpassung auf einer der unteren Ebenen macht erst Sinn, wenn alle darüberliegenden Ebenen bereits angepasst sind. So können beispielsweise kulturelle Anpassungen der dritten Ebene erst in Angriff genommen werden, wenn sprachliche und technische Anpassungen umgesetzt sind. Mit jeder Ebene steigen auch der Bedarf sowie der Aufwand an zu erforschenden Aspekten für spezifische Anwendungskontexte von sicherheitskritischen Systeme (siehe Abbildung 10-1).

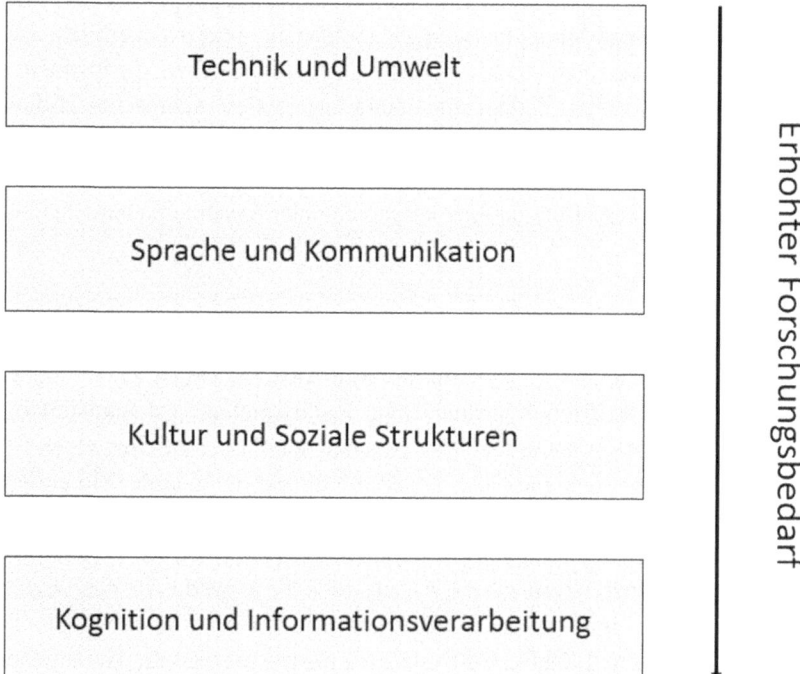

Abbildung 10-1: Vierstufiges Modell zur Kategorisierung von internationalen und interkulturellen Anpassungen sicherheitsrelevanter Systeme (basierend auf Sturm, 2002)

10.3.1 Technik und Umwelt

Auf dieser ersten Ebene werden alle Aspekte zusammengefasst, die Anforderungen zur Umwelt sowie zu **technischen Kontexten** darstellen. Oftmals können diese Charakteristika eines Einsatzortes sicherheitskritischer Systeme teilweise antizipiert werden, sodass entsprechende Vorbereitungen getroffen und Anpassungen gemacht werden können. Die technischen Gegebenheiten umfassen beispielsweise Mobilfunkstandards in verschiedenen Ländern wie GSM, TDMA oder UTMS, um mobile Informationssysteme betreiben zu können. Zudem enthält diese Ebene auch die Standards zur Stromversorgung (50/60 Hz, 220/110 V) sowie technische Normen, die der lokale Gesetzgeber vorgesehen hat oder auch die Unterstützung von Unicode zur Darstellung von Zeichensätzen verschiedener Sprachen auf technischen Geräten. Neben den technischen Aspekten spielen hier umweltrelevante Faktoren wie das Wetter und geografische Eigenschaften, die sich auch auf die nutzbare (Transport-)**Infrastruktur** auswirken, eine entscheidende Rolle. Zusammengefasst geht es auf der ersten Ebene um Faktoren, ohne deren Berücksichtigung das Betreiben eines sicherheitskritischen Systems schlichtweg nicht möglich wäre. Erst wenn diesen Anforderungen entsprochen wurde, ist eine sprachliche Anpassung auf der zweiten Ebene sinnvoll.

In der **Praxis** kann die (technische) Infrastruktur durch den Katastrophenfall selbst (Erdbeben, Überschwemmung, Lawine etc.), durch einen mutwilligen Eingriff in die Funktionsweise (Abschalten der Handynetzte in Ägypten während des sogenannten „Arabischen Frühlings" 2011, Filterung und Kontrolle von Inhalten im Internet) oder auch durch übermäßige Nutzung (Überlastung des Handynetzes bei Warnungen per SMS) und Wettereinflüsse gestört oder auch durch eine Unterdimensionierung (Herbeischaffen von „schwerem Gerät" aufgrund von Straßenverhältnissen nicht möglich) gestört sein.

Alle Aspekte auf der ersten Ebene können mit einem vergleichsweise niedrigen Aufwand zeitnah in Erfahrung gebracht werden.

10.3.2 Sprache und Kommunikation

Auf dieser Ebene werden alle Punkte zusammengefasst, die die **sprachliche Interaktion** zwischen dem System und den Benutzerinnen und Benutzern herstellen. Dazu gehören alle Wörter und Sätze im Bereich einer grafischen Benutzungsschnittstelle, eines Handbuches oder auch einer Sprachsteuerung, welche übersetzt werden müssen. Die sprachliche und die kulturelle Ebene sind in diesem Modell voneinander getrennt zu betrachten, da die sprachlichen Elemente eines Systems übersetzt werden können, ohne kulturelle Anpassungen, die oftmals lokale oder historische Bezüge herstellen, vorzunehmen. So kann die Lokalisierung eines Systems in die spanische Sprache beispielsweise erfolgen, indem die Übersetzung in „Mid-Atlantic Spanish", „Universal Spanish", „Spanisch für Spanien" oder auch „Spanisch für Argentinien" gewählt wird (Piaggio, 2004). Jede dieser Versionen fokussiert sich auf **spezifische Zielgruppen** und Anwendungsgebiete. Während die ersten beiden Varianten versuchen, alle kulturspezifischen Bezüge zu eliminieren, geht es bei den letzten beiden Möglichkeiten darum, explizite länderspezifische Referenzen herzustellen.

Neben **historisch gewachsenen kulturellen Bezügen** muss für die sprachliche Anpassung auch immer darauf geachtet werden, wie neue Technologien in einem Land eingeführt werden. Neue Bezeichnungen werden oftmals im Zusammenhang mit der Einführung einer Technologie „gelernt". Während die technische Abkürzung „SMS" (Short Message Service) beispielsweise auf dem europäischen Kontinent universell verstanden wird, können Entwicklerinnen und Entwickler nicht davon ausgehen, dass dies weltweit so gegeben ist. Eine für Spanien lokalisierte Menüversion eines Mobiltelefons funktioniert in Mexiko nur bedingt. Begründet wird dies mit der Art und Weise, wie die dortigen Mobilfunkunternehmen die neue Technologie seinerzeit eingeführt haben. Vor dem Mobiltelefon war der Pager in Mexiko sehr beliebt. Mit ihm konnte man Textnachrichten in eine Richtung verschicken. Das Mobiltelefon versprach nun die Möglichkeit, Textnachrichten auch in zwei Richtungen verschicken zu können („Mensajes a dos vías"). Dementsprechend, aufbauend auf der technischen Historie, haben die Mobilfunkunternehmen die neue Technologie eingeführt, ohne die technischen Abkürzungen „SMS" oder auch „MMS" zu verwenden. Aus diesem Grund ist das Konzept bekannt, nur unter einem anderen Namen. Der Einsatz dieser Konzepte und deren Bezeichnungen in sicherheitskritischen Kontexten sind demnach auf jeden Fall im Hinblick auf mobile Komponenten sicherheitskritischer Systeme zu untersuchen.

Eine weitere Besonderheit, die es bei sprachlichen Übersetzungen zu berücksichtigen gilt, sind **grammatikalische Präferenzen**, die sich in einer Sprache auch von Land zu Land unterscheiden können. So gibt es beispielsweise im Spanischen im Wesentlichen zwei grammatikalische Formen, um auf Ereignisse in der Vergangenheit zu verweisen: das „pretérito indefinido", welches Ereignisse der Vergangenheit als Zeitpunkt beschreibt, und das „perfecto compuesto", welches die Ereignisse als Zeitraum referenziert. Im Vergleich verschiedener spanischsprachiger Länder wird in Spanien überwiegend Letzteres und in Mexiko und Lateinamerika überwiegend Ersteres verwendet.

Aus diesen Beispielen folgt, dass Übersetzungen insbesondere im sicherheitskritischen Bereich, auf jeden Fall im Zielland mit der jeweiligen Zielgruppe getestet und auf ihre **lokale Verständlichkeit** hin überprüft werden müssen, um etwaigen falschen Annahmen für Designentscheidungen entgegenzuwirken und der notwendigen Präzision in der Kommunikation Rechnung zu tragen. Die in den 1980er-Jahren entstandene Übersetzungsindustrie tendiert dazu, Übersetzungen mit sogenannten Translation Memories ohne Tests mit Zielgruppen zu automatisieren, sodass hier nicht davon ausgegangen werden kann, dass eine für sicherheitskritische Systeme notwendige Qualität entsteht.

Im Sinne einer **methodischen Triangulation** sollten zur Überprüfung der Verständlichkeit quantitative und qualitative Methoden kombiniert werden. In einem ersten Schritt können qualitative Ansätze dazu verwendet werden, die Bandbreite möglicher Interpretationen der übersetzten Inhalte zu identifizieren. Der zweite Schritt dient im Anschluss der Ermittlung von statistischen Verteilungen der vorher ermittelten Varianten.

10.3.3 Kultur und Soziale Strukturen

10.3.3.1 Kulturelle Aspekte

Während viele der auf den ersten beiden Ebenen behandelten Aspekte explizit für die meisten Menschen sichtbar sind, handelt es sich auf der dritten und vierten Ebene im Gegensatz dazu vielfach um implizite Charakteristika, die sich auf den ersten Blick nicht ohne Weiteres erkennen lassen. Die dritte Ebene beinhaltet kulturelle Charakteristika und soziale Strukturen als kontextuelle Faktoren, die die Benutzung technischer Systeme beeinflussen.

Der Begriff der **Kultur** wird hier definiert nach Thomas (2003): „Kultur ist ein universelles, für eine Gesellschaft, Organisation und Gruppe aber typisches Orientierungssystem. Dieses Orientierungssystem wird aus spezifischen Symbolen gebildet und in der jeweiligen Gesellschaft usw. tradiert. Es beeinflusst das Wahrnehmen, Denken, Werten und Handeln aller Mitglieder und definiert somit deren Zugehörigkeit zur Gesellschaft." Aufbauend auf dieser Definition widmet sich die dritte Ebene den **Bedeutungen der „spezifischen Symbole"**. Im Bereich der Mensch-Maschine-Interaktion sind die Symbole, welche je nach kulturellem Hintergrund der Benutzerinnen und Benutzer auf verschiedene Arten interpretiert werden können, typischerweise Icons, Farben, Grafiken, Melodien, Gesten oder auch Metaphern (siehe hierzu auch Reuter et al., 2011).

Ein klassisches Beispiel hierzu ist die Verwendung der Farbe Rot für **Warnsignale**. In Deutschland, wie in den meisten Ländern Europas und Amerikas steht die Farbe unter anderem für „Gefahr". In China hingegen hat die Farbe eine historisch gewachsene Bedeutung, die sich grundlegend von der Interpretation in westlichen Ländern unterscheidet. Sie basiert auf Feuer, welches in der chinesischen Symbolik eine positive Konnotation besitzt. Anstatt alleinig als zerstörerische Kraft angesehen zu werden, stehen die Farbe Rot und das Feuer in Redewendungen für eine expansive Energie, die zu Popularität und Erfolg führen. Aus diesem Grund ist Rot in China bei allen bedeutenden Ereignissen wie dem chinesischen Neujahrsfest oder Hochzeiten zugegen. In der Praxis wird für die Kommunikation von Gefahren meist eine Kombination aus roten, gelben und schwarzen Elementen auf einem weißen Hintergrund benutzt (siehe Abbildung 10-2). Der Anteil roter und gelber Elemente dient hierbei nur dazu, durch genügend Kontrast Aufmerksamkeit zu erzeugen. Hier ist zu betonen, dass der Kontext der Warnung eine entscheidende Rolle zum Verständnis beiträgt.

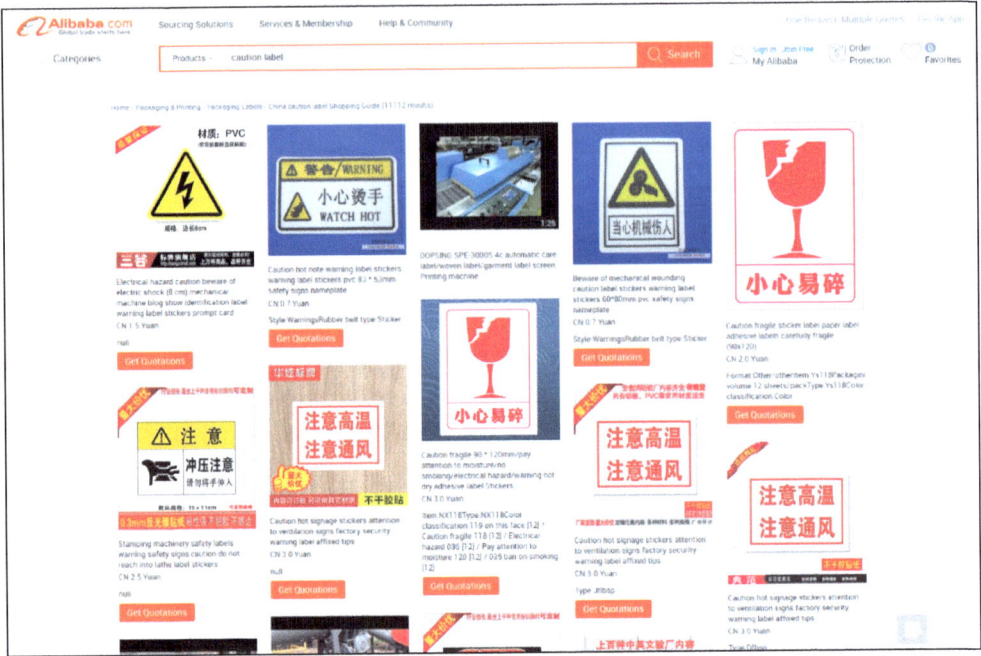

Abbildung 10-2: Auswahl von chinesischen Warnaufklebern bei Alibaba (China Caution Label).

Metaphern werden in der Mensch-Maschine-Interaktion dazu verwendet, den Lernaufwand für neue Interaktionsmechanismen zu reduzieren. Der Grundgedanke besteht darin,
bestehendes Wissen aus einer Wissensdomäne in eine andere übertragen zu können. Darauf aufbauend haben die wichtigsten Betriebssysteme ihre grafische Benutzeroberfläche
nach den Prinzipien eines Schreibtisches aufgebaut (**Desktop-Metapher**). Dieser Desig-
nentscheidung liegt die Annahme zugrunde, dass die Benutzerinnen und Benutzer bereits
Erfahrungen im Umgang mit einem Schreibtisch haben. Ein Blick in die Welt zeigt jedoch,
dass die meisten Menschen noch nie selbst an einem Schreibtisch gesessen haben oder im
Büro arbeiten. Demnach kann hier nicht davon ausgegangen werden, dass es sich um eine
universell verständliche Metapher handelt. Hier wäre beispielsweise eine **Küchenmeta-
pher** wesentlich verständlicher, da alle Menschen auf der Welt Essen zubereiten. Alle
Funktionalitäten eines Betriebssystems können auch auf die Funktionsweise einer Küche
übertragen werden: Die Zutaten (Dateien) müssen an einem Ort (Dateisystem) gelagert
und an einem anderen Ort zubereitet, verarbeitet oder zusammengeführt werden (Desk-
top). Des Weiteren entstehen Abfälle oder Speisereste, die entsorgt werden müssen (Müll-
eimer). Die visuelle Darstellung und Ausprägung mag sich von Kultur zu Kultur unterscheiden. Die wesentlichen Funktionen sind jedoch gleich und universell bekannt.

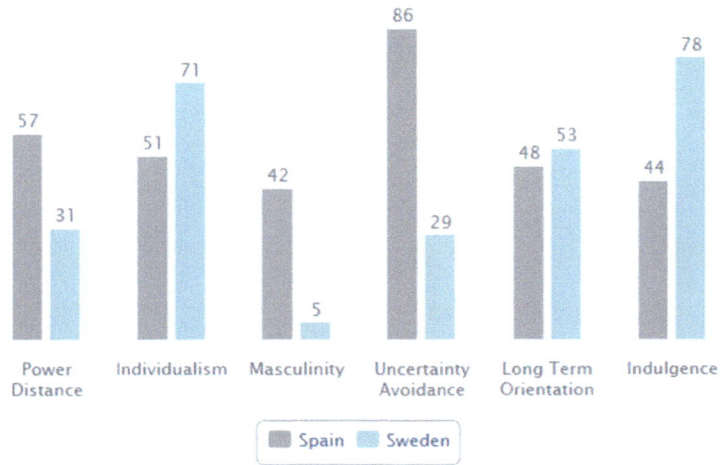

Abbildung 10-3: Kulturelle Dimensionen nach Hofstede für Spanien und Schweden im Vergleich (www.geert-hofstede.com).

Geert Hofstede (2011) hat Ende der 1960er-Jahre die wohl bis jetzt am häufigsten zitierte Studie durchgeführt, um „Kultur" quantifizieren zu können. Der Referenzrahmen für die untersuchten Gruppen war die Nation. Dazu wurden über 100.000 Mitarbeiter der IBM weltweit befragt. Aus den Daten haben sich **kulturelle Dimensionen** ergeben, auf denen sich die verschiedenen Nationen aufgrund eines Zahlenwertes platzieren lassen: Machtdistanz, Individualismus und Kollektivismus, Maskulinität versus Feminität sowie Unsicherheitsvermeidung. An dieser Stelle ist zu beachten, dass Hofstedes Modell beschreibend und nicht vorhersagend ist. Es handelt sich um zentrale Tendenzen innerhalb einer Nation. Demnach kann von der Nationalität einer Person nicht auf die individuelle Positionierung auf einer der Dimensionen geschlossen werden. Umgekehrt ist es aber möglich, eine **Tendenzaussage** zu einer Nation im Vergleich zu anderen Nationen zu machen. Dies manifestiert sich in den für die einzelnen Länder und Dimensionen ermittelten Zahlenwerte. Für die Entwicklung sicherheitskritischer Systeme kann eine der Dimensionen, die Unsicherheitsvermeidung, als mögliches Merkmal in Betracht gezogen werden, welches in verschiedenen Kulturen anders ausgeprägt sein kann. Sie beschreibt, inwieweit sich die Menschen einer Gesellschaft in Bezug auf Unsicherheit oder Zweideutigkeiten unangenehm fühlen. Ein hoher Wert in dieser Dimension lässt darauf schließen, dass die entsprechende Gesellschaft mit strengen Regeln versucht, die Zukunft zu kontrollieren. Ein niedriger Wert legt einen entspannten Umgang mit unvorhersehbaren Ereignissen nahe (siehe Abbildung 10-3 zum Vergleich von Spanien und Schweden). Aufbauend auf diesen kulturellen Variablen lassen sich für verschiedene Gruppen unterschiedliche Kommunikationsszenarien in Krisensituationen entwickeln. Inwieweit sich jedoch die Nation als Referenz verwenden lässt, muss im Einzelfall geprüft werden, da Menschen in verschiedenen Kontexten innerhalb der genannten Dimensionen unterschiedlich eingeordnet würden.

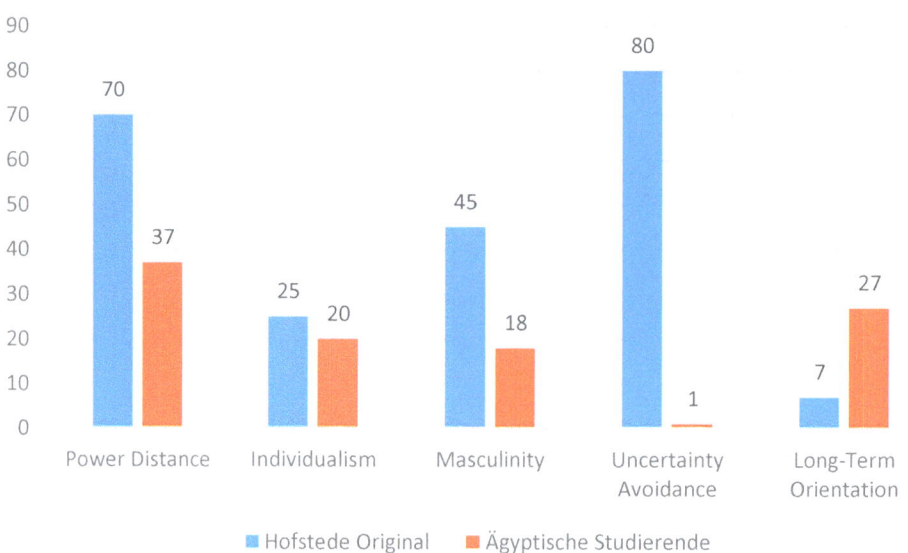

Abbildung 10-4: Werte für kulturelle Dimensionen nach Hofstede für Ägypten vor und nach
dem Höhepunkt des sogenannten „Arabischen Frühlings".

Des Weiteren stellen die Dimensionen nur eine zeitliche Momentaufnahme dar. Ein Vergleich der Werte für Ägypten veranschaulicht hier den Effekt von Ereignissen auf die kulturellen Variablen. Mit einem relativen Wert von 80 in Bezug auf die Unsicherheitsvermeidung kann man davon ausgehen, dass in Ägypten das Streben nach klaren Zukunftser-
wartungen mit entsprechenden Regelsystemen bestimmt wird. Die dazugehörigen Daten
wurden vor dem sogenannten „Arabischen Frühling" gesammelt. Bisher noch unveröf-
fentlichte Daten der Autoren aus dem Jahr 2012, die auf der Befragung von 330 ägyptischen Studierenden im Alter von 18 bis 24 Jahren mit dem Original-Fragebogen nach dem
Höhepunkt des Aufstandes in Ägypten beruhen, zeigen für diese Gruppe einen Wert von
1 in Bezug auf die Unsicherheitsvermeidung (siehe Abbildung 10-4). Auch wenn beide
Datensätze nicht direkt miteinander vergleichbar sind, deutet diese Diskrepanz jedoch darauf hin, dass sowohl der Referenzrahmen „Nation" als auch der ermittelte Wert selbst nur
sehr bedingt als Grundlage für **„Designentscheidungen"** sicherheitskritischer Systeme bei
inhomogenen Gruppen verwendet werden können. Zuletzt spielt aber auch der konkrete
Einsatzkontext eine entscheidende Rolle. In einem Land wie Ägypten ist das Leben sehr
stark durch hierarchisch organisierte, staatliche Strukturen bestimmt. Außerhalb dieser
Strukturen gibt es aber wirtschaftliche und soziale Räume, die sich dieser Kontrolle komplett entziehen und in denen beispielsweise im Katastrophenfall auch andere Kommunikationsstrategien entwickelt werden müssten.

Wie zu Beginn dieses Abschnittes beschrieben, stehen Interpretationen und Bedeutungen im Mittelpunkt der Thematiken Kultur und Soziale Strukturen. Wenn wir nach dem Sozialkonstruktivismus davon ausgehen können, dass der kulturelle Kontext und die soziale Wirklichkeit durch **kommunikative Prozesse** konstruiert ist (Peter & Luckmann, 1969), folgt hieraus, dass kommunikative Herausforderungen im Bereich der verschiedenen Ausdruckskanäle insbesondere in sicherheitskritischen Situationen entstehen können, da hier etwaige Missverständnisse lebensbedrohliche Konsequenzen haben können. Krisen- und Notfallsituationen können in gewisser Weise auch als „sozial konstruiert" betrachtet werden, da individuelle und gesellschaftliche Notlagen kommunikativ beziehungsweise durch fehlende Kommunikation entstehen können.

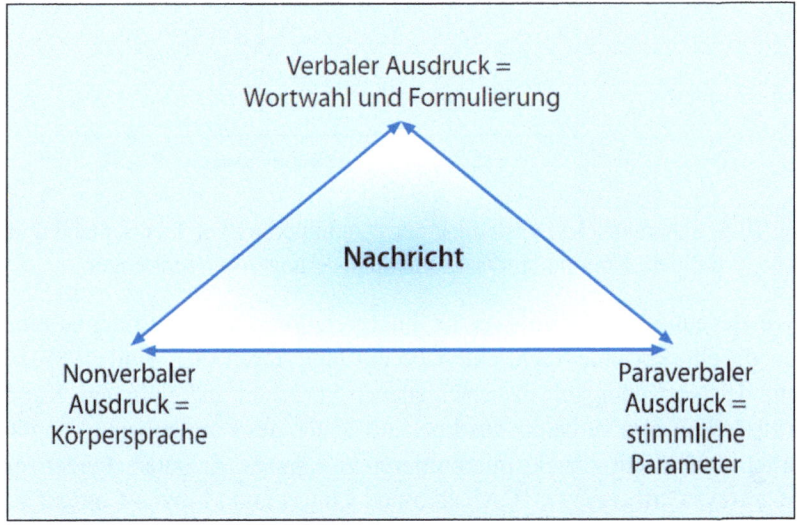

Abbildung 10-5: Ausdruckskanäle nach Büttner und Quindel (2013)

Büttner und Quindel (2013) unterscheiden bei der interpersonalen Kommunikation zwischen verbalem, nonverbalem und paraverbalem **Ausdruck einer Nachricht**. Dem verbalen Ausdruck entsprechen die Wortwahl und die Formulierung, welche im vorigen Abschnitt „Sprache und Kommunikation" behandelt wurde. Der nonverbale Ausdruck umfasst Aspekte wie Gestik, Mimik, Proxemik, Olifaktorische Signale und die gesamtkörperliche Haltung. Unter dem paraverbalen Ausdruck werden Stimmklang, Melodie, Betonung, Sprechpausen, Lautstärke und das Sprechtempo subsumiert. In jedem der genannten Ausdruckskanäle kann es nun aufgrund unterschiedlicher Interpretationen und Bedeutungszuweisungen von Sender und Empfänger zu Missverständnissen kommen.

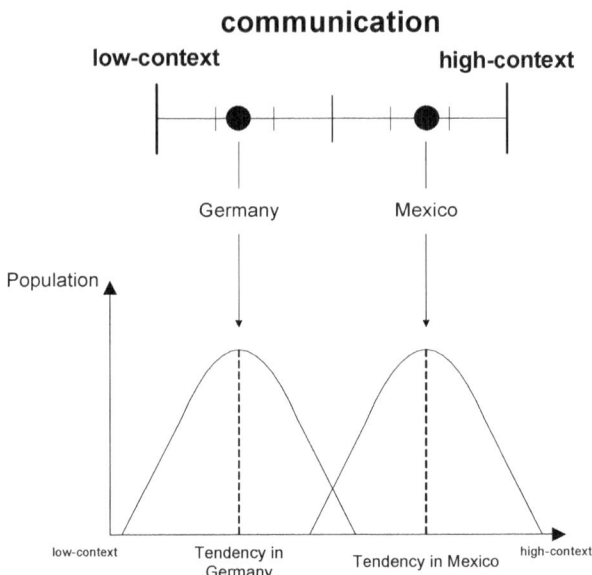

Abbildung 10-6: Schematische Darstellung der Positionierung von Deutschland und Mexiko auf dem Kontinuum der Kontextualisierung von Nachrichten.

Die relative Bedeutung des **Kontexts** zur Interpretation einer Nachricht ist eine weitere Dimension, die eine korrekte Nachrichtenübermittlung stören kann. Hall (1989) beschreibt die Varianz der Notwendigkeit in verschiedenen Sprachen und Nationen, Kontextinformationen zusätzlich zum verbalen Ausdruck auf Seiten des Empfängers zu benötigen, um die eigentliche Nachricht korrekt interpretieren zu können. Er unterscheidet sogenannte „**Higher-Context Cultures**" (z. B. Mexiko und China) und „**Lower-Context Cultures**" (z. B. Deutschland und Schweden). In der Abbildung 10-6 sind die entsprechenden Positionierungen schematisch dargestellt. Je größer die Bedeutung des Kontextes einer Nachricht, desto wichtiger werden nonverbale und paraverbale Ausdrücke im Vergleich zum verbalen Ausdruck zur Identifikation der korrekten Bedeutung einer Nachricht. Dementsprechend ist in sogenannten „High-Context Cultures" eine Nachricht ohne kontextuelle Information nur sehr schwer zu verstehen. Diese **Zusatzinformation** fehlt jedoch in den meisten Fällen, wenn die Information elektronisch übertragen wird. Selbst eine Videokonferenz ist beispielsweise nicht dazu in der Lage, die Information über die Größe der Pupille, welche insbesondere in arabischen Kulturkreisen als kontextuelle Information dazu verwendet wird, herauszufinden, ob der Sender oder Empfänger emotional an der Kommunikation oder dem Thema involviert ist, zu übertragen. Darauf aufbauend ergeben sich sehr viele mögliche Ursachen für Missverständnisse, die im Notfall zu erheblichen Konsequenzen führen können. Vergleichbar zu den Dimensionen von Hofstede ist jedoch auch hier anzumerken, dass das Modell von Hall beschreibend und nicht vorhersagend ist. Aus der Herkunft einer Person können demnach auch hier keine Rückschlüsse auf die Relevanz des Kontextes für die Person in kommunikativen Situation geschlossen werden.

Im Hinblick auf die durch Kommunikation entstehende soziale und kulturelle Realität wird deutlich, dass eine steigende Diversität innerhalb der Gruppe der Benutzerinnen und Benutzer auch das Potenzial von einer steigenden Anzahl an **Missverständnissen** nach sich zieht, da sich, insbesondere auch unter Berücksichtigung der steigenden Anzahl möglicher Kontexte, die Interpretationsspielräume für Nachrichten und Warnmeldungen exponentiell vergrößern. Eine Fußballweltmeisterschaft, die ein Höchstmaß an Diversität mit sich bringt, illustriert die Herausforderung im Katastrophenfall. Die Rettungskräfte stünden hier vor der Aufgabe, über alle Ausdruckskanäle und Kontextsensitivität hinweg universelle Kommunukations-Strategien zu definieren, um eine dem Fall angemessene soziale Realität zu kreieren, die das Ausmaß des potenziellen Schadens durch adäquates Verhalten der Menschen minimiert.

10.3.4 Kognition und Informationsverarbeitung

Die vierte und letzte Ebene befasst sich mit den individuellen und kulturellen Unterschieden in Bezug auf die **Wahrnehmung** und die Informationsverarbeitung. Hier sind insbesondere die Aspekte zu nennen, die sich aufgrund von unterschiedlichen Vorerfahrungen ergeben haben und die detailliertere Ausgestaltung von Benutzungsoberflächen beeinflussen. In Anlehnung an die **Elemente der User Experience** nach Garrett (2002) sind hiermit im Wesentlichen die Ebenen „Structure", „Skeleton" und „Surface" betroffen. Im Detail geht es auf dieser Ebene beispielsweise um die konkrete Ausgestaltung von Menüstrukturen, Taxonomien, Interaktionsprinzipien, Layouts und Kontrollelementen innerhalb der Benutzungsoberfläche. Diese Aspekte werden insbesondere dann relevant, wenn zeitkritische Entscheidungen seitens der Benutzerinnen und Benutzer gefordert sind. Hier führt eine Diskrepanz zwischen dem mentalen Modell der Benutzerinnen und Benutzer auf der einen Seite und dem strukturellen Aufbau einer Anwendung auf der anderen Seite zur einer erhöhten kognitiven Beanspruchung, die ihrerseits wiederum die Wahrscheinlichkeit für Fehlinterpretationen erhöht. Alle hier beschriebenen Forschungsergebnisse sind erste Hinweise auf mögliche Unterschiede, die bei der Gestaltung von Systemen in Betracht gezogen werden müssen. An dieser Stelle besteht noch ein erhöhter Forschungsbedarf, um systematische Aussagen zu interpersonellen Differenzen machen zu können.

10.3.4.1 Optische Täuschungen in der visuellen Wahrnehmung

Unterschiedliche **Seherfahrungen** und **kognitive Stile** führen dazu, dass wir unsere Umwelt unterschiedlich wahrnehmen. So besteht ein Zusammenhang zwischen der Struktur unserer physischen Umwelt und der Empfindlichkeit für optische Täuschungen. Segall et al. (1999) haben die Ergebnisse mehrerer Studien zusammengefasst (Abbildung 10-7).

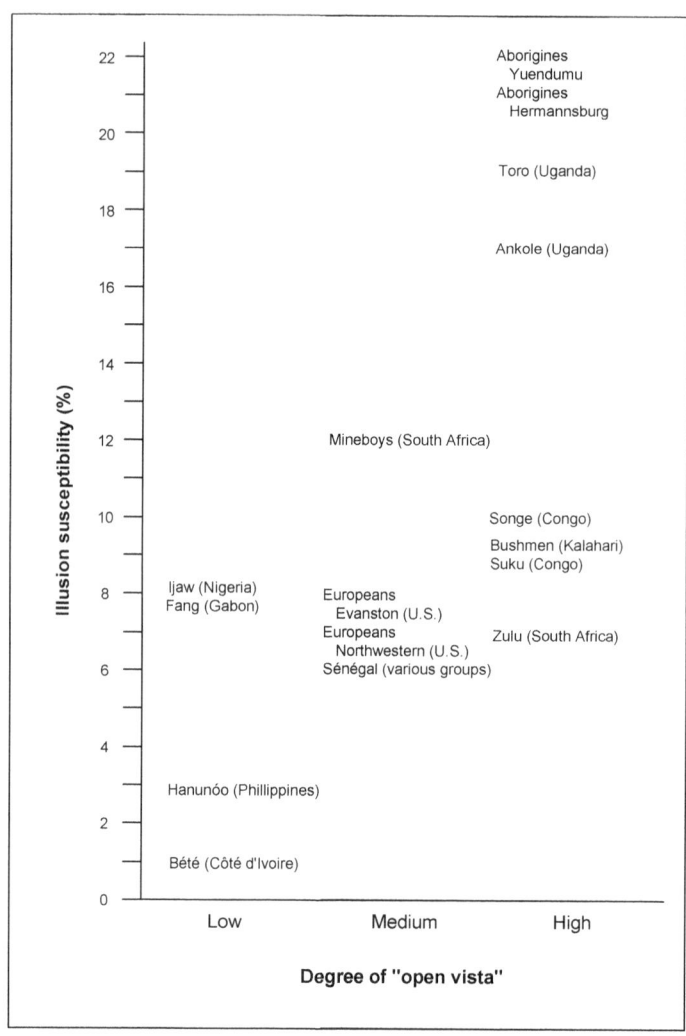

Abbildung 10-7: Empfindlichkeit für die Horizontal-Vertical Illusion im Zusammenhang mit
dem Faktor „Degree of open vista" (Segall et al., 1999).

Dabei hat sich gezeigt, dass auf Seherfahrungen aufbauende Unterschiede bei der Wahrnehmung der „Horizontal-Vertical Illusion" (Abbildung 10-8) beobachtet werden können.
Es gab Gruppen von Versuchspersonen, die in beiden Linien keinen Unterschied gesehen
haben. Andere Gruppen wiederum sagten aus, dass die vertikale Linie länger ist als die
horizontale Linie. Die Autoren gehen davon aus, dass die Unterschiede auf die visuelle
Komposition der Welt zurückzuführen sind, in der die Probanden leben, und haben den
entsprechenden Faktor „**Degree of 'open vista'**" genannt. Er beschreibt, inwieweit die
physische Umwelt die Seherfahrung zulässt, Linien zu sehen, die auf einen Horizont zu-
laufen. Menschen, die im Regenwald leben, haben diese Seherfahrung nicht und sehen

nach der Erklärung von Segall et al. aus diesem Grund keinen Unterschied in beiden Linien der „Horizontal-Vertical Illusion". Zum einen gibt es im Regenwald keine Straßen oder Linien, die auf diese Weise zum Horizont laufen. Zum anderen ist der Horizont eine gezackte Linie hoch am Himmel. Im Gegensatz dazu nehmen Menschen, die eher in einer offenen Umgebung leben oder auch die Seherfahrung einer Straße, die zum Horizont ausgerichtet ist, haben, die vertikale Linie als länger wahr. Das Gehirn fügt hier noch eine Tiefeninformation zur von der Retina weitergegebenen Information hinzu, wodurch der Eindruck einer längeren vertikalen Linie entsteht.

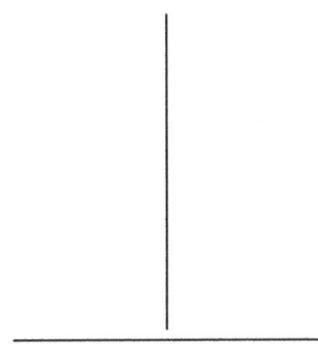

Abbildung 10-8: Horizontal-Vertical Illusion

10.3.4.2 Objekte, Zusammenhänge und die Umwelt

Es gibt mehrere Forschungsarbeiten dazu, inwiefern sich die **visuelle Wahrnehmung** und die damit verbundene **Konzeptbildung** zwischen Menschen unterscheiden. Witkin und Berry (1975) haben gezeigt, dass es in verschiedenen Kulturen Unterschiede in Bezug auf das Konzept der **Feldabhängigkeit** gibt. Das Konzept geht auf Witkin (1950) zurück. Es beschreibt, inwiefern eine Person dazu tendiert, Objekte von ihrem Hintergrund und ihrer Umgebung getrennt wahrzunehmen. Feldunabhängige Menschen tendieren dazu, Objekte visuell und konzeptionell zu isolieren und sie mit ihren Eigenschaften zu beschreiben. Demgegenüber tendieren feldabhängige Menschen dazu, Objekte in Relation zu anderen Objekten wahrzunehmen und sie nicht aus ihrem Kontext herauszulösen. Für die Messung der Feldabhängigkeit steht der sogenannte „**Embedded Figure Test**" (Witkin, 1971) zur Verfügung. Innerhalb des Tests wird gemessen, wie lange die Probanden dazu benötigen, eine einfache Figur in einer komplexen Figur wiederzufinden. Abbildung 10-9 zeigt eine der dazu verwendeten Figurenpaare. Je länger die Versuchspersonen zur Wiedererkennung benötigen, desto eher tendiert die Person zur Feldabhängigkeit.

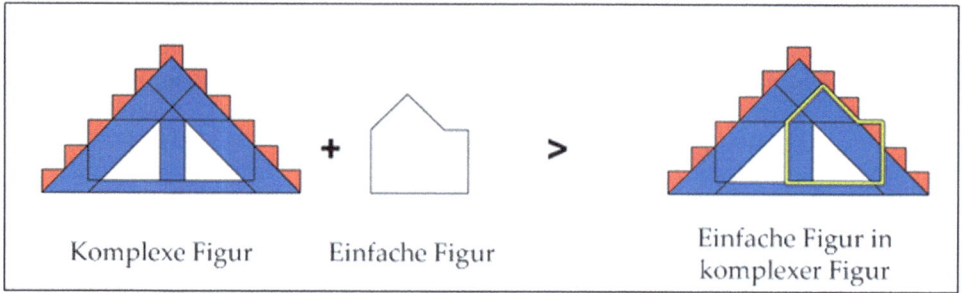

Abbildung 10-9: Figurenpaar aus dem „Embedded Figure Test" (Witkin, 1971)

Nisbett (2003) ist in seiner Forschung zu ähnlichen Ergebnissen gekommen. Er unterscheidet zwischen einer **holistischen** und einer **analytischen Wahrnehmung**. Die holistische Wahrnehmung betont die Umgebung als Ganzes. Objekte sind in der Umgebung eingebettet und stehen in einem Zusammenhang zu ihr. Demgegenüber trennt eine analytische Wahrnehmung Objekte von ihrem Hintergrund und beschreibt sie aufgrund ihrer Zugehörigkeit zu einer Kategorie. Nisbett hat herausgefunden, dass „asiatische" Kulturen zu einer holistischen und „westliche" Kulturen zu einer analytischen Wahrnehmung tendieren. Dazu hat er Versuchspersonen in beiden Regionen darum gebeten, Abbildung 10-10 zu beschreiben. US-Amerikanische Testteilnehmerinnen und Testteilnehmer nannten vor allen Dingen die einzelnen Objekte: Fisch, Pflanze, Frosch, Schnecke. Die asiatischen Versuchspersonen konzentrierten sich auf den Kontext und die Relationen der Objekte untereinander: See, Teich, Aquarium, Fisch schwimmt an Pflanze vorbei.

Abbildung 10-10: Szene eines Aquariums zur Identifizierung von holistischen und analytischen Tendenzen in der visuellen Wahrnehmung (Nisbett, 2003)

Der Einfluss dieser Forschungsergebnisse auf die Gestaltung von sicherheitskritischen Systeme ist noch nicht untersucht. Es kann jedoch davon ausgegangen werden, dass sowohl die detaillierte Ausgestaltung von Benutzeroberflächen als auch die eher abstrakt-strategische Definition von Kommunikationsstrategien davon beeinflusst werden.

10.3.4.3 Menüstrukturen

Auch im Bereich der Definition von optimalen Menüstrukturen lassen sich interpersonale und interkulturelle Differenzen erkennen. Sturm et al. (2013) haben untersucht, inwiefern sich dominierende **grammatikalische Strukturen** einer Sprache auf die Geschwindigkeit im Umgang mit verschiedenen Menüstrukturen auswirken. Dabei hat sich gezeigt, dass Sprecher verborientierter Sprachen mit verborientierten Menüs signifikant schneller zum Ziel kommen. In einer verborientierten Sprache, wie beispielsweise dem arabischen, dominieren im Satzbau die Reihenfolgen „**Verb-Subjekt-Objekt**" (VSO) und „**Subjekt-Verb-Objekt**" (SVO). Das Verb steht demnach immer vor dem Objekt. In der Untersuchung von Sturm et al. (2013) wurden die Probanden gebeten, Funktionen in einem textbasierten Menü für Mobiltelefone aufzufinden. Dazu gab es aufbauend auf einem within-subject-Design zwei Menüvarianten (siehe Abbildung 10-11): ein objektorientiertes Menü mit Objekten zur Auswahl auf der ersten Ebene und ein verborientiertes Menü mit Verben und Aktionen auf der ersten Menüauswahlebene. Die insgesamt 48 Versuchspersonen wurden gebeten, vier verschiedene Funktionen in den Menüs wiederzufinden und zeigten mit dem verborientierten Menü eine signifikant bessere Performance (p<0.001). Eine in der Vergangenheit gewählte Telefonnummer ist in der verborientierten Variante unter dem Menüpunkt „Look Up" und in der objektorientierten Variante unter dem Menüpunkt „PhoneBook" zu finden. Für andere Sprachen steht eine entsprechende Untersuchung noch aus. Es ist jedoch, aufbauend auf diesen Ergebnissen, zu erwarten, dass objektorientierte Muttersprachler, wie beispielsweise Koreanerinnen und Koreaner, besser mit objektorientierten Menüs zurechtkommen.

 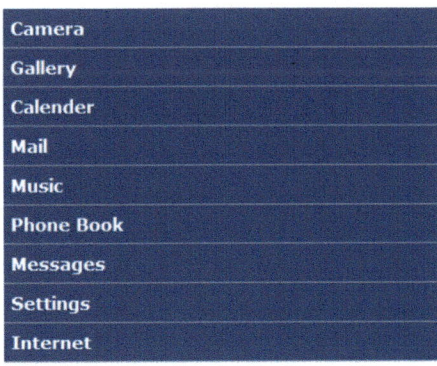

Abbildung 10-11: Verborientiertes Menü (links) und objektorientiertes Menü (rechts) für die Untersuchung der Leistung von arabischen Muttersprachlern (Sturm et al., 2013).

Diese Ergebnisse geben einen ersten Hinweis darauf, dass Nachrichten und Informationen in einer sicherheitskritischen Lage auch auf grammatikalische Strukturen der gesprochenen Sprachen hin angepasst werden müssen, um eine erhöhte kognitive Last beim Prozess der Interpretation sowie Fehlinterpretationen zu verhindern. Auch an dieser Stelle steht die Forschung erst am Beginn der Definition eines möglichen Plans.

10.4 Fazit

Der Erfolg eines sicherheitskritischen Systems beruht darauf, die Anforderungen, welche sich innerhalb der menschzentrierten Entwicklung ergeben, zu identifizieren und bei Designentscheidungen umzusetzen. In Zeiten steigender Diversität auf Seiten der Entwicklerinnen und Entwickler sowie auf Seiten der Benutzerinnen und Benutzer erhöht sich auch die Zahl der zu berücksichtigenden Faktoren und Anforderungen. Das vorliegende Kapitel hat hierzu ein Framework bereitgestellt, um insbesondere internationale und interkulturelle Anforderungen systematisch zu betrachten und für den Entwicklungsprozess zu kategorisieren.

- Auf der ersten Ebene **Technik und Umwelt** geht es um die technische Infrastruktur, den rechtlichen Rahmen und aus der Natur gegebene Umweltbedingungen.

- Die zweite Ebene **Sprache und Kommunikation** betrachtet alle sprachlichen Elemente der Mensch-Maschine-Interaktion und deren Herausforderungen bei der Übersetzung.

- Die dritte Ebene **Kultur und Soziale Strukturen** behandelt im Wesentlichen Bedeutungen sowie kulturelle Normen der sozialen Interaktion, auf die sich eine Gruppe geeinigt hat.

- Die vierte Ebene **Kognition und Informationsverarbeitung** fokussiert sich auf die kognitiven Prozesse im Individuum und deren Varianz im globalen Kontext.

- Insbesondere die kulturellen und kognitiven Faktoren werden heutzutage immer noch zu selten in die Anforderungserhebung einbezogen. Hier hat sich gezeigt, dass die Notwendigkeit von weiterer Forschung besteht, um die Relevanz beider Kategorien zu belegen. Damit besteht hier auch die Chance der Definition einer zukünftigen Forschungsagenda.

10.5 Übungsaufgaben

Aufgabe 1: Machen Sie sich bewusst, welches detaillierte technische Wissen Sie bereits haben, um mit modernen Telekommunikationsmedien umgehen zu können. Befragen Sie im Anschluss andere Generationen in Ihrer Familie dazu und kontrastieren Sie die Listen. Wo liegen die Unterschiede?

Aufgabe 2: Betrachten Sie Ihr Mobiltelefon. Welche Komponenten müssten nach dem hier beschriebenen Framework jeweils auf jeder der vier Ebenen angepasst werden, um es in China, Guatemala oder Australien auf den Markt zu bringen?

Aufgabe 3: Sie leben vermutlich in einer sogenannte „Low-Context Culture". Analysieren Sie Ihr eigenes Kommunikationsverhalten dahingehend, welche Informationen aus welchen Ausdruckskanälen Sie über den Tag hinweg in Betracht ziehen, um erhaltene Nachrichten zu interpretieren. Wie würde eine Kommunikation in einer „High-Context Culture" Ihre Kommunikation verändern?

Aufgabe 4: Mit welchen methodischen Ansätzen könnte man auf den einzelnen Ebenes des Modells das Wissen um die entsprechenden Anforderungen erweitern?

10.6 Literatur

10.6.1 Literaturempfehlungen

James, G. J. (2002). The Elements of User Experience: User-Centered Design for the Web and Beyond.

Segall, M. H., Dasen, P. R., Berry, J. W., & Poortinga, Y. H. (1999). Human behavior in global perspective: An introduction to cross-cultural psychology. Pergamon Press.

Sturm, C., Strube, G., & Gouda, S. (2013). Localization beyond National Characteristics: The Impact of Language on Users' Performance with Different Menu Structures. In International Conference of Design, User Experience, and Usability (S. 105-114). Springer, Berlin, Heidelberg.

10.6.2 Literaturverzeichnis

Büttner, C., & Quindel, R. (2013). *Gesprächsführung und Beratung: Sicherheit und Kompetenz im Therapiegespräch.* Springer-Verlag.

China Caution Label. (n.d.). Abgerufen am 15. Juli 2017 von https://guide.alibaba.com/shopping-guides/china_caution-label.html

Garrett, J. J. (2011). The Elements of User Experience: User-Centered Design for the Web and Beyond. New Riders.

Hall, E. T. (1989). *Beyond culture.* Anchor Books, New York, USA.

Nisbett, R. (2003). The Geography of Thought: How culture colors the way the mind works. The Free Press, New York, USA.

Peter, B., & Luckmann, T. (1969). Die gesellschaftliche Konstruktion der Wirklichkeit. Eine Theorie der Wissenssoziologie. Fischer Taschenbuchverlag, Frankfurt am Main.

Piaggio, C. (2004). Localization for the Spanish-speaking World, Multilingual (#67 Supplement), Bd. 15.

Reuter, C., Pohl, P., & Pipek, V. (2011). Umgang mit Terminologien in inter-organisationaler Krisenkooperation – eine explorative Empirie. In Mensch & Computer (S. 171-180).

Ross, L., Greene, D., & House, P. (1977). The "false consensus effect": An egocentric bias in social perception and attribution processes. Journal of experimental social psychology, 13(3), 279-301.

Segall, M. H., Dasen, P. R., Berry, J. W., & Poortinga, Y. H. (1999). Human behavior in global perspective: An introduction to cross-cultural psychology. Pergamon Press.

Sturm, C., Strube, G., & Gouda, S. (2013). Localization beyond National Characteristics: The Impact of Language on Users' Performance with Different Menu Structures. In International Conference of Design, User Experience, and Usability (S. 105-114). Springer, Berlin, Heidelberg.

Sturm, C. (2002). TLCC-Towards a framework for systematic and successful product internationalization. Proc del Int. Workshpo on Internat. of Products and Systems.

Witkin, H. A. (1950). Individual differences in ease of perception of embedded figures. Journal of personality, 19(1), 1-15.

Witkin, H. A. (1971). Embedded Figure Test. Consulting Psychologists Press, Palo Alto, USA.

Witkin, H. A., & Berry, J. W. (1975). Psychological differentiation in cross-cultural perspective. Journal of cross-cultural psychology, 6(1), 4-87.

Teil III: Sicherheitskritische interaktive Systeme

Betriebliche Informationssysteme

11 Kritische Infrastrukturen und Business Continuity Management

Florian Brauner · Frank Fiedrich
Bergische Universität Wuppertal

Zusammenfassung

Die heutige Gesellschaft ist mehr denn je von *Kritischen Infrastrukturen* abhängig. Egal, ob es sich dabei um die Stromversorgung, die Telekommunikation, die Nahrungsmittelversorgung oder unsere Mobilität handelt, eine Störung oder Ausfall führt zu weitreichenden Konsequenzen für die Industrie, die Gesellschaft und das öffentliche Leben. Zahlreiche Ereignisse wie beispielsweise der Stromausfall im Münsterland im Jahr 2005 mit 250.000 betroffenen Personen zeigen dies. Umso wichtiger ist es, dass Betreiber Kritischer Infrastrukturen die Ausfallwahrscheinlichkeit und Konsequenzen möglichst gering halten. Dieses Kapitel zeigt, wie Betreiber die eigenen Prozesse im Unternehmen besser verstehen und hinsichtlich kritischer Elemente besser bewerten können. Es wird aufgezeigt, wie mithilfe eines *Business Continuity Management Systems* ein umfassendes Verständnis über die eigenen Geschäftsprozesse erlangt werden kann und diese gegeneinander bezüglich ihrer Kritikalität priorisiert werden können. Wesentlicher Kernpunkt dieser Managementmethode ist die *Business Impact Analysis,* welche hier im Speziellen erläutert wird. Das strukturierte Verstehen, Bewerten und Absichern von Kernprozessen im Kontext Kritischer Infrastrukturen soll im Rahmen dieses Kapital als Kompetenz vermittelt werden.

Lernziele

- Die Leser sollen Kritische Infrastrukturen definieren und klassifizieren können und kennen deren Besonderheiten.

- Die Leser können grundlegende Konzepte und Methoden des Business Continuity Managements (BCM) erklären und anwenden.

- Die Leser lernen IT-gestützte Systeme für BCM kennen.

11.1 Einleitung und Relevanz des Themas

Am 14. August 2003 fiel in weiten Teilen des Nordostens der USA und Teilen Kanadas der Strom aus. Rund 50 Millionen Menschen waren über einen Zeitraum von bis zu fünf Tagen ohne eine funktionierende Stromversorgung. In Folge dieses Blackouts kam der öffentliche Verkehr komplett zum Erliegen. Die Telekommunikation, der Finanzmarkt und öffentliche Verkehr (Flugverkehr, öffentliche Personenverkehr) konnten ihre Dienstleistungen nicht mehr anbieten. Später wurden auch die Wasserver- und entsorgung, sowie die Nahrungsmittelversorgung problematisch. Wie sich später herausstellte, soll ein Softwarefehler des Managementsystems zur Überwachung und Steuerung der Stromnetze eines lokalen Stromerzeugers ursächlich für diesen Blackout gewesen sein.

Dieses Beispiel veranschaulicht zum einen, wie abhängig die heutige Gesellschaft und das öffentliche Leben von Kritischen Infrastrukturen sind. Zum anderen zeigt es aber auch die Verschaltung und Verkettung von einer Infrastruktur mit anderen Infrastrukturen und wie sich Fehler und Störungen in einem System „kaskadenartig" verbreiten.

In diesem Lehrbuchbeitrag zeigen die Autoren die Relevanz von Kritischen Infrastrukturen und wie die Prozesse dieser Branchen mithilfe von Business Continuity Management und Notfallplanung (Krisenmanagement) möglichst ausfallsicher gestaltet werden können. Dem Leser werden Systemanforderungen sowie Methoden und Werkzeuge (Tools) zur Durchführung sogenannter Business Impact-Analysen vermittelt.

11.2 Kritische Infrastrukturen und deren Funktion

Im ersten Schritt werden die zu betrachtenden Systeme genauer erläutert. Der Begriff **Infrastruktur** setzt sich aus den lateinischen Wörtern „infra", welches „unterhalb" bedeutet und dem Wort „structura" zu Deutsch „Aufbau" zusammen. Gemeint sind Grundstrukturen, die als Basis für andere Systeme gelten. In Verbindung mit dem Adjektiv „kritisch" bekommen diese Grundstrukturen eine besondere Bedeutung im Sinne von „notwendigen" Strukturen. Das Bundesministerium für Inneres hat 2007 in seiner nationalen Strategie zur Sicherheit von Kritischen Infrastrukturen (kurz: KRITIS genannt) folgende Definition für Deutschland geprägt:

*„**Kritische Infrastrukturen (KRITIS)** sind Organisationen oder Einrichtungen mit wichtiger Bedeutung für das staatliche Gemeinwesen, bei deren Ausfall oder Beeinträchtigung nachhaltig wirkende Versorgungsengpässe, erhebliche Störungen der öffentlichen Sicherheit oder andere dramatische Folgen eintreten würden."* (BMI, 2009)

Da diese Definition immer noch Interpretationsspielraum zulässt, wurden im Rahmen von Bund-Länder-Arbeitsgruppen und vielen Abstimmungsprozessen diese Definition um eine Sektoren- beziehungsweise Branchenliste erweitert.

Insgesamt konnten neun Sektoren definiert werden, die als Kritische Infrastrukturen und besonders schützenswert in Deutschland behandelt werden und deren Ausfall für das staatliche Gemeinwesen dramatische Folgen haben. Diese neun Sektoren stellen sogenannte Typen dar, denen verschiedene Branchen zugeordnet werden können (siehe Tabelle 11-1).

Sektoren	Branchen
Energie	Elektrizität, Gas, Mineralöl
Informationstechnik und Telekommunikation	Telekommunikationstechnik, Informationstechnik
Transport und Verkehr	Luftfahrt, Seeschifffahrt, Binnenschifffahrt, Schienenverkehr, Straßenverkehr, Logistik
Gesundheit	Medizinische Versorgung, Arzneimittel und Impfstoffe, Labore
Wasser	Öffentliche Wasserversorgung, Öffentliche Abwasserbeseitigung
Ernährung	Ernährungswirtschaft, Lebensmittelhandel
Finanz- und Versicherungswesen	Banken, Börsen, Versicherung, Finanzdienstleister
Staat und Verwaltung	Regierung und Verwaltung, Parlament, Justizeinrichtungen, Notfall-/Rettungswesen einschließlich Katastrophenschutz
Medien und Kultur	Rundfunk (Fernsehen und Radio), gedruckte und elektronische Presse, Kulturgut, symbolträchtige Bauwerke

Tabelle 11-1: KRITIS Sektoren und Branchen (BBK 2017)

In den USA werden KRITIS stärker im nationalen Fokus betrachtet. Das Department of Homeland Security (2009) beschreibt KRITIS als „[...] *assets, systems, and networks, whether physical or virtual, so vital to the United States that their incapacitation or destruction would have a debilitating effect on security, national economic security, public health or safety, or any combination thereof*", was das Zusammenwirken der einzelnen Systeme nochmal besonders hervorhebt. In diesem Zusammenhang wird auch oft der Begriff Key Resources verwendet. „**Key Resources** *are publicly or privately controlled resources essential to the minimal operations of the economy and government.*" (DHS 2009)

Im Weiteren können KRITIS auf eine dritte Ebene heruntergebrochen werden. Lenz (2009) nennt diese die Komponenten-Ebene. An einem Beispiel lässt sich dies vereinfacht darstellen: Nehmen wir beispielsweise den Sektor „Verkehr" und die Branche „Öffentlicher Personennahverkehr", so wären die einzelnen Komponenten beispielsweise die Fahrzeuge, Gleisanlagen, Signalanlagen, Gleisstromanlagen etc. Mithilfe dieser Modellvorstellung lassen sich später vereinfacht Prozessanalysen durchführen. Im Hinblick auf Tabelle 11-1 wird bereits deutlich, dass alle KRITIS in der Gesamtheit ihrer Komponenten und Prozesse von der Gesellschaft benötigte Produkte oder Dienste (*key resources*) gemeinsam bereitstellen. Zudem zeigt sich bereits in dieser Tabelle, das KRITIS mehr oder weniger von anderen KRITIS abhängig sind, um selbst normgerecht zu funktionieren. Doch was bedeutet in diesem Sinne eigentlich „normgerechte" Funktion?

11.3 Anforderungen und Herausforderungen von KRITIS

Das Beispiel des beschriebenen Blackouts in der Einleitung zeigt anschaulich, dass eine Unterbrechung beziehungsweise Störung einer KRITIS weitrechende Folgen haben kann. Doch wie können die sogenannten „key resources" aufrechterhalten werden?

Zunächst lohnt sich in diesem Zusammenhang ein Blick auf die besonderen Systemanforderungen von KRITIS. So sind inzwischen mehr als 80% der KRITIS-Betriebe in privater Hand. Das Kernunternehmensziel Wirtschaftlichkeit steht häufig den Sicherheitsanforderungen zur Vermeidung von direkten oder indirekten Auswirkungen auf die Bevölkerung gegenüber. Der Staat auf der anderen Seite ist nach Grundgesetz auch verantwortlich für die Daseinsvorsorge seiner Bürger. Daher ist beim Schutz Kritischer Infrastrukturen eine Zusammenarbeit der öffentlichen Hand mit der Privatwirtschaft erforderlich. Man spricht hier auch von einer **Öffentlich-Privaten Partnerschaft (ÖPP)** beziehungsweise **Public-Private Partnership (PPP)**. In der Bundesrepublik hat sich das Bundesamt für Sicherheit in der Informationstechnik und das Bundesamt für Bevölkerungsschutz und Katastrophenhilfe dieser Aufgabe durch die Gründung von UP-KRITIS gewidmet (BSI, 2014). Hierbei handelt es sich um eine öffentlich-private Kooperation zwischen KRITIS-Betreibern, deren Verbänden und den zuständigen staatlichen Stellen. An UP-KRITIS sind aktuell ca. 600 Unternehmen beteiligt. UP-KRITIS arbeitet dabei in Branchenarbeitskreisen (BAK), die sich mit bestimmten Sektoren befassen, und Themenarbeitskreisen (TAK) zu branchenübergreifenden Themen, wie beispielsweise Übungen oder Krisenkommunikation.

Ein weiteres Problem, das sich häufig in gut geschützten Gesellschaften und Organisationen ergibt, ist das sogenannte **Verletzlichkeitsparadoxon**: *„In dem Maße, in dem ein Land in seinen Versorgungsleistungen weniger störanfällig ist, wirkt sich jede Störung umso stärker aus"* (BMI, 2009). Komplexe Steuerungsanalagen führen zwar häufig zu einer Reduzierung der Störanfälligkeit, aber da dann das Funktionieren der Infrastruktur als selbstverständlich angenommen wird, verringert sich die Fähigkeit, mit Störungen oder Ausfällen umgehen zu können.

Von besonderer Bedeutung bei der Abschätzung von möglichen Folgewirkungen eines KRITIS-Ausfalls ist dabei, dass sich ein Ausfall einer KRITIS aufgrund von Abhängigkeiten auch auf andere KRITIS-Bereiche auswirken kann. Ein solches Beispiel auf Basis eines großräumigen Stromausfalls wurde bereits in Kapitel 11.1 beschrieben. Eine tiefergehende Analyse möglicher Aus- und Wechselwirkungen für den KRITIS-Sektor Strom wurde vom Büro für Technikfolgen-Abschätzung beim Deutschen Bundestag (TAB) veröffentlicht (Petermann et al., 2010). So wird beispielsweise dort unter anderem auch auf den möglichen Ausfall von Melkmaschinen in der Landwirtschaft und mögliche Engpässe bei der Bargeldversorgung hingewiesen.

Rinaldi et al. (2008) haben als eine der ersten Forschergruppen Eigenschaften und Abhängigkeiten von KRITIS strukturiert untersucht. In Ergänzung um einige Punkte aus (Lenz, 2009) können somit folgende **Abhängigkeiten** unterschieden werden:

- **Direkte/Indirekte Abhängigkeit:** Von direkter Abhängigkeit spricht man, wenn durch den Ausfall einer Infrastruktur A eine Infrastruktur B unmittelbar ohne Zwischenketten ausfällt (Abhängigkeit 1. Grades). Erfolgt der Ausfall von B erst über weitere Zwischen-Infrastrukturen, spricht man von indirekter Abhängigkeit.

- **Einseitige/Wechselseitige Abhängigkeit:** Von einseitiger Abhängigkeit spricht man, wenn Infrastruktur A von Infrastruktur B abhängig ist, aber nicht umgekehrt. Analog spricht man von wechselseitiger Abhängigkeit oder Interdependenz, wenn auch B von A abhängig wäre.

- **Lose/Enge Abhängigkeit**: Hierdurch wird der Grad der Abhängigkeit zwischen Infrastrukturen beschrieben. Bei loser Abhängigkeit existiert nur eine geringe Korrelation, bei enger Abhängigkeit eine hohe Korrelation.

- **Lineare/Komplexe Abhängigkeit**: Lineare Abhängigkeit ist häufig gewollt und geplant. Komplexe Wechselwirkungen entstehen häufig dann, wenn es über mehrere Grade zu Rückwirkungen auf die ursprüngliche Infrastruktur kommt.

- **Physische Abhängigkeit**: Zwei Infrastrukturen sind physisch abhängig, wenn der Zustand der Infrastrukturen vom Ausgangsprodukt (Output) der jeweils anderen Infrastruktur abhängig ist.

- **Informationstechnische Abhängigkeit**: Rinadi et al. (2008) benennen die Abhängigkeit von Informationstechnologie als eigenständige Form der Abhängigkeit.

- **Geographische Abhängigkeit**: Geographische Abhängigkeit ergibt sich durch die räumliche Nähe von Infrastrukturen, die z. B. im gleichen Hochwassergebiet liegen.

- **Logische Abhängigkeit**: Diese Abhängigkeit basiert auf anderen Mechanismen als physischer, informationstechnischer oder geographischer Abhängigkeit und kann logisch beziehungsweise kausal beschrieben werden.

Eine wichtige Frage, die sich aus den genannten unterschiedlichen Abhängigkeiten ergibt, ist die Messbarkeit beziehungsweise Quantifizierung dieser Abhängigkeiten und damit verbunden die Frage, wie kritisch eine Infrastruktur bezogen auf ein konkretes Szenario oder auf andere Infrastrukturen überhaupt ist. Häufig existieren z. B. keine konkreten physikalischen Messgrößen, mit deren Hilfe eine Kritikalitätszahl bestimmt werden kann, sodass man sich bei der Bewertung auf qualitative Methoden, wie beispielsweise Interviews und Workshops, stützen muss. Die Durchführung einer Gefährdungsanalyse ist für die Erstellung eines Schutzkonzeptes von großer Bedeutung. Sinnvollerweise sollte hierfür ein „All-Hazard"-Ansatz gewählt werden, in dem anhand eines Gefährdungskatalogs die für die zu untersuchende KRITIS relevanten Gefährdungen genauer betrachtet werden. Für solche Gefährdungskataloge gibt es unterschiedliche Kategorisierungsvorschläge. So wird beispielsweise in (BMI, 2009) folgende Klassifizierung vorgeschlagen:

- **Naturereignisse:** Extremwetterereignisse, Wald- und Heidebrände, seismische Ereignisse, Epidemien und Pandemien, kosmische Ereignisse

- **Technisches und menschliches Versagen:** Systemversagen, Fahrlässigkeit, Unfälle und Havarien, organisatorisches Versagen

- Terrorismus, Sabotage, Bürgerkrieg, Krieg und Kriminalität

Diese Gefährdungsanalysen können dann bei der Entwicklung von Schutzkonzepten genutzt werden, um das aktuelle Schutzniveau zu erhöhen. Detaillierte Methoden nutzen dabei Ansätze der Betrieblichen Kontinuitätsplanung (vgl. Kapitel 11.4). Um aber KRITIS-Betreibern einen schnellen und einfachen Einstieg in das Thema zu ermöglichen, wurde vom Bundesministerium des Innern ein Leitfaden für die Erstellung eines Basisschutzkonzepts veröffentlicht (BMI, 2005), der in der Folge auch um einen Leitfaden für Risiko- und Krisenmanagement (BMI, 2008) ergänzt wurde. Das einfache Schutzkonzept des BMI (2005) umfasst folgende Schritte:

- Bildung der oben genannten Gefährdungskategorien

- darauf aufbauende Festlegung des Schutzniveaus

- Herleitung von Szenarien

- Schwachstellenanalyse

- Definition von Schutzzielen und zugehörigen Maßnahmen

- Bestimmung des Handlungsbedarfs in Abstimmung mit staatlichen Stellen

- Umsetzung und regelmäßige Überprüfung

11.4 Business Continuity Management als Schutzkonzept von KRITIS

Das **Managementsystem zur Aufrechterhaltung der Betriebsfähigkeit**, oder auch im Englischen *„Business Continuity Management System"* (BCMS) genannt, ist Teil des Gesamt-Managementsystems zur Einführung und Implementierung, für den Betrieb sowie die Überwachung, Überprüfung, Verwaltung und Verbesserung der Aufrechterhaltung der Betriebsfähigkeit (DIN EN ISO 22301).

Business Continuity beschreibt die strategische und taktische Fähigkeit eines Unternehmens (A), sich auf Zwischenfälle und Betriebsstörungen vorzubereiten und (B) darauf zu reagieren, damit der Betrieb auf einem akzeptablen Niveau aufrechterhalten werden kann. Hierzu ist es erforderlich, einen Managementprozess zu etablieren, welcher die negativen Gefahren und deren Auswirkungen für Unternehmen identifiziert und einen Rahmen (Framework) bereitstellt, um gegen diese Gefahren und Bedrohungen geeignete Maßnahmen zu etablieren. Dieser Managementprozess wird **Business Continuity Management (BCM)** genannt und enthält alle Abläufe und Prozeduren zur Weiterführung und Wiederherstellung kritischer Geschäftsprozesse. Ist ein solcher Managementprozess in einem Unternehmen eingerichtet und implementiert, wird auch in der Gesamtheit oft von einem

Business Continuity Management System gesprochen, welches die Abläufe im Unternehmen überwacht, überprüft, erhält und verbessert. Zentraler Punkt im BCM ist die **Aufrechterhaltung der Betriebsfähigkeit** oder, sofern diese nicht mehr gegeben ist, die **schnelle Wiederherstellung** derselben. Hierzu sind zum einen *„Pläne zur Aufrechterhaltung der Betriebsfähigkeit"* notwendig, die dokumentierte Verfahren beinhalten, wie eine Organisation auf eine Störung zu reagieren hat, um sich von dieser zu erholen und den Betrieb fortzusetzen. Diese Pläne beinhalten Verfahren, Zuständigkeiten, sowie den geregelten Einsatz von Ressourcen, die erforderlich sind, um die kritischen Geschäftsfunktionen sicherzustellen. Darüber hinaus sind *„Programme zur Aufrechterhaltung der Betriebsfähigkeit"* notwendig, die Leitungsgremien und verantwortliche Personen bei den permanenten Management- und Steuerungsprozessen unterstützen.

Es handelt sich bei BCM also um eine Managementstrategie, die ein Unternehmen in seiner Gesamtheit betrifft und nicht nur wenige Abteilungen. Der Fokus liegt dabei auf der „Betriebsfähigkeit" und wie diese auch im Falle einer Krise durch Vorbereitungen und Vorarbeiten sichergestellt werden kann. Die Pläne umfassen geeignete Risikomanagement-Strategien, um beispielsweise die Gesamtzeit einer Krise zu verkürzen beziehungsweise die Auswirkungen auf die kritischen Betriebsprozesse zu reduzieren.

Mit diesen Definitionen ergeben sich auch bereits die Gründe für BCM. Oberstes Ziel von BCM ist es, ein Unternehmen möglichst lange betriebsfähig zu (er-)halten und sich hierfür der eigenen Prozesse und Abläufe bewusst zu werden. Im Rahmen einer Produktionsleistung oder Dienstleistungserbringung werden die kritischen Prozesse erfasst. Das Adjektiv „kritisch" hat in diesem Sinne zwei Bedeutungen und umfasst zum einen kritische Prozesse im Sinne von notwendigen Prozessen, die zeitkritisch schnell wiederhergestellt werden müssen, aber auch kritische Prozesse im Sinne von verletzlichen Prozessen mit hohem Schaden für die Produktions- beziehungsweise Dienstleistungserbringung. Mit diesem „Bewusstwerden" der eigenen Prozesse sollen Planungen und Mechanismen etabliert werden, um Krisen möglichst frühzeitig zu antizipieren und mit entsprechenden Gegenmaßnahmen zu verhindern.

Sollte eine Vermeidung der Krise nicht möglich sein, sollten die Maßnahmen zumindest (als nachgelagertes Ziel!) den Unternehmens(teil-)ausfall minimieren und/oder weitere schädliche Folgen reduzieren. Das BCM umfasst dabei beispielhaft die in Tabelle 11-2 dargestellten unternehmerischen Teilziele. Um diese Ziele zu erreichen, ist jedoch der Einsatz von Ressourcen seitens der Unternehmensführung erforderlich. Die Tabelle zeigt anschaulich, dass BCM ein Unternehmen in seiner Gesamtheit betrifft und alle Abteilungen erfasst. Dabei ist es nicht entscheidend, wie groß ein Unternehmen ist oder um welches Produkt oder Dienstleistung es sich in erster Linie handelt. BCM ist auf jede Art von Unternehmen oder Behörde anwendbar, unabhängig von der Größe, Komplexität oder Zielen.

Nutzen von BCM	Kosten von BCM
<ul><li>Reduktion des Gefahrenpotenzials</li><li>Verbesserung des Verständnisses von Geschäftsprozessen</li><li>Reduktion von Ausfallzeiten</li><li>Unterstützung der Einhaltung von Vorschriften und Regelwerken</li><li>Sicherung von Unternehmensgütern</li><li>Schutz des Marktes</li><li>Durchführung von Übungen über unterschiedliche Unternehmensbereiche hinweg</li><li>Verbesserung der Sicherheit</li><li>Minimierung der Haftbarkeit</li></ul>	<ul><li>Analysen durchführen und dokumentieren</li><li>Backup-Einrichtungen und -Ausstattung</li><li>Dedizierte Unternehmensressourcen für den Einsatz nach Ereignissen</li><li>Verbesserungsmaßnahmen zur Schadensminderung</li><li>Ausbildungsprogramme</li><li>Übungspläne</li><li>Aktualisierung der Dokumentation</li><li>Versicherungsprämien</li></ul>

Tabelle 11-2: Kosten/Nutzen von BCM

Der international bedeutendste Standard war bis vor kurzem der BS 25999 „Business Continuity Management", der Mitte 2012 von den internationalen Standards ISO 22301 / ISO 22313 abgelöst wurde.

Weitere wichtige Normen und Standards:
BS 25999-1 „Business Continuity Management. Code of Practice"
BS 25999-2 „Specification for Business Continuity Management"
ISO 27001 „Information technology – Security techniques – Information security management systems"
NFPA 1600 „Standard on Disaster/Emergency Management and Business Continuity Programs"
ASIS SPC1.2009 „Organizational Resilience: Security, Preparedness, and Continuity Management Systems – Requirements with Guidance for Use"
BSI 100-4 „Notfallmanagement"
HB 221:2004 „Business Continuity Management"
HB 292-2006 „A Practitioners Guide to Business Continuity Management"
SS 540:2008 „Business continuity management (BCM)"
ISO 22300:2012 – Terminology
ISO 22301: 2012 – Business Continuity Management Systems – Requirements
ISO 22311:2012 – Video-Surveillance – Export Interoperability
ISO 22312:2011 – Technological Capabilities
ISO 22313:2012 – Business Continuity Management Systems – Guidance
ISO 22315:2014 – Mass evacuation – Guidelines for planning
ISO 22316:2017 – Organizational resilience – Principles and guidelines
ISO/TS 22317:2015 – Business continuity management systems – Business impact analysis
ISO/TS 22318:2015 - Business continuity management – Guidance for supply chain continuity
ISO 22320:2011 – Emergency Management – Requirements for Incident Response
ISO 22322:2015 – Emergency management – Guidelines for public warning
ISO 22324 :2015 – Emergency management – Guidelines for colour-coded alert
ISO 22325:2016 – Emergency management – Guidelines for emergency management capability assessment
ISO/TR 22351:2015 – Emergency management – Message structure for exchange of information
ISO 22397:2014 – Guidelines for establishing partnering arrangements
ISO 22398:2013 – Guidelines for exercises

Tabelle 11-3: Auflistung Normen und Standards BCM

Als Hilfe und Leitfäden existieren unterschiedliche Standards und Richtlinien, die den Managementprozess beschreiben und teilweise auch eine Zertifizierung des Unternehmens erlauben. Der international bedeutendste Standard war bis vor kurzem der BS 25999 „Business Continuity Management", der Mitte 2012 von den internationalen Standards ISO 22301 / ISO 22313 abgelöst wurde. Die wichtigsten Standards sind in Tabelle 11-3: Auflistung Normen und Standards BCM zusammengefasst.

11.5 Methoden des unternehmerischen Kontinuitätsmanagements

11.5.1 PDCA-Zyklus als Leitprozess

Die bekannteste Methode und zugleich wichtigstes Element im Qualitätsmanagement ist der PDCA-Zyklus oder auch Deming-Zyklus genannt (siehe Abbildung 11-1). In vier Schritten werden die Prozesse des Unternehmens mit den Anforderungen des BCM und der interessierten Stakeholder abgeglichen und Schwachstellen (schwache Prozesse) im Unternehmen abgeschafft oder ersetzt.

11.5.1.1 Plan-Phase

In der ersten Phase „Plan" stehen drei Ziele im Vordergrund, (1) das Erstellen von BC-Leitlinien, (2) das Festlegen von Zielen und Kontrollmechanismen, sowie (3) das Herleiten von Prozessen und Abläufen, die für die betriebliche Kontinuität relevant sind und Ergebnisse liefern, die mit den allgemeinen Unternehmenszielen in Einklang stehen.

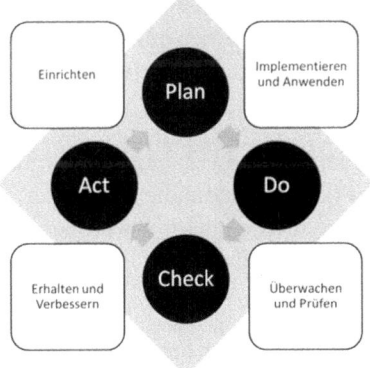

Abbildung 11-1: Deming-Zyklus (Autor in Anlehnung an ISO 22301)

Hierzu ist ein umfassendes Verständnis über das Unternehmen, dessen Unternehmenszielen und die internen und externen Rahmenbedingungen erforderlich. Zu den externen Rahmenbedingungen gehören beispielsweise rechtliche und regulatorische Rahmenbedingungen, Trends des Marktes, Konkurrenzunternehmen, politisches Umfeld/Einfluss usw. Die internen Rahmenbedingungen umfassen die eigenen Dienste, Ressourcen, Fähigkeiten, Knowhow (IP = Intellectual Property), Organisationsstruktur und Unternehmenskultur. Zusätzlich sollten die Erwartungen an das Unternehmen von Dritten berücksichtigt werden. Kunden, Lieferanten, Aktionäre, Bürger, Notfallorganisationen, Transportdienstleister, Medien, Wettbewerber, aber auch die Bedürfnisse eigener Mitarbeiter etc. spielen eine wichtige Rolle in der Prozessänderung und insbesondere später bei der Akzeptanz von Maßnahmen.

Nach Ermittlung dieser Rahmenbedingungen wird der Umfang des BCM festgelegt. Dabei ergibt es beispielsweise Sinn, zunächst die wichtigsten Teile des Unternehmens im BCM zu berücksichtigen (Priorisierung) und hierzu die relevanten Güter und Dienstleistungen zu identifizieren. Aus diesem Schritt ergibt sich der Umfang des BCM unter Berücksichtigung der Unternehmensgröße und der Komplexität. Dieser Schritt erfordert bereits das uneingeschränkte Engagement der Unternehmensführung und muss vom Top-Management des Unternehmens getragen werden, welche die BCM-Ziele in den Unternehmenszielen verankern und „vorleben" müssen. In diesem Zusammenhang wird auch oft von einer unternehmerischen Wertekultur gesprochen.

11.5.1.2 Do-Phase

In der Do-Phase stehen die Implementierung und Anwendung der BC-Leitlinien aus der Plan-Phase im Vordergrund. Wichtigstes Instrument dieser Phase ist die **Business Impact Analyse** mit dem Ziel, eine priorisierte Liste von Geschäftsprozessen und Ressourcenanforderungen für die Wiederanlaufphase zu erstellen (siehe 11.5.2 Business Impact Analysis als Methode). Im Rahmen einer Risikobewertung werden alle Unterbrechungsrisiken für diese Prozesse identifiziert und in einer aufbauenden Risikoanalyse bewertet. Verschiedene Maßnahmen werden hinsichtlich der risikoreduzierenden Wirkung und der unternehmenseigenen Risikoakzeptanzschwelle analysiert.

Dabei wird zwischen den in Abbildung 11-2 dargestellten unternehmerischen Risikostrategien unterschieden. Die ermittelten Maßnahmen sollen nach ISO 22301 / 22313 im Rahmen von Tests und Übungen auf Wirksamkeit überprüft werden (siehe 11.5.3 Übungen).

11.5.1.3 Check-Phase

In der Check-Phase werden die Resultate der Do-Phase überprüft oder gegebenenfalls überwacht. Dabei steht die Frage der Leistungsfähigkeit gemäß den gesetzten BC-Zielen und Leitlinien im Zentrum der Aktionen. Die Überwachung und Messung kann mithilfe wiederkehrender Audits und Erfassung geeigneter Kriterien erfolgen. Die Ergebnisse sind in Berichten für die Unternehmensführung zu dokumentieren.

11.5.1.4 Act-Phase

In der letzten Phase, der sogenannten Act-Phase, werden kompensatorische Anpassungs-maßnahmen vorgenommen, sofern der Abgleich der Plan- und Check-Phase Diskrepanzen aufweist. Ist dies der Fall, wird die Act-Phase genutzt, um die Ursachen der Abweichung zu ermitteln und sofern erforderlich diese zu beseitigen oder die BC-Ziele anzupassen. Diese Schritte sind ebenfalls ordentlich zu dokumentieren.

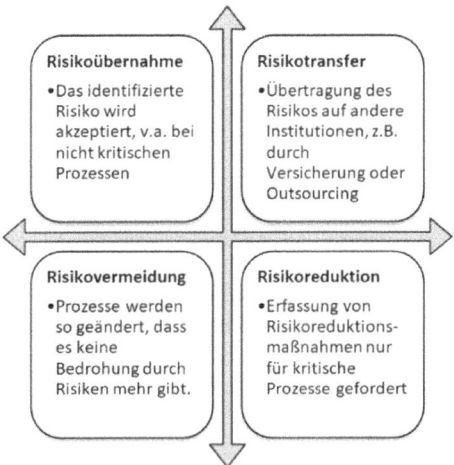

Abbildung 11-2: Risikostrategien

11.5.2 Business Impact Analysis als Methode

Die **Business Impact Analysis (BIA),** oder auch Folgekostenabschätzung oder Betriebs-unterbrechungsanalyse genannt, ist von zentraler Bedeutung für das Business Continuity Management. Die zentrale Aufgabe einer Business Impact Analyse ist es, zu verstehen, welche Geschäftsprozesse wichtig für die Aufrechterhaltung des Geschäftsbetriebs und damit für die Institution sind, welche Bedrohungen für diese Prozesse existieren, welche Folgen ein Ausfall haben kann und wie man diese Prozesse absichern kann.

Hierzu ist ein umfassendes Verständnis der Prozessketten im Unternehmen notwendig. Der gesamte Weg eines Produktes oder einer Dienstleistung vom Hersteller bis zum Ver-braucher (gegebenenfalls andere Institutionen eingeschlossen) wird als *Wertschöpfungs-kette* bezeichnet. Diese lässt sich in mehrere *Geschäftsprozesse* zerlegen. Geschäftspro-zesse sind logisch zusammengehörige (Teil-)Prozesse, in denen Aktionen ausgeführt und Entscheidungen getroffen werden. Diese können sequentiell, parallel, alternativ sein und/oder Wiederholungen enthalten. In der Regel benötigen diese Geschäftsprozesse ei-nen *Input*, welcher verarbeitet wird und liefern einen *Output* als Input für einen nächsten

Geschäftsprozess. Unternehmen versuchen die Prozesse so festzulegen, dass ein Geschäftsprozess im Ganzen möglichst einer einzigen organisatorischen Einheit unterliegt, um die zentrale Verantwortlichkeit zu gewährleisten.

Es wird darüber hinaus zwischen zwei Arten von Geschäftsprozessen unterschieden.

Der **Kernprozess** liefert einen direkten Beitrag zum Erreichen eines oder mehrerer Geschäftsziele (Input → Output). Diese lassen sich in strategische Prozesse (unterstützen strategische Ziele) und operative Prozesse (Bestandteil des operativen Geschäfts, z. B. Herstellung eines bestimmten Produktes) unterteilen.

Die **unterstützenden Prozesse** tragen nicht direkt zur Erbringung von Geschäftszielen bei, können jedoch indirekt eine sehr wichtige und damit eine kritische Rolle spielen, da sie der Aufrechterhaltung von Kernprozessen dienen. Ein klassisches Bespiel für unterstützende Prozesse ist das Personalmanagement oder beispielsweise die IT-Administration.

Kritische Geschäftsprozesse stehen im Rahmen der BIA im besonderen Fokus und sollen durch ein BCMS besonders abgesichert werden. Diese Prozesse erfordern eine schnellere Wiederaufnahme der Tätigkeit, da sonst ein hoher Schaden für das Unternehmen zu erwarten ist. Als Schaden werden sowohl finanzielle Verluste, Verstöße gegen Gesetze oder Verträge, Imageschäden oder auch weitere Schadensszenarien verstanden. Andere Geschäftsprozesse, die als „unkritisch" eingestuft werden, haben eine geringere Priorität in der Wiederherstellung gegenüber den anderen Prozessen. Abbildung 11-3 zeigt exemplarisch die einzelnen Schritte einer möglichen Form der Business Impact Analysis.

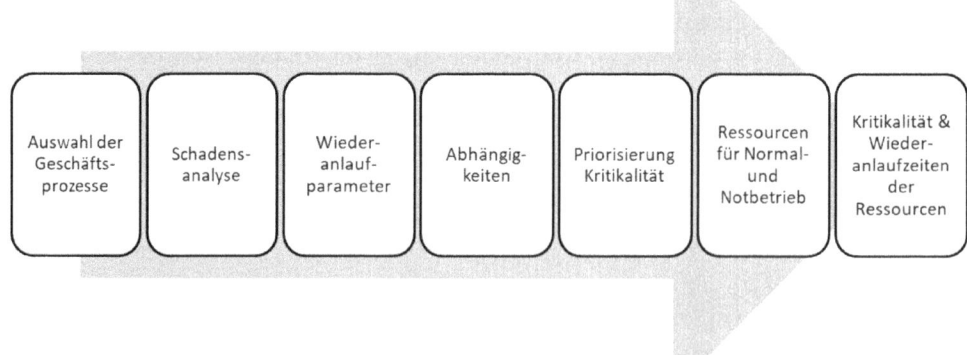

Abbildung 11-3: Ablauf BIA (in Anlehnung an BSI 100-4)

Die benötigten Informationen können generell in Form von Fragebögen, Workshops und Interviews erhoben werden. Zu gewissen Fragestellungen bietet sich ebenfalls die Durchführung einer Delphi-Befragung an. Zu Beginn ist es erforderlich, alle Stammdaten und

Geschäftsprozesse zu erheben. Dies umfasst eine Übersicht aller relevanten Geschäftsprozesse, eine Auflistung aller Teilprozesse, benötigter Input und generierter Output, Geschäftsziele, Verantwortlichkeiten und Abhängigkeiten, insbesondere auch der ausgela-
gerten Prozesse, die durch beispielsweise andere Unternehmen übernommen werden.

Prozesserfassung: Unabhängig von unserem Beispiel vom BSI 100-4 hat die Prozesserfassung standardisiert und einheitlich zu erfolgen. Für die Prozessmodellierung können
beispielsweise verschiedene Modellierungs- und Darstellungsmöglichkeiten genutzt werden, wie beispielsweise deskriptiv in Form von Texten, Tabellen, Unified Modelling Language (UML), Ereignisgesteuerte Prozesskette (EPK) beziehungsweise erweiterte Ereignisgesteuerte Prozesskette (eEPK), Business Process Modeling Notation (BPMN) etc.
Eine Auflistung von unterstützender IT-Software befindet sich in Kapitel 11.6 *BCM unterstützende IT-Systeme.* Die Prozesserfassung und -modellierung ist einer der aufwen-
digsten Schritte der BIA. Bei der Auswahl der einzubeziehenden Organisationseinheiten
und Geschäftsprozesse können Geschäftsprozesse, die offensichtlich eine sehr geringe Bedeutung für das Erreichen der Geschäftsziele beziehungsweise wertschöpfenden Prozesse
haben, ausgespart werden, um den Aufwand zu reduzieren. An dieser Stelle ist jedoch
anzumerken, dass dies mit Vorsicht umzusetzen ist, da auch diese Prozesse versteckte Abhängigkeiten beinhalten können.

Schadensanalyse: Für die Schadensanalyse hat sich gezeigt, dass sich eine Festlegung der
Schadenskategorien des „Schadensszenarios" für die Ermittlung eines unternehmerischen
Schadens als sinnvoll erweist. Anhand des Szenarios können die Schäden durch den Ausfall eines Prozesses als (A) direkte Schäden (wie z. B. entgangene Gewinne, Verluste
durch Rechtsfolgen) und (B) als indirekte Schäden (z. B. Verlust durch entgangene Aufträge, Verlust an Marktanteil, Imageverlust) ermittelt werden. Die Erfahrung zeigt, dass
eine quantitative Bestimmung in Form der Einheit [€] erstrebenswert erscheint, jedoch ein
qualitativer Ansatz im Sinne der Nutzwertanalyse leichter zu ermitteln ist. Die Anzahl der
zu berücksichtigenden Schadenskategorien sollte von der Unternehmensführung getroffen
und einheitlich durchgesetzt werden (als Richtwert sind drei bis fünf Kategorien sinnvoll).
Den Schadenskategorien können nun auch nicht unbedingt monetär erfassbare Schaden-
szenarien, wie beispielsweise Verstoß gegen Gesetze, Vorschriften und Verträge, negative
Innen- und Außenwirkung (Imageschaden), Beeinträchtigung der persönlichen Unversehrtheit, Rückgang der Mitarbeitermotivation usw. zugeordnet werden. Zusätzlich können zeitliche Bewertungsperioden als Gewichtungsfaktoren in die Analyse einfließen. Die
Ergebnisse der Schadensanalyse aus den einzelnen Organisationseinheiten für die Geschäftsprozesse werden an zentraler Stelle durch einen BCM-Beauftragten zusammengefügt und konsolidiert.

Wiederanlaufzeiten: Nun können die **Wiederanlaufparameter** hinzugefügt werden, die
eine Aussage darüber treffen, wie lange ein Prozess braucht, um wieder zu funktionieren
(siehe Beispiele in Tabelle 11-4).

Maximum Tolerable Period of Disruption (MTPD)	Recovery Time Objective (RTO)	Recovery Point Objective (RPO)	Minimum Business Continuity Objectives (MBCO)
Maximal tolerierbare Ausfallzeit (MTA) Zeitrahmen, in der der Wiederanlauf spätestens erfolgen muss, damit das Unternehmen nicht in eine Phase gerät, in der kurz- oder langfristig ihre Überlebensfähigkeit gefährdet ist.	Wiederanlaufzeit (WAZ) Die angestrebte Zeit, in der der Wiederanlauf des Prozesses erfolgen soll. Die Zeit für den Wiederanlauf WAZ muss kleiner als die maximal tolerierbare Ausfallzeit MTA sein.	Maximal zulässiger Datenverlust (Begriff aus der IT-Notfallplanung) Maximale Zeitspanne zwischen letzter Datensicherung und Ausfall.	Minimales Level von Gütern und Dienstleistungen während einer Unterbrechung, das für die Einhaltung der Unternehmensziele akzeptabel ist.

Tabelle 11-4: Beispielhafte Wiederanlaufparameter

Abhängigkeiten: Nach Bewertung der Wiederanlaufzeit wird der Blick der Prozessbetrachtung von einzelnen Prozessen auf gegenseitige Abhängigkeiten erweitert. Gegenseitige Abhängigkeiten bewirken, dass die Wiederanlaufzeiten und das Wiederanlaufniveau einzelner Prozesse angepasst werden müssen. Diese Korrektur ist abhängig vom Grad der jeweiligen Abhängigkeit zwischen zwei oder mehreren Prozessen. Mithilfe einer qualitativen Abstufung der Abhängigkeitsbeurteilung (z. B. vier Abhängigkeitsstufen 1=„sehr hoch", 2=„hoch", 3=„mittel" und 4=„gering") können die Wiederanlauf-Zeiten der Prozesse angepasst werden. Dies würde in unserem Beispiel bedeuten, dass bei der Abhängigkeitsstufe 4 (gering) keine Anpassung bzgl. Wiederanlaufzeit erfolgt, im Gegensatz zur Abhängigkeitsstufe 1 (sehr hoch), bei der die volle Übernahme der Wiederanlaufzeit im Teilprozess addiert wird.

Priorisierung: Die Priorisierung und **Kritikalität der Geschäftsprozesse** ergibt sich aus der ordentlichen Dokumentation der Wiederanlaufzeiten für die Geschäftsprozesse. Wenn diese abgestimmt sind, ergibt sich eine Reihenfolge (Priorisierung), die je nach Präferenzen des Unternehmens sortiert werden kann nach Schaden, Wiederanlaufzeit, maximal tolerierbare Ausfallzeit oder anderen qualitativen Kriterien. Die Definition von Gesamtkritikalitäts-Kategorien (gering bis sehr hoch), die bereits die oben genannten Kriterien enthalten, vereinfacht eine gute vergleichende Beurteilung der einzelnen Prozesse.

Ressourceneinsatz: Im vorletzten Schritt der BIA werden die Ressourcen für den Normal- und Notbetrieb ermittelt. Da Ressourcen in ihrer Natur ebenfalls endlich sind, ist besonders darauf zu achten, welche Ressourcen für einen Geschäftsprozess benötigt werden und welche von mehreren Prozessen gemeinsam genutzt werden.

In der Regel wird den Ressourcenkategorien aus Tabelle 11-5 für jeden kritischen Prozess ein Nutzungsgrad hinzugefügt, z. B. in Form einer drei- bis fünfstufigen Skala (1="sehr hoch" (unentbehrlich für den Prozess), 2="hoch" (wesentlich für den Prozess), 3="mittel" (wird benötigt), 4="gering"). Dieses Vorgehen ist analog zum Vorgehen bei der Analyse der Abhängigkeitsgrade.

Kategorie	Beschreibung
Personal:	inklusive Fachqualifikationen sowie gegebenenfalls Zusatzpersonal zum Wiederanlauf
Informationen:	papier- und elektronische Form. Für kritische Daten soll der maximal zulässige Datenverlust (RPO) bestimmt werden
Informationstechnologie:	Anwendungen, Hardware, Software, Kommunikationsverbindungen, etc.
Spezialgeräte und -anlagen:	interne Produktionsanlagen, Sicherheitsschleusen, medizinische Geräte oder Steuerelemente
Dienstleistungen:	und externe Dienstleistungen, z. B. IT-Administration
Infrastruktur:	Gelände, Gebäude, Lager, Produktionshallen, Transport- und Verkehrsmittel
Betriebsmittel:	Rohstoffe oder Materialien für eine Produktion, Büromaterialien
Finanzen:	finanzielle Ressourcen, die im Unternehmen kurz- und mittelfristig zur Verfügung stehen

Tabelle 11-5: Liste mit Ressourcenkategorien (nach BSI 100-4)

Sollte bei dieser Analyse herauskommen, dass eine Ressource ganz häufig mit „sehr hoch" bewertet wird, könnte es sich um eine *Single-Point-Of-Failure-Komponente* handeln, deren Ausfall zum Ausfall des gesamten Prozesses führt.

Sofern ein Geschäftsprozess die Fähigkeit besitzt, alternative Prozesse nutzen zu können oder mit reduzierter Kapazität (weniger Ressourcenanforderungen und/oder weniger Input beziehungsweise Output) funktioniert, hat dieser Prozess die Eigenschaft *notbetriebsfähig* zu sein. Für diesen *Notbetrieb* ist der Ressourceneinsatz ebenfalls zu erfassen und zu dokumentieren. Für Geschäftsprozesse, deren Wiederanlauf kaskadierend in mehreren Stufen erfolgt, sind zudem für jede Stufe die notwendigen Ressourcen zu erfassen, da sich diese mit der Stufe ändern können.

Kritikalität der Wiederanlaufzeiten der Ressourcen: Im letzten Schritt der BIA wird der Einsatz der Ressourcen auf seine Kritikalität hin und den Anforderungen an den Wiederanlauf bewertet (Tabelle 11-5). Hintergrund dieses Analyseschritts ist, dass der Wiederanlauf selbst einen Prozess darstellt, der genauso wie der eigentliche Geschäftsprozess kritisch hinterfragt werden muss. Ein Beispiel hierfür ist die oben genannte *Single-Point-Of-Failure-Komponente* einer Ressource, die, sofern dies nicht berücksichtigt wird, den Wiederanlaufprozess verhindern kann. Bei der Festlegung der Ressourcen-Wiederanlaufzeiten ist zu beachten, dass für die Ressourcen im Notbetrieb die Wiederanlaufzeit vom

Notbetrieb relevant ist, gegebenenfalls muss die Prozess-Reihenfolge bei Wiederauf-nahme-Zeiten der Ressourcen berücksichtigt werden.

Zusammenfassend sollte ein BIA-Bericht erstellt werden, der die einzelnen Schritte und Erkenntnisse dokumentiert. Der Aufbau orientiert sich an dem Ablauf der BIA und um-fasst neben den Ergebnissen auch Angaben zu den eingesetzten Erfassungsmethoden. In regelmäßigen Abständen (mind. jährlich) sind die Ergebnisse der BIA zu überprüfen oder wenn sich Änderungen der externen Rahmenbedingungen, Geschäftsziele oder internen Geschäftsprozesse ergeben haben.

11.5.3 Übungen als Kontrolleur der Wirksamkeit

Nach ISO 22301/22313 müssen alle Elemente der Notfallvorsorge im Rahmen von Tests und Übungen überprüft werden. Das zu entwickelnde Übungsprogramm soll zeigen, dass die entwickelten Maßnahmen und Prozeduren wie geplant funktionieren. Im Einzelnen soll das Programm die technischen, logistischen, administrativen und prozeduralen Ele-mente des BCM testen. Darüber hinaus dient es als Übung und Training für alle beteiligten Personen. Im Rahmen der Übung werden die notwendigen Infrastrukturen und deren Funktionsfähigkeit überprüft und gegebenenfalls (je nach Übungsziel) die Wiederherstel-lung der IT- und Kommunikationssysteme, inklusive eventueller Verlegung des Personals getestet.

Ausführliche Informationen zu Übungen sind in der ISO 22398 beschrieben. In der BSI 100-4 wird zwischen den in Tabelle 11-6 dargestellten Übungen unterschieden.

Je nach Übungsziel, Zielgruppe, Ablauf und Aufwand ist eine entsprechende Form der Übung zu wählen und durchzuführen. Dabei ist darauf zu achten, dass die Übungsziele bereits in der Planungsphase fest definiert werden. Die Erfahrung zeigt auch, dass es sinn-voll ist, sich auf einige wenige Übungsziele pro Übung zu beschränken, um den Grad der Komplexität von Übung überschaubar zu halten.

Übung	Erläuterung
Test der techni-schen Vorsorge-maßnahmen	▪ Sicherstellung der Funktionsfähigkeit technischer Lö-sungen, z. B. Brandmeldeanlagen
Funktionstest	▪ Prozeduren, Teilprozesse und Systemgruppen, die in den verschiedenen Teilplänen des Notfallhandbuchs festgelegt sind, werden auf ihre Funktionalität hin über-prüft. ▪ Abläufe und das Zusammenspiel unterschiedlicher Maßnahmen werden geübt. ▪ z. B. Wiederanlaufpläne, Evakuierungspläne

Plan Review	▪ Einzelne Pläne der Notfall- und Krisenbewältigung werden überprüft. ▪ Pläne werden theoretisch durchgegangen und auf ihre Plausibilität hin (nach Augenschein) untersucht.
Planbesprechung / Table Top Exercise	▪ Ein Szenario wird vorgegeben und durchgespielt. ▪ Dient einer ersten Validierung - Unstimmigkeiten und Missverständnisse können so aufgedeckt werden. ▪ Einsatz dieser Übungsart vor der operativen Umsetzung im Unternehmen
Stabsübungen	▪ Besondere Art der Planbesprechung zur Übung der Zusammenarbeit des Krisenstabes
Stabsrahmenübungen	▪ Erweiterung der Stabsübung ▪ Auch die Zusammenarbeit des Krisenstabs mit operativen Teams wird geübt. ▪ Praktische Übung der stabsnahen Strukturen und theoretische Simulation der operativen Teams
Kommunikations- und Alarmierungsübung	▪ Verfahren zur Meldung, Eskalation und Alarmierung werden überprüft. ▪ Umfasst einfache Überprüfungen der Kommunikationsmittel (z. B. Alarmierungsserver) bis hin zum Zusammentreten des Krisenstabs im Krisenstabsraum.
Simulation von Szenarien	▪ Durch eine realitätsnahe Simulation werden die festgelegten Prozeduren und Maßnahmen auf ihre Zweckmäßigkeit, Angemessenheit und Funktionalität getestet.
Ernstfall- oder Vollübung	▪ Je nach Szenario auch Einbeziehung externer Kräfte (z. B. Feuerwehr)

Tabelle 11-6: Arten von Übungen nach BSI 100-4

11.6 BCM unterstützende IT-Systeme

Die strukturierte Form der BIA sowie die Möglichkeit, viele der Bewertungen durch qualitative Abstufungen durchführen zu können, ermöglichen eine Unterstützung des Analysten durch Softwareprodukte. Dabei können verschiedene IT-Softwareprodukte in den einzelnen Phasen des BCM gemäß dem Deming-Kreislauf helfen und den Analysten wie ein Leitfaden durch seine Analysen führen. Die Ziele und Ausrichtungen der IT-Unterstützungstools sind unterschiedlich und je nach Unternehmensbedarf vor einer Implementierung gegeneinander abzuwägen. Dabei ist zudem zu beachten, dass es gegebenenfalls industriespezifische Lösungen geben kann, welche bereits angepasste Checklisten für eine bestimmte Branche enthalten.

11.6.1 Anforderungen an BCM unterstützende IT-Systeme

IT-Systeme können dabei helfen, den Planungsprozess und die Dokumentation zu strukturieren sowie Risikoyanalysen zu unterstützen. Dabei basieren die verschiedenen Softwareprodukte auf den Erfahrungen von BC-Fachleuten und enthalten meist Checklisten zur Unterstützung der Vollständigkeit. Darüber hinaus helfen Templates als Basis für eigene Analysen und als Vorbereitung für Management-Entscheidungen. Bei der Auswahl eines spezifischen Softwareprodukts ist darauf zu achten, dass insbesondere eine *effektive BIA und Risikoanalyse* (gefordert nach ISO 22301) ausführlicher Bestandteil des Produkts ist. Weitere Funktionalitäten sollten sein:

- Abbilden von Organisationsstrukturen, Prozessen und Assets,
- Planungen zur Geschäftsfortführung in einem Not- oder Krisenfall,
- Alarmierungs- und Kommunikationsfunktionen,
- Planungen von Übungen und Audits,
- Reporting mit eventuellen DMS zum Verwalten der Dokumente und
- Funktionalitäten, um die Awareness im Unternehmen zu fördern. (Proß NN)

Darüber hinaus formulieren Panrok & Partner (2017) weitere strategische Anforderungen, die optional in Betracht gezogen werden können:

- hohe Notfalldeckungsdichte für alle möglichen und denkbaren Notfälle,
- Mandantenfähigkeit zur Abdeckung verteilter Unternehmensstrukturen,
- Revisionsfähigkeit zum Nachweis gesicherter Informationsoriginalität,
- Mehrsprachigkeit zum Einsatz in anderssprachigen Tochterunternehmen,
- Integrationsfähigkeit zur Übernahme von Daten anderer Anwendungen,
- Multiuserfähigkeit im Informationszugriff und Berechtigungsstufen,
- Wachstumsfähigkeit des Datenvolumens aller Komponenten,
- Zukunftssicherheit: gängige, ausbaubare Plattform – SQL – Win23K…,
- Informationsqualität über Notfalltest-Simulation belegbar und erneuerungsfähig,

- Authentizität der Sicherheitsvorsorge mit periodischem Auditing (Basel II - SOX - etc.),

- belegbare Minimierung der Risikokosten für Ausfallversicherungen.

11.6.2 Exemplarische IT-Systeme und deren Fähigkeiten

Im Folgenden werden drei Software-Produkte exemplarisch vorgestellt (Tabelle 11-7). Die Auswahl erfolgte im Hinblick auf die Besonderheiten von KRITIS (siehe Kap. 11.3), die Autoren merken jedoch an, dass dies keine Präferenz darstellt. Eine Auswahl unter den derzeitig mehr als 70 verschiedenen BCM IT-Tools (mit unterschiedlichen Schwerpunkten) muss individuell an den unternehmenseigenen Anforderungen geprüft werden.

Name	Produkt	Effekt
ROGSI (http://www .rog.de)	**ROGSI/DMS** (disaster management suite) – ein Notfall-Dokumentationssystem. Es verwaltet alle Informationen, die Sie für die Notfallplanung in unterschiedlichen Situationen benötigt werden, in einer relationalen Datenbank.	Aufarbeitung und Reduzierung der Informationen durch das IT-System als Vorbereitung zur schnellen Entscheidungsfindung.
	ROGBIA (früher ROGSI/BIA) ist ein Online Tool für die Business Impact-Analyse.	Reduzierung der Vorbereitungsdauer für Umfragen im Unternehmen, sowie Dokumentation aller Ergebnisse.
Linus Revive (http://www .linusre- vive.com)	**Linus Revive** umfasst alle Aspekte des Business Continuity Management (BCM)-Lifecycle – von der Business Impact Analysis über Strategien und Prozeduren bis hin zur Ausübung über das Programmmanagement.	Erfasst die BCM-Prozesse in einer Datenbank mithilfe strukturierter Fragebögen und ermöglicht, die entwickelten Pläne zu testen und zu validieren (Audit).
		Das IT-System erlaubt die Darstellung von komplexen Prozessen und deren Ressourceneinsatz beispielsweise im Treeview Modus.
HiScout (http://www .his- cout.com)	**HiScout BCM** ermöglicht eine umfassende Analyse und Dokumentation der Verletzlichkeit von geschäftskritischen Faktoren (Prozesse, Strukturen, Ressourcen). Darüber hinaus hinterlegt HiScout BCM Maßnahmenpläne für den Fall von Störungen im Geschäftsprozess.	Automatisierung der Berechnung der Kritikalität und Vererbungsfunktion auf verbundene Unterprozesse und kritische Ressourcen.
		Automatisierte Organisation von nächsten Analyseschritten.

Eine Auflistung von über 70 BCM IT-Tools mit ausführlichen Informationen ist online verfügbar unter www.bcm-tools.com

Tabelle 11-7: Exemplarische Auflistung von BCM IT-Tools

11.7 Fazit

In diesem Kapitel wurden die Eigenschaften von **Kritischen Infrastrukturen** aufgezeigt und die Relevanz des besonderen Ausfallschutzes dargelegt. Als steuerndes Element, um die Ausfallsicherheit von KRITIS zu erhöhen, wurde ein **Business Continuity Management System** nach DIN EN ISO 22301 vorgestellt und exemplarisch durch den Analyseprozess gemäß der Norm geführt. Mithilfe der **Business Impact Analysis** wurde dargestellt, dass sich Geschäftsprozesse untereinander bewerten und priorisieren lassen und durch den geschickten Einsatz/die geschickte Planung von Ressourcen absichern lassen. Zudem wurden verschiedene Übungsarten vorgestellt, mit deren Hilfe sich die Ergebnisse kontrollieren und sofern erforderlich gegebenenfalls nachsteuern lassen. Im Abschluss wurden verschiedene IT-Unterstützungssysteme vorgestellt, die bei dem Managementprozess unterstützen, Ergebnisse nachhalten und wie ein Handlungsleitfaden den Benutzer durch die Analysen führen.

- Unternehmen lassen sich gemäß ihren Aufgaben und der Definition KRITIS als **Kritische Infrastrukturen** definieren und klassifizieren.

- Die Wertschöpfungsketten von Unternehmen lassen sich in Geschäftsprozesse und Teilprozesse zerlegen und hinsichtlich der **Kritikalität bewerten**.

- Die **Business Impact-Analyse** gibt Teilschritte zur Erfassung, Bewertung, Priorisierung und Ressourceneinsatz, um besonders kritische Prozesse abzusichern.

- Verschiedene Formen von **Übungen** helfen, den Nachweis zur Kontrolle und Wirksamkeit zu führen.

- IT-Systeme können an bestimmten Stellen den Aufbau des **Business Continuity Management Systems** unterstützen und als Hilfestellung durch den Managementprozess geleiten.

11.8 Übungsaufgaben

Aufgabe 1: Definieren Sie die Begriffe „Kritische Infrastruktur", „Business Continuity" und „Business Continuity Management System".

Aufgabe 2: Die Einführung eines BCMS in Unternehmen wird vielfach mit Blick auf die Kosten kritisch bewertet. Nennen Sie drei typischerweise auftretende Kosten, mit denen gerechnet werden muss.

Aufgabe 3: Erläutern Sie kurz den PDCA-Zyklus. Wofür wird er allgemein eingesetzt?

Aufgabe 4: Nennen Sie drei Übungsarten und grenzen Sie diese voneinander ab.

Aufgabe 5: Geben Sie für den Sektor „Ernährung" enthaltene Infrastrukturen an und bestimmen Sie wichtige Komponenten der Infrastruktur „Ernährungswirtschaft".

Aufgabe 6: Im Rahmen der Business Impact Analyse können unterschiedliche Business Continuity-Kennzahlen und -Phasen unterschieden werden. Was versteht man unter den Begriffen „Recovery Point Objective" und „Recovery Time Objective"?

Aufgabe 7: Beschreiben Sie kurz die Teilschritte einer Schadensanalyse, die im Rahmen einer BIA durchgeführt werden. Was ist das konkrete Ergebnis dieser Analyse?

11.9 Literatur

11.9.1 Literaturempfehlungen

Bundesministerium des Innern (BMI). (2009) Nationale Strategie zum Schutz Kritischer Infrastrukturen.

Business Continuity Institute (2013). The BCI Good Practice Guidelines. http://www.thebci.org/index.php/resources/the-good-practice-guidelines.

Engemann, K.J. und Henderson, D.M. (2012). Business Continuity and Risk Management – Essentials of Organizational Resilience, Rothstein Associates Inc.

ISO 22301:2012 – Business Continuity Management Systems – Requirements.

ISO 22313:2012 – Business Continuity Management Systems – Guidance.

ISO/TS 22317 – Business continuity management systems - Business impact analysis.

11.9.2 Literaturverzeichnis

Bundesamt für Bevölkerungsschutz und Katastrophenhilfe (BBK) (2017). Sektoren- und Brancheneinteilung Kritischer Infrastrukturen http://www.bbk.bund.de/SharedDocs/Downloads/BBK/DE/Downloads/Kritis/neue_Sektoreneinteilung.pdf?__blob=publicationFile (14.06.2017).

Bundesamt für Sicherheit in der Informationstechnik (BSI) (2008). BSI 100-4 – Notfallmanagement.

Bundesamt für Sicherheit in der Informationstechnik (BSI) (2014). UP-KRITIS: Öffentlich-private Partnerschaft zum Schutz Kritischer Infrastrukturen – Grundlagen und Ziele. http://www.kritis.bund.de/SharedDocs/Downloads/Kritis/DE/UP_KRITIS_Fortschreibungsdokument.pdf?__blob=publicationFile (14.06.2017).

Bundesministerium des Innern (BMI) (2005). Schutz Kritischer Infrastrukturen – Basisschutzkonzept; Empfehlungen für Unternehmen, Berlin.

Bundesministerium des Innern (BMI) (2008). Schutz Kritischer Infrastrukturen – Risiko- und Krisenmanagement: Leitfaden für Unternehmen und Behörden, Berlin.

Bundesministerium des Innern (BMI) (2009). Nationale Strategie zum Schutz Kritischer Infrastrukturen (KRITIS-Strategie) http://www.bmi.bund.de/SharedDocs/Downloads/DE/Themen/Sicherheit/SicherheitAllgemein/kritis.html (17.06.2009).

Business Continuity Institute (2013). The BCI Good Practice Guidelines. http://www.thebci.org/.

Department of Homeland Security (DHS) (2006). National Infrastructure Protection Plan. https://www.dhs.gov/xlibrary/assets/NIPP_Plan_noApps.pdf.

Engemann, K.J. und Henderson, D.M. (2012). Business Continuity and Risk Management – Essentials of Organizational Resilience, Rothstein Associates Inc.

International Organization for Standardization - ISO (2012). ISO 22301: 2012 – BCMS – Requirements

International Organization for Standardization - ISO (2012). ISO 22313:2012 – BCMS – Guidance

International Organization for Standardization – ISO (2015). ISO22317:2015 – BCMS - Business impact analysis

Lenz, S. (2009). Vulnerabilität Kritischer Infrastrukturen, Forschung im Bevölkerungsschutz, Band 4, Bundesamt für Bevölkerungsschutz und Katastrophenhilfe.

Panrok & Partner (2017). Anforderungen an eine BCM Software. http://www.panrok.at/de/Artikel/link1.html (14.06.2017)

Petermann, T.; Bradke, H.; Lüllmann, A.; Poetzsch, M. und Riehm, U. (2010). Gefährdung und Verletzlichkeit moderner Gesellschaft – am Beispiel eines großräumigen Ausfalls der Stromversorgung. Büro für Technikfolgen-Abschätzung beim Deutschen Bundestag, Arbeitsbericht 141.

Proß, R. (NN). Studie zu Business Continuity Management Tools. Fachhochschule Brandenburg. https://opus4.kobv.de/opus4-fhbrb/files/37/BCM_Studie_v12.pdf (14.06.2017)

Rinaldi, S.M.; Peerenboom, J.P. & Kelly, T.K. (2001). Identifying, understanding, and analyzing critical infrastructure interdependencies, IEEE Control Systems, Bd. 21 Issue 6, 11 – 25.

12 Sicherheitskritische Mensch-Maschine-Interaktion bei Industrie 4.0

Thomas Ludwig · Martin Stein · Nico Castelli · Sven Hoffmann
Universität Siegen

Zusammenfassung

Komplexe cyberphysische Produktionssysteme bieten die Möglichkeiten der hochproduktiven Herstellung von Fertigungserzeugnissen. Vor dem Hintergrund der steigenden Variantenvielfalt, kleineren Losgrößen und erhöhten Produktkomplexitäten, wird die Fertigungssteuerung und -überwachung solcher (teil-)automatisierten komplexen Produktionen zunehmend unübersichtlich und kann bei Störung oder Ausfällen großen Schaden verursachen. Die Herausforderung liegt dabei in der humanorientierten Gestaltung neuer Mensch-Maschine-Interaktionen und der Befähigung der Mitarbeiter, in diesen vernetzten sicherheitskritischen Arbeitsumgebungen zu arbeiten sowie stets „Herr des Geschehens" zu bleiben. Dazu sind neue Benutzerschnittstellen und Unterstützungswerkzeuge erforderlich, welche Anwender in die Lage versetzen, mit der Entwicklung Schritt zu halten, die Maschine selbstständig zu verstehen und effektiv sowie effizient für ihre Arbeit zu nutzen. Um das Ziel zu erreichen, bedarf es soziotechnischer Konzepte, die darauf abzielen, die Mitarbeiter in ihren Arbeitsprozessen durch cyberphysische Assistenzsysteme zu befähigen und so die Handhabung solcher Produktionssysteme und -prozesse zu gewährleisten.

Lernziele

- Die Leser haben ein Verständnis über die Entwicklung von Industrie 4.0 und das Konzept der cyberphysischen Assistenzsysteme.

- Die Leser können eine kritische Perspektive gegenüber Konzepten der Vollautomatisierung bei Industrie 4.0 einnehmen.

- Die Leser lernen mögliche Lösungsansätze für mitarbeiterzentrierte Assistenzsysteme und sicherheitskritische Mensch-Maschine-Interaktion bei Industrie 4.0.

12.1 Einleitung

Die Digitalisierung ist in vollem Gange. Die deutsche Produktionslandschaft hat sich bereits innerhalb der vergangenen Jahre stark verändert und wird sich auch weiterhin verändern. **Industrie 4.0** als vierte „industrielle Revolution", zeichnet sich durch eine zunehmend komplexere Verbindung von Maschinen, Materialien, Standorten und Unternehmen im Zeichen vorantreibender Informationstechnologie aus. Diese Verbindung hat bereits weitreichende Auswirkungen für die Produktion, die eingesetzten Produktionsressourcen sowie die inner- und zwischenbetriebliche Organisation von Unternehmen, und wird in Zukunft noch stärkere Implikationen mit sich bringen.

Cyberphysische Systeme (CPS) gelten dabei als technischer Lösungsansatz, um den Herausforderungen an die Produktion innerhalb vernetzter Wertschöpfungsketten und stärker zusammenhängender Produktionsstätten entgegenzutreten, indem die Lücke zwischen daten-, technologie- und prozessorientierter Produktionsgestaltung geschlossen wird. **Cyberphysische Systeme** sind dabei „Systeme, bei denen informations- und softwaretechnische mit mechanischen Komponenten verbunden sind, wobei Datentransfer und -austausch sowie Kontrolle beziehungsweise Steuerung über eine Infrastruktur wie das Internet in Echtzeit erfolgen. Wesentliche Bestandteile sind mobile und bewegliche Einrichtungen, Geräte und Maschinen (darunter auch Roboter), eingebettete Systeme und vernetzte Gegenstände (Internet der Dinge)" (Bendel, 2017a). Bei der Ausgestaltung solcher CPS (oder innerhalb der Produktion häufig auch mit CPPS für Cyberphysisches Produktionssystem abgekürzt) existieren zwei verschiedene Ansätze. Fokussiert der eine Ansatz auf eine Vollautomatisierung der Produktion und die Vision der „menschenleeren Fabrik" durch vernetzte autonom agierende Maschinen, zentriert sich der andere Ansatz rund um die Fragestellung, wie durch cyberphysische Assistenzsysteme die Mitarbeiter selbst bei ihren Arbeitsprozessen innerhalb der Produktion unterstützt werden können (Ludwig et al., 2016).

Dieses Kapitel betrachtet den Ansatz der cyberphysischen Assistenzsysteme und beschreibt anhand von Fallstudien mögliche Ansätze für die Umsetzung mitarbeiterzentrierter sicherheitskritischer Mensch-Maschine-Interaktion. Dabei wird das cyberphysische Assistenzsystem als ein soziotechnisches System verstanden, welches in einen sozialen Kontext eingebettet ist und erst durch die Anwendung des Mitarbeiters eingesetzt werden kann (Rohde & Wulf, 2011). Um die Herausforderungen sicherheitskritischer HCI bei Industrie 4.0 zu beschreiben, werden zu Beginn die Entwicklung von Industrie 4.0 und deren Charakteristika aufgezeigt (Kapitel 12.2). Durch die Entwicklung von Industrie 4.0 werden Probleme mitarbeiterzentrierter CPS und cyberphysischer Assistenzsysteme dargelegt (Kapitel 12.3). Anhand von zwei Fallstudien werden methodische sowie technische Herausforderungen der Mensch-Maschine-Interaktion vorgestellt (Kapitel 12.4) sowie im Anschluss daran Möglichkeiten, um diese zu adressieren (Kapitel 12.5). Der Artikel wird mit einem Fazit abgeschlossen (Kapitel 12.5).

12.2 Die (historische) Entwicklung von Industrie 4.0

Digitalisierung beziehungsweise der digitale Wandel betrifft uns alle und sorgt für einen tiefgreifenden Wandel in jedem Lebensbereich (Bundesministerium für Wirtschaft und Energie, 2017). **Digitaler Wandel** beschreibt dabei die Gesamtheit der gesellschaftlichen Prozesse, die mit der Digitalisierung einhergehen. Technisch determinierter wird seit 2013 häufig von dem Schlagwort „digitale Transformation" gesprochen. *„Mit dem Begriff **digitale Transformation** wird der zielgerichtete Einsatz von digitalen Technologien bezeichnet, um die eigenen Wertschöpfungsprozesse unter Einsatz von digitalen Technologien neu- oder umzugestalten" (Kreutzer & Land, 2016).*

Wird der Einsatz moderner Technologie innerhalb von produzierenden Unternehmen im Zeitalter des digitalen Wandels betrachtet, wird häufig von **Industrie 4.0** – der vierten industriellen Revolution – gesprochen. Industrie 4.0 zeichnet sich durch *„Individualisierung (selbst in der Serienfertigung) beziehungsweise Hybridisierung der Produkte (Kopplung von Produktion und Dienstleistung) und die Integration von Kunden und Geschäftspartnern in Geschäfts- und Wertschöpfungsprozesse aus. [...] Die Vernetzung der Technologien und mit Chips versehenen Gegenstände resultiert in hochkomplexen Strukturen und cyberphysischen Systemen"* (Bendel, 2017b). Der vierten industriellen Revolution gingen – rückblickend betrachtet – drei Revolutionen voraus, welche im Folgenden auf Basis des Industrie-Wegweiser (2017) kurz skizziert werden.

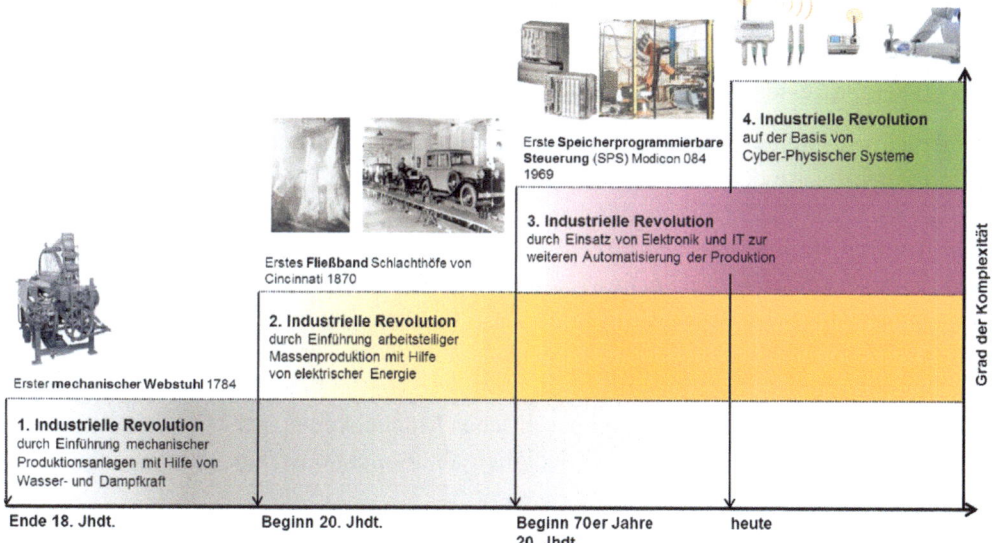

Abbildung 12-1: Der Einzug des Internets der Dinge und des Internets der Dienste in die industrielle Revolution führen zu einer 4. Industriellen Revolution (Schlick et al., 2012)

12.2.1 Industrie 1.0: Von der Agrar- zur Industriegesellschaft

Die erste industrielle Revolution (**"Industrie 1.0"**) startete im 18. Jahrhundert und kennzeichnet den Übergang von der Agrar- zu einer Industriegesellschaft. Wesentlicher Auslöser dieser Zeitspanne war die Erfindung der ersten Dampfmaschine durch Thomas Newcomen und deren Weiterentwicklung mit verstärktem Wirkungsgrad durch James Watt im Jahre 1769. Fortan war nicht mehr der Mensch für die Energieerzeugung zuständig, sondern die Maschine. Mit deren Aneignung, beispielsweise in automatisierten Webstühlen, wurde die Mechanisierung von Handarbeit weiter vorangetrieben. Es wurden neue Wege der Wirtschaft beschritten, wie die Schwerindustrie, die Dampfschifffahrt, Tuchherstellung, Verkehr und Textildruck. Somit wurden neue Arbeitsplätze in den Fabrikhallen Europas und Nordamerikas geschaffen.

12.2.2 Industrie 2.0: Elektrizität und Fließband

Die zweite industrielle Revolution (**"Industrie 2.0"**) begann Ende des 19. Jahrhunderts mit der Einführung der Elektrizität sowie der Diesel- und Benzinmotoren als Antriebskraft. Zusätzlich kennzeichnet die zweite Revolution die ersten Schritte der Globalisierung, der interkontinentalen Schiff- sowie Luftfahrt. Grundlage von Industrie 2.0 ist die Rationalisierung der industriellen Fertigung durch Automatisierung. Dadurch wurden Prozesse nicht mehr nur neu entwickelt und eingeführt, sondern durch neue Techniken auch optimiert (Gerginov, 2017). Innerhalb der Fabrikhallen entstanden, geprägt durch die Einführung des elektrischen Fließbands, neue effiziente Akkordarbeiten, und durch moderne Telekommunikation entstanden innerhalb der Unternehmen Verwaltungsstellen, welche die Arbeitsprozesse beschleunigten.

Innerhalb der zweiten industriellen Revolution entstanden ganz neue Organisationsformen wie beispielsweise der **Taylorismus**. Ziel des Taylorismus war die Steigerung der Produktivität menschlicher Arbeit, durch *"die Teilung der Arbeit in kleinste Einheiten, zu deren Bewältigung keine oder nur geringe Denkvorgänge zu leisten [sind] und die aufgrund des geringen Umfangs beziehungsweise Arbeitsinhalts schnell und repetitiv zu wiederholen sind"* (Bartscher, 2017). Mittlerweile wird die Organisationsform des Taylorismus in der Diskussion um die Humanisierung der Arbeit als sehr inhumane Gestaltungsform angesehen, da monotone Bewegungsformen, der hohe Grad an Fremdbestimmtheit sowie die Unterforderung der physischen und psychischen Möglichkeiten den Mitarbeiter stark belasten können. Der Mitarbeiter wird lediglich als Produktionsfaktor gesehen, den es zu optimieren gilt (Bartscher, 2017).

12.2.3 Industrie 3.0: Automatisierung und IT

In der dritten industriellen Revolution (**"Industrie 3.0"**) standen weitere Automatisierungen durch Elektronik und die IT im Fokus. Obwohl Konrad Zuse bereits 1941 große Rechenmaschinen wie die sogenannte Z3 baute, hielten solche Erfindungen erst in den

1970er-Jahren und in Kombination mit Mikroelektronik und speicherprogrammierten Steuerungen (SPS) weltweit und flächendeckend Einzug in die produzierenden Industriebetriebe (Hollemann, 2017). Jahre später veränderte der Personal Computer den Büroalltag maßgeblich: *„Dass aus Büroräumen das rhythmische Tackern der Schreibmaschinen verschwindet, Papier als Speichermedium an Bedeutung verliert, sind nur zwei Randaspekte. Großrechner übernehmen nach und nach immer mehr Fertigungs- und Firmenbereiche, von der Steuerung der Maschinen bis hin zur Planung von Waren- und Rohstoffeinkauf"* (Hollemann, 2017).

12.2.4 Industrie 4.0: Die Fabriken im digitalen Wandel

Seit Ende des 20. Jahrhunderts hat historisch betrachtet die vierte industrielle Revolution begonnen. „**Industrie 4.0** lautet der Begriff für die moderne Technologie und Produktion im Zeitalter der digitalen Revolution. Damit wird nicht nur die industrielle Entwicklung weiterer Technologien beschrieben, wie schon in den vergangenen zwei Jahrhunderten, sondern auch die geänderte Produktions- und Arbeitswelt im globalen Zeitalter" (Industrie-Wegweiser, 2017). Durch die komplexe Verbindung von Maschinen, Materialien, Standorten und Unternehmen unter dem ständigen Einbezug von IT ist das Ziel, Unternehmen als Teil von dynamischen, echtzeitoptimierten und unternehmensübergreifenden Wertschöpfungsnetzwerken voranzutreiben.

Cyberphysische (Produktions-)Systeme bilden dabei verteilte, miteinander vernetzte, intelligente Produktionsanlagen, die eingebettete Systeme mit internetbasierten Funktechnologien vernetzen sowie Sensordaten aufnehmen, gleichzeitig Aktoren steuern und dadurch in der Lage sind, die Material-, Güter- und Informationsflüsse (teil-)autonom zu regeln (Rajkumar et al., 2010). Sie gelten heutzutage als ein Lösungsansatz, um aktuelle Herausforderungen in der heutigen Produktion zu meistern, indem die Vorteile der daten-, technologie- und prozessorientierten Produktionsgestaltung genutzt und kombiniert werden. Auf dem Weg zu cyberphysischen (Produktions-)Systemen lassen sich wissenschaftliche Ansätze industrieller Produktionsgestaltung hinsichtlich ihrer Fokussierung in die drei Bereiche daten-, technologie- und prozessorientierte Produktionsgestaltung unterscheiden (Birkhahn, 2007). Der Grundgedanke cyberphysischer (Produktions-)Systeme ist, sogenannte „**wissensinkorporierte Objekte**" in Produktionsprozessen einzusetzen, um die Abläufe jederzeit nachvollziehbar und damit das zugehörige Produktionssystem sicher, effizient und flexibel zu gestalten. Solche Objekte stellen dabei Produktionsobjekte dar, die neben ihrer eigentlichen Funktion auch informationstechnische Funktionen besitzen, mittels derer sie Daten speichern und wieder bereitstellen können (Birkhahn, 2007).

12.3 Herausforderungen mitarbeiterzentrierter HCI bei Industrie 4.0

Zwar wird die theoretische Leitvision von Industrie 4.0 und CPS immer einflussreicher in der Industrie, jedoch ist deren praktische Ausgestaltung noch sehr vage formuliert und geht nicht auf die jeweiligen Spezifika der Unternehmen, wie beispielsweise Branche, Wertschöpfungskette oder Unternehmensgröße, ein (Ludwig et al., 2016). Industrie 4.0 und die Ideen der Maschine-Maschine-Kommunikation und autonomen Systeme orientieren sich aktuell vornehmlich an großen Unternehmen und Konzernen. Speziell die kleinen und mittleren Unternehmen (KMU) – als 99 % aller Betriebe und die größten Treiber der deutschen Industrie – stehen besonderen Herausforderungen im Kontext von Industrie 4.0 gegenüber. So bewegen sich viele KMU in Nischenmärkten und produzieren Kleinstserien oder Einzelstücke nach speziellen Kundenanforderungen mit einem wichtigen und historisch gewachsenen mitarbeiterbezogenen Fachwissen (Ludwig et al., 2016).

Die menschliche Arbeit und das Fachwissen bleibt der Schlüsselfaktor für Produktivität und ein erfolgreiches mittelständisches Unternehmen (Spath et al., 2013). Spath et al. (2013) zeigen in ihrer Studie, dass trotz der relativ hohen Arbeitskosten in Deutschland nahezu alle befragten Unternehmen (97 %) die menschliche Arbeit für ihre Produktion zukünftig weiter als wichtig ansehen (Abele & Reinhart, 2011; Schröder, 2011). Die Herausforderung liegt deshalb in der humanorientierten Gestaltung neuer Mensch-Maschine-Interaktionen und der Befähigung der Mitarbeiter, in diesen vernetzten Arbeitsumgebungen zu arbeiten und „Herr des Geschehens" zu bleiben. Besonders kritisch kommt diese Problematik bei Störungen oder Fehlern innerhalb des hoch komplexen Produktionsprozesses zum Tragen (Ludwig et al., 2017; Ludwig et al., 2015).

Es gilt daher, komplexe Fertigungsabläufe sowohl prozess- als auch zeitnah zu analysieren und den Mitarbeitern – z. B. den Anlagenführern oder (internen/externen) Entscheidungsträgern – Daten über den aktuellen Zustand in situ (direkt am Ort und in der Situation) zur Verfügung zu stellen. Gerade bei (teil)automatisierten Systemen ergibt sich die Herausforderung, den Mitarbeitern Kompetenzen zu vermitteln, sicherheitskritische Probleme im situativen Rahmen neu zu planen, anzupassen und so einen geregelten Ablauf wiederherzustellen. Jedoch verfügen die Produktionsmaschinen derzeit nur über beschränkte Funktionen, systemübergreifend interne und externe Ereignisse systematisch hinsichtlich qualitätskritischer beziehungsweise ineffizienter Situationen im Produktionsprozess auszuwerten. Ferner fehlt es an einem geeigneten Informationssystem um den Mitarbeiter innerhalb solcher Situationen aufgabenangemessen zu unterstützen und ein geeignetes Vorgehen zur zielgerichteten, schnellen und effizienten Produktion zu ermöglichen.

Deutsche Unternehmen sind durch Selbstverpflichtungen wie DIN EN ISO 9000ff oder durch gesetzliche Haftung für ihre Produkte und Prozesse gezwungen, ihre Produktionsprozesse selbst zu kontrollieren, zu dokumentieren und vor allem stets zu beherrschen. Die Komplexität der aktuellen Fertigungssysteme und der aktuell durchdringenden CPS, der rasche technische Fortschritt sowie die enge Verknüpfung von Hard- und Software in dem Bereich der Produktion stellt die Mitarbeiter solcher komplexen Fertigungstechnologien vor große Herausforderungen hinsichtlich der Handhabung (Ludwig et al., 2014). Bei auftretenden Störungen oder sogar sicherheitskritischen Ausfällen können große wirtschaftliche, aber auch gegebenenfalls gesundheitliche Schäden entstehen.

Daher sind aus technischer Sicht neue Benutzerschnittstellen und Unterstützungswerkzeuge erforderlich, welche die Anwender in die Lage versetzen, mit der Entwicklung Schritt zu halten, die Maschine selbstständig zu verstehen und effektiv sowie effizient für ihre Arbeit zu nutzen (Ludwig et al., 2015). Für die Ausgestaltung solcher Mensch-Maschine-Interaktionsschnittstellen bedarf es verschiedener soziotechnischer Konzepte und Assistenzsysteme. Diese zielen darauf ab, die Mitarbeiter in ihrem Arbeitsprozess zu befähigen und so die Handhabung von Produktionssystemen und -prozessen zu gewährleisten. Nur so kann bei auftretenden Störungen oder sicherheitskritischen Situationen die Handlungskompetenz seitens der Mitarbeiter gewahrt werden. Die Schaffung solcher Schnittstellen und die damit verbundene Qualifizierung der Mitarbeiter entscheiden mittelfristig darüber, ob sich Unternehmen in Industrie 4.0-orientierten Wertschöpfungsketten etablieren beziehungsweise halten können (Ludwig et al., 2016).

Bei der Ausgestaltung von CPS als humanorientierte Assistenzsysteme fallen eine Reihe von Herausforderungen für die sicherheitskritische Mensch-Maschine-Interaktion an. Anhand von zwei Design-Fallstudien sollen mögliche Lösungsansätze im Folgenden betrachtet werden.

12.4 Design-Fallstudien

Design-Fallstudien sind ein methodisches Gerüst zur Exploration von IT in Praxis und dem Erkenntnisgewinn über die gegenseitig reflexive Organisations- und Technikentwicklung (Wulf et al., 2015, 2011). Eine **Design-Fallstudie** beschreibt einen nutzerzentrierten Designansatz, der sich im Wesentlichen in drei Phasen aufgliedert. Zunächst müssen (1) die relevanten und zu unterstützenden Praktiken aufgedeckt werden, um (2) die Grundlage für den Entwurf von brauchbaren und nutzbaren IT-Artefakten zu schaffen. Die dritte Phase (3) umfasst die Dokumentation der Einführung und der Aneignung solcher Artefakte, um letztlich zu bewerten, inwieweit die entworfenen IT-Artefakte neben den Bedürfnissen ihrer Nutzer den zugehörigen Forderungen des Gesellschaftssystems entsprechen (Wulf et al., 2015, 2011). Im Folgenden werden zwei Design-Fallstudien vorgestellt.

12.4.1 Assistenzsysteme für komplexe Rüstprozesse

12.4.1.1 Motivation

In diesem Kapitel wird eine Fallstudie vorgestellt, welche im Zuge des Forschungsprojektes *„Cyberrüsten 4.0: Cyberphysische Unterstützung des Menschen beim Rüstvorgang am Beispiel eines Biegeprozesses zur Kleinserienfertigung auf Basis eines Wissenstransferansatzes"* an der Universität Siegen durchgeführt wurde. Das Projekt wird durch EFRE.NRW und die Europäische Union gefördert. Im Mittelpunkt des Projektes steht die Verkürzung der Rüstzeit durch den Einsatz von cyberphysischen Assistenzsystemen zur Unterstützung des Menschen während des Rüstvorgangs eines Rotationszugbiegeprozesses, welcher nach der VDI 3430 als formgebundenes Kaltumformverfahren definiert ist (VDI-Gesellschaft Produktion und Logistik (GPL), 2014).

Der **Rüstprozess** ist als eine Vorbereitungsmaßnahme beziehungsweise als ein Einrichtvorgang an einer Maschine oder einem Werkzeug vor dem Start der Produktion definiert (Voigt, 2016). Der allgemeine Trend hin zu sinkenden Losgrößen und einer steigenden Produktvielfalt stellt produzierende Unternehmen, sowohl in der eigentlichen Produktionsumgebung als auch in produktionsnahen Bereichen, vor große technische Herausforderungen. Besonderes Augenmerk wird hierbei auf die **Minimierung nicht wertschöpfender Zeiten** gelegt. Im Zuge dessen erfährt der Rüstprozess zunehmende Aufmerksamkeit, da während eines Rüstprozesses die Produktionskapazitäten vermindert werden oder gar für die Zeit des Rüstens gänzlich wegfallen. Infolgedessen besitzt der Rüstvorgang eine enorme wirtschaftliche Relevanz und einen kalkulatorischen Einfluss.

Bereits 1950 wurde erkannt, dass Rüstprozesse Flaschenhälse in der Produktion hervorrufen können. Bei näherer Betrachtung fiel auf, dass während des Maschinenstillstandes Arbeiten verrichtet wurden, die keinen Stilltand rechtfertigten (Dillon & Shingo, 1985). Somit wurde die Idee geboren, nur wirklich relevante Tätigkeiten, welche unvermeidbar einen Stillstand der Maschine verursachen, während des Rüstvorgangs durchzuführen. Alle anderen Vorgänge, wie z. B. logistische Tätigkeiten, wurden dem Rüstprozess vor- oder nachgelagert. Letztlich konnten mit dieser einfachen Strukturierung erhebliche Zeiteinsparungen realisiert sowie der Rüstprozess verkürzt werden. Diese SMED-Methode, welche sich im Wesentlichen durch die Verkürzung der Rüstzeiten durch die Externalisierung von Rüstschritten auszeichnet, wurde im weiteren Verlauf der Jahre detailliert und findet auch heute noch eine regelmäßige Anwendung (Dillon & Shingo, 1985).

Die Studie umfasste Untersuchungen in vier KMU in zwei europäischen Ländern. Im Zuge der Datenerhebung wurden teilnehmende Beobachtungen und semi-strukturierte Interviews durchgeführt. Letztere wurden mithilfe eines Audiogeräts aufgezeichnet. Die intensive Beobachtung der Maschinenbediener und Einrichter/innen erfolgte durch stationäre Video- und mobile Eye-Tracking-Aufnahmen mit dem Ziel der Identifizierung ihrer Handlungen und Interaktionen bei der täglichen Arbeit. Insgesamt haben 24 männliche Personen an der Studie teilgenommen. Die Alterspanne der Maschinenbediener reicht von 20 bis 60 Jahren. Die Erforschung der Zielgruppenvielfalt, die eine gängige Praxis bei anwenderorientierten Designansätzen darstellt (Rogers et al., 2011), zeichnet sich durch unterschiedliche fachliche Bildungsstände und **differente hierarchische Positionen** in den jeweiligen Unternehmen aus. Neben Maschinenbedienern wurden Einrichter, Meister und weitere Mitarbeiter aus technischen Abteilungen einbezogen. Die Hinzunahme weiterer Teilnehmer, deren Aufgabengebiete Produktionsnähe aufweisen, stellt eine bekannte Vorgehensweise des nutzerzentrierten Designs dar (Rogers et al., 2011).

12.4.1.2 Herausforderungen

Zunächst wird der betrachtete Rüstprozess in zwei Bereiche unterteilt. Zum einen werden **mechanische Tätigkeiten** während des Rüstens durchgeführt. Zum anderen ist eine Vielzahl an **nicht-mechanischen Rüstschritten** notwendig. Während das mechanische Rüsten die klassischen Tätigkeiten des Werkzeugwechsels und der begleitenden logistischen Tätigkeiten umfasst und eine direkte Interaktion des Menschen mit den mechanischen Komponenten sowohl der Werkzeuge als auch der Maschine erfordert, zeichnet sich das nicht-mechanische Rüsten durch eine intensive Interaktion des Menschen mit der rechnergestützten numerischen Steuerung der Maschine aus. Aus der Kombination beider Tätigkeiten im Verlauf eines Rüstprozesses ergeben sich die im Folgenden aufgeführten Anforderungen an eine cyberphysische Rüstunterstützung.

Das **Umformverfahren Rotationszugbiegen** bedingt einen verfahrenstypischen Aufbau der Biegemaschinen, welcher wiederum den Rüstprozess in vielerlei Hinsicht beeinflusst. An erster Stelle ist die Anordnung der Maschinenachsen zu nennen. Je nach Größe der Biegemaschine sind die zu rüstenden Achsen räumlich voneinander getrennt und der Mensch muss bei der Tätigkeit des mechanischen Rüstens gewisse Distanzen zwischen den einzelnen Achsen überbrücken. Hieraus leitet sich die Anforderung ab, dass es sich um ein mobiles Assistenzsystem handeln muss. Hinzu kommt, dass die mechanischen Rüstanteile durch händische Transport und Montageoperationen geprägt werden. Folglich leitet sich die Anforderung ab, dass das Handling des Assistenzsystems nicht den eigentlichen mechanischen Rüstablauf stören darf. Das Rüstsetting besitzt einen sehr starken Ortsbezug von Informationen. Vereinfacht lässt es sich so darstellen, dass verschiedene Informationen in einer variablen Informationsdichte an diversen Stellen einer Produktionsumgebung verfügbar gemacht werden müssen.

Das folgende Beispiel soll diese Aussagen verdeutlichen. Der erste Schritt der Rüstoperation ist die Bereitstellung des zu rüstenden Werkzeuges. Dazu muss mindestens der Lagerort als Information vorliegen. Steht das Werkzeug nun bereit, muss der Montageplatz dargestellt werden. In einem letzten Schritt ist die eigentliche Montageoperation genauer zu spezifizieren. Für einen Rüstschritt sind daher drei Teilschritte, welche räumlich voneinander getrennt durchgeführt werden, notwendig. Jeder der drei Schritte benötigt eine andere Informationsdichte. Diese reicht von einer simplen Darstellung des Lager- und Montageplatzes der Werkzeugkomponenten bis hin zu einer detaillierten Darstellung der exakten **Montageoperation**. Der Vorgang des mechanischen Rüstens lässt sich nur unter bestimmten Voraussetzungen automatisieren. Handelt es sich um stark verkettete Produktionssysteme mit einem einfachen Werkzeugaufbau, sind Werkzeugwechselsysteme seit einigen Jahren Stand der Technik (Tschätsch, 2001).

Das vorliegende Fallbeispiel untersuchte jedoch einen gering verketteten Fertigungsprozess mit einer hohen Anzahl an Einzelwerkzeugen, welche an unterschiedlichen Positionen der Maschine montiert werden müssen. Diese Randbedingungen verdeutlichen, dass es sich bei diesem Rüstprozess um einen nur schwer zu automatisierenden Prozess handelt. Nicht zuletzt sorgen auch wirtschaftliche Gründe für die Weiterführung der in großen Teilen manuellen Tätigkeiten. An dieser Stelle wird deutlich, dass die Unterstützung der manuellen Tätigkeiten nur durch ein mobiles, den Produktionsbedingungen angepasstes Assistenzsystem realisiert werden kann.

Die weiteren Anforderungen an das cyberphysische Assistenzsystem leiten sich aus der näheren Betrachtung der nicht-mechanischen Rüstanteile ab. In der Chronologie des betrachteten Rüstprozesses finden diese Tätigkeiten in der Regel nach der Durchführung der mechanischen Rüstanteile statt und umfassen die Interaktion des Menschen mit der rechnergestützten numerischen Steuerung der Maschine. Laut Aussagen der befragten Maschinenbediener sind Chargenschwankungen des Materials sowie tribologische Veränderungen der Werkzeuge und der Maschine, hervorgerufen durch Verschleißerscheinungen der beteiligten Komponenten, ausschlaggebende Elemente für die ausgeprägten und zeitintensiven nicht-mechanischen Rüstanteile. Eine Kombination der genannten Einflussfaktoren führt zu einer sehr geringen Wiederholgenauigkeit zwischen gleichwertigen Rüstvorgängen, die sich in kontinuierlichen Anpassungen der einzelnen Einstellparameter der Maschinenachsen widerspiegelt und zu Unsicherheiten bei der Sicherstellung der geforderten Produktqualität führen können. In Abhängigkeit der qualitativen und quantitativen Abweichungen des Endproduktes werden Änderungen im Programmcode der Maschinensteuerung umgesetzt. Die Anpassungen werden in einem iterativen Prozess individuell erarbeitet und umgesetzt. Eine Iterationsschleife umfasst die Herstellung eines Bauteils, deren qualitative Beurteilung und die anschließende Anpassung der Einstellparameter in der Maschinensteuerung durch den Menschen. Die Basis für die Entscheidungsfindung bilden in der Regel die erfassten Qualitätsmerkmale und deren quantitative Ausprägung. Die Fallstudie hat gezeigt, dass das Fehlen an prozessrelevanten Daten durch den unbewussten Einsatz von **Erfahrungswissen** ausgeglichen wurde. Der Einsatz von ausschließlich erfahrenen Maschinenbedienern mit einem ausgeprägten Erfahrungswissen während der Rüstvorgänge bekräftigt diese Erkenntnis. Infolgedessen kann es zu einer Reihe von **sicherheitskritischen Zuständen** – in Bezug auf die Wirtschaftlichkeit – in einer Produktion und den angrenzenden Abteilungen kommen, welche an dieser Stelle als zentrale Herausforderungen aufgeführt werden.

Die starke Verkettung der Prozesse in einem Unternehmen in Verbindung mit eng getakteten Lieferzeiten erfordert eine extensive Planung aller verfügbaren Ressourcen eines Unternehmens. Der Einsatz von ERP- und APS-Systemen trägt diesen Anforderungen Rechnung, sodass planerische Sicherheit geschaffen wird. Die operative Repräsentation der umfassenden Planungen kann hingegen oftmals nicht Schritt halten und minimale Verzögerungen führen zu kritischen Situationen innerhalb des verketten Produktionsprozesses, die sich in Ressourcenengpässen und ungeplanten Stillständen äußern.

In letzter Konsequenz führen diese ungewollten Variabilitäten dazu, dass es sich um **nicht planbare Prozesse** in einer lieferzeitkritischen Geschäftsbeziehung mit dem Kunden handelt. Der Rüstprozess stellt ein Element der operativen Schritte in einem Produktionsunternehmen dar und beeinflusst die Planbarkeit der Prozesse maßgeblich. Durch die Kombination der bereits aufgeführten Erkenntnisse und der Tatsache, dass es sich um einen vorwiegend manuellen Prozess mit einem hohen Anteil an Erfahrungswissen handelt, stellt sich der Rüstvorgang als eine sicherheitskritische Mensch-Maschine-Interaktion dar; nicht im klassischen Sinne, dass zwingend eine Gefahr für Leib und Leben des Einrichters beim Rüstvorgang vorhanden ist – wenngleich auch dieser Aspekt bei der Auslegung der Rüstprozesse Beachtung finden sollte – sondern vielmehr darin, dass die wirtschaftliche Sicherheit eines Unternehmens maßgeblich durch das Vorhandensein von nicht planbaren (Rüst-)Prozessen beeinflusst wird.

Die Ergebnisse der empirischen Studie verdeutlichen, dass Menschen einerseits durch die große Auswahl an Parametern, welche über das Maschineninterface eingestellt werden können, gefordert werden. Andererseits zeigt sich, dass prozessrelevante Daten aktuell nicht verfügbar sind und dieser Mangel zu Unsicherheiten und langen Prozesszeiten bei der nicht mechanischen Rüstarbeit führt. Es stellt sich somit die grundlegende Anforderung der Vermeidung einer **Informationsüberflutung** und gleichzeitig der Bereitstellung von weiteren Daten aus dem Produktionsprozess selbst sowie aus dem Umfeld des Produktionsprozesses. Informationsüberflutung bezeichnet dabei den Zustand einer Person, die zu viele Informationen zu einem Thema besitzt, sodass das Treffen einer geeigneten Entscheidung problematisch beziehungsweise unmöglich wird.

Der Rüstprozess selbst hat, bedingt durch die hohe Anzahl der Maschinenachsen und Steuerungsmöglichkeiten seitens der Maschinensteuerung, eine Vielzahl an variablen Parametern, die schnell in einer Überforderung des Einrichters durch eine Informationsüberflutung münden können (Abele et al., 2016). Aus dieser Erkenntnis lässt sich folgern, dass es zunächst zielführend ist – im Rahmen von cyberphysischen Assistenzsystemen – keine Big-Data-Strategie zu verfolgen, sondern wesentliche, prozessnahe und echtzeitfähige Daten bereitzustellen. Im Rahmen der Fallstudie Cyberrüsten und der ausgeprägten empirischen Studie hat sich gezeigt, dass simple Anweisungen, welche auf der Grundlage von bestehenden sowie optimierten Arbeitsanweisungen und numerischer Simulationen generiert wurden, das Potenzial haben, das Prozesswissen der Menschen zu erweitern und zu einer effektiveren Mensch-Maschine-Interaktion führen. Mit der Bereitstellung dieser Daten werden zwei Ziele verfolgt. Zunächst wird die Zahl der möglichen Montage- und Einstellparameter auf eine definierte Auswahl reduziert, wodurch die Effizienz der Einstellvorgänge erhöht werden kann. Weiterhin besteht bei einer übersichtlichen Datenlage die Möglichkeit, erstmals Daten und physikalische Zusammenhänge zu vereinen. Diesem Ziel zuträglich ist die Echtzeitfähigkeit der Daten.

Zusammenfassend lässt sich festhalten, dass der Rüstprozess erfolgskritisch für die Produktionssicherheit der nachfolgenden Serienproduktion ist und ein direkter Zusammenhang zur Planungssicherheit in der Arbeitsvorbereitung besteht. Alle Einstellparameter werden während des Rüstprozesses definiert. Dabei werden sowohl grundlegende Produktionsparameter als auch produktspezifische Einstellparameter erarbeitet und festgelegt. Daraus resultiert, dass die Grundlagen für die Qualität der Produkte oftmals während des Rüstvorgangs gelegt werden. Die Kombination aus mechanischen und nicht-mechanischen Arbeitsanteilen führt dazu, dass es sich bei dem Rüstvorgang um eine intensive Mensch-Maschine-Interaktion handelt, welche aktuell auf der Expertise der Einrichter gründet. Es hat sich herausgestellt, dass Assistenzsysteme im Rahmen von wissensintensiven Arbeits- und Produktionsprozessen das Prozesswissen und den Aufbau von Expertise durch gezielte Unterstützung der Mensch-Maschine-Interaktion fördern.

12.4.1.3 Lösungsansätze für sicherheitskritische MCI

Die grundlegenden Herausforderungen aus dem vorherigen Kapitel spiegeln sich auch in den entwickelten Lösungsansätzen wider. Folglich wird auch hier eine Trennung in einen mechanischen und einen nicht-mechanischen Anteil vorgenommen. Die beschriebene notwendige räumliche Verteilung der Informationen in Kombination mit der Wahrung der Mobilität des Einrichters führte letztlich zu der Entscheidung, ein Assistenzsystem für die Microsoft HoloLens zu entwickeln. Mit dieser Technologie-Auswahl wird den folgenden Anforderungen Rechnung getragen. Die Möglichkeit, einzelne Hologramme im Raum zu platzieren und Nutzerspezifika wie z. B. die Körpergröße der Einrichter zu beachten, stellt sich als sehr vorteilhaft im Rüstkontext dar. Gleichzeitig bleibt die Fähigkeit des Einrichters, Werkzeuge zu montieren und demontieren, gewahrt, da die Gesten und Sprachsteuerung sowie das Tragen der Brille eine nahezu **Hands-free**-Interaktion ermöglicht. Neben diesen grundlegenden Anforderungen an die Hardware existieren eine Vielzahl an inhaltlichen Herausforderungen, welche im Folgenden im Zuge der weiteren Darstellung der Lösungsansätze kurz vorgestellt werden.

Die Komplexität des Rüstprozesses und mangelnde Dokumentationen der Rüstschritte resultieren in einer unklaren Datenlage vor und während des Rüstvorgangs. Davon sind vorbereitende Tätigkeiten wie logistische Operationen genauso betroffen wie auch die eigentlichen Montage- und Demontagetätigkeiten. Das Resultat zeigt sich in sehr unterschiedlichen best-practice, mit zeitlich und qualitativ schwankenden Rüstergebnissen. Hinzu kommt, dass bestehende **Dokumentationen** im täglichen Handling als unpraktisch erachtet wurden und dies zu Schwierigkeiten bei der Bestimmung des nächsten Rüstschrittes geführt hat. Hieraus leitet sich die Entwicklung eines Rüsteditors ab. Dieser bietet, auf Basis der HoloLens, diverse Möglichkeiten zur Unterstützung des Einrichters bei der Rüstoperation (vgl. Abbildung 12-2).

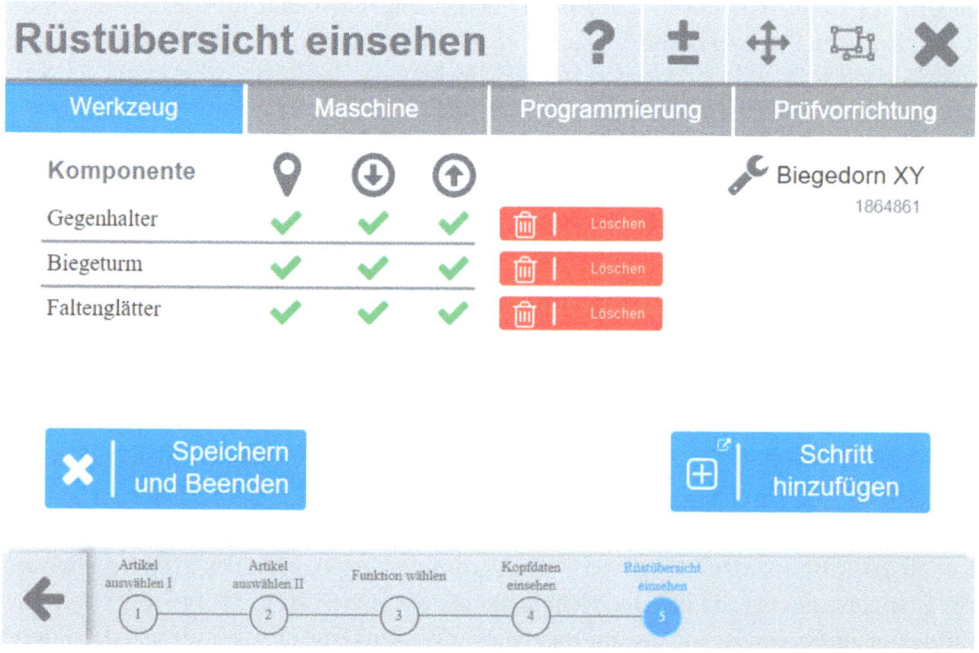

Abbildung 12-2: Prototyp des Rüsteditors mit der Darstellung einer aktuellen Rüstübersicht

Mithilfe des Editors wird dem User die logistische Zusammenstellung aller benötigten Werkzeuge durch die Visualisierung der Werkzeugkomponenten und deren Lagerplatz erleichtert. Zusätzlich werden alle zur Montage und Demontage benötigten Hilfsmittel zusammengestellt und dem User zugänglich gemacht. Die eigentliche Rüstunterstützung erfolgt auf Basis von aufgezeichneten Montagevideos. Diese werden durch erfahrene Bediener aufgezeichnet. Dabei besteht stets ein strenger Bezug zur zu rüstenden Komponente. Dies kann im dargestellten Usecase neben einem Werkzeug auch eine Maschinenkomponente, ein Programmierschritt oder auch eine Prüfvorrichtung sein. Für jede dieser Komponenten wird ein Montageort bestimmt, als auch eine Montageanleitung für den Montage- sowie Demontagevorgang hinterlegt. Jedoch besteht der Rüstvorgang aus einer Abfolge verschiedener Einzelschritte. Aus diesem Grund besteht die Möglichkeit, die eingespeicherten Schritte in einem Editiermodus in der Reihenfolge zu verändern und somit iterativ die beste Rüstreihenfolge auf artikelspezifischer Ebene zu definieren.

Um den genannten sicherheitskritischen Aspekten des Rüstprozesses zu begegnen, steht die Planbarkeit des Rüstprozesses im Fokus des Editors. Die empirischen Daten legen die

Schlussfolgerung nahe, dass sich die Planbarkeit des Rüstprozesses durch ein einheitliches Vorgehen aller am Prozess beteiligten Personen erhöhen lässt. Aus diesem Grund werden die notwendigen Rüstschritte zunächst systematisch durch Tätigkeiten, welche keinen Maschinenstillstand rechtfertigen, vorbereitet. In erster Linie zählen zu diesen Tätigkeiten umfassende **logistische Operationen** die Werkzeuge und die Halbzeuge betreffend. Ein integriertes Logistikmodul systematisiert diese Tätigkeiten und gibt den eigentlichen Rüstablauf erst frei, wenn alle Vorbereitungen abgeschlossen sind. Hierdurch soll eine erste Zeitersparnis realisiert werden und gleichzeitig wird der Rüstprozess durch die Auslagerung dieser Prozesse planbarer.

Des Weiteren ergibt sich aus den in dem vorherigen Kapitel beschriebenen Anforderungen, dass die eigentlichen Rüsttätigkeiten ebenfalls planbarer gestaltet werden müssen. Es ist hier nicht ausreichend, eine allgemeine Vorgehensweise des Rüstprozesses vorzugeben (da im Einzelfall die Werkzeugsätze, welche in der Regel eine strenge Artikelzuordnung haben, individuelle Ausprägungen aufweisen), sondern vielmehr eine **werkzeugspezifische Rüstreihenfolge** entscheidend ist. Einhergehend mit dieser Anforderung ist jedoch ein erhöhter Dokumentationsaufwand, welcher sich zunächst nur schlecht motivieren lässt.

Der Einsatz der HoloLens ermöglicht eine prozessbegleitende Dokumentation und hat somit das Potenzial, eine artikelindividuelle Rüstreihenfolge zu erfassen. Daraus resultiert eine genauere Vorgabe der Rüstschritte für den Einrichter und letztlich eine bessere Planbarkeit des Rüstprozesses. An dieser Stelle wird zudem explizit auf das Erfahrungswissen der Einrichter gesetzt, da die Beobachtungen gezeigt haben, dass das Prozesswissen der Einrichter umfassend ist und nur auf Basis dieses Wissens eine umfassende und detaillierte Rüstdokumentation abgespeichert werden kann. Eine weitere Erkenntnis der Forschungsarbeit zeigt, dass nicht nur die Reihenfolge der einzelnen Rüstschritte relevant ist, sondern auch die Ausführung der Schritte. Zeitliche Variationen wurden bei der Tätigkeit innerhalb eines Rüstschrittes beobachtet und sind auch nachvollziehbar. Jedoch senken auch diese Variationen in letzter Konsequenz die Planbarkeit der Prozesse. Als Reaktion darauf werden die Rüstvorgabezeiten sehr pauschalisiert angegeben und spiegeln in den seltensten Fällen die Realität wider.

Die Ungenauigkeit der Vorgabezeiten vermitteln den Einrichtern den Eindruck, dass die Rüstzeiten willkürlich ermittelt wurden und keinen Realitätsbezug haben. Infolgedessen ist eine sehr geringe **Zeitawareness** vorhanden. An dieser Stelle soll eine genauere zeitliche Erfassung und Visualisierung der Rüstzeiten sowohl der einzelnen Schritte als auch der Rüstgesamtzeit Abhilfe schaffen und die Zeitawareness der Einrichter signifikant erhöhen. Auch diese Maßnahme trägt zu einer Erhöhung der Planbarkeit bei und maximiert gleichzeitig die wirtschaftliche Sicherheit eines Unternehmens an einer kritischen Stelle im Fertigungsprozess.

Den Besonderheiten der HoloLens wird durch eine definierte **Hologrammstruktur** Rechnung getragen. Diese sieht vor, dass maximal vier Hologramme gleichzeitig sichtbar sein dürfen. Die Inhalte der Hologramme sind angepasst auf die Bedarfe der User. Auf der einen Seite werden verschiedene Information gleichzeitig an mehreren Stellen an der Maschine benötig und auf der anderen Seite existieren lineare, aufeinanderfolgende Rüstschritte, die eine simple Darstellung in einem Hologramm erfordern. Dabei ist jeder User in der Lage, die Eigenschaften des Hologramms anzupassen und den Darstellungsmodus individuell einzustellen.

Der in diesem Kapitel beschriebene Rüsteditor stellt nur die erste Stufe der Unterstützung des Einrichters durch ein cyberphysisches System dar. Dieses System muss zwingend um eine Komponente für die vornehmlich nicht-mechanischen Rüstoperationen, welche im Zuge der iterativen Anpassungen des Programmcodes der Biegemaschine stattfinden, ergänzt werden.

12.4.2 Assistenzsysteme zur Visualisierung von Sensordaten

12.4.2.1 Motivation

Ein zweites Fallbeispiel betrachtet die Einführung eines digitalen Energie- und Umweltmanagementsystems bei einem mittelständischen Unternehmen sowie die Herausforderungen und die Bedeutung der Datenvisualisierung und -aufbereitung in Digitalisierungsprozessen. Dabei kann eine angemessene Visualisierung von Prozessdaten aktiv dazu beitragen, gerade sehr komplexe und sicherheitskritische Prozesse besser zu verstehen und zu kontrollieren. Hierfür ist es jedoch notwendig, dass Visualisierungen aufgabenbezogen gestaltet werden, um sowohl sicherheitsrelevante Grenzwerte einzuhalten, als auch weitere, beispielsweise gesetzliche Vorgaben kontinuierlich einzuhalten.

In dem vom Umweltministerium Nordrhein-Westfalen geförderten Forschungsprojekt „Ubiquitäre Umwelt-Informationssysteme" (2014-2017) wurde praxisnah untersucht, wie Umwelt- und Energiedaten digital erfasst, übertragen und ausgewertet werden müssen, um Transparenz und Bewusstsein zu erhöhen und somit die Energieeffizienz im Unternehmen zu steigern. Ziel war es, die Umwelt- und Energiedaten ganzheitlich im Unternehmen nutzbar zu machen, sowohl für den Maschinenbediener wie auch für die Geschäftsführung. Das Fallbeispiel ist Teil eines fortlaufenden partizipativen Aktionsforschungsprozesses mit einem Unternehmen (Wulf & Rohde, 1995; Wulf et al., 2011).

Wie auch in der ersten Design-Fallstudie wurden erneut qualitative Methoden, wie teilnehmende Beobachtungen und semi-strukturierte Interviews, verwendet, um zunächst Einblicke in die verschiedenen Arbeitspraktiken zu erhalten und um anschließend Anforderungen für die Entwicklung erster IT-Artefakte zu erhalten. Basierend auf einer **Stakeholder-Analyse,** bei der die Akteure identifiziert wurden, die für die Energiedaten von Interesse sein könnten, wurden insgesamt 19 Interviews mit Mitarbeitern aus sieben Abteilungen und Bereichen durchgeführt – darunter Mitarbeiter aus der IT-Abteilung, der

Instandhaltung, des Controllings, des Einkaufs, des Energiemanagements sowie verschiedene Abteilungsleiter und Maschinenbediener.

12.4.2.2 Herausforderungen

In den empirischen Untersuchungen wurde erkannt, dass Energie- und Umweltthemen gar nicht oder nur indirekt mit der alltäglichen Arbeit der befragten Mitarbeiter in Kontakt stehen (Ausnahme Mitarbeiter des Energiemanagements). Besonders der Energieverbrauch wird für viele Mitarbeiter als Nebenprodukt beziehungsweise als Notwendigkeit für die täglichen Arbeitspraktiken verstanden. Durch diesen indirekten Einfluss des Energieverbrauchs auf die alltägliche Arbeit **variieren die Anforderungen** an die Verbrauchsdatenauswahl sowie deren Aufbereitung stark zwischen den verschiedenen Mitarbeitern und deren Tätigkeitsfeldern. In den Interviews konnten dabei unterschiedliche Kategorien von Bedarfen an Energieverbrauchsdaten identifiziert werden:

- **Übersicht:** Der Nutzer möchte eine komplette Übersicht über alle Daten erhalten, um einen Überblick zu erhalten und gegebenenfalls Muster erkennen zu können. Dabei hat der Nutzer keine genaue Intention, wenn er die Daten betrachtet, sondern als vorwiegendes Ziel, Nutzen und Muster in den Daten zu erkennen. Darunter wird ebenfalls das explorative Monitoring gefasst, welches als ungefilterte Überwachung von Daten verstanden werden kann, um das Auftreten neuer Muster oder neuer Datenwerte nachzuverfolgen.

- **Suche:** Der Nutzer sucht nach bestimmten Teilmengen der Daten, die eine gewisse Eigenschaft besitzen (Maximum, Minimum, Durchschnitt etc.). Dies kann sowohl den Zeithorizont, den Wertebereich, aber auch die Daten an sich bedeuten.

- **Vergleichen:** Der Nutzer möchte Daten vergleichen, um Unterschiede zu identifizieren. Dabei kann zwischen einem normativen Vergleich, einem sozialen Vergleich und einem historischen Vergleich unterschieden werden. Bei einem normativen Vergleich soll die Abweichung zu einem Normwert durchgeführt werden, beim sozialen Vergleich sollen Vergleiche mit ähnlichen Datenquellen ermöglicht werden und beim historischen Vergleich ist der Vergleich aktueller mit historischen Werten (derselben Datenquellen) gemeint.

- **Beziehungen/Kausalitäten:** Der Nutzer möchte Zusammenhänge und Kausalitäten in den Daten identifizieren, um gegebenenfalls die Ursache unerklärlicher Schwankungen zu erkennen.

Daraus lassen sich grundsätzlich zwei Leitlinien zur Datenauswahl aus den Untersuchungen ableiten: Zum einen wollen Mitarbeiter nur Verbrauchsdaten angezeigt bekommen, die mit ihrer Arbeit zu tun haben und dadurch von ihnen auch **beeinflussbar** sind und zum anderen ist der zeitliche Horizont, in dem die Verbrauchsdaten angezeigt werden sollen, von der **zeitlichen Arbeitsausrichtung** der Mitarbeiter abhängig. Maschinenbediener sind eher operativ orientiert und benötigen kurzfristig Daten zur Entscheidungsunterstützung, wohingegen Mitarbeiter aus dem Einkauf eher eine strategische Ausrichtung besitzen und Interesse an wochen- beziehungsweise monatsbasierten Daten besitzen. Diese Anforderungen lassen sich gut durch ein rollenstrukturierendes Energieinformationssystem abbilden, in dem Mitarbeiter je nach der Rolle im Unternehmen ein Teilausschnitt der Daten zugewiesen wird; inklusive voreingestellter Aggregationsstufen dieser Daten.

Im zweiten Schritt der Studie wurde den Mitarbeitern Energieverbrauchsdaten rollenbasiert zur Verfügung gestellt, die sie während ihrer Arbeit betrachten konnten. Hierdurch konnten weitere Anforderungen an ein cyberphysisches Assistenzsystem erkannt werden. Durch die Möglichkeit, den Energieverbrauch zu betrachten und in die Tätigkeiten der eigenen Arbeit zu integrieren, entstanden **neue Bedarfe**, wurden vorher kommunizierte Bedarfe **unwichtig** und/oder die **Priorisierung von Informationsbedarfen verschob sich**.

Durch das gesteigerte Bewusstsein sowie den Umgang mit den Energiedaten konnten erste offene Fragen der Mitarbeiter bereits beantwortet werden, sodass diese gar nicht mehr von Interesse waren. Andersherum wurden durch die Möglichkeit der Betrachtung von Energiedaten neue Anwendungsfälle für die alltägliche Arbeit identifiziert. Diese Verschiebung von Bedarfen beziehungsweise diese Weiterentwicklung von Anforderungen hat zusätzlich eine weitere Klassifizierung von Bedarfen ergeben. Danach lässt sich zwischen der Dauer der Anforderungen unterteilen. Zum einen gibt es **temporäre Informationsbedarfe,** die nur kurzfristig oder einmalig auftreten und zum anderen gibt es **dauerhafte Bedarfe,** die eine kontinuierliche Betrachtung von Daten bedürfen.

Zusammengefasst sind die Anforderungen an ein Energieinformationssystem damit stark abhängig von Aufgaben und Zuständigkeiten des Mitarbeiters, verändern sich dynamisch im Laufe der Zeit und können von kontinuierlicher oder temporärer Natur sein.

12.4.3 Lösungsansätze für sicherheitskritische MCI

Um den heterogenen und wechselnden Datenanforderungen der verschiedenen Nutzer zu begegnen, wurde ein hochflexibles Dashboardsystem zur Visualisierung verschiedener Sensorquellen entwickelt (Castelli et al., 2017). Ein **Dashboard** ist ein „Computerprogramm, das relevante Informationen zusammenfasst und übersichtlich darstellt". (Duden, 2017). Es erlaubt Informationsbausteine flexibel nach Bedarf und aufgabenspezifisch zusammenstellen. Hierbei wird ein hybrider Ansatz verfolgt, bei dem sowohl sehr spezifische vordefinierte Visualisierungen hinzugefügt werden können, als auch eigene Widgets mithilfe eines geführten Dialogs selber gestaltet und hinzugefügt werden können.

12.4.3.1 Nutzung vordefinierter Visualisierungen

Mit den bei dem Unternehmen Alpha identifizierten Rollen gehen spezifische Aufgaben einher, die wiederum konkrete Informationsbedarfe erzeugen. Da diese Informationsbedarfe in vielen Fällen wiederkehrend und abteilungs- und gegebenenfalls organisations-

übergreifend sind, wurden bereits vordefinierte Visualisierungselemente für diese Anwendungsfälle entwickelt, die der Nutzer aus einem Katalog auswählen und zu seinem Dashboard hinzufügen kann. Dies erlaubt eine praxisorientierte Komposition des Dashboards
unabhängig von der organisatorischen Rolle. Die vordefinierten Visualisierungselemente
verfolgen dabei meist einen bestimmten Zweck, beispielsweise die Darstellung des Ener-
gieflusses mithilfe eines Sankey-Diagramms, eine Darstellung, die beispielsweise für die
Rolle des Energiemanagers oder Controllers im Rahmen von Kostenzuordnung wichtig
ist. Ein weiteres Beispiel ist die Visualisierung von Lastspitzen oder generell Lastvertei-
lungen/-muster, die eine langfristigere Betrachtung ermöglichen und so beispielsweise bei
der Arbeitsvorbereitung den Maschinenbelegungsplan beeinflussen können.

12.4.3.2 Erstellung eigener Informationsdarstellungen

Um auch persönlichen Anforderungen bei der Informationsbeschaffung und Darstellung
Rechnung zu tragen, wurde eine Umgebung entwickelt, die es erlaubt, eigene Visualisierungen für beliebige Datensätze zu gestalten. Das System erlaubt dem Nutzer, eigene Visualisierungen in einem geführten „Schritt-für-Schritt"-Dialog zu erstellen. Dieser Dialog
besteht aus fünf Schritten, die in Anlehnung an Card et al. (1999) entwickelt wurden.

- In **Schritt 1** wählt der Nutzer die für ihn relevanten Daten beziehungsweise Datenquellen aus. Dabei schlägt das System ihm die zur Verfügung stehenden Sensoren
  vor und der Nutzer kann beliebige Kombinationen daraus auswählen.

- Innerhalb des **Schrittes** 2 legt der Nutzer den Zeitraum fest, für den er Daten visualisieren möchte. Dabei hat er die Möglichkeit, sowohl absolute als auch relative
  Zeiträume anzugeben. Im absoluten Fall gibt der Nutzer ein festes Start- und End-
  datum vor (beispielsweise 1. März – 31.März); im relativen Fall gibt er eine zu-
  rückliegende Zeitspanne an (beispielsweise die vergangenen zwei Wochen).

- Nach Angabe der Datenquellen und des Zeitraums gibt der Nutzer in **Schritt 3** die
  gewünschte Visualisierungsform an (beispielsweise Kreisdiagramm oder Liniendi-
  agramm). Hierbei werden automatisiert Vorschläge für die geeignete Visualisierung auf Basis der gewählten Daten gemacht. Dabei wird beispielsweise berücksichtigt, ob es sich um univariate oder multivariate, interval- oder punktbasierte und
  zyklische oder azyklische Daten handelt (Aigner et al., 2007).

- **Schritt 4** beinhaltet die Möglichkeiten, basierend auf der gewählten Visualisierungsform spezifische Einstellungen zu machen. Beispielsweise kann im Falle von
  Liniendiagrammen gewählt werden, ob Daten lediglich als Punkte oder in Form
  von Flächen oder Linien dargestellt werden sollen.

- **Schritt 5** beinhaltet die Vorschau der zusammengestellten Visualisierung und um-
  fasst darüber hinaus noch aufgabenorientierte Einstellungsmöglichkeiten, wie die
  Benennung von Datenpunkten, Färbung der Punkte usw., deren Effekt sofort an der
  Vorschau des Graphen ersichtlich wird. Dem Nutzer steht es zu, zu jederzeit der
  Zusammenstellung frei auf vorhergegangen Schritte zurückzuspringen und Einstel-
  lungen zu verändern.

Der Nutzer kann anhand dieser Vorschau bereits die Daten analysieren, indem er Zoom- und Filter-Methoden auf die Visualisierung anwendet, um so Muster zu erkennen oder bestimmte Fragestellungen an die Daten zu beantworten. Wenn der Nutzer zufrieden mit seinen Einstellungen ist, hat er die Möglichkeit, die neu erstellte Visualisierung dem Dashboard dauerhaft hinzuzufügen oder es zu verwerfen.

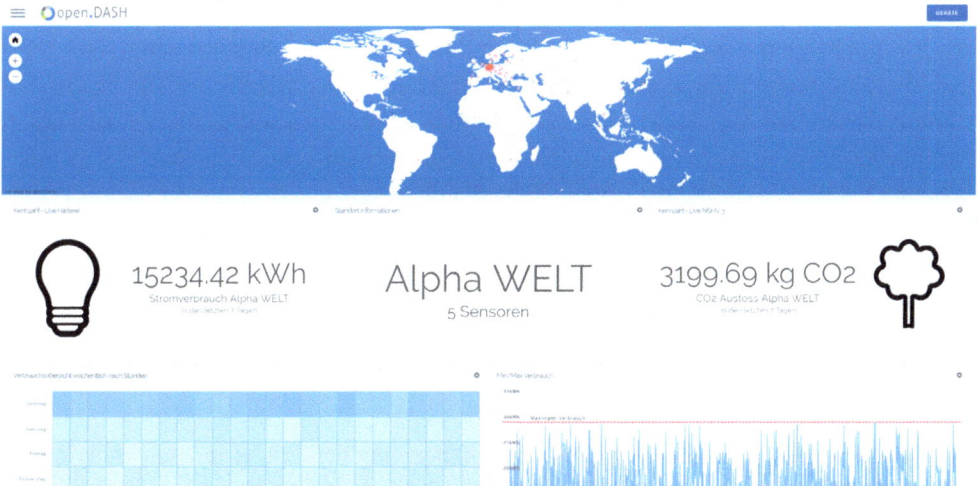

Abbildung 12-3: open.DASH Energiemanagement-Instanz für den Energiemanager bei Alpha

Durch den Einsatz von open.DASH bei Alpha konnte erkannt werden, dass (Energie-)Daten einen tatsächlichen Mehrwert für die Nutzer bieten konnten. Allerdings wurde dabei auch deutlich, dass dynamische Datenanbindungen und Personalisierungsmöglichkeiten eine wichtige Voraussetzung für die Identifikation von Potenzialen sind. Daraus lassen sich drei Ebenen von Design-Implikationen für Informationssysteme ableiten.

Die Implikationen hinsichtlich der Datenanbindung und Personalisierung, die aus den Studien bei der Firma Alpha abgeleitet werden konnten, sollten dabei nicht nur im User Interface berücksichtigt werden, sondern durchgängig auf allen architektonischen Ebenen Berücksichtigung finden.

Technisches Level (Integration): In vielen Fällen ist der Nutzen von Daten abhängig vom Vollständigkeitsgrad der erfassten Geräte beziehungsweise Infrastrukturen. In vielen Fällen, beispielsweise auch bei der Firma Alpha, liegt jedoch ein heterogener Bestand von Geräten vor, wodurch eine Abstraktion auf „Hardware Level" notwendig ist, um verschiedene Sensoren und Geräte zu integrieren. Gerade im Rahmen von Digitalisierungsherausforderungen ist es dabei oft entscheidend, sogenannte „Legacy"-Infrastrukturen (ältere Maschinen und Geräte, die nicht ohne weiteres in ein Netzwerk eigebunden werden können) zu berücksichtigen. Besonders für kleinere und mittlere Unternehmen, die oft spezialisierte oder sogar eigens entwickelte Infrastrukturen nutzen, stellt eine leichte Integrierbarkeit ein entscheidendes Kriterium dar. Dies spielt insbesondere für die Sicherheitsüberwachung und Ablaufkontrolle sicherheitskritischer Systeme eine wichtige Rolle, da „schwarze Flecken" auf der digitalen Karte des Unternehmens nicht kontrolliert werden können.

Organisationales Level (Role-Based): Die organisationale Ebene gibt Aufschluss über den Einflussbereich sowie Betrachtungszeitraum einzelner Mitarbeiter (operative vs. strategische Tätigkeiten). Zusätzlich können anhand der organisationalen Rolle bereits bestimmte Typen von Aufgaben und Fragen abgeleitet werden, die durch die Visualisierung beziehungsweise Aggregation von Daten adressiert werden können. Dadurch ist es möglich, den Nutzern vordefinierte Visualisierungen für generische Anwendungsfälle zur Verfügung zu stellen. Zusätzlich erleichtert es die Einrichtung solcher vordefinierten Dashboards den Mitarbeitern, gemäß ihrer Rolle im Unternehmen beispielhafte Informationsbausteine initial zu explorieren. Besonders bei dem zunehmenden Datenaufkommen ist es entscheidend, die Informationen für den Nutzer geeignet zu filtern, um keine Informationsüberflutung zu erzeugen, damit sowohl Aufgaben als auch Überwachungsmaßnahmen effizient unterstützt werden.

Persönliches Level (Individualization): Auf persönlicher Ebene müssen individuelle Anpassungen basierend auf den Erfahrungen und Präferenzen des Nutzers ermöglicht werden. Auch der Wissensaufbau einzelner Mitarbeiter sollte auf dieser Ebene unterstützt werden. Dazu sollte die freie Erstellung eigener Datensichten flexibel und einfach ermöglicht werden. Diese erstellten Datenmappings sollten bei Bedarf auch speicherbar sein und entweder dauerhaft auf dem Dashboard verfügbar oder zu einem späteren Zeitpunkt wieder abrufbar sein. Dies erlaubt es, die richtigen Informationen zum richtigen Zeitpunkt flexibel verfügbar zu haben.

12.5 Fazit: Sicherheitskritische MCI bei Industrie 4.0

Industrie 4.0 stellt komplexe Anforderungen an die Fertigungssteuerung und deren -überwachung. Die Herausforderung liegt dabei in der humanorientierten Gestaltung neuer Mensch-Maschine-Interaktionen und der Befähigung der Mitarbeiter, in diesen vernetzten Arbeitsumgebungen zu arbeiten. Sicherheitskritischen Benutzerschnittstellen kommt dabei eine entscheidende Rolle zu. Die zunehmende Anzahl von Daten beinhaltet immer mehr Informationen über den aktuellen Kontext, Zustände und von Abläufen und gegebenenfalls deren Abweichungen, die bei der Handhabung sicherheitskritischer Systeme beachtet werden müssen. Es gilt die Mitarbeiter in ihrem Arbeitsprozess durch Assistenzsysteme zu befähigen, stets „Herr des Geschehens" zu bleiben.

Innerhalb dieses Artikels wurden die Grundlagen zu Industrie 4.0 sowie zwei Design-Fallstudien präsentiert, um auf Basis der Herausforderungen aktueller CPS mitarbeiterzentrierte Assistenzsysteme zu gestalten. Der praktische Beitrag war es dabei, anhand konkreter Design-Fallstudien zu zeigen, wie sicherheitskritische MCI bei Industrie 4.0 umgesetzt werden kann. Die beiden Design-Fallstudien decken mit der hardwarenahen Konfiguration komplexer Maschinen sowie der Visualisierung großer Sensordatenmengen zwei entscheidende Bereiche bei der Gestaltung der Mensch-Maschine-Interaktion von Assistenzsystemen ab, deren Nichteinhaltung schnell zu Störungen oder Ausfällen führen kann. Zusammenfassend lassen sich folgende Aspekte festhalten:

- Industrie 4.0 beschreibt das komplexe Zusammenspiel aus Maschinen, Materialien, Standorten und Unternehmen unter dem ständigen Einbezug von IT und verfolgt das Ziel, das Unternehmen als Teil von dynamischen, echtzeitoptimierten und unternehmensübergreifenden Wertschöpfungsnetzwerken voranzutreiben.

- Bei der Umsetzung von CPS als Assistenzsysteme gilt es die komplexen Fertigungsabläufe sowohl prozess- als auch zeitnah zu analysieren und den Mitarbeitern direkt am Ort und in der Situation zur Verfügung zu stellen, um Störungen und Ausfälle zu vermeiden und stets „**Herr des Geschehens**" zu bleiben.

- Soziotechnische Systeme wie Rüsteditoren oder dynamische Visualisierungskonzepte wie open.DASH erlauben es den Mitarbeitern ihre CPS zu verstehen, bedarfsgerecht zu analysieren und dadurch zu **kontrollieren**.

- Vollautomatisierte Systeme werden nicht in Gänze den Bedürfnissen der Praxis und der Mitarbeiter gerecht, sondern es muss die im Zusammenhang mit Industrie 4.0 manifestierte Synthese von **Sensorik** und **Aktorik** aufgeschlüsselt und differenziert betrachtet werden und somit den Mitarbeiter als einen der wesentlichen Aktoren eines gesamtheitlichen CPS herausheben.

12.6 Übungsaufgaben

Aufgabe 1: Erläutern Sie die vier industriellen Revolutionen und ihre maßgeblichen Charakteristika.

Aufgabe 2: Stellen Sie die Idee der Assistenzsysteme dar und führen Sie Gründe an, wieso Assistenzsysteme für kleine und mittlere Unternehmen gegenüber Ansätzen der Vollautomatisierung eher geeignet sind.

Aufgabe 3: Beschreiben Sie Herausforderungen bei der Gestaltung von sicherheitskritischer Mensch-Maschine-Interaktion bei Ein-/Umrüstprozessen.

Aufgabe 4: Nennen und erläutern Sie unterschiedliche Kategorien von Bedarfen an Energieverbrauchsdaten.

12.7 Literatur

12.7.1 Literaturempfehlungen

Abele, N. D., Hoffmann, S., Kuhnhen, C., Ludwig, T., Schäfer, W., Schweitzer, M., & Wulf, V. (2016). Supporting the Set-up Processes by Cyber Elements based on the Example of Tube Bending. In H. C. Mayr &

M. Pinzger (Hrsg.), *Informatik 2016 – Informatik von Menschen für Menschen, GI-Edition-Lecture Notes in Informatics (LNI)* (S. 1627–1637).

Castelli, N., Ogonowski, C., Jakobi, T., Stein, M., Stevens, G., & Wulf, V. (2017). What Happened in my Home?: An End-User Development Approach for Smart Home Data Visualization. In *Proceedings of the 2017 CHI Conference on Human Factors in Computing Systems* (S. 853–866). New York, NY, USA: ACM. doi:10.1145/3025453.3025485

Ludwig, T., Kotthaus, C., Stein, M., Durt, H., Kurz, C., Wenz, J., … & Wulf, V. (2016). Arbeiten im Mittelstand 4.0 – KMU im Spannungsfeld des digitalen Wandels. *HMD Praxis der Wirtschaftsinformatik, 53*(1), 71–86. doi:10.1365/s40702-015-0200-y

12.7.2 Literaturverzeichnis

Abele, E., & Reinhart, G. (2011). *Zukunft der Produktion: Herausforderungen, Forschungsfelder, Chancen.* Carl Hanser Verlag GmbH & Co. KG.

Abele, N. D., Hoffmann, S., Kuhnhen, C., Ludwig, T., Schäfer, W., Schweitzer, M., & Wulf, V. (2016). Supporting the Set-up Processes by Cyber Elements based on the Example of Tube Bending. In H. C. Mayr & M. Pinzger (Hrsg.), *Informatik 2016 – Informatik von Menschen für Menschen, GI-Edition-Lecture Notes in Informatics (LNI)* (S. 1627–1637).

Aigner, W., Miksch, S., Müller, W., Schumann, H., & Tominski, C. (2007). Visualizing time-oriented data-A systematic view. *Computers and Graphics (Pergamon)*. doi:10.1016/j.cag.2007.01.030

Bartscher, T. (2017). Taylorismus. Springer Gabler Verlag. Abgerufen von http://wirtschaftslexikon.gabler.de/Definition/taylorismus.html

Bendel, O. (2017a). Stichwort: Cyberphysische Systeme. *Gabler Wirtschaftslexikon*. Abgerufen am 26. Juni 2017 von http://wirtschaftslexikon.gabler.de/Definition/cyber-physische-systeme.html

Bendel, O. (2017b). Stichwort: Industrie 4.0. *Gabler Wirtschaftslexikon*. Springer Gabler Verlag. Abgerufen am 26. Juni 2017 von http://wirtschaftslexikon.gabler.de/Archiv/-2080945382/industrie-4-0-v2.html

Birkhahn, C. (2007). Smart Production Systems – intelligente Konzepte zur Gestaltung von Produktionssystemen. Kaiserslautern. doi:10.1007/978-3-662-45302-5

Bundesministerium für Wirtschaft und Energie. (2017). Den digitalen Wandel gestalten. Abgerufen am 26. Juni 2017 von https://www.bmwi.de/Redaktion/DE/Dossier/digitalisierung.html

Card, S. K., Mackinlay, J. D., & Shneiderman, B. (1999). Readings in Information Visualization: Using Vision to Think.

Castelli, N., Ogonowski, C., Jakobi, T., Stein, M., Stevens, G., & Wulf, V. (2017). What Happened in my Home?: An End-User Development Approach for Smart Home Data Visualization. In *Proceedings of the 2017 CHI Conference on Human Factors in Computing Systems* (S. 853–866). New York, NY, USA: ACM. doi:10.1145/3025453.3025485

Dillon, A. P., & Shingo, S. (1985). *A Revolution in Manufacturing: The SMED System*. CRC Press.

Duden. (2017). Dashboard. In *Duden*. Abgerufen von http://www.duden.de/rechtschreibung/Dashboard

Gerginov, D. (2017). 2. Industrielle Revolution – Meilenstein vieler DAX-Konzerne. Abgerufen am 26. Juni 2017 von http://www.gevestor.de/details/2-industrielle-revolution-meilenstein-vieler-dax-konzerne-747484.html

Hollemann, H. (2017). Industrie 3.0. *Mannheimer Morgen*.

Industrie Wegweiser. (2017). Von Industrie 1.0 bis 4.0 – Industrie im Wandel der Zeit. Abgerufen am 26. Juni 2017 von http://industrie-wegweiser.de/von-industrie-1-0-bis-4-0-industrie-im-wandel-der-zeit/

Kreutzer, R. T., & Land, K.-H. (2016). *Digitaler Darwinismus: Der stille Angriff auf Ihr Geschäftsmodell und Ihre Marke* (2. Aufl.). Gabler Verlag. doi:10.1007/978-3-658-11306-3

Ludwig, T., Boden, A., & Pipek, V. (2017). 3D printers as sociable technologies: Taking appropriation infrastructures to the Internet of Things. *ACM Transactions on Computer-Human Interaction*, *24*(2). doi:10.1145/3007205

Ludwig, T., Kotthaus, C., & Pipek, V. (2015). Should I Try Turning It Off and On Again?: Outlining HCI Challenges for Cyber-Physical Production Systems. *International Journal of Information Systems for Crisis Response and Managemen*, *7*(3), 55–68. doi:10.4018/ijiscram.2015070104

Ludwig, T., Kotthaus, C., Stein, M., Durt, H., Kurz, C., Wenz, J., … Wulf, V. (2016). Arbeiten im Mittelstand 4.0 – KMU im Spannungsfeld des digitalen Wandels. *HMD Praxis der Wirtschaftsinformatik*, *53*(1), 71–86. doi:10.1365/s40702-015-0200-y

Ludwig, T., Stickel, O., Boden, A., & Pipek, V. (2014). Towards Sociable Technologies: An Empirical Study on Designing Appropriation Infrastructures for 3D Printing. In *Proceedings of DIS14 Designing Interactive Systems* (S. 835–844). Vancouver, Canada. doi:10.1145/2598510.2598528

Rajkumar, R., Lee, I. L. I., Sha, L. S. L., & Stankovic, J. (2010). Cyber-physical systems: The next computing revolution. In *47th ACM/IEEE Design Automation Conference (DAC)* (S. 731–736). doi:10.1145/1837274.1837461

Rogers, Y., Sharp, H., & Preece, J. (2011). Interaction Design: beyond human-computer interaction. Wiley.

Rohde, M., & Wulf, V. (2011). Sozio-Informatik. *Informatik-Spektrum*, *34*(2), 210–213. doi:10.1007/s00287-011-0518-y

Schlick, J., Stephan, P., & Zühlke, D. (2012). Produktion 2020: Auf dem Weg zur 4. industriellen Revolution. *Information Management & Consulting*, *27*(3), 26–34.

Schröder, C. (2011). Industrielle Arbeitskosten im internationalen Vergleich. *IW-Trends*. Abgerufen am 26. Juni 2017 von https://www.iwkoeln.de/studien/iw-trends/beitrag/christoph-schroeder-industrielle-arbeitskosten-im-internationalen-vergleich-53454

Spath, D., Ganschar, O., Gerlach, S., Hämmerle, M., Krause, T., & Schlund, S. (2013). *Produktionsarbeit der Zukunft – Industrie 4.0*. (D. Spath, Hrsg.). Fraunhofer Verlag. doi:10.1007/978-3-658-04682-8

Tschätsch, H. (2001). Weiterentwicklung der Umformmaschinen und der Werkzeugwechselsysteme. In *Praxis der Umformtechnik* (S. 339–354). Wiesbaden: Vieweg+Teubner Verlag.

VDI-Gesellschaft Produktion und Logistik (GPL). (2014). Rotary draw bending of profiles VDI 3430. In *VDI-Handbuch Produktions- und Fertigungsverfahren: Band 2: Fertigungsverfahren*. Düsseldorf. Abgerufen von https://www.vdi.de/uploads/tx_vdirili/pdf/2090452.pdf

Voigt, K.-I. (2016). Stichwort: Rüstprozesse. Gabler Wirtschaftslexikon. Springer Gabler Verlag.

Wulf, V., Müller, C., Pipek, V., Randall, D., Rohde, M., & Stevens, G. (2015). Practice-Based Computing: Empirically Grounded Conceptualizations Derived from Design Case Studies. In V. Wulf, K. Schmidt, & D. Randall (Hrsg.), *Designing Socially Embedded Technologies in the Real-World* (S. 111–150). London: Springer London. doi:10.1007/978-1-4471-6720-4_7

Wulf, V., & Rohde, M. (1995). Towards an integrated organization and technology development. In Proceeding DIS '95 Proceedings of the 1st conference on Designing interactive systems: processes, practices, methods, & techniques (S. 55–64). doi:10.1145/225434.225441

Wulf, V., Rohde, M., Pipek, V., & Stevens, G. (2011). Engaging with Practices: Design Case Studies as a Research Framework in CSCW. In *Proceedings of the ACM conference on Computer supported cooperative work* (S. 505–512). Hangzhou, China: ACM. doi:10.1145/1958824.1958902

Krisenmanagementsysteme und Medizintechnik

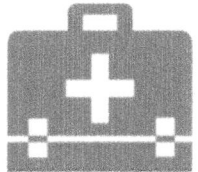

13 IT-Systeme für das Krisenmanagement

Jens Pottebaum[1] · **Christina Schäfer**[2]

Heinz Nixdorf Institut der Universität Paderborn[1], Universität Paderborn[2]

Zusammenfassung

Informationstechnik unterstützt den Menschen in allen Phasen des Krisenmanagements. Die Nutzung erfolgt in unterschiedlichen Umgebungen, durch unterschiedliche Personen und Gruppen sowie mittels unterschiedlicher Technologien. Der Markt für solche IT-Systeme ist heterogen: Neben großen Software- und Dienstleistungsanbietern vertreiben zahlreiche Kleinunternehmen individualisierte Lösungen für einzelne Organisationen. Daraus resultiert eine Vielzahl an IT-Systemen und -anbietern, deren Gemeinsamkeiten schwer zu identifizieren sind. Handlungsbedarf besteht unter anderem dann, wenn IT-Systeme für bestimmte Anwendungsfälle ausgewählt werden sollen. Studien zeigen, dass grundlegende Anforderungen an derartige IT-Systeme ebenso übertragbar sind wie Funktionsstrukturen, die diese Anforderungen bedienen. Dies sollte bei einer Systemauswahl ausgenutzt werden: Systemalternativen müssen identifiziert und anhand von Kriterien beurteilt werden. Dabei ist häufig ein Einteilen der IT-Systeme in Kategorien hilfreich, um eine Vergleichbarkeit für die Identifizierung herzustellen. Statt einer statischen Zuordnung in „Schubladen" beschreibt dieser Artikel ein Ordnungsschema („Taxonomie"), das abhängig von Randbedingungen eine Einteilung und einen Vergleich ermöglicht.

Lernziele

- Die Leser kennen Kategorien von IT-Systemen mit Funktionen und Anwendungsfällen sowie Beispiele aus der praktischen Anwendung.

- Die Leser kennen Methoden und Vorgehen für die IT-Systemauswahl und können diese auf Beispiele anwenden.

- Die Leser können IT-Systeme anhand ihrer Funktionen und Eigenschaften, die z. B. in Broschüren oder Webseiten beschrieben sind, anwendungsbezogen einordnen.

13.1 Einleitung

Die Verarbeitung von **Informationen** trägt wesentlich zur Bewältigung einer Gefahrensituation bei. Im Einsatz setzen operative Kräfte Hilfsmittel ein, um die Lage zu erkunden und entsprechende Informationen zu sammeln. Führungskräfte müssen diese interpretieren, Pläne entwickeln und Entscheidungen treffen. In der Planung für mögliche Gefahrenlagen werden unter anderem Informationen aus vergangenen Ereignissen herangezogen und zukünftige Szenarien simuliert, um bestmöglich vorbereitet zu sein. Dazu gehört auch die Aus- und Weiterbildung, die neben Schulungen – zunehmend unterstützt durch eLearning – auch das praktische Üben in unterschiedlichen Dimensionen beinhalten. In allen Phasen werden nicht nur existierende Informationen genutzt, sondern auch neue generiert. Diese sollten dokumentiert und für zukünftige Anwendungsfälle verfügbar gemacht werden.

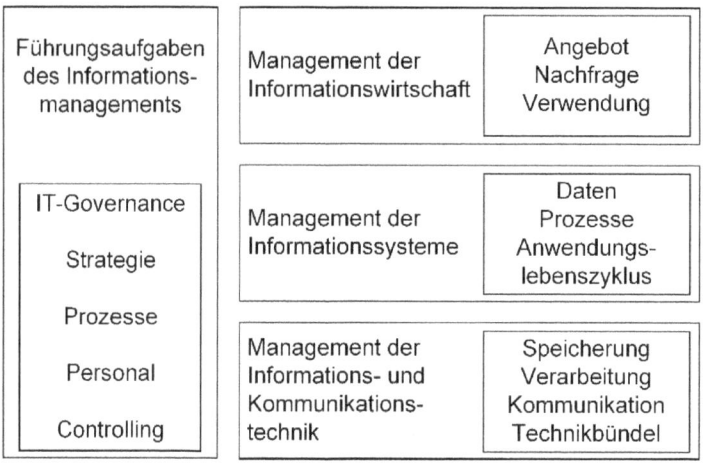

Abbildung 13-1: Informationsmanagement nach Krcmar (2015)

Diese Bedarfe beschreiben Aufgaben des **Informationsmanagements** (Abbildung 13-1): *„Informationsmanagement [IM] ist das Management der Informationswirtschaft, der Informationssysteme, der Informations- und Kommunikationstechniken sowie der übergreifenden Führungsaufgaben. Das Ziel des IM ist es, den im Hinblick auf die Unternehmensziele bestmöglichen Einsatz der Ressource Information zu gewährleisten. IM ist sowohl Management- wie Technikdisziplin und gehört zu den elementaren Bestandteilen der Unternehmensführung.* (Krcmar 2015, S. 10)

Allgemein wird davon gesprochen, jeder Stelle im Unternehmen alle relevanten Informationen zum richtigen Zeitpunkt, am richtigen Ort und in der für den Verwendungszweck erforderlichen Qualität zur Verfügung zu stellen. Das IM unterscheidet dazu Aufgaben der

- Informationswirtschaft: Balance zwischen Angebot und Nachfrage
- Informationssysteme: Interaktion zwischen Mensch und Technik

- Informations- und Kommunikationstechnik: Auswahl, Konfiguration und Betrieb

- Führung: Motivation, Koordination und Kontrolle

Dazu werden IT-Systeme eingesetzt, die den Menschen in den Aufgaben des Informationsmanagements unterstützen. Die **Informations- und Kommunikationstechnik (IuK)** wird verstanden als *„die Gesamtheit der zur Speicherung, Verarbeitung und Kommunikation zur Verfügung stehenden Ressourcen sowie die Art und Weise, wie diese Ressourcen organisiert sind"* (Krcmar 2015, S. 8). Sie beinhaltet die **Informationstechnik (IT)**, die *„alle technischen Mittel zur Verarbeitung oder Übertragung von Informationen"* umfasst (Deutscher Bundestag 2009, §2 (1)). Ein **IT-System** soll hier als Werkzeug aus dem Bereich der Informationstechnik verstanden werden, das Menschen in der Informationssammlung, -verarbeitung und -speicherung sowie dem Informationsmanagement unterstützt. Dieses Kapitel beschreibt

- die Randbedingungen für IT-Systeme im Krisenmanagement

- hilfreiche Technologien und im Markt verfügbare Kategorien von IT-Systemen

- Methoden zur Auswahl von IT-Systemen für spezifische Anwendungsfälle

13.2 Grundlagen von IT-Systemen

IT-Systeme sollen den Menschen in der Bearbeitung ihrer Aufgaben unterstützen. Sie können kategorisiert werden in Bezug auf unterschiedliche

- Umgebungen, z. B. mobil im Einsatz oder im Büro in der Trainingsvorbereitung

- nutzende Personen und Gruppen, z. B. den Krisenstab einer Kommune, die Leitstelle einer Polizei oder die Büro-Umgebung in der Notfallplan-Erstellung

- verwendete Technologien, z. B. lokale, gekapselte PC-Anwendungen oder cloudbasierte Apps in virtueller Realität

IT-Systeme durchlaufen verschiedene Phasen: Die Spezifikation, den Entwurf, die Implementierung, die Installation und den Betrieb (vgl. Software-Lebenszyklus nach Balzert (2011)). Das Krisenmanagement wirkt auf die Gestaltung von IT-Systemen in der Spezifikations-Phase sowie die Anpassung und Konfiguration in der Betriebsphase. Dabei sind die Ziele von Organisationen, Gruppen und Personen zu ermitteln und im Sinne der Softwaretechnik zu beschreiben. Methoden für diese initiale Phase stellt das Requirements Engineering[7] bereit.

---

[7] Requirements Engineering: vertiefend siehe Pohl (2010) und Rupp (2009).

13.2.1 Zielgruppen, Anwendungsfälle und Anforderungen

Aufgaben im Krisenmanagement beziehen sich auf die *„Vermeidung von, Vorbereitung auf, Erkennung und Bewältigung sowie Nachbereitung von Krisen"* (Bundesamt für Bevölkerungsschutz und Katastrophenhilfe 2013, S. 17). Behörden und Organisationen mit Sicherheitsaufgaben (BOS) übernehmen abhängig von der Art einer Gefahrensituation und der Verfügbarkeit von Ressourcen in einer oder mehreren Phasen Aufgaben. Sie stellen damit mögliche **Zielgruppen** für IT-Systeme dar. Es handelt sich um *„[s]taatliche (polizeiliche und nichtpolizeiliche) sowie nichtstaatliche Akteure, die spezifische Aufgaben zur Bewahrung und/oder Wiedererlangung der öffentlichen Sicherheit und Ordnung wahrnehmen. Konkret sind dies z. B. die Polizei, die Feuerwehr, das THW, die Katastrophenschutzbehörden der Länder oder die privaten Hilfsorganisationen, sofern sie im Bevölkerungsschutz mitwirken"* (Bundesamt für Bevölkerungsschutz und Katastrophenhilfe 2013, S. 6). In den BOS und zwischen ihnen bestehen spezifische Strukturen und Prozesse, die für eine Aufgabenteilung sorgen. Unterschiede sind z. B. in den kommunalen Strukturen zu erkennen: Während kreisfreie Städte wie Köln oder Dortmund mit großen Berufsfeuerwehren alle Aufgaben des Brandschutzes bündeln können, ist in Landkreisen wie dem Rhein-Sieg-Kreis und zugehörigen Städten wie Troisdorf und St. Augustin eine Kooperation von Kreis- und Stadtverwaltung erforderlich. Strukturen und Aufgaben der Zielgruppen führen zu unterschiedlichen **Anwendungsfällen**, die mittels Prosa-Text, Schablonen oder als „User Stories" beschrieben werden. Daraus wiederum können **Anforderungen** abgeleitet werden. Während Ziele und Anwendungsfälle aufgaben- beziehungsweise problemorientiert formuliert werden (welche Aufgabe beziehungsweise welches Problem soll gelöst werden?), sind Anforderungen lösungsorientiert (welche Eigenschaften soll oder muss ein IT-System haben?). Eine Herausforderung für die Entwicklung von IT-Systemen ist häufig, Anforderungen zu explizieren. Ein Beispiel: Die Dauer des Versands einer Nachricht – z. B. einer Alarmierung an einen Rettungswagen – kann zwar mit „schnellstmöglich" angegeben werden, muss für die Entwicklung aber mit einer messbaren Größe quantifiziert werden, die technisch bedingt nicht gleich „null" sein kann.

Im Folgenden werden Zielgruppen, Anwendungsfälle und Anforderungen bezogen auf drei wesentlichen Aufgabenbereiche im Krisenmanagement erörtert: Den Einsatz sowie die Vorbereitung mit Blick auf Einsatzplanung und Ausbildung.

13.2.1.1 Unterstützung des Einsatzes

Im **Einsatz** unterliegt die Arbeit mit Informationen den zeitkritischen Randbedingungen der Situation. Maßnahmen müssen schnell eingeleitet werden, Entscheidungen oftmals ohne vollständige Informationen über die Situation getroffen werden. Die **Lage** wird definiert als *„Beschreibung der bestehenden Situation, einschließlich a) allgemeine Lage, b) Schadenlage, c) eigene Lage, d) Möglichkeiten der Schadensabwehr"* (Bundesamt für Bevölkerungsschutz und Katastrophenhilfe 2013, S. 19). Ziel ist demnach, die Lage mittels

geeigneter Maßnahmen möglichst vollständig zu erfassen (Lagefeststellung beziehungsweise Erkundung) und für alle involvierten Stellen und Ebenen handhabbar zu machen.
Dazu werden aufgaben- beziehungsweise rollenspezifische **Lagebilder** erstellt. Während
ein Zugführer der Feuerwehr darin Detailinformationen abbilden muss, die sich z. B. auf
das Nachverfolgen von Atemschutzgeräteträgern oder die genaue Lokalisierung von betroffenen Menschen beziehen, muss ein Verbandsführer aggregierte Informationen z. B.
bzgl. der Anzahl verletzter Personen oder der Kapazität eines Behandlungsplatzes darstellen. Im Sinne des Informationsmanagements werden dazu unterstützende Rollen – z. B.
als Lagekartenführer in einem Stab – eingesetzt. Zentrale Stellen im Informationsmanagement im Einsatz sind Leitstellen: Hier werden Informationen in der Schnittstelle zwischen
Bürgern und der Gefahrenabwehr sowie vor allem zum Ressourcenmanagement verwaltet
und dokumentiert.

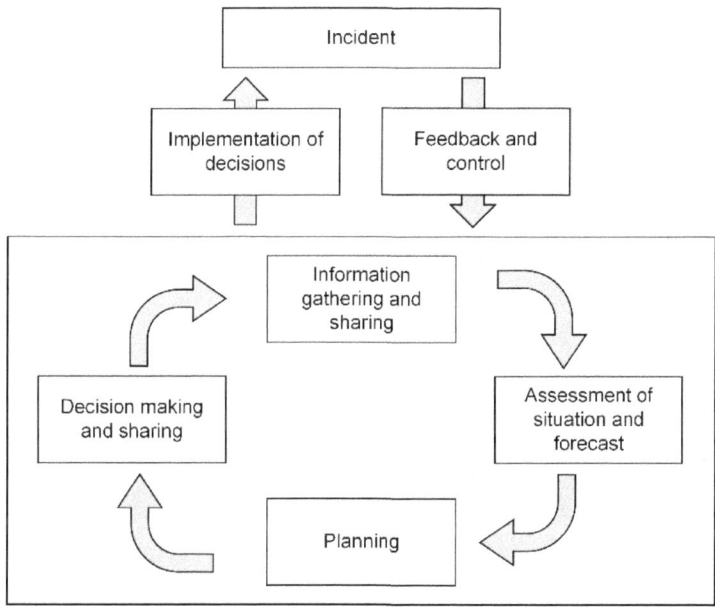

Abbildung 13-2: „Command and Control Process" (Norm DIN EN ISO 22320:2011)

Im Einsatz müssen entsprechend Informationen gesammelt und analysiert, Gefahren und
Konsequenzen abgeschätzt sowie Maßnahmen geplant und entsprechend als Entscheidung
weitergegeben werden. Eine aus verschiedenen Führungskreisen zusammengestellte Darstellung enthält die Norm DIN EN ISO 22300:2014 mit dem „Command and Control Process" (siehe Abbildung 13-2): Eine Gefahrensituation generiert Informationen, die durch
die Gefahrenabwehr erfasst und verteilt werden; sie werden zur Lagefeststellung genutzt
und mit Vorhersagen kombiniert; daran schließt eine Planungsphase an, die Entscheidungen vorbereitet; diese Entscheidungen wiederum müssen verteilt werden und wirken anschließend durch die Umsetzung entsprechender Maßnahmen auf die Situation.

Zielgruppen für den Einsatz von IT-Systemen im Einsatz ergeben sich, bezogen auf Deutschland, aus der föderalen Struktur der Gefahrenabwehr. Im Einsatz übernehmen Führungskräfte Aufgaben auf unterschiedlichen Ebenen, je nach Ausmaß eines Schadenereignisses. Sie werden unterstützt durch operativ-taktische Komponenten (z. B. einen Führungsstab der Feuerwehr) und eine administrativ-organisatorische Komponente (z. B. einen Krisenstab als nach Landesrecht festgelegter Verwaltungseinheit).

Anwendungsfall: Reaktion auf Schadenereignis mit Gefahrstoffausbreitung

Bei der Erkundung, Eingrenzung und Bekämpfung von großflächigen Gefahrenlagen stellt die zielgerichtete, schnelle und flexible Erfassung der Situation einer potenziell kontaminierten Umgebung eine zentrale Herausforderung für die nicht-polizeiliche Gefahrenabwehr dar. Etablierte Hilfsmittel in der ersten Phase des Ereignisses sind allgemeine oder stoffspezifische Ausbreitungsprognosen. Messfahrzeuge oder Flugroboter mit leichtgewichtiger Gas-Sensorik können die Erkundung der Lage unterstützen. Aus den erhobenen Daten sollen Prognosen und damit Maßnahmenvorschläge für den weiteren Verlauf der Gefahrenlage abgeleitet werden. Diese sollen Führungskräften unterschiedlicher Ebenen als Entscheidungsunterstützung angeboten werden.

Spezifische Anforderungen an ein Geo-Entscheidungsunterstützungssystem

Stakeholder nennen in diesem Anwendungsfall unter anderem die folgenden Anforderungen:

- Einbeziehen aller relevanten Lagebildinformationen
- Berechnung und Visualisierung der Ausbreitungs-Prognose einschließlich einer Schätzung der darin enthaltenen Unsicherheiten
- Schätzen von Gefahrenpotenzialen durch Gefahrstoffausbreitung
- Schätzen von Auswirkungen auf die potenziell betroffene Bevölkerung
- Integration heterogener und vernetzter Datenquellen (z. B. Gefahrstoff-Datenbank)
- Selbsterklärende, intuitive Bedienung der Benutzungsschnittstelle
- Assoziation geobasierter Sensordaten mit anderen verfügbaren Geodaten
- Sensordaten-Übermittlung und -Darstellung in Echtzeit
- Kontinuierliche Aktualisierung der Prognose (Visualisierung auf Abruf, abgestimmt auf die Aktualisierung der Lagekarte im Führungsstab)
- Verschiedene Sichten für die operativen Einheiten (ABC-ErkKW, Führungsstelle der Flugroboter), operativ-taktische Führungsstelle und die technische Einsatzleitung mit jeweils spezifischem Funktionsumfang
- Verwendung von Standards, hier unter anderem „Sensor Web Enablement" (SWE) des Open Geospatial Consortium (OGC)

Grundsätzlich wird hier zwischen Informationsbereitstellung (z. B. Maßnahmenempfehlung) und Entscheidungsunterstützung (Berücksichtigung des Entscheidungsfindungsprozesses) unterschieden. Diese Unterscheidung wird in Abschnitt 13.3 detailliert.

13.2.1.2 Unterstützung der Planung

Die **Planung** ist wie die Aus- und Weiterbildung Teil der Vorsorge im Krisenmanagement. Zur Planung gehört ein breites Aufgabenspektrum, das z. B. die grundlegende Brandschutzbedarfsplanung und spezifische Aufgaben wie die Planung von Sicherheitskonzepten für Großveranstaltungen umfasst.

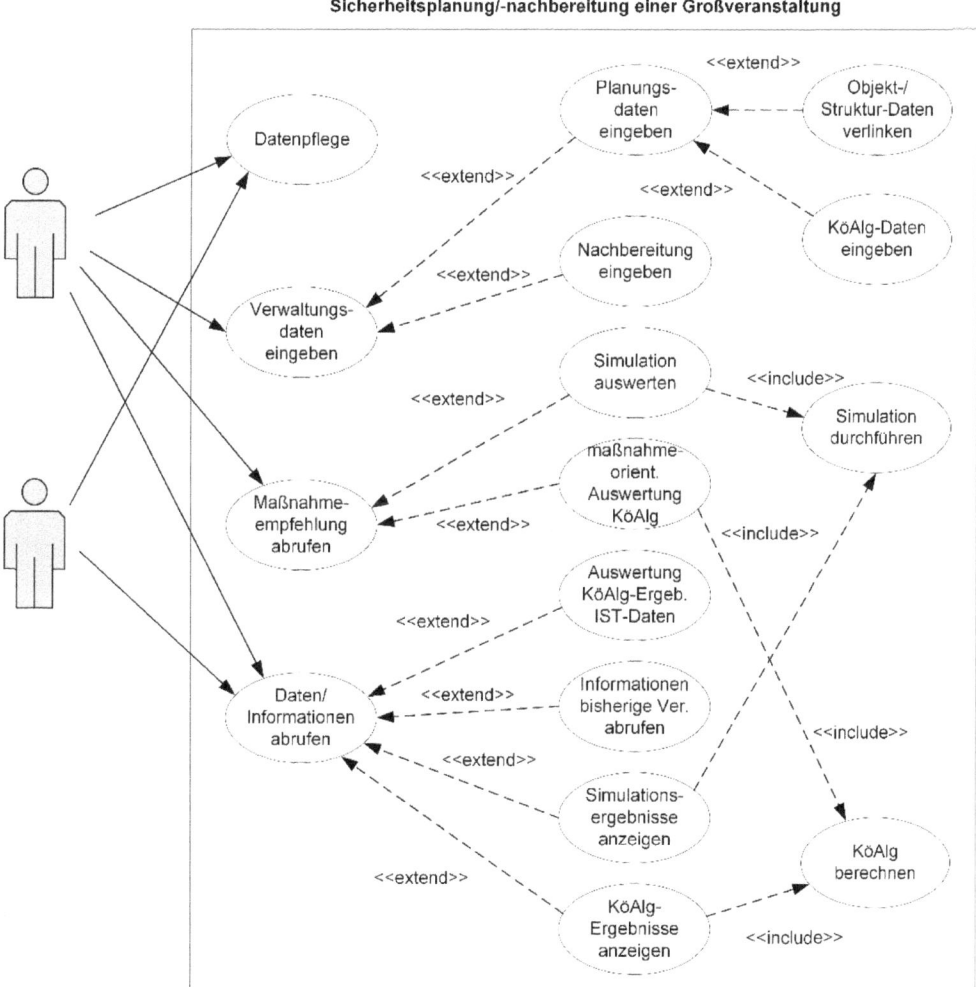

Abbildung 13-3: Use Cases in der Planung einer Großveranstaltung (Koch et al. 2012)

Allgemein gilt, dass Vorgaben gesetzlich festgeschrieben sind und durch die verantwortlichen Stellen in diesem Rahmen für Einzelfälle interpretiert werden. Entsprechend gehören zahlreiche Akteure zu den Zielgruppen, unter anderem Feuerwehrangehörige, Polizei-Dienststellen, Rettungsdienste, Infrastruktur-Betreiber, Sachverständige, Brandschutzexperten und Fachplaner. Jährlich über 60.000 brandschutztechnische Stellungnahmen und Brandschauen allein in NRW weisen auf die Bedeutsamkeit dieser Aufgaben hin. Die Planung beruht auf einer Vielzahl heterogener Daten wie z. B. allgemeinen Geodaten, Gebäude- und Hydrantenpläne, Einsatzberichte, Expertengutachten oder Raumnutzungskonzepte. Im Gegensatz zu Anwendungsfällen im Einsatz sind Echtzeitdaten, die möglichst ohne zeitliche Verzögerung übermittelt und verarbeitet werden, kaum relevant. Auch hier sollen Anwendungsfälle und verbundene Anforderungen an einem Beispiel veranschaulicht werden.

Anwendungsfall: Sicherheitsplanung für eine Großveranstaltung

Abbildung 13-3 stellt eine Hierarchie dar, die auf oberster Ebene zwischen grundlegender Datenpflege (nicht veranstaltungsspezifisch), der Eingabe von Veranstaltungsdaten, dem Abruf von Simulationsergebnissen und dem Abruf weiterer Daten und Informationen unterscheidet. Anwendungsfälle können Schnittstellen zueinander aufweisen.

Spezifische Anforderungen an ein Planungsunterstützungssystem

Stakeholder nennen in diesem Anwendungsfall unter anderem die folgenden Anforderungen:

- Einbinden aller relevanten Datenbestände

- Möglichkeit zur Prüfung, zur Speicherung und zum Abgleich neuer Planungsdaten

- Möglichkeiten zur Verarbeitung von Einflussfaktoren wie der Größe der Veranstaltung oder Objekt- und Strukturdaten

- Gefahren- und Personenstrom-Simulation zur Abschätzung potenzieller Gefahren

- Verwalten, kontextabhängiges Einbeziehen und Visualisieren von Erfahrungswerten beziehungsweise -berichten aus vergangenen Ereignissen oder Übungsszenarien

Die letztgenannte Anforderung weist auf eine häufig auftretende Herausforderung in der Planung hin: Gefahrensituationen treten selten auf, sodass möglichst gut aus diesen Ereignissen gelernt werden muss und eine Übertragung von Erfahrungen notwendig ist.

13.2.1.3 Unterstützung der Aus- und Weiterbildung[8]

Spezifische Herausforderungen ergeben sich in der Domäne des Krisenmanagements vor allem in **Übungen**. Diese werden durchgeführt, um Strukturen und Prozesse in selten auftretenden Lagen zu erproben und Routinen zu entwickeln. Außerdem ermöglichen Übungen einen kontinuierlichen Verbesserungsprozess, der durch Reflektion von Erfahrungen und daraus abgeleitete Maßnahmen angereichert wird. Organisationen der kommunalen Gefahrenabwehr führen regelmäßig Übungen auf lokaler und regionaler Ebene durch; sie werden auch in nationale oder sogar internationale Übungen einbezogen.

Abbildung 13-4: Übungseinrichtungen: Brandhaus der Feuerwehr Dortmund, Trainingshalle des Instituts der Feuerwehr NRW, virtuelle Abbildung des Trainingszentrums in Shanghai (Quellen: Feuerwehr Dortmund, Institut der Feuerwehr NRW, haagen.com)

Abbildung 13-4 zeigt unterschiedliche Umgebungen, in den IT-Systeme für die Trainingsunterstützung zur Anwendung kommen können. Ein Anwendungsfall wird mit dem „Gestalten von Übungs-Szenarien" im Folgenden genauer betrachtet.

Anwendungsfall: Gestalten von Übungs-Szenarien

Übungen sollen erfahrungsbasiertes Lernen ermöglichen. Dazu ist im Sinne eines konstruktivistischen Ansatzes die Gestaltung einer Ausgangssituation erforderlich, die die Lernenden zur Reaktion animiert. Ausbilder müssen entsprechend die Möglichkeit besitzen, eine solche Ausgangssituation – ein Szenario – planerisch zu gestalten und in der Übung zu aktivieren. Im weiteren Verlauf müssen Ausbilder auf die Aktionen der Lernenden reagieren und das Szenario lernzielorientiert anpassen. Dies sollte auf Grund von realistischen Annahmen geschehen. Daher müssen Ausbilder naturwissenschaftliche Phänomene, Ressourcenbewegungen und Materialverbrauch sowie Interaktionen abschätzen können. Der eigentliche Lerneffekt soll durch Nachbesprechungen herbeigeführt werden. Dazu sind die Veranschaulichung der erlebten Situation und ein Verdeutlichen der Auswirkungen von Handlungen erforderlich. Entsprechend muss auf ein Logbuch der Übung und damit verbundene Medien zugegriffen werden.

---

[8] Ausführliche Darstellung in Pottebaum, Marterer, Koch (2014) und Pottebaum, Marterer, Schneider (2014).

Entsprechend der Beschreibung sind verschiedene Zielgruppen für IT-Unterstützung relevant: Ausbilder (unter Umständen als Team agierend), Lernende, Assistenten (z. B. Beobachter) und Akteure (im Sinne von Schauspielern, die eine Situation realistisch erscheinen lassen). Bei Anwendung in einer virtuellen Umgebung sind häufig zusätzlich Modellierer involviert.

Spezifische Anforderungen an ein Übungsunterstützungssystem

Der Anwendungsfall umfasst Anforderungen in zwei Kategorien:

- Spezifische Unterstützung in Übungen: Übungsplanung, -steuerung, multimediale und intuitive Beobachtungsdokumentation, Echtzeit-Übungsauswertung, lernzielorientierte Informationsvisualisierung für Nachbesprechungen

- Allgemeine Unterstützung für Übungen: Aufwandsarme Gestaltung von Szenarien, Lernmanagement (Dokumente, Lernende, Kurse), Simulation (Gefahren, Umwelt, Ressourcen, Materialverbrauch, Interaktion)

Zusätzlich besteht die Anforderung, Sensorik und Aktorik beziehungsweise Elemente in virtuellen Trainingsumgebungen zu integrieren und erfassbar beziehungsweise ansteuerbar zu machen. Dazu zählen Szenarioeffekte ebenso wie ein technisches Tracking von Lernenden in der Übung.

13.2.2 Technologien und Technik

„Unter Technik wird sowohl das Ergebnis und Produkt der Anwendung bestimmter ‚technischer' Verfahren als auch der Anwendungsprozess als solcher verstanden. Oft wird hierzu synonym das Wort ‚Technologie' verwendet. Streng genommen ist unter dem Begriff Technologie im Unterschied zu Technik die Wissenschaft der Technik zu verstehen." (Krcmar 2015, S. 10)

In diesem Sinne sollen hier Technologien vorgestellt werden, die als Grundlage für die Architektur und Implementierung von IT-Systemen dienen. Derartige Technologien für die beschriebenen Anwendungsfälle entwickeln sich stetig fort. Ein Beispiel ist der Wandel, der durch die Verfügbarkeit des Internets mit hohen Bandbreiten einhergeht. Während vor einigen Jahren alle Daten lokal – z. B. auf Feuerwehr-Fahrzeugen – vorliegen mussten, sind heutzutage häufig die technischen Voraussetzungen geschaffen, um Daten bedarfsgerecht über das Internet nachzuladen. Dabei sind Ausnahmen wegen wirtschaftlich oder technisch bedingt lückenhafter Netzabdeckung und datenschutzrechtlicher Einschränkungen ebenso zu berücksichtigen wie Störungen z. B. in ländlichen Regionen oder Abschattungen in dichter Bebauung.

Grundlegend kann ein IT-System als „Technikbündel" verstanden werden, in dem Hardware und Software auf der Grundlage von Basisfunktionalitäten und bezogen auf Anwendungsfälle kombiniert werden. In der Betrachtung von IT-Systemen sind zwei Schwerpunkte zu identifizieren:

- **Architektur**: „*Eine Softwarearchitektur beschreibt die Strukturen eines Software-systems durch Architekturbausteine und ihre Beziehungen und Interaktionen untereinander sowie ihre physikalische Verteilung. Die extern sichtbaren Eigenschaften eines Architekturbausteins werden durch Schnittstellen spezifiziert*" (Balzert 2011, S. 23). Grundlegend unterschiedliche Konzepte können an zwei Beispielen verdeutlicht werden: Leitstellen-Systeme sind häufig als strikt vom Internet getrennte IT-Systeme gestaltet, deren Clients auf lokalen Rechnern bei den Disponenten in der Leitstelle installiert sind und die kabelgebunden mit einem in der Infrastruktur abgeschotteten Serverraum verbunden sind; es bestehen langfristige Wartungsverträge mit dem entsprechenden IT-Dienstleister. Im Gegensatz dazu können mobile Führungsunterstützungssysteme als cloudbasierte Lösungen aufgesetzt werden, deren Anwendungslogik und Datenverarbeitung auf abgesicherten Servern erfolgt und die Informationen häufig über Web-Anwendungen (z. B. im Browser oder als App) darstellen; Anwendungen können ebenso wie Speicher als Dienste („as-a-service") bedarfsgesteuert angeboten und beschafft werden. Wesentliche Unterschiede liegen in der Kommunikationstechnik (Internettechnologien, kabellos oder kabelgebunden) sowie der Verortung der Anwendungslogik (zentral auf dem Server oder lokal auf dem Client). Softwarearchitekturen werden nach grundlegenden Prinzipien wie Lokalität und Modularisierung gestaltet.[9]

- **Software-Anwendungen**: Applikationen werden selten als Einzelplatzlösungen ausgeführt, sondern häufig als Mehrbenutzersysteme. Sie entsprechen Unternehmensanwendungen, die sich dadurch auszeichnen, „*dass sie von vielen Benutzern gleichzeitig genutzt werden, verteilt sind (oft über große Entfernungen) und mit* unternehmenskritischen *Daten arbeiten*" (Balzert 2011, S. 319). Beispiele werden im folgenden Abschnitt mit Blick auf die darin implementierten Funktionen präsentiert.

13.3 IT-Systeme für das Krisenmanagement

Als Grundlage zur Kategorisierung von Funktionen dient Literatur zu **Management-Support-Systemen (MSS)**. Das Krisenmanagement stellt hier eine spezielle Domäne dar. Gluchowski et al. (2008) unterscheiden: Management Information Systems (MIS), Decision Support Systems (DSS), Executive Information System (EIS) und Executive Support Systems (ESS). Während MIS und EIS häufig dialogorientierte oder auch datenbankorientierte Systeme sind, werden DSS methoden- beziehungsweise modellgetrieben angelegt.

Im Folgenden sollen zunächst besondere Aspekte des Marktes und der darin agierenden Systemanbieter erläutert werden. Anschließend werden beispielhaft grundlegende Funktionen sowie spezifische Funktionen für Einsatz, Planung und Ausbildung vorgestellt.

---

[9] Prinzipien zur Gestaltung einer Softwarearchitektur: siehe Balzert (2011, 29ff).

13.3.1 Systemanbieter und Marktstrukturen

Im Bereich des Krisenmanagements sind Software-Anbieter etabliert, die Kommunen, Feuerwehren, Polizei-Einrichtungen, das Technische Hilfswerk (THW), Rettungsdienste und andere Zielgruppen mit Standard-Lösungen oder speziell entwickelter Software unterstützen. Häufig bestehen langjährige Partnerschaften, die entsprechend der Dynamik von Gefahrenlagen auch kurzfristige Anpassungen und Fehlerkorrekturen ermöglichen. Neben großen Software- und Dienstleistungsanbietern vertreiben zahlreiche kleine Unternehmen individualisierte Lösungen für einzelne Organisationen. Daraus resultiert eine Vielzahl an IT-Systemen und -anbietern. Listen können unter anderem European Emergency Number Association (2017), Loibl und Kirchhöfer (2014) oder URL secincore.eu/search entnommen werden.

13.3.2 Funktionen existierender IT-Systeme

Abbildung 13-5 ordnet die benannten Arten von MSS in ein Spannungsfeld ein, das sich durch eine zeitliche sowie eine funktionale Betrachtung ergibt.

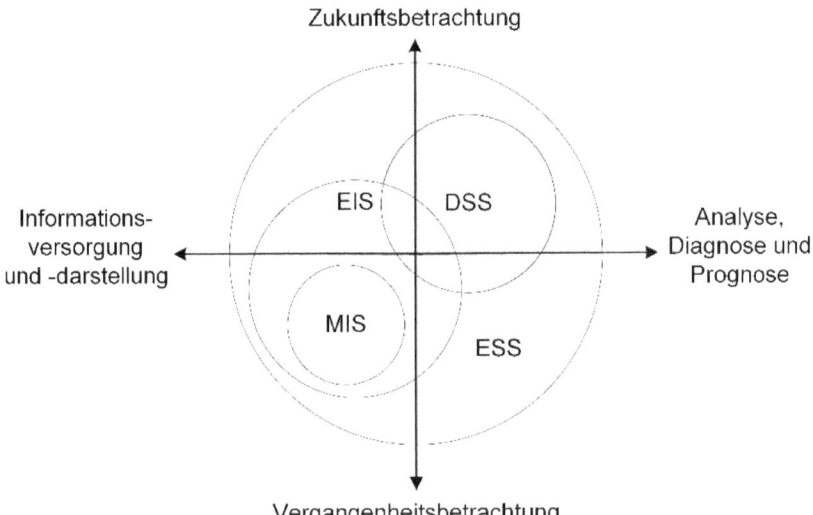

Abbildung 13-5: Kategorisierung von Management-Support-Systemen (Gluchowski et al. 2008)

Für IT-Systeme im Krisenmanagement kann eine Form im Sinne der Vergangenheitsbetrachtung die Bereitstellung von Best Practices sein, während Prognosen für eine zukünftige Entwicklung der Lage, z. B. in Form einer Gefahrstoffausbreitung, eine Zukunftsbetrachtung ermöglichen. Während z. B. Gefahrstoffdatenbanken eine reine Informationsversorgung und -darstellung anbieten, erlauben Einsatzleitstellensysteme die Disposition von Kräften anhand der Diagnose der aktuellen Auslastung und der Analyse regelbasierter

Ausdrücke-Vorschläge. Im Krisenmanagement spielen auch die Art der Information, Informationsqualität und der Informationsbedarf eine entscheidende Rolle. Damit unterscheidet sich entsprechend der Funktionsumfang von IT-Systemen, die zur Unterstützung des Einsatzes oder der Vorsorge hinzugezogen werden. Gluchowski et al. (1997) stellen in Abbildung 13-6 einen Zusammenhang zwischen Informationscharakteristika und möglichen Systemklassen dar.

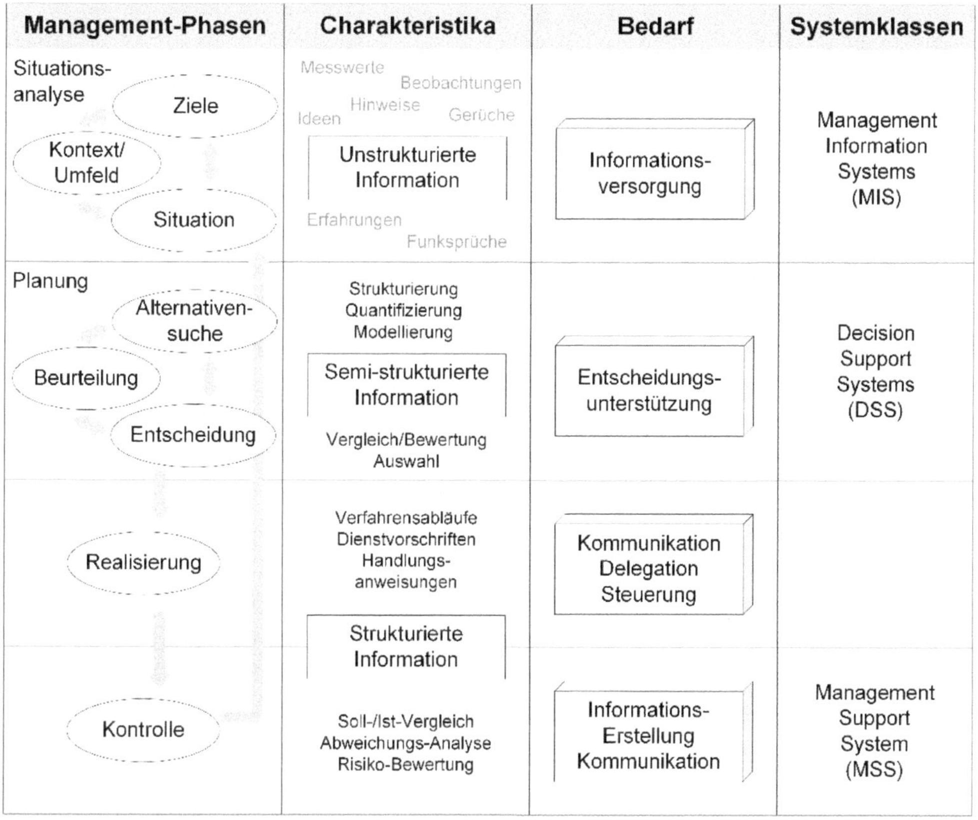

Management-Phasen	Charakteristika	Bedarf	Systemklassen
Situations-analyse Ziele Kontext/Umfeld Situation	Messwerte Beobachtungen Ideen Hinweise Gerüche **Unstrukturierte Information** Erfahrungen Funksprüche	Informations-versorgung	Management Information Systems (MIS)
Planung Alternativen-suche Beurteilung Entscheidung	Strukturierung Quantifizierung Modellierung **Semi-strukturierte Information** Vergleich/Bewertung Auswahl	Entscheidungs-unterstützung	Decision Support Systems (DSS)
Realisierung	Verfahrensabläufe Dienstvorschriften Handlungs-anweisungen	Kommunikation Delegation Steuerung	Management Support System (MSS)
Kontrolle	**Strukturierte Information** Soll-/Ist-Vergleich Abweichungs-Analyse Risiko-Bewertung	Informations-Erstellung Kommunikation	

Abbildung 13-6: Kategorisierung von Informationssystemen nach Gluchowski et al. (1997)

Im Folgenden werden grundlegende, anwendungsfallübergreifende Funktionen sowie Funktionen für die Anwendungsfelder „Einsatz", „Planung" und „Aus- und Weiterbildung" anhand von Beispielen illustriert. Die Graphiken und Screenshots resultieren aus verschiedenen Forschungsprojekten, um rechtliche Probleme zu vermeiden.

Prozesse im Krisenmanagement sind miteinander verbunden. Prävention, Vorsorge, Einsatz und Nachsorge bauen teilweise auf denselben Daten auf beziehungsweise nutzen Daten aus anderen Phasen. Einige Funktionen werden entsprechend übergreifend benötigt. Dazu zählen:

- **Geo-Informationssystem (GIS)-Funktionen**: Geodaten wie Karten, Terrain-Modelle, Georeferenzen von Objekten etc. müssen abgerufen, verarbeitet, dargestellt und gespeichert werden können.

- **Dynamische GIS-Funktionen**: Es müssen Berechnungen durchgeführt werden, die Objekte (sogenannte „Points of Interest"), Flächen (z. B. für die Planung von Sanitätswachdiensten oder Einsatzabschnitten) oder Routen betreffen. Diese können in Form von Navigation, interaktiver Kartenannotation (vgl. Lagekarte und Übungsszenarien) und der Lokalisierung von Ressourcen genutzt werden.

- **Workflow-Management**: Arbeitsprozesse werden modelliert und informationstechnisch implementiert. Dadurch werden Funktionen wie Aufgaben-Priorisierung, Wiedervorlage, Alarmierung abhängig von Bearbeitungsdauer etc. ermöglicht.

- **Dokumenten-Management**: Dokumente müssen mit Metadaten (z. B. Autor-Daten, Erstellungs-/Änderungsdatum, Sprache) und Historien-Informationen (Verlauf von Änderungen) verwaltet werden. Erweiterte Suchfunktionen können die Nutzbarkeit erheblich steigern.

- **Kommunikation**: Hilfsmittel der Kommunikation werden angebunden (z. B. Analog- und/oder Digitalfunk) sowie schriftliche Kommunikation in Standard-Prozessen abgebildet. Das Meldewesen übernimmt häufig eine Darstellungsfunktion für das Workflow-Management und nutzt in dem Kontext vorhandene Funktionalität.

- **Fernzugriff**: Zunehmend werden mobile Geräte verwendet. Dies erfordert entsprechende Einbindung von Kommunikationstechnik und Sicherheitsmechanismen.

- **Datenbanken**: Strukturierte Daten werden in der Regel in Datenbanken gespeichert und verwaltet. Diese werden mittels Datenbank-Management-Systemen (DBMS) eingebunden und bieten Schnittstellen zur Integration in IT-Systeme und zur direkten Verwendung durch den Menschen.

- **Logbuch**: Aktivitäts-Verfolgung kann sowohl in Einsätzen als auch in Prozessen der Vorsorge nutzbringend eingesetzt werden. Im Einsatz wird die Funktion durch Protokolleinträge im Einsatzleitrechner oder bei der Stabsarbeit durch das Einsatztagebuch und die Nachweisung abgebildet.

- **Archivierung**: Daten werden aus rechtlichen Gründen (Dokumentationspflicht) oder praktischen Gründen (z. B. zur Unterstützung einer kontinuierlichen Verbesserung) archiviert und dauerhaft nutzbar gemacht.

Im deutschsprachigen Raum existieren verschiedene Begriffe, die die Kategorien von Management-Support domänenspezifisch adaptieren. Dazu zählen unter anderem Stabsunterstützungssysteme und Lageführungssysteme. Im englischsprachigen Raum wurden Begriffe durch das US Department of Defense (2017) definiert:

- **C2 – command and control**: Unterstützung für Planung, Entscheidungsfindung und Befehlsgebung (Autorität und Steuerung)

- **C3 – command, control, and communications**: Ergänzend Unterstützung für das Meldewesen und die Kommunikationssysteme

- **C3I – command, control, communications, and intelligence**: Ergänzend Fähigkeiten der Informationsverarbeitung und -interpretation

- **C4I – command, control, communications, computers, and intelligence**: Ergänzend Unterstützung im Sinne des Managements der IuK im IM (vgl. Abbildung 13-7)

- **C4S – command, control, communications, and computer systems**: Alternative Beschreibung mit Fokus auf die Entwicklung der IT-Systeme als Hilfsmittel

Abbildung 13-7 zeigt einen Disponenten-Arbeitsplatz am Beispiel der Leitstelle der Feuerwehr Dortmund. Von links nach rechts sind verschiedene Funktionsbereiche erkennbar:

- ein Arbeitsbereich (Windows Explorer)

- eine kartenbasierte Sicht zur Ressourcen-, Notruf- und Einsatzlokalisierung

- textbasierte Schnittstellen für die Dokumentation und das Meldewesen

- das Ressourcentableau mit Zuordnung von Fahrzeugen beziehungsweise Einsatzmitteln zu Feuer- und Rettungswachen sowie farbliche Kennzeichnung des jeweiligen Status

Darüber hinaus bieten Präsentationsflächen in der Leitstelle (hier: Wand im Hintergrund) zusätzliche Information. Dazu zählen hier das Bild einer zugeschalteten Videokamera und die Darstellung von Dispositionsmustern im Sinne der Aufbauorganisation im Einsatz.

Die Einsatzleitstelle disponiert Einsatzkräfte, alarmiert und überwacht den Status der Einheiten. Die im Einsatz befindlichen Kräfte werden von einer Einsatzleitung auf der Basis von Dienstvorschriften (siehe unter anderem FwDV100 in der Form des Innenministeriums NRW (1999)) geführt. IT-Systeme können in verschiedenen Formen unterstützen:

- **Informationsversorgung und -darstellung**: Gliederung des Einsatzes, Einbindung von Datenbanken und Richtlinien, Zugriff auf Expertenwissen, Sensordatenübermittlung, Tracking von Einsatzkräften

- **Analyse**: Reaktive Auswertung von Personenströmen, Auswirkungen von Wetterprognosen, Simulation von Verkehrsflüssen, Entscheidungsunterstützung

- **Vergangenheitsbetrachtung**: Lessons Learned und Best Practices-Datenbank aus vergangenen Einsätzen als Unterstützung zur Entscheidungsfindung, Veränderungen von Umgebungsinformationen

- **Zukunftsbetrachtung**: Prognose von Ausbreitungen von Gefahrenstoffen und Potenzialen für zukünftige Bedrohungen, Simulation von Gefahrenlagen

Abbildung 13-7: Leitplatz der Feuerwehr Dortmund (Quelle: Feuerwehr Dortmund)

13.3.2.3 Spezifische Funktionen für die Planung

Informationsbereitstellung und Entscheidungsunterstützung unterliegt in der Planungsphase, wie in Abschnitt 13.2.1.2 beschrieben, nicht den zeitkritischen Randbedingungen des Einsatzes. Entscheidungen können weitestgehend rational getroffen und durch den Vergleich unterschiedliche Handlungsalternativen abgewogen werden. Dabei werden die bereits beschriebenen grundlegenden Funktionen verwendet und um spezifische Funktionen erweitert. Diese können sich unter anderem auf folgende Bereiche beziehen:

- **Informationsversorgung und -darstellung**: Datenbank zum Abruf von Gebäudeinformationen, Schätzungen zur erwarteten Teilnehmeranzahl bei Veranstaltungen, Referenzen auf Experten

- **Analyse**: Ingenieurmethoden des Brandschutzes, Auswertung von Personenströmen z. B. durch Maurer oder Kölner Algorithmus

- **Vergangenheitsbetrachtung**: Lessons Learned und Best Practices-Datenbank aus vergangenen Einsätzen zur Erstellung neuer oder optimierter Einsatzpläne

- **Zukunftsbetrachtung**: Wettersimulationen zur frühzeitigen Erkennung von Gefahrenlagen (Hochwasser, Tsunami), Personenverhalten in offenen und geschlossenen Bereichen, Räumungsszenarien

Die Planung einer Großveranstaltung ist maßgeblich von den räumlichen Gegebenheiten, den tangierten Objekten, den erwarteten Teilnehmenden und der Umgebung (z. B. Verkehrsinfrastruktur für An- und Abreise) abhängig. Abbildung 13-8 zeigt einen Kartenausschnitt aus einem Veranstaltungs-Planungssystem, das vor allem für Veranstaltungen im Freien optimiert wurde. Hier werden relevante Bereiche eingezeichnet, Zugänge markiert und diese Daten als Eingabe für die Simulation genutzt. Die Ergebnisse werden in einer weiteren Benutzungsschnittstelle dargestellt und können direkt weiterverarbeitet werden.

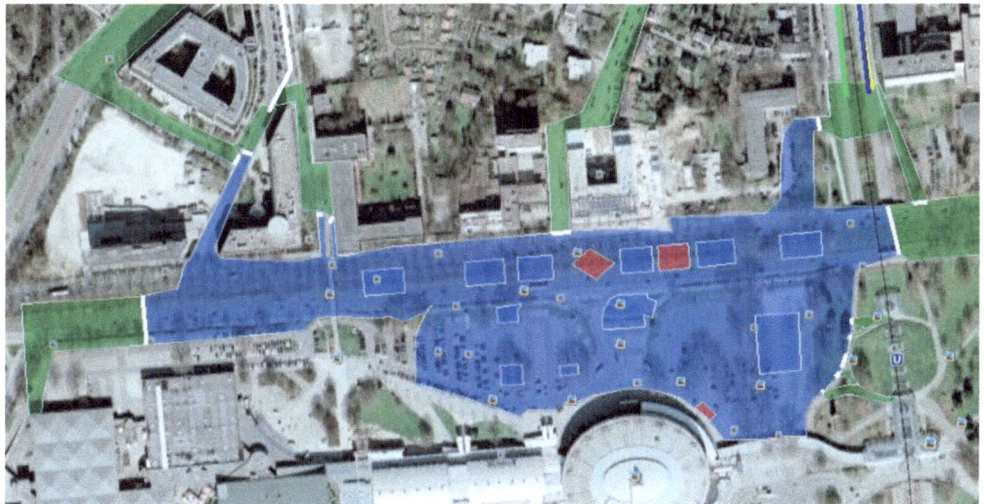

Abbildung 13-8: Räumliche Planung einer Großveranstaltung – hier: Meisterfeier des BV
Borussia Dortmund, 2011 (Koch et al. 2012)

13.3.2.4 Spezifische Funktionen für die Aus- und Weiterbildung

Unterstützungssysteme für die Aus- und Weiterbildung können in fünf Klassen eingeteilt werden (Pottebaum, Marterer, Schneider 2014):

- **Learning (Content) Management Systems (LMS/LCMS)** dienen der Verwaltung von Lerninhalten, dem zugehörigen Dokumentenmanagement, Funktionen zur Unterstützung von Kollaboration und der Stammdaten-Verwaltung.

- **Exercise Planning Support Systems (XPSS)** beinhalten Autorenwerkzeuge zur effektiven und effizienten Gestaltung von Lerninhalten (z. B. Szenarien für Übungen und Folien für Seminare) sowie Funktionalität für die Kommunikation zwischen allen Beteiligten.

- **Exercise Control Support Systems (XCSS)** bauen auf Übungs-Steuerungssystemen auf und binden Simulations-Komponenten ein. Letztere sollen Ausbilder bezüglich der Ausführung von Szenarien und entsprechenden Entscheidungen unterstützen. XCSS erfordern Schnittstellen zu Beobachtungssystemen.

- **Exercise Observation Support Systems (XOSS)** fassen Funktionen zur Verarbeitung und Auswertung von Sensordaten und unterstützende Systeme zur manuellen Eingabe von Beobachtungen zusammen. Derartige Systeme erfordern eine entsprechende Kommunikationsinfrastruktur, insbesondere bei Echtzeit-Anwendung.

- **Exercise Debriefing Support Systems (XDSS)** dienen der Verhaltensanalyse in Echtzeit oder im Nachgang einer Trainingseinheit. Ergebnisse werden entsprechend teilautomatisiert aufbereitet und visualisiert (siehe Abbildung 13-9)

Abbildung 13-9: Übungsunterstützungssoftware (Koch et al. 2015)

13.4 IT-Systemauswahl

Die beschriebenen Eigenschaften von IT-Systemen kommen unter anderem dann zur Anwendung, wenn IT-Systeme für bestimmte Anwendungsfälle ausgewählt werden sollen. Bei einer Systemauswahl müssen Systemalternativen identifiziert und anhand von Bewertungskriterien beurteilt werden. Dabei ist häufig ein Einteilen der IT-Systeme in Kategorien hilfreich, um eine Vergleichbarkeit für die Identifizierung herzustellen.

Die Systemauswahl wird in der Regel als Projekt durchgeführt, welches z. B. die IT-Abteilung einer BOS leitet und alle relevanten Stellen einbezieht. Häufig wird ein solches Projekt in Stufen durchgeführt.

- Vor dem Hintergrund definierter Anforderungen wird eine Marktübersicht erstellt, die z. B. auf Systembeschreibungen, Messebesuchen, Anbieterinformationen und Referenzanwendern existierender Systeme beruhen kann. Resultat ist eine Liste von möglichen Systemalternativen.

- Anforderungen und Systemalternativen können für einen Benchmark genutzt werden. Dabei wird zwischen einer Grobauswahl vor dem Hintergrund von Festforderungen (welche Funktionen oder Eigenschaften muss das zu beschaffende IT-System auf jeden Fall beinhalten?) und einer Feinauswahl anhand von weiteren Anforderungen unterschieden.

- In diesem Schritt der Feinauswahl können auch Methoden wie eine System-Inspektion oder ein Probebetrieb zur Anwendung kommen. Ziel ist es, Systeme hinsichtlich ihres technischen Nutzens, der Informationen zum Anbieter, den Kosten beziehungsweise der Wirtschaftlichkeit und der Einhaltung rechtlicher Randbedingungen zu bewerten und in eine Rangfolge zu überführen.

- Auf dieser Grundlage kann eine Entscheidung getroffen werden.

Ein solcher Projektverlauf ist dadurch gekennzeichnet, dass kontinuierlich Informationen gesammelt beziehungsweise erarbeitet werden und der Bestand dementsprechend stetig zunimmt. Dies kann dazu genutzt werden, um parallel die avisierten Anwendungsfälle zu verfeinern. Das Vorgehen wird begleitet von der Prüfung relevanter Beschaffungsrichtlinien, die unter anderem Ausschreibungsverfahren erfordern und Auflagen für die Erprobung einzelner Systeme implizieren. Ein Beispiel soll den generellen Ablauf einer IT-Systemauswahl verdeutlichen:

- Es soll ein System zur Entscheidungsunterstützung in ABC-Gefahrenlagen ausgewählt werden. Die Feuerwehr strebt die Einführung eines neuen IT-Systems für den Einsatz an. Die Einsatzleitung liegt bei der Feuerwehr, die Schnittstellen unter anderem zum Technischen Hilfswerk, zu Spezialabteilungen in Krankenhäusern und zu Einheiten des Katastrophenschutzes besitzt.

- Die Systemauswahl wurde als Projekt initiiert und eine entsprechende Projektgruppe gegründet. Daran nehmen unter anderem erfahrene Einsatzleiter, Personen mit konkreter ABC-Einsatzhistorie, ABC-Experten und Fachpersonal zur Sensorik teil. Systemanbieter werden nicht einbezogen, um Einflussnahme zu verhindern.

- Die Projektgruppe definiert zunächst einen Grundstock an Anforderungen. Diese werden reflektiert und erweitert durch Interviews und Workshops mit weiteren Experten innerhalb und außerhalb der Feuerwehr.

- Die Projektgruppe führt eine systematische Marktrecherche durch. Diese wird unter anderem durch die Sichtung von Ausstellerkatalogen der Interschutz-Messe, dem Besuch weiterer Messen sowie Kontakten zu anderen Feuerwehren zu Erfahrungen mit existierenden Systemen gefüllt.

- Durch Prüfung aller vorhandener Materialien gegen die Festforderungen wird die Auswahl der Systemalternativen auf wenige verbleibende System reduziert.

- Die Feuerwehr nutzt das Szenario einer Übung, die vor wenigen Monaten bereits durchgeführt wurde und nun mit den Systemalternativen wiederholt werden soll. Dadurch wird ein Vergleich der Alternativen untereinander und mit der Ist-Situation möglich. Die Übung wird mit entsprechendem Personaleinsatz durchgeführt.

- Die Systemalternativen werden zudem detailliert inspiziert. Dabei bewerten IT-Experten der Feuerwehr den Erfüllungsgrad aller Anforderungen.

- Die Projektgruppe bewertet die Wirtschaftlichkeit der Systemalternativen.

- Ein Experte zum Thema „Datenschutz" wird hinzugezogen. Es wird eine entsprechende Bewertung erstellt.

- Auf dieser hier sehr verkürzt dargestellten Grundlage kann anschließend eine Bewertung erfolgen und eine Entscheidung getroffen werden.

13.5 Fazit

- IT-Systeme sollen Menschen in allen Phasen des Krisenmanagements unterstützen. Dabei sind zahlreiche Zielgruppen zu berücksichtigen, die in der Vorsorge – Planung und Ausbildung – Aufgaben übernehmen. Aufgaben beinhalten jeweils Aspekte, die dem Informationsmanagement zugeordnet werden können.

- Daraus können Anwendungsfälle für IT-Systeme abgeleitet werden, die wiederum die Grundlage zur Definition von Anforderungen sind. Abschnitt 13.2.1 beschreibt mögliche **Zielgruppen**, **Anwendungsfälle** und **Anforderungen**. Abschnitt 13.2.2 stellt dem eine Beschreibung existierender Technologien gegenüber, die in IT-Systemen verwendet werden.

- Technologie wird genutzt, um Technik zu entwickeln. Der Abschnitt 13.3 gibt einen Überblick über aktuell verfügbare **IT-Systeme** und lässt Entwicklungstrends erkennen. Anhand von Beispielen werden **Systemkategorien** veranschaulicht. Eigenschaften und Funktionen von IT-Systemen werden exemplarisch beschrieben, um einen Ansatz für die Kategorisierung von Systemen zu vermitteln.

- Dadurch wird die Grundlage geschaffen, IT-Systeme nicht nur zu nutzen, sondern auch die **Auswahl** von IT-Systemen systematisch durchzuführen. Dazu sind Fähigkeiten in der fachlichen Domäne, im Verständnis der IT-Beschreibungen und dem Projektmanagement notwendig. Abschnitt 13.4 rundet das Kapitel mit einem entsprechenden Beispiel ab.

13.6 Übungsaufgaben

Aufgabe 1: Welche Aufgaben umfasst das Informationsmanagement?

Aufgabe 2: Wie korrelieren Aufgaben des Informationsmanagements mit Aufgaben, die in den Strukturen der BOS (z. B. der FwDV100) definiert sind?

Aufgabe 3: Gibt es Anforderungen, die für Stabsunterstützungssysteme (Großschadenlagen) typisch sind? Welcher Kategorie von Management-Support-Systemen ordnen Sie „Stabsunterstützungssysteme" zu?

Aufgabe 4: Welche Daten können in Übungen erhoben und zum Lernen aus Übungseinsätzen genutzt werden, die in Einsätzen nicht erfassbar sind?

Aufgabe 5: Wie sollte bei der IT-System-Auswahl vorgegangen werden? Welche Schritte schätzen Sie als besonders aufwändig ein?

13.7 Literatur

13.7.1 Literaturempfehlungen

Balzert, H. (2011). *Lehrbuch der Softwaretechnik: Entwurf, Implementierung, Installation und Betrieb* (Lehrbücher der Informatik, 3. Aufl.). Heidelberg: Spektrum Akademischer Verlag.

Krcmar, H. (2015). *Einführung in das Informationsmanagement* (Springer-Lehrbuch, 2., überarb. Aufl.). Berlin: Springer Gabler.

Turoff, M., Chumer, M., van de Walle, B., & Yao, X. (2004). *The design of a dynamic emergency response management information system (DERMIS)*. JITTA: Journal of Information Technology Theory and Application 5 (4), 1.

13.7.2 Literaturverzeichnis

Balzert, H. (2011). *Lehrbuch der Softwaretechnik: Entwurf, Implementierung, Installation und Betrieb* (Lehrbücher der Informatik, 3. Aufl.). Heidelberg: Spektrum Akademischer Verlag.

BBK-Glossar. Ausgewählte zentrale Begriffe des Bevölkerungsschutzes. (2013) (Praxis im Bevölkerungsschutz, Bd. 8, Stand/Auflage 02/2013). Bonn.

Deutscher Bundestag. (2009). Gesetz zur Stärkung der Sicherheit in der Informationstechnik des Bundes. BSI-Gesetz (BSIG). *Bundesgesetzblatt 2009* (54). https://www.bsi.bund.de/SharedDocs/Downloads/DE/BSI/BSI/bsiges2009_pdf.pdf?__blob=publicationFile.

European Emergency Number Association (Hrsg.). (2017). *The "who-is-who" handbook in the public safety industry*, Brüssel.

Gluchowski, P., Gabriel, R. & Chamoni, P. (1997). Management Support Systeme. Computergestützte Informationssysteme für Führungskräfte und Entscheidungsträger. Berlin, Heidelberg: Springer Berlin Heidelberg.

Gluchowski, P., Dittmar, C. & Gabriel, R. (2008). Management Support Systeme und Business Intelligence. Computergestützte Informationssysteme für Fach- und Führungskräfte (2, vollst. überarb. Aufl.). Berlin: Springer.

Innenministerium NRW. (1999). Feuerwehr-Dienstvorschrift 100. FwDV100.

Koch, R., Schneider, S. & Jahnke, U. (2012). EVA - Planung, Bewertung, Evakuierung und Rettungskonzepte. Teilvorhaben: Erstellen einer Datenbasis für grundlegende Maßnahmenempfehlungen in Evakuierungs- und Rettungsszenarien. Abschlussbericht. Paderborn: Technische Informationsbibliothek u. Universitätsbibliothek.

Koch, R., Marterer, R., Friberg, T. & Schulz, A. (2015). RescueLab - IT-gestützte Übungsumgebungen für Bevölkerungsschutz und Rettungskräfte. Teilvorhaben: IT-gestützte Möglichkeiten für die Auswertung / Visualisierung von Übungen. Paderborn: Technische Informationsbibliothek u. Universitätsbibliothek.

Krcmar, H. (2015). *Einführung in das Informationsmanagement* (Springer-Lehrbuch, 2., überarb. Aufl.). Berlin: Springer Gabler.

Loibl, P. & Kirchhöfer, K. (2014). Gefahrenmanagement- und Leitsysteme mit Leistungsübersicht -Markstudie: TeMedia Verlags GmbH.

Norm, DIN EN ISO 22300:2014 (2014-12). Sicherheit und Schutz des Gemeinwesens - Terminologie.

Pohl, K. (2010). Requirements engineering. Fundamentals, principles, and techniques. Berlin: Springer.

Pohl, K. & Rupp, C. (2009). Basiswissen Requirements Engineering. Aus- und Weiterbildung zum "Certified Professional for Requirements Engineering" ; Foundation Level nach IREB-Standard (1. Aufl.). Heidelberg: dpunkt-Verl.

Pottebaum, J., Marterer, R. & Koch, R. (2014). IT-gestützte Ausbildung von Feuerwehr-Führungskräften und -stäben. Zwischen virtueller Lage und realer Erfahrung. In R. Heimann, S. Strohschneider & H. Schaub

(Hrsg.), *Entscheiden in kritischen Situationen. Neue Perspektiven und Erkenntnisse.* Frankfurt: Verlag für Polizeiwissenschaft.

Pottebaum, J., Marterer, R. & Schneider, S. (2014). Taxonomy of IT support for training emergency response & management. In S. R. Hiltz, M. S. Pfaff, L. Plotnick & P. C. Shih (Hrsg.), *ISCRAM 2014 Conference proceedings. Book of papers : 11th International Conference on Information Systems for Crisis Response and Management* (S. 374–378). Pennsylvania: The Pennsylvania State University. http://idl.iscram.org/files/pottebaum/2014/848_Pottebaum_etal2014.pdf.

Rupp, C. (2009). Requirements-Engineering und -Management. Professionelle, iterative Anforderungsanalyse für die Praxis (5., aktualisierte und erw. Aufl.). München: Hanser.

US Department of Defense. (2017). *DOD Dictionary of Military and Associated Terms, June 2017.* http://www.dtic.mil/doctrine/dod_dictionary/index.html. Zugegriffen 27.06.2017.

14 IT-Unterstützung des Regel- und Ausnahmebetriebes von Rettungsdiensten

Tilo Mentler
Universität zu Lübeck

Zusammenfassung

Mobile oder am Körper tragbare interaktive Systeme können Notärzte und das Rettungs-fachpersonal bei der Erledigung ihrer anspruchsvollen Aufgaben unterstützen, sofern die Gebrauchstauglichkeit der computerbasierten Werkzeuge gewährleistet wird. Ausgehend von einer Analyse der Benutzer, Aufgaben, Organisation sowie weiterer Rahmenbedin-gungen wird in diesem Kapitel auf die Realisierung durchgängig nutzbarer und konsisten-ter Systemlösungen für Rettungskräfte eingegangen. Zentral ist dabei die Feststellung, dass IT-unterstützte Rettungsdienste als prozessorientiertes, sozio-technisches System aufgefasst werden müssen. Sowohl der tägliche Regelbetrieb der individuellen Kranken-transporte und Notfalleinsätze als auch der seltene Ausnahmebetrieb bei Großschadensla-gen und Massenanfällen von Verletzten sind daher bei der Systemgestaltung zu berück-sichtigen. Die erstmalige Nutzung eines interaktiven Systems im Ausnahmebetrieb wird als Worst-Case-Szenario für Evaluationen gekennzeichnet. Der skizzierte Gestaltungsan-satz wird exemplarisch anhand eines menschzentrierten Entwicklungsprojektes zum Ein-satz von robusten Tablet-PCs zu Dokumentations- und Informationszwecken veranschau-licht.

Lernziele

- Die Leser können Grundlagen der Prozessführung, insbesondere die Unterschiede und Zusammenhänge zwischen Regel- und Ausnahmebetrieb, beschreiben.

- Die Leser können zwischen Regel- und Ausnahmebetrieb in den jeweils für Sie relevanten Anwendungsdomänen unterscheiden.

- Die Leser können Gestaltungsprinzipien für Prozessführungssysteme in ihren For-schungs- und Entwicklungsarbeiten anwenden.

14.1 Einleitung

Die fachgerechte Versorgung und der effiziente Transport von Verletzten oder Erkrankten außerhalb oder zwischen klinischen Einrichtungen stellt hohe Anforderungen an die beteiligten Menschen, die genutzte Technik und die daraus resultierende Interaktion oder Kooperation. Wenn jede Minute zählt, sind strukturierte Abläufe gleichermaßen notwendige Bedingung und anspruchsvolle Herausforderung.

In Industrienationen und urbanen Gegenden von Schwellenländern (Al-Shaqsi, 2010; World Health Organization, 2008) übernehmen **Rettungsdienste** als spezialisierte Behörden oder Organisationen die *„öffentliche Aufgabe der Gesundheitsvorsorge und der Abwehr medizinischer Gefahren, die sich in Notfallrettung und Krankentransport gliedert"* (DIN 13050:2015).

Die korrekte Dokumentation relevanter Einsatzdaten (z. B. Angaben zum Patienten, Verdachtsdiagnose, Therapiemaßnahmen) sowie ihre zeitgerechte Weitergabe (z. B. an andere Einsatzkräfte oder klinische Einrichtungen) ist wesentlich für eine bestmögliche Versorgung der Verletzten oder Erkrankten. Sie kann unter Umständen den Unterschied zwischen Leben und Tod ausmachen (Holzman, 1999). Darüber hinaus dient die Einsatzdokumentation der rechtlichen Absicherung der Einsatzkräfte sowie als Grundlage organisationalen Lernens und des Qualitätsmanagements (Gorgaß et al., 2005; Lutomsky & Flake, 2003; Ziegenfuß, 2007). Die entsprechenden Dokumentations- und Informationsprozesse werden derzeit in vielen Rettungsdienstbereichen noch maßgeblich mit papierbasierten Arbeitsmitteln (siehe Abbildung 14-1) und diversen Kommunikationsmitteln (z. B. Fax, Funk, Melder, Telefon) gesteuert und überwacht.

Computerbasierte Lösungen, ausgehend von maschinenlesbaren Protokollen bis hin zu mobilen interaktiven Systemen, werden seit Ende der 1980er-Jahre erforscht (Artinger et al., 2012; Donner et al., 2011; Lawatschek et al., 2012; Maier & Röckelein, 1999) und von Vertretern der Rettungsdienste gefordert (Ellinger, Luiz & Obenauer, 1997; Hüls & Oestern, 1999). Sie werden zunehmend in der Praxis erprobt (Ellebrecht & Latasch, 2012; Luiz et al., 2013) und eingeführt (Doelfs, 2017). Kritische Auseinandersetzungen von Fachexperten, beispielsweise zur Frage *„Wie kann eine standardisierte, anwenderorientierte und rechtssichere Dokumentationslösung mit moderner Informationstechnologie kombiniert werden?"* (Dörges et al., 2013), verdeutlichen jedoch, dass weiterhin Forschungs- und Entwicklungsbedarf besteht.

Grundsätzlich gilt, wie Sellen und Harper (2002) im Zusammenhang mit dem Mythos papierloser Büros ausführlich begründen, dass die Einführung und Vernetzung von Computersystemen allein weder die Arbeitsbedingungen der Benutzer erleichtern noch die Arbeitsabläufe oder Arbeitsergebnisse verbessern. Notwendig sind ein umfassendes Verständnis des **Nutzungskontextes** und die systematische Gewährleistung der **Gebrauchstauglichkeit** der zu entwickelnden Anwendungssysteme (siehe Kapitel 3).

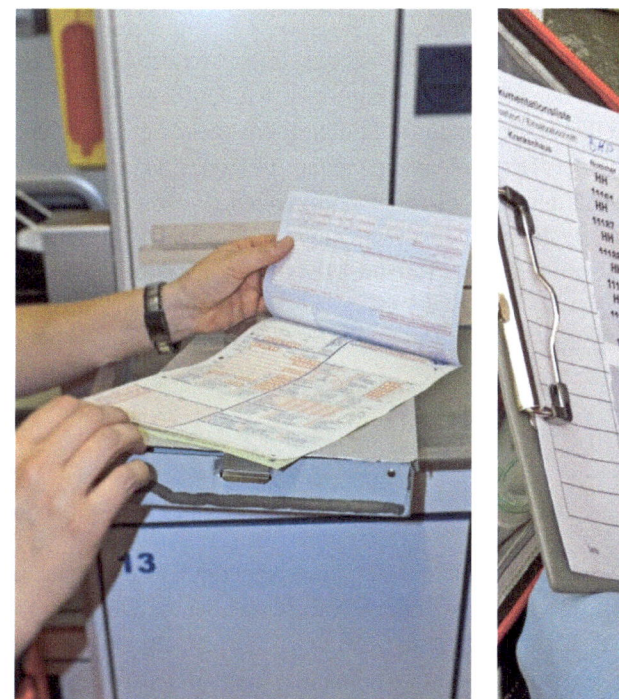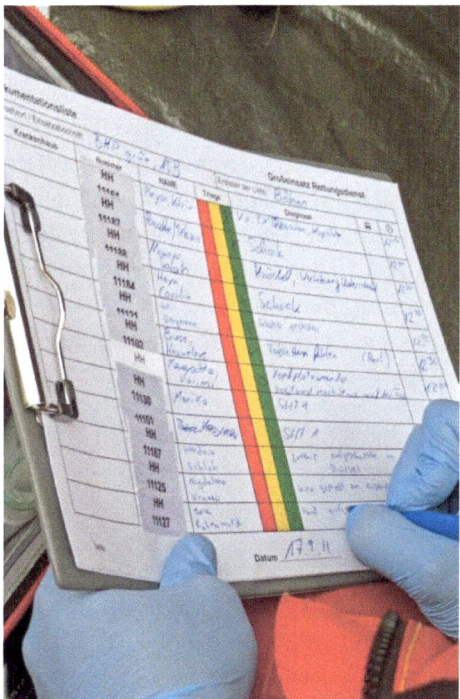

Abbildung 14-1: Papierbasierte Dokumentation bei Einsätzen mit wenigen Patienten (links)
und bei Schadenslagen mit vielen Betroffenen (rechts)

Nach einer Einführung in die Grundlagen des Rettungswesens in Abschnitt 14.2 und die
Grundlagen der Prozessführung in Abschnitt 14.3 wird in Abschnitt 14.4 erläutert, wie
Rettungsdienste aus Sicht der Prozessführung betrachtet werden können. In diesem Zusammenhang wird beschrieben, was diese Einordnung für die gebrauchstaugliche Gestaltung interaktiver Mensch-Computer-Systeme im Rettungswesen bedeutet. Der skizzierte
Gestaltungsansatz wird in Abschnitt 14.5 anhand eines Fallbeispiels zur Nutzung von Tablet-PCs im Rettungsdienst verdeutlicht. Das Fazit in Abschnitt 14.6 stellt die wesentlichen
Inhalte und Schlussfolgerungen dieses Kapitels dar. Übungsaufgaben und Literatur werden in den Abschnitten 14.7 und 14.8 aufgeführt.

14.2 Grundlagen des Rettungswesens

Nach der Zusammenfassung wesentlicher rettungsdienstlicher Konzepte und Prinzipien in
Abschnitt 14.2.1 wird in den Abschnitten 14.2.2 und 14.2.3 zwischen der Versorgung weniger und vieler Patienten in rettungsdienstlichen Einsätzen unterschieden.

14.2.1 Rettungsdienstliche Konzepte und Prinzipien

Charakteristisch für die rettungsdienstlichen Abläufe ist, dass Einsatzkräfte in der Regel, das heißt abgesehen von Zufällen oder planbaren Ereignissen wie Großveranstaltungen, erst von Patienten oder anderweitig Betroffenen (z. B. Familienangehörigen, Kollegen, Zeugen) angefordert werden müssen. Rettungsdienste stellen im Konzept der **Rettungskette** (siehe Abbildung 14-2) das Bindeglied zwischen der durch jede Person zu leistenden Ersten Hilfe und der qualifizierten medizinischen Versorgung in klinischen Einrichtungen dar. Ihre Effizienz wird dabei maßgeblich durch **Rettungsleitstellen** als *„ständig besetzte Einrichtung zur Annahme von Notrufen und Meldungen sowie zum Alarmieren, Koordinieren und Lenken des Rettungsdienstes"* (DIN 13050:2015) beeinflusst.

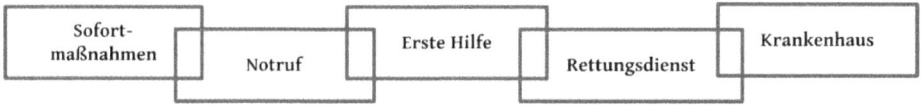

Abbildung 14-2: Rettungskette nach Ahnefeld (Mentler, 2015; angelehnt an Ziegenfuß, 2007)

Leitstellendisponenten entscheiden, oftmals mithilfe computerbasierter Entscheidungsunterstützungssysteme, über die Anzahl und notwendige Qualifikation der zu alarmierenden Einsatzkräfte (Arntz & Kreimeier, 2010; Kaufmann & Kranz, 2012). Nach dem unter anderem in Deutschland praktizierten **franko-germanischen Rettungsdienstmodell** arbeitet das nichtärztliche Rettungsdienstfachpersonal arbeitsteilig und in weitestgehend geklärten Verantwortungsbereichen mit speziell ausgebildeten (Not-)Ärzten zusammen (Dick, 2003). Für das Zusammentreffen der Einsatzkräfte kommen zwei Strategien infrage (Gorgaß et al., 2005; Ziegenfuß, 2007):

- Im **Stationssystem** wird der *„Notarzt mit einem NAW [Notarzteinsatzwagen] zur Einsatzstelle gebracht"* (Ziegenfuß, 2007) und dabei vom nichtärztlichen Rettungsfachpersonal begleitet.

- Im **Rendezvoussystem** werden zwei oder mehrere Rettungsmittel eingesetzt, von denen eines notärztlich besetzt ist. Rettungsdienstfachpersonal und Notarzt/Notärztin treffen somit erst am Einsatzort zusammen, stehen aber gegebenenfalls flexibel für Folgeeinsätze zur Verfügung.

Das Rendezvoussystem hat sich in Deutschland *„mit einem Anteil von 99,1 % gegenüber dem Stationssystem bundesweit durchgesetzt"* (Schmiedel & Behrendt, 2011).

Entsprechend der einleitend genannten Definition können bei Rettungsdiensteinsätzen **Krankentransporte** und **Notfallrettungen** (siehe Tabelle 14-1) unterschieden werden. Da Aufgaben und Organisation der alarmierten Einsatzkräfte jedoch maßgeblich von der Anzahl der Verletzten oder Erkrankten abhängt, wird in den folgenden Abschnitten zwischen der Versorgung weniger und vieler Patienten unterschieden.

14.2.2 Transporte und Notfallrettungen weniger Patienten

In Tabelle 14-1 sind die Arten von rettungsdienstlichen Einsätzen aufgeführt, bei denen einzelne oder wenige Patienten von einem temporär, das heißt für einzelne Einsätze oder Schichten, kooperierenden **akutmedizinischen Team,** bestehend aus *„einer Führungsperson und mehreren gleichberechtigten Mitgliedern"* (St. Pierre et al., 2005), versorgt und transportiert werden.

Einsatzart	Definition nach DIN 13050:2015
Intensivtransport	Sekundäreinsatz zur Beförderung eines intensivüberwachungs- und behandlungspflichtigen Patienten, bei dem ein geeigneter Arzt und Fachpersonal mit entsprechender Qualifikation sowie ein geeignetes Rettungsmittel erforderlich sind
Krankentransport	Transport, der die Beförderung von Erkrankten, Verletzten oder sonstigen hilfsbedürftigen Personen, die keine Notfallpatienten sind, und die medizinisch-fachliche Betreuung durch Fachpersonal mit entsprechender Qualifikation umfasst
Notfallrettung	organisierte Hilfe, die in ärztlicher Verantwortlichkeit erfolgt und die Aufgabe hat, bei Notfallpatienten am Notfallort lebensrettende Maßnahmen oder Maßnahmen zur Verhinderung schwerer gesundheitlicher Schäden durchzuführen, gegebenenfalls ihre Transportfähigkeit herzustellen und diese Personen gegebenenfalls unter Aufrechterhaltung der Transportfähigkeit und Vermeidung weiterer Schäden in eine geeignete medizinische Versorgungseinrichtung zu befördern

Tabelle 14-1: Einsatzarten mit einzelnen oder wenigen Patienten im Rettungsdienst

Krankentransportwagen, Rettungswagen, Notarztwagen oder Notarzteinsatzfahrzeuge (zusammengefasst unter dem Oberbegriff **Rettungsmittel**), mit denen 99% aller Einsätze absolviert werden (Helfen, 2008), sind dabei meist mit ein bis zwei Vertretern des Rettungsfachpersonals und gegebenenfalls einem Notarzt oder einer Notärztin besetzt. Die konkreten Anforderungen unterscheiden sich dabei von Bundesland zu Bundesland.

Unter dem Oberbegriff **Rettungsfachpersonal** werden die im Rettungsdienst eingesetzten, nichtärztlichen Fachkräfte zusammengefasst. Anhand ihrer Qualifikationen können – mit Zunahme der Kompetenzen – **Rettungshelfer, Rettungssanitäter, Rettungsassistenten** und **Notfallsanitäter** unterschieden werden (Adams et al., 2009; Kuhnke, 2015). Sie sind entweder ehrenamtlich oder hauptamtlich bei einer der verschiedenen **Behörden und Organisationen mit Sicherheitsaufgaben (BOS)** beschäftigt und verfügen teilweise über Zusatzqualifikationen (z. B. als Feuerwehrleute oder für administrative/einsatzbezogene Führungspositionen).

14.2.3 Großschadensereignis und Massenanfälle von Verletzten

Die zuvor genannten Einsatzkräfte sind auch bei **Großschadensereignissen** *„ [...] mit einer großen Anzahl von Verletzten oder Erkrankten sowie anderen Geschädigten oder Betroffenen und/oder erheblichen Sachschäden"* (DIN 13050:2015) sowie **Massenfällen** *„[...] mit einer großen Anzahl von Verletzten oder Erkrankten sowie anderen Geschädigten oder Betroffenen"* (DIN 13050:2015) gefordert.

Während jedoch bei wenigen Patienten deren unmittelbare Versorgung (Diagnose, Therapie, Transport) den Aufgabenschwerpunkt darstellt und die Einsatzdokumentation begleitend erfolgt, erfordern Einsätze mit dutzenden oder hunderten Betroffenen umfassendere Maßnahmen. Sie sind in sinngemäßer Übersetzung der von Peter und Maurer (2001) beschriebenen 5-T-Regel in Tabelle 14-2: skizziert (Mentler et al., 2011):

Aufgabenkomplex	Beschreibung
Führung und Ordnung (*„tactics"*)	*„Beeinflussung der Entscheidungen und der Verhaltensweisen anderer Menschen, um bestimmte aufgabenbezogene Ziele verwirklichen zu können"* (Mentler, 2015)
Sichtung (*„triage"*)	*„die ärztliche Beurteilung und Entscheidung über die Priorität der Versorgung von Patienten hinsichtlich Art und Umfang der Behandlung sowie über Zeitpunkt, Art und Ziel des Transportes"* (DIN 13050:2015)
Behandlung (*„treatment"*)	(zeitweilige) Abkehr von individualmedizinischen Behandlungsstandards, falls die Zeit für umfassende Anamnese- und Diagnosetätigkeiten fehlt oder Ressourcen (Medikamente, Medizintechnik) nicht in ausreichendem Maße verfügbar sind
Betreuung (*„take care"*)	Maßnahmen (z. B. Registrierung, Seelsorge) zur Vermeidung oder Begrenzung von (psychischen) Folgeschäden bei Patienten, Zeugen, Angehörigen und Einsatzkräften (Kühn, Luxem & Runggaldier, 2004)
Transport (*„transport"*)	Organisation von gewöhnlichen Rettungsmitteln sowie Sonderrettungsmitteln (z. B. Busse) mit dem Ziel, dass *„jeder Patient [...] zum richtigen Zeitpunkt mit einem für ihn geeigneten Transportmittel in eine geeignete Behandlungseinrichtung gelangen [soll]"* (Luiz, Lackner & Peter, 2010)

Tabelle 14-2: Aufgabenkomplexe bei rettungsdienstlichen Einsätzen mit vielen Betroffenen

Die zur Bewältigung dieser Aufgaben notwendigen Aufbau- und Ablauforganisationen müssen dabei dynamisch an die Schadenslage und den Einsatzverlauf angepasst werden. Luiz et al. (2010) unterscheiden zwischen:

1. der **Früh- oder Strukturierungsphase**, die mit dem Eintreffen des ersten Rettungsmittels beginnt;

2. der **Aufbau- oder Übergangsphase**, die durch das Eintreffen von weiterem Personal und Material geprägt ist;

3. der bis Einsatzende andauernden **Hauptphase**, in der Führungsstrukturen etabliert sind, aber die Einsatzkräfte weiterhin koordiniert werden müssen.

Die zuerst am Einsatzort eintreffenden Einsatzkräfte bilden entsprechend ihrer jeweiligen Qualifikation die temporäre Einsatzleitung. Sie schafft durch die Festlegung vorläufiger Einsatzabschnitte und die Einweisung des eintreffenden Personals provisorische Strukturen und soll chaotische Zustände verhindern (z. B. die Behandlung von einzelnen Leichtverletzten vor der Sichtung aller Betroffenen, insbesondere der Schwerverletzten).

Mit ihrem Eintreffen übernehmen speziell geschulte Einsatzkräfte, ein **Leitender Notarzt (LNA)** und ein **Organisatorische Leiter (OrgL)**, die rettungsdienstliche Einsatzleitung. Sie sind nachfolgend und gegebenenfalls über mehrere Stunden für die Beurteilung der medizinischen und taktischen Lage, die Priorisierung von Maßnahmen (z. B. Behandlungsreihenfolge) sowie die Entscheidungsfindung verantwortlich.

Situation Awareness (vgl. Kapitel 24 zu Situationsbewusstsein in Augmented und Virtual Reality), im Sinne von *„knowing what is going on around"* (Endsley & Garland, 2000), ist dabei aufgrund der Zustände und Ausmaße des Schadensgebietes (z. B. zerstörte und brennende Fahrzeuge verteilt über hunderte Meter Autobahn) sowie dynamischer Entwicklungen (z. B. Zahl der momentan verfügbaren Rettungsmittel, sich verschlechternde Zustände von Patienten, Wetterbedingungen und Lichtverhältnisse) nicht ohne Helfer und (technische) Hilfsmittel möglich (Mentler & Herczeg, 2015).

Abgesehen von Führungsassistenten erhalten LNA und OrgL Unterstützung von **Schnell-Einsatz-Gruppen (SEGs)**, die in der kurzfristigen Bereitstellung bestimmter Ressourcen geschult sind, und von **Abschnittsleitern**, die die Verantwortung für bestimmte Funktionsbereiche übernehmen (Ziegenfuß, 2007). Der Austausch von Informationen zwischen Einsatzleitung, Abschnittsleitern und übrigen Einsatzkräften erfolgt derzeit noch im persönlichen Gespräch, per Funk oder mithilfe von Formularen.

Für den Einsatzabschnitt **Medizinische Rettung**, der von der **Technischen Rettung** durch Feuerwehr oder Technisches Hilfswerk (THW) sowie den **Bereitstellungsraum** von Rettungsmitteln abzugrenzen ist, kann die in Abbildung 14-3 gezeigte vereinfachte Struktur als typisch bewertet werden. Dabei ist zu beachten, dass Strukturen und Abläufe an die jeweilige Schadenslage angepasst werden. Sowohl der Verzicht auf einen Behandlungsplatz zugunsten einer strukturierten Patientenablage als auch die Einrichtung mehrerer Behandlungsplätze sind in Abhängigkeit vom Verhältnis der benötigten und verfügbaren Ressourcen möglich.

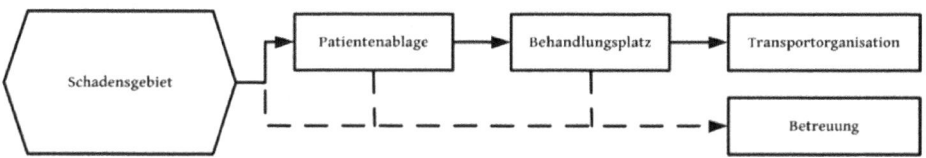

Abbildung 14-3: Patientenorientierte Ablauforganisation und Einsatzabschnitte bei Großschadenslagen und Massenanfällen (Mentler, 2015; nach Luiz et al., 2010)

In jedem Fall erfordern Großschadenslagen und Massenanfälle (von Verletzten oder Erkrankten) Kommunikation, Koordination und Kooperation in Maßen, die nicht mit Einsätzen bei einzelnen oder wenigen Patienten verglichen werden können.

14.3 Grundlagen der Prozessführung

Nach einer Einführung in die Grundlagen der Prozessführung in Abschnitt 14.3.1 wird in den Abschnitten 14.3.2 und 14.3.3 zwischen den für die Prozessführung charakteristischen Betriebszuständen Regelbetrieb und Ausnahmebetrieb unterschieden.

14.3.1 Einführung

Prozesse, das heißt die Gesamtheit der in einem System in Wechselwirkung stehenden Einheiten, Ressourcen und Tätigkeiten (vgl. DIN IEC 60050:2009; ISO/IEC 12207:2008), müssen durch *„zielgerichtete technische Maßnahmen [...] sowie durch die Tätigkeit der Anlagenfahrer"* (Schuler, 1999) gestaltet, gesteuert und beherrscht werden. Diese Maßnahmen und Tätigkeiten werden zusammenfassend als **Prozessführung** bezeichnet. Ziel der Prozessführung ist die *„Ausrichtung der Prozesse an vorzugebende Messgrößen für den Prozesserfolg"* (Gadatsch, 2012). Hinsichtlich interaktiver Mensch-Maschine-Systeme unterscheidet Johannsen (1993) zwischen Produktions-, Bewegungs- und Informationsprozessen (siehe Tabelle 14-3).

Prozessart	Beschreibung
Produktion	kontinuierliche, sequenzielle oder objektbezogene Material- und Energieprozesse, z. B. verfahrens- oder fertigungstechnische Anlagen
Bewegung	Ortsveränderung technischer Systeme oder einzelner Teile, z. B. Fahrzeuge, Fördermittel oder Handhabungssysteme (Roboter)
Information	Datenverarbeitungsanlagen und Anwendungssysteme in Verwaltung, Kontrolle, Kommunikation oder Entwicklung

Tabelle 14-3: Technische Prozesse im Zusammenhang mit Mensch-Maschine-Systemen (Johannsen, 1993)

Aufgrund der Komplexität und Dynamik von Prozessen in vielen Anwendungsdomänen ist es den beteiligten Menschen allein meist nicht möglich, alle für die Prozessführung relevanten Parameter und Vorgänge zu erfassen und zu verarbeiten. Daher sind technische Systeme notwendig, die *„menschliche Aktivitäten zur Prozessführung ermöglichen und unterstützen"* (Herczeg, 2008). Diese technischen Lösungen werden als **Prozessführungssysteme** bezeichnet.

Menschliche Operateure, technisches System und realer Prozess beeinflussen einander in vielfältiger Weise (siehe Abbildung 14-4) und bilden im Sinne der Systemtheorie ein

Handlungssystem (Ropohl, 2009). Jegliche Handlungen verändern daher sowohl den Prozess als auch die Operateure. Die Adaptivität beziehungsweise Adaptierbarkeit des technischen Systems an *„den temporär und situativ variablen sowie interindividuell unterschiedlichen Benutzerzustand"* (Schlick, Bruder & Luczak, 2010) ist daher entscheidend für die Gebrauchstauglichkeit von Prozessführungssystemen.

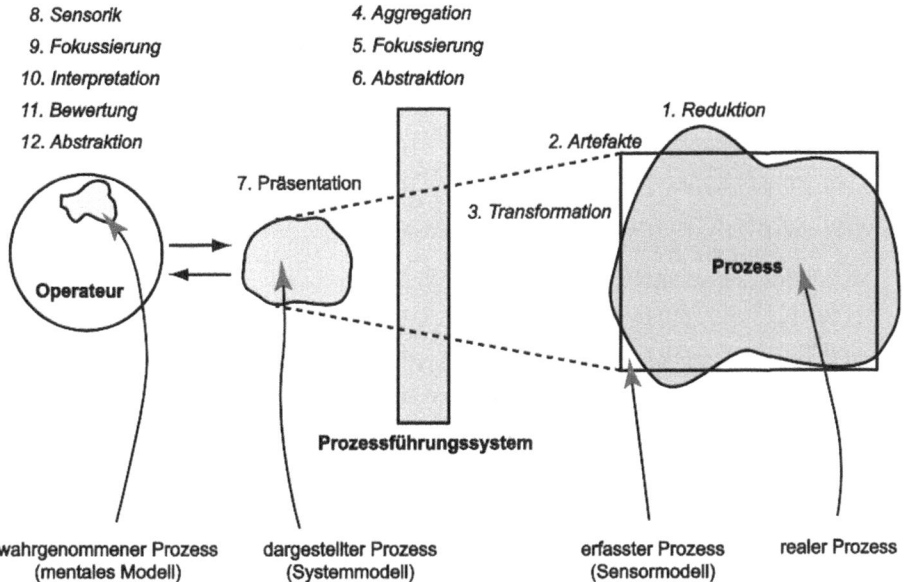

Abbildung 14-4: Deformation eines Prozesses in der Prozessführung (Herczeg, 2014)

Im Rahmen der Prozessführung und somit bei der Gestaltung gebrauchstauglicher Prozessführungssysteme müssen nach Herczeg (2007) der aufgabenorientierte Normalbetrieb (siehe Abschnitt 14.3.2) und der ereignisorientierte Ausnahmebetrieb bei Zwischenfällen (siehe Abschnitt 14.3.3) unterschieden und berücksichtigt werden.

14.3.2 Regelbetrieb

Im Rahmen des Regelbetriebs (Normalbetrieb) erledigen die Benutzer (Operateure) mithilfe technischer Systeme vordefinierte Aufgabenkomplexe oder passen die Aufgaben an veränderte Rahmenbedingungen an. Nach Herczeg (2007) müssen die Operateure

- Prozesse hinsichtlich ihres planmäßigen Verlaufs überwachen,

- Zustände an definierten Entscheidungspunkten in einem vorgegebenen regulären Rahmen ändern,

- Prozessverläufe über definierte Zeiträume nachvollziehen.

Teilweise sind die zur Aufgabenerledigung notwendigen Schritte verbindlich vorgeschrieben und in Form von **Standard Operating Procedures (SOPs)** schriftlich festgehalten.

14.3.3 Ausnahmebetrieb

Im Gegensatz zum Normalbetrieb gilt es im Ausnahmebetrieb (anormaler Betrieb) flexibel und möglichst optimal auf ungewollte und ungeplante Ereignisse zu reagieren. Technische Systeme müssen die Nutzer dabei unterstützen (Herczeg, 2007),

- Abweichungen vom Normalbetrieb zu erkennen,

- aktuelle Systemzustände zu bewerten,

- Gegenmaßnahmen und Lösungswege zu planen,

- Gegenmaßnahmen und Lösungswege auszuführen,

- den Erfolg der eingeleiteten Maßnahmen zu beurteilen.

Regel- und Ausnahmebetrieb können in vielen Fällen jederzeit und unmittelbar ineinander übergehen. Je nach Schadenslage können die ersten Minuten, Stunden oder Tage entscheidend für die Bewältigung der Situation und die Vermeidung von Folgeschäden sein. Eine schnellstmögliche Rückkehr vom Ausnahmebetrieb zum Normalbetrieb ist anzustreben.

14.3.4 Gestaltungsprinzipien

Prozessführungssysteme müssen die Operateure daher unterstützen, den Übergang vom Regel- zum Ausnahmebetrieb zeitnah feststellen und situationsgerecht handeln zu können. Rollen- und Funktionswechsel der Benutzer und damit verbundene Veränderungen der Aufbau- und Ablauforganisation müssen ebenso berücksichtigt werden wie die Anwendbarkeit und Übertragbarkeit bestehender Nutzungserfahrungen. Neben den basalen Dialogkriterien für interaktive Systeme (vgl. DIN EN ISO 9241-110:2006), die auch für die Gestaltung von Prozessführungssystemen relevant sind, ist in diesem Zusammenhang **Konsistenz** ein wichtiges Gestaltungskriterium. Nach DIN EN ISO 9241-12:2000 ist eine Darstellung konsistent, wenn *„gleiche Information [...] innerhalb der Anwendung entsprechend den Erwartungen des Benutzers stets auf gleiche Art dargestellt [wird]"*.

14.4 Prozessführung im Rettungswesen

Aus der Perspektive der Prozessführung können im Rettungsdienst zwei wesentliche Prozessarten im Sinne der Klassifikation von Johannsen (1993) identifiziert werden:

- Informationsprozesse im Zusammenhang mit der Verwaltung, Kontrolle und Kommunikation von Einsatzdaten am Einsatzort sowie zwischen den Einsatzkräften vor Ort, der Rettungsleitstelle, klinischen Einrichtungen und weiteren Empfängern (z. B. Versicherungen, Presse).

- Bewegungsprozesse der Rettungsmittel sowie der Einsatzkräfte (z. B. Standorte und Verfügbarkeit von Einsatzkräften, Zeitpunkte des Eintreffens am Einsatzort, Zeitpunkte des Eintreffens am Zielort).

Dabei können drei wesentliche Parameter beziehungsweise Messgrößen beschrieben werden, die einen Prozesserfolg im Rettungswesen charakterisieren:

1. die bestmögliche Versorgung der Patienten;
2. die Unversehrtheit und das Wohlbefinden der Einsatzkräfte;
3. die (wirtschaftliche) Effizienz der Maßnahmen.

Zu beachten ist, dass Rettungsdienstmitarbeiter, mit Ausnahme von geschulten Einsatzleitern, nicht speziell für das Führen von Prozessen ausgebildet sind (siehe Abschnitt 14.2). Dies unterscheidet sie von Operateuren in klassischen Prozessführungsdomänen (z. B. Energieversorgung, Industrieanlagen). Standard Operating Procedures sind zwar in Form von Algorithmen und Checklisten verfügbar, aber noch nicht umfassend etabliert (Dick et al., 2003; Zickenrott et al., 2017).

Wie sich aus den Erläuterungen in Abschnitt 14.2 sowie der zusammenfassenden Gegenüberstellung in Tabelle 14-4 ableiten lässt, unterscheiden sich Massenanfälle und Großschadenslagen hinsichtlich der Komplexität der Schadensbewältigung deutlich von Krankentransporten, Intensivtransporten oder Notfallrettungen weniger Patienten. Einzelne Rettungsdienste und ihre jeweiligen Mitarbeiter werden noch dazu wesentlich häufiger mit letzteren Einsatzarten konfrontiert.

Kriterium	Kranken- & Intensivtransporte, Notfallrettungen weniger Patienten	Großschadenslagen und Massenanfälle
Zahl der Patienten	1-4	mehr als 4
Zahl der Einsatzkräfte	weniger als 5	ein Dutzend bis mehrere Hunderte
Einsatzfrequenz	mehrmals am Tag	wenige Male im Jahr
Grundsatz der Behandlung	bestmögliche individualmedizinische Versorgung	möglichst gute Versorgung möglichst vieler Betroffener

Tabelle 14-4: Vergleich von Transporteinsätzen, Notfallrettungen, Großschadenslagen und Massenanfällen (Mentler, 2015; nach Ackermann et al., 2011; Beck et al., 2002; Flemming & Adams, 2007; Mentges et al., 1997)

Die angegebenen Werte sind dabei exemplarisch den genannten Quellen entnommen. Sie sind als Tendenzen und Richtwerte zu verstehen. So ist es beispielsweise möglich, dass sich in einem bestimmten Rettungsdienstbereich mehrere Massenanfälle oder Großschadenslagen an einem Tag ereignen oder über mehrere Monate keine entsprechenden Einsätze zu verzeichnen sind. Ebenso können bei Großveranstaltungen, für die eigene Rettungskonzepte eingeplant werden, durchaus mehr als vier Patienten im regulären Betrieb versorgt werden.

Dennoch können rettungsdienstliche Einsätze mit einzelnen oder wenigen Patienten, trotz der Unterschiede zwischen den konkreten Einsatzarten, gerade aufgrund ihrer relativen Häufigkeit sowie des vergleichbaren Versorgungsprinzips abstrakt als **Regelbetrieb (Normalbetrieb)** aufgefasst werden. Einsätze mit einer Vielzahl Verletzter oder Erkrankter sind dementsprechend als **Ausnahmebetrieb (anormaler Betrieb)** anzusehen. Die Zusammenhänge zwischen den Betriebsarten in diesem Kontext sind in Abbildung 14-5 dargestellt.

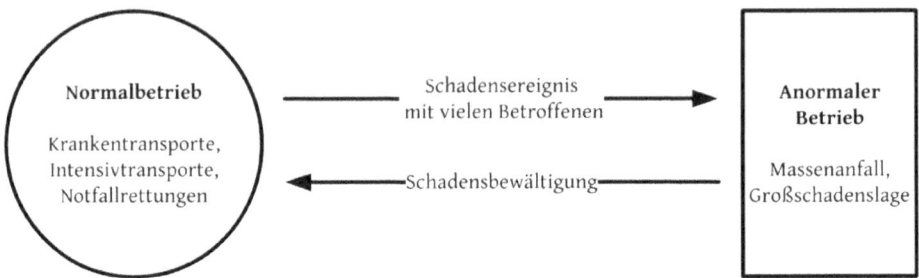

Abbildung 14-5: Normaler und anormaler Betrieb im Rettungsdienst (Mentler, 2015)

Im Rettungswesen ist, wie in anderen Prozessführungsdomänen, ein Übergang zwischen den Betriebsarten jederzeit und überall möglich, z. B. wenn sich ein Verkehrsunfall mit zunächst wenigen Beteiligten durch Auffahrunfälle zu einer Massenkarambolage entwickelt oder sich Schadensmeldungen von Zeugen als unvollständig oder falsch herausstellen.

Die in Abschnitt 14.3.4 beschriebenen Gestaltungsprinzipien können wie folgt auf das Rettungswesen angewendet werden:

- Computerbasierte Werkzeuge im Rettungsdienst sollten auf eine durchgängige Benutzbarkeit sowie effiziente und sichere Bedienbarkeit vom Krankentransport bis zum Massenanfall ausgelegt sein.

- Computerbasierte Werkzeuge im Rettungsdienst sollten im Regelbetrieb primär die effiziente und sichere Dokumentation der Einsätze ermöglichen. Im Ausnahmebetrieb müssen sie die Kooperation der rettungsdienstlichen Einsatzkräfte und insbesondere den Sichtungsprozess unterstützen.

- Da nicht ausgeschlossen werden kann, dass einzelne Rettungsdienstmitarbeiter ein computerbasiertes Werkzeug zuvor nicht oder nur selten im Regelbetrieb eingesetzt haben, sollte die erstmalige oder hauptsächliche Nutzung im Ausnahmebetrieb als Worst-Case-Szenario angesehen werden. Unter dieser Voraussetzung ist die Gebrauchstauglichkeit der für diese Situationen relevanten Systemteile gesondert zu evaluieren.

Ihre Umsetzung wird im folgenden Abschnitt anhand eines Fallbeispiels erläutert. Weitere Details zum iterativen Entwicklungsprozess (Kindsmüller et al., 2011; Mentler & Herczeg, 2013a), zum Interaktions- und Visualisierungskonzept (Mentler & Herczeg, 2013b) sowie zur Einordnung des Systems (Mentler & Herczeg, 2014) können den angeführten Quellen entnommen werden.

14.5 Fallbeispiel

Nachfolgend wird die menschzentrierte Entwicklung eines computerbasierten Dokumentations- und Informationssystems für rettungsdienstliche Einsatzkräfte beschrieben. Ziel war es, die zuvor genannten Gestaltungsprinzipien (siehe Abschnitt 14.4) umzusetzen, um die Datenqualität und die Informationsflüsse insbesondere bei Massenanfällen zu verbessern und die Einsatzkräfte bei der Erledigung ihrer Aufgaben zu unterstützen. Insbesondere im Rahmen der Sichtung (siehe Abschnitt 14.3.3) ist es vorteilhaft, wenn Daten nahezu in Echtzeit überall am Einsatzort und für die Einsatzleitung zur Verfügung stehen. Die Abschnitte 14.5.1-14.5.4 entsprechen dabei, in linearisierter Form des iterativen Entwicklungsprozesses, den Phasen Analyse, Konzeption, Realisierung und Evaluation.

14.5.1 Analyse

Die Analyse des Nutzungskontextes Rettungsdienst wurde durch die Integration der Perspektiven Theorie, Erfahrungswissen und Praxis geprägt. Dazu wurden

- eine umfassende Literaturrecherche zu den Themen Rettungsdienst, Notfallmedizin, Mensch-Computer-Interaktion sowie computergestützte Kooperation durchgeführt (siehe z. B. Mentler et al., 2011);

- Rettungsdienste, die mit etablierten (papierbasierten) Dokumentations- und Informationssystemen arbeiten, im Regelbetrieb und bei Übungen für den Ausnahmebetrieb in zwei Bundesländern (Hamburg, Nordrhein-Westfalen) begleitet;

- im Zeitraum von 2,5 Jahren regelmäßig Interviews und Workshops mit Vertretern von verschiedenen Rettungsdiensten durchgeführt;

- im gleichen Zeitraum wiederholt Konzepte und Prototypen mit Usability-Experten und Rettungsdienstmitarbeitern formativ evaluiert;

- Fachmessen und Fortbildungen mit Rettungsdienstbezug (z. B. RETTmobil, Interschutz) besucht.

Dabei wurde besonders Wert darauf gelegt, dass Vertreter der unterschiedlichen Nutzergruppen (siehe Abschnitt 14.2) und kritische Stimmen, das heißt der Digitalisierung von Rettungsdiensten skeptisch gegenüberstehenden Praktikern, einbezogen wurden. Der grundsätzliche Gestaltungsansatz eines durchgängig und konsistent bedienbaren Anwendungssystems wurde dabei immer wieder bestätigt. Kritischer wurden die zwar nicht im

Fokus dieses Projektes stehenden, aber für die Praxis essenziellen Aspekte der technischen Zuverlässigkeit und Verfügbarkeit mobiler Anwendungssysteme im Rettungswesen beurteilt. In diesem Zusammenhang wurde eine Rückfallebene gefordert, die die Aufrechterhaltung des rettungsdienstlichen Betriebes gewährleistet.

14.5.2 Konzeption

Als technische Grundlage für ein im Regel- und Ausnahmebetrieb durchgängig benutzbares interaktives System wurden robuste stiftbedienbare Tablet-PCs ausgewählt, die in Form und Funktionalität einen guten Kompromiss zwischen den Anforderungen der unterschiedlichen Nutzergruppen darstellen. Für die von den potenziellen Nutzern geforderte Rückfallebene wurden die derzeitig genutzten papierbasierten Verletztenanhängekarten um RFID-Etiketten mit passiven Transpondern erweitert. Diese benötigen keine Batterie und sind weitestgehend unabhängig von Winkel, Verdeckung oder anderen Faktoren (z. B. Lichtverhältnisse) mithilfe des Tablet-PCs erfassbar. Aufgrund ihrer weltweiten Eindeutigkeit könnten die Identifikationsnummern der RFID-Etiketten auch zur Registrierung und Unterscheidung von Patienten bei Massenanfällen und Großschadenslagen genutzt werden.

Dem Gestaltungsziel Konsistenz wurde, entsprechend der Empfehlungen von Wandmacher (1993), zunächst durch die Festlegung von Arbeitsbereichen und Informationsklassen (z. B. Navigationsstrukturen, Anzeige von Einsatzdaten) Rechnung getragen (siehe Abbildung 14-6).

Darüber hinaus wurden auf Grundlage der im Regel- und Ausnahmebetrieb zu erfassenden Daten spezifische Eingabemasken entworfen (z. B. Erfassung von Datum und Uhrzeit, Auswahl von Medikamenten oder Transportzielen). Diese ermöglichten jeweils Eingaben per Handschrifterkennung sowie per virtueller Tastatur und spezieller Eingabebausteine (z. B. Kalender).

Weiterhin wurden alle Dialoge, bis auf den sich ein- und ausblendenden Dateneingabedialog, modal gestaltet. Dies schränkt Nutzende zwar in ihrer Handlungsfreiheit ein, stellt jedoch ein verständliches Konzept dar, das auch und gerade in beanspruchenden Situationen zur Fehlervermeidung beiträgt (Cooper et al., 2007).

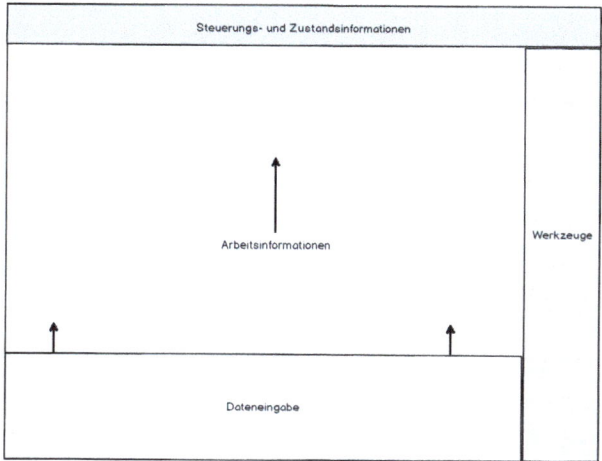

Abbildung 14-6: Aufteilung der Arbeitsbereiche. Pfeile deuten die animierte Ein- und Ausblendung der kontextspezifischen Eingabemaske an (Mentler, 2015)

14.5.3 Realisierung

Im Rahmen der iterativen Entwicklung wurden Mock-ups und alternative Entwürfe als
anschauliche Arbeitsmaterialien genutzt, um partizipative Zusammenarbeit zwischen den
Entwickelnden und den Nutzenden zu unterstützen. Dabei wurden auch Details einzelner
Bildschirmmasken betrachtet, z. B. die Anordnung und Beschriftung einzelner Schaltflächen (siehe Abbildung 14-7).

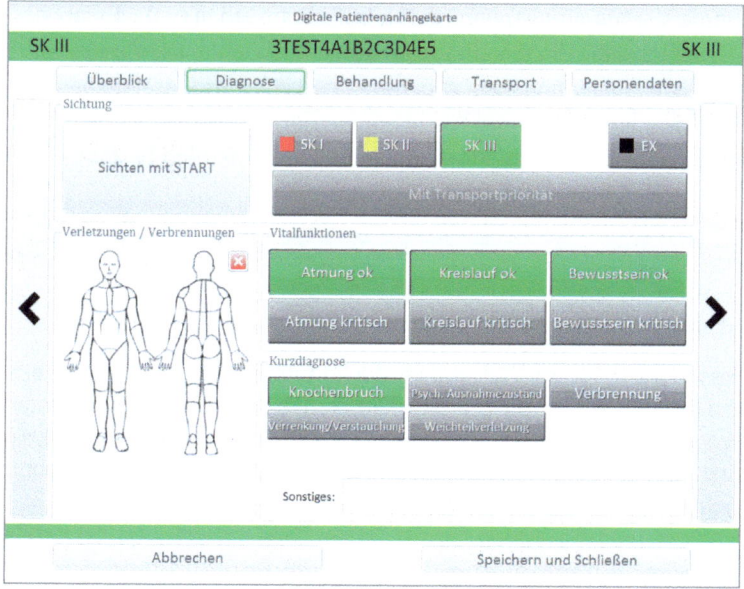

Abbildung 14-7: Bildschirmmaske zur Erfassung von Diagnosen im Ausnahmebetrieb

14.5.4 Evaluation

Neben den regelmäßigen Maßnahmen zur formativen Evaluation im Rahmen von Experten reviews und Workshops wurde ein fortgeschrittener Prototyp einem Fachpublikum an zwei Tagen auf einem eigenen Messestand präsentiert und im Rahmen einer Einsatzübung mit 40 virtuellen, das heißt durch rollenspielartige Karten repräsentierte, Patienten erprobt. Bei Letzterer waren alle zuvor genannten Einsatzabschnitte (siehe Abschnitt 14.2.3) besetzt und mit Tablet-PCs ausgestattet (siehe Abbildung 14-8).

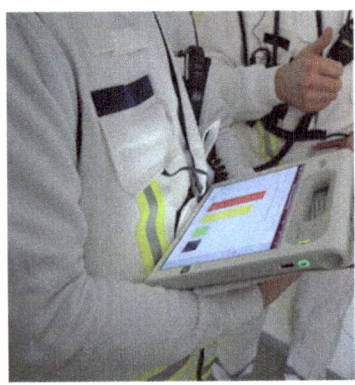

Abbildung 14-8: Einsatzleiter mit Tablet-PC während einer Übung (links) und Demonstration des Systems auf einer Fachmesse für Notfall- und Rettungsmedizin (rechts) (Mentler, 2014)

Nach den Rückmeldungen der Messebesucher sowie den Eindrücken und Ergebnissen der Einsatzübung (unter anderem mithilfe des ISONORM-9241-110/S-Fragebogens; Pataki et al., 2006) konnte Verbesserungspotenzial identifiziert werden (z. B. Ersatz des Speichern-Abbrechen-Schemas bei Eingabedialogen durch effiziente Möglichkeiten zum Überschreiben oder Rückgängigmachen von Eingaben). Der grundsätzliche Ansatz und die Notwendigkeit eines im Regel- und Ausnahmebetrieb durchgängig nutzbaren und konsistent gestalteten Anwendungssystems wurde jedoch mehrheitlich bestätigt.

14.6 Fazit

Nachfolgend sind die wichtigsten Punkte dieses Kapitels zusammengefasst:

- **Prozesse**, das heißt die Gesamtheit der in einem System in Wechselwirkung stehenden Einheiten, Ressourcen und Tätigkeiten müssen gestaltet, gesteuert und beherrscht werden. Die hier notwendigen Maßnahmen und Tätigkeiten werden zusammenfassend als Prozessführung bezeichnet. Ziel der Prozessführung ist die Ausrichtung der Prozesse an definierten Messgrößen.

- Im Rahmen der Prozessführung und somit bei der Gestaltung gebrauchstauglicher Prozessführungssysteme müssen der aufgabenorientierte Normalbetrieb und der ereignisorientierte Ausnahmebetrieb bei **Störungen**, **Störfällen** und **Unfällen** unterschieden und berücksichtigt werden.

- Rettungsdienstliche Einsätze mit einzelnen oder wenigen Patienten können als Regelbetrieb (**Normalbetrieb**) aufgefasst werden. Einsätze mit einer Vielzahl Verletzter oder Erkrankter (Großschadenslagen und Massenanfälle) stellen den Ausnahmebetrieb (**anormaler Betrieb**) dar.

- Computerbasierte Werkzeuge im Rettungsdienst müssen auf eine durchgängige und konsistente **Benutzbarkeit** vom Krankentransport bis zum Massenanfall ausgelegt sein.

- Computerbasierte Werkzeuge im Rettungsdienst müssen im Regelbetrieb primär die **effiziente und sichere Dokumentation** der Einsätze ermöglichen. Im Ausnahmebetrieb müssen sie darüber hinaus die **Kooperation der rettungsdienstlichen Einsatzkräfte** und den **Sichtungsprozess** unterstützen.

- Da nicht ausgeschlossen werden kann, dass einzelne Rettungsdienstmitarbeiter das Anwendungssystem zuvor nicht oder nur selten im Regelbetrieb eingesetzt haben, muss die **erstmalige oder hauptsächliche Nutzung im Ausnahmebetrieb als Worst-Case-Szenario** angesehen werden. Somit ist auch die Gebrauchstauglichkeit der für diese Situationen relevanten Systemteile unter dieser Voraussetzung gesondert zu evaluieren.

14.7 Übungsaufgaben

Aufgabe 1: Welche Rolle spielt die Einsatzdokumentation für Rettungsdienste und ihre Mitarbeiter? Beurteilen Sie, welche Chancen und Risiken mit der Einführung computerbasierter Dokumentations- und Informationssysteme verbunden sein können.

Aufgabe 2: Welche Gemeinsamkeiten und Unterschiede bestehen hinsichtlich der Strukturen und Abläufe bei rettungsdienstlichen Einsätzen mit wenigen oder mit vielen Betroffenen?

Aufgabe 3: Inwiefern kann die rettungsdienstliche Tätigkeit als Prozessführung aufgeführt werden? Erläutern Sie, wie die Betriebsarten Regelbetrieb und Ausnahmebetrieb auf das Rettungswesen übertragen werden können.

Aufgabe 4: Inwiefern unterscheiden sich Rettungsdienstmitarbeiter, das heißt das Rettungsfachpersonal und Notärzte, von Operateuren in klassischen Prozessführungsdomänen. Wie kann diesen Umständen begegnet werden?

Aufgabe 5: Welche Gestaltungskriterien sollten bei der Gestaltung durchgängiger im Regel- und Ausnahmebetrieb nutzbarer interaktiver Systeme berücksichtigt werden?

Aufgabe 6: Wie können der in diesem Kapitel beschriebene Gestaltungsansatz und der skizzierte Entwicklungsprozess auf andere Anwendungsfälle und Technologien (z. B. interaktive Datenbrillen) übertragen werden?

14.8 Literatur

14.8.1 Literaturempfehlungen

Bogner, M. S. (Hrsg.). (1994). Human error in medicine. Hillsdale, NJ: Erlbaum.

Herczeg, M. (2014). Prozessführungssysteme. Sicherheitskritische Mensch-Maschine-Systeme und interaktive Medien zur Überwachung und Steuerung von Prozessen in Echtzeit. München: de Gruyter Oldenbourg.

Redmill, F., & Rajan, J. (1997). Human factors in safety-critical systems. Oxford: Butterworth-Heinemann.

14.8.2 Literaturverzeichnis

Ackermann, O., Lahm, A., Pfohl, M., Vogel, T., Köther, B., Tio, K., Kutzer, A., Weber, M., Marx, F. & Hax, P.-M. (2011). Loveparade 2010 Duisburg – klinische Erfahrungen in Vorbereitung und Versorgung. Der Unfallchirurg, 114 (9), 794–800.

Al-Shaqsi, S. (2010). Models of International Emergency Medical Service (EMS) Systems. Oman Medical Journal, 25 (4), 320–323.

Arntz, H.-R. & Kreimeier, U. (2010). Die Leitstelle als Zentrale der „chain of survival". Notfall + Rettungsmedizin, 13 (2), 101–103.

Artinger, E., Maier, P., Coskun, T., Nestler, S., Maehler, M., Yildirim-Krannig, Y., Wucholt, F., Echtler, F. & Klinker, G. (2012). Creating a common operation picture in realtime with user-centered interfaces for mass casualty incidents. In Institute of Electrical and Electronics Engineers (IEEE) (Hrsg.), 6th International Conference on Pervasive Computing Technologies for Healthcare (PervasiveHealth 2012) and Workshops (S. 291–296). Piscataway, NJ: IEEE Computer Society.

Beck, A., Bayeff-Filloff, M., Bischoff, M. & Schneider, B. M. (2002). Analyse der Inzidenz und Ursachen von Großschadensereignissen in einem süddeutschen Rettungsdienstbereich. Der Unfallchirurg, 105, 968–973.

Cooper, A., Reimann, R. & Cronin, D. (2007). About face 3. Indianapolis: Wiley.

Dick, W. F. (2003). Anglo-American vs. Franco-German emergency medical services system. Prehospital and disaster medicine, 18 (1), 29-35; discussion 35-7.

Dick, W. F., Ahnefeld, F. W. & Knuth, P. (Hrsg.). (2003). Logbuch der Notfallmedizin. Berlin: Springer.

DIN EN ISO 9241-12 (2000). Ergonomische Anforderungen für Bürotätigkeiten mit Bildschirmgeräten - Teil 12: Informationsdarstellung. Berlin: Beuth.

DIN EN ISO 9241-110 (2006). Ergonomie der Mensch-System-Interaktion - Teil 110: Grundsätze der Dialoggestaltung. Berlin: Beuth.

DIN 13050 (2015). Begriffe im Rettungswesen. Berlin: Beuth.

DIN IEC 60050 (2009). Internationales Elektrotechnisches Wörterbuch - Teil 351: Leittechnik. Berlin: Beuth.

Doelfs, G. (2017). Klinikum Fürth: Digital vom Rettungswagen bis ins KIS. kma-Das Gesundheitswirtschaftsmagazin, 22(01), 44-45.

Donner, A., Erl, S., Adler, C., Metz, A., Krüsmann, M., Greiner-Mai, T. & Ben-Amar, M. (2011). Projekt e-Triage: Datenmanagement für die elektronische Betroffenenerfassung und Akzeptanz bei Rettungskräften. In H.-U. Heiß, P. Pepper, H. Schlingloff & J. Schneider (Hrsg.), Informatik 2011. Informatik schafft Communities, 4.-7.10.2011. Bonn: Ges. für Informatik.

Dörges, V., Heller, G., Reichel, J. & Callies, A. (2013). Mobile Datenerfassung im Rettungsdienst. Der Notarzt, 29 (04), 148–155.

Ellebrecht, N. & Latasch, L. (2012). Vorsichtung durch Rettungsassistenten auf der Großübung SOGRO MANV 500. Notfall+ Rettungsmedizin, 15(1), 58-64.

Ellinger, K., Luiz, T. & Obenauer, P. (1997). Optimierte Einsatzdokumentation im Notarztdienst mit Hilfe von Pen-Computern - erste Ergebnisse. AINS – Anästhesiologie · Intensivmedizin · Notfallmedizin · Schmerztherapie, 32 (08), 488–495.

Endsley, M. R., & Garland, D. G. (2000). Situation awareness analysis andmeasurement. Mahwah, NJ: Lawrence Erlbaum.

Flemming, A. & Adams, H. A. (2007). Rettungsdienstliche Versorgung beim Massenanfall von Verletzten (MANV). Intensivmedizin und Notfallmedizin, 44, 452–459.

Gadatsch, A. (2012). Grundkurs Geschäftsprozess-Management. Methoden und Werkzeuge für die IT-Praxis: eine Einführung für Studenten und Praktiker (Studium, 7. Aufl). Wiesbaden: Springer Vieweg.

Gorgaß, B., Ahnefeld, F. W., Rossi, R., Lippert, H.-D., Krell, W. & Weber, G. (2005). Rettungsassistent und Rettungssanitäter (7. Aufl.). Heidelberg: Springer.

Helfen, T. (2008). Basics Notfall- und Rettungsmedizin (Basics, 1. Aufl). München: Elsevier, Urban & Fischer.

Herczeg, M. (2007). Einführung in die Medieninformatik. München: Oldenbourg Wissenschaftsverlag.

Herczeg, M. (2008). Vom Werkzeug zum Medium: Mensch-Maschine-Paradigmen in der Prozessführung. In M. Grandt & A. Bauch (Hrsg.), 50. Fachausschusssitzung Anthropotechnik der Deutschen Gesellschaft für Luft- und Raumfahrt Lilienthal-Oberth e.V. Beiträge zur Ergonomie zur Mensch-System-Integration (DGLR-Bericht 2008-04/01, S. 1–11). Bonn: DGLR e.V.

Holzman, T. G. (1999). Computer-human interface solutions for emergency medical care. interactions, 6 (3), 13–24.

Hüls, E. & Oestern, H.-J. (Hrsg.). (1999). Die ICE-Katastrophe von Eschede. Erfahrungen und Lehren: eine interdisziplinäre Analyse. Berlin: Springer.

ISO/IEC 12207 (2008). Systems and software engineering - Software life cycle processes.

Johannsen, G. (1993). Mensch-Maschine-Systeme. Berlin: Springer.

Kaufmann, F. von & Kanz, K.-G. (2012). Die Rolle der Leitstelle im Prozess der präklinischen Versorgung. Notfall + Rettungsmedizin, 15 (4), 289–299.

Kindsmüller, M. C., Mentler, T., Herczeg, M. & Rumland, T. (2011). Care & Prepare – Usability Engineering for Mass Casualty Incidents. In A. Blandford, G. De Pietro, A. Gimblett, P. Oladimeji & H. Thimbleby (Hrsg.), Proceedings of the 1st International Workshop on Engineering Interactive Computing Systems for Medicine and Health Care (EICS 2011) (S. 30–35).

Kühn, D., Luxem, J. & Runggaldier, K. (Hrsg.). (2004). Rettungsdienst. München: Elsevier, Urban & Fischer.

Lawatschek, R., Düsterwald, S., Wirth, C. & Schröder, T. (2012). ALARM: A Modular IT Solution to Support and Evaluate Mass Casualty Incident (MCI) Management. In L. Rothkrantz, J. Ristvej & Z. Franco (Hrsg.), ISCRAM 2012 conference proceedings book of papers. 9th International Conference on Information Systems for Crisis Response and Management. Vancouver, BC.

Luiz, T., Lackner, C. K. & Peter, H. (Hrsg.). (2010). Medizinische Gefahrenabwehr. Katastrophenmedizin und Krisenmanagement im Bevölkerungsschutz. München: Elsevier, Urban & Fischer.

Luiz, T., Zurek, B., Rauen, C., Jugenheimer, K. & Ullrich, C. (2013). Einsatzdokumentation im Rettungsdienst: Papier oder Tablet? Rettungsdienst, 36 (7), 52–54.

Lutomsky, B. & Flake, F. (Hrsg.). (2003). Leitfaden Rettungsdienst. München: Urban und Fischer.

Maier, R. & Röckelein, W. (1999). An inter-organisational system to support emergency care process chains. The NOAH project, Regensburg.

Mentges, D., Kirschenlohr, R., Adams, H. A., Boldt, J. & Riemann, J. F. (1997). Der rettungsdienstliche Ablauf bei Großschadensereignissen. Eine Untersuchung von 21 Fällen. Der Anaesthesist, 46 (2), 114–120.

Mentler, T. (2015). Gebrauchstaugliche mobile Computersysteme im Regel- und Ausnahmebetrieb von Rettungsdiensten. Dissertation, Universität zu Lübeck. Lübeck.

Mentler, T. & Herczeg, M. (2013a). Applying ISO 9241-110 Dialogue Principles to Tablet Applications in Emergency Medical Services. In T. Comes, F. Fiedrich, S. Fortier, J. Geldermann & T. Müller (Hrsg.), 10th International Conference on Information Systems for Crisis Response and Management (S. 502–506).

Mentler, T. & Herczeg, M. (2013b). Routine- und Ausnahmebetrieb im mobilen Kontext des Rettungsdienstes. In S. Boll, S. Maaß & R. Malaka (Hrsg.), Mensch & Computer 2013 (S. 109–118). München: Oldenbourg Verlag.

Mentler, T. & Herczeg, M. (2014). Human Factors and Ergonomics in Mobile Computing for Emergency Medical Services. In T. Ahram, W. Karwowski & T. Marek (Hrsg.), Proceedings of the 5th International Conference on Applied Human Factors and Ergonomics AHFE. (S. 4149–4160).

Mentler, T. & Herczeg, M. (2015). Interactive cognitive artifacts for enhancing situation awareness of incident commanders in mass casualty incidents. Journal of Interaction Science, 3 (1), 109.

Mentler, T., Kindsmüller, M. C., Herczeg, M. & Rumland, T. (2011). Eine benutzer- und aufgabenzentrierte Analyse zu mobilen Anwendungssystemen bei Massenanfällen von Verletzten. In H.-U. Heiß, P. Pepper, H. Schlingloff & J. Schneider (Hrsg.), Informatik 2011. Informatik schafft Communities, 4.-7.10.2011, TU Berlin. Bonn: Ges. für Informatik.

Pataki, K., Sachse, K, Prümper, J. & Thüring, M. (2006). ISONORM 9241/10-S: Kurzfragebogen zur Software-Evaluation. In F. Lösel (Hrsg.), Berichte über den 45. Kongress der Deutschen Gesellschaft für Psychologie (S. 258-259). Lengerich: Pabst Science Publishers.

Peter, H. & Maurer, K. (Hrsg.). (2001). Die Leitstelle beim MANV. Edewecht: Stumpf + Kossendey.

Ropohl, G. (2009). Eine Systemtheorie der Technik. Karlsruhe: Univ.-Verl. Karlsruhe.

Schlick, C. M., Bruder, R. & Luczak, H. (2010). Arbeitswissenschaft. Berlin: Springer.

Schmiedel, R. & Behrendt, H. (2011). Leistungen des Rettungsdienstes 2008/09. Analyse des Leistungsniveaus im Rettungsdienst für die Jahre 2008 und 2009. Bremerhaven: Wirtschaftsverl. NW, Verl. für Neue Wiss.

Sellen, A. J. & Harper, R. H. R. (2002). The myth of the paperless office. Cambridge: MIT Press.

St. Pierre, M., Hofinger, G. & Buerschaper, C. (Hrsg.). (2005). Notfallmanagement. Human Factors in der Akutmedizin. Heidelberg: Springer Medizin Verlag.

Wandmacher, J. (1993). Software-Ergonomie. Berlin: W. de Gruyter.

World Health Organization (Hrsg.). (2008). Emergency Medical Services Systems in the European Union. Report of an assessment project co-ordinated by the World Health Organization.

Zickenrott, V., Greb, I., Henkelmann, A., Balzer, F., Casu, S., Kaufner, L., Heymann, C. von, Zacharowski, K. & Weber, C. F. (2017). Vorhaltung von Tranexamsäure im deutschen Rettungsdienst. Eine nationale Umfrage. Der Anaesthesist, 66 (4), 249–255.

Ziegenfuß, T. (2007). Notfallmedizin. Mit 217 Abbildungen und 60 Tabellen. Heidelberg: Springer Medizin Verlag.

15 Sicherheitskritische Mensch-Maschine-Interaktion in der Medizin

Myriam Lipprandt · Rainer Röhrig
Carl von Ossietzky Universität Oldenburg

Zusammenfassung

Medizinprodukte und Gesundheitsanwendungen z. B. aus dem E-Health-Bereich sind heutzutage allgegenwärtig. Aus ihrer Nutzung können sich potenzielle Risiken für den Anwender (z. B. dem Patienten) ergeben. Der Gesetzgeber hat daher mit dem Medizinproduktegesetz und den zugehörigen Normen regulatorische Anforderungen an die Software und die Mensch-Maschine-Interaktion von Medizinprodukten gestellt. Die regulatorischen Anforderungen legen alle Schritte von der Zweckbestimmung des Produkts bis zum Inverkehrbringen fest. Hierfür sind eine eingehende Dokumentation und die Einhaltung des strukturierten Vorgehens beim Software-Lebenszyklusprozess und der Gebrauchstauglichkeit notwendig. Die potenziellen Benutzungsfehler in der Mensch-Maschine-Interaktion werden durch einen verschränkten Usability- und Risikomanagementprozess normativ festgelegt und eingefordert. Daher werden die wichtigsten normativen Anforderungen zum Usability Engineering nach DIN EN 62366 und dem Risikomanagement nach DIN EN ISO 14971 praxisnah vermittelt.

Lernziele

- Die Leser wissen, welche Gesetze und Normen die Entwicklung von Medizinprodukten regeln.

- Die Leser verstehen die grundlegenden Fachbegriffe des Risikomanagements und des Prozesses zur Gestaltung gebrauchstauglicher Medizinprodukte.

- Die Leser können die Nutzungsanforderungen und gefährdungsbezogenen Nutzungsszenarien praktisch ermitteln und umsetzen.

15.1 Einleitung

Im medizinischen Bereich sind Interaktionen zwischen Mensch-Mensch und Mensch-Maschine allgegenwärtig. Von komplexen OP-Robotern über einfache Blutdruckmessgeräte bis hin zu „Health-Apps" für den privaten Bereich decken Medizinprodukte eine große Bandbreite an Anwendungsmöglichkeiten und Nutzungskontexten ab, die eine Interaktion zwischen dem Benutzer und einem Gerät beinhalten. Unterschiedliche Benutzergruppen, die physische Umgebung und der Anwendungskontext sowie gefährdungsbezogene Interaktionen müssen bei der Entwicklung von Medizinprodukten berücksichtigt werden, damit die Patientensicherheit gewährleistet ist. Eine sicherheitskritische Mensch-Maschine-Interaktion wird in der Medizin durch einen Risikomanagementprozess und einen Usability Engineering-Prozess umgesetzt.

Anhand eines anschaulichen Beispiels sollen die Konzepte und Methoden vor allem der Risikoanalyse und des Usability Engineerings anschaulich dargelegt werden. Ein digitales Migräne-Ttagebuch soll dabei als Beispiel dienen. Mit einer fiktiven Migräne-App soll der Nutzer die Anfallsfrequenz, Anfallsdauer, Schmerzintensität und eingenommene Medikation dokumentieren und diese Informationen dem Arzt zur Kontrolle der Therapie zur Verfügung stellen können. Damit kann der Arzt den Krankheits- und Behandlungsverlauf besser nachvollziehen und dies für die Entscheidung über die weitere Therapie nutzen.

15.2 Was ist ein Medizinprodukt?

Der beabsichtigte Nutzen bestimmt, wann ein Produkt zum Medizinprodukt wird. Sie unterliegen besonderen regulatorischen Anforderungen, da sie zur Diagnose, Heilung oder Linderung von Krankheiten eingesetzt werden (Leitgeb, 2010). Nach §3(1) MPG („Medizinproduktegesetz in der Fassung der Bekanntmachung vom 7. August 2002 (BGBl. I S. 3146), das zuletzt durch Artikel 16 des Gesetzes vom 23. Dezember 2016 (BGBl. I S. 3191) geändert worden ist") – werden Medizinprodukte wie folgt definiert:

*„**Medizinprodukte** sind alle einzeln oder miteinander verbunden verwendeten Instrumente, Apparate, Vorrichtungen, Software, Stoffe und Zubereitungen aus Stoffen oder andere Gegenstände einschließlich der vom Hersteller speziell zur Anwendung für diagnostische oder therapeutische Zwecke bestimmten und für ein einwandfreies Funktionieren des Medizinproduktes eingesetzten Software, die vom Hersteller zur Anwendung für Menschen mittels ihrer Funktionen zum Zwecke*

- *der Erkennung, Verhütung, Überwachung, Behandlung oder Linderung von Krankheiten,*

- *der Erkennung, Überwachung, Behandlung, Linderung oder Kompensierung von Verletzungen oder Behinderungen,*

- der Untersuchung, der Ersetzung oder der Veränderung des anatomischen Aufbaus oder

- eines physiologischen Vorgangs oder

- der Empfängnisregelung

zu dienen bestimmt sind und deren bestimmungsgemäße Hauptwirkung im oder am menschlichen Körper weder durch pharmakologisch oder immunologisch wirkende Mittel noch durch Metabolismus erreicht wird, deren Wirkungsweise aber durch solche Mittel unterstützt werden kann."

Während die Klassifikation als Medizinprodukt bei „klassischen" Medizinprodukten wie einem Beatmungsgerät eindeutig ist, ist gerade im Bereich von Standalone Software und im Bereich der Fitness-Tracker eine große Unsicherheit entstanden. So ist bei einem EKG mit Herzfrequenzmessung die durch den Hersteller festgelegte Zweckbestimmung entscheidend, ob das Produkt ein Medizinprodukt ist oder nicht. Für Standalone Software hat die Europäische Kommission mit der MEDDEV 2.1/6 eine Richtlinie zur Klarstellung und Unterstützung der Klassifikation als Medizinprodukt herausgebracht,

15.2.1 Regulatorische Anforderungen an Medizinprodukte

Damit Medizinprodukte im europäischen Markt in Verkehr gebracht werden können, müssen alle Hersteller die regulatorischen Anforderungen erfüllen, die nach den drei Richtlinien gebildet werden:

- EU-Verordnung 2017/745 (seit 26. Mai 2017 in Kraft, löst die Richtlinie 93/42/EWG Medical Device Directive und Richtlinie 90/385/EWG aktiv Implantierbare medizinische Geräte ab)

- EU-Verordnung 2017/ 746 (seit 26. Mai 2017 in Kraft und löst unter anderem die Richtlinie 98/79/EG In-vitro-Diagnostik[10] ab)

Diese Verordnungen sind in Deutschland in nationales Recht umzusetzen. Dies geschieht durch das Medizinproduktegesetz (MPG)[11]. Die Umsetzung des MPG beziehungsweise der Richtlinien werden durch harmonisierte Normen anwendbar gemacht. Die vier entscheidenden Bereiche sind hier aufgeführt:

- Qualitätsmanagementsysteme für Medizinprodukte: EN ISO 13485

- Software-Lebenszyklus für Medizinprodukte: DIN EN 62304

---

[10] In-Vitro-Diagnostik steht für Laboruntersuchungen von menschlichen Bioproben ausserhalb des Körpers (vom Lateinischen „in vitro" = „im (Reagenz-) Glas"). Die In-Vitro-Diagnostik wird national im Medizinproduktegesetz (MPG) geregelt.
[11] Zum Zeitpunkt der Entstehung dieses Buches sind die EU-Verordnungen 2017/745 und 2017/746 verabschiedet und veröffentlicht worden, aber noch nicht in Kraft getreten. Damit bezieht sich die nationale Umsetzung in diesem Buch noch auf „alte" EU-Richtlinien, insbesondere auf die Richtlinie 93/42/EWG.

- Risikomanagement für Medizinprodukte: DIN EN ISO 14971

- Gebrauchstauglichkeit von Medizinprodukten: DIN EN 62366[12]

- Medizinische elektrische Geräte: DIN EN 60601-1-6

15.3 Sicher ist sicher?

Unter **Patientensicherheit** versteht man die Vermeidung von Schädigungen des Patienten durch Behandlungs- und Versorgungsprozesse. Unerwünschte Ereignisse (UE) sind schädliche Vorkommnisse, die eher auf der Behandlung als auf der Erkrankung beruhen. UE können vermeidbar oder unvermeidbar sein. Ein UE kann z. B. durch eine (falsche) Medikation, Diagnose oder Prozedur ausgelöst werden (Neuhaus et al., 2015). UE sollen durch ein vom Gesetzgeber gefordertes Risikomanagement vermieden werden. Das Risikomanagement ist daher bei der Realisierung von Medizinprodukten eine essentielle Methode, um die Patientensicherheit und die Qualität des Medizinproduktes (auch Software) zu gewährleisten.

15.3.1 Begriffe des Risikomanagements

Damit die Analyse sachgemäß durchgeführt werden kann, müssen die Begriffe aus der DIN EN ISO 14971 genauer erklärt werden, damit eine Verwechslung im Analyseprozess ausgeschlossen ist.

- **Schaden**: physische Verletzung oder Schädigung der menschlichen Gesundheit oder Schädigung von Gütern oder der Umwelt

- **Gefährdung**: potenzielle Schadensquelle

- **Gefährdungssituation**: Umstände, unter denen Menschen, Güter oder die Umwelt einer oder mehreren Gefährdungen ausgesetzt sind

- **Risiko**: Kombination der Wahrscheinlichkeit des Auftretens eines Schadens und des Schweregrads dieses Schadens

- **Zweckbestimmung**: Verwendung, für die ein Produkt, ein Verfahren oder eine Leistung gemäß den durch den Hersteller gelieferten Spezifikationen, Anweisungen und Angaben bestimmt ist

---

[12] Wiedergaben aus DIN EN 62366 (VDE 0750-241):2016-05 mit Genehmigung 242.017 des DIN Deutsches Institut für Normung e.V. und des VDE Verband der Elektrotechnik Elektronik Informationstechnik e.V.. Für weitere Wiedergaben oder Auflagen ist eine gesonderte Genehmigung erforderlich. Maßgebend für das Anwenden der Normen sind deren Fassungen mit dem neuesten Ausgabedatum, die bei der VDE VERLAG GMBH, Bismarckstr. 33, 10625 Berlin, www.vde-verlag.de, und der Beuth Verlag GmbH, 10772 Berlin erhältlich sind.

Unter Sicherheit wird im Allgemeinen die Abwesenheit von Risiken verstanden (Leitgeb, 2010) beziehungsweise nach DIN 4004 die Zuverlässigkeit eines Systems, wenn es korrekt, robust und ausfallfrei arbeitet. Ein Risiko ist das Produkt der Höhe eines Schadens und der Eintrittswahrscheinlichkeit. Die Abbildung 15-1 stellt die Abfolge von Ereignissen von der Gefährdung bis zum Schaden dar. Diese ist die Grundlage zur Ermittlung der Eintrittswahrscheinlichkeit und damit des Risikos. Eine Gefahr wird hierbei als potenzielle Schadensquelle definiert, die durch auslösende Ereignisse zu einer Gefährdungssituation wird. Ein Schaden wird definiert als physische Verletzung oder Schädigung (DIN EN ISO 14971).

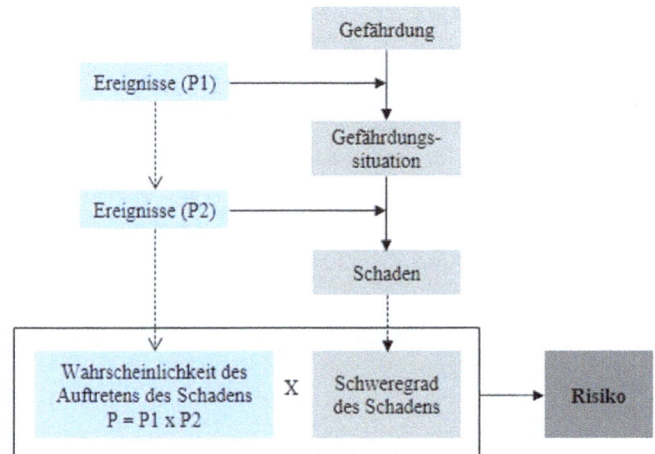

Abbildung 15-1 zeigt den Zusammenhang zwischen einer Gefährdung, der Ereignisse, die zu einer Gefährdungssituation führen können, dem Schaden und dem Risiko (Bild F.1 der DIN EN 62366 (VDE 0750-241):2016-05)

Die Norm DIN EN ISO 14971 beschreibt den systematischen Risikomanagementprozess anhand der folgenden vier Schritte:

- Risikoanalyse,

- Risikobewertung /-Beurteilung,

- Risikobeherrschung /-kontrolle,

- Produktbeobachtung (nachgelagerte Phase).

15.3.2 Risikobeurteilung

Die Risikobeurteilung (siehe auch Kapitel 2.4.3 zu Usable Safety Engineering) wird durch eine Risikoanalyse, die Zweckbestimmung, die Gefährdungen und die daraus entstehenden Risiken festgestellt, abgeschätzt und bewertet.

In der Zweckbestimmung (siehe Kapitel 15.2) müssen neben dem medizinischen Zweck auch der bestimmungsgemäße Gebrauch, wie Transport, Wartung und Reinigung, aufgeführt werden. Die Gefährdungen sind potenzielle Schadensquellen, wie eine z. B. Medikation, Leitungsspannungen, Strahlung oder medizinische Gase. Auch durch missbräuchliche Benutzung können Gefährdungen entstehen (Johner et al., 2011). Durch eine Abfolge von Ereignissen kann es von einer Gefährdung zu einer Gefährdungssituation kommen, die wiederum durch weitere Ereignisse zu einem Schaden führen kann. Da Ereignisse nicht immer zu einer Gefährdungssituation und einem Schaden führen müssen, werden die Ereignisse als Wahrscheinlichkeit angegeben (siehe Abbildung 15-1).

Bei Software als Medizinprodukt müssen Gefährdungen und Ursache besonders unterschieden werden, da Software immer nur indirekt, aber niemals direkt einen Schaden zufügen kann (Johner et al., 2011). Ein Softwarefehler, der z. B. eine Medikamentendosis oder Strahlendosis falsch berechnet, ist ein Glied in der Ursachenkette und führt durch eine Folge von Ereignissen zu einer Gefährdung. Die Gefährdung ist aber die Strahlung oder das Medikament, aber nicht die Software selbst! Auch das Auslassen von Behandlungen kann zu großem Schaden führen, daher können die durch Software entstandenen indirekten Gefährdungen immens sein (Heidenreich & Neumann, 2015).

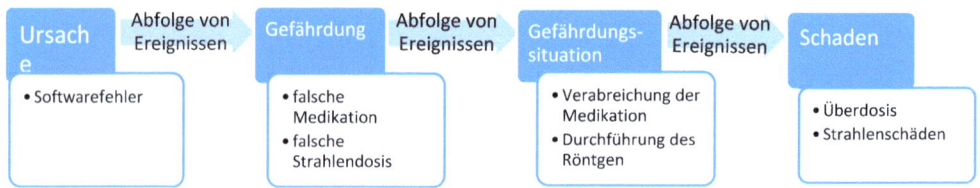

Abbildung 15-2: Zusammenhänge der Begriffe Ursache, Gefährdung, Gefährdungssituation und Schaden

Innerhalb der Risikoanalyse werden die ermittelten Risiken abgeschätzt. Da sich Risiken aus dem Produkt der Wahrscheinlichkeit eines Schadens und der Schwere des Schadens zusammensetzen, bietet sich eine Bewertungsmatrix an. Eine häufige Einteilung der Schwere eines Schadens ist: katastrophal, kritisch, ernst, gering und vernachlässigbar (siehe auch Abbildung 15-3). Die Wahrscheinlichkeit wird in häufig, wahrscheinlich, gelegentlich fernliegend und unwahrscheinlich eingeteilt. Wichtig ist, diese Kategorisierungen durch klare Definitionen zu operationalisieren, um eine hohe Reliabilität[13] und Nachvollziehbarkeit der Risikobewertung zu erreichen. Ein Beispiel für die Definition des Schadensausmaßes:

---

[13] In diesem Fall ist vor allem die Interrater-Reliabilität beziehungsweise Urteilerübereinstimmung relevant.

- **Katastrophal**: Tödlich oder schwere irreversible Schäden mit Reduktion der Lebenserwartung (z. B. Tumorentwicklung) oder Beeinträchtigung von Beruf und Lebensführung (z. B. hypoxischer hirnorganischer Schaden, Querschnittslähmung, Unfruchtbarkeit).

- **Kritisch**: Behandlung auf der Intensivstation erforderlich, jedoch keine bleibende Beeinträchtigung zu erwarten.

- **Ernst**: Stationäre Behandlung erforderlich oder ambulante Behandlung über einen längeren Zeitraum erforderlich.

- **Gering**: Einmalige ambulante Behandlung erforderlich, heilt vollständig aus.

- **Vernachlässigbar**: Keine medizinische Behandlung erforderlich (z. B. kurzfristige, selbstlimitierende Hautrötung).

Die Eintrittswahrscheinlichkeit sollte die Häufigkeit des Auftretens in Bezug zur Anwendung des Medizinproduktes setzen. Dies kann z. B. pro Einsatz (bei einmaligen Anwendungen wie OP-Robotern) oder pro Patientenmonat (bei einem kontinuierlichen Einsatz wie einem Herzschrittmacher) sein.

Der rote Bereich sind nicht akzeptable Risiken, die durch Maßnahmen zur Risikobeherrschung reduziert werden müssen. Bei akzeptablen Risiken muss der Hersteller keine weiteren Risikominimierungsmaßnahmen anwenden.

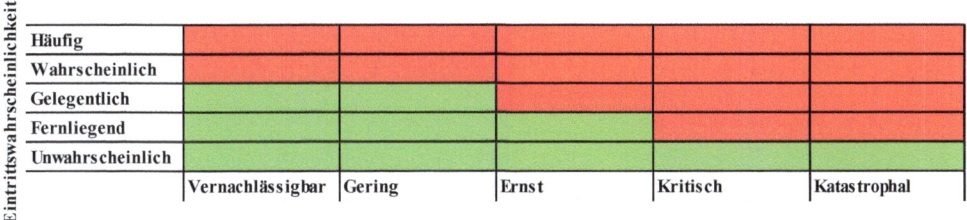

Abbildung 15-3: Exemplarisches Beispiel einer Matrix zur Risikobewertung

15.4 Gebrauchstauglichkeit bei Medizinprodukten

15.4.1 Was ist Gebrauchstauglichkeit?

Unter Gebrauchstauglichkeit (Usability) wird nach DIN EN 62366 im Kontext von Medizinprodukten Folgendes verstanden: *„Eigenschaft der Benutzer-Produkt-Schnittstelle, die die Effektivität, Effizienz, sowie die Lernförderlichkeit und Zufriedenstellung des Benutzers umfasst"*

- **Effektivität**: Grad an Genauigkeit und Vollständigkeit, mit der Benutzer festgelegte Ziele erreichen.

- **Effizienz**: Effektivität im Verhältnis zu Aufwand.

- **Benutzer-Produkt-Schnittstelle**: Mittel, über das der Benutzer mit dem Medizinprodukt interagiert.

- **Benutzer**: Person, die mit einem Medizinprodukt umgeht (das heißt es bedient oder handhabt).

- **Gebrauchsumgebung**: tatsächliche Bedingungen und Gegebenheiten, in denen Benutzer mit dem Medizinprodukt interagieren.

- **Zufriedenstellung**: Freiheit von Beeinträchtigungen und positive Einstellungen gegenüber der Nutzung des Produkts.

- **Lernförderlichkeit**: Ein Dialog ist lernförderlich, wenn er den Benutzer beim Erlernen der Nutzung des interaktiven Systems unterstützt und anleitet (DIN EN ISO 9241-110).

Ein Medizinprodukt wird immer innerhalb einer bestimmten Gebrauchsumgebung (z. B. zu Hause oder im OP-Saal) verwendet. Der Benutzer möchte innerhalb dieser Umgebung ein angestrebtes Arbeitsergebnis erzielen. Ob der Benutzer sein Ziel erreicht (Effektivität – vollständiges Arbeitsergebnis) und wie schnell (Effizienz – minimaler Aufwand) es erreichbar ist und ob der Benutzer dabei frei von Beeinträchtigungen ist, werden als Maße der Gebrauchstauglichkeit (Usability) angegeben. Durch sogenannte Usability-Evaluationen ist die Usability quantitativ messbar und qualitativ ermittelbar. Solche Usability-Evaluationen können schon im Entwicklungsprozess mit Prototypen wertvolle Hinweise auf Usability-Fehler geben.

15.4.2 Gebrauchsorientierter Entwicklungsprozess bei Medizinprodukten

Bei der Entwicklung von Medizinprodukten unterliegt die Gebrauchstauglichkeit der Benutzer-Produkt-Schnittstelle regulatorischen Anforderungen. In der DIN EN 62366 wird ein gebrauchstauglichkeitsorientierter Entwicklungsprozess gefordert (siehe Abbildung 15-4). Er hat zum Ziel, potenzielle Benutzungsfehler zu identifizieren und geeignete Maßnahmen einzuleiten, um die mit der Benutzung verbundenen Risiken zu verringern.

15.4.2.1 Spezifikation der Anwendung

Die Spezifikation der Anwendung umfasst die medizinische Indikation, das Benutzerprofil, die Nutzungsbedingungen (Gebrauchsumgebung) und die Funktionsweise. Eine medizinische Indikation wird vom Hersteller eindeutig spezifiziert und in den Begleitdokumenten aufgeführt.

Ein Medizinprodukt muss immer auf die jeweilige **Benutzer-Gruppe** zugeschnitten sein. Die Benutzergruppe wird anhand folgender **Eigenschaften** charakterisiert: Alter, Geschlecht, sprachlicher und kultureller Hintergrund, Bildungsstand, (berufliche) Fähigkeiten (beim medizinischen Personal), körperliche oder geistige Einschränkungen (bei Patienten beeinträchtigtes Sehvermögen).

Die Gebrauchsumgebung sind die Bedingungen, unter denen das Medizinprodukt verwendet wird. Hierbei sind Verwendungsorte (Kliniken, zu Hause, im Rettungswagen), Hygienebedingungen (steril, nicht-steril) und Häufigkeit der Verwendbarkeit anzugeben.

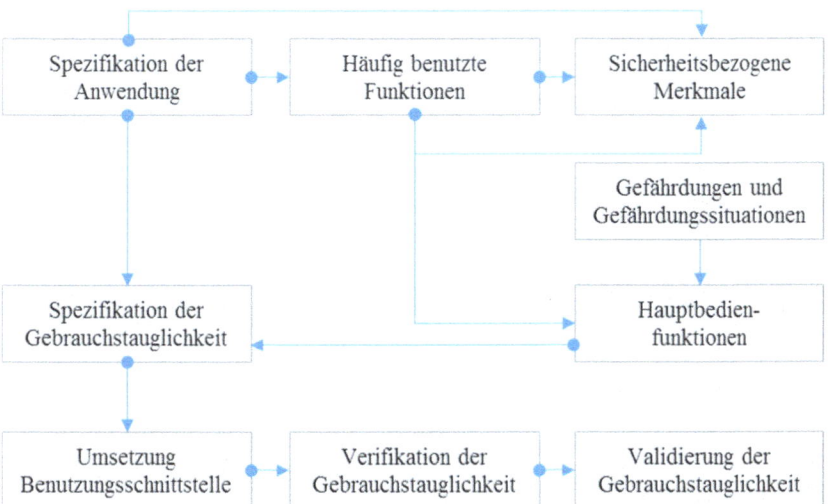

Abbildung 15-4: Entscheidende Schritte beim gebrauchsorientierten Entwicklungsprozess nach 62366. Auszug aus Bild A.1 der DIN EN 62366 (VDE 0750-241):2016-05

15.4.2.2 Häufig benutzte Funktionen, sicherheitsbezogene Merkmale und Hauptbedienfunktionen

Die häufig benutzten Funktionen beschreiben oft auszuführende Interaktionen zwischen dem Benutzer und dem Medizinprodukt. Sie werden vom Hersteller bestimmt. Die sicherheitsbezogenen Merkmale sind nach der DIN EN ISO 14971 Eigenschaften, die die Sicherheit des Medizinproduktes beeinträchtigen können und somit als sicherheitskritisch eingestuft werden. Aus Sicht der Nutzer sind sicherheitsbezogene Merkmale durch die Bedienfunktion „abzufangen". Dies beinhaltet den Umgang mit besonders kritischen Informationen wie z. B. Anzeige von Wechselwirkungen von bestimmten Medikamentenverschreibungen.

Wird eine Funktion häufig benutzt und/oder wird sie als sicherheitskritisch eingestuft, ist sie eine Hauptbedienfunktion. Oft verwendete Funktionen sind allein rein statistisch von mehr Fehlbedienungen betroffen; wenn sie dann noch sicherheitskritisch sind, müssen diese Hauptbedienfunktionen gesondert behandelt werden.

Um die sicherheitsbezogenen Merkmale zu ermitteln, müssen eine Kontextanalyse und ein Risikomanagement durchgeführt werden. Die systematische Erhebung des Nutzungskontexts erfolgt in der Regel durch Kontextinterviews (DAkkS Deutsche Akkreditierungsstelle, 2010; Geis & Johner, 2015). Hierbei wird die ermittelte Benutzergruppe anhand von Leitfragen über die auszuführenden Tätigkeiten interviewt. Dies hat zum Ziel, den Benutzungskontext und die darin auszuführenden Tätigkeiten sowie Erfordernisse und Anforderungen zu ermitteln. Darüber hinaus werden die sicherheitsbezogenen Merkmale und gefährdungsbezogenen Benutzungsszenarien ermittelt. Geis und Johner definieren Nutzungsanforderungen als *„Anforderungen an die effiziente Erbringung eines Ergebnisses in einem interaktiven System (z. B. Software)"* (Geis & Johner, 2015).

Aus dem Kontextinterview lassen sich die Erfordernisse und Anforderungen ableiten. Dabei kann eine streng einzuhaltende Schablone mit Formulierungsvorgaben helfen, diesen Prozess der qualitativen Analyse zu unterstützen. Ein Erfordernis wird formuliert als *„eine Voraussetzung, die erfüllt sein muss, um einen gewissen Zeck zu erfüllen"* (DIN EN ISO/IEC 25064). Nach Geis und Johner (2015) sind dabei Erfordernisse und Anforderungen wie folgt zu formulieren:

- Erfordernis: Die <Benutzergruppe>, muss {Voraussetzung} wissen oder verfügbar haben, um {Zweck} entscheiden oder tun zu können.

- Nutzungsanforderungen: Der Benutzer muss am System {…}

- erkennen/überblicken können

- auswählen können

- eingeben können

15.4.2.3 Gefährdungsbezogene Benutzungsszenarien

Zusätzlich müssen wie in Abschnitt 15.3.2 auch die Gefährdung und Gefährdungsanalyse für die Benutzungsschnittstelle durchgeführt werden. In der DIN EN 62366 werden zu den sicherheitsbezogenen Merkmalen die darauf basierenden Gefährdungen und Schäden ermittelt. Da Standalone Software nur indirekt einen Schaden verursachen kann, liegt der Fokus in der DIN EN 62366 bei der Analyse gefährdungsbezogener Nutzungsszenarien.

Bei der Ermittlung der Gefährdungen werden Kernaufgaben ermittelt. Diese Aufgaben werden von einem Benutzer innerhalb eines Nutzungskontextes durchgeführt und enthalten meist eine Abfolge von Teilaufgaben, die von einem interaktiven System unterstützt werden (DAkkS Deutsche Akkreditierungsstelle, 2010; Geis & Johner, 2015), um ein Ziel zu erreichen. Ein Benutzungsszenario, was zu einem Schaden führen kann (gefährdungsbezogenes Benutzungsszenario), wird spezifiziert, indem bei allen Teilaufgaben der vorherzusehende Benutzungsfehler, die Gefährdungssituation, das sicherheitsbezogene Merkmal und die Risikobeherrschungsmaßnahmen ermittelt werden.

15.4.2.4 Benutzungsszenario

Sind keine Gefährdungen zu erwarten, werden die Benutzungsszenarien nach (Geis & Johner, 2015) durch die Angabe von Aktionen der Benutzer und der Reaktion der Nutzungsschnittstelle für eine auszuführende Aufgabe spezifiziert. Die Aktionen des Benutzers sind beobachtbare Handlungen wie z. B. „eingeben" oder „auswählen". Die Reaktion der Benutzungsschnittstelle nach der Aktion des Benutzers wird angegeben durch weiterführende Informationen wie z. B. „anzeigen" oder „darstellen".

15.4.2.5 Umsetzung der Nutzungsschnittstelle

Die Ermittlung der Anforderungen und die gefährdungsbezogenen Interaktionen sowie die Benutzungsszenarien wurden bisher komplett technologiefrei beschrieben. Es ging bei den Nutzungsanforderungen lediglich um das Erkennen und Eingeben oder Wahrnehmen von Informationen. In den Aufgaben ging es um die Unterstützung von Arbeitsprozessen ohne feste Spezifikation der konkreten Technologie. Es wird in diesen Schritten noch nicht über eine konkrete Umsetzung gesprochen. Die technologiefreie Sicht ermöglicht es, im sogenannten Problemraum, oder auch Lastenheft genannt, die Erfordernisse der Benutzer zu ermitteln, ohne an konkrete Lösungen zu denken. Diese Herangehensweise ermöglicht eine innovative Lösungsfindung, da keine mentale Bindung an schon existierende Lösungen besteht.

Die konkrete Umsetzung findet dann im Lösungsraum statt. Sind alle Anforderungen erhoben, wird sich auf eine konkrete Lösung festgelegt, die die Benutzungsszenarien mit den Hauptbedienfunktionen durch Bedienelemente umsetzt. Hierbei sind die Gestaltungsregeln einzuhalten. Bei der Gestaltung für Benutzungsschnittstellen ist es bei Apps ratsam, auf die Normen für die Dialoggestaltung und Informationsdarstellung (z. B. Normenfamilie ISO 9241), sowie die Richtlinien bekannter Hersteller für beispielsweise Betriebssysteme (Apple, Microsoft, Android) zurückzugreifen. In Health-Apps können klassische Bedienelemente der bekannten Hersteller verwendet werden und auch Menüstrukturen des Computers gehören mittlerweile zum klassischen, erwartungskonformen Nutzungskonzept. Allerdings müssen bei der Anwendung von Gestaltungsrichtlinien immer der Nutzungskontext und die Risikoanalyse miteinbezogen werden. Die Anwendung von Gestaltungsrichtlinien darf nicht zu einem Benutzungsfehler führen.

15.4.2.6 Verifizierung und Validierung der Gebrauchstauglichkeit

Bei der Verifizierung wird ein objektiver Nachweis erbracht, dass die Anforderungen erfüllt wurden. Hierbei wird durch einen Usability-Engineer geprüft, ob die Aufgaben und Teilaufgaben durch die Anforderungen abgedeckt werden. Alle Anforderungen werden an der Benutzungsschnittstelle geprüft. Bei der Validierung wird ein objektiver Nachweis erbracht, dass die Bedienfunktionen von den Benutzern beherrscht und verstanden werden. Durch Usability-Tests kann die Validierung stattfinden. Bei diesem Test werden Benutzer in unterschiedlichen Test-Methoden (Richter & Flückiger, 2013) gebeten, eine bestimmte Aufgabe am System (kann auch ein Prototyp sein) durchzuführen.

15.4.3 Benutzungsfehler bei Medizinprodukten

Irren ist menschlich, daher sind auch Benutzungsfehler bei der Mensch-Maschine-Interaktion nichts Ungewöhnliches. Gerade unter Stress erhöht sich die Wahrscheinlichkeit eines Fehlers. Durch Misskommunikation zwischen dem Systemverhalten und der intendierten Erwartung des Nutzers an das Systemverhalten kann es zusätzlich zu Fehlinterpretationen oder Fehleingaben kommen. Der Mensch kann als als fehlerbegünstigender Faktor (Badke-Schaub, Hofinger, & Lauche, 2008; Pierre et al., 2011) innerhalb eines soziotechnischen Systems wirken, wobei sich Unwissenheit, fehlende Qualifikation und mentale Belastung durch häufiges Unterbrechen sehr negativ auswirken können (Magrabi et al., 2010).

Bei Standalone Software-Systemen (Software as a Medical Device) kommt der Mensch-Maschine-Interaktion eine besondere Bedeutung zu: Die „Wirkung" des Medizinproduktes auf den Patienten ist in der Regel indirekt über eine dritte Person (Behandler) gegeben, die vom Medizinprodukt dann nicht mehr gemessen oder gesteuert werden kann. Einmal falsch interpretierte Informationen können dann nicht mehr vom System kontrolliert und damit sicher korrigiert werden. Soll der Mensch als korrektiver und kreativer Problemlöser eingebunden werden, muss dies daher explizit erfolgen.

Es sollte daher versucht werden, zwischen Anwender- und Anwendungsfehler zu unterscheiden. Bei einem Anwendungsfehler liegt die Fehlerursache nicht allein beim Nutzer, wobei bei einem Anwenderfehler der Nutzer die alleinige Verantwortung trägt (Hölscher et al., 2014). Eine sachgemäße Unterscheidung zwischen einem Anwenderfehler und Anwendungsfehler ist nicht immer möglich. Häufig ist jedoch zu beobachten, dass Interaktionsprobleme vorschnell als Anwenderfehler klassifiziert werden.

Hersteller müssen sich gemäß der DIN EN 62366 mit den Handlungen, die von Benutzern ausgehen, hinsichtlich der Gebrauchstauglichkeit ihres Produktes auseinandersetzten, da eine unzureichende Usability die Patientensicherheit gefährden kann. Eine unzureichende Benutzungsschnittstelle kann zu Anwendungsfehlern führen, der den Patienten einen Schaden zufügen kann. Die Zweckbestimmung und die dazugehörige Benutzergruppe spezifizieren den Gebrauch und Fähigkeiten der Nutzergruppe sowie die Grenzen der zweckbestimmten Benutzung. Daher wurden in der DIN EN 62366 Handlungen in beabsichtigt und unbeabsichtigt eingeteilt. Der normale Gebrauch beinhaltet, wie in Abbildung 15-5 zu sehen, ist den bestimmungsgemäßen Gebrauch und die Benutzungsfehler. Auch in der Norm DIN EN 62366 gehören Nutzungsfehler zum normalen Gebrauch und müssen daher vom Hersteller in der Risikoanalyse mitbedacht werden.

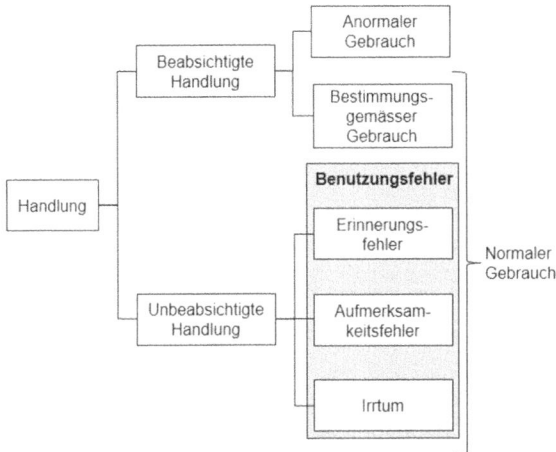

Abbildung 15-5: Handlungen und normaler Gebrauch nach (DIN EN 62366:2008-09: Medizinprodukte - Anwendung der Gebrauchstauglichkeit auf Medizinprodukte (IEC 62366:2007); Deutsche Fassung EN 62366:2008). Auszug aus Bild B.1 der DIN EN 62366 (VDE 0750-241):2016-05

15.4.4 Spezifikation der Gebrauchstauglichkeit - Anwendungsbeispiel

Die Anforderungen in den Normen sind in der Regel recht abstrakt und didaktisch wenig zugänglich gehalten. Um einen Überblick über eine praxistaugliche Herangehensweise zu geben, wird auf Basis der Literatur (DAkkS Deutsche Akkreditierungsstelle, 2010; Geis & Johner, 2015) am Beispiel des elektronischen Migräne-Tagebuchs eine exemplarische Umsetzung gezeigt.

Das Ziel des digitalen **Migräne-Tagebuchs** (Medizinprodukt) ist die patientenseitige (Benutzer) Dokumentation der Kopfschmerz-Episoden im alltäglichen Bereich (Umgebung/Kontext) und die Überwachung und Anpassung der Therapie von ärztlicher Seite (Benutzer). Es gibt bei diesem Medizinprodukt zwei Benutzergruppen und mit jeweils zwei Zielen in unterschiedlichen Nutzungskontexten. Dem Arzt dienen die Tagebucheinträge als Basis für die Kontrolle des Therapieverlaufs und der Wirkung der Medikation. Der Fokus liegt hierbei auf der Kontrolle der Einnahme der Schmerzmittel und der Anzahl der Migräne-Tage. Für den Arzt ist das Tagebuch eine Datenbasis, er wird dort keine Eintragungen vornehmen, sondern nur aggregierte Daten zu sehen bekommen. Der Patient hingegen trägt die Migräneanfälle sowie deren Schmerzintensität, Dauer und Medikation ein. Auch dem Patienten dient das Tagebuch zur Kontrolle des Therapieverlaufs.

Zweckbestimmung: Ein elektronisches Migräne-Tagebuch dient der Dokumentation der Kopfschmerzen. Dabei werden die Tage mit Kopfschmerzen, die Dauer der Schmerzen und die Medikamenteneinnahme dokumentiert. Diese Verlaufsdiskussion dient der Beurteilung des Krankheitsverlaufs und ist die Basis der weiteren Therapieplanung.

Benutzergruppen

Die Patientengruppe des elektronischen Migräne-Tagebuchs können alle Frauen und Männer mit chronischen Kopfschmerzen sein, die eine Migräne-Prophylaxe durchführen und die ein Smartphone besitzen.

- *Alter*: alle
- *Nationalität*: deutschsprachig
- Gewicht: alle
- *Fähigkeiten*: Lese- und Schreibkompetenz
- Beeinträchtigungen: Sehhilfe

Benutzergruppe sind Ärzte (Allgemeinmediziner, Neurologen, Schmerztherapeuten), die den Therapieverlauf und die Wirkung der Medikation kontrollieren wollen.

- *Ausbildung*: Facharzt für Allgemeinmedizin, Neurologie oder Anästhesie mit Zusatzbezeichnung Schmerztherapie[14]
- *Kenntnisse*: Fundierte Kenntnisse in der Therapie der Migräne
- Beeinträchtigungen: Sehhilfe

Benutzergruppen können Medizinische Fachangestellte zur Organisation von Praxis und Ambulanz sein.

- *Ausbildung*: Medizinische Fachangestellte
- *Kenntnisse*: Organisation der Praxis, Umgang mit dem Arztinformationssystem
- Beeinträchtigung: Sehhilfe

Benutzungskontext

Leitfragen für das Kontextinterview (nur ein Auszug)

- Welche Informationen sind relevant bei der Beurteilung des Therapieverlaufes bei Migräne?
- Wie bestimmen Sie, ob eine Therapie anschlägt?
- Welche Arbeitsschritte kommen immer wieder vor?
- Welche Ergebnisse entstehen und welche Entscheidungen treffen Sie auf der Basis der Ergebnisse?
- Weitere W-Fragen…

---

[14] Hier wird die Annahme getroffen, dass nur spezialisierte Ärzte das System zur Behandlung nutzen. In dem Beispiel wurde vernachlässigt, dass gegebenenfalls auch andere, nicht auf das Krankheitsbild spezialisierte Ärzte das System nutzen. Für diese Gruppe müssten die Informationen gegebenenfalls anders aufbereitet werden. Dies wird in diesem Beispiel vernachlässigt.

Nach Geis & Johner (2015) lassen sich die Ergebnisse des Interviews als Kontextszenario tabellarisch (siehe Tabelle 15-1) aufbereiten. In Tabelle 15-2 und Tabelle 15-3 sind das gefährdungsbezogene Benutzungsszenario und das „normale" Benutzungsszenario exemplarisch aufgeführt.

- **Erfordernis**: Die <Benutzergruppe>, muss XXX wissen/verfügbar haben, um YYY entscheiden/tun zu können.

- **Nutzungsanforderung**: Der Benutzer muss am System ZZZ

- erkennen/überblicken können

- auswählen können

- eingeben können

Kontextszenario	Erfordernisse	Nutzungsanforderungen
Damit ich (der Arzt) beurteilen kann, ob die Therapie mit der Migräneprophylaxe wirkt, sollten die Migräneanfälle nach ca. 3 Monaten um die Hälfte gesunken sein.	Der Arzt muss wissen, wie viele Migränetage der Patient in einem selbstgewählten Zeitraum angegeben hat, um zu entscheiden, ob die Prophylaxe wirkt.	Der Benutzer muss am System den Zeitraum für die Anzeige der Migränetage auswählen können.
Allerdings möchte ich mir die Migränetage vorher regelmäßig anzeigen lassen, da sich schon früher eine Veränderung in der Schmerzintensität einstellen kann …	Der Arzt muss wissen, ob die Anfälle gesunken oder gestiegen sind im Vergleich zu einem selbstgewählten Zeitraum, um zu entscheiden, ob die Prophylaxe angepasst werden muss.	Der Benutzer muss am System erkennen können, ob die Anzahl der Migränetage des gewählten Zeitraums im Vergleich zu einem anderen (vorherigen) Zeitraum steigt oder sinkt.

Tabelle 15-1: Strukturierung der Kontextinterviews mit den ermittelten Erfordernissen und Anforderungen

Gefährdungen

- Der Patient bekommt nicht die korrekte Dosis an Medikamenten oder ein falsches Medikament (Medikationsfehler).

Kernaufgaben

- *Patientenseite*: Migräneanfall eintragen

- *Arztseite*: Überprüfung der Anzahl der Migränetage und Anpassung der Medikation

Kernaufgabe: Überprüfung der Anzahl der Migränetage und Anpassung der Medikation				
Teilaufgabe	Vorhersehbarer Benutzungs-fehler	Gefährdung /- Situation	Sicherheitsbe-zogenes Merk-mal	Maßnahme zur Risikobeherr-schung
Auswahl Patient	Benutzer wählt falschen Pati-enten aus	Patient erhält falsche Medi-kation	Auswahl des Patienten	Anzeige des Patienten in jeder Funktion
Anzeige der Mig-ränetage für Zeit-intervall	Zeitintervall falsch eingege-ben	Patient be-kommt nicht angemessene Therapie	Auswahl des Zeitintervalls	Visualisierung des Zeitraums und der Verteilung, nicht nur der Rate an Migränetagen Zeitintervalle für 1,2,3 Monate direkt wählbar Plausibilitätsprüfung bei Ein-gabe unrealistischer Zeitinter-valle
Anpas-sung Me-dikation	Benutzer gibt falsche Medi-kation ein	Patient erhält falsche Medi-kation	Auswahl und Anzeige der Medikation für einen Patienten	Warnhinweise, dass Medikation geändert wird, insbesondere bei neuer Medikation Plausibilitätskontrollen
Anpas-sung der Dosis	Benutzer gibt falsche Dosie-rung ein (Zah-lendreher, Ver-gessen des De-zimaltrenners, etc.)	Patient erhält falsche Do-sierung	Auswahl und Anzeige der Dosierung	Plausibilitätskontrollen, Test auf Referenzenwerte, Warnhin-weise

Tabelle 15-2: Gefährdungsbezogenes Benutzungsszenario

Kernaufgabe: Überprüfung der Anzahl der Migränetage und Anpassung der Medikation			
Teilaufgabe	Aktion	Reaktion der GUI	Nutzungsanforderungen
Auswahl Patient	Benutzer wählt Patienten aus	System zeigt ausgewählten Patienten an	Auswahl des Patienten
Anzeige der Migränetage für Zeitintervall	Benutzer wählt ein vorgegebe-nes Zeitintervall aus	System zeigt den ausge-wählten Zeitraum und die Anzahl der Migränetage an	Auswahl des Zeitintervalls Anzeige der Migränetage
Anpassung Me-dikation	Benutzer gibt Medikation ein	System zeigt neue Medika-tion an und fragt nach Be-stätigung	Anzeige der Medikation für einen Patienten

Tabelle 15-3: Benutzungsszenario

15.5 Fazit

Medizinprodukte unterliegen rechtlichen Rahmenbedingungen, unter denen sie entwickelt werden müssen. In diesem Kapitel wurde besonders auf die Risiken, die von einem Medizinprodukt ausgehen können und die sicherheitskritische Mensch-Maschine-Interaktion eingegangen.

- Wird ein Produkt zu diagnostischen oder therapeutischen Zwecken eingesetzt, ist es ein Medizinprodukt und unterliegt der EU-Verordnung 2017/745 beziehungsweise der nationalen Regelung, dem **Medizinproduktegesetz.** In den Gesetzen werden Grundlegende Anforderungen an Medizinprodukte definiert. Durch diese Gesetze werden Anforderungen an Qualität, Schadensvermeidung beziehungsweise Schadensminimierung, Softwareentwicklung, medizinische elektrische Geräte und Gebrauchstauglichkeit gestellt. Die Normen stellen anerkannte Regeln der Technik dar, deren Umsetzung die Einhaltung der Anforderungen sicherstellt.

- Durch die Anwendung eines Medizinproduktes darf dem Anwender nicht über vertretbarem Maße ein Schaden zugefügt werden. Die Risiken müssen daher in einem **Risikomanagementprozess** nach (DIN EN ISO 14971) identifiziert, bewertet und minimiert werden.

- Mangelnde Gebrauchstauglichkeit kann zu Benutzungsfehler führen, die den Anwender einem vermeidbaren Risiko aussetzen können. Die strukturierte Ermittlung der Nutzungsanforderungen sowie der **gefährdungsbezogenen Benutzungsszenarien** werden durch einen gebrauchsorientierten Entwicklungsprozess umgesetzt, wobei der Fokus der Gebrauchstauglichkeit von Medizinprodukten auf der Fehlertoleranz liegt.

15.6 Übungsaufgaben

Aufgabe 1: Ist eine App, die die Parameter eines Herzschrittmachers mit einem Smartphone ausliest und dem Patienten anzeigt, ein Medizinprodukt? Begründen Sie Ihre Antwort.

Aufgabe 2: Ist eine App, die die Parameter eines Herzschrittmachers mit einem Smartphone ausliest und die Daten an ein Telemedizin-Zentrum zur Therapiekontrolle durch den Arzt überträgt, ein Medizinprodukt? Begründen Sie Ihre Antwort.

Aufgabe 3: Geben sie vier Beispiele für Aufgaben, die mit einem elektronischen Migräne-Tagebuch erledigt werden sollen

Aufgabe 4: Was sind „Erfordernisse" und „Nutzungsanforderungen"? Wie unterscheiden sie sich?

Aufgabe 5: Spezifizieren sie drei Benutzergruppen für die Migräne-Tagebuch-App.

Aufgabe 6: Geben Sie Erfordernisse und Nutzungsanforderungen an. Erstellen Sie eine Tabelle mit drei Spalten. In Spalte 1 tragen Sie die Benutzergruppe ein, in Spalte 2 die Erfordernisse und in Spalte drei die Nutzungsanforderungen: Geben Sie dabei an, welche Benutzergruppen Erfordernisse und Nutzungsanforderungen haben.

Aufgabe 7: Erläutern Sie die Begriffe „Gefährdung", „Gefährdungssituation" und „Risiko".

Aufgabe 8: Worin unterscheiden sich „Gefährdung" zu „Gefährdungssituation"?

Aufgabe 9: Identifizieren Sie mindestens drei Gefährdungen der Migräne-Tagebuch-App und beschreiben mögliche Gefährdungssituationen.

Aufgabe 10: Spezifizieren Sie jeweils zwei Benutzungsszenarien und gefährdungsbezogene Szenarien anhand der in Frage 4 spezifizierten Aufgaben. Überlegen Sie sich dabei Gestaltungslösungen für den Umgang mit gefährdungsbezogenen Szenarien.

15.7 Literatur

15.7.1 Literaturempfehlungen

DAkkS Deutsche Akkreditierungsstelle. (2010). Leitfaden Usability. Abgerufen von http://www.dakks.de/sites/default/files/71_sd_2_007_leitfaden_usability_1.3_0.pdf

Geis, T., & Johner, C. (Hrsg.). (2015). Praxis. Usability Engineering als Erfolgsfaktor: Effizient IEC 62366- und FDA-konform dokumentieren (1. Aufl.). Berlin, Wien, Zürich: Beuth.

Heidenreich, G., & Neumann, G. (2015). Software für Medizingeräte: Die praktische Auslegung und Umsetzung der gesetzlichen Standards für Entwicklungsleiter, Qualitätsverantwortliche und Programmierer.

15.7.2 Literaturverzeichnis

Badke-Schaub, P., Hofinger, G., & Lauche, K. (2008). *Human factors*: Springer.

Medizinproduktegesetz in der Fassung der Bekanntmachung vom 7. August 2002 (BGBl. I S. 3146), das zuletzt durch Artikel 16 des Gesetzes vom 23. Dezember 2016 (BGBl. I S. 3191) geändert worden ist, Bundesministerium der Justiz und für Verbraucherschutz.

DAkkS Deutsche Akkreditierungsstelle. (2010). Leitfaden Usability. Abgerufen von http://www.dakks.de/sites/default/files/71_sd_2_007_leitfaden_usability_1.3_0.pdf

DIN EN ISO 14971:2013-04: Medizinprodukte – Anwendung des Risikomanagements auf Medizinprodukte (ISO 14971:2007, korrigierte Fassung 2007-10-01); Deutsche Fassung EN ISO 14971:2012, DIN ISO 14971.

DIN 40041:1990-12 Zuverlässigkeit; Begriffe, DIN 40041:1990-12.

DIN EN 60601-1-6:2016-02; VDE 0750-1-6:2016-02: Medizinische elektrische Geräte – Teil 1-6: Allgemeine Festlegungen für die Sicherheit einschließlich der wesentlichen Leistungsmerkmale – Ergänzungsnorm: Gebrauchstauglichkeit (IEC 60601-1-6:2010 + A1:2013); Deutsche Fassung EN 60601-1-6:2010 + A1:2015, DIN EN 60601-1-6:2016-02.

DIN EN 62304:2016-10; VDE 0750-101:2016-10 Titel (Deutsch): Medizingeräte-Software – Software-Lebenszyklus-Prozesse (IEC 62304:2006 + A1:2015); Deutsche Fassung EN 62304:2006 + Cor.:2008 + A1:2015, DIN EN 62304.

DIN EN 62366:2016-05: Medizinprodukte – Anwendung der Gebrauchstauglichkeit auf Medizinprodukte (IEC 62366:2007 + A1:2014); Deutsche Fassung EN 62366:2008 + A1:2015

DIN EN ISO 13485:2016: DIN EN ISO 13485:2016 Medizinprodukte – Qualitätsmanagementsysteme - Anforderungen für regulatorische Zwecke (ISO 13485:2016); Deutsche Fassung EN ISO 13485:2016.

DIN EN ISO/IEC 25064: DIN EN ISO/IEC 25064 System- und Software-Engineering – Qualitätskriterien und Bewertung von Systemen und Softwareprodukten (SQuaRE) – Allgemeines Industrieformat (CIF) zur Gebrauchstauglichkeit: Dokumentation der Erfordernisse von Benutzern (ISO/IEC 25064:2013); Deutsche und Englische Fassung prEN ISO/IEC 25064:2016.

Geis, T., & Johner, C. (Hrsg.). (2015). Praxis. Usability Engineering als Erfolgsfaktor: Effizient IEC 62366- und FDA-konform dokumentieren (1. Aufl.). Berlin, Wien, Zürich: Beuth.

Heidenreich, G., & Neumann, G. (2015). Software für Medizingeräte: Die praktische Auslegung und Umsetzung der gesetzlichen Standards für Entwicklungsleiter, Qualitätsverantwortliche und Programmierer.

Hölscher, U. M., Rimbach-Schurig, M., Bohnet-Joschko, S., Juditzki, I., & Siebert, H. (2014). Patientensicherheit durch Prävention medizinprodukt-assoziierter Risiken: Teil 1: aktive Medizinprodukte, insbesondere medizintechnische Geräte in Krankenhäusern. Abgerufen von www.aps-ev.de

Johner, C., Hölzer-Klüpfel, M., & Wittorf, S. (2011). Basiswissen medizinische Software: Aus- und Weiterbildung zum Certified Professional for Medical Software (1. Aufl.). Heidelberg: dpunkt-Verl.

Leitgeb, N. (2010). Sicherheit von Medizingeräten: Recht-Risiko-Chancen: Springer-Verlag.

Magrabi, F., Ong, M.-S., Runciman, W., & Coiera, E. (2010). An analysis of computer-related patient safety incidents to inform the development of a classification. *J Am Med Inform Assoc, 17*(6), 663–670. https://doi.org/10.1136/jamia.2009.002444

Neuhaus, C., Röhrig, R., Hofmann, G., Klemm, S., Neuhaus, S., Hofer, S.,. . . Lichtenstern, C. (2015). Patientensicherheit in der Anästhesie: Multimodale Strategien für die perioperative Versorgung [Patient safety in anesthesiology: Multimodal strategies for perioperative care]. *Anaesthesist, 64*(12), 911–926. https://doi.org/10.1007/s00101-015-0115-6

Pierre, M. S., Hofinger, G., & Buerschaper, C. (2011). *Notfallmanagement: Patientensicherheit und Human Factors in der Akutmedizin.* Dordrecht: Springer. Abgerufen von http://gbv.eblib.com/patron/FullRecord.aspx?p=769914

Richter, M., & Flückiger, M. D. (2013). *Usability Engineering kompakt: Benutzbare Produkte gezielt entwickeln* (3. Aufl. 2013). *IT kompakt.* Berlin, Heidelberg: Springer. Abgerufen von http://dx.doi.org/10.1007/978-3-642-34832-7

Warn- und Assistenzsysteme

16 Die Warnung der Bevölkerung im Katastrophenfall

Michael Klafft

Jade Hochschule Wilhelmshaven

Zusammenfassung

Eine wesentliche Herausforderung des Katastrophenschutzes ist die Warnung der Bevölkerung im Katastrophenfall. Hierbei haben sich in den vergangen Jahren digitale Kanäle wie Warn-Apps und soziale Medien als Ergänzung traditioneller Warnkanäle (wie z. B. Sirenen, Lautsprecherwagen, Radio und Fernsehen) etabliert. Das vorliegende Kapitel diskutiert Eigenschaften, Möglichkeiten und Grenzen unterschiedlicher Warnkanäle und zeigt auf, wie diese sinnvoll miteinander kombiniert und in eine übergeordnete Warnstrategie eingebettet werden können. Ausgehend von den verschiedenen Schritten des Informationsverarbeitungsprozesses werden die Herausforderungen der Bevölkerungswarnung diskutiert. Anhand von Beispielen werden Gestaltungsempfehlungen für Warnnachrichten abgeleitet. Soweit der Warnkanal dies technisch zulässt, können dabei Kernbotschaften mit multimedialen Informationen angereichert werden. Insgesamt kommt es darauf an, eine konsistente Warnkommunikation zu gewährleisten, und trotzdem die Vorteile unterschiedlicher Kanäle optimal zu nutzen. Welche Kanäle – bei gegebenen Budgetrestriktionen – letztlich zum Einsatz kommen sollten, hängt dabei auch von der Risikosituation vor Ort ab, da die Auswahl der Warnkanäle auch von typischen Gefahrenlagen und ihren Vorwarnzeiten bestimmt wird.

Lernziele

- Kenntnisse verschiedener Kommunikationskanäle sowie ihrer Einsatzmöglichkeiten bei der Warnung der Bevölkerung im Katastrophenfall.
- Kenntnisse über die Verarbeitung von Warninformationen bei den Empfängern.
- Fähigkeit, eine Warninfrastruktur zu konzipieren und im Katastrophenfall Warninformationen für unterschiedliche Medien aufzubereiten.

16.1 Einleitung

Auch in Zeiten des technologischen Fortschritts fordern Katastrophen nach wie vor viele Opfer. Bei Naturkatastrophen ist dabei tendenziell ein Anstieg zu verzeichnen, zum einen durch eine Zunahme von Extremwetterereignissen aufgrund des Klimawandels, aber auch infolge von Landflucht und Bevölkerungswachstum und damit einhergehend der zunehmenden Besiedelung gefährdeter Landstriche. Weltweit wurden z. B. im Jahre 2015 ca. 24.000 Tote und 170.000 Verletzte aufgrund von Naturkatastrophen registriert, der Sachschaden betrug etwa 84 Mrd. US-$. Hinzu kommen ca. 9.000 Tote und 8.000 Verletzte aufgrund von Katastrophen, die technologisch bedingt waren (EM-DAT 2017).

Katastrophenschutzbehörden sind bestrebt, Katastrophen (soweit möglich) zu vermeiden beziehungsweise deren Auswirkungen zu reduzieren. Eine wichtige Rolle spielt hierbei die Information der Bevölkerung. Dabei unterscheidet man in Anlehnung an Rechenbach (2017) Warnungen, die herausgegeben werden, sobald sich eine Katastrophe abzeichnet oder ihr Eintritt zumindest wahrscheinlich ist, und Alarmierungen, die bei Eintritt oder Ausweitung einer Katastrophe herausgegeben werden. Mit Katastrophenwarnungen und Alarmierungen werden folgende Ziele verfolgt:

- Information über eine konkrete Bedrohung: Was passiert oder wird passieren, was bedeutet das (möglichst konkret) für die Bevölkerung/das Individuum?

- Verhaltenshinweise: Was ist zu tun (z. B. Verlassen einer Gefahrenzone, Aufsuchen von Innenräumen), was ist zu unterlassen?

- Anregen von Schutzmaßnahmen durch die Bürger: Beispiele hierfür sind das Vernageln von Fensteröffnungen bei herannahenden Hurrikanen und das Verlegen beweglicher Vermögenswerte aus dem Gefahrenbereich (z. B. das Einlagern von Mobiliar in höheren Stockwerken bei erwarteten Überschwemmungen). Welche dieser Maßnahmen konkret durchführbar sind, wird dabei auch von der Länge der Vorwarnzeit und den Fähigkeiten der Bürger bestimmt.

Im Katastrophenfall müssen gefährdete Bürger möglichst schnell, möglichst verständlich, möglichst glaubwürdig und möglichst vollständig erreicht werden, um eine maximale Wirkung der Warnung zu erzielen. Dieses Kapitel gibt Hinweise darauf, wie die oben genannten Ziele durch einen effizienten Einsatz verschiedener Warnkanäle erreicht werden können. Rein sprachlich betrachtet umfasst eine Warnung zwar nur die Information über eine drohende Katastrophe. Aus Sicht der Praxis muss der Warnbegriff jedoch weiter gefasst werden. Hier ist eine Warnung stets mit Verhaltenshinweisen zu verknüpfen, da man nicht unterstellen kann, dass alle betroffenen Bürger über das korrekte Verhalten im Katastrophenfall informiert sind. Im Gegenteil kann man sagen, dass die Information über das richtige Verhalten und die Umsetzung der empfohlenen Handlungen durch die Bürger das wichtigste Ziel der Bevölkerungswarnung darstellen.

16.2 Herausforderungen bei der Bevölkerungswarnung

Voraussetzung für eine erfolgreiche Bevölkerungswarnung ist, dass der in Abbildung 16-1 dargestellte Informationsverbreitungs- und Verarbeitungsprozess erfolgreich durchlaufen wird (in Anlehnung an Jagtman 2010, United Nations 2006).

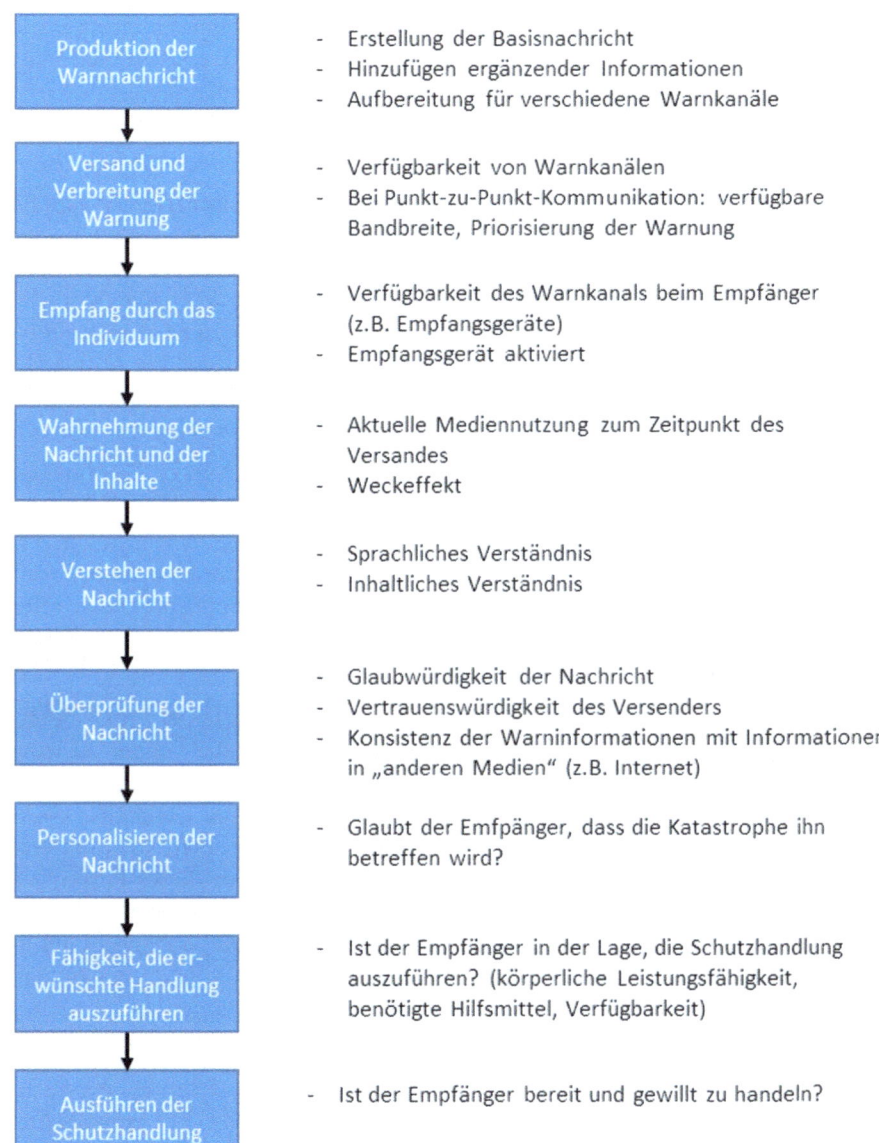

Abbildung 16-1: Der Informationsverbreitungs- und Verarbeitungsprozess von Katastrophenwarnungen

Dabei haben die Katastrophenschutzbehörden die folgenden Herausforderungen zu meistern:

- **Die Warnnachricht muss erfolgreich an den Empfänger übermittelt werden.** Dies kann insbesondere dann Schwierigkeiten bereiten, wenn die Katastrophe unerwartet auftritt, Kommunikationsinfrastruktur zerstört wurde, oder wenn die Bandbreite zur Datenübertragung begrenzt ist und Warnnachrichten mit einem stark erhöhten Kommunikationsvolumen konkurrieren. Positiv wirken sich hier andererseits Multiplikator-Effekte aus, z. B., wenn Personen, die bereits informiert sind, die Warninformationen in sozialen Medien oder mit Personen aus ihrem direkten Umfeld teilen.

- **Wahrnehmung der Warnnachricht.** Selbst wenn eine Warnnachricht dem Empfänger erfolgreich zugestellt wurde, ist noch nicht gesichert, dass sie auch wahrgenommen wird. Dies gilt insbesondere nachts zur Schlafenszeit, aber auch tagsüber wenn die Aufmerksamkeit des Empfängers durch andere Vorgänge stark beansprucht ist. Hier sind Kommunikationsmedien mit einem starken Weckeffekt vorteilhaft (das heißt, Medien, die z. B. durch einen lauten Warnton die Aufmerksamkeit auf die Warnnachricht lenken). Darüber hinaus sind Sonderlösungen für Menschen mit Wahrnehmungseinschränkungen (wie z. B. hörbehinderte Menschen) vorzusehen.

- **Verständnis der Warnnachricht.** Die Kenntnisnahme der Warnung garantiert nicht, dass der Empfänger auch den Inhalt versteht. Gründe hierfür könnten z. B. bei Touristen und Migranten Sprachprobleme sein, oder die Unkenntnis von bestimmten Katastrophenarten. Weitere Ursachen für Verständnisprobleme wären – je nach Art der Informationsübermittlung – auch Analphabetismus oder eine bestehende Lese-Rechtschreib-Schwäche.

- **Überprüfung und Personalisierung der Warnnachricht.** In der Praxis beobachtet man die Tendenz, dass Warnempfänger dazu neigen, die Gefahr zu leugnen (Drabek 1999) und aus diesem Grund Warninformation mit anderen Informationsquellen abzugleichen und zu überprüfen (insbesondere dann, wenn eine konkrete Gefährdung noch nicht offensichtlich erkennbar ist). Hier spielt auch die Glaubwürdigkeit der warnenden Institution eine Rolle. Im Rahmen dieses Prüfprozesses beurteilen die Empfänger ihr persönliches Risiko aufgrund der Katastrophe (wahrgenommene persönliche Betroffenheit und Gefährdung). Die Warnnachricht muss daher den Empfänger davon überzeugen, dass sie glaubwürdig ist und zudem für den Rezipienten von Bedeutung.

- **Fähigkeit, die gewünschte Handlung auszuführen.** Gelegentlich scheitert die Umsetzung der in der Warnung ausgesprochenen Handlungsempfehlung auch daran, dass der Empfänger zur Umsetzung nicht in der Lage ist. Ein Beispiel hierfür sind Evakuierungen: So können Personen mit Mobilitätseinschränkungen Schwierigkeiten haben, sich selbst in Sicherheit zu bringen. Oder aber die Warnempfänger verfügen nicht über die benötigten Transportmittel, um die Gefahrenzone zu verlassen, wie in New Orleans anlässlich des Hurrikans Katrina zu beobachten war (Litman 2006).

- **Ausführen der Schutzhandlung.** Auch wenn alle zuvor genannten Schritte glaubhaft durchlaufen wurden, ist die Ausführung der empfohlenen Schutzhandlung nicht garantiert. Ein bekanntes Beispiel hierfür ist das Phänomen, dass Betroffene sich aus Angst um ihren Besitz weigern, einer Evakuierungsanweisung Folge zu leisten - z. B., weil sie Plünderungen befürchten, oder weil Landwirte ihre Tiere nicht sich selbst überlassen wollen (Auf der Heide 2004).

Eine weitere Herausforderung in der Bevölkerungswarnung sind Fehlwarnungen. Dies gilt für Fälle, in denen Katastrophen noch nicht eingetreten sind, sondern aufgrund einer Prognose herausgegeben werden, wie z. B. bei Extremwetterereignissen. Kommt es hierbei häufiger zu Fehlwarnungen (z. B., weil das Ereignis gar nicht eintritt oder an einem anderen Ort), leidet die Glaubwürdigkeit der Warnungen insgesamt und die Befolgung der Handlungsanweisungen in der Nachricht lässt nach („Crying Wolf"-Syndrom, Bennighaus et al. 2005).

16.3 Warnkanäle

Klassische Warnkanäle wie z. B. Sirenen, Lautsprecherwagen, Rundfunk und Fernsehen werden zunehmend durch Benachrichtigungsdienste (SMS, automatisierte Telefonanrufe, E-Mail und Cell Broadcast), Katastrophenwarnungs-Apps und Warnungen über soziale Medien ergänzt. **Cell Broadcast** bezeichnet einen Dienst im Rahmen des GSM-Mobilfunkstandards, bei dem eine Textnachricht an alle in Reichweite einer bestimmten Basisstation des Mobilfunknetzes befindlichen mobilen Endgeräte gesendet wird (Trosby 2004). Vorteile dieser Punkt-zu-Multipunkt-Kommunikation sind eine geringe Netzbelastung und die Möglichkeit, durch Auswahl der Funkzellen auf einfache Weise die geographische Ausbreitung der Warnnachrichten zu begrenzen. Darüber hinaus bieten Cell Broadcasts Vorteile in Bezug auf die Datensicherheit, da keine Empfängerinformationen gespeichert werden müssen.

Die Nutzung möglichst vieler Warnkanäle ist gerade bei Katastrophen mit kurzen Vorwarnzeiten, bei denen es auf jede Minute ankommt, dringend angeraten, um Ausfälle von Kommunikationsmedien kompensieren zu können und die Wirksamkeit der Warnungen zu erhöhen. Auch in der Bevölkerung besteht „der Wunsch, mittels aller zur Verfügung stehenden Kanäle alarmiert zu werden" (Dressel und Pfeil 2013, S. 21). Dabei unterscheiden sich die verschiedenen Warnkanäle bezüglich der Warnwirkung (Held 2001 sowie Hellriegel und Klafft 2014). Entscheidende Faktoren sind dabei die Wahrnehmung durch den Empfänger (Weckeffekt, Wahrnehmungsquote), die Versorgung der Bevölkerung, die Registrierungsquote (sofern eine Registrierung erforderlich ist) sowie die geographische Reichweite des Warnkanals. Bezüglich der geographischen Reichweite lassen sich dabei drei Typen von Kanälen unterscheiden (Hellriegel und Klafft 2014):

- Punktwarnungen adressieren einzelne Objekte (z. B. Gebäude); ein typisches Beispiel hierfür sind Lautsprecheranlagen in Schulen.

- Umkreiswarnungen informieren die Bevölkerung näherungsweise in einem bestimmten Radius um das Warngerät; ein typisches Beispiel hierfür sind Sirenen, die meist im Umkreis von ca. 1000 Metern wirken, in Abhängigkeit vom Typ der Sirene und der aktuellen Windrichtung.

- Flächenwarnungen nutzen Warnsysteme, die (nahezu) die gesamte Fläche einer Warnzone abdecken; ein typisches Beispiel hierfür sind Mobilfunknetze, aber auch der Rundfunk.

Im Folgenden werden ausgewählte Warnkanäle mit ihren Vor- und Nachteilen näher diskutiert.

Sirenen waren lange Zeit das technische Rückgrat der Bevölkerungswarnung in Deutschland, stehen heute aber nicht mehr flächendeckend zur Verfügung, da der Bund nach dem Ende des Kalten Krieges die Finanzierung der Sireneninfrastruktur eingestellt hat. Im Umfeld von Betrieben mit erhöhten Risiken (Seveso-Betriebe, kerntechnische Anlagen) sind Sie für die Erstalarmierung der Bevölkerung jedoch nach wie vor ein unerlässliches Warnelement. Ihr Vorteil ist, dass Sie schnell einen hohen Aufmerksamkeitsgrad erzeugen und direkt als Warnsignal erkannt werden; zudem wird bei einem Sirenenalarm die Autorität des Betreibers typischerweise nicht hinterfragt (Dressel und Pfeil 2013). Andererseits ist der Informationsgehalt von Sirenensignalen begrenzt, und die Bedeutung des Signals muss durch regelmäßige Übung erlernt und in Erinnerung gerufen werden (Dressel und Pfeil 2013). Insofern sind Sirenen unbedingt durch Warnkanäle zu ergänzen, mit denen ein höherer Informationsgehalt übermittelt werden kann.

Katastrophenschutzbehörden nutzen daher **Rundfunk und Fernsehen** zur erweiterten Information der Bevölkerung. Seitens der Rundfunkanstalten besteht auch eine Verpflichtung zur Übermittlung von amtlichen Warninformationen (Verlautbarungsrecht), und es wurden hierfür definierte Warnprozesse etabliert. Allerdings kann auf diese Weise nur ein Teil der Bevölkerung erreicht werden. So sind die Empfangsgeräte oft ausgeschaltet, und am Arbeitsplatz und im Freien ist die Verfügbarkeit der Empfänger eingeschränkt. In den vergangenen Jahren haben sich die Warnmöglichkeiten um mobilfunkgestützte Warnsysteme erweitert (**SMS-basierte Warnungen** und **Cell Broadcasts**). Cell Broadcasts werden in verschiedenen Ländern als ergänzender Warnkanal genutzt, so z. B. in den Niederlanden (Vgl. Jagtman 2010), in Chile und in den USA (z. B. der sogenannte „Presidential Alert"). Großer Nachteil des Cell Broadcast-Verfahrens ist die Tatsache, dass der Empfang der Warnmeldung am Endgerät freigeschaltet werden muss, was aufgrund der Vielzahl von Endgeräten im Markt nicht durchgängig praktikabel durchgeführt werden kann. Die oben genannten Länder haben daher zum Teil ergänzende Maßnahmen ergriffen, um die Wirksamkeit ihres Warnsystems zu garantieren: Neu verkaufte Mobiltelefone müssen mit aktiviertem Empfangskanal ausgeliefert werden, und/oder warnkompatible Geräte werden mithilfe eines Konformitätssiegels beworben. Diese Regelungen gibt es in Deutschland allerdings nicht. Zudem bietet derzeit nur ein kleiner Teil der Netzbetreiber

Cell Broadcasts an, sodass diese hierzulande derzeit keine realistische Warnoption darstellen. Verbreitet ist bei uns dagegen der Einsatz von **appbasierten Warnlösungen** (z. B. die Warnsysteme NINA und KATWARN, vgl. Reuter et al. 2017a, Kotthaus et al. 2016), die gegenüber Cell Broadcasts erweiterte Möglichkeiten der (multimedialen) Visualisierung bieten, die konkrete Position des Empfangsgerätes berücksichtigen und eine Personalisierung von Warnnachrichten ermöglichen. Allerdings benötigt der Empfänger hierfür ein Smartphone, muss die App installieren und es werden derzeit auch nur die gängigsten Plattformen unterstützt (iOS, Android, Windows Phone). Für alle übrigen Empfänger stehen – ebenfalls nach Registrierung – Alarmierungen per **SMS, E-Mail** und je nach Anbieter auch über **automatisierte Telefonanrufe** und **Fax** zur Verfügung. Faxbasierte Lösungen kommen jedoch aufgrund des fehlenden Weckeffekts fast ausschließlich in der Kommunikation zwischen Behörden zum Einsatz (da hier die Sendebestätigung als Nachweis über eine erfolgte Informationsweitergabe gilt). Daneben gibt es noch spezialisierte Warnkanäle wie z. B. **Funkrufdienste/Paging**, mit denen neben den Einsatzkräften über stationäre Warnempfänger auch öffentliche Einrichtungen wie z. B. Schulen, Hotels, Krankenhäuser oder Altenheime punktgenau gewarnt werden können. Diese Dienste bieten den Vorteil, dass sie von der öffentlichen Stromversorgung weitgehend unabhängig operieren und ein eigenes Kommunikationsnetz nutzen, was Vorteile bezüglich der Ausfallsicherheit bietet.

In letzter Zeit werden von Behörden zunehmend auch **soziale Medien** zur Alarmierung genutzt, die hierfür aber aufgrund des fehlenden Weckeffekts nur bedingt geeignet sind. Ein aktuelles Beispiel hierfür ist die Warnung der Bevölkerung im Zusammenhang mit der Verfolgung von Terroristen in Frankreich. Dabei warnte die Polizeipräfektur Paris wiederholt über Twitter vor einer Gefährdung der Bevölkerung aufgrund von Schießereien im Zusammenhang mit laufenden Antiterror-Operationen. Aufgrund ihrer Nachteile empfehlen sich soziale Medien eher als ergänzendes Medium zur Bereitstellung zusätzlicher Hintergrundinformationen zu Akutwarnungen. Wertvoll sind sie auch im Falle von Katastrophen mit längeren Vorwarnzeiten, bei denen der Weckeffekt keine so große Rolle spielt.

16.4 Gestaltung von Warnnachrichten

16.4.1 Die Basiswarnung

Bei der Gestaltung konkreter Warnnachrichten kommt es auf eine kurze, präzise, verständliche und überzeugende Formulierung an. Dabei ist die Nachricht so zu gestalten, dass die Kernbotschaft konsistent über alle genutzten Warnkanäle verbreitet werden kann (hierbei sind gegebenenfalls technische Begrenzungen wie die Zeichenzahlen bei SMS oder Cell Broadcasts zu beachten). Nach Drabek (1999) sollte eine Warnnachricht dem Empfänger die folgenden Kernfragen beantworten:

- Wer ist verantwortlich für die Herausgabe der Warnung?

- Was ist die Gefahr und wie groß ist sie?

- Welches geographische Gebiet ist betroffen?

- Wann wird die Gefährdung eintreten?

- Wie wahrscheinlich ist dies?

- Gibt es bestimmte Orte und Situationen, in denen besondere Vorsicht zu walten hat?

- Welche Vorsorge- und Schutzmaßnahmen werden empfohlen?

Um im Falle von Alarmierungen keine Zeit mit der Gestaltung der Warnachricht zu verlieren, empfiehlt es sich, für die typischen Katastrophenszenarien eines Ortes/einer Region vorab Textbausteine zu definieren, die in den Warnsystemen hinterlegt werden können und dann im Katastrophenfall vom Warnverantwortlichen per Klick zusammengesetzt werden. Für unvorhergesehene Gefahrensituationen muss daneben jedoch stets auch eine Freitexteingabe möglich sein.

Werden IT-Systeme für die Erstellung und Verbreitung von Warnachrichten genutzt, so kann die ausgebende Stelle einer Warnung automatisiert aus den Logindaten des Warnverantwortlichen ermittelt und in den Warntext eingesetzt werden.

Ergebnis des zuvor beschriebenen Prozesses ist die sogenannte „Basiswarnung", die auf allen Warnkanälen genutzt und wenn möglich um zusätzliche Informationen angereichert beziehungsweise präzisiert wird. Eine Beispielwarnung könnte in Deutschland wie folgt aussehen:

Landkreis XX warnt: Schwere Gewitter im PLZ-Gebiet YYYYY ab 18:14 Uhr erwartet. Vermeiden Sie Aufenthalte im Freien!

Diese kurz gehaltene Warnachricht eignet sich auch zur Verbreitung über Warnkanäle mit begrenztem Informationsgehalt, wie z. B. SMS. **Nicht vergessen:** Jeder Warnung sollte eine korrespondierende **Entwarnung** folgen, sobald die Gefahr vorüber ist.

16.4.2 Ergänzende Informationsübermittlung mittels Warn-Apps

Modernere Warnmedien wie z. B. Apps erlauben im Vergleich zur Basiswarnung deutlich detailliertere Informationen.

Abbildung 16-2 zeigt als Beispiel eine Großbrandwarnung aus der App KATWARN. Diese App gibt relevante Warnungen ortsbasiert zur genauen Position des Benutzers (und auf Wunsch auch für definierte zusätzliche Orte) heraus und zeigt auf einer Karte die genaue Abgrenzung der Gefahrenzone. Ein Piktogramm unterstützt die schnelle Analyse der Gefahrensituation durch den Benutzer, der Schweregrad der Gefahr wird zudem durch die verwendete Warnfarbe (rot) unterstrichen. Auf einem zweiten Screen werden ergänzende

Informationen zur Gefahrenursache angeboten ("Großbrand mit starker Rauchentwicklung nach Blitzeinschlag"). Es gibt zudem die Möglichkeit, die Warninformationen zu teilen und so weiterzuverbreiten. Darüber hinaus warnt die App den Benutzer mit einem dezidierten, durchdringenden Warnton mit hohem Weckeffekt. Ein wesentlicher Schwachpunkt der Warnung über Apps ist jedoch, dass diese nur erfolgreich sein kann, wenn der Empfänger das Gerät auch eingeschaltet hat. Man muss davon ausgehen, dass dies in der besonders kritischen Nachtzeit bei einem großen Teil der Empfänger nicht der Fall ist, sodass die Alarmierung über Warn-Apps nur ein ergänzender Baustein im Rahmen einer umfassenden Warnstrategie sein kann.

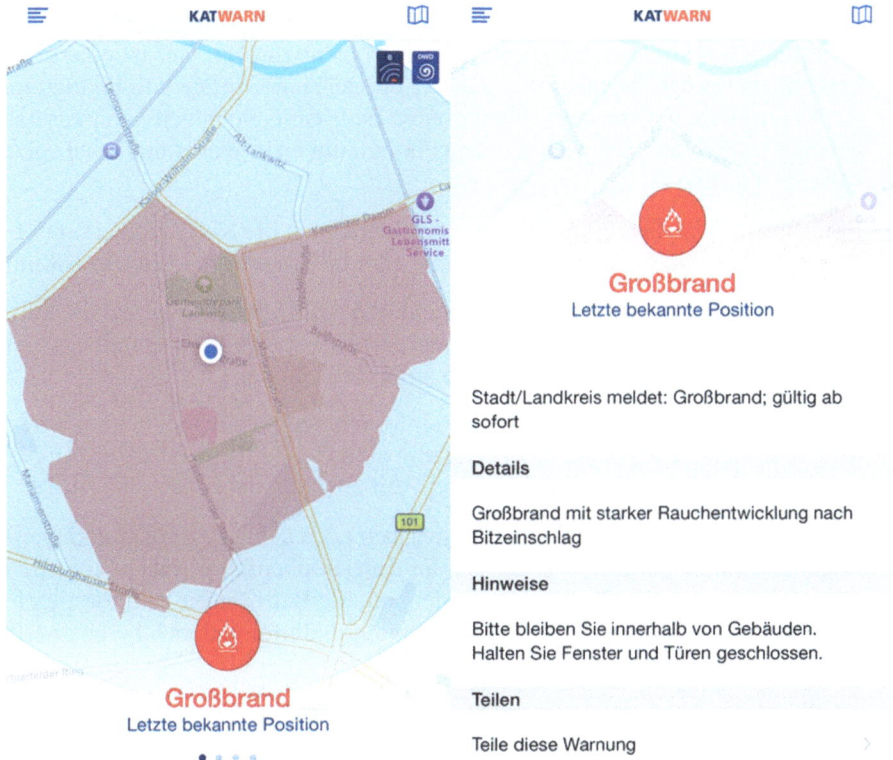

Abbildung 16-2: Bereitstellung ergänzender Informationen in einer Katastrophenwarn-App
(Bildquelle: Apple App Store)

16.4.3 Die Warnung besonders vulnerabler Bevölkerungsgruppen

Moderne Warnmedien ermöglichen über die zuvor beschriebene Gestaltung der Warninformationen hinaus eine Personalisierung von Warnungen, das heißt, eine Ergänzung der Warninhalte oder eine Anpassung der Darstellung an die besonderen Bedürfnisse des

Empfängers. Dies ist besonders relevant für gefährdete beziehungsweise verletzliche Bevölkerungsgruppen. So empfiehlt z. B. Reuter (2014), bei Warninformationen persönliche Merkmale des Empfängers wie z. B. das Alter oder bestimmte Erkrankungen zu berücksichtigen. Aufbauend auf Dressel und Pfeil (2011) identifizierten Klafft und Reinhardt (2016) folgende Bevölkerungsgruppen mit besonderen Informationsbedürfnissen:

- **Migranten und Touristen** sind besonders gefährdet, da sie oft mit den örtlichen Gegebenheiten und den dort typischen Katastrophenszenarien nicht vertraut sind, und da sie häufig nicht die Landessprache/Amtssprache sprechen (Dressel und Pfeil 2014). Es ist daher empfehlenswert, Warninformationen in verschiedenen Sprachen anzubieten und auf ergänzende Hintergrundinformationen zu verlinken. Darüber hinaus sollten die Warninformationen in „einfacher Sprache" bereitgestellt werden.

- **Analphabeten** kommen mit Textnachrichten nicht zurecht, hier ist eine Information mittels Sprachausgabe vorzusehen. Ein intensiver Einsatz von Piktogrammen zur Kennzeichnung von z. B. Fluchtrouten und Sammelpunkten kann zusätzliche Unterstützung bieten (zum Einsatz von Piktogrammen in Warnsituationen vgl. z. B. Kusano et al. 2014).

- Einfache Sprache und Piktogramme erleichtern auch die Kommunikation mit Personen mit **Lese-Rechtschreib-Schwäche** oder mit **kognitiven Einschränkungen.**

- **Mobilitätseingeschränkte Personen** benötigen oft Unterstützung bei Evakuierungen. Es empfiehlt sich, diesem Personenkreis eine spezielle Rufnummer bereitzustellen, bei der sie entsprechende Hilfe anfordern können.

- **Eltern mit kleinen Kindern** benötigen Informationen über die Situation ihrer Kinder, wenn sich diese gerade nicht zu Hause aufhalten (z. B., weil sie im Kindergarten oder in der Schule sind, Dressel und Pfeil 2014).

- **Unbegleitete Kinder und Jugendliche** haben noch keine Erfahrung und meist geringe Kenntnisse darüber, wie sie sich im Katastrophenfall verhalten können. Hier können Warn-Apps dafür genutzt werden, um die Betroffenen zu informieren und detailliert zu instruieren, aber auch um Hintergrundinformationen bereitzustellen.

- **Blinde und schwer sehbehinderte Personen** benötigen eine Sprachausgabe für die Warntexte. Ergänzend dargestellte Symbole und Bilder sollten in den Metadaten beschrieben werden, damit auch diese Beschreibungen vorgelesen werden können. Darüber hinaus benötigen blinde Personen zusätzliche Hinweise für die Orientierung. Eine typische Empfehlung lautet daher, sich bei einer Evakuierung anderen Personen anzuschließen, was aber nicht immer möglich ist (z. B., wenn niemand anderes in der Nähe ist, oder wenn die anderen Personen so schwer verletzt sind, dass sie sich ebenfalls nicht in Sicherheit bringen können). In diesem Fall können blinde Menschen z. B. über eine Warn-App Orientierungsinformationen erhalten.

- **Farbenblinde Personen** haben gegebenenfalls Schwierigkeiten mit der Interpretation des genutzten Farbschemas für den Schweregrad der Katastrophe, insbesondere wenn die Warnfarben rot-gelb-grün zum Einsatz kommen. Aus diesem Grund empfiehlt es sich, den erwarteten Schweregrad der Katastrophe nicht nur über eine Farbe darzustellen, sondern zusätzlich auch im Text zu benennen.

- **Hörbehinderte oder taube Menschen** sind nicht in der Lage, die für den Weckeffekt genutzten Warntöne wahrzunehmen. Zudem haben Sie oft Schwierigkeiten, mit ihren hörenden Mitbürgern zu kommunizieren. Generell ist es schwierig, ihre Aufmerksamkeit zu gewinnen, da sie häufig sehr auf einen bestimmten Aspekt ihrer Umgebung konzentriert sind (National Research Council 2011). Mögliche Lösungsansätze für das Problem beinhalten die Nutzung von bestimmten Vibrationsalarm-Mustern für eine Katastrophenwarnung, oder die Nutzung des Smartphone-Bildschirms als Blinklicht (intermittierender Wechsel zwischen weißem Bildschirm mit maximaler Helligkeit und schwarzem Bildschirm). Da Gebärdensprache für viele taube Menschen die „natürliche Sprache" darstellt und daher bequemer zu verstehen ist, bietet es sich an, für typische Katastrophenszenarien und Warninhalte Gebärdensprachvideos in Warn-Apps zu integrieren (National Research Council 2011, Mitchell et al. 2010). Wenig empfehlenswert ist dagegen das Streaming derartiger Videos erst im Katastrophenfall, da hierfür die ohnehin schon knappe Bandbreite vorhandener Kommunikationsmedien zusätzlich belastet wird.

Die hier beschriebene Differenzierung der Warninformationen ist wünschenswert, aber in der Praxis erst zum Teil umgesetzt. So sind zwar Screenreader für blinde Personen bereits Standard, Warninformationen in Form von Gebärdensprachvideos sind hingegen prototypisch erprobt (Mitchell et al. 2011), werden aber zumindest von den in Deutschland genutzten Warn-Apps derzeit noch nicht unterstützt.

16.5 Fallbeispiel: Tsunami in Chile im April 2014

Im Folgenden wird ein Fallbeispiel für eine großflächige Alarmierung in Chile geschildert, die der Autor dieses Kapitels während einer Geschäftsreise selbst erlebt hat. Hieran lässt sich zum einen das Zusammenspiel verschiedener Warnkanäle erläutern, es werden aber auch die Begrenzungen einzelner Warnmedien deutlich.

Hintergrund: Chile befindet sich in einer seismisch und vulkanologisch aktiven Zone und wird häufig von schweren Erdbeben (Stärke 8 oder mehr auf der Richter-Skala) heimgesucht. Die Epizentren dieser Beben liegen oft in Küstennähe, sodass bei einem solchen Beben meist auch eine Tsunami-Gefahr besteht. Im Jahre 2010 hatte sich bereits ein schweres Erdbeben ereignet, das über 500 Todesopfer forderte. Die meisten dieser Opfer starben dabei nicht durch das Erdbeben selbst, sondern durch einen Tsunami, als sie sich nach einer verfrüht aufgehobenen Tsunamiwarnung bereits wieder auf dem Rückweg in ihre Häuser und Wohnungen befanden. Nach dieser Katastrophe wurden die Warnsysteme des Landes ausgebaut. Anfang 2014 ging das auf Cell Broadcasts basierende Katastrophenwarnsystem SAE (Sistema de Alertas de Emergencias) in Betrieb. Es gab zwar keine gesetzliche Verpflichtung, Mobiltelefone mit dem System kompatibel zu machen, und die Mobilfunkanbieter waren auch nicht zur Unterstützung des Warnsystems verpflichtet.

Kompatible Empfangsgeräte wurden jedoch mithilfe eines „Qualitätssiegels" beworben (Abbildung 16-3), und die meisten größeren Mobilfunkanbieter wirkten bei der Umsetzung des Systems mit, indem sie die Cell Broadcast-Funktion in ihren Netzen bereitstellten.

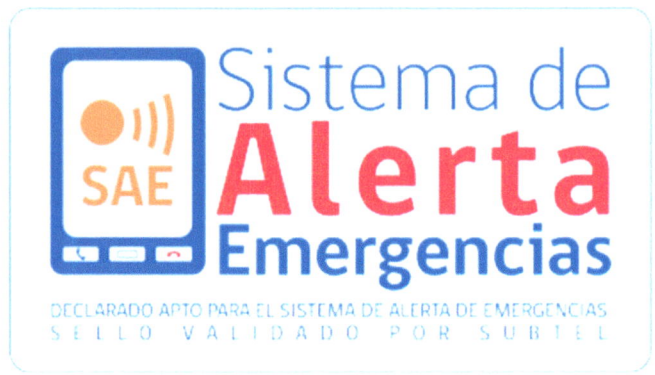

Abbildung 16-3: Konformitätssiegel für die Kompatibilität von Mobiltelefonen mit dem SAE-System (Bildquelle: ONEMI)

Am Abend des 1. April 2014 ereignete sich vor der Küste von Iquique im Norden des Landes ein Erdbeben der Stärke 8,2 auf der Richter-Skala. Daraufhin wurde – auch aufgrund der Erfahrungen aus 2010 – für die gesamte chilenische Küste eine Tsunamiwarnung herausgegeben. Der Autor dieses Kapitels hielt sich zum Zeitpunkt der Katastrophe ca. 1400 km vom Epizentrum entfernt in Valparaiso auf; die im Folgenden dargestellten Schilderungen beziehen sich zum Teil auf persönliche Erfahrungen.

Die Bevölkerungswarnung: Die Umsetzung der Bevölkerungswarnung erfolgte zunächst in Form eines Sirenenalarms (Dauerwarnton von ca. 30 Minuten Dauer). Der Grund des Alarms war zunächst nicht klar. Kurz nach Beginn dieses Alarms kam jedoch auch das SAE-System zum Einsatz und auf etwa 20% der Mobiltelefone ging die in Abbildung 16-4 dargestellte Warnnachricht ein, die anschließend über mehrere Stunden in einem zeitlichen Abstand von ca. 5 Minuten erneut versendet wurde.

Die Übersetzung des Warntextes lautet sinngemäß: „Warnung der Präsidentin: ONEMI (Abkürzung für die nationale Katastrophenschutzbehörde) und SHOA (Abkürzung für den hydrographisch-ozeanographischen Dienst der Marine) ordnen die Evakuierung in die Sicherheitszone an." Einheimischen war damit aus dem Kontext (Aufenthalt in Küstennähe, SHOA als Herausgeber) klar, dass es sich um eine Tsunamiwarnung handelte, sie kannten auch die Gefahrenzone und die zugehörigen Sicherheitszonen.

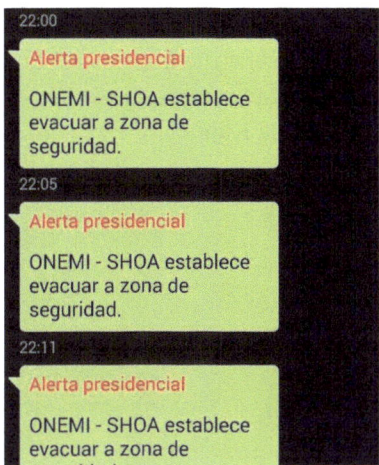

Abbildung 16-4: Abfolge von Katastrophenwarnungen anlässlich des Erdbebens von Iquique

Reisende beziehungsweise ortsfremde Personen hatten diese Kontextinformation nicht und versuchten, die Warnung zu verifizieren und auf den aktuellen persönlichen Standort zu beziehen. Eine Recherche im Internet förderte bei einem chilenischen Newsportal schnell die in Abbildung 16-5 dargestellte Zusatzinformation zu Tage.

Abbildung 16-5: Hintergrundinformationen im Internet

Selbst ohne Kenntnisse der spanischen Sprache lassen sich einige Informationen erraten (Schlüsselwörter „tsunami" und „evacuación"). Eine spezielle Warninformation in weiteren Sprachen stand nicht zur Verfügung. Unklarheit bestand bei Ortsfremden nach wie vor über die Ausdehnung der Gefahrenzone. Zwar waren in der Stadt Gefahrenbereiche und

Evakuierungsrouten ausgeschildert (Abbildung 16-6), aber wo genau die Sicherheitszone begann, war nicht klar. Hier brachten erst Rückfragen bei Einheimischen vor Ort Klarheit – es stellte sich heraus, dass sich der Autor bereits auf ausreichend hoch gelegenem Gebiet in einer Sicherheitszone befand (siehe Kapitel 10 zu internationalen und interkulturellen Aspekten).

Abbildung 16-6: Beschilderung des Gefahrenbereichs und der Evakuierungsroute

Fazit: Das geschilderte Beispiel unterstreicht einige der in den vorhergehenden Abschnitten diskutierten Aspekte:

- Das Zusammenspiel aus verschiedenen Warnkanälen mit Weckeffekt (Sirenen, SAE-Alarm, wobei Letzterer nur auf manchen Geräten einen durchdringenden Warnton auslöste) und der Bereitstellung ergänzender Informationen im Netz.

- Den zusätzlichen Informationsbedarf von ortsfremden Personen und gegebenenfalls der Bedarf an mehrsprachigen Informationen.

- Die Chancen und Begrenzungen von Cell Broadcasts: Aufgrund der geringen Zeichenzahl (maximal 93 Zeichen) fand der Warngrund in der Warnnachricht keinen Platz mehr. Zudem kam es zu einer systematischen Überwarnung, da alle Basisstationen aktiviert wurden, die den Küstenbereich irgendwie mit abdeckten, auch wenn dies nur ein kleiner Teil des Sendebereichs war. Infolge dessen erhielten auch diejenigen Personen Warnnachrichten, die sich gar nicht im eigentlichen Gefahrenbereich befanden. Insgesamt erreichte das SAE-System jedoch beachtliche 20% der Mobilfunknutzer, obwohl es erst wenige Monate zuvor in Betrieb gegangen war (zum Vergleich: derzeit nutzen in Deutschland erst ca. 7% der Bürger eine Katastrophenwarnapp, Reuter et al. 2017b).

Insgesamt kann der beschriebene Warnprozess trotz der genannten Schwächen als gelungen angesehen werden. Es trat auch tatsächlich ein Tsunami ein, der jedoch nur eine Flutwelle von ca. 2 Metern Höhe generierte. Die Flutwelle traf einige Häfen weiter im Norden und zerstörte beziehungsweise beschädigte dort einige kleinere Boote und Schiffe. Die zunächst befürchteten ganz großen Schäden blieben jedoch aus.

16.6 Planung von Warninfrastrukturen

Für Errichtung und Betrieb eines Mehrkanal-Bevölkerungswarnsystems fallen nicht unerhebliche Kosten an. So wurden z. B. allein in die Entwicklung und Errichtung des zuvor beschriebenen SAE-System für die Cell Broadcast-Alarmierung in Chile insgesamt 3,8 Mrd. Chilenische Pesos investiert (Subsecretaría de Telecomunicaciones 2014), was zum damaligen Zeitpunkt einem Gegenwert von etwa 5,1 Millionen Euro entsprach. Hinzu kommen weitere Kosten für zusätzliche Warnkanäle wie z. B. Sirenen. In der Praxis gilt es daher meist, mithilfe eines begrenzten Budgets eine Warninfrastruktur so umzusetzen, dass diese eine gute Warnwirkung erzielt und zugleich ihr Unterhalt langfristig sichergestellt ist. Die Warnwirkung zielt dabei in erster Linie auf die Rettung des Lebens und den Schutz der Gesundheit von Menschen ab, in zweiter Linie aber auch auf den Schutz von Vermögenswerten. Zur Erreichung dieser Ziele empfiehlt es sich, bei der Investitionsplanung die folgenden Empfehlungen zu beachten (in Anlehnung an Klafft 2016):

- Überlegen Sie, welche relevanten Katastrophenarten in Ihrer Region so kurze Vorlaufzeiten haben, dass eine flächendeckende Information über normale Massenmedien wie Rundfunk, Zeitung und Fernsehen nicht möglich ist. Identifizieren Sie diejenigen Katastrophenarten, bei denen die durch das Warnsystem verlängerte Vorwarnzeit besonders großen Nutzen mit sich bringt. Ermitteln Sie dann diejenigen Gebiete, in denen die Eintrittswahrscheinlichkeit und/oder das Schadenspotenzial für diese Katastrophenart hoch sind und decken Sie diese Bereiche als erstes mit ihren Warnkanälen ab.

- Planen Sie zumindest ein Medium mit ein, das einen Weckeffekt hat und mit dem Sie die Bevölkerung großflächig erreichen können (auch wenn gegebenenfalls nicht alle Bürger ein entsprechendes Empfangsgerät besitzen oder dabeihaben). In diese Kategorie fallen beispielsweise auch Warn-Apps.

- Installieren Sie spezielle Warngeräte (z. B. Sirenen) an Orten, an denen sich eine große Anzahl besonders schutzbedürftiger Personen aufhält (z. B. Schulen, Krankenhäuser, Altenheime…).

- Koordinieren Sie die Planung der Warnsystem-Infrastruktur zusammen mit Verantwortlichen aus angrenzenden Regionen, um im den Grenzgebieten eine gute Abdeckung zu akzeptablen Kosten zu erreichen und andererseits eine „Überabdeckung" zu vermeiden.

- Versuchen Sie, verbleibende Lücken im Warnfall mithilfe von Freiwilligen abzudecken. So werden in Sizilien beispielsweise die Bewohner abgelegener Bauernhöfe, die keinen Rundfunk- und Mobilfunkempfang haben, im Katastrophenfall durch ausgewählte Personen gewarnt (sofern die Vorwarnzeit dies noch zulässt).

Falls das verfügbare Budget nicht ausreicht, um eine akzeptable Warnabdeckung zu erreichen, wäre gegebenenfalls zu prüfen, ob Kofinanzierungsmodelle mit privaten Akteuren wie z. B. Versicherungen möglich und rechtlich zulässig sind.

16.7 Fazit

Dieses Kapitel hat gezeigt, wie komplex der auf den ersten Blick vielleicht einfach erscheinende Vorgang einer Bevölkerungswarnung in der Praxis ist. Dabei haben Sie die folgenden Aspekte näher kennengelernt:

- Unterschiedliche Warnkanäle mit ihren Vor- und Nachteilen in der Bevölkerungswarnung: Wichtige Faktoren bei der Bewertung von Warnkanälen sind hierbei der Weckeffekt, der mögliche Informationsgehalt, die Reichweite und die Ausfallsicherheit.

- Die Notwendigkeit, unterschiedliche Warnkanäle miteinander zu kombinieren, um möglichst viele Menschen zu erreichen und gegen Ausfälle „gewappnet" zu sein.

- Die Gestaltung von Warnnachrichten: diese bestehen aus einer Kernbotschaft, die die wesentlichsten Angaben enthält (verantwortliche Stelle, was ist passiert beziehungsweise wird wann passieren, wie groß ist die Gefahr, welches Gebiet ist gefährdet, was ist zu tun). Diese Kernbotschaft muss konsistent auf allen Kanälen wiederholt werden. Ergänzend können weitere Informationen für bestimmte Bevölkerungsgruppen hinzugefügt werden, sofern das Warnmedium dies zulässt.

- Die Notwendigkeit, ergänzende Warnstrategien für besonders gefährdete beziehungsweise verletzliche Bevölkerungsgruppen zu entwickeln: Menschen mit Behinderungen, Kinder und Jugendliche sowie deren Eltern, gegebenenfalls Analphabeten, Migranten und Touristen.

- Empfehlungen für die Planung von Investitionen in Systeme zur Bevölkerungswarnung: Konzentration auf Katastrophenarten, bei denen eine verlängerte Vorwarnzeit durch Warnsysteme einen großen Effekt bringt, sowie Konzentration auf Gebiete und Bereiche mit hohen Eintrittswahrscheinlichkeiten und/oder hohem Schadenspotenzial. Ergänzung um mindestens einen Warnkanal, der großflächig warnt, um eine Chance zu haben, jeden Bürger auch zu erreichen.

16.8 Übungsaufgaben

Aufgabe 1: Welche Herausforderungen bestehen bei der Warnung der Bevölkerung im Katastrophenfall?

Aufgabe 2: Welche Warnkanäle kennen Sie? Diskutieren Sie die Vor- und Nachteile dieser Warnkanäle!

Aufgabe 3: Was ist bei der Gestaltung von Warnnachrichten zu beachten?

Aufgabe 4: Was sind bei Ihnen vor Ort die wahrscheinlichsten Katastrophenszenarien? Welche Handlungsanweisungen würden Sie in den einzelnen Szenarien an die Bevölkerung herausgeben?

Aufgabe 5: Überprüfen Sie, welche Warnkanäle/Warnmedien bei Ihnen vor Ort im Katastrophenfall genutzt werden. Besteht hier Ergänzunsbedarf? Wenn ja, wie würden Sie das vorhandene Warn- und Alarmierungssystem erweitern, wenn hierfür ein zusätzliches Budget zur Verfügung stünde?

16.9 Literatur

16.9.1 Literaturempfehlungen

Karutz, H., Geier, W., & Mitschke, T. (Hrsg., 2017): Bevölkerungsschutz – Notfallvorsorge und Krisenmanagement in Theorie und Praxis, Berlin und Heidelberg: Springer Verlag.

National Research Council (Hrsg., 2011). Public Response to Alerts and Warnings on Mobile Devices. Washington: The National Academies Press.

16.9.2 Literaturverzeichnis

Auf der Heide, E. (2004). Common misconceptions about disasters: Panic, the "disaster syndrome," and looting. In: O'Leary, M., The first 72 hours: A community approach to disaster preparedness, Licoln: iUniverse Publishing, 340-380.

Beninghaus, C., Beninghaus, L., & Renn, O. (2005). Frühwarnung – wo ist kommunikatives Handeln erforderlich? In: Stiftung Umwelt und Schadenvorsorge (Hrsg.), Naturgefahren und Kommunikation, München: oekom Verlag, 6.

Drabek, T. E. (1999). Understanding disaster warning responses. The Social Science Journal, 36 (3), 515-523.

Dressel, K., & Pfeil, P. (2013). Warum wir Sirenen brauchen: Die Bedeutung von Sirenen wird von den Katastrophenschutzbehörden unterschätzt. Notfallvorsorge 44 (4), 19 – 22.

Dressel, K., & Pfeil, P. (2014). Bridging the Gap between Crisis Management and their Recipients – Key findings from a European Study on Socio-Cultural Factors of Crisis Communication. In: Klafft, M. (Hrsg.), Current Issues in Crisis Communication and Alerting. München: Fraunhofer Verlag, 12- 23.

Dressel, K., & Schindler, H. (2011). Reports on semi-structured interviews with risk communication experts. http://www.opti-alert.eu/assets/files/Deliverable%202-2.pdf

EM-DAT (2017). The International Disaster Data Base. http://www.emdat.be/

Held, V. (2001). Technologische Möglichkeiten einer möglichst frühzeitigen Warnung der Bevölkerung (Kurzfassung). Zivilschutzforschung Nr. 45. Bonn: Bundesverwaltungsamt.

Hellriegel, J., & Klafft, M. (2014). A tool for the simulation of alert message propagation in the general population. In: Hiltz, D. R., Pfaff, M. S., Plotnick, L., Shih, P. C. (Hrsg.), Proceedings of the 11th International ISCRAM Conference, University Park: University of Pennsylvania, 65-69.

Jagtman, H.M. (2010). Cell broadcast trials in the Netherlands: Using mobile phone technology for citizens alarming. Reliability Engineering and System Safety, 95 (1), 18-28.

Klafft, M. (2015): Katastrophe in der Anlage - Wie kann die Bevölkerung gewarnt werden? In Dahlke, B., Nelke, A., Zipperling, M. (Hrsg.). Unternehmenskommunikation in der Krise, Tagungsband, Essen: MA Akademie Verlags- und Druckgesellschaft, 75-88.

Klafft, M. (2016). Challenges in investing into alerting systems under budgetary and geographical constraints. In Wohlgemuth, V., Fuchs-Kittowski, F., Wittmann, J. (Hrsg..): Proceedings Enviroinfo 2016, Aachen: Shaker, 145-150.

Klafft, M., Reinhardt, N. (2016). Information and interaction needs of vulnerable groups with regard to disaster alert apps. In: Weyers, B., Dittmar, A. (Hrsg.), Mensch und Computer 2016 – Workshopband. Aachen: Gesellschaft für Informatik.

Kotthaus, C., Ludwig, T., & Pipek, V. (2016). Toward Persuasive Design for Emergencies: Pointing Citizens in the Right Direction. In Hansson, K., Aitamurto, T., Ludwig, T., Gupta, N., Muller, M. (Hrsg.), International Reports on Socio-Informatics (IRSI), Proceedings of the CHI 2016 - Workshop: Crowd Dynamics: Exploring Conflicts and Contradictions in Crowdsourcing, 13 (2), 41-52.

Kusano, K., Izumi, T., & Nakatani, Y. (2014). Disaster Information Sharing System using Pictograms: Representation of Multidimensional Information. In: Ao, S. I., Douglas, C., Grundfest, W.S. & Burgstone, J. (Hrsg.): Proceedings of the World Congress on Engineering and Computer Science 2014 Vol I, Hong Kong: Newswood, 171-176.

Litman, T. (2006). Lessons from Katrina and Rita: What major disasters can teach transportation planners. Journal of Transportation Engineering, 132 (1), 11-18.

Mitchell, H. M., Johnson, H., & LaForce, S. (2010). The Human Side of Regulation: Emergency Alerts. In: Pardede, E., Taniar, D., Awan, I. (Hrsg.). Proceedings of the 8th International Conference on Advances in Mobile Computing and Multimedia. New York: ACM, 180-187.

National Research Council (Hrsg., 2011). Public Response to Alerts and Warnings on Mobile Devices. Washington: The National Academies Press.

Rechenbach, P. (2017). Information, Warnung, und Alarmierung der Bevölkerung. In: Karutz, H., Geier, W., Mitschke, T. (Hrsg.), Bevölkerungsschutz - Notfallvorsorge und Krisenmanagement in Theorie und Praxis, Berlin und Heidelberg: Springer Verlag, 247-255.

Reuter, C. (2014). Communication between Power Blackout and Mobile Network Overload. International Journal of Information Systems for Crisis Response and Management 6 (2), 38-53.

Reuter, C., Kaufhold, M. A., Leopold, I., & Knipp, H. (2017a). Informing the Population: Mobile Warning Apps. In: Klafft, M. (Hrsg.), Risk and Crisis Communication for Disaster Prevention and Management - Workshop Proceedings. Wilhelmshaven: Jade Hochschule, 31-41.

Reuter, C., Kaufhold, M. A., Leopold, I., & Knipp, H. (2017b). KATWARN, NINA or FEMA: Multi-Method Study on Distribution, Use, and Public Views on Crisis Apps. Proceedings of the Twenty-Fifth European Conference on Information Systems (ECIS), Guimarães, Portugal.

Subsecretaría de Telecomunicaciones (2014). ONEMI y SUBTEL presentan Sistema de Alerta de Emergencia para celulares (SAE). http://www.subtel.gob.cl/onemi-y-subtel-presentan-sistema-de-alerta-de-emergencia-para-celulares-sae/

Trosby, F. (2004). SMS, the strange duckling of GSM. Telektronikk, 100 (3), 187-194.

United Nations (2006). Global Survey of Early Warning Systems – An assessment of capacities, gaps and opportunities toward building a comprehensive global early warning system for all natural hazards. Report prepared at the request of the Secretary-General of the United Nations, UN/ISDR.

17 Menschliche Aspekte bei der Entwicklung von Fahrerassistenzsystemen

Stefan Geisler

Hochschule Ruhr West

Zusammenfassung

Kaum ein sicherheitskritisches System hat eine so große Verbreitung bei Privatpersonen gefunden wie das Automobil. Seit seiner Erfindung hat es eine rasante Weiterentwicklung erfahren, von einer rein mechanischen Maschine zu einem System, bei dem heute die meisten Innovationen auf elektronischen Komponenten basieren. Dazu zählen insbesondere Fahrerassistenzsysteme, die helfen sollen, komfortabler und sicherer am Ziel der Fahrt anzukommen. Wo einst z. B. der Tempomat einfach über die Einstellung einer festen Geschwindigkeit gesteuert wurde, sind heute bereits einzelne Systeme deutlich umfangreicher und das Zusammenspiel longitudinaler und lateraler Automatisierung führt zu einem Anstieg der Komplexität. Die sichere Bedienung des Fahrzeugs muss jedoch im Vordergrund stehen, kann ein Fehler doch schnell bis hin zu tödliche Folgen haben. In diesem Kapitel werden psychologische Grundlagen vorgestellt und auf die Herausforderungen für die Entwicklung von HMIs im Fahrzeug angewandt. Konkrete Umsetzungen von aktuellen Fahrzeugen bis hin zu Forschungsarbeiten werden betrachtet, ebenso wird auf den Entwicklungsprozess und Nutzerstudien eingegangen.

Lernziele

- Die Leser kennen die wichtigsten psychologischen Grundlagen, die für die Entwicklung von Benutzerschnittstellen von Fahrerassistenzsystemen relevant sind.

- Die Leser können aus Kenntnissen von Unfallursachen und dem Modell des Situationsbewusstseins Ideen und Charakteristika von Fahrerassistenzsystemen entwickeln.

- Die Leser können fachkundig Bedienschnittstellen im Fahrzeug beurteilen und an ihrer Entwicklung mitwirken.

17.1 Einleitung

Waren die ersten Autos noch eine nahezu rein mechanische Maschine, bestehen heutige Fahrzeuge aus einer Vielzahl elektronischer Steuergeräte im – je nach Ausstattung – mittleren oder oberen zweistelligen Bereich. Viele dieser Mini-Computer steuern gleich mehrere Funktionen und verfügen über eine entsprechend hohe Anzahl von Softwaremodulen. Neben Funktionen zur Unterhaltung wie Radio oder Mediaplayer, zur Erhöhung des Komforts, von der Sitzverstellung, Klimaanlage, bis hin zu Fahrkomfortsystemen wie Tempomat oder Berganfahrhilfe dienen sie insbesondere auch zur Erhöhung der Sicherheit, etwa ABS, ESP, Auffahrwarnung, Spurhaltung oder der Notbremsassistent. Somit greifen sie direkt in die Fahrfunktion ein und es kommt womöglich zu einem Widerspruch zwischen der Nutzereingabe und der Systemreaktion, also dem Fahrzeugverhalten. Zugleich hat sich die Komplexität der Anzeigen erhöht, das heißt mehr Informationen als bisher müssen wahrgenommen, interpretiert und verstanden werden und letztendlich zu korrekten Handlungsfolgen der Fahrer führen.

Abbildung 17-1: Fahrzeug-Cockpits früher und heute. Links: Borgward Isabella (ab 1954, aufgenommen in der Autostadt in Wolfsburg), mitte: Audi A4 (2015, Quelle: AUDI AG), rechts: Mercedes-Benz S-Klasse (2017, Quelle: Daimler AG)

Die Verantwortung für die Designer und Entwickler des **HMI**s (**Human-Machine-Interaction**) ist somit enorm gestiegen. Im Fokus stehen eine sichere Bedienbarkeit sowie Beherrschbarkeit des Systems Auto, um dessen Insassen aber auch andere Verkehrsteilnehmer zu schützen. Wichtige Faktoren sind eine geringe Ablenkung insbesondere durch Infotainmentsystem und die Kontrollierbarkeit von Fahrerassistenzsystemen. Gute Kenntnisse über menschliche Eigenschaften und umfangreiche Nutzertests sind erforderlich, um die Sicherheit zu garantieren.

Der Trend der Entwicklung geht immer weiter in Richtung des vollautomatischen Fahrens. Bis dieses jedoch flächendeckend auch in der Unterklasse vertreten sein wird, wird noch eine längere Zeit vergehen. In diesem Kapitel wird neben der Betrachtung von notwendigen Grundlagen der Fokus auf die aktuellen Fahrerassistenzsysteme gelegt. Das anschließende Kapitel betrachtet dann den Weg zum autonomen Fahren und die besonderen Herausforderungen, die sich aus Nutzersicht stellen.

17.2 Die Fahraufgabe

Es ist ganz offensichtlich, dass die Hauptaufgabe des Fahrens der sichere Transport vom Ausgangs- zum Zielort ist. Dazu notwendig sind unterstützende Tätigkeiten, wie z. B. das Einstellen des Scheibenwischers. Weniger mit dem eigentlichen Fahren verbunden wäre das Einstellen des Lieblingsradiosenders. Häufig wird in der Psychologie von zwei konkurrierenden Aufgabenbereichen gesprochen, konkurrierend deshalb, weil der Mensch nicht mehrere Aufgaben zur gleichen Zeit bearbeiten kann, ohne dass die Qualität darunter leidet (siehe etwa (Hockey, 1997)). Kann eine Haupt- und eine Nebentätigkeit definiert werden, spricht man von der primären, hier also diejenige, die alles zusammenfasst, was mit dem Fahren zusammenhängt, und der sekundären Aufgabe, die die übrigen Tätigkeiten beinhaltet. Geiser (1985) hat die Fahraufgabe noch etwas weiter unterteilt (siehe hierzu auch (Bubb, 2015, S.20ff)). Tabelle 17-1 zeigt und erläutert diese Definition.

Primäre Aufgabe	Sekundäre Aufgabe	Tertiäre Aufgabe
Transport der Personen beziehungsweise Güter	Zusätzliche fahraufgabenbezogene Tätigkeiten abhängig von primärer Fahraufgabe	Nicht verbunden mit der Fahraufgabe
Navigation: Planung der Route	Interaktion mit anderen Verkehrsteilnehmern: blinken, hupen, Handzeichen geben	Komfort: Klimaanlage, Sitzheizung, Panoramadach, Massagesitz
Führung: Festlegung von Soll-Geschwindigkeit und Kurs (Fahrspur), beides in der Regel situationsabhängig	Reaktionen auf die Umwelt: Steuerung von Licht, Scheibenwischer, Heckscheibenheizung, Gangwechsel	Unterhaltung, Information: Radio und Mediaplayer, Verkehrsinformationen
Stabilisierung: Längs- und Querdynamik, das heißt Beschleunigen/Bremsen und Lenken		Kommunikation: Telefon, Kurznachrichten
Notwendig zur Erreichung des Ziels	Erreichung des Ziels auch ohne diese Tätigkeiten möglich, aber mit erheblichen Einschränkungen	Erreichung des Ziels auch ohne diese Tätigkeiten möglich
Teilweise extrem zeitkritisch (Stabilisierungsaufgabe)	Geringe zeitliche Anforderungen	Keine zeitlichen Anforderungen

Tabelle 17-1: Unterteilung der Aufgabenbereiche des Fahrers

Die Unterteilung der primären Aufgabe in Navigation, Führung und Stabilisierung geht zurück auf Donges (1982). Ihre Bedeutung wird im nächsten Abschnitt weitergehend erläutert.

Wichtig mit Hinblick auf die Sicherheitsaspekte der jeweiligen Bedienkonzepte sind die Beherrschbarkeit der Funktionen der primären Aufgabe, sowie die Sicherstellung einer möglichst geringen Ablenkung vom Fahrgeschehen bei der tertiären Aufgabe. Bei der sekundären Aufgabe kommen beide Aspekte zusammen.

17.3 Das Fahrverhalten

Um das Verhalten des Fahrers zu verstehen und in die Fahraufgabe einzuführen, wird im Folgenden ein Modell von Rasmussen (1983) verwendet. Es betrachtet menschliche Handlungen, mit denen ein bestimmtes Ziel verfolgt wird. Abhängig von der kognitiven Belastung werden die folgenden drei Ebenen definiert:

- **Fertigkeitsbasiertes Verhalten:** Diese Ebene führt zu der geringsten kognitiven Belastung, die Handlungen werden nicht bewusst ausgeführt, sondern der Mensch reagiert direkt auf bestimmte Reize. Dies kann durch Training erreicht werden (z. B. korrekte Spurhaltung in der Kurve) oder auf reflexartiges Handeln zurückzuführen sein (z. B. Ausweichmanöver oder Notbremsung bei unerwartetem Hindernis in kurzer Distanz).

- **Regelbasiertes Verhalten:** Mehrere einfache Handlungsschritte sind durch Erfahrung oder bewusste Lernprozesse bereits zu einer festen Sequenz verknüpft (z. B. das Zusammenspiel von Gaspedal und Kupplung beim Anfahren und der erste Schaltvorgang). Dieses wird in bestimmten Situation nahezu automatisch gestartet. Bei verschiedenen Optionen wird unbewusst diejenige ausgewählt, die sich in der Vergangenheit als am besten geeignet erwiesen hat. Kleine Adaptionen des Ablaufs an Umgebungsbedingungen sind möglich.

- **Wissensbasiertes Verhalten:** Reichen diese kleinen Adaptionen nicht aus oder besteht zur Erreichung des Ziels nicht genügend Erfahrung aus ähnlichen Situationen, wird bewusstes Überlegen notwendig. Verschiedene Optionen werden gedanklich durchgespielt, basierend auf wahrgenommenen Umweltparametern und mentalen Modellen wird das erwartete Ergebnis ermittelt. Letztendlich wird oft vergleichend zwischen mehreren Optionen eine Entscheidung getroffen. Ein Beispiel ist die Entscheidung, welche Route bei einer Fahrt von Bottrop nach Mülheim a. d. Ruhr ausgewählt wird, abhängig unter anderem von Baustellen und Stauinformationen.

Die Grenzen insbesondere zwischen fertigkeits- und regelbasiertem Verhalten sind fließend. Durch Erfahrung und Training kann die kognitive Belastung von Handlungsabläufen reduziert werden. Dadurch entstehen kürzere Reaktions- und Ausführungszeiten, geringere Ablenkung bei tertiären Tasks. Eine hohe Lernförderlichkeit hat also direkte Auswirkungen auf die Sicherheit des Systems.

Donges (2015) hat das Modell von Rasmussen seiner Drei-Ebenen-Hierarchie der Fahraufgabe gegenübergestellt (Abbildung 17-2). Das ist hilfreich, da für die verschiedenen Ebenen Assistenzsysteme entwickelt werden können. Grundsätzlich sind aber alle drei Ebenen auf die Transportaufgabe selber bezogen und ohne digitale Assistenzsysteme bei jeder Fahrt durchzuführen.

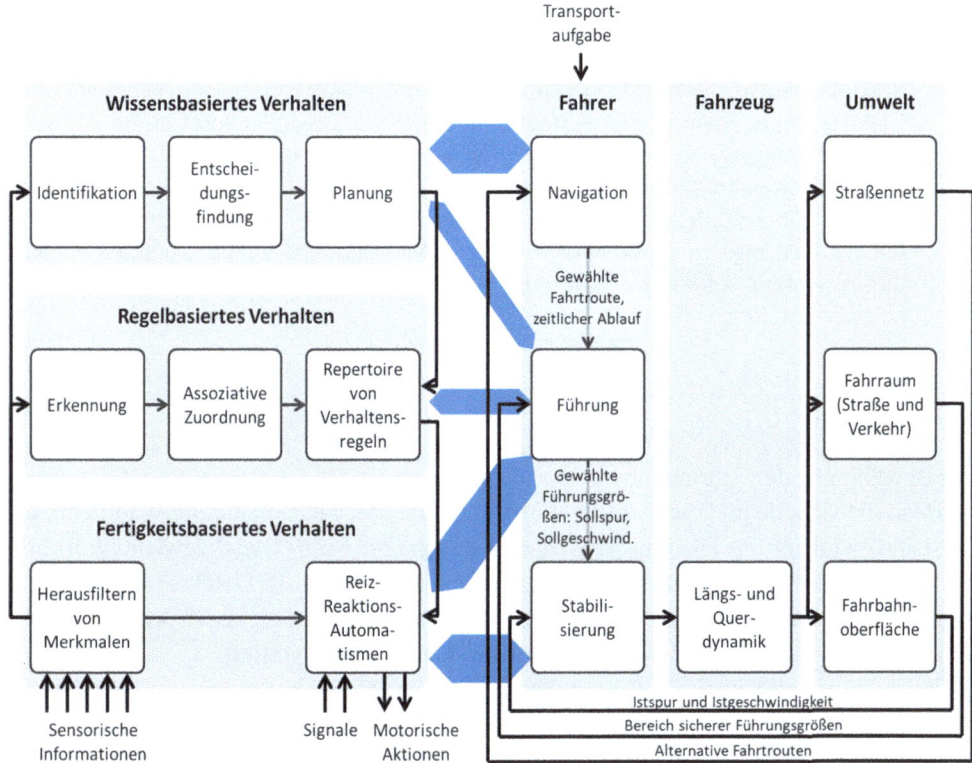

Abbildung 17-2: Gegenüberstellung (blaue Pfeile) des Drei-Ebenen-Modells von Rasmussen (links) mit der Fahraufgabe nach Donges (rechts), Darstellung nach Donges (2015).

Bezieht man die menschliche Totzeit (ca. 0,5 s) und Antizipationszeit (bis zu 2 s) mit ein, können auch Systemparameter aus diesen Human Factors-Anforderungen abgeleitet werden:

- **Navigation**: Festlegung des Ziels und des Weges dorthin. Beispielsystem zur Unterstützung: Satellitengestütztes Navigationsgerät mit Anbindung an ein Verkehrsinformationssystem. Die Planung kann bereits Stunden vor Fahrtantritt geschehen, Änderungen der Route, z. B. durch Staus, sollten etwa im Bereich von einer Minute angezeigt werden, damit rechtzeitig reagiert werden kann.

- **Führung**: Festlegung der Sollspur und Sollgeschwindigkeit. Beispielsystem zur Unterstützung: Adaptive Cruise Control (ACC), regelt Geschwindigkeit und Abstand zum vorausfahrenden Fahrzeug. Eine fahrerrelevante Information zum vorausfahrenden Fahrzeug muss aufgrund der oben genannten Zeiten etwa 3 s vor der Handlungsnotwendigkeit erscheinen. Rechnen wir beispielhaft 1 s Systembearbeitungszeit hinzu, muss bei einer Geschwindigkeit von 180 km/h, das heißt 50 m/s, der Radarsensor eine Reichweite von 200 m haben.[15] Mit höheren Sensorreichweiten können auch höhere Geschwindigkeiten unterstützt werden.

- **Stabilisierung**: Lenken, Gas geben, bremsen. Beispielsystem zur Unterstützung: Elektronisches Stabilisierungsprogramm (ESP). Das System sorgt durch Abbremsen beziehungsweise Beschleunigen einzelner Räder dafür, dass das Fahrzeug bei ungünstigen Fahrbahnbedingungen in einer Kurve nicht zu rotieren beginnt. Da die Situation überraschend eintritt und ein Eingreifen innerhalb von Sekundenbruchteilen erfolgen muss, ist aufgrund von Reaktions- und Antizipationszeiten klar, dass dieses System vollautomatisch ohne Nutzerinteraktion arbeiten muss, um Sicherheit herzustellen.

17.4 Wahrnehmung, Aufmerksamkeit und Ablenkung

Zur Bewältigung der Fahraufgabe ist der Mensch auf seine Sinne angewiesen. Offensichtlich sind die visuelle und die auditive Wahrnehmung, aber auch die taktile Wahrnehmung (Tastsinn) wird für das HMI ausgenutzt. Der vestibuläre Sinn (Gleichgewichtssinn) hilft bei der Einschätzung der Fahrsituation. In Ausnahmefällen (z. B. Defekte) mag auch die olfaktorische Wahrnehmung (Geruch) eine Rolle spielen. Im Folgenden werden nur die drei für das Design des HMI wichtigsten Sinneskanäle weiter vertieft.

17.4.1 Visuelle Wahrnehmung

Die mit Abstand größte Menge an Informationen für die Fahraufgabe wird über das Auge aufgenommen. Ein konkreter Anteil ist schwer zu definieren (Hills, 1980; Sivak, 1996) und auch abhängig von Erfahrungen (Underwood, 2007).

Das menschliche Sichtfeld ist mit etwa 180° zwar recht groß, der Bereich, in dem scharf gesehen werden kann (fovealer Bereich), mit 2° aber relativ gering. Dies wird dadurch kompensiert, dass der Mensch die Umgebung abscannt, das heißt immer wieder andere kleinere Bereiche kurz fixiert. Dennoch bleibt es eine wichtige Voraussetzung, das optische Signale wahrgenommen werden, dass das Gesichtsfeld etwa in die Richtung der Quelle ausgerichtet ist. Außerhalb des fovealen Bereichs können optische Reize die Aufmerksamkeit erregen, besonders gut gelingt dies durch Bewegung und Blinken.

Um gut visuell wahrnehmen zu können, muss das Auge zwei wichtige Anpassung vornehmen: Zum einen muss es sich auf die Entfernung des Zielobjektes einstellen („scharf stellen", **Akkomodation**), zum zweiten muss sich die Pupillengröße der Helligkeit anpassen (**Adaption**). Beide Prozesse benötigen Zeit, in der die Wahrnehmung nicht optimal, somit die Sicherheit reduziert ist. Zudem sinkt die Leistungsfähigkeit mit zunehmendem Alter. Elektronische Systeme können hier helfen.

---

[15] Diese Rechnung ist stark vereinfacht. Tatsächlich sind noch weitere Parameter ausschlaggebend. Für eine umfassende Betrachtung siehe etwa Winner (2015).

Im Fahrzeug spielt die Akkomodation insbesondere dann eine Rolle, wenn das Straßengeschehen wechselseitig mit Anzeigeelementen im Fahrzeug beobachtet werden soll. Head-up-Displays, die die Informationen in die Windschutzscheibe so projizieren, dass sie etwa über dem vorderen Ende des Fahrzeugs zu schweben scheinen, können helfen, die Akkomodationszeit zu reduzieren. Die Adaption ist im Automobilbereich insbesondere aufgrund sehr stark schwankender Außenhelligkeit (z. B. kurzfristig eintretende Blendung von tief stehender Sonne nach einer Kurve) oder durch andere Fahrzeuge (z. B. Fernlicht) besonders relevant. Für die zweite Situation wurden intelligente, automatische Fernlichtsysteme entwickelt.

Neben der Beobachtung des Verkehrsgeschehens konkurrieren verschiedene Anzeigen im Kombiinstrument, Radio beziehungsweise Navigationssystem oder in der Klimaanlage um den Fokus. Daher ist es vorteilhaft, wenn Displays nahe der Windschutzscheibe platziert sind, da dann das Fahrgeschehen zumindest im peripheren Sichtfeld liegt und durch Veränderungen die Aufmerksamkeit leicht dorthin gelenkt werden kann (s.u.). Weiterhin sollte bei der Positionierung von Anzeigen darauf geachtet werden, dass sie die notwendigen oder vorgeschriebenen Tätigkeiten unterstützen und nicht verhindern. So ist typischerweise die Anzeige für einen Totwinkelassistenten im Rückspiegel verbaut, weil so die Bewegung des Kopfes in Richtung des Schulterblicks unterstützt wird.

Durch die Vielzahl optischer Reize aber den nur kleinen Bereich des fovealen Sehens ist es erforderlich, die Aufmerksamkeit auf einzelne Bereiche zu lenken. Ein Modell, das auch hilfreiche Hinweise für die Entwicklung automobiler HMIs liefern kann, ist das SEEV-Modell nach Wickens (2003). Es schätzt die Wahrscheinlichkeit dafür ab, dass eine Person auf ein visuelles Ereignis aufmerksam wird, wenn sie durch mehrere Aktivitäten unterschiedliche Optionen hat. Die Anfangsbuchstaben der englischen Bezeichnungen der vier Parameter sind für die Namensgebung verantwortlich.

Das Modell (Abbildung 17-3) unterscheidet zwischen zwei Kategorien, Bottom-up-Parameter, die durch Art und Ort im Systemdesign beeinflusst werden können und Top-down-Parameter, die im Wesentlichen durch die Erwartungshaltung und mentalen Modelle der Menschen beeinflusst werden.

Bottom-up:

- **Auffälligkeit (Salience):** Auffälligkeit des Ereignisses (z. B. können Kontrast, Größe und Blinken diesen Wert erhöhen).

- **Anstrengung (Effort):** Aufwand, das Ereignis wahrzunehmen. Beispielsweise ist der hohe Aufwand für den Schulterblick dafür verantwortlich, dass es zu Unfällen mit anderen Verkehrsteilnehmern im toten Winkel kommt. Wichtige Informationen im Fahrzeug sollten also dort positioniert werden, wo sie möglichst nahe an der für die Situation wichtigsten Blickrichtung sind. Dieser Wert geht als einziger dieser vier negativ in den Gesamtwert ein.

Top-down:

- **Erwartung (Expectancy):** Erwartung, dass sich gewisse Informationen an bestimmten Orten befinden. Wird die Information bewusst gesucht, steigt die Wahrscheinlichkeit des Entdeckens, wenn die menschlichen Erwartungen erfüllt werden, z. B. Geschwindigkeitsanzeige im Kombiinstrument.

- **Wert (Value):** Wichtigkeit der Information. Je größer die Wichtigkeit angenommen wird, desto eher wird die Aufmerksamkeit dorthin gelenkt.

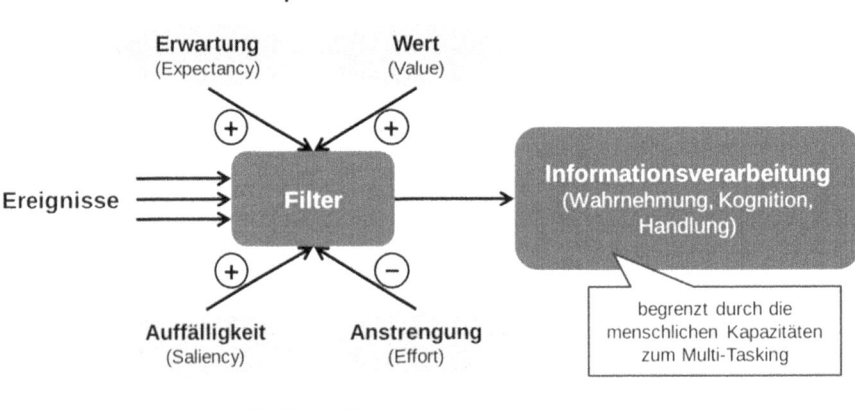

Abbildung 17-3: Das SEEV-Modell nach Wickens (2003) schätzt die Wahrscheinlichkeit dafür ab, dass ein Objekt visuell wahrgenommen wird

17.4.2 Auditive Wahrnehmung

Neben den Umgebungsgeräuschen sind für das HMI insbesondere Warn- und Signaltöne relevant. Lautstärke und Art des Tons müssen geeignet sein, diese unter verschiedenen Umgebungsbedingungen wahrzunehmen. Störfaktoren neben Außengeräuschen können z. B. das Autoradio, das Mobiltelefon oder andere Fahrzeuginsassen sein.

Töne haben gegenüber optischen Signalen den Vorteil, dass sie bei jeder Kopfposition wahrgenommen werden können. Dafür sind aber genauere Detailinformationen kaum möglich und die Zuordnung einer Vielzahl von Tönen muss mühsam gelernt werden.

Typisch sind folgende Arten von Signal- und Warntönen:

- Nichtkritische Meldung (Details im Kombiinstrument)

- Kritische Fehler oder Warnung (Details im Kombiinstrument)

- Licht eingeschaltet oder Schlüssel steckt beim Aussteigen

- Abstandswarnung der Einparkhilfe, optional zusätzliche Anzeige

Für die ersten beiden genannten Töne erarbeiten Sound-Designer einen Klang, der auf die Dringlichkeit schließen lässt. Bei der Abstandswarnung kann durch Lokalisierung des Tons (Lautsprecher rechts/links/vorne/hinten) eine Richtung des Hindernisses angezeigt werden, alternativ auch durch unterschiedliche Tonhöhe, ob das Hindernis vorne oder hinten ist. Die Wiederholfrequenz des Tons steigt mit zunehmender Nähe zum Hindernis.

17.4.3 Taktile Wahrnehmung

Vibrationen können ebenfalls zur Übermittlung von Warnungen eingesetzt werden. Da im Fahrzeug die Position des Fahrers bekannt ist (nämlich auf dem Sitz mit den Händen am Lenkrad) kann sowohl eine Vibrationsmatte im Sitz als auch eine Vibration des Lenkrads genutzt werden. Auch Vibration in den Pedalen findet Anwendung. Vibration im Lenkrad ist die typische Warnmodalität für Spurverlassenswarner. Der Vorteil ist die direkte Verknüpfung mit dem relevanten Stellteil. Eine akustische Warnung würde nicht nur die Mitfahrenden unter Umständen stören, sondern auch erfordern, dass der Fahrer den Ton, der einer von vielen sein kann, einer Funktion zuordnen muss und dann das zugehörige Stellteil identifizieren muss. Das kann wertvolle Zeit kosten.

17.5 Kognitive Prozesse und Handlung

Die Wahrnehmung von Ereignissen wie im vorangegangenen Abschnitt beschrieben ist nur der erste Schritt des kognitiven Prozesses. Es schließen sich das Verstehen, eine Projektion in die nahe Zukunft und womöglich das Ableiten angemessener Handlungen an. Diese Schritte werden auch als **Situationsbewusstsein (situation awareness)** bezeichnet (siehe Kapitel 24). Von Endsley (1995) stammt das im Folgenden dargestellte Modell (Abbildung 17-4), das zur Veranschaulichung mit einem Beispiel versehen wird.

Auf erster Stufe und notwendige Voraussetzung zum Aufbau des Situationsbewusstseins steht die Wahrnehmung der relevanten Elemente der Situation. So wird z. B. ein Objekt auf der rechten Seite gesehen, mehr ist auf dieser Stufe noch nicht sicher. Die Wahrnehmung wurde aber bereits durch das Ziel der sicheren Fahrt durch das Wohngebiet, der Erwartung, dass neben der Straße potenziell Einflüsse auf den Verkehr passieren können und das damit einsetzende automatische Abscannen des Fahrbereichs positiv beeinflusst.

Die zweite Stufe ist das Verständnis der Situation. Das Objekt ist ein Ball (Zuordnung aus dem Langzeitgedächtnis). Durch die Beobachtung über einen gewissen Zeitraum ist zudem klar, dass der Ball auf die Straße rollt. Gelingt die erste, aber misslingt die zweite Stufe spricht man von einem „Looked but failed to see"-Fehler, soll heißen, das Objekt war zwar im Sehfeld, wurde aber nicht als das erkannt, was es ist. Somit können sich auch nicht die nachfolgenden Schritte korrekt anschließen, was dann unter Umständen zu einem Unfall führen kann. Als Ursache hierfür ist die begrenzte menschliche Leistungsfähigkeit anzuführen, insbesondere in Bezug auf Multitasking. Beispielsweise war der Fahrer mit anderen kognitiven Prozessen (Nachdenken über eine vergangene Situation, eine Unterhaltung etc.) so stark beschäftigt, dass keine Kapazitäten für die weitergehende Verarbeitung der optischen Reize vorhanden waren.

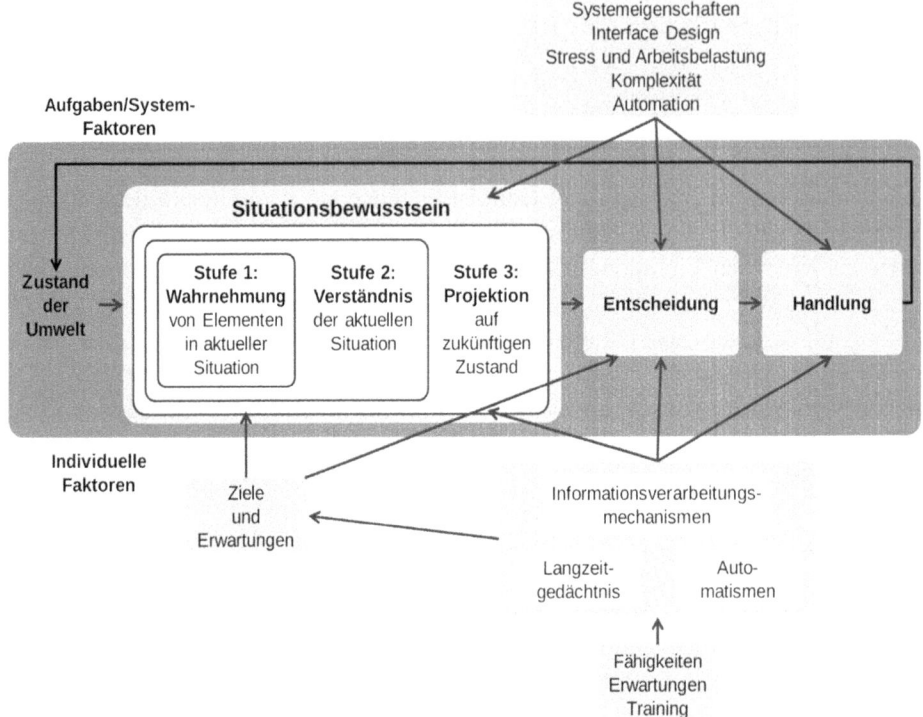

Abbildung 17-4: Stufen des Situationsbewusstseins, Folgeschritte und Einflussfaktoren nach Endsley (2000)

Die Projektion in die Zukunft in der dritten Stufe liefert zunächst das Ergebnis basierend auf Erfahrungen und geübten Einschätzungen von bewegten Objekten, dass der Ball bereits über die Straße gerollt sein wird, wenn das eigene Fahrzeug an der entsprechenden Stelle ankommt. Aus der Fahrschule ist aber bekannt und im Langzeitgedächtnis abgespeichert, dass oft ein Kind hinter dem Ball herläuft.

Damit ist das Situationsbewusstsein aufgebaut. Der Mensch muss nun eine Entscheidung treffen. Dies kann automatisiert geschehen (z. B. ein fest eingeübtes Lenkverhalten in einer normalen Kurve) oder nach Abruf von weiteren Informationen aus dem Langzeitgedächtnis neu überlegt werden (siehe hierzu das zuvor besprochene 3-Ebenen-Modell von Rasmussen). In unserem Beispiel fällt die Entscheidung auf das Abbremsen auf Schrittgeschwindigkeit. Es folgt die Ausführung der Aktion, heißt die Betätigung des Bremspedals.

Auf die verschiedenen Stufen gibt es zudem äußere Einflüsse. Im Folgenden können nur einige Beispiele genannt werden, die aber zugleich aufzeigen sollen, wie dieses Modell eingesetzt werden kann, um systematisch nach Punkten zu suchen, an denen der Mensch technisch unterstützt werden kann.

Die Möglichkeiten des Systems Auto können die Wahrnehmung bereits dadurch negativ beeinflussen, dass die Sicht auf die Straße durch die Form des Fahrzeugs schlecht ist, aber auch durch Night Vision, Rückfahrkamera etc. verbessern. Ein intelligenter Bremskraftverstärker erleichtert die Durchführung einer Vollbremsung.

Beim Interface Design führt eine klare Informationspriorisierung zur besseren Wahrnehmung (siehe SEEV-Modell), klare Symbole können das Verständnis erleichtern. Ein Spurhalteassistent gibt nicht nur eine Warnung, sondern bereits ein kleines Drehmoment in die notwendige Richtung, sodass die Entscheidungsfindung unterstützt wird.

Stress und Überlastung beeinflussen die Leistungsfähigkeit. Routineaufgaben wie das Beschleunigen und Bremsen wie in einem Adaptive Cruise Control können für Entlastung sorgen. Weitergehende Ideen gehen in die Richtung, eingehende Telefonanrufe nicht durchzustellen, wenn die Fahrsituation durch die Sensorik als kritisch erkannt wurde und erhöhte Aufmerksamkeit erfordert.

Die Komplexität der Situation, z. B. durch viele bewegte Objekte oder komplexe Straßenführung, kann den Prozess ebenfalls negativ beeinflussen. Hilfreich für Letzteres können Navigationsgeräte sein, die eine Spurempfehlung frühzeitig aussprechen.

Automatisierung kann, wie durch die vorherigen Beispiele beschrieben, sehr hilfreich sein. Hier soll aber noch kurz die andere Seite der Medaille betrachtet werden. Automatisierte Handlungen oder auch bereits Handlungsempfehlungen des Fahrzeugs können sich auch negativ auf das Situationsbewusstsein auswirken. Eine fehlerhaft angeschlagene Auffahrwarnung führt zur Verwirrung, ein unnötig eingreifender Notbremsassistent kann zu einem Auffahrunfall führen, da nachfolgende Fahrer diese Situation mangels Erfahrung nicht erwarten und die Projektion fehlschlägt. Nicht in allen, aber in einigen Fällen kann durch HMI-Maßnahmen ein Verständnis erhöht werden, entweder durch Erläuterung im Nachgang oder sogar in der Situation. Warum z. B. führt mich das gut vernetzte Navigationsgerät trotzdem in einen Stau? Wird ersichtlich, dass Ausweichstrecken bereits überlastet sind, steigt das Verständnis. Weiterhin sollte versucht werden, automatisierte Teilsysteme an menschliche Handlungsweisen anzupassen, solange dadurch keine signifikanten Nachteile entstehen. So fahren automatische Einparksysteme meist ähnliche Wege, wie es ein menschlicher Fahrer machen würde, obwohl auch andere möglich wären. Dadurch gelingt es dem Fahrer, der die Situation überwachen muss, leichter, die Situation einzuschätzen.

17.6 Entwicklung von Systemen basierend auf Unfallstatistiken

Einen Hinweis zur sinnvollen Entwicklung von Fahrerassistenzsystemen zur Erhöhung der Fahrsicherheit und Auslegung der Nutzerschnittstellen liefern Unfallstatistiken, wie sie etwa von Verkehrsverbänden, Versicherungen, dem Statistischen Bundesamt und auch Wissenschaftlern erhoben werden. Dabei können folgende Faktoren hilfreich sein:

- Was war das Verkehrsmittel anderer beteiligter Verkehrsteilnehmer (Fußgänger, Fahrrad, Motorrad, PKW, LKW)?

- Wie war die Situation (z. B. Abbiegen, Einparken, Rückwärtsfahren)?

- Was waren Unfallursachen (z. B. Abstand, Ablenkung, Fehlverhalten)?

- Fehlte es an Informationen oder wurden vorhandene Informationen falsch interpretiert und damit falsche Aktionen getätigt?

- Gab es persönliche Einschränkungen (z. B. bedingt durch, Alter oder Krankheit, Einfluss von Alkohol, anderer Drogen, Medikamenten)?

Das statistische Bundesamt stellte für das Jahr 2016 fest, dass 88,1% der Unfälle mit Personenschaden auf menschliches Fehlverhalten zurückzuführen sind. Aus einer weiteren Detailanalyse lassen sich dann Ideen für Sicherheitssysteme entwickeln, die zur Erhöhung der Verkehrssicherheit beitragen. Zu unterscheiden sind **passive Sicherheitssysteme**, die die Folgen eines Unfalls verringern (z. B. Gurtstraffer, Airbag) und **aktive Sicherheitssysteme**, die das Auftreten eines Unfalls sogar verhndern können. Diese sind häufig mit Fahrerassistenzsystemen verknüpft, da sie dieselbe Sensorik verwenden. Im Folgenden einige Beispiele:

17.6.1 Beispiel Spurhalteassistenten

Das statistische Bundesamt ermittelte das Abkommen von der Fahrbahn als Ursache bei etwa 30% der Unfälle mit Personenschaden außerhalb von Ortschaften.

Analyse:

- Fahrzeug verlässt beim schnellen Vorwärtsfahren ungewollt die Spur, landet im Seitengraben oder auf der Gegenspur (Situation).

- Häufig ist der Unfall auf überhöhte Geschwindigkeit (teilweise unter Alkoholeinfluss) oder Ablenkung zurückzuführen (Unfallursache).

- Das Abweichen von der Fahrbahn oder das Missverhältnis von Geschwindigkeit zu Kurvenradius wurde nicht bemerkt (Fehlen von Informationen).

Folgerung: Spurhalteassistenzsysteme

Spurhalteassistenten erkennen über geeignete Sensorik (in der Regel ist dies eine Kamera, die hinter dem Rückspiegel verbaut ist) die Fahrstreifenbegrenzungen und die Position des eigenen Fahrzeugs innerhalb der Spur sowie dessen Bewegungsrichtung. Daraus lässt sich die Zeit bis zur Übertretung des Fahrstreifens ableiten. Unterschreitet diese einen Schwellwert, so wird je nach System gewarnt oder eingegriffen.

Spurverlassenswarnung: Das System warnt den Fahrer über das bevorstehende Überschreiten der Fahrstreifenbegrenzung. Eine optische Warnung, z. B. Warnleuchte, ist nicht angebracht, da davon ausgegangen werden muss, dass der Fahrer unaufmerksam ist und somit bereits Stufe 1 des Aufbaus des Situationsbewusstseins fehlschlagen würde. Auditive und haptische Warnung kommen gleichermaßen in Frage, da davon ausgegangen wird, dass die Hände am Lenkrad gelassen werden. Da eine auditive Warnung Fahrer und weitere Fahrzeuginsassen in nicht-kritischen Situationen stören würde (z. B. wenn eine Kurve bewusst leicht geschnitten wird), wird in aller Regel die Lenkradvibration gewählt. Ein zweiter wesentlicher Vorteil liegt in der Förderung des Aufbaus des Situationsbewusstseins. Ein Warnton müsste aufwändiger interpretiert werden, es könnte sich z. B. um eine Auffahrwarnung oder sogar nur um eine Informationsmeldung zum bald leeren Wischwassertank handeln. Die Lenkradvibration rückt sogleich das relevante Stellteil in den Fokus, es ist nur noch die Richtung zu entscheiden. Stufe 2 zum Aufbau des Situationsbewusstseins wird somit erleichtert.

Spurhalteassistent: Ein Spurhalteassistent legt ein kleines Drehmoment auf die Lenkung, das bereits etwas in die notwendige Richtung lenkt. Zwei Vorteile sind damit verbunden. Zum einen wird dadurch die Zeit bis zum Eintreten der kritischen Situation verlängert und zum anderen wird durch die Richtungsindikation die Stufe 3 zum Aufbau des Situationsbewusstseins gefördert, somit werden Reaktionszeiten verkürzt. Ein aktives Gegenlenken des Fahrers überstimmt die Automatik, das Drehmoment wird nicht weiter aufgebracht. Eine Variante dieses Systems hält das Fahrzeug stets in der Mitte des Fahrstreifens. Dies widerspricht jedoch dem natürlichen Fahrverhalten insbesondere in Kurven und wird daher von vielen Menschen abgelehnt.

Beide Varianten verfügen über Einstellungen und Anzeigen. Das System sollte vom Fahrer ein- und ausgeschaltet werden können, da einige Personen ein solches System als Bevormundung ablehnen. Außerdem gibt es Straßen- und Witterungsbedingungen, bei denen das System nicht zuverlässig arbeitet. Der Systemzustand (an/aus) muss angezeigt werden, z. B. durch eine LED im Kombiinstrument. Weiterhin sollte unterschiedlichen Fahrerpräferenzen Rechnung getragen werden und der Warn- beziehungsweise Eingreifzeitpunkt einstellbar sein (z. B. in früh/mittel/spät).

Da Fahrbahnmarkierungen unterschiedliche Güte aufweisen, durch Schnee oder Dreck verdeckt sein können, in Baustellen verschieden komplex oder überlappend sein können und zudem sich verschiedene Witterungsverhältnisse negativ auf die Qualität der kamerabasierten Erkennung auswirken können, kann die Funktionalität zu gewissen Zeiten nur teilweise oder gar nicht zur Verfügung gestellt werden. Um den Fahrer darüber zu informieren, werden die erkannten Spuren in einem Display angezeigt (Abbildung 17-5). Eine derartige Darstellung inklusive grafischer Vorwarnung kann insbesondere in der Erstbegegnungsphase einen Beitrag dazu leisten, das System kennenzulernen und Vertrauen aufzubauen beziehungsweise die Systemgrenzen einschätzen zu lernen.

Einige Fahrerassistenzsysteme verleiten zum Missbrauch und werden damit entgegen der Intention zu einem Sicherheitsrisiko. Ein Spurhalteassistent ist keine automatische Lenkung für ein vollautomatisiertes Fahrzeug, es beherrscht aufgrund der genannten Limitierungen nicht alle notwendigen Situationen. Damit der Fahrer sich nicht unzulässig voll auf dieses System verlässt und anderen Tätigkeiten nachgeht, sind die Systeme so ausgelegt, dass sie, sobald der Fahrer für einige Sekunden die Hände vom Lenkrad nimmt, eine Warnung ausgeben und sich kurz darauf deaktivieren.

Abbildung 17-5: Darstellung des Spurhalteassistenten bei Ford 2012, Fahrzeug nähert sich der linken Begrenzung, daher die gelbe Warnung (Quelle: Ford)

17.6.2 Beispiel Spurwechselassistenzsysteme

Rund 5% der Unfälle mit Personenschaden sind laut Statistischem Bundesamt ein Zusammenstoß mit einem anderen Fahrzeug, das seitlich in gleicher Richtung fährt.

Analyse 1:

- Andere Verkehrsteilnehmer können sich im toten Winkel der Fahrzeugspiegel befinden (Situation).

- Vergisst der Fahrer den Schulterblick (Fehlverhalten), so wird dieser Verkehrsteilnehmer nicht bemerkt (fehlende Information).

- Körperliche Einschränkungen im Alter erschweren den Schulterblick.

Folgerung: Entwicklung eines Totwinkel-Assistenten

Die Analyse lässt die Entwicklung eines Systems, das anzeigt, ob sich ein anderer Verkehrsteilnehmer im toten Winkel befindet, sinnvoll erscheinen. Hierzu sind eine Sensorik (z. B. Nahbereichsradar) notwendig, die diesen Bereich erfasst, Algorithmen, die die Daten interpretieren (befindet sich dort etwas?) und Anzeigen. Letztere sollte so positioniert sein, dass sie die typischen Blickrichtungen beim Spurwechsel berücksichtigen, um nicht entweder übersehen zu werden (kein Nutzen) oder weitere Kontrollschritte erschweren (Erhöhung des Risikos an anderer Stelle). Daher wählen die meisten Hersteller jeweils eine LED-Anzeige in den Außenspiegeln. Wird zudem der Blinker in diese Richtung betätigt, erfolgt häufig eine intensivere optische, eine akustische oder eine haptische Warnung, letztere durch Vibration des Lenkrads.

Eine weitere Herausforderung stellt die Erkennungsgüte eines solchen Systems dar. Technisch bedingt liegt diese kleiner als 100 % und ist dabei unter anderem von der Größe des anderen Verkehrsteilnehmers abhängig. Daher ist die Anzeige so konzipiert, dass das System eine Warnung gibt, wenn dort etwas erkannt wurde, jedoch niemals „grünes Licht" gibt, ohne weitere manuelle Prüfung die Spur zu wechseln.

Analyse 2:

- Spurwechsel auf der Autobahn, ein anderes Fahrzeug nähert sich auf der Zielspur in größerer Entfernung (Situation).

- Das Fahrzeug wird zwar gesehen, dessen Geschwindigkeit aber falsch eingeschätzt (Information vorhanden aber falsch interpretiert).

- Es ist allgemein eine menschliche Schwäche, dass Geschwindigkeiten im Rückspiegel schlecht eingeschätzt werden können.

Folgerung: Entwicklung eines Spurwechselassistenten

Als Erweiterung des vorangegangenen Systems werden nun mittels zusätzlicher Radarsensoren die benachbarten Spuren in größerer Entfernung überwacht. Zusätzlich werden Entfernung und relative Geschwindigkeit der erkannten Objekte im Vergleich zur eigenen Geschwindigkeit erfasst. Die Algorithmen sind nun um einiges komplexer, da zum einen die Erkennung der Objekte und Zuordnung auf die korrekte Spur insbesondere bei kurvigen Straßen schwieriger ist und zudem nun aus der Entfernung und der Differenzgeschwindigkeit berechnet werden muss, ob ein Spurwechsel gefahrlos möglich ist. Dies ist z. B. der Fall, wenn das erkannte Fahrzeug langsamer ist als das eigene oder aber die Entfernung so groß ist, dass davon ausgegangen werden kann, dass das eigene Fahrzeug genügend Zeit hat, auf der neuen Spur in etwa auf dessen Geschwindigkeit zu beschleunigen.

Die HMI-Lösung kann identisch zum Totwinkel-Assistenten erfolgen. Da diese aufwändigere Ausstattungsvariante oft in Kombination mit anderen Assistenzsystemen gekoppelt ist, existieren auch weitere Eingriffsmöglichkeiten. So kann bei aktiven Systemen eine Gegenkraft auf das Lenkrad gelegt werden, die aber durch kräftigeres manuelles Lenken überstimmt werden kann. Auch kann bei gesicherter Datenlage zur Vermeidung einer Kollision eine Bremskraft ausgelöst werden.

17.7 Testen

Testen im Automobilbereich hat aufgrund Sicherheitsrelevanz der Systeme einen äußerst hohen Stellenwert. Stellt sich erst im Betrieb heraus, dass ein aktives System für eine gegebenenfalls auch nur kleine Gruppe von Personen nicht bedienbar ist, so besteht eine erhöhte Gefahr für Menschenleben. Bei nicht aktiven Systemen, etwa dem Infotainment-System, stehen Betrachtungen zur Ablenkung von der Straße im Vordergrund.

Anders als bei vielen Smartphone-Apps werden weiterhin intensivste Tests vor der Produktveröffentlichung durchgeführt. Ein notwendiges Update der Software im Feld bedeutet für die Hersteller enorme Kosten, da die Fahrzeuge in die Werkstätten zurückgerufen werden müssen. Tests können unter anderem den Dauerbetrieb oder die Erstbegegnung messen. Einen großen Stellenwert haben zudem Ausnahmesituationen wie ein überraschend kreuzender Fußgänger. Viele dieser Tests befassen sich mit hochkritischen Situationen. Aus Sicherheitsgründen werden dafür in vielen Fällen Fahrsimulatoren verwendet. Diese bieten zudem die Möglichkeit, Szenarien zu reproduzieren und so Vergleichbarkeit herzustellen.

17.7.1 Fahrsimulatoren

Fahrsimulatoren existieren in verschiedenen Ausbaustufen (Abbildung 17-6), von einer einfachen „Sitzkiste", einem Spielelenkrad vor einem Monitor, bishin zu sehr aufwändigen Installationen, die ein hochrealistisches Beschleunigungsgefühl erzeugen.

Abbildung 17-6: Fahrsimulatoren. Links: statisches, PC-basiertes System mit drei Monitoren und Eye-Tracking (Quelle: HRW), rechts: dynamischer Fahrsimulator (Quelle: DLR, CC-BY 3.0)

Die statischen Simulatoren sind ganz offensichtlich um ein Vielfaches günstiger als die dynamischen und sie reichen für viele Untersuchungen bereits aus. Dazu zählen Untersuchungen zur Verständlichkeit von Bedienkonzepten, Reaktionsverhalten auf unerwartete Warnungen bei einigermaßen „normalen" Fahrbedingungen oder vergleichende Ablenkungstests. Insbesondere dann, wenn das Gefühl von Längs- und/oder Querbeschleunigung zum Aufbau des Situationsbewusstseins erforderlich ist und/oder absolute Reaktionszeiten gemessen werden sollen, reichen diese nicht aus. Scheidet aus Sicherheitsgründen oder durch Notwendigkeit der Reproduktion ein Test in einem realen Fahrzeug aus, kann mit einem dynamischen Fahrsimulator der Test durchgeführt werden. Fahrzeug-Displays und Kontrollelemente können entweder aus realer Hardware bestehen oder mittels zusätzlicher Monitore simuliert werden. Häufig werden in frühen Entwicklungsphasen Touchscreens eingesetzt, um reale Knöpfe zu simulieren. Dabei ist aber zu beachten, dass dies zu einer vergleichsweise hohen Blickabwendung führt, da reale Knöpfe fühlbar und somit oft blind bedienbar sind.

Bei beiden Simulatortypen wird der Testperson eine computergenerierte Fahrwelt präsentiert. Je weiter das Blickfeld abgedeckt wird, desto größer ist die Immersion. Gerade bei kleinen Simulatoren neigen einige Testpersonen dazu, die Kritikalität einer Situation nicht ernst zu nehmen. Die Szenerie inklusive der anderen Verkehrsteilnehmer kann mittels entsprechender Software konfiguriert werden. Dazu gehört auch, dass bestimmte Ereignisse (z. B. ein Fahrzeug fährt überraschend aus einer Seitenstraße los) beim Überqueren gewisser unsichtbarer Punkte ausgeführt werden.

Ein Versuchsleiter führt die Person durch verschiedene Testaufgaben, die parallel zur eigentlichen Fahraufgabe durchgeführt werden sollen, beispielsweise „wechseln Sie den Radiosender auf WDR 2". Objektive Daten können automatisch erfasst werden, hierzu zählen beispielsweise Reaktionszeiten vom Eintreten eines Ereignisses bis zur Betätigung der Bremse oder das Abweichen von der idealen Fahrlinie. Zusätzlich können subjektive Eindrücke nach der Fahrt über einen Fragenbogen erfasst werden.

Zu Beginn einer Testfahrt sollte eine „Simulator-Gewöhnungsfahrt" stattfinden. Das dient zum einen dazu, dass sich die Probanden mit der ungewohnten Situation vertraut machen und die Reaktion des Fahrsimulators durch den eingeschränkten Realismus kennenlernen, sodass dadurch die Ergebnisse möglichst wenig verfälscht werden. Die Testfahrt sollte zunächst mit einer geraden Strecke beginnen, dann leichte Kurven und erst später komplexere Situationen umfassen. Sollte ein Proband unter der **Simulatorkrankheit** leiden, das heißt wird ihm übel, so tritt dies nicht gleich in voller Stärke auf. Der Grund für die Übelkeit liegt insbesondere bei statischen Simulatoren darin, dass die visuell wahrgenommenen Beschleunigungen nicht mit den gespürten übereinstimmen. Die Testpersonen sind vorab darüber zu informieren und im Fall des Auftretens ist der Versuch abzubrechen.

17.7.2 Ablenkungstests

Ziel der Fahrerablenkungstest ist es, festzustellen, wie stark eine sekundäre oder tertiäre Aufgabe (siehe Abschnitt 17.2) von der primären ablenkt. Drei verbreitete Testverfahren werden im Folgenden kurz vorgestellt.

Die **Lane Change Task** (Mattes, 2003) ist bereits auf einem einfachen Fahrsimulator anwendbar. Der Fahrer fährt mit einer konstanten Geschwindigleit von 60 km/h auf einer leeren, dreispurigen Straße. Gelegentlich sind am Straßenrand Schilder platziert, die vorgeben, auf welche Spur das Fahrzeug wechseln soll (Abbildung 17-7). Nach einer Gewöhnungsphase wird zunächst eine sogenannte Baseline aufgenommen. Dazu wird das tatsächliche Fahrverhalten ohne Nebenaufgabe gemessen und mit einer Ideallinie verglichen. Die absoluten Abweichungen von dieser werden aufintegriert. Dann wird die gleiche Strecke mit Nebenaufgaben, z. B. der Bedienung eines Navigationssystems, gefahren. Wieder werden die Abweichungen gemessen und der Wert wird mit dem der Baseline verglichen.

Der Zuwachs der Abweichungen repräsentiert die Ablenkung. Werden zwei Varianten eines HMI miteinander verglichen, kann diejenige gewählt werden, die die geringere Abweichung hat. Fällt die Abweichung für einzelne Teil-Nebenaufgaben besonders hoch aus, sollten primär dort Verbesserungen vorgenommen werden oder es sollte überlegt werden, ob diese Funktion während der Fahrt zu sperren ist. Der genaue Ablauf ist genormt (ISO, 2010).

Abbildung 17-7: Ausschnitt aus der Lane Change Task-Simulation: Der Fahrer wird aufgefordert, auf die mittlere Spur zu wechseln (Mattes, 2003)

Ein anderes Testverfahren kommt ohne Fahrsimulation aus. Die Testpersonen tragen hierbei eine spezielle Brille, eine sogenannte **Occlusion Goggle**. Diese wechselt in regelmäßigen Abständen zwischen zwei Zuständen, komplett durchsichtig und komplett undurchsichtig. Die undurchsichtigen Zeiten stehen für die Phasen, in denen das Straßengeschehen verfolgt wird, die durchsichtigen stehen zur Bedienung der Nebentask zur Verfügung. Hierzu kann ein reales System verwendet werden oder ein Prototyp. Somit kann geprüft werden, ob eine Nebenaufgabe mit wenigen kurzen Blickabwendungen durchführbar ist oder ob die Nutzer an dieser scheitern. Ursachen für ein Scheitern können z. B. sein, dass das System automatisch nach kurzer Zeit in einen anderen Zustand wechselt oder durch eine zu hohe Informationsdichte in kurzer Zeit nicht erfasst werden kann. Auch hierzu gibt eine ISO-Norm (2007) weitere Details.

Eye-Tracking-Systeme sind in der Lage, die Blickrichtung von Personen zu erfassen. Hierzu werden die Probanden mit Infrarot-Kameras beobachtet. Eine Anwendung kann in einem Fahrsimulator oder einem realen Fahrzeug stattfinden. Gemessen werden können die Zeiten, die der Fahrer auf die Straße oder z. B. ein Display schaut. Interessant können unter anderem die gesamte Blickabwendungszeit vom Fahrgeschehen sein, sowie die durchschnittliche und maximale Länge einer Blickabwendung und deren Anzahl.

17.8 Fazit

Das Auto ist ein weitverbreitetes sicherheitskritisches System. Die Bedienschnittstelle stellt einen zentralen Faktor dar und muss sorgfältig entwickelt werden:

- Menschliche Faktoren zur Wahrnehmung, Aufmerksamkeit und dem Aufbau von Situationsbewusstsein sind zu beachten.

- Fahrerassistenzsysteme können die Sicherheit erhöhen, sind aber auf die menschlichen Eigenschaften auszurichten, um einen bestmöglichen Nutzen zu erzielen und Kontrollierbarkeit zu gewährleisten.

- Besondere Aufmerksamkeit ist auf die Ablenkung vom Fahrgeschehen zu legen, dies ist mit geeigneten Methoden zu testen.

17.9 Übungsaufgaben

Aufgabe 1: Ordnen Sie folgende Tätigkeiten in den Kategorien primäre/sekundäre/tertiäre Aufgabe zu:

- Einstellung des Rückspiegels

- Reduzierung der Geschwindigkeit bei der Einfahrt in eine Kurve

- Heckscheibenheizung anstellen

- Sitzheizung anstellen

- Sendersuchlauf des Radios starten

- Abbremsen bei der Zufahrt auf ein Stauende

- Warnblinker einschalten bei der Zufahrt auf ein Stauende

Aufgabe 2: Erläutern Sie, wie sich Übung und Fertigkeitserwerb im Modell von Rasmussen persönlich für Sie seit der Fahrschule verändert haben am Beispiel des „Rückwärtseinparkens". Welche Tätigkeiten sind dafür notwendig? Welcher Ebene würden Sie diese zu Ihrer Fahrschulzeit und heute zuordnen?

Aufgabe 3: Überlegen Sie sich weitere Beispiele für die blauen Pfeile zwischen den beiden Modellen aus Abbildung 17-2.

Aufgabe 4: Nennen Sie jeweils drei Einflussfaktoren auf die vier Komponenten des SEEV-Modells.

Aufgabe 5: Stellen Sie sich folgende Situation vor. Sie fahren in einem Wohngebiet auf eine Kreuzung zu, an der Sie auf Basis von „Rechts vor Links" Vorfahrt haben. Von links kommt in einiger Entfernung ein Fahrzeug auf die Kreuzung zu, das noch nicht verzögert. Setzen Sie dieses Szenario fort und spielen für verschiedene Situationen das Modell zum Situationsbewusstsein durch. Finden Sie für die genannten Punkte konkrete Beispiele. Betrachten Sie Gründe und Folgen, wenn einzelne Stufen im Modell objektiv falsche Ergebnisse liefern.

Aufgabe 6: Recherchieren Sie Assistenzsysteme, die helfen, Unfälle beim rückwärtigen Ausparken zu vermeiden. Leiten Sie diese analog zur Darstellung in Kapitel 17.6 her.

17.10 Literatur

17.10.1 Literaturempfehlungen

Vollrath, M., & Krems, J. (2011). Verkehrspsychologie. Ein Lehrbuch für Psychologen, Ingenieure und Informatiker.

Winner, H., Hakuli, S., Lotz, F., & Singer, C. (2015). Handbuch Fahrerassistenzsysteme: Grundlagen, Komponenten und Systeme für aktive Sicherheit und Komfort (3. überarbeitete und ergänzte Auflage).

Diverse. Videos zu Fahrerassistenzsystemen der Hersteller und von Journalisten in Online-Videoportalen.

17.10.2 Literaturverzeichnis

Bubb, H., Bengler, K., Grünen, R. E., & Vollrath, M. (2015). Automobilergonomie. Springer-Verlag.

Donges, E. (2015). Fahrerverhaltensmodelle. In Handbuch Fahrerassistenzsysteme (S. 17-26). Springer Fachmedien Wiesbaden.

Endsley, M. R. (1995). Measurement of situation awareness in dynamic systems. Human factors, 37(1), 65-84.

Endsley, M. R. (2000). Theoretical underpinnings of situation awareness: A critical review. Situation awareness analysis and measurement, 3-32.

Geiser, G. (1985). Mensch-Maschine-Kommunikation im Kraftfahrzeug. ATZ. Automobiltechnische Zeitschrift, 87(2), 77-84.

Hills, B. L. (1980). Vision, visibility, and perception in driving. Perception, 9(2), 183-216.

Hockey, G. R. J. (1997). Compensatory control in the regulation of human performance under stress and high workload: A cognitive-energetical framework. Biological psychology, 45(1), 73-93.

International Organization for Standardization. (2007). Road vehicles — Ergonomic aspects of transport information and control systems — Occlusion method to assess visual demand due to the use of in-vehicle systems (ISO Standard Nr. 16673:2007)

International Organization for Standardization. (2010). Road vehicles – Ergonomic aspects of transport information and control systems – Simulated lane change test to assess in-vehicle secondary task demand (ISO Standard Nr. 26022:2010)

Mattes, S. (2003). The lane-change-task as a tool for driver distraction evaluation. Quality of Work and Products in Enterprises of the Future, 2003, 57.

Rasmussen, J. (1983). Skills, rules, and knowledge; signals, signs, and symbols, and other distinctions in human performance models. IEEE transactions on systems, man, and cybernetics, (3), 257-266.

Sivak, M. (1996). The information that drivers use: is it indeed 90% visual? Perception, 25(9), 1081-1089.

Underwood, G. (2007). Visual attention and the transition from novice to advanced driver. Ergonomics, 50(8), 1235-1249.

Wickens, C. D., Goh, J., Helleberg, J., Horrey, W. J., & Talleur, D. A. (2003). Attentional models of multitask pilot performance using advanced display technology. Human factors, 45(3), 360-380.

Winner, H. (2015). Radarsensorik. In Handbuch Fahrerassistenzsysteme (S. 259-316). Springer Fachmedien Wiesbaden.

18 Von Fahrerinformation über Fahrerassistenz zum autonomen Fahren

Stefan Geisler

Hochschule Ruhr West

Zusammenfassung

Fahrer benötigen zur sicheren Steuerung ihres Fahrzeugs im Straßenverkehr eine Reihe von Anzeigen. Viele Funktionen zur Fahrerassistenz benötigen Eingaben des Fahrers. Wie auch in den vergangenen Jahren die Funktionsvielfalt gewachsen ist, sind auch Anzeige- und Bedienelemente gestiegen. Im vorangegangen Kapitel wurde bereits die Begrenztheit der menschlichen Leistungsfähigkeit bei der gleichzeitigen Aufnahme und Interpretation von Informationen dargelegt. Die Herausforderung an das HMI im Fahrzeug ist durch die gewachsene Anzahl und auch Komplexität der Systeme enorm gestiegen. In diesem Kapitel sollen zu ausgewählten Funktionen die Anzeige und Bedienkonzepte vorgestellt werden, von einfachen Anzeigen bis zu Strategien für das autonom fahrende Fahrzeug. Dabei wird ein besonderes Augenmerk auf die sicherheitsrelevanten Aspekte gelegt.

Lernziele

- Die Leser kennen die wichtigsten Interaktionsmodalitäten und deren Vor- und Nachteile sowie die wichtigsten Anzeige- und Interaktionskonzepte im modernen Fahrzeug.

- Die Leser kennen aktuell diskutierte Interaktionskonzepte zum hochautomatisierten Fahren.

- Die Leser können fachkundig Bedienschnittstellen im Fahrzeug mit Blick auf Sicherheitsaspekte beurteilen und an ihrer Entwicklung mitwirken.

18.1 Einleitung

Waren in den Frühzeiten des Automobils nur sehr wenige Anzeigeinstrumente vorhanden, hat sich ihre Anzahl inzwischen erheblich erhöht, um die Funktionsvielfalt zu ermöglichen, die Kunden heutzutage erwarten. So befindet sich neben den Rundinstrumenten für Geschwindigkeit und Motordrehzahl, kleineren Anzeigen für Tankfüllung und Kühlmitteltemperatur, dem Kilometerzähler und einer Vielzahl von Warnleuchten meist ein flexibles Multifunktionsdisplay im Kombiinstrument. Moderne Fahrzeuge bieten sogar die Option eines volldigitalen Kombiinstrumentes an, also im Endeffekt nichts anderes als ein großer – in der Regel 10-12 Zoll – Monitor. In einem Multifunktionsdisplay können vielfältige Informationen abgerufen werden, zugleich bedeutet es aber, dass zum Abruf mancher nicht permanent sichtbarer Informationen erst verschiedene Interaktionsschritte erforderlich sind. Damit erhöht sich die kognitive Last und die Dauer der Blickabwendung. Hinzu kommen Informationen im Infotainmentbereich, das heißt Radio, Navigation, Kommunikation, für die meist ein separates Display zur Verfügung steht.

Gleichzeitig ist die Anzahl der Eingabeelemente gestiegen, von wenigen Knöpfen, die eine dedizierte Funktion ausgelöst haben, hin zu vielen Knöpfen und Hebeln, einige von ihnen mit flexibler, zustandsabhängiger Funktionsbelegung oder zur Steuerung von Menüs in Multifunktionsdisplays. Die Auswahl des richtigen Elements erfordert nach Hick's Law (Hick, 1952) bei höherer Anzahl mehr Zeit, zudem steigt die Zeit der Blickabwendung, wenn mehr Beschriftungen gelesen werden müssen. Besonders kritisch ist dieser Effekt, wenn auf äußere Einflüsse, im Wesentlichen auf das Verkehrsgeschehen, schnell reagiert werden muss. Durch Training kann diese Zeit jedoch verringert werden und die Reaktionszeit steigt bei steigenden weiteren Elementen kaum weiter an (Klebelsberg, 1982, S. 83f), jedoch ist im Fahrzeug zu beachten, dass insbesondere zu kritischen Situationen oft keine Erfahrung durch wiederholtes Auftreten aufgebaut werden kann.

Im Rahmen dieses Kapitels können nicht alle Funktionen umfänglich betrachtet werden. Daher wird in den folgenden Abschnitten eine Auswahl insbesondere von fahrrelevanten Funktionen getroffen, die die Vielfalt der Lösungsansätze widerspiegelt.

18.2 Ein- und Ausgabemodalitäten und entsprechende Hardware

Entsprechend der Sinne des Menschen (siehe auch Kapitel 17.4) stehen Ausgabemodalitäten zur Verfügung, in einigen Fällen auch ein analoges Pendant für die Eingabe. Bei der Auswahl und Ausgestaltung sollten im Fahrzeug vor ästhetischen Aspekten immer sicherheitskritische Überlegungen angestellt werden. Dies kann gute und schnelle Ablesbarkeit oder eine mögliche Blindbedienung bedeuten, sodass möglichst wenig Zeit nicht auf die Straße geschaut wird.

18.2.1 Optische Anzeigen

Traditionell verbreitet sind **Zeigerinstrumente**, in der Regel in runder Form. Sie bieten gegenüber einer rein nummerischen Anzeige den Vorteil, dass die Zeigerposition durch Übung schnell und leicht zu interpretieren ist, zudem das Verhältnis des aktuellen Wertes zum minimalen und maximalen Wert angibt.

Ebenfalls klassische Elemente sind **Warnleuchten**, heutzutage auf Basis von LEDs. Durch unterschiedliche Farbgebung kann die Stufe der Kritikalität gezeigt werden. Einige Kontrollleuchten sind in der Straßenverkehrs-Zulassungs-Ordnung (StVZO) beziehungsweise der EU-Ratsrichtlinie 78/316/EWG festgelegt. Für einige sicherheitsrelevante Warnleuchten ist vorgeschrieben, dass sie beim Starten des Fahrzeugs für einige Sekunden leuchten. Dies dient der Funktionskontrolle der Leuchte selbst, sodass überprüft werden kann, dass diese im kritischen Fall auch funktionsfähig ist.

Abbildung 18-1: Verschiedene Displaytypen. Links: Monochromes Display in einem Kombiinstrument mit mechanischen Rundinstrumenten, farbiger Touchscreen zur Multimediasteuerung, segmentiertes Display in der Klimaanlage (Quelle: Ford).
Rechts oben: Volldigitales Kombiinstrument (Quelle: AUDI AG).
Rechts unten: Head-up-Display (Quelle: BMW AG).

Digitale Displays wurden schon in der Einleitung thematisiert. Sie existieren sowohl in monochromer als auch farbiger Variante und unterschiedlichen Größen. Ihr Inhalt ist flexibel gestaltbar, was viele sinnvolle Optionen ermöglicht, umgekehrt aber auch sorgsame Beachtung des Ablenkungseffekts erfordert. Auf dem Rückzug befinden sich **segmentierte Displays**, lediglich in günstigen Autoradios oder der Anzeige der Lüftung beziehungsweise Klimaanlage sind sie heute noch in aktuellen Fahrzeugen zu finden. Hintergrund ist zum einen der gesunkene Preisunterschied und insbesondere die Tatsache, dass Anzeigefläche im Fahrzeug meist flexibel für mehrere Funktionen genutzt werden soll.

Relativ neu sind **Head-up-Displays** im Fahrzeug. Durch einen Projektionsmechanismus und Umleitung über mehrere Spiegel wird ein Bild so auf die Windschutzscheibe projiziert, dass es über dem vorderen Ende der Motorhaube zu schweben scheint. Der Vorteil ist, dass keine Blickabwendung vom Fahrgeschehen erfolgen muss und die Adaption des

Auges (vgl. Kapitel 17.4.1) erleichtert wird. Angezeigt werden die Geschwindigkeit, Richtungspfeile aus der Navigation, ausgewählte Informationen der Fahrerinformations- und -assistenzsysteme.

Schalter im Cockpit erhalten selbstverständlich eine **Beschriftung**. Im Auto ist diese zu beleuchten, unsichere Bedienung bei Dunkelheit zu ermöglichen. Teilweise existieren standardisierte Symbole. Für einige Funktionen wird eine **Kontrollleuchte** in den Schalter verbaut, die den Zustand (an/aus) anzeigt.

18.2.2 Akustische Anzeigen

An erster Stelle sind **Warntöne** zu nennen. Da diese zumeist nicht selbsterklärend sind, gibt es oft einen zusätzlichen Hinweis in einem Display. Meist werden Warntöne für besonders kritische Situationen, in denen sofortiges Eingreifen erforderlich ist, und weniger kritische unterschieden. Durch geschicktes Sounddesign lässt sich der Kritikalitätslevel erhöhen.

Historisch haben sich spezielle Warntöne erhalten, wenn das Auto mit eingeschaltetem Licht oder Schlüssel im Zündschloss verlassen wird. Töne können auch weitergehende Informationen transportieren. Dies wird z. B. bei der Einparkhilfe genutzt, indem der Tonabstand die Kritikalität widerspiegelt.

18.2.3 Haptische Anzeigen

Fühlbare Anzeigen entstehen in der Regel durch **Vibrationen**. Verbreitung gefunden haben Vibrationen der Sitzfläche, des Lenkrads oder eines Pedals. Sie haben den Vorteil, andere Fahrzeuginsassen im Gegensatz zur akustischen Anzeige nicht zu stören. Außerdem können sie am relevanten Stellteil lokalisiert werden, was die Zuordnung zur Funktion erleichtert.

18.2.4 Haptische Eingaben

Die haptischen Eingaben sind mit Abstand die wichtigsten im Fahrzeug. Für die Grundfunktionen sind die **Pedale** und das **Lenkrad** zu nennen. Weiterhin in jedem Fahrzeug vertreten sind **Hebel**, insbesondere die Lenkstockschalter, wie der Blinkerhebel (offiziell Lenkstockschalter für den Fahrtrichtungsanzeiger). Auf diesen können weitere Elemente wie **Drehringe** oder Schalter zu finden sein. **Schalter** und **Taster** sind an vielfältigen Orten im Fahrzeug verbaut (zur schnellen Erreichbarkeit während der Fahrt auch auf dem Lenkrad) und werden meist durch Druck betätigt. Taster unterscheiden sich von Schaltern dadurch, dass Sie nach Beenden des Drucks in ihren Ursprungszustand zurückspringen. **Drehschalter** sind eine andere Ausprägung, z. B. zur Lautstärkeregelung. Ideal im Fahrzeug ist es, wenn sie gut fühlbar sind, denn dann sind sie insbesondere nach der Kennenlernphase des Fahrzeugs mit geringer Blickabwendungszeit bedienbar.

Abbildung 18-2: Links und Mitte: Verschiedene Eingabeelemente in einem Fahrzeug: Lenk-radsteuerung unter anderem mit Aktivierung der Sprachkontrolle, Touchscreen, berührungs-lose Gestenerkennung und iDrive-Dreh-Drücksteller (Quelle: BMW AG). Rechts: Touchpad auf einem Dreh-Drücksteller (Quelle: AUDI AG)

Herstellerspezifisch werden folgende Elemente verwendet:

Dreh-Drück-Steller, insbesondere zur Navigation in Multifunktionsdisplays. Durch Dre-hen wird eines von mehreren Elementen ausgewählt, durch Druck die Auswahl bestätigt. Durch eine spürbare Rastung wird die Blindbedienung während der Fahrt erleichtert. Mo-derne Ausführungen erlauben sogar eine programmierbare Blockade der Drehrichtung am Ende einer Liste, was die Notwendigkeit von Blickabwendungen weiter reduziert.

Touchscreens sind eine alternative Ausführung zur Steuerung von Multifunktionsdis-plays. Vorteilhaft sind die direkte Bedienung und die Vertrautheit vom Smartphone. Von dort bekannte Gesten sind ebenfalls anwendbar. Nachteilig mit Blick auf die Sicherheit ist, dass die Schaltflächen nicht spürbar sind, das Auge also die Bedienung verfolgen muss.

Touchpads können ähnlich eingesetzt werden wie beim Laptop. Audi verwendet diese Technologie unter anderem zur Steuerung der Kartenansicht und zur Buchstabeneingabe mit dem Finger. Insbesondere zur Eingabe chinesischer Schriftzeichen ist dies ein großer Vorteil.

18.2.5 Akustische Eingaben: Sprachsteuerung

Bereits seit längerem erhältlich ist die **Sprachsteuerung**. Ihre Leistungsfähigkeit hat in den vergangenen Jahren enorm zugenommen, was sich in einer größeren Anzahl von ver-fügbaren Kommandos, unterbrechungsfreier Befehlseingabe in ganzen Sätzen, größerer Flexibilität in Satzbau und Verwendung von Synonymen und der Berücksichtigung dyna-mischer Inhalte (z. B. Titelnamen der MP3-Songs auf einem USB-Stick) zeigt. Vorteilhaft ist, dass die Augen auf der Straße und die Hände am Lenkrad bleiben können, lediglich zum Start ist ein Lenkradtaster zu betätigen. Gerade bei langen Bediensequenzen wie der Auswahl eines Musiktitels aus einer umfangreichen Ordnerstruktur ist dies sehr vorteil-haft. Nachteilig ist, dass immer noch Kommandos gelernt werden müssen und ein Nicht-verstehen oder fehlerhaftes Verstehen nicht ausgeschlossen werden kann. Zudem sprechen manche Menschen nicht gerne mit Maschinen und lehnen diese Technologie ab, insbesondere, wenn sich andere Menschen im Fahrzeug befinden. Auch wenn die Augen auf der Straße und die Hände am Lenkrad bleiben können, ist die kognitive Belastung bei der Sprachsteuerung zu beachten, da auch diese zu Unaufmerksamkeiten und verzögerten Reaktionen führen kann.

18.2.6 Berührungslose Gesten

Berührungslose Handgesten sind ein weiterer aktueller Trend. Ihre Erkennung erfolgt mit speziellen Kameras. Dies beginnt mit einem Annährungssensor an einem Touchscreen, der die Buttons einblendet und geht weiter bei Systemen zur Erkennung eines kleinen Gestenalphabets. Beispiel: Wischen nach links oder rechts zum Wechsel des Titels, Tippen in der Luft zum Annehmen eines Anrufs, Kreisbewegung mit dem Finger zur Lautstärkesteuerung. Die Erkennungsgenauigkeit dieser Systeme ist derzeit nicht so gut, um eine hohe Anzahl von Gesten sicher auseinanderhalten zu können, Fehlerkennungen können auftreten. Vorteilhaft ist aber, dass mit berührungslosen Gesten entfernter liegende Displays (z. B. nahe der Windschutzscheibe, außerhalb des bequemen Greifbereichs der meisten Menschen) gesteuert werden können. Wie auch bei der Sprachsteuerung darf jedoch die kognitive Belastung nicht vernachlässigt werden, hierzu fehlen noch weitergehende Untersuchungen.

Eine **berührungslose Fußgeste** ist bei manchen Herstellern zum Öffnen der Heckklappe vorhanden, wenn das Auto entriegelt ist. Hintergrund ist, dass eine Getränke- oder Einkaufskiste so ohne Absetzen eingeladen werden kann.

18.3 Informierende Systeme

Neben den schon erwähnten Grundinformationen existieren weitere Informationseinheiten im Fahrzeug, die entweder permanent oder auf Verlangen angezeigt werden. Eine Übersicht über die wichtigsten Funktionen, die nicht bereits im vorangegangenen Kapitel besprochen wurden, wird im ersten Unterabschnitt gegeben. Im zweiten Unterabschnitt werden Anforderungen zur Ablesbarkeit besprochen.

18.3.1 Umsetzung für ausgewählte Funktionen

Boardcomputer: Zumeist im Kombiinstrument befindet sich die Anzeige des Boardcomputers mit dem momentanen und durchschnittlichen Verbrauch, der Restreichweite oder der Durchschnittsgeschwindigkeit. Weiterhin kann eine Bewertung der Fahrweise nach ökologischen Gesichtspunkten dazugehören. Die Auswahl der aktuellen Anzeige und gegebenenfalls Einstellmöglichkeiten geschehen über die Lenkradsteuerung.

Navigation: Die Hauptanzeige des Navigationsgeräts befindet sich in der Mittelkonsole. Gerade wenn das Display vergleichsweise tief montiert ist und zugleich aufgrund der Tatsache, dass das Display auch für andere Funktionen wie z. B. Mediaplayer genutzt wird, ist es sinnvoll, die wichtigste Information, das nächste Abbiegemanöver auch auf Wunsch im Kombiinstrument anzuzeigen oder – wenn vorhanden – im Head-up-Display. Ähnliches gilt für Informationen zur Audiowiedergabe oder zu einem Telefonanruf.

Abstandsanzeige und -warner: Mit moderner Sensorik, meistens radarbasiert, wird der Abstand zum vorausfahrenden Fahrzeug gemessen. Dieser kann grafisch dargestellt werden. Dabei können zwei Varianten unterschieden werden: eine Anzeige der Entfernung in Meter oder der zeitliche Abstand, das heißt die Zeit, die vergeht, bis die Front des eigenen Fahrzeugs die aktuelle Position des Hecks des vorausfahrenden Fahrzeugs erreicht. Die erste Variante entspricht eher der Erwartung der Nutzer. Da bei höherer Geschwindigkeit aber ein größerer Abstand einzuhalten ist, muss die Anzeige geschwindigkeitsabhängig umskaliert werden. Dies entfällt bei der Zeitdistanz. Sie entspricht der in der Fahrschule gelernten Regel zum Abstand „halber Tacho in Metern oder 2 Sekunden". Ein echter Mehrwert dieser Funktion entsteht jedoch erst, wenn eine Interpretation des Wertes bzgl. Kritikalität der Situation vorgenommen wird, das heißt Stufe 2 des Situationsbewusstseinsmodells erleichtert wird (vgl. Kapitel 17.5). Die Kritikalität wird anhand der sogenannten *time-to-collision* berechnet, also der Zeit, die verbleiben würde, bis es bei unverändertem Fahrverhalten beider Fahrzeuge zu einer Kollision kommen würde. Aufgrund unterschiedlicher Nutzerpräferenzen ist der Schwellwert für die Warnung einstellbar. Da davon auszugehen ist, dass der Fahrer aufgrund von Unaufmerksamkeit die Situation nicht wahrgenommen hat, wird auch akustisch gewarnt. Moderne Systeme führen auch einen Bremseingriff durch.

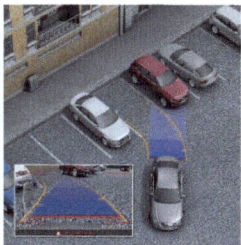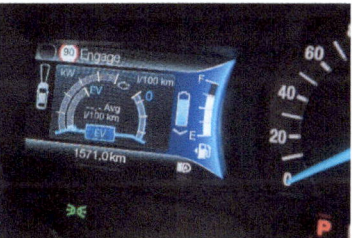

Abbildung 18-3: Links: Kombinierte ACC und Spurhalteanzeige. Zielgeschwindigkeit ist in die Geschwindigkeitsanzeige integriert, ebenso die Verkehrsschilderkennung (Quelle: Daimler AG). Mitte: Rückfahrkamera (Quelle: AUDI AG), Rechts: Informationen zum hybriden Antrieb (Quelle: Ford)

Verkehrsschilderkennung: Mittels eines Kamerasystems können Verkehrsschilder erkannt werden. Im Kombiinstrument wird die erlaubte Höchstgeschwindigkeit und gegebenenfalls ein Überholverbot angezeigt, in der Regel in Verkehrsschildoptik. Moderne

Fahrzeuge mit hoher Erkennungsrate (auch durch Fusion mit Daten aus dem Navigations-gerät) können beim Überschreiten der Geschwindigkeit warnen oder sogar eine automatische Geschwindigkeitsbegrenzung vornehmen.

Rückfahrkamera: Die Sicht beim Rückwärtsfahren ist bei vielen Fahrzeugen einge-schränkt. Hier soll eine im Heck montierte Kamera helfen, deren Bild in einem Display im Cockpit angezeigt wird. Der Nutzen wird stark mit Methoden der Augmented Reality erhöht, hier der Einblendung von dynamischen Hilfslinien. Diese zeigen den Fahrweg ab-hängig vom aktuellen Lenkeinschlag an, ebenso Hilfslinien zur Einschätzung der Entfer-nung. Weitere Funktionen sind Sonderansichten auf die Anhängerkupplung oder eine 180°-Weitwinkelsicht zur Unterstützung des Rückwärtsausparkens.

18.3.2 Anforderungen

Zur Sicherstellung der Lesbarkeit von Texten und Erkennbarkeit von Symbolen sind die ISO-Normen definiert worden (ISO, 2010a; ISO, 2017). In ihr werden Vorgaben zu Schrift- und Symbolgrößen, Aussehen von Symbolen, sowie zum Kontrast gemacht, un-abhängig von der Displaytechnologie. Sie sind für die Zulassung eines Fahrzeugs einzu-halten.

Die Vorgaben für die **Schriftgrößen** werden in Bogenminuten für den Buchstaben H an-gegeben, da so unterschiedliche Entfernungen in unterschiedlichen Fahrzeugklassen be-rücksichtigt werden. 20 Bogenminuten sind empfohlen, 16 akzeptabel und 12 das Mini-mum, wenn die Anforderungen an Genauigkeit und Geschwindigkeit gering sind.

Beispiel: Bei einer im Fahrzeug möglichen maximalen Entfernung von 130 cm von den Augen des Fahrers bis zur Anzeige im Kombiinstrument würde sich daraus eine empfeh-lenswerte Zeichenhöhe von 7,6 mm ergeben, bei 160cm von 9,3 mm.

Displays im Fahrzeug sind sehr unterschiedlichen Lichtverhältnissen ausgesetzt. Am kri-tischsten ist eine tiefstehende Sonne, die direkt auf das Display scheint. Die Kontrastvor-gaben versuchen diese Situation im Rahmen des technisch Möglichen zu berücksichtigen und sind daher entsprechend hoch. Ferner wird festgelegt, dass Blinken in Anzeigen nur dann eingesetzt werden soll, wenn das Ziel ist, Aufmerksamkeit zu erzeugen.

18.4 Ausgewählte Fahrerassistenzsysteme

In diesem Abschnitt soll ein Überblick über die HMI-Aspekte ausgewählter Fahrerassis-tenzsysteme mit Sicherheitsaspekt gegeben werden. Für eine umfassende und tieferge-hende Betrachtung sei auf (Winner, 2015) verwiesen. Systeme, die bereits in vorangegan-genen Kapiteln beschrieben wurden, werden hier nicht erneut vertieft.

18.4.1 ABS und ESP

Das **Antiblockiersystem** (ABS) und das **elektronische Stabilitätsprogramm** (ESP) sind aktive Sicherheitssysteme und zählen zu den Fahrerassistenzsystemen auf Stabilisierungsebene (vgl. Kapitel 17.3).

Das **ABS** hat den Zweck, das Blockieren der Räder durch zu starke Bremskraft zu verhindern und somit das Fahrzeug lenkbar zu halten. Diese Gefahr besteht insbesondere bei rutschigem Untergrund wie Glatteis. Wird erkannt, dass sich ein Rad deutlich langsamer dreht als die anderen, so wird der Bremsdruck schrittweise gesenkt, bis ein angemessenes Verhältnis der Raddrehzahlen hergestellt wurde. Der komplette Prozess geschieht ohne Nutzerinteraktion, die notwendige Reaktionszeit hierzu wäre auch zu kurz. Der Fahrer spürt jedoch das Eingreifen des ABS durch eine **Vibration des Bremspedals** (haptische Anzeige).

Das **ESP** versucht ein Schleudern des Fahrzeugs, insbesondere bei unangemessener Fahrweise in Kurven, zu verhindern, was im Extremfall bis zum Überschlag des Fahrzeugs führen könnte. Hierzu wird der vom Fahrer vorgegebene Richtungswunsch anhand des eingeschlagenen Lenkwinkels mit der tatsächlichen Reaktion des Fahrzeugs verglichen. Das Fahrzeug besitzt dazu verschiedene Beschleunigungs- und Giersensoren. Wird eine zu hohe Abweichung festgestellt, greift das System vollautomatisch in die Motorsteuerung und das Bremssystem einzelner Räder ein, um eine Rotationskraft zu erzeugen, die der ungewollten Rotation entgegenwirkt. Der Fahrer bekommt das Eingreifen durch die **ESP-Leuchte im Kombiinstrument** angezeigt, eine weitere Interaktion mit dem System ist nicht vorgesehen, da der Mensch auch hier zu langsam reagieren würde. Lediglich ein Ausschalten des Systems für Sondersituationen ist vorgesehen. Das System wird jedoch bei jedem Neustart des Fahrzeugs wieder aktiviert. Das ist ein typisches Verhalten sicherheitskritischer Systeme im Fahrzeug. Da damit gerechnet werden muss, dass der Fahrer das Abschalten des Systems über eine Fahrpause vergessen hat oder eine andere uninformierte Person das Steuer übernimmt, wird immer der Zustand eingenommen, der die größtmögliche Sicherheit verspricht, auch wenn dies in einzelnen Fällen einen Verlust des Komforts bedeutet.

18.4.2 Tempomat und Adaptive Cruise Control

Der Tempomat und das Adaptive Cruise Control sind Assistenzsysteme auf Führungsebene, genauer gesagt in Längsrichtung.

Der klassische **Tempomat** hält eine einmal eingestellte Geschwindigkeit konstant, ohne dass der Fahrer das Gaspedal weiter betätigen muss. Lediglich bei starken Bergabfahrten kann es zu einer höheren Geschwindigkeit kommen, da ein Eingriff in das Bremssystem nicht erfolgt. Die Wunschgeschwindigkeit wird meist in einem Display im Kombiinstrument angezeigt, entspricht in den meisten Fällen aber auch der Ist-Geschwindigkeit. Wichtig zur Sicherstellung der Beherrschbarkeit der Funktion ist die Abschaltfunktion, da diese in bestimmten Situationen sehr zeitkritisch ist. Neben einer speziellen Taste schaltet sich daher das System auch beim Betätigen der Bremse ab.

Eine Weiterentwicklung des Tempomats ist das **Adaptive Cruise Control** (ACC). Die Grundidee ist, dass mittels eines Sensors (meist wird ein Radar verwendet) erkannt wird, ob sich ein anderes Fahrzeug vor dem eigenen auf der Fahrbahn befindet. Ist dies der Fall und dieses Fahrzeug langsamer als das eigene, wird durch Verzögerung gegebenenfalls mit Bremseingriff die eigene Geschwindigkeit reduziert und in den Modus „Folgefahrt" übergegangen. Verlässt dieses Fahrzeug die Fahrspur oder beschleunigt, so wird die eigene Geschwindigkeit wieder erhöht bis hin zur eingestellten Wunschgeschwindigkeit.

Die erste ACC-Generation (Standard-ACC nach (ISO, 2010b)) regelt die Geschwindigkeit erst ab einer Mindestgeschwindigkeit von meist 30 km/h. Das bereitet aus Fahrersicht insbesondere dann Probleme, wenn das Fahrzeug sich einem Stauende nähert. Sinkt in einem solchen Fall die Geschwindigkeit schrittweise auf unter 30 km/h, erfolgt eine Übernahmeaufforderung an den Fahrer durch Warnton und Anzeige und das System schaltet sich ab.

Das HMI des Standard-ACC erlaubt eine Einstellung der Wunschgeschwindigkeit und eines Wunschabstands für die Folgefahrt. Die Aktivierung erfolgt zweistufig. Dabei ist zunächst das ACC grundsätzlich einzuschalten (Wechsel von Zustand Off auf Stand-by) und in einem zweiten Schritt zu aktivieren, entweder mit der aktuellen oder der zuletzt eingestellten Geschwindigkeit. Die Wunschgeschwindigkeit kann dabei über Schalter erhöht oder gesenkt werden. Der Wechsel von aktiv auf Stand-by kann vom Fahrer durch einen Schalter oder das Betätigen der Bremse erreicht werden, hinzu kommen verschiedene Systemgrenzen wie die bereits erwähnte Unterschreitung der Mindestgeschwindigkeit. Die Schaltelemente befinden sich herstellerabhängig entweder auf einem Hebel am Lenkrad oder auf dem Lenkrad. Die Anzeige im Kombiinstrument und gegebenenfalls zusätzlich in einem Head-up-Display zeigen den aktiven Systemzustand und die Wunschgeschwindigkeit und den Zustand, ob ein vorausfahrendes Fahrzeug erkannt wurde, permanent an. Der Wunschabstand wird zumindest dann angezeigt, wenn er verändert wird, bei den meisten Herstellern aber auch permanent. Der Fahrer kann temporär durch Betätigung des Gaspedals schneller fahren als im ACC eingestellt. Dies wird als Übersteuerung bezeichnet und im Display angezeigt. Wird das Gaspedal wieder losgelassen, übernimmt das ACC mit den zuvor eingestellten Werten die Regelung. Abbildung 18-4 zeigt ein Beispiel für eine Hebel-Steuerung, Lenkradtasten sind in Abbildung 18-1 und Abbildung 18-3 zu sehen.

Aktuelle Systeme umfassen den Geschwindigkeitsbereich bis zum Stillstand. Sie werden als Full-Speed-Range-ACC oder ACC Stop&Go bezeichnet, die Anforderungen sind in (ISO, 2009) definiert. Folgende Erweiterungen sind aus Nutzer- und HMI-Sicht relevant.

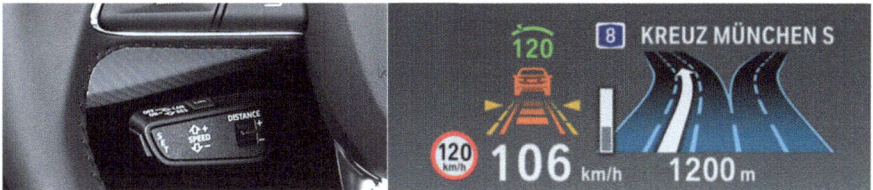

Abbildung 18-4: Links: ACC-Steuerung über einen Hebel am Lenkrad (Quelle: AUDI AG). Wunschgeschwindigkeit: Hebel hoch/runter, Wunschabstand: Kippschalter vorne rechts, Setzen der aktuellen Geschwindigkeit auf auf Sollgeschwindigkeit: Druck auf die linke Seite. Alte Sollgeschwindigkeit reaktivieren: Ziehen zum Fahrer. Regelung unterbrechen: Druck weg vom Fahrer. Rechts: ACC-Informationen im Head-up-Displays (Quelle: BMW AG). Wunschgeschwindigkeit 120 km/h (oben grün), erkanntes vorausfahrendes Fahrzeug (oranges Auto) und Wunschabstandsstufe 3/4 (orange Balken)

Ein neuer Systemzustand ist notwendig, der das Fahrzeug im Stehen hält, gegebenenfalls mit Bremseingriff auch gegen Rückwärtsrollen. Die Fahrer müssen verstehen, dass das eigene Fahrzeug z. B. beim Zufahren auf ein Stauende nur hinter Fahrzeugen anhält, die zuvor als bewegliches Objekt erkannt wurden. Die Anzeige, ob ein Fahrzeug erkannt wurde, gewinnt also an Bedeutung für die Sicherheit.

Ferner ist die Anfahrsituation zu betrachten. Aus Sicherheitsgründen fährt das Auto nur dann vollautomatisch an, wenn der Stopp sehr kurz war. Ansonsten ist das Anfahren durch den Fahrer über das Gaspedal oder einen Schalter zu bestätigen, da die Sensorik nicht ausreicht, um eine sichere Situation zu garantieren. Eine Displaymeldung muss über den Zustand informieren beziehungsweise zum Losfahren auffordern. Mit zunehmender Zuverlässigkeit und redundanter Sensorik mit unterschiedlichen Technologien (z. B. Radar und Kamera) steigt die Autonomie des Fahrzeugs in diesen Situationen.

Weitere sicherheitskritische Betrachtungen betreffen das mögliche Verlassen des Fahrzeugs. Wird durch Überwachung des Gurtschlosses, der Sitzbelegung und/oder der Türöffnung erkannt, dass der Fahrer wahrscheinlich das Fahrzeug verlassen hat, schaltet sich das System ab, das Fahrzeug wird nicht automatisch anfahren. Wenn eine elektrische Parkbremse verbaut ist, wird diese aktiviert. Der Fahrer wird über einen Warnton und entsprechende Meldung aufgefordert, das Fahrzeug in einen sicheren Zustand zu versetzen, z. B. gegen Wegrollen am Hang.

Dieses Beispiel zeigt die Wichtigkeit der Betrachtung von Ausnahmesituationen. Das können Ausfälle von Sensoren oder Steuergeräten sein, aber auch auf menschlichem Handeln beruhen. Neben der zu betrachtenden Fehlbedienung können dies aber auch Nutzungsszenarien sein, die den Entwicklern nicht vertraut sind, aber in bestimmten Nutzungskreisen (z. B. Lieferantenszenarien) durchaus etabliert sind. Ein systematisches Vorgehen ist hier also dringend notwendig, z. B. sollten im Rahmen von FMEA-Analysen, die bei vielen Herstellern angewandt werden, auch menschliche Fehler, die z. B. auf Systemunkenntnis oder -missverständnis (inklusive unbekannter Systemgrenzen, übermäßigem Vertrauen in die Technik) auch bewusste und unbewusste Fehlbedienungen (inklusive Nachlässigkeiten, Bequemlichkeiten, Vergessen) berücksichtigt werden.

18.5 Autonomes Fahren

Kaum eine Veränderung im Automobilbereich wurde vorab so heiß diskutiert wie das immer konkreter werdende autonome Fahren. Prototypen fahren bereits seit Jahren über Teststrecken, inzwischen teilweise im öffentlichen Verkehrsraum. Dieser Abschnitt führt zunächst die verschiedenen Stufen der Automatisierung ein, wirft einen kurzen Blick auf die Nutzer bevor die wichtigsten HMI-Konzepte eingeführt werden.

18.5.1 Stufen der Automatisierung

Um die Kommunikation über verschiedene Ausprägungen der Automatisierung eindeutig und einfach zu ermöglichen, wurde von der SAE folgende Taxonomie definiert (SAE, 2016):

- **Stufe 0 (Keine Automation):** Alle Tätigkeiten werden vom Fahrer ausgeführt, er überwacht die Fahrumgebung.

- **Stufe 1 (Fahrerassistenz):** Ein Fahrerassistenzsystem ist aktiv, entweder in Längsregelung (z. B. ACC) oder in Querregelung (z. B. Spurhaltung). Damit ist die Tätigkeit aufgeteilt auf Fahrer und System, die Überwachung obliegt aber dem Fahrer, der auch jederzeit bereit sein muss, die Regelung des Assistenzsystems zu übernehmen.

- **Stufe 2 (Teilautomatisierung):** Eines oder mehrere Assistenzsysteme sind aktiv, der Fahrer trägt aber immer noch die Verantwortung und muss die Fahrumgebung ständig überwachen, um jederzeit selbst übernehmen zu können. Als Beispiel für diese Stufe können Staufahrassistenten und automatische Einparksysteme genannt werden.

- **Stufe 3 (Bedingte Automatisierung):** Mit dieser Stufe beginnt eine neue Qualität der Automatisierung. Nun übernimmt das Fahrzeug die Überwachung der Fahrumgebung. Wird festgestellt, dass die Bedingungen für ein Funktionieren der Automatisierung nicht mehr vorliegen, erfolgt eine Übernahmeaufforderung, die vom Fahrer zeitnah angemessen befolgt werden muss. Die vollständige Funktionsweise ist nur in bestimmten Situationen gegeben, z. B. kann dies die Fahrt auf der Autobahn sein. Wenige Kilometer bevor die Autobahn verlassen werden muss, wird der Fahrer benachrichtigt und muss dann rechtzeitig die Steuerung übernehmen. Dabei kann es zu einem Rückfall auf eine niedrigere Automatisierungsebene kommen.

- **Stufe 4 (Hochautomatisierung):** Die Automatisierung des Fahrzeugs funktioniert weiterhin nur für einige Anwendungsfälle, diese beherrscht es aber so gut, dass auch ohne ein Eingreifen des Fahrers immer ein sicherer Zustand besteht. Reagiert der Fahrer nicht auf eine Übernahmeaufforderung, wird die Automatik in einer Art

„Notfallmodus" weiter regeln, was aber beispielsweise bedeuten kann, dass mit sehr geringer Geschwindigkeit und sehr hohem Sicherheitsabstand gefahren wird oder gar das Fahrzeug auf den Pannenstreifen fährt und dort anhält.

- **Stufe 5 (Vollautomatisierung):** In dieser Stufe werden alle Fahrszenarien vollständig von der Automatik mindestens genauso gut beherrscht wie von einem menschlichen Fahrer. Es wird also nicht gefordert, dass es keine Unfälle gibt, sondern „nur" weniger als von menschlichen Fahrern verursacht (positive Risikobilanz); siehe hierzu auch den Bericht der Ethikkommission zum automatisierten Fahren (BMVI, 2017). Damit sind auch automatisierte Chauffeur-Szenarien denkbar. Bis diese Stufe aber für den öffentlichen Raum erreicht wird, ist noch einige Forschung notwendig.

18.5.2 Nutzer

Usability-Betrachtungen beinhalten immer, sich über die Nutzer eines Produktes Gedanken zu machen. Als erstes sind dies natürlich die Fahrer des automatisierten Fahrzeugs, ein Führerschein kann also vorausgesetzt werden (außer Stufe 5), nicht jedoch systematische Schulungen nach Abschluss der Führerscheinprüfung. Die Kenntnisse und Erwartungen sind jedoch hochgradig divers, beinhalten Über- und Untererwartungen, Begeisterung und Ablehnung (Eimler & Geisler, 2015). Ein gutes HMI erfordert jedoch das richtige Maß an Vertrauen in das System, um maximalen Nutzen aber auch maximale Sicherheit zu erreichen (Wintersberger & Riener, 2015).

Seltener betrachtet werden andere Verkehrsteilnehmer, die von außen ebenfalls mit dem automatisierten Fahrzeug interagieren müssen. Man denke etwa an Situationen wie eine „Links-vor-Rechts"-Kreuzung, an der Fahrzeuge aus allen Richtungen aufeinandertreffen und eine Absprache per Blickkontakt und Handgesten getroffen wird. Fußgänger an einem Zebrastreifen sollten erkennen können, ob ein automatisiertes Fahrzeug sie erkannt hat und ein Überqueren sicher ist. Zu diesen Fragen existieren leider nur wenige Veröffentlichungen, obwohl sie für die Sicherheit im gesamten Verkehrsgeschehen und eine Akzeptanz in der Bevölkerung nicht zu unterschätzen sind. Aus Platzgründen kann auch im Folgenden nur auf die Fahrer-Fahrzeug-Interaktion eingegangen werden.

18.5.3 HMI-Konzepte

HMI-Konzepte für die Stufen 3 und 4 erfordern eine neue Denkweise. Ist zuvor der Fahrer ständig eingebunden, kann er nun einzelne Details der Regelung überlassen. In Stufe 4 und natürlich auch 5 kann er sogar für einige Zeit einer anderen Tätigkeit nachgehen. Das bedeutet, dass nach der Übernahmeaufforderung nicht nur die Reaktionszeit zu beachten ist, sondern erst ein Situationsbewusstsein entstehen muss. Daher sind hier durchaus mehrere Sekunden zu veranschlagen.

Grundsätzlich kann für die Stufen 1-4 festgehalten werden, dass das Fahrzeug gemeinsam von Mensch und Maschine gesteuert wird, man spricht hierbei auch von **Mensch-Maschine-Kooperation.** Das kann sowohl bedeuten, dass die Maschine zu bestimmten Zeiten eine Dimension komplett übernimmt (z. B. Querregelung durch einen Spurhalteassistenten), während der Mensch eine andere überimmt (z. B. Längsregelung durch manuelles Beschleunigen und Verzögern) oder aber dass auf einer Dimension kooperiert wird, z. B. beim ACC durch Vorgabe der Sollwerte durch den Menschen, die detaillierte Ausführung aber durch die Maschine.

Die zwei wichtigsten HMI-Grundprinzipien für die Stufen 3 und 4 werden im Folgenden kurz beschrieben, eine ausführlichere Darstellung findet sich z. B. bei (Altendorf et al., 2015) beziehungsweise (Franz et al., 2015), zudem (Flemisch et al., 2014). Anschließend wird auf das Thema der Übernahmeaufforderung eingegangen.

18.5.3.1 H-Mode

Das in diesem Abschnitt vorgestellte Konzept basiert auf der H(orse)-Metapher (Flemisch et al., 2003). Metaphern können dem Menschen helfen, sich in neuen Situationen zurechtzufinden, wenn Altbekanntes passende Erinnerungen hervorruft und ein geeignetes (erstes) mentales Modell hilft aufzubauen.

Pferde können entweder in der Form des Reitens oder des Ziehens einer Kutsche zur Fortbewegung genutzt werden. In beiden Fällen ist eine Form der Kooperation zur Zielerreichung notwendig. Dabei ist offensichtlich, dass das Ziel der Reise vom Menschen vorgegeben wird, das Setzen jedes einzelnen Schrittes aber vom Pferd im Detail selbständig ausgeführt wird. Für den Bereich dazwischen sind verschiedene Formen möglich, die auch in diesem Modell und in der Übertragung auf das Fahrzeug unterschieden werden: feste oder lockere Zügel. Das Ziel ist allgemein gesprochen die Entlastung des Fahrers von Detailfragen der Steuerung, idealerweise so, dass jede Seite ihre Stärken einbringt und die Schwächen der anderen ausgleicht, etwa in Bezug auf Sensorik oder Entscheidungsfindung. Die festen Zügel sind dabei annäherungsweise mit der SAE-Stufe 1 vergleichbar, die lockeren Zügel mit Stufe 4.

Zur weiteren Veranschaulichung sollen einige Szenario-Beschreibungen dienen. Für mehr und detailliertere Beispiele sei auf (Altendorf et al., 2015) verwiesen.

Feste Zügel: Der Fahrer steuert zu großen Teilen das Fahrzeug selbst, erhält jedoch Hinweise vom System. So wie sich ein Pferd normalerweise in sicherem Abstand zum Wegesrand bewegt und es schwieriger wird, es in einen gefährlicheren Bereich zu leiten, so leistet auch das Fahrzeug steigenden Widerstand beim Abweichen von der Fahrspur. Dies beginnt womöglich mit einer kleinen Vibrationswarnung im Lenkrad bis hin zu einer kleinen aufgebrachten Lenkkraft, die mit etwas erhöhtem Kraftaufwand übersteuert werden muss. Sowie ein Pferd sich letztendlich einem Sturz in die Schlucht verweigern würde, würde ein Fahrzeug auf dieser Automatisierungsstufe eine vollautomatische Maßnahme zur Sicherung einleiten, die nicht mehr überstimmt werden kann.

Lockere Zügel: Das Fahrzeug fährt im Wesentlichen automatisiert und macht Vorschläge, wie mit einer Situation, die nicht mit der initialen Vorgabe des Fahrers zu vereinbaren ist, umzugehen ist. Wenn die Wunschgeschwindigkeit auf dem aktuellen Fahrstreifen aufgrund der Verkehrssituation nicht möglich ist, ein Überholen aber als sicher eingeschätzt wird, wird dies vom Fahrzeug signalisiert (z. B. Anzeige oder kleiner Lenkimpuls). Wird der Vorschlag vom Fahrer z. B. durch Setzen des Blinkers bestätigt, wird der Vorschlag vollautomatisch realisiert.

In einem weitergehenden Modus der **gesicherten Zügel** entscheidet das Fahrzeug noch selbständiger, was der SAE-Stufe 5 entspricht. Die Übergänge zwischen den Stufen können fließend, von technischer Seite notwendig oder von Fahrerseite gewünscht sein. Der Fahrer kann z. B. den Wunsch nach gesichertem Modus dadurch signalisieren, dass er die Hände vom Lenkrad nimmt.

Neben aktivem Lenkrad und aktivem Gaspedal sind auch alternative Steuerelemente denkbar. In (Kienle et al., 2009) wird ein System mit einem Side Stick mit Force Feedback vorgestellt. Erste Nutzertests fielen erfolgreich aus.

18.5.3.2 Conduct by wire

Die Grundidee des „Conduct by wire"-Ansatzes ist es, dem Fahrzeug einzelne Manöver zuzuweisen, welche das Fahrzeug dann im Detail selbständig ausführt. Das bedeutet, dass die Aktivitäten des Fahrers von der Stabilisierungsebene auf die Führungsebene (vgl. 17.3) verschoben werden (Kauer et al., 2010).

Hierzu wird die gesamte Fahrt vom Ausgangs- zum Zielort in einzelne elementare Fahrmanöver zerlegt, die an den relevanten Entscheidungspunkten zusammengefügt werden (Schreiber, 2012). Diese Fahrmanöver können nach Untersuchungen von Schreiber in einen Katalog zusammengefasst werden, unterteilt in implizite und explizite Manöver. Ein implizites Manöver wird über einen langen, nicht notwendig abgeschlossenen Zeitraum ausgeführt und in Nutzerbefragungen oft nicht als Manöver benannt. Dazu zählen insbesondere das freie Fahren und das Folgen auf dem aktuellen Fahrstreifen. Aus den impliziten Manövern heraus werden die expliziten Manöver beauftragt. Dies sind vergleichsweise kurze, abgeschlossene Bahnführungsaufgaben, z. B. das Wechseln auf den linksgelegenen Fahrstreifen oder das Abbiegen nach rechts bei nächster Möglichkeit. Nach Abschluss des expliziten Manövers wird automatisch vom System in ein implizites Manöver zurückgesprungen. Manöver können parametrisiert werden, z. B. die Geschwindigkeit in der Längskontrolle oder die präferierte Abweichung von der Fahrstreifenmitte in der Querkontrolle. Aus beiden Manöverklassen kann in einen manuellen Modus gewechselt werden, insbesondere wenn der Fahrer merkt, dass das System nicht korrekt arbeitet.

372   18 Von Fahrerinformation über Fahrerassistenz zum autonomen Fahren

Die Entwicklung des HMIs erfolgte über mehrere Stufen, wie sie in (Kauer et al., 2010; Franz, 2014) dargestellt werden, die auch hier wiedergegeben werden sollen, um nochmal exemplarisch den HMI-Entwicklungsprozess nach speziellen Automotive-Anforderungen mit Fokus auf Sicherheit zu veranschaulichen.

Für die Eingabe des Fahrmanövers wurde zunächst ein User Interfache entwickelt, das auf einem Touchscreen in der Mitte des Lenkrads basiert (Kauer et al., 2010). Die Entscheidung fiel nach dem Abhalten von Innovationsworkshops und auf Basis der Anforderungen, dass die Eingabe keinen Spielraum für Interpretationen lassen sollte (dadurch schieden Sprachkontrolle und Gesten aus), die Eingabe schnell erfolgen soll (das heißt keine Menuebenen), nur die aktuell verfügbaren Manöver angezeigt werden sollen und das Eingabeelement kompatibel zum traditionellen Automobil ist. Der Bildschirminhalt ist in Abbildung 18-5: zu sehen. In der linken Spalte können Wunschabstand zum vorausfahrenden Fahrzeug und Position im Fahrstreifen festgelegt werden, unten werden Ist- und Wunschgeschwindigkeit angezeigt, im Hauptbereich die Fahrmanöver. Das aktive Fahrmanöver erhält einen leuchtenden Rahmen, nicht verfügbare werden ausgegegraut. Zusätzlich zum Touchscreen werden die verfügbaren Kommandos in einem Head-up-Display angezeigt.

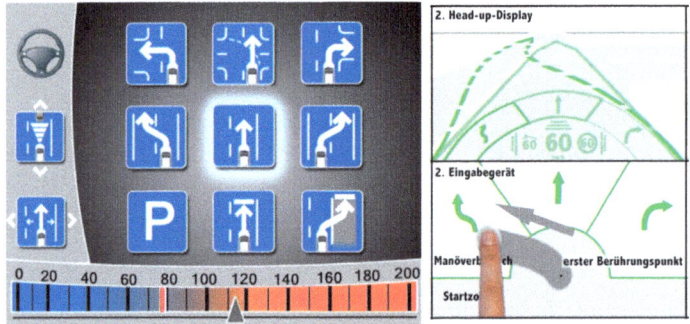

Abbildung 18-5: Links: Touchscreen zur Eingabe der Manöver (Kauer et al., 2010). Rechts: PieDrive, oben die Darstellung im HUD, unten die Bereiche auf dem Touchpad, die dort aber nicht angezeigt werden. Aktuelles Manöver ist Geradeausfahrt, gestrichelt die Vorschau auf das ausgewählte Manöver „Fahrstreifenwechsel nach links", das beim Loslassen aktiviert würde (Franz et al., 2014)

Untersuchungen (Schreiber, 2012) zeigten jedoch, dass die Bedienung mit dem Touchscreen die Blickabwendungen erhöhte. Daher wurden in einem Folgekonzept die Anzeige und die Bedienung getrennt, das heißt das Auswahlmenü in einem Head-up-Display angezeigt und die Auswahl darin mit einem Touchpad nahe der Armlehne ermöglicht. Auf dem Touchpad muss der Fahrer in etwa das gewünschte Manöver „zeichnen", die aktuell verfügbaren Optionen werden dabei im Head-up-Display angezeigt, sodass kein Merken der Gesten erforderlich ist. Das Blickverhalten konnte damit verbessert werden, aber erreichte nicht den Wert der herkömmlichen Steuerung. Zudem wurden Fehlerkennungen der Gesteneingabe beobachtet (Franz, 2014).

Franz (2014) entwickelte daraufhin einen neuen Ansatz, um die Nachteile weiter zu verringern. Die möglichen Fahrmanöver werden im Head-up-Display in einer Art Tortenmenü angezeigt, daher erhielt es den Namen **PieDrive**. Die Steuerung erfolgt über ein verbessertes Touchpad. Das Head-up-Display hat dabei die Möglichkeit, Informationen kontaktanalog einzublenden, das heißt es kann Informationen dynamisch so positionieren, dass sie zur realen Welt passen. Die Bedienung zeigt Abbildung 18-5: .

18.5.4 Anforderungen an eine Übernahmeaufforderung

Solange SAE-Stufe 5 nicht vollständig erreicht ist, wird der Fahrer in mehr oder weniger häufig auftretenden Fällen die Steuerung übernehmen müssen.

Durch die Entbindung des Fahrers von der Regelungsaufgabe über einen längeren Zeitraum und das Beschränken auf eine monotone Überwachungsaufgabe verringert sich beim Menschen die Wachsamkeit (**Vigilanzminderung durch Entlastung**). Dies kann zum Übersehen von kritischen Situationen, verspäteten Reaktionen oder zur Fehlinterpretation von Situationen führen. Insbesondere in Stufe 4 ist von einer größeren und längeren Abkopplung vom Fahrgeschehen durch Nebentätigkeiten auszugehen. Die Art der Übernahmeaufforderung sollte also dazu geeignet sein, den Fahrer beim Aufbau des Situationsbewusstseins in Bezug auf die Fahrszenerie zu unterstützen, damit möglichst schnell die richtige Handlung ausgeführt wird.

Die von Walch et al. (2017) durchgeführte Literaturübersicht kommt zu dem Schluss, dass Übernahmeaufforderungen innerhalb von weniger als zehn Sekunden adäquat ausgeführt werden. Die konkrete Zeit beziehungsweise Qualität ist aber unter anderem abhängig von den persönlichen Eigenschaften und insbesondere von der Art der Nebentätigkeit (sekundäre oder tertiäre Aufgabe). Die Autoren schlagen zudem vier basale Anforderungen vor:

- **Gegenseitige Vorhersagbarkeit**: Kenntnis über die aktuelle Tätigkeit und Planung für die nahe Zukunft.

- **Lenkbarkeit**: Mensch und Maschine können ihr Handeln gegenseitig beeinflussen, sogar in das Handeln der anderen Seite eingreifen.

- **Gemeinsames Situationsbewusstsein**: Mensch und Maschine teilen ihre Wahrnehmung und Einschätzung der Situation.

- **Kalibriertes Vertrauen in das System**: Das System unterstützt, das richtige Maß an Vertrauen in das System aufzubauen, das heißt die richtige Einschätzung zu erlangen, was Möglichkeiten und Grenzen des Systems sind.

18.5.5 Ausgewählte Ansätze zur Übernahmeaufforderung

Grundsätzlich sind alle Sinneskanäle des Menschen für eine Übernahmeaufforderung nutzbar, einzeln oder in Kombination. Im Folgenden kann nur eine Auswahl von Ansätzen kurz vorgestellt werden, eine umfassendere Übersicht findet sich z. B. bei (Walch et al., 2017).

Grundsätzlich ist bei Warnmeldungen zu beachten, dass diese bei häufigerem und insbesondere bei fehlerhaftem Auftreten als störend wahrgenommen werden, was bei auditiven Warnungen alle Fahrzeuginsassen betrifft. Daher sind diese nur sehr überlegt einzusetzen. Naujoks et al. (2014) verglichen eine visuelle Warnung mit einer visuell-akustischen Warnung und fanden, dass sowohl Reaktionszeit als auch Position in der Spur für die mulitmodale Variante besser ausfielen.

Politis et al. (2015) untersuchten die Wirksamkeit von Sprachausgaben zur Unterstützung des Situationsbewusstseins und fanden ebenfalls eine Überlegenheit gegenüber rein optischen Warnungen in Bezug auf Reaktionszeit und Qualität der Steuerung. Zugleich störte aber die akustische Ausgabe am meisten.

Ein deutlich auffälligeres optisches Warnelement stellen van den Beukel et al. (2016) vor: Sie setzten ein stark leuchtendes LED-Band ein.

18.6 Ausblick

Viele weitere Arbeiten sind auch im Bereich des HMI notwendig, einheitliche Standards haben sich bisher nicht herauskristallisiert. Die Fahraufgabe wird sich von der ständigen Regelung in eine Überwachung ändern, eine Tätigkeit, die deutlich monotoner ist und meist mit einem Aufmerksamkeitsverlust einhergeht. Dieser Effekt ebenso wie der Verlust der Fähigkeit, mangels Übung gewisse Verkehrssituationen manuell zu beherrschen, werden noch zu untersuchen sein. Neue Mobilitätskonzepte mit vollautomatischen Taxis werden diskutiert.

Neben technischen Fragen stehen auch rechtliche (insbesondere Haftung bei Unfällen) genau wie ethische Fragen (z. B. wer wird geschädigt oder geschützt, wenn ein Unfall grundsätzlich nicht mehr zu vermeiden ist, aber verschiedene Ausweichoptionen möglich sind) noch ungeklärt im Raum und benötigen ein Eingreifen des Gesetzgebers. Erste Vorschläge einer Ethikkommission liegen vor (BMVI, 2017).

18.7 Fazit

- Bei der Entwicklung von HMIs im Fahrzeug sind eine geringe Ablenkung und hohe Kontrollierbarkeit für die Sicherheit von besonderer Bedeutung.

- Fahrerassistenzsysteme helfen, menschliche Schwächen auszugleichen, das HMI darf durch gestiegene Komplexität diesen Gewinn nicht mindern.

- Die Einführung hoch- und vollautomatisierter Fahrzeuge wird eine der größten Veränderungen im Automobilverkehr sein. Offene HMI-Forschungsfragen rund um das Situationsbewusstsein bestehen trotz erster Ansätze weiter.

18.8 Übungsaufgaben

Aufgabe 1: Erstellen Sie eine Tabelle, in der Sie die Vor- und Nachteile der unterschiedlichen Ein- und Ausgabemodalitäten sowie deren verschiedenen Ausprägungsformen eintragen. Berücksichtigen Sie dabei mindestens die folgenden Kriterien: Blickabwendung, Flexibilität, kognitive Belastung, Selbsterklärungsfähigkeit, Lernförderlichkeit, Vertrautheit aus anderen Lebensbereichen. Unterscheiden Sie gegebenenfalls zwischen der Bedienung im Stand und während der Fahrt, dem Einsatz für Fahrerassistenz- und Infotainmentsysteme.

Aufgabe 2: Messen Sie in einem konkreten Fahrzeug die maximal mögliche Entfernung von Fahrerauge zum Display des Kombiinstruments, sowie die Größe von Buchstaben und Symbolen. Berechnen Sie die Vorgaben entsprechend Kapitel 18.3.2 und vergleichen Sie die Werte.

Aufgabe 3: Erstellen Sie ein Zustandsdiagramm für das Full-Speed-Range-ACC. Skizzieren Sie zu jedem Zustand die notwendigen Anzeigen und definieren Sie für die Zustandsübergänge die notwendigen HMI-Mechanismen beziehungsweise Systemtrigger.

Aufgabe 4: Beschreiben Sie für den Anwendungsfall „Parken" für jede Stufe der Automatisierung der SAE ein Assistenzsystem, das es entweder bereits gibt oder in der Forschung untersucht wird.

Aufgabe 5: Suchen Sie in Online-Videoportalen nach Videos über Fahrerassistenzsysteme und Prototypen zum autonomen Fahren. Erstellen Sie eine übersichtliche Tabelle, in der Sie Interaktionskonzepte, Leistungsfähigkeit und Grenzen gegenüberstellen.

18.9 Literatur

18.9.1 Literaturempfehlungen

Maurer, M., Lenz, B., Gerdes, J. C., & Winner, H. (2015). Autonomes Fahren: technische, rechtliche und gesellschaftliche Aspekte (S. 9-37). Springer Vieweg.

Meixner, G., & Müller, C. (Hrsg.). (2017). Automotive User Interfaces: Creating Interactive Experiences in the Car. Springer.

Winner, H., Hakuli, S., Lotz, F., & Singer, C. (2015). Handbuch Fahrerassistenzsysteme: Grundlagen, Komponenten und Systeme für aktive Sicherheit und Komfort (3. überarbeitete und ergänzte Auflage Aufl.).

18.9.2 Literaturverzeichnis

Altendorf, E., Baltzer, M., Kienle, M., Meier, S., Weißgerber, T., Heesen, M., & Flemisch, F. (2015). H-Mode 2D. In Handbuch Fahrerassistenzsysteme (S. 1123-1138). Springer Fachmedien Wiesbaden.

BMVI (2017). Bundesministerium für Verkehr und digitale Infrastruktur. Ethik-Kommission Automatisiertes und vernetztes Fahren, Bericht Juni 2017.

Eimler, S. C., & Geisler, S. (2015). Zur Akzeptanz Autonomen Fahrens-Eine A-Priori Studie. In Mensch & Computer Workshopband (S. 533-540).

Flemisch, F. O., Adams, C. A., Conway, S. R., Goodrich, K. H., Palmer, M. T., & Schutte, P. C. (2003). The H-Metaphor as a guideline for vehicle automation and interaction.

Flemisch, F. O., Bengler, K., Bubb, H., Winner, H., & Bruder, R. (2014). Towards cooperative guidance and control of highly automated vehicles: H-Mode and Conduct-by-Wire. Ergonomics, 57(3), 343-360.

Franz, B. (2014). Entwicklung und Evaluation eines Interaktionskonzepts zur manöverbasierten Führung von Fahrzeugen (Doctoral dissertation, Technische Universität Darmstadt).

Franz, B., Kauer, M., Geyer, S., & Hakuli, S. (2015). Conduct-by-Wire. In Handbuch Fahrerassistenzsysteme (S. 1111-1121). Springer Fachmedien Wiesbaden.

Hick, W. E. (1952). On the rate of gain of information. Quarterly Journal of Experimental Psychology, 4(1), 11-26.

International Organization for Standardization. (2017). Road vehicles – Ergonomic aspects of transport information and control systems – Specifications and test procedures for in-vehicle visual presentation (ISO Standard Nr. 15008:2017)

International Organization for Standardization. (2009). Intelligent transport systems – Full speed range adaptive cruise control (FSRA) systems – Performance requirements and test procedures (ISO Standard Nr. 22179:2009)

International Organization for Standardization. (2010a). Road vehicles – Symbols for controls, indicators and tell-tales (ISO Standard Nr. 2575:2010)

International Organization for Standardization. (2010b). Intelligent transport systems – Adaptive Cruise Control systems -- Performance requirements and test procedures (ISO Standard Nr. 15622:2010)

Kauer, M., Schreiber, M., & Bruder, R. (2010). How to conduct a car? A design example for maneuver based driver – vehicle interaction. In Intelligent Vehicles Symposium (IV), 2010 IEEE (S. 1214-1221). IEEE.

Kienle, M., Damböck, D., Kelsch, J., Flemisch, F., & Bengler, K. (2009). Towards an H-Mode for highly automated vehicles: Driving with side sticks. In Proceedings of the 1st International Conference on Automotive User Interfaces and Interactive Vehicular Applications (S. 19-23). ACM.

Klebelsberg, D. (1982). Verkehrspsychologie. Springer-Verlag.

Naujoks, F., Mai, C., & Neukum, A. (2014). The effect of urgency of take-over requests during highly automated driving under distraction conditions. Advances in Human Aspects of Transportation, (Part I), 431.

Politis, I., Brewster, S., & Pollick, F. (2015). Language-based multimodal displays for the handover of control in autonomous cars. In Proceedings of the 7th International Conference on Automotive User Interfaces and Interactive Vehicular Applications (S. 3-10). ACM.

SAE International (2016). On-road Automated Vehicle Standards Committee. SAE J3016: Taxonomy and Definitions for Terms Related to On-Road Motor Vehicle Automated Driving Systems. (SAE International Standard Nr. J3016_201609).

Schreiber, M. (2012). Konzeptionierung und Evaluierung eines Ansatzes zu einer manöverbasierten Fahrzeugführung im Nutzungskontext Autobahnfahrten (Doctoral dissertation, Technische Universität).

van den Beukel, A. P., van der Voort, M. C., & Eger, A. O. (2016). Supporting the changing driver's task: Exploration of interface designs for supervision and intervention in automated driving. Transportation research part F: traffic psychology and behaviour, 43, 279-301.

Walch, M., Mühl, K., Kraus, J., Stoll, T., Baumann, M., & Weber, M. (2017). From Car-Driver-Handovers to Cooperative Interfaces: Visions for Driver–Vehicle Interaction in Automated Driving. In Automotive User Interfaces (S. 273-294). Springer International Publishing.

Wintersberger, P., & Riener, A. (2016). Trust in Technology as a Safety Aspect in Highly Automated Driving. i-com, 15(3), 297-310.

Teil IV: Sicherheitskritische kooperative Systeme

Soziale Medien

19 Soziale Medien in Notfällen, Krisen und Katastrophen

Christian Reuter · Marc-André Kaufhold

Technische Universität Darmstadt und Universität Siegen

Zusammenfassung

Die Nutzung sozialer Medien hat sich nicht nur im Alltag, sondern auch in vielen verschiedenen Notfällen, Krisen und Katastrophen etabliert. Dieser Prozess begann bereits vor über 15 Jahren nach den Terroranschlägen vom 11. September 2001. In den darauffolgenden Jahren, vor allem in den vergangenen zehn, wurden eine Vielzahl von Studien veröffentlicht, die sich auf den Gebrauch von Informations- und Kommunikationstechnologien und sozialen Medien vor, während oder nach Notfällen konzentrieren. Dieser Forschungsbereich wird auch unter dem Begriff *Crisis Informatics* zusammengefasst. Das Ziel dieses Kapitels ist es, den Gebrauch von und die Forschung über soziale Medien in Katastrophen und Notfällen in den vergangenen 15 Jahren und mit besonderem Schwerpunkt auf identifizierbare *Nutzungsmuster* und der *Wahrnehmung* zusammenzufassen, um die bisherigen Ergebnisse und zukünftigen Potenziale herauszustellen.

Lernziele

- Die Leser können Grundlagen sozialer Medien, insbesondere in Notfällen, Krisen und Katastrophen beschreiben. Hierzu zählen Begrifflichkeiten, Kommunikationsmuster und Einsatzgebiete zur Krisenbewältigung.

- Die Leser kennen Nutzungsmuster sozialer Medien in Extremsituationen.

- Die Leser können den Einsatz sozialer Medien in Krisen bewerten und Vor- und Nachteile identifizieren.

19.1 Einleitung

Heutzutage sind soziale Medien etablierter Bestandteil unseres alltäglichen Lebens. Das ehemalige, sogenannte Web 2.0 (O'Reilly, 2005) wurde ursprünglich als Architektur für die Teilnahme an neuen Möglichkeiten der sozialen Interaktion definiert. Laut O'Reilly (2006) stellt das Web 2.0 nicht nur Inhalte dar, die von einer Person zum Zwecke der Verteilung zur Verfügung gestellt werden, sondern auch die Interaktion zwischen den Menschen. Im Laufe der Jahre wurde diese Interaktion verstärkt unter dem Begriff **Soziale Medien** (engl. Social Media) als Gruppe von internetbasierten Anwendungen, die auf den ideologischen und technologischen Grundlagen von Web 2.0 aufbauen und die Erstellung und den Austausch von nutzergenerierten Inhalten ermöglichen (Kaplan & Haenlein, 2010), zusammengefasst.

Allen (2004) weist darauf hin, dass die Kernideen der Social Software selbst auf eine erheblich längere Geschichte zurückblicken und durch Begriffe wie Augmentation, Groupware und Computer Supported Cooperative Work (CSCW, dt. Computerunterstützte Gruppenarbeit) in den 1960er-, 70er-, 80er- und 90er-Jahren auf die Ideen von Vannevar Bush zum Speichermedium Memex im Jahr 1945 zurückgehen. Dementsprechend argumentierte Koch (2008), dass das meiste, was als Revolution im Internet angekündigt wird, bereits seit Jahren (oder sogar Jahrzehnten) verfügbar sei – allerdings nicht so ästhetisch und so nutzbar wie heute. Dennoch wurden diese Dienste in den vergangenen zehn Jahren intensiv genutzt. Derzeit stellen die am häufigsten genutzten sozialen Medien Facebook mit etwa 1,7 Milliarden aktiven monatlichen Nutzern, YouTube (1 Milliarde), WhatsApp (1 Milliarde), Instagram (500 Millionen), LinkedIn (433 Millionen), Twitter (320 Millionen) und Google+ (235 Millionen) dar (Kroll, 2016).

Soziale Medien sind nicht nur Teil unseres Alltags, sondern werden auch verstärkt in kritischen Situationen genutzt: Bereits nach den Terroranschlägen in New York im September 2001 entwarfen die Bürger eigene Wikis, um Informationen über vermisste Personen zu sammeln (Palen & Liu, 2007). Webbasierte Technologien wurden genutzt, um die Öffentlichkeit zu informieren und Statusberichte intern und extern zur Verfügung zu stellen (Harrald et al., 2002). Ab etwa 2006 ist der Einsatz sozialer Medien in Notfällen zu einem wachsenden Forschungsbereich geworden, der auch unter dem Begriff **Crisis Informatics** zusammengefasst wird. Zunächst geprägt von Hagar (2007) und später von Palen et al. (2009) weiterentwickelt, stellt Crisis Informatics die Gefahrenabwehr als ein erweitertes soziales System dar, um Informationen innerhalb und zwischen offiziellen und öffentlichen Kanälen und Einheiten zu verbreitet. Heute ist Crisis Informatics ein multidisziplinäres Feld, welches das Wissen über die Informatik und die Sozialwissenschaften von Katastrophen miteinander verbindet; ihr zentraler Grundsatz ist, dass die Menschen persönliche IKT einsetzen, um auf Krisen kreativ zu reagieren und mit Unsicherheit umgehen zu können (Palen & Anderson, 2016).

In den vergangenen Jahren wurden verschiedene Studien zu Notfällen und dem Einsatz sozialer Medien durchgeführt. Dieser Trend wurde vor einigen Jahren vorhergesagt: Bereits 2007 postulierten Palen und Liu (2007), dass die Rolle der Mitglieder der Öffentlichkeit in Katastrophen immer sichtbarer, aktiver und reichweitenstärker als jemals zuvor gesehen werde. Viele Studien konzentrieren sich auf den konkreten Einsatz sozialer Medien während bestimmter Ereignisse, wie den Londoner Unruhen 2011 (Denef et al., 2013), dem Hurrikan Sandy 2012 (Hughes et al., 2014) oder dem Hochwasser in Mitteleuropa 2013 (Reuter et al., 2015). Diese Fallstudien zeigen, wie soziale Medien zur Reaktion auf unterschiedliche Krisen eingesetzt wurden. Durch verschiedene Studien über Katastrophenereignisse und Notfälle wurden zahlreiche positive und negative Aspekte sozialer Medien herausgestellt, Benutzergruppen bestimmt und Wahrnehmungen untersucht.

Nachdem soziale Medien bereits seit 15 Jahren in Notfällen verwendet werden, ist es Zeit, zusammenzufassen, was bisher erreicht wurde, um daraus die zukünftigen Schritte abzuleiten. Dieses Kapitel, welches auf Reuter und Kaufhold (2017) sowie Reuter (2015) (Kapitel 19.3) basiert, soll dies ermöglichen. Basierend auf Grundlagen (Kapitel 19.2), und Ausführungen zur Nutzung einzelner sozialer Medien (Kapitel 19.3) werden Nutzungs- (Kapitel 19.4) und Wahrnehmungsmuster (Kapitel 19.5) abgeleitet, gefolgt von einer Diskussion und Schlussfolgerung zu zukünftigen Entwicklungen (Kapitel 19.6).

19.2 Grundlagen

Laut des World Disaster Reports (IFRC, 2015) ereigneten sich in den vergangenen zehn Jahren durchschnittlich etwa 631 Katastrophen pro Jahr, in denen 83.934 Menschen getötet wurden, 193.558 Menschen betroffen waren und ein geschätzter Schaden von 162.203 Millionen US-Dollar entstanden ist. Während Naturkatastrophen 76.420 Menschenleben forderten, kamen durch technologische Katastrophen 7.513 Personen pro Jahr um ihr Leben. Nach Hiltz et al. (2011) werden Desaster-, Krisen-, Katastrophen- und Notfallmanagement manchmal synonym und manchmal leicht unterschiedlich von Wissenschaftlern und Praktikern verwendet. Das internationale Glossar der Grundbegriffe des Katastrophenmanagements (United Nations Department of Humanitarian Affairs, 2000) definiert „Emergency" als ein plötzliches und meist unvorhergesehenes Ereignis, das sofortige Maßnahmen zur Minimierung seiner nachteiligen Konsequenzen erfordert.

In Deutschland ist ein **Notfall** als „*eine die Allgemeinheit betreffende Situation, die neben Selbsthilfemaßnahmen des Einzelnen staatlich organisierte Hilfeleistung erforderlich macht*" (BBK, 2011) definiert. Im Rettungswesen wird darunter ein „*Ereignis, das unverzüglich Maßnahmen der Notfallrettung erfordert*" (DIN 13050, 2015) verstanden. Eine **Katastrophe** ist hingegen eine ernsthafte Störung der Funktionsfähigkeit einer Gesellschaft, die weit verbreitete menschliche, materielle oder umweltbedingte Verluste verursacht, die die Fähigkeit der betroffenen Gesellschaft diese zu bewältigen übersteigt, wenn sie nur ihre eigenen Ressourcen verwenden (United Nations Department of Humanitarian

Affairs, 2000). Darüber hinaus wird eine Katastrophe angesehen als *„ein Geschehen, bei dem Leben oder Gesundheit einer Vielzahl von Menschen oder die natürlichen Lebensgrundlagen oder bedeutende Sachwerte in so ungewöhnlichem Ausmaß gefährdet oder geschädigt werden, dass die Gefahr nur abgewehrt oder die Störung nur unterbunden und beseitigt werden kann, wenn die im Katastrophenschutz mitwirkenden Behörden, Organisationen und Einrichtungen unter einheitlicher Führung und Leitung durch die Katastrophenschutzbehörde zur Gefahrenabwehr tätig werden"* (BBK, 2011). **Krisen** sind *„vom Normalzustand abweichende Situation mit dem Potenzial für oder mit bereits eingetretenen Schäden an Schutzgütern, die mit der normalen Ablauf- und Aufbauorganisation nicht mehr bewältigt werden kann, sodass eine Besondere Aufbauorganisation (BAO) erforderlich ist"* (BBK, 2011).

Seit 15 Jahren setzt die Öffentlichkeit soziale Medien in Notfällen ein (Reuter et al., 2012). Nach den Terroranschlägen vom 11. September 2001 wurden z. B. die von Bürgern geschaffenen Wikis verwendet, um Informationen über vermisste Personen zu sammeln (Palen & Liu, 2007), während Bürger Online-Bildergalerien nutzten, um Informationen nach dem Tsunami im Indischen Ozean 2004 oder den südkalifornischen Lauffeuern 2007 auszutauschen. Soziale Medien wurden schnell als eine aufstrebende, signifikante und oft genaue Form der Öffentlichkeitsbeteiligung wahrgenommen.

Vor etwa zehn Jahren sahen Palen und Liu (2007) eine Zukunft voraus, in der die IKT-gestützte Öffentlichkeitsbeteiligung als normal und wertvoll angesehen werden würde. Mittlerweile ist die Analyse sozialer Medien in Notfällen konventionell geworden. Die meisten Studien konzentrieren sich bis jetzt auf den Einsatz von Twitter, teilweise aufgrund seiner Einsatzhäufigkeit in den USA. Doch betrachtet man die aktuellen Statistiken, in denen Facebook 1,7 Milliarden aktive Nutzer und Twitter „nur" 320 Millionen aufweist, vermuten wir eine andere Ursache: Die Leichtigkeit der Datenauswahl (z. B. um eine statistisch ausgewogene Probe zu erhalten) bei Twitter (Reuter & Scholl, 2014) könnte für diese Tendenz am einflussreichsten sein. Beim Vergleich größerer Notfälle und Studien über den dortigen Einsatz sozialer Medien zeigt sich, dass es fast keine Krise ohne darauffolgende Artikel über die dortige Verwendung sozialer Medien gibt.

Zusammenfassend lässt sich festhalten, dass sich viele veröffentlichte Forschungsarbeiten auf die Verwendung von Twitter konzentrieren. Etliche Artikel fokussieren sich auf den Einsatz sozialer Medien bei verschiedenen Katastrophen in den USA (z. B. 9/11, Hurrikan Katrina 2005, Hurrikan Sandy 2012, Hochwasser in Colorado 2013), andere Studien weisen einen internationaleren Hintergrund auf (z. B. Tsunami im Indischen Ozean 2004, Sichuan Erdbeben 2008, Tunesische Revolution 2011, Angriffe in Norwegen 2011, Hochwasser in Mitteleuropa 2013, Terroranschlag in Paris 2015). Bestehende Studien unterscheiden zwischen natürlichen Gefahren (Tsunamis, Hurrikane, Erdbeben, Überschwemmungen) und von Menschen verursachten Katastrophen (Schießereien, Terrorangriffe, Aufstände).

19.3 Nutzung verschiedener sozialer Medien

Der umfassende Einsatz sozialer Medien in Katastrophenlagen wurde in Deutschland erstmalig während des mitteleuropäischen Hochwassers im Frühjahr 2013 von einer breiten Öffentlichkeit wahrgenommen (Kaufhold & Reuter, 2014; Reuter et al., 2015). Über Twitter, Facebook, Google Maps und weitere Plattformen koordinierten betroffene Bürger und freiwillige Helfer untereinander Hilfsaktivitäten und unterstützten den Katastrophenschutz. Zahlreiche Medien berichteten über dieses Phänomen (Abbildung 19-1).

- Unsere Studien legen nahe, dass **Twitter** vor allem zur **Verbreitung von Informationen** beziehungsweise als Plattform für Statusupdates genutzt wird. Tatsächliche Koordination fand hierüber nicht statt. Dennoch wird Twitter häufig in der Forschung thematisiert, was auch an der international größeren Bedeutung Twitters, jedoch vor allem an den öffentlich zugänglichen Daten liegt, die in Facebook häufig nur Freunden zugänglich gemacht werden.

- **Facebook**-Seiten dienten der Schaffung eines **Überblicks**, basierend auf einer manuellen Filterung durch die Initiatoren. In Facebook-Gruppen erfolgte eine Vielzahl virtueller und realer **Koordination** von Hilfsaktivitäten. Da das Veröffentlichen von Meldungen für jeden möglich ist, kann es in diesen Gruppen schnell unübersichtlich werden. Daher haben einige besonders engagierte Benutzer die Rolle der Moderatoren übernommen und Hilfsbedarfe und Angebote vermittelt. So beispielsweise bei „Passau räumt auf", eine von Studierenden organisierte und von den lokalen Katastrophenschutzbehörden unterstützte Gruppe.

- Zudem wurden in **Google Maps individuelle Kartendienste** erstellt, auf denen überflutete und evakuierte Gebiete, Notunterkünfte, Sandsackfüllstationen, bedrohte Deiche, Bedarfe an Hilfskräften oder Transportmöglichkeiten eingetragen wurden. Diese wurden von kleinen Teams verwaltet und durch eine Vielzahl an Kommentaren aktuell gehalten.

- Neben den bereits bekannten und bestehenden Möglichkeiten wurde auch speziell für Überflutungen entwickelte Software genutzt. Die Webseite fluddhilfe.de ermöglichte das Einstellen von **Hilfegesuchen oder -angeboten**. Diese wurden automatisch auch auf Twitter veröffentlicht.

Auch Katastrophenschutzbehörden spielen in sozialen Medien eine aktive Rolle. Facebook-Seiten zur Krisenkommunikation dienen unter anderem der **proaktiven Informationsbereitstellung**. Diese helfen, zahlreiche eigentlich nicht notwendige Notrufe zu verhindern und somit wichtige Anliegen schneller bearbeiten zu können. Die Wahl der richtigen Gesprächsebene (Vokabular, Ansprache) und das geschickte Eingreifen in Diskussionen zur Vermeidung von „Shitstorms" (laut Duden ein Sturm der Entrüstung, der zum Teil mit beleidigenden Äußerungen einhergeht), die detailliert in Kapitel 21 erläutert werden, sind hier zudem von Relevanz. Manche hitzigen Diskussionen werden jedoch auch durch andere Nutzer selbst reguliert, indem sich Nutzer gegenseitig regulieren.

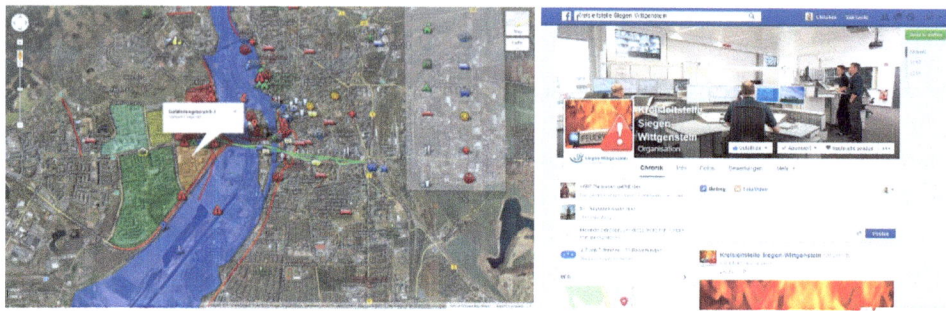

Abbildung 19-1: Google Maps in Halle; Facebook-Seite der Kreisleitstelle Siegen-Wittgen-stein

19.4 Nutzungsmuster – Arten der Interaktion in sozialen Medien

Das Spektrum der verschiedenen Katastrophenlagen und Notsituationen sowie Reaktionen auf diese haben zu dem Versuch geführt, die Verwendung sozialer Medien zu kategorisieren. Ziel ist es, die systematische Analyse von Verhaltensweisen und Interaktionen zu fördern und die Nutzung und Entwicklung qualifizierter Technologien zu erleichtern.

Reuter et al. (2012) haben dies adressierend eine **Klassifizierungsmatrix** für die Kommunikation in Krisensituationen abgeleitet, die zwischen *Sender* (X-Achse) und *Empfänger* (Y-Achse) digitaler Inhalte unterscheidet. In einer Unterscheidung der *Öffentlichkeit* (engl. Citizens, kurz: C) und der *Behörden* (engl. Authorities, kurz: A), wie z. B. Feuerwehr und Polizei, unterscheidet die Krisenkommunikationsmatrix zwischen vier Informationsflüssen beziehungsweise Mustern der Nutzung sozialer Medien: Auf der interorganisationalen Ebene kommunizieren Organisationen miteinander (A2A). Auf öffentlicher Ebene kommunizieren Bürger und Freiwillige real oder virtuell über soziale Medien wie Twitter oder Facebook (C2C). Dieser bürgergenerierte Inhalt wird auch von Behörden (C2A) analysiert. Neben der Kommunikation unter den Bürgern versorgen Behörden die Öffentlichkeit mit krisenrelevanten Informationen (A2C).

Darüber hinaus beschreiben die Kategorien des organisatorischen Verhaltens von Quarantelli (1988) fünf verschiedene Kategorien für den Informationsfluss in einer Krise, die Ähnlichkeiten mit dieser Kategorisierung haben. Um jedoch unterschiedliche Verwendungsmuster zu beschreiben und aufgrund der Wichtigkeit der Kommunikation unter Bürgern (C2C) in sozialen Medien, werden wir die Krisenkommunikationsmatrix zur Kategorisierung der Forschung in den folgenden Kapiteln nutzen.

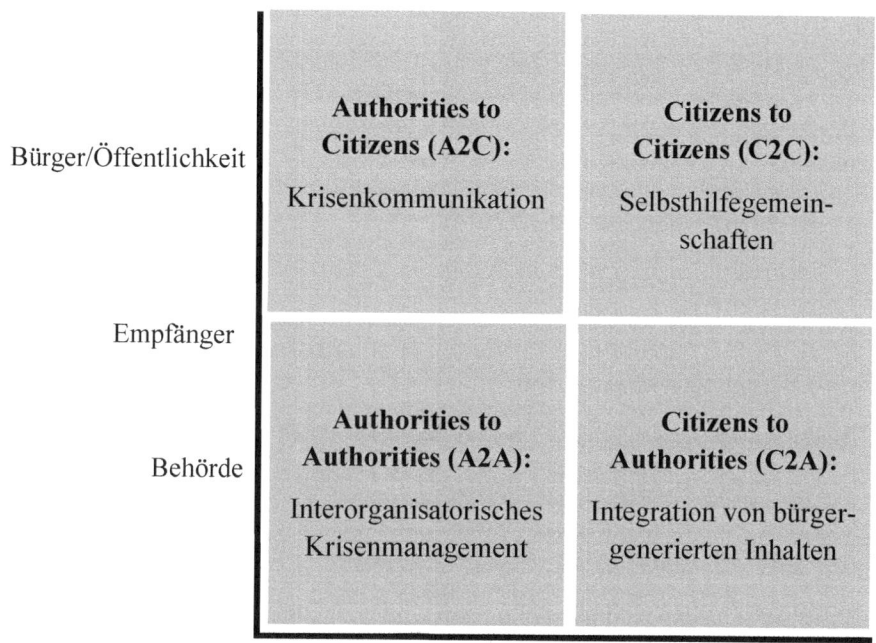

Abbildung 19-2: Krisenkommunikationsmatrix (Reuter et al., 2012), terminologisch angepasst

Die folgende Liste gibt einen Überblick über die Forschungsschwerpunkte der vier Kri-
senkommunikationsfelder, die in den nachfolgenden Unterkapiteln erläutert werden.

C2C: Selbstkoordination und -hilfe

- Rolle der Bürger: Helsloot & Ruitenberg (2004), Stieglitz et al. (2017), Reuter et al. (2013), Kaufhold & Reuter (2016)

- Digitale Freiwillige: Starbird (2013), Starbird & Palen (2011)

- Aktivitäten der Bürger unabhängig von Behörden: White et al. (2014)

- Nutzungsmotive sozialer Medien in Krisensituationen: Birkbak (2012), Goolsby (2010)

- Webapplikation XHELP: Reuter et al. (2015)

A2C: Krisenkommunikation und Bevölkerungswarnung

- Notfallvorbereitung und -bewältigung: Reuter et al. (2016b)

- Veränderung der Beziehung zu Behörden: Hughes & Palen (2012)

- Vorteile und Herausforderungen instrumentaler und öffentlich-einschließender Kommunikationsansätze in Twitter: Denef (2013)

- Behördliche Fehlerbehebung: Kaewkitipong et al. (2012)

- Implikationen und Best Practices zur Nutzung sozialer Medien in Krisensituationen: Starbird & Stamberger (2010), Hughes et al. (2014), Veil et al. (2011)

C2A: Integration bürgergenerierter Inhalte

- Herausforderungen bei der Integration von Inhalten sozialer Medien: Mendoza et al. (2010), Hughes & Palen (2014)

- Mehrwerte sozialer Medien: Akhgar et al. (2013), Hughes & Tapia (2015)

- Anwendungen und Methoden zur Integration bürgergenerierter Inhalte: Ludwig et al. (2016), Castillo (2016), Vieweg et al. (2010), Sakaki et al. (2010), Moi et al. (2015), Reuter et al. (2016a)

A2A: Inter- und Intraorganisationales Krisenmanagement

- Potenziale sozialer Medien: White et al. (2009), Pipek et al. (2013), Reuter (2014)

19.4.1 Citizens to Citizens (C2C) – Selbstkoordination und -hilfe

In Katastrophenlagen sind nicht alle Aktivitäten der Bürger an Behörden adressiert: Menschen helfen einander und soziale Medien sind dafür ein mögliches Werkzeug. Diese Selbstkoordination und -hilfe wurde jedoch nicht originär in sozialen Medien erfunden: Vor 40 Jahren haben Quarantelli und Dynes (1977) sowie Stallings und Quarantelli (1985) diese **emergenten Gruppen** (engl. emergent groups) als Privatbürger bezeichnet, die zusammenarbeiten, um kollektive Ziele zu verfolgen, die für tatsächliche oder potenzielle Katastrophen relevant sind, aber deren Organisation noch nicht institutionalisiert wurde. Nach Quarantelli (1984) sind die wesentlichen Voraussetzungen für die Entstehung solcher Gruppen ein legitimierendes soziales Umfeld, eine wahrgenommene Bedrohung, ein unterstützendes gesellschaftliches Klima, ein Netzwerk sozialer Beziehungen und die Verfügbarkeit spezifischer (immaterieller) Ressourcen. Laut einigen Studien reagieren die Bürger in einer weitgehend rationalen Weise auf Krisensituationen, selten in Panik, sind nicht hilflos und plündern nicht (Helsloot & Ruitenberg, 2004). Sie sind stattdessen in der Lage, an vielen Rettungs- und Bewältigungsarbeiten teilzunehmen.

Hier unterscheiden Reuter et al. (2013) zwischen Aktivitäten in der realen und der virtuellen Welt: Reale, in Katastrophenlagen entstehende Gruppen, die in der Regel in Form von nachbarschaftlicher Hilfe und vor Ort tätig sind (Stallings & Quarantelli, 1985) und virtuelle **digitale Freiwillige** (engl. digital volunteers), die dem Internet entstammen und hauptsächlich online arbeiten (Starbird & Palen, 2011).

Während des Erdbebens in Haiti 2010 wurde der heutzutage verbreitete Begriff der digitalen Freiwilligen, die zu stark verflochtenen Netzwerken konvergieren, durch die Analyse der Twitter-Nutzung geprägt (Starbird & Palen, 2011). Digitale Freiwillige führen Tätigkeiten der Weiterleitung, Verstärkung, des Synthetisierens und der Strukturierung von Informationen infolge von Krisensituationen aus (Starbird, 2013). Während des Hurrikans Sandy 2012 führten Bürger Tätigkeiten aus, die von Behörden gewöhnlich nicht ausgeführt werden können, wie z. B. die Wiederfindung verlorener Tiere (White et al., 2014). Weitere Aufgaben sind das Ausdrücken von Solidarität und emotionale Unterstützung. Hierbei können verschiedene Rollen festgestellt werden (Kaufhold & Reuter, 2016; Reuter et al., 2013).

Neben Twitter werden auch andere Medien genutzt: Während des Schneesturms in Bornholm 2010 wurden zwei Facebook-Gruppen verwendet, eine zur Selbstorganisation der Betroffenen und eine, die den Schneesturm als mediales Spektakel wahrgenommen hat (Birkbak, 2012). Die Studie zeigt, dass die Selbstselektion in Gruppen unterschiedliche Ansichten schafft. Goolsby (2010) berichtet über spontane Gemeinschaften, um spezifische Krisenkarten zu erstellen. Basierend auf einer empirischen Analyse der Selbstorganisation betroffener Bürger und freiwilliger (digitaler) Helfer während des mitteleuropäischen Hochwassers 2013 (Kaufhold & Reuter, 2016) und technischen Anforderungserhebung entwickelten Reuter et al. (2015) die Webapplikation XHELP zur crossmedialen Informationsverwaltung, -suche und -verteilung in Facebook und Twitter. Details über die Einbindung freiwilliger Helfer in den Katastrophenschutz liefern die Kapitel 26 *(„Einbindung ungebundener Helfer in die Bewältigung von Schadensereignissen")* und 27 *(„Mobiles Crowdsourcing zur Einbindung freiwilliger Helfer")*.

19.4.2 Authorities to Citizens (A2C) – Krisenkommunikation und Bevölkerungswarnung

Neben dem Einsatz sozialer Medien unter Bürgern integrieren Behörden soziale Medien heutzutage und zunehmend in Zukunft in ihre Krisenkommunikation, um Informationen mit der Öffentlichkeit zu teilen, etwa wie man Notfälle vermeidet (Vorbereitung) und wie man sich im Notfall verhält (Bewältigung) (Reuter et al., 2016b). Hughes und Palen (2012) argumentieren, dass Mitglieder der Öffentlichkeit durch die behördliche Nutzung sozialer Medien eine veränderte Beziehung zu Behörden aufbauen.

Eine vergleichende Studie der Polizeieinheiten während der Londoner Unruhen 2011 diskutiert die Vorteile und Herausforderungen *instrumentaler* und *öffentlich-einschließender Kommunikationsansätze* in Twitter (Denef et al., 2013), wie z. B. enge Beziehungen und erhöhte mögliche Reichweite einerseits und der erhebliche Aufwand auf der anderen Seite. Eine weitere Studie über das Hochwasser in Thailand im Jahr 2011 beschreibt behördliche Anstrengungen, um die Fehler zu beheben, die durch die chaotische Nutzung sozialer Medien verursacht wurden (Kaewkitipong et al., 2012).

Deshalb empfehlen Starbird und Stamberger (2010) die Verwendung von strukturierten krisenspezifischen Twitter-Hashtags, um den Nutzen von Informationen, die während

Notfällen erzeugt werden, zu erhöhen und die Maschinenanalyse, -verarbeitung und -rück-verteilung für die vorgeschlagene Mikrosyntax „Tweak the Tweet" zu erleichtern. Allerdings zeigt eine Studie über Hurrikan Sandy (2012) auch, dass sich die Kommunikation zwischen Feuerwehr und Polizei und je nach Medientyp unterscheidet (Hughes et al., 2014). Dazu schlagen sie neue Features und Werkzeuge vor, um öffentliche Informationen besser zu verfolgen, zu beantworten und zu dokumentieren. Darüber hinaus geben Veil et al. (2011) in einem Zehn-Punkte-Leitfaden, z. B. die Einführung von Risiko- und Krisenmanagementrichtlinien und -prozessen, einen Überblick über Best Practices, Beispiele von Werkzeugen für soziale Medien und Empfehlungen von Praktikern. Details zur Bevölkerungswarnung finden sich in Kapitel 16 („*Die Warnung der Bevölkerung im Katastrophenfall*").

19.4.3 Citizens to Authorities (C2A) – Integration bürgergenerierter Inhalte

Neben der Kommunikation unter Behörden und Bürgern ist die Verwendung von bürgergenerierten Inhalten wichtig. Dies kann mithilfe von **Social Media Analytics** (Stieglitz et al., 2014) (siehe Kapitel 20) erfolgen. So können Textinformationen, Fotos und Videos ausgewertet werden. Die wahrgenommene **Unzuverlässigkeit** dieser Informationen ist ein bedeutendes Hindernis bei der Erforschung solcher Möglichkeiten (Mendoza et al., 2010). In einem umfassenden Literaturüberblick zur Integration von Inhalten sozialer Medien ergänzen Hughes und Palen (2014) die bestehenden Herausforderungen der Überprüfung, Haftung, Glaubwürdigkeit, Informationsüberflutung und Ressourcenverteilung. Akhgar et al. (2013) beschreiben, wie sich die öffentlichen Sicherheitsorganisationen zunehmend des Mehrwertes sozialer Medien in Krisenzeiten bewusst werden. Eine weitere Studie deutet darauf hin, dass Freiwilligengruppen in Notsituationen in Zukunft sich hinsichtlich dieser erweiterten Möglichkeiten verbessern und reifen müssen, damit Behörden beginnen, sich auf Daten von digitalen Freiwilligen zu verlassen (Hughes & Tapia, 2015).

Während der Erforschung sozialer Medien wurden etliche Anwendungen und Methoden untersucht, um bürgergenerierte Inhalte zu integrieren und Behörden bei der Verarbeitung von Inhalten sozialer Medien zu unterstützen. Ludwig et al. (2016) implementierten eine Anwendung für öffentliche Bildschirme (engl. Public Displays) mit einer Kommunikationsinfrastruktur, die **Crowdsourcing**-Mechanismen umfasst. Darüber hinaus vereint Castillo (2016) Berechnungsmethoden (z. B. natürliche Sprachverarbeitung, semantische Technologien oder Data Mining), um Nachrichten sozialer Medien unter zeitkritischen Bedingungen zu verarbeiten. Viele Beiträge beabsichtigen, **Situationsbewusstsein** (engl. Situation Awareness) aus sozialen Medien zu gewinnen: So haben Vieweg et al. (2010) Techniken zur Informationsextraktion angewandt, um Situationsbewusstsein durch Twitter zu fördern. Basierend auf dem Fall der japanischen Erdbeben im Jahr 2009 schlagen Sakaki et al. (2010) einen Algorithmus vor, der Twitter-Nutzer als soziale Sensoren für **echtzeitbasierte Ereigniserkennung** (engl. event detection) einschließt. Moi et al. (2015)

schlagen ein System zur Analyse und Verarbeitung von Daten sozialer Medien vor, welches das hohe Volumen an mitunter nichtssagenden Daten in ein geringes Volumen an reichen Inhalten umwandelt, das für Einsatzkräfte nützlich ist. Ziel ist die automatische Generierung von Alarmmeldungen aus sozialen Medien (Reuter et al., 2016a). Weitere Konzepte der Integration bürgergenerierter Inhalte werden in den Kapiteln 25 („*Humanitäre Hilfe und Konzepte der digitalen Hilfeleistung*") und 26 („*Einbindung ungebundener Helfer in die Bewältigung von Schadensereignissen*") dargestellt.

19.4.4 Authorities to Authorities (A2A) – Inter- und Intraorganisationales Krisenmanagement

Die inter- und intraorganisationale Zusammenarbeit (A2A) der Behörden als ein letztes Muster wird nicht direkt von sozialen Medien wie Facebook oder Twitter unterstützt. Soziale Medien können jedoch dazu beitragen, das interorganisationale Bewusstsein und die informellen Prozesse zu verbessern. White et al. (2009) untersuchten die Potenziale sozialer Medien mit Notfallmanagement-Studenten: Das Teilen von Informationen, Kommunikation und Vernetzung waren die beliebtesten Features. Sie zeigen auch, dass mögliche Bedenken gegen diese Systeme Informationsintegrität, Benutzerkennung, Privatsphäre und technische Zuverlässigkeit sein können. Erfahrungen zeigen, dass **interorganisationale soziale Netzwerke** für Behörden Potenziale erzeugen können (Pipek et al., 2013; Reuter, 2014). Darüber hinaus können Behörden soziale Medien für die interne Kommunikation nutzen (vgl. Kapitel 19 „Social Media Analytics für Unternehmen und Behörden"). Allerdings wird dieses Muster in diesem Kapitel nicht im Detail dargestellt, da es nicht direkt die Bürger betrifft.

19.5 Wahrnehmungsmuster sozialer Medien

Die vorgestellten Nutzungsmuster haben demonstriert, wie soziale Medien im Notfallmanagement (zukünftig) eingesetzt werden können. Allerdings stellt sich die Frage, wie diese Tätigkeiten wahrgenommen werden – sowohl von der Öffentlichkeit (z. B. Bürgern) als auch von den Behörden. Im Folgenden werden die Ergebnisse von umfangreicheren Erhebungen über die Wahrnehmung von Behörden und Bürgern bezüglich sozialer Medien zusammengefasst.

19.5.1 Wahrnehmung von Behörden

Es gibt wenige (quantitative) Studien über die Wahrnehmung von Behörden bezüglich sozialer Medien (Reuter & Spielhofer, 2017), wobei die meisten aus Nordamerika sind. Zuerst analysierten San et al. (2013) die Umfrageergebnisse einer Studie, die 2012 von der American National Emergency Management Association (NEMA) unter Mitgliedern der Rettungsdienste der USA über den Gebrauch von sozialen Medien im Notfallmanagement durchgeführt wurde. Zweitens führten Plotnick et al. (2015) im Jahr 2014 eine Umfrage mit 241 US-Notfallmanagern auf Bezirksebene über Gebrauchsmuster, Barrieren und Verbesserungsvorschläge für den Einsatz sozialer Medien in Notfällen durch. Drittens berichtet die jährliche Studie der International Association of Chiefs of Police (IACP) bezüglich der Verwendung sozialer Medien in der Strafverfolgung über *„den aktuellen Stand der Praxis und die Probleme, denen Behörden in Bezug auf soziale Medien gegenüberstehen"* (International Association of Chiefs of Police, 2015). Weiterhin veröffentlichten Reuter et al. (2016b) ihre Ergebnisse einer Umfrage, die mit 761 Einsatzkräften in ganz Europa im Jahr 2014 bezüglich damaliger aktueller Haltungen gegenüber sozialer Medien in Notfällen und deren Einflussfaktoren in Bezug auf einen zeitgleichen Einsatz durchgeführt wurde (Abbildung 19-2).

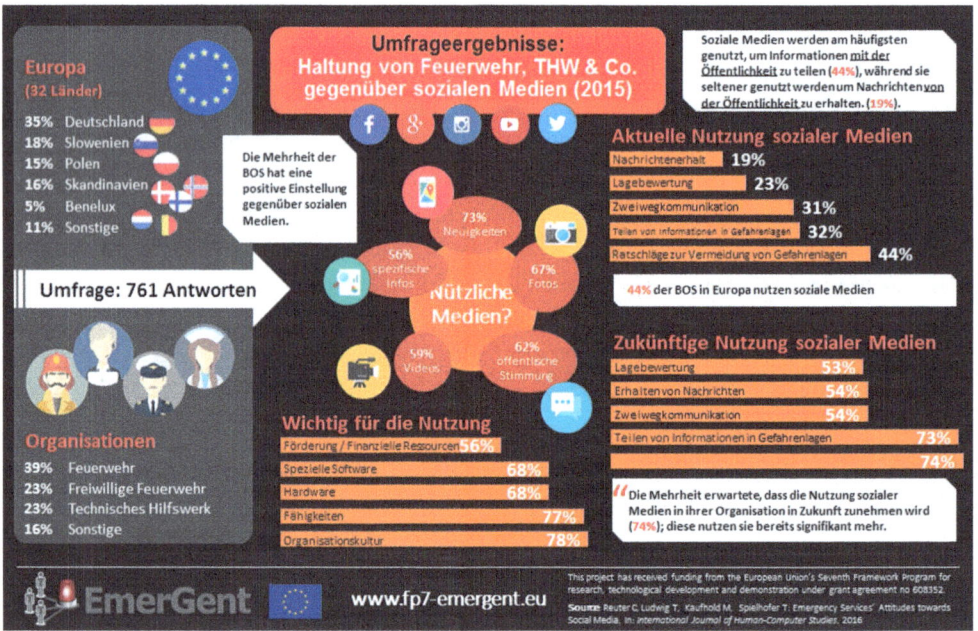

Abbildung 19-3: Wahrnehmung sozialer Medien durch BOS (Reuter et al., 2016b)

Einerseits herrscht eine **positive Einstellung** gegenüber der Nutzung sozialer Medien im Allgemeinen vor (San et al., 2013), einschließlich privater und organisationaler Nutzung (Reuter et al., 2016b). Die Mehrheit der US-Behörden verwendet soziale Medien bereits, da sie ihre Eignung für die Informationsverbreitung schätzen (San et al., 2013). Dazu gehören Warnungen, Ratschläge und Anleitungen zur Bewältigung oder Vorbeugung, Hinweise und Ratschläge, wie man sich während eines Notfalls verhält, die Koordination der Hilfe von Freiwilligen, zusammenfassende Informationen nach einem Notfall und die Koordination von Sanierungsmaßnahmen (Reuter et al., 2016b). In den vergangenen fünf Jahren ist der Einsatz sozialer Medien von Behörden bereits von 81 % auf 96 % angestiegen (IACP, 2010, 2015). Hierbei werden 94 % Facebook, 71 % Twitter und 40 % YouTube genutzt. Darüber hinaus hat sich die Zahl der Organisationen mit Richtlinien für die Nutzung sozialer Medien ebenso von 35 % auf 78 % erhöht (IACP, 2010, 2015). Eine weitere Zunahme der Nutzung sozialer Medien wird erwartet (74 %), vor allem auch bei Organisationen, die sie bereits nutzen (Reuter et al., 2016b).

Andererseits gibt es einige **Einschränkungen** bei der Nutzung sozialer Medien:

- Erstens existiert eine Kluft zwischen *getroffenen Aussagen und Realität* (Reuter et al., 2016b). Trotz der allgemeinen positiven Einstellung zu sozialen Medien haben tatsächlich nur wenige Behörden oft oder gelegentlich soziale Medien genutzt, um einen Überblick über die Situation zu erhalten und das Situationsbewusstsein zu sensibilisieren (Reuter et al., 2016b).

- Da soziale Medien eher genutzt werden, um *Informationen zu teilen* (Reuter et al., 2016b; San et al., 2013), als um Nachrichten zu empfangen (Reuter et al., 2016), kann nur eine eingeschränkte Nutzung sozialer Medien festgehalten werden. Darüber hinaus haben etwa 20 % der örtlichen und etwa 30 % der Landkreisbehörden keinen Zweck für den Gebrauch sozialer Medien identifiziert (San et al., 2013). Gemäß der Studie von Plotnick et al. (2015) nutzt außerdem nur etwa die Hälfte der beobachteten Bezirksbehörden überhaupt soziale Medien in der Bewältigung von Notsituationen.

Identifizierte **Barrieren** für den Gebrauch waren ein Mangel an verfügbarem *Personal* (San et al., 2013), Zweifel an *Glaubwürdigkeit* und Zuverlässigkeit (Reuter et al., 2016b; San et al., 2013), Bedenken hinsichtlich des *Datenschutzes* (Reuter et al., 2016b) und ein Mangel an formalen *Richtlinien* zur Nutzung sozialer Medien (Plotnick et al., 2015). Aber auch für jene Behörden, denen formale Richtlinien vorliegen, gibt es noch Verbote für den Einsatz sozialer Medien (Plotnick et al., 2015). Der mäßige Erfolg könnte auf die begrenzte Reichweite und unzureichenden Ressourcen zur Datenerfassung und Auswertung (San et al., 2013) zurückgeführt werden. Als fördernde Bedingungen für die Nutzung sozialer Medien konnten die organisationale Kultur und entsprechende Kompetenzen (Reuter et al., 2016b) sowie die Verifizierung bürgergenerierter Inhalte (San et al., 2013) herausgestellt werden.

19.5.2 Wahrnehmung der Bevölkerung

Es wurden nur wenige quantitative Studien durchgeführt, in denen Bürger zu ihrer Wahrnehmung der Verwendung sozialer Medien in Katastrophenlagen oder Notfällen befragt wurden. Insbesondere vier sind erwähnenswert. Dazu gehört eine Studie des kanadischen Roten Kreuzes (2012) mit über 1.000 Teilnehmern zu deren Nutzung sozialer Medien und mobiler Geräte in der Krisenkommunikation und zur Erwartungshaltung des Einsatzes sozialer Medien durch Behörden. Zweitens untersuchte das amerikanische Rote Kreuz (2012) mit 1.017 Online- und 1.018 Telefonbefragten den Gebrauch sozialer Medien von Bürgern in Notfällen. In der dritten Studie präsentieren Flizikowski et al. (2014) eine Umfrage in Europa, die unter Bürgern (317 Befragten) und Behörden (130 Befragten) durchgeführt wurde und die Möglichkeiten und Herausforderungen der Intergration sozialer Medien in das Krisenmanagement herausstellte. Schließlich analysierten Reuter und Spielhofer (2016) die Ergebnisse einer Umfrage aus dem Jahr 2015 unter 1.034 Bürgern in ganz Europa, um die Einstellung der Bürger gegenüber der Nutzung sozialer Medien für private Zwecke und in Notsituationen zu erforschen. Reuter et al. (2017) führten eine darauf aufbauende für Deutschland repräsentative Studie mit 1.069 Bürgern druch.

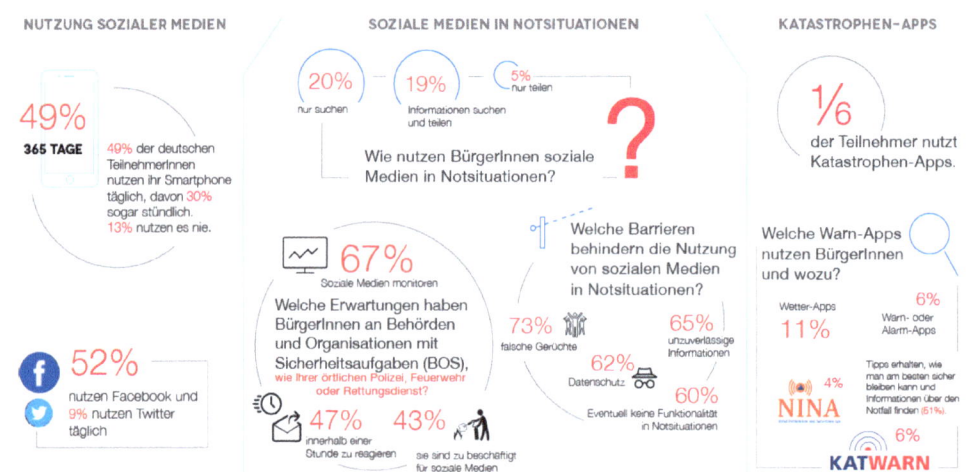

Abbildung 19-4: Wahrnehmung sozialer Medien durch die Bevölkerung (Reuter et al. 2017)

Grundsätzlich war die Haltung der Teilnehmer zum Gebrauch sozialer Medien weitgehend positiv (Flizikowski et al., 2014). **Vorteile** bei der Nutzung sozialer Medien in Notfällen können in der Beruhigung der Bürger gesehen werden, in der Bereitstellung situationsbedingter Informationen und in der Überwachung der Lage (Canadian Red Cross, 2012). Aufgrund dieser Vorteile werden soziale Medien als Unterstützung für bestehende Kanäle gesehen, auch wenn sie diese nicht ersetzen können (Canadian Red Cross, 2012). Besonders Freunde, Familie, Nachrichtenmedien (oder Reporter) und lokale Beamte werden als die vertrauenswürdigsten Quellen gesehen (American Red Cross, 2012). Deshalb setzt das kanadische Rote Kreuz **vertrauenswürdige Freiwillige** (engl. trusted volunteers) ein, um die offizielle Krisenkommunikation über soziale Medien zu unterstützen (Canadian Red Cross, 2012). Im Gegensatz zu den Behörden nutzen die Bürger soziale Medien eher dazu, Informationen zu suchen (43 %) als zu teilen (27 %) (Reuter & Spielhofer, 2017). Am ehesten suchen Nutzer Informationen über Wetter, Verkehr, verursachte Schäden und darüber, wie andere Menschen mit entsprechenden Situationen umgegangen sind (American Red Cross, 2012). Wenn Nutzer Informationen über soziale Medien zur Verfügung stellen, teilen sie nicht nur Wetterinformationen, Sicherheitsbestätigungen und ihre Gefühle hinsichtlich des Notfalls, sondern auch ihren Standort und Augenzeugenberichte (American Red Cross, 2012).

19.6 Fazit

Soziale Medien und deren Einsatz entwickeln sich immer weiter – doch nicht nur im Allgemeinen, sondern auch in Notfällen. Die Forschung hat unter dem Begriff **Crisis Informatics** (Hagar, 2007; Palen et al., 2009) versucht, verschiedene Fälle, verschiedene Nutzer, verschiedene Methoden, Praktiken und Werkzeuge zu untersuchen, um alle Akteure zu unterstützen, die in Krisen, Katastrophen und Notfällen unterschiedlicher Art und Größe involviert sind. Dieses Kapitel hat zunächst Begriffe und Grundlagen erläutert undunterschiedliche Verwendungsmuster analysiert. Zudem wurden Wahrnehmungsmuster von Behörden und Bürgern ausgearbeitet.

- Zu fast jedem größeren Notfall der vergangenen zehn Jahre und während vieler der vergangenen 15 Jahre fanden wir Studien, die den Gebrauch sozialer Medien beleuchten. Dennoch konzentrieren sich die meisten Studien auf Twitter. Wir behaupten, dass dies auf der leichten Datenauswahl beruht (Kapitel 19.2).

- Die Analyse konzentrierte sich auf unterschiedliche **Nutzungsmuster**, einschließlich der Kommunikation zwischen Bürgern (C2C) mit Konzepten der Selbstkoordination und -hilfe, entstehenden Gruppen und (digitalen) Freiwilligen; die Kommunikation von Behörden zu Bürgern (A2C) mit Konzepten der Krisenkommunikation; von Bürgern zu Behörden (C2A) mit Konzepten zur Analyse großer Datenmengen in sozialen Medien sowie Crowdsourcing und Crowdtasking; und unter den Behörden (A2A) hinsichtlich interorganisationaler, sozialer Netzwerke (Kapitel 19.3).

- Außerdem werden soziale Medien von Behörden und Bürgern auf unterschiedliche Weise wahrgenommen, wobei die Herausforderung darin besteht, diese Erwartungen anzugleichen und aktuelle Barrieren anzugehen. Beide Gruppen sehen dieselben Herausforderungen, wie z. B. den Mangel an Vertrauen und Wissen – aber die Bürger erwarten, dass die Behörden soziale Medien überwachen (Kapitel 19.5).

Für die zukünftige Praxis und Forschung sind noch viele Fragen offen:

- Die **Selbstkoordination und -hilfe** (C2C) haben sich als sehr wichtig erwiesen, aber chaotische Kommunikations- und Koordinationsprozesse sind ein charakteristisches Muster. Die automatische, crossmediale Empfehlung relevanter Posts je nach Krisendynamik (Kaufhold & Reuter, 2016) oder die Vermittlung von Angeboten und Bedürfnissen (Purohit et al., 2014) könnten helfen, Kommunikation zu strukturieren, während Flexibilität ebenso erforderlich ist. Die Granularität der Bürgeraktivitäten – helfen einzelne Bürger oder eher Bürgergruppen wie Vereine – ist ebenso wichtig, um geeignete Organisations- und Arbeitspraktiken zu bestimmen. Darüber hinaus werden derzeit viele verschiedene Werkzeuge auf opportunistische Weise eingesetzt. Die Sichtbarkeit dieser effektiven Praktiken der Krisenbewältigung ist wichtig, um die Aneignung unter Bürgern zu erleichtern und langfristig die Katastrophenvorsorge und -überwindung zu verbessern.

- In der **Krisenkommunikation** (A2C) ist es immer noch eine Herausforderung, „perfekte" Krisenkommunikation anzuwenden. Laut einigen Studien erwarten viele

Bürger von den Behörden innerhalb einer Stunde eine Antwort auf ihre Nachrichten in sozialen Medien (Reuter & Spielhofer, 2017). Allerdings sind nicht alle Rettungsdienste in der Lage, in dieser Geschwindigkeit zu handeln, sei es wegen Personalmangels oder fehlender Kompetenzen (Kapitel 19.5). Pressesprecher müssen sich an eine neue Rolle anpassen, zu der vergleichsweise mehr Dynamik gehört als früher. Die Überprüfung und sorgfältige Erstellung eigener Posts ist erforderlich, was mit der Notwendigkeit einer schnellen Reaktion in Konflikt steht. Daher sollten Kommunikationsarten, wie instrumentelle oder die Öffentlichkeit einschließende Kommunikationsansätze (Denef et al., 2013), weiter ausgearbeitet werden, damit auch kleinere Behörden die Möglichkeiten der Krisenkommunikation ausschöpfen können.

- Für die Analyse und **Integration von bürgergenerierten Inhalten** (C2A) aus sozialen Medien hat die Forschung verschiedene algorithmische Ansätze angewendet (Imran et al., 2015). Sie beabsichtigen einerseits, kritische Ereignisse zu erkennen oder vorherzusagen und das hohe Volumen an großen und verrauschten Daten, die von Notfallmanagern nicht in einer begrenzten Zeit vor oder während großflächiger Notfälle verarbeitet werden können, in ein geringes Volumen von reichhaltigem und dichtem Inhalt umzuwandeln (Moi et al., 2015). Auf der anderen Seite zielen Algorithmen darauf ab, zugrundeliegende Muster unter Verwendung statistischer Ansätze oder visueller Analysen zu erkennen (Fuchs et al., 2013). Social Bots und Fake News stellen diese Versuche infrage (siehe Kapitel 29). Während Behörden mitunter skeptisch gegenüber der Qualität von bürgergenerierten Inhalten und sozialen Medien sind (Hughes & Tapia, 2015; Reuter et al., 2016b), muss gleichermaßen sichergestellt werden, dass sie auf die Qualität der Algorithmen als zusätzliche Filterschicht vertrauen, z. B. indem eine gewisse Anpassbarkeit und Transparenz bereitgestellt wird. Darüber hinaus wurden Crowdsensing-Ansätze untersucht, um das Bewusstsein der Behörden für die Aktivitäten der Bürger zu schärfen (Reuter et al., 2015).

- Bezüglich des **inter- und intraorganisationalen Krisenmanagements** (A2A) können soziale Medien für die Koordination von Krisenkommunikation und mehr informelle Vernetzung von Behörden und Mitarbeitern genutzt werden. Hier könnten Strukturen sozialer Medien die Entwicklung von kollaborativer IKT unterstützen oder die Nutzung privater, soziale Netzwerke anregen. Letztere haben den Vorteil des Vertrauens, weil die Nutzungsgruppe begrenzt und kontrolliert ist.

Die **Wahrnehmung** sozialer Medien ist sowohl ein Ergebnis als auch ein Ausgangspunkt der obengenannten Aspekte und hängt von eigenen Erfahrungen und der Medienberichterstattung ab.

- Schaulustige, die auch ihre Smartphones verwenden, um Fotos der Unfallställe zu veröffentlichen, sind während Krisen weit bekannt (Bruns, 2014). Bei der Betrachtung der veröffentlichten Studien (Kapitel 19.5) scheint es, dass es eine Kluft zwischen berichteten Fällen in der Akademia, die mehr Potenziale untersucht, und der Berichterstattung durch Massenmedien gibt, bei denen mehr negative Aspekte vorliegen. Dazu gehören die Verbreitung von Gerüchten, falscher oder irreführender

Informationen sowie ethische Dilemmata (Alexander, 2013), Propaganda oder Social Bots (Reuter et al., 2017) (siehe auch Kapitel 28, *Informatik für Frieden und Sicherheit*).

- Darüber hinaus gibt es einige Studien über die Wahrnehmung sozialer Medien. Vertrauen ist das Hauptthema, sodass sich die zukünftige Arbeit auf die wichtigsten, fördernden Instrumente, wie positive Beispiele für den Gebrauch sozialer Medien, konzentrieren könnte.

Zusammengefasst hat Crisis Informatics viel erreicht und der Einsatz sozialer Medien im Krisenmanagement wurde als wichtiger Forschungsbereich etabliert. Dieses Kapitel konnte – als Einschränkung – nur einen Teil davon betrachten und hat versucht, einige ausgewählte Aspekte zusammenzufassen, um einen aktuellen Überblick zu geben und zumindest einige Aspekte für die kommenden Jahre vorzuschlagen.

19.7 Übungsaufgaben

Aufgabe 1: Stellen Sie knapp definitorische Grundlagen und den Zusammenhang zwischen Web 2.0, sozialen Medien und Crisis Informatics dar.

Aufgabe 2: Wie lassen sich Interaktionen in sozialen Medien zwischen unterschiedlichen Akteuren systematisch kategorisieren? Fassen Sie kurz die Charakteristika und den Mehrwert der Betrachtung dieser einzelnen Kategorien zusammen.

Aufgabe 3: Welche wahrgenommenen Vor- und Nachteile bietet der Einsatz sozialer Medien für Behörden und die Bevölkerung? Stellen Sie diese jeweils tabellarisch gegenüber.

Aufgabe 4: Welche gegenwärtigen Herausforderungen und Potenziale durch den Einsatz sozialer Medien in Katastrophenlagen bestehen und sind zukünftig denkbar?

Nutzen Sie Ihr erlerntes Wissen für die Aufgaben 5 und 6, indem Sie kreative Lösungsansätze finden:

Aufgabe 5: Stellen Sie sich vor, in einer Großstadt bricht ein Aufstand aus und Sie möchten als Mitarbeiter einer Behörde soziale Medien einsetzen, um weitere Informationen über die unklare Lage zu erhalten. Wie gehen Sie vor und welche Möglichkeiten bestehen, um die digitale Informationsflut der Bürger bewältigen zu können?

Aufgabe 6: Stellen Sie sich vor, eine Flutkatastrophe bricht in ihrem Ort aus und Sie möchten als motivierter Bürger bei der Bewältigung der Katastrophenlage helfen. Wie würden Sie soziale Medien nutzen, um die Bewältigung vor, während und nach der Katastrophe digital zu unterstützen?

19.8 Literatur

19.8.1 Literaturempfehlungen

Reuter, C., & Kaufhold, M.-A. (2018). Fifteen Years of Social Media in Emergencies: A Retrospective Review and Future Directions for Crisis Informatics. *Journal of Contingencies and Crisis Management (JCCM)*, *26*(1).

Reuter, C., Ludwig, T., Kaufhold, M.-A., & Spielhofer, T. (2016). Emergency Services Attitudes towards Social Media: A Quantitative and Qualitative Survey across Europe. *International Journal on Human-Computer Studies (IJHCS)*, *95*, 96–111.

Starbird, K., & Palen, L. (2011). Voluntweeters: Self-Organizing by Digital Volunteers in Times of Crisis. In *Proceedings of the Conference on Human Factors in Computing Systems (CHI)*. Vancouver, Canada: ACM-Press.

19.8.2 Literaturverzeichnis

Akhgar, B., Fortune, D., Hayes, R. E., Guerra, B., & Manso, M. (2013). Social media in crisis events: Open networks and collaboration supporting disaster response and recovery. In *2013 IEEE International Conference on Technologies for Homeland Security (HST)* (S. 760–765). IEEE. https://doi.org/10.1109/THS.2013.6699099

Alexander, D. E. (2013). Social Media in Disaster Risk Reduction and Crisis Management. *Science and Engineering Ethics, 20*(3), 717–733. https://doi.org/10.1007/s11948-013-9502-z

Allen, C. (2004). Tracing the Evolution of Social Software. Abgerufen von http://www.lifewithalacrity.com/2004/10/tracing_the_evo.html

American Red Cross. (2012). More Americans Using Mobile Apps in Emergencies. Abgerufen von http://www.redcross.org/news/press-release/More-Americans-Using-Mobile-Apps-in-Emergencies

Birkbak, A. (2012). Crystallizations in the Blizzard: Contrasting Informal Emergency Collaboration In Facebook Groups. In *Proceedings of the Nordic Conference on Human-Computer Interaction (NordiCHI)* (S. 428–437). Copenhagen, Denmark: ACM.

Bruns, A. (2014). Social media and journalism during times of crisis. In J. Hunsinger & T. Senft (Hrsg.), *The Social Media Handbook* (S. 159–176). New York, USA: Routledge.

Bundesamt für Bevölkerungsschutz und Katastrophenhilfe. (2011). *BBK-Glossar: Ausgewählte zentrale Begriffe des Bevölkerungsschutzes.* Abgerufen von http://www.bbk.bund.de/SharedDocs/Downloads/BBK/DE/Publikationen/Praxis_Bevoelkerungsschutz/Band_8_Praxis_BS_BBK_Glossar.pdf

Canadian Red Cross. (2012). *Social Media during Emergencies.* Abgerufen von http://www.redcross.ca/cmslib/general/pub_social_media_in_emergencies_survey_oct2012_en.pdf

Castillo, C. (2016). Big Crisis Data - Social Media in Disasters and Time-Critical Situations. New York, NY, USA: Cambridge University Press.

Denef, S., Bayerl, P. S., & Kaptein, N. (2013). Social Media and the Police — Tweeting Practices of British Police Forces during the August 2011 Riots. In *Proceedings of the Conference on Human Factors in Computing Systems (CHI)* (S. 3471–3480).

DIN 13050. (2015). *Rettungswesen Begriffe.* (D. D. I. für N. E.V., Hrsg.). Beuth Verlag GmbH.

Flizikowski, A., Hołubowicz, W., Stachowicz, A., Hokkanen, L., & Delavallade, T. (2014). Social Media in Crisis Management – the iSAR + Project Survey. In *Proceedings of the Information Systems for Crisis Response and Management (ISCRAM)* (S. 707–711).

Fuchs, G., Andrienko, N., Andrienko, G., Bothe, S., & Stange, H. (2013). Tracing the German Centennial Flood in the Stream of Tweets: First Lessons Learned. In *SIGSPATIAL International Workshop on Crowdsourced and Volunteered Geographic Information* (S. 2–10). Orlando, USA.

Goolsby, R. (2010). Social media as crisis platform. *ACM Transactions on Intelligent Systems and Technology, 1*(1), 1–11. https://doi.org/10.1145/1858948.1858955

Hagar, C. (2007). The information needs of farmers and use of ICTs. In B. Nerlich & M. Doring (Hrsg.), *From Mayhem to Meaning: Assessing the social a nd cultural impact of the 2001 foot and mouth outbreak in the UK*. Manchester, United Kingdom: Manchester University Press.

Harrald, J. R., Egan, D. M., & Jefferson, T. (2002). Web Enabled Disaster and Crisis Response: What Have We Learned from the September 11 th. In *Proceedings of the Bled eConference* (S. 69–83). Abgerufen von https://domino.fov.uni-mb.si/proceedings.nsf/proceedings/d3a6817c6cc6c4b5c1256e9f003bb2bd/$file/harrald.pdf

Helsloot, I., & Ruitenberg, A. (2004). Citizen Response to Disasters : a Survey of Literature and Some Practical Implications. *Journal of Contingencies and Crisis Management, 12*(3), 98–111.

Hiltz, S. R., van de Walle, B., & Turoff, M. (2011). The Domain of Emergency Management Information. In B. Van De Walle, M. Turoff, & S. R. Hiltz (Hrsg.), *Information Systems for Emergency Management* (S. 3–20). New York, USA; London, United Kingdom: M.E. Sharpe.

Hughes, A. L., & Palen, L. (2012). The Evolving Role of the Public Information Officer: An Examination of Social Media in Emergency Management. *Journal of Homeland Security and Emergency Management (JHSEM), 9*(1), Article 22. https://doi.org/10.1515/1547-7355.1976

Hughes, A. L., & Palen, L. (2014). Social Media in Emergency Management: Academic Perspective. (J. E. Trainor & T. Subbio, Hrsg.), Critical Issues in Disaster Science and Management: A Dialogue Between Scientists and Emergency Managers. FEMA in Higher Education Program.

Hughes, A. L., St. Denis, L. A., Palen, L., & Anderson, K. M. (2014). Online Public Communications by Police & Fire Services during the 2012 Hurricane Sandy. In *Proceedings of the Conference on Human Factors in Computing Systems (CHI)* (S. 1505–1514). Toronto, Canada: ACM Press. https://doi.org/https://doi.org/10.1145/2556288.2557227

Hughes, A. L., & Tapia, A. H. (2015). Social Media in Crisis: When Professional Responders Meet Digital Volunteers. *Journal of Homeland Security and Emergency Management (JHSEM), 12*(3), 679–706. https://doi.org/10.1515/jhsem-2014-0080

IFRC. (2015). World Disaster Report 2015: Focus on local actors, the key to humanitarian effectiveness. https://doi.org/10.1017/CBO9781107415324.004

Imran, M., Castillo, C., Diaz, F., & Vieweg, S. (2015). Processing Social Media Messages in Mass Emergency: A Survey. *ACM Computing Surveys, 47*(4), 1–38. https://doi.org/10.1145/2771588

International Association of Chiefs of Police. (2010). 2010 Social Media Survey Results. Abgerufen von http://www.iacpsocialmedia.org/Portals/1/documents/Survey.%0AResults.Document.pdf

International Association of Chiefs of Police. (2015). 2015 Social Media Survey Results. Abgerufen von http://www.iacpsocialmedia.org/Portals/1/documents/FULL 2015 Social Media Survey Results.pdf

Kaewkitipong, L., Chen, C., & Ractham, P. (2012). Lessons Learned from the Use of Social Media in Combating a Crisis: A Case Study of 2011 Thailand Flooding Disaster. In *Proceedings of the International Conference on Information Systems (ICIS)* (S. 1–17). Orlando, USA.

Kaplan, A. M., & Haenlein, M. (2010). Users of the world, unite! The challenges and opportunities of Social Media. *Business Horizons, 53*(1), 59–68. https://doi.org/10.1016/j.bushor.2009.09.003

Kaufhold, M.-A., & Reuter, C. (2014). Vernetzte Selbsthilfe in Sozialen Medien beim Hochwasser 2013 in Deutschland. *I-Com - Zeitschrift Für Interaktive Und Kooperative Medien, 13*(1), 20–28.

Kaufhold, M.-A., & Reuter, C. (2016). The Self-Organization of Digital Volunteers across Social Media: The Case of the 2013 European Floods in Germany. *Journal of Homeland Security and Emergency Management (JHSEM), 13*(1), 137–166.

Koch, M. (2008). CSCW and Enterprise 2.0 - towards an integrated perspective. In *Proceedings of the Bled eConference* (S. 416–427). Bled, Slovenia.

Kroll, L. (2016). Übersicht aktueller Social Network Statistiken. Abgerufen am 11. Juli 2017 von http://socialmedia-institute.com/uebersicht-aktueller-social-media-nutzerzahlen/

Ludwig, T., Kotthaus, C., Reuter, C., Dongen, S. Van, Pipek, V., van Dongen, S., & Pipek, V. (2016). Situated crowdsourcing during disasters: Managing the tasks of spontaneous volunteers through public displays. *International Journal on Human-Computer Studies (IJHCS), inpress*.

Mendoza, M., Poblete, B., & Castillo, C. (2010). Twitter Under Crisis : Can we trust what we RT ? In *Proceedings of the First Workshop on Social Media Analytics* (S. 71–79). New York, USA: ACM Press.

Moi, M., Friberg, T., Marterer, R., Reuter, C., Ludwig, T., Markham, D., …& Muddiman, A. (2015). Strategy for Processing and Analyzing Social Media Data Streams in Emergencies. In *Proceedings of the International Conference on Information and Communication Technologies for Disaster Management (ICT-DM)*. Brest, France.

O'Reilly, T. (2005). What Is Web 2.0 - Design Patterns and Business Models for the Next Generation of Software. Abgerufen von http://www.oreillynet.com/pub/a/oreilly/tim/news/2005/09/30/what-is-web-20.html

O'Reilly, T. (2006). Web 2.0 Compact Definition: Trying Again. Abgerufen von http://radar.oreilly.com/2006/12/web-20-compact-definition-tryi.html

Palen, L., & Anderson, K. M. (2016). Crisis informatics: New data for extraordinary times. *Science*, *353*(6296), 224–225. https://doi.org/10.1126/science.aag2579

Palen, L., & Liu, S. B. (2007). Citizen communications in crisis: anticipating a future of ICT-supported public participation. In *Proceedings of the Conference on Human Factors in Computing Systems (CHI)* (S. 727–736). San Jose, USA: ACM Press. https://doi.org/https://doi.org/10.1145/1240624.1240736

Palen, L., Vieweg, S., Liu, S. B., & Hughes, A. L. (2009). Crisis in a Networked World: Features of Computer-Mediated Communication in the April 16, 2007, Virginia Tech Event. *Social Science Computer Review*, *27*(4), 467–480. https://doi.org/10.1177/0894439309332302

Pipek, V., Reuter, C., Ley, B., Ludwig, T., & Wiedenhoefer, T. (2013). Sicherheitsarena – Ein Ansatz zur Verbesserung des Krisenmanagements durch Kooperation und Vernetzung. *Crisis Prevention – Fachmagazin Für Innere Sicherheit, Bevölkerungsschutz Und Katastrophenhilfe*, *3*(1), 58–59.

Plotnick, L., Hiltz, S. R., Kushma, J. a, & Tapia, A. (2015). Red Tape: Attitudes and Issues Related to Use of Social Media by U.S. County-Level Emergency Managers. In *Proceedings of the Information Systems for Crisis Response and Management (ISCRAM)*. Kristiansand, Norway: ISCRAM. Abgerufen von http://idl.iscram.org/files/lindaplotnick/2015/1225_LindaPlotnick_etal2015.pdf

Purohit, H., Hampton, A., Bhatt, S., Shalin, V. L., Sheth, A. P., & Flach, J. M. (2014). Identifying Seekers and Suppliers in Social Media Communities to Support Crisis Coordination. *Computer Supported Cooperative Work: The Journal of Collaborative Computing (JCSCW)*, *23*(4–6), 513–545.

Quarantelli, E. L. (1984). *Emergent Citizen Groups in Disaster Preparedness and Recovery Activities*. University of Delaware. Abgerufen von http://udspace.udel.edu/handle/19716/1206

Quarantelli, E. L. (1988). Disaster Crisis Management: A summary of research findings. *Journal of Management Studies*, *25*(4), 373–385. Abgerufen von http://udspace.udel.edu/bitstream/handle/19716/487/PP113.pdf

Quarantelli, E. L., & Dynes, R. R. (1977). Response to Social Crisis and Disaster. *Annual Review of Sociology*, *3*(1), 23–49. https://doi.org/10.1146/annurev.so.03.080177.000323

Reuter, C. (2014). *Emergent Collaboration Infrastructures: Technology Design for Inter-Organizational Crisis Management (Ph.D. Thesis)*. Siegen, Germany: Springer Gabler. Abgerufen von http://www.springer.com/springer+gabler/bwl/wirtschaftsinformatik/book/978-3-658-08585-8

Reuter, C. (2015). Der Einsatz sozialer Medien in Katastrophenlagen. Crisis Prevention – Fachmagazin Für Innere Sicherheit, Bevölkerungsschutz Und Katastrophenhilfe, 5(4), 43–44.

Reuter, C., Amelunxen, C., & Moi, M. (2016a). Semi-Automatic Alerts and Notifications for Emergency Services based on Cross-Platform Social Media Data –Evaluation of a Prototype. In H. C. Mayr & M. Pinzger (Hrsg.), *Informatik 2016: von Menschen für Menschen*. Klagenfurt: GI-Edition-Lecture Notes in Informatics (LNI). Abgerufen von http://subs.emis.de/LNI/Proceedings/Proceedings259/P-259.pdf#page=1806

Reuter, C., Heger, O., & Pipek, V. (2013). Combining Real and Virtual Volunteers through Social Media. In *Proceedings of the Information Systems for Crisis Response and Management (ISCRAM)* (S. 1–10).

Reuter, C., & Kaufhold, M.-A. (2018). Fifteen Years of Social Media in Emergencies: A Retrospective Review and Future Directions for Crisis Informatics. *Journal of Contingencies and Crisis Management (JCCM)*, *26*(1).

Reuter, C., Ludwig, T., Kaufhold, M.-A., & Pipek, V. (2015). XHELP: Design of a Cross-Platform Social-Media Application to Support Volunteer Moderators in Disasters. In *Proceedings of the Conference on Human Factors in Computing Systems (CHI)* (S. 4093–4102). Seoul, Korea: ACM Press.

Reuter, C., Ludwig, T., Kaufhold, M.-A., & Spielhofer, T. (2016b). Emergency Services Attitudes towards Social Media: A Quantitative and Qualitative Survey across Europe. *International Journal on Human-*

Computer Studies (IJHCS), *95*, 96–111. Abgerufen von https://www.wineme.uni-siegen.de/paper/2016/2016_reuteretal_emergencyservicesattiudessurveysocialmedia_ijhcs.pdf

Reuter, C., Marx, A., & Pipek, V. (2012). Crisis Management 2.0: Towards a Systematization of Social Software Use in Crisis Situations. *International Journal of Information Systems for Crisis Response and Management (IJISCRAM)*, *4*(1), 1–16.

Reuter, C., Pätsch, K., & Runft, E. (2017). Terrorbekämpfung mithilfe sozialer Medien – ein explorativer Einblick am Beispiel von Twitter. In J. M. Leimeister & W. Brenner (Hrsg.), *Proceedings of the International Conference on Wirtschaftsinformatik (WI)* (S. 649–663). St. Gallen, Switzerland. Abgerufen von http://www.wineme.uni-siegen.de/paper/2017/2017_ReuterPaetschRunft_TerrorbekaempfungSozialeMedien_WI.pdf

Reuter, C., & Scholl, S. (2014). Technical Limitations for Designing Applications for Social Media. In M. Koch, A. Butz, & J. Schlichter (Hrsg.), *Mensch & Computer: Workshopband* (S. 131–140). München, Germany, Germany: Oldenbourg-Verlag. Abgerufen von https://www.wineme.uni-siegen.de/paper/2014/2014_reuterscholl_technicallimitationssocialmedia_muc.pdf

Reuter, C., & Spielhofer, T. (2017). Towards Social Resilience: A Quantitative and Qualitative Survey on Citizens' Perception of Social Media in Emergencies in Europe. *Journal Technological Forecasting and Social Change (TFSC)*, *121*, 168–180. Abgerufen von http://www.wineme.uni-siegen.de/paper/2016/2016_reuterspielhoefer_towardssocialresilience-citizensurvey_tfsc.pdf

Reuter, C.; Kaufhold, M.-A.; Spielhofer, T.; & Hahne, A. (2017). Social Media in Emergencies: A Representative Study on Citizens' Perception in Germany. Proceedings of the ACM: Human Computer Interaction (PACM): Computer-Supported Cooperative Work and Social Computing, Bd. 1, no. 2, S. 1–19. https://doi.org/https://doi.org/10.1145/3134725

Sakaki, T., Okazaki, M., & Matsuo, Y. (2010). Earthquake shakes Twitter users: real-time event detection by social sensors. *WWW '10: Proceedings of the 19th International Conference on World Wide Web*, 851. https://doi.org/10.1145/1772690.1772777

San, Y., Wardell III, C., & Thorkildsen, Z. (2013). *Social Media in the Emergency Management Field: 2012 Survey Results*. National Emergency Manaagement Association. Abgerufen von https://www.cna.org/sites/default/files/research/SocialMedia_EmergencyManagement.pdf

Stallings, R. a., & Quarantelli, E. L. El. (1985). Emergent Citizen Groups and Emergency Management. *Public Administration Review*, *45*(Special Issue), 93–100. https://doi.org/10.2307/3135003

Starbird, K. (2013). Delivering patients to sacré coeur: collective intelligence in digital volunteer communities. In *Proceedings of the Conference on Human Factors in Computing Systems (CHI)* (S. 801–810). Paris, France: ACM. Abgerufen von http://dl.acm.org/citation.cfm?id=2470769

Starbird, K., & Palen, L. (2011). Voluntweeters: Self-Organizing by Digital Volunteers in Times of Crisis. In *Proceedings of the Conference on Human Factors in Computing Systems (CHI)* (S. 1071–1080). Vancouver, Canada: ACM-Press. https://doi.org/10.1145/1978942.1979102

Starbird, K., & Stamberger, J. (2010). Tweak the Tweet: Leveraging Microblogging Proliferation with a Prescriptive Syntax to Support Citizen Reporting. In S. French, B. Tomaszewski, & C. Zobel (Hrsg.), *Proceedings of the Information Systems for Crisis Response and Management (ISCRAM)*. Seattle, USA.

Stieglitz, S., Dang-Xuan, L., Bruns, A., & Neuberger, C. (2014). Social media analytics – An Interdisciplinary Approach and Its Implications for Information Systems. *Business and Information Systems Engineering*, *6*(2), 89–96. https://doi.org/10.1007/s12599-014-0315-7

United Nations Department of Humanitarian Affairs. (2000). Internationally agreed glossary of basic terms related to Disaster Management. United Nations.

Veil, S. R., Buehner, T., & Palenchar, M. J. (2011). A Work-In-Process Literature Review: Incorporating Social Media in Risk and Crisis Communication. *Journal of Contingencies and Crisis Management*, *19*(2), 110–122. https://doi.org/https://doi.org/10.1111/j.1468-5973.2011.00639.x

Vieweg, S., Hughes, A. L., Starbird, K., & Palen, L. (2010). Microblogging During Two Natural Hazards Events: What Twitter May Contribute to Situational Awareness. In *Proceedings of the Conference on Human Factors in Computing Systems (CHI)* (S. 1079–1088). Atlanta, USA: ACM.

White, C., Plotnick, L., Kushma, J., Hiltz, S. R., & Turoff, M. (2009). An online social network for emergency management. *International Journal of Emergency Management (IJEM)*, *6*(3/4), 369–382.

White, J., Palen, L., & Anderson, K. M. (2014). Digital Mobilization in Disaster Response: The Work & Self-Organization of On-Line Pet Advocates in Response to Hurricane Sandy. In S. R. Fussell, W. G. Lutters, M. R. Morris, & M. Reddy (Hrsg.), *Proceedings of the Conference on Computer Supported Cooperative Work (CSCW)* (S. 866–876). Baltimore, USA: ACM.

20 Social Media Analytics für Unternehmen und Behörden

Stefan Stieglitz

Universität Duisburg-Essen

Zusammenfassung

Die starke Verbreitung sozialer Medien hat für Unternehmen und andere Organisationen zu neuen Potenzialen und Herausforderungen geführt. Sowohl die Informationsverbreitung als auch die Identifikation und Extraktion von Informationen aus sozialen Medien sind dabei von zunehmender Relevanz. Schnittstellen von Social-Media-Plattformen können verwendet werden, um Daten zu extrahieren und so Rückschlüsse über die Anbahnung oder den Verlauf von Kommunikation (beispielsweise in Krisensituationen) zu ziehen. Darüber hinaus können soziale Medien auch genutzt werden, um Stakeholdern Informationen zukommen zu lassen. Um diese Ziele zu erreichen, werden verschiedene Analysemethoden angewandt und kombiniert. Hierzu zählen die Sentimentanalyse (Meinungs- oder Stimmungsanalysen), die Netzwerkanalyse sowie Verfahren der Text- und Wortanalyse. Im folgenden Abschnitt werden diese Verfahren und ihre Bedeutung für Unternehmen und Organisationen anhand eines Vorgehensmodells erläutert und konkrete Beispiele für verschiedene Anwendungskontexte genannt. Zudem werden Herausforderungen des Social Media Analytics thematisiert und die vorgestellten Ansätze kritisch reflektiert.

Lernziele

- Die Leser entwickeln ein Verständnis über die Bedeutung von Daten aus sozialen Medien für Unternehmen und Behörden.

- Die Leser kennen Methoden der Social Media Analytics und können diese voneinander abgrenzen. Sie kennen geeignete Anwendungsszenarien für die verschiedenen Methoden.

- Social Media Analytics ist starken Veränderungen unterworfen. Die Leser sollen daher in die Lage versetzt werden, Grenzen der Ansätze zu erkennen und deren Einsatz kritisch zu reflektieren.

20.1 Einleitung

Soziale Medien haben in den vergangenen Jahren immer mehr an Bedeutung für Organisationen gewonnen (siehe Kapitel 19). Ein wichtiger Grund für Unternehmen und Behörden ist die Möglichkeit zur direkten Kommunikation mit verschiedenen Stakeholdergruppen, wie beispielsweise Kunden oder Bürgern. Dies ist ein fundamentaler Wandel, da die öffentliche Kommunikation zuvor maßgeblich dem Einfluss von klassischen Medien und Journalisten unterlag, die als „Gatekeeper" Informationen für die Verbreitung in Massenmedien ausgewählt haben. Die Gatekeeper-Rolle beschreibt dabei, dass Journalisten als „Torwächter" entscheiden konnten, welche Informationen in den klassischen Massenmedien verbreitet werden und welche nicht (beispielsweise welches Thema auf der Titelseite der Bildzeitung steht). In diesem Kontext stellen soziale Medien einen neuen bidirektionalen Kommunikationskanal zwischen Organisationen und ihren Stakeholdern sowie zwischen Individuen in ihrer Rolle als Bürger oder Kunden dar. Soziale Medien sind aber nicht nur in der öffentlichen Kommunikation (beispielsweise Twitter, Blogs) oder teilöffentlichen Kommunikation (beispielsweise Facebook) relevant, sondern auch für die organisationsinterne Kommunikation und Zusammenarbeit. Softwarelösungen wie IBM Connections, Jive, Sharepoint und Yammer umfassen eine Vielzahl von Social-Media-Anwendungen wie Wikis, Foren, Instant Messaging, Microblogging und Blogs. Mit ihrer Hilfe können Mitarbeiter in sozialen Medien unternehmensweit miteinander kommunizieren und Wissen externalisieren und untereinander verfügbar machen.

Neben der Unterstützung von Kommunikation stellen die in sozialen Medien anfallenden Daten selbst einen bedeutenden Mehrwert für Organisationen dar. Mithilfe dieser Daten können beispielsweise potenzielle Kunden oder Meinungsführer identifiziert, die Zusammenarbeit innerhalb einer Organisation analysiert oder Stimmungen im Zeitablauf erfasst werden. Zudem können in Echtzeit Reaktionen von Stakeholdern ausgewertet oder gar Vorhersagen über deren Verhalten abgeleitet werden.

Um bedeutungsvolle Erkenntnisse aus Kommunikation in sozialen Medien ziehen zu können, müssen zuvor jedoch Daten gesammelt und ausgewertet werden. **Social Media Analytics** hat sich hierbei als ein umfassender Ansatz etabliert, der den Prozess von der Datensammlung aus sozialen Medien bis zur Erlangung von Erkenntnissen und der Ableitung von Handlungsimplikationen beschreibt. Forschung in diesem Feld ist oftmals interdisziplinär und wird neben der Wirtschaftsinformatik beispielsweise auch in der Kommunikationswissenschaft, der Psychologie, den Wirtschaftswissenschaften und der Informatik betrieben.

In Unternehmen findet Social Media Analytics verstärkt Anwendung in Abteilungen wie dem Marketing, der Unternehmenskommunikation sowie dem Personalwesen. Ziele sind beispielsweise die Messung des Erfolgs von Marketingkampagnen, die Wahrnehmung des Unternehmensimages oder die Attraktivität als Arbeitgeber. Besonders relevant ist dies im Kontext von Krisensituationen, denen Unternehmen oftmals ausgesetzt sind. Hier gilt es mithilfe von Social Media Analytics Früherkennung zu betreiben oder effektive Reaktionsstrategien zur Krisenbekämpfung zu entwickeln und umzusetzen. Aus Sicht von Behörden kann Social Media Analytics helfen, um den Dialog mit Bürgern zu verbessern, Bedarfe zu erkennen oder zu informieren. Einrichtungen wie die Feuerwehr, die Polizei oder das Technische Hilfswerk können dabei besonders von Social-Media-Daten profitieren, da Informationen, die von Betroffenen während einer Katastrophensituation verbreitet werden, wichtige Hinweise auf die konkrete Gefahrenlage geben können.

Gleichzeitig bestehen große Herausforderungen, die gelöst werden müssen, um Social-Media-Daten mehrwertbringend zu analysieren und zu verwenden. So sind die anfallenden Datenmengen in der Regel sehr groß, die Kommunikation ist komplex und unterliegt einer hohen Dynamik und die Social-Media-Daten sind heterogen und oft inhaltlich nicht eindeutig. Gleichzeitig erschweren Gerüchte und Fehlinformationen, die oft während Krisensituationen auftreten, die Identifikation korrekter und relevanter Informationen.

In den folgenden Abschnitten werden die einzelnen Schritte von Social Media Analytics anhand eines strukturierten Vorgehensmodells erläutert und anschließend konkrete Anwendungskontexte weiter ausgeführt.

20.2 Fachliche Grundlagen

20.2.1 Elemente des Social Media Analytics

Social Media Analytics stellt einen Forschungsbereich dar, der die Teilschritte von der Erlangung bis zur Interpretation von Social-Media-Daten umfasst. Auf Basis eines von Stieglitz et al. (2014) entwickelten Modells werden im Folgenden die Schritte der Zielfestlegung, des Datentrackings sowie der Datenbearbeitung erläutert, bevor im folgenden Abschnitt ausgewählte Methoden der Datenanalyse behandelt werden.

Social Media Analytics kann nur erfolgreich betrieben werden, wenn zuvor **konkrete Ziele definiert** werden. Anwendungsbereiche in Unternehmen oder Behörden können beispielsweise das Innovationsmanagement (z. B. durch das Filtern der Vorschläge und Anregungen von Kunden), das Stakeholdermanagement (z. B. Einsichten in die Bedenken des Kunden erhalten), das Reputationsmanagement (z. B. Evaluierung der öffentlichen Meinung in Bezug auf das Unternehmen), das Issues-Management (z. B. zeitnahe Identifikation neuer Entwicklungen) oder das Krisenmanagement (z. B. Identifikation und Management von Gerüchten und Falschinformationen) sein. Es müssen konkrete Vorstellungen entwickelt werden, welche Zielgruppen und Social-Media-Plattformen relevant sind, welche Metriken betrachtet werden sollen und in welcher Weise ein Datenzugang besteht. Aus der konkreten Zieldefinition leiten sich anschließend die weiteren Schritte ab.

Grundsätzlich bestehen verschiedene Ansätze, um die für die Auswertung notwendigen Daten zu erlangen. Zum Teil liegen diese bereits in den eigenen Systemen vor oder können von Drittanbietern gekauft werden. Oftmals ist es jedoch notwendig, eigenständig und orientiert an der zuvor definierten Zielstellung Daten zu sammeln. Für das **Datentracking** muss beispielsweise entschieden werden, welche Schlagwörter oder Nutzeraccounts die Grundlage bilden sollen. So kann es beispielsweise einen Unterschied machen, ob die Datensammlung anhand eines Wortes (beispielsweise „Merkel") oder eines Hashtags (beispielsweise „#Merkel") erfolgt. Die Auswahl der Schlagwörter, URLs und/oder Accounts, die betrachtet werden, hat einen erheblichen Einfluss auf den entstehenden Datensatz, der die Grundlage der Analysen darstellt. Ziel muss es sein, einen Datensatz zu erzeugen, der möglichst umfassend das relevante Thema abdeckt, der aber auch möglichst wenig themenfremde Beiträge umfasst. In der Wissenschaft werden sowohl induktive als auch deduktive Verfahren eingesetzt, um geeignete Keywordlisten zu generieren. Zu vermeiden sind Worte, die doppeldeutig sind oder in verschiedenen Kontexten vorkommen, da hierdurch möglicherweise unrelevante Daten einfließen und nachfolgende Analysen beeinträchtigen können.

Eine weitere Herausforderung besteht darin, **Zugang zu den gewünschten Daten** zu erhalten. Hierzu sind auf technischer Ebene verschiedene Ansätze verbreitet. Viele Social-Media-Plattformen bieten Schnittstellen (Application Programming Interface (API)) an, mit deren Hilfe ein technischer Datenzugriff hergestellt werden kann. Oftmals schränken Plattformbetreiber, wie beispielsweise Twitter und Facebook, die Möglichkeiten dieser APIs ein und erlauben einen Datenzugang nur für bestimmte Datenmengen und/oder Datentypen. Zudem unterscheiden sich Plattformen stark und verändern die Möglichkeiten, die die jeweiligen APIs bieten, wodurch das Datentracking laufend angepasst und beobachtet werden muss. Dennoch können APIs einen komfortablen und umfassenden Datenzugang bieten. Daneben kann auch das RSS-Format genutzt werden, um Daten (beispielsweise aus Blogs) kontinuierlich abzurufen. Doch auch hier besteht in der Regel kein vollständiger Datenzugriff (beispielsweise nur Überschriften von neuen Blogeinträgen). Eine dritte Möglichkeit ist das HTML-Parsing, das zum einen aufwendig ist und zum anderen stetige Anpassungen an Veränderungen der jeweils betrachteten Webseiten erfordert. Auf technischer Ebene erlaubt dieses Verfahren jedoch eine hohe Flexibilität und Zugang zu vielen Daten. Eingeschränkt wird die Nutzung aller drei Verfahren durch die vorherrschenden AGBs sowie durch die Gesetzgebung. Hier bestehen oft Regelungen dazu, ob und welche Daten gesammelt werden dürfen und ob und wie lange diese auf anderen Systemen gespeichert werden dürfen.

Die gesammelte Datenbasis umfasst in der Regel **unterschiedliche Datentypen**. Eine grobe, aber für die späteren Analysen entscheidende Unterteilung stellen (1) strukturierte Daten und (2) unstrukturierte Daten dar. Zu den strukturierten Daten zählen beispielsweise Links, Follower-Followee-Beziehungen, Zeitstempel, User-ID, Beitragslängen, Likes oder die Anzahl an Retweets. Diese Datentypen können in der Regel gut automatisiert verarbeitet werden. Unstrukturierte Daten sind textuelle oder audiovisuelle Inhalte. In Bezug auf die späteren Analyseschritte sind die unstrukturierten Daten besonders schwer beherrschbar, da die eigentlichen Beitragsinhalte in sozialen Medien geprägt sind durch Abkürzungen, Umgangssprache, Schreibfehler, Wortverlängerungen, Emoticons und Ironie.

Liegen die gewünschten Daten dann in einer Datenbank vor, ist in der Regel eine **Datenaufbereitung** notwendig. So kann es, abhängig von der konkreten Fragestellung sinnvoll sein, Spaminhalte zu entfernen oder Beiträge zu entfernen, die automatisch oder in einer bestimmten Region oder von einer bestimmten Nutzergruppe generiert wurden. Weiterhin ist es gegebenenfalls sinnvoll, Dubletten (also vielfach vorkommende identische Beiträge) zu entfernen.

In einem nächsten Schritt müssen geeignete **Analyseansätze** (z. B. die Identifikation von strukturellen Attributen, Sentiments oder themen- und trendbezogenen Mustern), Methoden (z. B. statistische Analysen wie die Regressionsanalyse, Social Network Analysis, Sentimentanalyse, Inhaltsanalyse oder Trendanalyse) und Analysewerkzeuge (z. B. Gephi, SentiStrength) entsprechend der gegebenen Forschungsfrage ausgewählt werden. Darüber hinaus müssen Entscheidungen im Hinblick auf die statische oder dynamische Datenanalyse getroffen werden. Die statische Datenanalyse kann z. B. bei der Identifikation eines gemeinsamen Auftretens von spezifischen Wörtern in einem Datensatz eingesetzt werden. Die dynamische Analyse, in der die Daten anhand verschiedener Zeitintervalle gesplittet werden, kann dabei helfen, die Entwicklung von Themen über eine längere Zeit in einem sozialen Raum zu verstehen (Abbildung 20-1).

Bei der **Methodenauswahl** ist zu beachten, dass eine Vielzahl von Fragen nur mithilfe einer Kombination von Methoden beantwortet werden kann. Ein Beispiel: Für die Identifikation und Bewertung von Meinungsführern in einem Kommunikationsraum kann es sinnvoll sein, sowohl die Methode der Sozialen Netzwerkanalyse (Bestimmung des Einflusses aufgrund der Position im Netzwerkgraph) als auch der Inhaltsanalyse (Bestimmung der verbreiteten Themen und Appelle) einzusetzen. Wenngleich sich hierdurch vielversprechende Möglichkeiten der Datenanalyse bieten, muss dennoch beachtet werden, dass viele Methoden für Analysen in anderen Kontexten entwickelt wurden und zunächst auf die Spezifika von Social-Media-Daten angepasst werden müssen (dies gilt insbesondere für das Textining und die Sentimentanalyse). Bei der Dateninterpretation ist zu beachten, dass soziale Medien nur einen kleinen Teil des Internets und des öffentlichen Raumes ausmachen.

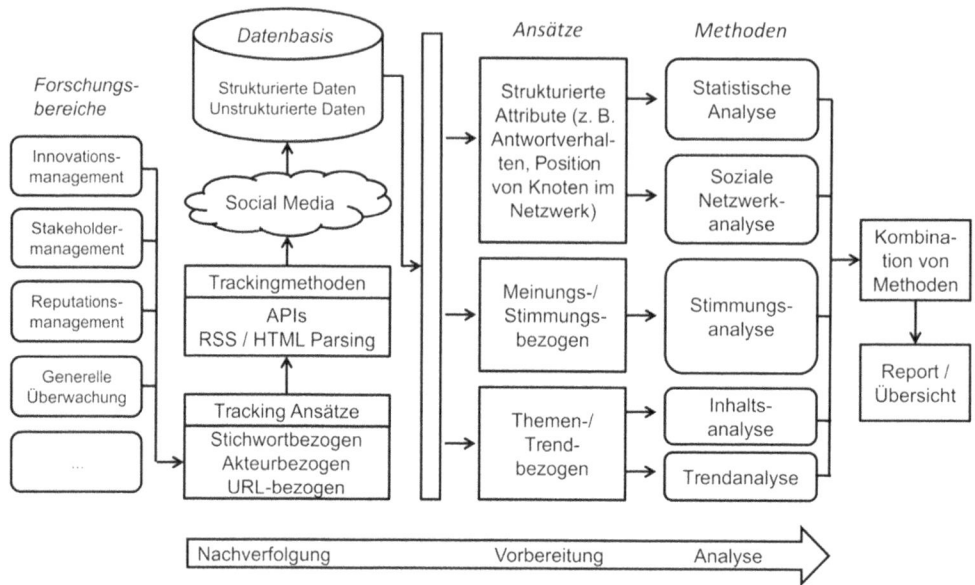

Abbildung 20-1: Vorgehensmodell für Social Media Analytics

Neben dem vorgestellten Bezugsmodell wurden weitere wichtige Schritte in Richtung systematischer Forschung in dem Gebiet der SMA erreicht. Im Hinblick auf die Anwendung in einem Geschäftsumfeld stellen Larson und Watson (2011) ein „Social Media Ökosystem"-Bezugsmodell vor, welches die durch soziale Medien ermöglichten Beziehungen zwischen Stakeholdern erklärt und vorschlägt, wie Forscher in Zukunft Fragen basierend auf diesem Modell angehen können. Des Weiteren bereitet es den Weg für die Entwicklung von Indikatoren zur Leistungsmessung von Social-Media-Aktivitäten, in denen Kunden und Unternehmen involviert sind. Gleichzeitig nimmt es eine kritische Haltung gegenüber der Unternehmensperformance ein. In einem weiteren Beitrag stellen Rosemann et al. (2012) „Social CRM" und „Social BI" als aufkommende Forschungsgebiete vor. Zusätzlich haben sie ein multidimensionales Datenmodell für das konzeptionelle Design von Social-BI-Systemen konstruiert und anhand der Entwicklung von Berichten in einem Verkaufsszenario dessen Anwendbarkeit demonstriert. Aufgrund des Fehlens von Standardmetriken für Twitter zum Vergleich von kommunikativen Mustern über verschiedene Kontexte hinweg haben Bruns und Stieglitz (2013) einen Katalog von weithin anwendbaren, standardisierten Metriken für eine umfassendere Analyse von twitterbasierter Kommunikation bereitgestellt.

20.2.2 Soziale Netzwerkanalyse

Bei der **sozialen Netzwerkanalyse (SNA)** handelt es sich um ein quantitatives Verfahren zur Erfassung, Analyse und Auswertung von sozialen Beziehungen zwischen Individuen,

Gruppen oder Institutionen mittels sozialer Medien. Aufgrund ihrer vielfältigen Einsatzmöglichkeiten hat die (automatisierte) soziale Netzwerkanalyse stark an Bedeutung gewonnen. Vor allem in Unternehmen und Behörden kann die Analyse der Beziehungen beteiligter Akteure ein wesentliches Instrument darstellen, um ein Verständnis über vergangene und zukünftige Geschäftsprozesse und Krisen zu gewinnen. Des Weiteren kann die Netzwerkanalyse als Hilfe zur Identifikation einflussreicher Nutzer oder Meinungsführer dienen (Stegbauer & Häußling, 2010).

Hinsichtlich der Akteure kann man zwischen drei wesentlichen Ebenen unterscheiden:

- **Individuelle Ebene (Individuen)** – z. B. Manager, Angestellte, Privatpersonen

- **Organisatorische Ebene (Organisationen)** – z. B. Unternehmen, Krankenhäuser, Polizeistationen

- Intraorganisatorische Ebene (Organisationseinheit) – z. B. Abteilungen, Fachbereiche

Die Datensammlung bei der SNA geschieht im Kontext sozialer Medien beispielsweise über Java Tools, die auf die Programmierschnittstelle des sozialen Netzwerks zugreift und die Daten ausliest. In anderen Anwendungsgebieten, in denen keine digitalisierten Daten vorliegen, greift man für die Datensammlung jedoch auf die Ergebnisse von Fragebögen zurück (Carrington et al., 2005).

Bei der graphischen Darstellung der zu analysierenden Daten wird bei der sozialen Netzwerkanalyse häufig das *Soziogramm* verwendet. Die Akteure eines Netzwerkes werden hierbei als Punkte beziehungsweise Knoten (*nodes*) dargestellt. Die Beziehungen der Akteure untereinander werden durch Linien projiziert, welche ungerichtet (Abbildung 20-2) oder gerichtet (Abbildung 20-3) sein können. Bei ungerichteten Beziehungen wird häufig von Kanten (*edges*) gesprochen, während die gerichteten Beziehungen als Pfeile (*arcs*) dargestellt werden (Rürup et al., 2015).

Grundsätzlich können unterschiedliche Konstrukte als Knoten oder Kanten betrachtet werden. Oftmals werden Nutzeraccounts oder Webseiten als Knoten dargestellt. Ein Beispiel für eine gerichtete Kante ist eine Followerbeziehung bei Twitter (Account A folgt Account B, aber nicht zwangsläufig umgekehrt). Ein Beispiel für eine ungerichtete Kante ist eine Freundschaftsbeziehung bei Facebook (Nutzer A und B sind beidseitig miteinander befreundet).

Durch die Visualisierung der Daten lassen sich strukturelle Eigenschaften, wie z. B. die Häufigkeit der Beziehungen zwischen den Akteuren, Gruppenbildungen sowie besonders aktive oder periphere (am Rande des Netzwerks befindliche) Akteure ableiten. Hierzu werden Zentralitätsmaße angewandt. Die Eigenvektorzentralität ist beispielsweise eine Maßzahl für den Einfluss eines Accounts im Netzwerk, die einen Score angibt, wie stark ein Knoten mit allen anderen Knoten des Netzwerks verbunden ist. Dieser Wert könnte somit einen Hinweis auf die Rolle als Meinungsführer im Netzwerk geben. Durch zusätzliche Clusteranalysen können innerhalb des Netzwerks Subnetzwerke identifiziert werden.

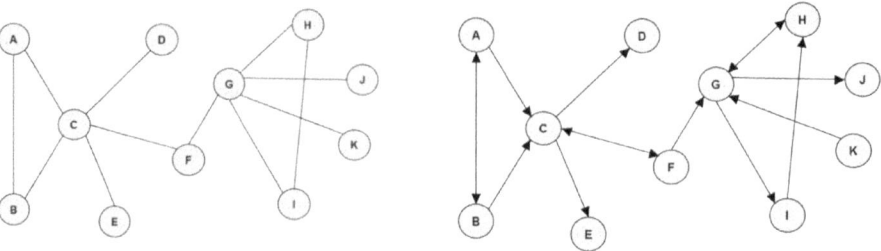

Abbildung 20-2: Ungerichtete Beziehungen   Abbildung 20-3: Gerichtete Beziehungen

Aufgrund der großen Datenmengen sozialer Medien bietet es sich an, geeignete Software zur Visualisierung zu verwenden. In diesem Kontext kommt beispielsweise das Tool *Gephi* häufig zum Einsatz. Alternativ existieren auch Libraries für die Programmiersprachen Python oder R, die ebenfalls eingesetzt werden können.

Um eine Netzwerkanalyse auf Basis von Social-Media-Daten durchzuführen, müssen also zunächst in der Regel entsprechende Daten aus sozialen Medien gesammelt, in eine Datenbank gespeichert und anschließend in einem sinnvollen Format (beispielsweise CSV) exportiert werden. Der entstehende Datensatz kann anschließend in eine geeignete Analysesoftware importiert und dort verarbeitet werden. Die Ergebnisse liegen in der Regel als Werte vor (beispielsweise Zentralitätsmaße), die einzelne Knoten oder das Gesamtnetzwerk beschreiben. Zudem können Netzwerkgraphen erstellt werden, die die Struktur des Netzwerks visualisieren. Hierdurch lassen sich Muster oder für bestimmte Fragestellungen interessante Strukturen identifizieren (beispielsweise Cluster, die Gruppen darstellen können, die besonders intensiv miteinander kommunizieren). Ebenso sind dynamische Betrachtungen möglich, die Kenntnis über den Verlauf von Interaktionen geben, wenn beispielsweise Informationen über den Zeitpunkt von Postings vorhanden sind.

20.2.3 Sentimentanalyse

Unter dem Begriff **Sentiment** können Einstellung/Haltung, Emotionen und Meinungen von Personen gefasst werden. Die Sentimentanalyse ist ein Werkzeug, das dazu genutzt werden kann, die Polarität der Haltung einer Person als Reaktion auf einen Text, eine Aussage oder ein Ereignis in automatisierter Form festzustellen. Die Polarität kann binärer Natur sein. Sentiments können demnach negativ oder positiv ausfallen. Je nach Kontext kann die Polarität beispielsweise als ein "für" oder "gegen", "gut" oder "schlecht" interpretiert werden. Jedoch sind auch eine dritte, neutrale Ausprägung und eine feinere Stufung innerhalb der Ausprägungen denkbar (beispielsweise Wut, Angst, Traurigkeit).

Durch eine Sentimentanalyse kann somit eine Übertragung unstrukturierter Daten in strukturierte Daten erreicht werden.

Ziel der **Sentimentanalyse** ist es, die Haltung beziehungsweise emotionale Reaktion einer Person zu erfassen beziehungsweise zu ermitteln. Da der Mensch sich in der Kommunikation (auch) der natürlichen Sprache bedient, ist die Bewertung seiner Äußerungen, seien diese verbal oder textuell, mithilfe informationstechnischer Verfahren schwierig. Anders als von Computern genutzte formale Sprachen folgt der Einsatz der natürlichen Sprache insbesondere in Social Media nicht konsequent klaren Regeln. Um eine qualitativ hochwertige Auswertung der zu analysierenden Daten zu erreichen, kommen unterschiedliche Verfahren in Betracht. So kann eine Analyse auf unterschiedlichen Ebenen stattfinden. Ein Beispiel hierfür ist die Betrachtung des Sentiments auf Dokumentenebene. Das resultierende Sentiment bildet somit eine Art "Mittelwert" des gesamten analysierten Dokuments beziehungsweise Datensatzes. Möglich ist zudem die Betrachtung und Bewertung einzelner Sätze. Um den Informationsgehalt der Analyse zu erhöhen, kann die Analyse einzelne Entitäten betrachten.

Unabhängig von der Ebene der Betrachtung bilden Worte die Basis einer Sentimentanalyse. Um eine Beurteilung der Polarität von zu analysierenden Inhalten zu erstellen, wird ein Abgleich mit bestimmten Wörtern, auch Sentiment Words oder Opinion Words genannt, vorgenommen, welche in zuvor erstellten Lexika vorliegen. Dabei handelt es sich um Worte, die im Allgemeinen häufig genutzt werden, um Gefühle beziehungsweise Haltungen zum Ausdruck zu bringen, wie beispielsweise gut, schlecht, perfekt, schrecklich, wunderbar etc. Derartige Lexika existieren bereits in großer Zahl für viele Sprachen und werden teilweise stetig erweitert. Zur Sentimentanalyse genutzte, selbstlernende Algorithmen beziehungsweise Programme greifen auf diese Sentiment-Lexika zurück. Fortgeschrittene Methoden in diesem Bereich sind zudem das supervised und das unsupervised Machine Learning.

Bezogen auf soziale Medien lassen sich Sentimentanalysen auf textuelle Äußerungen von Nutzern anwenden, um beispielsweise ein Meinungsbild zu bestimmten Themen, die Polarität von Reaktionen auf bestimmte Ereignisse oder ein allgemeines Stimmungsbild zu ermitteln.

Das Vorgehen zur Durchführung einer Sentimentanalyse ist grundsätzlich vergleichbar mit dem Einsatz anderer Methoden der Social Media Analytics. Auch hier muss zunächst ein geeigneter Datensatz erstellt werden, der anschließend in Softwarelösungen wie Gephi oder LIWC importiert werden kann. Zudem bieten auch große kommerzielle Anbieter Lösungen zur Durchführung von Sentimentanalysen, wie beispielsweise IBM oder Microsoft. Zu beachten ist, dass die Ergebnisse einer automatisierten Sentimentanalyse nur mit Vorsicht verwendet werden können, da die Fehlerquoten, also unzutreffende Klassifizierungen, häufig vorkommen. Besonders deutlich wird dies am Beispiel ironischer Nachrichten, die von Computeralgorithmen (und oft auch von Menschen) nur schwer erkannt werden können. Auch ist zu bedenken, dass die zu Grunde liegenden Lexika für bestimmte

inhaltliche Domänen (Sport, Politik, Wirtschaft oder Spezialthemen) unterschiedlich gute
Resultate bringen. Um die Qualität der Ergebnisse einschätzen zu können, kann die Klassifizierung durch die manuelle Überprüfung einer Stichprobe erfolgen.

20.2.4 Wortanalysen

Wort-Analysen stellen Algorithmen zur Verfügung, um Inhalte in sozialen Medien auszuwerten. Ein wichtiger Begriff im Kontext der Wort-Analyse ist das Text Mining. Durch
dieses Verfahren können die Häufigkeiten verwendeter Hashtags und Worte bestimmt und
meistgenutzte Sätze und Schlagwörter identifiziert werden. Eine Unterkategorie stellen
Wortkonkurrenzanalysen dar, mit deren Hilfe festgestellt werden kann, welche Worte in
Kombination vorkommen. So könnte das häufige Vorkommen der Worte „Wasser" und
„Gefahr" auf eine Flut hindeuten. Fragen, die mittels Wort-Analysen beantwortet werden
können, sind:

- Welche Wörter und Sätze werden wie häufig verwendet?
- Was sind die meistgenutzten Wörter?
- Auf welche Sätze oder Wörter wird am häufigsten geantwortet?
- Nach welchen Wörtern wird oft gesucht?
- Gibt es Wörter, die nur von bestimmten Zielgruppen verwendet werden?
- Welche Worte stehen in einem Zusammenhang?

Vor allem bei Marktvorhersagen sind Wort-Analysen in den Fokus gerückt (Maynard et
al., 2012). Durch die Identifikation von relevanten Schlagworten können Unternehmen
und Behörden gezielter auf sich aufmerksam machen, um eine breitere und eine themen-
spezifische Masse zu erreichen. Mittels Verwendung häufig gesuchter oder verwendeter
Worte rücken diese vermehrt in den Fokus der Nutzer und können eine schnelle Verbreitung wichtiger Informationen erzielen.

Wortanalysen können, wenn die notwendigen Social-Media-Daten vorliegen, zum Teil
mit einfachen Excel-Formeln durchgeführt werden (eine sehr einfache Variante wäre das
Zählen der Häufigkeit bestimmter Worte). Es stehen aber auch mächtigere Lösungen wie
beispielsweise Wordstat zur Verfügung, mit denen komplexere Auswertungen durchgeführt werden können.

20.3 Anwendbares Methodenwissen

Im Folgenden werden drei konkrete Anwendungsbereiche für Social Media Analytics näher beschrieben; dies sind (1) die Identifizierung von Epidemien, (2) Issue Management
und (3) Krisenmanagement.

20.3.1 Identifizierung von Epidemien

Soziale Medien bieten eine reichhaltige Basis an Informationen zu verschiedenen Themen. Menschen aus aller Welt nutzen entsprechende Plattformen wie Twitter, Facebook und andere teilweise täglich, um sich zu präsentieren, ihre Meinung zu äußern, oder um Inhalte von persönlicher Relevanz mit anderen Menschen zu teilen. Die dabei entstehenden Daten können, in der Masse beziehungsweise in Kombination mit denen anderer Personen betrachtet, zu einem umfassenderen Verständnis führen, als es die Informationen einzelner Nutzer ermöglichen würden.

Krankheiten wie die Grippe treten in relativ regelmäßigen Abständen auf und haben weltweit teilweise verheerende Folgen (Abbildung 20-4). Kommt es zu einem Ausbruch der Krankheit, ist eine zeitnahe Ortung des Krankheitsherdes von großer Bedeutung, um die Ausbreitung der Krankheit zu verhindern beziehungsweise zu begrenzen. So können Behörden und Hilfsorganisationen ihre Arbeit mithilfe entsprechender Informationen besser planen und koordinieren. Zwar existieren bereits Systeme wie CDC und EISS, die für die Sammlung klinischer Daten zur Grippe übernehmen. Jedoch sind diese auf manuelle Eingaben angewiesen, was zu einer stark verzögerten Sammlung und Bereitstellung der benötigten Daten von etwa zwei Wochen führt. Zeitverluste können im Falle von Epidemien jedoch schwerwiegende Folgen haben, da sich hierdurch auch die Reaktionszeit von Behörden verlängert.

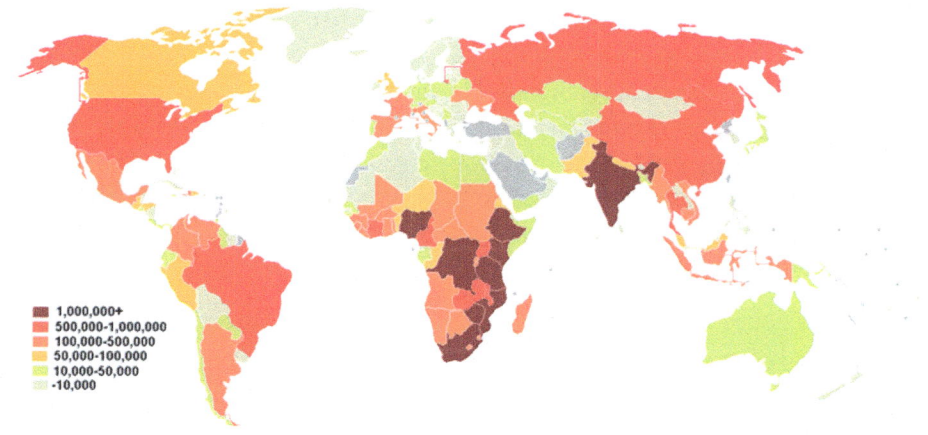

Abbildung 20-4: Welt-Grippe-Karte (Li & Cardie, 2013)

Twitter, als eine der größten Microblogging-Plattformen, bietet seinen Nutzern die Möglichkeit, Meldungen von einer relativ geringen Länge von 140 Zeichen zu versenden. Diese Kurznachrichten (Tweets) können beispielsweise als eine Art Status-Meldung genutzt werden. Der Nutzer kann so z. B. Auskunft über sein aktuelles Wohlbefinden mitteilen. Geben nun Personen über Twitter die Meldung aus, sie seien an der Grippe erkrankt oder beschreiben Symptome in ihren Beiträgen, so können die entstehenden Informationen gesammelt, analysiert und anschließend dazu genutzt werden, solche Regionen auszumachen, die (mehr oder weniger stark) von der Grippe betroffen sind. Zusammen mit bestehenden Informationsquellen kann so, unter Nutzung automatisierter, maschineller Verfahren und Algorithmen, ein verbessertes Frühwarnsystem für die Grippe entstehen. Dieses Beispiel kann auf andere Epidemien übertragen werden.

20.3.2 Issue Management

Soziale Medien, als neue Form der Kommunikation und Information, sind im privaten Bereich fester Bestandteil des täglichen Lebens vieler Menschen geworden. Social Media-Plattformen dienen unter anderem der Selbstpräsentation, dem Austausch mit anderen und der Information. Unternehmen, für deren Erfolg ihre Außenwirkung, als ihre Wirkung auf potenzielle Kunden, ein wichtiger Faktor für wirtschaftlichen Erfolg darstellen, nutzten zur eigenen Präsentation lange Zeit ausschließlich eigene Web-Auftritte. Dabei sind soziale Medien von großer Relevanz für Unternehmen (Parveen, 2012; Reinhold & Alt, 2012). Entsprechende Plattformen bieten mit ihrer Fülle an vorhandenen und täglich neu entstehenden Informationen einen Pool an Daten, den Unternehmen für weitere Zwecke nutzen können. So können sie den direkten Kontakt zu ihren (potenziellen) Kunden nutzen, um diese enger an sich zu binden, die Beziehung zu Kunden zu pflegen oder neue Ideen durch Nutzung des auf Social Media-Plattformen vorhandenen Wissens generieren.

Neben der regelmäßigen Kommunikation der Unternehmen mit der Öffentlichkeit kann, beispielsweise als Folge beziehungsweise als Reaktion auf bestimmte, außergewöhnliche Ereignisse, Kommunikation notwendig werden. Im Falle eines Technologieunternehmens kann ein solches Ereignis in Form von massenhaft auftretenden technischen Defekten verkaufter Geräte auftreten. Äußert sich eine größere Anzahl betroffener Kunden auf Social Media-Plattformen, so kann das Problem schnell öffentliche Beachtung finden. Solche "Issues" können dem betroffenen Unternehmen Schaden zufügen. Entsprechend sind die frühzeitige Identifikation und das Management solcher Ereignisse von großer Bedeutung.

Im Rahmen des Issue Managements muss laufend nach neuen Issues gesucht („Scanning") und bestehende Issues überwacht werden („Monitoring"). Die dabei gesammelten Daten müssen gefiltert und analysiert werden. Dabei können sich Unternehmen unterschiedlicher Methoden wie beispielsweise Sentiment- und Content-Analysen bedienen. Die spezifische Auswahl der Methoden hängt vom Ziel der Analyse ab. Die zu Issues und Trends gesammelten Daten müssen im nächsten Schritt aggregiert werden, um auf dieser Grundlage eine Reaktionsstrategie zu entwickeln. Anschließend müssen Dringlichkeit und Relevanz der identifizierten Issues evaluiert werden. Daraus resultierend fällt die Entscheidung für eine proaktive oder reaktive Strategie (Stieglitz & Krüger, 2011).

Abbildung 20-5 veranschaulicht diesen Prozess.

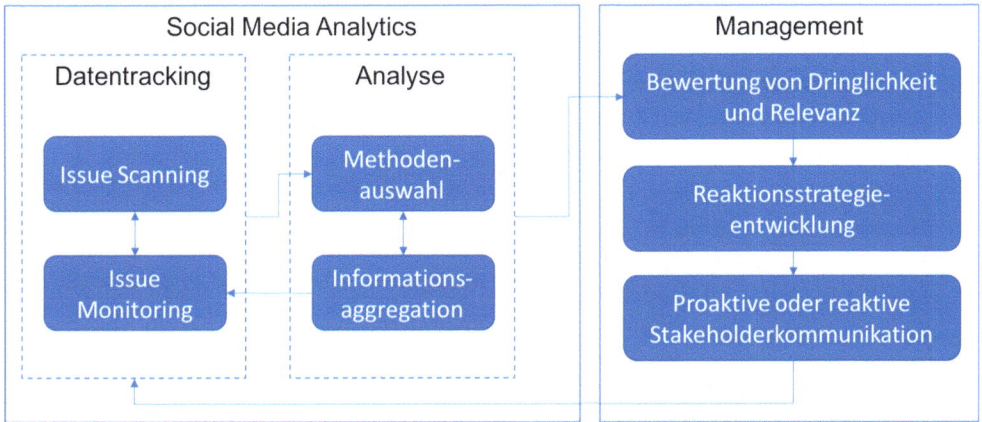

Abbildung 20-5: Social Media Analytics zur Unterstützung des Issue Managements von Unternehmen (Stieglitz & Krüger, 2011)

20.3.3 Krisenmanagement

Die vorangegangenen Beispiele haben gezeigt, welche Mehrwerte Social Media für Unternehmen und Behörden im Rahmen von Krisensituationen haben können. Social Media-Plattformen wie Twitter sind besonders gut für den Einsatz in Krisensituationen geeignet, da Informationen einfach und schnell (in Echtzeit) verbreitet werden können und neue Inhalte komprimiert und auch mobil geteilt werden können. Tritt ein besonderes Ereignis, wie beispielsweise ein Erdbeben, auf, so werden die ersten Tweets über dieses Ereignis oftmals früher veröffentlicht, als die offizielle Berichterstattung von Nachrichtendiensten beginnt. Auf diese Weise erreicht die Information über dieses Ereignis andere Nutzer der Plattform sehr schnell. Diese Tatsache kann man sich zu Nutze machen und soziale Medien als Werkzeug zur Ortung von Erdbeben einsetzen. In diesem Szenario fungiert der Nutzer als Sensor des Ereignisses, also des Erdbebens. Wird ein Tweet bezüglich eines Erdbebens abgesetzt, der inhaltliche und/oder visuelle Informationen beinhalten kann, so hat der Sensor das Ereignis erfasst. Zusätzlich liefert jeder Tweet die Uhrzeit der Erstellung. Manche Tweets liefern darüber hinaus die GPS-Daten des Ortes der Erstellung mit. Diese Daten können über eine API (Application Programming Interface) abgerufen und so genutzt werden. Unter anderem mithilfe von Erkenntnissen zur Verteilung der Informationen im Netzwerk (Information Diffusion) kann so eine Ortung von Ereignissen wie Erdbeben durchgeführt werden.

Neben einer Nutzung von Social Media-Daten mit unmittelbarem Nutzen für Hilfsorganisationen und Betroffene können auch übergeordnete Erkenntnisse über Strukturen und Muster der Kommunikation und Informationsdiffusion während Krisensituationen gewonnen werden. Beispiele hierfür sind Untersuchungen zur Dynamik von Krisenkommunikation, involvierten Akteuren und Prozessen der Krisenverarbeitung (Stieglitz et al., 2017).

20.4 Beispiele

Im Folgenden werden Beispiele von wissenschaftlichen Arbeiten vorgestellt, die die Nutzung der sozialen Netzwerkanalyse in der Praxis vorstellen und die vorangegangenen Vorgehensweisen anwenden und vertiefen.

20.4.1 Netzwerkanalyse: Kommunikationsrollen auf Twitter

Trotz weitreichender Forschung im Bereich sozialer Medien wurde deren Nutzung im Kontext von öffentlichen Veranstaltungen bisher wenig betrachtet. Frühere Studien wie beispielsweise zu den London Riots im August 2011 zeigen jedoch, dass ein komplexer Einfluss von sozialen Netzwerken auf die Kommunikation besteht, der weitreichende Folgen haben kann. So sprach die Regierung des Vereinigten Königreiches kurzweilig von einer Erwägung, den Zugang zu Facebook und Twitter zu sperren.

Auch am 1. Mai, der in Deutschland als Tag der Arbeit gilt und ein gesetzlicher Feiertag ist, enden einige Feiern und Demonstrationen in Gewaltsituationen. Um den Einfluss der Beteiligten untereinander in sozialen Medien zu untersuchen, wurde eine Fallstudie durchgeführt und ein rollenorientierter Ansatz von Barley (1990) angewandt, der den verschiedenen Nutzern Rollen zuweist, um ein weitreichendes Verständnis über die Nutzung, Interaktion und Kommunikation der Beteiligten während des 1. Mai zu erhalten sowie die sozialen Beziehungen auszuführen. Nach der Datensammlung, die auf Twitter mittels der bereit gestellten API vollzogen wurde, wurde eine soziale Netzwerkanalyse durchgeführt.

Mithilfe der Open-Source-Software für Graph-Visualierung Gephi wurden 13.413 gesammelte Tweets als Netzwerkgraph visualisiert (Abbildung 20-6).

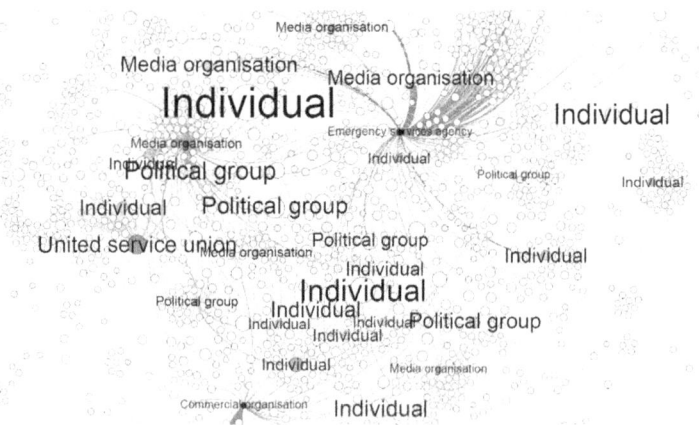

Abbildung 20-6: Soziale Netzwerkanalyse am Beispiel des 1. Mai

Die sogenannten „nodes" (Knoten) stellen hier die Beteiligten des Netzwerkes dar, während die „edges" (Kanten) als Retweets definiert werden. Zusätzlich wird die Tweet-Häufigkeit der einzelnen Beteiligten durch die Größe der Blasen und die Häufigkeit der Retweets durch die Abstufung der Grautöne erkennbar. Beispielhaft hat ein „Individual" Account eine große Blase, er hat demnach viele Tweets verfasst, die jedoch, sichtbar anhand der grauen Abstufungen, kaum retweetet wurden.

20.4.2 Sentimentanalyse: Unternehmenskrise Toyota

Nachdem in den vorherigen Kapiteln die Relevanz sozialer Medien für Unternehmen hervorgehoben wurde, befasst sich das Beispiel mit einer Fallstudie, die eine Sentimentanalyse im unternehmerischen Kontext angewandt hat. Hierfür wurde im ersten Schritt die Kommunikation über Autohersteller als Forschungsobjekt beziehungsweise als „Issue" im Kontext des Issue Managements gewählt. Im zweiten Schritt wurden 732.003 Tweets gesammelt und ausgewertet.

Auf Basis der gesammelten Daten wurde eine Sentimentanalyse durchgeführt. Um Emotionen in großen Datenmengen zu analysieren, wurden Computeralgorithmen angewandt, die die Emotionen in digitalen Texten automatisch erkennen. Die semantische Wörterbuchsuche, die vom Algorithmus verwendet wird, beinhaltet mehr als 4.500 Wörter von Gefühlen und 80 Kategorien, wie z. B. „positiv", „negativ", „traurig" und „glücklich".

Die gesammelten Daten wurden in der vorliegenden Fallstudie in die drei Kategorien eingeteilt: „positive Stimmung", „negative Stimmung" und „neutrale Stimmung".

Beispiele für Tweets mit negativer Stimmung:

- M0019: "Fucking hate Toyota. Don't give me attitude that I want my RECALLED car fixed now bc I'm taking time out of my day to drive it over here ugh"
- MarleyLuv26: "Damn Toyota is like a hot damn mess RT @cnnbrk: Toyota to recall about 50,000 Sequoia SUVs"

Beispiele für Tweets mit positiver Stimmung:

- josereyesfl: "Up for an early start, at central florida toyota hopefully they can fix the recall w the gas pedal. Let's just hope for the best!!!"
- ay_bee: "Sitting in the toyota customer center, finally getting my recall work done. (and a free carwash! Jovney will look so handsome!!!!)"

Beispiele für Tweets mit neutraler Stimmung:

- Climateox: "Toyota safety recall: Nasa called in"
- Parkydust1: "Toyota recalls 412,000 cars"

Das Beispiel verdeutlicht, dass Unternehmen mithilfe von Sentimentanalysen positive und negative Nachrichten identifizieren können. Die so zur Verfügung stehenden Informationen kann das Unternehmen nutzen, um eine Reaktionsstrategie abzuleiten.

20.5 Fazit

In dem Artikel wurden die Relevanz und die Einsatzgebiete von Social Media Analytics für Unternehmen und Behörden verdeutlicht. Es wurden ein Vorgehensmodell vorgestellt und die wichtigsten darin enthaltenen Methoden näher erläutert. Anhand zweier Beispiele aus der Forschung wurden Einsatzpotenziale von Social Media Analytics aufgezeigt. Die zentralen Lernpunkte sind:

- Soziale Medien werden von Unternehmen und Behörden sowohl extern zur Kommunikation mit Stakeholdern als auch intern zur besseren Vernetzung der Mitarbeiter eingesetzt.

- Social Media Analytics beschreibt die Teilschritte von der Erarbeitung einer konkreten Fragestellung bis hin zur Datensammlung, -auswertung und -interpretation.

- Wichtige Methoden sind beispielsweise die Sentimentanalyse, die Netzwerkanalyse und das Text Mining.

- Social Media Analytics kann helfen, Dynamiken und aufkommende Themen frühzeitig zu erkennen und so den Einsatz von Gegenmaßnahmen im Falle von Krisen schneller zu ermöglichen.

20.6 Übungsaufgaben

Aufgabe 1: Nennen und beschreiben Sie jeweils drei Vorteile und Herausforderungen, die soziale Medien für Unternehmen und Behörden bedeuten können.

Aufgabe 2: Welche Methoden sollten eingesetzt werden, um Influencer in sozialen Medien zu identifizieren?

Aufgabe 3: Wie würden Sie Vorgehen, um aus Unternehmenssicht Krisen frühzeitig in sozialen Medien zu erkennen? Gehen Sie auf die Datensammlung und -analyse ein.

Aufgabe 4: Das dargestellte Beispiel zur Analyse des 1. Mai in Berlin beinhaltet eine Netzwerkanalyse. Erläutern Sie, was die Knoten und Kanten darstellen und welche Mehrwerte eine solche Analyse in diesem Kontext haben kann.

Aufgabe 5: In der wissenschaftlichen Literatur ist inzwischen eine Reihe von Fallstudien publiziert worden, die unterschiedliche methodische und inhaltliche Aspekte im Kontext von Social Media Analytics betrachten. Die folgende Aufgabenstellung kann der Erweiterung Ihres Kenntnisstandes dienen: Identifizieren Sie einen Artikel, in dem Social Media Analytics angewandt wurde. Wenden Sie das vorgestellte Vorgehensmodell an, indem Sie das Vorgehen in dem von Ihnen gewählten Artikel anhand der systematischen Teilschritte beschreiben.

20.7 Literatur

20.7.1 Literaturempfehlungen

Stieglitz, S., Dang-Xuan, L., Bruns, A., & Neuberger, C. (2014). Social Media Analytics — Ein interdisziplinärer Ansatz und seine Implikationen für die Wirtschaftsinformatik. Wirtschaftsinformatik, 56(2), 101–109.

Weller, K., Bruns, A., Burgess, J., Mahrt, M., & Puschmann, C. (Hrsg.), Twitter and Society (1. Aufl., S. 69–82). Digital Formations: Bd. 89. New York, Bern, Berlin, Bruxelles, Frankfurt am Main, Oxford, Wien: Peter Lang, Publishing Inc.

20.7.2 Literaturverzeichnis

Barley, S. R. (1990). The Alignment of Technology and Structure through Roles and Networks. *Administrative Science Quarterly, 35*(1), 61. https://doi.org/10.2307/2393551

Bruns, A., & Stieglitz, S. (2013). Towards more systematic Twitter analysis: metrics for tweeting activities. *International Journal of Social Research Methodology, 16*(2), 91–108. https://doi.org/10.1080/13645579.2012.756095

Carrington, P. J., Scott, J., & Wasserman, S. (2005). *Models and Methods in Social Network Analysis.* Cambridge, USA: Cambridge University Press.

Larson, K., & Watson, R. (2011). The value of social media: toward measuring social media strategies. In *Proceedings of the 32nd International Conference on Information Systems.* Shanghai, China.

Li, J., & Cardie, C. (2013). Early Stage Influenza Detection from Twitter. *CoRR.*

Maynard, D., Bontcheva, K., & Rout, D. (2012). Challenges in developing opinion mining tools for social media. In *Proceedings of @NLP can u tag #user_generated_content?! Workshop at LREC 2012.*

Parveen, F. (2012). Impact Of Social Media Usage On Organizations. In *Proceedings of the Pacific Asia Conference on Information Systems (PACIS) 2012* (p. Paper 192).

Reinhold, O., & Alt, R. (2012). Social Customer Relationship Management: State of the Art and Learnings from Current Projects. In *BLED 2012 Proceedings* (p. Paper 26).

Rosemann, M., Eggert, M., Voigt, M., & Beverungen, D. (2012). Leveraging Social Network Data for Analytical CRM Strategies – The Introduction of Social BI. In *ECIS 2012 Proceedings.* Barcelona, Spain.

Rürup, M., Röbken, H., Emmerich, M., & Dunkake, I. (2015). Grundlagen der sozialen Netzwerkanalyse. In *Netzwerke im Bildungswesen* (S. 19–31). Wiesbaden: Springer Fachmedien Wiesbaden. https://doi.org/10.1007/978-3-658-06737-3_2

Stegbauer, C., & Häußling, R. (Hrsg.). (2010). *Handbuch Netzwerkforschung.* Wiesbaden: VS Verlag für Sozialwissenschaften. https://doi.org/10.1007/978-3-531-92575-2

Stieglitz, S., Dang-Xuan, L., Bruns, A., & Neuberger, C. (2014). Social Media Analytics - Ein interdisziplinärer Ansatz und seine Implikationen für die Wirtschaftsinformatik. *Wirtschaftsinformatik, 56*(2), 101–109.

Stieglitz, S., & Krüger, N. (2011). Analysis of Sentiments in Corporate Twiter Communication – A Case Study on an Issue of Toyota. In *ACIS 2011 Proceedings* (p. Paper 29).

Stieglitz, S., Mirbabaie, M., Schwenner, L., Marx, J., Lehr, J., & Brünker, F. (2017). Sensemaking and Communication Roles in Social Media Crisis Communication. In J. M. Leimeister & W. Brenner (Hrsg.), *Proceedings der 13. Internationalen Tagung Wirtschaftsinformatik (WI 2017)* (S. 1333–1347). St. Gallen.

21 Corporate Shitstorm Management: Konfrontationen in sozialen Medien

Frank Beham

Universität des Saarlandes (bis 2015)

Zusammenfassung

Die rasante Entwicklung der Kommunikation über soziale Medien hat die Art und Weise, wie Konsumenten mit Unternehmen interagieren, massiv verändert. Eine negative Seite zeigt sich darin, dass Unternehmensentscheidungen und -handlungen mitunter kritisch auf öffentlichen Plattformen diskutiert werden; ein Phänomen, das bei extremer Ausprägung als Corporate Shitstorm bekannt ist. Unternehmen sind dabei vielfach von der vorherrschenden Dynamik überrascht und bisweilen damit überfordert. Daher ist es essentiell, Zusammenhänge im Shitstorm zu verstehen und das Geschehen analysieren zu können, dass eine bewusste Reaktion erfolgen kann. Das vorliegende Kapitel erläutert das Phänomen und beschreibt das Modell des Corporate Shitstorm Managements. Dabei werden Zusammenhänge zwischen Situation, Reaktion und Folgen im Shitstorm deutlich. Auf dieser Grundlage werden Leser befähigt, wesentliche situative Faktoren zu beleuchten, um eine angemessene Reaktion wählen zu können. Zur Anwendung werden die Ausführungen in jedem Abschnitt auf einen konkreten Fall (Shitstorm von United Airlines Anfang 2017) übertragen. Auch wenn sich Shitstorms grundsätzlich nicht vermeiden lassen, werden Ansätze zur Vorbereitung beschrieben, um im Ernstfall nicht übereilt reagieren zu müssen.

Lernziele

- Die Leser verstehen, wie ein Corporate Shitstorm definiert wird und welche Bedeutung dieses Phänomen für Unternehmen hat.

- Die Leser erkennen zentrale Zusammenhänge in Shitstorms und können alle Elemente des Corporate Shitstorm Managements eigenständig analysieren.

- Die Leser können einen wertvollen Beitrag zur Vorbereitung auf Shitstorms und zur Wahl der richtigen Unternehmensreaktion leisten.

21.1 Relevanz von Corporate Shitstorms

Stellen Sie sich vor, Sie sitzen im Flugzeug und hören Musik oder lesen eine Zeitschrift, die Plätze füllen sich langsam und Sie erwarten, dass der Flieger pünktlich Richtung Ziel startet. Soweit eine Situation, die viele von uns regelmäßig erleben oder bereits erlebt haben. Plötzlich gibt es einen Aufruf. Es werden vier Freiwillige gesucht, die das Flugzeug verlassen sollen, um Platz für vier Crew-Mitglieder zu machen, die am nächsten Morgen am Bestimmungsort eintreffen müssen. Die Fluggesellschaft bietet Freiwilligen, die auf den aktuellen Flug verzichten, eine kostenlose Übernachtung und eine Prämie von bis zu 800 USD an. Da sich jedoch keiner der Passagiere meldet, werden vier Personen ausgelost, die das Flugzeug verlassen sollen – und es trifft Sie. Sie sind aber ein Arzt, der dringend am nächsten Tag bei seinen Patienten sein muss und verweigern den Ausstieg. Nach einigem Argumentieren werden Sie gewaltsam vom Sicherheitspersonal aus dem Flugzeug gezogen – Sie wehren sich, werden dabei sogar verletzt – und können den Flug nicht antreten.

Unvorstellbar? So aber geschehen – Anfang 2017 bei United Airlines. Dahinter steht die übliche Praxis von Fluggesellschaften, Flüge zu überbuchen, das heißt, mehr Tickets als verfügbare Plätze zu verkaufen, um auch dann mit einer ausgelasteten Maschine zu starten, falls Passagiere vereinzelt den Flug nicht antreten. Der Plan geht im Regelfall auf, da die Buchungssysteme statistische Ausfallwahrscheinlichkeiten von Passagieren berücksichtigen. Wenn jedoch, wie im vorliegenden Fall, alle Passagiere einchecken – und zudem Platz für die Crew benötigt wird – behalten sich Fluggesellschaften vor, Fluggästen eine Prämie fürs Aussteigen anzubieten oder diese im Extremfall aus dem Flugzeug zu begleiten. Auch wenn diese Vorgehensweise unfair erscheint, so ist sie über die AGB abgesichert, da grundsätzlich kein Anspruch auf Beförderung zur gebuchten Zeit besteht, sofern ein Ersatz angeboten wird.

Was für United Airlines die Situation brenzlich macht, ist die Tatsache, dass der Vorfall durch zahlreiche Mitreisende im Flugzeug auf Video festgehalten und binnen kurzer Zeit wie ein Strohfeuer viral verbreitet wird. Und schon sind wir mitten in einem Corporate Shitstorm. Dabei bezeichnet ein **Shitstorm** die *„öffentliche Kommunikation über einen unternehmensinternen Missstand – vorrangig im Social Web –, die durch ein überdurchschnittlich großes Beitragsvolumen mit überwiegend kritischem und teils unsachlichem Ton innerhalb kurzer Zeit charakterisiert ist. Diese bezweckt die Durchsetzung von Stakeholder-Interessen und kann potenziell eine krisenhafte Wirkung haben"* (Beham, 2015b, S. 17). Der Begriff wurde von dem Blogger Sascha Lobo erstmals im Jahre 2010 auf der Internetkonferenz re:publica unter Verweis auf den „Vodafone-Fall" verwendet. Eine zunehmende Verankerung im deutschen Sprachgebrauch erfolgte durch die Auszeichnung als Anglizismus des Jahres 2011 und durch die Aufnahme in die gedruckte Fassung des Dudens im Juni 2013. Entgegen diverser wissenschaftlicher Definitionen (Champoux et al. 2012) bezieht sich das aufgeführte Begriffsverständnis ausschließlich auf Shitstorms gegen juristische Personen, schließt Missstände aus, die keinen direkten Bezug zum Unternehmen haben und setzt die Anzahl an Beiträgen ins Verhältnis zum durchschnittlichen Beitragsaufkommen, da die Bemessung von „large quantities of messages" (Pfeffer et al., 2013, S. 2) nicht losgelöst von der Unternehmensgröße erfolgen kann.

Bei United Airlines werden Videos von dem Vorfall über Twitter, Facebook und YouTube tausendfach weitergeleitet, kommentiert und geliked. Nacheinander veröffentlicht der United Airlines CEO Oscar Munoz Antworten, doch weder sein erster Facebook-Beitrag am 10. April 2017, bei dem er sich grundsätzlich hinter seine Angestellten stellt, noch sein zweiter Beitrag am Folgetag, bei dem er Behebung gelobt, führen zu einer wahrnehmbaren Beruhigung der Situation.

Ausgewählte Beispiele verdeutlichen das Ausmaß: Eines der Videos wird auf Facebook fast 20 Millionen mal aufgerufen (handelsblatt.com, 2017a). Neben tausenden Boykottaufrufen in den sozialen Medien unter dem Schlagwort „boycottunited" werden die Beiträge von Oscar Munoz auf dem Facebook-Profil von United Airlines mehr als 150.000 Mal kommentiert und genauso oft mit einem „Angry-Emoticon" markiert (facebook.com, 2017). In den USA spottet US-Comedian Jimmy Kimmel in seiner Late-Night-Show über den Vorfall und auf politischer Seite maßregelt der US-Präsident Donald Trump das Fehlverhalten (manager-magazin.de, 2017). Auch deutsche Medien wie Handelsblatt, Der Spiegel, W&V und die Tagesschau greifen den Fall auf. Zudem bricht der Aktienkurs von United zeitweise um mehr als vier Prozent ein.

Wie schwerwiegend United Airlines von diesem Vorfall getroffen ist, ist zunächst nicht klar abzuschätzen. Allenfalls kommt der Corporate Shitstorm zu einer ungünstigen Zeit. Nach der gescheiterten Fusion mit dem US-Unternehmen Continental und dem negativ diskutierten Rauswurf von zwei Teenagern, deren Bekleidungsstil mit Leggings nicht als stattlich erachtet wurde, *„war die bei vielen US-Kunden als Inbegriff von schlechtem Service gehandelte Airline gerade erst auf dem Wege der Besserung"* (handelsblatt.com, 2017b).

21.2 Aufbau des Corporate Shitstorm Managements

In Anbetracht des in Kapitel 21.1 aufgezeigten missglückten Krisenmanagements im Corporate Shitstorm von United Airlines ist es verständlich, dass sich Unternehmen, die im Social Web aktiv sind, damit befassen, wie in derartigen Ausnahmesituationen eine möglichst schnelle Beruhigung der Situation möglich ist. Auch wenn der Begriff Shitstorm mittlerweile in der Berichterstattung zur Normalität geworden ist, gibt es immer wieder Fälle, bei denen sogenannte Stakeholder, das heißt Anspruchsgruppen eines Unternehmens (Freeman, 1984), über Social Media-Kanäle einen großen Einfluss auf das Unternehmenshandeln ausüben.

Im April 2017 hatte Pepsi ein Video im Rahmen einer Werbekampagne – primär auf Druck über Twitter – zurückgezogen. Darin tritt Kendall Jenner, US-amerikanisches Model und Mitglied des Kardashian-Clans, als Botschafterin auf, der es mit einer Pepsi-Dose gelingt, Polizeigewalt bei Demonstrationen zu verhindern. Auch wenn das Unternehmen eine Botschaft von Einheit, Frieden und Verständnis verbreiten wollte, entfachte daraufhin eine negative Diskussion, in der die Story verglichen wird mit Protesten gegen Donald Trump beim Women's March und mit Protesten gegen Polizeigewalt der „Black Lives Matter"-Bewegung in Baton Rouge (Louisiana) (spiegel.de, 2017a). Die Ausnutzung politischer Initiativen zu kommerziellen Zwecken und die Verharmlosung gewaltsamer Auseinandersetzungen mit der Polizei wollten jedoch viele Stakeholder nicht einfach so hinnehmen. Ein weiteres Beispiel, ebenfalls aus April 2017, ist Nivea (horizont.net, 2017). Die Beiersdorf-Marke musste eine Facebook-Kampagne abbrechen, die mit dem Slogan „White is Purity" (Übers. Weiß bedeutet Reinheit) ein Deodorant beworben hatte. Vermeintlich unverfänglich zeichnet sich dies dadurch aus, dass auf Textilien keine gelben Flecken oder weißen Rückstände entstehen. Brisant dabei ist jedoch der Zielmarkt, da die Kampagne auf den Nahen Osten ausgelegt war und somit schnell der Eindruck ethnischer Diskriminierung aufkam.

In diesen Fällen zeigen sich die Reputation eines Unternehmens oder andere Zielvariablen bedroht, sodass ein bewusster Umgang erforderlich ist. Dabei ist zu berücksichtigen, dass die Wahrnehmung einer Unternehmensreaktion in einem Shitstorm stark von der zu diesem Zeitpunkt vorherrschenden Situation abhängt (Beham, 2015b). Um demnach als Unternehmen in einem Shitstorm eine Reaktion auswählen zu können, muss die vorherrschende Situation verstanden werden, um daraufhin mit der Reaktion ein gewünschtes Ziel zu erreichen.

Das Ziel im Umgang mit Corporate Shitstorms besteht – unter Berücksichtigung der Reputationsziele eines Unternehmens – darin, einen Shitstorm möglichst schnell zu beenden und langanhaltende, umfangreiche sowie negative Diskussionen zu vermeiden. Daraus lässt sich ableiten, dass der Umgang mit einem Corporate Shitstorm darauf abzielen muss, den vorliegenden Kontext zu verstehen, um potenzielle Konsequenzen, die sich unmittelbar oder im Sinne vor-monetärer Konsequenzen mittelbar über die Zeit auswirken (Kolb, 2015), vor Veröffentlichung einer Reaktion abschätzen zu können und dadurch eine gezielte Kommunikationsstrategie zu ermöglichen. So umfasst das **Corporate Shitstorm Management** „*Maßnahmen zur frühzeitigen Erkennung*[16] *von Shitstorms sowie Reaktionsstrategien auf bereits eingetretene Shitstorms, um negative monetäre und vor-monetäre Konsequenzen für das Unternehmen zu minimieren beziehungsweise positive Effekte für dieses zu schaffen*" (Beham, 2015b, S. 20).

---

[16] Maßnahmen zur frühzeitigen Erkennung eines Shitstorms werden in Abschnitt 21.7 im Rahmen von Handlungsempfehlungen an Oscar Munoz erläutert.

Während wissenschaftliche Beiträge zumeist auf die Beschreibung des Phänomens begrenzt sind (Faller & Schmit, 2013; Steinke, 2014), muss ein holistischer Ansatz die Zusammenhänge im Corporate Shitstorm derart greifbar machen, dass Handlungsempfehlungen möglich sind. Dazu ist es erforderlich, unterschiedliche Forschungsdisziplinen, primär Wirtschafts- und Kommunikationswissenschaften sowie Soziologie, Ethik und Informationswissenschaften, zu kombinieren (Beham, 2015b, S. 28). Auch wenn Coombs (1995; 2007; Coombs & Holladay, 2002) mit seinen Untersuchungen zur Situativen Krisenkommunikationstheorie dem Verständnis des Corporate Shitstorm Managements im hier beschriebenen Sinne am nächsten kommt, liegt nur ein anhand von Fallstudien empirisch geprüfter Ansatz vor (Beham, 2015b), der in den nachfolgenden Kapiteln theoretisch erläutert und anhand des Beispiels United Airlines vertieft wird.

21.3 Analyse der Situation

Steigt die Anzahl negativer Beiträge und Kommentare auf den Social Media-Kanälen eines Unternehmens an, zeigt sich ein praktisches Problem. So sind die Grenzen zwischen einzelnen Beschwerden und einem Shitstorm fließend, die Unterschiede in Handling und Auswirkung jedoch gravierend.

Einerseits unterscheidet sich die Art des Umgangs mit diesen Situationen, da vereinzelte Beschwerden, die alltäglich über die Kommunikationskanäle eines Unternehmens eingehen, über Standardroutinen im Beschwerdemanagement abgewickelt werden können. Dies ist jedoch bei Shitstorms, in Anbetracht der notwendigen Analyse des Kontexts (vgl. Kapitel 21.2), nicht standardisiert möglich. Andererseits ist die Gefährdungsexposition in einem Shitstorm durch die höhere Sichtbarkeit, das heißt durch das höhere Beitragsaufkommen und die Publikation auf anderen Kanälen, wesentlich größer als dies bei sonstigen Beschwerden der Fall ist.

Demnach muss es sehr schnell gelingen, zwischen regulären Beschwerden und der Ausnahmesituation Shitstorm zu unterscheiden, um den Umgang mit der Situation in die richtige Bahn lenken zu können. Für beide Fälle gilt zunächst, dass Stakeholder eines Unternehmens einen Missstand wahrnehmen und diesen über Social Media-Kanäle diskutieren. Dabei werden gemäß Freeman (1984, S. 46) als Stakeholder alle Anspruchsgruppen, z. B. Kunden des Unternehmens, Nichtregierungsorganisationen (sogenannte NGO) oder politische Entscheidungsträger, bezeichnet, die grundsätzlich von den Unternehmenshandlungen betroffen sind. Ein Missstand entsteht dann, wenn das Verhalten des Unternehmens nicht im Einklang mit den Erwartungen der Stakeholder steht. Über die Kommunikation des Missstands versuchen die Stakeholder, das Unternehmen zu einer Verhaltensänderung zu bewegen, um die eigenen Interessen durchzusetzen (King & Soule, 2007; Sarkis et al., 2010). Während Shareholder beispielsweise über die Aktionärsversammlung direkt Einfluss nehmen können, stehen Stakeholdern nur indirekte Mittel zur Verfügung, um Druck aufzubauen. Im Gegensatz zu Beschwerden wird in einem Shitstorm, wie in der Definition aufgezeigt, über einen Social Media-Kanal in sehr kurzer Zeit eine unerwartet hohe An-zahl negativer Beiträge veröffentlicht, die weit über dem durchschnittlichen Beitragsvolu-men des Kanals liegt. Dieses Begriffsverständnis fließt in die Definition von Kriterien ein, mit denen das Vorliegen eines Shitstorms gemessen werden kann. Beham (2015a, S. 12ff.) beschreibt fünf wesentliche Kriterien, anhand derer beurteilt werden kann, ob ein Shit-storm vorliegt (siehe Tabelle 21-1).

Kriterium	Indikatoren eines Shitstorms
Durchsetzungsver-mögen	Hohe Anzahl beteiligter Stakeholder, z. B. auf Social Media-Kanälen
	Beteiligung von Meinungsführern, z. B. Klout Score, Topcharts
	Hohe Intensität der Berichterstattung
	Hohe Medienreichweite (z. B. Anzahl an Social Media-Kanälen)
	Institutioneller Druck, z. B. Berichterstattung durch NGOs
	Politischer Druck, z. B. Stellungnahme durch Politiker
Dringlichkeit der Forderung	Rasche Eskalation, z. B. schneller Anstieg von Beiträgen
	Große Motivation der Stakeholder, z. B. Verfassen von Spott-Beiträgen
	Vorliegen einer expliziten Forderung
	Hohe Diskussionsintensität
Legitimität der For-derung	Deckung der Forderung mit gesellschaftlichen Normen
	Allgemeine Nachvollziehbarkeit des Anlasses
	Wenige Fürsprecher für das Unternehmen
Verantwortlichkeit	Vorfall beruht auf einer bewussten/strategischen Entscheidung des Unter-nehmens
	Möglichkeit des Unternehmens, die Ursache zu beheben
Absichtlichkeit	Die Herbeiführung des Missstandes wird in Kauf genommen

Tabelle 21-1: Beschreibung der Indikatoren zur Situationsanalyse (Beham, 2015a, S. 13)

Zur Durchführung der Situationsanalyse ist es essentiell, genau zu verstehen, wie die fünf Kriterien[17] definiert werden. Das **Durchsetzungsvermögen** (Übers. Stakeholder Power) beschreibt die Macht der Stakeholder, Druck auf ein Unternehmen ausüben zu können, insbesondere dann, wenn sich dieses nicht gemäß den Erwartungen der Stakeholder ver-hält. Demgegenüber liegt **Dringlichkeit der Forderung** (Übers. Request Urgency) dann vor, wenn die Forderung zur Behebung eines Missstandes eine inhaltliche und zeitliche Relevanz aufweist. **Legitimität der Forderung** (Übers. Request Legitimacy) besteht dann, wenn die Forderung der Stakeholder in einem Shitstorm in Einklang mit gesell-schaftlichen Erwartungen, Normen und Werten steht. Diese drei Kriterien werden von

---

[17]   Auch wenn Beham (2015a, S. 13) auf weitere Indikatoren verweist, kann in einem vereinfachten Verständnis der Zusammenhänge im Corporate Shitstorm Management auf die fünf treibenden Kri-terien abgestellt werden.

Mitchell, Agle und Wood (1997, S. 865ff.) als charakterisierende Merkmale von Stakeholdern beschrieben. Ergänzend liegt **Verantwortlichkeit** dann vor, wenn ein Unternehmen einen Missstand verursacht oder die Möglichkeit hat, den Missstand zu beheben. Sofern ein Unternehmen die Ursache eines Shitstorms in Kauf genommen hat, ist der Indikator **Absichtlichkeit** erfüllt.

Bei der Interpretation der Indikatoren muss stets die Perspektive, also die Einschätzung, der Stakeholder eingenommen werden, da eine subjektive Wertung aus Sicht des Unternehmens zu abweichenden Ergebnissen führen kann. Zudem sind bei der Beurteilung der Ausprägung eines Kriteriums die jeweiligen Indikatoren in einer kumulativen Einschätzung zu berücksichtigen, das heißt, es müssen nicht alle Indikatoren gleichzeitig stark ausgeprägt sein (Frooman, 1999). Bei der Gesamtbeurteilung aller Kriterien hinsichtlich eines Shitstorms gilt die analoge Überlegung. So kann ein Shitstorm stark ausgeprägt sein, auch wenn eines der Kriterien nicht bestätigt werden kann.

Kriterium	Konkretisierung der Indikatoren	(Ausgewählte) Quellen	Bewertung
Durchsetzungskraft	Anzahl an Beiträgen hoch	facebook.com (2017)	✓
	Anzahl an Kanälen hoch (unter anderem Facebook, Printmedien, Radio)	facebook.com (2017), Google	
	Politischer Druck gegeben (Äußerungen des US-Amerikanischen Präsidenten)	handelsblatt.com (2017)	
Dringlichkeit der Forderung	Hohe Geschwindigkeit der Eskalation	Abbildung 21-4 (Quintly Analytics)	✓
	Veröffentlichung von Spott-Beiträgen	twitter.com (2017)	
	Hohe Diskussionsintensität	facebook.com (2017)	
Legitimität der Forderung	Gewalt gegenüber Passagieren deckt sich nicht mit gesellschaftlichen Normen	manager-magazin.com (2017)	✓
	Anzahl an Fürsprecher gering	facebook.com (2017)	
Verantwortlichkeit	Möglichkeit zur Behebung des Missstandes ist gegeben	United Airlines (2017b)	✓
Absichtlichkeit	Gewalt wird von Unternehmen nicht in Kauf genommen	United Airlines (2017b)	✗
Hinweise: Die Bewertung der Ausprägung erfolgt qualitativ anhand der überwiegenden Ausprägung der Indikatoren; diese müssen nicht zwingend alle vorliegen. Quellen sind in einem separaten Ordner zu dokumentieren.			
✓: Kriterium ist ausgeprägt; ✗: Kriterium ist nicht ausgeprägt.			

Tabelle 21-2: Bewertung der Situation

21.3.1 Analyse der Situation im Shitstorm United Airlines

Tabelle 21-2 zeigt anhand der Situation vor der ersten Reaktion (10. April 2017, 6:31pm) auf, wie eine strukturierte Bewertung der Indikatoren erfolgen kann, um eine Beurteilung der Situation vornehmen zu können. Mit Blick auf die Bewertung der Situation können die ersten vier Kriterien als ausgeprägt bestätigt werden. Auch wenn der Indikator Absichtlichkeit nicht bestätigt werden kann, ist auf Grund der Intensität der Ausprägung der übrigen Faktoren von einem Shitstorm auszugehen.

21.4 Auswahl der Reaktion

Dem Corporate Shitstorm Management unterliegt auf der Ebene, wie ein Unternehmen mit einem Shitstorm umgeht, ein Kontinuum an fünf Reaktionsstrategien (in Anlehnung an Bradford & Garrett, 1995 i.V.m. Garrett et al, 1989; Coombs & Holladay 1996 i.V.m. Coombs 1995; Siomkos & Shrivastava, 1993). Die Reaktionstypen im Kontinuum genügen dem Anspruch, sich sowohl trennscharf voneinander unterscheiden zu lassen als auch alle möglichen Reaktionen abzudecken. Nachfolgend sollen die Reaktionen in Kürze erläutert werden. Auch wenn bei **Ignorieren** keine Reaktion auf Unternehmensseite erfolgt (Henard, 2002), kann ein Abwarten bereits als Zögern wahrgenommen werden, das zu einer Intensivierung negativer Beiträge auf Stakeholderseite führt, um eine Reaktion herbeizuführen (Bradford & Garrett, 1995, S. 885). Wird in der Reaktion das Vorliegen eines Missstandes grundsätzlich verneint, reagiert das Unternehmen mit **Abstreiten** (Übers. Denial; Garrett et al., 1989). Wird hingegen ein Missstand eingeräumt, jedoch keine Verantwortung dafür übernommen, so liegt **Distanzieren** (Übers. Distance) vor (Coombs & Holladay, 1996). **Entschuldigen** (Übers. Apology) ist dadurch charakterisiert, dass Verantwortung für den Missstand übernommen wird, indem die Krise eingeräumt wird und eine Entschuldigung erfolgt (Coombs & Holladay, 2008). Eine Stufe weiter greift **Beheben** (Übers. Concession), da Verantwortung übernommen und gleichermaßen der Missstand selbst behoben wird (Garrett et al., 1989). Die Abbildung auf der folgenden Seite zeigt das Kontinuum auf, bei dem gilt, je weiter rechts die Reaktion auf dem Kontinuum liegt, desto starker werden die Stakeholder-Interessen berücksichtigt (Clarkson, 1995).

Nach diesem Raster lassen sich zum einen Reaktionen eines abgeschlossenen Shitstorms zur nachträglichen Analyse der Zusammenhänge kategorisieren, zum anderen geben diese Reaktionstypen einen Anhaltspunkt zu den Inhalten einer Reaktion in laufenden Shitstorms, da die Reaktionswahl, wie in Abschnitt 21.6 im Detail aufgezeigt wird, unmittelbar die Wahrnehmung der Stakeholder beeinflusst. Vereinfacht gilt: Sind die Stakeholder mit der Reaktion zufrieden, gibt es keinen Grund mehr zur Beschwerde und die Situation beruhigt sich (Greening & Gray, 1994).

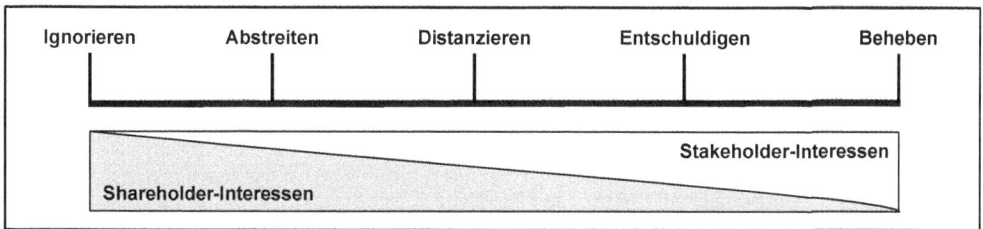

Abbildung 21-1: Kontinuum möglicher Unternehmensreaktionen (Beham, 2015b, S. 60ff.)

21.4.1 Auswahl der Reaktion im Shitstorm United Airlines

Bei der Analyse der Reaktion im gegebenen Beispiel gibt das Facebook-Profil von United Airlines (https://www.facebook.com/United/) beziehungsweise der Verweis auf das Presseportal United Hub Aufschluss über die offiziell publizierten Reaktionen im Shitstorm.

Die erste offizielle Reaktion auf den Shitstorm ist ein Beitrag durch Oscar Munoz am 10. April 2017 (6:31pm): *„This is an upsetting event to all of us. I apologize for having to re-accomodate these customers. Our team is moving with a sense of urgency to work with the authorities and conduct our own detailed review of what happened. We are also reaching out to this passanger to talk directly to him and further address and resolve this situation. "* Auf den ersten Blick nimmt man die Aussagen „apologize" und „resolve this situation" wahr. Allerdings wirken diese eher als Ausflüchte denn als verantwortungsvoller Umgang, da die Entschuldigung in Anbetracht der Ausdrucksweise „re-accomodate" (Übers. Umplatzieren) an Glaubwürdigkeit verliert. Zudem spricht für diese Wertung auch die Kommunikation zahlreicher Leitmedien, welche die Reaktion von Oscar Munoz so auffassen, dass er zunächst *„das Verhalten seiner Mitarbeiter verteidigte"* (spiegel.de, 2017b). Da die Situation registriert, die Verantwortung jedoch abgeschoben wird, liegt **Distanzieren** vor.

Die zweite offizielle Reaktion erfolgt am 11. April 2017 (9:20pm) über einen Verweis auf dem Facebook-Account, der zum Presseportal United Hub führt. In der Überschrift verspricht der CEO: *„I'm sorry. We will fix this. "* Per Link auf die Unternehmenswebseite United Hub erfährt man weitere Hintergründe. Dabei fällt zunächst eine Entschuldigung auf *(„I share all of those sentiments, and one above all: my deepest apologies for what happened."),* die erweitert wird um die Übernahme der Verantwortung *(„I want you to know that we take full responsibility and we will work to make it right."*) und das Vorhaben, eine Auflistung geplanter Handlungen nachzureichen, um derartige Situationen künftig zu vermeiden *(„This will include a thorough review of crew movement, our policies for incentivizing volunteers in these situations, how we handle oversold situations and an examination of how we partner with airport authorities and local law enforcement. We'll communicate the results of our review by April 30th. ").*

Dabei ist zu beachten, dass alle für die Situation maßgeblichen Faktoren von United Airlines evaluiert und überdacht werden sollen, so die Crew-Bewegungen, die Incentivierung für Passagiere bei Überbuchung, der grundsätzliche Umgang mit Überbuchungssituationen und die Zusammenarbeit mit dem Flughafen- und Sicherheitspersonal. Zudem gibt es eine feste Zusage, die Ergebnisse bis zum 30. April 2017 zu kommunizieren, was zugleich das Bemühen um eine schnelle Handlung in der brisanten Situation aufzeigt. Somit ist für interessierte Leser davon auszugehen, dass der Beitrag keine leere Versprechung ist, sondern auf die Analyse auch Korrekturen folgen, die von allen Stakeholdern nachverfolgt und im Zweifel eingefordert werden können. Da die Behebung des Missstandes, z. B. durch die Kommunikation neu definierter Handlungsanweisungen, zu diesem Zeitpunkt noch aussteht, liegt keine Concession-Reaktion vor. Jedoch kann die Reaktion im Sinne des Reaktionskontinuums als **Entschuldigen** eingestuft werden.

Am 27. April 2017 (3:00pm) folgt die dritte offizielle Stellungnahme, in der wiederum ein Beitrag in Facebook auf das Presseportal verweist. Dort erfüllt United Airlines das Versprechen und stellt zehn Maßnahmen vor (United Airlines, 2017b), um derartige Situationen künftig möglichst zu vermeiden. Dazu zählen unter anderem die Beschränkung des Einsatzes von Sicherheitspersonal auf Sicherheitsanliegen, das Angebot zum Verzicht auf den Flug vor Boarding, die Anhebung der Kompensation von Passagieren auf bis zu 10.000 USD bei Flugverzicht und das Einbuchen der Crew mindestens 60 Minuten vor einem Flug. Die Punkte sind schriftlich aufgelistet und werden daneben in einer Videobotschaft von Oscar Munoz erläutert. Dabei kommt erneut sein tiefes und aufrichtiges Bedauern zum Ausdruck und er betont sein Bemühen, durch die Maßnahmen die Kundenrechte besser zu respektieren. Da Oscar Munoz neben dem tiefen Bedauern volle Verantwortung für das Ereignis übernimmt, indem er konkrete Maßnahmen zur Behebung des Missstandes erläutert, kann diese Reaktion klar als **Beheben** eingestuft werden.

21.5 Berücksichtigung weiterer Einflussfaktoren

Neben der Wahl des Reaktionstyps selbst gibt es weitere Faktoren, welche die Wahrnehmung der Stakeholder beeinflussen, wie ein Unternehmen mit der diskutierten Kritik umgeht. Einerseits gibt es Faktoren, die sich grundsätzlich danach richten, wie die Kommunikation der Unternehmensreaktion erfolgt. Hierzu zählt die **Tonalität**, das heißt die Art und Weise der Formulierung der Reaktion, da der sprachlichen Aufbereitung in unterschiedlichen Facetten gerade in sozialen Medien eine hohe Bedeutung zukommt (Dekay, 2012). Zudem ist die **Responder-Hierarchie** von Bedeutung, da die hierarchische Stufe des Absenders der Reaktion die Wahrnehmung beeinflusst (Patel & Reinsch, 2003). Darüber hinaus sind die **Reaktionszeit**, das heißt die Zeitdauer bis ein Unternehmen auf Beschwerden beziehungsweise Forderungen von Stakeholdern reagiert (Jin & Liu, 2010; Huang & Su, 2009), und die **Visibilität**, die Wahrnehmbarkeit der Reaktion durch Stakeholder (Kroeber-Riel & Gröppel-Klein, 2013), zu berücksichtigen. In Tabelle 21-3 sind in

Bezug auf die vier maßgeblichen Einflussfaktoren Ausgestaltungshinweise zusammenge-fasst:

Reaktionsfaktoren	Ausgestaltung
Tonalität	Vermeidung von Standardformulierungen
	Der Ton ist an den Kommunikationskanal anzupassen
	Sonderfall: Pressemeldungsformate sind dann zulässig, wenn die Reaktion nicht als Pressemeldung, sondern als Posting im Social Web erfolgt
Responder-Hierarchie	In der Regel gilt, dass die Person(engrupppe) antwortet, die üblicherweise auf Social Media-Kanälen kommuniziert
	Je schwerwiegender der Shitstorm, desto eher hat die Reaktion durch das obere Management zu erfolgen. Bei lapidaren Fällen kann diesen somit aber auch unnötige Aufmerksamkeit entgegengebracht werden.
	Sonderfall: Bei direkter Ansprache einer Person durch Stakeholder sollte diese auch antworten
Reaktionszeit	So viel Zeit wie nötig, um überlegte Reaktion zu veröffentlichen
	So wenig Zeit wie möglich, um eine Eskalation zu vermeiden
	Sonderfall: Gelingt eine positive Wendung im Shitstorm, besteht die Möglichkeit, durch Hinauszögern einer finalen Stellungnahme länger von positiven Effekten zu profitieren
Visibilität	In der Regel gilt Kanaltreue, das heißt, die Reaktion ist auf den Kanälen zu publizieren, auf denen die Diskussion stattfindet
	Eine dauerhafte Sichtbarkeit ist zu gewährleisten, z. B. durch zeitlich begrenztes Pop-up-Fenster bei jedem Seitenaufruf
	Sonderfall: Apology- und Concession-Reaktionen können bewusst breiter kommuniziert werden, da diese positiv belegt sind

Tabelle 21-3: Ausgestaltungshinweise zu den Reaktionsfaktoren (Beham, 2015b, S. 76ff.)

Andererseits gibt es neben diesen Reaktionsfaktoren auch eine kulturelle Dimension mit großem Einfluss darauf, wie die Reaktion eines Unternehmens im Shitstorm wahrgenommen wird. Die **Stakeholder-Kultur** beschreibt, wie Stakeholder die Berücksichtigung ihrer Interessen durch ein Unternehmen wahrnehmen (Jones, Felps & Bigley, 2007). Dies ist somit als externer Spiegel der Reputation zu verstehen, bei dem Stakeholder dem Unternehmen eher eine Orientierung an Shareholdern unterstellen können (Shareholder-Orientierung) oder eher die Erfüllung von Stakeholder-Interessen im Fokus der Unternehmensentscheidungen sehen (Stakeholder-Orientierung). Dabei ist festzuhalten, dass mit der Wahrnehmung korrelierende Reaktionen (vgl. Kontinuum möglicher Unternehmensreaktionen in Abschnitt 21.4) sich grundsätzlich mit der Erwartungshaltung der Stakeholder decken. Allerdings wird bei wahrgenommener Stakeholder-Orientierung und einer an den Shareholdern ausgerichteten Reaktion diese tendenziell negativer wahrgenommen. Es kommt zu Enttäuschungen, da die Stakeholder eine andere Erwartungshaltung haben. Im Gegensatz dazu ist es bei wahrgenommener Shareholder-Orientierung und einer an den

Stakeholdern ausgerichteten Reaktion möglich, die Erwartungen zu übertreffen und ein positives Stimmungsbild zu erzeugen. Abbildung 21-2 stellt diese Zusammenhänge grafisch dar.

		Wahrgenommene Unternehmenskultur	
		Shareholder-Orientierung	Stakeholder-Orientierung
Ausrichtung der Reaktion an	Shareholdern	-	Reaktion führt zu Enttäuschung ✗
	Stakeholdern	Reaktion ist positive Überraschung ✓	-

Abbildung 21-2: Berücksichtigung der wahrgenommenen Kultur (Beham, 2015b, S. 343f.)

Zusammengefasst lässt sich festhalten, dass es im Shitstorm für stakeholderorientierte Unternehmen gefährlich sein kann, nicht erwartungsgemäß zu reagieren, da eine an den Interessen der Shareholder orientierte Reaktion als „Brandbeschleuniger" im Shitstorm wirken kann. Im umgekehrten Fall können sich shareholderorientierte Unternehmen durch eine an den Interessen der Stakeholder orientierte Reaktion positiv abheben (vgl. zur Differenzierung von Shareholdern und Stakeholdern die Ausführungen in Abschnitt 21.3).

21.5.1 Berücksichtigung weiterer Einflussfaktoren im Shitstorm United Airlines

Im Shitstorm von United Airlines unterscheidet sich die Ausgestaltung der Reaktionsfaktoren in den drei Unternehmensreaktionen maßgeblich voneinander. Mit Blick auf die **Tonalität** wird bei der Distanzieren-Reaktion, wie in Abschnitt 21.4 ausgeführt, die Verwendung des Ausdrucks „re-accomodate" (Übers. Umplatzieren von Passagieren) sehr negativ wahrgenommen. Dies führt, auf Grund der entstehenden Distanz zwischen Unternehmen und den Ereignissen, zu einem nicht wahrnehmbaren Mitgefühl, sodass die Reaktion trotz Entschuldigung als Distanzieren gewertet wird. Demgegenüber unterstützt sowohl bei der Entschuldigen- als auch bei der Beheben-Reaktion die Wortwahl die bezweckten Inhalte. So wird das Ereignis wahrheitsgemäß als fatales Fehlverhalten („truly horrific event") bezeichnet, die Entschuldigung wirkt aufrichtig („deeply apologize" und „disappointed our customers") und das Bemühen ernsthaft („sincerely" und „actions will speak louder than words") (facebook.com, 2017). In allen Fällen antwortet Oscar Munoz in seiner Funktion als CEO von United Airlines, sodass die **Responder-Hierarchie** in Anbetracht des massiven Ausmaßes der Eskalation eingehalten wird.

Die **Reaktionszeit** kann allenfalls vor der Distanzieren-Reaktion hinterfragt werden. Einerseits hätte schneller eine Reaktion kommuniziert werden können, um den negativen Stimmen die Basis zu entziehen. Andererseits wäre hierzu eine Erfüllung der Erwartungen notwendig gewesen, also ein anderer Reaktionstyp, oder zumindest gegebenenfalls mehr Zeit, um weniger kritisierbare Formulierungen für die Entschuldigung zu verwenden. Die Entschuldigen-Reaktion erfolgt gerade einen Tag nach der Distanzierung, also sehr schnell und per se nicht zu kritisieren. Wie in diesem Zuge angekündigt, erfolgt die Beheben-Reaktion bis zum 30. April 2017, genauer gesagt am 27. April 2017, und daher ebenfalls nicht verwerflich. Hinsichtlich der **Visibilität** wird idealtypisch Kanaltreue eingehalten, da der Start des Shitstorms initial auf Facebook erfolgt und auf diesem Kommunikations-kanal beziehungsweise mit Verweis auf das Presseportal auch zentral und für alle nach-vollziehbar die Antworten publiziert werden.

21.6 Beurteilung der Folgen

Wie im Rahmen der Beschreibung des Corporate Shitstorm Managements bereits aufge-zeigt, hängen die Folgen einer Reaktion vom gewählten Reaktionstyp und der vorherr-schenden Situation ab. Durch Monitoring der Folgen nach einer Unternehmensreaktion kann die Erfolgswirksamkeit analysiert und festgestellt werden, ob der gewünschte Effekt auch eingetreten ist. Unerwünschte Effekte können dann – sofern erwünscht – durch Ver-öffentlichung einer weiteren, abweichenden Reaktion korrigiert werden.

Zu den maßgeblichen Folgen zählt die **Reputation**, das heißt die Beurteilung der Fähigkeit eines Unternehmens, nachhaltig gesellschaftliche Ziele zu erfüllen (Fombrun et al., 2000), da diese maßgeblich den finanziellen Erfolg eines Unternehmens und dessen Überleben bestimmt (Schultz, Utz & Göring, 2011). Zudem sind Auswirkungen auf die **Legitimität**, so die Übereinstimmung des Verhaltens eines Unternehmens mit gesellschaftlichen Er-wartungen, Normen und Werten (Suchmann 1995), zu berücksichtigen, da hiervon die „licence to operate" abhängt (Patriotta et al., 2011), diese jedoch in Krisensituationen in Frage gestellt sein kann (Massey, 2011). Darüber hinaus ist die Beeinflussung qualitativer Variablen im Sinne von **vor-monetären Konsequenzen** zu berücksichtigen, die sich erst mittelbar, das heißt im Zeitverlauf, auf monetäre Konsequenzen auswirken können, wie beispielsweise Kundenvertrauen (Kolb, 2015). Letztlich sind quantitative Größen selbst, sogenannte **monetäre Konsequenzen**, zu bewerten, da finanziell unmittelbar messbare Zielgrößen eines Unternehmens wie Umsatz, Aktienkurse oder das Markenimage den Un-ternehmenserfolg direkt beschreiben (King & Soule, 2007; Mitchell & Khazanchi, 2010; Pfeffer et al., 2013). Die nachfolgende Tabelle auf der nächsten Seite gibt zu den jeweili-gen Folgen geeignete Messkriterien an, um eine Beurteilung vorzunehmen, und ergänzt mögliche Quellen zur Beschaffung der relevanten Informationen.

Wie in Tabelle 21-4 ersichtlich, lassen sich Informationen zu vielen der Messkriterien di-rekt über die Auswertung der unternehmensspezifischen Social Media-Kanäle, indirekt über spezialisierte Dienstleister im Bereich Social Media Analytics und eine Auswertung der Berichterstattung beschaffen. Teilweise ist die Informationsbeschaffung schwieriger, insbesondere was monetäre Konsequenzen anbelangt und wenn Zugang zu unternehmens-internen Kennziffern und Hochrechnungen fehlt. Mitunter lassen sich mit etwas größerem Aufwand und teilweise gegen Zahlung einer Mitgliedschafts- beziehungsweise Service-gebühr weitere wertvolle Informationen zu den Folgen eines Shitstorms sammeln.

Folgen	Messkriterien
Beeinflussung von Reputation	Reputationsmessung, z. B. YouGov BrandIndex
	Sympathie, z. B. Aussagen auf Social Media-Kanälen
	Markenwahrnehmung, z. B. Einschätzung in Leitmedien
Beeinflussung von Legitimität	Akzeptanz der Reaktion, z. B. Tonalität der Beiträge in Social Media-Kanälen oder Likes der Unternehmensreaktion
	Vertrauen gegenüber Unternehmen, z. B. Einschätzung in Leit-medien
	Wahrnehmung der Reaktion als gesellschaftskonformes Verhalten, z. B. Aussagen auf Social Media-Kanälen
Beeinflussung vor-monetärer Konsequenzen	Konsumverhalten, z. B. Einschätzung durch Leitmedien oder (Handels-)Experten
	Kundentreue, z. B. Androhung von Kündigungen auf Social Media-Kanälen
	Entwicklung der Fan-Zahl, z. B. Facebook Statistics, Social Media Analysics wie Quintly oder hootsuite
	Tonalität der Resonanz, z. B. Verhältnis negativer zu neutraler und positive Berichterstattung
	Masse an Stakeholder-Aktivitäten, das heißt Bewertung der Ge-samtaktivitäten auf allen Kanälen
Beeinflussung monetärer Konsequenzen	Neu-/Bestandskundenentwicklung, z. B. Unternehmenskennzahlen
	Markenwert, z. B. Einschätzung durch Leitmedien
	Umsatz-/Absatzzahlen, z. B. Rückgang der Prognosen, Gewinn-warnung

Tabelle 21-4: Definition potenzieller Folgen (Beham, 2015b, S. 67ff.)

So misst beispielsweise der BrandIndex des Marktforschungsunternehmens YouGov die Reputation ausgewählter Unternehmen im Zeitverlauf auf repräsentativer Basis. Darauf basierend wird pro untersuchtem Unternehmen täglich ein Indexwert zwischen -100 und +100 ermittelt, der die Veränderung der Reputationswahrnehmung angibt. Mit Blick auf diesen Index kann über statistische Mittelwertvergleiche (Zwei-Stichproben-Verfahren und Post-hoc-Tests) ausgewertet werden (Eckstein, 2012, S. 102), ob statistisch signifi-kante Veränderungen der Reputationsbewertung durch eine Reaktion erfolgt sind, da die erfassten Grundgesamtheiten als unabhängige Zufallsstichproben aufgefasst werden kön-nen (Beham, 2017b, S. 130ff.). Dabei ist auszuschließen, dass ein anderer Anlass parallel (beispielsweise Rückrufe oder Preiserhöhungen) die Reputationswahrnehmung beeinflusst und somit kausale Ursache für die Reputationsveränderung ist. Daneben können Crowdsourcing-Anbieter wie Workhub eingesetzt werden, um User-Postings über die Crowd untersuchen zu lassen. Hierzu sind in einem ersten Schritt über die relevanten Social Media-Kanäle die User-Postings zu exportieren und in Pakete zu schnüren (z. B. à 100 Posts). Ergänzend müssen in einem Briefing die Handlungsanweisungen für die Crowd bereitgestellt werden, sodass diese zunächst für jeden einzelnen Post im Paket die Relevanz in Zusammenhang mit dem Shitstorm prüft und anschließend bei gegebener Relevanz die Tonalität des Beitrags (für beziehungsweise gegen das Unternehmen, neutral) einstuft (Beham, 2017b, S. 137ff.). Daneben gibt es weitere kreative Ansätze, insbesondere unter Beanspruchung von Web Analytics, um eine Messbarkeit der Folgen gewährleisten zu können.

Wie in Abbildung 21-3 zusammengefasst, zeigt sich die ganzheitliche Beurteilung der Folgen als Ergebnis des Zusammenspiels der Wirkungszusammenhänge im Corporate Shitstorm Management. Während ein Umgang mit kritischen Äußerungen über das Beschwerdemanagement abgefangen werden kann, sofern die fünf Kriterien der Situationsanalyse mehrheitlich nicht ausgeprägt sind und demnach kein Shitstorm vorliegt, ist im Falle eines Shitstorms zu entscheiden, welche Folgen akzeptiert werden können und demnach die Reaktionsstrategie zu wählen.

Analyse der Situation	Auswahl der Reaktion	Berücksichtigung weiterer Einflussfaktoren: Kultur	Beurteilung der Folgen
Shitstorm ✓	Concession Apology	„Profilierungsmöglichkeit" bei Shareholder-Orientierung	Beruhigung ✓
	Distance Denial No Response	„Brandbeschleuniger " bei Stakeholder-Orientierung	Eskalation 💣
Shitstorm ✗	-	-	Orientierung an Beschwerdemanagement

Abbildung 21-3: Zusammenhänge im Corporate Shitstorm Management

21.6.1 Beurteilung der Folgen im Shitstorm United Airlines

Nach Untersuchung der einzelnen Elemente des Corporate Shitstorm Managements für den United-Airlines-Shitstorm in den vorhergehenden Abschnitten können im Rahmen der abschließenden Beurteilung das Zusammenwirken analysiert und somit die Folgen abgeschätzt werden. Dies wird exemplarisch am Beispiel der ersten Reaktion von United Airlines im Shitstorm durchgeführt.

Vor der ersten Reaktion am 10. April 2017 ist die Situation dadurch ausgeprägt, dass Durchsetzungsvermögen, Dringlichkeit der Forderung, Legitimität der Forderung und

Verantwortlichkeit vorliegen – ein Shitstorm besteht. Die gewählte Reaktion des Unternehmens wird von den Stakeholdern als Distanzieren wahrgenommen. Neben dieser eher shareholderorientierten Reaktion erfolgt v. a. durch die ungünstige Wortwahl (Tonalität) eine negative Beeinflussung der Wahrnehmung, welche die Eskalation weiter verschärft.

In Anbetracht des Shitstorms führt das Distanzieren gemäß den modellartigen Zusammenhängen zu einer weiteren Eskalation der Situation, was für den Fall zu bestätigen ist. So zeigen sich zahlreiche negative Folgen. Dabei lässt sich auf Grund der Social Media-Beiträge und der Berichterstattung durch Leitmedien sowohl ein negativer Effekt auf die **Reputation** als auch auf die **Legitimität** des Unternehmens vermuten (unter anderem wuv.de, 2017). Zudem bestätigt die Auswertung der Beiträge auf dem Facebook-Profil über das Social Media Analytics-Tool Quintly (Abbildung 21-4), dass am 10. April 2017 die Anzahl der Userposts sprunghaft in die Höhe schießt und mit knapp 12.000 Beiträgen etwa 200-Mal so hoch liegt, wie das übliche Beitragsaufkommen auf diesem Kanal. Eine stichprobenartige Kontrolle der Beiträge zeigt überwiegend negative Äußerungen auf.

Zu **vor-monetären Konsequenzen**, die sich mittelfristig auf finanzielle Kennzahlen auswirken, gibt es widersprüchliche Äußerungen. Einerseits sehen manche Analysten rückläufige Buchungszahlen als möglich an (marketwatch.com, 2017). Andererseits wird angezweifelt, ob Kunden eine Alternative zu United Airlines haben und den Fluganbieter als Zeichen des Protests uneingeschränkt wechseln können, da United Airlines an manchen Flughäfen bis zu 50 % der verfügbaren Flugrouten anbietet, also eine hohe Marktmacht hat (washingtonpost.com, 2017). Zu den messbaren **monetären Konsequenzen** zählt v. a. der Einbruch der Aktie von United Airlines, der sich knapp 3 Wochen nach dem Vorfall bei einem Minus von etwa 4 % eingependelt hat. Somit hat United durch den Shitstorm „kurzfristig 800 Millionen USD an Wert vernichtet", was insbesondere für Aktionäre und die interne Investor-Relations-Abteilung ein Problem darstellt (wuv.de, 2017).

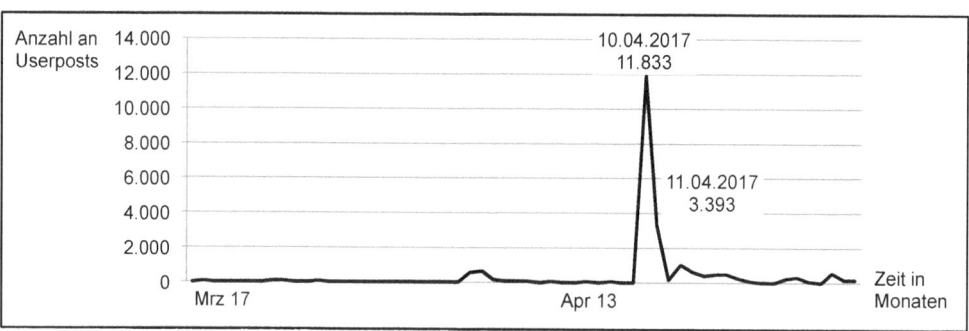

Abbildung 21-4: Entwicklung der Facebook-Userposts nach Anzahl

21.7 Handlungsempfehlungen für Oscar Munoz

Der vorliegende Beitrag zeigt viele Zusammenhänge an der Schnittstelle zwischen Unternehmenskommunikation und dem Verhalten der Stakeholder im Shitstorm auf und verdeutlicht diese am praktischen Beispiel von United Airlines. Auf Basis dieser Erkenntnisse können – exemplarisch für das Unternehmen – grundlegende Empfehlungen abgeleitet werden, die bei Berücksichtigung die Wahrscheinlichkeit reduzieren, dass eine derart kritische Situation erneut auf diese extreme Weise eskaliert (vgl. die Ausführungen von Beham, 2015).

So ist die Kenntnis essentiell, dass shareholderorientierte Reaktionen im Shitstorm allgemein zu einer weiteren Eskalation führen, da Stakeholder in der Regel eine Behebung des Missstands erwarten und diese Erwartungshaltung durch derartige Reaktionen enttäuscht wird. Eine weitere Eskalation der Situation ist im Shitstorm hingegen nur durch die Wahl einer stakeholderorientierten Reaktion zu vermeiden. Zudem ist es für das Unternehmen wichtig, den Zusammenhang einer wahrgenommenen Shareholder-Orientierung und dem Potenzial einer stakeholderorientierten Reaktion zu verstehen. Im Gegensatz dazu stehen im vorliegenden Fall alle auf die Distanzierung folgenden Reaktionen automatisch im Schatten der ersten Reaktion. Durch eine direkte, ernst gemeinte Entschuldigung mit den genannten Gegenmaßnahmen wären die Stakeholder positiv zu überraschen gewesen, wodurch den Kritikern ad hoc die Beschwerdegrundlage zu entziehen gewesen wäre. Dies hätte zu deutlich weniger Eskalation geführt mit einer geringeren Belastung der Reputation des Unternehmens.

Auch wenn ein Shitstorm nicht grundsätzlich zu vermeiden ist, da sehr vielfältige Missstände zu einem Shitstorm führen können, die sich nicht zu 100 % kontrollieren lassen, können geeignete Maßnahmen bei der frühzeitigen Erkennung unterstützen.

Zum einen besteht die Möglichkeit, die **Entdeckungszeit** bis zum Erkennen der viralen Verbreitung des negativen Videos oder zumindest eines überdurchschnittlichen Beitragsaufkommens im Social Web zu verkürzen. Dies ist so wichtig, da der Analyse der Situation – wie in diesem Kapitel aufgezeigt – eine hohe Bedeutung zukommt, um den Reaktionstyp adäquat wählen zu können. Eine Verkürzung der Entdeckungszeit ist durch die Einbindung von Social Media Analytics möglich, wobei gegebenenfalls Schwellenwerte für Warnmeldungen, z. B. das Überschreiten der durchschnittlichen täglichen Zahl an Beiträgen an einem Tag, strikter zu definieren sind.

Zum anderen kann die **Reaktionszeit** verkürzt werden, um mehr Zeit für die Ausformulierung der Antwort zur Verfügung zu haben. Dazu sind Prozesse zu definieren beziehungsweise gegebenenfalls zu vereinfachen, welche die Handlungsschritte in einem Shitstorm beschreiben. Darüber hinaus sind Informationspflichten im Shitstorm sowie die Entscheidungskette zu definieren. Dies spielt eine noch größere Rolle, wenn externe Social Media-Agenturen eingesetzt werden, da Abstimmungsprozesse komplizierter werden und nur auf Grundlage klar definierter Regeln zügig ablaufen können.

21.8 Fazit

In dem vorliegenden Kapitel ist der Aufbau des Corporate Shitstorm Managements theoretisch beschrieben und praktisch auf den Kontext des Shitstorms von United Airlines übertragen worden. Dabei werden zentrale Lernpunkte praxisnah erläutert:

- Die **Situationsanalyse** ist der Mittelpunkt des Corporate Shitstorm Managements, da hiervon sowohl die Wahl einer Reaktion als auch die Entwicklung der Folgen abhängen.

- Fünf Kriterien mit spezifizierten Indikatoren helfen dabei, die relevanten **Kontextfaktoren** zu erfassen und die Entscheidung zu treffen, ob ein Shitstorm vorliegt.

- Bei Vorliegen eines Shitstorms führen drei **Reaktionsstrategien** zu negativen Konsequenzen, wogegen zwei Reaktionstypen negative Effekte vermeiden. Liegt kein Shitstorm vor, greifen die Maßnahmen des Beschwerdemanagements.

- Vier Faktoren beeinflussen die **Wahrnehmung** einer Reaktion, wobei durch die Hinweise zur Ausgestaltung gravierende Fehler bei der Formulierung von Reaktionen zu vermeiden sind.

- Die von den Stakeholdern wahrgenommene **Kultur** eines Unternehmens kann einerseits als Brandbeschleuniger, andererseits jedoch als Profilierungschance wirken.

- Zur **Beurteilung** der Folgen einer Reaktion im Shitstorm können vier Faktoren herangezogen werden, die anhand der dargestellten Messkriterien zu erfassen sind.

21.9 Übungsaufgaben

Aufgabe 1: Besteht vor der zweiten Reaktion von United Airlines am 11. April 2017 noch ein Shitstorm? Führen Sie hierzu, wie in Abschnitt 21.3 aufgezeigt, eine Analyse der Situation durch und entscheiden Sie auf Grundlage Ihrer Ergebnisse.

Aufgabe 2: Wie ist die Unternehmenskultur von United Airlines aus Sicht der Stakeholder zu beurteilen und inwiefern wird dadurch die Wahrnehmung der drei Unternehmensreaktionen beeinflusst? Berücksichtigen Sie dabei die in Abschnitt 21.1 genannten Hinweise zur Serviceorientierung von United Airlines.

Aufgabe 3: Wie sind die Folgen des Entschuldigens (zweite Reaktion) von Oscar Munoz bei seinen Stakeholdern zu beurteilen? Orientieren Sie sich dabei an der Vorgehensweise wie in Abschnitt 21.6 beschrieben und greifen Sie auf die Ergebnisse der übrigen Abschnitte zurück.

Aufgabe 4: Inwiefern ist das Beheben (dritte Reaktion) erforderlich gewesen? Nutzen Sie für Ihre Begründung die Ergebnisse zur Einschätzung der Situation nach der Entschuldigung (zweite Reaktion) aus Aufgabe 3.

Aufgabe 5: Neben Fragen mit direktem Bezug zum Shitstorm von United Airlines ist es elementar, die gewonnenen Erkenntnisse auch auf andere Fälle übertragen zu können. Die nachfolgende Aufgabe kann im Rahmen einer kleinen Fallstudie dabei helfen, das Corporate Shitstorm Management ganzheitlich anzuwenden: Suchen Sie im Internet einen aktuellen Shitstorm Ihrer Wahl und bewerten Sie diesen analog der beschriebenen Vorgehensweise.

21.10 Literatur

21.10.1 Literaturempfehlungen

Beham, F. (2015). Corporate Shitstorm Management. Konfrontationen im Social Web professionell managen. Wiesbaden: Springer Gabler. doi:10.1007/978-3-658-10495-5

Champoux, V., Durgee, J., & McGlynn, L. (2012). Corporate Facebook pages: when "fans" attack. Journal of Business Strategy, 33(2), 22-30. doi: 10.1108/ 02756661211206717

21.10.2 Literaturverzeichnis

Beham, F. (2015a). Corporate Shitstorm Management. Konfrontationen im Social Web professionell managen. Wiesbaden: Springer Gabler. doi:10.1007/978-3-658-10495-5

Beham, F. (2015b). Stakeholder-Konfrontationen im Social Web. Eine fallstudienbasierte Untersuchung unternehmensseitiger Reaktionsstrategien am Beispiel von Shitstorms. Hamburg: Verlag Dr. Kovac.

Bradford, J. L., & Garrett, D. E. (1995). The effectiveness of corporate communicative responses to accusations of unethical behavior. Journal of Business Ethics, 14(11), 875-892. doi:10.1007/BF00882067

Champoux, V., Durgee, J., & McGlynn, L. (2012). Corporate Facebook pages: when "fans" attack. Journal of Business Strategy, 33(2), 22-30. doi: 10.1108/ 02756661211206717

Clarkson, M. E. (1995). A stakeholder framework for analyzing and evaluating corporate social performance. Academy of Management Review, 20(1), 92-117. doi:10.5465/AMR.1995.9503271994

Coombs, W. T. (1995). Choosing the right words: The development of guidelines for the selection of the „appropriate" crisis-response strategies. Management Communication Quarterly, 8(4), 447-476. doi:10.1177/0893318995008004003

Coombs, W. T. (2007). Protecting organization reputations during a crisis: The development and application of situational crisis communication theory. Corporate Reputation Review, 10(3), 163-176. doi:10.1057/palgrave.crr.1550049

Coombs, W. T., & Holladay, S. J. (1996). Communication and attributions in a crisis: An experimental study in crisis communication. Journal of Public Relations Research, 8(4), 279-295. doi:10.1207/s1532754xjprr0804_04

Coombs, W. T., & Holladay, S. J. (2002). Helping crisis managers protect reputational assets: Initial tests of the situational crisis communication theory. Management Communication Quarterly, 16(2), 165-186. doi: 10.1177/08933180223 7233

Coombs, W. T., & Holladay, S. J. (2008). Comparing apology to equivalent crisis response strategies: Clarifying apology's role and value in crisis communication. Public Relations Review, 34(3), 252-257. doi:10.1016/j.pubrev.2008.04.001

Dekay, S. H. (2012). How large companies react to negative Facebook comments. Corporate Communications: An International Journal, 17(3), 289-299. doi: 10.1108/13563281211253539

Eckstein, P. P. (2012). Angewandte Statistik mit SPSS – Praktische Einführung für Wirtschaftswissenschaftler. Wiesbaden: Gabler.

Facebook.com (2017). Facebook-Profil von United Airlines. URL: https:// www.facebook.com/United/

Faller, C., & Schmit, K. (2013). Social Media Shitstorms: Origins, Case Studies and Facts about Social Media Crises and their Consequences for Crisis Management. BoD–Books on Demand.

Fombrun, C. J., Gardberg, N. A., & Sever, J. M. (2000). The Reputation QuotientSM: A multi-stakeholder measure of corporate reputation. Journal of Brand Management, 7(4), 241-255. doi:10.1057/bm.2000.10

Freeman, R. E. (1984). Strategic management: A stakeholder approach. Boston: Cambridge University Press.

Frooman, J. (1999). Stakeholder influence strategies. Academy of Management Review, 24(2), 191-205. doi:10.5465/AMR.1999.1893928

Garrett, D. E., Bradford, J. L., Meyers, R. A., & Becker, J. (1989). Issues management and organizational accounts: An analysis of corporate responses to accusations of unethical business practices. Journal of Business Ethics, 8(7), 507-520. doi:10.1007/BF00382927

Greening, D. W., & Gray, B. (1994). Testing a model of organizational response to social and political issues. Academy of Management Journal, 37(3), 467-498. doi:10.2307/256697

Handelsblatt.com (2017a). US-Politik schaltet sich in United-Affäre ein. URL: http://www.handelsblatt.com/unternehmen/handel-konsumgueter/gewaltsamer-passagier-rauswurf-us-politik-schaltet-sich-in-united-affaere-ein/19662968.html

Handelsblatt.com (2017b). Die Affäre zieht Kreise bis ins Weiße Haus. URL: http:// www.handelsblatt.com/unternehmen/handel-konsumgueter/gewaltsamer-passagier-rauswurf-die-affaere-zieht-kreise-bis-ins-weisse-haus/19662968-2.html

Henard, D. H. (2002). Negative publicity: What companies need to know about public reactions. Public Relations Quarterly, 47(4), 8.

Horizont.net (2017). Nivea stoppt Werbekampagne nach Rassismus-Vorwürfen. URL: http://www.horizont.net/marketing/nachrichten/White-is-Purity-Nivea-stoppt-Werbekampagne-nach-Rassismus-Vorwuerfen-157186

Huang, Y. H., & Su, S. H. (2009). Determinants of consistent, timely, and active responses in corporate crises. Public Relations Review, 35(1), 7-17. doi: 10.1016/j.pubrev.2008.09.020

Jin, Y., & Liu, B. F. (2010). The blog-mediated crisis communication model: Recommendations for responding to influential external blogs. Journal of Public Relations Research, 22(4), 429-455. doi:10.1080/10627261003801420

Jones, T. M., Felps, W., & Bigley, G. A. (2007). Ethical theory and stakeholder-related decisions: The role of stakeholder culture. Academy of Management Review, 32(1), 137-155. doi:10.5465/AMR.2007.23463924

King, B. G., & Soule, S. A. (2007). Social movements as extra-institutional entrepreneurs: The effect of protests on stock price returns. Administrative Science Quarterly, 52(3), 413-442. doi:10.2189/asqu.52.3.413

Kolb, S. (2015). NGO Relationship Management: Ein Multiple-Case-Study-Ansatz zur Analyse des Erfolgsbeitrags unter besonderer Berücksichtigung von Unternehmen mit divergierender Gefährdungsexposition für NGO-Konfrontationen, Hamburg: Verlag Dr. Kovac.

Kroeber-Riel, W., & Gröppel-Klein, A. (2013). Konsumentenverhalten, 10. Aufl., München: Vahlen.

Manager-Magazin (2017). United-Passagier bereitet nach Rauswurf Klagen vor. URL: http://www.manager-magazin.de/unternehmen/artikel/united-airlines-passagier-will-nach-gewaltsamen-rauswurf-klagen-a-1143186.html

Marketwatch.com (2017). United Airlines hasn't seen ticket sales suffer from passenger-dragging incident yet, analyst says. URL: http://www.market watch.com/story/united-airlines-hasnt-seen-ticket-sales-suffer-from-passenger-dragging-incident-yet-analyst-says-2017-04-13

Massey, J. E. (2001). Managing organizational legitimacy: Communication strategies for organizations in crisis. The Journal of Business Communication, 38(2), 153-182. doi:10.1177/002194360103800202

Mitchell, A., & Khazanchi, D. (2010). The importance of BUZZ. Marketing Research, 22(2), 20-25.

Mitchell, R. K., Agle, B. R., & Wood, D. J. (1997). Toward a theory of stakeholder identification and salience: Defining the principle of who and what really counts. Academy of Management Review, 22(4), 853-886. doi:10.5465/AMR. 1997.9711022105

Patel, A., & Reinsch, L. (2003). Companies can apologize: Corporate apologies and legal liability. Business Communication Quarterly, 66(1), 9-25. doi: 10.1177/ 108056990306600103

Patriotta, G., Gond, J. P., & Schultz, F. (2011). Maintaining legitimacy: Controversies, orders of worth, and public justifications. Journal of Management Studies, 48(8), 1804-1836. doi:10.1111/j.1467-6486.2010.00990.x

Pfeffer, J., Zorbach, T., & Carley, K. M. (2014). Understanding online firestorms: Negative word-of-mouth dynamics in social media networks. Journal of Marketing Communications, 20(1-2), 117-128. doi: 10.1080/13527266.2013.797778

Sarkis, J., Gonzales-Torre, P., & Adenso-Diaz, B. (2010). Stakeholder pressure and the adoption of environmental practices: The mediating effect of training. Journal of Operations Management, 28(2), 163-176. doi:10.1016/j.jom.2009.10.001

Schultz, F., Utz, S., & Göritz, A. (2011). Is the medium the message? Perceptions of and reactions to crisis communication via twitter, blogs and traditional media. Public Relations Review, 37(1), 20-27. doi:10.1016/j.pubrev.2010.12.001

Siomkos, G., & Shrivastava, P. (1993). Responding to product liability crises. Long Range Planning, 26(5), 72-79. doi:10.1016/0024-6301(93)90079-U

Spiegel.de (2017a). Kritik an Werbung mit Kendall Jenner: Trink Pepsi, alles wird gut. URL: http://www.spiegel.de/kultur/gesellschaft/kritik-an-werbung-mit-kendall-jenner-trink-pepsi-alles-wird-gut-a-1142011.html

Spiegel.de (2017b). United-Airlines-Affäre: Jetzt wird auch der Konzernchef nicht befördert. URL: http://www.spiegel.de/reise/aktuell/united-airlines-konzernchef-munoz-wird-nicht-befoerdert-a-1144362.html

Steinke, L. (2014). Bedienungsanleitung für den Shitstorm: Wie gute Kommunikation die Wut der Masse bricht. Wiesbaden: Springer Gabler.

Suchman, M. C. (1995). Managing legitimacy: Strategic and institutional approaches. Academy of Management Review, 20(3), 571-610. doi: 10.5465/AMR. 1995.9508080331

Twitter.com (2017). #NewUnitedAirlinesMottos. URL: https://twitter.com/hashtag/NewUnitedAirlinesMottos?src=hash&lang=de

United Airlines (2017a). Statement from United Airlines CEO, Oscar Munoz, on United Express flight 3411. URL: http://hub.united.com/united-express-3411-statement-oscar-munoz-2355968629.html

United Airlines (2017b). We are making changes to ensure that we always put customers first. URL: https://hub.united.com/united-actions-being-taken-23799 20604.html

Washingtonpost.com (2017). Want to boycott United? Good luck with that. URL: https://www.washingtonpost.com/news/wonk/wp/2017/04/11/want-to-boycott-united-good-luck/?utm_term=.a5e402551fde

Wuv.de (2017). Gastkommentar. United: Mehr als ein Shitstorm. URL: https:// www.wuv.de/marketing/united_mehr_als_ein_shitstorm

Kooperationssysteme für Einsatzlagen

22 Resilienz durch Kooperationstechnologien

Christian Reuter[1] · **Thomas Ludwig**[2] · **Volkmar Pipek**[2]

Technische Universität Darmstadt[1] · Universität Siegen[2]

Zusammenfassung

Kooperationstechnologien spielen in sicherheitskritischen Systemen eine große Rolle, da in vielen Anwendungsfeldern nicht nur die Interaktion von Mensch und Computer, sondern auch die durch IT unterstützte Kooperation zwischen Menschen notwendig ist, um Aufgaben bewältigen zu können. Solche Technologien müssen verschiedene Anforderungen erfüllen und können ebenfalls zur Resilienz beitragen. Unter Resilienz durch Kooperation verstehen wir die Fähigkeit, Krisen durch die Anpassungsfähigkeit an geänderte Realitäten ohne nachhaltigen Schaden mithilfe von Kooperation zu überstehen. Während das Konzept der Resilienz in den Ingenieurwissenschaften vornehmlich die Verfügbarkeit technischer Systeme fokussiert, betrachten wir Resilienz als soziotechnisches Konstrukt, unter expliziter Betrachtung der beteiligten Akteure. Basierend auf Grundlagen zu Kooperationstechnologien zeigt unser Kapitel anhand von praktischen exemplarisch umgesetzten Kooperationstechnologien (soziales Netzwerk, GIS-System, Smartphone Apps, Facebook App und Social Media Analytics-Plattform), wie Kooperation unterstützt wird und zu kooperativer Resilienz beitragen kann.

Lernziele

- Die Leser können einzelne Grundlagen der Kooperation und Kooperationsunterstützung im Hinblick auf Resilienz beschreiben.

- Die Leser können Konzepte beispielhafter Kooperationstechnologien für verschiedene Zwecke beschreiben.

- Die Leser können die Eigenschaften resilienter Kooperationstechnologien in der Anforderungserhebung und Gestaltung von Systemen anwenden.

22.1 Einleitung[18]

Resilienz spielt innerhalb von Krisenlagen und Kooperation eine große Rolle. Die Erkenntnis, dass Störungen nicht vollständig vermieden werden können, sondern es wichtiger ist, relevante Systemkomponenten so zu gestalten, dass diese in angemessener Zeit wieder ausreichend funktionsfähig sind, erfordert die Betrachtung des Konzepts der Resilienz. Gerade in eigentlich stabilen Systemen ist Resilienz von großer Relevanz.

Dies macht nicht zuletzt das **Verletzlichkeitsparadoxon** deutlich: *„In dem Maße, in dem ein Land in seinen Versorgungsleistungen weniger störanfällig ist, wirkt sich jede Störung umso stärker aus"* (Bundesministerium des Inneren, 2009). Demnach sind insbesondere ausdifferenzierte Organisationsstrukturen, die aufgrund der hohen Versorgungssicherheit robuste und komplexe Technologien nutzen, besonders verletzlich, da sie *„sehr hohe Sicherheitsstandards und eine hohe Versorgungssicherheit gewohnt sind"*. Beispielsweise wird in vielen Ländern Strom als gegebene allgegenwärtige Ressource anstatt als störanfällige Infrastruktur wahrgenommen, welche erst bei einem Ausfall mit enormem Ausmaß in Erscheinung und daher in die Wahrnehmung der Menschen tritt (Reuter & Ludwig, 2013). Mit zunehmender Robustheit und geringerer Störanfälligkeit entwickelt sich ein trügerisches Gefühl von vollkommener Sicherheit. Robuste Technologien können dazu beitragen, die Resilienz zu stärken, beispielsweise die der Kooperation einer Gemeinschaft, eines Landes oder Staates, indem sie Ausfälle und Störungen der Infrastrukturen einplanen und helfen, das Handeln des Einzelnen, und somit die persönliche Infrastruktur, mit den verfügbaren Mitteln den Limitationen anzupassen (Pipek & Wulf, 2009).

Dieses Kapitel betrachtet Kooperation und Resilienz im Katastrophenschutz, das heißt im Kontext der Arbeit von ‚Behörden und Organisationen mit Sicherheitsaufgaben', wie der Feuerwehr und der Polizei, sowie der Bevölkerung. Das Kapitel zeigt auf, wie Kooperationstechnologien als technischer Teil von Kooperationssystemen (Koch, 2012) dazu beitragen können, kooperative Resilienz zu ermöglichen. Ziel ist Resilienz des **soziotechnischen Systems** (Trist & Bamforth, 1951), bestehend aus den oben beschriebenen Akteuren und den verwendeten Kooperationstechnologien. In diesem Kontext wird im Sinne der **Sozio-Informatik** als *„eine Querschnittsdisziplin der angewandten Informatik"* die Gestaltung von informations- und kommunikationstechnologischen Artefakten vor dem *„Hintergrund ihrer soziotechnischen Doppelnatur untersucht"*, das heißt neben technischen Aspekten werden vor allem soziale Praktiken fokussiert (Rohde & Wulf, 2011).

Hierzu wird zu Beginn der Bereich Kooperation und Kooperationstechnologien und damit einhergehend die Disziplin Computerunterstützte Gruppenarbeit erläutert (Kapitel 22.2). Weiterhin wird der Begriff der Resilienz insbesondere im Katastrophenschutz sowie im Kontext kooperativer Strukturen diskutiert (Kapitel 22.3). Darauf aufbauend stellen wir eine Auswahl der Prototypen dar, die dazu beitragen können, Konzepte der Resilienz

---

[18] Dieses Kapitel basiert zu großen Teilen auf Reuter et al. (2016).

durch Kooperation umzusetzen (Kapitel 22.4). In Kapitel 22.5 werden wir diskutieren, wie Resilienz durch Kollaboration auf Basis geeigneter Technologien verbessert werden kann, um abschließend ein Fazit zu ziehen (Kapitel 22.6).

22.2 Computerunterstützte Gruppenarbeit (CSCW) und Kooperationstechnologien

Unter **Kooperation**, lat. *cooperatio* (*co* = zusammen; *operatio* = Arbeiten), wird eine Praxis der Zusammenarbeit verstanden. Diese ist oft notwendig, um Aufgaben unter den beteiligten Akteuren zu organisieren. Noch intensiver ist der Ausdruck **Kollaboration**, lateinisch *collaboratio* (*col* = zusammen, *laboratio* = Arbeit). Sie besteht aus jenen Aktivitäten, durch die mehrere Akteure an einer bestimmten Aufgabe zusammenarbeiten (Michelis, 1990), was über die reine Koordination ihrer Unteraufgaben hinausgeht. Im Kontext sicherheitskritischer Mensch-Computer-Interaktion sollen, gemäß Herczeg (2014, Kap. 4.7), der Mensch und die Maschine nicht als einzeln stehende Entitäten betrachtet werden, sondern vielmehr als zusammengehörige Glieder eines Zusammenschlusses zur erfolgreichen Kooperation. Gleiches gilt selbstverständlich auch für die notwendige Kooperation zwischen Menschen.

Die dies adressierende Disziplin **Computerunterstützte Gruppenarbeit** (engl. Computer-Supported Collaborative Work, kurz CSCW) zielt darauf ab, die Selbstorganisation kooperativer Ensembles zu unterstützen, im Gegensatz zur (Zer-)Störung der kooperativen Arbeit durch Automatisierung in formellen Verfahren (Schmidt & Bannon, 1992). Die Absicht von CSCW ist es, das Wesen und die Merkmale der kooperativen Arbeit zu verstehen, mit dem Ziel, adäquate computergestützte Technologien zu entwerfen (Bannon & Schmidt, 1989). Der Begriff wurde zuerst von Irena Greif und Paul Cashman im Jahr 1984 verwendet, um einen von ihnen organisierten interdisziplinären Workshop zu beschreiben, wie man Menschen in ihren Arbeitsumgebungen mit Computern unterstützt (Grudin, 1994). Ein paar Jahre später definierte Greif (1988) CSCW als ein identifizierbares Forschungsfeld, das sich auf die Rolle des Computers in Gruppenarbeiten konzentriert. Kooperative Arbeit wurde als Phänomen, das wir systematisch studieren können, als eine Kategorie der Arbeitspraxis, die sich von ihrer organisatorischen und sozioökonomischen Form unterscheidet, (Schmidt, 2010) identifiziert. Die Unterstützungsmöglichkeiten durch CSCW-Systeme können in Awareness-Unterstützung, Kommunikationsunterstützung, Koordinationsunterstützung, Team-Unterstützung und Community-Unterstützung aufgeteilt werden (Gross & Koch, 2009). Neben der exklusiven Fokussierung auf die Aufgaben ist eine Unterscheidung zwischen (vorwiegend verteilter) kooperativer Arbeit, die sich mit den Aufgaben selbst beschäftigt und **Artikulationsarbeit**, die alle Aktivitäten umfasst, die zur Koordinierung der Aufgaben unter den Individuen erforderlich sind, gebräuchlich (Schmidt & Bannon, 1992).

Eine der häufigsten Möglichkeiten, CSCW-Systeme zu konzeptualisieren, ist, den Kontext der Nutzung eines Systems zu berücksichtigen. Die **CSCW-Matrix** (Johansen, 1988) betrachtet Arbeitskontexte in zwei Dimensionen: Erstens, ob die Zusammenarbeit am gleichen Standort oder geographisch verteilt ist und zweitens, ob Individuen synchron (gleichzeitig) oder asynchron (nicht abhängig von anderen, nicht gleichzeitig vor Ort) zusammenarbeiten (Abbildung 22-1). Mittlerweile existieren auch weitere Varianten der CSCW-Matrix, welche die aktuellen Dimensionen Zeit und Raum um beispielsweise eine Dimension ‚Mobil' oder eine Dimension ‚Vorhersehbarkeit' ergänzen (Grudin, 1994).

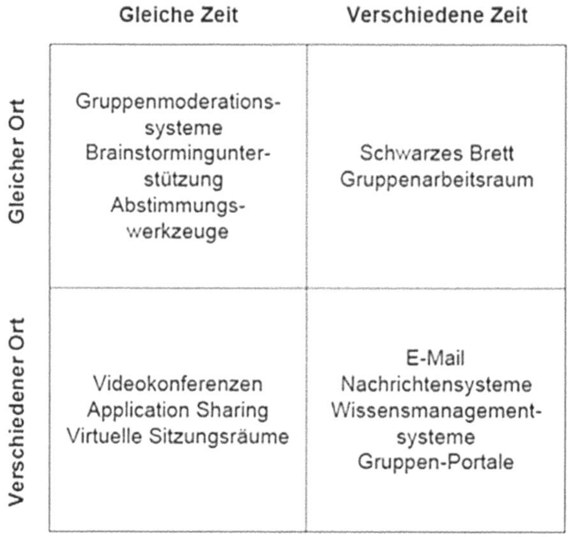

	Gleiche Zeit	**Verschiedene Zeit**
Gleicher Ort	Gruppenmoderations-systeme Brainstormingunter-stützung Abstimmungs-werkzeuge	Schwarzes Brett Gruppenarbeitsraum
Verschiedener Ort	Videokonferenzen Application Sharing Virtuelle Sitzungsräume	E-Mail Nachrichtensysteme Wissensmanagement-systeme Gruppen-Portale

Abbildung 22-1: Raum-Zeit-Matrix nach Johansen (1988), hier nach Gross & Koch (2009)

Einen anderen Ansatz der Klassifikation kooperativer Technologien wählen Teufel et al. (1995). In ihrem **3K-Modell** (Abbildung 22-2) werden kooperative Systeme nicht nach Raum und Zeit, sondern nach deren Unterstützungsfunktion eingeteilt. Diese sind laut Teufel (1995):

- **Kommunikation**: „die Verständigung mehrerer Personen untereinander."

- **Koordination**: „jene Kommunikation, welche zur Abstimmung aufgabenbezogener Tätigkeiten, die im Rahmen von Gruppenarbeit ausgeführt werden, notwendig ist."

- **Kooperation**: „jene Kommunikation, die zur Koordination und zur Vereinbarung gemeinsamer Ziele notwendig ist."

Gemäß einer Anordnung in einem Dreieck werden mögliche Systeme dort in vier sich partiell überschneidende Systemklassen zusammengefasst. Diese Systemklassen umfassen Kommunikation, gemeinsame Informationsräume, Workflow-Management und

Workgroup Computing. Ackerman (2000) argumentiert, dass es eine inhärente Lücke zwischen den sozialen Anforderungen der CSCW und ihren technischen Mechanismen gibt. Die sogenannte sozial-technische Kluft wird von ihm als die Lücke zwischen dem, was wir wissen, was wir sozial unterstützen müssen und was wir technisch unterstützen können, definiert.

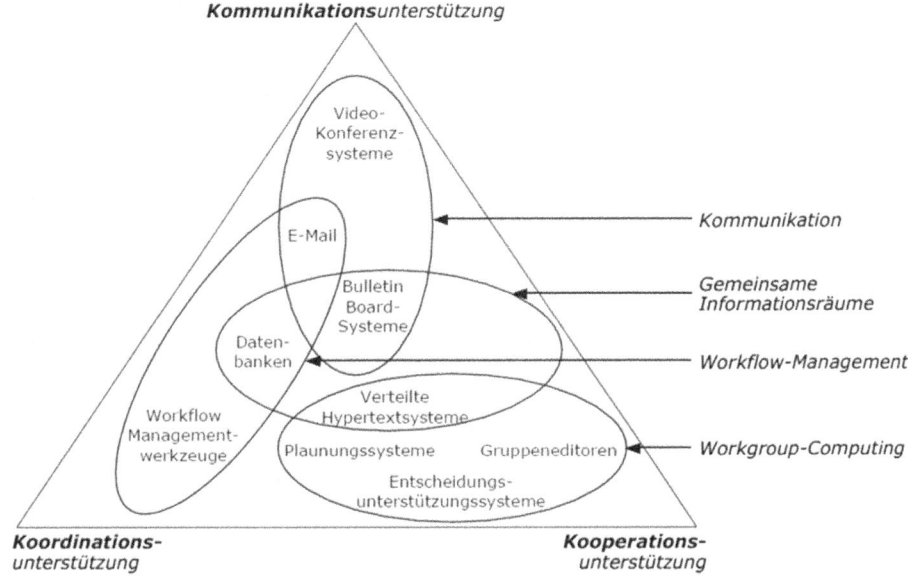

Abbildung 22-2: K-Modell nach (Teufel et al., 1995)

22.3 Resilienz und Kooperationstechnologien

22.3.1 Zum Begriff der Resilienz – Stabilität vs. Anpassbarkeit

Der Begriff der **Resilienz** (von lat. *resilire* ‚zurückspringen') hat gemäß Duden mehrere Bedeutungen und beinhaltet „Widerstandskraft" sowie die „*Fähigkeit, schwierige Lebenssituationen ohne anhaltende Beeinträchtigung zu überstehen*". Resilienz wird in der wissenschaftlichen Literatur aus einer Vielzahl verschiedener Blickwinkel definiert, wie wir in den folgenden Absätzen ausführen.

Die Resilienz eines Systems betrachtet im Regelfall zwei verschiedene Aspekte (Davidson-Hunt & Berkes, 2003): Zum einen wird Resilienz als die benötigte Zeit definiert, um zu einem einzelnen, globalen Gleichgewicht (zurück) zu kommen (Holling, 1996). Zum anderen wird Resilienz verstanden als die Fähigkeit zur Änderung von Variablen und Prozessen, um eine neue Struktur zu definieren, bei der die wichtigste Grundannahme ist, dass ein System in verschiedenen stabilen Zuständen sein kann (Walker et al., 1969), das heißt es „funktioniert" in verschiedenen Konstellationen. Trotz der großen

Anzahl und Bandbreite an Definitionen besteht Konsens hinsichtlich zwei grundlegender Aspekte (Norris et al., 2008): Erstens wird Resilienz eher als ein Prozess denn als ein Ergebnis verstanden. Zweitens wird Resilienz besser über Anpassbarkeit als über Stabilität konzeptualisiert. Faktisch kann in manchen Fällen Stabilität aufgrund unzureichender Veränderungsfähigkeit einen Mangel an Resilienz bedingen.

22.3.2 Resilienz im Katastrophenschutz

Im Kontext des Katastrophenschutzes beschreiben die Vereinten Nationen (2009) Resilienz als die Fähigkeit, ausgesetzten Gefahren zu widerstehen, diese aufzunehmen und sich von den Auswirkungen rechtzeitig und auf eine effiziente Art und Weise zu erholen; dies geschieht unter anderem durch die Erhaltung und Wiederherstellung der wesentlichen Grundstrukturen und Funktionen des jeweiligen Systems. Die Regierung des Vereinigten Königreiches (2011) definiert die sogenannte Desaster-Resilienz als die Fähigkeit von Ländern, Gemeinschaften und Haushalten zur Bewältigung eines Wandels durch Aufrechterhaltung oder Umwandlung von Lebensstandards angesichts von Schock und Stress, ohne langfristige Folgen. Resilienz wurde als eines der Hauptziele des Hyogo-Frameworks definiert (United Nations, 2005) und die Förderung auf allen Ebenen ist zur Zeit eine der wichtigsten Bemühungen des Sendai Frameworks (United Nations, 2015). Das Hyogo-Framework (2005-2015) und das Sendai Framework (2015-2030) sind von der UN entwickelte, freiwillige, unverbindliche Vereinbarungen von Staaten zur Reduzierung der Auswirkungen von Katastrophenlagen, unter anderem durch Kooperation der in diesem Kontext betroffenen Akteure. Gemäß Boin et al. (2010) hat die Literatur im Bereich Krisen- und Katastrophenmanagement dennoch den Begriff bisher vergleichsweise wenig betrachtet. Gleichzeitig stellt sich jedoch heraus, dass Katastrophenschutzpläne nicht funktionieren, die Kommunikation fehlschlägt (Boin et al., 2010) und die Qualität der Katastrophenbekämpfung von der Fähigkeit der Improvisation abhängt (Ley et al., 2012). Dies wiederum kann als Merkmal der Resilienz verstanden werden. Insgesamt scheint Resilienz im Katastrophenschutz eine große Relevanz zu besitzen.

Auch wenn Akteure in Schadenslagen gerne zu einem vorherigen Status zurückkehren möchten, können, insbesondere im Kontext von Katastrophen, nicht beeinflussbare Veränderungen der physischen, sozialen oder psychologischen Wirklichkeit dies unmöglich machen (Paton & Johnston, 2006). Beispielsweise kann eine physische Infrastruktur bestehend aus Straßen und Häusern nach einem Erdbeben vergleichsweise schnell wiederhergestellt werden, der vorherige (psychologische) „System"-Zustand nach dem Tod eines Verwandten durch einen herabfallenden Baum wird allerdings nie mehr erreicht werden. Dieses Beispiel zeigt deutlich die Ambivalenz des Begriffes Resilienz. Eine Definition, die auf dem Zurückkehren beharren würde, versagt demnach darin, die Realität widerzuspiegeln.

Daher erscheint eine Definition von Resilienz als Maß, wie gut Personen und Gesellschaften sich an geänderte Realitäten anpassen und neue Möglichkeiten nutzen können (Paton

& Johnston, 2006), als passender. In diesem Zusammenhang nutzt die Resilienz die Möglichkeiten der **Anpassungsfähigkeit** (Klein et al., 2003). Voraussetzung dafür ist es, verschiede Möglichkeiten in Erwägung zu ziehen und ein gewisses Maß an Selbstorganisationsfähigkeit einzubeziehen (Klein et al., 2003). Diese Strukturbildung kann durch Kooperationstechnologien unterstützt werden (Reuter, 2014), sofern diese ein gewisses Maß an Flexibilität beinhalten und beispielsweise die spontane Zusammenarbeit unterstützen.

22.3.3 Resilienz in kooperativen Strukturen

An manchen Stellen werden soziale, kollaborative und gemeinschaftliche Elemente der Resilienz mit besonderen und teils deutlich überlappenden Resilienz-Begriffen betont: Der ebenfalls im Kontext von Katastrophenlagen entstandene Begriff der **sozialen Resilienz** beinhaltet die Kapazität sozialer Gruppen und Gemeinschaften, sich von Krisen zu erholen oder positiv darauf zu reagieren (Maguire & Hagan, 2007). Es wird von den fördernden Eigenschaften Resistenz (verhindern, dass Schäden entstehen), Wiederherstellung (mögliche Schäden zügig beheben) und Kreativität (aus Schäden lernen und den Systemzustand als Folge verbessern) ausgegangen.

Im gleichen Kontext wurde die **kollaborative Resilienz** definiert. Die Kollaboration zwischen privaten und öffentlichen Sektoren kann demnach die Fähigkeit einer Gemeinschaft, sich auf Katastrophen vorzubereiten, darauf zu reagieren und den gesellschaftlichen Zustand vor einer Katastrophe wiederherzustellen, beeinflussen (Board on Earth Sciences and Resources, 2011). Der verwandte Begriff der **Community-Resilienz** (Norris et al., 2008) beschreibt einen Prozess, der ein Netzwerk von Anpassungsmöglichkeiten nach einer Störung verbindet. Dieser Prozess beinhaltet verschiedene Bereiche für Anpassungsmöglichkeiten, wobei Information und Kommunikation explizit genannt werden. Eine der Kernfragen der Community-Resilienz ist, wie die Anpassungsfähigkeit und Selbstorganisation durch Prozesse wie Community-Entwicklung und communitybasierte Planung unterstützt und gefördert werden können (Berkes & Ross, 2013).

Basierend auf den dargestellten Resilienz-Konzepten und -Definitionen besteht die Herausforderung darin, die abstrakten Eigenschaften und Ziele der Resilienz in Anforderungen an Kooperationstechnologien im Kontext des Katastrophenschutzes zu übersetzen und zu konkretisieren. Dies adressiert den bereits an anderer Stelle identifizieren Forschungsbedarf, unter anderem in Bezug auf die Modellierung und Evaluation von Resilienz im Krisenmanagement (Mentler & Herczeg, 2014). Unsere Prämisse lautet: Da Resilienz als soziotechnische Herausforderung verstanden werden kann, bedarf es Kooperationstechnologien, um das komplexe System aus Behörden und Organisationen mit Sicherheitsaufgaben und der Bevölkerung resilienter zu gestalten.

Dieses Kapitel fokussiert Resilienz durch Kooperation beziehungsweise kooperative Resilienz. Unter **Resilienz durch Kooperation** verstehen wir dementsprechend die Fähigkeit, Krisen durch die Anpassungsfähigkeit an geänderte Realitäten ohne nachhaltigen Schaden mithilfe von Kooperation zu überstehen. Unter **kooperativer Resilienz** verstehen wir hingegen die Fähigkeit, die ‚Krisen der Kooperation' (das heißt Ausfälle von Kooperationsmöglichkeiten) durch die Anpassungsfähigkeit der Kooperationswerkzeuge zu überstehen. Hierbei muss deutlich sein, dass diese Technologien gerade in Schadenslagen nicht vollständig ausfallsicher sind (Reuter & Ludwig, 2013).

22.4 Kooperationstechnologien im Katastrophenschutz

Die Kooperation innerhalb oder zwischen verschiedenen Organisationen im Katastrophenschutz kann mittels verschiedener mobiler oder auch statischer Kooperationstechnologien unterstützt werden. Das Spektrum reicht hierbei von Webanwendungen über Smartphone-Apps zur Kooperation innerhalb und zwischen Organisationen bis hin zur Einbindung freiwilliger Helfer sowie zu deren Kooperationsunterstützung. Hierfür werden im folgenden Kapitel konkrete Beispiele der unterschiedlichen Kooperationstechnologien vorgestellt. Diese umfassen als Basisinfrastruktur das interorganisationale soziale Netzwerk ‚SiRena' sowie die darauf aufbauende webbasierte Lagekarte ‚ISAC', die androidbasierten Apps ‚MoCo' zur Kollaboration zwischen Einsatzkräften und ‚MoRep' zum Reporting. Auch die Facebook-App ‚XHELP' für freiwillige Helfer und ‚CrowdMonitor' zur Kooperation zwischen solchen freiwilligen Helfern und Behörden sind enthalten. Nach einer allgemeinen Vorstellung der Technologien erläutern wir, wie diese zur kooperativen Resilienz beitragen können und welche Bezüge zu grundlegenden Konzepten der CSCW (Kapitel 22.2) hergestellt werden können.

22.4.1 SiRena – Sicherheitsarena, webbasiertes soziales Intranet

Konzept-Beschreibung: SiRena (Sicherheitsarena) ist ein webbasiertes soziales Netzwerk für Behörden und Organisationen mit Sicherheitsaufgaben zur Unterstützung von interorganisationaler Vernetzung (Pipek et al., 2013). Angelehnt an die Grundfunktionalitäten sozialer Netzwerke wie Facebook ermöglicht es den Informationsaustausch selbstorganisierter (interorganisationaler) Arbeitsgruppen, Dokumentenbearbeitung und Kontaktmanagement, weshalb man bei SiRena durchaus von einer Kollaborationstechnologie sprechen kann. Eine solche Plattform (Abbildung 22-3) existierte für freiwillige Einsatzkräfte der Feuerwehr oder Hilfsorganisationen sowie für den Dokumentenaustausch auf interorganisationaler Ebene bislang noch nicht, da Einsatzkräfte nun auch an verschiedenen Orten und zu unterschiedlichen Zeiten im Sinne eines Extranets kooperieren können. Während man unter **Intranet** ein *„unternehmens- beziehungsweise organisationsinternes Computernetzwerk […] zur Unterstützung unternehmensinterner Prozess*e" versteht, stellt ein **Extranet** ein *„geschlossenes, meist unternehmenseigenes Computernetzwerk, welches […] die Interaktion beziehungsweise Transaktion mit Zulieferern, Kunden und weiteren*

Geschäftspartnern" ermöglicht, dar. SiRena fungiert als Basisinfrastruktur (Nutzerma-
nagement, Datenstrukturen) für die im Folgenden dargestellten Module ISAC, MoCo und
MoRep.

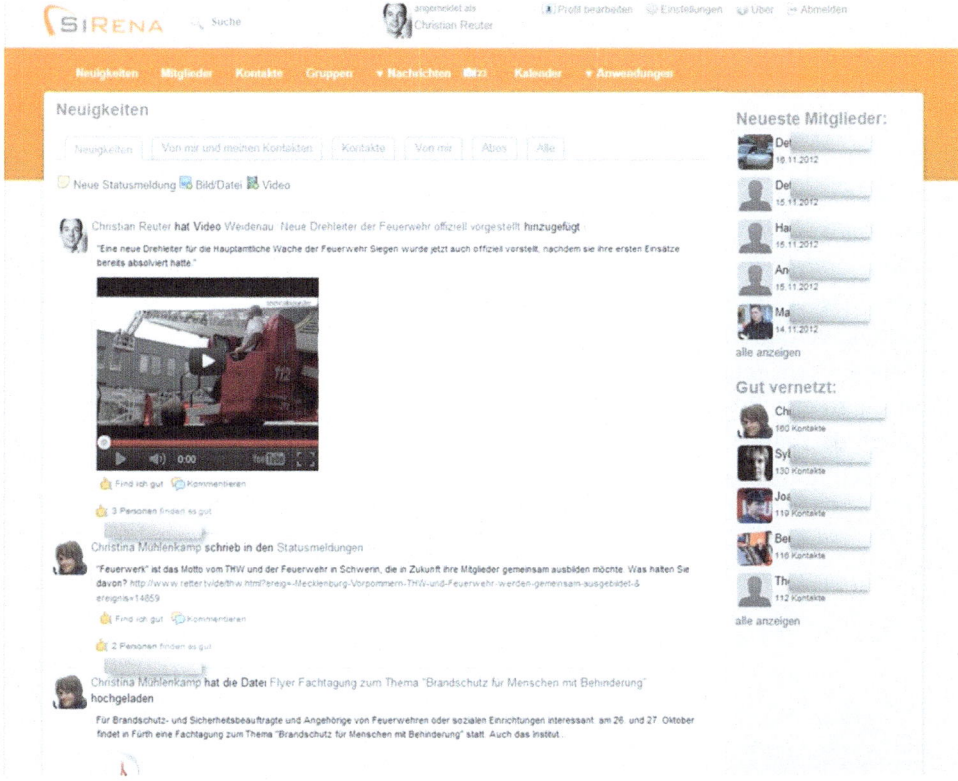

Abbildung 22-3: SiRena – Sicherheitsarena, ein webbasiertes soziales Intranet

Förderung der Resilienz und Kooperation: In Großschadenslagen ist Zusammenarbeit jenseits der eigenen Organisation und somit meist auch über Ortsgrenzen hinweg notwendig.
SiRena adressiert die Resilienz insofern, als die Kooperationsbeziehungen zwischen Personen hier auf informeller Art und Weise gepflegt werden. Auf diese Weise kann man sich
nicht nur mit direkten Kooperationspartnern beziehungsweise in der Organisationsstruktur
mit direkt über- oder untergeordneten Hierarchien austauschen, sondern dies wird auf allen
Ebenen möglich. Auch die gemeinsame Arbeit an digitalen Dokumenten im Sinne der
Kollaboration ist möglich. Dabei steht SiRena im Spannungsfeld aus Geschwindigkeit und
Formalität. Zum einen werden oftmals die formalisierten Strukturen und Ablaufpläne innerhalb der Organisation durch die Möglichkeit eines informellen Austauschs verwässert,
jedoch erhöht die Geschwindigkeit der Kontakte die Reaktionszeiten innerhalb von Kri-
sen- und Katastrophenlagen.

22.4.2 ISAC – Inter-Organizational Situation Assessment Client

Konzept-Beschreibung: ISAC (Inter-Organizational Situation Assessment Client) ist ein webbasiertes GIS-Mashup zur Geo-Kollaboration auf Basis von Google Maps (Abbildung 22-4), welches die Aggregation und Visualisierung von Informationen ermöglicht (Ley et al., 2014). Ein **Mashup** umfasst die *„Kombination vorhandener Dienste im Internet, durch die ein weiterer Mehrwert geschaffen wird. Unterschiedliche Datenbestände zweier [oder mehrerer] Dienste werden zusammengebracht, um so Zusatzinformationen zu generieren“* (Gabler, 2017). Die Aufgabe eines **Geographischen Informationssystems (GIS)** ist die *„digitale Erfassung räumlicher Daten, deren Redigierung, Speicherung, Reorganisierung, Modellierung, Analyse sowie ihre grafische und alphanumerische Präsentation [...] [mit dem Ziel], räumliche Bezugsflächen [...] mit räumlich verorteten Daten der unterschiedlichsten Bereiche zu verknüpfen“* (Gabler, 2017). ISAC erlaubt eine individuelle Zusammenstellung von Informationsressourcen mit geographischem Bezug inklusive der einfachen Möglichkeit, neue Informationsressourcen anzulegen, einzubetten und Karten-Kompositionen zu erstellen und zu teilen (Ley et al., 2013). Dabei wurde ISAC bewusst so konzipiert, dass alle Nutzer Informationsressourcen einpflegen dürfen, deren Ansicht jedoch je nach Rolle beschränkt wird.

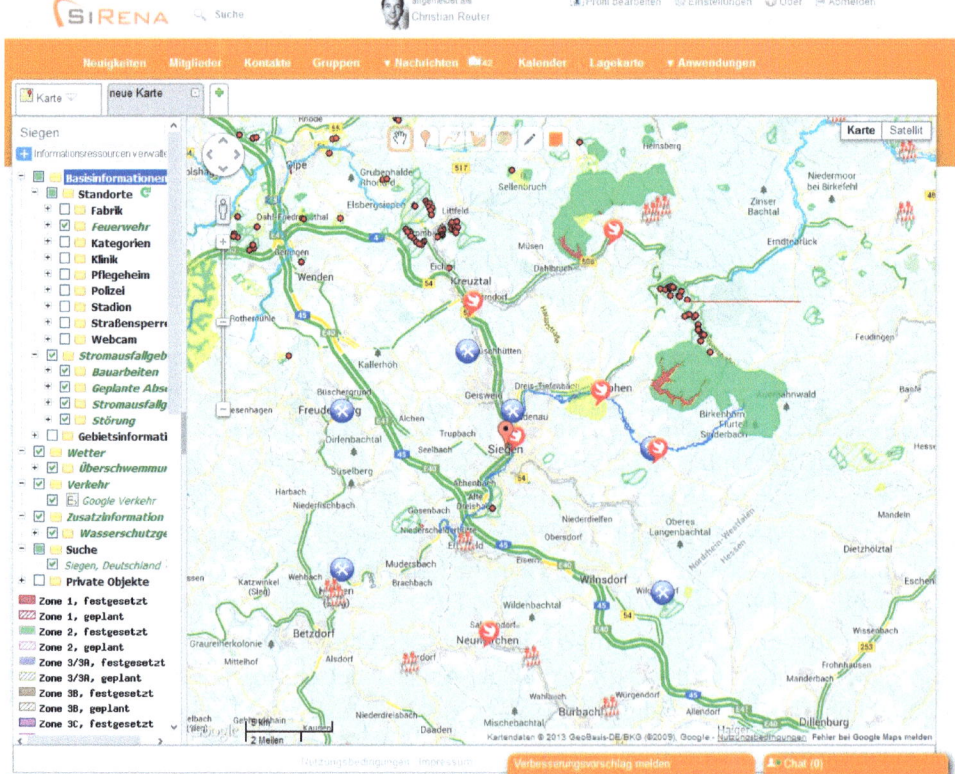

Abbildung 22-4: ISAC – Inter-Organizational Situation Assessment Client

Förderung der Resilienz und Kooperation: In Großschadenslagen reichen die zentral bereitgestellten Informationen nicht immer aus, sodass weitere Informationsressourcen hinzugezogen werden. ISAC unterstützt die Resilienz, da nicht nur vorgegebene Informationsressourcen (beispielsweise Wetterkarten des Deutschen Wetterdienstes) dargestellt werden, sondern – wenn diese nicht verfügbar sind oder den Bedürfnissen des Nutzers nicht entsprechen – auch eine manuelle Erweiterbarkeit und Anpassungsfähigkeit durch jeden einzelnen Nutzer ermöglichen. So können Informationen, sofern diese geographischen Standards folgen, beliebig ergänzt werden. Webcams, Verkehrsmeldungen oder Stromausfallgebiete können beispielsweise für die Lageeinschätzung eine enorme Bedeutung haben. Das Monopol der Informationsbereitstellung durch zentrale Strukturen wird hier durch eine kooperative Infrastruktur, die es auch Nutzern erlaubt, die Funktionalität des Systems im Sinne von End-User Development anzupassen und fast beliebige Informationsressourcen hinzuzufügen, ergänzt. **End-User Development (EUD)** kann definiert werden als Methoden, Techniken und Werkzeuge, die es Benutzern von Software, die nicht professionelle Softwareentwickler sind, ermöglichen, diese zu modifizieren oder anzupassen (Lieberman et al., 2006).

22.4.3 MoCo – Mobile Collaboration App

Konzept-Beschreibung: MoCo (Mobile Collaboration) ist eine mobile, auf ISAC basierende und in Android umgesetzte App (Abbildung 22-5), die ad hoc Partizipation und Kollaboration unterstützt (Reuter & Ritzkatis, 2013). Der Kollaborationsmodus ermöglicht das Teilen von Karten innerhalb örtlich verteilter Teams, z. B. in der Leitstelle und vor Ort, um neue, externe oder unvorhergesehene Akteure in die Lageeinschätzung zu integrieren (Reuter et al., 2014). Der Vorteil von MoCo wird vor allem in Kombination mit ISAC sichtbar, da Funktionen wie Lagekarten sowie die Inklusion weiterer Einsatzkräfte ad hoc ermöglicht werden.

Förderung der Resilienz und Kooperation: In Großschadenslagen ist die Lageeinschätzung nicht allein aus der Leitstelle möglich. MoCo unterstützt die Resilienz, da **ad hoc Kooperation** in Form einer kooperativen Lageeinschätzung zwischen beteiligen Akteuren auch jenseits von Arbeitszeiten, Organisationszugehörigkeit sowie Standorten realisierbar wird. Es ist also möglich, nicht nur Akteure in der Leitstelle, sondern in Großschadenslagen auch Abschnittsleiter vor Ort oder Mitarbeiter außerhalb der Dienstzeiten in Echtzeit (im Sinne der Raum-Zeit-Matrix) einzubeziehen. Dadurch wird die Geschwindigkeit der Reaktion auf eine Schadenslage erheblich verbessert. Zusätzlich können Akteure hinzugefügt werden, die keine formale Rolle innerhalb des professionellen Krisenmanagements spielen würden (z. B. Experten außerhalb der Behörden, Freiwillige Helfer, siehe Kapitel 25-27).

Abbildung 22-5: MoCo – Mobile Collaboration App

22.4.4 MoRep – Mobile Reporting App

Konzept-Beschreibung: MoRep (Mobile Reporting) ist eine mobile App (Abbildung 22-6), die (multimediabasierte) Anfragen zuvor lokalisierter Einsatzkräfte und Berichte ermöglicht. Dies geht z. B. mithilfe von Fotos, die durch Einheiten vor Ort bereitgestellt werden, wenn die in der Leitstelle verfügbaren Informationen nicht ausreichen (Ludwig et al., 2013). So können bei Bedarf Leitstellen von Kräften vor Ort Informationen anfordern, die zur Konstruktion eines Lagebildes notwendig sind. Beim Anfordern und Berichten von Informationen wird die vordefinierte Weisungs- und Meldehierarchie berücksichtigt. Ein Unterabschnittsführer darf beispielsweise keine Informationen direkt an die Leitstelle senden, da sonst der Abschnittsführer übersprungen werden würde (Ludwig & Reuter, 2014).

Förderung der Resilienz und Kooperation: In Großschadenslagen kann die Übermittlung wichtiger Informationen vom Ort des Geschehens aufgrund von Stressfaktoren vergessen werden. MoRep unterstützt die Resilienz, da es die Richtung der Kommunikation erweitert und es möglich ist, Informationen anzufordern, die eigentlich ohne separate Anforderung bereitgestellt werden müssten, jedoch nicht vorliegen. Dies können ergänzende Fotos vom Unglücksort sein, die in der Leitstelle für die Lagebewertung hilfreich sein könnten. So etwas kann vergessen oder durch Überforderung versäumt werden. Das Konzept ermöglicht, also einem nicht funktionierenden Berichtswesen in akuten Lagen entgegenzuwirken.

Abbildung 22-6: MoRep – Mobile Reporting App

22.4.5 XHELP – Crossmediale App zur Unterstützung freiwilliger Helfer

Konzept-Beschreibung und Kooperation: XHELP ist eine Facebook App (Abbildung 22-7), die freiwillige Helfer hinsichtlich ihrer gruppen-, seiten- und plattformübergreifenden Informations- und Interaktionsaktivitäten unterstützt. XHELP richtet sich an „**digitale Moderatoren**", die freiwillige Helfer koordinieren, bietet ihnen eine Übersicht über ihre veröffentlichten Beiträge und stellt die Gruppen, in denen sie Mitglieder sind, oder Seiten, die sie „geliked" haben, dar. Über eine plattformübergreifende Suche kann der Benutzer nach öffentlichen oder gruppeninternen (sofern der Moderator Mitglied der Gruppe ist) Facebook- oder Twitter-Nachrichten suchen, wobei er den Zeitraum der Suche, den Standort und den Suchradius festlegen kann. Durch die Anbindung eines Bewertungstools (Reuter & Ritzkatis, 2014) besteht die Möglichkeit, Suchergebnisse, nach einstellbaren Bewertungskriterien gewichtet, zu sortieren (Reuter et al., 2015).

Förderung der Resilienz und Kooperation: Während Großschadenslagen sind Bürger in sozialen Medien aktiv. XHELP unterstützt die Resilienz, da es die durch zahlreiche Beiträge entstehende Unübersichtlichkeit in Facebook-Gruppen oder auf Twitter-Seiten adressiert und Moderatoren eine einfache Einstiegsmöglichkeit bereitstellt, um die Koordination trotz **Medienbrüchen** (Notwendigkeit der manuellen Erfassung von Daten zur Übertragung) zu ermöglichen.

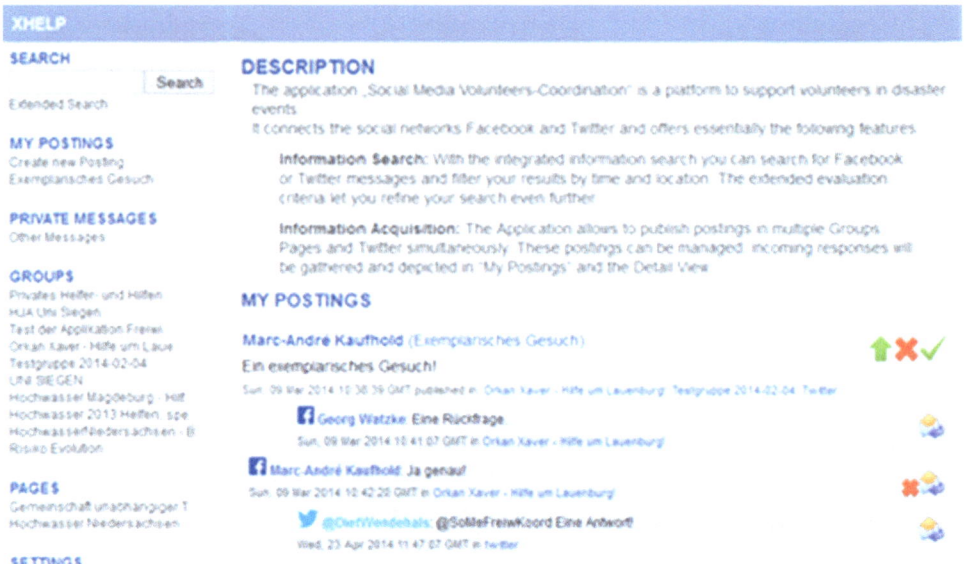

Abbildung 22-7: XHELP – Crossmediale App zur Unterstützung freiwilliger Helfer

22.4.6 CrowdMonitor – Monitoring physischer und virtueller Aktivitäten

Konzept-Beschreibung: CrowdMonitor ist eine Webanwendung (Abbildung 22-8), die es Behörden und Organisationen mit Sicherheitsaufgaben ermöglicht, Aktivitäten freiwilliger Helfer zu erfassen und auf dieser Basis mit ihnen zu kooperieren (Ludwig et al., 2015a). Auf Grundlage einer entwickelten App ist es möglich, physische Aktivitäten der Helfer durch Bewegungsprofile sowie Onlineaktivitäten innerhalb sozialer Medien zu erfassen (Ludwig et al., 2016; Ludwig & Scholl, 2014), wobei die Helfer jederzeit die Möglichkeit besitzen, die Standorterfassung auszuschalten. Eine Kartenübersicht ermöglicht eine schnelle Erfassung und auf einem Zeitstrahl kann der zeitliche Verlauf betrachtet werden. Eine Besonderheit ist die Funktion, Warnungen oder (standortbasierte) Mobilisierungsmeldungen zu erstellen (Ludwig et al., 2015b). Diese können aus Anforderungen von Fotos oder Ähnlichem bestehen, aber auch zur Verteilung von Fragebögen dienen (z. B. Welche Straßen sind durch Bäume blockiert?).

Förderung der Resilienz und Kooperation: In Schadenslagen ist man teilweise auf die Unterstützung der Bevölkerung angewiesen. CrowdMonitor unterstützt die Resilienz, da es aufbauend auf mobilen Geräten und sozialen Medien den Behörden und Freiwilligen eine Kooperationsinfrastruktur bereitstellt, um die Aktivitäten einfach zu synchronisieren und abzustimmen. Durch CrowdMonitor kann der Weg geebnet werden, freiwillige Helfer in die Prozesse der Behörden zu integrieren.

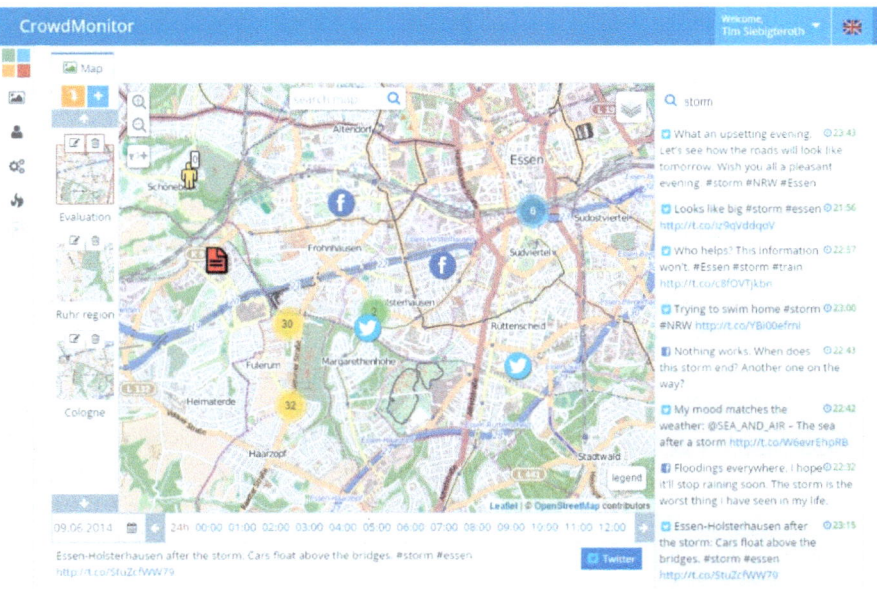

Abbildung 22-8: CrowdMonitor – Kooperation zwischen Behörden und Organisationen mit Sicherheitsaufgaben und freiwilligen Helfern

22.5 Diskussion: Resilienz durch Kooperationstechnologien

Resilienz im Sinne einer Anpassungsfähigkeit, die den Weg zu einem neuen stabilen Zustand geleitet, kann durch Kooperationstechnologien gefördert werden. Hierbei geht es in unserem Kapitel nicht um die Resilienz der darunterliegenden technischen Infrastruktur im Sinne von Ausfallsicherheit unter Einbeziehung unterbrechungsfreier Stromversorgung, Internet via Satellit oder IT-Sicherheit – obgleich diese Bereiche sehr wichtig sind.

In unserem Kapitel geht es vielmehr darum, wie die sozio-technische Komponente bestehend aus kooperierenden Akteuren und genutzten Technologien gestärkt werden und eine Anpassungsfähigkeit über Kooperationstechnologien realisiert werden kann. Hierzu haben wir basierend auf empirischen Untersuchungen Prototypen entwickelt, die jeweils einen einzelnen Bereich der Resilienz beleuchten. In den empirischen Vorstudien wurden verschiedene Aspekte sichtbar, die durch unsere Anwendungen adressiert werden können, wie die Evaluationen der Prototypen nahelegen (Tabelle 22-1).

Katastrophenlagen können dazu führen, dass bestehende Ansprechpartner andere Aufgaben wahrnehmen oder Akteure über Organisationsgrenzen hinaus zusammenarbeiten müssen.

	Konzept	Funktion	Förderung der Resilienz
1	SiRena	Webbasiertes soziales Netzwerk, Extranet und Basisinfrastruktur zur Nutzung der anderen Technologien	*Resiliente Netzwerkstrukturen*: Informelle Kooperationen ergänzen formale Strukturen
2	ISAC	Interorganisationale, anpassbare Lagekarte, GIS-System, Mashup, EUD	*Resiliente Informationsstrukturen*: Anpassbarkeit, Erweiterbarkeit und Teilbarkeit von Informationsressourcen ergänzen zentral bereitgestellte Informationen
3	MoCo	Mobile Lagekarte, Kooperation in Echtzeit	*Resiliente Partizipationsstrukturen:* Kartenbasierte Inklusion verschiedener Akteure in die Lageeinschätzung, unabhängig von Zeit/Ort/Organisation, ergänzt Leitstellenkoordination
4	MoRep	Mobiles Reporting	*Resiliente Reportingstrukturen*: Aktive Anforderung von Informationen ergänzt teilweise unzureichendes Berichtswesen
5	XHELP	Crossmediale Koordination in sozialen Medien	*Resiliente Medienstrukturen*: Medienübergreifende Strukturierung und Sortierung von Inhalten sozialer Medien ergänzen gruppeninterne Suche
6	Crowd Monitor	Monitoren freiwilliger Aktivitäten (physisch und online)	*Resiliente Kooperationsstrukturen*: Erfassung und Abstimmung von freiwilligen Aktivitäten (physisch und online) mit Behörden ergänzen manuelle Kooperation

Tabelle 22-1: Konzepte, Funktionen und deren Beitrag zur Förderung von Resilienz

- SiRena, unsere erste Komponente, ermöglicht die Unterstützung bestehender **Netzwerkstrukturen** durch informelle Kooperation.

- ISAC, unsere zweite Komponente, fokussiert den Bereich der zur Verfügung stehenden Informationen. Diese können aus unterschiedlichsten Quellen stammen. Das System ermöglicht es, die **Informationsstrukturen** individuell einstellbar und zugleich kollaborativ teilbar zu ergänzen.

- MoCo, die dritte Komponente, fokussiert die Lageeinschätzung und integriert **Partizipationsstrukturen** durch die Einbeziehung beliebiger Akteure unabhängig von Organisation, Standort und Gerät (PC, Smartphone).

- MoRep, die vierte Komponente, ergänzt bestehende **Reportingstrukturen**, sobald Informationen von der Schadenslage nicht wie vorgesehen übermittelt werden.

- XHELP, die fünfte Komponente, ergänzt die **Medienstrukturen** mit der medienübergreifenden Selektion, Sortierung und Analyse von Inhalten sozialer Medien. Dadurch werden sowohl der Kontext sozialer Medien als auch die Bevölkerung einbezogen.

- CrowdMonitor, die sechste Komponente, konzentriert sich auf die Erfassung von Freiwilligenaktivitäten – zum einen physisch vor Ort und zum anderen auch innerhalb sozialer Medien. Ein weiterer Fokus liegt auf dem Absenden zielgerichteter Warnungs- und Mobilisierungsmeldungen, was dadurch die **Kooperationsstrukturen** ergänzt.

Für die Stärkung der kooperativen Resilienz ist es von Bedeutung, die mit den Systemen evaluierten Konzepte in die breite Anwendungspraxis zu übertragen, da der Erfolg von Kooperationssystemen sowie kooperativer Resilienz von einer Vielzahl kooperierender Akteure abhängig ist.

22.6 Fazit

Mit diesem Kapitel haben wir auf Basis einiger Grundlagen zu Kooperation, Kooperationstechnologien und kooperativer Resilienz konkrete Beispiele zur Förderung von Resilienz vorgestellt. Der praktische Beitrag beinhaltet, herauszuarbeiten, welche Funktionen in Kooperationstechnologien dies auf welche Weise unterstützen können und beispielhafte Anwendungen vorzustellen.

- Unter **Kooperation**, lat. cooperatio (co = zusammen; operatio = Arbeiten), wird eine Praxis der Zusammenarbeit verstanden. Die dies adressierende Disziplin Computerunterstützte Gruppenarbeit (engl. Computer-Supported Collaborative Work, CSCW) zielt darauf ab, die Selbstorganisation kooperativer Ensembles zu unterstützen, im Gegensatz zur (Zer-)Störung der kooperativen Arbeit durch Automatisierung in formellen Verfahren (Schmidt & Bannon, 1992).

- Unter **Resilienz** durch Kooperation verstehen wir dementsprechend die Fähigkeit, Krisen durch die Anpassungsfähigkeit an geänderte Realitäten ohne nachhaltigen Schaden mithilfe von Kooperation zu überstehen.

- **Kooperationstechnologien** und CSCW-Anwendungen können zur kooperativen Resilienz beitragen. Ergebnis sind resiliente (oder zumindest resilientere) Netzwerkstrukturen (SiRena), Partizipationsstrukturen (MoCo), Reportingstrukturen (MoRep), Medienstrukturen (XHELP) und Kooperationsstrukturen (CrowdMonitor).

- Wichtig ist, festzuhalten, dass die innerhalb der Resilienz geforderte Anpassungsfähigkeit nicht ausschließlich über vordefinierte Ausweichmöglichkeiten umsetzbar ist, sondern möglichst emergente Kollaborationstechnologien, die unvorhersehbare Notwendigkeiten der Kooperation spontan unterstützten können (Reuter, 2014), notwendig werden.

22.7 Übungsaufgaben

Aufgabe 1: CSCW-Technologien können gemäß der Raum-Zeit-Matrix (Johansen 1989) klassifiziert werden. Geben Sie Beispiele für Technologien aus jeder der möglichen Klassifikationen mit Bezug zu sicherheitskritischen Anwendungen und begründen Sie, warum gerade diese hierfür verwendet werden sollten.

Aufgabe 2: CSCW-Systeme können gemäß dem 3K-Modell klassifiziert werden. Nehmen Sie für drei sicherheitskritische Anwendungen eine begründete Klassifikation vor. Erläutern Sie spezielle Herausforderungen im Hinblick auf die sicherheitskritische Anwendung.

Aufgabe 3: Erläutern Sie den Begriff der Resilienz, besonders im Hinblick auf deren Unterstützbarkeit durch Kooperationstechnologien.

Aufgabe 4: Erklären Sie die den Begriff der Resilienz sowohl aus technischer als auch aus sozio-technischer Sicht und geben Sie je zwei Beispiele.

Aufgabe 5: Konzipieren Sie drei Kooperationstechnologien zur Unterstützung der Überwachung betrieblicher Abläufe. Binden Sie verschiedene Technologien und Kooperationskonzepte ein. Erläutern Sie, wie diese zur kooperativen Resilienz beitragen können.

22.8 Literatur

22.8.1 Literaturempfehlungen

Gross, T., & Koch, M. (2009). Computer-Supported Cooperative Work. Oldenbourg Verlag.

Reuter, C., Ludwig, T., & Pipek, V. (2016). Kooperative Resilienz – ein soziotechnischer Ansatz durch Kooperationstechnologien im Krisenmanagement. Gruppe. Interaktion. Organisation. Zeitschrift für Angewandte Organisationspsychologie (GIO), 47(2), 159–169.

22.8.2 Literaturverzeichnis

Ackerman, M. S. (2000). The Intellectual Challenge of CSCW: The Gap Between Social Requirements and Technical Feasibility. *Human-Computer Interaction*, *15*(2), 179–203. https://doi.org/10.1207/S15327051HCI1523_5

Bannon, L., & Schmidt, K. (1989). CSCW: Four Characters in Search of a Context. In *Proceedings of the European Conference on Computer Supported Cooperative Work (ECSCW)* (S. 358–372). Gatwick, London, United Kingdom.

Berkes, F., & Ross, H. (2013). Community Resilience: Toward an Integrated Approach. *Society & Natural Resources*, *26*(1), 5–20. https://doi.org/10.1080/08941920.2012.736605

Board on Earth Sciences and Resources. (2011). Building Community Disaster Resilience through Private-Public Collaboration. Washington, USA.

Boin, A., Comfort, L. K., & Demchak, C. C. (2010). The Rise of Resilience. In *Designing Resilience* (S. 1–12).

Bundesministerium des Innern. (2009). Nationale Strategie zum Schutz Kritischer Infrastrukturen (KRITIS-Strategie). Berlin.

Davidson-Hunt, I. J., & Berkes, F. (2003). Nature and society through the lens of resilience: toward a human-in-ecosystem perspective. *Navigating Social-Ecological Systems: Building Resilience for Complexity and Change*, 53–82.

Gabler. (2017). *Gabler Wirtschaftslexikon*. Abgerufen von http://wirtschaftslexikon.gabler.de/

Goldstein, B. E. (2011). Collaborative Resilience - Moving Through Crisis to Opportunity. Cambridge, MA: MIT Press.

Greif, I. (1988). Overview. In I. Greif (Hrsg.), *Computer-Supported Cooperative Work: A Book of Readings* (S. 5–12). San Mateo, USA: Morgan Kaufmann Publisher.

Gross, T., & Koch, M. (2009). *Computer-Supported Cooperative Work*. Oldenbourg Verlag.

Grudin, J. (1994). Computer-Supported Cooperative Work: History and Focus. *IEEE Computer*, *27*(5), 19–26.

Herczeg, M. (2014). Prozessführungssysteme: Sicherheitskritische Mensch-Maschine-Systeme und interaktive Medien zur Überwachung und Steuerung von Prozessen in Echtzeit. Oldenbourg: De Gruyter.

Holling, C. S. (1996). Engineering resilience versus ecological resilience. In P. Schulze (Hrsg.), *Engineering within ecological constraints* (p. 31). Washington D.C., USA: National Academies Press.

Johansen, R. (1988). *GroupWare: Computer Support for Business Teams*. New York, USA: The Free Press.

Klein, R. J. T., Nicholls, R. J., & Thomalla, F. (2003). Resilience to natural hazards: How useful is this concept? *Global Environmental Change Part B: Environmental Hazards*, *5*(1), 35–45.

Koch, M. (2012). Kooperationssystem. In N. Gronau, J. Becker, K. Kurbel, E. Sinz, & L. Suhl (Hrsg.), *Enzyklopädie der Wirtschaftsinformatik*. Abgerufen von http://www.enzyklopaedie-der-wirtschaftsinformatik.de/lexikon/daten-wissen/Informationsmanagement/IT-Infrastruktur/Informations--und-Kommunikationstechnologien/computer-supported-cooperative-work-cscw/kooperationssysteme

Ley, B., Ludwig, T., Pipek, V., Randall, D., Reuter, C., & Wiedenhoefer, T. (2014). Information and Expertise Sharing in Inter-Organizational Crisis Management. *Computer Supported Cooperative Work: The Journal of Collaborative Computing (JCSCW)*, *23*(4–6), 347–387.

Ley, B., Pipek, V., Reuter, C., & Wiedenhoefer, T. (2012). Supporting Improvisation Work in Inter-Organizational Crisis Management. In *Proceedings of the Conference on Human Factors in Computing Systems (CHI)* (S. 1529–1538). Austin, USA: ACM Press.

Ley, B., Pipek, V., Siebigteroth, T., & Wiedenhoefer, T. (2013). Retrieving and Exchanging of Information in Inter- Organizational Crisis Management. In *Proceedings of the Information Systems for Crisis Response and Management (ISCRAM)* (S. 812–822). Baden-Baden, Germany.

Lieberman, H., Paterno, F., & Wulf, V. (2006). *End-User Development*. Dordrecht, The Netherlands: Springer. https://doi.org/1-4020-4220-5

Ludwig, T., Dax, J., Pipek, V., & Randall, D. (2016). Work or leisure? Designing a user-centered approach for researching activity "in the wild." *Personal and Ubiquitous Computing*, *20*(4), 487–515.

Ludwig, T., & Reuter, C. (2014). Entwicklung einer mobilen Reporting-Applikation zur Artikulation entscheidungsrelevanter Informationsbedarfe im Katastrophenschutz. In E. Plöderereder, L. Grunske, E. Schneider, & D. Ull (Hrsg.), *Informatik 2014 - Big Data - Komplexität meistern* (S. 941–952). Stuttgart, Germany: GI-Edition-Lecture Notes in Informatics (LNI).

Ludwig, T., Reuter, C., & Pipek, V. (2013). What You See Is What I Need: Mobile Reporting Practices in Emergencies. In O. W. Bertelsen, L. Ciolfi, A. Grasso, & G. A. Papadopoulos (Hrsg.), *Proceedings of the European Conference on Computer Supported Cooperative Work (ECSCW)* (S. 181–206). Paphos, Cyrus: Springer. Abgerufen von http://link.springer.com/chapter/10.1007/978-1-4471-5346-7_10

Ludwig, T., Reuter, C., Siebigteroth, T., & Pipek, V. (2015a). CrowdMonitor : Mobile Crowd Sensing for Assessing Physical and Digital Activities of Citizens during Emergencies. In *In Proceedings of the Conference on Human Factors in Computing Systems (CHI)*. Seoul, Korea: ACM Press.

Ludwig, T., & Scholl, S. (2014). Participatory Sensing im Rahmen empirischer Forschung. In *Mensch & Computer 2014: Interaktiv unterwegs – Freiräume gestalten* (S. 145–154). München: Oldenbourg-Verlag.

Ludwig, T., Siebigteroth, T., & Pipek, V. (2015b). CrowdMonitor: Monitoring Physical and Digital Activities of Citizens During Emergencies. In L. M. Aiello & D. McFarland (Hrsg.), *Social Informatics - SocInfo 2014 International Workshops, Barcelona, Spain, November 11, 2014, Revised Selected Papers* (S. 421–428). Schweiz: Springer International Publishing. https://doi.org/10.1007/978-3-319-15168-7_51

Maguire, B., & Hagan, P. (2007). Disasters and communities: Understanding social resilience. *The Australian Journal of Emergency Management*, *22*(2), 16–20.

Mentler, T., & Herczeg, M. (2014). Mensch - Maschine - Systeme im resilienten Krisenmanagement. In *Mensch & Computer: Workshopband* (S. 105–110). Oldenbourg-Verlag.

Michelis, G. De. (1990). *Computer Support for Cooperative Work*. London, United Kingdom: Butler Cox Foundation Report.

Norris, F. H., Stevens, S. P., Pfefferbaum, B., Wyche, K. F., & Pfefferbaum, R. L. (2008). Community resilience as a metaphor, theory, set of capacities, and strategy for disaster readiness. *American Journal of Community Psychology*, *41*(1–2), 127–150.

Paton, D., & Johnston, D. M. (2006). *Disaster resilience: an integrated approach*. Springfield, Illinois: Charles C Thomas Publisher.

Pipek, V., Reuter, C., Ley, B., Ludwig, T., & Wiedenhoefer, T. (2013). Sicherheitsarena – Ein Ansatz zur Verbesserung des Krisenmanagements durch Kooperation und Vernetzung. *Crisis Prevention – Fachmagazin Für Innere Sicherheit, Bevölkerungsschutz Und Katastrophenhilfe*, *3*(1), 58–59.

Pipek, V., & Wulf, V. (2009). Infrastructuring: Towards an Integrated Perspective on the Design and Use of Information Technology. *Journal of the Association for Information Systems*, *10*(5), 447–473.

Reuter, C. (2014). *Emergent Collaboration Infrastructures: Technology Design for Inter-Organizational Crisis Management (Ph.D. Thesis)*. Siegen, Germany: Springer Gabler. Abgerufen von http://www.springer.com/springer+gabler/bwl/wirtschaftsinformatik/book/978-3-658-08585-8

Reuter, C., & Ludwig, T. (2013). Anforderungen und technische Konzepte der Krisenkommunikation bei Stromausfall. In M. Hornbach (Hrsg.), *Informatik 2013 - Informatik angepasst an Mensch, Organisation und Umwelt* (S. 1604–1618). Koblenz, Germany: GI-Edition-Lecture Notes in Informatics (LNI).

Reuter, C., Ludwig, T., Kaufhold, M.-A., & Pipek, V. (2015). XHELP: Design of a Cross-Platform Social-Media Application to Support Volunteer Moderators in Disasters. In *Proceedings of the Conference on Human Factors in Computing Systems (CHI)* (S. 4093–4102). Seoul, Korea: ACM Press.

Reuter, C., Ludwig, T., & Pipek, V. (2014). Ad Hoc Participation in Situation Assessment: Supporting Mobile Collaboration in Emergencies. *ACM Transactions on Computer-Human Interaction (ToCHI)*, *21*(5), Article 26.

Reuter, C., Ludwig, T., & Pipek, V. (2016). Kooperative Resilienz – ein soziotechnischer Ansatz durch Kooperationstechnologien im Krisenmanagement. *Gruppe. Interaktion. Organisation. Zeitschrift Für Angewandte Organisationspsychologie (GIO)*, *47*(2), 159–169. Abgerufen von https://www.wineme.uni-siegen.de/paper/2016/2016_reuterludwigpipek_kooperativeresilienz_gio.pdf

Reuter, C., & Ritzkatis, M. (2013). Unterstützung mobiler Geo-Kollaboration zur Lageeinschätzung von Feuerwehr und Polizei. In R. Alt & B. Franczyk (Hrsg.), *Proceedings of the International Conference on Wirtschaftsinformatik (WI)* (S. 1877–1891). Leipzig, Germany. Abgerufen von http://aisel.aisnet.org/wi2013/117

Reuter, C., & Ritzkatis, M. (2014). Adaptierbare Bewertung bürgergenerierter Inhalte aus sozialen Medien. In *Mensch & Computer 2014: Interaktiv unterwegs – Freiräume gestalten*. München, Germany: Oldenbourg-Verlag.

Rohde, M., & Wulf, V. (2011). Sozio-Informatik. *Informatik-Spektrum*, *34*(2), 210–213. https://doi.org/10.1007/s00287-011-0518-y

Schmidt, K. (2010). Cooperative Work and Coordinative Practices: Contributions to the Conceptual Foundations of Computer-supported Cooperative Work (CSCW). London, United Kingdom: Springer.

Schmidt, K., & Bannon, L. (1992). Taking CSCW Seriously: Supporting Articulation Work. *Cooperative Work and Coordinative Practices*, *1*(1), 1–33. Abgerufen von http://www.springerlink.com/index/P27V3670L1V03442.pdf

Teufel, S., Sauter, C., Bauknecht, K., & Mühlherr, T. (1995). *Computerunterstützung für die Gruppenarbeit*. Bonn: Addison-Wesley.

Trist, E., & Bamforth, K. (1951). Some social and psychological consequences of the long wall method of coal getting. *Human Relations*, *4*, 3–38.

UK Govenment: Department for International Development. (2011). Defining Disaster Resilience: A DFID Approach Paper. London, UK: Department for International Development. Abgerufen von https://www.gov.uk/government/uploads/system/uploads/attachment_data/file/186874/defining-disaster-resilience-approach-paper.pdf

United Nations. (2005). Hyogo Framework for Action 2005-2015: Building the Resilience of Nations. Hyogo, Japan: International Strategy for Disaster Reduction.

United Nations. (2009). *2009 UNISDR Terminology on Disaster Risk Reduction. International Stratergy for Disaster Reduction (ISDR)*. Geneva: United Nations International Strategy for Disaster Reduction (UNISDR).

United Nations. (2015). Sendai Framework for Disaster Risk Reduction 2015 - 2030. Sendai, Japan.

Walker, B. h., Ludwig, D., Holling, C. S., & Peterman, R. M. (1969). Stability of semi-arid savanna grazing systems. *Ecology, 69*, 473–98.

23 IT-basierte Prozessunterstützung für die Sicherheit von Großveranstaltungen

Toni Eichler · Gebhard Rusch · Sascha Skudelny
Universität Siegen

Zusammenfassung

Seit dem Unglück auf der Loveparade in Duisburg 2010 stellen Großveranstaltungen ein wichtiges Thema der deutschen Sicherheitsforschung dar. Erste Befunde deuten darauf hin, dass das sicherheitsfördernde Potenzial von Informationstechnologien bislang nicht ausreichend genutzt wird. Dies ist auch darauf zurückzuführen, dass eine systematische Auseinandersetzung mit der Planung und Durchführung von Großveranstaltungen bislang fehlt. Das vorliegende Kapitel möchte diese Lücke schließen und skizziert Großveranstaltungen als Geflecht sozio-technischer Praktiken, deren Analyse wichtige Ansatzpunkte für die Potenziale sicherheitsfördernder MCI aufzeigt. Mit dem Social Media-Monitoring und -Management, Veranstaltungs-Apps sowie der Plattform „Sicherheitsarena" werden anschließend Beispiele für konkrete Formen der MCI vorgestellt, die einen wichtigen Beitrag zur Sicherheit von Großveranstaltungen leisten können.

Lernziele

- Die Leser können zu zentralen Akteuren einer Großveranstaltung und den sie verbindenden Prozessen Auskunft geben. Sie sind in der Lage, Prozesse, die vom IT-Einsatz profitieren können, selbstständig zu identifizieren.

- Die Leser können das Phasen- und Prozessmodell von Großveranstaltungen in ihren Forschungs- und Entwicklungsarbeiten anwenden.

- Die Leser können konkrete Beispiele für IT-Lösungen darstellen, die das Sicherheitsmanagement von Großveranstaltungen wirksam unterstützen können.

23.1 Einleitung

Die Beobachtung von zahlreichen großen Volksfesten, Festivals und Sportveranstaltungen hat gezeigt, dass es *die perfekte Großveranstaltung* (noch) nicht gibt. Veranstalter und Behörden haben aber in den vergangenen Jahren für die Veranstaltungssicherheit sehr viel getan und erreicht. Trotzdem sind immer noch deutliche und nachhaltige Verbesserungen schon mit vergleichsweise geringem Aufwand möglich. Das Potenzial für weitergehende Verbesserungen der Sicherheit ist im Veranstaltungsmanagement und in der Veranstaltungskommunikation immer noch sehr groß.

23.2 Großveranstaltungen im Kontext von Erlebnisgesellschaft und Eventkultur

Gerhard Schulze hat den Befund, dass das Leben heutzutage mehr denn je geprägt sei von Vergnügungs- und Erregungssuche einerseits sowie sich gegenseitig immer weiter überbietenden Ereignisproduktionen andererseits auf den Begriff der Erlebnisgesellschaft (vgl. Schulze, 2000) gebracht. Das neudeutsche Buzzword der **Eventisierung** (vgl. dazu auch Hitzler, 2000) bezeichnet dabei einen auch in Werbung und Marketing reflektierten Trend zur Inszenierung und Zelebrierung nicht mehr nur des Außergewöhnlichen oder Seltenen, sondern selbst des Alltäglichen. Erlebnisorientierung und Erlebnisrationalität gründen dabei einerseits auf subjektiven persönlichen Voraussetzungen wie Wissen, Einstellung, Wünsche, andererseits auf sozialen beziehungsweise kulturellen Prägungen, die als Erwartungen, Gewohnheiten oder Gepflogenheiten den konventionalen und normativen Rahmen des Handelns der Einzelnen in der Gesellschaft konstituieren. *„Das Projekt des schönen Lebens entpuppt sich als etwas Kompliziertes – als Absicht, die Umstände so zu manipulieren, dass man darauf in einer Weise reagiert, die man selbst als schön reflektiert"* (Schulze, 2000, S. 35).

In diesem Sinne ist die Erlebnisgesellschaft das Resultat solchen kollektiven Strebens nach gemeinsamer individueller persönlicher Erfüllung oder Beglückung. In der Veranstaltungswelt hat diese Orientierung eine „Spaßkultur" (Hitzler, 2000, S. 401) befördert, die einerseits traditionelle Veranstaltungsformen (z. B. Märkte, Kirchfeste) zu neuen massenkulturellen Erlebniswelten (z. B. Volksfesten) transformiert, andererseits völlig neue Eventformen wie Erlebnisparks oder Festivals geschaffen hat, die ein Millionenpublikum mit extraordinärem Ambiente und dem Potenzial für Grenzerfahrungen begeistern. Veranstaltungen, die diesen massenkulturellen Zeitgeist treffen, sind deshalb eigentlich zwangsläufig auch immer große Veranstaltungen, also Großveranstaltungen.

23.3 Was sind Großveranstaltungen?

Der Begriff „**Großveranstaltung**" verführt zu quantifizierendem Denken: Wie groß ist „groß"? Wie viele Teilnehmer müssen es für eine Großveranstaltung mindestens sein? Wie groß beziehungsweise ausgedehnt oder wie weit räumlich verteilt muss das Veranstaltungsgelände sein? Wie viele Parkplätze müssen vorhanden sein, wie viele Rettungs- oder Ordnungskräfte? In diesem Sinne erfolgt die Definition des Begriffs der Großveranstaltung also wesentlich über die Bestimmung der Größenordnung, z. B. so:

„Großveranstaltungen im Sinne dieses Orientierungsrahmens sind Veranstaltungen,

1. zu denen täglich mehr als 100.000 Besucher erwartet werden, oder

2. bei denen die Zahl der zeitgleich erwarteten Besucher ein Drittel der Einwohner der Kommune übersteigt und sich erwartungsgemäß mindestens 5.000 Besucher zeitgleich auf dem Veranstaltungsgelände befinden, oder

3. die über ein erhöhtes Gefährdungspotenzial verfügen" (MIK-NRW, 2012, S. 5).

Quantitative Bestimmungen dieser Art weisen allerdings den entscheidenden Nachteil auf, die örtlichen, personellen oder sonstigen speziellen Voraussetzungen am Veranstaltungsort oder auf Seiten der Besucher gar nicht oder nur im Ansatz zu berücksichtigen. So sind 100.000 Besucher einer Veranstaltung in Großstädten wie z. B. Berlin, Hamburg oder München ein deutlich kleineres Problem als etwa in Dörfern wie Wacken (Wacken Open Air) oder Übersee (Chiemsee Summer). Entsprechend haben große Besucherzahlen für kleine Locations ein Gefährdungspotenzial, ganz gleichgültig wie die Besucherschaft zusammengesetzt ist. Allein die Relativierung der Besucherzahl auf die Einwohner des Veranstaltungsortes verweist auf ein für Großveranstaltungen prinzipiell kritisches Potenzial, nämlich die infrastrukturellen Voraussetzungen für die Aufnahme großer Besucherzahlen.

Die Richtlinie der Vereinigung zur Förderung des deutschen Brandschutzes e.V. (vfdb) ist deskriptiv differenzierter, berührt jedoch kaum die für Großveranstaltungen kritischen Parameter: „Veranstaltungen im allgemeinen Sinne sind organisierte Treffen von Menschen über eine bestimmte Zeit an einem bestimmten Ort oder mehreren Orten gleichzeitig zu einem vorher festgelegten Zweck. Veranstaltungen werden zeitlich vorher geplant.

Großveranstaltungen sind solche Veranstaltungen mit einer sehr großen Zahl von erwarteten Teilnehmern, wobei

a) diese von unterschiedlicher Nationalität, Sprache, sozialer Schichtung, politischer Anschauung oder religiösem Bekenntnis sein können und einen differenzierten kulturellen Hintergrund besitzen können,

b) die Einwohner ebenfalls besonders involviert sind,

c) die Veranstaltung von besonderer Bedeutung für die Region, national oder sogar international ist,

d) meistens im Kern der Stadt oder auf besonderen Flächen angesiedelt ist.

Großveranstaltungen erfordern eine behördliche Genehmigung sowie eine qualifizierte Zusammenarbeit der Behörden und Organisationen mit Sicherheitsaufgaben (BOS) mit den Veranstaltern und anderen Beteiligten.

Spontane oder regelmäßige Versammlungen ohne festgelegte Organisation, wie z. B. unangemeldete Demonstrationen, Silvester-Feiern oder Karnevalsbräuche, erfüllen diese Anforderungen ebenfalls und werden in die folgende Einsatzplanung eingeschlossen – sie sind für die öffentliche Gefahrenabwehr schwieriger zu handhaben, da ein Veranstalter als Ansprechpartner fehlt (vfdb, 2003, S.4).

Auch derart wortreiche Definitionsvarianten bleiben aber die *differentia specifica*, die gerade jene Eigenschaften von Großveranstaltungen bestimmt, die sie als solche auszeichnen, letztlich schuldig. Der folgende Vorschlag soll diesen Mangel beheben. Er betrachtet Großveranstaltungen aus einer systemischen Perspektive und erkennt ihre Problematik und Kritikalität wesentlich in der Verfügbarkeit systemischer Ressourcen für die Herstellung und Aufrechterhaltung ihres Funktionierens beziehungsweise ihres reibungslosen Ablaufes. Deshalb sind die Flüssigkeit (Fluidität) und die jederzeitige Fortsetzbarkeit (Kontinuität) die wesentlichen Erfolgsfaktoren (Rusch, 2015).

Eine **Großveranstaltung** ist

1. ein im Voraus geplantes und organisiertes **Treffen von Menschen** (*genus proximum*)
   a. mit spezifischen Eigenschaften (*Typisierungsmerkmal*),
   b. für eine im Voraus bestimmte **Dauer** (*Typisierungsmerkmal*),
   c. an einem im Voraus bestimmten **Ort** (i.e. Gebäude, Open Air) (*Typisierungsmerkmal*),
   d. zu einem im Voraus bestimmten **Zweck** (*Typisierungsmerkmal*),

2. , dass die am Veranstaltungsort für die Veranstaltungsdauer[19] vorhandenen **räumlichen, zeitlichen, personellen, materiellen und Wissens-Ressourcen** potenziell überfordern würde, wenn nicht entsprechende spezielle **Vorkehrungen zur Kompensation von Ressourcen-Defiziten** (z. B. im Rahmen von Antrags- und Genehmigungsverfahren mit Sicherheitskonzept und Ressourcen-Nachweis) getroffen würden (*differentia specifica*).

Diese Definition relativiert das Verständnis des Wortteiles „Groß" im Kompositum Großveranstaltung klar auf die Ressourcenverfügbarkeit am Veranstaltungsort während der Veranstaltungszeit. In ressourcenreichen Umgebungen wie sie z. B. Großstädte darstellen, die leistungsstarke Verkehrsinfrastruktur, große Versorgungs- und Hotelkapazitäten, zahlreiche und gut ausgerüstete Feuerwehr- und Rettungskräfte, großflächige Veranstaltungsplätze aufweisen, werden die kritischen Belastungsschwellen erst bei vergleichsweise sehr

---

[19] i.e. die Zeitspanne von der Anreise bis zur Abreise der Besucher.

großen Besucherzahlen erreicht oder überschritten. Sind solche Ressourcen schon im all-täglichen Rahmen des kommunalen Normalbetriebes knapp, können kritische Grenzen schnell schon bei deutlich geringerem Besucherandrang erreicht werden.

Stadien, Arenen, Messegelände, Schauspiel- und Opernhäuser stellen in diesem Sinne ge-wissermaßen die zu Stein gewordenen baulichen Vorkehrungen zur Bewältigung großer Besucherzahlen für bestimmte Veranstaltungsformen dar. Zusammen mit ihrem Personal und dessen Knowhow, und mit den routinemäßig vorhandenen Hilfs-, Unterstützungs-, Ordnungs- und Rettungskräften, können solche Strukturen die hohen Anreiseverkehre, Besuchermassen und Abreiseverkehre mit einem hohen Maß an Sicherheit in allen rele-vanten Belangen bewältigen. Wo solche Spezialbauten inklusive ihrer Personalstruktur und ihrer verkehrstechnischen Erschließung fehlen, z. B. auf einer grünen Wiese, wo ein Festival stattfinden soll, müssen entsprechende Voraussetzungen und Ressourcen jeweils erst improvisiert (z. B. fliegende Bauten) und bedarfsabhängig herangeführt werden.

23.4 Großveranstaltungen als sozio-technische Praktiken

Betrachtet man das Geschehen, das eine Großveranstaltung wie z. B. ein Musikfestival ausmacht, einmal unter dem Vergrößerungsglas, so wird über den gesamten Verlauf eine **komplexe Prozess-Landschaft** aus Handlungen sichtbar.

Unter der Lupe können wir an diesem komplexen Geschehen die einzelnen Akteure iden-tifizieren: den Veranstalter und Mitglieder seines Teams, die Mitarbeiter der beteiligten anderen Unternehmen (z. B. Bühnentechnik, Catering, Entsorgung), die Mitarbeiter von Behörden und Organisationen mit Sicherheitsaufgaben (Ordnungsämter, Polizeien, Ret-tungsdienste, Feuerwehren), die Mitarbeiter der lokale Verwaltung, die beteiligte lokale Bevölkerung, die Vertreter von Presse und Medien, und schließlich die Interessenten und Besucher, deren Freunde und Verwandte, soweit sie, z. B. medial vermittelt, am Handeln und Erleben der Besucher teilhaben. Weiterhin können wir die Handlungen dieser Akteure beobachten, die in den Interaktionen mit anderen Akteuren (hier veranstaltungsbezogene) Tätigkeitsbereiche oder Handlungsfelder beschreiben, die teils institutionalisiert (z. B. in BOS), teils professionalisiert (z. B. im Berufsbild des Veranstaltungsmeisters), teils im-provisiert (z. B. im Fall von Veranstalter-Start-ups), in jedem Fall aber als **soziale Prak-tiken** (im Sinne von Reckwitz, 2003) etabliert sind oder sich als solche entwickeln oder auch verändern. Wesentliche Quellen solcher Veränderungen sind neben allgemeinen Fak-toren wie Generationenwechsel, kultureller Wandel und Veränderungen der sozioökono-mischen Lage in unserer Zeit vor allem die digitale Mediatisierung (Krotz, 2001).

Digitale Mediatisierung bedeutet in unserem Zusammenhang, dass auch das veranstal-tungsbezogene Handeln aller beteiligten Akteure zunehmend den Gebrauch digitaler Me-dien einschließt mit der Konsequenz, dass dieses Handeln und dessen Resultate (und Fol-gen) mehr und mehr durch den Gebrauch digitaler Medien (und die entsprechenden

Mensch-Maschine-Interaktionen) geprägt, bedingt und letztlich bestimmt werden. Das heißt auch, dass sich die Eigenschaften dieser Medien und ihres Gebrauchs im Handeln und Zusammenwirken der Akteure mal als vorteilhaft, mal als nachteilig (oder problematisch) bemerkbar machen. Entscheidend ist aber zunächst die allgemeine Einsicht, dass die sozialen Praktiken, wie sie das Veranstaltungsgeschehen konstituieren, notwendig auch kommunikatives Handeln und den Gebrauch von Medien einschließen. Kommunikation und Mediennutzung sind in die Veranstaltungs-Praktiken so fest eingewoben und für diese derart konstitutiv, dass das ganze Geschehen ohne diese kommunikativen und medialen Leistungen schlechterdings unmöglich wäre. In diesem Sinne ist Sicherheitskommunikation (Rusch, 2015b) in unseren Tagen und auch im Zusammenhang mit Großveranstaltungen (Rusch, 2016) in zunehmenden Maße digitale Kommunikation.

Im Ablauf des Veranstaltungs-Geschehens lassen sich verschiedene Prozess-Abschnitte unterscheiden, wie Abbildung 23-1 zeigt. Um dieses komplexe Veranstaltungsgeschehen systematisch für das Sicherheitsmanagement erschließen zu können, bedarf es eines analytischen Zugangs, der den Prozess empirisch adäquat abbildet, in kognitiv handhabbarer Form verfügbar und für Interventionen in das Geschehen zugänglich machen kann.

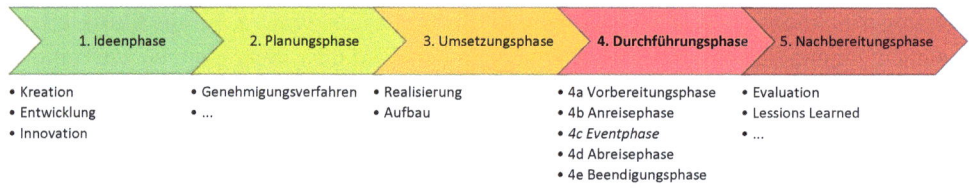

Abbildung 23-1: Phasen einer Großveranstaltung

23.5 Großveranstaltungen aus system- und prozessanalytischer Sicht

23.5.1 Was ist eigentlich ein System?

Der griechische Begriff sýstema meint ein aus Teilen bestehendes Ganzes, eine zusammengesetzte Einheit. In dieser (holistischen) Bedeutung ist der Begriff bis heute geläufig. Jüngere Entwicklungen in der Systemtheorie haben das Merkmal der Ganzheit beziehungsweise Einheit wieder sehr nachhaltig betont, nachdem andere Verwendungsweisen lediglich auf das Merkmal eines Zusammenhangs von Teilen (funktionalistischer Systembegriff) beziehungsweise auf das bloße Bestehen aus Einzelteilen (strukturalistischer Systembegriff) abgestellt hatten.

*„Ein **System** wird üblicherweise definiert als eine endliche, geordnete Menge von miteinander verbundenen Elementen"* (Harbordt, 1974, S. 45).

„*Usually one designates by system any aggregate of elements considered together with the relationships holding among them. It will be shown [...] that the type of connexion in a whole is very different from connexions which exist in an aggregate. The term 'system' is used here to denote a holistic system. Further, in using this term we abstract constituents ('elements') and refer only to the organization of the whole. Thus, 'system' for our discussion is holistic organization*" (Angyal, 1978, S. 20).

Der holistische Systembegriff stellt zugleich auch ein Kriterium für die Bestimmung der einem System zugehörigen Komponenten zur Verfügung, nämlich die Konstitutivität der Rolle von Gegenständen, Ereignissen oder Prozessen für den Gesamtzusammenhang, der seinerseits zugleich durch den funktionalen Bezug und die konstitutiven Beiträge seiner Komponenten erst bestimmt – und vor allem begrenzt – wird. In solchen Systemen stehen also alle Komponenten direkt oder indirekt miteinander in Beziehung, sind miteinander gekoppelt. Die Art und Weise der Vernetzung, des Zusammen- oder Wechselwirkens von Komponenten in einem System bezeichnet man als Systemorganisation.

23.5.2 Systemanalyse

Ein Phänomen wird erklärt, so hatte Humberto R. Maturana (1982, S. 139) festgestellt, „*wenn die Prozesse, die es erzeugen, [...] begrifflich oder konkret so reproduziert werden, dass sie das zu erklärende Phänomen erzeugen.*" Die Systemanalyse ist in diesem Sinne ein besonders geeignetes Verfahren, um Erklärungen zu generieren. Dabei haben diese Erklärungen nicht allein die Form von Beschreibungen der Komponenten, Prozesse und Beziehungen, sondern z. B. die Form graphischer Repräsentationen von Komponenten, Relationen und Funktionen, von Zeitstrukturen und Einflussstärken, schließlich auch die Form mathematischer Repräsentationen von Funktionen, Größen und ihren Wechselwirkungen. Systemanalyse zielt auf die Konstruktion funktionierender Modelle und verfügt damit über ein sehr rigides Kriterium („sanity check" im Sinne von Richmond (2003)) für die Validität ihrer Konstrukte. Inkonsistenzen, Wissenslücken oder kontrafunktionale Annahmen lassen sich auf diese Weise zuverlässig identifizieren. In Simulationen lassen sich die jeweiligen (und nur diese) Basisannahmen und das Modelldesign testen, man kann mit dem Modell experimentieren, alternative Funktionalitäten und Systemdynamiken erforschen, alternative ‚Systemgeschichten' unter Aspekten des System-Designs, der Folgen- oder Risikoabschätzung oder der Kontrollierbarkeit von Veränderungen untersuchen.

Die Systemanalyse ist ein empirisches Verfahren zur Darstellung, Modellierung und Simulation dynamischer Systeme. Es erfordert den kombinierten Einsatz mehrerer Methoden: die Beobachtung von Systemkomponenten und –prozessen, die Messung der Häufigkeit oder Intensität von Aktivitäten als Bestimmung von Werten der betrachteten Variablen beziehungsweise Systemgrößen, insbesondere die mündliche oder schriftliche Befragung der Akteure in sozio-technischen Systemen, den Einsatz von Protokollierungsverfahren und die Analyse von Dokumenten (z. B. mit inhaltsanalytischen Instrumenten). Systemanalyse ist in diesem Sinne als komplexes Mehrmethoden-Design anzusehen.

Von den zahlreichen systemanalytischen Ansätzen soll beispielhaft hier der Ansatz von Robertson & Robertson (1996), die sogenannte Vollständige Systemanalyse, angesprochen werden. Ein Ereignis-Reaktions-Modell (eine Art Datenfluss-Diagramm) eröffnet den Blick auf die essenziellen Eigenschaften eines Systems.

Konstruktions-Regeln sorgen dafür, dass

1. es im System nicht zu viele Teilprozesse (z. B. die Regel der „kopfgroßen Teile" in Anlehnung am G.A.Miller´s „Magical Number Seven") gibt,

2. es keine Prozesse ohne Input oder Output gibt (Operationale Regel),

3. keine Daten im Durchgang durch verschiedene Prozesse verloren gehen (Regel der Datenkonservierung),

4. jeder Prozess die Inputs erhält, die für die Erzeugung bestimmter Ausgabegrößen notwendig sind (Regel der Produktivität),

5. nur relevante Ereignisse mit relevanten In- und Outputs festgehalten werden („Ockham`s Razor"-Regel).

Damit die Modellbildung übersichtlich, und damit die Abgrenzung des zu betrachtenden Systems durchschaubar bleibt, wird zunächst ein Kontextdiagramm (Abbildung 23-2) entwickelt, in dem das zu modellierende System als Einheit in seinen Beziehungen zu anderen Größen dargestellt wird, die nicht selbst zum zu analysierenden System gehören. Zur Konstruktion des Kontextmodells gehört also insbesondere die Bestimmung der Systemgrenzen.

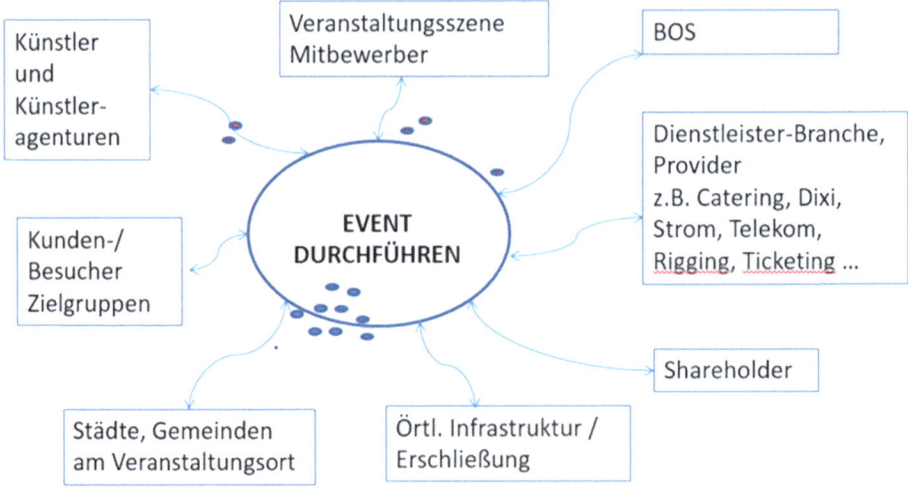

Abbildung 23-2: Vorschlag für ein Kontext-Diagramm zur Durchführung eines Festivals

Im nächsten Schritt, auf der Ebene 0, wird dann das System nach innen auf jene Haupt-prozesse und Hauptkomponenten hin analysiert, die bereits mit Blick auf den Kontext be-trachtet worden sind und die Leistungen des Systems generieren (siehe Abbildung 23-2). Im Beispiel sind für das System *Event* die Teilprozesse *Managen, Unterstützen, Soziali-sieren Ver-/Entsorgen* und *Ein-/Auslassen* modelliert. Den Anforderungen an die Model-lierung gemäß kann das System in weiteren Schritten beziehungsweise auf weiteren Ebe-nen mehrstufig immer detaillierter analysiert werden. Dabei entsteht für jeden Prozess be-ziehungsweise jedes Ereignis auf der höheren Ebene (z. B. Ebene 0) ein neues Ereignis-Reaktions-Diagramm auf der nächst niedrigeren Ebene (z. B. Ebene 1) usf.

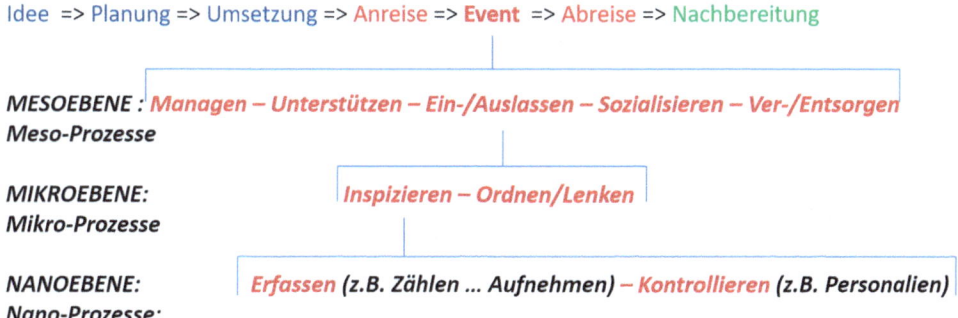

MAKROEBENE (Hauptprozesse, Phasen <zeitlich geordnete Prozessabschnitte):

Idee => Planung => Umsetzung => Anreise => **Event** => Abreise => Nachbereitung

MESOEBENE : *Managen – Unterstützen – Ein-/Auslassen – Sozialisieren – Ver-/Entsorgen*
Meso-Prozesse

MIKROEBENE: *Inspizieren – Ordnen/Lenken*
Mikro-Prozesse

NANOEBENE: *Erfassen (z.B. Zählen ... Aufnehmen) – Kontrollieren (z.B. Personalien)*
Nano-Prozesse:

Abbildung 23-3: Kompositiorische Beziehungen der Analyse-Ebenen und zugeordneten Pro-zesse

Dieses Vorgehen führt also zu einer Art Mehrebenenanalyse, wie sie aus der systemtheo-retischen Diskussion um das Dauerproblem der angemessenen Untersuchungs- und Dar-stellungsebenen zwischen den Vertretern handlungs- und systemtheoretischer Ansätze be-kannt ist. In diesem systemanalytischen Mehrebenen-Ansatz, der z. B. die *Makro-Ebene* (des Gesamtgeschehens in seinen Abschnitten), die *Meso-Ebene* der essenziellen Prozesse und *Mikro-Ebene* (der Teilprozesse essenzieller Prozesse) unterscheidet, wird das Problem der ´richtigen` Analyseebene ganz einfach dadurch aufgelöst, dass die jeweils höheren Ebenen in die jeweils tieferen hinein detailliert werden können. Umgekehrt liegt also im Übergang zu den höheren Ebenen eine synthetische (oder generative) Beziehung. Die Wahl der Analyseebene ist dementsprechend eine Wahl von Beobachtungs-, Abstraktions- oder Aggregationsebenen und nicht in erster Linie eine Frage der ´Systemnatur`.

Das Prozess-Modell bildet zunächst die Vorgänge im Regel- beziehungsweise Normalbe-trieb ab. Jeder dieser Prozesse kann dann unter dem Aspekt seiner Kritikalität betrachtet werden, also daraufhin, welche Ursachen den normalen oder idealen Ablauf einschränken, stören oder verunmöglichen können. Auf diese Weise gelangen wir zur Betrachtung von kritischen Betriebszuständen (Krisenbetrieb, Betriebsstörungen), die Maßnahmen des Krisenmanagements erfordern, z. B. das **Entstören** (Technik, Verletzungen, Ersetzen, Austausch, Ausweichen auf Rückfallebenen etc.), das **Einberufen** von Koordinierungskreisen, Krisenstäben u. Ä. (mit dem Übergang der Einsatzleitung an die BOS) oder das **Unterbrechen** der Veranstaltung. Können kritische Prozesse nicht durch vorbereitete oder vorbeugende Maßnahmen beherrscht, das heißt normalisiert werden, kann über die Kopplungsdynamik des Prozess-Netzwerkes schließlich das ganze System destabilisiert werden. Tritt dieser Fall ein, haben wir es mit einer Schadenslage zu tun. Für den Schadensbetrieb sind dann wiederum Prozesse wie das **Absagen, Abbrechen, Bergen, Räumen, Retten, Evakuieren etc.** zu spezifizieren.

23.6 Ein Festival-Prozess-Modell, oder: Veranstaltungspraxis und Praktiken im Veranstaltungsgeschehen

Im Rahmen des BMBF-Forschungsprojektes BaSiGo (Bausteine für die Sicherheit von Großveranstaltungen) wurde, orientiert an der vollständigen Systemanalyse, ein Festival-Prozess-Modell entwickelt. Wir wollen die Handlungszusammenhänge in den einzelnen Phasen und die jeweils essenziellen Prozesse hier auch als soziale, teils professionalisierte Praktiken begreifen. Abbildung 23-4 verzeichnet einen Ausschnitt der analysierten Meso- und Mikro-Prozesse für den Makroprozess der Durchführungsphase einer Großveranstaltung.

Mit einem solchen Prozess-Modell wird es nun möglich, den ressourcenbasierten systemischen Ansatz zum Grundverständnis von Großveranstaltungen als temporalen soziotechnischen Systemen, wie er in der Definition des Begriffs zum Ausdruck kommt, bis hinab auf die Ebene der hier spezifizierten Mikro-Prozesse zu operationalisieren. Auf Basis eines ebenfalls ressourcenbasierten systemischen Katastrophenbegriffs (Rusch, 2015) kann und muss man dann für jeden Prozess auf jeder der analysierten Ebenen nach der Ressourcenverfügbarkeit, den Bedingungen und Möglichkeiten ihrer Sicherung oder ihrer potenziellen Kritikalität fragen.

Zugleich werden die einzelnen Prozesse dabei unter dem Aspekt ihrer kommunikativen/medialen Komponenten analysierbar. Man kann dann nicht nur fragen, welche Kommunikationsleistungen beziehungsweise welcher Medieneinsatz für diesen Prozess empirisch festgestellt, also bei konkreten Festival-Veranstaltungen beobachtet werden kann, sondern auch danach, wie dieser Prozess durch (weitere, andere, veränderte) Kommunikationsleistungen funktional unterstützt, seine Effektivität im Prozess-Netzwerk verbessert, seine Effizienz gesteigert werden kann.

4a Vorbereitungsphase

1. Vorbereiten

 1.1 Infrastruktur aufbauen

 1.2 Marketingmaßnahmen durchführen

 1.3 Programm finalisieren

 1.4 Anbieten und verkaufen (Tickets)

 1.5 Interorganisational kooperieren

2. Vorbereitung managen

 2.1 Personal managen

 2.2 Dienstleister akquirieren (Ver- und Entsorger, Künstler, etc.)

 2.3 Markenidentität managen (Besucher ansprechen)

 2.4 Qualität managen

 2.5 Finanzen managen

 2.6 Interorganisational kooperieren

3. Vorbereitung unterstützen (BOS, ÖPNV)

 3.1 Aufrechterhalten öffentlicher Ordnung

 3.2 Administrieren von Vereinbarungen

 3.3 Lage konstruieren

 3.4 Interorganisational kooperieren

 3.5 Verkehrslenkung vorbereiten

4. Sozialisieren

 4.1 Virtuell zusammenkommen

 4.2 Vorfreude artikulieren (Künstler, Teilnehmer)

 4.3 Veranstaltungsbesuch organisieren (Besucher, Teilnehmer)

4b Anreisephase

1. Anreisen (ÖPNV, IV)

2. Anreise unterstützen (BOS)

 2.1 PR Maßnahmen

3. Anreise managen (VA)

 3.1 Anreiseverkehre managen

 3.2 Warteschlangen managen

4. Sozialisieren „on the run" (Besucher, Teilnehmer)

4c Eventphase

1. Unterstützen (Vorfeld & Veranstaltungelände)

 1.1 Aufrechterhalten öffentlicher Ordnung (Polizei)

  1.1.1 Verkehr regulieren

  1.1.2 Taktisch kommunizieren

  1.1.3 Kontrollieren

  1.1.4 Präsenz zeigen

  1.1.5 Eingreifen

  1.1.6 Sich bereithalten

  1.1.7 Lage konstruieren

  1.1.8 Interorganisational kooperieren

 1.2 Bereitstellen von Brandschutz- und Hilfsmaßnahmen (Brandschutzwache)

  1.2.1 Bereithalten

  1.2.2 Überwachen

  1.2.3 Taktisch kommunizieren

  1.2.4 Interorganisational kooperieren

  1.2.5 Lage konstruieren

 1.3 Bereitstellen medizinischer Lösungen (Rettungsdienst)

  1.3.1 Bereithalten

  1.3.2 Patrouillieren

  1.3.3 Patienten medizinisch versorgen

  1.3.4 Interorganisational kooperieren

  1.3.5 Lage konstruieren

 1.4 Administrieren von Vereinbarungen (Genehmigungsbehörde)

  1.4.1 Überprüfen

  1.4.2 Interorganisational kooperieren

2. Managen (Leiten) (Veranstalter)

 2.1 Identität managen (Markenpolitik, Unternehmenskultur, Stakeholder)

 ...

 2.2. Personal managen

 ...

 2.3. Qualität managen

 ...

 2.4. Ad hoc managen

  2.4.1 Improvisieren

  2.4.2 Reserven mobilisieren

  2.4.3 Ersatz beschaffen

  2.4.4 Umorganisieren

 2.5. Finanzen managen

 ...

 2.6 Aufrechterhalten von Veranstaltungsordnung (Ordnungsdienst, Brandsicherheitswache, Sanitätsdienst)

  2.6.1 Bereithalten

  2.6.2 Sichern

  2.6.3 Präsenz zeigen

  2.6.4 Taktisch kommunizieren

  2.6.5 Eingreifen

  2.6.6 Überwachen

  2.6.7 Interorganisational kooperieren

  2.6.8 Lage konstruieren

3. Ver-/Entsorgen

 ...

Abbildung 23-4: Ausschnitt der Durchführungsphase des Prozess-Modells.

23.7 Beispielanwendungen zum Veranstaltungsmanagement

Betrachtet man die Prozessliste aufmerksam, so fällt auf, dass Mikro-Prozesse in verschiedenen Meso-Prozessen vorkommen können. So findet sich der Mikro-Prozess „Lage konstruieren" allein in fünf Meso-Prozessen. Der Mikroprozess „interorganisational kooperieren" spielt in acht verschiedenen Mesoprozessen eine Rolle. Aus Sicht des Gesamtgeschehens handelt es sich in beiden Fällen also um offenbar sehr wichtige Teilprozesse.

Bildet man die Relevanz von Meso-Prozessen in ihrem Rang (Häufigkeit der Listung) ab, so kann z. B. für den Meso-Prozess *Manage* die „Aufrechterhaltung der Veranstaltungsordnung" als ein solch relevanter Prozess angesehen werden. Dazu gehört insbesondere die Führung des Ordnungsdienstes. Auch dies ist ein Prozess, der sehr sinnvoll durch IT-Lösungen, z. B. APPs, unterstützt werden kann.

Die im Prozess „interorganisational kooperieren" eingesetzten klassischen Kommunikationsmittel sind Meetings und Telefonkonferenzen sowie die Verteilung schriftlicher Dokumente (z. B. Lagepläne, Telefonlisten etc.). Man kann diesen Prozess aber effektiver und effizienter durch IT-Lösungen wie z. B. eine *Sicherheitsarena*, eine Web-Plattform mit Social Media-Funktionalitäten, unterstützen.

Es ist zu beachten, dass die Mikroprozesse „interorganisational kooperieren" und „Lage konstruieren" analytisch zwar sinnvoll voneinander unterschieden werden können, in der Veranstaltungspraxis aber zahlreiche Überschneidungen aufweisen. Dass diese Prozesse gemeinsam in immerhin vier Mesoprozessen des Festival-Prozess-Modells gruppiert sind, betont diese Tatsache ein weiteres Mal. Denn ohne interorganisationale Kooperation, also den Austausch von Informationen, das Teilen von Ressourcen und koordiniertes Handeln, kann eine Lage unter Umständen erst zu spät und/oder nur unvollständig beziehungsweise unzutreffend erkannt werden. Die Qualität der Lagekonstruktion ist also unmittelbar vom Grad und von der Effizienz der Zusammenarbeit der beteiligten Akteure[20] abhängig.

IT-Lösungen können diese Effizienz signifikant erhöhen, jedoch ist ihr Einsatz im Kontext von Großveranstaltungen nicht unproblematisch. Für Besucher eines Events verbesserten sich in den vergangenen Jahren zwar zunehmend die Netzversorgung und die Möglichkeiten der Stromversorgung mobiler Endgeräte, blieben aber oft defizitär. Auf Seiten des Veranstalters und der ihn unterstützenden Behörden sind es in der Regel die Heterogenität der eingesetzten IT-Lösungen und fehlende Schnittstellen sowie datenrechtliche Probleme, die eine engere Zusammenarbeit erschweren. In der aktuellen Forschung zu Großveranstaltungen (Rusch et al., 2015) wurden ausgehend von diesen Befunden unter anderem die folgenden Herausforderungen für den Einsatz bestehender IT-Lösungen zur Verbesserung der interorganisationalen Kooperation und damit auch der Lagekonstruktion identifiziert.

- Eine sinnvolle Einbindung sozialer Medien und insbesondere des Social Media-Monitorings.

- Das Schaffen einer kommunikativen Schnittstelle mit den Besuchern der Veranstaltung, mit deren Hilfe nicht nur Informationen vom Veranstalter zu den Besuchern,

---

[20] Dazu zählen neben dem Veranstalter beispielsweise auch das von ihm beschäftigte Personal, externe Dienstleister, unterstützende BOS sowie die Besucher der Veranstaltung.

sondern auch in umgekehrter Richtung übermittelt werden können. Unter Beachtung des Datenschutzes sollen damit auch die Standortdaten der Besucher erfasst werden.

- Das Schaffen einer kommunikativen Schnittstelle zwischen dem Veranstalter, eigenem Personal, Ordnungspersonal, gegebenenfalls weiteren Kräften der verschiedenen Unterauftragnehmer/Schausteller sowie den BOS. Neben dem Austausch aktueller Informationen und der Weitergabe von Anweisungen soll damit auch die die gerichtsfeste Dokumentation der Veranstaltung unterstützt werden.

Im Folgenden werden drei Beispiele für IT-Lösungen vorgestellt, die geeignet sind, die für eine Großveranstaltung essenziellen Prozesse zu unterstützen und die insofern sicherheitskritisch sind.

23.7.1 Social Media-Monitoring & Management

Soziale Medien (siehe Kapitel 19 zu sozialen Medien in Krisen) sind schon seit mehreren Jahren im Bereich der Veranstaltungskommunikation etabliert. Lange standen dabei aber Marketing-Aspekte im Vordergrund, mit der Nutzung des Potenzials sozialer Medien für die Veranstaltungssicherheit wurde erst in den vergangenen Jahren begonnen.

Beim Monitoring und Management sozialer Medien im Kontext einer Großveranstaltung geht es in erster Linie um das Gewinnen aktueller Lageinformationen sowie um die Unterstützung der Sicherheitskommunikation mit den Besuchern. Aufgrund des großen Umfangs der Netzkommunikation ist es unumgänglich, einige Filter zur automatisierten Vorsortierung der Beiträge einzusetzen und das Monitoring gründlich vorzubereiten. Anlässlich eines im Rahmen von BaSiGo durchgeführten, kooperativen Social Media-Monitorings (Partner 2013 bc.lab, 2014 die Deutsche Telekom und Radiosphere) der Dürener Annakirmes, des Festivals Chiemsee Summer in Übersee und des Wacken Open Airs in den Jahren 2013 und 2014 haben sich folgende Maßnahmen als vorteilhaft erwiesen:

1. Die initiale Exploration des *Umfangs der Social Media-Aktivitäten* im Kontext der untersuchten Veranstaltungen, um die für das eigentliche Monitoring benötigten Ressourcen (Technik, Infrastruktur, Personal) einschätzen zu können.

2. Das Erfassen der für die Social Media-Kommunikation der jeweiligen Veranstaltungen *relevanten Netzwerke*, Plattformen etc. Im Fall des BaSiGo-Monitorings wurden News, Blogs, Foren, Facebook, Twitter, LinkedIn, Instagram, Flickr, Foursquare, Tumblr, Slideshare, YouTube, Vimeo sowie Dailymotion berücksichtigt.

3. Der Einsatz von *Keywords* und *Hashtags*, um relevante Beiträge vorzusortieren. Hashtags stellen dabei die Relevanz für die jeweils untersuchte Veranstaltung sicher (z. B. #cs14, #düren, #woa2014); Keywords wie Wetter, Polizei oder Gewalt sortieren Inhalte hinsichtlich ihrer möglichen Sicherheitsrelevanz vor.

4. Der Einsatz von Verfahren der *Geo-Lokation*. Diese ermöglichen die Konzentration auf Beiträge, die in einem bestimmten Umkreis um das oder direkt auf dem Veranstaltungsgelände verfasst wurden. Da die Ortungsfunktion der Mobilgeräte hierfür aktiviert sein und der Standort übermittelt werden muss, ist mit deutlich geringerem Beitragsaufkommen zu rechnen.

5. Der alternierende sowie kombinierte Einsatz von *3.* und *4.*, um die Veranstaltungs- und Sicherheitsrelevanz der Beiträge zu erhöhen (siehe Abbildung 23-5).

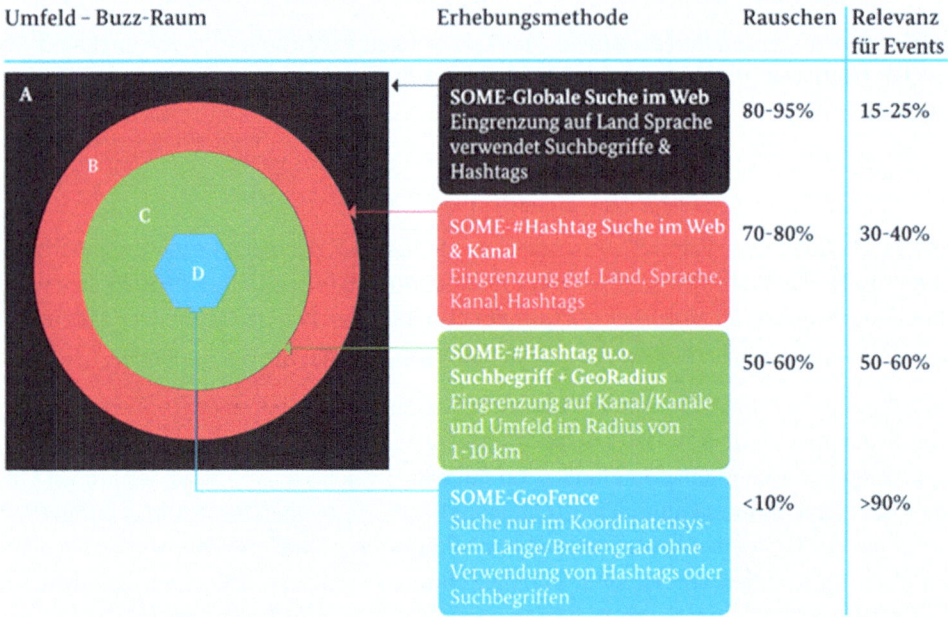

Abbildung 23-5: Relevanz der Beiträge für die Veranstaltung, die mit den verschiedenen Erhebungsarten erfasst wurden (Link & Schwerdtner, 2016, p. 333).

Im Vergleich der verschiedenen Erhebungsarten weist das Monitoring mithilfe von Suchbegriffen und Hashtags aufgrund des hohen Beitragsaufkommens (verursacht auch durch Personen, die zwar über die Veranstaltung schreiben, aber nicht vor Ort sind) eine nur geringe Effizienz auf. Erheblich steigern lässt sie sich jedoch, wenn Hashtags und Suchbegriffe mit der geolokalisierten Umkreissuche kombiniert wurden. Eine nochmals deutlichere Reduzierung des Grundrauschens der Netzbeiträge lässt sich durch den Einsatz des GeoFence herbeiführen, der lediglich Beiträge auf dem Veranstaltungsgelände erfasst. Die Zahl der Beiträge konnte dadurch so stark beschränkt werden, dass ein hypothesenfreies Monitoring (ohne Hashtags und Keywords) handhabbar wurde. Zu beachten ist dabei natürlich, dass ohne aktivierte Ortungsfunktion abgesetzte Beiträge so nicht erfasst werden können, auch wenn ihr Ursprung sich eigentlich auf dem Veranstaltungsgelände befindet.

Für das Echtzeit-Monitoring während Großveranstaltungen ist ein kombinierter Einsatz der verschiedenen Verfahren zu empfehlen. Nur so ist eine gleichermaßen zügige und zutreffende Erfassung und Ergänzung der aktuellen Lage durch soziale Medien möglich. Echtzeit-Monitoring kann dabei nicht nur bei der Einschätzung der aktuellen Besucherstimmung helfen, sondern auch das frühzeitige Erkennen von Problemen begünstigen. Das Erfassen sicherheitsrelevanter Beiträge kann durch Appelle zur Aktivierung der Ortungsfunktion sowie das Teilen veranstaltungsspezifischer Sicherheits-Hashtags erleichtert werden. Dies sind gleichzeitig auch wichtige Schritte hin zu einem aktiven Austausch von Sicherheitsinformationen mithilfe sozialer Medien. Denn nur in der Kombination von Socia Media-Monitoring und Social Media-Management eröffnet sich ihr volles Potenzial.

23.7.2 Veranstaltungs-Apps

Wie das Social Media-Monitoring und -Management sind auch Apps schon seit Jahren im Veranstaltungseinsatz, bleiben aber gerade mit Blick auf ihr Potenzial für sicherheitskommunikative Prozesse unter ihren Möglichkeiten. Weit verbreitet sind die für Besucher bereitgestellten Veranstaltungs-Apps, die (in Abhängigkeit von der jeweiligen Veranstaltung) vor allem der Information der Besucher etwa hinsichtlich des Veranstaltungsprogramms, Attraktionen oder Künstlern dienen. Zudem können sie beispielsweise die Wegfindung mit Gelände- und Gebäudeplänen erleichtern oder auch die Teilnahme an Gewinnspielen und anderen Aktionen ermöglichen.

Ausgehend von diesem unter Sicherheitsaspekten eher unbefriedigenden Ist-Zustand kristallisierten sich schnell Anwendungsfelder heraus, in denen der Einsatz von Apps für die Unterstützung der aus Perspektive der Veranstaltungssicherheit zentralen Prozesse des Lagekonstruierens und interorganisational Kooperierens als besonders aussichtsreich erscheint:

- Die internen kommunikativen Prozesse des Veranstalters, also die Übermittlung von Informationen, Anweisungen, Warnungen, Alarmierungen etc.
- Das **Crowd-Management**, also die „Überwachung und Steuerung von Menschenmassen auf Zu- und Abwegen, Verkehrswegen und Flächen" (BBK 2016, S. 454).
- Der Austausch allgemeiner, sicherheitsrelevanter Informationen, Anweisungen zwischen Veranstalter und Besuchern.

Die internen kommunikativen Prozesse des Veranstalters können insbesondere mit Blick auf die gerichtsfeste Dokumentation der Veranstaltung unterstützt werden. Für die Gewährleistung der Sicherheit, aber auch für die Klärung eventueller Haftungsfragen ist es unerlässlich, die unternommenen Maßnahmen lückenlos und in der gebotenen Ausführlichkeit dokumentieren zu können. Hilfreich ist hierfür die Implementierung eines Quittierungssystems, das nicht nur die Bestätigung beziehungsweise Quittierung von Aufträgen nach ihrer Erledigung ermöglicht, sondern zusätzlich das Verfassen kurzer Anmerkungen. Auch die Möglichkeit zur Hinterlegung von Fotos oder Videos sollte gegeben sein, sodass beispielsweise bei Kontrollgängen der Zustand sicherheitskritischer Infra-strukturen festgehalten werden kann.

Zusätzlich sollte eine Veranstaltungs-App als Messenger genutzt werden können, der mit einem stets aktuellen Verzeichnis von Personen und Funktionen dabei hilft, schnell den richtigen Ansprechpartner zu finden. Darüber hinaus ist ein in die App integriertes, auf die Veranstaltung zugeschnittenes Wiki empfehlenswert, in welchem wichtige Informationen beispielsweise zu Fluchtwegen, Standorten der Einsatzkräfte oder Verhalten im Gefahren-fall jederzeit abgerufen werden können.

Das Crowd-Management des Veranstalters kann durch die Erfassung der Standortdaten von Besuchern auf dem und um das Veranstaltungsgelände erheblich erleichtert werden. Aus Synergiegründen ist eine Integration in die ohnehin bereitgestellte Veranstaltungs-App für Besucher zu empfehlen, in der beispielsweise auch die Freigabe der Standortdaten zur Bereitstellung zusätzlicher Veranstaltungs- aber auch Sicherheitshinweise erbeten werden kann.

Die gewonnenen Daten lassen sich übersichtlich visualisieren: Die Personendichte, also die Anzahl von Besuchern pro Quadratmeter Veranstaltungsfläche, kann beispielsweise in Form von Heat Maps (Abbildung 23-6) schnell für verschiedene Areale des Veranstal-tungsgeländes erfasst werden. Kritische Bereiche können so frühzeitig identifiziert und geeignete Gegenmaßnahmen eingeleitet werden. Eng damit verbunden ist die Erfassung von Personenströmen, also der Bewegungsrichtungen und -geschwindigkeiten von Besu-chern auf dem Gelände, um etwa künftige Verlagerungen oder Steigerungen der Belastung bestimmter Areale prognostizieren zu können. Dies ist vor allem für das Handling beson-derer Programm(höhe)punkte wichtig, die viele Besucher anziehen und zu Belastungsspit-zen führen. Auch die Identifikation tageszeitabhängiger Hotspots wird dadurch für die Veranstalter erleichtert (Blanke et al., 2014).

Die Erfassung der Standortdaten ist nicht nur für das Crowd-Management, sondern auch für den Austausch allgemeiner Sicherheitsinformationen von Vorteil: Besucher werden nur zu Ereignissen kontaktiert, die auch tatsächlich für sie relevant sind – etwa, weil sie sich in unmittelbarer Nähe abspielen oder in der derzeitigen Bewegungsrichtung stattfin-den. Zudem können die Besucher die Möglichkeit erhalten, selbst festgestellte Sicherheits-probleme (beispielsweise fotografisch) zu dokumentieren und zusammen mit den Standortdaten direkt in der App an den Veranstalter zu übermitteln. Dessen Lagekonstruk-tion kann sich dann auf ein zusätzliches Informationsnetz stützen, das nicht nur sehr aktu-ell, sondern auch sehr engmaschig ist.

Die Verwendung von Standortdaten hilft dabei, unnötige Benachrichtigungen zu vermei-den und die Akzeptanz appbasierter Sicherheitslösungen zu erhöhen. Nicht zuletzt ange-sichts datenschutzrechtlicher Bedenken ist das dringend angeraten – in Verbindung mit einer transparenten Kommunikation darüber, welche Daten zu welchem Zweck wann und in welchem Umfang aufgezeichnet werden (Wirz, Roggen & Tröster, 2010). Zusätzlich können Anreize wie beispielsweise ein Freunde-Finder oder integrierte Spiele zur Erhöhung der Akzeptanz beitragen (Blanke et al., 2014).

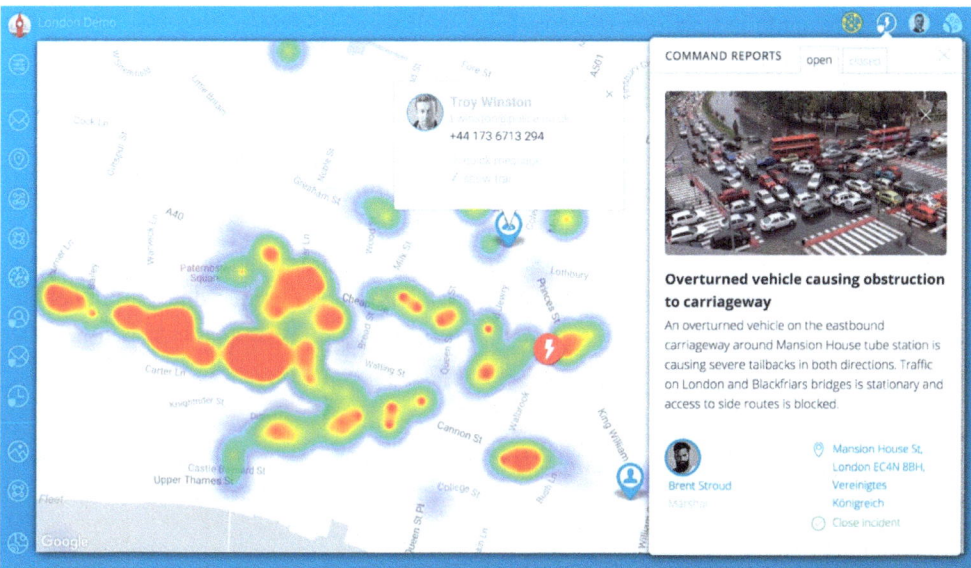

Abbildung 23-6: Heatmap, Ereignismeldung und Kontaktmöglichkeiten zu Einsatzkräften vor Ort in einer Crowd-Management-Software (SIS Software, o. J.).

Derzeit aber können über die Ortungsfunktion von Mobilgeräten immer nur Teilmengen der Gesamtbesucherzahl abgebildet werden, weshalb eine gewisse Unsicherheit hinsichtlich des Bewegungsverhaltens *aller* Besucher bleibt. Blanke et al. (2014) legen zwar eine hohe Korrelation zwischen dem Verhalten einer (ausreichend großen) Teilmenge und der Gesamtmenge nahe, in jedem Fall sind die Daten aber desto aussagekräftiger, je mehr Besucher sich für eine Analyse zur Verfügung stellen. Die Bedeutung entsprechender Anreize und Motivationen kann also gar nicht überschätzt werden, denn Sicherheit ist immer ein gemeinsames Produkt aller Beteiligten.

Zusammenfassend sollte eine Veranstaltungs-App, die die Veranstaltungssicherheit umfassend fördert, also insbesondere

1. mithilfe eines *Benachrichtigungsmoduls* (und integrierter Quittierungsmöglichkeiten) die Koordination von Personal und die Verteilung von Aufgaben unterstützen;

2. durch ein damit verbundenes *Veranstaltungslogbuch* mit der Möglichkeit zur Hinterlegung von mit Mobilgeräten aufgenommenen Fotos, Videos etc. die gerichtsfeste Dokumentation der Veranstaltung unterstützen;

3. als Datenquelle für den Veranstalter dienen, über die nicht nur die für das *Crowd-Management* wichtigen Standortdaten erfasst, sondern auch aktiv von den Besuchern sicherheitsrelevante Beobachtungen weitergegeben werden können;

4. ein *Kommunikationsmodul* zwischen Veranstalter und Besuchern der Veranstaltung
    beinhalten, mit dem sowohl die für das Crowd-Management relevanten Verhaltens-
    anweisungen als auch davon unabhängige Sicherheitshinweise und -Informationen
    (gegebenenfalls standortbezogen) übermittelt werden können.

23.7.3 Sicherheitsarena: Eine Plattform für alle Sicherheitsakteure

Das Konzept der Sicherheitsarena (siehe Kapitel 22 zu Kooperationstechnologien beziehungsweise Kapitel 22.4.1 zur SiRena) stellt eine Plattform für lokale Sicherheits-Com-
munitys dar, das als zentrales soziotechnisches System organisatorische, informatisch-
technische und kommunikativ-mediale Maßnahmen zur Förderung und kontinuierlichen
Verbesserung der Bereitschaft (Readiness), der Vorbereitung (Preparedness) und der Be-
wältigungskompetenzen (Copability) in der Koordination und Kooperation von Einsatzkräften, Krisenmanagement und Bevölkerung vorsieht.

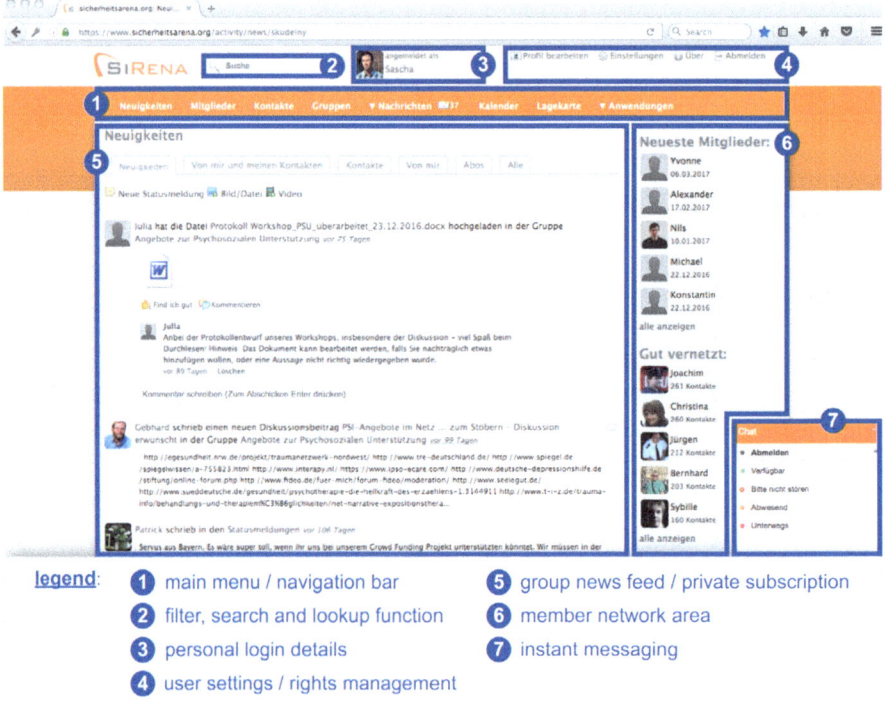

Abbildung 23-7: SiRena-Benutzeroberfläche (Skudelny, 2017)

Ursprünglich konzipiert als exklusive Koordinationsplattform für BOS, stellt die SiRena
ein internes Vernetzungssystem dar, welches zusätzlich verschiedene, über herkömmliche
soziale Medien hinausgehende Module enthält, wie etwa eine kollaborative Lagekarte
(Reuter, 2014). Die Sicherheitsarena unterstützt dabei eine „(a) organisationsübergreifende Vernetzung in einer sicheren Umgebung, (b) informelle Kommunikation, (c) Suche

nach Experten, (d) organisationsübergreifende Arbeitsgruppen mit Dokumentenaustausch, (e) Aggregation und Darstellung externer Informationen, sowie (f) Erstellung gemeinsamer Lagebilder" (Pipek et al., 2013, S. 58).

Dabei moderiert die Sicherheitsarena den Austausch und die Zusammenarbeit zwischen allen zivilgesellschaftlichen Akteuren, zu denen die BOS, aber auch verschiedene zivilgesellschaftliche Akteure gehören. Neben Behörden und Organisationen (z. B. der öffentlichen Verwaltung auf administrativer Ebene), Feuerwehr, Polizei, Rettungsdienste (auf operativer Ebene) sind hier insbesondere auch Unternehmen (z. B. Infrastrukturbetreiber, Energieversorger, ÖPNV) und (privatwirtschaftliche) Vereinigungen (z. B. Vereine, Verbände, Stiftungen, Versicherungen), Bürgerinnen und Bürger, Aktivisten, Spontanhelfer, Hilfsinitiativen sowie Presse und Medien zu nennen.

Das Ziel einer solchen Institutionalisierung ist es, gemeinsame Arbeits-, Kommunikations- und Kooperationsstrukturen auf interorganisationaler Ebene zu erarbeiten und somit eine Grundlage für gemeinsames Planen, Handeln und Lernen zu etablieren. Konkret geht es um kommunikativ-mediale Mittel zur Ermöglichung, Unterstützung, Förderung und nachhaltigen Etablierung von (dialogischen) Verständigungsroutinen, Wissensaustausch und gemeinsamem Wissensmanagement, kooperativen Lernprozessen und Kompetenzentwicklungen sowie kooperativer Krisenprävention und Krisenbewältigung.

Die Plattform selbst stellt ein Ergebnis aus dem vom BMBF geförderten Projekt InfoStrom dar und ist dazu gedacht, Akteure aus dem Bereich Sicherheit miteinander zu verknüpfen, um die Zusammenarbeit und den Austausch zu fördern. Das wichtigste Tool innerhalb der Sicherheitsarena ist die SiRena (Abbildung 23-7); sie ist ein geschlossenes, soziales Netzwerk, eine Art Intranet, in welchem sich Sicherheits-Akteure anmelden können und somit Zugriff auf geschützte Inhalte bekommen. Sie haben dort verschiedene Möglichkeiten, die SiRena für ihre Kommunikation intern und mit anderen zu nutzen und Informationen auszutauschen.

Gleichzeitig können durch die geteilten Informationen über Prozesse und Herangehensweisen der unterschiedlichen Akteure im Rahmen eines Performance-Monitorings essentielle sicherheitskritische KPIs (Key Performance Indicators) abbildbar, messbar und somit erklärbar gemacht werden (Abbildung 23-8).

Durch eine gezielte Dokumentation der Daten während und zur Vorbereitung, Durchführung und Nachbereitung von Events können im Krisenfall Situationen besser beurteilt, gezieltere Prognosen abgegeben und die allgemeine Krisenfestigkeit gestärkt werden. Zudem wird so bereits im normalen Arbeitsalltag die Etablierung von Routinen, die Verbesserung von (Lern-)Prozessen, der Austausch von Wissen und Knowhow sowie die Ausspielung von Informationen über verschiedene Kommunikations- und Medienkanäle und der sozialen Medien gefördert. Damit wird letztlich das Ziel verfolgt, die Krisenfestigkeit der Veranstaltungssicherheit sowie der Zivilbevölkerung durch partizipative Einbindung aller relevanten Daten, Informationen und Akteure im Rahmen von Sicherheitsarenen wirksam zu erhöhen.

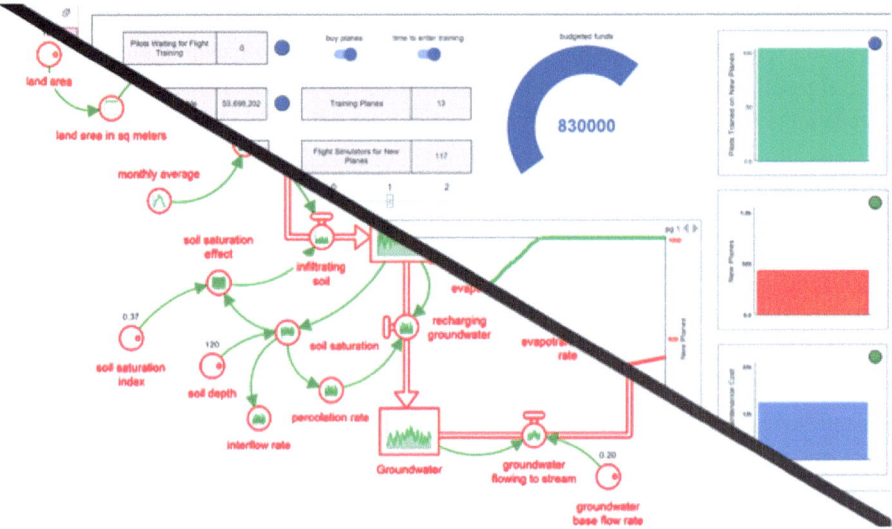

Abbildung 23-8: Performance Monitoring Cockpit in Anlehnung an System Dynamics Simulationssoftware (ISEE systems, o.J.)

23.8 Fazit

Die systemanalytische Sicht auf Großveranstaltungen vermittelt einen guten Überblick über deren Ablauflogik und Prozessstruktur. Mikroprozesse wie „Lage konstruieren" oder „interorganisational kooperieren" bergen großes Potenzial für den sicherheitsfördernden Einsatz von IT-Lösungen, deren Effizienz auch bei den hier versammelten Beispielen des Social Media-Managements und -Monitorings, den verschiedenen Verwendungsszenarien von Veranstaltungs-Apps und kollaborativen IT-Plattformen wie der SiRena maßgeblich von einer reibungslosen MCI abhängig ist.

- Die Kritikalität von Großveranstaltungen liegt wesentlich in der Verfügbarkeit systemischer Ressourcen begründet, die am Veranstaltungsort von der Anreise bis zur Abreise der Besucher vorhanden sein müssen.

- Akquise, Verteilung und Einsatz dieser Ressourcen werden durch soziale Praktiken geregelt, die das Veranstaltungsgeschehen konstituieren und die sich systemanalytisch als eine Mehrebenen-Prozessstruktur darstellen.

- Das Festival-Prozess-Modell ermöglicht die Identifikation von Prozessen, die eine besondere Relevanz für das Sicherheitsmanagement einer Großveranstaltung haben und die sich insofern besonders für eine Förderung durch den Einsatz von IT-Lösungen anbieten.

- Social Media-Management und -Monitoring, Veranstaltungs-Apps und kollaborative IT-Plattformen wie die SiRena sind geeignet, die als besonders sicherheitsrelevant identifizierten Prozesse „Lage konstruieren" und „interorganisational kooperieren" zu unterstützen.

23.9 Übungsaufgaben

Aufgabe 1: Definieren Sie den Begriff der Großveranstaltung.

Aufgabe 2: Welche Begründungen lassen sich für einen ressourcenorientierten und systemischen Definitionsansatz nennen?

Aufgabe 3: Was ist ein System?

Aufgabe 4: Erläutern Sie den Ansatz der Systemanalyse am Beispiel von Großveranstaltungen.

Aufgabe 5: Wie kann die Kritikalität von Großveranstaltungen analysiert werden?

Aufgabe 6: Wie kann das Veranstaltungsmanagement durch IT-Lösungen unterstützt werden?

Aufgabe 7: Für welche Veranstaltungs-Prozesse sehen Sie ein Potenzial für die Unterstützung durch Apps?

Aufgabe 8: Worum geht es bei der überorganisationalen Zusammenarbeit von Veranstalter und Behörden und Organisationen mit Sicherheitsaufgaben?

23.10 Literatur

23.10.1 Literaturempfehlungen

Rusch, G. (2015a). Skizze einer operationalen Katastrophentheorie. In: C. Groneberg & G. Rusch (Hrsg.), *Sicherheitskommunikation. Perspektiven aus Theorie und Praxis*. Münster: LIT, 299-322.

Rusch, G. (2015b). Sicherheitskommunikation. In: C. Groneberg & G. Rusch (Hrsg.), *Sicherheitskommunikation. Perspektiven aus Theorie und Praxis*. Münster: LIT, 11-102.

Rusch, G. (2016). Kommunikationskonzept. In: Bundesamt für Bevölkerungsschutz und Katastrophenhilfe (Hrsg.), *Bausteine für die Sicherheit von Großveranstaltungen*. 2 Bde. Praxis im Bevölkerungsschutz. Bd. 17. Bonn: BBK, 150, 303–321.

23.10.2 Literaturverzeichnis

Angyal, A. (1978). A Logic of Systems. In: F. E. Emery (Hrsg.), Systems Thinking. Harmondsworth: Penguin, 17-29.

Blanke, U., Tröster, G., Franke, T., & Lukowicz, P. (2014). Capturing Crowd Dynamics at Large Scale Events Using Participatory GPS-Localization. In: Proceedings of the 9th international conference on Intelligent Sensors, Sensor Networks and Information (ISSNIP-2014), April 21-24, Singapore, IEEE, 4/2014, 1-7.

Bundesamt für Bevölkerungsschutz und Katastrophenhilfe (2016). Bausteine für die Sicherheit von Großveranstaltungen, Bd. 1 u. 2. Praxis im Bevölkerungsschutz, Bd. 17. Bonn: BBK.

Groneberg, C. & Rusch, G. (Hrsg.) (2015). Sicherheitskommunikation. Perspektiven aus Theorie und Praxis. Münster: LIT.

Harbordt, S. (1974). Computersimulation in den Sozialwissenschaften. 2 Bde. Reinbek b. Hamburg: Rowohlt.

Hitzler, R. (2000). Ein bißchen Spaß muß sein. Zur Konstruktion kultureller Erlebniswelten. In: W. Gebhardt et al. (Eds), Events. Soziologie des Außergewöhnlichen. Opladen: Leske & Budrich, 401-412.

ISEE systems (o. J.). Stella Architect [Bild]. Abgerufen von https://www.iseesystems.com/store/products/stella-architect.aspx

Krotz, F. (2001). Die Mediatisierung des kommunikativen Handelns. Der Wandel von Alltag und sozialen Beziehungen, Kultur und Gesellschaft durch die Medien. Opladen: Westdeutscher Verlag.

Link, C., & Schwerdtner, R. (2016). Social Media in der Sicherheitskommunikation. In: Bundesamt für Bevölkerungsschutz und Katastrophenhilfe (Hrsg.), Bausteine für die Sicherheit von Großveranstaltungen. Bd. 2. Praxis im Bevölkerungsschutz. Bd. 17. Bonn, Germany: BBK, 322-335.

Maturana, H. R. (1977). Biologie der Kognition. Paderborn: FEoLL.

Ministerium für Inneres und Kommunales Nordrhein-Westfalen (2012). Sicherheit von Großveranstaltungen im Freien. Orientierungsrahmen für die kommunale Planung, Genehmigung, Durchführung und Nachbereitung. http://www.mik.nrw.de/fileadmin/user_upload/Redakteure/Dokumente/Themen_und_Aufgaben/Schutz_und_Sicherheit/sicherheitgrossveranstaltungen/Orientierungsrahmen_Druckversion.pdf.

Pipek, V., Reuter, C., Ley, B., Ludwig, T., & Wiedenhoefer, T. (2013). Sicherheitsarena – Ein Ansatz zur Verbesserung des Krisenmanagements durch Kooperation und Vernetzung. Crisis Prevention – Fachmagazin Für Innere Sicherheit, Bevölkerungsschutz Und Katastrophenhilfe, 3(1), 58–59.

Reckwitz, A. (2003). Grundelemente einer Theorie sozialer Praktiken. Eine sozialtheoretische Perspektive. In: Zeitschrift für Soziologie, Jg. 32, H. 4, 282-301.

Richmond, B. (2003). An Introduction to Systems Thinking. Boston: isee systems.

Robertson, J. & Robertson S. (1996). Vollständige Systemanalyse. München, Wien: Hanser.

Rusch, G. (2015a). Skizze einer operationalen Katastrophentheorie. In: C. Groneberg & G. Rusch (Hrsg.). Sicherheitskommunikation. Perspektiven aus Theorie und Praxis. Münster, Germany: LIT, 299-322.

Rusch, G. (2015b). Sicherheitskommunikation. In: C. Groneberg & G. Rusch (Hrsg.). Sicherheitskommunikation. Perspektiven aus Theorie und Praxis. Münster, Germany: LIT, 11-102.

Reuter, C. (2014). Emergent Collaboration Infrastructures: Technology Design for Inter-Organizational Crisis Management (Ph.D. Thesis). Siegen, Germany: Springer Gabler. Abgerufen von http://www.springer.com/springer+gabler/bwl/wirtschaftsinformatik/book/978-3-658-08585-8

Rusch, G. (2016). Kommunikationskonzept. In: Bundesamt für Bevölkerungsschutz und Katastrophenhilfe (Hrsg.), Bausteine für die Sicherheit von Großveranstaltungen. Bd. 2. Praxis im Bevölkerungsschutz. Bd. 17. Bonn, Germany: BBK, 150, 303–321.

Schulze, G. (2000). Die Erlebnisgesellschaft (8. Aufl.). Frankfurt a. M.: Campus.

SIS Software (o. J.). sis-hero-shot [Bild]. Abgerufen von https://www.sis-software.de/user/pages/01.home/sis-hero-shot.jpg.

Skudelny, S. (2017). SiRena-Benutzeroberfläche [Bild]. In: Zettl, V., Skudelny, S., Ludwig, T., Kotthaus, C. (2017). Embedding Unaffiliated Volunteers in Crisis Management Systems: Deploying and Supporting the Concept of Intermediary Organizations, Proceedings of Information Systems for Crisis Response and Management (ISCRAM), Matthieu Lauras Tina Comes, Frédérick Bénaben, Chihab Hanachi (Hrsg.)

Verein zur Förderung des Deutschen Brandschutzes e.V (2003): Vfdb-Richtlinie 03/03, Einsatzplanung Großveranstaltungen. Altenberge: VdS Schadenverhütung Verlag.

Wirz, M., Roggen, D., & Tröster, G. (2010). User accaptance study of a mobile system für assistance during emergency situations at large-scale events. In: Human-Centric Computing (HumanCom), 2010 3rd International Conference, IEEE, 1-6.

24 Situationsbewusstsein in Augmented und Virtual Reality Simulation Games

Stephan Lukosch · Heide Lukosch
Technische Universiteit Delft (Niederlande)

Zusammenfassung

Sicherheitskräfte im Teamverband müssen Informationen schnell und adäquat austauschen können, um über ein gutes Situationsbewusstsein zu verfügen. Dies wird als wichtige Voraussetzung für gute und effektive Zusammenarbeit angesehen, die in bestimmten Situationen über die Fortsetzung eines Einsatzes und selbst über Leben und Tod entscheiden kann. Es ist daher wichtig, neue Methoden zur Entwicklung von Situationsbewusstsein zu entwickeln und deren Effektivität zu untersuchen. Dieses Kapitel beschreibt zunächst, was Situationsbewusstsein ist und wie es gemessen werden kann. Anschließend werden „Simulation Games" beschrieben, um sichere Trainings- und Testumgebungen für die Validierung neuer Methoden bereitzustellen. Danach wird der Einsatz von „Virtual Reality" (VR) und „Augmented Reality" (AR) in Kombination mit Simulation Games zur Entwicklung und Evaluation von Situationsbewusstsein anhand von zwei Studien illustriert. Die Erkenntnisse der Studien zeigen Richtungen für die Entwicklung von zukünftigen Trainingsumgebungen für Einsatzkräfte mit Sicherheitsaufgaben auf.

Lernziele

- Die Leser kennen das Konzept Situationsbewusstsein und die Vor- und Nachteile verschiedener Evaluationsmethoden für Situationsbewusstsein.

- Die Leser kennen das Konzept Simulation Games und wie selbiges zur Bereitstellung von sicheren Trainings- und Testumgebungen für die Validierung neuer Methoden eingesetzt werden kann.

- Die Leser können die Unterschiede zwischen AR und VR erklären und entscheiden, in welchen Simulation Games der Einsatz von AR oder VR den höchsten Nutzen bringt.

24.1 Einleitung

Sicherheitskräfte arbeiten im Normalfall im Teamverband und werden auch als **operationelle Einheit** oder **Action Team** bezeichnet (Sundstrom, 1999). Sundstrom (1999) beschreibt Action Teams als Teams von hochqualifizierten Experten, die häufig komplexe und zeitlich limitierte Aufgaben ausführen müssen. Hierbei haben sie häufig mit unvorhersehbaren Situationen zu tun, die eine schnelle und manchmal improvisierte Reaktion des Action Teams erfordert. Die Mitglieder von Action Teams sind in hohem Maße aufeinander angewiesen und ihr Einsatz kann Leben retten oder kosten (Jones & Hinds, 2002). Action Teams sind meist von externer Unterstützung innerhalb und außerhalb ihrer eigenen Organisation abhängig (Sundstrom, 1999), die wichtige und aktuelle Informationen bereitstellt, um das Situationsbewusstsein aller Teammitglieder aufrechtzuerhalten und zu unterstützen (Straus et al., 2010). Solch individuelles **Situationsbewusstsein** wird weitverbreitet als die Wahrnehmung der Elemente in der Umgebung innerhalb von Raum und Zeit, das Verständnis ihrer Bedeutung und die Vorhersage ihres Status in naher Zukunft definiert (Endsley, 1995). Reuter, Ludwig & Pipek (Reuter et al., 2014) identifizieren fehlendes Situationsbewusstsein als eine der größten Herausforderungen, um eine flexible Zusammenarbeit in Notfallsituationen zu ermöglichen.

Action Teams tauschen Informationen gewöhnlich mündlich aus. Diese Kommunikation ist meistens standardisiert, das heißt die Kommunikation von Informationen erfolgt in einer festgelegten Reihenfolge, um kritische Verständnisfehler zu vermeiden (Leonard et al., 2004). Trotzdem kann der mündliche Informationsaustausch, vor allem unter zeitlichem Druck, von den verschiedenen Teammitgliedern unterschiedlich interpretiert werden (van Knippenberg et al., 2004). Auch kann es zu unterschiedlicher Verteilung von Information zwischen den Teammitgliedern kommen, wie es aus Untersuchungen im Krisenmanagement bekannt ist (Militello et al., 2007). Dies kann zu falschen Entscheidungen des Action Teams führen, welche zum einen die Sicherheit der operationellen Einheit und zum anderen das Leben von eventuell betroffenen Zivilsten gefährden kann.

Eine Voraussetzung für eine erfolgreiche Kommunikation in Teams ist „**Common Ground**" – eine gemeinsame Wissensbasis zum gegenseitigem Verständnis (Gergle et al., 2013). So kann „**Shared Visual Information**", das heißt Informationen, die durch mehrere Teammitglieder visuell wahrgenommen werden kann, eine gemeinsame Wissensbasis schaffen und damit auch gegenseitiges Verständnis ermöglichen (Fussell et al., 2000, false, /2003Gergle et al., 2013; Kraut et al., 2003). Zusätzlich kann Shared Visual Information die Entwicklung von Situationsbewusstsein fördern, welches in Kombination mit gemeinsamen Gesprächsgrundlagen die Leistung in gemeinsamen Aufgaben verbessert (Gergle et al., 2013). Situationsbewusstsein entwickelt sich, wenn Individuen in einer bestimmten Situation diese analysieren, bestimmte Rückschlüsse ziehen, diese testen, sowie weitere Rückschlüsse aus den Ergebnissen dieser Evaluation der umgebenden Situation ziehen (Endsley, 1995). Das Situationsbewusstsein über den eigenen Arbeitsbereich sowie das

Verständnis über die Aktivitäten anderer Personen innerhalb des gemeinsamen Arbeitsbereiches werden als besondere Form des Situationsbewusstseins angesehen (Gutwin & Greenberg, 2002). In beiden Fällen müssen Menschen aus der Umgebung Informationen verstehen und auf deren Basis zukünftige Ereignisse voraussagen. In diesem Sinne können Kollaboration und Situationsbewusstsein nicht voneinander getrennt werden.

Brown (2001) betrachtet Informationstechnologie (IT) ganz allgemein als wichtige Unterstützung für operationelle Einheiten im Sicherheitsbereich. IT unterstützt die Speicherung, das Weiterleiten, Empfangen und Verteilen von organisationaler Information. IT, wie z. B. in Form von „**Shared Displays**", kann ein Mittel sein, um Informationen zu teilen und um das Arbeitspensum in einem Team besser zu verteilen (Militello et al., 2007). Zwischen dem Bedarf an Informationen der operationellen Einheiten und den Möglichkeiten heutiger IT besteht allerdings eine große Diskrepanz (Manning, 1996; Sawyer & Tapia, 2005).

Der folgende Abschnitt beschreibt zunächst im Detail, was Situationsbewusstsein ist und wie es gemessen werden kann. Danach betrachtet das Kapitel „**Simulation Games**" als Ansatz zur Validierung neuer Technologien innerhalb einer sicheren Trainingsumgebung. Nach einer allgemeinen Betrachtung von AR und VR werden auf Basis von zwei Fallstudien die Möglichkeiten von AR und VR in Kombination mit Simulation Games aufgezeigt. Auf Grundlage der Fallstudien werden schließlich Richtungen für die Entwicklung von zukünftigen Trainingsumgebungen für Einsatzkräfte mit Sicherheitsaufgaben diskutiert.

24.2 Grundlagen

24.2.1 Situationsbewusstsein: Ansätze und Evaluationsmethoden

Individuelles Situationsbewusstsein beinhaltet das Verständnis einer gegebenen Umgebung und Situation als Kontext für die eigenen Handlungen. Situationsbewusstsein ist damit entscheidend für die flüssige, natürliche und erfolgreiche Zusammenarbeit, um persönliche Aktivitäten an die Aktivitäten anderer verteilter Akteure anzupassen und zu integrieren (Gutwin & Greenberg, 2002). In dieser Hinsicht wird Situationsbewusstsein als kognitives Produkt der Informationsverarbeitung gesehen (Salmon et al., 2009). Abgesehen von der Luftfahrt wurde Situationsbewusstsein (Salmon et al., 2009)in unterschiedlichen Bereichen wie der Verteilung von Ressourcen, Wartungsarbeiten, Prozesskontrollen oder in der Seefahrt untersucht (Salmon et al., 2008).

Teammitglieder müssen ihre Aktivitäten aufeinander abstimmen, sind häufig abhängig von den Aktivitäten anderer Teammitglieder und teilen sich eine gemeinsame Arbeitsumgebung. Um Situationsbewusstsein in Teams besser zu verstehen, stellt Endsley (1995) das Konzept des **Teamsituationsbewusstsein** vor, das als das Ausmaß definiert wird, in dem jedes Teammitglied das für seine Aufgaben erforderliche Situationsbewusstsein besitzt (Endsley, 1995). Laut Endsley und Robertson (2000) verlangt eine erfolgreiche Teamleistung ein gutes Situationsbewusstsein einzelner Teammitglieder für ihre spezifische Aufgabe. Ein gutes Teamsituationsbewusstsein ist weiter davon abhängig, dass Teammitglieder die Bedeutung der ausgetauschten Informationen verstehen.

Viele Studien zeigen, dass die Qualität der Kommunikation oder der Informationsaustausch eine Auswirkung auf die Teamleistung hat (Artman, 2000; Pascual et al., 1999; Stammers & Hallam, 1985). Artmann et al. (2000) zeigen, dass es für die Entwicklung von Situationsbewusstsein in einem Team ausschlaggebend ist, Informationen nacheinander bereitzustellen. Dadurch kann jedem Teammitglied ermöglicht werden, sein eigenes Situationsbewusstsein zu entwickeln. Pascual et al. (1999) beschreiben die Notwendigkeit eines regelmäßigen Informationsaustauschs zwischen Teammitgliedern, um ein gemeinsames Situationsbewusstsein zu entwickeln. Die Verantwortung liegt hierbei beim Teamleiter. Darüber hinaus unterstreichen Stammers und Hallam (1985) die Notwendigkeit, die Organisation eines Teams und insbesondere der Informationsaustausch in einem Team an der Komplexität der Aufgabe auszurichten.

Schlechtes Situationsbewusstsein führt oft zu Unfällen, Zwischenfällen oder einer reduzierten Effektivität einer Mission (Taylor & Selcon, 1994). Für Teams, die an einem Ort zusammenarbeiten, erscheint es relativ einfach, Situationsbewusstsein zu entwickeln. Für verteilte Teams ist dies schwieriger. Die verwendete Technologie zur Zusammenarbeit von verteilten Teams kann die Informationen, die ein Teammitglied wahrnehmen kann, im Vergleich zu einer Zusammenarbeit an einem gemeinsamen Ort verringern, da es z. B. häufig nicht möglich ist, die Körpersprache anderer Teammitglieder wahrzunehmen. In diesem Kontext werden unter anderem die gemeinsam bearbeiteten Artefakte und Änderungen daran zu einer Quelle für Informationen zum Aufbau von Situationsbewusstsein (Gutwin & Greenberg, 2002).

Zur Messung von individuellem Situationsbewusstsein existieren verschiedene Methoden. Für die Bewertung des Teamsituationsbewusstseins sind hingegen weniger Methoden bekannt. Häufig wird dies auf Basis des individuellen Situationsbewusstseins aller Teammitglieder gemessen und beschrieben (Endsley, 1995). Am meisten werden die **Situational Awareness Rating Technique (SART)** (Taylor, 1990) und die **Situation Awareness Global Assessment Technique (SAGAT)** (Endsley et al., 1998) zur Messung von individuellem Situationsbewusstsein verwendet.

SART basiert auf einem Fragebogen (siehe Tabelle 24-1), der nach einem Experiment ausgefüllt wird. Dieser evaluiert die **Demands on attentional resources** (D), das **Understanding of the situation** (U) und **Supply of attentional resources** (S). Auf Basis des Fragebogens wird dann ein „**Situation Awareness**" (SA)-Wert auf Basis der Formel $SA=U-(D-S)$ ermittelt (Taylor & Selcon, 1994).

Demands on attentional resources (D) (1 = low, 7 = high)	**Instability of Situation**: How changeable is the situation? Is the situation highly unstable and likely to change suddenly (high) or is it very stable and straightforward (low)?
	Complexity of Situation: How complicated is the situation? Is it complex with many interrelated components (high) or is it simple and straightforward (low)?
	Variability of Situation: How many variables are changing within the situation? Are there a large number of factors varying (high) or are there very few variables changing (low)?
Understanding of the situation (U) (1 = low, 7 = high)	**Arousal**: How aroused are you in the situation? Are you alert and ready for activity (high) or do you have a low degree of alertness (low)?
	Concentration of Attention: How much are you concentrating on the situation? Are you concentrating on many aspects of the situation (high) or focussed on only one (low)?
	Division of Attention: How much is your attention divided in the situation? Are you concentrating on many aspects of the situation (high) or focussed on only one (low)?
	Spare Mental Capacity: How much mental capacity do you have to spare in the situation? Do you have sufficient to attend to many variables (high) or nothing to spare at all (low)?
Supply of attentional resources (S) (1 = low, 7 = high)	**Information Quantity**: How much information have you gained about the situation? Have you received and understood a great deal of knowledge (high) or very little (low)?
	Information quality: How good or poor was the quality of the information? Have you received a lot good and valuable information (high) or just a few (low)?
	Familiarity with Situation: How familiar are you with the situation? Do you have a great deal of relevant experience (high) or is it a new situation (low)?

Tabelle 24-1: SART Fragebogen (Taylor, 1990)

SAGAT hingegen wird mehrfach während eines Experiments eingesetzt, welches zu diesem Zweck unterbrochen wird. Während der Unterbrechung werden dann Fragen an die Teilnehmer gestellt, um ihr Wissen über die aktuelle Situation zu ermitteln. Zu diesem Zweck müssen für jedes Experiment Fragen auf Basis einer detaillierten kognitiven Aufgabenanalyse erstellt werden (Endsley et al., 1998). Obwohl eine solche Unterbrechung eines Experiments mehr signifikante Daten liefern kann, bleibt es eine Unterbrechung, die sich auch negativ auf die Leistung der Teilnehmer im Experiment auswirken kann.

Im Vergleich zu SAGAT lenkt SART weniger von der eigentlichen Aufgabe ab. Die Wahl einer geeigneten Methode zur Messung von Situationsbewusstsein hängt damit stark von der Aufgabe ab, die durchgeführt werden muss. Salmon et al. (2009) sind der Ansicht,

dass SART verwendet werden sollte, wenn die Information zum Aufbau von Situationsbewusstsein nicht im Vorhinein bekannt ist, die Aufgabe dynamisch ist und Zusammenarbeit erfordert und das Ergebnis der Aufgabe nicht im Voraus bekannt ist. Letzteres trifft
insbesondere zu, wenn es sich nicht um ein Experiment handelt, sondern das Situationsbewusstsein während einer echten Aufgabe gemessen werden soll.

Zusammenfassend kann die Zusammenarbeit und die Koordination in einem Team verbessert werden, wenn der Aufbau von Situationsbewusstsein unterstützt wird. Teamsituationsbewusstsein wird häufig auf Basis des individuellen Situationsbewusstseins aller
Teammitglieder ermittelt. Hierfür stehen mit SART und SAGAT zwei unterschiedliche
Methoden zur Verfügung, die in Abhängigkeit der zu evaluierenden Situation ausgewählt
werden müssen.

24.2.2 Simulation Games: Anwendungsgebiete und Mechanismen

Simulation Games stellen wir hier als Instrumente zum Training von Kommunikation
und zur Verbesserung von Fähigkeiten vor, die mit der Entwicklung von Situationsbewusstsein verbunden sind. Simulation Games werden schon seit langem als nützliche
Lerninstrumente angesehen (Guillén-Nieto & Aleson-Carbonell, 2012) und der Gebrauch
von Spielen ist in den vergangenen Jahren immer mehr zur Selbstverständlichkeit geworden (Flynn et al., 2011; Graafland et al., 2012).

Ursprünglich wurden Simulation Games in der Militär- und Luftfahrtausbildung verwendet, wo die Simulation einer komplexen Situation in einer realen Umgebung teuer und
schwer zu erreichen, aber dennoch wünschenswert ist. Auch in Unterhaltungsspielen wie
„Zivilisation" und „SimCity" finden sich Elemente von Simulationen (Zaphiris & Ang,
2007). Der Unterschied zu Simulation Games in unserem Verständnis liegt aber darin,
dass diese Spiele mit dem Hauptziel der Unterhaltung, und nicht für einen anderen Zweck
entwickelt wurden. Die Entwicklung von Spielen für Nicht-Unterhaltungszwecke wie
Training, Entscheidungsunterstützung, Systemanalysen und Politikgestaltung steigt seit
einigen Jahren stetig (Mayer, 2009; Meijer, 2009). Simulation Games wurden bereits seit
mehreren Jahrzehnten und unter vielen Pseudonymen entwickelt, wie z. B. Serious Games,
Applied Gaming, Business- oder Management-Spiele (Faria, 2001; Faria et al., 2009), oder
Policy Games (Mayer, 2009).

Wir benutzen den Begriff Simulation Games, um technologisch unterstützte Trainingsumgebungen zu beschreiben, die es Spielern ermöglicht, Rollen zu übernehmen und in gewissen Handlungen einbezogen zu werden. Hierbei verstehen wir unter Technologien
nicht nur IT, sondern auch Materialien wie Papier, Lego, Spielsteine, oder Karten. Den
Spielern werden also unterschiedliche Ressourcen bereitgestellt (Klabbers, 2006). Klabbers (2006) definiert Simulation Games sehr breit als „magischen" Kreis, in dem Spieler
eine komplexe Situation imitieren und erleben können, wobei sie durch Rollen, Regeln,

und Ressourcen unterstützt werden. In seinem zukunftsweisenden Buch „Gaming, the future's language" (Duke, 1974) argumentiert Duke, dass Spiele im Wesentlichen eine Sprache für die Kommunikation der komplexen Systeme der Gesellschaft bieten. Seit dieser ersten Phase der Bekanntheit wurden viele Simulation Games als physische Brett- und Rollenspiele entwickelt, welche heute oft durch Computer unterstützt werden und auf (High- oder Low-Fidelity) Simulationen von physischen und/oder sozialen Systemen basieren. Doch auch ohne die Unterstützung durch IT können Simulation Games gemeinsame Erfahrungen ermöglichen, die das Verständnis sicherheitskritischer Situationen verbessern. Das Spiel „Plaitra" (siehe Abbildung 24-1) für humanitäre Hilfsdienste basiert z. B. vornehmlich auf Papier und Legosteinen, stellt aber dennoch eine realistische Repräsentation des Systems humanitärer Hilfe dar (Schwarz et al., 2017). Es ermöglicht den Spielern, sicherheitskritische Aspekte in ihrer Arbeit als Hilfsorganisation zu erkennen und zu verbessern. Simulation Games helfen dabei, kognitive Leistungen zu verbessern (Serge et al., 2013), was wiederum dazu führt, dass Menschen einen besseren Umgang mit Stress erlernen. Simulation Games ermöglichen es, Teamsituationsbewusstsein zu entwickeln, indem sie eine realistische Einsicht in Kommunikations- und Informationsprozesse ermöglichen. Darüber hinaus stellen Spiele eine sichere Versuchsumgebung dar, in der tatsächliche Erfahrungen imitiert werden können.

 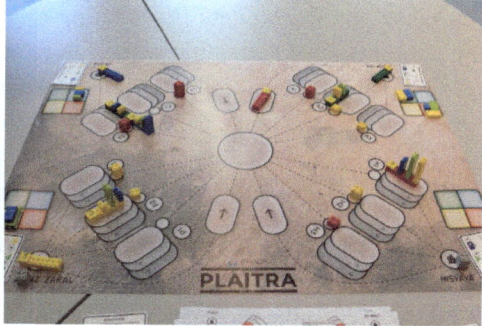

Abbildung 24-1: Eine Spielrunde „Plaitra" für humanitäre Hilfsdienste in Krisengebieten (links) und das Brettspiel (rechts)

Simulation Games ermöglichen es, Situationen zu erfahren und zu trainieren, deren Umsetzung in einem echten Training sehr schwer oder gar gefährlich wäre. Den TeilnehmerInnen wird ermöglicht, nicht allein ihr eigenes Verhalten zu reflektieren, sondern auch die Rollen der anderen TeilnehmerInnen zu observieren (Westera et al., 2008). Diese Möglichkeit ist besonders für die Sicherheitsdomäne interessant. Mit ihrer Fähigkeit, ein immersives Training zu repräsentieren, helfen Simulation Games, Situationsbewusstsein und das Verständnis einer Situation zu verbessern (Lukosch et al., 2012), wie z. B. in dem Simulation Game „CharliePapa" (siehe Abbildung 24-2), welches eine virtuelle Trainingsumgebung für die niederländische Polizei in der Innenstadt von Den Haag repräsentiert.

Abbildung 24-2: Das Simulation Game „CharliePapa" in einer virtuellen
Trainingsumgebung für die niederländische Polizei

Simulation Games sind dafür bekannt, dass die Spieler einen bestimmten Kontext oder ein bestimmtes System erleben können, aus dem die Spieler später lernen können. Simulation Games bieten sofortige Rückmeldungen und helfen den Spielern, über ihre eigenen Fähigkeiten, Kenntnisse und Handlungen nachzudenken. Dies ist insbesondere dann gegeben, wenn eine gut vorbereitete De-Briefing-Phase in einem Spiel enthalten ist (Kriz, 2003). Simulation Games gelten im Vergleich zu anderen Lehransätzen als besonders effektiv, weil sie gleichzeitig die affektiven und kognitiven Prozesse des Lernenden adressieren (Sitzmann, 2011). Der Aspekt der intrinsischen Motivation (Malone, 1981) beim Spielen von Simulation Games unterstützt den Wissenstransfer von der virtuellen in die reale Welt, wenn sie als sogenannte „Beinahe-Realität" konzipiert sind.

Simulation Games sind bereits Teil der Situations- und Waffenschulung von Polizei und anderen Sicherheitskräften (Benjamins & Rothkranz, 2007). Die Literatur zeigt, dass Polizeibeamte, die eine realistische Ausbildung erhalten, besser auf das reale Szenario vorbereitet sind. Dies führt im realen Kontext zu einer koordinierteren und angemesseneren Reaktion (Muehl & Novak, 2008). Simulationen wie „Incident Commander" werden als Instrumente zur Vorbereitung von Personen auf Situationen wie Naturkatastrophen oder Krisen anerkannt. Im Militär werden Simulationen für Strategien und Kampfausbildung genutzt, um Konsequenzen von Tätigkeiten in einer sicheren Umgebung ohne reale Verletzungsgefahr oder sonstige Schäden klar zu verdeutlichen (Bonk & Dennen, 2005; Macedonia, 2002).

Zusammenfassend bieten Simulation Games eine sichere Trainingsumgebung zur Verbesserung von Kommunikation und Fähigkeiten, die mit der Entwicklung von Situationsbewusstsein verbunden sind. Dabei sind Simulation Games nicht notwendigerweise auf IT angewiesen. Jedoch hat sich gezeigt, dass der Wissenstransfer aus der virtuellen Spielewelt unterstützt wird, wenn diese eng mit der realen Welt verbunden ist. Im weiteren Verlauf des Kapitels betrachten wir zunächst Augmented und Virtual Reality, um dann anhand von Spielen in einer realistischen virtuellen Umgebung mit realistischen Aufgaben zu zeigen, wie AR und VR genutzt werden können, um das Situationsbewusstsein von Teams mit sicherheitskritischen Aufgaben zu unterstützen.

24.2.3 Augmented Reality und Virtual Reality Systeme für Training und Teamunterstützung

Abbildung 24-3 zeigt das sogenannte „**Virtuality Continuum**" (Milgram & Kishino, n.d.). Auf der linken Seite des Spektrums befindet sich die reale Welt und Umgebung. Durch das Anreichern der realen Welt mit virtuellen Objekten entsteht ‚**Augmented Reality**' (AR). „**Augmented Virtuality**", als nächster Punkt auf dem Spektrum, zeigt eine virtuelle Welt, die mit realen Objekten angereichert ist. Am rechten Ende des Spektrums findet sich dann „**Virtual Reality**" (VR), eine vollständig virtuelle Welt. Im Folgenden werden detailliert AR und VR sowie deren Einsatzmöglichkeiten für Training und Teamunterstützung betrachtet, da AV in der Praxis weniger relevant ist.

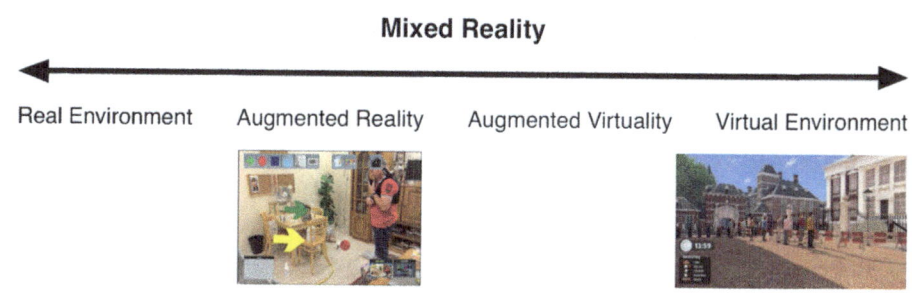

Abbildung 24-3: Virtuality Continuum (Milgram & Kishino, n.d.)

AR-Systeme zeigen die reale Welt in Kombination mit virtuellen Objekten (Azuma, 1997; Azuma et al., 2001). Die virtuellen Objekte können hierbei entweder Teile der realen Welt überlagern oder in der realen Welt integriert sein. Reale Objekte oder die reale Welt existieren aus objektiver Sicht wahrhaftig und können direkt beobachtet oder betrachtet werden (Milgram & Kishino, 1994). Virtuelle Objekte hingegen existieren zwar im Wesentlichen, aber nicht formell oder in Wirklichkeit und müssen durch einen Computer, z. B. als graphische Objekte, die in der realen Welt angezeigt werden, simuliert werden (Milgram & Kishino, 1994).

In VR-Systemen werden häufig sogenannte ‘**Head-Mounted Devices**' (HMDs) verwendet, welche die virtuelle Welt im direkten Blickfeld eines Benutzers anzeigen können. AR-Systeme sind hingegen nicht auf die Verwendung von HMDs beschränkt. So können auch Tablets oder Smartphones zur Darstellung von AR verwendet werden. Essentiell für AR-Systeme bleibt die Kombination von realen und virtuellen Objekten, die auch interaktiv sein können (Azuma, 1997).

AR-Systeme finden beispielsweise Anwendung in Krisensituationen, um ein gemeinsames Verständnis der Situation zwischen Teams aus unterschiedlichen Organisationen aufzubauen. In einem Beispiel konnten Mitglieder verschiedener Organisationen auf eine gemeinsame digitale Karte zugreifen und dort gemeinsame ereignis- und organisationsspezifische Symbole platzieren (Nilsson et al., n.d.). Mitunter bieten AR-Systeme Forensikern die Möglichkeit, Untersuchungen an einem Tatort zu begleiten und zu unterstützen, ohne selbst an diesem anwesend zu sein. Mithilfe von AR können in diesem Beispiel Hinweise platziert werden, Beweisstücke gesammelt oder gesichert werden (Poelman et al., n.d.). Ein anderes Experiment zeigt, dass Annotationen von Beweisstücken an einem Tatort in AR das Sammeln von Beweisstücken beschleunigen und die Zeit zur Dokumentation einer Untersuchung reduzieren können (Streefkerk et al., 2013). AR-Systeme bieten damit die Möglichkeit, Teams in der realen Welt bei einem Training durch zusätzliche Informationen zu unterstützen. Bei diesen Informationen kann es sich z. B. um Hintergrundinformationen zu einer Tatortadresse, um verdächtige Objekte oder Personen, oder die Beschreibung von Vorgehensweisen handeln. Ebenso werden AR-Systeme eingesetzt, um Trainingsszenarien in der realen Welt anzupassen und zu bereichern, indem z. B. die Wahrnehmung der Umgebung durch virtuelles Feuer erschwert wird oder virtuelle Charaktere Handlungen durchführen, für die sonst Schauspieler im Training eingesetzt werden müssen.

Im Vergleich zu AR-Systemen bestehen VR-Systeme vollständig aus virtuellen Objekten, welche nicht auf realen Objekten basieren müssen. Dadurch bieten VR-Systeme die Möglichkeit, einerseits vollständig neue Welten zu erschaffen und andererseits die reale Welt nachzubauen und darin Situationen zu simulieren, die in der realen Welt schwer zu realisieren sind. Hierbei kann es sich z. B. um Notfallsituationen (Stansfield et al., 1995), Feuer (Bliss et al., 1997), Naturkatastrophen (Haferkamp et al., 2011), terroristische Angriffe (Stansfield et al., 1998) oder auch dem Umgang mit gefährlichen Stoffen (Mossel et al., 2015) handeln.

Zusammenfassend bieten AR und VR unterschiedliche Anwendungsmöglichkeiten zum Training und zur Teamunterstützung. Der Einsatz von AR empfiehlt sich, wenn Trainingsszenarien in der realen Welt angereichert werden müssen oder Trainierende in der realen Welt Unterstützung benötigen. Der Einsatz von VR empfiehlt sich hingegen, wenn Trainingsszenarien in der realen Welt nur schwer durchzuführen sind.

24.3 Fallstudien

Im Folgenden betrachten wir zwei unterschiedliche Fallstudien. Die erste Fallstudie berichtet über die Verwendung von VR und Simulation Games zum Training von Polizeiteams. Die zweite Fallstudie betrachtet den Einsatz von AR und Simulation Games zur Evaluation von Situationsbewusstsein.

24.3.1 *CharliePapa*: Virtuelle Trainingsumgebung für Polizeiteams mit Erkennungs- und Sicherheitsaufgaben

Zwischen 2010 und 2013 untersuchte das durch das niederländische Forschungsprogramm „Pieken in de Delta" und die Gemeinde Den Haag finanzierte Projekt „CharliePapa" die Auswirkungen der Nutzung von realistischen virtuellen Umgebungen in Simulation Games. Untersucht wurde, inwiefern eine sehr realistische virtuelle Umgebung dazu genutzt werden kann, Situationsbewusstsein sowie Kommunikationsfähigkeit zu trainieren. In diesem Projekt wurden sowohl singleplayer- als auch teamplayerbasierte Spiele entwickelt.

Abbildung 24-4: VR-Nachbildung von Den Haag im Spiel „CharliePapa"

In einem iterativen Designprozess wurden mithilfe von Experten Simulation Game Szenarios in einer virtuellen Umgebung erstellt und getestet. Insgesamt spielten 34 Experten der niederländischen Polizei und einer privaten Sicherheitsfirma die Spiele in einer experimentellen Umgebung außerhalb ihres normalen Arbeitskontextes. Die Testrunden mit dem Spiel wurden zusammen mit Sicherheitsexperten qualitativ ausgewertet, um einen Einblick in die Beziehung zwischen dem Niveau des graphischen Realismus und der Trainingswirksamkeit zu erhalten. Darüber hinaus beinhalteten die Tests je einen Fragebogen vor und nach dem Spiel, Beobachtung des Spielgeschehens durch zwei Forscher, Video-Aufnahmen und eine De-Briefing-Phase, die sowohl den Inhalt des Simulationsspiels als den Prozess des Spielens ansprach. Die Ergebnisse der Tests mit dem Spiel wurden für den weiteren Entwicklungsprozess der Spielszenarien genutzt (Lukosch et al., 2012).

Für die Entwicklung des endgültigen „CharliePapa"-Spiels wurde das Unreal Development Kit (UDK) verwendet, da es viele Interaktionsmöglichkeiten und eine hohe physische Realitätsnähe unterstützt. Ein Beispiel dieser Realitätsnähe illustriert Abbildung 24-4, die das bekannte Museum „Mauritshuis" und einen Eingang zum Binnenhof in Den Haag in der virtuellen Trainingsumgebung zeigt. Dieser belebte Bereich der Innenstadt von Den Haag, einschließlich der Außenbereiche von einigen Restaurants rund um einen Platz, wurde für das virtuelle Training ausgewählt, da diese Umgebung den tatsächlichen Arbeitsbereich der Polizeiteams darstellt. Das Spiel konnte vollständig in der virtuellen

Umgebung gespielt werden. Die Kommunikation mit den anderen Spielern, die sich in anderen Räumen befanden, fand allerdings außerhalb der Umgebung statt. Die Teilnehmenden spielten nacheinander eine Sequenz des Spiels und wurden gebeten, so viele Informationen über verdächtige Gegenstände und Personen aus der Umgebung zu sammeln wie möglich und diese Informationen an den nächsten Spieler weiterzugeben.

Zur Analyse der Lernergebnisse wurde ein Fragebogen genutzt, der auf das Analysemodell für Simulation Games von (Kriz & Hense, 2006) aufbaut. Der Fragebogen beinhaltet Fragen zur Erfahrung mit (Video-)Spielen, zur Berufserfahrung, zum Erleben der virtuellen Umgebung, zum Situationsbewusstsein sowie zum Aufbau von Kommunikationsfähigkeiten. Die Analysen der Fragebögen und des De-Briefings der Spielsitzungen zeigten, dass der Interaktions- und Kommunikationsaspekt des Spiels von den Spielern sehr geschätzt wurde. Der funktionale Realismus, das heißt, die Aufgaben und Handlungen, die im Spiel möglich waren, war in dieser Hinsicht sehr hoch und beeinflusste die Erfahrung des Spiels positiv. Die Spieler fühlten, dass sie in einer realistischen Weise herausgefordert wurden, und schätzten das Niveau des psychologischen Realismus, das heißt den Stresslevel, den das Szenario zeigte.

In dieser Fallstudie wurden Szenarien in Simulation Games verwendet, um Situationsbewusstsein in Polizei-Teams zu entwickeln und zu testen. Der funktionale Realismus wurde durch die Interaktions- und Kommunikationsmöglichkeiten der Spielszenarien dargestellt. Der physische Realismus wurde durch einen hohen Detailreichtum der virtuellen Umgebung visualisiert. Der psychologische Realismus wurde durch Zeitdruck und Kommunikationsmöglichkeiten für die Spieler simuliert. Es zeigte sich, dass der Kommunikationsaspekt den höchsten Einfluss auf die Entwicklung von Situationsbewusstsein innerhalb der Polizei-Teams hatte (Lukosch et al., 2014).

Das Training mit dem realistischen Spielszenario, das auf einer tatsächlichen Arbeitsumgebung basiert, wurde von den Teilnehmenden vor allem für die Ausbildung von neuen Teammitgliedern positiv evaluiert. Es zeigt sich, dass, wenn ein tatsächlich bestehender Ort als Referenz für die virtuelle Umgebung eines Simulation Games verwendet wird, jedes einzelne Detail eine hohe physische Realitätsnähe haben muss. Auf der anderen Seite hat die realistische Umgebung die Spieler gezwungen, sich der Situation bewusst zu werden und sich auf die Informationen anderer Spieler zu verlassen. In Wirklichkeit verlassen sich die Mitglieder der Aufklärungs-Teams stark auf ihre Intuition und interpretieren die Gesichtsausdrücke und Körperhaltungen der Mitglieder für das Verständnis einer gegebenen Situation. Wenn sich die Spieler in verschiedenen Räumen befinden, wie in unserem Experiment, und keinen Blickkontakt haben, fehlt diese Informationen um Vertrauen für die Informationen aufzubauen, die durch das rein virtuelle Spielszenario erworben werden.

Die Ergebnisse der Tests mit einem sehr realistischen VR-System zeigen, dass die Kommunikation mit anderen Teammitgliedern während des Spiels das wichtigste Element der Spielszenarien bezüglich der Entwicklung von Teamsituationsbewusstsein war. Teamsituationsbewusstsein wurde in der Tat in der Interaktion mit anderen Spieler entwickelt.

Spielszenarien demonstrieren eine gemeinsame Erfahrung und fördern zumindest die ersten beiden Aspekte des Teamsituationsbewusstseins, die geteilte Wahrnehmung und das Verständnis einer gegebenen Situation. Mit ihrer Fähigkeit, ungewöhnliche oder überraschende Objekte und Situationen einzubeziehen und Konsequenzen von Handlungen und Entscheidungen zu zeigen, haben Simulationen auch das Potenzial, mögliche zukünftige Situationen zu simulieren und so den dritten Aspekt von Teamsituationsbewusstsein zu vermitteln; um eine geteilte Vorhersage eines zukünftigen Zustands zu ermitteln. Vor allem das De-Briefing einer Spielsitzung dient der Evaluierung der jeweiligen Leistung sowie der Teamorientierung, wie es die Spieler nennen. Realistische Simulation Games stellen somit eine Sprache für die Kommunikation in Teams dar und helfen Teams beim Erwerb von Teamsituationsbewusstsein.

Zusammenfassend zeigt die qualitative Auswertung der Spielsitzungen, dass funktionaler Realismus für ein positives Spielerlebnis wichtiger war als der physische Realismus. Dies bedeutet, dass die Realitätsnähe der Aufgaben und Handlungen in einer virtuellen Umgebung stärker zum Lernergebnis beitragen als die audio-visuelle Umgebung selbst. Die audio-visuelle Realitätsnähe ist dann wichtig und sinnvoll, wenn Spieler auf einen Einsatz in einem bestimmten Gebiet vorbereitet werden sollen, und diese Vorbereitung in der tatsächlichen Welt zu aufwendig, teuer, oder gar gefährlich wäre. Auch trägt eine realistische virtuelle Umgebung zum Aufbau von Teamsituationsbewusstsein bei, wenn diese einen Bezug zum tatsächlichen Arbeitsumfeld der Lernenden hat.

24.3.2 *On the Spot*: Augmented Reality für distribuierte Teams mit Erkennungs- und Sicherheitsaufgaben

Das „**On the Spot**" (OTS)-Projekt untersuchte, inwieweit AR eingesetzt werden kann, um ein gemeinsames Situationsbewusstsein zu fördern. Dazu wurden in dem Projekt in AR situationsrelevante Informationen bereitgestellt und ihre Auswirkung auf die Kommunikation, Interaktion, Entscheidungsfindung und Situationsbewusstsein in und zwischen Teams verschiedener Organisationen, wie z. B. der Polizei und Feuerwehr, untersucht.

Um zu evaluieren, wie situationsrelevante Informationen in AR das gemeinsames Situationsbewusstsein eines Teams beeinflusst, war es wichtig, äußerst realistische Szenarien für das Experiment zu entwickeln. Dazu wurde die „**Triadic Game Design**"' (TGD)-Philosophie (Harteveld, 2011) verwendet. TGD ist ein endbenutzerorientierter Designansatz für Simulation Games und unterscheidet die drei gleichermaßen wichtige Komponenten „**Play**", „**Meaning**" und „**Reality**" (Harteveld, 2011). TGD setzt voraus, dass alle drei Aspekte innerhalb eines Designs ausgeglichen werden müssen, um ein gültiges, aussagekräftiges und engagierendes Spielerlebnis zu entwickeln.

Abbildung 24-5: Polizist (links) wird durch AR von einem Kollegen (rechts) unterstützt

Unter Verwendung der TGD-Methode wurden in OTS verschiedene Szenarios entwickelt: häusliche Gewalt, Beschützung eines VIPs, forensische Tatortuntersuchung, oder die Entdeckung eines Ecstasy Labs (Lukosch et al., 2015). In allen Szenarien wird AR eingesetzt, um einer Person vor Ort zusätzliche Information zur Durchführung der aktuellen Aufgabe anzubieten. Bei der Entdeckung des Ecstasy Labs kann es sich hierbei um die Markierung von gefährlichen Stoffen oder um die Identifikation von Beweistücken handeln. Diese Markierungen können sowohl durch den lokalen Polizisten, Feuerwehrmann oder Forensiker oder auch durch einen Kollegen, der an einem anderen Ort das lokale Geschehen über die Kamera im HMD verfolgt, erfolgen. Beispielhaft ist dies in Abbildung 24-6 dargestellt. Der Polizist am Tatort trägt ein HMD mit Kamera. Im HMD sind die Annotationen des Tatorts zu sehen. Der Polizist im rechten Bild verfolgt das Geschehen am Tatort und kann selbigen in AR annotieren und so zusätzliche Information zur Verfügung stellen.

Abbildung 24-6 zeigt solche Annotationen in AR. So ist z. B. auf dem Buch am unteren Bildrand ein Fingerabdruck zu erkennen, um den lokalen Forensiker darauf aufmerksam zu machen, an dem Buch Fingerabdrücke zu sammeln.

Alle Szenarien sind unter Verwendung eines AR Systems und auch mit dem Einsatz der standardmäßig zur Verfügung stehenden Technologie gespielt worden. Die Gebrauchstauglichkeit des AR Systems in den verschiedenen Szenarien wurde durch die „**System Usability Scale**" (SUS) (Brooke, 1996) evaluiert. Das Situationsbewusstsein der Polizisten, Feuerwehrmänner und Forensiker wurde durch SART (Taylor, 1990) gemessen und verglichen.

Hierbei zeigte sich, dass die Szenarien gut definiert sind und das verwendete AR System für die Aufgaben geeignet war. Der größte Vorteil fand sich in dem Kollegen, der von einem anderen Ort aus den Kollegen am Tatort zusätzliche Informationen anbieten konnte. Eine solche Zusammenarbeit ermöglicht es dem entfernten Kollegen nicht nur zu sehen, was die lokalen Kollegen sehen, sondern auch zusätzliche Informationen auf der Stelle bereitzustellen, indem sie die reale Umgebung mit virtuellen Objekten erweitern. Sowohl der lokale als auch der entfernte Kollege können mit den virtuellen Inhalten interagieren. Die derartige Verwendung von AR begünstigte die Zusammenarbeit verschiedener Organisationen am Tatort. Die Polizei markierte z. B. mögliche Beweise, die Feuerwehr kontrollierte diese auf mögliche Gefahren und markierte gefährliche Stoffe entsprechend und das forensische Institut plante auf Basis der versammelten Informationen die Untersuchung des Tatorts. Die Wertschätzung des entfernten Kollegen steht im Einklang mit einer Studie zur mobilen Kooperationsunterstützung in Notfallsituationen, in der ebenfalls die Bereitstellung von Informationen durch entfernte Teammitglieder an Teammitglieder vor Ort als wünschenswert erachtet wurde (Reuter et al., 2014).

Abbildung 24-6: Durch AR annotierter Tatort

Die gesammelten Werte zum Situationsbewusstsein der einzelnen Teammitglieder sowie die Interviews nach den Experimenten zeigten deutlich, dass insbesondere die entfernten Teammitglieder durch AR ein verbessertes Situationsbewusstsein hatten. Daraus kann geschlossen werden, dass das verwendete AR System die Wahrnehmung des Tatortes, insbesondere für entfernte Kollegen, unterstützt und sich damit auch positiv auf das Verständnis und die Vorhersage der Aktivitäten der anderen lokalen Kollegen auswirkt. Weiterhin zeigte sich aus den Interviews, das auf Basis von TGD entwickelten Szenarien realistisch waren und somit gut geeignet, die neue Technologie im Hinblick auf ihre Auswirkung auf das Situationsbewusstsein der Teammitglieder zu untersuchen.

24.4 Fazit

In diesem Kapitel wurde anhand theoretischer Konzepte als auch zweier praktischer Beispiele die Rolle von Virtual und Augmented Reality für die Entwicklung von Situationsbewusstsein in sicherheitskritischen Aufgaben erläutert. Es wurde gezeigt, dass Informationsaustausch und Kommunikation eine zentrale Rolle in der Arbeit von Teams mit sicherheitskritischen Aufgaben darstellen. Des Weiteren wurde beschrieben, wie dieser Informationsaustausch und diese Kommunikation zu Teamsituationsbewusstsein führen, und wie VR und AR zu diesem Prozess beitragen können.

- VR scheint vor allem dann nützlich zu sein, wenn eine solche Umgebung Aufgaben und Emotionen auf realistische Art und Weise darstellen kann. Auch die Möglichkeit der Darstellung gefährlicher, ungewöhnlicher oder überraschender Elemente stellt einen Vorteil von VR für Training dar.

- Dennoch muss beachtet werden, dass es relativ teuer und anspruchsvoll ist, eine sehr realistische Umgebung zu entwickeln, und dass Spieler sich auch auf kleinste Details richten, um den Realismus des Spiels zu beurteilen. Eine realistische Umgebung muss daher bis ins kleinste Detail „stimmen", um das Spielerlebnis nicht zu stören.

- Ein AR System ist vor allem dann von großem Nutzen, wenn Mitglieder eines Teams räumlich voneinander getrennt sind oder eine reale Trainingsumgebung mit virtuellen Inhalten angereichert werden soll. Vor allem für die Teammitglieder, die sich nicht am tatsächlichen Ort befinden können, kann der Einsatz von AR das individuelle Situationsbewusstsein und damit auch das Teamsituationsbewusstsein erhöhen.

- Die Technologie selbst ist allerdings noch in Entwicklung und muss sich außerhalb von experimentellen Situationen erst noch in der echten Arbeit beweisen. Zusammengefasst kann dennoch festgehalten werden, dass (a) Situationsbewusstsein ein wichtiger Faktor für effektive Teamarbeit ist, (b) Virtual und Augmented Reality vielversprechende Techniken für die Entwicklung von Situationsbewusstsein sind, und (c) Simulation Games die Motivation und das Trainingserleben in Virtual und Augmented Reality-Umgebungen fördern können.

24.5 Übungsaufgaben

Aufgabe 1: Wie ist individuelles Situationsbewusstsein und Teamsituationsbewusstsein definiert?

Aufgabe 2: Wie kann individuelles Situationsbewusstsein und Teamsituationsbewusstsein evaluiert werden?

Aufgabe 3: Was ist der wesentliche Unterschied zwischen SART und SAGAT? Wie kann sich der Unterschied auf die Evaluation von Situationsbewusstsein auswirken?

Aufgabe 4: Wie werden physischer, funktionaler und psychologischer Realismus einer virtuellen Umgebung definiert? Welcher Aspekt hat sich im Beispiel „CharliePapa" als am wirksamsten für das Lernergebnis gezeigt?

Aufgabe 5: Was ist der wesentliche Unterschied zwischen Augmented Reality (AR) und Virtual Reality (VR)? Beschreiben Sie ein jeweils ein Szenario, in dem es besser ist, AR und VR zur Evaluation von Situationsbewusstsein einzusetzen.

Aufgabe 6: Beschreiben Sie ein eigenes Beispiel für ein sicherheitskritisches Arbeitsfeld, in dem Situationsbewusstsein wichtig ist und umschreiben Sie ein Konzept für ein mögliches Training in VR oder AR. Erläutern Sie dabei, warum VR oder AR hilfreich sein kann.

24.6 Literatur

24.6.1 Literaturempfehlungen

Duke, R. D. (2000). A Personal Perspective on the Evolution of Gaming. *Simulation & Gaming, 31*(1), 79–85.

Endsley, M. R. (1995). Toward a Theory of Situation Awareness in Dynamic Systems. *Human Factors: The Journal of the Human Factors and Ergonomics Society*, 37, 32–64.

Lukosch, S., Lukosch, H., Datcu, D., & Cidota, M. (2015). Providing Information on the Spot: Using Augmented Reality for Situational Awareness in the Security Domain. *Computer Supported Cooperative Work (CSCW) – The Journal of Collaborative Computing and Work Practices, 24*(6), 613–664. https://doi.org/10.1007/s10606-015-9235-4

24.6.2 Literaturverzeichnis

Artman, H. (2000). Team situation awareness and information distribution. *Ergonomics, 43*(8), 1111–1128.

Azuma, R. T. (1997). A Survey of Augmented Reality. In *Presence: Teleoperators and Virtual Environments 6* (S. 355–385).

Azuma, R. T., Baillot, Y., Behringer, R., Feiner, S., Julier, S. & MacIntyre, B. (2001). Recent advances in augmented reality. *Computer Graphics and Applications, IEEE, 21*(6), 34 –47. https://doi.org/10.1109/38.963459

Benjamins, T. & Rothkranz, I. J. M. (2007). Interactive Simulation in Crisis Management. In B. V. de Walle, P. Burghardt, & C. Nieuwenhuis (Hrsg.), *Proceedings of ISCRAM 2007* (S. 571–580).

Bliss, J. P., Tidwell, P. D. & Guest, M. A. (1997). The Effectiveness of Virtual Reality for Administering Spatial Navigation Training to Firefighters. *Presence: Teleoperators and Virtual Environments, 6*(1), 73–86. https://doi.org/10.1162/pres.1997.6.1.73

Bonk, C. J. & Dennen, V. P. (2005). *Massive Multiplayer Online Gaming: A Research Framework for Military Training and Education* (No. TECH-RPT-2005-1). Indiana University, Bloomington.

Brooke, J. (1996). SUS: A "quick and dirty" usability scale. In P. W. Jordan, B. Thomas, B. A. Weerdmeester, & A. L. McClelland (Hrsg.), *Usability Evaluation in Industry*. London, UK: Taylor and Francis.

Duke, R. D. (1974). *Gaming: the future's language*. Sage Publications.

Endsley, M. R. (1995). Toward a Theory of Situation Awareness in Dynamic Systems. *Human Factors: The Journal of the Human Factors and Ergonomics Society*, 37, 32–64.

Endsley, M. R., Selcon, S. J., Hardiman, T. D. & Croft, D. G. (1998). A Comparative Analysis of Sagat and Sart for Evaluations of Situation Awareness. In *Proceedings of the Human Factors and Ergonomics Society Annual Meeting* (Bd. 42, S. 82–86).

Faria, A. J. (2001). The Changing Nature of Business Simulation/Gaming Research: A Brief History. *Simulation & Gaming, 32*(1), 97–110. https://doi.org/10.1177/104687810103200108

Faria, A. J., Hutchinson, D., Wellington, W. J. & Gold, S. (2009). Developments in Business Gaming. *Simulation & Gaming*, *40*(4), 464–487. https://doi.org/10.1177/1046878108327585

Flynn, R., McKinnon, L., Bacon, E. & Webb, J. (2011). Maritime City: Using Games Technology to Train Social Workers - Some Initial Results. In *Entertainment Computing - ICEC 2011 - 10th International Conference, ICEC 2011, Vancouver, Canada, October 5-8, 2011. Proceedings* (S. 415–418). https://doi.org/10.1007/978-3-642-24500-8_55

Fussell, S. R., Kraut, R. E. & Siegel, J. (2000). Coordination of Communication: Effects of Shared Visual Context on Collaborative Work. In *Proceedings of the 2000 ACM Conference on Computer Supported Cooperative Work* (S. 21–30). Philadelphia, Pennsylvania, USA: ACM Press. https://doi.org/10.1145/358916.358947

Fussell, S. R., Setlock, L. D. & Kraut, R. E. (2003). Effects of Head-mounted and Scene-oriented Video Systems on Remote Collaboration on Physical Tasks. In *Proceedings of the SIGCHI Conference on Human Factors in Computing Systems* (S. 513–520). Ft. Lauderdale, Florida, USA: ACM Press. https://doi.org/10.1145/642611.642701

Gergle, D., Kraut, R. E. & Fussell, S. R. (2013). Using Visual Information for Grounding and Awareness in Collaborative Tasks. *Human-Computer Interaction*, *28*(1), 1–39. https://doi.org/10.1080/07370024.2012.678246

Graafland, M., Schraagen, J. M. & Schijven, M. P. (2012). Systematic review of serious games for medical education and surgical skills training. *British Journal of Surgery*, *99*(10), 1322–1330. https://doi.org/10.1002/bjs.8819

Guillén-Nieto, V. & Aleson-Carbonell, M. (2012). Serious games and learning effectiveness: The case of It's a Deal! *Computers & Education*, *58*(1), 435–448. https://doi.org/10.1016/j.compedu.2011.07.015

Gutwin, C. & Greenberg, S. (2002). A Descriptive Framework of Workspace Awareness for Real-Time Groupware. *Computer Supported Cooperative Work*, *11*(3), 411–446. https://doi.org/http://dx.doi.org/10.1023/A:1021271517844

Haferkamp, N., Kraemer, N. C., Linehan, C. & Schembri, M. (2011). Training disaster communication by means of serious games in virtual environments. *Entertainment Computing*, *2*(2), 81 – 88. https://doi.org/http://dx.doi.org/10.1016/j.entcom.2010.12.009

Harteveld, C. (2011). Triadic Game Design: Balancing Reality, Meaning and Play. Springer, Berlin.

Jones, H. & Hinds, P. (2002). Extreme Work Teams: Using SWAT Teams As a Model for Coordinating Distributed Robots. In *Proceedings of the 2002 ACM Conference on Computer Supported Cooperative Work* (S. 372–381). New Orleans, Louisiana, USA: ACM Press. https://doi.org/10.1145/587078.587130

Klabbers, J. H. G. (2006). The magic circle : principles of gaming & simulation (S. 141–166). Sense Publishers, Rotterdam, The Netherlands.

Kraut, R. E., Fussell, S. R. & Siegel, J. (2003). Visual Information As a Conversational Resource in Collaborative Physical Tasks. *Human-Computer Interaction*, *18*(1), 13–49. https://doi.org/10.1207/S15327051HCI1812_2

Kriz, W. (2003). Creating Effective Learning Environments and Learning Organizations through Gaming Simulation Design. *Simulation&Gaming*, *34*, 495–510.

Kriz, W. C. & Hense, J. U. (2006). Theory-oriented evaluation for the design of and research in gaming and simulation. *Simulation & Gaming*, *37*(2), 268–283. https://doi.org/10.1177/1046878106287950

Leonard, M., Graham, S. & Bonacum, D. (2004). The human factor: the critical importance of effective teamwork and communication in providing safe care. *Quality and Safety Health Care*, *13*, i85–i90. https://doi.org/10.1136/qshc.2004.010033

Lukosch, H., van Nuland, B., van Ruijven, T., van Veen, L. & Verbraeck, A. (2014). Building a Virtual World for Team Work Improvement. In S. A. Meijer & R. Smeds (Hrsg.), *Frontiers in Gaming Simulation* (Bd. 8264, S. 60–68). Springer International Publishing. https://doi.org/10.1007/978-3-319-04954-0_8

Lukosch, H., van Ruijven, T. & Verbraeck, A. (2012). The other city – Designing a serious game for crisis training in close protection. In *ISCRAM 2012: Proceedings of the 9th International Conference on Information Systems for Crisis Response and Management.*

Lukosch, S., Lukosch, H., Datcu, D. & Cidota, M. (2015). Providing Information on the Spot: Using Augmented Reality for Situational Awareness in the Security Domain. *Computer Supported Cooperative Work (CSCW) – The Journal of Collaborative Computing and Work Practices*, 24(6), 613–664. https://doi.org/10.1007/s10606-015-9235-4

Macedonia, M. (2002). Games Soldiers Play. *IEEE Spectrum*, *39i*(3), 32–37.

Malone, T. W. (1981). What makes things fun to learn? A study of intrinsically motivating computer games. *Pipeline*, 6(2), 50–51.

Manning, P. K. (1996). Information Technology in the Police Context: The "Sailor" Phone. *Information Systems Research*, 7(1), 52–62. https://doi.org/10.1287/isre.7.1.52

Mayer, I. (2009). The Gaming of Policy and the Politics of Gaming: A Review. *Simulation & Gaming.* https://doi.org/10.1177/1046878109346456

Meijer, S. A. (2009). The organization of transactions. Studying supply networks using gaming simulations. Wageningen University, Wageningen, Netherlands.

Milgram, P. & Kishino, F. (1994). A taxonomy of mixed reality visual displays. *IEICE Transactions on Information Systems*, *E77-D*(12).

Militello, L. G., Patterson, E. S., Bowman, L. & Wears, R. L. (2007). Information flow during crisis management: challenges to coordination in the emergency operations center. *Cognition, Technology & Work*, 9(1), 25–31.

Mossel, A., Peer, A., Göllner, J. & Kaufmann, H. (2015). Requirements analysis on a virtual reality training system for CBRN crisis preparedness. *Journal of the International Society for the Systems Sciences*, 1(1).

Muehl, W. & Novak, J. (2008). *Game Development Essentials: Game Simulation Development.* Thomson Delmar Learning.

Nilsson, S., Johansson, B. & Jönsson, A. (2009). Using AR to support cross-organisational collaboration in dynamic tasks. In *Mixed and Augmented Reality, 2009. ISMAR 2009. 8th IEEE International Symposium on* (S. 3–12). https://doi.org/10.1109/ISMAR.2009.5336522

Pascual, R. G., Mills, M. C. & Blendell, C. (1999). Supporting distributed and ad-hoc team interaction. In *International Conference on Human Interfaces in Control Rooms, Cockpits and Command Centres.* (S. 64–71). https://doi.org/10.1049/cp:19990164

Poelman, R., Akman, O., Lukosch, S. & Jonker, P. (2012). As if Being There: Mediated Reality for Crime Scene Investigation. In *CSCW '12: Proceedings of the 2012 ACM conference on Computer Supported Cooperative Work* (S. 1267–1276). ACM New York, NY, USA. https://doi.org/10.1145/2145204.2145394

Reuter, C., Ludwig, T. & Pipek, V. (2014). Ad Hoc Participation in Situation Assessment: Supporting Mobile Collaboration in Emergencies. *ACM Transactions on Computer-Human Interaction (TOCHI)*, 21(5), 26:1–26:26. https://doi.org/10.1145/2651365

Salmon, P. M., Stanton, N. A., Walker, G. H., Baber, C., Jenkins, D. P., McMaster, R. & Young, M. S. (2008). What really is going on? Review of situation awareness models for individuals and teams. *Theoretical Issues in Ergonomics Science*, 9(4), 297–323. https://doi.org/10.1080/14639220701561775

Salmon, P. M., Stanton, N. A., Walker, G. H., Jenkins, D., Ladva, D., Rafferty, L. & Young, M. (2009). Measuring Situation Awareness in complex systems: Comparison of measures study. *International Journal of Industrial Ergonomics*, 39(3), 490 – 500. https://doi.org/http://dx.doi.org/10.1016/j.ergon.2008.10.010

Sawyer, S. & Tapia, A. (2005). The Sociotechnical Nature of Mobile Computing Work: Evidence from a Study of Policing in the United States. *International Journal of Technology and Human Interaction*, 1(3), 1–14.

Schwarz, P., Wang, Y., Lukosch, S. & Lukosch, H. (2017). Policy Gaming for Humanitarian Missions. In T. Comes, F. Bénaben, C. Hanachi, M. Lauras, & A. Montarnal (Hrsg.), *Proceedings of the 14th Information Systems for Crisis Response and Management (ISCRAM) Conference* (S. 814–823). Abgerufen von2 http://idl.iscram.org/files/philippschwarz/2017/1513_PhilippSchwarz_etal2017.pdf

Serge, S. R., Priest, H. A., Durlach, P. J. & Johnson, C. I. (2013). The effects of static and adaptive performance feedback in game-based training. *Computers in Human Behavior*, *29*(3), 1150–1158. https://doi.org/10.1016/j.chb.2012.10.007

Sitzmann, T. (2011). A Meta-Analytic Examination of the Instructional Effectiveness of Computer-Based Simulation Games. *Personnel Pscyhology*, *64*, 489–528.

Stammers, R. & Hallam, J. (1985). Task allocation and the balancing of task demands in the multi-man-machine systems: some case studies. *Applied Ergonomics*, *16*, 251–257.

Stansfield, S. A. Shawver, D., Miner, N., & Rogers, D. (1995). An application of shared virtual reality to situational training. In *Virtual Reality Annual International Symposium, 1995. Proceedings.* (S. 156–161). https://doi.org/10.1109/VRAIS.1995.512491

Stansfield, S. A. Shawver, D. M., & Sobel, A. L. (1998). Biosimmer: A Virtual Reality Simulator for Training First Responders in a BW Scenario. In *Proceedings of the 1998 Scientific Conference on Chemical and Biological Defense Research*.

Straus, S. G., Bikson, T. K. K., Balkovich, E. & Pane, J. F. (2010). Mobile Technology and Action Teams: Assessing BlackBerry Use in Law Enforcement Units. *Computer Supported Cooperative Work (CSCW)*, *19*(1), 45–71. https://doi.org/10.1007/s10606-009-9102-2

Streefkerk, J. W., Houben, M., van Amerongen, P., ter Haar, F. & Dijk, J. (2013). The ART of CSI: An Augmented Reality Tool (ART) to Annotate Crime Scenes in Forensic Investigation. In R. Shumaker (Hrsg.), *Virtual, Augmented and Mixed Reality. Systems and Applications* (Bd. 8022, S. 330–339). Springer Berlin Heidelberg. https://doi.org/10.1007/978-3-642-39420-1_35

Sundstrom, E. D. (1999). The Challenges of Supporting Work Team Effectiveness. In E. D. Sundstrom (Hrsg.), *Supporting work team effectiveness: best management practices for fostering high performance* (S. 3–23). San Francisco, CA, USA: Jossey-Bass Inc., Publishers.

Taylor, R. M. (1990). Situational awareness rating technique (SART): The development of a tool for aircrew systems design. In *Proceedings of the Symposium on Situational Awareness in Aerospace Operations (AGARD-CP-478)* (S. 3/1 – 3/17).

Taylor, R. M. & Selcon, S. J. (1994). Situation in mind: Theory, application and measurement of situational awareness. In R. D. Gilson, D. J. Garland, & J. M. Koonce (Hrsg.), *Situational awareness in complex settings* (S. 69–78). Embry-Riddle Aeronautical University Press.

van Knippenberg, D., De Dreu, C. K. W. & Homan, A. C. (2004). Work Group Diversity and Group Performance: An Integrative Model and Research Agenda. *Journal of Applied Psychology*, *89*(6), 1008–1022. https://doi.org/10.1037/0021-9010.89.6.1008

Westera, W., Nadolski, R., Hummel, H. G. K. & Wopereis, I. G. J. H. (2008). Serious games for higher education: a framework for reducing design complexity. *J. Comp. Assisted Learning*, *24*(5), 420–432. https://doi.org/10.1111/j.1365-2729.2008.00279.x

Zaphiris, P. & Ang, C. S. (2007). HCI issues in computer games. *Interacting with Computers*, *19*(2), 135–139. https://doi.org/10.1016/j.intcom.2006.08.007

Technologien für freiwillige Partizipation

25 Humanitäre Hilfe und Konzepte der digitalen Hilfeleistung

Frank Fiedrich · Ramian Fathi
Bergische Universität Wuppertal

Zusammenfassung

Betroffene Personen benutzen in Katastrophen und in humanitären Notlagen aktiv mobile Technologien. Dabei werden große Datenmengen generiert, die für die Hilfsorganisationen wichtige Informationen enthalten können. Das können z. B. Informationen über Art und Umfang der Katastrophe oder Hilfeersuchen von Betroffenen sein. Die Auswertung der Daten und die anschließende Bereitstellung der Ergebnisse kann durch digitale Freiwillige in der humanitären Hilfe, allen voran durch Organisationen des Digital Humanitarian Networks (DHN) oder Virtual Operation Support Teams (VOST), erfolgen. Diese Art der digitalen organisatorischen Strukturierung ermöglicht neue Formen des Engagements, die vor allem bei den Einsatzorganisationen aber auch Skepsis und Misstrauen erzeugen können. Wie zahlreiche Beispiele verdeutlichen, können Mittlerorganisationen oder -personen diese jedoch abbauen.

Lernziele

- Die Leser kennen die grundlegenden Merkmale der klassischen humanitären Hilfe und können darüber hinaus zwischen den relevanten nationalen und internationalen Akteuren unterscheiden.

- Die Leser kennen das Digital Humanitarian Network und dessen organisatorische Entwicklung und wissen, welche Ziele durch die digitalen Organisationen verfolgt werden.

- Die Leser können formelle und informelle Organisationsformen der digitalen Hilfeleistung unterscheiden und können Crowdsourcing in der humanitären Hilfe und die Zusammenarbeit mit etablierten Hilfsorganisationen an konkreten Beispielen erläutern.

25.1 Einleitung

Die Vereinten Nationen definieren jedes Ereignis als Katastrophe, das die Fähigkeit der lokalen Bevölkerung zur Selbsthilfe mit den eigenen Ressourcen übersteigt und das zu ernsthaften Beeinträchtigungen der Gesellschaftsfunktionen führt. Somit haben Katastrophen weitreichende menschliche, materielle oder ökologische Verluste zur Folge.

Betrachtet man die globale Entwicklung von Naturkatastrophen, so zeigt sich, dass sowohl die Anzahl der Ereignisse als auch die Zahl der betroffenen Menschen zunimmt (Munich Re, 2017, S.56). Hinzu kommen menschengemachte Krisen, wie beispielsweise der Bürgerkrieg in Syrien. Egal ob unmittelbar nach großen Naturkatastrophen oder bei langanhaltenden Krisen, wie bei Hungersnöten am Horn von Afrika: Effektive Hilfe erfordert das Zusammenwirken von nationalen, internationalen, staatlichen und nichtstaatlichen Akteuren.

Durch die Digitalisierung haben sich inzwischen viele Bereiche unseres gesellschaftlichen Zusammenlebens verändert, und auch in der humanitären Hilfe zeigt sich, dass sowohl die betroffene Bevölkerung in einem Katastrophengebiet, als auch die Helfer selbst sich immer stärker digital vernetzen. Durch die intensive Nutzung von sozialen Medien, wie Facebook, Twitter oder Instagram, werden dabei inzwischen so viele Informationen bereitgestellt, dass der nutzbringende Umgang mit diesen Informationen eine Herausforderung darstellt. Im Bereich der humanitären Hilfe haben sich daher inzwischen digitale Helfergruppen herausgebildet, die Informationen für Einsatzkräfte aufbereiten und somit eine schnellere Hilfe ermöglichen.

Dieses Kapitel soll einen Einblick in die Thematik der digitalen Hilfeleistung im humanitären Kontext geben. Bevor jedoch auf die digitalen Hilfeleistungskonzepte eingegangen werden kann, ist es notwendig, ein besseres Verständnis des Systems *Humanitäre Hilfe* zu bekommen. Daher wird im folgenden Kapitel zunächst auf die Rahmenbedingungen eingegangen, indem aufbauend auf einer Definition des Begriffs *Humanitäre Hilfe* die wichtigsten staatlichen und nichtstaatlichen Akteure und ihre Arbeitsweise beschrieben werden. Im Anschluss wird in Kapitel 25.3 das Konzept der digitalen Hilfeleistung anhand von Beispielen hergeleitet. Dabei wird auch auf die besondere Rolle des Digital Humanitarian Network (DHN) eingegangen. Im weiteren Verlauf wird das Potenzial der digitalen Hilfe, vor allem auch hinsichtlich des Einsatzes von Crowdsourcing, beschrieben.

25.2 Humanitäre Hilfe und ihre relevanten nationalen und internationalen Akteure

Dieser Absatz beschreibt die grundlegenden Merkmale des komplexen und vielfältigen Systems der *humanitären Hilfe*. Aufbauend auf einer möglichen Definition werden wichtige nationale und internationale Akteure und Rahmenbedingungen beschrieben. Ziel ist es dabei, ein besseres Verständnis der *humanitären Hilfe* zu schaffen.

25.2.1 Humanitäre Hilfe: Definition und grundlegende Merkmale

Das Internationale Komitee des Roten Kreuzes (IKRK) stellte bereits in den 60er-Jahren des 20. Jahrhunderts wichtige Prinzipien der Hilfeleistung als Leitlinien des Handelns vor. Aufbauend auf den Prinzipien des IKRK haben sich vier humanitäre Prinzipien herausgebildet, die inzwischen in Resolutionen der Generalversammlung der Vereinten Nationen festgeschrieben wurden. Im Einzelnen handelt es sich dabei um

- **Menschlichkeit:** Ziel sollte es sein, das menschliche Leid allerorts zu lindern und dabei die menschliche Würde zu wahren und zu schützen. Besondere Aufmerksamkeit gilt dabei den am stärksten betroffenen Bevölkerungsgruppen.

- **Unparteilichkeit:** Die Hilfe orientiert sich allein an der Bedürftigkeit ohne Diskriminierung. Es wird kein Unterschied hinsichtlich Nationalität, Religion, Alter oder Ähnlichem gemacht.

- **Neutralität:** Humanitäre Hilfe soll bei Konflikten keiner Seite den Vorrang geben und nicht an politischen, religiösen oder ideologischen Aktivitäten teilnehmen.

- **Unabhängigkeit:** Hilfe sollte unabhängig von politischen, wirtschaftlichen, militärischen oder sonstigen Zielen sein.

Humanitäre Hilfe, ein Begriff der sich erst in den vergangenen Dekaden herausgebildet hat, greift diese Prinzipien auf. Dennoch ist eine einheitliche Definition aufgrund der Komplexität und der unterschiedlichen Interessen von staatlichen und nichtstaatlichen Organisationen schwierig. Eine mögliche Definition wird z. B. von Lieser und Dijkzeul (2013:13) gegeben. Humanitäre Hilfe soll sich demnach zwingend an den genannten humanitären Prinzipien orientieren und auf internationalen Rechtsgrundlagen basieren. Sie umfasst die Bereitstellung von lebensnotwendigen Gütern (Nahrung, Wasser, sanitäre Anlagen, Unterkunft, Kleidung, Gesundheitsdienste und psychosoziale Hilfe), Schutz vor Gewalt und Verfolgung, sowie Unterstützung bei Bewältigungsstrategien.

Eine Abgrenzung zur Entwicklungshilfe ist dabei vor allem bei langanhaltenden Krisen nicht immer problemlos möglich. Maßnahmen der Entwicklungshilfe dienen häufig der Reduzierung von künftigen Katastrophenrisiken und lindern damit ebenfalls das Leid der Bevölkerung. Häufig wird der zeitliche Horizont der Maßnahmen (kurzfristig versus langfristig) oder die Art der Hilfe (unmittelbare Versorgung versus Hilfe zur Selbsthilfe) als Unterscheidungskriterium herangezogen. Die Grenzen sind aber manchmal fließend.

Um grundlegende Missverständnisse auszuräumen, wird im vorliegenden Kapitel unter dem Begriff *Humanitäre Hilfe* eine Definition verstanden, die an den vier humanitären Prinzipien und der Definition von Lieser angelehnt ist.

25.2.2 Nationale Akteure der humanitären Hilfe

Auf staatlicher Seite sind in Deutschland vor allem drei Bundesbehörden in der humanitären Hilfe aktiv. Für die *humanitäre Hilfe* im Ausland ist das *Auswärtige Amt (AA)* zuständig. Dabei ist das AA stark in internationale Strukturen eingebunden und arbeitet mit den Vereinten Nationen und der Europäischen Union zusammen (siehe 25.2.3). Die Kernaktionsfelder des AA sind in diesem Zusammenhang (Auswärtiges Amt, 2012):

- **Soforthilfe:** Hierbei handelt es sich um Hilfsmaßnahmen unmittelbar nach Naturkatastrophen oder plötzlich auftretenden politischen Konflikten mit dem Ziel, Menschenleben zu retten und die Erstversorgung zu gewährleisten.

- **Nothilfe:** Nothilfe wird bei längerfristigen Krisen ohne kurzfristige Entwicklungsperspektive geleistet. Sie ist daher besser planbar als die Soforthilfe.

- **Übergangshilfe:** Das Ziel ist es, die lokalen Kapazitäten zu stärken und Grundlagen für eine effiziente Entwicklungszusammenarbeit zu schaffen.

- **Humanitäre Katastrophenvorsorge:** Diese Maßnahmen zielen auf Themen wie z. B. Frühwarnung und Ausbildung humanitärer Helferinnen und Helfer ab.

- **Humanitäres Minen- und Kampfmittelräumen:** Darunter werden alle Maßnahmen zusammengefasst, die das Ziel einer antipersonenminen- und streumunitionsfreien Welt verfolgen.

Deutschland erkennt die humanitären Prinzipien als handlungsleitende Grundsätze an und strebt dabei eine bedarfsorientierte, subsidiäre, schützende sowie konflikt- und klimasensible Hilfe an. Beispiele für deutsche humanitäre Hilfe finden sich in Jemen, Somalia oder im Südsudan. Das AA unterhält ein Krisenreaktionszentrum, das 24 Stunden am Tag erreichbar ist und in kurzer Zeit Hilfe veranlassen kann.

Im Übergangsbereich zwischen der humanitären Hilfe und der Entwicklungszusammenarbeit ist das *Bundesministerium für wirtschaftliche Zusammenarbeit und Entwicklung (BMZ)* aktiv. Generell arbeitet das BMZ in zahlreichen Feldern der Entwicklungszusammenarbeit wie beispielsweise Armut, Bildung oder Energie. Mit seiner entwicklungsfördernden und strukturbildenden Übergangshilfe (ESÜH) leistet das BMZ einen wichtigen Beitrag, um die Widerstandsfähigkeit (Resilienz) von Menschen und Gesellschaften in Entwicklungsländern, insbesondere in fragilen Staaten und Regionen oder im Kontext von Krisen und Katastrophen, zu stärken. Zentral dabei ist der LRRD-Ansatz (Linking Relief, Rehabilitation and Development), dem die modellhafte Vorstellung zugrunde liegt, dass es einen nahtlosen Übergang von Nothilfe, Wiederaufbau und Entwicklungszusammenarbeit gibt. Beispiele für ESÜH sind Projekte im Bereich der mittel- und langfristigen Ernährungssicherung, bei der Reintegration von Flüchtlingen und Binnenvertriebenen oder beim Wiederaufbau von sozialer und wirtschaftlicher Basisinfrastruktur.

Neben dem Auswärtigen Amt und dem Bundesministerium für wirtschaftliche Zusammenarbeit und Entwicklung ist auch die *Bundesanstalt Technisches Hilfswerk (THW)* als Bundesoberbehörde mit unterschiedlichen Spezialeinheiten weltweit tätig. Das THW wird dann aktiv, wenn andere Länder oder die internationale Staatengemeinschaft bei der Bundesregierung ein Hilfeersuchen stellt. Besonders hervorzuheben sind dabei die Schnell-Einsatz-Einheit Bergung Ausland (SEEBA) und die Schnell-Einsatz-Einheit Wasser Ausland (SEEWA), die international hohes Ansehen genießen und vornehmlich nach großen Naturkatastrophen zur Rettung und Bergung Verschütteter und zur Trinkwasseraufbereitung eingesetzt werden.

25.2.3 Internationale Akteure der humanitären Hilfe

Effiziente humanitäre Hilfe bedarf eines gemeinsamen Vorgehens der internationalen Staatengemeinschaft. Weltweit existieren unterschiedliche formale Zusammenschlüsse der Hilfeleistung. Die folgenden Ausführungen beschreiben das System auf Ebene der Europäischen Union und der Vereinten Nationen.

25.2.3.1 Humanitäre Hilfe der Europäischen Union

In der Europäischen Union (EU) ist die Generaldirektion *Europäischer Katastrophenschutz und humanitäre Hilfe (ECHO)* für die humanitäre Hilfe zuständig. ECHO hat seinen Sitz in Brüssel und ist einer von vier Diensten der EU im Bereich der außenpolitischen Instrumente. ECHO wurde 1992 – damals noch unter dem Namen *European Community Humanitarian Office* – gegründet. Die Generaldirektion hat seither zahlreiche Namensänderungen erlebt, die prinzipiellen Themen sind allerdings weitestgehend gleichgeblieben. Hauptaufgabe ist dabei die schnellstmögliche Unterstützung der betroffenen Bevölkerung nach (Natur-)Katastrophen oder bei bewaffneten Konflikten. Im Wesentlichen können dabei folgende Themenfelder unterschieden werden: (1) Das Katastrophenschutzverfahren der Union, (2) humanitäre Hilfe, Nahrungsmittelhilfe und Katastrophenvorsorge und (3) die Bereitstellung eines EU Freiwilligenpools.

Die aktuelle Version des Katastrophenschutzverfahrens der Union wurde 2013 formal im Beschluss Nr. 1313/2013/EU (Europäische Union, 2013) definiert und beschreibt im Wesentlichen die Mechanismen des gemeinschaftlichen Katastrophenschutzes der Mitgliedsstaaten. Dabei werden Maßnahmen in den Bereichen Prävention, Vorsorge und Bewältigung beschrieben.

Im Bereich der Prävention stellt die Erstellung und Aktualisierung einer sektorübergreifenden Übersicht über Risiken von Naturkatastrophen und von Menschen verursachten Katastrophen einen Schwerpunkt dar. Dabei werden Mitgliedsstaaten dazu verpflichtet,

Risikobewertungen auf nationaler und geeigneter subnationaler Ebene zu erstellen und diese der Kommission zur Verfügung zu stellen. Zusätzlich ist der Austausch bewährter Vorgehensweisen (Best Practice), vor allem hinsichtlich der Bewältigung der Folgen des Klimawandels, vorgesehen.

In der Katastrophenvorsorge sollen unter anderem internationale Expertenteams zur Beratung und Unterstützung gebildet werden. Das gemeinsame *Zentrum für die Koordination von Notfallmaßnahmen* (ERCC) ist das Lagezentrum der EU, das 2013 durch die Zusammenführung des *Crisis Room for Humanitarian Crises* und des *Monitoring and Information Centre* (MIC) gebildet wurde. Dabei soll auch die Verbindung des ERCC zu nationalen Frühwarn- und Alarmsystemen gefördert werden. Das ERCC stellt das operationelle Herzstück des EU-Katastrophenschutzverfahrens dar und spielt eine Schlüsselrolle als Koordinationsstelle für eine gemeinsame europäische Krisenbewältigung. Softwareseitig wird dabei das *Gemeinsamen Kommunikations- und Informationssystems für Notfälle* (CECIS) eingesetzt. CECIS erleichtert dabei die Kommunikation und den Informationsaustausch des ERCC mit den Mitgliedstaaten und dokumentiert alle Aktivitäten. Es baut unter anderem auf einer Datenbank auf, die die möglichen Hilfsressourcen der Mitgliedstaaten beinhaltet.

Abbildung 25-1: Das Zentrum für die Koordination von Notfallmaßnahmen (ERCC) der Europäischen Union (Quelle: EU/ECHO/Ezequiel Scagnetti)

In der eigentlichen Katastrophenbewältigung ist die Kommission primär koordinierend tätig. Wenn ein Mitgliedstaat absehen kann, dass er das Hilfeverfahren aktivieren möchte, kann dieser über das ERCC möglichst konkrete Hilfsanfragen stellen. Das ERCC sammelt die Anfragen und leitet diese an die Kontaktstellen der Mitgliedsstaaten weiter und vermittelt im Abgleich mit den Hilfsangeboten der Mitgliedsstaaten die bestmögliche Hilfe.

Zusätzlich können EU-Expertenteams angefordert und entsandt werden. Zur Förderung einer kohärenten Bewältigung von Katastrophen außerhalb der Union können im Rahmen des Katastrophenschutzverfahrens auch Nicht-Mitgliedsstaaten über das ERCC Hilfe ersuchen. Dabei ist eine starke Vernetzung mit den Vereinten Nationen, vor allem hinsichtlich der Gesamtkoordination durch das Amt für die Koordinierung humanitärer Angelegenheiten, vorgesehen.

Die Aktivitäten der Europäischen Union hinsichtlich humanitärer Hilfe gehen jedoch über die beschriebenen Sofortmaßnahmen hinaus. 2008 veröffentlichte die Europäische Union den Europäischen Konsens über die humanitäre Hilfe (Europäische Union, 2008), der 2015 durch einen Umsetzungsplan ergänzt wurde (Europäische Union, 2015). Obwohl rechtlich nicht bindend, ist es das erste Grundsatzdokument der Union zu diesem Thema. Ein wichtiger Eckpfeiler sind dabei die humanitären Grundsätze Menschlichkeit, Neutralität, Unparteilichkeit und Unabhängigkeit. Humanitäre Hilfe soll dabei schnell und effektiv auf der Basis von Bedarfsermittlungen erfolgen. Von besonderer Bedeutung sind dabei das partnerschaftliche Zusammenwirken mit anderen und die Unterstützung der zentralen Rolle der Vereinten Nationen. Bei ihren Aktivitäten legt die EU dabei stets Wert auf Qualität und Wirksamkeit der Hilfe sowie auf Rechenschaftspflicht.

Eine besondere Stellung wird der Katastrophenvorsorge zugesprochen, da nur so die Risiken und die Krisenanfälligkeit dauerhaft reduziert werden können. Hierzu hat die Europäische Union bereits 1996 das Programm Disaster Preparedness ECHO (DIPECHO) eingerichtet, mit dessen Hilfe konkrete Vorsorgeprojekte mit lokalen Schwerpunkten in Afrika und dem Mittleren Osten gefördert werden. Die Projekte werden normalerweise von Hilfsorganisationen umgesetzt, die in den jeweiligen Regionen aktiv sind. Bis 2016 wurden so im Rahmen von DIPECHO Mittel in der Gesamthöhe von 325 Millionen Euro bereitgestellt (ECHO, 2017).

25.2.3.2 Humanitäre Hilfe der Vereinten Nationen

Die wichtigste multinationale Organisation im Bereich der internationalen Katastrophenhilfe sind die *Vereinten Nationen* (VN). Die Vereinten Nationen wurden 1945 durch Repräsentanten von 51 Ländern gegründet. Inzwischen sind bis auf wenige Ausnahmen alle Staaten der Erde Mitglied. Auf Basis der Erfahrungen des Zweiten Weltkriegs und verbunden mit der Hoffnung, den Frieden in der Welt zu sichern, wurde die Charta der Vereinten Nationen (United Nations, 1945) zur wichtigsten Rechtsquelle des Völkerrechts und zur „Verfassung" der Vereinten Nationen. In der VN-Charta wurden die sechs Hauptorgane Generalversammlung, Sicherheitsrat, Wirtschafts- und Sozialrat, Internationaler Gerichtshof, Sekretariat sowie der zurzeit nicht aktive Treuhandrat festgelegt.

Neben diesen Hauptorganen existieren in den VN zahlreiche Spezialorganisationen, die prinzipiell zwei Organisationsformen zugeordnet werden können:

- **Sonderorgane**: Hierbei handelt es sich um Organisationen, die aufgrund vertraglicher Vereinbarung mit den VN zusammenarbeiten. Es handelt sich also um rechtlich, organisatorisch und finanziell selbstständige Organisationen, die durch den Wirtschafts- und Sozialrat koordiniert werden.

- **Nebenorgane**: Dies sind Organisationen, die von den VN selbst gegründet wurden. Sie werden durch Wirtschafts- und Sozialrat oder die Generalversammlung koordiniert.

Durch die Vielzahl an beteiligten Organisationen mit unterschiedlichen, teilweise aber überlappenden Tätigkeitsfeldern sind die VN eine komplexe, multinationale Organisation, deren Handlungsfähigkeit in der Öffentlichkeit teilweise kontrovers diskutiert wird. Unstrittig ist aber, dass gerade im Bereich der humanitären Hilfe durch die VN wichtige Strukturen der internationalen Hilfe bereitgestellt werden.

Besonders bedeutend für die Gesamtkoordinierung humanitärer Hilfe ist das Amt für die Koordinierung humanitärer Angelegenheiten (OCHA), das direkt dem VN-Sekretariat unterstellt ist. Wie der Name bereits sagt, ist OCHA für die Gesamtkoordination der Hilfe verantwortlich. An der Hilfe sind dabei viele Sonder- und Nebenorganisationen mit unterschiedlichsten Aufgaben beteiligt. Eine Übersicht ist in Tabelle 25-1 dargestellt.

Organisation	Ausgewählte Aufgaben mit Bezug zur Katastrophenhilfe
Weltbankgruppe	Finanzierung von Wiederaufbaumaßnahmen und Entwicklungsprogrammen zur Katastrophenvorsorge
Internationaler Währungsfonds (IMF)	IWF Notfallfonds zur Unterstützung nach Naturkatastrophen
Weltgesundheitsorganisation (WHO)	Aufbau von Gesundheitssystemen in Entwicklungsländern; Kampf gegen übertragbare Krankheiten; Förderung globaler Impfprogramme
Ernährungs- und Landwirtschaftsorganisation (FAO)	Verbesserung der Ernährung, der landwirtschaftlichen Produktion und der Lebensbedingungen der ländlichen Bevölkerung (keine Soforthilfe, sondern längerfristige Programme)
Kinderhilfswerk der Vereinten Nationen (UNICEF)	Erhöhung des Katastrophenbewusstseins durch Öffentlichkeitsarbeit und Früherziehung in Schulen; Office of Emergency Programme (EMOPS) zur Koordinierung der Katastrophenmanagementaktivitäten von UNICEF
Entwicklungsprogramm der Vereinten Nationen (UNDP)	Förderung der Kapazitätsbildung zur besseren Katastrophenvorsorge (Hilfe zur Selbsthilfe)
Hoher Flüchtlingskommissar der Vereinten Nationen (UNHCR)	Schutz und Unterstützung von Flüchtlingen; Flüchtlingslager inklusive Versorgung
Internationale Organisation für Migration (IOM)	Erleichterung und Regulierung von Migration; Hilfe bei erzwungener Migration
Welternährungsprogramm (WFP)	Nahrungsmittelhilfe bei Katastrophen und Notfällen, die mit Hunger und Mangelernährung verbunden sind

Tabelle 25-1: Ausgewählte Sonder- und Nebenorgane der VN zur humanitären Hilfe

Im Zuge der humanitären Reform entstand basierend auf den Erfahrungen im Sudan und Darfur 2005 der sogenannte Cluster-Ansatz, der inzwischen essentiell für humanitäre Einsätze ist. Ziel ist es dabei, die Zusammenarbeit in der humanitären Hilfe durch verstärkte Koordination effizienter zu gestalten. Während in der Vergangenheit die Zusammenarbeit der VN-Organisationen eher situationsbezogen war, werden im Clusteransatz unterschiedliche relevante humanitäre Aktionsfelder (Cluster) definiert. In den thematischen Clustern arbeiten dann VN und Nicht-VN-Organisationen unter jeweils einer oder zwei Leit- beziehungsweise Koordinierungsorganisationen zusammen. Die Leitorganisationen werden durch das Inter-Agency Standing Committee (IASC), einem zentralen Steuerungsorgan von OCHA, festgelegt. Aktuell gibt es elf globale Cluster (vgl. Tabelle 25-2).

Cluster	Leitorganisation
Bildung	UNICEF / Safe the Children
Logistik	WFP
Wasser, Sanitärversorgung und Hygiene	UNICEF
Notunterkunft	IFRC/UNHCR
Telekommunikation	WFP
Übergangshilfe	UNDP
Gesundheit	WHO
Schutz der Zivilbevölkerung	UNHCR
Campkoordinierung und -management	IOM / UNHCR
Ernährung	UNICEF
Nahrungsmittelsicherheit	WFP / FAO

Tabelle 25-2: Globale humanitäre Cluster und ihre Leitorganisationen

Nach Eintritt einer Katastrophe werden durch OCHA z. B. auf http://www.reliefweb.int Lageberichte mit detaillierten Informationen erstellt und der internationalen Gemeinschaft zur Verfügung gestellt. Ein wichtiges Werkzeug, das für den internen Informationsaustausch zwischen den humanitären Akteuren genutzt wird, ist das *Virtual On-Site Operations Coordination Centre* (Virtual OSOOC). Das Virtual OSOOC bietet die Möglichkeit, Dokumente und Karten zu teilen, Meetings zu organisieren und soll so die Entwicklung eines einheitlichen Lagebildes unterstützen (vgl. Abbildung 25-2). Zusätzlich kann das Virtual OSOOC auch für Ausbildungszwecke und Training eingesetzt werden. Das Virtual OSCOOC ist das virtuelle Pendant des regulären *On-Site Operations Coordination Centres* (OSOOC), das so früh wie möglich nach Katastropheneintritt vor Ort zur Koordinierung der Hilfe zwischen dem betroffenen Staat und den Hilfsorganisationen eingerichtet wird. Falls notwendig können in der Anfangsphase auch sogenannte *UN Disaster Assessment and Coordination* (UNDAC)-Teams in die Katastrophengebiete entsandt werden. Diese können unter anderem eine schnelle Schadenserfassung und erste Bedarfsabschätzungen durchführen.

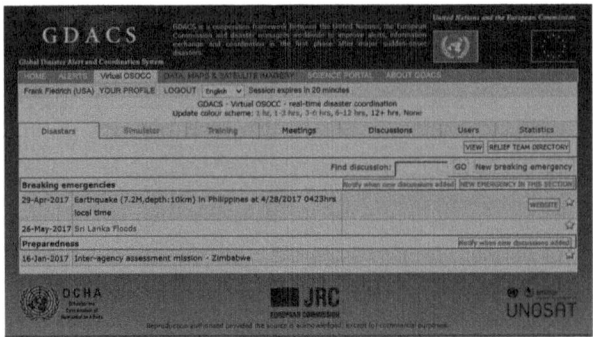

Abbildung 25-2: Das Virtual OSSOC System zum Austausch relevanter Informationen

25.2.4 Nichtstaatliche Akteure

Neben den genannten staatlichen Akteuren sind die Nichtregierungsorganisationen (NRO beziehungsweise Non Governmental Organizations NGO) von großer Bedeutung. Die Zahl der NROs steigt dabei kontinuierlich an. Während 1909 erst 176 NROs existierten, betrug ihre Anzahl 2007 bereits 7628 (Bundeszentrale für politische Bildung, 2010). Wichtige globale NROs im humanitären Kontext sind beispielsweise die Cooperative for Assistance and Relief Everywhere (CARE), Oxfam International oder Action Against Hunger (AAH). In Deutschland sind unter anderem der Arbeiter-Samariter-Bund (ASB), World Vision oder die Malteser aktiv. Die humanitären und entwicklungspolitischen NROs in Deutschland haben sich in der Dachorganisation VENRO zusammengeschlossen – aktuell sind mehr als 120 Organisationen Mitglied. Eine Sonderrolle innerhalb der NROs nimmt das Internationale Komitee vom Roten Kreuz (IKRK) ein, da dessen Rolle rechtlich in der Genfer Konvention verankert ist. NROs setzen sich häufig sowohl aus freiwilligen als auch aus hauptamtlichen Kräften zusammen. Wirtschaftliche Interessen stehen zumeist nicht im Vordergrund. Die Finanzierung der Organisationen findet häufig über Spenden statt.

Inzwischen haben auch Wirtschaftsunternehmen eine immer stärkere Bedeutung in der humanitären Hilfe. So werden inzwischen vermehrt Logistikunternehmen im Bereich der humanitären Logistik oder Konsumgüterunternehmen im Bereich der Trinkwasserhilfe und Notunterkünfte aktiv. Vorteil der Unternehmen ist, dass sie in der Regel über ein großes Verteilernetz mit entsprechenden Lagerkapazitäten verfügen, allerdings agieren die Unternehmen hier in einem komplexen Umfeld, das eine Übertragbarkeit des Alltagsgeschäfts auf Katastrophen erschwert.

25.3 Digitale Hilfeleistung in der humanitären Hilfe

Im Kontext der humanitären Hilfe ist die digitale Hilfeleistung eine neue Form der Beteiligung, vor allem bedingt durch die Verbreitung von neuen Technologien. Denn sowohl bei Katastrophenlagen, als auch bei langanhaltenden humanitären Notlagen nutzen Betroffene, aber auch Helfer ihre mobilen Endgeräte. Dabei werden nicht nur private Nachrichten verfasst. Betroffene veröffentlichen z. B. georeferenzierte Fotos, aus denen sich möglicherweise wichtige Erkenntnisse über das Schadensausmaß ableiten lassen. Allerdings müssen aus der großen Datenmenge die relevantesten Informationen selektiert, verifiziert und anschließend in angemessener Art und Weise dargestellt werden. Diese Aufgaben übernehmen unter anderem digitale Freiwillige. Welche Entwicklung die organisatorische Struktur und die interorganisationale Zusammenarbeit genommen hat, beschreibt das folgende Unterkapitel.

25.3.1 Die Anfänge der digitalen Hilfeleistung

Die Geburtsstunde der digitalen Katastrophenhilfe war das Erdbeben in Haiti am 12. Januar 2010. Das Haiti-Erdbeben, dessen Epizentrum nur ca. 25 km von Haitis Hauptstadt Port-au-Prince entfernt lag, betraf fast 3,5 Millionen Menschen, darunter die gesamte Bevölkerung der Hauptstadt. Die Regierung von Haiti schätzt, dass durch das Erdbeben 222.570 Menschen starben und mehr als 300.000 Personen verletzt wurden. In der Folge des Erdbebens, durch das fast 300.000 Gebäude zerstört oder stark beschädigt wurden, wurden 2,3 Millionen Menschen obdachlos (United Nations, 2011).

Die Überlebenden begannen, noch bevor Rettungskräfte das Schadensgebiet erreichten, aus dem Katastrophengebiet Tweets und SMS abzuschicken. Sie beschrieben dabei z. B. den Umfang der Verwüstung, teilweise sogar mit georeferenzierten Fotos. Parallel dazu begannen digitale Freiwillige auf der ganzen Welt, diese Informationen zu sammeln, zu übersetzen und zu kartographieren. Die Daten kamen dabei primär aus Social Media-Kanälen.

Um vor Ort gezielte und strukturierte Hilfeleistung logistisch zu bewerkstelligen, wurden möglichst detaillierte und aktuelle Karten benötigt. Allerdings waren zum Zeitpunkt des Erdbebens in Port-au-Prince nur circa die Hälfte der Stadt und der Straßen bei Google Maps erfasst. Mithilfe von OpenStreetMap (OSM) wurde innerhalb kurzer Zeit durch hunderte digitale Freiwillige eine detaillierte und aktuelle Karte von Haiti und vor allem Port-au-Prince erstellt. Mit der erstellten Karte arbeiteten die Hilfsorganisationen im Anschluss. Abbildung 25-3 zeigt einen Vergleich der OSM-Karten der Hauptstadt Port-au-Prince vor und nach dem Erdbeben. Wie dabei zu erkennen ist, stieg der Detailgrad der Karte durch die Arbeit der vielen Freiwilligen innerhalb weniger Tage stark an.

Nach und nach organisierten sich die digitalen Freiwilligen, um Ressourcen zu bündeln und die Arbeit dadurch zu kanalisieren. Die Professionalisierung der digitalen Freiwilligen begann mit einer organisationellen Strukturierung. Erste Aufträge durch vor Ort befindliche Organisationen wurden nach kurzer Zeit entgegengenommen, koordiniert und abgearbeitet. Durch die interdisziplinäre Zusammenarbeit mit den etablierten Hilfsorganisationen konnte durch die virtuell agierenden digitalen Freiwilligen praktische Hilfe geleistet werden.

Abbildung 25-3: OSM-Karte von Port-au-Prince; links nach und rechts vor dem Erdbeben 2010 (Quelle: http://kelsocartography.com/blog/?tag=port-au-prince)

25.3.2 Das Digital Humanitarian Network

Nach der akuten Hilfeleistung in Haiti organisierten sich die digitalen Freiwilligen in ihren eigenen Communitys und bildeten das *Digital Humanitarian Network*, kurz: DHN (DHN, 2017). Das DHN vereint verschiedene sogenannte „Volunteers and Technical Communities". Zu den Kompetenzen der selbstständigen Einzelorganisationen gehören unter anderem:

1. Kartographieren von Katastrophengebieten und die anschließende Bereitstellung für die Hilfsorganisationen und für die Bevölkerung

2. Informationsgewinnung, -verarbeitung, -darstellung aus Social Media und den etablierten Medien

3. Statistische Auswertungen und deren Visualisierung

4. Übersetzungen von Social Media-Daten in Katastrophenfällen

Das DHN dient dabei als Vereinigung von Netzwerken und als Mittlerorganisation. Die Koordination wird von Mitgliedern der individuellen Organisationen übernommen. Die einzelnen Akteure organisieren sich in ihren eigenen Communitys autonom. Dabei ist zu beobachten, dass vor allem flache Hierarchien die strukturelle Zusammenarbeit mit den Freiwilligen dominiert. Aktuell umfasst das DHN 18 Vollmitglieder und 13 unterstützende Mitglieder (DHN, 2017).

Das DHN kann von formalen humanitären Akteuren, wie beispielsweise OCHA, den humanitären Clustern, Save the Children oder dem IKRK aktiviert werden. Hierbei sollten zum Zeitpunkt der Aktivierung möglichst umfangreiche Informationen über die Art des Ereignisses und Details zur Art der gewünschten Hilfeleistung kommuniziert werden. Beispiele für bisherige Aktivierungen sind der Taifun Yolanda (2013), Ebola (2014) oder das Erdbeben in Nepal (2015).

25.4 Formelle und informelle Organisationsformen der digitalen Hilfeleistung und ihre Besonderheiten

Bei der Beobachtung der Entwicklung von digitalen Hilfsorganisationen fällt auf, dass mittlerweile zwischen informellen und formellen digital Freiwilligen unterschieden werden kann. Die informellen Freiwilligen agieren nicht als geschlossene Gemeinschaft in strukturellen Organisationsmustern. Sie werden punktuell und projektorientiert aktiv und bringen ihre Expertise als Teil einer „Crowd" ein (siehe Kapitel 27). Im Kontrast dazu sind die formellen Organisationsformen der digitalen Freiwilligen zu sehen. Eine der ersten organisatorischen Schritte für neue Helfer ist die Registrierung mit der Angabe von Expertisen, Kompetenzen und Sprachfähigkeiten. Zum Teil werden gemeinschaftliche virtuelle Übungen und Konferenzen durchgeführt, um neue Freiwillige in die individuellen Gegebenheiten der Organisation einzuarbeiten. Allerdings sind die formellen Einstiegshürden im Vergleich zu etablierten Hilfsorganisationen ausgesprochen niedrig. Beitrittsvoraussetzungen gibt es praktisch kaum. Jeder potenzielle Helfer, der seine Expertise gewinnbringend einbringen möchte, kann dies realisieren. Auffallend häufig gibt es einen inneren Zirkel von engagierten digitalen Freiwilligen, die als Koordinatoren nach innen und außen kommunizieren. Beispiele hierfür sind das Humanitarian OpenStreetMap Team (HOT), die Standby Task Force (SBTF), das International Network of Crisis Mappers oder die Translators without Borders (TWB). Mittlerorganisationen wie das DHN oder VOST haben Zugänge zu diesen Organisationen und sind somit häufig erster Ansprechpartner der betroffenen Regionen oder der Einsatzorganisationen.

25.4.1 Organisatorische Strukturierung am Beispiel der Virtual Operation Support Teams (VOST)

Wie sich digitale Freiwillige im Bereich des Bevölkerungsschutzes organisieren, lässt sich gut am Beispiel von *Virtual Operation Support Teams* (VOST) illustrieren. Ein zunächst aus spontanen digitalen Freiwilligen bestehendes Hilfeleistungsteam organisiert sich im Laufe der Zeit immer stärker. Dabei werden z. B. Kommunikationswege, Hierarchien und Kooperationsmöglichkeiten bestimmt. Angebote umfassen analog zu den Ideen des DHN Crisis Mapping, Crowd Sourcing sowie Informationsgewinnung durch Social Media-Monitoring. Das deutsche VOST (VOSTde) ist inzwischen relativ stark strukturiert und wird als eigenständige Organisationseinheit im Rahmen eines Pilotprojektes beim Technischen

Hilfswerk getestet. Das VOST besteht dabei aus einem sogenannten *Deployment Leader*, der die Kommunikationskanäle vorgibt und die Aufgaben steuert sowie aus Team-Mitgliedern, die die übertragenen Aufgaben bearbeiten. Das VOST zeichnet sich dabei dadurch aus, dass es an die formale Einsatzorganisation angebunden ist und dadurch unmittelbar an den Einsatzprozessen beteiligt ist.

Formelle Freiwillige, ob in einem VOST oder in einer digitalen humanitären Hilfeleistungsorganisation organisiert, müssen aus genannten Gründen als soziale Gebilde verstanden werden. Insgesamt betrachtet bedeutet diese Form neue Möglichkeiten der Hilfeleistung, primär durch die vermehrte Nutzung von Social Media und die Verbreitung des Internets.

25.4.2 Chance für etablierte Hilfsorganisationen

Der demographische Wandel in Deutschland geht auch nicht an den Behörden und Organisationen mit Sicherheitsaufgaben (BOS) spurlos vorbei. Dabei ist festzuhalten, dass nicht etwa das ehrenamtliche Engagement abgenommen hat. Vielmehr haben sich die Rahmenbedingungen verändert. Junge Menschen leben tendenziell nicht dauerhaft an einem Ort und bringen sich darüber hinaus eher punktuell und projektorientiert ein. Beide Kriterien sind für eine langfristige Einbindung hinderlich. Dagegen sind junge Menschen deutlicher aktiver im Netz unterwegs, manche Experten sprechen sogar von „digital natives", also von „Digitalen Ureinwohnern". Die daraus resultierenden technischen Kompetenzen der Personen werden zunehmend als Chance und als Gegenkraft zur Veränderung im ehrenamtlichen Engagement auch in der humanitären Hilfe wahrgenommen.

Bereits seit mehreren Jahren ermöglichen sogenannte Spontanhelfer eine neue Form der Katastrophenbewältigung. Sie gehören keiner Hilfsorganisation an und fassen kurzfristig aus eigenem Antrieb den Entschluss, als Einzelpersonen und nicht als Teil einer formalen Hilfsorganisation zu agieren. Sie vernetzen sich vermehrt oder sogar ausschließlich über Social Media-Kanäle. Allerdings zeigen die bisherigen Erfahrungen, dass die Spontanhelfer bereits nach kurzer Zeit organisationelle Strukturen bilden. Dabei ist es zunächst unerheblich, ob die Helfer primär vor Ort oder virtuell agieren (vgl. Kapitel 26). Nach einer kurzen Zeit entstehen fast immer Strukturen, die der besseren Zusammenarbeit dienen. Zum Teil ließ sich bei den „Vor-Ort-Spontanhelfern" feststellen, dass einige Strukturen bereits bestanden, ob als studentische Interessensvertretung oder Verbindungen unter Arbeitskollegen (Fathi et al., 2017). Aber auch bei den virtuellen Helfern waren zum Teil Strukturen vorhanden, die im Laufe der Zeit ausgebaut wurden.

Als Gegenmodell zur organisationellen Zusammenarbeit sind Crowdsourcing-Ansätze zu verstehen. Wie Crowdsourcing in der humanitären Hilfe und in der Katastrophenhilfe eingesetzt werden kann, beschreibt das folgende Kapitel.

25.5 Crowdsourcing in der humanitären Hilfe

Der Begriff Crowdsourcing im humanitären Kontext ist an den Begriff Outsourcing angelehnt und meint das Abgeben von Aufgaben an freiwillige Helfer. Dabei dient primär das
Internet als Kommunikations- und Verbreitungsplattform. Die Analyse von großen Daten-
mengen kann viel Zeit in Anspruch nehmen. Allerdings ist Zeit in der humanitären Hilfe
ein entscheidender Faktor. Aber die Zeit ist nicht der einzige einschränkende Faktor:
Menschliche Ressourcen, vor allem Experten, sind nicht immer und überall abrufbar.
Crowdsourcing wird deshalb immer häufiger in Zeiten akuter Notlagen als ein mögliches
Einsatzwerkzeug verwendet.

Zur Verdeutlichung soll folgendes Beispiel dienen: Taifun Haiyan zerstörte 2013 unter
anderem auf den Philippinen ganze Landstriche. Über 6.000 Menschen starben an den
unmittelbaren Folgen. Um die Hilfe zu kanalisieren und Ressourcen zu sparen, nutzten
OCHA und das American Red Cross die *Kraft der Crowd*. Nach der Katastrophe nutzten
viele Überlebende vor allem den Kurznachrichtendienst Twitter zur Kommunikation. Sie
gaben dabei (bewusst und unbewusst) einsatzrelevante Informationen preis, posteten georeferenzierte Fotos, kommentierten diese und kommunizierten Hilfegesuche. Um in der
großen Datenmenge die wichtigsten Nachrichten zu finden und anschließend zu kartographieren, engagierten sich zahlreiche digitale Freiwillige. Dabei wurden z. B. Tweets kategorisiert, um die vor allem in der Anfangszeit knappen Einsatzkräfte priorisiert einsetzen
zu können. Zur Lageerfassung können zusätzlich Fotos und Videos klassifiziert werden.
Zur Klassifizierung von Tweets und Fotos existieren inzwischen einige Programme. Ein
Beispiel hierfür ist die speziell für diesen Zweck entwickelte App Clicker von MicroMappers, die in Zusammenarbeit mit den Vereinten Nationen entwickelt wurde (vgl. Abbildung 25-4).

Abbildung 25-4: Die MicroMappers App Clicker zur Kategorisierung einsatzrelevanter
Tweets und Fotos (Quelle: MicroMappers)

Damit die Einsatzkräfte mithilfe der gewonnenen Informationen vor Ort arbeiten können, werden georeferenzierte Informationen auf Lagekarten, sogenannten Crisis Maps, dargestellt (vgl. Abbildung 25-5). Die Crisis Maps dienen jedoch nicht nur den Einsatzkräften, sondern auch die betroffene Bevölkerung kann sie nutzen, um sich beispielsweise darüber zu informieren, wo die nächste Trinkwasserstelle oder Notunterkunft zu finden ist.

Damit die angebotene Hilfe der virtuellen Helfer auch dort ankommt, wo sie gerade gebraucht wird, müssen sogenannte Mittlerorganisationen zwischen Behörden und Organisationen mit Sicherheitsaufgaben und den Freiwilligen vermitteln. Dabei hat sich in der humanitären Hilfe und bei Katastrophen das Digital Humanitarian Network bewährt, das als Netzwerk der virtuellen Hilfsorganisationen dient. Virtual Operation Support Teams können auf regionaler beziehungsweise nationaler Ebene diese Rolle einnehmen.

Abbildung 25-5: Eine von digitalen Helfern erstellte Lagekarte wird vom American Red Cross verwendet (Quelle: American Red Cross)

25.6 Fazit

- Humanitäre Hilfe ist ein wichtiger Eckpfeiler des globalen Zusammenhalts der Menschheit. Sie setzt dort an, wo die Not besonders groß ist und eigenständige Hilfe nicht mehr möglich ist.

- Viele Staaten haben hierfür entsprechende nationale Einrichtungen. In Deutschland sind dies beispielsweise das Auswärtige Amt, das Bundesministerium für wirtschaftliche Entwicklung und Zusammenarbeit und das Technische Hilfswerk. Auf europäischer Ebene und globaler Ebene gibt es mit ECHO und OCHA entsprechende Einrichtungen, die – auch mit dem Einsatz von entsprechender IT-Unterstützung – die internationalen Hilfsmaßnahmen koordinieren.

- Inzwischen ist die digitale Freiwilligenhilfe ein wichtiger Eckpfeiler bei humanitären Einsätzen geworden. Aufbauend auf ersten Erfahrungen durch eher unorganisierte und geringfügig koordinierte Hilfe haben sich inzwischen wichtige Strukturen entwickelt. In vielen Bereichen haben sich Gruppen digitaler Freiwilliger mit teilweise größeren Spezialkenntnissen zusammengeschlossen, um dann im Ereignisfall aktiv werden zu können.

- Dennoch steckt diese Art der Hilfe noch immer in ihren Kinderschuhen. Erst langsam werden die große Potenziale, aber auch die damit verbundenen Probleme wahrgenommen.

- Fragen der Validierung und der Qualität der bereitgestellten Produkte sowie der Umgang mit datenschutzrechtlichen Fragen, die durch die Nutzung von personenbezogenen Daten in den sozialen Medien entstehen, werden aktuell diskutiert.

- Darüber hinaus stellen die Fragen der Motivation von (nicht nur) digitalen Helfern und die Entwicklung von Anreizsystemen für deren Teilnahme wichtige Themen dar. Schlussendlich müssen Auswertungen von humanitären Einsätzen zeigen, inwieweit die Einsätze durch die digitalen Freiwilligen verbessert werden konnten.

25.7 Übungsaufgaben

Aufgabe 1: Definieren Sie den Begriff *Humanitäre Hilfe*.

Aufgabe 2: Beschreiben Sie den Clusteransatz der Vereinten Nationen im Bereich der humanitären Hilfe.

Aufgabe 3: Die Europäische Union und die Vereinten Nationen sind in der humanitären Hilfe hauptsächlich koordinierend tätig. Beschreiben Sie, wie dieser Prozess durch Informationstechnologien unterstützt wird.

Aufgabe 4: Wie ist das Digital Humanitarian Network in die humanitäre Hilfe eingebunden und welche Aufgaben kann es bearbeiten?

Aufgabe 5: Was versteht man unter einem VOST?

Aufgabe 6: Nach dem katastrophenhaften Erdbeben 2015 in Nepal haben digitale freiwillige Helfer wichtige Beiträge für die internationale Katastrophenhilfe geleistet. Recherchieren Sie, welche konkreten Hilfeleistungen erfolgt sind und wie diese Ergebnisse von den Hilfsorganisationen eingesetzt wurden. Diskutieren Sie in diesem Zusammenhang Vor- und Nachteile der digitalen Hilfeleistung.

25.8 Literatur

25.8.1 Literaturempfehlungen

Apelt, M., & Tacke, V. (Hrsg.) (2012). Handbuch Organisationstypen. Wiesbaden: Springer VS.

Fathi, R., Tonn, C., Schulte, Y., Spang, A., Gründler, M., Kletti, F., Fiedrich, F., Fekete, A., & Martini, S. (2016). Untersuchung der Motivationsfaktoren von Spontanhelfern. In: Deutsches Rotes Kreuz: Die Rolle von ungebundenen HelferInnen bei der Bewältigung von Schadensereignissen – Teil 3: handlungs- und Umsetzungsempfehlungen für den Einsatz ungebundener HelferInnen. Berlin.

Lieser, J., & Dijkzeul, D. (Hrsg.). (2013). Handbuch Humanitäre Hilfe. Berlin: Springer.

Martini, S., Fathi, R., Voßschmidt, S., Zisgen, J., & Steenhoek, S. (2015). Ein deutsches VOST? Ein deutsches Virtual Operations Support Team – Potenziale für einen modernen Bevölkerungsschutz. Bevölkerungsschutz. Kommunikation und Interaktion, 3, S. 24-27

Meier, P. (2015). Digital humanitarians: How big data is changing the face of humanitarian response. Boca Raton, FL: CRC Press/Taylor & Francis Group.

Wehner, T., & Güntert, S. T. (Hrsg.) (2015). Psychologie der Freiwilligenarbeit: Motivation, Gestaltung und Organisation. Berlin: Springer.

25.8.2 Literaturverzeichnis

Auswärtiges Amt. (2012). *Strategie des Auswärtigen Amts zur humanitären Hilfe im Ausland.* Abgerufen von https://www.auswaertiges-amt.de/cae/servlet/contentblob/631154/publicationFile/174169/121115_AA-Strategie_humanitaere_hilfe.pdf.

Bundeszentrale für politische Bildung. (2010). Nicht-Regierungsorganisationen (NGOs). Abgerufen von http://www.bpb.de/wissen/3UD6BP,0,0,NichtRegierungsorganisationen_(NGOs).html.

DHN. (2017). *Digital Humanitarian Network. Leveraging digital networks for humanitarian response.* http://digitalhumantarians.com.

ECHO – European Civil Protection and Humanitarian Aid Operations. (2016). Disaster Risk Reduction. Abgerufen von http://ec.europa.eu/echo/what/humanitarian-aid/risk-reduction_en.

Europäische Union (2008). *Europäischer Konsens über die humanitäre Hilfe.* Amtsblatt der Europäischen Union, C 25 / 1ff.

Europäische Union (2013). Beschluss Nr. 1313/2013/EU des europäischen Parlaments und des Rates vom 17. Dezember 2013 über ein Katastrophenschutzverfahren der Union. Amtsblatt der Europäischen Union, L 347 / 924ff.

Europäische Union (2015). Implementation Plan of the European Consensus on Humanitarian Aid. Commission Staff Working Document.

Fathi, R., Rummeny, D. & Fiedrich, F. (2017). Organisation von Spontanhelfern am Beispiel des Starkregenereignisses vom 28.07.2014 in Münster. Notfallvorsorge, 2/2017, 1-8.Munich Re (2017). Naturkatastrophen 2016: Analysen, Bewertungen, Positionen. Topics Geo, Ausgabe 2017.

United Nations. (1945). Charta der Vereinten Nationen. http://www.unric.org/de/charta

United Nations. (2011). Strengthening of the coordination of humanitarian and disaster relief assistance of the United Nations, including special economic assistance: strengthening of the coordination of emergency humanitarian assistance of the United Nations: Sixty-sixth session, Item 70 (a) of the provisional agenda (No. A/66/332).

United Nations Office for Disaster Risk Reduction (UNISDR) (2004) Living with Risk: A global review of disaster reduction initiatives, Genf 2004.

26 Einbindung ungebundener Helfer in die Bewältigung von Schadensereignissen

**Stefan Sackmann · Sebastian Lindner · Sophie Gerstmann ·
Hans Betke**
Martin-Luther-Universität Halle-Wittenberg

Zusammenfassung

Während sogenannte „digital volunteers" in der Forschung schon seit mehreren Jahren betrachtet werden, sind ungebundene Helfer vor Ort bislang weniger intensiv erforscht. In diesem Kapitel steht zunächst die Auseinandersetzung mit unterschiedlichen Typen von freiwilligen Helfern im Mittelpunkt. Das Kapitel spannt über die Ebenen der Kommunikation, Kooperation und Koordination unterschiedliche Probleme auf, die sich für eine zielführende Einbindung ungebundener Helfer in das Katastrophenmanagement ergeben. Als Lösungsansatz im Sinne eines Referenzsystems wird ein Koordinationsansatz und ein Architekturkonzept für Informationssysteme vorgestellt, das eine Verbindung zwischen Katastrophenmanagement (z. B. BOS) und einer Vielzahl ungebundener Helfer herstellt. Die Funktionsweise eines solchen Systems sowie dessen Schnittstellen zum Krisenstab und den Helfern werden an einem einfachen Beispiel besprochen. Es wird zudem diskutiert, inwieweit zukünftig eine Verbesserung der Koordination und die zielführende Nutzung des Helferpotenzials durch eine automatisierte Kommunikation erreicht werden kann.

Lernziele

- Die Leser kennen Typen von ungebundenen Helfern, können diese charakterisieren und kennen deren Potenziale zur Bewältigung von Schadensereignissen.

- Die Leser kennen unterschiedliche Herausforderungen der Gestaltung von Informationssystemen für Koordination, Kooperation und Kommunikation.

- Die Leser können konzeptionell ein Informationssystem entwickeln, das die Lücke zwischen dem Krisenmanagement und den ungebundenen Helfern überbrückt und die Koordination über eine Automatisierung der Kommunikation unterstützt.

26.1 Einleitung

Wie im vorangegangenen Kapitel 25 gezeigt wurde, begünstigen neue technologische Entwicklungen die Möglichkeiten für freiwillige Helfer, sich an der Bewältigung von Katastrophen zu beteiligen. Ihre Mitwirkung bei Schadensereignissen ist zwar nicht neu, das Ausmaß der Hilfe und die Möglichkeiten zur Kommunikation, Vernetzung und Zusammenarbeit unterscheiden sich gegenüber früheren Katastrophen jedoch deutlich. Im Mai 2013 wurden mehrere Regionen in Europa in Folge ununterbrochener Regenfälle von einem „Jahrtausend-Hochwasser" überflutet. Auch die Stadt Halle in Sachsen-Anhalt war durch das überschießende Wasser der Saale stark betroffen, der Saale-Pegel überschritt den historisch höchsten Stand seit 400 Jahren. Die behördlichen Einsatzkräfte wurden bei der Abwehr des Hochwassers durch zigtausende freiwillige Helfer unterstützt. Viele der Helfer nutzten für ihre Entscheidung, wie und wo sie konkret helfen wollen, Informationen aus sozialen Medien wie Facebook oder Twitter. Die Facebook-Seite „Hochwasser Halle-Saale" wurde zu einer Plattform, über die sich die Helfer selbst koordinierten, indem sie eigenständig Hilfeaufrufe absetzten und über Einsatzorte informierten.

Neben den vielen positiven Berichten und der medialen Aufmerksamkeit gibt es jedoch auch kritische Ereignisse, die aus der spontanen Selbstorganisation und dem unkoordinierten Einsatz freiwilliger Helfer resultieren. So wurden beispielsweise beim Hochwasser in Halle einige Einsatzorte innerhalb der Stadt von freiwilligen Helfern überrannt, während an anderen Orten weiterhin dringend Hilfe benötigt wurde. Den Aufrufen zur Hilfe in sozialen Netzwerken folgend zogen Helfer „nomadengleich" durch die Stadt und kamen immer wieder an überlaufenen, bereits abgearbeiteten oder gar nicht existenten Einsatzorten an, bis sie ihre Hilfsbereitschaft frustriert einstellten. In Dresden blockierten freiwillige Helfer beispielsweise durch in Eigeninitiative falsch verbaute Sandsäcke wichtige Zufahrten zu Deichen und Spundwände wurden falsch verstärkt, sodass die Deiche zusätzlich belastet wurden und die Sandsäcke durch offizielle Einsatzkräfte wieder abgetragen werden mussten (z. B. Schorr, 2014).

Das resultierende Potenzial freiwilliger Helfer zukünftig effizient zu nutzen, stellt das Katastrophenmanagement jedoch vor eine Vielzahl neuer Herausforderungen. Zum einen stoßen bisherige Organisationsstrukturen an ihre Grenzen, da sich viele freiwillige Helfer selbst organisieren und sich nicht in die bewährten hierarchischen Einsatzführungsstrukturen einbringen. Zum anderen führt die Selbstorganisation der freiwilligen Helfer auch zu nicht erwünschten Effekten, auf die die Behörden und Organisationen mit Sicherheitsaufgaben (BOS) sowie die technischen Einsatzleiter gegebenenfalls schnell und mit an sich unnötigem Mehraufwand reagieren müssen. Die aktuellen technischen Möglichkeiten zur Kommunikation ermöglichen jedoch nicht nur eine „Selbstorganisation" auf Seiten der freiwilligen Helfer, sondern bieten auch einen Lösungsansatz für die zielgerichtete Koordination der Zusammenarbeit durch die BOS. Solchen Lösungsansätzen zur Koordination freiwilliger Helfer ist das folgende Kapitel gewidmet.

Da sich die möglichen Tätigkeiten, Potenziale und die Einbindung freiwilliger Helfer in konkreten Schadensszenarien jedoch deutlich unterscheiden und auch nicht alle denkbaren Einsatzszenarien mit denselben Methoden und Werkzeugen entsprechend koordiniert werden können, wird zunächst eine Kategorisierung der freiwilligen Helfer vorgenommen und deren Voraussetzungen für eine zielgerichtete Koordination besprochen (Abschnitt 26.2). Anschließend wird der Stand der Forschung beschrieben und die Koordination ungebundener physischer Helfer als ein offenes Forschungsfeld identifiziert (Abschnitt 26.3). Anhand der drei Gestaltungsebenen Kommunikation, Kooperation und Koordination werden daraufhin die Zusammenhänge und Herausforderungen bei der Koordination ungebundener physischer Helfer aufgezeigt (Abschnitt 26.4). Abschließend wird als konzeptioneller Lösungsansatz eine Architektur für ein Informationssystem zur Helferkoordination vorgestellt und dessen Komponenten und Funktionsweise diskutiert (Abschnitt 26.5).

26.2 Typen von freiwilligen Helfern

In der Literatur werden verschiedene Kategorisierungen von freiwilligen Helfern diskutiert. Einen guten Überblick hierzu bietet beispielsweise Whittaker et al. (2015). Da der Fokus dieses Kapitels auf der effektiven Einbindung von Helfern liegt, die sich nach dem Eintreten eines Schadensereignisses spontan zur Hilfe entschließen, werden freiwillige Helfer zunächst dahingehend unterschieden, ob sie bereits im Vorfeld in Organisationsstrukturen eingebunden sind oder nicht.

An eine Organisation **gebundene freiwillige Helfer** stellen sich ehrenamtlich in den Dienst von Verbänden, Vereinen oder Organisationen des Zivil- und Katastrophenschutzes, wie beispielsweise dem Deutschen Roten Kreuz (DRK) oder dem Technischen Hilfswerk (THW). Hierbei werden den freiwilligen Helfern die für ihren potenziellen Einsatz benötigten Qualifikationen bereits vor einem konkreten Schadensereignis vermittelt, z. B. Erste-Hilfe, Bergung von Personen aus Gefahrenlagen u. v. m. Charakterisierend für diesen Typus der freiwilligen Helfer ist, dass diese neben der Ausbildung im Vorfeld in die traditionellen Einsatzführungsstrukturen eingebunden sind. Daher unterliegt deren Einsatz im Katastrophenfall einer gewissen Planbarkeit und die Koordination kann durch die für den Helfer verantwortliche Organisation übernommen werden. Aufgrund der hierfür bereits vorhandenen Methoden und Werkzeuge zur Koordination werden gebundene freiwillige Helfer in diesem Kapitel nicht weiter betrachtet und auf entsprechende Publikationen beispielsweise des Deutschen Roten Kreuzes (Fredebold, 2013) und Fachliteratur wie Wenzel et al. (2012) verwiesen.

Freiwillige Helfer, die hingegen nicht über eine Organisation in das Katastrophenmanagement eingebunden sind, werden als **ungebundene freiwillige Helfer** bezeichnet. Solche ungebundenen Helfer sind in der Regel in keine geplante Organisationsstruktur eingebunden und damit ist deren effektiver Einsatz im Hinblick auf die von den BOS gesetzten

Ziele nur schwer erreichbar. Soll die Zusammenarbeit der freiwilligen Helfer untereinander und mit den offiziellen Hilfskräften (**Kooperation**) auf ein Ziel ausgerichtet werden, so ist nach Teufel (1996) die Abstimmung der Tätigkeiten (**Koordination**) hierfür eine Grundvoraussetzung, was wiederum einen adäquaten Austausch an Informationen (**Kommunikation**) voraussetzt. Für ungebundene Helfer werden somit alternative Ansätze zur Koordination, Kooperation und Kommunikation benötigt.

Inwieweit ungebundene freiwillige Helfer in ihrer Kooperation tatsächlich koordiniert werden können, hängt jedoch von vielen weiteren Faktoren ab und ermöglicht es, weitere Helfertypen zu unterscheiden.

26.2.1 Motivation zur Schadensabwehr

Menschen, die selbst unmittelbar von einer Katastrophe betroffen sind und unter eigenen Anstrengungen, durchaus auch mit Unterstützung von Organisationen, an der Bewältigung des Schadens arbeiten, werden oft als **Selbsthelfer** oder **Nachbarschaftshelfer** bezeichnet. Nach Definition des BBK umfasst Selbsthilfe als Teil des Selbstschutzes „…insbesondere das Leisten von Erster Hilfe sowie das richtige Verhalten bei Ereignissen" (BBK, o.J.). Da Selbsthelfer in der Regel eigene Ziele verfolgen, sind diese für eine übergeordnete Koordination freiwilliger Helfer zunächst kaum zugänglich. Diesem unmittelbar betroffenen Helfertypus stehen nur mittelbar betroffene Menschen gegenüber. Ihre Motivation zur Hilfe ist sehr unterschiedlich. So spielen persönliche Betroffenheit, wie der Kontaktabbruch zu Familienangehörigen im Katastrophengebiet, Beziehungen zu betroffenen Personen oder einfach der persönliche Wunsch bei einer Katastrophe zu helfen, eine treibende Rolle. Solche Helfer sind bezüglich der Ziele einer Zusammenarbeit prinzipiell offen und damit einer Koordination zugänglich.

26.2.2 Bereitschaft zur Einbindung

Ungebundene Helfer werden auch unterschieden, je nachdem in welchen Phasen des Katastrophenmanagements sie bereit sind, sich als potenzielle Helfer einbeziehen zu lassen. Sind ungebundene Helfer in allen Phasen (Prepare, Response, Recovery) beteiligt, werden sie häufig als **emergente Helfer** bezeichnet. Diese sind zwar nicht ehrenamtlich im Sinne gebundener Helfer aktiv, können jedoch im Katastrophenfall schnell und entsprechend ihrer Fähigkeiten und Vorkenntnisse aktiviert werden (BBK, 2017). In Abgrenzung dazu wird von **spontanen Helfern** gesprochen, wenn diese sich nur im konkreten Katastrophenfall (Response) zur Verfügung stellen.

26.2.3 Informationsbereitschaft

Eng verbunden mit der Bereitschaft zur Einbindung ist auch die Bereitschaft zur Registrierung und der Bereitstellung von Informationen. Freiwillige Helfer lassen sich dahingehend unterscheiden, inwieweit sie bereit sind, sich bei einer Organisation oder auf einer dafür entwickelten Plattform mit Angaben zur Person, (nachweislichen) Fähigkeiten, Kontaktmöglichkeiten und/oder Verfügbarkeiten oder Ähnlichem bekannt zu machen. Erfolgt dies bereits im Vorfeld einer Katastrophe beispielsweise über eine Plattform wie „Team Bayern" (Heiny, 2015), werden die ungebundenen Helfer als **vorregistrierte Helfer** bezeichnet. Helfer, die hingegen erst nach dem Eintreten einer Katastrophe bereit sind, sich beispielsweise über eine Plattform wie KUBAS (Sackmann & Voßschmidt, 2016) zu registrieren, werden als **spontanregistrierte Helfer** bezeichnet. Auch diese Helfer sind einer Koordination grundsätzlich zugänglich, stellen die koordinierenden Stellen jedoch aufgrund der fehlenden Planbarkeit beispielsweise bezüglich Verfügbarkeit, Vorkenntnisse und Fähigkeiten vor zusätzliche Herausforderungen. **Nichtregistrierte Helfer** sind einer zielgerichteten Koordination hingegen nur sehr eingeschränkt zugänglich, beispielsweise über Radioaufrufe oder die aktive Nutzung eines Bürgertelefons.

26.2.4 Art der Hilfe

Ungebundene Helfer lassen sich auch sinnvoll anhand der Tätigkeiten unterscheiden, die sie zur Abwehr von Schadenslagen erbringen. Zunächst lassen sich sogenannte digitale Helfer von physischen Helfern abgrenzen. **Digitale Helfer** arbeiten in der Regel ortsungebunden über moderne Informations- und Kommunikationssysteme (IKS) wie beispielsweise Ushahidi oder Rescuer zusammen (Starbird & Palen, 2011). Digitale Helfer unterstützen dabei BOS oder andere Hilfsorganisationen durch das Generieren, Sammeln, Sortieren und Zusammenstellen von Informationen, die meist über soziale Medien gewonnen werden (siehe hierzu auch Kapitel 25). So wurden in vergangenen Katastrophen beispielsweise Tweets übersetzt und gefiltert, relevante Meldungen identifiziert und verifiziert, Informationen verlinkt oder in Karten eingetragen u. v. m. Im Gegensatz dazu sind **physische Helfer** in der von der Katastrophe betroffenen Region vor Ort präsent und arbeiten an realen Objekten zusammen. Auch hier ist eine Vielzahl an konkreten Hilfstätigkeiten möglich, beispielsweise körperliche Arbeit wie Befüllung von Sandsäcken, unterstützende Arbeit wie Versorgung von Helfern mit Verpflegung, administrative Arbeit wie Dokumentation oder mobiles Crowdsourcing. Beide Helfertypen sind einer Koordination grundsätzlich zugänglich, allerdings unterscheiden sich die verfügbaren Methoden und Werkzeuge voneinander.

Bereits diese erste, mit Sicherheit nicht abschließende Charakterisierung unterschiedlicher Helfertypen zeigt, dass diese sich in ihrer Kooperation und v.a. auch in den Möglichkeiten, Methoden und Werkzeugen zur Koordination und der Gestaltung der dafür erforderlichen Kommunikation voneinander unterscheiden. Um die mit den jeweiligen Helfertypen verbundenen Potenziale bestmöglich zu nutzen und unerwünschte Tätigkeiten möglichst zu vermeiden, ist jedoch eine dezidierte Analyse erforderlich. Als Grundlage hierfür wird im folgenden Kapitel der aktuelle Forschungsstand aufgearbeitet und analysiert.

26.3 Ungebundene Helfer – Von der Kommunikation zur Koordination

Die Einbindung ungebundener Helfer in das Katastrophenmanagement wird in der aktuellen Forschung auf verschiedenen Ebenen untersucht. Ein Überblick über den aktuellen Forschungsstand (vgl. Betke et al. 2017) ist in Abbildung 26-1 gegeben. Es zeigt sich, dass der Schwerpunkt der analysierten Forschungsbeiträge auf der Kommunikation beziehungsweise Kooperation zwischen BOS und ungebundenen Helfern beziehungsweise zwischen den ungebundenen Helfern untereinander liegt. In diesem Zusammenhang sei zudem auf das allgemeinere Forschungsgebiet der Computer Supported Cooperative/Collaborative Work (CSCW) verwiesen (Kapitel 22). Im Mittelpunkt steht die zielgerichtete Zusammenarbeit einzelner Individuen unter Zuhilfenahme moderner Informationssysteme. Systeme, die Kommunikations-, Kooperations- und Koordinationsprozesse unterstützen, sind dabei Schwerpunkt der Betrachtung.

Mit Bezug auf ungebundene Helfer wird in unterschiedlichen Arbeiten die Ebene der **Kommunikation** näher betrachtet, da diese die Grundlage für die Kooperation (Kommunikation zur Kooperation) und deren Koordination (Kommunikation zur Koordination) darstellt (vgl. auch Teufel, 1996). Als **Kommunikation** wird der Vorgang des Informationsaustausches zwischen einem Sender und einem oder mehreren Empfängern verstanden. Der Informationsaustausch verläuft unidirektional oder bidirektional. Sender und Empfänger können dabei räumlich und/oder zeitlich verteilt sein.

Kriterium	Erläuterung
Kommunikation	Vorgang des Informationsaustausches zwischen einem Sender und einem oder mehreren Empfängern
Kooperation	Zweckgerichtete Zusammenarbeit mehrerer Menschen oder Organisationen zur Erreichung eines Ziels durch gemeinsame Anstrengungen
Koordination	Steuerung von Ressourcen und Teilaktivitäten zur Erreichung eines übergeordneten Ziels

Tabelle 26-1: Kommunikation als Grundlage für Kooperation und Koordination

Hierbei werden im Kern zwei Arten unterschieden: Zum einen die Kommunikation ungebundener Helfer untereinander (beispielsweise Starbird & Palen, 2010) und zum anderen die Kommunikation zwischen ungebundenen Helfern und dem Katastrophenmanagement (beispielsweise Li & Rao, 2010). Als zentrales Werkzeug für beide Arten der Kommunikation werden vor allem soziale Medien betrachtet, da diese aus Sicht der Autoren eine gute Möglichkeit bieten, ungebundene Helfer in das Katastrophenmanagement einzubeziehen (Reuter et al., 2011). Insbesondere soziale Netzwerke werden als vielversprechendes Instrument zur interaktiven und bidirektionalen Kommunikation untersucht. Reuter et al. (2013) regen beispielsweise an, dass Selbsthilfe durch den gezielten Einsatz sozialer

Netzwerke gefördert und auf die Verbreitung von Fehlinformationen unmittelbar reagiert werden kann.

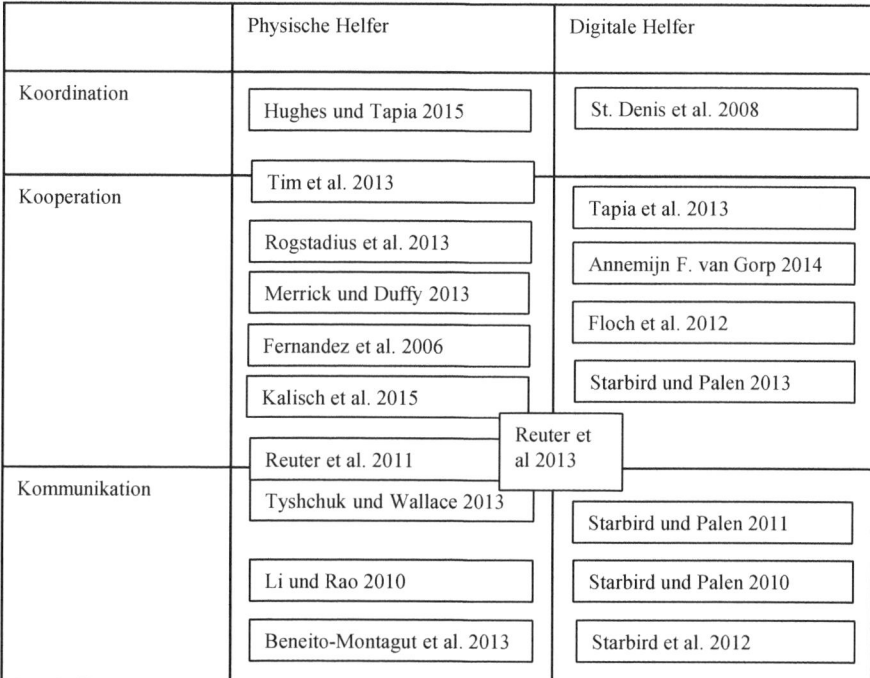

	Physische Helfer	Digitale Helfer
Koordination	Hughes und Tapia 2015	St. Denis et al. 2008
Kooperation	Tim et al. 2013	Tapia et al. 2013
	Rogstadius et al. 2013	Annemijn F. van Gorp 2014
	Merrick und Duffy 2013	Floch et al. 2012
	Fernandez et al. 2006	Starbird und Palen 2013
	Kalisch et al. 2015	
	Reuter et al. 2011	Reuter et al 2013
Kommunikation	Tyshchuk und Wallace 2013	Starbird und Palen 2011
	Li und Rao 2010	Starbird und Palen 2010
	Beneito-Montagut et al. 2013	Starbird et al. 2012

Abbildung 26-1: Einordnung aktueller Forschungsarbeiten zur Einbindung ungebundener Helfer in das Katastrophenmanagement

Kooperation ist die zweckgerichtete Zusammenarbeit mehrerer Menschen oder Organisationen zur Erreichung eines Ziels durch gemeinsame Anstrengungen. Auf dieser Ebene werden viele Aufgaben gleichzeitig und als gemeinsame Aktivität durchgeführt. Die Beteiligten ordnen ihre individuellen Prioritäten dabei einem gemeinsamen Ziel unter. Der Austausch von Informationen erfolgt oft unmittelbar und persönlich, daher erfordert Kooperation eine effiziente und qualitativ hochwertige Kommunikation. Probleme, die bei der Kooperation auftreten können, müssen ad hoc erkannt und identifiziert werden. Die (Teil-)Ziele unterliegen aus diesem Grund einem ständigen Prozess der Prüfung und Anpassung (Neale et al., 2004). Die Instrumente, die zur Kooperation eingesetzt werden, haben große Auswirkungen auf den gesamten Ablauf und damit die Leistung von Organisationen (Teufel, 1996).

Auf dieser Ebene untersucht ein Großteil der Beiträge die Hemmnisse, welche auf Seiten der Hilfsorganisationen bezüglich der Einbindung digitaler Helfer bestehen. Darüber hinaus werden Ansätze und Möglichkeiten untersucht, wie diese beispielsweise durch den Einsatz sozialer Netzwerke überwunden werden können. So werden Augenzeugenberichte von Vor-Ort-Helfern als eine (erste) Einschätzung von Schadenslagen und benötigter Hilfe diskutiert oder analysiert, wie die Bevölkerung auf offizielle Meldungen reagiert. Starbird und Palen (2011) kommen zu dem Schluss, dass die Arbeit der digitalen Helfer über das bloße Erfassen von Informationen hinausgeht und eine Kooperation entsteht, in der digitale Helfer zusammen mit Hilfsorganisationen und anderen Mitwirkenden in der Soforthilfe einen wichtigen Beitrag beim Wiederaufbau von Katastrophengebieten leisten.

Allerdings bestehen auch Bedenken, inwieweit die von ungebundenen, insbesondere digitalen Helfern erarbeiteten Informationen in die Entscheidungsprozesse der BOS und Hilfsorganisationen tatsächlich einbezogen werden sollten. Tapia et al. (2013) kommt beispielsweise zu dem Ergebnis, dass die Informationen häufig nicht den formalen und qualitativen Standards der Hilfsorganisationen entsprechen und die fehlende Verlässlichkeit mit einem hohen Verifizierungsaufwand verbunden ist. Dies wiederum wird auf Seiten der Helfer teils als mangelnde Wertschätzung interpretiert und so führt die Zusammenarbeit zwischen digitalen Helfern und Hilfsorganisationen auch zu Frustration (Starbird & Palen, 2011).

Ein weiterer Schwerpunkt aktueller Forschungsarbeiten liegt auf der Kooperation der digitalen Helfer untereinander. Der Fokus der Untersuchungen liegt überwiegend auf der Nutzung von Twitter, da hier die der Kooperation zugrundeliegende Kommunikation frei einsehbar ist. Es lässt sich beobachten, dass sich Helfer mit gleichen Zielen oder ähnlichen Tätigkeiten in Online-Communitys zusammenschließen. Obwohl sie oftmals einzeln und ungebunden agieren, können sich dadurch eine effektivere Kooperation und ein größerer Wirkungsgrad der Ergebnisse erzielen lassen (Starbird & Palen, 2013).

Die Kooperation der BOS mit ungebundenen physischen Vor-Ort Helfern steht in aktuellen Arbeiten weniger im Fokus. Im Vergleich zu ehrenamtlichen gebundenen Helfern besitzen diese in der Regel keine fachlichen Fähigkeiten und Kenntnisse bezüglich eines möglichen Gefahreneinsatzes oder diese sind zumindest den BOS nicht (zuverlässig) bekannt. Aus Sicht des Katastrophenmanagements stellen diese Helfer somit ein Risiko in mehrfacher Hinsicht dar: Fernandez et al. (2006) identifizieren deren mangelhafte oder uneffektive Einbindung als ein Risiko, da die BOS zusätzliche Kräfte für die Einarbeitung und Koordination der Helfer abstellen müssen. Dafür fehlt es aber häufig an den notwendigen Ressourcen und Strukturen innerhalb der Organisation. Zudem können ungebundene Helfer sich selbst und auch andere leicht in Gefahr bringen oder verletzen, Eigentum beschädigen und dadurch die öffentliche Wahrnehmung der Arbeit der BOS negativ beeinträchtigen.

Der Einsatz ungebundener Helfer vor Ort ist damit nur mit Einschränkungen möglich, für den Einsatz bei Schadensereignissen mit Gefahrstoff-Freisetzung oder Polizeieinsätze sind sie beispielsweise nicht geeignet (BBK, 2017). Kalisch et al. (2015) diskutieren diesbezüglich, dass solche Helfer für einfache Tätigkeiten wie Essensausgabe, Aufräumarbeiten oder Sandsack-Befüllung eingesetzt werden können. Darüber hinaus können (berufliche) Qualifikationen durchaus auch genutzt werden, beispielsweise können Sozialpädagogen zur Betreuung von Kindern eingesetzt werden, wenn die Qualifikation bekannt ist. Allerdings steckt in den eingeschränkten oder – zumindest aus Sicht der ungebundenen Helfer

– „unterfordernden" Tätigkeiten oftmals auch ein hohes Frustpotenzial, was sich auf die Bereitschaft zur Hilfe nachhaltig auswirken kann (Kircher, 2014). Die fehlende Einbindung wird von Fernandez et al. (2006) jedoch auch als Vorteil beschrieben, da die ungebundenen Helfer nicht durch organisatorische Regelungen und Strukturen in ihren Hilfstätigkeiten beschränkt sind. Im Gegensatz zu den Einschätzungen der Verlässlichkeit von Informationen im Kontext der digitalen Helfer betont Fernandez et al. (2006) die Möglichkeiten, ungebundene Helfer bewusst zu nutzen, sich vor Ort ein Bild von den Schadensausmaßen und den damit verbundenen, notwendigen Maßnahmen zu machen.

Unter **Koordination** wird die Steuerung von Ressourcen und Teilaktivitäten zur Erreichung eines übergeordneten Ziels verstanden. Zu den koordinierenden Tätigkeiten zählt unter anderem die Planung, Terminierung, Bereitstellung und Organisation von Ressourcen sowie die Aufgabenverteilung, Ausrichtung und Überwachung von Aufgaben und Aktivitäten, das Teilen von Informationen und die Regelung der Beziehungen zwischen den Beteiligten. Die Herausforderung besteht dabei in der effizienten Steuerung der Beteiligten, die zwar auf ein gemeinsames Ziel hinarbeiten, sich jedoch hinsichtlich ihrer Motivation, Fähigkeiten und Kapazitäten unterscheiden. Verbrauchen koordinierende Tätigkeiten zu viel Zeit und Kosten, kann dies die Kooperation der Beteiligten beeinträchtigen und sogar unterbrechen (Neale et al., 2004). Koordination bedarf daher geeigneter Instrumente, die es den BOS ermöglichen, den Einsatz und die Aktivitäten ungebundene Helfer wirkungsvoll zu steuern.

In der Literatur wird die Ebene der **Koordination** ungebundener Helfer zwar als Herausforderung thematisiert, bisher jedoch weitestgehend wenig betrachtet. Hughes & Tapia (2015) untersuchen die Koordination im Kontext digitaler Helfer und schlagen Konzepte vor, die die Vertrauens- und Qualitätsproblematik bei der Einbindung digitaler Freiwilliger beseitigen sollen. Ein zentrales Ergebnis ist der Vorschlag, dass für eine Koordination digitaler Helfer ein zugangsbeschränktes soziales Netzwerk hilfreich wäre, um zum einen eine zentrale Sicht und zum anderen eine erhöhte Informationsqualität zu erhalten. Es werden in diesem Kontext vor allem Konzepte vorgeschlagen, die die Vertrauens- und Qualitätsproblematik bei der Einbindung digitaler Freiwilliger beseitigen. Das Koordinationsproblem ungebundener Helfer vor Ort wird bei Tim et al. (2013) thematisiert, allerdings liegt auch hier der Fokus auf der Nutzung sozialer Netzwerke. Demnach werden durch soziale Netzwerke kommunikative und organisatorische Grenzen überwunden und erleichtern so die Abstimmung der Tätigkeiten unter den Beteiligten. Die Nutzung sozialer Netzwerke zur Koordination stößt jedoch dann an Grenzen, wenn beispielsweise in Großschadenslagen die Anzahl der Helfer und Nachrichten so zunimmt, dass eine gezielte Informationsverarbeitung ohne zusätzliche Werkzeuge nicht mehr effizient und effektiv möglich ist.

Als Fazit lässt sich feststellen, dass unterschiedliche Untersuchungen und Ansätze zur Einbindung ungebundener Helfer existieren. Diese fokussieren sich bisher im Wesentlichen auf digitale Helfer und die Ebenen der Kommunikation und Kooperation. Die Koordination zeigt sich als offenes Forschungsfeld, das aufgrund der unterschiedlichen Eigenschaften von digitalen und physischen Helfern getrennt untersucht werden sollte. Erstere werden in Kapitel 25 dieses Buches vertieft behandelt, letztere stehen im weiteren Fokus dieses Kapitels. Mit dem Ziel vor Augen, zukünftig das Potenzial ungebundener physischer Helfer vor Ort möglichst optimal zu nutzen und dafür sowohl eine zielgerichtete Koordination zu ermöglichen als auch unerwünschte „Nebeneffekte" zu reduzieren, wird im Folgenden konzeptionell die Architektur eines unterstützenden Informationssystems vorgestellt und diskutiert.

26.4 Koordination ungebundener physischer Helfer

In den vergangenen Jahren konnte bei mehreren Großschadenslagen beobachtet werden, dass die Kooperation ungebundener Helfer zu einer veränderten „Selbstkoordination" führte: Ungebundene physische Helfer informierten sich gegenseitig insbesondere über soziale Netzwerke und schlossen sich zu Gruppen zusammen, um die Ausmaße der herrschenden Schadenslage weitestgehend selbstständig und selbstorganisiert zu bekämpfen. Wie bereits weiter oben an Beispielen beschrieben, wurden dadurch die Ziele der BOS nur teilweise unterstützt, es wurden auch für die Schadensabwehr überwiegend irrelevante Ziele verfolgt oder den eigentlichen Zielen des Katastrophenmanagements sogar entgegengewirkt. Das Potenzial der Helfer wurde dadurch nicht optimal genutzt, offizielle Kräfte zusätzlich belastet und im schlimmsten Falle sogar Menschen gefährdet. Es stellt sich damit in mehrfacher Hinsicht die Frage, inwieweit die Koordination der „Ressource Helfer" verbessert und einer ineffektiven oder gar unerwünschten Selbstkoordination wirksam durch die BOS entgegengewirkt werden kann.

Ein zentraler Ansatzpunkt für die Koordination ist die Gestaltung der Kommunikation und der Austausch an Informationen, da dies Grundvoraussetzung für die zielgerichtete Abstimmung von Tätigkeiten ist (Teufel et al., 1995). Diese Ziele und die Wirkungszusammenhänge sind in Abbildung 26-2 als einfaches Modell der Koordination, Kooperation und Kommunikation dargestellt.

Ausgangspunkt einer effizienten und effektiven Koordination ungebundener Helfer ist die Beurteilung des Katastrophenmanagements/BOS in Bezug auf die konkrete Schadenslage. Auch wenn diese Beurteilung der Ziele und Bedarfe situationsbedingt nicht zwangsläufig optimal ist, so wird die von den BOS angestrebte Zuordnung von Helfern zu Tätigkeiten, Einsatzzeiten und Einsatzorten aus praktischen Gründen als bestmöglich angenommen, da die Mitarbeiter im Katastrophenmanagement zum einen in der Regel die beste Informationssicht auf die gesamte Schadenslage haben und zum anderen über nachgewiesene Fähigkeiten und Erfahrungen aus vorhergehenden Schadenslagen, Schulungen oder Übungen verfügen. Auch die erforderlichen Tätigkeiten, die für die Erreichung eines übergeordneten Koordinationszieles erforderlich sind, können durch BOS besser eingeschätzt werden, beispielsweise wie viele ungebundene Helfer für die Befüllung von Sandsäcken, deren Transport und die Versorgung der Helfer erforderlich sind, um vor Ort und unter fachlicher Anleitung der offiziellen Hilfskräfte einen Damm zu sichern (= Ziel). Daher werden im Folgenden die Ziele des Katastrophenmanagements als praktisch bestmögliche Grundlage für die Koordination ungebundener Helfer zugrunde gelegt.

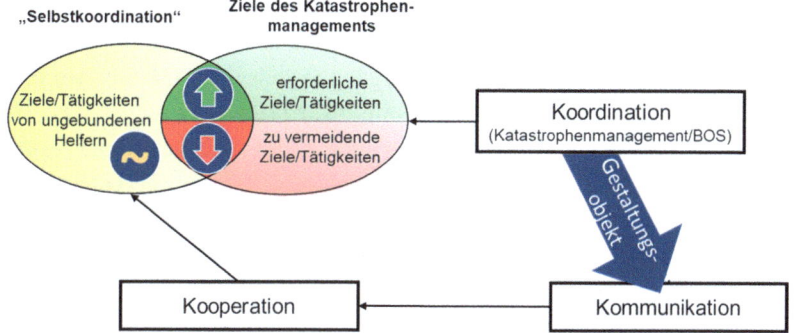

Abbildung 26-2: Koordinationsmodell für ungebundene Helfer

Damit die Kooperation der ungebundenen und auch offiziellen Helfer möglichst die Koordinationsziele des Katastrophenmanagements unterstützt, ist die Kommunikation das zentrale Gestaltungsobjekt (Abbildung 16-3). Hierfür sind unterschiedliche Kommunikationsmodelle denkbar, die wiederum eng mit technischen Kommunikationsmöglichkeiten und -kanälen verbunden sind. Im Kern können diese anhand der in Abbildung 26-3 dargestellten Kommunikationsmatrix kategorisiert werden. Diese stellt zum einen BOS und Helfer jeweils als Informationsquelle und -senke gegenüber und betrachtet zum anderen konkrete Beispiele tatsächlich genutzter Kommunikationswege mit jeweiliger Reichweite (individuell/gezielt (1:1) vs. öffentlich (1:n)).

Für die Selbstorganisation greifen Helfer beispielsweise auf soziale Netzwerke wie Facebook oder Twitter zurück, um sich über mögliche Einsatzorte zu informieren, oder sie nutzen Telefon und Messenger-Dienste, um sich in Gruppen selbst zu koordinieren. Diese Möglichkeiten stehen den BOS prinzipiell ebenfalls zur Verfügung. So können soziale Netzwerke oder (Bürger-)Telefone zum einen genutzt werden, um Informationen von Helfern zu gewinnen. Zum anderen können über soziale Netzwerke oder auch Radio und Internetseiten Informationen öffentlich bekannt gemacht werden. Werden diese Möglichkeiten genutzt, um beispielsweise konkrete Unterstützungsmöglichkeiten bekannt zu machen, ist damit zumindest ein Teil der Kooperation in Richtung der erwünschten Ziele beeinflussbar. Allerdings sind mit einer solchen unidirektionalen und unspezifischen Kommunikation auch Nachteile verbunden: Zum einen ist die Steuerung der Helferanzahl (Überfüllung von Einsatzorten) und deren zeitlich koordinierte Unterstützung (tagsüber zu viele, nachts zu wenige Helfer) kaum möglich. Zum anderen ist, insbesondere bei der Kommunikation von Zielen, die jeweilige Interpretation öffentlicher Aufrufe durch die Helfer und die daraus resultierenden konkreten Tätigkeiten nur eingeschränkt zu steuern.

Um einzelnen Helfern entsprechend ihrer Fähigkeiten und Verfügbarkeiten beispielsweise konkrete Tätigkeiten zur Zielunterstützung zuweisen zu können, ist eine individuelle und bilaterale Kommunikation zwischen BOS und Helfern notwendig. Eine solche lässt sich beispielsweise mittels E-Mail oder Telefon realisieren, aber auch damit lässt sich nur eine relativ begrenzte Zahl an Kommunikationsvorgängen abdecken. Die angestrebte individuelle, bilaterale Kommunikation lässt sich damit zwar prinzipiell realisieren, wäre jedoch von Seiten der BOS bislang nur mit prohibitiv hohem Zeit- und Ressourcen-Aufwand umsetzbar. Von besonderem Interesse ist daher die Gestaltung und IT-Unterstützung einer bidirektionalen Kommunikation zwischen Katastrophenmanagement und einzelnen Helfern, die in Abbildung 26-3 durch die rote Umrandung abgedeckt wird.

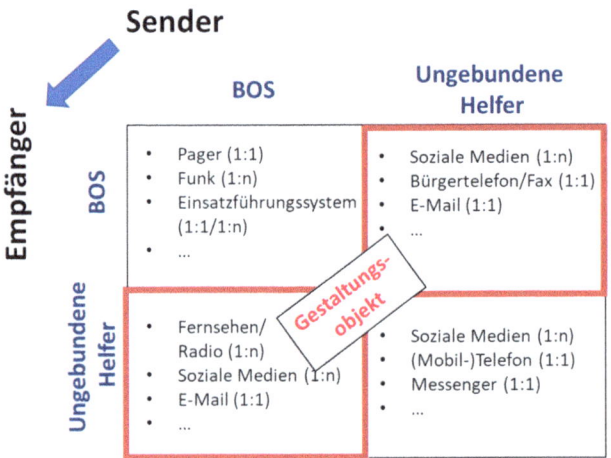

Abbildung 26-3: Kommunikationsmatrix BOS/ungeb. Helfer
(in Anlehnung an Reuter et al., 2011)

Da es sich bei der Gestaltung der Kommunikation entsprechend der Koordinationsziele des Katastrophenmanagements nicht um eine rein technische oder organisatorische Herausforderung handelt, wird im Folgenden eine umfassende, integrierte Lösung entwickelt, die basierend auf den Koordinationszielen des Katastrophenmanagements eine automatisierte, bidirektionale 1:1-Kommunikation mit Helfern realisiert. Angelehnt an die „Referenz-Architektur für mobile Crowdsourcing Anwendungen im Katastrophenschutz" (siehe Kapitel 27.5) wird in Abbildung 26-4 ein Helfer-Koordinationssystem und dessen Kernelemente konzeptionell dargestellt, das im Wesentlichen das Aufgabenmanagement resp. Tasking adressiert.

Ausgangspunkt ist, wie weiter oben begründet, die Definition von Zielen durch die BOS, die unabhängig von der konkreten Umsetzung und möglichst einfach erfolgen sollte. Beispielsweise könnte im Falle eines Hochwassers „Bereitstellung von 50.000 Sandsäcken auf dem Marktplatz innerhalb von 16 Stunden" ein solches Ziel sein. Entsprechende Ziele können im Rahmen der Katastrophenvorbereitung vordefiniert werden und müssen vom Helfer-Koordinationssystem anschließend in konkrete Tätigkeiten (z. B. Sandsäcke befüllen, Sandsäcke transportieren, Helferverpflegung unter anderem) und dafür jeweils benötigte Fähigkeiten sowie mit dem Ziel verbundene Fristen übersetzt werden (Matching).

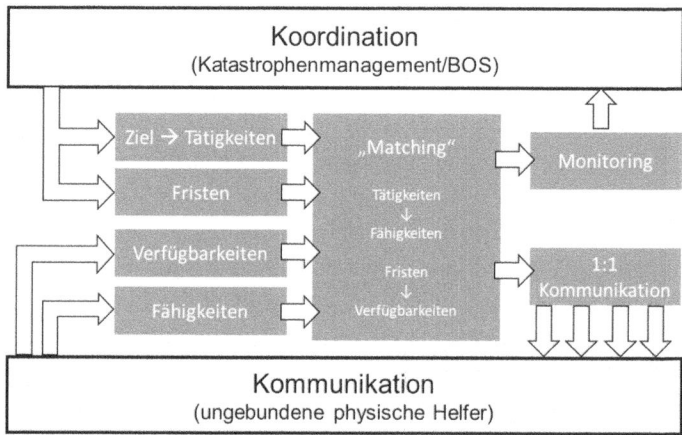

Abbildung 26-4: Funktionsweise eines Helfer-Koordinationssystems

Von Seiten der Helfer sind unabhängig von konkreten Einsatzszenarien ebenfalls minimale Informationen zur Verfügung zu stellen, beispielsweise Kenntnisse, Fähigkeiten, Standort oder zeitliche Verfügbarkeiten. Dies kann, wie oben besprochen, beispielsweise im Rahmen einer Vorregistrierung oder durch eine spontane Registrierung nach Eintritt eines konkreten Schadensereignisses erfolgen. Die damit zur Verfügung stehenden Informationen stellen die Basis dar, anhand derer die „richtigen" Helfer für einen Einsatz ausgewählt werden können (Matching). Diese müssen im nächsten Schritt von dem Helfer-Koordinationssystem über die erwünschte Unterstützung informiert werden (1:1-Kommunikation) und sollten die Möglichkeit für eine „Zusage" oder „Absage" haben. Da eine solche Kommunikationsmöglichkeit, wie im Stand der Forschung beschrieben, bisher nicht näher untersucht oder verfügbar ist, muss ein hierfür geeignetes Helfer-Koordinationssystem bestehende Kommunikationsmöglichkeiten zwischen BOS und Helfern ergänzen und die Kommunikation automatisiert ermöglichen. Auf Seiten des Krisenmanagements genügt es in der Regel, den Status quo bezüglich der Zielerreichung im Sinne eines Monitorings zu überwachen und gegebenenfalls Nachsteuerungsbedarf, beispielsweise, wenn nicht ausreichend Helfer für eine Zielerreichung zur Verfügung stehen, zu identifizieren. Die Frage, wie ein solches Helfer-Koordinationssystem technisch realisiert werden kann und welche Anforderungen dabei zu beachten sind, wird im folgenden Abschnitt vertieft.

26.5 Architektur eines Helfer-Koordinationssystems

Für den Entwurf einer möglichen Architektur eines Helfer-Koordinationssystems wird auf Forschungserkenntnisse aus dem allgemeineren Bereich der Entwicklung von kollaborativen Software-Systemen zurückgegriffen. Im Kontext kollaborativer Software wird die informationstechnische Unterstützung von Kooperation, Kommunikation und Koordination betrachtet und mögliche IT-Systeme werden zur Unterstützung der Zusammenarbeit in Gruppen untersucht. Als Beispiel kann hier das bereits weiter oben erwähnte 3K-Modell nach Teufel et al. (1995) dienen, welches kontinuierlich weiterentwickelt wird und Werkzeuge zur Realisierung der Unterstützung vorschlägt.

Das Helfer-Koordinationssystem soll die Verbindung zwischen der Koordinationssicht des Katastrophenmanagements und der Kommunikation mit den Helfern herstellen (siehe Abbildung 26-5). Die Adressierung beider Sichten durch ein einziges System verlangt unter anderem sehr unterschiedliche Herangehensweisen in Bezug auf die Mensch-Computer-Interaktion. Insbesondere sind hier die Schnittstelle zu Einsatzführungssystemen und die Unterstützung einer Vielzahl von Kommunikationssystemen der Helfer zu gestalten. Die Erreichung eines vom Katastrophenmanagement über das Einsatzführungssystem definierten Ziels wird hierbei als Prozess verstanden. Dieser kann generell über sogenannte Process-Aware Information Systems (PAIS) gesteuert und überwacht werden. Aufgrund der flexiblen Modellierung und Implementierung von Workflow-Modellen bieten sich hierfür insbesondere Workflowmanagement-Systeme (WfMS) an. Workflows werden im Allgemeinen als organisationsweite, arbeitsteilige Prozesse definiert, in die eine große Anzahl von Akteuren (hier BOS, Helfer) einbezogen sind und in denen (teil-)automatisiert Dokumente, Informationen oder Aufgaben von einem Teilnehmer an einen anderen zur Ausführung entsprechend einer Menge von prozeduralen Regeln übergeben werden (Becker & Schütte, 2004). Ein solches WfMS zur Systemsteuerung ermöglicht damit grundsätzlich die Automatisierung standardisierbarer Allokationsprozesse, das heißt aller notwendigen Schritte, die zur Zielerreichung erforderlich sind.

Weiterhin bieten sich WfMS zur besseren Zusammenarbeit zwischen Mensch und Maschine an, da hierbei eine individuelle Kommunikation zwischen Helfer-Koordinationssystem und den Helfern realisiert werden kann. Die notwendigen Kommunikationsprozesse (Registrierung, Alarmierung, Aufgabenverteilung) können standardisiert werden und dementsprechend durch WfMS auch in großer Zahl unterstützt und überwacht werden. Hierfür wird ein **Kommunikationsmanager** als weitere Komponente eines Helfer-Koordinationssystems vorgeschlagen, der die Steuerung der Kommunikation im Sinne von Workflows automatisiert. Auch hierfür bietet sich als technische Realisierung der Einsatz eines WfMS an, welches die große Anzahl an individuellen und bilateralen Kommunikationsworkflows automatisiert steuert und dabei die Kommunikationsinhalte an unterschiedliche Nachrichtenformate für diverse Kommunikationskanäle (z. B. App, SMS, Internet) zu den Helfern entsprechend anpasst.

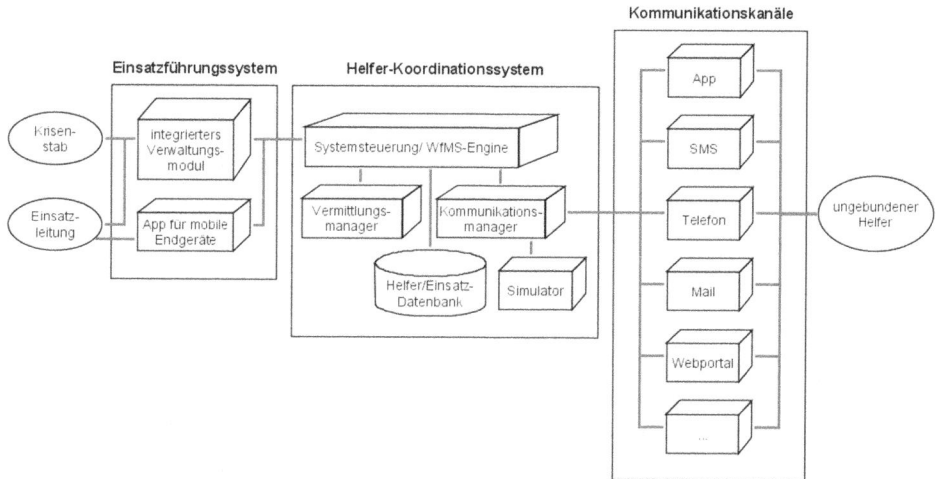

Abbildung 26-5: Komponentenmodell eines Helfer-Koordinationssystems

Hierbei ist zu beachten, dass beispielsweise über SMS nur sehr wenige Informationen ausgetauscht werden können (Zeichenbeschränkung) und dadurch die Anzahl der Nachrichten schnell steigt, wohingegen Webportale oder mobile Anwendungen einen einfacheren Informationsaustausch ermöglichen. Da im Katastrophenfall jedoch nicht immer die Verfügbarkeit eines Smartphones bei Helfern vorausgesetzt werden kann, einzelne Kommunikationskanäle im Krisenfall ausfallen/überlastet sein können oder auch zukünftig neue Kommunikationskanäle verfügbar sein werden (z. B. aus dem Bereich der Augmented Reality), ist die offene Anbindung unterschiedlichster **Kommunikationskanäle** für eine praktische Nutzung eine wichtige Anforderung.

Welche Herausforderungen damit verbunden sind, lässt sich am Beispiel einer einfachen Helferregistrierung (Vorname, Nachname, Anschrift) über eine mobile App und SMS verdeutlichen, die in Abbildung 26-6 als vereinfachte Sequenzdiagramme dargestellt sind. Das Beispiel zeigt, dass die Abläufe einer Interaktion der Helfer mit dem System entsprechend ihres präferierten Kommunikationsweges sehr unterschiedlich ausfallen können. Um Kommunikationsvorgänge so anzulegen, dass sie unabhängig von Endgerät und Dienstweg eine möglichst homogene Interaktion mit dem Helfer-Koordinationssystem ermöglichen, müssen Methoden und Werkzeuge aus dem Feld der Mensch-Computer-Interaktion vielfach Berücksichtigung finden. Allein aus technischer Sicht benötigt der Kommunikationsmanager eine Vielzahl von Schnittstellen, um computerbasierte Daten in für Menschen verarbeitbare Informationen zu übersetzen. Verwendet der Helfer ein internetfähiges Endgerät, bietet sich beispielsweise eine einheitliche Webapplikation an, während die Verwendung eines einfachen Telefons durch die Helfer die Integration eines Sprachdialogsystems notwendig macht, welches Computerdaten in Audioformate transformieren kann und auch in der Lage ist, menschliche Spracheingaben zu verarbeiten.

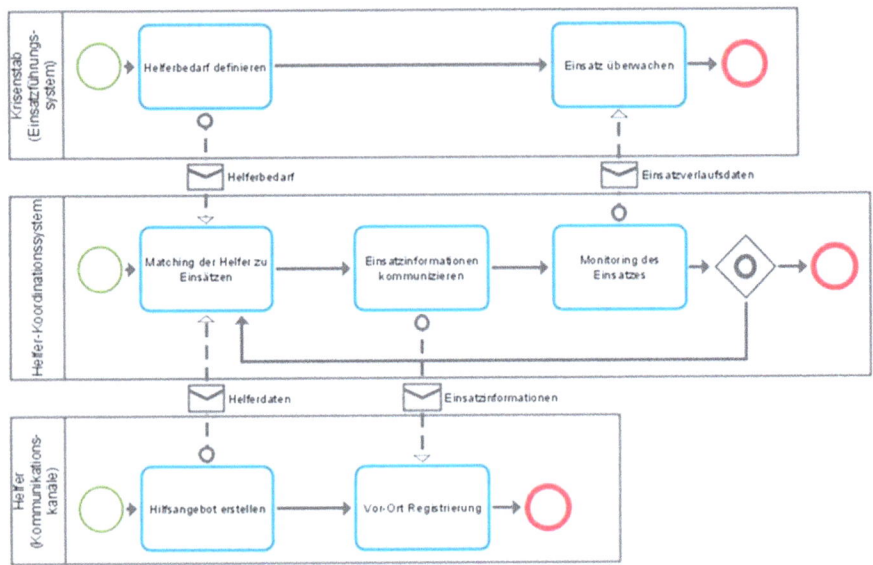

Abbildung 26-7: Grundlegende Prozesse eines Helfer-Koordinationssystems

Simuliert werden dabei die Kommunikationsprozesse zwischen den Helfern und dem Kommunikationsmanager und nicht das „reale" Verhalten der Helfer und deren Tätigkeiten an den jeweiligen Einsatzorten. Der Simulator bildet die Helfer auf realen Karten ab und kann somit auch deren Standort und Anreisezeiten simulieren. Alle weiteren Parameter der Helfer können in der Simulationsumgebung eingestellt werden, wodurch auch bis dato unbekannte Schadenslagen oder extreme Verhaltensweisen der Helfer simuliert werden können. Die Entwicklung einer realitätsnahen Multi-Agenten-Simulation der Helfer ist Gegenstand aktueller Forschung (z. B. Lindner et al., 2017).

Die Simulationskomponente stellt damit einen zusätzlichen Ansatz (neben Großübungen und Feldtests) des Übens und Testens von Helfer-Koordinationsanwendungen dar. Aus der Simulation der Helfer lassen sich Rückschlüsse für die Realität ziehen, die in späteren Schadenslagen essentielle Vorteile in der Schadensbewältigung ermöglichen können. Zudem bietet die Simulation der Helfer und ihres Kommunikationsverhaltens für die Validierung und Optimierung von Helfer-Koordinationssystemen im Allgemeinen ein wichtiges Werkzeug.

26.6 Fazit

Dieses Kapitel gibt zunächst einen Überblick über verschiedene Arten freiwilliger Helfer. Es werden die Kernprobleme, die für die zielgerichtete Koordination ungebundener Helfer zu überwinden sind, beschrieben und ein IT-basierter Lösungsvorschlag zu deren Lösung erarbeitet. Nach der Durcharbeit des Kapitels sollten folgende Inhalte erlernt sein:

- Es existieren **unterschiedliche Typen** von freiwilligen Helfern. Die Koordination freiwilliger Helfer und die dafür geeigneten Methoden und Werkzeuge hängen von deren jeweiligen Eigenschaften ab, beispielsweise von ihrer Motivation oder der Art der Hilfeleistung.

- Die **Selbstkoordination ungebundener Helfer** führt nicht zwangsläufig zu sinnvollen oder erwünschten Tätigkeiten, sondern oftmals auch zu unnützen, schädlichen oder gefährlichen Aktivitäten. Ohne **übergeordnete Koordination** wird damit das Helferpotenzial weder effizient noch effektiv genutzt und unter Umständen werden offizielle Ressourcen zusätzlich belastet oder Menschen und Objekte unnötig gefährdet.

- Die **Zusammenarbeit** zwischen zwei Gruppen von Menschen kann über die drei zusammenhängenden Gestaltungsebenen der Kommunikation, Koordination und Kooperation definiert werden. Die Informationstechnologie bietet auf und zwischen allen drei Ebenen verschiedene Möglichkeiten zur Unterstützung.

- Um eine zweckdienliche Kooperation insbesondere ungebundener physischer Helfer mit den Katastrophenschutzbehörden zu erreichen, ist es notwendig, gemeinsame Zielstellungen und Aufgaben festzulegen sowie diese zu kommunizieren.

- Je individueller die Kommunikation zwischen ungebundenen Helfern und dem Katastrophenmanagement ausgeprägt werden kann, desto besser kann das Hilfspotenzial aus der Bevölkerung genutzt werden. Bei vielen Akteuren ist eine Automatisierung der Kommunikation daher ein wichtiger Faktor, um die erforderliche Kommunikation praktisch realisieren zu können.

- Durch eine geeignete Architektur von Informationssystemen lässt sich eine individualisierte, (teil-)automatisierte Kommunikation zwischen Katastrophenmanagement und physischen Helfern unter geringem Ressourcenaufwand realisieren.

- Speziell angepasste **Optimierungsalgorithmen** können in Großschadenslagen genutzt werden, um das Hilfsangebot zielgerichtet zu koordinieren.

- Die Simulation ungebundener Helfer ermöglicht es, deren Einsatz in Schadenslagen zu üben und insbesondere die Vorbereitung auf Schadenslagen zu verbessern.

26.7 Übungsaufgaben

Aufgabe 1: Welche Merkmale freiwilliger Helfer sollten berücksichtigt werden, wenn es darum geht, Hilfsangebote zu koordinieren?

Aufgabe 2: In welchem Zusammenhang stehen die für die Koordination physischer Helfer wichtigen Gestaltungsebenen Kommunikation, Kooperation und Koordination?

Aufgabe 3: Welche Vorteile können sich bei der Koordination physischer Helfer durch die Nutzung aktueller Informationstechnologien ergeben?

Aufgabe 4: Ungebundene Helfer lassen sich in Bezug auf ihre Koordination anhand von vier Merkmalen kategorisieren. Diskutieren Sie für jedes dieser Merkmale, welche Eigenschaften für ein IT-System, das zur Koordination von Helfern den jeweiligen Merkmalsausprägungen genutzt werden soll, besonders wichtig sein könnten!

Aufgabe 5: Stellen Sie sich vor, in der Nähe Ihres Wohnortes führt ein Hochwasser zu großen Überschwemmungen, sodass der Katastrophenfall ausgerufen wird. Sie möchten zur Bewältigung der Schadenslage ihre Arbeitskraft als ungebundener Helfer zur Verfügung stellen. Formulieren Sie aus Sicht des Helfers drei Erwartungen, die Sie an die Koordination durch die Behörden stellen würden! Diskutieren Sie in Kleingruppen bis zu 4 Personen, ob und wie diese Erwartungen mithilfe aktueller Informationstechnologie erfüllt werden können und skizzieren Sie anschließend aus den Diskussionsergebnissen gemeinsam eine Systemarchitektur für ein Helfer-Koordinationssystem!

26.8 Literatur

BBK, Bundesamt für Bevölkerungsschutz und Katastrophenhilfe (Hrsg.) (2017). Rahmenempfehlungen für den Einsatz von Social Media im Bevölkerungsschutz. Bonn.

BBK, Bundesamt für Bevölkerungsschutz und Katastrophenhilfe. O.J. URL: http://www.bbk.bund.de/ DE/AufgabenundAusstattung/Risikomanagement/Notfallvorsorge/Selbstschutz/Selbstschutz_node.html.   Abrufdatum 20.04.2017.

Becker, Jörg; Schütte, Reinhard (2004). Handelsinformationssysteme. Domänenorientierte Einführung in die Wirtschaftsinformatik. 2. Auflage. Frankfurt a. M.: Moderne Industrie, S.106-115.

Beneito-Montagut, R., Anson, S., Shaw D. & Brewster, C. (2013). Governmental Social Media use for Emergency Communication. In Proceedings of the 10th ISCRAM Conference 2013, S. 828-833.

Betke, H., Lindner, S., Sackmann, S. & Gerstmann, S. (2017). Informationssysteme im Katastrophenmanagement – Entwurf eines Koordinationssystems für ungebundene Helfer. 47. Jahrestagung der Gesellschaft für Informatik 2017

Fernandez, L., Barbera, J. & Van Dorp, J. (2006). Strategies for Managing Volunteers during Incident Response: A Systems Approach. Homeland Security Affairs (2), S. 1-15.

Floch, J., Angermann, M., Jennings, E., Roddy, M. (2012). Exploring cooperating smart spaces for efficient collaboration in disaster management. In Proceedings of the 9th ISCRAM Conference 2012.

Fredebold, L. (2013). Wegweiser Ehrenamtskoordination. 1. Auflage. Berlin: Deutsches Rotes Kreuz.

Heiny, R. (2015). Team Bayern – Ein Beitrag zum freiwilligen Engagement. In INKA-Forschungsverband (Hrsg.): Engagiert im Katastrophenschutz. Schwalbach: Wochenschau Verlag. S. 185-189.

Hughes, A. L. & Tapia, A. (2015). Social Media in Crisis: When Professional Responders Meet Digital Volunteers. Journal of Homeland Security and Emergency Management 12 (3), S. 679-706.

Kircher, F. (2014). Ungebundene Helfer im Katastrophenschutz. BrandSchutz (8), S. 593-597.

Kalisch, D., Hahn, C., Engelbach, W. & Meyer, A. (2014). Integration von Freiwilligen in das Krisenmanagement. Stuttgart: Fraunhofer Verlag.

Li, J. & Rao, H.R. (2010). Twitter as a Rapid Response News Service: An Exploration in the Context of the 2008 China Earthquake. Electronic Journal of Systems in Developing Countries (42), S. 1-22.

Lindner, S., Betke, H. & Sackmann, S. (2017). Attributes for Simulating Spontaneous On-site Volunteers. In Proceedings of the 14th ISCRAM Conference 2017.

Merrick, D. F. & Duffy, T. (2013). Utilizing Community Volunteered Information to Enhance Disaster Situational Awareness. In Proceedings of the 10th ISCRAM Conference 2013, S. 858-862.

Neale, D.C., Carroll, J.M. & Rosson, M.B. (2004). Evaluating computer-supported cooperative work: models and frameworks. In Proceedings of the 2004 ACM conference on Computer supported cooperative work, S. 112-121.

Reuter, C., Heger, O. & Pipek, V. (2013). Combining Real and Virtual Volunteers through Social Media. In Proceedings of the 10th ISCRAM Conference 2013, S. 780-790.

Reuter, C., Marx, A. & Pipek, V. (2011). Social Software as an Infrastructure for Crisis Management - a Case Study about Current Practice and Potential Usage. In Proceedings of the 8th ISCRAM Conference 2011.

Rogstadius, J., Teixeira, C., Karapanos, E., & Kostakos, V. (2013). An Introduction for System Developers to Volunteer Roles in Crisis Response and Recovery. In Proceedings of the 10th ISCRAM Conference 2013, S. 1-10.

Sackmann, S. & Voßschmidt, S. (2016). Das Projekt KUBAS - Koordination ungebundener Spontanhelfer. BBK Bevölkerungsschutz (4), S. 19-21.

Schorr, C. (2014). Die Rolle von ungebundenen HelferInnen bei der Bewältigung von Schadensereignissen am Beispiel des Hochwassers 2013 in Dresden. Fachtagung KRIFA- Hochwasser und seine Auswirkungen auf kritische Infrastrukturen. Münster.

Starbird, K. & Palen, L. (2013). Working & Sustaining the Virtual 'Disaster Desk'. In Proceedings of the 2013 Conference on Computer Supported Cooperative Work, S. 491–502.

Starbird, K. & Palen, L. (2011). "Voluntweeters": Self-Organizing by Digital Volunteers in Times of Crisis. In Proc. of the SIGCHI Conf. on Human Factors in Computing Systems. S. 1071-1080.

Starbird, K. & Palen, L. (2010). Pass It On?: Retweeting in Mass Emergency. In Proceedings of the 7th ISCRAM Conference 2010.

St. Denis, L. A., Hughes, A. L. & Palen, L. (2012). Trial by Fire: Deployment of Trusted Digital Volunteers. In Rothkrantz, L., Ristvej, J. & Franco, Z. Proceedings of the 9th ISCRAM Conference 2012.

Tapia, A. H., Moore, K.A. & Johnson, N.J. (2013). Beyond the Trustworthy Tweet: A Deeper Understanding of Microblogged Data Use by Disaster Response and Humanitarian Relief Organizations. In Proceedings of the 10th ISCRAM Conference 2013, S. 770-779.

Teufel, S., Sauter, C., Mühlherr, T. & Bauknecht, K. (1995) Computerunterstützung für die Gruppenarbeit. Bonn: Addison Wesley.

Teufel, S. (1996). Computergestützte Gruppenarbeit – Eine Einführung. In Österle, H.; Vogler, P. (Hrsg.): Praxis des Workflowmanagements. Braunschweig: Vieweg. S. 35-64.

Tim, Y., Yang, L., Pan, S.L., Kaewkitipong, L. & Ractham, P. (2013). The Emergence of Social Media as Boundary Objects in Crisis Response: A Collective Action Perspective. In Proceedings of the 34th International Conference on Information Systems 2013.

Tyshchuk, Y. & Wallace, W. (2013). The Use of Social Media by Local Government in Response to an Extreme Event: Del Norte County, CA and the 2011 Japan Tsunami. In Proceedings of the 10th ISCRAM Conference 2013, S. 802-811.

Van Gorp, A.F. (2014). Integration of volunteer and technical communities into the humanitarian aid sector: barriers to collaboration. In Proc. of the 11th ISCRAM Conference 2014, S. 620–629.

Wenzel, D., Beerlage, I. & Springer, S. (2012). Motivation und Haltekraft im Ehrenamt. Die Bedeutung von Organisationsmerkmalen für Engagement, Wohlbefinden und Verbleib in Freiwilliger Feuerwehr und THW. 1. Auflage. Heidelberg: Springer.

Whittaker, J., McLennan, B. & Handmer, J. (2015). A review of informal volunteerism in emergencies and disasters: definition, opportunities and challenges. International Journal of Disaster Risk Reduction 13, S. 358–368.

27 Mobiles Crowdsourcing zur Einbindung freiwilliger Helfer

Frank Fuchs-Kittowski

Hochschule für Technik und Wirtschaft (HTW) Berlin
und Fraunhofer FOKUS Berlin

Zusammenfassung

Bürger sind in hohem Maße bereit, bei Krisen und Katastrophen aktiv zu werden und die Einsatzkräfte vor Ort zu unterstützen. Mobile Crowdsourcing-Anwendungen können einen Beitrag leisten, solche freiwilligen, ungebundenen Helfer im Katastrophenfall effektiv in den Katastrophenschutz einzubinden. Beim mobilen Crowdsourcing werden mobile Endgeräte für die Koordination von Freiwilligen (mobiles Tasking) sowie die Sammlung von Daten (mobiles Sensing) eingesetzt. Es sind bereits viele unterschiedliche Anwendungen mit unterschiedlichen Ausprägungen (Dimensionen) bekannt. Mithilfe der generischen Systemarchitektur lassen sich die Anwendungen gestalten, einordnen und bewerten.

Lernziele

- Die Leser kennen unterschiedliche Anwendungen von mobilem Crowdsourcing im Katastrophenschutz und können die verschiedenen Ausprägungen (Dimensionen) dieser Anwendungen beschreiben.

- Die Leser kennen die Referenzarchitektur für mobile Crowdsourcing-Anwendungen im Katastrophenschutz und können unterschiedliche Rollen, Prozesse und Komponenten unterscheiden.

- Die Leser können die Dimensionen und die Referenzarchitektur von mobilen Crowdsourcing-Anwendungen für die Bewertung und Einordnung bestehender Anwendungen sowie die Gestaltung konkreter, neuer Anwendungen im Katastrophenschutz anwenden.

27.1 Einleitung

Moderne – interaktive, kooperative und mobile – Technologien und IT-Systeme können einen Beitrag leisten, spontane, ungebundene, freiwillige Helfer im Katastrophenfall effektiv in den Katastrophenschutz einzubinden (Mauthner et al. 2015). Zum einen haben aus dem Web 2.0 hervorgegangene Beteiligungskonzepte (Partizipation) – wie Crowdsourcing (Howe 2006) – das Engagement von Freiwilligen ermöglicht sowie mobilisiert und auch im Katastrophenmanagement erfolgreich Anwendung gefunden (Kaufhold & Reuter 2014; Schimak et al. 2015). Zum anderen bietet die hohe Verbreitung von mobilen Geräten (Smartphones, Tablets etc.) in der Bevölkerung ein riesiges Potenzial, die Kommunikation mit den Bürgern im Katastrophenfall zu verändern und die Beteiligung von Bürgern als aktive Helfer zu erleichtern (Reuter et al. 2014). Mithilfe mobiler Anwendungen können im Katastrophenfall zum einen aktuelle Vor-Ort-Informationen in Echtzeit gewonnen, kommuniziert und geteilt sowie physische Aktivitäten von Helfern vor Ort organisiert und koordiniert werden.

In den vergangenen Jahren sind zahlreiche mobile Crowdsourcing-Anwendungen zur Einbindung Freiwilliger in den Katastrophenschutz entstanden und haben das Potenzial zur Unterstützung der Einsatzkräfte aufgezeigt. Während die Popularität und Verbreitung solcher Anwendungen gestiegen ist, muss noch das Wissen darüber, wie solche Anwendungen konzipiert und entwickelt werden, verbessert werden. Viele Anwendungen sind derzeit individuelle, aufgabenspezifische Implementierungen, weswegen Kosten und Realisierungsdauer für jede Anwendung recht hoch sein können.

Das Ziel dieses Kapitel ist es, ein besseres Verständnis der typischen Funktionalitäten und Komponenten dieser Anwendungen zu erreichen, die bei der Entwicklung und Evaluation berücksichtigt werden sollten. Es sollen die Grundlagen für die ingenieurgemäße Erstellung von mobilen Crowdsourcing-Anwendungen gelegt werden, sodass in Zukunft derartige Anwendungen möglichst einfach und kostengünstig, mit reproduzierbarer Qualität, erstellt werden können. Hierfür werden eine Klassifikation sowie eine Referenzarchitektur für mobile Crowdsourcing-Anwendungen im Katastrophenschutz präsentiert.

Dieses Kapitel ist wie folgt strukturiert: In Kapitel 27.2 werden die wesentlichen fachlichen Grundlagen vorgestellt und Begriffe definiert. Darauf folgt ein Überblick über typische mobile Crowdsourcing-Anwendungen, insbesondere im Katastrophenschutz (Kapitel 27.3). In Kapitel 27.4 wird eine Klassifikation dieser Anwendungen vorgenommen und die Ausprägungen der einzelnen Dimensionen beschrieben. Die Referenzarchitektur für mobile Crowdsourcing-Anwendungen wird in Kapitel 27.5 dargestellt. Derzeit noch bestehende offene Fragestellungen und Herausforderungen werden in Kapitel 27.6 diskutiert. Das Kapitel endet mit einem zusammenfassenden Fazit (Kapitel 27.7).

27.2 Fachliche Grundlagen und Begriffe

Crowdsourcing wird allgemein als eine innovative, interaktive Form der Wertschöpfung verstanden, bei der eine große, unbestimmte Anzahl beliebiger Personen zur Beteiligung an der Wertschöpfung einer Organisation aktiviert wird und insbesondere Technologien des Web 2.0 genutzt werden. In den vergangenen Jahren hat sich eine vielfältige Crowdsourcing-Landschaft im Web herausgebildet. Diese reicht von Online-Enzyklopädien (z. B. Wikipedia) und Online-Datensammel-Plattformen (z. B. OSM), über Crowdsourcing-Kampagnen von bekannten Unternehmen (z. B. Tchibo, Fiat) bis hin zu Plattformen, auf denen Auftraggeber gezielt nach den passenden Spezialisten für ihr Projekt suchen können.

Ein aktueller Trend im Crowdsourcing ist der Einsatz mobiler Endgeräte (wie Smartphones oder Tablets). Die Kernidee bei diesem **mobilen Crowdsourcing** ist, dass sich eine Menge (crowd) von normalen Bürgern mit den eigenen, handelsüblichen mobilen Endgeräten (Smartphones, Tablets etc.) an einer Crowdsourcing-Kampagne freiwillig beteiligt und Aufgaben ausführt. Dies umfasst neben der (Echtzeit-)Aufgabenausführung auch die Koordination einer unter Umständen großen Anzahl von Freiwilligen. Da mobile Endgeräte nicht nur immer leistungsfähiger werden (unter anderem im Hinblick auf ihre Prozessorleistung, Arbeitsspeicher, Bildschirm, Datenverbindung, eingebauter Sensorik etc.), sondern inzwischen auch relativ kostengünstig, intuitiv bedienbar und dadurch massenhaft verbreitet sind, besteht ein riesiges Potenzial für den Einsatz mobiler Anwendungen für das Crowdsourcing.

Beim mobilen Crowdsourcing kann anhand der auszuführenden Aufgabe zwischen zwei Formen unterschieden werden: mobiles Crowdsensing und mobiles Crowdtasking.

- Beim **mobilen Crowdsensing** stehen digitale Aufgaben im Fokus. Hier haben die freiwilligen Helfer die Aufgabe, **Daten** über sich oder die sie umgebende Umwelt mit ihren eigenen mobilen Endgeräten zu sammeln und gegebenenfalls zu teilen und zu verarbeiten. Die freiwilligen Helfer (volunteers), die diese Datensammel-Aufgaben (digital tasks) übernehmen, werden auch häufig als „digitale Freiwillige" (digital volunteers) bezeichnet oder auch als „human sensors", da die menschlichen Datensammler Aufgaben von technischen Sensoren übernehmen. Entsprechend wird diese Unterkategorie des mobilen Crowdsourcings oft mobiles Crowdsensing genannt. Die Erfassung der Daten durch die Nutzer muss nicht zwangsläufig über die manuelle Eingabe der Daten in das mobile Endgerät erfolgen, z. B. in ein Formular, sondern ist auch automatisiert über in das Gerät bereits eingebaute oder externe an das Gerät angeschlossene **Sensoren** möglich. Auch daher leitet sich der Begriff des mobilen Sensings (im engeren Sinne) ab.

- Die zweite Unterkategorie des mobilen Crowdsourcings ist das **mobile Crowdtasking**, bei der Freiwillige spezielle physische Aufgaben (z. B. Befüllen von Sandsäcken, Notfallversorgung von Verletzten, Schutz von Kulturgütern, Absicherung von Gefahrenstellen etc.) übernehmen, ausführen und darüber berichten. Im Gegensatz zum mobilen Crowdsensing ist beim mobilen Crowdtasking die **Koordination** der Aufgaben und der potenziellen Freiwilligen ein zentraler Bestandteil der mobilen Crowdsourcing-Kampagne. Beim mobilen Crowdtasking können basierend auf dem Aufgabenverteilungsschema zwei Koordinations-**Formen** unterschieden werden (Fuchs-Kittowski & Faust 2014): zum einen selbständige, autonome Aufgabenauswahl und zum anderen koordinierte Aufgabenzuweisung. Im ersten Fall wählen die Freiwilligen ihre Aufgaben selbst aus einem Pool aus global verfügbaren Aufgaben aus. Im zweiten Fall werden den qualifizierten Freiwilligen effizient passende Aufgaben zugeteilt, um die Ziele der Anwendung bestmöglich zu erfüllen. Im engeren Sinne wird nur diese Unterkategorie des Crowdtaskings, bei dem die Crowd-Mitglieder nicht als Gruppe adressiert werden, sondern individuelle Aufgaben zugewiesen bekommen, als Crowdtasking bezeichnet (Neubauer 2013).

Auch wenn mobile Crowdsensing- und Crowdtasking-Anwendungen ihren spezifischen Schwerpunkt haben, so weisen doch in der Regel alle mobilen Crowdsourcing-Anwendungen **sowohl Crowdsensing- als auch Crowdtasking**-Funktionen auf. Beispielsweise müssen auch bei Tasking-Anwendungen zur Koordination Freiwilliger beim Befüllen von Sandsäcken Berichte (reports) der Freiwilligen über die Erledigung der Aufgaben verarbeitet werden und auch die Aktivierung und Verteilung von Freiwilligen für das Messen von Wasserständen muss koordiniert werden.

27.3 Mobile Crowdsourcing-Anwendungen

Es existiert bereits eine Vielzahl an mobilen Crowdsourcing-Anwendungen (Liu 2014), z. B. zur Erhaltung von Infrastrukturen, im Umweltschutz sowie im Katastrophenschutz.

27.3.1 Erhaltung von Infrastrukturen

Gerade für den urbanen Bereich gibt es bereits zahlreiche Melde-Apps für Gemeinden und Städte (fixmyycity, Mängelmelder, AEM, MyMelder etc.), mit denen Bürger Mängel oder Schäden melden können, die ihnen in ihrer Umgebung aufgefallen sind und im Verantwortungsbereich der Kommune liegen, z. B. Graffiti, abgelagerter Müll, Straßenschäden, Stolpersteine, fehlende Hinweisschilder, ausgefallene Straßenlaternen. Durch das Erfassen, Beschreiben und Bewerten von Schäden lassen sich Wartungsarbeiten gezielter durchführen und Instandhaltungskosten sparen. Gleiches gilt auch für die regelmäßige Kontrolle des Zustands von Infrastruktur von Unternehmen (z. B. Lagergebäude oder Liegenschaften). Durch die effiziente Verteilung dieser Aufgaben an Bürger oder Mitarbeiter, die eventuell ohnehin in der Nähe sind, lassen sich die Kosten für diese Kontrollen senken.

27.3.2 Umweltschutz

Zahlreiche Apps gibt es bereits für den Umwelt- und Naturschutz. Hier dienen beispielsweise Apps zur Erfassung und Auswertung der Verbreitung von Pflanzen und Tieren (z. B.
seltene Arten), um Umweltschutzmaßnahmen gezielt durchführen zu können, z. B. Arten-
Finder. Andere Apps ermöglichen beispielsweise das Erfassen, Beschreiben und Bewerten
von Schädlingsbefall und Pflanzenkrankheiten, um Probleme rechtzeitig erkennen und gezielt bekämpfen zu können. Weitere Anwendungsgebiete sind das Finden und Dokumentieren von Umweltschäden (wie wilde Müllkippen, Luft- und Gewässerverschmutzungen
etc.) sowie das Beobachten und Überwachen des Zustands der Umwelt, wie Luftqualität,
Wasserqualität, Lärm etc., z. B. SenseTheBeach, NatureWatch, P-Sense, NoiseMap.

27.3.3 Katastrophenschutz

27.3.3.1 Soziale Medien im Katastrophenschutz

Sehr früh wurden bereits soziale Medien wie Twitter oder Facebook von „Spontanhelfern"
im Katastrophenfall genutzt, um beispielsweise aktuelle Informationen vom Schadensort
zu verbreiten oder sich selbst zu organisieren, allerdings ohne dabei direkt mit den Organisationen des Katastrophenschutzes zusammenzuarbeiten. Um diese wertvollen Informationen dennoch für die Organisationen des Katastrophenschutzes nutzbar zu machen, wurden zunächst Anwendungen entwickelt, wie Twitinfo oder Twitcident, die die Aktivitäten
in den sozialen Medien auswerten. Twitinfo analysiert, aggregiert und visualisiert Twitter-
Posts in Echtzeit. Twitcident sammelt Tweets zu einem bestimmten Ereignis in Echtzeit.

27.3.3.2 Mobiles Crowdsensing im Katastrophenschutz

Um freiwillige Helfer direkt in das Katastrophenmanagement mittels mobiler Anwendungen einzubinden, gibt es ebenfalls verschiedene Ansätze. Im Katastrophenschutz werden
die meisten Systeme dafür eingesetzt, die freiwilligen Bürger für einfache, digitale Auf-
gaben (das heißt zur Sammlung oder Bewertung von Informationen) mit ihren mobilen
Geräten vor Ort zu gewinnen (**Mobiles Crowdsensing**), z. B. CrisisTracker, Ushahidi,
GeoChat, Mobile4D, Cross, Diadem, CrowdHelp, RE-ACTA, VGI4HWM. Ein wichtiges
Anwendungsfeld im Katastrophenschutz ist das Finden, Dokumentieren und Bewerten
von **Schäden** nach Katastrophen, wie Hochwasser, Stürme, starke Regenfälle oder andere
Wetterereignissen (Schäden wie umgeknickte Bäume, überflutete Wege oder umgeknickte
Strommasten), um begrenzte Ressourcen gezielter und schneller für Reparatur und Scha-
densbehebung einzusetzen. Ein weiteres Anwendungsfeld bietet sich, wenn in einem Katastrophengebiet Bewohner sowie Rettungs- und Einsatzkräfte verteilt in Echtzeit **Informationen über die Lage** sammeln können und Aufgaben kontinuierlich an Hilfs- und
Rettungskräfte verteilt werden müssen. Beispielsweise ermöglicht GeoChat, Einsatzkräften ihre Position und wichtige Informationen zu kommunizieren. Outbreaks Near Me ist

ein Echtzeit-Krankheits-Ausbruchs-Überwachungssystem, zu dem Bürger Berichte beitragen. Ushahidi ermöglicht die Sammlung individueller Berichte aus Katastrophengebieten von den Nutzern per SMS, Web sowie E-mail und bietet Werkzeuge für die Übersetzung und Klassifizierung der Berichte. Ein relativ neues Anwendungsfeld ist die **Weiterverarbeitung der erhobenen Rohdaten** in Analyse-, Prognose- und Entscheidungsunterstützungs-Systemen. Beispielsweise nutzt VGI4HWM die gesammelten Wasserstände als zusätzliche Eingangsdaten zur Verbesserung der Hochwasserprognose in kleinen Einzugsgebieten, in denen Pegel kaum oder gar nicht vorhanden sind.

27.3.3.3 Mobiles Crowdtasking im Katastrophenschutz

Für Systeme, die Freiwillige für reale physische Aktivitäten im Einsatzgebiet (z. B. Sandsäcke füllen) koordiniert einbinden (**Mobiles Crowdtasking**), gibt es bisher nur wenige Beispiele, wie Hands2Help, AHA, KOKOS, ZUKS, Team Österreich und ENSURE, sodass dieses Potenzial derzeit noch weitgehend ungenutzt bleibt (siehe dazu auch das Kapitel von Sackmann et al. in diesem Buch). Beispielsweise können sich bei Team Österreich freiwillige Helfer beim Roten Kreuz Österreich als Helfer registrieren lassen und werden im Notfall unter Berücksichtigung der Distanz zum Einsatzort ausgewählt und über verschiedene Kanäle (SMS, E-mail etc.) alarmiert. Über das System Hands2Help werden Übereinstimmungen zwischen von Einsatzleitstellen über ein Formular definierten Hilfsgesuchen (Nachfrage) und von Freiwilligen eingetragenen Hilfsangeboten (Angebot) automatisiert von Algorithmen im Vermittlungssystem gefunden sowie die ausgewählten Freiwilligen automatisiert angefragt. Im Gegensatz dazu erfolgen bei ENSURE die Alarmierung, Organisation und Koordinierung der Freiwilligen manuell mithilfe eines Steuerungssystems, welches den Einsatzleitstellen ermöglicht, eine bestimmte Anzahl an Mithelfern zu alarmieren und gegebenenfalls weitere Freiwillige nachzufordern. Darüber hinaus verfügt ENSURE neben der ortsgebundenen auch eine themengebundene Alarmierung von freiwilligen Mithelfern an, bei der keine Pflichtangaben über die zeitliche sowie räumliche Verfügbarkeit der Helfer notwendig ist (Fuchs-Kittowski et al. 2017).

Weitere Mithelfer-Systeme wie Mobile Retter, instantHelp, FirstAED oder Plusepoint zielen auch auf die Einbindung und Koordination der Helfer ab, dienen aber vor allem der Ad-hoc-Lebensrettung, das heißt sie sind speziell für die Erste Hilfe konzipiert und nicht für allgemeine Aufgaben im Katastrophenschutz.

Allen Ansätzen des **Mobilen Crowdsourcings** ist gemeinsam, dass sie Funktionen bieten, um eine größere Anzahl freiwilliger Helfer zu rekrutieren, diese bei Bedarf zu aktivieren sowie ihre Aktivitäten zu koordinieren. Hierfür ist ein Steuerungs-System erforderlich, das die zu erfüllenden Aufgaben auf geeignete Freiwillige verteilt, sowie eine mobile App für die Helfer, um diese gezielt zu gewinnen, zu aktivieren und zu koordinieren. Zudem ist ein Datenverwaltungssystem zur Erfassung, Verarbeitung, Analyse und Visualisierung von Daten erforderlich sowie ein Leitstellen-System zur Situations- und Lageeinschätzung und somit zur Maßnahmenplanung und Entscheidungsfindung der Einsatzkräfte.

27.4 Klassifizierung von Anwendungen

Konkrete Anwendungen des mobilen Crowdsourcings im Katastrophenschutz unterscheiden sich hinsichtlich verschiedener Dimensionen. Daher bietet sich zur Klassifizierung ein morphologischer Kasten an (siehe Tabelle 27-1).

	Merkmal	*Ausprägung*		
Geräte	*Mobilgerätetyp*	Spezialgerät	Standardgerät	
	Sensorik	Manuelle Eingabe	Eingebaute Sensoren	Externe Sensoren
Recruiting (Teilnahme)	*Helfertyp*	Ungebunden, spontan	Ungebunden, registriert	Gebunden
	Aufnahme	Eigeninitiative	Unverbindliche Anfrage	Verbindlicher Auftrag
	Auswahl	Apriori	Dynamisch	
	Auswahlkriterien	Person	Rolle	Ort
	Vor-Wissen	Gering (keine)	Mittel	Hoch
	Registrierung	Anonym	Bekannt	Formale Beziehung
Tasking (Aufgaben)	*Aufgabentyp*	Digital	Physisch	Beides
	Aufgabentyp (Daten)	Ersterfassung	Aktualisierung	Verifikation
	Aufgabenerstellung	Vordefiniert	Ad-hoc	Gemischt
	Aufgabenverteilung	Proaktiv/push	Passiv/pull	Beides
	Aufgabenträger	Individuum	Gruppe	Organisation
Sensing (Daten)	*Erfassung*	Automatisch	Manuell	Kontext-bezogen
	Ortsbezug	Punkt	Linie	Polygon
	Übertragung	Echtzeit	Verzögert	
	Anonymisierung	Anonymisiert	Authentifiziert	
Processing	*Datenverwendung*	Keine (Rohdaten)	Analyse	Externe Systeme
	Ergebnisprozess	Reine Datensammlung	Datenweiterverarbeitung	Ergebniserstellung
	Ergebnisnutzung	Öffentlich verfügbar	Kollektive Nutzung	Persönliche Nutzung
Kampagne	*Dauer*	Fest	Implizit begrenzt	Unbegrenzt
	Durchführung	Kontinuierlich	Periodisch	Ad-hoc
	Gruppenform	Einzelperson	Geschlossen	Offen
	Ort/Region	Begrenzt	Unbegrenzt	
	Überwachung	Kontinuierlich	Periodisch	Ad-hoc
	Bewertung	Automatisch	Teilnehmer	Organisator

Tabelle 27-1: Klassifizierung von mobilen Crowdsourcing-Anwendungen

27.4.1 Mobilgeräte

Typisch für Crowdsourcing-Kampagnen ist, dass die Aufgaben von den Nutzern mit ihren eigenen mobilen Endgeräten durchgeführt werden („Bring your own device!"-Philosophie). Dabei handelt es sich typischerweise um allgemein verfügbare, Internet- und GPS-fähige **Standardgeräte** (Massenmarkt), wie Smartphones oder Tablets. Fälle, bei denen aufgabenspezifische **Spezialhardware** erforderlich ist, treten eher selten auf.

Mobile Crowdsourcing-Anwendungen variieren hinsichtlich der verwendeten Sensoren für die Erfassung der Daten. Typisch ist die **manuelle Eingabe** von Daten durch den Nutzer (Freitext, Formular etc.). Häufig werden auch die in den mobilen Endgeräten **eingebauten Sensoren** genutzt, das heißt Positions-Sensoren (GPS, Magnetfeld/Kompass etc.), Bewegungs-Sensoren (Beschleunigung, Gyroskop etc.) und Umgebungssensoren (Licht, Luftdruck, Temperatur, Luftfeuchtigkeit). Zudem können die Kamera und das Mikrophon für Spracheingabe sowie Audio-, Bild- und Videoerfassung verwendet werden. In Zukunft werden weitere Sensoren standardmäßig in den Geräten verfügbar sein. In speziellen Anwendungen werden **zusätzliche Sensoren** an das Gerät angeschlossen, z. B. zur Beobachtung von Vitalfunktionen des Nutzers (Puls, Hautwiderstand etc.) oder zur Messung von Umweltparametern (Abgase, Temperatur etc.). Häufig findet man auch eine **Kombination** von manueller Eingabe und über Sensoren erfasste Daten (z. B. Foto von Hochwasserschäden ergänzt um manuelle Eingabe einer textuellen Beschreibung zum Fundort).

27.4.2 Teilnahme (Recruiting)

Im Katastrophenschutz können unterschiedliche **Helfertypen** unterschieden werden (siehe Beitrag von Fiedrich et al.). Die Freiwilligen in mobilen Crowdsourcing-Anwendungen können in gebundene und ungebundene Helfer unterteilt werden. Gebundene Freiwillige sind bereits in eine Struktur von Einsatzkräften oder Hilfsorganisationen eingebunden, z. B. Freiwillige Feuerwehr oder Wasserwacht. Ungebundene Helfer beabsichtigen ebenfalls, im Katastrophenfall Unterstützung zu leisten, aber ohne sich dabei fest an eine Organisation zu binden. Hierbei kann zwischen vor-registrierten Helfern und Spontanhelfern unterschieden werden. Vor-registrierte Helfer sind bei einer „mobilen Helfer-Plattform" einer Organisation des Katastrophenschutzes angemeldet und entscheiden abhängig vom Ereignis und der zu übernehmenden Aufgabe, ob und wie sie als Helfer aktiv werden können oder wollen. Spontanhelfer sind im Ereignisfall spontan zur Hilfe bereite Helfer und registrieren sich erst nach dem Ereignis oder organisieren sich selbst und unabhängig von den Strukturen des Katastrophenschutzes (meist über soziale Medien).

Die **Aufnahme** zur Beteiligung eines freiwilligen, ungebundenen Helfers (Teilnehmers) an einer mobilen Crowdsourcing-Kampagne kann auf Eigeninitiative des Freiwilligen geschehen oder aufgrund einer Anfrage des Kampagnen-Organisators an eine bestimmte Person oder Personengruppe. Je nach Szenario kann diese Anfrage ein verbindlicher Auftrag oder eine unverbindliche Anfrage sein.

Dabei können die zur **Auswahl** stehenden Freiwilligen bereits zu Beginn (**apriori**) der Kampagne feststehen oder sich erst im Verlauf der Kampagne melden und beteiligen beziehungsweise nach Bedarf (**dynamisch**) ausgewählt werden.

Die Auswahl der einzubindenden Personen kann anhand einzelner oder durch Kombination verschiedener **Kriterien** erfolgen, z. B. spezifische Fähigkeiten, örtliche und zeitliche Verfügbarkeit, Rolle, Anzahl und Bewertung früherer Einsätze, vorhandene Ausstattung.

Ein wesentliches personenbezogenes Kriterium kann das erforderliche **Vorwissen** des Freiwilligen sein. Dieses kann gering (z. B. automatisches Messen mittels Smartphone), mittel (z. B. Erfassung von Schäden) oder hoch (z. B. Beobachtung natürlicher Prozesse, Bewerten von Schäden, Klassifizierung von Verletzten) sein.

Die Teilnehmer an einer Kampagne können sich entweder **anonym** beteiligen oder registrierte, das heißt dem Organisator bekannte Personen sein. Darüber hinaus können **bekannte** Teilnehmer in einer **formalen** Beziehung zum Organisator stehen, z. B. Angestellter, Auftragnehmer. Oftmals stammen die Teilnehmer aber aus der Bevölkerung.

27.4.3 Tasking (Aufgaben)

Hinsichtlich der **Aufgabentypen** kann beim mobilen Crowdsourcing zwischen digitalen und physischen Aufgaben unterschieden werden. Im Falle von digitalen Aufgaben haben die freiwilligen Helfer die Aufgabe, vor, während oder nach einer Katastrophe Daten über sich oder die sie umgebende Umwelt mit ihren eigenen mobilen Endgeräten zu sammeln und zu teilen. Im Falle der Ausführung von physischen Aufgaben (z. B. Befüllen von Sandsäcken, Notfallversorgung von Verletzten, Schutz von Kulturgütern, Absicherung von Gefahrenstellen etc.) dienen die mobilen Endgeräte lediglich dazu, die Aufgabe zu übernehmen und darüber zu berichten.

Bei den von den freiwilligen Helfern zu erledigenden Aufgaben kann es sich um vordefinierte oder um ad hoc definierte Aufgaben handeln. Bei vordefinierten Aufgaben erfolgt die **Erstellung der Aufgaben** (oder Aufgaben-Templates) im Vorfeld einer Katastrophe. Werden die Aufgaben erst während der Katastrophe in Abhängigkeit von den eintretenden Ereignissen erstellt, handelt es sich um ad hoc definierte Aufgaben. Eine Kombination ist möglich. In seltenen Fällen werden die auszuführenden Aufgaben automatisiert erstellt.

Die **Auswahl von** geeigneten **Freiwilligen** für eine oder mehrere konkrete Aufgaben aus den zur Verfügung stehenden Freiwilligen kann manuell oder automatisiert erfolgen. Beim manuellen Tasking wählt ein Mitarbeiter der Leitstelle geeignete Freiwillige für die anstehenden Aufgaben (meist entsprechend ihren Fähigkeiten) aus. Beim automatisierten Tasking wählt ein Algorithmus geeignete Freiwillige für die zu erledigenden Aufgaben (meist hinsichtlich ihrer Verfügbarkeit) aus. Die Zuweisung der spezifizierten Aufgaben kann nicht nur an ein Individuum, sondern auch an andere **Aufgabenträger** wie eine Gruppe oder gar eine Organisation erfolgen.

Die **Verteilung der Aufgaben** auf die Freiwilligen, das heißt die Zuordnung von Aufgaben zu Freiwilligen kann proaktiv (push) als auch passiv (pull) erfolgen. Im ersten Fall verteilt der Kampagnenmanager (automatisiert oder manuell) die zu erledigenden Aufgaben auf die verfügbaren Freiwilligen. Das heißt jedem Freiwilligen wird eine (oder mehrere) Aufgabe direkt zugewiesen (push). Beim passiven Fall wählt der Freiwillige selbst aus einer Menge vom Manager vorgegebenen Aufgaben eine (oder mehrere) Aufgabe aus (pull).

27.4.4 Sensing

Die **Erfassung** der Daten kann automatisch, manuell oder kontextbezogen erfolgen: Im manuellen Fall ist der Freiwillige persönlich beteiligt und löst die Datenerfassung selbständig aus (z. B. Ein- und Ausschalten der Sensoren), wenn relevante Ereignisse erkannt werden (z. B. eine gefährliche Wettersituation). Bei einer automatischen Erfassung ist der freiwillige Teilnehmer nicht direkt beteiligt und muss nach der Einwilligung zur Beteiligung nicht weiter aktiv werden, da die Anwendung im Hintergrund läuft und Daten automatisch über die eingebauten Sensoren erfasst (z. B. Lärm und Routen). Im kontext-bezogenen Modus überwachen die eingebauten Sensoren die Umgebung und aktivieren die Erfassungsfunktion, wenn zuvor gesetzt Schwellwerte überschritten werden.

Die gesammelten Daten haben oftmals einen **Ortsbezug**. Die Ortskoordinate wird dabei in der Regel durch den eingebauten Ortssensor ermittelt, der gegebenenfalls manuell validiert werden kann. Dabei handelt es sich meist um eine einfache Punktkoordinate. Einige Anwendungen erfassen aber auch Liniengeometrien (z. B. eine gelaufene Strecke) oder Flächengeometrien beziehungsweise Polygone (z. B. ein Katastrophengebiet).

Die gesammelten Daten müssen vom mobilen Gerät an den zentralen Sammel-Server **übertragen** werden. Diese Übertragung kann umgehend, in Echtzeit erfolgen (z. B. über Mobilfunknetz) oder zeitlich verzögert (z. B. bei Verfügbarkeit eines WLAN). Für gewöhnlich werden die Daten umgehend übertragen, wofür die in den mobilen Endgeräten verfügbaren Kommunikationsmittel genutzt werden, z. B. Mobilfunknetz, SMS. Die verzögerte Übertragung kann in Offline-Situationen oder in Unternehmensszenarien aufgrund von Sicherheitsanforderungen erforderlich sein. Dabei wird die Datenübertragung manuell (oder gegebenenfalls auch automatisch) gestartet, wenn eine Internet-Verbindung verfügbar ist (z. B. WLAN) oder es werden andere Kommunikationsmittel genutzt (USB-Stick, LAN etc.).

Dabei werden die gesammelten Daten oftmals **anonymisiert** übertragen. Bei einigen Anwendungen ist allerdings eine **Authentifizierung** des Nutzers und der Daten erforderlich, z. B. medizinische Anwendungen zur Überwachung von Vitalfunktionen.

27.4.5 Verarbeitung (Processing)

Die **Verwendung** der erfassten Daten kann unterschiedlich erfolgen. Einige Anwendungen präsentieren dem Nutzer die erfassten **Rohdaten** in ihrer reinen oder nicht weiter bearbeiteten Form (z. B. Hochwasserstände, Fotos von Schäden) oder leiten die Daten an nachgelagerte **externe Systeme** weiter. Oftmals führen aber die Anwendungen komplexe Operationen zur (Vor-)Verarbeitung der Daten (z. B. Aggregation, Dubletten-Erkennung) und zur **Analyse** der Daten (z. B. Hochwasserprognose, Visualisierung) durch oder stellen diese aufbereiteten Daten den Nutzern zur Verfügung.

Bei (digitalen) Aufgaben mit einem Fokus auf die **Datenerfassung** können die Daten Erst- oder Einmalerfassungen von Informationen darstellen oder Aktualisierung, Änderungen oder die Verifikation eingegangener Daten betreffen.

Die Aufgaben der Freiwilligen innerhalb einer Kampagne müssen sich aber nicht auf das Erfassen von (Roh-)Daten beschränken. Sie können auch weitere Aufgaben des Wissens- und **Ergebniserzeugung**sprozesses über die Weiterverarbeitung der Rohdaten (z. B. Modelldatenberechnung) bis hin zur Auswertung der Ergebnisse (Reports etc.) umfassen („virtuelle Helfer", siehe dazu auch das Kapitel von Fiedrich et al. in diesem Buch).

Bezüglich der **Ergebnisnutzung** kann unterschieden werden, ob Informationen und Ergebnisse der Kampagne öffentlich, kollektiv oder nur intern nutzbar sind. Bei einer öffentlichen Ergebnisnutzung stehen die Ergebnisse der Kampagne der allgemeinen Öffentlichkeit zur Verfügung, z. B. das Sammeln von Schäden eines Hochwassers. Bei einem kollektiven Vorhaben stehen die Informationen lediglich den Einsatzkräften und den freiwilligen Helfern zur Verfügung, z. B. erfasste Hochwasserstände. In der Regel wird aber ein Großteil der Informationen und Ergebnisse nur intern von den Einsatzkräften zur Situationsüberwachung und Kampagnen-Management verwendet und nicht direkt an die Freiwilligen oder die allgemeine Öffentlichkeit weitergegeben, z. B. von Freiwilligen übernommene Aufgaben oder der Zustand eines Deiches, sondern lediglich in aufbereiteter Form, z. B. als Warnungen oder Handlungsempfehlungen.

27.4.6 Kampagne

Die durch die mobile Anwendung unterstützte Crowdsourcing-Kampagne kann zeitlich begrenzt (feste **Dauer**) oder unbegrenzt sein. Der zeitliche Rahmen kann aber auch implizit vorgegeben sein, z. B. wenn eine Sammlung bis zu einer vorgegebenen Menge an Daten durchgeführt wird.

Die **Durchführung** einer Kampagne (Verteilung von Aufgaben an die Helfer) kann kontinuierlich, periodisch oder ad hoc erfolgen. Beispielsweise kann das Melden von Schäden an der Infrastruktur (z. B. Deiche) eine kontinuierliche Aufgabe sein, während die Funktionsweise von Messstationen lediglich periodisch überprüft wird und Freiwillige zum

Messen von Wasserständen bei Bedarf (z. B. bei drohendem Hochwasser) eingesetzt werden.

Verschiedene Aufgabentypen können eine unterschiedliche Anzahl an Teilnehmern beziehungsweise **Gruppenform** erfordern. Manchmal wird nur eine einzelne Person für eine Aufgabe benötigt. In anderen Fällen ist eine geschlossene Gruppe mit speziellem Wissen zur Problemlösung erforderlich. In einigen Fällen wird eine offene Gruppe gebildet, da die allgemeine Öffentlichkeit aufgefordert wird, sich an der Aufgabe zu beteiligen.

Insbesondere Kampagnen im Katastrophenschutz beziehen sich häufig auf einen festgelegten, geographischen **Ort** oder Region, z. B. Erfassung von Schäden oder Verletzten. In Ausnahmen sind mobile Crowdsourcing-Kampagnen aber nicht auf ein räumlich abgegrenztes Gebiet oder Ort beschränkt, z. B. bei der Dokumentation des Gesundheitszustands oder der Aktivitäten (z. B. Training, Ausbildung) von Freiwilligen.

Die **Überwachung** (Monitoring) der Kampagne (Aktivität der Teilnehmer, Quantität und Qualität der durchgeführten Aufgaben beziehungsweise gesammelten Daten etc.) kann kontinuierlich, periodisch oder ad hoc erfolgen. Im ersten Fall ist das Kampagnenmanagement eine dauerhafte Aufgabe, wie sie bei großen und umfangreichen Aktionen erforderlich ist. Im zweiten Fall erfolgt die Überwachung der Kampagne zu bestimmten Zeitpunkten und im dritten Fall (ad hoc) nur bei Bedarf.

Die **Bewertung** der Beiträge eines Teilnehmers kann automatisiert durch das System oder manuell durch andere Teilnehmer oder den Organisator erfolgen.

27.5 Referenz-Architektur für mobile Crowdsourcing-Anwendungen im Katastrophenschutz

In diesem Abschnitt wird eine allgemeine (Referenz-)Architektur für mobile Crowdsourcing-Anwendungen im Katastrophenschutz beschrieben. Diese Architektur kann zum einen als Gestaltungsmodell für die Konzeption und Implementierung von neuen und zum anderen auch als Evaluationsmodell zur Bewertung von bereits existierenden mobilen Crowdsourcing-Anwendungen im Katastrophenschutz verwendet werden.

Zunächst werden die typischen Prozesse (Aufgaben), die typischen Rollen (Kampagnen-Manager, Krisen-Manager, Freiwilliger etc.) und die wesentlichen Subsysteme und Architekturkomponenten vorgestellt. Danach werden die Aufgaben der einzelnen Komponenten detaillierter beschrieben.

27.5.1 Überblick über die Referenzarchitektur

Die wesentlichen **Aufgaben** von mobilen Crowdsourcing-Plattformen zur Einbindung ungebundener freiwilliger Helfer bestehen darin: a) eine (informelle) Gruppe an Freiwilligen aufzubauen und zu pflegen (**recruiting**), b) die Freiwilligen bei Bedarf zu mobilisieren (**alarmieren**) und c) ihre Aktivität zu steuern (**koordinieren**), d) von diesen Freiwilligen erhobene Daten oder Berichte zu sammeln und auszuwerten (**analysieren**), e) auf Basis der Analysen die Krisensituation zu bewerten und Entscheidungen zu treffen.

Typische **Rollen** dabei sind „Kampagnen-Manager", „Krisen-Manager" (beide als Einsatzkräfte in einer Leitstelle) und „Freiwilliger" (Bürger):

- **Kampagnen-Manager (Leitstelle):** initiiert und überwacht die mobile Crowdsourcing-Kampagne, einschl. der Definition der Kampagne sowie der Akquise (Recruitment), Steuerung und Koordination von geeigneten Teilnehmern.

- **Freiwilliger (Bürger):** trägt zur mobilen Crowdsourcing-Kampagne durch die (freiwillige) Übernahme von digitalen oder physischen Tätigkeiten (z. B. Erfassen von Wasserständen oder Füllen von Sandsäcken) mittels des eigenen mobilen Endgeräts bei. Dies können sowohl gebundene als auch ungebundene Freiwillige sein.

- **Krisen-Manager (Leitstelle):** nutzt die von den Teilnehmern erfassten Daten beziehungsweise erstellten Berichte oder die daraus automatisch erstellten Ergebnisse (Analysen, Prognosen etc.) für das Krisenmanagement (Situationsanalyse, Warnungen, Entscheidungsfindung etc.).

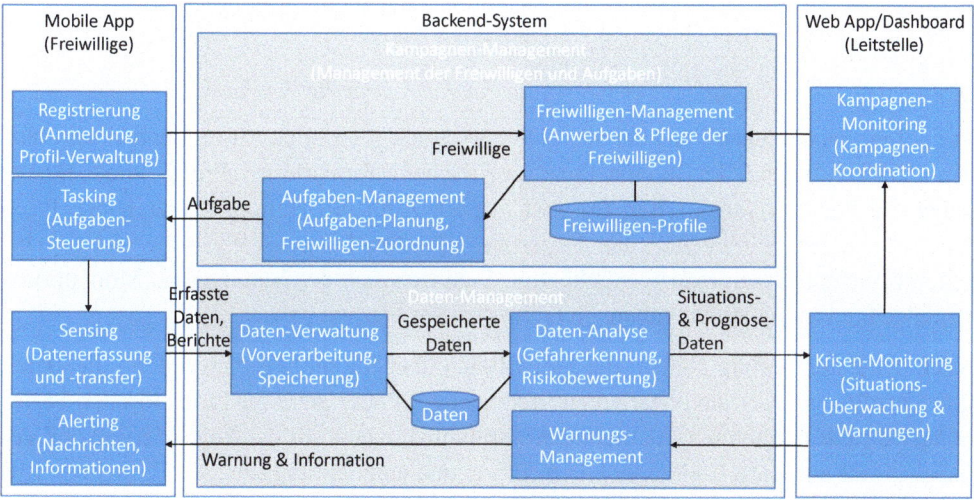

Abbildung 27-1: Referenz-Architektur eines Mobilen Crowdsourcing-Systems für die Integration von Helfern im Katastrophenschutz

Die allgemeine Architektur ist in drei voneinander unabhängige **Sub-Systeme** aufgeteilt:

- ***Backend-System (Server):*** mit den Hauptkomponenten Kampagnen-Management und Daten-Management. Die Hauptkomponente **Kampagnen-Management** bietet

Komponenten für das Crowd- beziehungsweise **Freiwilligen-Management** (Kampagnen-Planung, Recruiting, Teilnehmerverwaltung, Freiwilligenpflege) und Taskbeziehungsweise **Aufgaben-Management** (Planung von Aufgaben, Auswahl von Freiwilligen, Verteilung von Aufgaben zu Freiwilligen). Die Hauptkomponente **Daten-Management** enthält Komponenten für die **Datenverwaltung** (Vorerarbeitung, Speicherung, Verarbeitung und Bereitstellung), **Datenanalyse** (z. B. Gefahrenerkennung, Risikobewertung) und Warnungsmanagement (Benachrichtigung von Betroffenen).

- *Mobile App (mobiler Client):* für die Freiwilligen mit Komponenten für die **Registrierung** (Erstellen und Pflege des Profils), das Tasking beziehungsweise die **Aufgaben-Steuerung** (Konfiguration und Verwalten von Aufgaben), das **Sensing** (Datenerfassung, Datentransfer) sowie das **Alerting** (push-Benachrichtigungen, pull-Information).

- *Web App (webbasierter Client):* für die Leitstelle mit Komponenten für das **Krisen-Monitoring** (Situation im Krisengebiet, Entscheidungsunterstützung, Auslösen von Warnungen) und das **Kampagnen-Monitoring** (Monitoring und Koordination der Freiwilligen und der Aufgabenerfüllung).

Im Folgenden werden die Aufgaben der Komponenten detaillierter beschrieben.

27.5.2 Registrierung (Anlegen eines Profils beziehungsweise Profilierung)

Freiwillige **registrieren** sich über diese Komponente der mobilen Anwendung in der Plattform (Backend) durch die Bereitstellung spezifischer Informationen (Profil), wie z. B. Angaben zur Person (Name, Alter, Geschlecht), zur Authentifizierung (Nutzername, Passwort), besondere Fähigkeiten und Expertise, Einschränkungen (physische und psychische), örtliche und zeitliche Verfügbarkeit, Eigenschaften des Mobilgeräts, Motivationsstruktur, Zuordnung zu Aufgaben, Nutzung sozialer Medien usw.

Nach der Registrierung können die Freiwilligen über die mobile Anwendung die Daten ihres **Profils** einsehen und bearbeiten (aktualisieren) oder auch ihr Profil löschen beziehungsweise deaktivieren. Oft erhalten die Freiwilligen erst mit der Registrierung und gegebenenfalls auch erst nach einer Überprüfung und einer Bestätigung als Teilnehmer Zugang zu den Crowdsourcing-Funktionen der App sowie speziellen Funktionen und Informationen der Plattform.

27.5.3 Freiwilligen-Management

Das zentrale Ziel des Freiwilligen-Managements ist es, dass registrierte Freiwillige verfügbar sind und für die Ausführung von Aufgaben (Tasking) mobilisiert werden können. Das Anwerben (Recruiting) und die Verwaltung der Freiwilligen ist daher ein grundlegender und kontinuierlicher Prozess.

Kampagnenplanung: Für jede Crowdsourcing-Kampagne müssen zuvor die relevanten Parameter definiert werden. Diese Kampagnenspezifikationen werden über die Komponente Kampagnenplanung erstellt und verwaltet. Sie können eine Reihe von Parametern beinhalten, wie Art der zu erledigenden Aufgaben (was), geografische Abdeckung (wo), Zeitspanne, Intervall und Häufigkeit der Aufgaben (wann), Eigenschaften und Fähigkeiten der Teilnehmer (wer).

Recruiting: Das Recruiting hat die Aufgabe, die Crowdsourcing-Kampagne zu bewerben. Dies soll Bürger motivieren, sich als freiwillige Helfer zu registrieren. Dieses Anwerben kann über Maßnahmen innerhalb der Plattform (Werbeinformationen, Kommunikationsmöglichkeiten etc.) oder oftmals auch Maßnahmen außerhalb der Plattform (Informationsveranstaltungen, Multiplikatoren, Rundfunk- und Pressearbeit, Social Media etc.) erfolgen.

Teilnehmerverwaltung: Für das Aufgaben-Management (27.5.4) und das Kampagnen-Monitoring (27.5.12) beziehungsweise das Monitoring der Freiwilligen sind bestimmte Informationen über die Teilnehmer erforderlich, die in der Komponente Teilnehmerverwaltung in einem Teilnehmerprofil erfasst und verwaltet werden (27.5.2). Für das **Aufgaben-Management** relevante Eigenschaften sind beispielsweise die Expertise und der Fähigkeiten des Nutzers, seine Reputation als freiwilliger Helfer, seine Motivationsstruktur, seine örtliche und zeitliche Verfügbarkeit sowie die Fähigkeiten seines mobilen Endgeräts. Zudem können auch Bewegungsmuster hilfreich sein. Zur Bewertung der Teilnehmer im Rahmen des **Kampagnen-Monitorings** sind Informationen über die Annahme oder Ablehnung von Beiträgen des Nutzers relevant. Zusätzlich können Ranglisten erstellt werden, die das Kompetenzniveau, die Reputation und die Qualität des Teilnehmers ausdrücken. Auch für die Authentifizierung des Nutzers bei der Anmeldung (27.5.2) sind Registrierungsinformationen erforderlich.

Pflege der Freiwilligen (Motivation und Verfügbarkeit): Damit die registrierten Freiwilligen auch im Falle einer Katastrophe tatsächlich tätig werden, muss ihre Motivation kontinuierlich hochgehalten werden sowie ihre Bereitschaft (Motivation) und Verfügbarkeit (Umzug etc.) regelmäßig überprüft werden. Dies kann beispielsweise über regelmäßiges Erteilen von Aufträgen (Tasking), regelmäßige Kommunikation oder regelmäßige Information über bestehende Katastrophengefahren sowie die Bedeutung der Arbeit der Freiwilligen erreicht werden.

27.5.4 Aufgabenmanagement (Task Management)

Die Mobilisierung der Freiwilligen im Katastrophenfall ist eine weitere zentrale Aufgabe von mobilen Crowdsourcing-Plattformen zur Einbindung von Helfern in den Katastrophenschutz. Das Ziel besteht darin, dass ausgewählte Freiwillige für die Ausführung von bestimmten Aufgaben während eines Katastrophenfalls mobilisiert sind (Tasking).

Aufgabenplanung (Task-Erstellung): Der Kampagnen-Manager definiert und beschreibt mittels dieser Komponente die Aufgaben (Spezifikation), die von den Freiwilligen ausgeführt werden sollen (z. B. Wasserstand messen, Sandsäcke befüllen). Dabei kann es sich um vordefinierte Aufgaben (Templates) oder um ad hoc definierte Aufgaben handeln. Typische Elemente einer Aufgabe sind: Name und Beschreibung der Art der zu erledigenden Aufgaben (was), geografische Abdeckung (wo), Zeitspanne, Intervall und Häufigkeit der Aufgaben (wann), Annahmezeitraum (wie bald), Fähigkeiten der Freiwilligen wie Kompetenzen, Geräte etc. (wer).

Auswahl von Freiwilligen: Über diese Komponente wählt der Kampagnen-Manager einen oder eine Gruppe von Freiwilligen für die Erledigung von bestimmten Aufgaben aus. In der Regel müssen freiwillige Helfer einige minimale Anforderungen erfüllen, damit sie für eine Aufgabe geeignet sind (z. B. örtliche und zeitliche Verfügbarkeit). Es gibt aber auch Aufgaben, die spezielle Eigenschaften (z. B. Kraft beim Sandsäckefüllen), Fähigkeiten (z. B. Bedienen von Spezialfahrzeugen) oder Geräte (z. B. besondere Messvorrichtungen) erfordern.

Um eine Übereinstimmung zwischen den verschiedenen Freiwilligen (Profilen) und der zu erfüllenden Aufgaben (Spezifikation) zu finden, können unterschiedliche Planungsstrategien und Matching-Algorithmen angewendet werden. Fortgeschrittene Ansätze identifizieren eine Untermenge an Personen, die im Hinblick auf die Aufgaben-Spezifikation (z. B. maximale örtliche und zeitliche Abdeckung) am besten geeignet ist.

Zuweisung von Aufgaben zu Freiwilligen (Tasking): Die Tasking-Komponente verteilt die einem Teilnehmer zugewiesene Aufgabe auf dessen mobiles Endgerät. Das Tasking kann proaktiv oder passiv erfolgen. Im proaktiven Fall wird die Aufgabe automatisch auf das Endgerät des Teilnehmers geladen (push). Beim passiven Tasking wählt der Teilnehmer selbst aus einer Menge vom Kampagnen-Manager vorgegebener Aufgaben eine aus (pull). Die Aufgabe spezifiziert die Modalitäten der Tätigkeit (z. B. der Datenerfassung) basierend auf den Anforderungen der Aufgabe, das heißt den Kriterien wann, wo, wie, welche Tätigkeiten ausgeführt werden sollen (z. B. „nimm ein 2 Megapixel-Bild am Ort X innerhalb des Zeitrahmens von 5 Tagen 3 Mal am Tag auf").

27.5.5 Aufgabensteuerung (Tasking)

Die Aufgabensteuerungs-Komponente verwaltet die dem Teilnehmer zugewiesene(n) Aufgabe(n) auf dessen mobilen Endgerät. Insbesondere kann er ihm zugewiesene Aufgaben annehmen oder ablehnen beziehungsweise deren Erledigung melden.

Der Freiwillige erhält einen Überblick über alle seine **Aufgaben** (Tasks) und deren **Status** (zugewiesen, angenommen, abgelehnt, offen, erledigt, abgebrochen etc.) und kann den Status der Tasks **verwalten**: Tasks annehmen, Tasks ablehnen, Tasks bearbeiten, Tasks erfolgreich beenden, Tasks beenden. Für jede Aufgabe wird ein **Aufgabenprofil** mit der Aufgabenspezifikation gepflegt. Der Teilnehmer kann damit über zu erfüllende Aufgaben informiert werden, Detail-Informationen zur Aufgabe abrufen, zu Orten, an denen Aufgaben zu erledigen sind, navigiert werden oder Sensoren des mobilen Endgeräts des Teilnehmers können automatisch gesteuert werden (z. B. Ein- und Ausschalten des Mikrofons zur Datenerfassung bei bestimmten Bewegungen oder Zeiten).

27.5.6 Sensing (Datenerfassung und Transfer)

Datenerfassung: Über die Datenerfassungskomponente **sammelt** der Freiwillige die verschiedenen Typen von **Daten**, die in dem Aufgaben-Profil angefordert werden (Wasserstandmessung, Bilder von Hochwasserschäden etc.) oder verfasst den **Bericht** über die von ihm erledigten physischen Aufgaben (Sandsäcke befüllen etc.). Dabei werden die **manuellen** Dateneingabe-Mechanismen des mobilen Endgeräts sowie die darin eingebauten oder angeschlossenen externen **Sensoren** genutzt. Die Sensoren des mobilen Endgeräts des Teilnehmers können manuell (z. B. Aufnahme von Bildern) oder **automatisch** gesteuert werden (z. B. Ein- und Ausschalten des Mikrofons zur Datenerfassung bei bestimmten Bewegungen oder Zeiten).

Datentransfer: Die Datentransfer-Komponente stellt die **Übertragung** der durch die Datenerfassungs-Komponente gesammelten Daten zum Backend-System (Server) sicher. Die Daten können **unverzüglich** (z. B. über Mobilnetz) oder zeitlich **verzögert** (z. B. bei verfügbarem WLAN) übertragen werden. Bei einer verzögerten Übertragung stellt diese Komponente die **Kurzzeit-Speicherung** der zum Backend-System zu übertragenen Daten sicher.

27.5.7 Alerting (Nachrichten und Informationen)

Über die Alerting-Komponente wird der Freiwillige über drohende Gefahren gewarnt (**Nachrichten**). Zudem kann er selbst **Informationen** über die aktuelle Gefahrensituation, potenzielle Gefahren sowie die Anwendung oder Kampagne im Allgemeinen abrufen.

27.5.8 Daten-Verwaltung

Vor-Verarbeitung: Die Vor-Verarbeitungs-Komponente analysiert die übertragenen Daten und bereitet sie für die Speicherung vor. In der Regel sind verschiedene anwendungsspezifische Verarbeitungsschritte erforderlich, aber in vielen Fällen kann dies auch sehr einfach sein. Beispiele für solche Schritte sind:

- **Datenextraktion und -transformation** der Daten in eine interne Datenstruktur, z. B. mithilfe von **Audio-Analyse** (wie Spracherkennung zur Extraktion von Wörtern oder Soundklassifikation zum Finden passender Töne, z. B. zum Erkennen von Gefahren) oder **Bildanalyse** (z. B. zum Bestimmen des Wasserstandes anhand eines Fotos einer Pegellatte oder Schrifterkennung zum Einlesen von Text, Objekterkennung zum Finden von Objekten).

- **Datenbewertung und -analyse** wie Datenbereinigung, Qualitätsbewertung mittels Datenfilterung (Eliminieren von Duplikaten etc.), Datenfusion und Aggregation von mehrfach erhobenen oder ähnlichen Daten.

Datenspeicher: Die Datenspeicher-Komponente stellt die **Langzeitspeicherung** der (Roh- und verarbeiteten) Daten sicher. Die Berichte werden oftmals in dokumenten-orientierten NoSQL-Datenbanken und die Messdaten meist in relationalen **Datenbanken** gespeichert oder gegebenenfalls auch in speziell für die Verwaltung von Geodaten oder Sensordaten angepassten Datenbanken. In einigen Fällen sind eine **Historie** und ein Vergleich aktueller Daten mit historischen **Trends** notwendig, was eine robuste Langzeitspeicherung erforderlich macht.

Datenbereitstellung: Im Falle von externen Systemen, die die Daten verwenden wollen, bietet die Komponente Dienste für den Zugriff auf die Daten, einschließlich erforderlicher Transformationen, an.

27.5.9 Daten-Analyse

Die Analyse-Komponente verarbeitet die in der Datenspeicher-Komponente gespeicherten Daten, um interessierende Eigenschaften zu extrahieren und **Erkenntnisse** über das beobachtete Phänomen zu erhalten (z. B. Hochwasserprognose). Dies ist typischerweise **anwendungsspezifisch** und kann eine riesige Anzahl verschiedener **Verarbeitungsmethoden** betreffen. Diese können von der numerischen Modellierung über die deskriptive Statistik bis hin zur Bildverarbeitung oder anspruchsvollen Algorithmen des maschinellen Lernens reichen.

27.5.10 Warnungsmanagement

Die Warnungsmanagement-Komponente filtert zu einer zu versendenden Warnung die betroffenen Personen heraus und stellt diesen auf ihrem mobilen Endgerät die Warnung unverzüglich zu (push notification).

27.5.11 Krisen-Monitoring

Diese Komponente bereitet die erstellten Berichte und erfassten Daten der Freiwilligen und die Ergebnisse der Analyse-Komponenten zur Präsentation für die Einsatzkräfte in der Leitstelle auf. Die Einsatzkräfte sollen durch eine höhere Datenverfügbarkeit einen besseren Überblick der Situation vor Ort (Situation Awareness) erhalten und somit bei der Entscheidungsfindung im Katastrophenfall unterstützt werden. Daher bietet diese Komponente Darstellungs- und Visualisierungs-Methoden, um die (vorverarbeiteten) Rohdaten und die durch die Analyse-Komponente erzielten Ergebnisse den Einsatzkräften in der Leitstelle in geeigneter Form zu präsentieren, z. B. Visualisierungen in Form von Grafiken oder Darstellungen auf geografischen Karten (sogenanntes Mapping). Beide Komponenten sollte in bestehende Infrastrukturen integriert werden können, z. B. Katastrophenmanagementsysteme, da zusätzliche Standalone-Systeme in Leitstellen kaum Akzeptanz finden.

27.5.12 Kampagnen-Monitoring

Eine Kampagne muss überwacht und gesteuert werden, damit durch den koordinierten effizienten Einsatz der Freiwilligen die erwünschten Ziele erreicht werden können. Die Kampagnen-Monitoring-Komponente beobachtet hierfür den Fortschritt der Kampagne entsprechend der in der Kampagnendefinition vordefinierten Kriterien, wie Quantität und Qualität der verteilten Aufgaben beziehungsweise gesammelten (Roh- und verarbeiteten) Daten. Die Überprüfung der Kriterien kann kontinuierlich oder periodisch erfolgen.

Falls erforderlich (z. B. falls sich ein Kriterium unterhalb eines Schwellwertes befindet) können Kampagnen-Organisatoren alarmiert werden und entsprechende Maßnahmen einleiten, wie Anwerben und Beauftragen weiterer Teilnehmer (z. B. falls die Abdeckung eines bestimmten Gebiets verbessert werden muss oder zu wenig Daten gesammelt wurden) und die Erzeugung zusätzlicher Aufgaben (z. B. um Ausreißer in den Daten zu verifizieren oder mehr Daten an erkannten Hotspots zu erhalten). Im automatischen Modus kann diese Tasking-Aktivität vollständig automatisiert sein, z. B. automatisches Aktivieren weiterer Freiwilliger. Im manuellen Modus können zusätzliche Freiwillige manuell ausgewählt und Aufgaben zugewiesen werden, um z. B. Daten an einem bestimmten Ort zu sammeln oder Verletzte an einem anderen Ort zu versorgen.

27.6 Herausforderungen

Mobile Crowdsourcing-Anwendungen sind schon seit einigen Jahren Gegenstand intensiver Forschung. Auch in der Praxis finden sich bereits zahlreiche erfolgreiche Beispiele. Dennoch gibt es noch eine Reihe offener Fragestellungen und Herausforderungen.

- **Kampagnenorganisation**: Es müssen Methoden und Werkzeuge für die Organisation und Durchführung einer Kampagne zur Verfügung gestellt werden, damit die Ziele eines konkreten Szenarios mit den verfügbaren Ressourcen erfüllt werden. Bisher existieren noch keine in der Praxis praktikablen Ansätze.

- **Quantität an Freiwilligen**: Für den Erfolg von mobilen Crowdsourcing-Kampagnen ist eine ausreichende Anzahl an Nutzern erforderlich. Derzeit fehlt es allerdings noch an abgesicherten Erkenntnissen, welche der verfügbaren (Anreiz- und Motivations-) Methoden in welchem Nutzungskontext geeignet und praxistauglich sind.

- **Dauerhafte Motivation der Freiwilligen:** Da ein Katastrophenfall in der Regel erst nach einem längeren Zeitraum (z. B. mehrere Jahre bei einem Hochwasser)

eintritt, muss die initiale Motivation der Freiwilligen zur Unterstützung der Einsatzkräfte über einen längeren Zeitraum (z. B. bis zum nächsten Hochwasser) aufrechterhalten werden. Bislang fehlen jedoch gesicherte Erkenntnisse für die langfristige
Bindung von ungebundenen Helfern sowie deren Aktivierung im Katastrophenfall.

- **Qualität der Aufgabenerfüllung:** Bei der Erfüllung von Aufgaben durch Freiwillige können vorsätzliche oder versehentliche Fehler auftreten. Während bei digitalen Aufgaben unterschiedliche Maßnahmen zur Fehlervermeidung und -reduktion
bereits etabliert sind, fehlen bei physischen Aufgaben noch praktikable Konzepte,
welche physischen Aufgaben von freiwilligen Helfern übernommen werden können und welche Fähigkeiten und Kompetenzen erforderlich sind.

- **Haftung:** Derzeit ist es noch weitgehend unklar, inwieweit Freiwillige oder Orga-
nisatoren für die Richtigkeit der ausgeführten Aufgaben verantwortlich sind. Dies
ist von besonderer Bedeutung z. B. bei von Freiwilligen verursachten Schäden oder
Verletzungen sowie wenn Freiwillige in Gefahr gebracht werden.

- **Datenschutz**: Insbesondere bei Szenarien mit registrierten, persönlich bekannten
Benutzern als freiwillige Helfer ist der Datenschutz beziehungsweise die Sicherung
der Privatsphäre eine zentrale Fragestellung. Derzeit fehlt es noch an Verfahren, die
eine möglichst weitgehende Aufgabenübernahme ermöglichen und gleichzeitig die
Privatsphäre der Nutzer auf eine für diese verständliche Weise schützen.

- **Skalierbare Infrastruktur**: Zukünftige mobile Crowdsourcing-Anwendungen
müssen es ermöglichen, dass Nutzer in mehreren Kampagnen gleichzeitig teilnehmen können (z. B. Hochwasserschutz, Flüchtlingshilfe, Überwachung Kritischer
Infrastrukturen etc.). Es wird eine skalierbare und elastische Infrastruktur erforderlich, die dynamisch auf eine riesengroße Nutzeranzahl skalieren kann.

27.7 Fazit

Dieses Kapitel gibt einen Überblick, wie mobile Crowdsourcing-Anwendungen zur Einbindung freiwilliger Helfer in den Katastrophenschutz gestaltet werden können.

- Beim **mobilen Crowdsourcing** kann zwischen Crowdsensing und Crowdtasking
unterschieden werden. Beim **Crowdsensing** stehen digitale Aufgaben, das heißt die
Sammlung und Verarbeitung von Daten im Fokus. Beim **Crowdtasking** übernehmen die Freiwilligen physische Aufgaben und die Koordination der Freiwilligen ist
von zentraler Bedeutung. In der Regel weisen aber alle mobilen Crowdsourcing-
Anwendungen sowohl Crowdsensing- als auch Crowdtasking-Funktionen auf.

- Auch im Katastrophenschutz sind bereits eine Reihe von mobilen Crowdsourcing-
Anwendungen zu finden. Diese weisen eine Reihe von Gemeinsamkeiten bezüg-
lich ihrer grundlegenden Struktur (Architektur) auf, besitzen aber auch deutliche
Unterschiede bezüglich der internen Ausgestaltung der Komponenten.

- Mobile Crowdsourcing-Anwendungen im Katastrophenschutz unterscheiden sich in ihrer Gestaltung hinsichtlich verschiedener **Dimensionen**, wie Kampagnen-Organisation, Datenverarbeitung, Aufgabenverteilung sowie Datenerfassung.

- Mobile Crowdsourcing-Anwendungen im Katastrophenschutz besitzen in der Regel eine einheitliche **Architektur**. Das heißt sie verfügen über gleichartige Komponenten und Beziehungen zwischen diesen. Hierzu gehört ein Steuerungs-System, das die zu erfüllenden Aufgaben auf geeignete Freiwillige verteilt, sowie eine mobile App für die Helfer, um diese gezielt zu gewinnen, zu aktivieren und zu koordinieren, ein Datenmanagementsystem zur Erfassung, Verarbeitung und Visualisierung von Daten sowie ein Leitstellensystem zur Situations- und Lageeinschätzung und somit zur Maßnahmenplanung und Entscheidungsfindung der Einsatzkräfte.

- Obwohl mobile Crowdsourcing-Anwendungen schon seit einigen Jahren erfolgreich im Katastrophenschutz eingesetzt werden, sind immer noch einige **Herausforderungen** zu bewältigen, insbesondere bezüglich der Motivation der Freiwilligen und des Datenschutzes und der IT-Umsetzung.

27.8 Übungsaufgaben

Aufgabe 1: Was versteht man unter mobilem Crowdsensing und mobilem Crowdtasking? Welcher Zusammenhang und welche Unterschiede bestehen zwischen diesen?

Aufgabe 2: Recherchieren Sie 2-3 aktuelle mobile Crowdsourcing-Anwendungen für den Katastrophenschutz und ordnen Sie diese dem Typus mobiles Crowdsensing oder mobiles Crowdtasking zu!

Aufgabe 3: Nennen Sie drei Merkmale, nach denen eine mobile Crowdsourcing-Anwendung kategorisiert werden kann. Wie lauten die dazugehörigen Ausprägungen?

Aufgabe 4: Recherchieren Sie nach 2-3 mobilen Crowdsourcing-Anwendungen für den Katastrophenschutz und klassifizieren Sie diese Anwendungen hinsichtlich der typischen Dimensionen von mobilen Crowdsourcing-Anwendungen mithilfe eines morphologischen Kastens!

Aufgabe 5: Welche typischen Aufgaben, Rollen, Subsysteme und Komponenten können bei mobilen Crowdsourcing-Systemen für die Integration von Helfern im Katastrophenschutz unterschieden werden? Welche Aufgabe hat die Aufgaben-Management-Komponente?

Aufgabe 6: Recherchieren und diskutieren Sie mögliche Methoden, Werkzeuge und Funktionen zum Schutz der Privatsphäre von Nutzern mobiler Crowdsourcing-Anwendungen.

Aufgabe 7: Sie sollen für eine Kommune ein Hochwasserprognosesystem konzipieren, dessen Prognose-Komponente mit Daten eines Wetterdienstes und zusätzlich mit Wasserständen von freiwilligen Helfern gespeist wird. Die Freiwilligen sollen automatisiert bei bestimmten Regenereignissen aktiviert werden, um Wasserstände zu erfassen und diese an die Zentrale zu liefern. Die Wasserstände sollen mittels eines smartphonesensorbasierten Verfahrens gemessen und vor deren Nutzung im Prognosesystem auf Plausibilität geprüft werden. Ihre Aufgabe ist es nun, mittels der Referenzarchitektur aus diesem Kapitel eine konkrete Architektur für dieses Hochwasserprognosesystem zu erarbeiten und die Ausprägungen der einzelnen Komponenten zu diskutieren.

27.9 Literatur

27.9.1 Literaturempfehlungen

Fuchs-Kittowski, F., & Faust, D. (2014): Architecture of Mobile Crowdsourcing Systems. In N. Baloian, F. Burstein, H. Ogata, F. Santoro, & G. Zurita (Hrsg.), *Collaboration and Technology - CRIWG 2014* (121-136). LNCS 8658, Berlin u.a.: Springer International Publishing.

Liu, S. B. (2014). Crisis Crowdsourcing Framework. *Computer Supported Cooperative Work (CSCW) 23(4-6)*, 389-443. http://doi.org/10.1007/s10606-014-9204-3

Martella, C., Li, J., Conrado, C., & Vermeeren, A. (2017). On current crowd management practices and need for increased situation awareness, prediction, and intervention. *Safety Science 91*, 381-393.

27.9.2 Literaturverzeichnis

Fuchs-Kittowski, F., Jendreck, M., Meissen, U., Rösler, M., Lukau, E., Pfennigschmidt, S., & Hardt, M. (2017). ENSURE - Integration of volunteers in disaster management. In R. Denzer, R. Argent, G. Schimak, & J. Hrebícek (Hrsg.), *Environmental Software Systems ISESS 2017*. Berlin u.a.: Springer.

Howe, J. (2006). *The rise of crowdsourcing*. Retreived from www.wired.com/wired/archive/14.06/crowds.html

Kaufhold, M.A., & Reuter, C. (2014). Vernetzte Selbsthilfe in Sozialen Medien am Beispiel des Hochwassers 2013. *i-com, 13(1)*, 20-28.

Mauthner, J., Engelbach, W., & Engel, K. (2015). Informationstechnologien für das Freiwilligenmanagement in Katastrophenschutz und Krisenmanagement. In: *Engagiert im Katastrophenschutz - Impulse für ein zukunftsfähiges Freiwilligenmanagement* (165-178), Schwalbach: Wochenschau.

Neubauer, G., Nowak, A., Jager, B., Kloyber, C., Flachberger, C., Foitik, G., & Schimak, G. (2013). Crowdtasking – A New Concept for Volunteer Management in Disaster Relief. In J. Hřebíček, G. Schimak, M. Kubásek, & A. Rizzoli (Hrsg.), *Environmental Software Systems - Fostering Information Sharing* (345–356). Berlin: Springer.

Reuter, C., Ludwig, T., & Pipek, V. (2014). Ad Hoc Participation in Situation Assessment - Supporting Mobile Collaboration in Emergencies. *ACM Transactions on CHI, 21(5)*, Article 26.

Schimak, G., Havlik, D., & Pielorz, J. (2015). Crowdsourcing in Crisis and Disaster Management. In R. Denzer, R.M. Argent, G. Schimak, & J. Hřebíček (Hrsg.), *Environmental Software Systems - Infrastructures, Services and Applications* (56-70). Berlin: Springer International Publishing.

Frieden und Sicherheit

28   Informatik für Frieden und Sicherheit

Christian Reuter · Marc-André Kaufhold
Technische Universität Darmstadt und Universität Siegen

Zusammenfassung

Die Erkenntnisse aus Naturwissenschaft und Technik hatten bereits immer einen großen Einfluss auf die Art und Weise, wie Kriege und Konflikte ausgetragen werden konnten und ausgetragen wurden. Im Kontext von Frieden und Sicherheit können Erkenntnisse, die eigentlich für zivile Kontexte entwickelt wurden, auch für militärische Auseinandersetzungen genutzt werden (Dual-Use). Seit einigen Jahren betrifft dies insbesondere die Informatik, die durch die militärische Nutzung von Computern, Cyberwar, Information Warfare, einschließlich terroristischer Propaganda, Fake News, Ausspähung und Hacking konfliktäre Auseinandersetzungen unterstützen kann. Auch werden Konflikte vermehrt im digitalen Raum ausgetragen, mit erschwerter Zurechenbarkeit zu einzelnen (angreifenden) Akteuren. Die Informatik bietet jedoch auch für friedensstiftende Aktivitäten einige Möglichkeiten. Dieses Kapitel möchte eine Einführung in dieses an Bedeutung gewinnende Gebiet liefern.

Lernziele

- Die Leser können Zusammenhänge des Einsatzes von Erkenntnissen der Naturwissenschaft und Technik, insbesondere der Informatik, auf Frieden, Krieg und Sicherheit beschreiben.

- Die Leser können den Zusammenhang zwischen Informatik und Krieg und mögliche Ausprägungen erläutern.

- Die Leser können Methoden der Förderung von Frieden durch Informatik anwenden.

28.1 Einleitung

Informatik, Frieden und Sicherheit hängen unweigerlich zusammen. Die friedens- und sicherheitspolitische Realität ist in hohem Maße durch die Erkenntnisse und Anwendung wissenschaftlicher, insbesondere naturwissenschaftlicher Forschung geprägt (Altmann et al., 2017, S. 1): *„Auslöser der wichtigsten sicherheitspolitischen Entscheidungen der letzten 70 Jahre waren naturwissenschaftliche Entwicklungen"*. Während laut Duden (2017) **Wissenschaft** eine *„begründete[s], geordnete[s], für gesichert erachtete[s] Wissen hervorbringende forschende Tätigkeit in einem bestimmten Bereich"* sowie **Technik** die *„Gesamtheit der Maßnahmen, Einrichtungen und Verfahren, die dazu dienen, die Erkenntnisse der Naturwissenschaften für den Menschen praktisch nutzbar zu machen"* darstellen, wird unter der **Informatik** die *„Wissenschaft von den elektronischen Datenverarbeitungsanlagen"* verstanden. **Frieden** (von mittelhochdeutsch vride, althochdeutsch fridu, ursprünglich Schonung, Freundschaft, zu frei) ist ein *„[vertraglich gesicherter] Zustand des inner- oder zwischenstaatlichen Zusammenlebens in Ruhe und Sicherheit"*; **Sicherheit** entspricht dem *„Zustand des Sicherseins, Geschütztseins vor Gefahr oder Schaden; höchstmögliches Freisein von Gefährdungen"* (Duden, 2017).

Die Begriffe des Friedens und der Sicherheit werden in verschiedenen, etwa individuellen, gesellschaftlichen, nationalen und internationalen Kontexten mitunter zusammen oder getrennt verwendet sowie unterschiedlich verstanden (Granoff, 2004). Wissenschaftlich wird jedoch betont, dass es sich bei Frieden und Sicherheit um differente Kategorien handelt: *„Frieden ist ein sozialer, Sicherheit ein asozialer Begriff. Frieden setzt den Akteuren bei der Verfolgung ihrer Anliegen immanent Schranken, Sicherheit nicht"* (Jaberg, 2011). Als Gegenbegriffe des Friedens werden häufig die des Kriegs (Meyers, 2011) oder des (mitunter gewaltfreien) Konflikts (Jahn, 2012) angeführt, als Gegenbegriffe der Sicherheit hingegen die der Gefahren, Bedrohungen und Risiken (Gießmann, 2011). Weiterhin betont Gießmann (2011), dass Sicherheit die Qualität eines bestehenden oder wahrgenommenen Zustandes, Frieden hingegen die Qualität der Beziehung zwischen unterschiedlichen Akteuren oder Akteursgruppen betrifft. Im Verhältnis von Frieden und Sicherheit resümiert Daase (2010) – ohne dass wir uns diese Sichtweise zu eigen machen wollen –, dass Frieden lediglich noch in Sonntagsreden Erwähnung finde, während (globale) Sicherheit sich als *„Goldstandard des Politischen"* etabliert habe.

Dieses Kapitel möchte sich dem Zusammenhang von Informatik, Frieden und Sicherheit widmen. Es stellt zunächst die Grundlagen der Friedens-, Konflikt- und Sicherheitsforschung dar. Anschließend werden Einsatzgebiete der Informatik zunächst in konfliktären Auseinandersetzungen (militärische Nutzung, Cyberwar, Information Warfare und terroristische Propaganda) und daraufhin für friedensstiftende Aktivitäten (HCI for Peace, IKT für politische Aktivisten, Bekämpfung terroristischer Propaganda) vorgestellt. Ausführungen zum Terrorismus wurden größtenteils aus Reuter et al. (2017) entnommen. Das Kapitel schließt mit einem Fazit und Ausblick ab.

28.2 Grundlagen: Friedens-, Konflikt- und Sicherheitsforschung

Die interdisziplinäre Forschung zu Konflikt, Krieg, Gewalt, Frieden, Sicherheit und vielen ihrer einzelnen Forschungsfelder hat zentrale Themen, Fragestellungen und Forschungserkenntnisse für die Friedens-, Konflikt- und Sicherheitsforschung hervorgebracht, in die hier nur ein kurzer Einblick und knapper Überblick gegeben werden kann. Das Kapitel kann sicherlich das weite Feld ihrer Erkenntnisse, Methoden und Theorien aus fast allen traditionellen sozial- und geisteswissenschaftlichen und vielen mathematisch-naturwissenschaftlichen Fachdisziplinen nur ansatzweise aufgreifen und muss manche sogar gänzlich aussparen. Insbesondere Politikwissenschaftler und unter ihnen vor allem Vertreter der Fachdisziplin Internationale Beziehungen, Völkerrechtler, Historiker, Soziologen, Psychologen, Erziehungswissenschaftler, Ethologen, Philosophen, Theologen, Mathematiker, Militärwissenschaftler, Ethnologen, Archäologen und viele andere tragen zur Friedens- und Konfliktforschung bei (Jahn, 2012).

28.2.1 Friedens- und Konfliktforschung

Innerhalb der Friedensforschung gibt es einen Diskurs über ihren disziplinären Status beziehungsweise ihren Anspruch auf Interdisziplinarität, wobei empirisch-analytische und normativ-präskriptive Argumente nicht immer trennscharf vorgetragen werden (Jaberg, 2011). Unterschieden wird die Friedensforschung von der Friedensethik und Friedenspädagogik. Erstere, die **Friedensethik**, fragt nach dem rechten Handeln und Verhalten des Menschen: *„Ziel ist es, durch eine Reflexion über Ziele und Mittel friedensfördernden Handelns ein kritisch-normatives Orientierungswissen anzubieten, das auf verschiedenen Ebenen (Staat und Gesellschaft, Institutionen, Individuen) wirksam werden kann"* (Werkner & Ebeling, 2017). Währenddessen fungiert **Friedenspädagogik**, auch Friedensarbeit oder Friedenserziehung, als Sammelbegriff für eine Vielzahl von Vorstellungen und praktischen Ansätzen, die alle durch die Überzeugung geeint werden, dass Erziehung, die zu gesellschaftskritischem und gesellschaftsveränderndem Denken und Handeln befähigen soll, einen Beitrag zum Frieden leisten könne (Gugel, 2011).

Die Charakterisierung der Friedensforschung umfasst dabei schlichte Kriterienkataloge, komplexe Gesamtdesigns und Thesen beziehungsweise Leitsätze (Jaberg, 2011). Vogt (1996) unterbreitet mit seiner kritisch-reflexiven Theorie der Zivilisierung einen Gesamtentwurf (Abbildung 28-1). Als *„Zentralkategorie der Friedens- und Konfliktforschung"* fungiert dabei die Zivilisierung, verstanden als *„bewusste Aggressionsbeherrschung und Gewaltregulierung der Individuen beziehungsweise der Gesellschaften mithilfe gewaltfreier/armer Strategien der Konfliktbearbeitung zum Zwecke einer nachhaltigen Friedensmodellierung"* (Vogt, 1996). Sie eignet sich laut Vogt auch deshalb als Integrationskategorie, weil ihr innerer Kern friedenswissenschaftliche Grundbegriffe – Gewalt, Konflikt, Frieden – einschließe. Friedensforschung hätte demnach Zivilisierung in allen Aspekten (Dimensionen, Strategien, Ebenen, Formen, Systemen und Visionen) und immanenten

Widersprüchen zu bearbeiten. Hinsichtlich der Visionen, die eine Zivilisierung betreffen, kann zwischen Prinzipien, Prozessen und Produkten unterschieden werden. Um Konflikte zu regulieren, können wiederum Präventiv-, Mediations- oder Interventionsstrategien genutzt werden und Formen der Gewalt differenzieren beispielsweise zwischen kultureller, personeller und struktureller Natur.

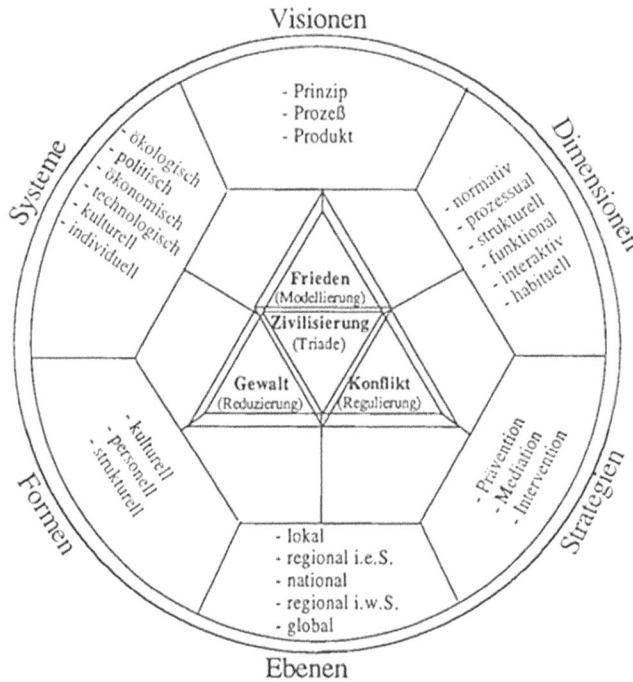

Abbildung 28-1: Kategorienmodell einer Friedensforschung verstanden als kritisch-reflexive Theorie der Zivilisierung nach Vogt (1996) aus (Jaberg, 2011)

In der Friedensforschung hat sich ein spezifisches Begriffsfeld etabliert. Eine Unterscheidung ist die des negativen und positiven Friedens. Weingardt (2011) fasst zusammen, dass **negativer Frieden** die Abwesenheit physischer Gewalt, **positiver Frieden** darüber hinaus die Abwesenheit struktureller Gewalt bezeichnet, also *„einen Zustand, der jedem Menschen den Genuss von grundlegenden Freiheiten, unveräußerlichen Rechten und persönlichen Entwicklungsmöglichkeiten erlaubt"*. Weiterhin beschreibt Jahn (2012) negativen Frieden als Negation, Ablehnung und Abwesenheit von Krieg sowie positiven Krieg durch positive Bestimmungen, etwa *„als Verwirklichung von sozialer Gerechtigkeit, Freiheit, Menschenrechten, Demokratie, Geschlechtergleichheit [...]"*. Der Friedensbegriff beschreibt bereits nach Galtung (1971) die Abwesenheit direkter oder struktureller Gewalt in den Beziehungen eines bestehenden, sozialen Ordnungssystem, wurde aber mit der Einführung des Konstrukts der kulturellen Gewalt erweitert: *„Friede = direkter Friede + struktureller Friede + kultureller Friede"* (Webel & Galtung, 2007). Demnach beinhaltet

kultureller Frieden die Überwindung von Einstellungen und Verhaltensmustern, welche die Anwendung von Gewalt rechtfertigen oder legitimieren (Werkner, 2017).

28.2.2 Bezug zur Sicherheitsforschung und Informationssicherheit

Der Sicherheitsbegriff verweist auf eine gegebene oder wahrgenommene Abwesenheit von Bedrohungen in einem bestehenden Ordnungssystem, so Gießmann (2011). Dabei werde im englischen Sprachgebrauch zwischen **Safety** und **Security** unterschieden, *„wobei es sich im ersten Fall um die Prävention ungerichteter Risiken und Gefährdungen handelt, im zweiten um die Fähigkeit zur Abwehr gezielter Bedrohungen"*. Im Kontext von Frieden und Sicherheit sei demnach insbesondere Security relevant, die Gießmann (2011) weiter als den *„bestehende[n] oder angestrebte[n] bedrohungsfreie[n] Zustand innerhalb eines Ordnungssystems [beschreibt], der von den Akteuren als Ergebnis intendierten politischen Handelns wahrgenommen wird"*. Weiterhin argumentiert Jahn (2012), obwohl die Charta der Vereinten Nationen "*Weltfrieden und internationale Sicherheit*" (engl. International Peace and Security) anführt, dass Frieden und Sicherheit nicht zwei Aspekte derselben Sache seien, sei *„der Begriff der Sicherheit und Sicherheitspolitik seit etwa zwei Jahrzehnten von vielen Autoren extrem ausgeweitet [worden] (z. B. soziale, wirtschaftliche, kulturelle, ökologische Sicherheit), um vor allem das militärische Sicherheitsverständnis auszuhebeln oder zumindest zu relativieren [...]"*.

Dabei zeichnen sich traditionelle Sicherheitskonzepte durch eine Fokussierung auf das Überleben des funktionsfähigen Staates aus (Gießmann, 2011). Diese Sicherheitskonzepte unterscheiden eine Reihe unterschiedlicher Sicherheitsbedrohungen: Politische, wirtschaftliche, umweltbezogene und soziale Bedrohungen. Unterschieden werden dabei zudem die äußere und innere Sicherheit eines Staates. Während es bei der **äußeren Sicherheit** um die Abwehr von Bedrohungen geht, die sich von außen gegen den Staat und seine Entwicklungsfähigkeit richten, umfasst die **innere Sicherheit** die Abwehr von Gefahren, die ihren Ursprung innerhalb des Staates haben (Bundeszentrale für politische Bildung (bpb), 2014). Seit den frühen 1990er-Jahren hat die Begrifflichkeit der **menschlichen Sicherheit** (engl. human security) vermehrt Aufmerksamkeit in den internationalen Debatten erfahren, welche auf das menschenwürdige Dasein jedes einzelnen Individuums fokussiert (Gießmann, 2011). Entsprechend breit gefasst sind die Handlungsfelder für die Abwehr von Furcht und Not als sicherheitspolitische Aufgabe: Physische Sicherheit, politische Sicherheit, persönliche Sicherheit, kommunale Sicherheit, Ernährungssicherheit, Umweltsicherheit und ökonomische Sicherheit.

Hinsichtlich der internationalen Sicherheit, die es neben vielen anderen Gründen auch aus Perspektive der Informatik zu betrachten gilt, da im Internet keine Ländergrenzen existieren, existiert eine Debatte darüber, welche Rolle und welche Kompetenzen dem einzelne Staat verglichen zum Staatssystem zugeschrieben werden (Deutsch & Singer, 1964; Waltz, 1964), das heißt wo auf Kooperationsmodelle zwischen Ländern gesetzt wird. Auf der einen Seite vertreten klassische realistische Denkschulen die Ansicht, dass lediglich ein souveräner Staat für eine hinreichende Sicherheit durch Selbsthilfe sorgen kann. Auf der anderen Seite unterstützen neorealistische sowie liberale Ansätze die These, dass Allianzen, pluralistischen Sicherheitsgemeinschaften oder auch multipolaren Balancen eine höhere Bedeutung hinsichtlich der Herstellung einer internationalen Sicherheit zukommt. Folgt man den Ergebnissen des Kommissionsberichts für weltweite sicherheitsrelevante Bedrohungen, wird international zwischen politischen, wirtschaftlichen, umweltbezogenen und sozialen Bedrohungen unterschieden (Gießmann, 2011):

- **Politische Bedrohungen**: instabile, schwache, tendenziell scheiternde Staaten; Ausbreitung von Fundamentalismus, Extremismus, Terrorismus; Wettrüsten und Verbreitung von Waffen und Massenvernichtungmitteln; regionale Ausuferung von Gewaltkonflikten; transnationale Ausbreitung von politischen Missständen und Korruption

- **Wirtschaftliche Bedrohungen**: polarisierende Verarmung; Zerrüttung von Regulierungssystemen; Schattenökonomien; Verwundbarkeit infolge monostruktureller Abhängigkeiten; neokoloniale Ausbeutung; organisierte Kriminalität (einschließlich Piraterie)

- **Umweltbezogene Bedrohungen**: Risiken infolge industrieller Unfälle; Klimawandel, Umweltveränderungen und damit einhergehende Ausbreitung von Wasser- und Nahrungsmittelmangel; zunehmende Ressourcenverknappung

- **Soziale Bedrohungen**: ethnopolitisch aufgeheizte Bevölkerungskonflikte; ungesteuertes Bevölkerungswachstum; Zusammenbruch von Gesundheits- und Sozialsystemen; Erosion und Zerfall traditioneller sozialer und kultureller Gemeinschaften

28.3 Informatik in Militär, Krieg und Konflikten

Im Kontext von Individuen und Organisationen werden Konzepte der Sicherheitsforschung auch auf IKT angewandt. Das Bundesamt für Sicherheit in der Informationstechnik (2013) definiert **IT-Sicherheit** als *„einen Zustand, in dem die Risiken, die beim Einsatz von Informationstechnik aufgrund von Bedrohungen und Schwachstellen vorhanden sind, durch angemessene Maßnahmen auf ein tragbares Maß reduziert sind"*. Demnach realisiert IT-Sicherheit einen Zustand, *„in dem Vertraulichkeit, Integrität und Verfügbarkeit von Informationen und Informationstechnik durch angemessene Maßnahmen geschützt sind"*. Der jährliche Lagebericht der IT-Sicherheit in Deutschland analysiert unter Nutzung konkreter Beispiele die aktuelle IT-Sicherheitslage, Ursachen von Cyber-Angriffen und verwendete Angriffsmittel und -methoden (BSI, 2016). Zur Einschätzung der Gefährdungslage führt der aktuelle Bericht die Bereiche Cloud Computing, Software- und Hardware-Schwachstellen, Kryptographie, Mobilkommunikation, Standardisierung und die Internet-Infrastruktur als Ursachen und Rahmenbedingungen auf. Angriffsmittel und -methoden sowie potenzielle Schutzmaßnahmen sind in Tabelle 28-1 aufgeführt.

Ein umfassenderes Konzept stellt die **Informationssicherheit** (engl. information security) dar, die auf den Schutz von Informationen abzielt, die auf Papier, Rechnern oder in Köpfen gespeichert sind (BSI, 2013). Nach ISO 27001 (2015) sieht sie Sicherheitskontrollen unter anderem auf administrativer, logischer und physischer Ebene vor. Informatik kann für zahlreiche kriegerische und konfliktäre Zwecke eingesetzt werden.

Als Vertiefung werden exemplarisch die drei Forschungsbereiche militärische Nutzung von Informatik, Cyberwar mit Konzepten des Information Warfare, Fake News und Social Bots sowie Terrorismus und terroristische Propaganda in sozialen Medien vorgestellt.

Angriffsmittel und -methoden	Schutzmaßnahmen
Schadsoftware	Anwendungssicherheit (z. B. Antivirus-Software, sichere Programmierung, Sicherheitsdesign, sichere Betriebssysteme)
Ransomware	
Social Engineering	
Advanced Persistent Threats (APT)	Angriffserkennung und -prävention
Spam	Autorisierung und Zugriffskontrolle
Botnetze	Authentifizierung und Identifikation
Distributed-Denial-of-Service (DDoS)	Protokollierung
Drive-by-Exploits und Exploit-Kits	Durchführung von Sicherheitskopien
Identitätsdiebstahl	Netzwerksicherheit (z. B. Firewalls)
Seitenkanalangriffe	Sichere mobile Gateways

Tabelle 28-1: Angriffsmittel und -methoden sowie Schutzmaßnahmen (BSI, 2016)

28.3.1 Militärische Nutzung von Informatik und Dual-Use-Problematik

Bernhardt und Ruhmann (2017) betrachten die Informatik im Kontext von Rüstung und Frieden. Sie führen aus, dass die *„friedenswissenschaftliche Auseinandersetzung mit der Bedeutung der Informationstechnik [im Kontext] [...] bewaffneter Konflikte einerseits und deren Verhinderung andererseits [...] zwangsläufig ausgehen [muss] von der Darstellung der militärischen IT-Nutzung, um daran die spezifischen sicherheitspolitischen Probleme aufzuzeigen"*. Nach dem Zweiten Weltkrieg führten nuklearstrategische Dynamiken zum Aufbau eines auf Dauer angelegten computergestützten Führungs- und Kontrollsystems (Bernhardt & Ruhmann, 2017). Die Aufgaben dieser Systeme lassen sich unter Kommando, Kontrolle, Kommunikation und Aufklärung zusammenfassen (engl. Command, Control, Communications and Intelligence (C^3I)). Die technische Entwicklung ist seither rasant fortgeschritten; es sind vollständig neue Technikfelder entstanden, in aller Regel mit erheblichem militärischen oder Dual-Use-Potenzial (Leisegang, 2015).

Die heutigen Berührungspunkte der Informatik mit militärischen Interessen sind zahlreich. Nicht wenige Forschungsgebiete der Informatik werden erheblich von der Rüstungsindustrie oder den nationalen Verteidigungsministerien kofinanziert (Gruber, 2015). In den

Universitäten entwickelt sich immer wieder punktueller Widerstand, aus dem ein grundlegender Diskurs über die Militarisierung der Wissenschaften (z. B. Virilio, 2008) hervorgegangen ist. Hiernach werden Fachgebiete diskreditiert, um militärische Forschung (z. B. Nukleartechnologie, Kybernetik, Nanotechnologie) zu verhindern. Der Fortschritt der Informatik und Technik bietet auch das Potenzial zur Verwendung für kriegsunterstützende Handlungen (Hourcade & Nathan, 2013). Selbstfliegende Drohnen können nicht nur zur Aufklärung und Informationsgewinnung zur Friedensschaffung, sondern auch als technologische Waffen zur Kriegsführung eingesetzt werden. Durch Drohnen, auch andere unbemannte militärische Systeme (UMS) und ähnliche robotische Systeme kommt es gegenwärtig zu einer vermehrten Technisierung von Kriegen, wodurch der Einstieg in einen bewaffneten Konflikt für die Beteiligten einfacher erscheint. Gleichzeitig steigt jedoch die Distanz und sinkt das Empfinden zu den Gräueltaten eines Krieges und der Tötung zahlreicher Menschen. Technische Entwicklungen unbemannter Systeme werden absehbar zu neuen Formen des gewaltsamen Konfliktaustrags führen (Alwardt et al., 2013) und die Kriegswahrscheinlichkeit erhöhen (Altmann & Sauer, 2017)

Informatik kann Kriegshandlungen sowohl vorbeugen als auch verstärken. Es kommt daher nicht nur auf die Art und den Zweck der entwickelten Technologien an, sondern auch darauf, wie sie verwendet werden (Hourcade & Nathan, 2013). Diese Ambivalenz drückt das Konzept **Dual-Use-Technologien** aus. IT-Produkte lassen sich in vielen Fällen für zweierlei Dinge verwenden. Unabhängig von der Nutzung im militärischen und oder zivilen Kontext für den guten Zweck gibt es eine Vielzahl missbräuchlicher Einsatzmöglichkeiten, wie z. B. für kriminelle Handlungen oder den Aufbau von Diktaturen (Leng, 2013), und unerwünschter Effekte, wie z.B. Destabilisation und Wettrüsten zwischen Staaten. Für die Entwickler-Teams von neuen technischen Systemen ist nicht immer absehbar, für was ihre technologische Neuheit oder Teile davon missbraucht werden können – eine Technikfolgenabschätzung ist meist extrem umfassend. Aus diesem Grund ist es enorm wichtig, die Frage nach der Verantwortung bei der Entwicklung von neuartigen Technologien zu stellen und den Nutzen der Technik kritisch zu betrachten (Leng, 2013).

28.3.2 Cyberwar: Konflikte im Cyberraum mit Information Warfare, Fake News und Social Bots

Die Entdeckung der Schadsoftware Stuxnet und der seit dem Frühjahr 2013 weiter andauernde NSA-Skandal machen den Stellenwert staatlicher Hacker heute deutlich, wodurch nicht nur unsere Privatsphäre, sondern auch die gesamte IT-Infrastruktur in Gefahr ist (Bernhardt & Ruhmann, 2014). Ein aufkommender Begriff ist **Cyberwar** als *„kriegerische Auseinandersetzung im und um den virtuellen Raum mit Mitteln vorwiegend aus dem Bereich der Informationstechnik; im erweiterten Sinn werden damit auch die hochtechnisierten Formen des Krieges im Informationszeitalter gemeint, die auf einer weitgehenden Computerisierung, Elektronisierung und Vernetzung fast aller militärischer Bereiche und Belange basieren"* (Duden, 2017). Neben den klassischen Operationsbereichen Boden,

See, Luft und Weltraum wird längst auch der Cyberraum (auch Cyberspace oder virtueller Raum) als weiterer Bereich für militärische Auseinandersetzungen in die militärischen Szenarien einbezogen. Seit 2017 stellt **Cyber- und Informationsraum** einen eigenständigen militärischen Organisationsbereich der Bundeswehr dar, welche die defensiven und offensiven Fähigkeiten der Streitkräfte zum Wirken im Cyberraum realisiert. Der **Cyberraum** umfasst die vernetzten Computer, Netzwerke und ihre Steuerprogramme, Daten und Nutzer (Neuneck, 2017). Ein Angriff (**Offensive**) ist üblicherweise dadurch gekennzeichnet, dass sich eigene Kräfte aktiv auf den Standort des Feindes gegen dessen Widerstand zu bewegen. Ziel der Verteidigung (**Defensive**) hingegen ist es, eigenes Gelände gegen feindliche Angriffe zu behaupten. Da im Cyberraum keine staatlichen Grenzen existieren, sind innere und äußere Sicherheit kaum unterscheidbar. Erkennbar ist jedoch, dass Fähigkeiten, Absichten und Personalmittel der Akteure sehr unterschiedlich sind und bewaffnete Konflikte von Cyber- in den realen Raum übergehen können. Zudem sind im Cyberraum sogenannte Overlay-Netze möglich, die als (logisches) Netz oberhalb der existierenden Infrastruktur angesiedelt sind. So z. B. **Darknets**, die über spezifische Software, Konfigurationen oder eine spezifische Autorisierung zugänglich sind, die nicht-standardisierte Kommunikationsprotokolle und Ports verwenden und über Friend-to-friend- oder Anonymisierungsnetzwerke (z. B. TOR) realisiert werden (Mansfield-Devine, 2009).

Im Cyberraum werden unterschiedliche Bedrohungen differenziert: **Cyberangriffe**, also illegale Eindringversuche in Computer zum Zwecke der Manipulation oder des Datendiebstahls finden schon heute in großem Maßstab statt (Neuneck, 2017). In diesem Kontext diskutiert Reinhold (2015) das Konzept der Cyberwaffe und argumentiert, dass *„eine tragfähige und im Kontext international verpflichtender Konventionen belastbare Eingrenzung dieses Begriffs [...] dabei für Abrüstungs- und Rüstungskontrollabkommen von zentraler Bedeutung [ist]"*. **Cyberspionage** meint die Ausspähung oder den Diebstahl von Daten, die einen wirtschaftlichen wie auch einen geheimdienstlichen Hintergrund haben können (Neuneck, 2017). Beispiele sind die von Snowden aufgedeckten Aktivitäten, die Ausspähung des Deutschen Bundestages 2015 oder die Infiltration der US-amerikanischen Präsidentschaftskandidatin Clinton 2016 (Stevens, 2016).

Cyberspionage kann zum Ausbruch eines Informationskriegs (Information Warfare) führen. Bereits im Handbuch *„Information Warfare Policy"* der US-Generalstabschefs (US Department of Defense, 1998) wurde **Information Warfare** definiert als *„Aktionen zur Erreichung von Informationsüberlegenheit durch die Beeinflussung gegnerischer Informationen, informationsbasierter Prozesse, Informationssysteme und computerbasierter Netzwerke und die gleichzeitige Verteidigung der eigenen Informationen, informationsbasierten Prozesse, Informationssysteme und computerbasierten Netzwerke"* (Bernhardt & Ruhmann, 2017). Dabei werden sogenannte Informationsoperationen umgesetzt, welche die *„Anwendung von Kernfähigkeiten in Elektronischer Kriegsführung, Computernetzwerk-Operationen, psychologischen Operationen, militärischer Täuschung und operativer Sicherheit in Verbindung mit unterstützenden und verwandten Fähigkeiten [beinhal-*

ten], um Informationen, Informationssysteme und Entscheidungsprozesse zu beeinflus-
sen". Als erste Konsequenz lassen sich Informationsoperationen – geordnet nach ihrer Ge-
waltintensität – als Eskalationshierarchie begreifen, bei der die Grenze zwischen Krieg
und Frieden zusehends unscharf wird (Abbildung 28-2).

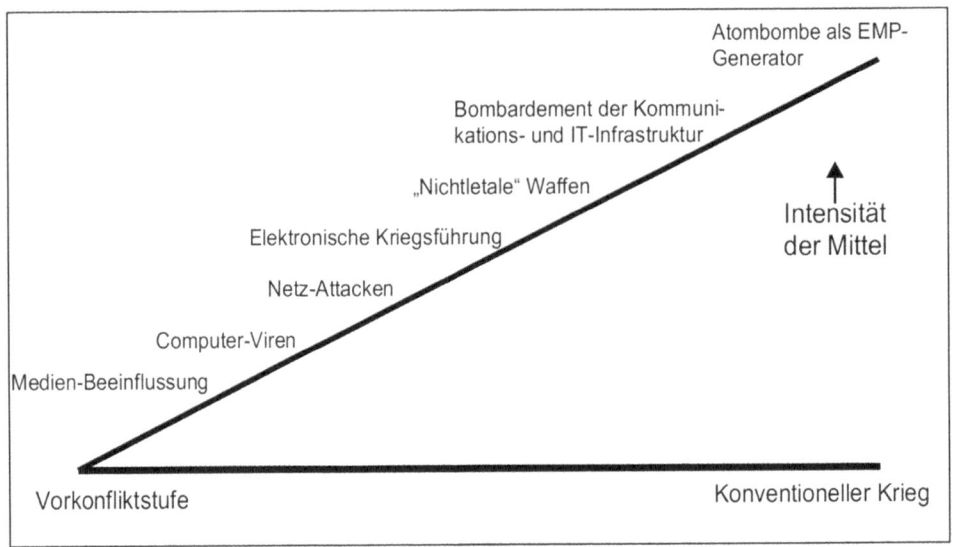

Abbildung 28-2. Eskalationsstufen des Information Warfare aus Bernhardt und Ruhmann
(2017)

Ein weiteres Konstrukt der (politischen) Einflussnahme im gesellschaftlich-öffentlichen
Raum hat sich unter dem Begriff der **Fake News** etabliert. Ein Bericht des wissenschaftlichen Dienstes des Deutschen Bundestags (2017) erläutert, dass es *„eine allgemeingültige*
oder gar juristische Definition des Begriffs Fake News" derzeit nicht gebe. Der Bericht
hält jedoch weiterhin fest, dass damit gewöhnlich absichtlich falsche Nachrichten zur viralen Verbreitung über das Internet und insbesondere in sozialen Netzwerken gemeint
sind, die das Ziel haben, die *„Öffentlichkeit für bestimmte politische und/oder kommerzi-*
elle Ziele zu manipulieren". Weiterhin argumentiert Wardle (2017), dass der Begriff wenig
hilfreich sei, da dieser nicht nur Nachrichten, sondern das ganze Informationsökosystem
betreffe, in dem verschiedene Arten von Inhalten, zugrundeliegende Beweggründe und die
Art und Weise der Informationsveröffentlichung relevant sind. Daher schlägt Wardle
(2017) eine vorläufige Typologie von sieben Fehl- und Desinformationen vor, wobei 1)
Satire oder Parodie, 2) irreführende Inhalte, 3) betrügerische Inhalte, 4) erfundene Inhalte,
5) falsche Verknüpfungen, 6) falsche Zusammenhänge und 7) überarbeitete Inhalte unterschieden werden. Diese werden unterschiedlichen Beweggründen zugeordnet, die in der
linken Spalte von Tabelle 28-2 aufgeführt sind.

Die Verbreitung von Fake News oder Manipulationen kann dabei durch Informationstechnologie unterstützt werden. Sog. **Social Bots** sind *„Computeralgorithmen, die automatisch*

Inhalt generieren und mit anderen Menschen in sozialen Medien interagieren, mit dem Ziel, deren Verhalten nachzuahmen und zu beeinflussen" (Ferrara et al., 2016). Diese Bots, obgleich sie auch nützlich sein können, werden z. B. benutzt, um politische Diskurse zu infiltrieren, den Aktienmarkt zu manipulieren, persönliche Informationen zu stehlen oder Fehlinformationen zu verbreiten. Die steigende Komplexität des Cyberraums hat dabei nicht nur zur Untersuchung von Gegenmaßnahmen im Sinne von Cybersicherheit geführt, sondern als Gegenbewegung den Begriff des **Cyberfriedens** motiviert. Shackelford (2013) definiert Cyberfrieden nicht als die bloße Abwesenheit von Konflikten, *„sondern als die Bildung eines Netzwerks von mehrstufigen Ordnungen, die zusammenarbeiten, um globale Cybersicherheit zu fördern, indem Normen für Staaten und Unternehmen ausgearbeitet werden, die das Risiko für Konflikte, Kriminalität und Spionage im Cyberraum auf ein Niveau reduzieren, welches vergleichbar mit betrieblichen und nationalen Sicherheitsrisiken ist"*. Dazu, so Shackelford (2013), werden neue Ansätze der Cybersicherheit benötigt, welche die besten Verfahren aus den öffentlichen und privaten Sektoren kombinieren, um robuste und sichere Systeme zu konstruieren.

	Satire, Parodie	Falsche Verknüpfungen	Irreführende Inhalte	Falsche Zusammenhänge	Betrügerische Inhalte	Überarbeitete Inhalte	Erfundene Inhalte
Journalismus		✓	✓	✓			
Parodie	✓				✓		✓
Provokation					✓	✓	✓
Passion				✓			
Parteilichkeit			✓	✓			
Profit		✓			✓		✓
Macht			✓	✓		✓	✓
Propaganda			✓	✓	✓	✓	✓

Tabelle 28-2: Zuordnung von Fake News und Beweggründen nach Wardle (2017)

28.3.3 Terrorismus und terroristische Propaganda in sozialen Medien

Einen anderen Bereich des Kriegs stellen Radikalisierung (Neumann & Kleinmann, 2013), Terrorismus und seine Propaganda dar. Terrorismus wird laut Duden (2017) definiert als eine *„ Einstellung und Verhaltensweise, die darauf abzielt, [politische] Ziele durch Terror durchzusetzen"*. Medien, unter anderem die TV-Berichterstattung, spielen dort eine große Rolle: *„Einen Teil der Verantwortung für die zu beobachtenden Panikreaktionen der Menschen tragen die Medien"* (Jackob, 2007). Denn: *„Ohne ein Bekennerschreiben, ein Abschiedsvideo des Attentäters oder ein letztes Posting im sozialen Netzwerk wäre ein Bombenanschlag nichts als ein Kapitalverbrechen. Durch die terroristische Kommunikationsstrategie wird das Verbrechen erst zum terroristischen Akt"* (Christoph, 2015, p. 145). Terroristen sind jedoch *„nicht mehr auf Medienmacher angewiesen, sie sind selbst zum*

Agens in diesem Spiel geworden" (Christoph, 2015). Und das nicht ohne Grund: *„Terrorismus kann [...] nur dann Bedeutung besitzen, wenn er auch auf einer medialen Ebene [...] sinnhaft gemacht wird*". Soziale Medien bieten *„den Vorteil der Immersion, das heißt der Verschmelzung von Medium und Botschaft. Die Glaubwürdigkeit terroristischer Narrationen wird so gestärkt, indem sie über vermeintlich seriöse Portale wie YouTube verbreitet werden*". So entsteht das Gefühl, *„der Terrorist sei einer von uns, indem er die selben Kommunikationskanäle (‚-waffen') nutzt wie der Rezipient selbst*" (Christoph, 2015).

Weinmann und Jost (2015) erläutern die Nutzung von Facebook, Twitter und YouTube durch Terrororganisationen zur Rekrutierung und Propaganda: Soziale Medien erleichtern es, Gleichgesinnte zu finden und deren Inhalte zu konsumieren sowie eine quasi endlose Menge potenzieller Mitglieder zu adressieren, die sonst nicht den Weg in die geschlossenen Foren finden würden. Die Propagandaziele, in deren Verbreitung sozialen Medien eine Schlüsselrolle zugeschrieben wird, reichen von externen Absichten wie der Verbreitung von Angst bis zu internen wie der Schaffung emotionaler Verbundenheit mit der Zielgruppe (Chatfield et al., 2015, p. 242). Die Strategie der IS-Mitglieder ist es, durch Posts potenzielle Anhänger weltweit anzuwerben und globale Terrorzellen zu schaffen. Eine beliebte Taktik zum Verbreiten von IS-Propaganda über soziale Medien sind „**Twitter-Bomben**", die die beliebtesten Hashtags der Woche nutzen und sie in IS-verwandten Beiträgen verwenden (Greene, 2015). Meinungsfreiheit und unzureichende Inhaltskontrollen auf Twitter begünstigen terroristische Absichten.

Waren zu Beginn Foren die wichtigsten Kontaktpunkte für Mitglieder, Interessenten und Neueinsteiger, wurde die Nutzung durch polizeiliche Überwachung vermehrt erschwert, ebenso gerieten sie in das Fadenkreuz von Nachrichtendiensten, die die Seiten angriffen und stilllegten. Daraufhin wendeten sich immer mehr internetaffine Terroristen den sozialen Netzwerken zu (Weimann & Jost, 2015). Dennoch existieren die Foren weiterhin parallel, denn dort debattiert der harte Kern der Community *„generelle Entwicklungen in der Szene, führt Diskussionen über ideologische und theologische Fragen und konsumiert Autopropaganda*" (Weimann & Jost, 2015).

28.4 Informatik für Frieden

Informatik kann für zahlreiche friedensstiftende und sicherheitsfördernde Zwecke eingesetzt werden. Im Einsatz von IKT sowie in der HCI-Forschung werden zunehmend friedensfördernde Maßnahmen und Konzepte diskutiert. Folgend werden exemplarisch die drei Forschungsbereiche Mensch-Computer-Interaktion zur Friedensförderung, Informationstechnologie im Kontext politischer Aktivisten und Bekämpfung terroristischer Propaganda in sozialen Medien vorgestellt.

28.4.1 Mensch-Computer-Interaktion zur Friedensförderung

HCI kann dazu beitragen, neue Ideen der Prävention von Terror und der Bewahrung von Frieden zu entwickeln, um einen Wandel in dem Gebiet einzuleiten (Hourcade & Bullock-Rest, 2011). Die Organisation ICT4Peace hat das Ziel, Vertrauen und Sicherheit durch internationale Verhandlungen mit Regierungen und Unternehmen zu erlangen. Internetsicherheit, Menschenwürde sowie Krisenmanagement, humanitäre Hilfe und Friedensbewahrung werden mit dem Ziel eines friedvollen Umfelds bearbeitet (ICT4Peace Foundation, 2017). Die wichtigsten Kategorien zur Konfliktbewältigung sind die Analyse des jeweiligen Konfliktzyklus, bestehend aus Frühwarnsystemen und Unterstützung beim Wiederaufbau, Webtechnologien, Operationen und Unterstützungen in Krisengebieten sowie die Aufrechterhaltung von Kommunikation und Informationen (Stauffacher et al., 2005). **Frühwarnsysteme** erfordern die Erfassung von Risikoinformationen, Entwicklung von Überwachungs- und Frühwarnungsdiensten sowie Kommunikation und Verbreitung von Risikoinformationen und Frühwarnungen. Diese helfen zwar beim Erkennen von Gefahrenpotenzial, aber dies bedeutet noch nicht, dass die Reaktion mangels Ressourcen gleichermaßen frühzeitig organisiert werden kann (Stauffacher et al., 2005). Für den fortwährenden Frieden nach einem Konflikt ist die physische und soziale Rekonstruktion ebenfalls ausschlaggebend. Erforderlich hierfür ist eine genaue Auseinandersetzung mit den Folgen und Hinterlassenschaften des Konflikts, ohne dass dabei neue Konflikte entstehen. IKT-Interventionen für ein langfristiges Friedensverhältnis sind dabei am erfolgreichsten, wenn nach einem Waffenstillstand oder Friedensabkommen der Bedarf nach Kollaboration, Informationsaustausch und zur Entwicklung von physischen und virtuellen Mechanismen besteht, die den Menschen nach einer Konfliktsituation Hilfe versprechen (Stauffacher et al., 2005).

Neue Technologien wie die Bereiche der Robotik z. B. zum Aufspüren von Landminen sind Beispiele dafür, wie die technologische Entwicklung für den Wandel von Krieg zur Erholung und Friedensfindung eine kritische Rolle einnimmt. So tragen Drohnen und andere Roboter einerseits dazu bei, dass Kollateralschäden vermieden werden können. Andererseits erlauben sie willkürliche Tötungen und mühelose, gewaltvolle Eingriffe in bereits bestehende Konflikte (Sauer & Schörnig, 2012), ohne selbst menschliche Verluste zu erzielen (Hourcade & Nathan, 2013). Technologie für Frieden findet auch in der Weiterbildung von Menschen zur Friedensbildung in Krisengebieten Anwendung. Durch verschiedene Medien und Plattformen können mithilfe der Technologie beispielsweise Video-Konferenzen zur Kollaboration für Friedensverhandlungen abgehalten werden, wo die Kommunikation ohne Technologie schwierig aufrecht zu erhalten wäre (Ioannou et al., 2013). Auf unterster Ebene steht fest, dass Technologien derart konzipiert werden müssen, dass sie Stressfaktoren in der Nutzung reduzieren und im Gegenzug eine friedvolle Denkweise etablieren, die sich auf die Persönlichkeit der Nutzer auswirken kann (Hourcade et al., 2012).

Die Rolle der HCI zur Konfliktreduzierung ist aufgrund der Pluralität der Disziplinen der HCI durch die Erfahrung an Forschung, Entwicklung, Evaluation und Designansätzen nicht zu vernachlässigen und ein wichtiger Bestandteil der Friedensschaffung im Bereich der Informatik. Gleichzeitig kommt die Perspektive der HCI auf ein solches komplexes Thema wie das der Friedensschaffung fast einer unüberwindbaren Aufgabe gleich (Hourcade et al., 2012). Bezogen auf strukturelle Gewalt ist es gerade in Entwicklungs- oder Schwellenländern wichtig, junge Generationen mit den Themenbereichen Digitalisierung und Technik zu sensibilisieren und ihnen Möglichkeiten zur eigenen Weiterentwicklung und Bildung im Bereich der Technik zu bieten (Hourcade, 2009). Die Bereitstellung von Technologien für junge Generationen hilft durch die Erlernung von technischen Fähigkeiten unter anderem, Armut vorzubeugen und zu reduzieren, wodurch letztendlich das Konfliktpotenzial der Gesellschaft gemindert werden könnte (Hourcade, 2009).

28.4.2 IT im Kontext politischer Aktivisten

IKT wird auch im Kontext politischer Aktivisten genutzt. Insbesondere der Einsatz sozialer Medien im Kontext politischer Aufstände hat in der HCI Aufmerksamkeit erfahren. Ein breit untersuchtes Ereignis stellt die Revolution in Ägypten 2011 dar. Lim (2012) berichtet, dass sich bereits im Vorfeld über viele Jahre hinweg die erfolgreichsten sozialen Bewegungen in Ägypten, wie „Kefaya", die „Jugend des 6. April" und „Wir sind alle Khaled Said", dadurch auszeichneten, dass sie soziale Medien nutzten, um die Netzwerke voneinander entfremdeter Ägypter zu erweitern, Kontakte zwischen Aktivisten zu vermitteln, Ressourcen verfügbar zu machen und Oppositionsführer zu erreichen. Soziale Medien versorgten die Oppositionsführer mit den Mitteln, ihre Repertoires der Auseinandersetzungen auszugestalten, verbindende Symbole zu propagieren und Online-Aktivismus in Offline-Proteste zu überführen.

Basierend auf einer Umfrage mit Teilnehmern des Protestes auf dem Tahrir-Platz in Ägypten, berichten Tufekci und Wilson (2012), dass soziale Medien im Allgemeinen und Facebook im Speziellen neue Informationsquellen geboten haben, die die Regierung nicht so einfach kontrollieren konnte. Diese waren dahingehend bedeutend, da sie die persönliche Entscheidung der Bürger beeinflussten, sich an den Protesten zu beteiligen sowie die Logistik der Proteste und deren Erfolgswahrscheinlichkeit bestimmten. Die Studie zeigt, dass Menschen von den Protesten nicht über die Rundfunkmedien erfahren haben, sondern durch interpersonale Kommunikation per Facebook, Telefonkontakte oder Face-to-Face-Kommunikation. Unter anderem erhöhten soziale Medien signifikant die Wahrscheinlichkeit, dass der Empfänger am ersten Tag an den Protesten teilnahm, während die Nutzung von Satellitenfernsehen diese Wahrscheinlichkeit verringerte. Starbird und Palen (2012) beschreiben die Informationsverteilung über Twitter während der Revolution in Ägypten aus dem Jahr 2011. Insbesondere wurde die Nutzung des Retweet-Mechanismus untersucht. Die Analyse der weiten Verbreitung eines populären Memes zeigt die Interaktion zwischen denjenigen, die vor Ort in Kairo waren und denjenigen, die aus der Ferne agiert haben. Durch qualitative und statistische Beschreibungen zeigt die Studie, wie die Menschenmassen Solidarität ausdrückten und Tätigkeiten der Informationsverarbeitung durch Empfehlungen und Filterungen durchführten.

Aber auch weitere politische Ereignisse wurden untersucht. So analysierten Wulf et al. (2013) die Praktiken politischer Aktivisten in einem palästinensischen Dorf in der Westbank, die wöchentliche Demonstrationen gegen Israels Siedlungspolitik und die Trennmauer durchführen. Die Studie beschreibt die Hintergründe und Bemühungen der Aktivisten, Demonstrationen unter den Bedingungen der militärischen Besetzung durchzuführen, wobei die Rolle digitaler und materieller Faktoren untersucht wurde. Eine Studie über den syrischen Bürgerkrieg präsentiert Einsichten über den Einsatz von IKT und mobilen Medien (Rohde et al., 2016). Die Analyse offenbart spezifische Nutzungsmuster zu Kriegszeiten und beschreibt die fragmentierte Telekommunikationsinfrastruktur in Syrien, welche in regierungskontrollierten Gebieten verhältnismäßig intakt war, währen die rebellenkontrollierten Gebiete vom Telefon- und Internetzugang abgeschnitten waren. Weiterhin wurde die zentrale Rolle mobiler Videos zur Dokumentation, Mobilisierung und Verbreitung von Propaganda diskutiert.

28.4.3 Bekämpfung terroristischer Propaganda in sozialen Medien

Eine besondere Herausforderung für IKT stellen die verschiedenen Facetten des Terrorismus dar. Terrorismus verbreitet hauptsächlich Angst, um einen politischen Wandel zu erzwingen. Jedoch sind die Resultate und Folgen von Terrorismus unterschiedlich und dadurch oftmals unberechenbar (Buhaug et al., 2014). Technologie kann jedoch nicht nur die Ursprünge von Konflikten und Terror zurückverfolgen, sondern beispielsweise durch eine unterstützende Logistik auch die Bedingungen der Menschen und Vereinigungen in risikoreichen Gebieten verbessern. Die durch IKT neu erlangte Freiheit über Meinungsäußerungen, Informationen, aber auch die verbesserte Kommunikation können hilfreich sein (Stauffacher et al., 2005). Die Onlinevernetzung Angehöriger von unterschiedlichen Hintergründen, Kulturen und Wertesystemen kann zwar dabei helfen, Menschen zu humanisieren und die soziale Distanz zwischen ihnen zu verringern. Andererseits ist es zur heutigen Zeit durch das Internet leicht, Anhänger von rassistischen und nazistischen Ideologien zu finden und zu radikalisieren – eine Gefahr, die bei jeglicher Art von technischem Fortschritt zu beachten ist (Hourcade & Nathan, 2013).

Jeberson und Sharma (2015) stellen mögliche Methoden zur **Identifizierung** Terrorverdächtiger in sozialen Netzwerken dar. Weinmann und Jost (2015) erläutern, dass „die Analyse terroristischer Onlinekommunikation, wie sie auf den entsprechenden Social Media-Seiten quasi offen einsehbar ist, […] uns viel über die Denkweise von Terroristen, ihre Motivation, ihre Pläne und Ängste verraten" könne. Statt einer strengeren Zensur radikaler Inhalte sollen demnach „*terroristische Kommunikationsstrategien durch einen Mix aus technischen (Hacking) und vor allem psychologischen (**Gegenpropaganda**) Mitteln*" (Weimann & Jost, 2015) gestört werden. Hussain und Saltman (2014) betonen, dass die generelle Zensur sogar kontraproduktiv sein kann und regen zu positiven Maßnahmen wie dem Ausbau von Inhalten gegen den Extremismus an. Ebenfalls folgert Gartenstein-Ross (2015), dass die Schwächung der strategischen Kommunikationskampagne des IS ein bedeutsamer Sieg wäre, da der IS völlig auf den Erfolg dieser Propaganda angewiesen ist. Ein Grund, warum IS-Nachrichten verwundbar sind, ist, dass Teile davon nicht wahr sind und dadurch der IS beträchtlichen Schaden bezüglich der Wahrnehmung seiner Glaubwürdigkeit riskiert (Gartenstein-Ross, 2015). Aber (glaubwürdige) Gegenpropaganda stammt nicht nur aus dem Ausland (Abbildung 28-3) und beinhaltete am #TrollingDay auch humorvolle Fotomontagen (Abbildung 28-4).

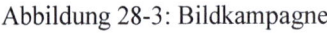

Abbildung 28-3: Bildkampagne

Abbildung 28-4: IS-Kämpfer als Quietsche-Enten

Es wird deutlich, dass eine Maßnahme allein nicht erfolgversprechend ist. Aufklärung ist schlussendlich das Einzige, was vermeintliche Lügen der Terroristen aufzudecken vermag, aber sie muss glaubwürdig kommuniziert werden. Mithilfe des Hackings oder der **Parodie** und **Satire** erhalten die Twitter-Nutzer die Möglichkeit, als Einheit gegen die Terroristen vorzugehen. Die Resonanz für Satire ist da, aber die Gegenmaßnahmen müssen darüber hinausgehen (Reuter et al., 2017).

28.5 Fazit

Dieses Kapitel hat die Grundlagen der Friedens-, Konflikt- und Sicherheitsforschung mit besonderem Schwerpunkt auf die Bereiche der Informations- und Kommunikationstechnologie (IKT) und Mensch-Computer-Interaktion (HCI) dargestellt. Zur Vertiefung wurden dazu selektive Themen in den Schwerpunktbereichen Informatik und Krieg und Informatik für Frieden diskutiert.

-   **Informatik in der Friedens-, Konflikt- und Sicherheitsforschung**: Die Friedensforschung ist durch Begriffe des negativen, positiven und kulturellen Friedens gekennzeichnet und adressiert Gewaltreduktion, Konfliktregulierung sowie Zivilisierung. Die Sicherheitsforschung unterscheidet Safety und Security einerseits, aber auch die persönliche und staatliche (äußere und innere) Sicherheit, um Bedrohungen abzuwenden. Im Bezug zur Informatik werden vor allem friedensstiftende, sicherheitsfördernde Technologien und Konzepte der Informationssicherheit entwickelt.

- **Militärische Nutzung von Informatik und digitale Kriegsführung**: Der militärische Einsatz von IKT kann Kriegshandlungen sowohl vorbeugen als auch verstärken (Hourcade & Nathan, 2013). Diese Dual-Use-Problematik ist eine Herausforderung für die Abschätzung der Folgen von Technikentwicklung und -einsatz (Leng, 2013). Im Cyberraum erfassen Phänomene wie Cyberangriffe und -spionage, Information Warfare, Fake News, Social Bots und letztlich Cyberwar gesellschaftliche und staatliche Akteure, motivieren aber auch den Diskurs um Cyberpeace.

- **Friedensforschung in der Mensch-Computer-Interaktion**: IKT haben durch ihre enorme Reichweite einen großen Stellenwert in der Friedensbewahrung und -schaffung (Hourcade & Nathan, 2013) und können, auch durch die HCI-Forschung informiert, als Werkzeuge zur Friedensvermittlung für die Gewährung der Sicherheit von Menschen bei politischen Konflikten und Naturkatastrophen (Stauffacher et al., 2005), zur Prävention bewaffneter Konflikte und zur erfolgreichen Aufklärung beziehungsweise Demokratisierung, z. B. über internetbasierte Wahlsysteme, eingesetzt werden (Hourcade, 2009).

- **Terrorismus und Bekämpfung terroristischer Propaganda in sozialen Medien**: Terroristen nutzen die Funktionen diverser sozialer Medien, um ihre mediale Reichweite zu erhöhen, spezifische Botschaften zu verbreiten und Anhänger zu rekrutieren. Ebenso können Gegenmaßnahmen, etwa Aufklärung, Hacking und Satire, zur Bekämpfung terroristischer Propaganda über sozialen Medien realisiert werden (Reuter et al., 2017).

28.6 Übungsaufgaben

Aufgabe 1: Erläutern Sie, basierend auf einer kurzen Definition der Begriffe Frieden und Sicherheit, die Gemeinsamkeiten und Unterschiede der Friedens- und Sicherheitsforschung.

Aufgabe 2: Erläutern Sie kritisch den militärischen Einsatz von Informatik im Hinblick auf Dual-Use-Problematiken. In welchem Zusammenhang stehen dazu die Begriffe Information Warfare und Cyberwar?

Aufgabe 3: Fassen Sie kurz zusammen, wie soziale Medien zur Verbreitung terroristischer Propaganda genutzt werden und welche Mittel zur Bekämpfung dieser angewandt werden.

Aufgabe 4: Stellen Sie gegenwärtige Einsatzmöglichkeiten, bestehende Herausforderungen und zukünftige Potenziale von Informationstechnologie zur Friedensstiftung im Sinne von „HCI for Peace" strukturiert gegenüber.

Aufgabe 5: Kapitel 28.3 stellt einige Angriffsmittel und -methoden sowie Schutzmaßnahmen tabellarisch vor. Beschreiben Sie diese Angriffsmittel und -methoden und stellen Sie jeweils dar, welche Schutzmaßnahmen üblicherweise gegen diese eingesetzt werden.

Aufgabe 6: Das Kategorienmodell einer Friedensforschung nach Vogt (1996) unterscheidet Visionen, Dimensionen, Strategien, Ebenen, Formen und Systeme, um Friedensstiftung zu unterstützen. Überlegen Sie sich in einer Gruppenarbeit mit Methoden des Brainstormings oder Brainwritings konkrete Beispiele für die Realisierung dieser Bereiche, insbesondere wie Technologie friedensstiftend wirken kann.

28.7 Literatur

28.7.1 Literaturempfehlungen

Bernhardt, U., & Ruhmann, I. (2017). Informatik. In J. Altmann, U. Bernhardt, K. Nixdorff, I. Ruhmann, & D. Wöhrle, Naturwissenschaft - Rüstung - Frieden (S. 337–448). Wiesbaden: Springer Fachmedien. https://doi.org/10.1007/978-3-658-01974-7_5 337.

Gießmann, H. J. (2011). Frieden und Sicherheit. In H. J. Gießmann & B. Rinke (Hrsg.), Handbuch Frieden (S. 541–556). Springer VS.

Reuter, C., Pätsch, K., & Runft, E. (2017). Terrorbekämpfung mithilfe sozialer Medien – ein explorativer Einblick am Beispiel von Twitter. In Proceedings of the International Conference on Wirtschaftsinformatik (WI). St. Gallen, Switzerland.

28.7.2 Literaturverzeichnis

Altmann, J., Bernhardt, U., Nixdorff, K., Ruhmann, I., & Wöhrle, D. (2017). *Naturwissenschaft – Rüstung – Frieden* (2. Aufl.). Wiesbaden: Springer VS. https://doi.org/10.1007/978-3-658-01974-7

Altmann, J., & Sauer, F. (2017). Autonomous Weapon Systems and Strategic Stability. *Survival: Global Politics and Strategy*, *59*(5), 117–142. https://doi.org/DOI 10.1080/00396338.2017.1375263

Alwardt, C., Brzoska, M., Ehrhart, H.-G., Kahl, M., Neuneck, G., Schmid, J., & Schneider, P. (2013). Braucht Deutschland Kampfdrohnen? *Hamburger Informationen zur Friedensforschung und Sicherheitspolitik*, *50*, 12.

Bernhardt, U., & Ruhmann, I. (2014). Mitten im Cyberkrieg – Angriff auf die Zivilgesellschaft. *FIfF-Kommunikation 1/2014 "Rüstung und Informatik,"* *1*, 32–33.

Bernhardt, U., & Ruhmann, I. (2017). Informatik. In J. Altmann, U. Bernhardt, K. Nixdorff, I. Ruhmann, & D. Wöhrle (Hrsg.), *Naturwissenschaft – Rüstung – Frieden* (S. 337–448). https://doi.org/10.1007/978-3-658-01974-7

Buhaug, H., Levy, J. S., & Urdal, H. (2014). 50 years of peace research: An introduction to the Journal of Peace Research anniversary special issue. *Journal of Peace Research*, *51*(2), 139–144. https://doi.org/10.1177/0022343314521649

Bundesamt für Sicherheit in der Informationstechnik. (2013). IT-Grundschutz: Glossar und Begriffsdefinitionen. https://www.bsi.bund.de/DE/Themen/ITGrundschutz/ITGrundschutzKataloge/Inhalt/Glossar/glossar_node.html

Bundesamt für Sicherheit in der Informationstechnik. (2016). *Die Lage der IT-Sicherheit in Deutschland 2016*. https://www.bsi.bund.de/SharedDocs/Downloads/DE/BSI/Publikationen/Lageberichte/Lagebericht2016.pdf?__blob=publicationFile&v=5

Bundeszentrale für politische Bildung (bpb). (2014). Das Zusammenwachsen von innerer und äußerer Sicherheit. https://www.bpb.de/politik/innenpolitik/innere-sicherheit/190542/das-zusammenwachsen-von-innerer-und-aeusserer-sicherheit

Chatfield, A. T., Reddick, C. G., & Brajawidagda, U. (2015). Tweeting propaganda, radicalization and recruitment: Islamic state supporters multi-sided twitter networks. In *Proceedings Digital Government Research* (S. 239–249). New York, USA: ACM Press. https://doi.org/10.1145/2757401.2757408

Christoph, S. (2015). Funktionslogik terroristischer Propaganda im bewegten Bild. *Journal for Deradicalization*, Fall/15(4), 145–205.

Daase, C. (2009). Der erweiterte Sicherheitsbegriff. In M. A. Ferdowsi (Hrsg.), *Internationale Politik als Überlebensstrategie* (S. 137–153). München: Bayerische Landeszentrale für politische Bildungsarbeit.

Deutsch, K. W., & Singer, J. D. (1964). Multipolar Power Systems and International Stability. *World Politics*, *16*(3), 390–406. https://doi.org/10.2307/2009578

Deutscher Bundestag. (2017). *Fake-News: Definition und Rechtslage.* https://www.bundestag.de/blob/502158/99feb7f3b7fd1721ab4ea631d8779247/wd-10-003-17-pdf-data.pdf

Duden. (2017). *Duden - Deutsches Universalwörterbuch.* Dudenverlag. http://www.duden.de

Ferrara, E., Varol, O., Davis, C., Menczer, F., & Flammini, A. (2016). The Rise of Social Bots. *Communications of the ACM, 59*(7), 96–104.

Galtung, J. (1971). Gewalt, Frieden und Friedensforschung. In D. Senghaas (Hrsg.), *Kritische Friedensforschung* (S. 55–104). Frankfurt am Main: Suhrkamp.

Gartenstein-Ross, D. (2015). Social Media in the Next Evolution of Terrorist Recruitment. *Hearing before the Senate Committee on Homeland Security & Governmental Affairs, Foundation for Defense of Democracies,* 1–11.

Gießmann, H. J. (2011). Frieden und Sicherheit. In H. J. Gießmann & B. Rinke (Hrsg.), *Handbuch Frieden* (S. 541–556). Springer VS.

Granoff, J. (2004). Peace and Security, 262–282. http://www.nios.ac.in/media/documents/SecSocSciCour/English/Lesson-27.pdf

Greene, K. J. (2015). ISIS: Trends in Terrorist Media and Propaganda. *International Studies Capstone Research Papers, Paper 3,* 1–59. http://digitalcommons.cedarville.edu/international_studies_capstones/3

Gruber, T. (2015). Die Informatik in der modernen Kriegsführung. *FIfF-Kommunikation 3/2015 "Rüstung und Informatik" 3,* 39–41.

Gugel, G. (2011). Friedenserziehung. In H. J. Gießmann & B. Rinke (Hrsg.), *Handbuch Frieden* (S. 149–159). Springer VS.

Hourcade, J. P. (2009). Give peace a chance: A Call to Design Technologies for Peace. In *CHI Extended Abstracts on Human Factors in Computing Systems* (S. 2499–2508). New York, USA: ACM Press. https://doi.org/10.1145/1520340.1520354

Hourcade, J. P., Bullock-Rest, N., Davis, J., Jayatilaka, L., Moraveji, N., Nathan, L., & Zaphiris, P. (2012). HCI for Peace : Preventing, De- Escalating and Recovering from Conflict. In *CHI Extended Abstracts on Human Factors in Computing Systems* (S. 2703–2706). New York, USA: ACM Press.

Hourcade, J. P., & Bullock-Rest, N. E. (2011). HCI for Peace: A Call for Constructive Action. In *Proceedings of the SIGCHI Conference on Human Factors in Computing Systems (CHI)* (S. 443–452). New York, USA: ACM Press. https://doi.org/10.1145/1978942.1979005

Hourcade, J. P., & Nathan, L. (2013). Human computation and conflict. In P. Michelucci (Hrsg.), *Human Computation and Conflict* (S. 1–17). New York: Springer.

Hussain, G., & Saltman, E. M. (2014). *Jihad Trending: A Comprehensive Analysis of Online Extremism and How to Counter it.* Quilliam. https://www.quilliamfoundation.org/wp/wp-content/uploads/publications/free/jihad-trending-quilliam-report.pdf

ICT4Peace Foundation. (2017). *Perspectives on Responsible Behavior in State Uses of ICTs. ICT for peace.*

Ioannou, A., Zaphiris, P., Loizides, F., & Vasiliou, C. (2013). Let'S talk about technology for peace: A systematic assessment of problem-based group collaboration around an interactive tabletop. *Interacting with Computers, 27*(2), 120–132. https://doi.org/10.1093/iwc/iwt061

ISO 27001. (2015). Informationstechnik - IT-Sicherheitsverfahren - Informationssicherheits-Managementsysteme - Anforderungen (ISO/IEC 27001:2013 + Cor. 1:2014).

Jaberg, S. (2011). Friedensforschung. In I.-J. Werkner & K. Ebeling (Hrsg.), *Handbuch Frieden* (S. 53–69). Wiesbaden: VS Verlag für Sozialwissenschaften. https://doi.org/10.1007/978-3-531-92846-3_3

Jackob, N. (2007). Die Diffusion von Terrormeldungen, die Wirkung von Anschlägen auf die öffentliche Meinung und die Folgen für das Vertrauen in die Demokratie. In S. Glaab (Hrsg.), *Medien und Terrorismus - auf den Spuren einer symbiotischen Beziehung.* (Band 3, S. 155–174). Berlin: Berliner Wissenschafts-Verlag.

Jahn, E. (2012). *Frieden und Konflikt.* (H.-G. Ehrhart, B. Frevel, K. Schubert, & S. S. Schüttemeyer, Hrsg.) (1. Aufl.). Wiesbaden: VS Verlag.

Jeberson, W., & Sharma, L. (2015). Survey on counter Web Terrorism. *COMPUSOFT, An International Journal of Advanced Computer Technology*, *4*(5), 1744–1747.

Leisegang, D. (2015). Der cyber-militärische Komplex. *FIfF-Kommunikation 3/2015 "Rüstung und Informatik,"* *3*, 24–28.

Leng, C. (2013). *Die dunkle Seite: Informatik als Dual-Use-Technologie.* Berkeley.

Lim, M. (2012). Clicks, Cabs, and Coffee Houses: Social Media and Oppositional Movements in Egypt, 2004-2011. *Journal of Communication*, *62*(2), 231–248. https://doi.org/10.1111/j.1460-2466.2012.01628.x

Mansfield-Devine, S. (2009). Darknets. *Computer Fraud & Security*, *2009*(12), 4–6. https://doi.org/10.1016/S1361-3723(09)70150-2

Meyers, R. (2011). Krieg und Frieden. In H. J. Gießmann & B. Rinke (Hrsg.), *Handbuch Frieden* (S. 21–50). Springer VS.

Neumann, P., & Kleinmann, S. (2013). How Rigorous Is Radicalization Research? *Democracy and Security*, *9*(4), 360–382. https://doi.org/10.1080/17419166.2013.802984

Neuneck, G. (2017). Krieg im Internet? Cyberwar in ethischer Reflexion. In I.-J. Werkner & K. Ebeling (Eds.), *Handbuch Friedensethik* (S. 805–816). Wiesbaden: Springer VS. https://doi.org/10.1007/978-3-658-14686-3_58

Reinhold, T. (2015). Möglichkeiten und Grenzen zur Bestimmung von Cyberwaffen. In D. Cunningham, P. Hofstedt, K. Meer, & I. Schmitt (Eds.), *INFORMATIK 2015* (S. 587–596). Bonn: Gesellschaft für Informatik.

Reuter, C., Pätsch, K., & Runft, E. (2017). Terrorbekämpfung mithilfe sozialer Medien – ein explorativer Einblick am Beispiel von Twitter. In J. M. Leimeister & W. Brenner (Eds.), *Proceedings of the International Conference on Wirtschaftsinformatik (WI)* (S. 649–663). St. Gallen, Switzerland. http://www.wineme.uni-siegen.de/paper/2017/2017_ReuterPaetschRunft_TerrorbekaempfungSozialeMedien_WI.pdf

Rohde, M., Aal, K., Misaki, K., Randall, D., Weibert, A., & Wulf, V. (2016). Out of Syria: Mobile Media in Use at the Time of Civil War. *International Journal of Human–Computer Interaction*, *32*(7), 515–531. https://doi.org/10.1080/10447318.2016.1177300

Sauer, F., & Schörnig, N. (2012). Killer drones: The 'silverbullet' of democratic warfare? *Security Dialogue*, *43*(4), 363–380. https://doi.org/10.1177/0967010612450207

Shackelford, S. J. (2013). Toward Cyberpeace: Managing Cyberattacks through Polycentric Governance. *American University Law Review*, *62*(5), 94.

Starbird, K., & Palen, L. (2012). (How) will the revolution be retweeted?: information diffusion and the 2011 Egyptian uprising. In S. E. Poltrock, C. Simone, J. Grudin, G. Mark, & J. Riedl (Eds.), *Proceedings of the Conference on Computer Supported Cooperative Work (CSCW)*. Bellevue, WA, USA: ACM Press. http://dl.acm.org/citation.cfm?id=2145212

Stauffacher, D., Drake, W., Currion, P., & Steinberger, J. (2005). *Information and Communication Technology for Peace.* New York: The United Nations Information and Communication Technologies Task Force.

Stevens, T. (2016). Putin's trump card? *New Scientist*, *232*(3093), 22–23. https://doi.org/10.1016/S0262-4079(16)31786-9

Tufekci, Z., & Wilson, C. (2012). Social Media and the Decision to Participate in Political Protest: Observations From Tahrir Square. *Journal of Communication*, *62*(2), 363–379.

US Department of Defense. (1998). Information Warfare Policy (CJCS 3210.01).

Virilio, P. (2008). *Die Universität des Desasters.* (P. Engelmann, Hrsg.). Wien: Passagen.

Vogt, W. R. (1996). Zivilisierung und Frieden: Entwurf einer kritisch-reflexiven Friedenstheorie. In *Frieden durch Zivilisierung? Probleme, Ansätze, Perspektiven. Studien für europäische Friedenpolitik* (S. 91–135). Münster: Agenda Verlag.

Waltz, K. N. (1964). The Stability of a Bipolar World. *Daedalus*, *93*(3), 881–909.

Wardle, C. (2017). Fake news. It's complicated. https://firstdraftnews.com/fake-news-complicated/

Webel, C., & Galtung, J. (2007). Negotiation and international conflict. In *Handbook of Peace and Conflict* (S. 35–50). Abingdon: Routledge. https://doi.org/10.4324/9780203089163.ch3

Weimann, G., & Jost, J. (2015). Neuer Terrorismus und Neue Medien. *Zeitschrift Für Außen- Und Sicherheitspolitik*, *8*(3), 369–388. https://doi.org/10.1007/s12399-015-0493-5

Weingardt, M. (2011). Frieden und Religion. In H. J. Gießmann & B. Rinke (Eds.), *Handbuch Frieden* (S. 503–517). Springer VS.

Werkner, I.-J. (2017). Zum Friedensbegriff in der Friedensforschung. In I.-J. Werkner & K. Ebeling (Eds.), *Handbuch Friedensethik* (S. 19–32). Springer Fachmedien.

Werkner, I.-J., & Ebeling, K. (Eds.). (2017). *Handbuch Friedensethik*. Wiesbaden: Springer Fachmedien Wiesbaden. https://doi.org/10.1007/978-3-658-14686-3

Wulf, V., Aal, K., Ktesh, I. A., Atam, M., Schubert, K., Yerousis, G. P., ... Rohde, M. (2013). Fighting against the Wall : Social Media use by Political Activists in a Palestinian Village. In *Proceedings of the Conference on Human Factors in Computing Systems (CHI)*. Paris, France: ACM.

29 Soziale Medien in politischen Konfliktsituationen

**Konstantin Aal · Anne Weibert · Michael Ahmadi ·
Markus Rohde · Volker Wulf**
Universität Siegen

Zusammenfassung

Die Umwälzungen im Nahen Osten, der sogenannte „Arabische Frühling", wurden vermehrt in der akademischen Welt diskutiert. In diesem Kapitel wird gezeigt, wie die Wissenschaft mit dem Thema soziale Medien in Konfliktsituationen (mit Fokus auf den Nahen
Osten) umgeht. Hierzu werden die in diesem Zusammenhang wesentlichen Begrifflichkeiten erklärt und die Besonderheiten des Untersuchungskontexts erläutert. Außerdem
werden unterschiedliche methodologische Vorgehensweisen beschrieben und ein Überblick über bisherige Erkenntnisse gegeben. Im Anschluss präsentieren wir exemplarisch
drei Anwendungsfälle aus „on the ground" betriebener Forschung in Tunesien, Syrien und
Palästina. Somit wird der Leser nach Lektüre dieses Kapitels einen Überblick über das
Untersuchungsfeld sowie unterschiedliche Forschungsmethoden haben, illustriert durch
praxisnahe Fallstudien.

Lernziele

- Die Leser wissen, wie politische Aktivisten sozialen Medien zur Erreichung ihrer
  Ziele nutzen.

- Die Leser erfahren, welche Folgen die Nutzung von sozialen Medien in Konfliktsituationen hat und entwickeln ein Verständnis über das spezifische und komplexe
  Untersuchungsfeld „Naher Osten" am Beispiel von drei Anwendungsfällen.

- Die Leser können in diesem Kontext genutzte qualitative und quantitative Forschungsmethoden anwenden und geeignete Anwendungsszenarien, Vorteile sowie
  Grenzen der verschiedenen Methoden einschätzen.

29.1 Einleitung

Die Medienlandschaft hat sich durch die Digitalisierung und das Internet in den vergangenen Jahren stark verändert. Einen großen Beitrag hat die Digitalisierung von Massenmedieninhalten und deren Verteilung über das World Wide Web (WWW) geleistet und Computernetze wurden zu einem weltweiten Publikum. Parallel fand ein Umstieg auf das "Web 2.0" statt, in welchem soziale Medien ein wichtiger Aspekt sind und eine gravierende Veränderung des Benutzerverhaltens hervorriefen: Die Benutzer werden aktive Teilnehmer bei der Erstellung von Empfehlung und selbstgenerierten Inhalten über eine Vielzahl unterschiedlicher Funktionalitäten wie Kommentare, Annotationen, Wikis, Blogs, Mikroblogs oder Social Media Plattformen (Thurman, 2008).

Die Rolle der neuen Medien als Leitfaden für den „**Bürgerjournalismus**" wird immer deutlicher (Wall, 2012). Ebenso werden die neuen Medien zunehmend als „Mobilisierungsinstrumente" (El-Nawawy & Khamis, 2013) bezeichnet und haben zu einer sogenannten „**crisis informatics**" (**Kriseninformatik**) geführt (siehe z. B. (Palen et al., 2009)). Verbunden mit dieser Richtung ist auch die Frage, welche neuen Medien welche Wirkungen bringen. Es wird diskutiert, dass Twitter, Facebook (FB) und politische Blogs verschiedene Funktionen erfüllen können.

Besonders im Nahen Osten hatten soziale Medien einen großen Einfluss auf die Entwicklung des Landes. Der sogenannte „**Arabische Frühling**", welcher als Oberbegriff die Serie von Protesten und Aufständen in der arabischen Welt seit dem Dezember 2010 umfasst, führte zum Umsturz der politischen Regime in Tunesien, Ägypten, Libyen und Jemen. Während viele Autoren die entscheidende Rolle der sozialen Medien für diese Aufstände (z. B. Ghonim, 2012) betonen, ist der tatsächliche Beitrag des Web 2.0 zu den Entwicklungen in den verschiedenen Ländern des Mittleren Ostens umstritten (Anderson, 2011). Es gibt wenig Zweifel daran, dass neue Medien für die politische Mobilisierung in der arabischen Welt genutzt wurden und hier eine wesentliche Rolle gespielt haben. Die bestehende Forschung hat sehr überzeugend gezeigt, inwieweit (Mikro-)Blogging-Anwendungen während des Arabischen Frühlings (Al-Ani et al., 2012; Kavanaugh et al., 2011; Starbird & Palen, 2012) verwendet wurden.

Im Folgenden werden zuerst die methodischen Möglichkeiten zur Untersuchung von Konfliktsituationen vorgestellt und in die aktuelle Forschung eingeordnet. Anschließend wird an verschiedenen Anwendungsfällen exemplarisch aufgezeigt, welche Rolle soziale Medien für politische Aktivisten in Konfliktsituationen spielen. Das methodologische Vorgehen in den drei Studien wird dabei detailliert beschrieben und mit seinen Chancen und Limitationen in Bezug gesetzt zum methodologischen Vorgehen in anderen Studien über die Rolle sozialer Medien in Konfliktsituationen.

29.2 Stand der Forschung

Die Erforschung der Nutzung sozialer Medien in politischen Konfliktsituationen folgt zwei grundsätzlich unterschiedlichen methodischen Herangehensweisen, die zum einen digitale Inhalte **quantitativ** erfassen und auswerten, und/oder zum anderen **qualitativ** die politische Dimension der Nutzung sozialer Medien aus der Sicht der Aktivitäten der Bürgerinnen und Bürger in nach-revolutionären Situationen betrachten, und – mit kleineren Fallzahlen operierend – tiefer ins Detail gehen.

29.2.1 Quantitative Studien und deren Methodik

Eine Reihe von Studien haben die Beziehung zwischen den neuen Medien und dem politischen Prozess untersucht (Alonso & Oiarzabal, 2010; Crivellaro et al., 2014; Jenkins & Thorburn, 2004; Semaan & Mark, 2011). Eine weitere Reihe von Studien wurde über die Nutzung sozialer Medien in einem politischen oder aktivistischen Kontext veröffentlicht (Al-Ani et al., 2012; Kavanaugh et al., 2011; Lotan et al., 2011; Wulf et al., 2013a). Diese Studien beschreiben Aspekte der Nutzung von Blogging- und Microblogging-Webseiten wie Twitter, vor allem während der Aufstände in Ägypten und Tunesien in den Jahren 2010 und 2011. Sie haben einen sehr wertvollen Beitrag zu unserem Verständnis des politischen Wandels und der Rolle der neuen Medien geleistet, da online verfügbare, öffentlich einsehbare Daten evaluiert werden konnten. Somit erhielt man ein Bild der **online** vonstattengehenden Kommunikation und der dort vorherrschenden Dynamiken. Aus gutem Grund (siehe Wyche et al., 2013) konzentrierten sich die meisten dieser Studien (z. B. Starbird & Palen, 2012) auf Personen, die aktiv sind ("Tweeting") und beschränken sich daher auf die Analyse von **digitalen Spuren**, die von den (Mikro-)Blogging-Sites heruntergeladen wurden. Daher erzählen sie uns weniger über die Beziehung zwischen dem Einsatz sozialer Medien und den alltäglichen politischen Aktivitäten der Nutzer „vor Ort", also „on the ground".

Woolley et al. (2010) präsentieren eine quantitative Inhaltsanalyse von mehr als 1000 Facebook-Gruppenseiten, die sich mit B. Obama und J. McCain während der Präsidentschaftskampagne von 2008 befassen. Wie die oben erwähnten Twitter-Studien beschränken sich diese Studien auf digitale Spuren und untersuchen nicht die Relevanz der Facebook-Gruppenseiten für den praktischen politischen Entscheidungsprozess. Grevet et al. (2014) untersuchen die Diskussionen von Facebook-Nutzern über umstrittene politische Ereignisse. Die Studie zeigte Auswirkungen der erhöhten Polarisierung und Versammlung mit Gleichgesinnten. Im Rahmen der letzten US-Präsidentschaftskampagne konnten Semaan et al. (2014) in einer Interview-Studie unterschiedliche Befunde aufzeigen: Die Befragten nutzen verschiedene Online-Sozialinstrumente, um ihre Informationen zu sammeln, zu posten und um zu partizipieren. Mit Fokus auf Interaktionen zwischen Social Media-Tools fanden die Autoren heraus, dass die Nutzer aktiv die Vielfalt in der Nutzung suchen. Nutzer verwendeten unterschiedliche soziale Medien (parallel), z. B. Facebook,

Twitter, Google+, YouTube sowie Blogs und Foren. Hierbei sind sie zum einen zufällig mit politischen Inhalten in Berührung gekommen (die sie sonst nicht entdeckt hätten), zum anderen haben sie aber auch bewusst nach diesen gesucht.

Im Hinblick auf die arabische Welt sind andere Studienrichtungen entstanden. Dazu gehören z. B. Analysen der Nutzung sozialer Medien in Ägypten auf der Grundlage von Umfragedaten (Tufekci & Wilson, 2012) oder Online-Daten und Reportagen (Lim, 2012). Dabei zeigte sich, dass soziale Medien eine wichtige Quelle für Informationen über den politischen Aufstand waren, welche nicht von der Regierung kontrolliert werden konnten und entscheidend für die Teilnahme von Einzelnen bei den Demonstrationen waren. Es gibt eine Reihe von empirischen Studien von Nicht-Aktivisten im Kontext von politischen Krisen. Dazu gehören Semaan und Mark (2011), die (meist telefonische) Interviews mit einer Reihe von gewöhnlichen irakischen Bürgern führten. Auf diese Weise wurde nicht nur etwas über Aktivisten in Erfahrung gebracht, sondern auch darüber, wie „Normalbürger" die Ereignisse wahrgenommen haben. Hierdurch ergibt sich ein kompletteres Bild, indem mehr über das alltägliche Leben erfahren wird, z. B. hinsichtlich Themen wie Internetnutzung, Vertrauensaufbau und die Gestaltung der (öffentlichen) Identität in gestörten Umgebungen während des zweiten Golfkriegs und des Bürgerkriegs.

29.2.2 Qualitative Methoden und "on the ground"-Approach

Qualitative Studien und solche „on the ground" wählen im Gegensatz zu den im Vorangegangenen vorgestellten Studien einen anderen Weg. Wie beschrieben, hat sich ein Großteil der Studien hinsichtlich sozialer Medien während des Arabischen Frühlings mit öffentlich einsehbaren, online verfügbare Daten beschäftigt. Um jedoch ein ganzheitlicheres Bild zu erhalten, sollten auch qualitative, ethnographische Forschungsmethoden zum Einsatz kommen. Aufgrund einer Forschung im direkten Feld, also vor Ort, spricht man auch von einem „on the ground"-Ansatz. Da somit Erkenntnisse aufgedeckt werden, die online verfügbare Daten nicht vermitteln können, lässt sich Social Media-Nutzung und politische Partizipation in einen größeren Kontext einordnen, unter anderem der Einfluss auf das alltägliche Leben, Organisations- und Mobilisierungsvorgänge, Motivationsgründe sowie weitere Möglichkeiten der Kommunikation (Wulf et al., 2013). Hier liegt der Fokus im Detail somit auf der sozialen Einbettung; über die genaue Ergründung des Handelns verschiedener Akteure entsteht ein detailliertes, tiefgehendes Verständnis der Situation – und der Art und Weise, wie Technik – in diesem Falle soziale Medien – darin verankert und situiert sind.

Postill und Pink (2012) haben das hierfür erforderliche methodologische Vorgehen in einem Literaturüberblick hergeleitet. Erforderlich sei, so schreiben sie, ein forscherischer Ansatz, der die „Intensitäten" von Aktivität in sozialen Netzwerken und damit verknüpften sozialen Verbindungen „online and offline" erfasst und auch ihre Aus- und Nachwirkungen in anderen digitalen Zusammenhängen sowie „face-to-face"-Kontexten im Blick hat (Postill & Pink, 2012) – „making connections between online and locality-based realities"

(Postill & Pink, 2012). Wo ein wachsender Diskurs sich mit internetbezogener ethnographischer Forschungspraxis auseinandersetzt (unter anderen Ardévol, 2012), und anthropologische Studien sich mit Kanälen und Plattformen sozialer Medien sowie damit verbundenen Handlungspraktiken auseinandersetzen (Postill, 2014), führen Postill und Pink die methodologischen Ansätze weiter, indem sie für ein internet-*bezogenes*, ein soziale Medien-*bezogenes* Vorgehen argumentieren, das explizit auch soziales (Inter-)Agieren offline im Blick hat und einbezieht (Postill & Pink, 2012).

Die in Kapitel 29.3 geschilderten Anwendungsfälle knüpfen „on the ground" an dieses methodologische Vorgehen an. Narrative Interviews[21] mit beteiligten Akteuren ergeben kombiniert mit teilnehmenden Beobachtungen lokaler Praktiken und thematisch relevanter Artefakte und Quellen ein umfassendes soziale Medien-*bezogenes* Bild von der Rolle sozialer Medien für Aktivisten in den jeweiligen Konfliktsituationen in Tunesien, Palästina und Syrien. Eine Kombination aus beiden Vorgehen hilft, ein ganzheitlicheres Bild zu erhalten. Dabei können quantitative Methoden einen ersten Eindruck gewähren, welcher durch qualitative Methoden vertieft wird. Oder qualtitiave Eindrücke können durch den quantitativen Einsatz vervollständigt werden. Beide Ansätze schließen sich nicht aus, sondern können sich ergänzen.

Mehrere Einschränkungen sollten jedoch in Betracht gezogen werden.

- So kann es beim „on the ground"-Ansatz zu Gefahren für den Forscher kommen, wenn er sich in einem gewalttätigen Konflikt aufhält und dort Interviews und Beobachtungen durchführt.

- Auch wird der Zugang zu diversen Interviewpartnern erschwert, da der Zugang zum Feld oft durch Kontaktpersonen eingeschränkt wird, wodurch auch eine Kontrastierung von Sichtweisen fehlen kann.

- Eine weitere Gefahr ist die mögliche Instrumentalisierung durch die Kontaktpersonen oder Kontakgruppen. Diese Einschränkungen müssen auch in den Veröffentlichungen als Limitation reflektiert und diskutiert werden.

Im Folgenden soll zunächst beschrieben werden, welche allgemeinen Erkenntnisse über Partizipation via (sozialer) Medien bisher vorliegen. Darüber hinaus soll der folgende Abschnitt helfen, die später beschriebenen Studien in den Untersuchungskontext einzuordnen.

29.2.3 Literatureinordnung

Medien können vor, während und nach **Konfliktsituationen** einen entscheidenden Einfluss auf Politik und Öffentlichkeit nehmen (für eine umfangreiche Diskussion siehe

---

[21] Ein narratives Interview regt zum Erzählen der eigenen Biographie des Interviewten an. Somit wird sich für dessen eigene Perspektive sowie die von ihm konstruierten subjektiven Sinnzusammenhänge interessiert (Rosenthal & Fischer-Rosenthal, 2004).

Becker, 2016; Bucher & Duckwitz, 2005). Insbesondere digitale Medien haben allen am politischen Prozess beteiligten Akteuren neue Formen der Kommunikation ermöglicht. Eine Vielzahl an zum Teil uneinheitlich genutzt Begriffen mit dem Präfix „e-" (wie e-governance, e-participation, e-democracy, e-activism etc.) versucht, dieses neue Phänomen zu kategorisieren (für eine Zusammenfassung siehe z. B. Kneuer, 2016; Stier, 2016).

Vor allem soziale Medien bieten allen Akteuren mithilfe verschiedener Plattformen vielfältige Partizipationsmöglichkeiten (Emmer (2017). Seit dem Arabischen Frühling im Jahr 2011 ist hierbei auch das Interesse für den Einsatz von sozialen Medien hinsichtlich politischer Konfliktsituationen gestiegen. So hat sich sowohl die Öffentlichkeit, als auch die Wissenschaft mit der Frage beschäftigt, ob soziale Medien ein Mobilisierungspotenzial hinsichtlich partizipatorischer[22] Faktoren besitzen und wie Services wie Facebook und Twitter für diese Zwecke genutzt werden.

Die Diskussion hinsichtlich der Bedeutung sozialer Medien im Kontext der oben genannten Themen hat bereits ganze Sammelbände hervorgebracht (Dencik & Leistert, 2015).

- Im Sinne einer **Befreiungs- beziehungsweise Demokratisierungstechnologie** wird die Relevanz sozialer Medien hierbei stellenweise kritisch betrachtet und auch als überhöht angesehen (z. B. Becker, 2016; Fuchs, 2012; Hafez, 2014; Kneuer, 2016; Kneuer & Demmelhuber, 2012; Richter, 2013; Wolfsfeld et al., 2013).

- Zudem können auch Autokratien von den Möglichkeiten digitaler Medien ebenso profitieren wie Protestbewegungen (Becker, 2016; Fuchs, 2012; Kneuer, 2016; Kneuer & Demmelhuber, 2012).

Natürlich reicht der Diskurs auch weiter, so kann beispielsweise die Rolle sozialer Medien in der heutigen Zeit mit der Rolle von Medien in zurückliegenden Konfliktsituationen verglichen werden. Sturm und Amer (2013) betrachten beispielsweise die Rolle von Medien während vergangener Revolutionen (z. B. der Französischen Revolution von 1789), und kommen zu dem Schluss, dass Medien schon immer eine wichtige, unterstützende Rolle in politischen Konfliktsituationen innehatten. Mit einer zunehmenden Technologisierung hat sich jedoch die Verbreitungsgeschwindigkeit von Informationen deutlich erhöht. So interessant solche Diskussionen sind, wollen wir uns im Rahmen dieses Kapitels jedoch vorrangig auf die Nutzung sozialer Medien während des Arabischen Frühlings beziehen.

Andere Untersuchungen haben allerdings auch gezeigt, dass im Arabischen Frühling durch die Nutzung sozialer Medien durchaus **Mobilisierungspotenzial** gegeben war und dass diese zur Meinungsfreiheit sowie Formierung und Koordination von Protestbewegungen beitragen können (z. B. Hafez, 2014; Kneuer, 2016). Auch wenn **partizipative Medienstrukturen** alleine nicht ausreichen, um gesellschaftliche Veränderungen herbeizuführen (Emmer, 2017; Kneuer & Demmelhuber, 2012), gilt es weitestgehend als erwiesen, dass soziale Medien eine zentrale Rolle bei der Organisation politischer Proteste im

---

[22] Zum Partizipationsbegriff im Allgemeinem und im Kontext sozialer Medien im Besonderen siehe (Thimm & Bürger, 2015) sowie (Thimm, 2017).

Arabischen Frühling gespielt haben (z. B. Wilson & Dunn, 2011). Somit bestehen „*durch-aus stabile Befunde, die zumindest ein Potenzial für eine Veränderung und Demokratisie-rung deutlich machen*" (Emmer, 2017).

Bei einer Analyse der Bedeutung sozialer Medien in Konfliktsituationen muss auch be-rücksichtigt werden, wie stark der alleinige und auch **wechselseitige Einfluss von Mas-sen- und digitalen Medien** ist.

- So argumentiert Becker (2016), dass der TV-Sender Al Jazeera während des Ara-bischen Frühlings in Ägypten eine wesentlich wichtigere Rolle bei der Politisierung der Bevölkerung gespielt hat als die sozialen Medien.

- Daten des „Tahrir Data Project" weisen zudem aus, dass soziale Medien im Ver-gleich zum Telefon oder TV keine übergeordnete Rolle spielten: Fernsehen (92%) und Telefon (82%) beispielsweise wurden von ägyptischen Aktivisten wesentlich häufiger genutzt als Facebook (42%) und Twitter (13%) (Wilson & Dunn, 2011).

- Auf dem Tahrir-Platz befragte Aktivisten haben zudem die außerordentliche Be-deutung des Telefons sowie der Face-to-Face-Kommunikation hervorgehoben (Baringhorst, 2014; Wilson & Dunn, 2011).

Hierbei muss jedoch ebenso beachtet werden, dass Al Jazeera sowie weitere überregionale Fernsehsender UGC aus sozialen Medien aufgriffen und somit für Wahrnehmbarkeit bei der (regionalen und globalen) Öffentlichkeit sorgten (Kneuer & Demmelhuber, 2012). Ha-fez (Hafez, 2014) hingegen sieht zudem bei digitalen Medien eine höhere Mobilisierungs-kraft im Vergleich: „*[...] was Massenmedien wie Al Jazeera noch gefehlt hatte – die di-rekte Bindung zur Basis – ermöglichte das Internet.*" Baringhorst (2014) drückt es wie folgt aus: „*Die Aufwertung individueller Teilhabechancen und Zunahme vielfältiger, oft kollaborativer Praktiken des Produsage legen es nahe, webbasierten Protest aus einer protestkulturellen Perspektive zu erforschen, in der Protestkulturen stärker als bisher als komplexe Medienkulturen zu verstehen sind.*" So müssen auch Aspekte wie Internetanbin-dung/Verfügbarkeit beachtet werden. Während des Arabischen Frühlings in Ägypten war die Internetverbreitung beispielsweise eher gering, wodurch von vornherein keine großen Reichweiten erzielt wurden (Becker, 2016).

Darüber hinaus ist die Nutzungsintensität sozialer Medien in verschiedenen Ländern un-terschiedlich. Somit besitzt nicht jedes soziale Medium in jedem Land die gleiche Rele-vanz bezüglich **politischer Partizipation** (Emmer 2017). In Deutschland ist Twitter bei-spielsweise eher als Nischenmedium zu betrachten, während der Service in Ländern mit geringer Informations- und Pressefreiheit eher eine Alternative für Informations- und Mei-nungsbildung darstellen kann (z. B. Wojcieszak, Smith 2014, Sancar 2013). Für Deutsch-land sehen mehrere Untersuchungen den Informations- und Diskussion-Gehalt sowie das Demokratisierungspotenzial über soziale Medien in der Bevölkerung hinsichtlich bei-spielsweise der Themen Stuttgart 21 (z. B. Bernhard et al., 2015; Stark et al., 2015) oder der Landtagswahl in Nordrhein-Westfalen im Mai 2012 (z. B. Bernhard et al., 2015) als eher gering an.

Somit ist es als problematisch anzusehen, „role models" (Rollenbilder) politischer Online-Kommunikation bestimmter Länder automatisch auf andere Nationen und Kulturen zu übertragen, wie dies Vaccari (Vaccari, 2013) in seiner komparativen Studie aufzeigt: So haben sowohl institutionelle, als auch politisch-kulturelle Faktoren einen erheblichen Einfluss auf die Art und Weise, wie politisch im Internet kommuniziert wird. Die wenigen, bisher existierenden vergleichenden Studien (sowohl hinsichtlich der sozialen Plattformen selbst, als auch hinsichtlich internationaler Diffusionseffekte) zeugen daher von einer geringen Erklärungskraft enger Fokussierungen (Kneuer, 2016). Auch der Arabische Frühling muss hinsichtlich seiner „regionalen wie länderspezifischen Dimension" (Kneuer & Demmelhuber, 2012) betrachtet werden. *„Ob Protestbewegungen am Ende erfolgreich sind, hängt, wie der landesspezifisch unterschiedliche Verlauf der Proteste des Arabischen Frühlings zeigt und die soziale Bewegungsforschung umfassend empirisch belegt hat, von einer Vielzahl politischer, ökonomischer und sozialer Rahmenbedingungen ab"* (Baringhorst, 2014).

Die meisten der oben genannten Untersuchungen nutzen zumeist öffentlich verfügbare Daten aus den sozialen Netzwerken, um (meist quantitative) Analysen durchzuführen. Inwiefern Aktivisten in autokratischen Systemen in Tunesien, Syrien und Palästina soziale Medien in politischen **Konfliktsituationen** nutzen und einsetzen, um ihre Ziele zu verfolgen, welche positiven Auswirkungen der Einsatz sozialer Medien zur Erreichung ihrer Ziele hat und mit welchen Problemen sie konfrontiert werden, kann mithilfe solcher Forschungsmethoden aber nur beschränkt beantwortet werden. Vernachlässigt wurde bisher der Ansatz, im Sinne einer ethnografischen Erhebung nachzuvollziehen und mithilfe eines **„on-the ground"-Ansatzes** zu verstehen, wie die Menschen vor Ort solche Plattformen verwenden, um sich zu mobilisieren. Dies gewährleistet ebenso die Berücksichtigung der erwähnten landesspezifischen Rahmenbedingungen.

29.3 Anwendungsfälle

Damit die Rolle von IT beziehungsweise sozialer Medien zur Zeit des Arabischen Frühlings besser verstanden werden kann, muss zunächst der Kontext beziehungsweise das Untersuchungsfeld genauer beschrieben werden. Allgemein gelten die Widerstände gegen die tunesische Regierung von Staatsoberhaupt Zine el-Abidine Ben Ali am 17. Dezember 2010 als Startpunkt des Arabischen Frühlings. Tatsächlich entstanden in Ägypten aber bereits seit dem Jahr 2008 Protestbewegungen in den sozialen Medien, wie z. B. die Facebook-Gruppen „Jugend des 6. April" und „Wir sind alle Khaled Saeed" (ein ägyptischer Blogger, der von der Polizei auf offener Straße totgeschlagen wurde). Auch die Bewegung „Kifaya" organisierte sich mithilfe sozialer Medien. Die ägyptische Revolution endete schließlich im Sturz des Staatsoberhaupts Husni Mubarak am 11. Februar 2011. Somit gehört die Gemeinschaft genannter Facebook-Gruppen auch mit zu den Initiatoren der Revolution in Ägpyten (Allagui & Kuebler, 2011). Aber um ein Gesamtbild der Situation zu bekommen und diese zu verstehen, muss auch die soziale und politische Komponente in die Analyse einbezogen werden. Besonders in Ägypten war durch das unterdrückende Regime ein Aufstand absehbar, aber durch soziale Medien wurde die Kommunikation, Informationsverteilung und Abstimmung deutlich vereinfacht und beschleunigt. Sturm & Ammer (2013) schlussfolgern, dass es weniger eine „Social Media Revolution" war, sondern eine Bewegung, die durch soziale Medien unterstützt wurde.

Tatsächlich existieren einige Überschneidungen zwischen den Geschehnissen in Ägypten und denen in anderen arabischen Ländern. Wir möchten uns im Folgenden auf die Untersuchungsfelder Tunesien, Palästina und Syrien beziehen. In diesem Kapitel werden daher diese Anwendungsfälle einzeln historisch kurz vorgestellt, um ein besseres Verständnis über die Lage und Situation in den einzelnen Ländern zu erhalten und zu verstehen, wie und auch warum die Akteure in den Ländern jeweils angefangen haben, soziale Medien für ihre **Konfliktsituationen** zu nutzen.

29.3.1 Tunesien

Tunesien wurde für etwa 24 Jahre von Zine el-Abidine Ben Ali (1987-2011) regiert; das Ben Ali-Regime war im Grunde eine Diktatur. Die politische Teilhabe der Menschen im Sinne der westlichen Demokratie wurde nicht gefördert (CIA, 2014). Nationale Radio- und Fernsehsender sowie Zeitungen wurden zensiert und standen unter strenger staatlicher Kontrolle. Vor 1990 wurden die meisten arabischen Medien, nicht nur das tunesische Radio und Fernsehen, von Regierungen kontrolliert (El-Nawawy & Khamis, 2013). Allerdings hatten arabische Satelliten-TV-Sender, wie Al Jazeera, begonnen, die Medienlandschaft zu verändern. Da die meisten tunesischen Haushalte Satelliten-TV empfangen konnten, spielte Al Jazeera eine wichtige Rolle bei der tunesischen Revolution (Wulf et al., 2013b). Mit dem Satellitenfernsehen und dem Internet brach eine „Medienrevolution in der arabischen Welt aus" (El-Nawawy & Khamis, 2013).

Das Ben Ali-Regime praktizierte verschiedene Formen der **Internetüberwachung**; auf der einen Seite halten sie Internetcafé-Betreiber verantwortlich für ihre Kunden, so dass diese die IDs der Internetcafé-Besucher kontrollieren und notieren mussten, und auf der anderen Seite mussten E-Mails durch einen zentralen Server geleitet werden, um die Anlagen und auch den Inhalt zu überprüfen (ONI, 2014). Auch ganze Internetdienste wie YouTube, Skype und Google Maps wurden blockiert (Howard, 2010).

Es gibt auch ein großes Ungleichgewicht zwischen den verschiedenen Regionen Tunesiens: Die meisten Menschen leben in Städten an der Küste (Verdier-Chouchane et al., 2011) und die Mehrheit der Regierungsorganisationen, Bildungseinrichtungen usw. ist auch dort ansässig. Diese Rahmenbedingungen verursachten soziale Spannungen mit der weniger gebildeten, ländlichen Bevölkerung und ihren Chancen für die Teilnahme an demokratischen Prozessen. Vor allem um Tunis wurden in den 1970er- und 1980er-Jahren von den armen Landsleuten viele illegale Siedlungen gebaut, die inzwischen legal wurden, aber nach wie vor benachteiligte Gebiete bleiben (GIZ, 2017). Tunesien wurde als ein Land mit einem stabilen Wirtschaftswachstum im Rahmen des Ben Ali-Regimes angesehen. Allerdings hat nur ein kleiner Teil der Bevölkerung davon profitiert. Diese Themen waren ein weiterer wichtiger Grund - neben den politischen Repressionen – für den Arabischen Frühlingsaufstand (bpb, 2015; CIA, 2014).

Nach dem anschließenden Aufstand wurde das Ben Ali-Regime durch eine vorübergehende Regierung ersetzt. Nach einer ersten Wahl im Oktober 2011 übernahm eine Koalitionsregierung unter der Führung der mäßig islamistischen Ennahda-Partei. Nach einer längeren politischen Unruhe wurde es im Januar 2014 durch eine Regierung der Technokraten ersetzt.

Während die Regierung und die politischen Institutionen noch instabil sind, ist die Zensur innerhalb des Massenmediensystems weitgehend aufgegeben worden. So bieten Zeitungen, terrestrische Fernsehsender und Satelliten-TV eine breite Palette politischer Perspektiven an. Gleichzeitig zeigen statistische Daten die Zunahme der Zahl der Internetnutzer in Tunesien ab 2008: 27,5 von 100 Personen auf 39,1 Personen im Jahr 2011 (Internetworldstats, 2017).

Ende 2010 hatte Tunesien eine der höchsten Raten der Facebook-Nutzung in den arabischen Staaten (17,6%), ein Trend, der sich im Folgenden fortsetzte (22,5% im April 2011). Jugendliche machten 75% der Facebook-Nutzer aus (Kavanaugh et al., 2011). Auch im Jahr 2009 hatte Tunesien die „am weitesten entwickelten Telekommunikationsinfrastrukturen in Nordafrika mit hoher mobiler Penetrationsrate und einer der niedrigsten Breitbandpreise in Afrika" (ONI, 2014). Seit 2011 sind die Mobilfunk-Telefon-Abonnements pro 100 Einwohner in Tunesien immer noch angestiegen, jetzt gibt es 116 Abonnements pro 100 Einwohner (International Telecommunications Union, 2014).

29.3.2 Palästina

Die Westbank ist ein Teil des palästinensischen Territoriums, das der Staat Israel während des Sechstägigen Krieges 1967 besetzte. Seitdem ist er unter israelischer Militärkontrolle geblieben. Nach dem Oslo-Abkommen von 1993 sind Teile der Westbank nun unter der Verwaltung der Palästinensischen Autonomiebehörde (PA). Seit 1967 wurden im Westjordanland israelische Siedlungen eingerichtet und aktuell leben mehr als 500.000 Siedler im Westjordanland, darunter Ost-Jerusalem (unter 2,4 Millionen Palästinensern); die internationale Gemeinschaft betrachtet diese Siedlungen als illegal (Resolution 446 des UN-Sicherheitsrates). Ab 2003, während der Zweiten Intifada, begann die israelische Regierung mit der Errichtung einer Mauer (auch als „Separation Wall" bezeichnet) um und innerhalb des Westjordanlandes, die sie als eine Handlung der Selbstverteidigung gegen Terroranschläge betrachtete. Die Mauer steht hauptsächlich auf palästinensischem Land, trennt die palästinensische Bevölkerung und trägt aus deren Sicht zur Enteignung ihres Landes bei (Barak-Erez, 2006).

Als Reaktion auf den Bau der Mauer begannen palästinensische Dörfer mit regelmäßigen Demonstrationen; als eines der ersten Dörfer hat Bi'lin damit begonnen, jeden Freitag zu demonstrieren. Mehrere andere Dörfer folgten diesem Beispiel in den folgenden Jahren. Eines dieser Dörfer ist Al Ma'sara, welches auf den südlichen Hügeln von Bethlehem gelegen ist. Es hat weniger als 1000 Einwohner und ist Teil einer Kette von Dörfern, in denen etwa 14.000 Einwohner leben. Bisher haben diese Dörfer – nach eigener Einschätzung – etwa 3.500 Dunum (etwa 865 Hektar) Land an israelische Siedlungen verloren. Innerhalb dieser Kette von Dörfern ist Al Ma'sara ein wichtiger Standort solcher Demonstrationen. Seit 2006 gibt es wöchentliche Demonstrationen zur Verteidigung der Landrechte und gegen die israelische Besatzung. Darüber hinaus wurden legale Mittel zur Verteidigung dieser Rechte verwendet, die in einem Sieg vor dem höchsten israelischen Gericht gipfelten und ein Teil des Mauerbaus wurde komplett gestoppt.

In zwei voneinander abgeschnittenen Gebieten wurde Telekommunikation zum Hauptkommunikationsmittel für das im Westjordanland und im Gaza-Streifen lebende palästinensische Volk. Wie in anderen Ländern des Mittleren Ostens ist der Anteil der Internetnutzer in den vergangenen zehn Jahren stark gewachsen (63,2% der Bevölkerung in Palästina Mitte 2016 und über 1.7 Millionen Facebook-User (Internetworldstats, 2017). Im Westjordanland gibt es eine große Lücke zwischen den städtischen und ländlichen Gebieten. Mit dem zunehmenden Einsatz digitaler Medien ist der israelisch-palästinensische Konflikt offensichtlich nicht mehr nur ein politischer, teilweise bewaffneter Konflikt; es wird zudem auch ein Medienkrieg (weitere Informationen in z. B. Aouragh, 2011).

Seit Anfang der 90er-Jahre, als das palästinensische Volk anfing, „der Welt ihre Geschichte zu erzählen", führten einige ihrer Arbeiten zu einem anspruchsvollen "All-New-Media-Aktivismus" (Khoury-Machool, 2007). Webseiten wie Google, YouTube, Twitter oder Facebook wurden sehr beliebt. Die Zahl der Facebook-User stieg seit März 2012 bis Juni 2016 um über 800.000 User auf insgesamt 1.7 Millionen User (Internetworldstats, 2017). Aber palästinensische Aktivisten und ihre Unterstützer sind mit einer neuen Generation von Zensur in diesem Bereich konfrontiert: So wurde beispielsweise eine Facebook-Seite namens "Third Palestinian Intifada" auf Anfrage von der israelischen Regierung entfernt und aufgrund einer ähnlichen Anfrage entfernte Apple die App „Third Palestinian Intifada" aus deren AppStore.

Wie die meisten Infrastrukturen und Ressourcen im Westjordanland werden die Luftwellenbandbreiten von den israelischen Behörden kontrolliert und zugeteilt. Dazu gehört die Frequenzsteuerung für TV- und Radiosender und Mobilfunkbetreiber. Darüber hinaus muss der Zugang zum globalen Netzwerk durch israelische Unternehmen erfolgen. Die beiden palästinensischen Mobilfunkanbieter dürfen bis heute keine 3G-Dienste betreiben. Auch die Installation von Punkt-zu-Punkt-Funksystemen benötigt eine israelische Zulassung, die nicht leicht zu erreichen ist.

Nach dem Ende des Osmanischen Reiches wurde Syrien Teil der französischen Mandats-
zone und erreichte seine Unabhängigkeit 1946. Die ersten 25 Jahre der syrischen Unabhängigkeit waren charakterisiert durch politische Instabilität; Republikanische Perioden
waren unterbrochen von verschiedenen militärischen Staatsstreichen.

Im Jahr 1971 kam Hafiz Al-Assad, der Vater des jetzigen Präsidenten, an die Macht und
blieb der Machthaber bis zu seinem Tod im Jahr 2000. Er wird als versierter Politiker
bezeichnet, welcher politische Stabilität und wirtschaftliche Entwicklung in das Land
brachte. Während seiner 30-jährigen Regentschaft wurde die politische Opposition durch
Festnahme und Folter unterdrückt. Während einer versuchten Rebellionen der *Muslim
Brotherhood* in der Provinzstadt Hama im Jahr 1982 griff Hafiz Al-Assad streng durch,
indem er (geschätzt) 10.000 – 25.000 Menschen tötete.

Das Assad-Regime ist gekennzeichnet durch die Tatsache, dass die oberen Ränge der militärischen Hierarchie, die politische Elite und die Geheimdienstorganisationen stark miteinander verflochten sind und zu einem Netzwerk von loyalen Aleviten gehört, einer religiösen Minderheit, zu der die Assad-Familie gehört (siehe z. B. (Perthes, 1997). Nach dem
Tod seines Vaters, im Jahr 2000, kam Baschar Al-Assad an die Macht. Seine Politik verfolgte zunächst eine Politik der Reformation in politischer und wirtschaftlicher Sicht, obwohl diese bereits nach kurzer Zeit endete. Wie andere arabische Ländern in den vergangenen Jahrzehnten hat Syrien eine der international höchsten Geburtenraten, sodass mehr
als ein Drittel der Bevölkerung unter 14 Jahren ist und die Arbeitslosenquote bei Personen
unter 25 Jahren bei fast 20% (CIA, 2017) liegt, die sozioökonomische Ungleichheit stieg
in dieser Zeit stark an. Dies war der Fall besonders in den Städten mit einer hohen Armuts-
quote, wie Daraa und Homs; ländliche Gebiete wurden besonders hart getroffen durch eine
Dürre Anfang 2011.

Die politischen Proteste begannen am 15. März 2011 in der südlichen Stadt Daraa – in
Tunesien und Ägypten wurden die Regime nach einigen politischen Aufständen bereits
vom Volk gestürzt. In den nächsten Tagen eskalierten die Demonstrationen und Konfrontationen in Daraa und es gab weitere Aufstände in anderen syrischen Städten. Demonstranten verlangten die Freilassung politischer Gefangener, die Abschaffung des syrischen
48 Jahre alten Notstandsgesetzes, mehr Freiheiten und ein Ende der Korruption in der Regierung.

Im April 2011 wurde die syrische Armee eingesetzt, um die Aufstände unter Kontrolle zu
bringen, und den Soldaten wurde befohlen, Feuer auf die Demonstranten zu eröffnen.
Nach monatelangen militärischen Belagerungen entwickelten sich die Proteste in eine bewaffnete Rebellion. Oppositionskräfte, hauptsächlich ehemalige Soldaten und zivile Freiwillige, wurden zunehmend bewaffnet und organisiert. Einige der Gruppen erhielten militärische Hilfe von mehreren ausländischen Länder (Amnesty International, 2016).

Das Internet spielte eine bedeutende Rolle bei den Entwicklungen unter Bashar al Assad. Während seiner Regentschaft wurde das Internet im Jahr 2001 in Syrien eingeführt. Social Media-Anwendungen wie Facebook und YouTube wurden offiziell verboten. Trotzdem lies die Regierung den Zugang zum Internet während der ersten 21 Monate der Kämpfe mit den Rebellen meist intakt – mit Ausnahme von kürzeren Abschaltungen am Ende von November 2012 (Chozick, 2012). Während des Bürgerkrieges wurde das Internet selbst umkämpfter Raum (Howard et al., 2011). Oppositionsakteure behaupteten, die Posteingänge von Assad und seiner Frau in Echtzeit über mehrere Monate überwacht zu haben. In einigen Fällen sagten diese, die Informationen wurden verwendet, um andere Aktivisten in Damaskus zu warnen, dass das Regime sich auf sie zubewegt (Booth et al., 2012).

Die elektronische Armee der syrischen Regierung (Chozick, 2012) wurde auch wegen DDoS-Angriffen angeklagt, Phishing-Betrügereien und andere Tricks, um Oppositionsaktivisten online zu bekämpfen (Fisher & Keller, 2011). An den Kontrollpunkten untersuchten Assad-Kräfte Laptops auf Software, die es Benutzern erlauben würde, die Regierung zu umgehen. Spyware von Regierungsbeamten in Internetcafés überprüften Benutzeridentifikationen (Chozick, 2012). Die Regierung scheint auch Facebook- und Google-Zugriffe zu übermitteln und zu manipulieren durch sogenannte „Man in the middle"-Angriffe (Urbach, 2012).

Die Situation entwickelt sich stetig weiter. Die erste Phase des syrischen Bürgerkrieges wurde vor allem von drei Armeen geprägt: der offiziellen syrischen Armee (OSA), der oppositionellen Free Syrian Army (FSA) und den bewaffneten kurdischen Kräften (vorwiegend im Südosten Syriens). In der Zwischenzeit gewannen neu aufkommende Streitkräfte auf beiden Seiten zunehmend Einfluss (wie bei den Verbündeten von Assad, z. B. der iranischen Revolutionswache und der Hisbollah, und für die Opposition, z. B. verschiedene islamistische Gruppen wie die Al-Nusra-Front, die syrische islamische Front, ISIL), dazu kommen die komplexen Rollen der internationalen Koalition und Russland.

29.4 Nutzung von sozialen Medien in den Anwendungsfällen

Im Folgenden werden die einzelnen Anwendungsfälle in Bezug zu deren Nutzung von sozialen Medien vorgestellt. Dabei wird ein besonderer Fokus auf die **Aneignungsprozesse** in den einzelnen Fällen gelegt, das heißt, wie haben sich die Akteure die sozialen Medien angeeignet und genutzt. Insbesondere spielt Facebook hier eine wichtige Rolle, da sich die Nutzung in den einzelnen Anwendungsfällen stark unterscheidet.

29.4.1 Tunesien

29.4.1.1 Zugriff auf Facebook

Die Forschung zeigt, dass die tunesische Gesellschaft tief in ihren Zugang zum Internet im Allgemeinen und zu Facebook im Besonderen geteilt ist (Bettaieb, 2011). Für viele Menschen ist der Zugang zum Internet zu teuer: Es bedarf einer Telefonleitung und einer zusätzlichen Anmeldegebühr von 120 Dinar (ca. 73 US-Dollar). Das führt dazu, dass viele kein Facebook nutzen und nur ein sehr vages Verständnis davon haben. In ländlichen Gegenden sind Internetcafés oft der einzige Zugang zum Internet.

Im Gegensatz dazu hatten alle Studierenden, Hochschulabsolventen und Akademiker Zugang zum Internet im Studentenwohnheim. Sie waren alle begeisterte Facebook-Benutzer, auch vor der Revolution. Viele von ihnen hatten auch Zugang über ihr Smartphone. So können auch Leute, die nur eine vorab bezahlte Telefonkarte haben, kostenlos auf Facebook zugreifen, Daten hochladen und anzeigen. Darüber hinaus bietet der Telekom-Betreiber kostenlose SMS an, um die Benutzer über Updates auf Facebook zu informieren. Diese Beispiele unterstreichen eindeutig den Unterschied zwischen dem Zugang zum Internet sowohl auf geografischer als auch auf wirtschaftlicher Basis.

29.4.1.2 Politische Facebook-Seiten und -Gruppen

Die tunesischen Facebook-Nutzer haben eine Vielzahl von Seiten und Gruppen geschaffen, die mehr oder weniger ausschließlich den politischen Inhalt abdecken. Es gibt eine Facebook-Seite namens „Tunisia", durch welche viele politische Videos geteilt werden. Diese Videos stammen aus TV-Kanälen wie Al Jazeera, Al Arabia oder CNN. Allerdings bietet diese Seite auch eine Plattform, um Amateurvideos mit politischen Inhalten auszutauschen. Zum Zeitpunkt der Untersuchung folgten mehr als eine Million Nutzer dieser Seite. Tunesische Fernsehsender scheinen auch Amateurvideos von dieser Seite zu nehmen und auszustrahlen.

Es gibt auch Facebook-Seiten und -Gruppen, die eine klare politische Haltung artikulieren, die manchmal ironisch umrahmt wird. Wie die meisten tunesischen Politiker hat der Chef der Ennahda-Bewegung, Rached Ghannouchi, eine offizielle Facebook-Seite, die von etwa 250.000 Menschen gelikt wird. Allerdings gibt es auch Seiten, die einen klaren Ennahda-kritischen Ton in ihrem Titel haben. Eine dieser Seiten heißt „Get Ghannouchi back to London", die mehr als 200.000 Anhänger hat und ironische Kommentare bezüglich der Ennahda-Herrschaft enthält. Der Name der Seite bezieht sich auf sein 20-jähriges Londoner Exil vor seiner Rückkehr nach Tunesien nach der Revolution.

Über die großen Politiker hinaus sind alle politischen Parteien in Tunesien auf Facebook vertreten. Sie scheinen sogar Facebook zu verwenden, um sich zu den Pressemitteilungen der anderen Parteien zu äußern. Auch die tunesische Regierung hat weitgehend angefangen, Facebook zu nutzen. Alle Ministerien in Tunesien waren zum Zeitpunkt der Forschung in Facebook vertreten.

29.4.1.3 Facebook-Nutzung während des Aufstands

Die Bedeutung von Facebook heute kann nicht diskutiert werden, ohne auf ihre Rolle während der tunesischen Revolution in 2010/2011 zurückzugreifen (Wulf et al., 2013b). Für viele Aktivisten war Facebook zusammen mit Al Jazeera die einzige Quelle für zuverlässige Informationen während des Aufstands. Durch die Betrachtung von Facebook und Al Jazeera konnten sie sich vor allem über den sich entwickelnden politischen Aufstand informieren.

Die Facebook-Nutzung war während der Revolution sehr weit verbreitet und spielte eine wichtige Rolle. Politische Diskussionen zu dieser Zeit sind zum Teil noch im Gange, aber oft erscheinen sie nicht auf der Pinnwand, sondern werden über private Nachrichten auf Facebook geführt. Aus der Sicht von einigen Aktivisten gibt es nicht mehr viele politische Diskussionen, da die Menschen enttäuscht sind, frustriert mit der langen Übergangszeit und der tatsächlichen politischen Situation. Trotzdem werden immer noch Artikel und Videos, die die aktuelle politische Situation und Hintergrundinformationen beschreiben, geteilt. Der wichtigste Punkt hierbei ist, dass Facebook damals in klarem Gegensatz zu den Mainstream-Medien, mit Ausnahme von Al Jazeera, offensichtlich als vertrauenswürdiges Medium galt.

29.4.1.4 Vertrauen in Facebook

Im Allgemeinen wird die Menge an Informationen, die auf Facebook verfügbar ist, als eine bessere Grundlage für die Gewinnung von Informationen und die Filterung der meisten nicht vertrauenswürdigen Quellen als andere Medien wahrgenommen. In einer Zeit der politischen Konkurrenz spielt die Filterung von Informationen offensichtlich eine größere Rolle bei den Aktivitäten der Menschen. Während der Revolution wurde Facebook verwendet und als das zuverlässigste Medium beschrieben, aber dieses Bild hat sich geändert. Nach der Revolution sind die Nutzer in Tunesien misstrauischer gegenüber Geschichten geworden, welche auf Facebook geteilt werden. Die Facebook-Nutzer schätzen die Vielfalt der Information, bleiben aber skeptisch in Bezug auf ihre Zuverlässigkeit. Aus diesem Grund werden Neuigkeiten konsumiert und anschließend in „vertrauenswürdig" oder „nicht vertrauenswürdig" unterschieden.

Viele vertrauen Informationen, die zusätzliche Anmerkungen zu zuverlässigen Quellen haben oder Hinweise auf die Unsicherheit über die Zuverlässigkeit dieser Quelle enthalten. Durch die aktive Überprüfung der Quellen mit anderen, die Verbreitung von Informationen oder Links über die eigenen Pinnwände oder in Gesprächen über Postings mit Freunden wird versucht, Sinn und Vertrauen zu schaffen.

29.4.2 Palästina

29.4.2.1 Die Rolle von Internet und sozialen Medien

In der untersuchten Fallstudie wurde das Internet genutzt, um hauptsächlich E-Mails an das breite Netz von Unterstützern und Journalisten zu verschicken und über die politischen Bedingungen und Aktivitäten in den Dörfern zu informieren und die Anhänger zu den bevorstehenden Demonstrationen einzuladen. Obwohl soziale Medien und besonders Facebook bereits verfügbar waren und in anderen Ländern genutzt wurden, fingen viele Aktivisten in Palästine erst spät an, diesen Kanal für ihre politischen Zwecke zu nutzen.

Auf den Pinnwänden wurden Fotos von den Demonstrationen mit Erklärungen gepostet. Zudem wurden Nachrichten an israelische Unterstützer und europäische Aktivisten verschickt, in denen für die Teilnahme an den Demonstrationen gedankt und auch zu zukünftigen Events eingeladen wurde. Besonders die Vermischung von privaten und politischen Nachrichten auf den Facebook-Seiten der Aktivisten ist besonders zu erwähnen; so wurden Fotos von bewaffneten Soldaten und gewalttätigen Szenen gepostet, in Kontrast dazu standen die Bilder von den Töchtern und Söhnen, die friedlich miteinander spielten.

Abbildung 29-1: Posts an der Pinnwand von palästinensischen Aktivisten

Über den Zeitraum von mehreren Jahren wurden die Aktivisten immer sicherer im Umgang mit Facebook. So waren anfangs noch alle Freunde öffentlich, während später diese Funktion ausgeschaltet wurde und es nicht mehr möglich war zu wissen, wen und wie viele Freunde sie haben. Auch wurden mehrere Sprachen (darunter waren Arabisch, Englisch, Französisch, aber auch Spanisch) verwendet, um ein möglichst breites Publikum an ausländischen Aktivisten zu erreichen.

Ein weiteres Werkzeug für die palästinensischen Aktivisten waren Facebook-Gruppen. Oft waren es die Kinder der Aktivisten, die auf den Demonstrationen zugegen waren und

Foto- und Videoaufnahmen produzierten und anschließend in den verschiedenen Gruppen mit den Mitgliedern teilten; sie waren für die Pflege der Gruppen zuständig.

29.4.3 Syrien

29.4.3.1 Internet: Zugang und Überwachung

Vor dem Aufstand in Syrien musste man Zeit und Mühe investieren, um Internetzugang im privaten Sektor zu erhalten. Deshalb spielten Internetcafés eine wichtige Rolle beim Zugang, aber dieser Zugang wurde auch stark kontrolliert, nicht selten arbeiteten die Besitzer auch direkt mit dem Geheimdienst zusammen. Die Identität der Benutzer wurde von den Angestellten der Cafés registriert (per Personalausweis). Zudem wurden die Internetcafés auch von der Geheimpolizei regelmäßig kontrolliert: Computerspezialisten wurden von Polizisten begleitet und zwangen die Besucher, ihren Facebook-Account zu öffnen (Rohde et al., 2016).

29.4.3.2 Facebook-Nutzung

Facebook spielte eine wichtige Rolle während der Aufstände – speziell für diejenigen, die gut genug ausgebildet sind und in städtischen Zentren leben. Beeinflusst von den Ereignissen in Tunesien und Ägypten versuchten Aktivisten bereits vor dem syrischen Aufstand, politisches Handeln zu organisieren.

Zu Beginn der Aufstände spielten Poster, Moscheen und Fernsehsender eine wichtige Rolle bei der Organisation, doch das änderte sich und Aktivisten nutzen Facebook-Gruppen, um bewaffnete Streiks und Demonstraitonen zu planen und anschließend darüber zu berichten. Aber auch auf Seiten des Assad-Regimes wurden soziale Medien genutzt, allen voran Facebook. So wurde dann eine weitere Sicht auf die Situation der Öffentlichkeit präsentiert. Nutzer mussten anspruchsvolle Praktiken entwickeln, um die Glaubwürdigkeit von Nachrichten zu überprüfen.

Angesichts der Überwachung des Internets im Allgemeinen und der Gefahr, dass man in Internetcafés seinen Facebook-Account öffnen muss, entwickelten Aktivisten verschiedenen Strategien zur Nutzung. Viele nutzten Facebook nur passiv, um sich über die aktuelle politische Situation zu informieren. Andere erstellten mehrere Accounts, um aktiv auf Facebook zu sein, aber sich auch gleichzeitig zu schützen: ein Konto mit persönlichen Informationen, ein weiteres, welches Positives über das Assad-Regime postete und ein weiteres Konto, welches gegen das Assad-Regime war, wobei im privaten Haushalt nur das Pro-Assad-Konto genutzt wurde, während das Anti-Assad-Konto im Internetcafé verwendet wurde, in dem der Besitzer bekannt war und somit die Registrierung nicht nötig. Es fand auch Account-Sharing statt, Aktivisten teilten sich einen Account, um Berichte, Videos und Bilder zu posten.

29.5 Fazit

Politische Aktivismus- und Protestaktivitäten werden durch politische Chancenstrukturen bestimmt (Kitschelt, 1986), welche durch technologische Strukturen unterstützt werden können (Saeed et al., 2011), was besonders im **Arabischen Frühling** aufgezeigt wurde (Al-Ani et al., 2012; Sturm & Amer, 2013). Die drei beschriebenen Fallstudien zeigen, wie unterschiedlich die verschiedenen sozialen Medien und insbesondere Facebook in Konfliktsituationen genutzt wurden. Die zentralen Lernpunkte sind:

- Es besteht Einvernehmen, dass soziale Medien **partizipative Prozesse** positiv beeinflussen können.

- Bei der Analyse der Bedeutung sozialer Medien hinsichtlich partizipativer Prozesse muss das **methodische Vorgehen** für die einzelnen Fälle bedacht werden: Quantitative Analysen helfen, ein Bild über die Nutzung und Verbreitung von Medien zu bekommen. Kombiniert mit dem „on the ground"-Approach ergibt sich ein umfassenderes Bild von den lokalen Praktiken und relevanten Artefakten und Quellen beim Einsatz von sozialen Medien.

- Über den bloßen Zugang zum Internet hinaus spielt die **Verfügbarkeit von sozialen Medien** in Verbindung mit IT-Kompetenzen und Kreativität bei der Aneignung dieser Anwendungen eine wichtige Rolle bei der Bestimmung der Auswirkungen auf die Praxis der politischen Akteure.

- Die drei Anwendungsfälle zeigen, wie breit das **Spektrum** der Anwendung von sozialen Medien in den verschiedenen Konfliktsituationen ist und wie unterschiedlich die Akteure dabei vorgehen.

29.6 Übungsaufgaben

Aufgabe 1: Welche Methoden stehen zur Verfügung, um Konfliktsituationen aus wissenschaftlicher Sicht zu untersuchen?

Aufgabe 2: Inwiefern unterscheiden sich die beschriebenen Methoden? Welche Limitationen und Möglichkeiten eröffnen sie?

Aufgabe 3: Was kennzeichnet die verschiedenen Fallstudien in deren Nutzung von sozialen Medien?

Aufgabe 4: Was sind die besonderen Unterschiede in der Nutzung zwischen den einzelnen Fallstudien?

Aufgabe 5: Inwieweit unterscheiden sich Aneignungsprozesse sowie Nutzung von sozialen Medien in den Fallstudien (im Nahen Osten) von deren Nutzung im Westen (Europa)? Wo bestehen Ähnlichkeiten und wo sehen Sie gravierende Unterschiede?

Aufgabe 6: Wie können die beschriebenen Methoden in einer Konfliktsituation (beispielsweise Sturz einer Diktatur) kombiniert durchgeführt werden, um ein genaues Bild der lokalen Praktiken der Nutzung sozialer Medien zu bekommen?

29.7 Literatur

29.7.1 Literaturempfehlungen

Al-Ani, B., Mark, G., Chung, J., & Jones, J. (2012). The Egyptian Blogosphere: A Counter-Narrative of the Revolution, in: Proceedings of CSCW '12, ACMPress, 17-26.

Lotan, G., Graeff, E., Ananny, M., Gaffney, D., Pearce, I., & Boyd, D. (2011). The revolutions were tweeted: Information flows during the 2011 Tunisian and Egyptian revolutions. International Journal of Communication, 5, 1375-1405.

Rohde, M., Aal, K., Misaki, K., Randall, D., Weibert, A., & Wulf, V. (2016). Out of Syria: Mobile Media in Use at the Time of Civil War. *International Journal of Human-Computer Interaction.* https://doi.org/10.1080/10447318.2016.1177300

29.7.2 Literaturverzeichnis

Al-Ani, B., Mark, G., Chung, J., & Jones, J. (2012). The Egyptian blogosphere: a counter-narrative of the revolution (p. 17). ACM Press. https://doi.org/10.1145/2145204.2145213

Alonso, A., & Oiarzabal, P. J. (2010). *Diasporas in the new media age: Identity, politics, and community.* University of Nevada Press.

Amnesty International. (2016). Syria report. https://www.amnesty.org/en/countries/middle-east-and-north-africa/syria/report-syria/

Anderson, L. (2011). Demystifying the Arab Spring: parsing the differences between Tunisia, Egypt, and Libya. *Foreign Affairs*, 2–7.

Aouragh, M. (2011). Palestine online: transnationalism, the Internet and construction of identity (Bd. 90). IB Tauris.

Ardévol, E. (2012). Virtual/visual ethnography. *Advances in Visual Methodology*, 74–94.

Barak-Erez, D. (2006). Israel: The security barrier – between international law, constitutional law, and domestic judicial review. *International Journal of Constitutional Law*, 4(3), 540–552.

Baringhorst, S. (2014). Internet und Protest. Zum Wandel von Organisationsformen und Handlungsrepertoires – Ein Überblick. In K. Voss (Hrsg.), *Internet und Partizipation* (S. 89–113). Wiesbaden: Springer VS.

Becker, J. (2016). *Medien im Krieg - Krieg in den Medien.* Wiesbaden: Springer VS.

Bernhard, U., Dohle, M., & Vowe, G. (2015). Wer nutzt wie das „Web 2.0" für Politik? In K. Imhof, R. Blum, H. Bonfadelli, O. Jarren, & V. Wyss (Eds.), *Demokratisierung durch Social Media?* (S. 41–54). Wiesbaden: Springer VS.

Booth, R., Mahmood, M., & Harding, L. (2012). Exclusive: secret Assad emails lift lid on life of leader's inner circle.

bpb. (2015). Tunesien | bpb. Abgerufen von http://www.bpb.de/internationales/weltweit/innerstaatliche-konflikte/182896/tunesien

Bucher, H.-J., & Duckwitz, A. (2005). Medien und soziale Konflikte. In M. Jäckel (Hrsg.), *Mediensoziologie* (S. 179–199). Springer VS.

Chozick, A. (2012). For Syria's rebel movement, Skype is a useful and increasingly dangerous tool. *New York Times*, 30.

CIA. (2014). CIA World Factbook: Africa Tunisia 2013. Abgerufen von https://www.cia.gov/library/publications/the-world-factbook/geos/sy.html

CIA. (2017). The World Factbook — Syria. Abgerufen von https://www.cia.gov/library/publications/the-world-factbook/geos/ts.html

Crivellaro, C., Comber, R., Bowers, J., Wright, P. C., & Olivier, P. (2014). A pool of dreams: facebook, politics and the emergence of a social movement (S. 3573–3582). ACM Press. https://doi.org/10.1145/2556288.2557100

Dencik, L., & Leistert, O. (2015). Critical perspectives on social media and protest: between control and emancipation. London: Rowman & Littlefield International.

El-Nawawy, M., & Khamis, S. (2013). Egyptian revolution 2.0: Political blogging, civic engagement, and citizen journalism. Palgrave Macmillan.

Emmer, M. (2017). Soziale Medien in der politischen Kommunikation. In J.-H. Schmidt & M. Taddicken (Eds.), *Handbuch Soziale Medien* (S. 81–99). Wiesbaden: Springer VS.

Fuchs, C. (2012). Some Reflections on Manuel Castells' Book "Networks of Outrage and Hope. Social Movements in the Internet Age". *Journal for a Global Sustainable Information Society*, *10*(2), 775–797.

Ghonim, W. (2012). Revolution 2.0-A Memoir from the Heart of The Arab Spring. *Fourth Estate*.

GIZ. (2017). LIPortal » Tunesien - Das LänderInformationsPortal der GIZ. Abgerufen von http://liportal.giz.de/tunesien/

Grevet, C., Terveen, L. G., & Gilbert, E. (2014). Managing political differences in social media (S. 1400–1408). ACM Press. https://doi.org/10.1145/2531602.2531676

Hafez, K. (2014). Macht und Ohnmacht der Medien in Demokratisierungsprozessen: Lehren aus dem „Arabischen Frühling". *Zeitschrift Für Politikwissenschaft*, *24*(3), 341–351. https://doi.org/10.5771/1430-6387-2014-3-341

Howard, P. N. (2010). The digital origins of dictatorship and democracy: Information technology and political Islam. Oxford University Press.

Howard, P. N., Agarwal, S. D., & Hussain, M. M. (2011). When do states disconnect their digital networks? Regime responses to the political uses of social media. *The Communication Review*, *14*(3), 216–232.

International Telecommunications Union. (2014). The World in 2014: ICT Facts and Figures.

Internetworldstats. (2017). Internet World Stats: Internet Usage in the Middle East. Abgerufen von http://www.internetworldstats.com/stats5.htm

Jenkins, H., & Thorburn, D. (2004). *Democracy and new media*. MIT Press.

Kavanaugh, A., Yang, S., Sheetz, S., Li, L. T., & Fox, E. A. (2011). Between a rock and a cell phone: Social media use during mass protests in Iran, Tunisia and Egypt. *ACM Transactions on Computer-Human Interaction*.

Fisher, M., & Keller, J. (2011). Syria's Digital Counter-Revolutionaries. *The Atlantic*.

Khoury-Machool, M. (2007). Palestinian Youth and Political Activism: the emerging Internet culture and new modes of resistance. *Policy Futures in Education*, *5*(1), 17–36.

Kitschelt, H. P. (1986). Political opportunity structures and political protest: Anti-nuclear movements in four democracies. *British Journal of Political Science*, *16*(1), 57–85.

Kneuer, M. (2016). Digitale Medien in der Vergleichenden Politikwissenschaft. In H.-J. Lauth, M. Kneuer, & G. Pickel (Eds.), *Handbuch Vergleichende Politikwissenschaft* (S. 615–631). Wiesbaden: Springer VS.

Kneuer, M., & Demmelhuber, T. (2012). Die Bedeutung Neuer Medien für die Demokratieentwicklung. *Informationen Zur Politischen Bildung - Medien Und Politik*, *35*, 30–38.

Lim, M. (2012). Clicks, cabs, and coffee houses: Social media and oppositional movements in Egypt, 2004–2011. *Journal of Communication*, *62*(2), 231–248.

Lotan, G., Graeff, E., Ananny, M., Gaffney, D., & Pearce, I. (2011). The Arab Spring| the revolutions were tweeted: Information flows during the 2011 Tunisian and Egyptian revolutions. *International Journal of Communication*, *5*, 31.

ONI. (2014). OpenNet Initiative. Abgerufen von https://opennet.net/research/profiles/tunisia

Palen, L., Vieweg, S., Liu, S. B., & Hughes, A. L. (2009). Crisis in a Networked World: Features of Computer-Mediated Communication in the April 16, 2007, Virginia Tech Event. *Social Science Computer Review*, *27*(4), 467–480. https://doi.org/10.1177/0894439309332302

Perthes, V. (1997). The political economy of Syria under Asad. Ib Tauris.

Postill, J. (2014). Democracy in an age of viral reality: A media epidemiography of Spain's indignados movement. *Ethnography*, *15*(1), 51–69. https://doi.org/10.1177/1466138113502513

Postill, J., & Pink, S. (2012). Social Media Ethnography: The Digital Researcher in a Messy Web. *Media International Australia*, *145*(1), 123–134. https://doi.org/10.1177/1329878X1214500114

Richter, C. (2013). Mythos und Wirklichkeit der ‚Facebook-Revolutionen' im Nahen Osten. In K. Sonntag (Hrsg.), *E-Protest: neue soziale Bewegungen und Revolutionen* (S. 37–54). Heidelberg: Universitätsverlag Winter.

Rohde, M., Aal, K., Misaki, K., Randall, D., Weibert, A., & Wulf, V. (2016). Out of Syria: Mobile Media in Use at the Time of Civil War. *International Journal of Human-Computer Interaction*. https://doi.org/10.1080/10447318.2016.1177300

Saeed, S., Rohde, M., & Wulf, V. (2011). Analyzing Political Activists' Organization Practices: Findings from a Long Term Case Study of the European Social Forum. *Computer Supported Cooperative Work (CSCW)*, *20*(4–5), 265–304. https://doi.org/10.1007/s10606-011-9144-0

Semaan, B., & Mark, G. (2011). Creating a context of trust with ICTs: restoring a sense of normalcy in the environment (p. 255). ACM Press. https://doi.org/10.1145/1958824.1958863

Semaan, B., Robertson, S. P., Douglas, S., & Maruyama, M. (2014). Social media supporting political deliberation across multiple public spheres: towards depolarization (S. 1409–1421). ACM Press. https://doi.org/10.1145/2531602.2531605

Starbird, K., & Palen, L. (2012). (How) will the revolution be retweeted?: information diffusion and the 2011 Egyptian uprising (p. 7). ACM Press. https://doi.org/10.1145/2145204.2145212

Stark, B., Magin, M., Jürgens, P., & Geiss, S. (2015). Grassroots-Demokratie via Twitter? Wie die Protestbewegung gegen Stuttgart 21 twitterte und was die Medien daraus machten. In K. Imhof, R. Blum, H. Bonfadelli, O. Jarren, & V. Wyss (Eds.), *Demokratisierung durch Social Media?* (S. 259–280). Wiesbaden: Springer VS.

Stier, S. (2016). Internet und Regimetyp: Netzpolitik und politische Online-Kommunikation in Autokratien und Demokratien. Wiesbaden: Springer VS.

Sturm, C., & Amer, H. (2013). The Effects of (Social) Media on Revolutions–Perspectives from Egypt and the Arab Spring. In *International Conference on Human-Computer Interaction* (S. 352–358). Springer, Berlin, Heidelberg.

Thimm, C. (2017). Soziale Medien und Partizipation. In J.-H. Schmidt & M. Taddicken (Eds.), *Handbuch Soziale Medien* (Wiesbaden, S. 191–209). Springer VS.

Thimm, C., & Bürger, T. (2015). Digitale Partizipation im politischen Konflikt – „Wutbürger" online. In M. Friedrichsen & R. A. Kohn (Eds.), *Digitale Politikvermittlung* (S. 285–304). Wiesbaden: Springer VS.

Thurman, N. (2008). Forums for citizen journalists? Adoption of user generated content initiatives by online news media. *New Media & Society*, *10*(1), 139–157.

Tufekci, Z., & Wilson, C. (2012). Social Media and the Decision to Participate in Political Protest: Observations From Tahrir Square. *Journal of Communication*, *62*(2), 363–379. https://doi.org/10.1111/j.1460-2466.2012.01629.x

Urbach, S. (2012). So machen's die Diktatoren. http://www.taz.de/!528684/

Vaccari, C. (2013). *Digital politics in Western democracies: a comparative study*. Baltimore: John Hopkins University Press.

Verdier-Chouchane, A., Obayashi, N., Castel, V., & Kolster, J. (2011). The revolution in Tunisia: economic challenges and prospects. *Economic Brief, African Development Bank, 11*.

Wall, M. (2012). *Citizen journalism: valuable, useless, or dangerous?* New York: International Debate Education Association.

Wilson, C., & Dunn, A. (2011). Digital Media in the Egyptian Revolution: Descriptive Analysis from the Tahrir Data Sets. *International Journal of Communication, 5*(0), 25.

Wolfsfeld, G., Segev, E., & Sheafer, T. (2013). Social Media and the Arab Spring: Politics Comes First. *The International Journal of Press/Politics, 18*(2), 115–137. https://doi.org/10.1177/1940161212471716

Woolley, J. K., Limperos, A. M., & Oliver, M. B. (2010). The 2008 Presidential Election, 2.0: A Content Analysis of User-Generated Political Facebook Groups. *Mass Communication and Society, 13*(5), 631–652. https://doi.org/10.1080/15205436.2010.516864

Wulf, V., Aal, K., Abu Kteish, I., Atam, M., Schubert, K., Rohde, M., … & Randall, D. (2013a). Fighting against the wall: social media use by political activists in a Palestinian village (p. 1979). ACM Press. https://doi.org/10.1145/2470654.2466262

Wulf, V., Misaki, K., Atam, M., Randall, D., & Rohde, M. (2013b). "On the ground" in Sidi Bouzid: investigating social media use during the tunisian revolution (p. 1409). ACM Press. https://doi.org/10.1145/2441776.2441935

Wyche, S. P., Schoenebeck, S. Y., & Forte, A. (2013). "Facebook is a luxury": an exploratory study of social media use in rural Kenya (p. 33). ACM Press. https://doi.org/10.1145/2441776.2441783

Teil V: Ausblick

30 Die Zukunft sicherheitskritischer Mensch-Computer-Interaktion

Christian Reuter · Konstantin Aal · Frank Beham · Alexander Boden ·
Florian Brauner · Frank Fiedrich · Frank Fuchs-Kittowski · Stefan Geisler ·
Klaus Gennen · Dominik Herrmann · Marc-André Kaufhold · Michael Klafft ·
Myriam Lipprandt · Luigi Lo Iacono · Thomas Ludwig · Stephan Lukosch ·
Tilo Mentler · Simon Nestler · Volkmar Pipek · Jens Pottebaum ·
Gebhard Rusch · Stefan Sackmann · Stefan Stieglitz · Christian Sturm ·
Melanie Volkamer · Volker Wulf

Zusammenfassung

Sicherheitskritische Mensch-Computer-Interaktion ist nicht nur derzeit, sondern auch zukünftig ein äußerst relevantes Thema. Hierbei kann ein Lehr- und Fachbuch, wie dieses, immer nur einen punktuellen Stand abdecken. Dennoch kann der Versuch unternommen werden, aktuelle Trends zu identifizieren und einen Ausblick in die Zukunft zu wagen. Genau das möchte dieses Kapitel erreichen: Es sollen zukünftige Entwicklungen vorausgesagt und versucht werden, diese korrekt einzuordnen. Das ist an dieser Stelle nicht nur durch den Herausgeber, sondern durch Abfrage bei zahlreichen am Lehrbuch beteiligten Autoren geschehen. Neben einem Ausblick auf Grundlagen und Methoden werden dementsprechend auch sicherheitskritische interaktive Systeme und sicherheitskritische kooperative Systeme abgedeckt.

Lernziele

- Die Leser erfahren aktuelle Trends und Ideen zukünftiger Entwicklungen.

- Die Leser können einschätzen, in welche Richtung sich das Fachgebiet weiterentwickelt.

- Die Leser können zukunftsträchtige Entscheidungen im Hinblick auf wahrscheinliche Entwicklungen treffen.

30.1 Einleitung

Die Zukunft in einem Bereich vorherzusagen, ist sicherlich keine einfache Aufgabe. Auch ist eine Vorhersage sicherlich mit zahlreichen Fehlern behaftet. Dennoch soll an dieser Stelle ein Ausblick in die Zukunft sicherheitskritischer Mensch-Computer-Interaktion gewagt werden.

Dies wurde in diesem Kapitel nicht alleine durch den Herausgeber, sondern in Zusammenarbeit mit zahlreichen Autoren versucht. Die Autoren wurden gebeten aus Perspektive ihres jeweiligen Kapitels, einen Ausblick auf die Zukunft in fünf bis fünfzehn Jahren und mögliche Trends einzureichen. Die Ergebnisse sind spannend und sollen auf den folgenden Seiten dargestellt werden.

30.2 Grundlagen und Methoden

30.2.1 Methoden für Usable Safety

Kapitel 2 „*Usable Safety Engineering sicherheitskritischer interaktiver Systeme*" von Christian Reuter und Marc-André Kaufhold erarbeitet Grundlagen und Empfehlungen des Usable Safety Engineerings hinsichtlich der Analyse, Entwicklung und Evaluation der MCI. Hier ist als ein Trend zu erwarten, dass Themen der Sicherheit nicht nur generell in technischen Systemen, sondern speziell im Umfeld der MCI eine größere Rolle spielen werden. Dies ist bedingt durch den durch die **Digitalisierung** getriebenen umfassenderen IT-Einsatz (unter anderem mobile und ubiquitäre Geräte) in sicherheitskritischen Bereichen, wie innerhalb von Behörden und Organisationen mit Sicherheitsaufgaben (BOS), aber auch im privaten Umfeld (z. B. Online-Banking). Eine weitere Herausforderung liegt in der Arbeitsaufteilung von Mensch und Computer. Die **Datenmengen**, die der Computer zu verarbeiten vermag, um Empfehlungen für Entscheidungen zu geben, sollten, trotz aller Komplexität, auch für Menschen nachvollziehbar bleiben, da die **Entscheidungsgewalt** und letztlich die Konsequenzen für das Handeln nach wie vor beim Menschen liegen. Auch ethische und moralische Abwägungen spielen hierbei eine Rolle (vgl. Kapitel 9).

Einen Trend im Kontext des hierauf aufbauenden Kapitels 3 „*Usability Engineering und User Experience Design sicherheitskritischer Systeme*" von Tilo Mentler stellt die Integration von **(agilen) Ansätzen** des Software Engineerings, des Risikomanagements und menschzentrierter Gestaltungsprozesse dar. Darüber hinaus sind mit der zunehmenden Nutzung von für den Freizeit- und Unterhaltungsbereich konzipierten Endgeräten und Plattformen besondere Herausforderungen für die Gestaltung sicherheitskritischer interaktiver Systeme verbunden. Diese betreffen auch die geeignete Berücksichtigung pragmatisch-funktionaler und **hedonistisch-ästhetischer Aspekte** bei der Systemgestaltung.

Trends im Kontext des Kapitels 4 *„Quantitative Evaluation der Mensch-Computer-Interaktion"* von Simon Nestler und Christian Sturm, welches den Schwerpunkt auf die Überprüfung von Konzepten setzt, stellen die bereits im Kapitel vorgestellten Möglichkeiten der **virtuellen und erweiterten Realität** dar (vgl. Kapitel 24). In Zukunft werden VR-Simulationen sowohl für eine vollständige Abbildung von Krisenprozessen als auch von Krisenszenarien genutzt. Die VR-Simulationen kommen dabei beispielsweise für die Evaluation eines interaktiven Systems für das Krisenmanagement zum Einsatz, wobei die Simulationen im Rahmen einer menschzentrierten Evaluation primär der Visualisierung des Krisenszenarios dienen.

30.2.2 Methoden für Usable Security

Trends rund um Kapitel 5 *„Human Factors in Security"* von Paul Gerber, Marco Ghiglieri, Birgit Henhapl, Oksana Kulyk, Karola Marky, Peter Mayer, Benjamin Reinheimer und Melanie Volkamer betreffen verschiedene Aspekte. Diese sind die **Standardisierung** des Human-Centered Security by Design-Ansatzes, die Unterstützung betreffender Personengruppen (z. B. Administratoren und Entwickler) für die Entwicklung und Umsetzung von Sicherheitslösungen sowie die Entwicklung benutzbarer Sicherheit für die zunehmende Vernetzung im täglichen Leben, wie z. B. Smart Homes and Wearables. Alle genannten Aspekte zielen auf effektive **Sensibilisierungsmaßnahmen** sowie die Evaluierung von Sicherheitslösungen hinsichtlich Benutzbarkeit ab.

Im Umfeld der damit verwandten *„Werkzeuge für Usable (Cyber-)Security"* in Kapitel 6 von Luigi Lo Iacono und Matthew Smith sollte die vorgestellte **Werkzeugsammlung** systematisch analysiert und evaluiert werden, um diese den Systementwicklern nach wissenschaftlichen Maßstäben nachvollziehbar und vollständig bereitstellen zu können. Insgesamt sollten die **Nutzerklassen** "Entwickler", "Systemintegrator" und "Administrator" stärker in den Blick der Usable Security Forschung rücken. Fragestellungen nach der Gebrauchstauglichkeit von APIs, Dokumentation und Werkzeugen in Bezug auf Sicherheitsmechanismen sind für diese Nutzertypen bisher kaum berücksichtigt worden.

Im Kontext des Kapitels 7 *„Benutzbare Lösungen für den Datenschutz"* von Dominik Herrmann und Simone Fischer-Hübner werden Trends gezeigt, dass im Bereich des benutzbaren Datenschutzes in Zukunft Arbeiten und Initiativen zur Entwicklung und Standardisierung von **maschinenlesbaren Policy Icons** (Bildsymbolen) eine wichtige Rolle spielen werden, die Datenschutzerklärungen begleitend illustrieren können und in der EU-Datenschutzgrundverordnung empfohlen werden. Zudem werden benutzbare **Privacy Dashboards** zur erhöhten Transparenz und Benutzer-Kontrolle wichtiger, vor allem in Bereichen wie dem Internet der Dinge (Internet of Things, IoT), Big Data oder Cloud Computing, in denen große Datenmengen über den Benutzer in unübersichtlicher Weise verarbeitet werden. Schließlich sollte mehr Gewicht auf die Entwicklung von **datenschutzfreundlichen Default-Einstellungen** gelegt werden, mit denen das Datenschutzniveau vieler Nutzer vergleichsweise einfach gesteigert werden kann.

30.2.3 Recht, Ethik, Kultur

Rechtliche, ethische und kulturelle Aspekte sind auch in sicherheitskritischen Systemen von großem Belang. In Deutschland sind spezifische rechtliche Regelungen zu sicherheitskritischen IT-Systemen, die in Kapitel 8 *„Ausgewählte rechtliche Implikationen"* von Klaus Gennen behandelt werden, in den Bereichen, in denen es um die Versorgung großer Teile der Bevölkerung geht, trotz der bereits zuvor bestehenden Notwendigkeit, erst in jüngerer Zeit entstanden. Allerdings lässt sich nicht verkennen, dass auf breiter Front die Notwendigkeit des Schutzes sicherheitskritischer Systeme erkannt und dementsprechend auch agiert wird. Insbesondere werden die gewonnenen Erkenntnisse zunehmend in einer **Verdichtung gesetzlicher Vorschriften** niedergelegt. Es ist damit zu rechnen, dass die Anforderungen an die Betreiber auch in Zukunft stetig wachsen und die **behördlichen Kontrollen/Regulierungen** sich verschärfen werden.

Trends im Zusammenhang mit ethischen Aspekten aus Kapitel 9 *„Ethische, rechtliche und soziale Implikationen (ELSI)"* von Alexander Boden, Michael Liegl und Monika Büscher sind die zunehmende Technisierung der Alltags- und Arbeitswelten westlicher Industriegesellschaften. Durch den Trend fortschreitender Vernetzung sowie zur Einbettung komplexer ubiquitärer IT-Systeme in vielfältige Lebensbereiche ist zu erwarten, dass die in diesem Kapitel skizzierten Probleme sich fortwährend verschärfen und an Komplexität zunehmen werden; gleichzeitig ist anzunehmen, dass auch die Herausforderungen an die **partizipative Forschung und Entwicklung** steigen werden und es durch die wachsende Vernetzung und zunehmend autonom agierende, lernende Systeme immer schwieriger werden dürfte, alle betroffenen Stakeholder adäquat an der Entwicklung zu beteiligen.

Aufbauend auf den kulturellen Implikationen im Kapitel 10 *„Internationale und interkulturelle Aspekte"* von Christian Sturm und Simon Nestler ist zu erwarten, dass der Trend zu einer immer größeren **Diversität** zunimmt. Insbesondere die kulturellen und kognitiven Aspekte der sicherheitskritischen MCI werden jedoch zum jetzigen Zeitpunkt noch nicht ausreichend berücksichtigt. Hier wird sich auf Grundlage weiterer Forschungsergebnisse zeigen, inwieweit beide Aspekte im internationalen Anwendungsfeld zur Effizienz und Effektivität sicherheitskritischer Systeme beitragen können.

30.3 Sicherheitskritische interaktive Systeme (Teil III)

30.3.1 Betriebliche Informationssysteme

Unternehmerische Anwendungsfelder sind für sicherheitskritische MCI äußerst relevant. Trends im Kontext des Kapitels 11 *„Kritische Infrastrukturen und Business Continuity Management"* von Florian Brauner und Frank Fiedrich zeigen, dass die Anfälligkeit moderner Gesellschaften aufgrund der stärkeren Vernetzung der Kritischen Infrastrukturen in den kommenden Jahren weiter ansteigen wird. Allerdings bietet die stärkere Vernetzung auch Chancen, durch **Redundanzen** und **Selbstorganisation** schneller auf mögliche Ausfälle reagieren zu können und somit deren **Resilienz** zu erhöhen. Die starke Abhängigkeit von Informations- und Kommunikationstechnologien sowie von Strom macht es dabei erforderlich, dass sich künftig alle Betriebe verstärkt um moderne Schutzkonzepte bemühen müssen. Ansätze des Business Continuity Managements und der Cybersicherheit werden daher künftig in Unternehmen und Organisationen jeglicher Art und Größe eingesetzt.

Tendenzen im Kapitel 12 *„Sicherheitskritische Mensch-Maschine-Interaktion in der Industrie 4.0"* von Thomas Ludwig, Martin Stein, Nico Castelli und Sven Hoffmann stellen vor allem die Umsetzung cyberphysischer System als **Assistenzsysteme** und die Aufbereitung komplexer Fertigungsabläufe prozess- als auch zeitnah sowie geeignete Visualisierung der anfallenden Daten an den Mitarbeiter dar. Bei einer verstärkten Vernetzung von Maschine und Mitarbeiter bedarf es geeigneter Schnittstellen für den Mitarbeiter, um die Maschine in jeglicher sicherheitskritischen Situation bedienen zu können.

30.3.2 Krisenmanagementsysteme und Medizintechnik

Neben unternehmerischen Anwendungen stellen Krisenmanagement und Medizintechnik klassische Anwendungsfelder sicherheitskritischer MCI dar. Trends im Kontext des Kapitels 13 *„IT-Systeme für das Krisenmanagement"* von Jens Pottebaum und Christina Schäfer sind aus zwei Sichten zu betrachten: Das Krisenmanagement wird sich organisatorisch und beschaffungstechnisch öffnen und im Rahmen neuer Ethik-Grundsätze zunehmend IT-Systeme und -Dienste einsetzen. Damit wird die Digitalisierung – das „Internet of Everything" – anwendbar: Datenanalytik und Simulationsfähigkeiten werden erheblich verbessert, Lagebilder früh verfügbar (vgl. Kapitel 22 zu Kooperationstechnologien oder Kapitel 27 zu Crowdsourcing). Außerdem werden IT-Systeme kognitive Fähigkeiten des Menschen stärker ergänzen und Entscheidungen durch **nachvollziehbare, robuste Argumentation** hinterlegt.

Zukünftige Entwicklungen im Kontext des Kapitels 14 *„IT-Unterstützung des Regel- und Ausnahmebetriebes von Rettungsdiensten"* von Tilo Mentler stellen die Integration verschiedener Anwendungssysteme und **Geräteklassen** (z. B. Smartwatches, Datenbrillen, Drohnen, digitale Lagetische) sowie die Erforschung und Evaluation umfassender Konzepte zur Mensch-Maschine-Kooperation (z. B. Automatisierung und Assistenz der Entscheidungsfindung bei Großschadenslagen, vgl. Kapitel 2) dar. Zunehmende Bedeutung für IT-Unterstützung von Rettungskräften hat auch der Themenkomplex sozialer Medien und die damit verbundene Kooperation zwischen den Behörden und Organisationen mit Sicherheitsaufgaben und der breiten Öffentlichkeit (vgl. Kapitel 19 und 20 sowie 25 bis 27).

Trends im Kontext des Kapitels 15 *„Sicherheitskritische Mensch-Maschine-Interkation in der Medizin"* von Myriam Lipprandt und Rainer Röhrig stellen die steigenden Erwartungen der Benutzer an interaktive Systeme und deren Benutzbarkeit dar. Da Medizinprodukte eine noch breitere Verwendung finden, werden auch die **regulatorischen Anforderungen** zur Gewährleistung der Patientensicherheit erweitert. Um diesen Anforderungen unter einem hohen Marktdruck gerecht zu werden, muss im Entwicklungsprozess die Wirkung der Produkte im soziotechnischen System erprobt werden. Zukünftige Realräume werden mit einer Kombination aus **Simulationstechnik** und Domänen- sowie Prozesswissen zum Testen und Evaluieren der Produkte vermehrt zum Einsatz kommen.

30.3.3 Warn- und Assistenzsysteme

Die Unterstützung von Endanwendern sowie deren Warnung stellen relevante Einsatzbereiche sicherheitskritischer MCI dar. Aktuelle Forschungsfragen im Zusammenhang von Kapitel 16, der *„Warnung der Bevölkerung im Katastrophenfall"* von Michael Klafft, befassen sich mit der Integration von Warninformationen in ganzheitliche **„Katastrophenschutz-Apps"** für den Bürger, die z. B. neben der Warnung auch Informationen zur Selbsthilfe bereitstellen und die Koordination freiwilliger Helfer im Katastrophenfall unterstützen (siehe Kapitel 25-27 zu freiwilliger Partizipation). Darüber hinaus ist auch die Frage, wie Warnungen aus unterschiedlichsten Quellen in verschiedene **Warnsystemen** eingespeist und über diese verbreitet werden können, in der Praxis noch nicht zufriedenstellend gelöst, wobei die Herausforderungen hier vorwiegend im rechtlich-organisatorischen, im politischen sowie im wirtschaftlichen Bereich liegen.

Die weitere Entwicklung im Automobil in den nächsten Jahren wird dominiert von der zunehmenden Automatisierung. In Sinne der Kapitel 17 und 18 von Stefan Geisler *„Menschliche Aspekte bei der Entwicklung von Fahrerassistenzsystemen"* und *„Von Fahrerinformation über Fahrerassistenz zum autonomen Fahren"* wird zu erforschen sein, wie die Menschen im Fahrzeug aber auch in dessen Umfeld mit dieser Technik umgehen, welche Faktoren insbesondere bei der Teilautomatisierung zu berücksichtigen sind, um die **Verkehrssicherheit** zu erhöhen und wie geeignete HMI-Konzepte aussehen. Aber auch im nichtautomatisierten Fahrzeug werden Innovationen wie größere Displays und womöglich Augmented Reality oder **berührungslose Gesten** Einzug halten, Auswirkungen auf die Sicherheit sind dabei noch weiter zu untersuchen. Die größte Revolution werden aber die **vollautomatischen Fahrzeuge** darstellen, die zu ganz neuen Verkehrskonzepten aber auch Verhaltensweisen gegenüber dem Fahrzeug führen können.

30.4 Sicherheitskritische kooperative Systeme (Teil IV)

30.4.1 Soziale Medien

Soziale Medien haben seit einigen Jahren Einzug ins Krisenmanagement erhalten. Im Kontext des Kapitels 19 *„Soziale Medien in Notfällen, Krisen und Katastrophen"* von

Christian Reuter und Marc-André Kaufhold wird zukünftig der Einsatz **algorithmischer Ansätze** ansteigen. So können auf der einen Seite kritische Ereignisse schneller erkannt und rechtzeitig vorhergesagt und auf der anderen Seite zugrundeliegende Muster unter Verwendung statistischer Ansätze oder visueller Analysen identifiziert werden. Das Vertrauen seitens Behörden gegenüber bürgergenerierten Inhalten und sozialen Medien ist jedoch begrenzt, was unter anderem auf das Auftreten von **Social Bots** und **Fake News** zurückgeführt werden kann. Aus diesem Grund ist es von besonderer Bedeutung, die Qualität der Algorithmen durch z. B. Anpassbarkeit und Transparenz sicherzustellen, sodass diese als zuverlässiges Mittel bei der Filterung von Daten eingesetzt werden können.

Derzeit beginnen Unternehmen und Behörden erst damit, Daten aus sozialen Medien im Kontext der Krisenerkennung und -bewältigung einzusetzen. Die im Kapitel 20 *„Social Media Analytics für Unternehmen und Behörden"* von Stefan Stieglitz beschriebenen Herausforderungen liegen jedoch nicht nur im technisch-methodischen Bereich, sondern auch auf einer effektiven Integration dieser neuen Informationen in **Organisationsprozesse** bei Unternehmen und Behörden. Die Auswertung und Zusammenführung von Daten wird in Zukunft in seiner Bedeutung noch zunehmen. Gleichzeitig ist absehbar, dass neue Plattformen und Endgeräte entstehen, die wiederum zu neuen Arten von strukturierten und unstrukturierten Daten führen werden. Auch die Analysemöglichkeiten werden bereits in der näheren Zukunft deutlich verbessert und hierdurch können mehr **heterogene Daten in Echtzeit** ausgewertet werden.

Im Kontext des Kapitels 21 *„Corporate Shitstorm Management: Konfrontationen in sozialen Medien"* von Frank Beham ist davon auszugehen, dass es immer neue Auslöser für Shitstorms geben wird, da diese aus der (nicht vermeidbaren) Unternehmenstätigkeit selbst resultieren und von Stakeholdern anhand deren Erwartungen subjektiv beurteilt werden. Dennoch werden immer gravierendere Beispiele unternehmerischen Fehlverhaltens erforderlich sein, um eine relevante Wahrnehmung in der breiten Öffentlichkeit zu erzeugen, da eine zunehmende Gewöhnung an derartige Fälle eintreten wird. Dies führt jedoch dazu, dass gerade bei Extremfällen ein fundiertes Management erforderlich ist, um die Gefährdung unternehmerischer Ziele zu vermeiden.

30.4.2 Kooperationssysteme für Einsatzlagen

Kooperationssysteme, wie in Kapitel 22 *„Resilienz durch Kooperationstechnologien"* von Christian Reuter, Thomas Ludwig und Volkmar Pipek vorgestellt, werden eine weiter ansteigende Bedeutung erhalten, da vermehrt über Organisationsgrenzen hinweg gearbeitet werden muss. Ausfallsichere **resiliente Systeme**, die auch ohne zentrale Infrastrukturen funktionieren (z. B. Mobile Ad Hoc Netze) und eine gewisse **Kontinuität** der Kooperation ermöglichen, werden an Bedeutung gewinnen, da vermehrt verschiedene Kommunikationsmittel von der Infrastruktur des Internets abhängig sind und dieses dennoch relativ einfach ausfallen kann.

Im Kontext von Kapitel 23 *„IT-basierte Prozessunterstützung für die Sicherheit von Groß-veranstaltungen"* von Toni Eichler, Gebhard Rusch und Sascha Skudelny sind einige Entwicklungen zu erwarten: Der Zugang über das **System- und Prozessmanagement** sollte Eingang in die Veranstaltungspraxis von Veranstaltern und Behörden finden, um dort Planung, Management und Sicherheitsniveau von Großveranstaltungen nachhaltig zu verbessern. Social Media-Management und -Monitoring werden künftig weiter professionalisiert und auf die Besonderheiten der jeweiligen Veranstaltungen stärker angepasst (vgl. Kapitel 19 und 20). Den Einsatz attraktiver Anreize vorausgesetzt, könnten Besucher von Groß-veranstaltungen künftig vermehrt dazu bereit sein, Veranstaltern den Zugriff auf die **Sensorik** ihrer mobilen Geräte zu gewähren. So könnte zwar das Unterstützungspotenzial technischer Lösungen ausgeschöpft werden, jedoch entstehen (berechtigte) Datenschutzbedenken (siehe Kapitel 7).

Trends im Kontext der technischen Entwicklung im Kontext des Kapitels 24 *„Situations-bewusstsein in Augmented und Virtual Reality Simulation Games"* von Stephan Lukosch und Heide Lukosch stellen die Kombination von **Augmented und Virtual Reality** mit **Simulation Games** dar. Aktuell ist die Technologie noch in Entwicklung und muss sich außerhalb von experimentellen Situationen beweisen. Dennoch ist diese Kombination bereits vielversprechend für die Entwicklung von Situationsbewusstsein und für die Entwicklung von Trainingsszenarios. Mit fortschreitender Entwicklung der Technologien für Augmented und Virtual Reality ist zu erwarten, dass die Bedeutung von AR und VR in diesen Bereichen stark zunehmen wird.

30.4.3 Technologien für freiwillige Partizipation

Sicherheitskritische MCI wird zur freiwilligen Partizipation in Schadenslagen genutzt. Im Kontext von Kapitel 25 *„Humanitäre Hilfe und Konzepte der digitalen Hilfeleistung"* von Frank Fiedrich und Ramian Fathi wird gezeigt, dass die humanitären Akteure das Potenzial der digitalen Freiwilligenhilfe bereits seit einigen Jahren erkannt haben. Die Auswertung von **Big Data in Text-, Bild- und Videodaten** spielt dabei eine wesentliche Rolle. Die auszuwertende Datenmenge wird künftig weiter ansteigen und der Einsatz von Methoden der **Künstlichen Intelligenz** in der **Social Media-Analyse** (siehe Kapitel 20) wird daher an Bedeutung zunehmen. Die Entwicklung autonomer Auswertungssysteme wird vermutlich jedoch auch in Zukunft kaum möglich sein, allerdings werden sich künftige Systeme stärker an den Bedürfnissen der professionellen Helfer vor Ort orientieren.

Im Kapitel 26 *„Einbindung ungebundener Helfer in die Bewältigung von Schadensereig-nissen"* von Stefan Sackmann, Sebastian Lindner, Sophie Gerstmann und Hans Betke werden Grundlagen für die Gestaltung von Informationssystemen in das Katastrophenmanagement im Hinblick auf die Einbindung ungebundener Helfer vor Ort adressiert. Die Integration moderner Informations- und Kommunikationstechnologien sowie die Gestaltung **nutzbarer Schnittstellen** für das Katastrophenmanagement und die freiwilligen Helfer stellen eine zentrale Herausforderung dar, um zukünftig das enorme Potenzial freiwilliger Helfer in Krisensituationen effizient und effektiv nutzen und zielführend koordinieren zu können.

Die Beispiele im Kontext des Kapitels 27 *„Mobiles Crowdsourcing zur Einbindung freiwilliger Helfer"* von Frank Fuchs-Kittowski zeigen Ansatzpunkte für den erforderlichen Wandel, die Bürger nicht nur als Adressat, sondern als wichtigen Akteur und wesentliche Ressource im Katastrophenschutz zu sehen. In Zukunft werden **einheitliche, integrierte Konzepte** über alle Phasen des Katastrophenmanagements hinweg etabliert werden, in denen die verschiedenen operativen Akteure – professionelle Kräfte, **ehrenamtliche Kräfte** und die **ungebundene Bevölkerung** – sinnvoll aufeinander abgestimmt sind. Eine weitergehende Automatisierung wird dazu führen, dass auch große Mengen an spontanen, freiwilligen Helfern insbesondere auch im Rahmen physischer Tätigkeiten effizient eingebunden und koordiniert werden können.

30.4.4 Frieden und Sicherheit

Die Förderung von Frieden und die Gewährleistung von Sicherheit sind stark voneinander abhängig. Kapitel 28 *„Informatik für Frieden und Sicherheit"* von Christian Reuter und Marc-André Kaufhold (Technische Universität Darmstadt und Universität Siegen) diskutiert die Relevanz von IKT und MCI im Rahmen der Friedens-, Konflikt- und Sicherheitsforschung. In Zukunft können IKT verstärkt als Werkzeuge zur Friedensvermittlung für die Gewährung der Sicherheit von Menschen bei politischen Konflikten und Naturkatastrophen, zur **Prävention bewaffneter Konflikte** und zur erfolgreichen Aufklärung beziehungsweise **Demokratisierung** eingesetzt werden. Der militärische Einsatz von IKT hingegen kann Kriegshandlungen sowohl vorbeugen als auch verstärken; dieser Sachverhalt wird auch als **Dual-Use-Problematik** diskutiert. Im Cyberraum erfassen Phänomene wie Information Warfare, Fake News, Social Bots, terroristische Propaganda und letztlich **Cyberwar** gesellschaftliche und staatliche Akteure, motivieren aber auch den Diskurs um **Cyberpeace**.

Trends im Kontext von Kapitel 29 *„Soziale Medien in politischen Konfliktsituationen"* von Konstantin Aal, Anne Weibert, Michael Ahmadi, Markus Rohde und Volker Wulf hängen von einer zunehmenden Internetverbreitung im arabischen Raum sowie der Entwicklung und Adaption zukünftiger Technologien ab. Dies wird dem **„Bürgerjournalismus"** zum einen zu vermehrter Bedeutung verhelfen, zum anderen werden sich neue Möglichkeiten der Berichterstattung ergeben (z. B. Live-Streams). Hinsichtlich der Forschungsmethoden wird eine **„on the ground"** betriebene Forschung auch zukünftig Erkenntnisse bringen, die der reinen Online-Analyse verwehrt bleiben und somit weiterhin eine passende Ergänzung darstellen.

30.5 Ausblick

Wie aus Perspektive aller Kapitel dargestellt werden konnte, ist die Entwicklung im Umfeld sicherheitskritischer MCI noch nicht abgeschlossen – dies verspricht viele spannende Aufgaben und hoffentlich auch Lösungen, die in zukünftigen Forschungsarbeiten adressiert werden können, um die Welt etwas besser und sicherer zu machen.

Abbildungsverzeichnis

Tabellenverzeichnis

Index

C. Reuter (Hrsg.): *Sicherheitskritische Mensch-Computer-Interaktion.*
Interaktive Technologien und Soziale Medien im Krisen- und Sicherheitsmanagement. 2018

Printed by Printforce, the Netherlands